"十一五"国家重点图书出版规划
教育部哲学社会科学研究重大课题攻关项

中国传统法律文化研究

······ 总主编 曾宪义 ······

传承与创新：
中国传统法律文化的现代价值

● 主　编　夏锦文

撰 稿 人（以撰写章节先后为序）

夏锦文　董长春　夏清暇
石义华　韩秀桃　曹伊清
苏学增　秦　策　康　伟
王晓莉　陈小洁

中国人民大学出版社
·北京·

《中国传统法律文化研究》
秘书处

负责人：庞朝骥　冯　勇　蒋家棣

成　员：（按姓氏笔画排列）

马慧玥　王祎茗　吴　江　张玲玉

袁　辉　郭　萍　黄东海

中国人民大学法律文化研究中心　组织编写
曾宪义法学教育与法律文化基金会

目　录

引　言

　　以人类进入文明社会并创立国家为起点，法律及文化开始了不断积累、不断发展的辉煌历程。全人类的所有伟大民族，在几千年的悠久历史中积淀了博大精深、底蕴深厚的法文化宝藏，吸引着国内外无数学者去研究、探索，寻找民族先人们创造的辉煌。法律文化的独特魅力和万丈光芒，源自于它独特的意义。其一，由于不同民族、不同文明国度的社会生活条件彼此相异，人类社会的法律文化在历史演进中呈现出五彩缤纷的繁荣景象。不同特质的法律文化传统构成了民族精神的载体，体现了本国本民族的价值诉求，蕴含着本国法律实践的丰富历史经验，也成为民族观照和反思自身的一面明镜。因此，世界各国学者无不热忱地研究本国法文化历史，以此编织着本民族的骄傲，释放着本国法律文化的魅力，并为后代塑造着法律文化传统的尊严。其二，更重要的是，伴随着社会的变迁与人类的进步，以一定的社会物质条件为基础的法律文化也同样面临着历史更替。通常，在国家与社会平稳发展的正常时期，法律文化就在不断地向前进化，催促着时隐时现的新法律文化因子的出现，昭示着新的法律文化精神的迫近，为法律传统的解构、观念文化的转换准备着条件。当整个社会在强劲的经济、政治助力推动下，在少数先觉者的呐喊呼声中达到转型阶段，社会变迁的规模和力度足以掀起法律文化的变革大波时，法律文化在变革和转型中的激变性和复杂性，以及由此带来的民族性维系、时代性转换等矛盾问题，虽然使人们因不易从容应对而彷徨且迷惘，却激发了人们探索和前进的智慧、热情与好奇心。其三，法律文化的魅力显然不仅仅在于其本身，而在于其所蕴含的更为深层的社会条件与更为复杂的历史背景。仅以近代中西法律文化的接触与碰撞为例，19世纪中叶以来的西学东渐，带有明显的文化之外的企图。在西方种种思想真理与思潮福音的外衣之下，实则包藏争夺与攫取权力的索求。① 可见，法律文化的变革与发展往往与社会的变迁、民族的兴亡、国家的命运息息相关，互为因果。因此，在错综复杂的社会历史条件下，世界各国的进步人士苦心孤诣地对本国法律文化的前途与命运进行着积极的思考，提出了各式各样的构想，以期能够振兴民族法律文化，使其在应对外来文化的冲击与挑战时，能够泰然自若，给予积极的回应并得以存续及弘扬。

---

　　① 将西方向中国兜售文化这一事实一概视为"文化侵略"、"文化扩张"固然过分，但中西方文化一开始接触就不仅仅局限于文化方面，也是相当明显的。

当我们在宏阔的历史背景中回首外来法律文化传入本国后的种种遭遇，梳理国人面对外来法律文化的挑战所作出的种种回应，进而设身处地地探讨前人的心迹和各自的利弊得失时，我们不会再像过去那样，简单地或斥法律文化保守主义为顽固闭塞，或责法律文化激进主义为卖国求荣。相反，我们真切地理解无数前人的理想设计，深深感动于他们对祖国、对民族、对传统法律文化的真挚情感，并尝试在此基础上重建前人的种种思考与心迹，以求在传统的解释之外，提出新的见解，传承并创新法律文化的真实内涵。这项反思与重建，传承与创新的伟大事业，既凝聚着研究者的心智、气魄和激情，又是法律人的天职；既汇集着人们在不同的关注热点、涉猎领域和切入角度上所作出的不懈努力，又围绕着弘扬民族法律文化并对其进行创造性转换这一中心意旨；既标志着无数先驱所走过的崎岖之路，又预示着作为后来者的我们在这条路上将永不停息、永远攀登。

一、法律文化的传统与现代性

法律文化的上述意义，使这一关键词成为长期以来学术界最引人注目、探讨最多的课题之一[①]，而且将法律文化的研究累积为一个如此宏大广袤和精微深奥的知识领域。[②] 然而，有关法律文化的任何论题，都不能回避法律文化的历史分期问题。长期以来，学术界尤其是西方学术界运用"传统"、"近代"、"现代"这类似乎界限明显的语词来概括不同历史时期的法律文化类型，阐释法律文化发展进程中的种种复杂关系。20 世纪 60 年代美国法律与发展运动的学者们，甚至制造了"传统—现代"的两分法，把法律文化的发展简单分解为传统与现代这一对概念工具的二元对立以及由前者向后者的变迁。[③] 此后，这种使传统与现代各居一端，并在逻辑上互相敌对而无法相容的思想，以及衍生出来的彻底摧毁传统以实现现代化的观念，迅即在一切要求现代化的国度和地区中广为传播。传播并实践的后果就是一系列不可逆转的历史性悲剧，德国 1919 年施行的《魏玛宪法》便是显例。这部宪法作为一个抽象的政治文件而言无疑相当精彩，堪称民主精神淋漓尽致的充分体现。但由于它完全脱离了德

---

① 对法律文化的研究和思考，一直是学术界的大事。上世纪 20 年代开始的中西法律文化大论战，几乎一直持续到 40 年代末；法律文化在理论研究角度有很长历史，但系统化、理论化的研究则开始于 20 世纪 60 年代。当时苏联、美国、日本等相继提出了"法律文化"这一概念，并对其进行了深入的研究；中国从 20 世纪 80 年代中期开始兴起了一股文化热，直至今日法律文化的研究仍以方兴未艾之势向纵深发展。

② 仅在我国法学界，法律文化的研究就有至少以下五个研究方向：法律文化基本理论、法律文化比较研究、传统法律文化研究、法律文化的社会实证研究、法律文化的部门法研究。参见刘作翔：《法律文化理论》，33～34 页，北京，商务印书馆，1999。

③ 被公认为 20 世纪社会最伟大的社会学家的马克斯·韦伯，较早地经典性地分析了传统法律与现代法律的历史差异性，并且建构了"传统—现代"两极对立、互相排斥的社会形态转换图式。这种两分法含有某种独断论的因素，并且以西方中心主义为依据。在这里，我们一方面要摒弃这种独断论式的西方中心论的传统与现代之两分法，另一方面也应当在唯物史观的基础上，对传统与现代的概念工具之有益成分加以采纳和适用适用，以反映法律文化的传承关系与创新意义。参见公丕祥：《法制现代化的理论逻辑》，65 页注释，北京，中国政法大学出版社，1999；公丕祥：《法制现代化的挑战》，177～181、347 页，武汉，武汉大学出版社，2006。

国文化背景，将"人事的改革可以不顾文化条件而一切从头做起"① 作为出发点，因此施行起来便一败涂地，最后竟然导致希特勒的崛起，酿成大祸。② 而在摒弃本国传统，移植外来法律这种法律现代化故事里，悲剧就更多了。近代中国在仿行西法中陷入形式与精神的二律背反自不待言，即使是移花接木相对成功的例子，如日本对盛唐、对法德、对欧美法律的全面移植，又如土耳其对瑞士民法典的引进③，也因传统的无法离去而遭遇不同程度的困难。种种教训使我们不得不重新审视传统与现代这对概念范畴。

"传统"（tradition）是一个内涵十分丰富的术语，不同的学科所建构的"传统"内涵体系也不同，其多义性导致学术界在使用及理解这一语词上的见仁见智。④ 关于传统的所有解释延传至今，为我们理解和探讨法律文化领域内的传统奠定了基础。首先，传统是与现代相对的一个概念。在时间向度上，法律传统是指在过去产生或形成的东西，它是一个历史的概念和产物。正如梅利曼（Merryman）所强调的，法律传统是"关于法律的性质，关于法律在社会与政治体中的地位，关于法律制度的专有组织和应用以及关于法律实际或应该被如何制定、适用研究、完善及教授的一整套植根深远、并为历史条件所制约的观念。"⑤ 其次，法律传统必须是具有长期的延续性的东西，而不是短暂的内容。希尔斯认为，"信仰或行为范畴要成为传统，至少需要三代人的两次延传"⑥。传统的重要特性就是延续性。⑦ 再次，法律

---

① Clyde Kluckhohn, Culture and Behavior, A Free Press Paperback, 1962, p.70，转引自余英时：《试论中国文化的重建问题》，载姜义华、吴根梁、马学新：《港台及海外学者论传统文化与现代化》，重庆，重庆出版社，1988。

② 《魏玛宪法》是德国在一战中战败，1918年国内爆发资产阶级民主革命的历史背景下，于1919年8月公布实施的。由于内忧外患，这部宪法带有极强的民主主义色彩，被注入了崭新的思想和观念，并对现代立宪主义的发展产生了深远影响，被视为资产阶级民主宪法的楷模。但正是由于过分追求形式的理想化，反而脱离了本国实际，产生了制度上的重大瑕疵，给全世界带来无法挽回的巨大灾难。一方面，当1929年爆发的世界性资本主义经济危机来临并持续到1933年，对德国造成严重打击时，为了从危机中寻找出路，统治阶级感到《魏玛宪法》的激进条款束缚了自己的手脚，于是乞灵于法西斯专政。1933年1月30日总统兴登堡任命希特勒为德国总理，并于同年3月24日发布《授权法》，为希特勒独裁铺平道路，这就是建立法西斯专政的信号，从此开始了德国历史上最黑暗的12年法西斯专政时期。另一方面，希特勒上台后，《魏玛宪法》中诸如双首长制、比例代表制、总统的紧急处分权等体制性弊端均在客观上成为纳粹独裁的护身符，在助纣为虐的同时也使自己最终葬送于纳粹独裁之手。

③ 我们认为仅仅是"相对"成功的例子。诚然，日本法制史上三次大规模法律移植（大化革新时移植盛唐法律、明治维新时效仿法德并建立六法体系、二战后大量引进英美法律）都被中日学者普遍视为法律全面移植的范例；而对《瑞士民法典》全盘引进的土耳其也被认为是外国法继受的典型。但若深入考察就会发现，所谓深深扎根于日本社会的西方法律，实际上已经日本化了，而未经日本化、直接照搬的西方法律则没有发挥实际效用。至于日本人的法律观念，则与西方差距更大。详见徐忠明：《从比较法律文化看法律移植》，载《法学》，1995（6）；而土耳其引进瑞士民法后，由于本国习俗与公众意识并不符合新的法律规定，使瑞士法的继受在家庭法方面遇到特别大的困难。详见［德］K.茨威格特、H.克茨：《比较法总论》，潘汉典、米健、高鸿钧、贺卫方译，266页，北京，法律出版社，2003。

④ 在古代，中西方对传统都有着词源学上的不同解释。到了近现代，学术界对传统的理解主要有两种看法。一种是把"传统"与"过去"等同起来，另一种则把"传统"看成是过去的事物在现在的积淀。详细论述请参见夏锦文：《社会变迁与中国司法变革：从传统走向现代》，载《法学评论》，2003（1）。

⑤ ［美］H.W.埃尔曼：《比较法律文化》，贺卫方、高鸿钧译，20页，北京，三联书店，1990。

⑥ ［美］E.希尔斯：《论传统》，傅铿、吕乐译，20页，上海，上海人民出版社，1991。

⑦ 有的学者认为，传统的第一特性就是它的延续性。参见叶启政：《"传统"概念的社会学分析》，载姜义华、吴根梁、马学新：《港台及海外学者论传统文化与现代化》，重庆，重庆出版社，1988。

传统是一个变动的概念，它不是单一的、凝固不变的，而是不断变化与发展的。最后，法律传统还是一个现实性的概念，法律传统作为一种历史文化积淀，存留于现代法律之中。希尔斯说，传统"是既存的过去，但它又与任何新事物一样，是现在的一部分"①。可见，传统不仅是过去的东西，又是现在、现实的东西。② 达维德也认为，"传统并非老一套的同义语"③。

与传统相对的"现代性"、"现代化"、"现代"这类语词，首先是带有变革色彩的概念，意味着传统法律向现代法律的历史更替。这种历史性跃进，导致整个法律文化价值体系的巨大创新。其次，"现代"也是一个延续性的概念。现代社会脱胎于传统社会，包含着对传统性要素的肯定和保留。在传统与现代之间不存在一条不可逾越的鸿沟，在法律文化的发展进程中，往往会出现这种现象：法律文化既蕴含着很多现代性的因素，又具备许多传统性的成分。所以，传统与现代之界分，便具有相对的意义，"法律的现代性，一方面意味着对法律的传统性的历史性否定和时代超越，这种否定和超越体现了法律发展过程的阶段性；另一方面，法律的现代性内在地包含有对传统法律文化中某些积极因素的肯定与传承，这种肯定与传承反映了法律发展过程的历史延续性"④。

从传统与现代的互相观照中，我们看到了两者之间的相对性。C. E. 布莱克在论及传统与现代的概念功能时曾指出："'传统'与'现代'是两个相对概念。"⑤ 这种相对性与由来已久的"古今之辨"⑥ 一脉相承，同时蕴藏着创造性转换的新内涵。当然，需要指出的是，我们也不能盲目夸大传统的生命力与延续性。如果不注重区分"传统"与"现代"之间的差异性，就容易陷入相对主义的境地。

传统与现代的相对性，决定了法律文化在发展和繁荣的历史中，其传统与现代性是紧密相关、唇齿相依的。"尽管传统法制与现代法制的价值取向是截然分别的，但是作为一个历史的延续过程来说，古老的法律传统并未因其是历史上的东西而发生断裂，它在或大或小的程序上以某种新的形式获得延续与传承，进而在一个新的法律系统中发挥新的功用。而现代法制的建构在一定意义上不可避免地向传统回归（尽管不同形式的'回归'的性质有所不同），从而进一步加强了传统。"⑦ 更何况，法律文化绝非一蹴而就，而是由无数的经验、智慧、观念、制度以及人物、事件经年累积而成。我们不可能想象没有古希腊、古罗马法律文化的源头活水，而酿造出当代的西方法律文化；我们也不能想象没有诸子百家的争鸣与著

---

① ［美］E. 希尔斯：《论传统》，傅铿、吕乐译，16 页，上海，上海人民出版社，1991。
② 张文显在比较"法律文化"与"法律传统"这两个概念时，用了一大段论述了两个概念的异同，其中谈到："……实际上，传统不只是过去的东西，而且是对现在和未来都能够产生定向性和规定性影响的东西。那些仅仅属于过去，早已僵化和死亡的东西，并不能称为传统。"参见张文显：《法律文化的释义》，载《法学研究》，1992（5）。
③ ［法］勒内·达维德：《当代主要法律体系》，漆竹生译，"为中译本序"，1 页，上海，上海译文出版社，1984。
④ 公丕祥：《法制现代化的挑战》，183 页，武汉，武汉大学出版社，2006。
⑤ ［美］C. E. 布莱克：《现代化的动力》，段小光译，12～13 页，成都，四川人民出版社，1988。
⑥ 由古向今的转换，是每一时代的人们都要面对的问题。不同时代的人们立足于各自所处的"当下"，将无限悠长、深远的时间之流划分为过去、现在与未来，从而形成各自的"古今观"，进行着永不停息的"古今之辨"。如清人段玉裁："古今者，不定之名也。三代为古，则汉为今；汉魏晋为古，则唐宋以下为今。"参见段玉裁：《广雅疏证序》，转引自湖北大学中国思想文化史研究所主编：《中国文化的现代转型》，武汉，湖北教育出版社，1996。
⑦ 公丕祥：《法制现代化的理论逻辑》，350 页，北京，中国政法大学出版社，1999；公丕祥：《法制现代化的挑战》，182 页，武汉，武汉大学出版社，2006。

述，而积淀成汉唐盛世的中国传统法律文化。所有的发展、创新都是以温故为基础的。

法律文化的传统与现代性之间的紧密关联，使法律文化成为一个动态的系统。从传统与现代的相互关系来看，法律文化是一种"集历史与现实、静态与动态、主观与客观、过去与现在在内的人类法律实践和活动的文化形态"①。它是在一定社会物质生活条件的作用下，掌握国家政权的统治阶级所创制的法律规范、法律制度，以及人们关于法律现象的态度、情感、价值、学说和法律设施、法律技术的有机复合体，是一个包括物质文化、制度文化、观念文化在内的多层次、多方面内容的统一体系；它既是一个宏观的法学新思维，又渗透在人类的法律实践中；它既体现在作为显性的法律制度体系中，又存活在作为隐性的法律观念里；它既是历史文化的遗留和馈赠，又是现实的人类发明与创造。过去人们创造了法律文化，现在人们仍在不断发展着法律文化。法律文化既是作为人类在各个历史阶段社会物质条件的基础上，在法律实践活动中创造并保存的内容之总和而存在，又是作为一个处于生存、发展、蜕变、转型、更新、重塑的永恒运动中的过程，作为一种活生生的创造活动而演化。因此，它是活动方式与活动成果的辩证统一，是一个不断创造的过程，是一个复杂的变体，也是一个奔流不息、吐故纳新的动态系统。在法律文化体系中律动着的脉搏和活的灵魂，作为经久不衰且不断演化的法律精神，是法律文化在创造性转换中存留和发展的永恒动力。

二、中国传统法律文化在现代留存的必要性

传统与现代的共生共存，使中国传统法律文化在现代留存在逻辑上成为必要。而中国法律文化由传统向现代迈进的千年历史，见证了中国传统法律文化的优美与发达，其中蕴含着的无数优秀因子，富有现代价值，成为传统法律文化留存的价值必要性。此外，中国传统法律文化具有多重的社会功能，使其在现代的留存具有功能上的必要性。逻辑上的不可分割、价值上的不可毁弃、功能上的不可偏废，这三点合成了一个多面体，显示出现代中国社会对传统法律文化的索求。其中，价值必要性是从中国传统法律文化的内在精神与优秀品质上展现其现代意义，而逻辑必要性与功能必要性则是描述性的，并不包含对中国传统法律文化本身优劣之类的价值判断，也不意味着对中国传统法律文化社会功能的抽象肯定或否定。

（一）逻辑必要性

法律文化的传统与现代性，以及二者之间的亲缘关系，决定了法律文化无论朝着何种方向变动与发展，都不可能将传统断然抛弃。② 因此，法律传统"体现了从过去沿袭、传承到现在并依然在发挥作用的某种法律精神与文化"③，任何一个社会的现代法律都无法排斥法律

---

① 刘作翔：《法律文化理论》，97 页，北京，商务印书馆，1999。
② 英国法律史学家 F. W. 梅特兰用生物学中的隐喻来描述 2 世纪和后来英国法律中关于诉讼形式的变化，他说："我们的诉讼形式不仅仅是法律中的标题，也不是无生命的范畴；它们不是适用于既存材料的分类过程的产物。它们是法律的制度；我们毫不迟疑地说，它们是活的东西。它们各自过着自己的生活，有着自己的奇遇，享受或长或短的苗壮、成材和盛名之年。少数几个流产，其中一些没有子女，另一些则活到高龄，能够看到它们的子女和子女的子女。它们之间的斗争是激烈的，只有适者才能生存下来"。在这里，我们可以透视出诉讼形式这种法律传统的形成和发展过程，以及作为活的东西向未来前进或在现代存续的可能性和现实性。参见 ［美］H. G. 伯尔曼：《法律与革命》，7 页，北京，中国大百科全书出版社，1993。
③ 公丕祥：《传统与现代性：中国法制现代化的历史逻辑》，载《中国社会科学季刊》（香港），1993（2）。

传统的存在。"文化虽然永远在不断变动之中,但是事实上却没有任何一个民族可以一旦尽弃其文化传统而重新开始。"①

这一看似浅显的规律,既不是研究者心血来潮之时的标新立异,也不是先哲灵光一闪之下的发明,而是无数前人为了探索和追寻法律文化发展之道,在历史与现实的锤炼中,历尽成功与失败所赋予的困难艰险,阅遍法律文化的冷暖枯荣之后,所得出的真切体验与深刻教训。它所蕴含的"传统与现代紧密关联,舍弃传统将会受到传统的报复"这一中心意旨,在近代中国的法律文化价值选择问题上得以淋漓尽致的体现,成为中国传统法律文化在现代留存的逻辑必要性。

在风云变幻的近代中国,船坚炮利下西学的传播和渗透,对近代中国的文化、政治、社会、制度、心理等各个方面都产生了巨大的影响。② 西方法律文化的大量涌入使中西方两种截然不同的法律文化发生了矛盾和冲突,有时还表现得很尖锐。面对这种差异和冲突,以及与之相关的中国传统法律文化危机③,不同社会阶层以及不同的政治利益群体及其知识分子,都作出了不同的反应,形成了他们各自不同的中国近代法律文化建构观。各家观点纷纭繁杂,竞相角逐,但大体上不出三种:文化保守主义,又称文化传统主义;"中学为体,西学为用"论,又称文化折中主义;"全盘西化"论,又称文化虚无主义。④ 文化保守主义显然是行不通的,没落的清政府长期以来的盲目自大、闭关自守不仅窒息了法律文化的正常发展,而且造成了中国近代科技和文化的全面落后。而"中体西用"与"全盘西化"论,也在社会实践中屡受打击。"中体西用"因忽视了传统法律文化的制度层面与精神层面而造成法律文化层的畸形;晚清政府师夷变法,对法律制度的"全盘西化"造成了落后的封建法律内容与先进的近现代法律形式的奇怪混合;等等。这些运动失败的根源都在于他们将"传统"等同于"过去",轻视了法律传统作为一种历史文化力量和历史惯性机制所具有的深厚社会基础。他们误以为只要引进西方先进法律文化就能使传统的东西得以解体,却高估了西方法律文化的冲击对于中国传统法律文化的解体所起的催化作用,没有意识到使中国传统法律文化解体并重组的直接动力,乃是来自中国社会及传统法律文化内部的矛盾斗争。

(二)价值必要性

传统与现代的相互关联和不可割断,是中国传统法律文化在现代社会留存的必要性之一,同时也为中国传统法律文化的基本精神提供了足够的证明。在由传统到现代不断演进的

---

① 余英时:《试论中国文化的重建问题》,载姜义华、吴根梁、马学新:《港台及海外学者论传统文化与现代化》,重庆,重庆出版社,1988。

② 这种影响是多方面的,它不仅改变了传统中国的社会经济结构,促进了生产力的发展和生产关系的变革,更重要的是催生出各种新思想和新潮流,动摇和改变了在中国植根几千年的传统价值观念。

③ 有关中国近代文化所遭受的危机,请参见〔美〕成中英:《中国文化的现代化与世界化》,70页,北京,中国和平出版社,1988;赵雅博:《中国文化危机及其解决之道》,载姜义华、吴根梁、马学新:《港台及海外学者论传统文化与现代化》,重庆,重庆出版社,1988。而对中国近代法律文化危机的研究,请参见公丕祥:《法制现代化的挑战》,338~347页,武汉,武汉大学出版社,2006;曹全来:《国际化与本土化——中国近代法律体系的形成》(法史论丛),33页,北京,北京大学出版社,2005。

④ 事实上,关于中国文化的发展道路的论争,从16世纪就开始了。长达几个世纪的文化论争可以划分为四个阶段,期间涌现出大量的新思潮,但总是围绕着"古今中西"之间的关系。请参见张岱年、程宜山:《中国文化与文化论争》(中国人民大学出版社1990年版)中的专章论述。

历史进程中，中华民族塑造了光辉灿烂的中国传统法律文化，其优秀品质与迷人风采构成了传统在现代留存的价值必要性。

从整个文化大系统而言，中国文化以其最为连贯的内部传承、极高的发展水平、难以超越的世界性贡献，形成了层层叠压的文明世代、闪耀全球的盛世风光、扩散东亚的中国文化圈。① 西方文化东来之前的两三个世纪里，欧洲思想界、政治界的知名人士和学问家，无不对中国文化产生了浓厚的兴趣。② 其中，对整个中国文化体系有决定性意义的中国传统法律文化以历史的深长、体系的博大、组织的精密、精神的卓越，规律了千百年来华夏大地的社会生活，凝聚了中华民族的高度智慧、理性思维与创造精神，记载了历代王朝的法律思想与实践，促进了中国古代文明的构建与社会的发展，并且流播海外，泽被世人，在世界法律文化体系乃至整个文化体系中树立了无法撼动的地位。中国传统法律文化所蕴含的许多合理性因素，跨越时空，历久常新，既酝酿了中华法系的价值，又滋润着现代中国社会的文化与法律，使中国传统法律文化不因时代久远而淹没光彩，不因社会变迁而遭受遗弃。譬如人本主义的法律理念、法尚公平的价值取向、和谐大同的理想诉求、德礼为本的道德支撑、援法断罪的司法责任、情理兼容的司法原则等，都显示出中国法律传统中最有价值的部分，从中散发出无数的优秀传统因子，可以为今所用。③ 对此稍作采撷即见，作为中国传统法律文化哲学基础的人本主义思想，衍生出德主刑辅且注重教化的法制模式、提倡无讼且注重调解的执法司法理念、宽仁慎刑且爱惜人命的司法人道主义；法尚公平的法律价值观，演化出"一断于法"的公平法律观、"立公弃私"④ 的立法指导原则、"刑无等级"⑤ 且"法不阿贵"⑥ 的执法思想；援法断罪、情理兼容的司法原则，将天理、国法、人情三者协调统一，表现为立法上的亲情法律化，如"存留养亲"、"留养承祀"，以及司法上的执法原情、准情定谳，如"亲亲相容隐"的人伦主义；历代立法以史为鉴，纵向比较，使法典的篇目结构不断调整优化，立法的内容更加切合实际，进而培育了可贵的比较思维逻辑，结晶出薛允升《唐明律合编》、沈家本《历代刑法考》等比较法专著；中国古代制定法与判例并存共用、互补互渗的"成文法＋判例"模式，调节着法律的稳定性与可变性的关系；作为中国古代法学集中代表的律学，沿革清晰，成就斐然，堪称中国传统法文化苑中的奇葩；由中华各民族共同缔造的中国传统法律文化，融汇了数量庞大、形式多样的民族立法与民间法，体现了民族法律文化相互沟

---

① 中国文化的发展并不限于中国本土，还扩散到东亚各国，如日本、朝鲜、越南等，形成了中国文化圈或东亚文化圈。从公元前4世纪到19世纪中叶，中国一直是这个文化圈的中心。在世界文明中心的意义上，一般认为奴隶制时代、封建制时代、资本主义时代这三个历史时期内，文明发展水平最高、对世界文明贡献最大的文明中心分别是奴隶社会的古希腊与古罗马、封建时代的中国、近代西方基督教文化圈的西欧和美国。参见张岱年、程宜山：《中国文化与文化论争》，232 页，北京，中国人民大学出版社，1990。

② 在当时西方人的眼中，遥远而神秘的中国代表着世界上最理想、最完美的贤明政治，而且道德高尚，文化发达。康帕内拉的《太阳城》、孟德斯鸠的《论法的精神》、伏尔泰的《风俗论》等著作中，写不尽当时的西方对中国文化无比热诚的追慕，以及至为热烈的赞美。

③ 有关中国传统法律文化或中华法系的内在精神与优秀品质请参见张晋藩：《中国法律的传统与近代转型》，北京，法律出版社，2009；张晋藩：《中华法系的回顾与前瞻》，北京，中国政法大学出版社，2007；郭成伟：《中华法系精神》，北京，中国政法大学出版社，2001。

④ 《慎子·威德》。

⑤ 《商君书·赏刑》。

⑥ 《韩非子·有度》。

通与吸收的精神……中国传统法律文化的这些优秀因子，以其视野的广阔、内涵的丰富，显示出先进性和现代意义。这些珍贵的传统与经验，是值得总结的，也是应当留存于当代社会的。

（三）功能必要性

传统在现代社会的功能，是中国传统法律文化留存的功能必要性。传统法律文化的社会意义体现在对法律发展与变革、社会凝聚与整合、行为规范与评价这三个方面。

首先，最关键的是，传统法律文化对当下法律发展乃至未来变化有着潜移默化的文化影响力，这在社会的通常状态与转型状态下都有充分的反映。一方面，在常态的社会，传统法律文化作为宝贵的文化遗产，使不同历史阶段之间保持着连续性，构成了一个社会、一个民族的文化密码。[①] "随着社会的不断衍化，传统法律文化逐渐形成为一种历史文化力量，它具有深厚的社会基础，存在于普通民众的法律意识、心理、习惯、行为方式及生活过程中，因而与一个社会的有机体密不可分。甚至在某种程度上成为社会成员信仰与认同的载体。传统法律文化作为这样一种社会历史惯性机制，不仅构成了一个新社会法律发展的历史起点，影响着当下社会法律发展的各个领域，进而与当下社会法律生活交融在一起，而且制约着一个社会法律文化的长期发展进程，有形或无形地左右着该社会法律的未来走向。"[②] 另一方面，在社会发生剧烈变动的特殊历史时期，尤其是外来法律文化的冲击之下，传统法律文化对法律变革与文化重组更是意义重大。[③] 近代中国各个阶层的思想家、改革家在引进西方法律文化、寻求变革之道的过程中，无不倚重固有的传统法律文化的力量，为自己的理论鼓吹与法律实践寻求合理性证明。例如，以"固守传统"、"稍变成法"为法律指导思想的洋务运动，将"稍变成法"建立在"固守传统"基础之上，以此回应和对抗来自封建顽固派对洋务事业的反对和责难。而"稍变成法"也是李鸿章从儒家古训"穷则变，变则通"中所推出的结论。即使是相对先进的维新派，仍将孔子装扮成维新变法的祖师爷，"托古改制"，借孔子的亡灵来减少变法的阻力。此外，在引进西方法律文化时，中国传统法律文化对引进的对象起到了选择的作用。西方人在华夏大地费尽心机进行的基督教传播活动收效甚微，而严复的一本《天演论》却使进化论在中国众口皆碑，这一对鲜明对比的例子就是有力的证明。[④] 这一切表明，无论是在社会常态下，还是在社会转型中，法律的变革与发展总是无法甩开中国传统法律文化这个拐杖。

其次，中国传统法律文化表现出凝聚与整合社会的功能。生活在这一传统下的中华民族形成了从种族学意义上讲是共同的或者相似的民族法律文化心理，这种民族法律文化心理体现了世代相传的亲缘意识，从而强化了社会成员彼此之间的认同感，起到了凝聚社会的作用。这种认同意识和凝聚力，促进了社会的整合。正如希尔斯所言，"传统是一个社会的跨

---

① 诚如希尔斯所言，"我们始终处于过去的掌心中"。参见［美］E. 希尔斯：《论传统》，傅铿、吕乐译，47、50 页，上海，上海人民出版社，1991。

② 公丕祥：《法制现代化的理论逻辑》，347 页，北京，中国政法大学出版社，1999。

③ 长期以来，很多学者认为中华法系的解体源自西方法律文化的冲击。事实上，西方的冲击仅仅是一种催化作用，中国传统法律文化的传承与创新的直接动力，仍然来自于中国社会与文化系统的内部。

④ 原因在于，基督教的思想系统与中国传统法律文化具有不相容性，很难纳入中国文化系统中。仅是不准祭祀祖先这一条，就很难被中国人接受。康熙末年清政府决定尽逐传教士的直接原因，就是罗马教皇于 1704 年颁布的一道教令激起了朝野的公愤，这条教令的内容就是禁止中国的基督教信徒祭拜祖宗。而进化论则与中国传统文化的精神一脉相通。参见张岱年、程宜山：《中国文化与文化论争》，186 页，北京，中国人民大学出版社，1990。

时间的整合机制"①。

再次，中国传统法律文化还具有规范和评价的功能。社会调整机制是多样性的。由于中国传统法律文化表现为世代相传的习俗与行为惯例，所以在一定的条件下，它可以起到规范人们行为的作用。尽管传统法律文化的规范性并不具有国家强制力，但是由于在传统法律文化中，凝结着人们对往昔法律现象、经验或祖先的某种程度的崇敬，所以人们会有意无意地以传统法律文化为参照系来指导和规范自己的行为。中国传统法律文化的评价功能也是不言而喻的，它是世世代代的中国人民在长期的交往过程中累积起来的生活经验和交往惯例的聚合体，具有伦理的性质。它借助于某些流传下来的共同道德原则，来对人们行为的合理性进行道德判断，其评价功能带有道德经验性的色彩。②

三、中国传统法律文化创造性转换的维度与限度

（一）创造性转换的中心意旨

在近现代中国法律变革及其现代化的伟大事业中，源远流长的中国传统法律文化的存留有其多方面的必然性。这就提出了这样一个问题：对于正在走向现代法治社会的中国来说，应当通过何种方式使中国传统法律文化得以存留和传承？在法律文化的发展进程中，应当如何协调好传统性因素与现代性因素的关系，使两者在合理限度内彼此相容？

对于这一问题的探讨，早在学术界对法律文化现代化与中国传统法律文化的关系进行争论时就已经开始了。近代以来，中国传统法律文化开始遭遇西方法律文化的剧烈冲击与挑战。西方法律文化不仅向国人展示了学术流派的分歧多端及旺盛的活力，同时将其对东方的感化与征服的热忱也表露无遗。在西方形形色色的法律信条与意识形态之下，百年来一直在为中国传统法律文化寻找出路的中国人民，也一直徘徊在传统法律文化与西方法律文化之间，心理上始终存有矛盾和彷徨，时常陷入无所适从、进退失据的境地。因此，有关如何对待传统、存续传统的争论此起彼伏，定于一尊与多系发展，中体西用与西体中用，中西分途与中西调和，这些互相对立又互相联系的思潮与派别，尽管在社会变革中发生了不小变化，至今仍然各执一词，相持不下。人们不是把中国传统法律文化贬斥为明日黄花且已无功用于现世，就是在未经深思熟虑且尚缺宽广视野之时，盲目地致力于维护传统，将爱国精神表现得过于急切并时有疑虑。这些对待传统的方式，都加重了近现代中国法律变革与现代化事业的困难，各种错综惨痛的经历令人叹惋不已。

能否正确对待中国传统法律文化，关乎中国法律现代化事业的兴旺发达。传统法律文化在现代留存的必要性在上文已述，不过，留存不等于膜拜和固守，中国传统法律文化不是一个单一的定型模式，而是一个随着社会条件与时代因素不断发展着的变体，变革与发展是中国传统法律文化的基本精神。③ 因此，在法律发展路途中，我们必须树立这样一个中心意旨：

---

① ［美］E. 希尔斯：《论传统》，傅铿、吕乐译，437 页，上海，上海人民出版社，1991。
② 有关传统法律文化的凝聚、规范、评价等功能，请参见公丕祥：《法制现代化的理论逻辑》，347～348 页，北京，中国政法大学出版社，1999。
③ 诚如希尔斯所言："传统存在的本身就决定了人们要改变它们。"参见［美］E. 希尔斯：《论传统》，傅铿、吕乐译，270、285 页，上海，上海人民出版社，1991。

中国传统法律文化的现代存留，不在于把传统借尸还魂供奉于博物馆内，而在于把传统脱胎换骨、创造性地转换为现代法律中的灿烂现实。此项任务既复杂艰巨，又不容回避；既需要无与伦比的心神智慧与勇往直前，又无法摆脱来自国内的存疑和西方的批评；既是一项反思与重建、传承与创新的攻关课题，又是一项开发未来美好法律图景的现代伟业。为了完成这一义不容辞的历史使命，实现中国传统法律文化的创造性转换，我们需要协调好传统因素与现代因素、社会基础与法律发展、制度建设与观念更新这三对关系。

首先，在对中国传统法律文化创造性转换的历史进程中，社会主体应当走出传统的法律世界，挣脱传统法律观念的束缚，获得新的法律价值观念，从而向新的法律世界前进。当然，这并不意味着主体同一切传统的法律观念与法律制度决裂，而只是与某些阻碍社会进步与法律成长的法律意识诀别，进而在新的历史水平上更深入地理解传统遗产的价值，积极主动地赋予传统法律观念以新的存在形式和生命力。

其次，中国传统法律文化创造性转换的根本动力，来自于商品经济和民主政治建设所形成的强大动力，特别是商品经济的推动作用。因此，新型的现代法律文化系统只有在现代商品经济的基础上，才能够确立和建构起来。①

再次，中国传统法律文化的创造性转换，是法律制度建设与法律观念更新的统一，是法律文化结构内部的相互协调、相互配合与相互支持。在法律文化的创造性转换中，最关键也最难的就是观念的创造性转换，它代表的是人的现代化，是衡量法律文化创造性转换程度的根本依据。② 对中国传统法律文化进行整体性的变革，使其三个层面都能得到革新并彼此和谐，是中国传统法律文化创造性转换进程中所要解决的重大课题。

（二）创造性转换的维度

在明确了中国传统法律文化创造性转换的中心意旨并把握了三对关系之后，我们认为，可以从四个维度创建传统法律向现代法律转换的机制，以承继并创新中国传统法律文化。这四个维度是：治国方略的变革、法律原则的转型、法律制度的重建、司法机理的转换。

1. 治国方略的变革

中国传统法律文化中优秀且先进的治国方略，有着连绵不断的历史沿革、深厚的理论根基、丰富的思想内涵，并在相应的制度设计和法律实践中取得了累累成效。这些万古长青的

---

① 我们需要明确，重构新型的现代法律文化系统，绝不是在过去小农式的自然经济轨道上的滑行，而是要适应商品经济的要求，对传统法律文化进行创造性、根本性的改革或革新。在这个意义上，那种脱离经济生活条件的转型而单纯追求传统的创造性转换的观念，是狭隘而不切实际的。因此，中国传统法律文化的创造性转换，是以一定的社会物质条件为根基的。详细论述请参见公丕祥：《法制现代化的理论逻辑》，360～364 页，北京，中国政法大学出版社，1999。

② 诚如美国学者英格尔斯所指出的："那些完善的现代制度以及伴随而来的指导大纲、管理守则，本身是一些空的躯壳。如果一个国家的人民缺乏一种能赋予这些制度以真实生命力的广泛的现代心理基础，如果执行和运用着这些现代制度的人，自身还没有从心理、思想、态度和行为方式早都经历一个向现代化的转变，失败和畸形发展的悲剧结局是不可避免的。再完美的现代制度和管理方式，再先进的技术工艺，也会在一群传统人的手中变成废纸一堆。"参见［美］英格尔斯：《人的现代化》，殷陆君编译，4～5 页，成都，四川人民出版社，1985。美国博登海默也认为："与一个社会的道义上的观念或实际要求相抵触的法律，很可能会由于消极抵制以及在经常进行监督和约束方面所产生的困难而丧失其效力。"参见［美］E. 博登海默：《法理学——法哲学及其方法》，邓正来等译，373 页，北京，华夏出版社，1987。

法文化宝藏，菁芜并存，需要我们分析与选择，传承与创新，将古老的法律精神转换为现代的法治理念。从传统和谐大同理想到倡导以人为本、法治主义、多元文化的现代和谐社会；从传统民本思想到以人为本、崇尚民主的现代法律发展观；从以"为政以德"为开端的传统"仁政"思想体系，到当代以富民爱民、保障权利、全民教育为内涵的执政能力建设；从以性善论为理论基石，注重德政、德教、德法同治的中国传统德治思想，到现代社会的"以德治国"；从主张"一断于法"、"信赏并罚"、"刑无等级"的"垂法而治"，到现代"依法治国"思想体系；从"礼乐行政、综合为治"的治世精神，到"以法治国"与"以德治国"相结合的宏韬大略……在这一系列的治国方略创造性转换的过程中，凝聚着全社会对往昔治国方略思想与实践的深入思考、对传统治世精神的多样理解、对当今治国方略的全面谋划和对现代法治理想的不懈追求。

2. 法律原则的转型

中国古代的法律原则，遍布于立法、法律适用、司法、吏治、刑法等各个领域，显示出中华民族非凡的精神、智慧、理性和创造力。立法原则有创立善法与良法之治，法条简约、明确、稳定与便于执行，因时变法与立法的实事求是，西学为用与立法中的法律移植；法律适用原则有以法为本与树立法的权威，不分等级、刑无贵贱与法律面前人人平等，执法严明、不避权贵与严格依法行政，亲亲尊尊与注重伦理；司法原则有"律法断罪"、宽仁慎刑、原心定罪、刑罚人道主义。这些传统法律原则经过创造性转换后，将成为现代法律文化中的经典。

3. 法律制度的重建

中国传统法律制度体系历经各朝各代的风云变幻，在延续与传承中不断臻于完善。无论是以严格任免与偏重德能为官、建立严密的考课制度、明确官员责任、专设监察以肃纲纪为主体的吏治制度，还是鼓励自首、区分故意与过失、累犯加重处罚的刑法制度，还是调整社会稳定和经济发展的婚姻家庭制度及经济法规，还是独具特色的法律解释，都显示出体系上的精致与完备，以及内容上的丰富与发达。这些制度中的优秀成分不仅对中国传统社会中的法律发展起到了重要作用，铸造了中华法系独树一帜的制度体系，而且以其合理的文化内涵传承至今，对我们构筑现代社会中的法律制度体系有着深刻的启迪。因此，深入、细致地研究、分析中国传统法律制度中的优秀因子并对其加以传承与创新，使其与现代法律制度相对接，对于当代中国法律现代化事业具有极其重要的现实意义。

4. 司法机理的转换

中国古代法律文化在其发展过程中，除了形成了举世闻名的治国方略、底蕴深厚的法律原则、精巧完备的制度体系，还形成了内涵丰富、逻辑严密的司法机理。传统会审制度中的实质正义价值取向与现代司法公正、传统调解调处制度与现代多元化解纷机制、传统司法官员责任制度与现代法官职业化、乞鞫与上请等司法人道主义与现代司法人性化机制、富有特色的传统司法技术与现代司法科技等等，这一对对具有亲缘关系的语词表明，传统司法机理中的合理性因素，是现代司法机理必不可少的宝贵源泉。对传统司法机理进行创造性的转换，将为现代司法机理的运转与完善注入富有文化底蕴的活力和源源不断的生命力。

（三）创造性转换的限度

以上我们论述了传统法律文化创造性转换的维度，接下来的一个问题就是：中国传统法律文化的创造性转换，是否有一个限度？答案是肯定的。这里有三方面的原因：一是中国传统法律文化的创造性转换，并不仅仅是一个法律文化上的问题，更是一个社会变迁与发展的问题，它与经济基础与社会条件紧密相关。一定的社会物质条件，构成了传统法律文化创造性转换的社会限度。二是中国传统法律文化与现代法律文化的差异性，以及由此产生的相互排拒性，构成了传统法律文化创造性转换的历史限度。三是中国传统法律文化的某些内在的消极因素和劣性因子，构成了传统法律文化创造性转换的价值限度。

1. 社会限度

我们认为，一切法律文化现象都蕴含着更为深层的社会条件与更为复杂的历史背景。传统法律文化的创造性转换已经超越了法律文化的范畴，不再是一个枝节性的问题，而是一个复杂的社会性问题。无论是法律的变革，还是传统的转换，都不是一个孤立的历史发展现象，它与经济、政治、思想文化的变革与创造性转换紧密相连，因此必然受到社会条件的多方面限制。首先，以经济关系为核心的社会物质生活条件，决定了一定社会经济条件的法权要求，也就决定了法律文化的创造性转换。这一论断来源于马克思主义的一个命题："法的现象受社会经济关系制约。"①　马克思主义法律观的发展历程告诉我们，脱离经济生活条件的转型而单纯追求传统的创造性转换的观念是不可能达到目的的，而且会陷入唯心主义的泥潭。其次，政治体制转型对法律文化的创造性转换有着重要的意义。清末被迫进行的变法修律，因有统治集团认可并推行的预备立宪、官制改革为政治保障得以进行。②　而与之形成鲜明对比的就是 1898 年的戊戌变法，103 天里颁布的涉及经济、政治、军事、文化教育等各个方面的一百一十多条法令，因整个政治体制仍旧处于封建势力的控制中，而随着百日维新的失败而——沦为空文。同理，在西方，只有当资产阶级革命取得胜利，君主立宪制得以确立，才产生了记载法律现代性成果的《法国民法典》、《美国宪法》等法典巨作，使法律文化的创造性转换得以巩固。因此，如果整个社会大系统暂时不能发生相应的变化，那么法律文化的创造性转换也势必缓行。以经济关系为核心、包括政治与社会文化等诸要素的社会物质生活条件决定或限制了传统法律文化的创造性转换的广度和深度。

2. 历史限度

传统法律文化与现代法律文化是两种不同的价值范型，在法律变迁与发展过程中，两者的排拒性是明显的。这源于传统法律文化与现代法律文化的差异性。中国传统法律文化作为一种独特的把握世界的方式，有着自己固有的制度规范和价值取向，体现着独特的民族法律心理与经验。以人身依附为条件的自给自足的自然经济，以父家长为中心的宗法社会结构，以皇帝的独尊为特征的专制皇权主义，以及以儒家为正宗的意识形态体系，构成了传统法律文化机制的固有格局。这种机制与现代法制是截然不同的。这种差异性本身，便构成了中国

---

①　对于这一命题的正当性，我们毋庸置疑。在马克思理论的百科全书——《资本论》及其手稿中，马克思全面地分析了构成法的基础的社会经济关系，认为法是一定社会经济条件的法权要求，是经济关系的意志化形态，并且揭示了法权关系与经济生活的内在联系——经济关系产生出法权关系。（参见《马克思恩格斯全集》，第 19 卷，18～19页，北京，人民出版社，1963。）社会经济关系是法律文化产生、发展和转换的决定性力量的根源，马克思指出："法权关系，是一种反映着经济关系的意志关系。这种法权关系或意志关系的内容是由这种经济关系本身决定的。"（《马克思恩格斯全集》，第 23 卷，102 页，北京，人民出版社，1972。）

②　尽管当时的预备立宪和官制改革，作为政治体制的改良，在广度和深度上还很有限，但它意味着传统的以皇权至上为理论基础的专制政治体制开始动摇。政治体制上的变革，为清末变法修律提供了政治保障和合理性基础。

传统法律文化创造性转换的历史限度。①

3. 价值限度

中国传统法律文化中的诸多优秀因子，对法律的发展有着正面的功能，并且成为强化法律现代化事业的动力。不过，利之所在，弊亦随之，传统中潜藏的弱点与不足，以及引发的对现代社会的负面影响，成为传统法律文化创造性转换中的障碍与限度。例如，君权神授、法自君出的皇权观念，尊卑有别、法有等差的特权思想，义务本位、轻视权利的价值取向，无讼是求、畏讼厌讼的淡法意识，君主专制、集权中央的行政模式，重视实体、轻视程序的司法理念，行政强势、司法依附的权力结构，以刑为主、重刑轻民的法律体系，等等。中国传统法律文化中的这些劣性遗产，与近现代法律文化的标志性因素——宪政、共和、法治、权利、司法独立、律师制度等都是背道而驰的，已经成为阻碍传统法律文化创造性转换的桎梏。

传统法律文化的社会基础、传统法律与现代法律的差异性、传统法律文化自身的弱点与不足，表明了中国传统法律文化的创造性转换是有限度的。它并不是一个可以自由发挥、没有界碑的无垠天地，也不单纯受某一权威力量的控制，而是客观选择与主观努力共同作用的结果。为中国传统法律文化寻找出路，本质就是如何对现代社会中的传统进行定位，如何协调传统法律文化与法律文化现代化之间的关系，如何平衡维度与限度之间的博弈。在现代社会，中国传统法律文化只有在尊重传统的基础上超越传统，在尊重社会历史规律的基础上对传统进行创造性的转换，才能适应现代，赋予传统永久的生命力和现代意义。目前，实现中国传统法律文化的创造性转换已经成为一个具有极大震撼力的号召，成为整个中华民族同声相应的时代最强音和不可阻挡的历史潮流。

---

① 详细论述请参见公丕祥：《法制现代化的理论逻辑》，358 页，北京，中国政法大学出版社，1999。

第一编

治国方略

第一章

和谐大同理想与构建和谐社会

第一节
传统和谐大同理想的产生和沿革

一、和谐思想的历史演进

和谐（Harmony）指事物协调地生存与发展的最佳状态，它是人类向往和追求的一种理想目标。自古以来，构建平等、互助、协调的和谐美好社会，一直是历代志士仁人的崇高理想追求，也是鼓舞人们为之奋斗和探索的精神力量。闻名遐迩的"文景之治"、"贞观之治"、"开元盛世"、"康乾盛世"，不仅是中国历史上国力强盛、经济繁荣、疆域辽阔、文化璀璨、价值体系优越、影响巨大的黄金时代，也是政通人和、内和外睦、亲仁善邻的和谐时期。在古代中国，自然和谐的观念深入人心，正如李约瑟博士所认为的："古代中国人在整个自然界寻求秩序与和谐，并将之视为一切人类关系的理想"①。随着历史长河的静静流淌，和谐观念逐日积淀为内容丰富、独树一帜的中国古代"和谐"思想文化，在无边无际的世界文化星空中闪烁着东方哲学的智慧之光。在"和谐"思想文化这一核心价值目标指引下，源远流长、意蕴丰厚的中国传统文化以人为本位，以"和"为宇宙万物存在发展的基础，在认为万事万物存在对立统一关系的同时，主张通过人与社会、人与人、人与自然、人与自身诸关系的协调，来消解冲突，以实现万物并育、共同发展。作为中国传统文化的基本精神和鲜明特色，和谐思想既是中华民族智慧火花的结晶，在历史上产生了重要而深刻的影响，又是万事万物生成和发展的规律，具有永恒的借鉴价值。由古至今，和谐对人类的生存和发展始终具有至关重要的意义。因此，在建设社会主义和谐社会的今天，发掘中国传统文化的精华，对中国传统文化中和谐思想的历史沿革作一番梳理和审视，从中获取思想资源并加以传承和创新，对我们构建现代和谐社会无疑具有重要的时代价值。

"和谐"是一个古已有之、不断传承和演进的概念。在中国传统文化中，和、谐两字同义，是可以相互替代使用的两个字。"和，谐也。"② "和"的意思即为"和谐"。和谐概念在

---

① ［英］李约瑟：《李约瑟文集》，陈养正等译，338 页，沈阳，辽宁科学技术出版社，1986。
② 《广雅·释诂三》。

中国古代哲学中就是以"和"的范畴出现的。中国的和谐思想有着深厚的文化传统和悠久的历史渊源，历史上各家思想流派都对和谐思想有着丰富而深刻的论述。以《国语》中对"和谐"最早的理论阐释为起点，经先秦诸子百家对和谐思想的积极探索和不断丰富，历汉唐时期儒、道、佛三大家对和谐思想各有侧重的弘扬发挥和逐步深化，至宋明理学对前人成果的辩证综合，中国传统和谐思想发展为一个体系完备、内容丰富、逻辑严密的思想体系。和谐精神跨越时空，代代传承，贯彻始终，并且作为一种普遍精神，涵盖百家思想，成为各派学说思潮的灵魂。这种源远流长的和谐文化传统，表达了几千年来中国人对和谐的祈求和向往。

最早在理论范畴意义上对"和谐"作出确切阐释的是西周太史史伯。《国语·郑语》记载，周幽王八年，史伯在与郑桓公谈论"周其弊乎"时，指出周朝必将衰败，而原因就是周幽王"去和而取同"。史伯通过对"和"与"同"的解释与对比，提出了"和实生物，同则不继"的著名论断："夫和实生物，同则不继。以他平他谓之和，故能丰长而物归之；若以同裨同，尽乃弃矣。故先王以土与金、木、水、火杂，以成百物。"① 史伯认为，用一句话来概括"和"，就是"以他平他"，即不同的事物构成一个整体，形成多样性的统一。同时，史伯区分了"和"与"同"的不同内涵及其作用，指出"和"是不同要素之间的相互补充和制约，是事物存在和发展的根源，而"同"则是否定矛盾、排斥差别的绝对同一，不仅不能促进事物的发展，反而会导致事物的退化和灭亡。

《国语》对"和谐"思想的最早表述构成了中国古代和谐思想的起点。随后，大变革、大动荡的春秋战国时期到来了，这是一个矛盾激化、礼崩乐坏、极不和谐的时期，也是一个思想创新、百家争鸣、在混乱中充满探索的时代。先秦诸子百家都在思考究竟如何才能使这普遍混乱的社会从无序到有序，先秦时期的经典著作都表达了儒、墨、道、法各学派对秩序与和谐的共同探索和追求，为和谐思想注入了丰富的内涵。首先，对中国古代社会影响最大的儒家伦理，主张以宽厚处世，从而创造和谐的人际环境。孔子说："君子和而不同，小人同而不和。"② 孔子的弟子说："礼之用、和为贵。先王之道斯为美，小大由之。"③ 孟子也认为，"天时不如地利，地利不如人和。"④ 他还提出在历史上有着重要而深远的影响的"人和"观："老吾老以及人之老，幼吾幼以及人之幼。"⑤ 先秦儒家还提出最高的思想行为规范——"中庸"。"中庸"作为一种思维方式，就是孔子所说的"叩其两端"⑥，即对于一件事物，要了解其各个方面，尤其是最极端的两种情况（如最好与最坏），然后根据具体情况而确定对策；"中庸"作为一种行为准则，就是孔子所说的"过犹不及"⑦，即一个人的行为，不能走极端，不要过分，也不要不及，这样才能协调各方面的关系，达到修身处事皆合宜得体的和谐状态。其次，以"道法自然"、"无为而治"著称的道家学派，不仅强调人与自然的和谐发

---

① 《国语·郑语》。
② 《论语·子路》。
③ 《论语·学而》。
④ 《孟子·公孙丑下》。
⑤ 《孟子·梁惠王上》。
⑥ 《论语·子罕》。
⑦ 《论语·先进》。

展，也主张人与人的和平共处。道家创始人老子有句名言："人法地，地法天，天法道，道法自然"①，强调人要以尊重自然规律为最高准则，以崇尚自然作为行为的基本依归。老子还提出了"天之道，损有余而补不足。人之道则不然，损不足以奉有余。孰能以有余以奉天下，唯有道者"②，以及"去甚"、"去奢"、"去泰"，"无欲"、"无为"、"无争"等主张，要求人们效法天道，以实现社会的相对均衡、人与人之间的和谐相处。道家另一代表人物庄子也强调人必须遵循自然规律，与自然和谐相处，以达到"天地与我并生，而万物与我为一"③的境界。再次，与儒家并称"显学"的墨家，其代表人物墨子提出了"兼相爱、交相利"的和谐理想，主张"有力者疾以助人，有财者勉以分人，有道者劝以教人。若此，则饥者得食，寒者得衣，乱者得治"④，以建立一个爱无差等、互爱互利、没有剥削和压迫的美好社会。最后，即使是对前面各家极尽抨击诋毁之能事，其人性论和法律观与前面各家完全相异的法家，在崇尚法治、主张人性好利恶害的同时，也有着一定的和谐价值取向。如"大君任法而弗躬，则事断于法矣。法之所加，各以其分，蒙其赏罚而无望于君也，是以怨不生而上下和矣"⑤；"圣王之治人也，不贵其人博学也，欲其人之和同以听令也"⑥；尽管君主永远位于臣民之上，但君主也需要谋略以驾驭臣下，如"君操其名，臣效其形，形名参同，上下和调也"⑦。

继先秦诸子百家的和谐思想之后，随着中华文化的发展，到了汉唐时期，虽然中国社会进入了罢黜百家、独尊儒术的文化专制时代，学术界的声音远不如先秦时期活跃，但是关于和谐的思想，中国哲学的三大支柱——儒家、道家、释（佛）家都有表述，他们各自从不同的角度、不同的侧重点对和谐思想作了进一步的发挥和深入探索。首先，儒家宗师董仲舒进一步发展了儒家的和谐观，他阐明了"人"与"天"之间的不同关系，强调"天人合一"的实质在于"和"，在于人与自然的和谐相处。他将"和"提升到哲学本体论的高度："和者，天地之所生成也"⑧，他明确地把和谐规定为事物生存和发展所依据的原则："和者，天之正也，阴阳之平也，其气最良，物之所生也。"⑨他进一步论述了儒家的人际和谐、主张仁爱的观点："仁之法，在爱人，不在爱我"，"不爱，奚足谓仁"⑩。其次，侧重追求人与自然和谐的道家思想，以"道"为核心，而"道"的重要特征即是"和"。汉初的黄老之学，要求统治者效法"道"的无为性格，"无为而治"，以安定社会，恢复生产，取得民心，实现大治。它主张以道为基础实行依法治国："道生法。法者，引得失以绳而明曲直者也。"⑪它原则上继承了老庄柔弱不争的思想，保留了先秦道家尊重自然、拒绝过度作为的主张，但克服了老庄的过分消极保守倾向，并且吸收了儒家的中庸精神和法学的理性主义，建立了当时比较全

① 《老子》第 25 章。
② 《老子》第 77 章。
③ 《庄子·齐物论》。
④ 《墨子·尚贤下》。
⑤ 《慎子·君人》。
⑥ 《管子·法禁》。
⑦ 《韩非子·扬权》。
⑧ 《春秋繁露·循天之道》。
⑨ 《春秋繁露·循天之道》。
⑩ 《春秋繁露·仁义法》。
⑪ 《经法·道法》。

面的社会和谐思想，从而帮助汉初的统治阶级形成了相对和谐的社会发展局面。再次，从印度传入的释家（佛家），在中国长期发生影响的是中国化了的禅宗。释家注重人的内在世界的协调和平衡，鼓励人们追求"安静闲恬、虚融淡泊"①的精神境界，主张"一食自甘，方袍便足，灵台澄皎，无事相干"②的生活方式，强调通过节制欲望，恪守修身处世之"中道"来协调身心关系、理欲关系，从而实现人自身的和谐。可见，面对同一个和谐主题，儒、道、释等不同哲学体系表现出一致的兴趣与强烈的共鸣，尽管理论旨趣、论述重点不尽相同，但却使中国传统和谐思想得到了深入发展。

儒、道、佛三家虽然一直互有消长，但更是相互渗透和融合，这也正是中国学术思想发展的主流。在儒、道、佛三家互相吸收和补充的基础上，中国封建社会后期的官方统治思想——宋明理学建立了起来，它是对儒、道、释三家和谐论辩证综合的产物，将三家彼此分离、各执一端的和谐观，整合为一个体用结合、紧密联系的有机整体，建构了一个以儒治世、以道治身、以佛治心的和谐思想理论体系。它将人与自然的和谐，如"天人合一"③，"浑然与物同体"④，"以天地万物为一体者也"⑤，作为和谐状态的终极目标；将人与人的和谐，如"亲民爱人"，作为实现和谐的手段，即"亲民者，达其天地万物一体之用也"⑥；将人自身的和谐，如"胸次悠然，直与天地万物上下同流，各得其所之妙，隐然自见于言外"⑦ 等，视为和谐达成时的基础。这种和谐论显然是中国传统文化阐述和谐理念的最高综合，也是中国传统和谐型文化的缩影。宋明理学还对和谐思想作了进一步的发挥，如张载提出："太和所谓道，中涵浮沉、升降、动静、相感之性，是生氤氲、相荡、胜负、屈伸之始。"⑧ 他认为"太和"便是道，是人类最高的理想追求和最佳的整体和谐状态。但这种和谐不是否认矛盾、排斥差异的和谐，而是包含了浮沉、升降、动静、相感、氤氲、相荡、胜负、屈伸等对立面的相互作用和转化的和谐。这种整体的、动态的、更高意义上的和谐，推动着事物的变化发展，成为社会历史奔腾不息的前进力量。

二、和谐思想下的大同梦境

《国语》中的最早表述——先秦各家对和谐内涵的不断扩充——汉代以后儒、道、佛等不同哲学体系对和谐思想各有侧重的发挥——宋明理学对前人成果的整合和理论体系的建构，构成了中国传统和谐思想之"理论起始—基本形成—深入发展—辩证综合"的发展过程。传统和谐思想在维系社会稳定、促进社会和谐、推动社会发展的历史进程中发挥了重要作用，并为历代和谐社会的构建提供了思想资源。和谐思想的社会建构目标，就是大同社会，即一个高度和谐、协同的理想社会。在古代，中国思想领域中一直存在着"大同"的社会理想，无数仁人志士对天下为公、人人自由而平等的美好社会充满了憧憬和向往。

---

① 《景德传灯录·惠能传》。
② 《唐才子传》。
③ 张载：《正蒙》。
④ 程颢：《识仁》。
⑤ 王阳明：《大学问》。
⑥ 王阳明：《大学问》。
⑦ 朱熹：《论语集注》。
⑧ 张载：《正蒙》。

众所周知，"大同"这个概念最早是由儒家经典《礼记·礼运》提出来的：

> 大道之行也，天下为公，选贤与能，讲信修睦。故人不独亲其亲，不独子其子，使老有所终，壮有所用，幼有所长，矜寡孤独废疾者皆有所养，男有分，女有归。货恶其弃于地也，不必藏于己；力恶其不出于身也，不必为己。是故谋闭而不兴，盗窃乱贼而不作，故外户而不闭，是谓大同。①

《礼记》中对大同理想社会的经典描述，形象地刻画了一个财富公有、贤人当政、讲求信用、互相关爱、人人劳动、各尽其力而各得其所、道不拾遗、夜不闭户的和谐理想社会。《礼记》成书约在初汉，是战国末至汉初儒学的作品汇集。当时正是社会动荡、诸侯争霸、战争频繁、生灵涂炭的秦汉之际，思想家们苦于现实社会的黑暗，积极寻求解救社会的良策，其中儒家借鉴上古社会的传说，通过对已经逝去的原始社会的理想化的回忆，设计了理想的未来大同社会，其"天下为公"与"大同"的美好景象，凝聚成了当时理想社会的范式。

《礼记》虽然晚出，但"大同"作为一种理想，早在《礼记》成书之前就已经出现。诗经所言"乐土"②、老子所称"玄同"③、墨子所持"尚同"④，都是有关大同社会的人间理想。在《礼记》之前，虽然大同的概念还没有明确的提出来，但先秦诸子中的不少代表人物在描述自己的社会理想时已经从不同的角度、不同的层面描画过大同社会模糊的理想图。首先，先秦儒家的社会政治理想是最为系统化和理论化的，在中国古代社会发生过的影响也最大。儒家学说创始人孔孟，都很憧憬三代盛世。孔子对理想社会虽然论述得不多，但可以从《论语》看出孔子思想体系中所透露出来的若干大同因素。一是孔子推崇社会公平，他的"均平"理想是十分突出的，在他看来，"均无贫"是理想社会的重要保证之一："丘也闻有国有家者，不患寡而患不均，不患贫而患不安。盖均无贫，和无寡，安无倾"⑤。二是孔子在与弟子谈论志向时，孔子提出的三大愿望"老者安之，朋友信之，少者怀之"⑥，就包含着他的社会理想。三是孔子在处理人与人之间的经济关系上所坚持的"周急不继富"⑦（"周急"指周济穷人之所急，"继富"是给富人锦上添花）原则。在这些大同思想因素中，"均无贫"对后世影响极大，成为后人论及分配时所信奉的金科玉律。孔子以公平作为最高的政治境界，其后的孟子发展了这一观点，并作出具体的设计。孟子所提倡的行王道、施仁政，都始于"正经界"⑧，他对古代井田制度作了乐观主义的描绘，提出让人民拥有丰衣足食的最基础条件——耕地，并且划定田界，推行井田，在此基础上友好互助，发展生产，过上富裕、和睦的美好生活。为达到此目的，孟子还强调君主应与民同乐而不能独乐，"为民上而不与民同乐者，亦非也。乐民之乐者，民亦乐其乐；忧民之忧者，民亦忧其忧。乐以天下，忧以天下，然而

---

① 《礼记·礼运》。
② 《诗经·魏风·硕鼠》。
③ 《老子》第 56 章。
④ 《墨子·尚同中》。
⑤ 《论语·季氏》。
⑥ 《论语·公冶长》。
⑦ 《论语·雍也》。
⑧ 《孟子·滕文公上》。

不王者，未之有也"①，进而，孟子提出要特别关照鳏、寡、孤、独这四类弱者，使其老有所养，幼有所长，以建构一个君民同乐、仁爱均平的理想国。其次，道家也提出了丰富的大同社会理想。老子在对社会现状表示不满的基础上，提倡"损有余而补不足"②的平均主义。同时，他激烈批判礼乐文明，要求回复到"小国寡民"的原始状态，他对这个理想社会的描绘是："小国寡民，使有什伯之器而不用，使民重死而不远徙。虽有舟舆，无所乘之。虽有甲兵，无所陈之。使民复结绳而用之。甘其食，美其服，安其居，乐其俗。邻国相望，鸡犬之声相闻，民至老死，不相往来。"③这一幅没有战争、没有剥削、没有压迫、与世隔绝、人人劳动、平等享受的原始社会图景，正是否定春秋战国时期的社会现实而出现的，它是经过美化和加工后的原始共产主义社会模式。其后的庄子也提出了他所追求的理想社会："至德之世，不尚贤，不使能，上如标枝，民如野鹿。端正而不知以为义，相爱而不知以为仁，实而不知以为忠，当而不知以为信，蠢动而相使不以为赐。是故行而无迹，事而无传。"④也就是一个无君子和小人之分，无贵贱等级之别，人类与鸟兽草木融为一体，仁义忠信和法律刑罚都失去意义的"至德之世"。此外，墨家等其他学派的思想中，也蕴含着对美好大同社会的向往。如墨子有一个兼爱、非攻、尚贤、尚同、"有力者疾于助人，有财者勉以分人"⑤的美好社会；农家有一个人人必须劳动，不劳者不得食的"君民并耕"⑥的理想公平国家；《尉缭子》则提出了"夫谓治者，使民无私也。民无私，则天下为一家"⑦的光辉思想，所有这些都反映了人们追求幸福生活的善良愿望，并为《礼记·礼运》构筑其大同理想提供了思想源泉。

上文所提到的出现在秦汉之际、作为儒家经典的《礼记》中的《礼运》，则将先秦诸子的社会理想加以汇合和总结，在此基础上正式提出了"大同"这一语词，将古代理想国的设计推向极致。它集中国古代社会理想之大成，从各家的社会理想中汲取思想资源。首先当然是受到儒家思想的浸染。《礼运》中的"讲信修睦"、"故人不独亲其亲，不独子其子，使老有所终，壮有所用，幼有所长，矜寡孤独废疾者皆有所养"，就是儒家创始人孔子"老者安之，朋友信之，少者怀之"⑧思想的发挥。其次，《礼运》把大同社会称为"大道之行"，而"大道"正是道家的术语，如"大道泛兮，其可左右。万物恃之而生而不辞，功成不名有"⑨，"大道废，有仁义。慧智出，有大伪"⑩，这说明它也承袭了道家的思想。再次，"选贤与能"显然出自墨家的言论。如"故古者圣王之为政，列德而尚贤，虽在农与工肆之人，有能则举之，高予之爵，重予之禄，任之以事，断予以令"⑪，"夫尚贤者，政之本也"⑫。此外，《礼

---

① 《孟子·梁惠王下》。
② 《老子》第 77 章。
③ 《老子》第 80 章。
④ 《庄子·天地》。
⑤ 《墨子·尚贤下》。
⑥ 《汉书·艺文志》。
⑦ 《尉缭子·治本》。
⑧ 《论语·公冶长》。
⑨ 《老子》第 34 章。
⑩ 《老子》第 18 章。
⑪ 《墨子·尚贤上》。
⑫ 《墨子·尚贤上》。

运》所提及的"货恶其弃于地也，不必藏于己；力恶其不出于身也，不必为己。是故谋闭而不兴，盗窃乱贼而不作，故外户而不闭"，也可以在农家的"君民并耕"、"国中无伪"① 中找到思想影子。可见，《礼运》大同思想既汲取了儒家的仁爱主张和均平思想，又采纳了老子以道为核心的无为思想，还继承了墨家的尚贤论和其他学派的代表言论，堪称此前各种理想设计的综合与总结，并且是由儒家七十子的余裔，以及战国末期和秦汉之际的礼家共同完成的。

继《礼记》中的大同世界之后，历代思想家们在头脑中不断绘制大同、太平之类的蓝图。如秦汉时期陆贾《新语》一书中的"至德"② 之世，就是在老子的无为观念的基础上发展起来的一个顺其自然、恬静和谐、寡欲无为、自由生息的社会。魏晋之际的鲍敬言从道家"天道自然"的基本哲学观点出发，第一次大胆抨击了儒家的"君权神授"论，歌颂"无君无臣"的远古时代："曩古之世，无君无臣。穿井而饮，耕田而食，日出而作，日入而息。汎然不系，恢尔自得。不竞不营，无荣无辱"③，在他的这个理想社会里，没有君臣之别，也没有尊卑之分，人人都自由劳动，自食其力，"身无在公之役，家无输调之费，安土乐业，顺天分地，内足衣食之用，外无势利之争"④，因此人们丰衣足食，无忧无虑，过着和平、自由、宁静的生活。稍后于鲍敬言的东晋大文学家陶渊明借武陵渔人之口，描绘了一个"土地平旷，屋舍俨然，有良田美池桑竹之属，阡陌交通，鸡犬相闻。其中往来种作，男女衣着，悉如外人，黄发垂髫并怡然自乐"⑤ 的尘世仙境，以寄托自己对一个美好世界的向往。北宋的张载赋予古老的井田制以新的内容，同时把"民吾同胞，物吾与也"⑥ 看作新型的人际关系，从而建立起一个没有剥削，农民收入除了交纳少量赋税外都归自己的幸福乐园，这个乐园同时也是人与人之间情同手足、亲如兄弟的人间天堂。宋元之际的学者邓牧，目睹南宋的败落和元朝的暴虐，于是遁世隐居，著有《伯牙琴》，勾勒了自己的理想之国，也就是尧舜时代的古初社会，在这个理想社会里，君主是为人民谋利益的公仆，官吏是协助君主的工作人员，君民和谐，百姓和睦。人们自由劳动，过着和平与安宁的生活，"天之生斯民也，为业不同，皆所以食力也"⑦。明代异端思想家何心隐，希望以宗族公社的形式实现一个"聚和堂"⑧ 式的乌托邦。明清之际的黄宗羲则呼唤一个"不以一己之利为利，而使天下受其利；不以一己之害为害，而使天下释其害"⑨ 的君主，向往一个以"天下为公"为翻版，"天下为主，君为客"⑩ 的理想社会。中国古代的大同思想虽然各不相同，但都把原始社会遗留下来的传说作为构筑大同理想的最重要的资源。

大同理想是历代思想家和知识分子们借助远古时代的理想世界，从头脑中幻化而得，因

---

① 《汉书·艺文志》。
② 《新语·至德》。
③ 《抱朴子·诘鲍篇》。
④ 《抱朴子·诘鲍篇》。
⑤ 陶渊明：《桃花源记》。
⑥ 《正蒙·乾称》中的首段"西铭"。
⑦ 《伯牙琴·吏道》。
⑧ 《何心隐集》。
⑨ 《明夷待访录·原君》。
⑩ 《明夷待访录·原君》。

此当然具有空想的性质，在以小农经济为基础的封建社会里是不可能实现的。但是，由于它集中和总结了古代人民追求理想社会的美好愿望，展示了与当时以私有制为基础的黑暗社会现实截然不同的人间美景，所以对处于封建社会最下层的劳动人民产生了巨大的吸引力，在长达数千年的中国历史上始终鼓舞着人们反抗封建压迫，为争取平等和和睦的生活而不断奋斗。许多进步的思想家、政治家、争取社会进步的爱国人士，都从中吸取思想和力量，提出了激动人心的奋斗目标。他们大多把大同社会的一些原则作为自己的口号，以激励中华民族在争取自由和光明的道路上不断前进。

三、和谐大同理想的生成环境

自从进入文明时代以来，中国古代思想领域就始终存在着和谐大同的社会理想，存在着对人类美好未来的展望。和谐大同不仅代表着人类一种至善至美的社会境界，而且也是古代先贤所萦怀的远大理想。对于和谐大同社会的向往，在中国历史上是一种连绵不断、传承发展的千年文化现象，也是充满了积极进取精神和浪漫理想情感的澎湃思潮。而世界上任何一种文化及其精神，都是在特定的自然环境和人文环境中产生、发展和形成的。既然和谐大同理想是中国传统文化的根本精神，那么我们应当对这一文化精神所产生的原因和条件作一番考察。中国古代为何会出现如此丰富的乌托邦式的理想国设想，无疑是值得我们关注的重要问题。概括起来，中国古代的自然地理环境、社会经济基础、国家政治结构以及稳定的文化心理结构是中国传统和谐思想的重要生成环境。

其一，自然地理环境作为文明的初始条件，对一种文化的发展，尤其是民族性格和文化精神的形成有十分重要的意义，它在相当大的程度上影响着文明的主流形态和基本特征。正如德国古典哲学家黑格尔所说："助成民族精神的产生的那种自然的联系，就是地理的基础。"① 这就说明，自然环境是文化诞生和成长的母体。同样，中国古代的自然地理环境与中华民族的和谐精神有着密不可分的关系。首先，在和谐中达到全面发展，正是中华民族在面对地理环境与民族生存的关系而形成的民族本性。由古至今，中国地理环境的最大特点是地域的多样性和复杂性。在整个国土上，北方整齐划一的板块与南方星罗棋布的山水交相辉映，西部广袤无垠的高原峻岭与东部山清水秀的江河风光统一并存。地域的不同和地形地貌的多样性，催生出多样化的文化形态；而祖国各地人民的互相流动和融为一体，又促使人们在这多样化文化形态中达成和谐统一的中国文化系统。其次，中国文明的主要发祥地黄河流域地处温带，气候稳定，土壤肥沃，使人们能够安居乐业，也使中国古人与大自然建立起一种和睦相处、协调融洽的关系。而这种关系一旦建立，便会作为一种传统积淀下来，并在很大程度上决定着文明的基本形态、主要特征和未来发展方向。

其二，社会经济基础是和谐大同理想成长的原发力量，决定一个民族、一个国家的文化性质并影响其发展的根本因素就是社会物质生产方式，而中国古代经济生活中占主导地位的是自给自足的自然经济。农业不仅为人们提供了物质生活资料的首要必需品，而且促使了和谐观念的产生。一方面，作为观念形态的"和"，其本义是出自"禾"。在中国的甲骨文和金文中都有"和"字，它由"禾"与"口"合并而成。甲骨文中的"禾"字像一棵成熟的庄

---

① ［德］黑格尔：《历史哲学》，131页，上海，商务印书馆，1937。

稼，其上端是下垂的穗子，中间有叶子，下部有根，显示了农作物的整齐与成熟。接着，"和"的观念扩展为五味调和、五音调和，进而又引申到宗法伦理关系领域，"和"被注入了"以他平他谓之和"、"相成"、"相济"的深刻内涵。从这一发展过程看出，和谐观念最初的基础是农业生产方式和中华民族的重农传统。中国几千年来的自然经济不仅是民族和睦的重要保证，也是民族精神和中华文化产生的源泉。自古以来，中国人向往的就是在自己的田园上从事周而复始的农业生产，过着安宁平和的生活。

　　另一方面，自给自足的小农经济由于规模小、水平低，经不起天灾人祸的侵袭，这使人们不仅对自然界有强烈的依赖，还非常重视社会的和谐与安定，安居乐业是每个学派一致的理想。孔子曾言："善人为邦百年，亦可以胜残去杀矣。"① 墨子也希望"若使天下兼相爱，国与国不相攻，家与家不相乱，盗贼无有，君臣父子皆能孝慈，若此则天下治。"② 作为以农业为本的中国人，一心盼望的是"饥则得食，寒则得有，乱则得治，此安生生"③ 的生活，以及"不患寡而患不均"④ 的经济平均状态。因此，以农耕为主的经济格局，注定了中华传统文化的价值取向就是和谐。

　　其三，从国家政治结构看，由于中国古代的农耕经济需要大量人力的团结互助，所以先民十分重视以血缘关系维系起来的数代同堂的家庭，并且以家庭为从事农业劳动的生产单位，进而以家庭为基础、以家庭结构为模式建立起国家。古代的国君视国家为家天下，君为父，臣为子，社会伦常也都是家庭关系的引申，这就是所谓"家国同构"、"家国一体"。统治阶级把家庭中的宗法伦理道德，转化成为治理整个国家的政治观念。如"国之本在家"⑤，"家齐而后国治"⑥ 等，都是在国家政治中利用了人们对家庭的情结。家国同构的社会格局，使政治与伦理相互为用，"教以孝，所以敬天下之为人父者也；教以悌，所以敬天下之为人兄者也；教以臣，所以敬天下之为人君者也"⑦。这样，家庭内所奉行的孝悌之道，与国家中所遵循的忠君之理合为一体，共同促进家庭和睦、国家稳定，从而维系了整个家国的和谐统一。如此一来，以家庭的和谐推衍出国家的和谐，从皇族到平民、从尊长到卑幼都在积极追求一种和睦协作的大一统局面。这种情况下，中华文化以和谐大同为主要精神和价值目标，也是顺理成章的事情了。

　　其四，中华民族几千年来形成的稳固的文化心理结构是和谐大同理想的内在心理依据。宗法时代所提倡的以血缘为纽带的聚集而居、世代毗邻的地缘关系、农业社会的经济结构，使得社会成员如同生活在一个大家庭中，枝蔓相连，很少流动。再加上儒家伦理道德学说的渗透和潜移默化，社会形成了和睦相处、和谐无争的生活准则，以及发生纷争时习惯于诉诸纲常礼教和民众调解的心理状态。于是，千百年来和谐思想和大同梦境脍炙人口、世代传颂，成为一种潜在的民族文化心理。在古人看来，整个世界是一个整体，各部分都息息相

① 《论语·子路》。
② 《墨子·兼爱上》。
③ 《墨子·尚贤下》。
④ 《论语·季氏》。
⑤ 《孟子·离娄上》。
⑥ 《礼记·大学》。
⑦ 《孝经·广至德》。

关，不可隔离。因此，中国古代哲学非常向往人与自然、人与人的和谐，总是把天、地、人看作一个整体，以"天人合一"为理想境界。在这一整体思维的基础上，形成了相应的极稳定的文化心理结构，具体表现为：政治思想领域内个人、家庭与国家三者之间不可分割的情感；道德伦理领域忍辱负重、委曲求全、整体利益高于个人利益的价值取向；人际交往中兼收并蓄、互相沟通的宽容态度；等等。所有这些都构成了中华民族集体至上的价值取向和团结互助的共同心理，并且凝聚成各领域共同的精神——和谐。

第二节
传统和谐大同理想的内涵和实践

一、传统和谐大同理想的内涵

中国传统文化博大精深、源远流长，其根本精神就是居主导地位的和谐思想，它是中华民族长期以来逐渐形成的思想观念，也是中华民族的传统思维模式和心理惯性。和谐思想反映在社会建构目标上，就是天下为公、人人自由平等的大同社会理想。传统的和谐大同理想是在中国特有的自然地理环境、社会经济基础、国家政治结构以及稳定的文化心理状态之下长期发展、演变的结晶，它深深地根植于中国社会的土壤中，凝聚着历代有识之士对自然界和各种社会关系的理解、对现实社会的思考、对以往社会的深刻总结和对人类美好未来的不懈追求，因此，它体现了中国传统文化独有的基本特征和价值取向，从而也在世界文明史上独树一帜，成为四海瞩目的杰出成果。它渗透在传统文化的各个领域，而且内涵丰富。总体而言，可以包括以下几个方面。

第一，自然本身的和谐。春秋时期的道家对此有着丰富且深刻的论述。道家认为宇宙自然就是各种矛盾的因素相互作用的统一体，只有自然界达到了和谐运行的状态，事物才能顺利发展，人类也会得到安宁。在道家看来，"道"有多层含义，既可以指宇宙的本原，也可指世间万物发展变化的规律，还可以是哲学领域中的一种境界。老子曾说："道生一，一生二，二生三，三生万物。万物负阴而抱阳，冲气以为和。"[1] 意思指道是宇宙万物的本原，而万物都包括阴和阳，阴阳两气可以生成新的和气，宇宙万物就是由阴气、阳气与和气所组成。而"和"就是矛盾双方的对立统一。因此万物都是在各自彼此矛盾的因素相互影响、相互制约、相互协调下而产生的和谐统一体。庄子也认为，"一而不可不易者，道也"[2]，"夫道，覆载万物者也"[3]，"夫至乐者，先应之以人事，顺之以天理，行之以五德，应之以自然，然后调理四时，太和万物……一清一浊，阴阳调和，流光其声"[4]。庄子认为各种事物尽管千差万别，但其本原都是同一的，即"万物皆一"，都是一个统一、和谐的整体。

儒家也认为，自然是一个和谐的统一体，具有内在的和谐秩序，自然的和谐对于人类的进

---

① 《老子》第 42 章。

② 《庄子·在宥》。

③ 《庄子·天地》。

④ 《庄子·天运》。

步和社会的发展有重要意义。儒家经典《中庸》开篇就有："喜怒哀乐之未发，谓之中；发而皆中节，谓之和。中也者，天下之大本也；和也者，天下之达道也。致中和，天地位焉，万物育焉。"① 也就是说，平静地对待一切事情而不露声色是"中"，表达感情适度而不过分是"和"。若是能达到中和这样的理想境界，天地的位置就正当了，万物的发展也就顺利了。

宋明理学还对自然本身的和谐作了进一步的发挥，如张载提出"太和所谓道，中涵浮沉、升降、动静、相感之性，是生絪缊、相荡、胜负、屈伸之始"②。他认为"太和"便是道，是自然界最佳的整体和谐状态。明末清初的王夫之在注释张载《太和篇》时指出"太和"是最高形态的和，不管是在万物形成之前，还是在万物形成之后，宇宙都处于平衡、和谐的状态。这样就把中国古代宇宙自然和谐的思想发挥到了极致。

第二，人与自然的和谐。在人与自然的关系上，中国古代哲人主张天人合一，肯定人与自然界的统一，强调人类应当认识自然、保护自然，而不能片面地利用自然、征服自然，更不能破坏自然，否则受害的是人类自己。中国古代很早就对人与自然的关系有很明确的认识。如道家创始人老子提出"人法地，地法天，天法道，道法自然"③，强调人要尊重自然规律，要崇尚自然准则。庄子也认为人必须顺应自然，与自然和谐，达到"天地与我并生，而万物与我为一"④ 的境界。儒家也强调天与人的和谐发展，"致中和，天地位焉，万物育焉"⑤。不仅如此，儒家在肯定"天"具有自然属性的同时，还赋予"天"社会政治和伦理道德的属性。孔子认为"天"主宰一切，德治、礼治、人治都是"天道"的体现。孟子也明确提出"尽其心者，知其性也；知其性，则知天矣"⑥。董仲舒承袭了先秦的天命理论，主张"天"是有意志的人类主宰，是天地万物的本原。他认为："天者万物之祖，万物非天不生。"⑦ 到了宋明理学，思想家张载在其所著《正蒙》中首次提出了"天人合一"的观点，在他的《正蒙·乾称》中，则进一步提出"民胞物与"的命题，并对其做了生动的描述："乾称父，坤称母，予兹藐焉，乃混然中处，故天地之塞，吾其体；天地之帅，吾其性。民吾同胞，物吾与也"⑧。即天地万物本来就是一个和谐的宇宙家庭，在这个家庭中自然界是人类的父母，而每个成员又都是它的儿女。因此人与人是同胞，天地万物是朋友，天与人本质上是一体的，相互之间应该亲密无间、共存共荣，而不能彼此敌视、互相残害。

人们不仅对人与自然的关系有清醒的认识，而且根据天人合一的观念，强调人们要珍爱自然万物，保护自然资源。孔子说："断一树，杀一兽，不以其时，非孝也。"⑨ 他还提出"钓而不纲，弋不射宿"⑩，即只用渔竿钓鱼，不用大挂网拦河捕鱼，并反对射猎夜宿之鸟。孟子主张"数罟不入洿池，鱼鳖不可胜食也；斧斤以时入山林，材木不可胜用也。谷与鱼鳖

---

① 《中庸》。
② 张载：《正蒙》。
③ 《老子》第 25 章。
④ 《庄子·齐物论》。
⑤ 《中庸》。
⑥ 《孟子·尽心上》。
⑦ 《春秋繁露·顺命》。
⑧ 《正蒙·乾称》。
⑨ 《礼记·祭义》。
⑩ 《论语·述而》。

不可胜食，材木不可胜用，是使民养生丧死无憾也。"① 荀子也认为，"草木荣华滋硕之时，则斧斤不入山林，不夭其生，不绝其长也。"② 很显然，他们对人类滥捕滥猎破坏生态平衡的种种恶行的抵制，体现了古代思想家善待自然万物、盼望人与自然和谐共处的积极愿望。"归根到底，对社会秩序的破坏，在中国人的心目中实际损害了整个宇宙秩序，因为根据中国古代的世界观，人与自然紧密相联，构成一个密不可分的整体。"③ 因此，维护自然与人类的和谐，就成为中国传统和谐大同理想的重要内涵。

第三，人与人的和谐。中国古代不仅注重人与自然的和谐，而且还格外重视人与人之间关系的和睦，提倡宽和处世，协调人际关系，追求以和谐的人际关系为主题的大同社会。众所周知，儒家伦理对中国古代社会的影响最大。孔子所提出的理想人格便是宽厚待人，从而创造和谐的人际环境。他说："礼之用，和为贵。先王之道斯为美。"④ 孟子也认为："天时不如地利，地利不如人和。"⑤ 以孔孟为代表的儒家还提出了仁、义、礼、智、信、宽、勇、忠、恕、孝等一系列旨在维护社会秩序、实现社会和谐的道德准则，以此达到人与人之间的和睦相处和互助友爱。

主张无为而治的道家也非常反对冲突，希望实现社会和谐。老子提出："天之道，损有余而补不足。人之道则不然，损不足以奉有余。孰能有余以奉天下，唯有道者。"⑥ 老子提出的"无欲"、"无为"、"无争"、"去甚"、"去奢"、"去泰"，"知止"、"知足"等主张，就是希望人们彼此和谐相处，宽大为怀，建立一个物质资料相对均衡，人人"甘其食、美其服、安其居、乐其俗"⑦ 的大同社会。可见，谋求人际关系的和谐发展是中国文化的一大特质，也是各个学术派别的理想境界。

第四，个人自身的和谐。古代和谐大同社会的理想要求人们提高自身的个人道德修养，因此，在建构等级有序的和谐人际关系时，特别注重个人自我身心的和谐，主张人要保持平和、恬淡的心态，加强自身的素质和修养。儒家肯定人们对物质的正当追求，如孔子说过："富与贵，是人之所欲也"⑧，"富而可求，虽执鞭之士，吾亦为之"⑨，但儒家又强调"欲而不贪"⑩，也就是在追求物质利益时要掌握中和的原则，不能放纵欲念、贪得无厌，更不能见利忘义，把物质利益作为人生的唯一追求。仅孔子为例，他提出君子有"三戒"："少之时，血气未定，戒之在色；及其壮也，血气方刚，戒之在斗；及其老也，血气既衰，戒之在得"⑪；君子有"四绝"："毋意、毋必、毋固、毋我"⑫；君子有"五美"："君子惠而

---

① 《孟子·梁惠王上》。

② 《荀子·王制》。

③ ［美］D. 布迪、C. 莫里斯：《中华帝国的法律》，朱勇译，2 页，南京，江苏人民出版社，1993。

④ 《论语·学而》。

⑤ 《孟子·公孙丑下》。

⑥ 《老子》第 77 章。

⑦ 《老子》第 80 章。

⑧ 《论语·里仁》。

⑨ 《论语·述而》。

⑩ 《论语·尧曰》。

⑪ 《论语·季氏》。

⑫ 《论语·子罕》。

不费，劳而不怨，欲而不贪，泰而不骄，威而不猛"①；君子有九思："视思明，听思聪，色思温，貌思恭，言思忠，事思敬，疑思问，忿思难，见得思义。"② 在这些具体修养规范的基础上，孔子进一步提出了他眼中最高的思想行为规范——"中庸"，即一个人的行为，不能走极端，"过犹不及"③。总之，儒家要求人们正确处理修养中所遇到的各种矛盾，如表与里，知与行，情与理，义与利，得与失，屈与伸，虚与实，进与退等，从而真正达到身心和谐的状态。

道家也提倡人的身心和谐，主张人的形体与精神的统一。老子曾经说过："载营魄抱一，能无离乎？"④，"挫其锐，解其纷，和其光，同其尘"⑤。意思是指，如果具有和谐的品格，就可以"消除个我的固蔽，化除一切的封闭隔阂，超越于世俗褊狭的人伦关系局限，以开豁的心胸与无所偏的心境去看待一切人物"⑥。这既能使个人自身达到和谐，也是解决人际矛盾、维护人际和谐的方法。

第五，民族与民族、国家与国家的和谐。中国古代先贤提倡自然的和谐、人与自然的和谐、人与人的和谐、人自身的和谐，最终目的都是为了实现民族、国家的和谐发展。正如"心正而后身修，身修而后家齐，家齐而后国治，国治而后天下平"⑦，以个人的身心和谐为起点，才能实现家庭和睦、人际和谐，进而才能推广到国家和民族的和谐与稳定。也就是说，个人自我的和谐是人际和谐的基础，而人际和谐又是国家、民族和社会和谐的基础。所以，孟子也曾言："天下之本在国，国之本在家，家之本在身。"⑧

既然民族与国家的和谐是一切和谐的价值依归，因此中国古代哲人们在民族与民族、国家与国家的关系上，主张和谐共处，协和万邦。《尚书·尧典》中说："克明俊德，以亲九族。九族既睦，平章百姓。百姓昭明，协和万邦。"就是说尧对九族采用"亲"的政策，对百姓采用"平章"的政策，对万邦采用"协和"的政策。孔子也提出"四海之内皆兄弟"⑨，"远人不服，则修文德以来之；既来之，则安之"⑩。他反对轻率地诉诸武力，主张以文德感化外邦。孟子则认为"仁者无敌"⑪，提倡"以德服人"⑫，歌颂王道，反对霸道。而王道就是指利用和平的方法，在各国间建立相互信任关系来扩大自己的影响力。正由于"和"是天下普遍的准则，所以历代政治家、思想家都极为重视用"和"来管理国家、处理民族问题和外交事务，来营造一个和睦相处、天下太平的稳定环境，力图构建一个理想中的和谐大同社会。

---

① 《论语·尧曰》。
② 《论语·季氏》。
③ 《论语·先进》。
④ 《老子》第 10 章。
⑤ 《老子》第 56 章。
⑥ 陈鼓应：《老子注释及评介》，283 页，北京，中华书局，1984。
⑦ 《礼记·大学》。
⑧ 《孟子·离娄上》。
⑨ 《论语·颜渊》。
⑩ 《论语·季氏》。
⑪ 《孟子·梁惠王上》。
⑫ 《孟子·公孙丑上》。

二、理想下的制度设计

几千年来的中华历史给中国传统和谐大同理想不断注入了丰富的内涵，并且促使和谐成为普遍适用的准则。因此，中国历代政治家和思想家都极为重视和谐大同思想的政治实践，很多具有政治头脑和政治远见的统治集团都将和谐大同作为一种治国方略，积极运用和谐思想来统治国家、管理社会，从中积累了深厚的执政经验。中国古代和谐思想指引下的治国方略，大致可以概括为经济上的重农减赋、政治上的重民清吏、文化上的多派并存和民族关系上的睦邻友好。

一是经济发展策略上的重视农耕和减免赋税。统治者意识到唯有通过发展生产，增进社会财富，才能促进经济的繁荣和民力的壮大，进而建设长治久安的和谐社会。早在春秋时期，管仲就提出了"仓廪实而知礼节，衣食足而知荣辱"①的著名论点，认为发展生产是使国家富强的前提，也是使人们遵守礼义法度和稳定社会秩序的物质基础。如果不注意发展生产，不解决人们的衣食问题，那么礼义法度就成为无用空谈，国家永远也治理不好。也只有发展生产，人民才能过上安定的生活，他说："凡有地牧民者，务在四时，守在仓廪。国多财，则远者来；地辟举，则民留处"②，意即只有注意农作，增强财力，才能吸引远方的人民前来，也才能使本土的国民安居乐业而不迁徙，进而使社会秩序得到稳定。管子的这些论点是其思想的精华，它不仅是管仲作为齐桓公之相，在齐国大行改革的理论基础，也是使齐国日益富强，成为春秋时期第一个霸主的成功之道。

管仲的思想得到后世许多思想家的赞扬，而且被很多开明君主所采纳。开创"文景之治"繁荣局面的汉文帝，就实行奖励农耕、轻徭薄赋的政策，并取得了明显效果。汉文帝刚即位时，社会经济凋敝，人民流离失所，恢复和发展农业生产成为统治者的当务之急。在严酷的形势下，汉文帝非常重视农业生产，他把奖励农耕作为立国之本，并且率先躬耕于农，他下诏说："夫农，天下之本也，其开籍田，朕亲率耕，以给宗庙粢盛。"③他还多次下诏减轻赋税，先后在文帝二年（前178年）、文帝十二年（前168年）、文帝十三年（前167年）共三次下诏："赐天下民今年田租之半"、"赐农民今年租税之半"④，直至免除田租。这些奖励农桑、轻徭薄赋的措施，虽然本质上是为了维护封建统治秩序，保障统治者的利益，但在客观上确实使从事农业生产的人数大增，大量荒地得到开垦，社会经济得到恢复与发展，进而使国平人和的文景盛世景象得以显现。

二是政治策略上的重民思想和整饬吏治。许多具有政治头脑的统治者尤其是开国皇帝，对民众在社会历史中所显示的巨大力量和重要作用有亲身的感受和清醒的认识，对上一政权末年时的皇帝昏庸无道、吏治腐败以及因此导致的灭国教训更是刻骨铭心。因此，他们希望建立和谐的君民关系与官民关系，营造一个平和的统治环境，为自己的统治打下稳固的社会基础。一方面，他们很关注君民关系，提倡保民、养民。例如，早在西周时期，周公所提出的"明德慎罚"中，就包含了以"惠民"、"裕民"为核心的"德政"思想。周公认为，要保

---

① 《史记·管晏列传》。
② 《管子·牧民》。
③ 《汉书·文帝纪》。
④ 《汉书·文帝纪》。

持周王朝的统治，必须爱惜人力，宽以待民。"被裕我民，无远用戾"①，只有施惠于民，才能远近归附，社会和谐。又如，唐初的李世民提出了系统的"君依于国，国依于民"②的重民思想。他说："为君之道，必须先存百姓，若损百姓以奉其身，犹割股以啖腹，腹饱而身毙"；"刻民以奉君，犹割肉以充腹，腹饱而身毙"③，君富而国亡。故人君之患，不自外来，常由身出。夫欲盛则费广，费广则赋重，赋重则民愁，民愁则国危，国危则君丧矣。④ 以往人们总是强调君主在国家政治生活中的决定作用，而李世民作为统治者却从隋朝覆亡的历史教训中认识到了人民的力量。他反复引用荀子的话来告诫太子和臣下："舟所以比人君，水所以比黎庶，水能载舟，亦能覆舟"⑤，民众是国家的根本，如果不重视民众的利益，必然会失去民心，丧失封建统治的社会基础，导致国破家亡。李世民一再强调要安人宁国，使百姓安居乐业。他把从民意、顺民心的重民思想作为制定国策方略的出发点，从而成就了一个享誉中外的贞观盛世。

　　另一方面，统治者还很重视官民关系，提倡清明吏治，以实现政通人和的局面。综观中国历史，历代王朝后期的混乱、农民起义的爆发、社会秩序的极不和谐多源于吏治的败坏，而繁荣盛世的经济兴盛、国泰民安、天下太平多成于吏治的清明。因此，吏治一向是开明君主所关注的关键问题。清代康雍乾盛世局面的打开，就是清初统治阶层积极整饬吏治的成功典范。清军入关后，多尔衮就把明亡作为活生生的教材，提出吏治从严的原则。他制定了严厉的惩贪原则：无论贪赃多少，一经发现，审讯事实无误，即判死刑。他要求各级官吏对各部门"境内贪官污吏"加耗受贿之事，要"朝闻夕奏"，不得稍有拖延。⑥ 顺治亲政后，继续反腐倡廉，力图建立一代清明政治。他说："朝廷治国安民，首在严惩贪官，欲严惩贪官，必在审实论罪。"⑦ 他狠抓吏治，规定了严格的法律，顺治十六年（1659年），他宣布，"从今始，贪官赃至十两，取消籍没家产，责打四十板，然后流放到席北（今黑龙江境内）地方，不准折赎。"⑧ 从而使明末吏治败坏的局面得以改观，吏风日见好转。康熙也很重视吏治，注重选拔良吏和惩治贪蠹。康熙明确指出："从来民生不遂，由于吏治不清。长吏贤，则百姓自安矣"⑨，"吏治纯而不杂，则民心感而易从"⑩。他把吏治的好坏看作是关系到安定民心和稳定封建统治秩序的关键。因此，康熙下决心惩治贪官污吏，他认为："致治安民之道，首在惩戒贪蠹。"⑪ 他曾亲自果断执法，将满族贵族、山西巡抚稽尔赛处绞，将大贪污犯、大学士索额图拘禁宗人府，将满族大臣噶礼赐死，将侍郎宜昌阿处死。他多次谕示刑部、吏部要严禁贪赃枉法，如有人无视法纪，"视为故事，仍蹈前辙，事经发觉，定行严加处分"，康熙

---

① 《尚书·洛诰》。
② 《资治通鉴》一九二卷。
③ 《贞观政要·君道》。
④ 参见《资治通鉴》一九二卷。
⑤ 《贞观政要·教戒太子诸王》。
⑥ 参见《明清史料》丙编第一册，第90页，转引自李治亭：《清康乾盛世》，65页，郑州，河南人民出版社，1998。
⑦ 《清世祖实录》五十四卷。
⑧ 《清世祖实录》一二五卷。
⑨ 《清圣祖实录》四十一卷。
⑩ 《清圣祖实录》二一二卷。
⑪ 《清圣祖实录》九十卷。

为澄清吏治所提出的主张和采取的措施，取得了一定的成效，在一定程度上缓和了阶级矛盾，稳定了清朝统治，为经济的发展和社会的稳定注入了活力，迎来了清代的康雍乾盛世。

康熙帝为当时被赞颂"天下第一廉吏"的于成龙亲笔撰写的碑文

图片来源：翟文明：《中国通史速成读本》（《中国全史》彩图版第一卷），64页，北京，光明日报出版社，2004。

三是文化方针上各派思想文化的共同发展和相互融合。长期以来，中国文化发展过程中各种文化思潮的相互交流和吸收融合，在很大程度上得益于和谐精神所产生的比较宽松的人文环境。中华文明始终以开放的胸襟、平和的态度来吸纳外部因素，兼容异质文化，在此基础上不断充实、壮大和发展，进而形成百花竞妍、千树争秀的中华文化大观。先秦时期学派很多，百家争鸣；汉代尽管先是儒道并用，后来独尊儒术，但思想文化领域还是存在着各种学说的共同存在和相互影响；唐代儒道佛三家的并立、相融和共存，就是和谐大同思想在文化领域中成功运用的典型，它昭示了中国文化的多元景观和开放性格。众所周知，儒道佛三家信仰对象不同，观念也有异，存在着矛盾和斗争，其地位作用也有差别。相对而言，儒家学说对古代中国政治经济、文化价值理念和社会生活各个层面的渗透要比道佛两家广泛和深远得多，在中国文化中处于主体地位，保持着长久的生命力，道佛两派则处于次要地位。但三家各有所长，因此其相互补充、相互为用就显得十分重要。从魏晋南北朝以来，上至封建帝王，下到士大夫，儒道佛三家中都有人主张三家合一。如隋文帝就试图实行以儒学为核心、以佛道为辅助，调和三教思想的统治政策。他宣称："门下法无内外，万善同归；教有浅深，殊途共致。"[1] 他主张对三家思想都予以包容和利用，这就为三家的融合相济提供了政治上的首肯。后来，三教合一的观点不断涌现，其中论述得较为系统的是元代刘谧的《三教平心论》，他说："以佛治心，以道治身，以儒治世。诚知心也、身也、世也，不容有一之不疗也。"[2] 更何况，儒道佛三家之间的界限也只是具有相对的意义，三家的和谐共存和相互为用，不仅是很自然的事情，也是和谐精神在文化领域中的具体化和成功典范。

四是民族关系上的友好共处政策。在和谐大同理念的指引下，中国封建统治者们积极地创建睦邻友好的周边环境。汉唐两代盛行的"和亲"、"和藩"政策就为各民族人民所称颂，在当时对安定边疆起了不小的作用。而更值得一提的，则是以努尔哈赤、皇太极、多尔衮以及顺治、康熙、雍正、乾隆为代表的极有政治远见、极富政治智慧的清朝统治集团所采取的"参汉酌金"、"满汉一体"、"以汉治汉"的远大政治谋略。满族在发展初期是一个人口稀少、文化落后的弱小民族，入主中原后，"清朝统治集团面临着一个严峻的问题：如何以一个只有少量人口，政治、经济、文化都相对落后的少数民族，来统治一个人口众多而且有几千年悠久历史文化、有一整套优越价值体系的先进主体民族？"[3] 当时的清初统治者认识到唯有同敌对的汉族士大夫及百姓全面和解与合作，才能稳固的掌握政权。所以，他们采取了"参汉酌金"的基本方针，借鉴参考汉族的优秀文化和成熟制度，同时根据本民族的实际和需要来建立自己的体制；他们倡导"满汉一体"、"以汉治汉"的基本策略，让汉族参与治国，逐渐

① 《历代三宝记》十二卷。

② 刘谧：《三教平心论》。

③ 曾宪义、郑定：《中国法制史》，203页，北京，中国人民大学出版社，2000。

消弭了来自汉族各阶层的敌意和反抗，终于在中原地区站稳脚跟。这些都是终清之世的最重要的国策，也是保证清朝长治久安的立国基石。正如费正清所言，"满族统治者的成功依靠的是按中国方式组织的国家政权以及使用汉人合作者。……清代中国的百分之九十仍由汉人统治，清代政权从一开始就不是纯粹的满人政权而是满汉混合的政权，满族统治者只有像其臣民一样汉化，才能维持其权力。"[①] 顺治朝时曾有汉官感恩而言："皇上日召见臣等，满汉一体，视如家人父子，自今以后，诸臣必同心报国，不复有所顾惜。"[②] 虽然"满汉一体"并不尽然，民族间的隔膜、猜疑，以及引起的矛盾、冲突无法避免，满汉官员的不平等待遇以及相互排斥的事件也时有发生，但清朝统治集团能够提出并切实贯彻这项国策，主动与汉族人建立和

云冈石窟释迦牟尼像

图片说明：南北朝时的云冈石窟释迦牟尼像，这尊气魄宏大、雕饰奇伟的佛像艺术代表作显示出在南北朝时期，思想文化已经开始朝多元化发展。

图片来源：翟文明：《中国通史速成读本》（《中国全史》彩图版第一卷），51 页，北京，光明日报出版社，2004。

谐的关系，以期达到社会安定、维护其统治的政治目的，已是难能可贵。发展到康雍时期，满汉关系已经稳固，进而融合，开始进入一个新的发展时期。清朝在对民族关系上的开放态度及取得的成就是前世不可比拟的，我们今天能拥有如此广大的领土，五十多个民族能和谐的生活在一个大家庭中，很大程度上是得益于清朝民族政策的成功。

三、理想下的法律传统

和谐大同理想指引下的制度设计涵盖了经济、政治、文化等各个方面，而中国传统社会里的法律构造，也同样表现出浓厚的和谐价值取向，典型的是德主刑辅的法制模式、提倡无讼且注重调解的法律价值观、宽仁慎刑的人道主义精神。这些也正是中国传统法律文化中的和谐要素。

第一，西周以来德主刑辅的法制模式，是和谐大同理想所推崇的重人伦、尚德性的价值取向在中国传统法律中的反映，也是中

《步辇图》

图片说明：和亲是中国古代一项安定边疆、力求民族团结与和谐的重要国策。此图描绘了唐太宗会见吐蕃王松赞干布派来迎娶文成公主的使者禄东赞的情景。

图片来源：翟文明：《中国通史速成读本》（《中国全史》彩图版第一卷），57 页，北京，光明日报出版社，2004。

[①] ［美］费正清、赖肖尔：《中国：传统与变革》，217、225 页，南京，江苏人民出版社，1996。

[②] 《清世祖实录》七十一卷。

国传统法律文化的独特品格之一。体现儒家伦理精神与价值取向的中国传统法律文化涵盖着如下四个彼此相联的独特品格：引经断狱的礼治主义性质、德主刑辅的德治主义精神、御笔断罪的人治主义色彩、和谐无讼的最高价值理想。① 德主刑辅正是其中一个重要方面。早在西周时期，周公就从殷王"不敬厥德，乃早坠厥命"②的结局中吸取教训，提出了"以德配天"说，并在此基础上提出了"明德慎罚"③的主张，告诫统治者要勤于修德，注意民情，慎用刑罚。明德就是提倡敬德、重民、惠民、裕民，慎罚就是主张刑罚得中、刑当其罪、重视教化。明德慎罚是周初统治者鉴于周朝灭亡的历史事实而提出的，旨在更有效地使用刑罚，同时用德教来消除人民的反抗意识，从而维护社会秩序的和平以及统治地位的稳固。春秋时期的儒家宗师孔子也从"礼"与"仁"相结合的思想出发，特别强调"德主刑辅"，主张宽猛相济、刑罚适中。到了西汉，统治者从秦朝因暴虐统治而灭亡的悲剧中，得出了"道之以德教者，德教洽而民气乐；趋之以法令者，法令极而民风哀"④的结论，认为礼比法具有更大的分量，"刑罚积而民怨背，礼义积而民和亲"⑤。如果以礼义教化治天下，可"累子孙数十世"⑥，而专任刑罚则会"祸几及身，子孙诛绝"⑦。统治者由此比较完整地提出了德主刑辅的法制模式，在德与刑这治国二柄中，首要的是德。文景之世时的约法省刑、废除肉刑、废除收孥相坐，也在客观上反映了统治者期望缓解阶级矛盾、实现社会和谐的愿望。

到了西汉中期，儒家宗师董仲舒以"天人感应"和阴阳五行说为基础，参以他的人性论，完成了对"德主刑辅"法制模式的论证，为后世统治者构建更为完备的"德主刑辅"法制模式奠定了理论根基。他说："天道之大者在阴阳。阳为德，阴为刑，刑主杀而德主生……以此见天之任德不任刑也……王者承天意以从事，故任德而不任刑。"⑧ 又说："圣人多其爱而少其严，厚其德而简其刑，以此配天"⑨。由于董仲舒的理论符合封建统治者的政治需要，所以，从西汉起，德主刑辅就成为历代统治者所高度认同和极力推崇的法制观念，成为他们统治人民的基本方法。德刑互补的关系在《唐律疏议·名例》中得到了经典的官方表述："德礼为政教之本，刑罚为政教之用，犹昏晓阳秋相须相成者也。"⑩ 唐代以后的法典都以唐律为蓝本，"德主刑辅"的法制模式一直延续下来，成为中国传统法律文化的独特品格之一。

第二，追求和谐与大同的价值理想在司法诉讼领域中的表现，就是"无讼"的悠久传统，它可以看作是德主刑辅的具体实施。在古代中国，诉讼意味着对和谐的破坏，于是，无

---

① 详细论述请参见夏锦文：《中国法律文化的传统及其转型》，载《南京社会科学》，1997 (9)；夏锦文：《中国传统司法文化的价值取向》，载《学习与探索》，2003 (1)。

② 《尚书·召诰》。

③ 《尚书·康诰》。

④ 《汉书·贾谊传》。

⑤ 《汉书·贾谊传》。

⑥ 《汉书·贾谊传》。

⑦ 《汉书·贾谊传》。

⑧ 《汉书·董仲舒传》。

⑨ 《春秋繁露·基义》。

⑩ 《唐律疏议·名例》。

讼是中国传统和谐理想的必然要求。"无讼"思想是孔子最早倡导的，他说："听讼，吾犹人也，必也使无讼乎！"① 在他看来，理想的社会应当是"无讼"的社会，"无讼"是实现"和谐"的首要条件。两千多年来，这种"无讼"的理想一直是中国传统法律制度的最根本的价值取向。"历代统治集团都有这样一个共识，即只有实现'无讼'，才能实现真正的、根本意义上的理想世界，才算是真正的政绩。"② 各朝各代都在努力营造一个无争无讼的社会秩序，如孟德斯鸠所言："中国立法者认为政府的主要目的是帝国的太平。"③ 因此，息狱讼、求"无讼"、维护社会的和睦安定，是中国古代各级官员的首要职责。④

在"无讼"意识形态的指引下，"息讼"、"去讼"成为朝廷维护礼教、弘扬道德的大事业，"不能使民无讼，莫若劝民息讼"⑤。为了使民息讼，统治者费尽心思，从指导思想到司法制度的每一环节都对诉讼进行严格限制。第一环是道德教化劝民止讼。统治者认为，欲民"无讼"，先要教民，使其遵行礼义，忍让谦和。倡导无讼的先驱人物孔子所言"道之以德，齐之以礼，有耻且格"⑥，就是这个道理。在统治者的长期宣传教化之下，人们以无讼为有德，以诉讼为可耻，"无讼"成为人们理想的社会目标。伦理道德学说的渗透与潜移默化，形成了和睦共处、和谐无争的生活准则，以致发生纷争很少诉诸法律或求助于官府，而是寄希望于纲常礼教的道德作用和族长邻右的调解功能。如同法国勒内·达维德在《当代主要法律体系》一书中所说："中国人一般是在不用法的情况下生活的，他们对于法律制订些什么规定不感兴趣，也不愿站到法官的面前去。他们处理与别人的关系以是否合乎情理为准则。他们不要求什么权利，要的只是和睦相处与和谐。"⑦ 在这种思想的笼罩下产生了"以讼为耻"的心理状态。第二环是限制诉权禁民诉讼。从稳定社会、巩固国家的政治利益着眼，为了减少诉讼，封建统治者除制造无讼的舆论外，还从制度上限制民众的诉权。从秦朝到明清，我国历朝都有对当事人诉权条件的法律限制。秦朝严格区分"公室告"与"非公室告"之别。凡"主擅杀、刑、髡其子、臣妾"，均为"非公室告"，官府对此不仅不予受理，还实行告者罪。汉代首定"亲亲得相首匿"原则。"一准乎礼"的唐律，对卑幼的诉权限制更为明确，《唐律疏议·斗讼》"告祖父母、父母"条规定，子孙对祖父母、父母不得提起诉讼，违者绞。元代进一步强化了诉讼当事人在身份和资格上的限制，确立"干名犯义"罪名。元代这一规定，为明清所承袭。历代朝廷还时常颁布法令，禁止百姓因为些小纷争到官诉讼。如洪武三十一年（1398年），朱元璋在《教民榜文》中就规定：户婚、田土、钱债等小民细事必须先由本里老人、里甲断决，不得径到官府诉讼，违者予以严惩。第三环是调解止争促民息讼。统治者为了维护统治，减少讼争，还为"息讼"提供了制度保障——调处制度。中国古代调处制度的高度发达堪称一大特色，起源也很早，孔子就是最早的调处息讼的身体力行者。中国古代社会不仅有盛行不衰的官府调解，还存在着较为常见的民间调解。中国古代

---

① 《论语·颜渊》。

② 范忠信、郑定、詹学农：《情理法与中国人》，165页，北京，中国人民大学出版社，1992。

③ ［法］孟德斯鸠：《论法的精神》，上册，315页，北京，商务印书馆，1982。

④ 有关无讼理想的详细论述请参见夏锦文：《中国传统司法文化的价值取向》，载《学习与探索》，2003（1）。

⑤ 《福惠全书》卷十一。

⑥ 《论语·为政》。

⑦ ［法］勒内·达维德：《当代主要法律体系》，漆竹生译，487页，上海，上海译文出版社，1984。

调解以儒家的礼教道德为原则，目的在于维持和睦无争、礼义有序的社会常态，达到息事宁人、天下无讼的效果。诚如罗兹曼描述的："在许多坚持社会理想的人们心目中对证公堂是鄙下的，为君子所不齿。""在大多数告到衙门来的案件中，县令都会反复敦促原告和被告私了。所有乡里都很熟悉大量不同的调解纠纷的巧妙方法。这些办法包括由尊敬的长者出面干预，对纠纷的各方进行调查和协商，按传统的规矩和特定的方式认错或赔罪，作象征性的或实在的赔偿，或由当地各方有关人物到场，给个面子，让犯错较大的一方办桌酒席，当面说和等等。"① 第四环是司法黑暗使民畏讼。中国古代的司法黑暗也是从反面促成"无讼"法律传统产生的重要原因。由于司法腐败和刑讯逼供，百姓不再认为诉讼是一种公正价值判断。纠问式的审讯制度、有罪推定的指导原则、刑讯逼供的审理方法，使老百姓"畏讼"；鱼肉百姓的酷吏、遥遥无期的审理、黑白不分的判决，使老百姓"厌讼"。日久天长，人们养成不打官司的习惯，无讼变成了普通百姓的生活准则。总之，中国传统法律中和谐理想的结果，就是体系完整、环环相生的无讼体制。和谐与无讼顺理成章地成为中国传统司法文化的理想主义价值取向。

第三，宽仁慎刑的人道主义精神也是和谐大同理想在司法领域中的体现。历代开明的统治者都主张"王政本于仁恩，所以爱民厚俗"②。周公提出的"明德慎罚"中就包含有慎刑的含义。为免重蹈覆辙，他吸取了夏和商两朝灭亡的教训："不可不监（鉴）于有夏，亦不可不监于有殷。"③ 为此，他要求统治者勤政修德，用刑宽缓，避免社会矛盾的激化，其典型的说法是："兹式有慎，以列用中罚。"④ 其基本精神就是用刑要慎重，罪刑要适当，不可畸重畸轻。此后的历代开明君主继承和发展了这一思想，并在司法实践中加以运用，使其内容更为丰富。汉文帝之废除肉刑就是统治者关注民生，强调"民命尤重"⑤ 的典型范例。唐初统治者也比较注意恤刑慎杀，比如，李世民对于死刑尤为慎重，他一再强调："死者不可再生。"⑥ 谏臣魏征也曾提出："仁义，理之本也；刑罚，理之末也"，因此，"圣人甚尊德礼而卑刑罚"⑦。在这种指导思想的影响下，唐律形成了科条简要、刑罚适中的特点。唐律中规定的五刑制度在刑罚种类、死刑方式、刑期限制、量刑幅度及行刑方式等各方面，都以从轻为原则，如关于如何确定老疾犯罪的年龄标准及对"十恶"中"谋叛以上"重罪的处罚等，都体现了立法者欲以"宽仁治天下"的精神。宋初，为了消除五代以来武人主狱讼、恣意用法的现象，规定"法吏浸用儒臣，务存仁恕"⑧；同时实行"折杖法"，意在笼络人心，改变五代以来刑罚严苛的弊端。历史的实例证明，宽仁慎刑有助于缓和社会矛盾，稳定专制统治，促进社会和谐。

宽仁慎刑的司法精神在中国传统法律制度中具体表现为以下几个方面。一是老弱废疾减

---

① ［美］罗兹曼：《中国的现代化》，127 页，南京，江苏人民出版社，1988。
② 《新唐书·刑法志》。
③ 《尚书·召诰》。
④ 《尚书·立政》。
⑤ 《魏书·高祖记》。
⑥ 《贞观政要·刑法》。
⑦ 《贞观政要·公平》。
⑧ 《宋史·刑法志》。

免刑罚。西周时期就有"八十、九十曰耄，七年曰悼。耄与悼，虽有罪，不加刑焉"① 的规定，并为后世所传承。汉景帝时曾下诏令："年八十以上，八岁以下，及孕者未乳……当鞫系者，颂系之。"② 汉宣帝时也下诏令："诸年八十以上，非诬告、杀伤人，他皆勿坐。"③ 这些矜恤老幼妇残的法律规定，到唐律时已经发展成熟，唐律依四个年龄段具体规定了承担刑事责任的原则："九十以上，七岁以下，虽有死罪，不加刑"；"八十以上，十岁以下及笃疾，犯反、逆、杀人应死者，上请。盗及伤人者，亦收赎"；"年七十以上，十五以下及废疾，犯流罪以下，收赎"④；而十五岁以上七十岁以下犯任何罪，均承担完全的刑事责任。这些原则性的规定都反映了立法者轻刑省罚的立法意图，是矜老恤幼思想在司法领域中的体现。当然，由于这些人社会危害性本来就小，所以对他们减免刑罚不会影响社会的和谐，也不会威胁统治秩序的稳定。二是控制死刑的最终决定权。为了缓和阶级矛盾，同时把司法大权牢牢控制在皇帝手中，隋朝确立了死刑须经"三复奏"方可实行。而唐律对此作了更为详细而严格的规定：凡地方三次奏报批准的或批准后未满三日或超过三日执行的，均处以相应的刑罚。对京师判决的死刑案件要求更加严格，须经过"五复奏"。这反映了统治者对待死刑的慎重态度和爱惜民命的人道主义精神。唐代贞观盛世的形成，在很大程度上是由于唐初统治者采取了重民命、慎刑罚的措施。三是对刑讯的限制性规定。如隋朝的《开皇律》规定："讯囚不得过二百，枷杖大小，咸为之程品，行杖者不得易人。"⑤ 唐律又规定："诸应讯囚者，必先以情，审察辞理，反复参验，尤未能决，事须讯问者，立案同判，然后拷讯。"⑥ 贞观四年（630 年），唐太宗下诏，规定对罪犯"不得鞭背"，将受刑部位由背部改为臀部。⑦ 这些规定对于保护人命、减少民怨、促进社会和谐起到了一定的积极作用。

第三节
传统和谐大同理想的传承方式

一、近代和谐大同理想的困境

几千年来的中国传统和谐大同理想不仅具有丰富的内涵，而且促使中国无数政治家和思想家为了构建一个梦想中的乌托邦而辛勤探索，进而将和谐大同作为一种治国方略付诸政治实践，进行了各种各样的制度设计和法律构造。由古至今，中国历代志士仁人为此付出的不懈努力从未中断，和谐大同理想始终是人们奋斗不息的目标。19 世纪中叶开始，伴随着清朝的日渐衰微和西方的迅速兴起，在列强船坚炮利的刺激下，中国进入了一个大变动、大转折的关键阶段，也不幸沉沦并处于一个内忧外患、形势危急、整个社会极不和谐的时代。"救

---

① 《礼记·曲礼上》。
② 《汉书·刑法志》。
③ 《汉书·宣帝纪》。
④ 这三条律文均引自《唐律疏议·名例》。
⑤ 《隋书·刑法志》。
⑥ 《唐律疏议·断狱》。
⑦ 参见《旧唐书·太宗本纪》。

国图存"成为时代的主题,民族独立、国家富强、社会和平成为人们关注的焦点和渴望。从洪秀全,经康有为,到孙中山,近代中国进步人士在思考国家解放和民族独立的进程时,也对"中国向何处去"这一时代课题进行了深入的构思和设计。他们不仅积极探索如何才能拯救风雨飘摇中的中华文明古国、达到国富民强,还热情洋溢地在中国传统和谐大同理想的基础之上,追寻未来中国的理想图景,针对"中国向何处去"这一课题提出了各不相同的理论构想。他们开始向西方寻求救国救民的真理,把中国古老的和谐大同理想与西方资产阶级的社会理论相结合,炮制出中国近代三大和谐大同理想,这就是洪秀全的《天朝田亩制度》、康有为的《大同书》和孙中山的三民主义。

在中国近代史上,洪秀全第一个以"大同"作为自己的理想社会。他以《礼记·礼运》中的大同理想为底本,参以西方基督教的原始平等教义和中国农民起义的"均田"口号,创造性地在《天朝田亩制度》中,规划了一幅天下为公的大同情景:

> 凡天下田,天下人同耕。此处不足,则迁彼处;彼处不足,则迁此处。……务使天下共享天父上主皇帝大福,有田同耕,有饭同食,有衣同穿,有钱同使,无处不均匀,无人不饱暖也。[1]

洪秀全这一改造中国、实现大同的方案,以废除封建剥削、财产公有、计口授田、共同生产为核心,力图建立起宗教、行政、生产、军事合一的地上"天国"。这个"天下一家,共享太平"的天国理想,虽然只是以农业小生产自然经济为基础的空想,而且在太平天国时期还显得比较简约和粗糙,但和古代的大同蓝本相比,已经有了很大的超越。首先,洪秀全把西方的宗教信仰注入传统和谐思想之中,使其"大同"和"平等"有了终极关怀上的根据,这就超出了传统理想的范畴。其次,通过太平天国的制度设计,"大同"转化为改变现实的革命方略,《天朝田亩制度》中平均分配土地的规划和圣库制度的规定,就表明洪秀全的大同乌托邦已经提示了以后陆续出现的"大同"方案的若干特征,所以可以说是近代大同理想的先驱。

"大同"在洪秀全那里还只是朦胧、简约的理想社会的雏形,可是经过康有为的设计,"大同"提升为前景诱人的未来世界的完美图景。康有为对《礼记·礼运》中的大同理想极为熟悉也极为推崇,并且还模仿它写下了《大同书》。在这部书中,康有为把《礼记·礼运》中的大同理想、佛教的众生平等、基督教的博爱主义、资产阶级的天赋人权以及空想社会主义的社会理论等糅合在一起,设计了一个没有压迫、没有剥削、天下为公、人人平等的大同之世。这个大同社会前景十分灿烂,首先是财产公有,不允许人民有私产。其次是人人劳动,懒惰者没有立足之地,也不存在不劳而获的剥削者。再次是社会成员人人平等,没有刑罚,没有军队,甚至没有国家,只通过选举产生的、为人民办事的议员。男女平等,儿童由社会抚养。最后是社会物质财富极为丰富。由于科学高度发达,经济高度发展,可以满足所有社会成员的物质文化生活需要,人人过着幸福美满的生活,只有快乐,没有痛苦。

康有为的大同说比洪秀全的"地上天国"更具有进步性,首先,它已经有了系统的进化史观作为支撑,而且提出了政治上的大同、人类自身的不断进步等更高级的要求。其次,康有为的大同社会所倡导的平等,已经不再是农民起义所高举的"平等"旗帜,不再是身处封建压迫

---

[1] 《天朝田亩制度》,载《太平天国》(中国近代史资料丛刊)第1册,321页,上海,上海人民出版社,1959。

下的农民群体的本能要求，而是具备了理性的形态，他实际上已经接受了西方的"天赋人权"理论，并且希望根据人类普遍平等的原则来建立理想的社会制度。因此，康有为在他所设计的理想社会中，始终贯穿了平等的原则："大同之道，至平也，至公也，至仁也，治之至也，虽有善道，无以加此也。"① 为了实现平等，他提出了大量的社会改革方案，如"去国界合大地"②，消除国家之争带来的不平等；消除阶级间的不平等和人种差别。"人类之苦不平者，莫若无端立级哉"③；实行男女平等和妇女解放，取消男女在服饰上的差别；"去家界为天民"④，取消婚姻关系和家庭制度，儿童一律由社会负责教养，以避免因家庭财产而引发的不平等和争端。康有为的见解及相关方案，在中国近代史上大放异彩，但由于受到当时社会条件的限制，以及他在政治实践上坚持改良，他的独特见解和大同理想只能沦为资产阶级改良派的空想。

中国资产阶级革命民主主义者、三民主义的创始人孙中山，可以说是近代中国最著名的大同主义者。他一方面对中国的封建制度深恶痛绝，另一方面对西方资本主义社会已经暴露的弱点忧心忡忡，他希望中国的未来社会能够同时消除二者的弊端，由此提出了民生主义，也就是他的大同主义。他说："民生主义就是社会主义，又名共产主义，即是大同主义"⑤，而对于民生主义，"其最要之原则不外两者：一曰平均地权，二曰节制资本"⑥。他幻想通过这两项原则的实施，达到所谓"大同主义"，他满怀信心地说："本社会之真理，集种种生产之物，归为公有而收其利，实行社会主义之日，即或民有所教，老有所养，分业操作，各得其所……予言至此，极抱乐观"⑦。这样就可以消除贫富差距，实现美好的理想：

> 人民平等，虽有劳心劳力之不同，然其为劳动则同也。即官吏与工人，不过分业之关系，各执一业，并无尊卑贵贱之差也。社会主义之国家人民既不存尊卑贵贱之见，则尊卑贵贱之阶级，自无形而归于消灭。农以生之，工以成之，商以通之，士以治之。各尽其事，各执其业。幸福不平而自平，权利不等而自等。自此演进，不难至大同之世。⑧

在孙中山的大同理想里，生产资料私有制仍然存在，资本家和雇佣劳动者两个阶级并没有消灭，但孙中山认为在资产阶级民主革命后建立的大同社会，人们只有社会分工的不同，不存在尊卑贵贱之分。随着生产力的极为发达、人民生活的普遍改善、国家福利事业的充分发展，大同社会也就到来了。

中国近代三大和谐大同理想始发于中国现代化艰难起步的阶段，它们与中国古代各种社会理想已经有了根本的不同，而它们彼此之间也存在着种种差异。近代和谐大同理想是中国近代思想家和政治家们在内外交困的危急形势下，对中国的未来深入思考的结果，也是对整个人类前途的整体设计。它反映了中国近代进步人士对未来社会的积极追求，鼓舞着一代又一代中国人在探索治国的道路上奋勇前进。由于其自身存在的某些合理性和价值，它的某些

---

① 康有为：《大同书》。
② 康有为：《大同书》。
③ 康有为：《大同书》。
④ 康有为：《大同书》。
⑤ 《孙中山全集》，第9卷，355页，北京，中华书局，1982。
⑥ 《孙中山全集》，第9卷，184页，北京，中华书局，1982。
⑦ 《孙中山全集》，第2卷，523页，北京，中华书局，1982。
⑧ 《孙中山全集》，第2卷，523页，北京，中华书局，1982。

内容至今仍为当代人所信服。然而，无论是洪秀全的"地上天国"，还是康有为的"大同世界"、孙中山的"民生主义"，最后都没有能够实现，而他们所作出的政治实践和改革改良运动也相继失败了。这固然是各种内外因素一起作用的结果，比如封建势力和西方资本主义国家等反动势力的强大、中国民族资产阶级的极度弱小和不彻底性，以及理论基础的不科学、政治经验的不足、对中国近代社会矛盾和落后根源的错误认识等。这些内因外因也是中国现代学术界在评判中国近代史时反复指出和论证的。但还有一点也非常重要，那就是中国近代三大理想社会都是建立在中国古代大同理想的基础上，都是对传统和谐大同思想的继承和发展。由于他们都没有对中国古代的和谐大同加以科学的认识和正确的价值判断，所以在传承时只是盲目地全盘接受，这样就不能找到正确的实现大同的道路，也不能进行正确的理想目标选择。中国近代和谐大同理想和古代一样沦为空想，一个很重要的原因就是他们都没有对中国传统和谐大同思想进行科学的剖析、合理的扬弃和积极的改造，没有认识到中国传统和谐大同理想在包含了丰富价值的同时，也有着许多致命的弱点。中国古代和谐大同思想浩如烟海，有些糟粕，必须抛弃或者改造；其中的精华，也绝不能简单地遗弃或否定。这才是我们对待古代和谐思想应有的态度。只有在认真分析出精华和糟粕的基础上，才能真正做到古为今用。

二、对理想中优秀成分的借鉴和吸收

和谐大同理想是中国传统文化的精华，包含着丰富的内容。在上千年的历史演进中，和谐大同理想对中华民族的心理、习俗、价值、制度、风貌等诸多方面产生了不可估量的影响，至今仍是中华民族极其丰富、极其宝贵的文化遗产。它具有亘古不变的价值，不仅在过去和现在对我们民族的生存、发展起了积极的作用，塑造了中国文化超越性的精神品格，同时也能够在人类未来的生存和发展中，为建构和平、公正、自由的理想世界提供理性的启迪和思考。随着"社会主义和谐社会"的提出，如何吸收我国古代和谐思想中的积极成果就成了当前学术界的重要问题。

第一，中国古代和谐思想中的"天人合一"思想，有助于我们在科技高度发展的今天，正确地认识自然、尊重自然，为和谐社会营造一个健康的自然环境，为人类社会的整体和谐铺平道路。在人与自然的关系上，中国传统和谐思想认为人与自然应是一个融洽无间、有机联系的整体，"和"是人与自然相处的最高法则，人要尊重自然界的规律和秩序，尽量适应自然界的变化且与之相协调。同时，这也并不表明人只能被动地去适应自然，而是说人要在尊重自然界的规律的前提下认识并改造世界。"天人合一"的和谐观念使人的精神融于自然之中，映照出人与自然彼此依赖、彼此促进、共生共荣的关系。这种追求和谐的自然观及其对人与自然关系的态度和理解，无疑对于现代社会的可持续发展具有理论启迪和现实意义，对于处在科学文化高度发展时代的当代人具有借鉴价值。西方世界在主客观二元对立的理念下，为征服、主宰自然，片面地发展了"科技理性"、"工具理性"，却忽视了"价值理性"，造成了现代化之后的一系列危机。在这种情况下，不少人对中国传统的天人和谐思想表现出浓厚的兴趣，一些西方人提出了"回到自然中去"的口号，这就从一个侧面显示和印证了中国传统和谐思想的价值。恩格斯指出：我们连同我们的肉、血和头脑都是属于自然界和存在于自然界之中的；我们对自然界的全部统治力量，就在于我们比其他一切生物强，能够认识和正确运用自然规律。① 在此，他告诫世人：必须正确处理人与自然的关系，只有做到人类同自然界的和谐，才能为人类本身的和谐开辟道路。在生态环境日益遭受破坏的今天，中国古代和谐思想中的"天人合一"思想的现实意义不仅仅在于保护自然，更重要的是它为人类自身的和谐打开了局面。

第二，传统和谐大同思想中先哲们构建的理想社会昭示了一幅平和安详的人间图画，对于缓解现代社会的人际关系紧张、促进人际关系的和谐、建立人际相处的理想模式具有重要的启迪意义。首先，中国传统和谐大同思想从人性本善的论调出发，主张人际和谐，认为个人的价值在整体中才能得到充分展现。因此，中国古代一直提倡"礼之用，和为贵"② 的处事法则，它具体包括以下几方面的内容：天下一家，人人平等，互助友爱，即所谓"四海之内，皆兄弟也"③；以诚待人，注重信义，即孔子所说"与朋友交，言而有信"④；"己所不欲，勿施于人"⑤，在处理人际关系时须用自己的仁爱之心来推度别人，即所谓"己欲立而立人，己欲达而达人"⑥。其次，中国古代认为家庭和谐是社会和谐的基础。在家庭关系上，孔子强调"孝悌"，主张"孝悌也者，其为仁之本与"⑦，要求"入则孝，出则悌"⑧，"事父母，能竭其力"⑨。也就是说子女应当尽力孝敬父母，尊重兄弟，这是仁爱的根本。夫妻之间要和睦相处、相敬如宾。孟子也认为"国之本在家"⑩，家庭和谐至关重要。他说："夫仁，天之尊爵也，人之安宅也"⑪。儒家伦理学中的最高道德标准是"仁"，孟子在此将"仁"的境界界定为家庭的和睦安详，足见家庭和谐深受儒家重视。再次，传统和谐思想强调，处理好家国、人己关系是治国安邦、民族兴旺的先决条件。《礼记·礼运》篇为我们描述的理想蓝图、儒家关于"天下为公"的理论、关于"大同世界"的理论、关于"内圣外王"的理论、关于"德礼为政教之本，刑罚为政教之用"的理论、道家关于"人法地，地法天，天法道，道法自然"以及"无为而治"的主张等等，都凝聚着古代哲人对理想社会所投入的热烈情感，体现了和谐理想的深刻内涵，并在特定的历史环境中对中国的历史发展产生了极大影响。这些有关理想社会的理论，虽然由于其价值体系的不科学性而具有相当大的局限性，而且被历史证明是不切实际的空想，但它们的某些积极成分对建立现代和谐社会仍具有重要意义。

第三，中国古代和谐大同理想中对生命的重视、对人的关怀、对个人自身和谐的关注，对我们今天追求个人的全面发展、探索个人生存方式的最佳和谐状态具有重要意义。传统和谐大同理论认为，人首先要有独立的人格和顽强的意志。孔子说："三军可夺帅也，匹夫不

---

① 参见《马克思恩格斯选集》，2 版，第 4 卷，384 页，北京，人民出版社，1995。
② 《论语·学而》。
③ 《论语·颜渊》。
④ 《论语·学而》。
⑤ 《论语·颜渊》。
⑥ 《论语·雍也》。
⑦ 《论语·学而》。
⑧ 《论语·学而》。
⑨ 《论语·学而》。
⑩ 《孟子·离娄上》。
⑪ 《孟子·公孙丑上》。

可夺志也。"① 孟子也主张人要有"富贵不能淫，贫贱不能移，威武不能屈"② 的"大丈夫"气概。其次，要保持健康的生活态度，具有乐观向上、豁达开朗的胸怀。如孔子主张淡泊名利，修养心性，要"乐而忘忧"；孟子认为人生"万物皆备于我矣，反身而诚，乐莫大焉"③，"养心莫善于寡欲"④，告诫人们要认识社会和自然，珍惜生命，热爱生活，知足常乐。再次，要善于协调自己的情绪。情绪对一个人的精神和谐很重要，《中庸》指出："喜怒哀乐之未发，谓之中；发而皆中节，谓之和。"也就是说，喜怒哀乐等感情的表达要有节制，不能大喜大悲，应学会自我调节。可见，中国传统和谐思想是一种仁民爱物、万物一体的人本主义思想，体现了强烈的人道主义价值取向。

当现代工业文明带来的种种弊端影响着人类生活时，反思中国传统和谐大同理想，我们感到精神振奋，中国传统和谐观摒弃人与自然的对立，使人与人和谐相处，个体的身心健康得到全面发展，进而使自然、人类、社会成为一个系统的有机的整体。和谐传统中的精华部分不仅已经深深扎根于中华民族的心理之中，形成了一种普遍认同的社会心理习惯，而且必将为我们现代和谐社会的构建提供有益的本土思想资源，有助于我们向人类的美好未来不断前进。

三、对理想中消极因素的摒弃或改造

传统和谐大同理想中的精华成分是显而易见的，它不仅是整个中国传统思想文化的一大特色，而且因其所蕴含的深刻哲理而对中国几千年的历史发展起了很大的推动作用。在传承中国传统法律文化、构建现代和谐社会的宏伟事业中，我们不仅要从传统中吸取教益，而且不能忽视对理想中消极因素和落后成分的鉴别、摒弃或有选择性、有目的性的改造。中国传统和谐大同理想在价值判断、理论体系、政治实践和法律设计中，都有着很多弱点和弊端，值得我们关注。

第一，最值得我们反思的是，传统和谐理想在思维方式、思维习惯上，有一种自觉或不自觉的价值判断或预设：和谐就是没有一切矛盾和冲突。大同社会作为一种美好的、值得人们去追求实现的理想社会秩序或生存状态，是没有任何斗争的，甚至人们之间的正常竞争以及价值观、思想认识的异质多元性都是绝对有害和不允许的。孔子曰："君子无所争。"⑤ 老子也以"无争"为处世良方。法家主张"一体之治"⑥，臣民应当"顺上之为，从主之法，虚心以待令，而无是非"⑦。几千年来和谐大同思想虽然在历史演进中内涵不断扩充或有所变化，但在价值判断和思维方式上，却呈现出始终如一的所谓"一致"性，它突出强调天地万物和社会秩序的稳定不变，却忽视了事物只有在矛盾双方的相互对立、相互作用、相互转化中才能发展。即使某些人已经认识到事物有矛盾和对立，但又认为矛盾可以很快走向调和，"合二为一"，这就说明中国古代对事物的认识还不科学。

---

① 《论语·子罕》。
② 《孟子·滕文公下》。
③ 《孟子·尽心上》。
④ 《孟子·尽心下》。
⑤ 《论语·八佾》。
⑥ 《管子·七法》。
⑦ 《韩非子·有度》。

因此，中国古代更多地强调整体的和谐与统一，片面地主张以和解、平衡的方法来解决事物固有的矛盾，却不赞成矛盾的激荡与转化。这种价值判断和思维方式本身就是和谐型的，它体现了中国传统文化的和谐精神，但它所固有的强调稳定、缺乏本质对立、忽视事物斗争的弱点，使人们不能正视矛盾、冲突和斗争对于推动社会进步、促进社会生活的正面价值和积极意义。事实上，现实社会生活是一个充满矛盾和冲突的动态过程，对此中国古代哲人们是有所认识的，但他们却希望通过退让、逃避来看待问题，如果实在避免不了，那就干脆像"和稀泥"一样，把所有的对立面都简单的"合二为一"，以为这样就能实现完全排除任何矛盾、避免任何竞争的"大同"乐园。这样做的后果之一，就是人们连正当的利益要求、公平合理的竞争都不敢正视，以至于靠牺牲个人自由和权利来换取家庭和群体的所谓"和谐"。正如梁漱溟先生所说："中国固有精神是伦理精神，在伦理精神上是不允许人说'我有什么权利'的，这种话在中国古人是说不出来的。"① 这使人们长久以来只能固守各自的身份地位，安分守己、战战兢兢地过日子，人们的任何欲望和要求都必须由礼义制度来安排。后果之二，也是更严重的，就是造成了中华民族在民族性格中因循守旧、安于现状的惰性和保守性，这是中国传统文化思想中极为有害的糟粕。中国历史上一直不太崇尚激烈的社会变革，一切有激进色彩的言论和运动，无不被视为叛逆潮流而遭到迫害，最终沦为失败。商鞅、王安石的变法，以及近代风起云涌的改革和改良活动都相继失败，原因固然是多方面的、内外因交织的，但中国人牢固的和谐心理所带来的保守性和守旧观念，不能不说是一个很重要的原因。随着历史的发展，和谐思想的这一弱点越发暴露出来。直到西方迅速崛起，并开始用坚船利炮打开已经败落不堪的中国大门时，国人还沉醉在"天朝上国"的迷梦中，原因正在于此。

我们认为，既然现实社会生活从来就是一个充满矛盾、冲突和竞争的动态过程，那么要实现社会生活的和谐，首先就应该正视矛盾和冲突，而解决办法不是避免、排除矛盾，而是要建立一种公平竞争的机制，制订出有关竞争和冲突和合理解决规则。我们认为，和谐并不意味着没有矛盾和冲突，而是要有良方来应对矛盾和冲突，使社会生活在动态发展的过程中走向和谐有序。

第二，在理论体系上，传统和谐大同理想有着不可避免的消极性，这也正是由传统理想片面强调稳定，却忽略矛盾和差异的价值判断所决定的。首先，中国古代在人际和谐上十分强调个人对社会的责任，并且形成了以天下为己任、求大同存小异、忍辱负重等优良传统和美德。但与此同时，也忽略了个体的独立地位和价值，在很大程度上抹杀了个体的积极性与创造性，没有注意到社会和谐是与个人的全面发展相一致的。而实际上，现代和谐社会是一个讲究人人都能得到充分发展、个性得到充分体现的"和而不同"的社会。个人的存在不仅仅是和谐社会整体中的一个元素，更是自身能够得到完全发展的个体。其次，中国古代虽然重视身心的和谐，注重主体身心的全面发展，但在实践中往往只强调精神上的平衡，却以谈个人的现实需要为耻，忽略人的权利和利益。再次，保持人与自然的和谐，固然有益于人类合理开发自然资源以及保持生态平衡，特别是在自然环境遭受破坏、生态严重失衡的现代工业社会，强调人与自然的和谐具有更大的现实意义。但由于中国古人习惯于把相对的和谐与平衡作为一种理想境界加以追求，而忽略了矛盾的普遍性和不和谐因素的应有地位，因此他

---

① 《梁漱溟全集》卷二，293 页，济南，山东人民出版社，1990。

们不可能把自然看作与主体相对立的实体，这就容易造成对自然认识的肤浅，也就不可能达到科学意义上的"天人合一"。

第三，在政治实践上，中国传统和谐大同思想中的"和"，是强调君臣上下、尊卑贵贱之等级秩序的协调和顺。"和"的前提是由君主通过独一无二的绝对权威来对整个社会秩序进行有效监控，也就是要服从于君主专制，君主与臣民之间要形成一种和顺的关系。人们之间、人与社会之间的各种关系，都要由一个特定的人来实施、负责、提供保障。这个人就是超乎人伦秩序之上的社会整合的主体，也就是君主，或者说是圣王。荀子曾说："人道莫不有辨，辨莫大于分，分莫大于礼，礼莫大于圣王。"① 而君主，或者说圣王应该如何来统治社会和统领民心呢？荀子说："乐合同，礼别异，礼乐之统管乎人心矣。"② 同样，墨子也有着君权笼罩下的和谐观。他设计了一个层层"上同"的政治体制，其思路是这样的：上古之时，人们各持异义而"交相非"、"作怨恶"，"离散不能相和合"，"无君臣上下长幼之节，父子兄弟之礼，是以天下乱也"；而天下之所以乱，根源在于"民之无正长，以一同天下之义"；因此，理应"选择天下贤良圣知辩慧之人，立以为天子，使从事乎一同天下之义"；天子之下，又层层设置各级"正长"；正长已定，于是天子"发政施教"，而天下人层层"上同"以至于皆"上同乎天子"，"天子之所是，必亦是；天子之所非，必亦非之"，由是则天下可治。③ 从墨子所设计的政治制度层层"上同"的运作机制来看，墨子虽然主张"兼爱"，主张"尚同"，但他更强调的是上对下的层层监控。他意在使下民"上同"，期望各级"正长"乃至天子都由仁智贤能之人担任，却不引入任何权力监督制衡机制，这样就必然使上者趋于专制，墨子所主张的"尚贤"，首先要取决于天子的意愿，中国传统政治思维和政治结构的浓厚专制色彩暴露无遗。在倡导建设法治社会的今天，专制主义和人治色彩的糟粕是必须要坚决摒弃的。

第四，在法律设计上，和谐大同理想作为中国社会的悠久而珍贵的思想传统和价值追求，显示了我们祖先关于社会和人生的高超智慧，对现代社会司法诉讼、解决纷争也产生了深刻的影响。这种价值理想在中国传统法律制度领域中的一个重要表现，就是"无讼"，它比较切合传统中国社会的实际，也易于为中国人的心理所接受，造成了中国古代法律文化中调解制度的极为发达。调解制度对缓和社会矛盾、降低社会成本、消除滥讼现象、达成社会的整体和谐无疑是非常重要的，它是中国贡献给整个人类的宝贵财富，被西方世界的一些有识之士称之为"东方一枝花"、"东方经验"、"伟大的创举"。和谐无讼观念的合理性是存在的，但它也有着轻视法治、权利意识淡漠、法律地位低下、人治主义泛滥等消极影响。首先，和谐理想与无讼制度使整个古代中国轻视法治，抑制了法律的正常发展。在传统无讼思想的笼罩之下，民众对法律敬而远之，宁愿把希望寄托于人情、伦理和清官，甚至打官司也成了一种可羞之事。至于对"法律"的信仰或崇拜，在这里更是荡然无存了。然而，神圣的法律只有被公众认可、接受并信任、尊重和服从，才可能体现出其法律价值。正如美国著名法哲学家伯尔曼在他的名著《法律与宗教》中所指出的，"法律必须被信仰，否则它将形同虚设"④。因此，和谐无讼的传统在重视教化、提倡和解的同时导致了人们对法律的轻视，导

---

① 《荀子·非相》。
② 《荀子·乐论》。
③ 参见《墨子·尚同》。
④ ［美］伯尔曼：《法律与宗教》，28页，北京，三联书店，1991。

致了中华民族对法的价值问题的忽略和对法律的不信任，从而阻碍了传统法制的健康发展。其次，和谐无讼使中华民族长期以来权利意识十分淡漠。在传统中国，普遍的和谐理想状态，并不是通过法律或权利与义务之间的平衡获得，而是通过一个以义务为中心、"礼法合一"的规则体系得以实现。"礼治就是对传统规则的服膺"。生活方面，都有着一定的规则。行为者对这些规则从小就熟悉，不问理由而认为是当然的。长期的教育把外在的规则化成了内在的习惯。维持礼俗的力量不在身外的权力，而是在身内的良心。所以，这种秩序注重修身，注重"克己"①。因此，他们处理与别人的关系是以合乎情理为原则，他们不要求什么权利，要的只是和睦相处与和谐。另外，历代统治者使用法律的目的在于辅助教化，促使老百姓按封建礼教行事，大家都安分守己，不积极争取什么利益，而是互相谦让，牺牲原则地保持一团和气。因此，"中国古代诉讼无视个人的权利及价值，其法律精神蕴含着对平民大众的主体性权利的否定、压制乃至剥夺社会个体的诉讼权利。"② 此外，传统无讼思想及由此产生的调解制度在很大程度上减少了通过制度化、法律化的司法诉讼程序来解决各种社会纠纷的必要性，这就为人治留下了广阔的空间，使行政权力的运用得不到法律的有效制约。这些有害成分，我们必须予以关注。今天我们依然主张要充分发扬调解的优点，但现代的调解制度与古代在制度设计、价值观念、理论基础等方面是截然不同的，我们必须避免传统无讼思想和古代调解制度中的消极因素和弱点对现代法制事业的影响。

第四节
从和谐理想到构建现代和谐社会

一、以人为本：构建现代和谐社会的思想创新

中国传统和谐大同思想并非完美无缺，既有可资借鉴的优秀品质，也有不可否认的消极内容。但和谐思想始终是公认的中华传统文化宝库中的瑰宝，对"和谐"的追求是古代先哲们可贵的共通之处，自然、人类、社会协调如一的和谐观是中华文化最根本的特征和最高精神境界，保障社会和谐是中国法律传统的内在精神和基本精神追求。以古鉴今，在建设社会主义和谐社会的今天，如何创新古代和谐大同思想，弘扬和谐的价值观，无疑是一个相当重要的课题。我们认为，从法律的角度，树立人本主义的观念、实施法治主义的法律调整机制、发展多元的和谐文化是对传统和谐思想进行弘扬与创新，进而构建现代和谐社会的重要路径。其中，以人为本的观念是一项关键性的思想创新。

中国古代的和谐思想是以国家本位的等级森严秩序为基础，将社会秩序稳定视为至高的价值追求，过分强调个人对于国家、群体的绝对服从，压抑了人的个性的自由发展。公丕祥曾指出："中国传统法律文化是以义务本位为特点的自然经济型的法律文化体系……在中国传统法律文化中，义务是首要的、神圣的、绝对的；权利则随着社会境遇的改变而不断变

---

① ［美］费孝通：《乡土中国》，55 页，北京，三联书店，1985。
② 公丕祥主编：《中国法制现代化的进程》，上卷，349 页，北京，中国人民公安大学出版社，1991。

化，它缺乏应有的独立性。"① 传统的和谐社会目标所主张的个人与社会的和谐统一，乃是以高扬宗法社会本体，突出宗法社会高于个人为基础的统一。正因为如此，他们强调个人对群体、宗族、国家的义务。另一方面，他们漠视个人的权利及价值，否定、压制乃至剥夺平民大众的种种权利。可见，中国传统和谐社会思想所强调的重点是使每个人安于现状，安分守己，以尽义务为本分，以谈权利为耻辱。

与古代和谐社会思想的义务本位的法律价值取向相反，现代和谐社会是建立在对人权的尊重基础之上，要求法律以权利为本位。梁治平指出，"希腊人的正义理论，罗马人的契约观念和权利意识，构成了西方法律传统中最重要的部分。而这些东西恰恰是中国文化中所欠缺的。"② 现代和谐社会要求充分发挥社会主体的主动性、积极性、创造性。和谐社会不是压抑人的个性的社会，而是以人为本，充分发挥人的主动性与积极性，促进人的全面发展的社会。实现以人为核心的全面发展和进步是现代和谐发展观的最终目标，离开人权谈和谐是不可能构建和谐社会的。

社会主义和谐社会中的"以人为本"，其内涵是非常丰富的，包括人人平等、和而不同、互惠互利等。第一，人人平等是指人与人之间在人格、权利、机会、规则等方面的平等。在现代社会，每个人的权利和机会都是平等的，"国家尊重和保障人权"已经写入宪法。社会主义和谐社会应当是尊重社会成员独立人格的社会，是社会成员的基本权益能够得到充分保障的社会，是社会成员有平等的机会并遵循同样的规则充分发挥其能力的社会。国家应该力图使尽量多的具备某种能力和素质的社会成员得到相应的社会位置。目前，我国仍然存在着不利于社会各阶层之间相互开放和平等流入的障碍。比如，农民进入城市的就业限制政策、体现城乡差别的户籍制度、公务员录用考试中的身份限制政策等。第二，和而不同，就是尊重个人、包容个性差异，并使多样化之间达到协调和共赢。现代和谐社会的重要特征在于它是多样性和差异性的统一。和而不同的前提是承认、尊重个性的差别，即承认多样性。在当代中国社会发展过程中，多样性及其个体差异是必然存在的。企图通过排斥多样性及个体差异来达到社会大同，消灭矛盾和差别，只能使社会缺乏生机和活力。社会主义和谐社会应该是既尊重多样性及个体差异，又能在多元中寻求统一性和互补性。第三，互惠互利，就是社会各阶层、群体和成员之间能保持一种合作友爱的关系。这种关系表现为一部分阶层、群体在增加自己的利益、实现自己的要求时，不以牺牲和损害另一部分阶层、群体的利益为代价。只有这样，才能使社会成员之间和睦相处、友爱互助，保证社会的安全运行，实现社会安定。

但是，长期以来，由于多种原因，我们在建设社会主义的过程中，还存在着一些不恰当的做法，比如政府过分强调稳定而忽略了对公民基本权利的保障，忽略了对某些弱势群体利益的保护，等等。对农民权利的尊重不够，导致了现实存在的城乡差距；长期存在的户籍制度限制了人口的正常流动。这些做法及后果和社会主义和谐社会的理念是相矛盾的。我们认为，社会主义和谐社会的建设的基本价值取向就是"以人为本"。

"以人为本"概念中的"人"有两个不同的层面，一是指任何一个具有公民资格的人，

---

① 公丕祥：《中国传统法律文化与义务本位》，载《法律科学》，1991 (2)。
② 梁治平：《新波斯人信札》，20 页，北京，中国政法大学出版社，1988。

二是特指这些公民中的弱势群体。在第一个层面上，以人为本的公民资格，要求和谐社会中的人们能够各尽所能、各得其所。以人为本的"人"，首先指的是具有公民身份资格的任何个体。作为现代公民，任何人都有权要求自己能够最大限度地发挥才能，并有权提出能在自己的劳动中得到相应的报酬。这体现在一个国家的制度设计上，重点就是公平和正义。公平是每个人的起点、机会以及享有的外部制度应是公平的，由此而得到的结果才会是正义的。社会主义国家尤其应该重视每个人在人格、权利、机会等方面的平等，在政治、经济、文化等制度安排上使每个人都能各司其职、各享其成。然而，就其实现程度来看，我国在公民自身能力发展的制度平台上还存在诸多问题，如有效参与政治和社会的途径不畅通，不同的社会群体在经济和社会发展过程中受益和表达意见的机会不甚平等，这些问题中尤为突出的是政策性支持所带来的城乡二元结构的体制性障碍，以及精英与大众的剧烈分化而引发的社会断裂。①

其次，在第二个层面上，对弱势群体的补偿与救济，是建立以人为本的和谐社会的重要方面。就公民资格而言，以人为本体现的是普遍的人文关怀，而在现阶段，关注社会弱势群体，对于体现以人为本的价值取向和构建和谐社会更为重要。弱势群体包括两类人：一是在我国改革和发展中由于政策倾斜因素而担当了大部分成本却处于弱势地位的人，可以称之为社会性弱势群体；二是即使享有同等条件和机会，由于自身能力的不足而沦落为弱势群体的人，可以称之为自然性弱势群体。对于社会性弱势群体，更多是要对他们进行补偿。从理论上说，社会代价的后果应由全社会来分担，但实际上绝大部分却由弱势群体来承担或主要承担。同样，社会进步的成果应由全社会来共享，但实际上是由强势群体来享受或首先享受。因此，处在弱势群体中的个人，与处在强势群体中的个人，与社会的关系是不一样的，对社会和环境的情感也是有很大差别的。弱势群体对社会的认同感较差，容易产生对社会、对强势群体的不满情绪，甚至反社会情绪。因此对他们补偿有利于消解他们的负面情绪，有助于社会的安定；同时也体现了和谐社会的公平正义的制度要求。自然性弱势群体主要指老年人、残疾人，以及能力不足难以适应社会需要的人，包括在优胜劣汰机制中被淘汰的下岗工人、贫民。对这一群体主要是进行社会救济，把对他们的社会保障放在优先地位予以考虑。当然，这里所说的对弱势群体的补偿、救济与保障，不是一种恩赐，也不是一种劫富济贫、偏向穷人的政策，更不仅仅意味着加强社会福利，而是意味着社会发展的思路和模式的转变，体现出现代和谐社会的人道关怀。②

二、法治主义：构建现代和谐社会的制度创新

与我国古代封建社会曾出现过的"太平盛世"相比，社会主义和谐社会是一个开放、多元、能动、民主、法治的社会，而非封闭、集权、守旧、专断和人治的社会。因此，弘扬和创新和谐大同思想、建设社会主义和谐社会不能依赖"圣贤"和"时运"，而必须依靠体系健全的法律制度的保障。在这一意义上，社会主义和谐社会必须是能够实现社会长治久安和协调发展的法治社会。更何况，在实现社会主义和谐社会的目标中，解决多元利益之间的矛

---

① 参见白小瑜：《坚持以人为本，构建和谐社会》，载《宜宾学院学报》，2005（10）。
② 参见白小瑜：《坚持以人为本，构建和谐社会》，载《宜宾学院学报》，2005（10）。

盾是个关键。

在美国法理学家昂格尔看来，"法律秩序要发展，必须以这样一种环境为前提，即没有一个集团在社会生活中永恒地占据支配地位，也没有一个集团被认为具有一种与生俱来的统治权利。集团之间这样一种关系可以被称为是自由主义社会，或者用一种当代美国政治科学的更生动的语言，称其为多元利益集团"①。因此，"设计一种具有如下特点的法律制度就成为十分重要的事情了，这种法律制度的内容应当调和彼此利益的对立，其程序则应当使几乎每个人认为服从这一程序符合自己的利益，而不管他偶然寻求的目的是什么"②。进而昂格尔认为，法治是不同利益集团妥协的产物。"法治秩序的形成是彼此冲突的各方不得不选择一个次佳方案。"③ 一方面，多元化社会是法治秩序形成的社会基础；另一方面，多元化社会矛盾的解决又依赖于一个完备的法治制度，二者相互促进，相互作用。事实上，正是由于法治为不同利益群体之间提供了相互博弈的平台，为不同利益群体之间的相互沟通和交流、竞争与合作提供了科学的法律依据，才能使整个社会的利益冲突通过一种理性、民主的方式得到解决，避免了暴力冲突，从而使和谐社会的建立成为可能。同时，我们说法治是一种理性的利益妥协机制，还在于这种妥协不是无原则的、以牺牲某个群体利益为代价而产生的妥协，而是建立在相互尊重对方利益、以实现双赢互利的基础之上的妥协。它不仅建立在人的自由选择和平等共处基础之上，还建立在对人权的充分尊重与保障基础之上。

法治是人类解决社会矛盾发展史上的一个巨大进步，它改变了暴力与非理性的矛盾解决方式，使人类走向了和平与理性。法治具有丰富的基本内涵：一是法律至上。法治并非法律、法规的简单累积，而是有着特定价值追求的社会组织模式。④ 正是这种价值追求，不仅使法治充满了生机和活力，而且使法律"由手段上升而为目的，变成一种非人格的至高主宰。它不仅支配着每一个人，而且统治着整个社会，把全部的社会生活都纳入到一个非人格化的框架中去"⑤。这种价值追求，有赖于法律至上观念的确立。法律至上是法治的基本内涵之一，潘恩指出："在专制政府中国王便是法律，同样地，在自由国家中，法律便成为国王。"⑥ 孟德斯鸠说："专制政体是既无法律又无规章，由单独一个人按照一己的意志与反复无常领导一切。"⑦ 法律至上意味着，法律规则具有权威性，任何个人、任何组织都不得凌驾于法律规则之上，不享有法外特权。国家的治理，国家权力的运作都要服从法律。法律至上还意味着法律应该是其他社会系统的价值标准；意味着政府应对法律负责，法律应该成为权力的控制器；意味着法律应当是解决社会冲突的首要渠道。⑧ 二是有限政府。真正的法治要求政府在宪法和法律规定的范围内运行，政府权力必须受到宪法和法律的规范和限制，以切实有效地保护公民权利。现代民主国家都承认政府权力来自人民的授权，而人民赋予政府权力的最基本方式就是人民通过选出的代表机关进行立法，以法律明确规定政府的职权，使政

① ［美］R. M. 昂格尔：《现代社会中的法律》，吴玉章、周汉华译，63页，南京，译林出版社，2001。
② ［美］R. M. 昂格尔：《现代社会中的法律》，吴玉章、周汉华译，65～66页，南京，译林出版社，2001。
③ ［美］R. M. 昂格尔：《现代社会中的法律》，吴玉章、周汉华译，71～72页，南京，译林出版社，2001。
④ 参见夏锦文：《论中国法治化的观念基础》，载《中国法学》，1997（5）。
⑤ 梁治平：《法辨》，84页，贵州，贵州人民出版社，1992
⑥ 转引自［美］汉密尔顿等：《联邦党人文集》，程逢如等译，206页，北京，商务印书馆，1995。
⑦ ［法］孟德斯鸠：《论法的精神》（上），张雁深译，129页，北京，商务印书馆，1961。
⑧ 参见夏锦文：《论中国法治化的观念基础》，载《中国法学》，1997（5）。

府权力取得合法性，据此便可以得出一条基本原则：政府权力仅限于法律明确赋予的范围，法律无明确赋予的权力，政府不得行使；而且政府权力的行使也必须依照法律规定的程序和方法进行，而法治的旨趣就在于控制和规范政府的权力，以法律支配权力。三是法律面前人人平等。人的"平等"的观念和理想与人类历史一样长远，在现代社会又是个魅力无穷的话题。平等尤其与法律密不可分，"法律面前人人平等"是所有法治社会高唱的圣歌。我国目前对法律上的平等比较统一的认识是：任何人都必须平等地守法，任何人没有法律之外的特权，任何人违法时都必须受到法律制裁。法治意味着对法律规则的服从。①

　　社会主义和谐社会必然是法治社会。法治社会的实现并不是无条件的，而是一系列社会条件综合作用的结果。法治国家的目标对国家制度的基本构造提出了相应的要求。第一，法治国家的政治统治模式应该是民主政体。民主统治模式产生于近代资产阶级革命胜利后创立的立宪政体，即民主共和政体以及它的变体的君主立宪政体。从世界各国来看，民主政体是法治国家根本的政治基础。因此真正建立法治国家的也是近代政治革命以后的一些民主国家。民主共和政体是"资产阶级统治的正规形式"②，也是无产阶级及其政党"将来进行统治的现成的政治形式"③。民主政体的特征在于：遵循预定程序，服从多数决策，容许少数意见。社会主义国家的现行体制属于民主共和政体，这为社会主义国家实现法治国家提供了坚实的政治基础和条件。第二，法治国家的国家权力结构应该是分工制约的关系。一个国家由谁来掌握统治权、政权机构如何组织、权力如何分配和制约、按照什么规则来运转和行使、社会各种力量通过什么方式来参与政治等，这些问题构成了这个国家的权力结构。"从法治国家的要求看，一国立法权是国家的最高权力，是产生其他权力的基础和母体，只有这样才能保证法律至上；行政权是执行法律、管理国家行政事务的权力，它所制定的法规、规章只能在法律的范围内作具体规定，只能服从立法机关的法律，而不能与之相抵触；司法权是指解决纠纷、处罚犯罪的审判权，它应当独立于行政权并对行政有合宪性和合法性的审查权。"④ 第三，法治国家的社会控制原则应该是服从法律治理。在现代法治国家，法律被全社会确认为至高无上的控制手段，这个社会主要依靠法律来治理。国家对社会进行控制的手段是多种多样的，如执政党的政策、社会道德、宗教传播、政府的行政命令等，都有可能产生较大的影响，也都具有各自的作用和优点。但是，无论哪种手段都不能与法律相比，法律手段具有更明显的优势。法律的优势在于它的理性化，法律是明确的、可预见的、普遍的、稳定的强制性规范，这为社会秩序的稳定提供了最有力的保障；法律以权利和义务双重、双向的利导机制指引和评价人们的行为，给人们以日益丰富和扩大的选择机会和自由行动；法律通过规范、原则、技术等因素，使法律不仅具有对行为和社会的灵活的调节功能，还具有效率化的组织功能。第四，法治国家的经济条件应该是市场经济体制。纵观法治发展的历史，"法治总是与商品经济相关，而与自给自足的自然经济和以国家垄断为内容的产品经济无

---

① 有关法治的内涵请参见夏锦文、刘志峰：《行政诉讼司法变更的理论基础》，载《法制与社会发展》，2004（6）。
② 《马克思恩格斯全集》，第7卷，402页，北京，人民出版社，1982。
③ 《马克思恩格斯全集》，第4卷，508页，北京，人民出版社，1982。
④ 孙笑侠：《法治国家及其政治结构》，载《法学研究》，1998（1）。

缘。"① 法治是以商品经济即市场经济为基础的，商品生产与交换中形成的契约关系和契约观念是法治生成的最重要的决定因素。因为商品经济、契约观念、权利自由平等这三方面之间有着天然的联系，商品交换的特性决定了交换主体对意志自由的要求以及对权利平等的要求，但市场机制的缺陷使国家有必要通过法律形式对市场进行干预和宏观控制。正是因为这样，我们才说市场经济是法治经济，法治的实现程度取决于市场经济的发达程度。第五，法治国家的文化应该是理性的文化基础。就厉行法治的文化需要来说，科学精神、政治道德、人权思想、公民意识、权利观念等理性文化要素具有特殊的作用。只有当这些文化要素成为根深叶茂的社会意识时，法治国家的理想才能变成现实。②

三、多元文化：构建现代和谐社会的文化创新

文化是创建全体人民各尽所能、各得其所，充满创造活力，利益关系稳定有序的和谐社会的精神基础。只有大力发展文化事业，充分发挥文化对人的引导和教育功能，营造健康、和谐的文化氛围，才能为和谐社会的构建提供思想保证、精神动力和智力支持。尤其是现代社会正处于转型时期，在社会结构发生深刻变化、利益关系不断调整、利益格局复杂化、价值观多样化发展的情况下，文化作为一种软实力，对民族、国家和地区的发展越来越重要。它可以创造生产力，提高竞争力，增强吸引力，形成凝聚力。在当今社会，文化事业的发展正朝着多元化方向发展。我们认为，努力营造传统文化与现代文化结合、主流文化与多元文化共荣的和谐文化环境，进而构建健康向上、协同进步的文化体系，是构建现代和谐社会的重大工程。这一工程有两个重要层面：第一，在态度上，我们要以开放的姿态，发展多样化的、和谐相处、共同发展的多元文化事业，而不能实行"唯我独尊"的文化霸权主义；第二，在手段和方法上，我们要以"和而不同"为原则，使不同文化在相互吸收和融合中发展不同的文化传统特色，以期达到在新的基础上的"文化的共存"。

对于第一个层面，我们认为，在现代社会，应当以开放的姿态发展多元文化，而不能盲目自大、闭关自守、实行文化霸权主义，否则就会窒息文化的正常发展。在这方面，中国有着很惨痛的教训，当时清朝统治者们始终陶醉在盛世的辉煌中，以"天朝"自居，万邦归我，轻视和拒绝西方文明。乾隆五年（1740 年）九月，西方资本主义第一强国——英国，派出一个以马戛尔尼为首的规模庞大的代表团，跋涉万里重洋，远航至中国，与高宗乾隆在承德避暑山庄进行了一次历史性会见。对于这次会见，英国付出了巨大的财力和物力，作了精心的准备，当时英国使团的人员很多，都是当时英国各个行业各个学科的代表，而且携带了经英王精心挑选的大批礼品，这些礼品都是英国最新的科技发明，代表了资本主义的文明创造，具有极大的文化价值，譬如天体运行仪、地球仪、战舰模型、望远镜、秒表、透镜等，礼品中还有大量武器、西洋油画等。英国使者在介绍这些礼品时，不无炫耀之意，但乾隆和他的大臣们却表现出愚昧、自大、麻木不仁、毫无兴趣，可说是一种轻蔑和冷淡。清朝"对外国的创造发明拒不接受……达到登峰造极的地步"③。如果当时的清朝最高统治集团能够意识到西方新科技的

---

① 张文显：《马克思主义法理学——理论和方法论》，414 页，长春，吉林大学出版社，1993。

② 有关法治国家的基本构造与社会条件的具体论述，请参见公丕祥：《法理学》，277～280 页，上海，复旦大学出版社，2002。

③ ［法］佩雷菲特：《停滞的帝国——两个世界的撞击》，译者序言第 4 页，北京，三联书店，1993。

先进价值，并加强与西方的交流与合作，把新知识和新科技运用到部分生产领域，给苍老的盛世注入一点活力，也许就不会迅速衰败，而是会引起中国的巨大变革。正如佩雷菲特分析的："如果这两个世界当时增加接触，相互吸取对方最成功的经验；如果那个比其他国家早几个世纪发明了印刷术和造纸、指南针和舵、炸药和火器的国家（中国）同那个刚刚驯服了蒸汽，并即将制电力的国家把各自的发明融合起来，中国人和欧洲人之间的信息和技术交流必将使双方的进步源源不断。这将是一场什么样的文化革命啊！"[1] 然而，没落的清帝国不仅对盛世的滑落、潜伏的危机浑然不觉，而且对西方科技的展示不屑一顾，对西方经济的腾飞和文化的发展始终缺乏应有的了解和警觉，最终造成了中国近代科技和文化的全面落后。

更何况，任何民族文化都可以为文明的共存提供有意义的资源，中国也是如此。《尚书》中有一句话："协和万邦。"中华民族和其他民族一样是伟大的民族，有灿烂光辉的历史传统，它的文化对人类社会来说是极为宝贵的财富。我们应该善于利用中国文化为当前人类社会争取和平共处，实现不同文化协调共存，推进世界各种文化之间的交流作出应有的贡献。中国文化中有一种宽容精神，具有开放性和包容性的优点，能对外来文化兼容、吞吐、容纳。如西方的民主、自由和进步的社会理想，西方的生活方式以及文化观念系统等外来文化因素经过中国文化的选择性吸收后，就成为中国人生活背景的一部分，也使中国文化因其多元性而具有了世界性的意义。[2]

我们认为，和谐社会的文化应当是多样性的统一。在当今社会，多样化的文明之间的冲突和共存，是一个持久的话题。当我们用和谐的理论来分析文明的冲突与共存时，可以看到，由于和谐就是多样化的统一，所以多样化的文明也是文明得以发展的根本原因。我们承认不同的文明之间会有冲突，但这种冲突并不必然造成破坏性后果。特别是在人类对和平与发展有着强烈愿望的现代社会，文明之间的冲突会变成一种积极性的挑战。这种积极性的挑战带来的最终结果是文明的共存。能够接受挑战的文明，其生命力才会长久，才能始终保持一种接受挑战的张力，从而增强文明的活力。人类社会是在统一性和多样性的辩证运动中由低级向高级发展的，因此，世界是丰富多彩的，各国文明的多样性，是人类社会的基本特征，也是人类文明进步的动力。社会主义和谐社会对外表现为中华文化与世界上其他不同文化的和谐相处。中华文明必须作为开放的体系自觉融入世界历史进程中，并且在扩大对外交往的基础上吸取人类社会的先进文明成果，这是实现中华民族伟大复兴的重要路径。

对于第二个层面，我们认为，要使不同文化之间和谐相处不是一件容易的事，"和而不同"原则应成为处理不同文化之间关系的一条基本原则。多种文化的和谐相处本身就包含着对不同文化、不同价值观的承认和宽容。天下事物，多元多样，可以和谐相处，互补互济，但不能苛求同一。这就是和而不同、和而存异。我们认为，不同文明之间的交流过去已经被多次证明是人类文明发展的里程碑。当今人类社会，需要的正是不同文化在相互吸收和融合中发展不同的文化传统特色，以期达到在新的基础上的"文化的共存"。我们应该尊重各国的历史文化，在竞争和比较中共同发展。

在这个方面，中国也有着失败的教训。鸦片战争后，伴随着西方资本主义的炮舰，大量

---

[1] ［法］佩雷菲特：《停滞的帝国——两个世界的撞击》，译者序言第 19 页，北京，三联书店，1993。

[2] 参见傅治平：《和谐社会导论》，295 页，北京，人民出版社，2005。

西方近、现代思想文化和先进技术传入了中国。很多进步的思想家和政治家看到西方在科学技术、军事装备、人文思潮等方面的长处后，勇敢地提出了向西方学习先进知识的主张，魏源最早提出"师夷长技以制夷"的口号，倡导学习西方资本主义各国的军事技术；在西方船坚炮利的刺激下，力图拯救清朝统治的洋务运动积极地传播和引进西方机器生产和科学技术，希望把资本主义国家的先进科技和军事工业移植到中华大地；以康有为为首的维新派向往西方的君主立宪制，希望把西方的政体搬到中国；晚清政府在极端被动的情形下被迫以收回领事裁判权为契机，以稳固统治为动力，选择了师夷变法、仿行宪政的道路，炮制出一系列以西方法律为模子的法律文件，结果使保守、落后的封建法律内容与先进的近现代法律形式同时出现在新修订的法律之中。这一系列的运动都失败了，其中虽然有很多政治的、社会的、历史的原因，但有一个很重要的原因，就是这些运动的领导人都盲目追求与西方文化的一致性，希望把西方先进的东西照抄照搬到中土，却忽略了本国几千年来形成的根深蒂固的文化品格和民族个性。他们过分推崇西方文化，一味求同，急功近利地引进外来的东西，却把本国的优秀文化传统统统抛弃。这种把中华文化丢掉，全盘西化、盲目"趋同"的做法，必然会引起外来文化的"水土不服"，造成外来文化与本国传统、国情、社会历史根基相割裂，进而使他们所鼓吹的理论和倡导的事业在文化层面上归于失败。

因此，弘扬和创新传统和谐文化，建构和谐社会就必然要求我们以平等和包容的精神开展广泛的多元文明对话和深入的文化交流。进入 21 世纪，人类面临的经济和社会问题更加复杂。文化因素将在新的世纪里发挥更加重要的作用。不同民族的语言各不相同，而心灵情感是相通的；不同民族的文化千姿百态，其合理内核往往是相同的，总能为人类所传承。各民族的文明都是人类智慧的成果，对人类进步作出了贡献，应该彼此尊重。人类文明具有多样性，世界各种文明、社会制度和价值体系应该相互交流、相互借鉴，在和平竞争中取长补短，在求同存异中共同前进。我们主张以平等和包容的精神，努力寻找双方的共同点，开展广泛的文明对话和深入的文化交流，在文明对话和文化交流中共同发展。文明对话不仅是各种文明自身存在和发展的前提，也是不同文明相互理解与参照的方式。从趋向看，对话的目的是缓解冲突、缩小差距、扩大共同之处。当然，我们不要求完全"趋同"，因为多元文化存在的基础是"和而不同"，在和谐相处中积极发展各自的个性文化。但是随着全球交往的日益普遍，不同国家和民族面临的问题越来越类似，"趋近"是可能的。21 世纪是东西方文化取长补短、互补共生的世纪，发展多样性的和谐文化，是构建现代和谐社会的重要一环。

第二章

传统民本思想与以人为本的法律发展观

产生于中国早期文明中的"民本主义"思想，是中国古代政治思想中最光彩夺目的内容。在中国古代君权占主导地位的统治结构中，它强调关注民众疾苦的温情政治，在中国古代历史上发挥出了积极的作用。

中国古代的民本主义思想是在君主与民众对立的前提之下产生出来的一种政策选择思想，在君权与民众权利对立的社会结构下具有历史合理性。在现代社会中，国家的权力是产生于民主的基础之上的，权力与民众的权利在本质意义上是统一的。但是，权力由于其本身的特性，它经常游离、超越于民众的权利之上。正是在这一点上，中国传统的民本主义思想在现代中国依然具有现实意义。

第一节
传统民本思想解读

中国古代的民本思想是起源于氏族社会后期的一种政治道德，在后来的中国古代社会的发展中，民本思想被儒家思想所吸纳，并成为儒家"仁政"思想的重要内容。民本思想以其独特的内涵，在中国古代社会发生了长期的作用。

一、民本思想的起源与发展

产生于中国古代早期社会的民本思想，从其产生之初的政治道德观念，到后来完备的理论体系，其间经历了相当长的发展过程。

（一）殷周：民本思想的起源

中国古代在氏族社会的后期，广阔地域中的人群由于氏族的封闭性，处于一种天然的分裂状态。虽然夏商两代均建立了公共权力，但这种公共权力对氏族结构的破坏是极小的。在一定的意义上来说，夏商国家只不过是一个建立了政权的氏族部落联盟，诚如徐中舒先生所说："殷代的社会基础组织是彻头彻尾的氏族组织……殷代帝王也不过是当时的一个大部落的酋长。"① 夏商两朝的政治法则，是以实力差异为前提的战争进行的大族对小族的武力征服，这就是人类最早解决自身矛盾的法则。夏、商政权与其他人群的关系，仍然是部族与部族的问题，争端解决的办法只有战争。但小族在大族面前并没有完全失去自己的独立和自主，这种状态一直到西周初期。王国维先生对此评述说："自殷以前，天子诸侯之分未定也。""周初亦然。"②

西周是团结众多的氏族人群共同推翻了殷商王朝而建立起来的。《史记·周本纪》记载：武王孟津观兵，"诸侯不期而会盟津者八百诸侯。"在对殷商的战争中，周初的统治者认识到了以氏族为单位的"民"的力量，称"人无于水监，当于民监。"③ "皇矣上帝，临下有赫，监观四方，求民之莫（瘼）。"④ "天矜于民，民之所欲，天必从之。"⑤ "天视自我民视，天听自我民听。"⑥这些言语无不表达了他们对"民"的深刻认识，也表达了对民的敬畏，这种敬畏正是中国古代"民本主义"思想产生的实践之源。

西周推翻商朝后以分封制完成了统治集团对政治利益形式上的分割，形成了"王"与"诸侯"权力的形式上的分配。但是，周初的统治者们从自己推翻商朝的经历中开始担忧自己的王朝能否永久存在的问题。历史将这一问题严峻地摆在了周人面前。《史记·周本纪》采用《逸周书·度邑解》的文字记述道：

> 武王征九牧之君，登豳之阜，以望商邑。武王至于周，自夜不寐。周公旦即王所，曰："曷为不寐？"王曰："告汝：维天不享殷……乃今有成。维天建殷，其登名民三百六十夫，不显亦不宾灭，以至今。我未定天保，何暇寐。"王曰："定天保，依天室，悉求夫恶，贬从殷王受（纣）。日夜劳来定我西土，我维显服，乃德方明。自洛汭延于伊汭，居易毋固，其有夏之居。我南望三涂，北望岳鄙，顾詹有河，粤詹雒、伊，毋远天室。"

这段文字表明了周武王对"未定天之保安"的深切忧虑。因为，借"八百诸侯"的联合击垮了殷商的周武王，不能不正视"民"的存在和能量了。如果对"八百诸侯"没有长治久安之策，他们终会有一天也会成为自己致命的敌人。因此，在武王殚精竭虑地思考时，实际上已经关注到了林林总总的氏族人群，即"民"的存在，并且在着眼点上已不再是武力征伐本身了，而是试图寻找与"民"有机联结基础上政治稳定的方法，这才是周武王"自夜不寐"的终极原因。

"君"与"民"的关系问题决定着西周政权能否长治久安。对此，周初的统治者不仅进行了实践上的创造，而且还进行了伟大的理论创建。在理论创建的过程中，周人秉承了夏、商的天命观，并在夏、商简单的天命观的内容中添加了"德"的内容⑦，并完成了中国古代

---

① 《徐中舒历史论文选辑》，下册，812页，北京，中华书局，1988。
② 王国维：《王国维论学集》，8页，北京，中国社会科学出版社，1997。
③ 《尚书·周书·酒诰》。
④ 《诗经·大雅·文王》。
⑤ 《尚书·周书·泰誓上》。
⑥ 《尚书·周书·泰誓中》。
⑦ 据郭沫若考证，卜辞和殷人的彝铭中，并无一个"德"字。"德"是周人的发明，其含义，照字面讲，从直从心即把心思放端正，也就是《大学》上说的"欲修其身者先正其心"。参见郭沫若：《青铜时代》，载《郭沫若全集》，第一卷，336页，北京，人民出版社，1982。

最初的"德治"的理论体系。

周人承继了夏商的"天命观"，认为"王权"是由"天命"决定的。但周人认为，上天并不是将"天命"任意地赐予一个人，而是基于这个人的道德成就而赋予其"天命"的，即"以德配天"。周人同时从商朝的灭亡中认识到天命也不是永恒不变的，而是"天命靡常"。因而，王要"永享天命"就必须要勤修道德。而勤修道德的重要内容之一就是"敬天保民"。周人之所提出"保民"的思想是因为他们认识到了"民"对于其统治的重要性，他们几乎将"民"放在与"天"同等重要的地位上，"天聪明自我民聪明。天明畏自我民明畏。"① "天视自我民视，天听自我民听。"② "往敷求于殷先哲王用保乂民……别求闻由古先哲王用康保民。宏于天，若德，裕乃身不废在王命！"③ 这些言论无不表明周人对"民"的新认识。在理论逻辑上，他们认为王只有广泛施德于民，才能证明自己有德。同时，只有广泛施德于民，才能获得民心，获得百姓的支持，稳固政权，感动上苍，获得天命并保有天命，即"无念尔祖，聿修厥德。永言配命，自求多福。"④ 周公给周成王告诫政事时，反复宣讲周代先祖"能保惠于庶民，不敢侮鳏寡"，"徽柔懿恭，怀保小民，惠鲜鳏寡"⑤。并说："君子所，其无逸。先知稼穑之艰难，乃逸，则知小人之依。"⑥ 周公还制定了具体的保民措施："继自今嗣王，则其无淫于观、于逸、于游、于田，以万民惟正之供。无皇曰：'今日耽乐。'乃非民攸训，非天攸若，时人丕则有愆。"⑦ 正是在"德"的内涵中，周初的统治者们提出了中国最早的"民本"主义思想，并将这一思想与"天"联系起来，使其从一开始就获得了超越世俗的神圣性。

（二）春秋战国：民本思想的发展

众所周知，春秋战国时期是中国古代思想高度发展的时期，产生了一些对后世影响极其深刻的思想家，如管仲、子产、老子、庄子、墨子、孔子、孟子、荀子、商鞅、慎到、韩非子等等，这些思想家们的思想中都包含了民本主义的内容。同样也是由于这些思想家们的努力，中国古代的民本思想在这一时期得到了空前的发展。尤其是儒家学派对民本思想作了全面的总结，并将其纳入了儒家"仁"学的体系中，完成了其理论化。当然，中国古代民本主义思想在春秋的发展并不是偶然的，而是有其深刻的历史根源的。

首先，战争促使诸侯国重民。战争是春秋时期思想变迁最关键的因素，也是诸侯们形成民本意识的最直接因素。究其原因有二：其一，战争使民成为主要的依赖对象。春秋时代，战争频繁，成败胜输问题则突出地上升为关键点，甚至是诸侯国能否存在的根本。晋楚城濮之战，楚将子玉大败，楚大夫荣季评论说："非神败令尹，令尹其不勤民，实自败也。"⑧ 其二，战争使民的力量突显出来。楚与众小国盟于蜀，晋闻而避之，"畏其众也"，当

---

① 《尚书·皋陶谟》。
② 《尚书·泰誓中》。
③ 《尚书·康诰》。
④ 《诗经·大雅·文王》。
⑤ 《尚书·无逸》。
⑥ 《尚书·无逸》。
⑦ 《尚书·无逸》。
⑧ 《左传·僖公二十八年》。

时有人评论说："众之不可以已也。大夫为政，犹以众克。况明君善用其众乎！《泰誓》所谓商兆民离，周十人同者，众也。"① 可见，春秋时期的诸侯们认识到了民众对于战争的重要意义。

其次，小诸侯国因生存而重民。春秋剧烈的社会动荡中，小国面临的形势要比大国严峻得多，列强环绕，尔虞我诈，稍有不慎，便有亡国的危险。随大夫季梁为随侯论政，说"臣闻小之能敌大者，小道大淫。所谓道，忠于民而信于神也。上思利民，忠也；祝史正辞，信也。"② 因为"夫民，神之主也，是以圣王先成民而后致力于神"③。

再次，因乱世而重民。在春秋乱世中，统治者懂得了争取民心的重要性。如齐景公聚敛失民，田氏厚施收罗民心，已奠定了田氏取齐的基础。又如齐大夫崔杼杀死齐庄公，晏子前来吊丧，有人劝崔杼杀掉晏子，崔杼说："民之望也，舍之，得民。"④ 再如齐襄公初立，言行无常，醉杀鲁桓公，通其夫人，欺凌大臣，诛杀无辜，鲍叔牙便预言："君使民慢，乱将作矣。"⑤ 再如卫献公暴虐无常，卫人逐出之。晋悼公对师旷说："卫人出其君，不亦甚乎？"师旷回答："或者其君实甚。良君将赏善而刑淫，养民如子，盖之如天，容之如地，民奉其君，爱之如父母，仰之如日月，敬之如神明，畏之如雷霆，其可出乎？……天生民而立之君……天之爱民甚矣，岂其使一人肆于民上，以纵其淫，而弃天地之性？"⑥

最后，因争霸而重民。春秋后期的诸侯均把追求霸主地位视为目标。而要实现这一目标，必须要具备强大的国力，而国力的强大在于得民。襄公九年之盟，便有"惟有礼与强可以庇民者是从"⑦的言语，晋国大夫知武子针对荀偃欲改盟辞的要求解释说："非礼，何以主盟？……我之不德，民将弃我，岂惟郑？"⑧ 由此，可以清楚地看出盟主之国必须以德和民，民从而强，强而能霸。

（三）秦汉唐宋：民本主义的实践与理论完善

民本思想的基本命题虽然在先秦已经被反复论证过了，孔子、孟子也都曾挟民本主张奔走于列国之间。但先秦是一个弱肉强食"争于气力"的时代，许多诸侯国还没有能体会到"民本"的重要性，他们便退出了历史的竞技场。

秦始皇削平六国，四海归一，中国进入了大一统的时代。自秦汉至唐宋，民本思想因其独特的政治属性越来越被统治者们所重视，其理论在进入了权力领域后得到了进一步系统化、理论化，并在此基础上转化为实际运作。

秦始皇统一六国之后，强力治民。"秦王贪狼暴虐，残贼天下，穷困万民以适其欲也……劳罢者不得休息，饥寒者不得衣食。"⑨ "秦始皇设刑罚，为车裂之诛，以敛奸邪。筑

---

① 《左传·成公二年》。
② 《左传·恒公六年》。
③ 《左传·恒公六年》。
④ 《左传·襄公二十五年》。
⑤ 《左传·庄公八年》。
⑥ 《左传·襄公十四年》。
⑦ 《左传·襄公九年》。
⑧ 《左传·襄公九年》。
⑨ 《汉书·贾山传》。

长城于戎境，以备胡越。征大吞小，威震天下。将帅横行，以服外国。蒙恬讨乱于外，李斯治法于内。事逾烦天下逾乱。法逾滋而奸逾炽。兵马益设而敌人逾多。秦非不欲治也，然失之者，乃举措太众、刑罚太极故也。"① 而至"一夫作难而七庙隳"②，"天下四面而攻之，宗庙灭绝矣。"③ 民本思想在秦王代根本没得到重视。

汉初的统治集团的大部分成员都出身于民间，经历过秦之暴政，目睹过民众之疾苦，也深知民众的力量。从陆贾、贾谊、班固、司马迁等人对秦朝政事的总结中可以看出汉初的统治者从自己的亲身经历中认识到了"民"的重要性。基于这种认识，汉初的统治者们开始重视民生，"萧、曹为相，填以无为，从民之欲，而不扰乱，是以衣食滋殖，刑罚用稀"④。"汉兴，接秦之敝，诸侯并起，民失作业而大饥馑，凡米石五千，人相食，死者过半。……上以是约法省禁，轻田租，十五而税一"⑤。汉文帝时期，又有"田租减半"之诏，也就是采取"三十税一"的政策，并有13年"除田之租税"。汉景帝时（前155年）复"三十税一"之制。至汉武帝时，"民人给家足，都鄙廪庾尽满，而府库余财"⑥。从这些措施中可以看出"民本主义"思想对汉初社会经济的恢复所发挥的作用。

汉初由于前七十年没有进行统一意识形态的建设，加上制度建设欠缺，至汉武帝时社会出现了一定的混乱。年轻的汉武帝于公元前140年下诏"问策天下"。《汉书·武帝纪》记载："建元元年冬十月，诏丞相、御史、列侯、中二千石、二千石、诸侯相举贤良方正直言极谏之士。"董仲舒以"天、地、人"三策应对，完整地、系统地提出了治国的思想。董仲舒所提出的思想是改造过的儒家思想，其中"民本"思想是其中的应有之义。他说："天之生民，非为王也；而天之立王，以为民也。故其德足以安乐民者，天与之；其恶足以贼害民者，天夺之。"⑦ 再度重申了儒家民本主义思想的核心内涵。随着儒家思想成为中国古代的正统思想，民本主义思想也成为中国古代正统思想的重要内容之一，成为中国古代最重要的治国方略之一。

唐代，以唐太宗为首的统治者也深谙民生之重要。唐太宗曾引荀子的话说："君，舟也，民，水也。水所以载舟，亦所以覆舟。"他还将君与民的关系比喻成鱼和水的关系，他引用孔子的话说："鱼失水则死，水失鱼犹为水也。"⑧ 唐太宗本人也克勤克俭，贞观十六年（642年），他说："……国以民为本，人以食为命。……朕为亿兆人父母，惟欲躬务俭约，必不辄为奢侈。朕不听管弦，不从畋猎，乐在其中矣。"⑨ "朕所以常怀忧惧，或恐抚养生民不得其所，或恐心生骄逸，喜怒过度。"⑩ 唐代的统治者将民本思想全面继承并加以具体化。

宋朝历代帝王也十分重视民本、民生。"至于太宗，国用殷实，轻赋薄敛之制，日与群

① 陆贾：《新语·无为》。
② 贾谊：《过秦论》。
③ 《汉书·贾山传》。
④ 《汉书·刑法志》。
⑤ 《汉书·食货志》。
⑥ 《汉书·食货志》。
⑦ 《春秋繁露·尧舜不擅移汤武不专杀》。
⑧ 《贞观政要·君臣鉴戒》。
⑨ 《贞观政要·务农》。
⑩ 《贞观政要·慎终》。

臣讲求而行之。"宋太宗太平兴国年间，"凡州县旷土，许民请佃为永业，蠲三岁租，三岁外，输三分之一。官吏劝民垦田，悉书于印纸，以俟旌赏。"宋真宗年间，"天禧初，诏诸路自今候登熟方奏丰稔，或已奏丰稔而非时灾沴者，即须上闻，违者重置其罪。"宋神宗熙宁年间，"民种桑柘毋得增赋。""神宗元丰元年，诏开废田，水利，民力不能给役者，贷以常平钱谷，京西南路流民买耕牛者免征。"① 这些内容均体现了宋朝经济政策中的"民本主义"思想。不仅如此，宋代的思想家们对民本思想又进行了进一步的阐释，张载认为："天无心，心都在人之心……故曰天曰帝者，皆民之情然也"②。他同时强调民的神圣地位，"大抵天道不可得而见，惟占之于民"②。朱熹则在说明"仁"的概念中强调了民本，他说："盖仁之为道，乃天地生物之心，即物而在。情之未发，而此体已具，情之既发，而其用无穷。诚能体而存之，则众善之源，百行之本，莫不在是，此孔门之教，所以必使学者汲汲于求仁也。"③张载、朱熹在理论上从哲学的高度找到了以民为本、仁政王道的必然性。

(四) 明清：民本主义的极致

明代的帝王于民生一事也是极其重视，"太祖设养济院收无告者，月给粮。设漏泽园葬贫民。天下府州县立义冢。又行养老之政，民年八十以上赐爵。"④ "太祖之训，凡四方水旱辄免税，丰岁无灾伤，亦择地瘠民贫者优免之。凡岁灾，尽蠲二税，且贷以米，甚者赐米布若钞。"明太祖在位"三十余年，赐予布钞数百万，米百余万，所蠲租税无数"⑤。明"世宗、神宗於民事略矣，而灾荒疏至，必赐蠲振，不敢违祖制也。"⑥ 不仅如此，明代还制定严法惩治破坏民生的行为，明太祖曾谕户部"自今凡岁饥，先发仓庾以贷，然后闻，著为令。"⑦ 明太祖定制，"旱伤州县，有司不奏，许耆民申诉，处以极刑。""成祖闻河南饥，有司匿不以闻，逮沼之。因命都御史陈瑛榜谕天下，有司水旱灾伤不以闻者，罪不宥。"⑧可见，明代统治者对民生的重视。

清朝统治者则加强制度建设，以维护民生。康熙五十一年（1712 年）发布了"滋生人丁永不加赋"的诏令，康熙帝在给大学士和九卿等有关官员的谕旨中说："朕览各省督抚奏，编审人丁数目，并未将加增之数尽行开报。今海宇承平已久，户口日繁，若按见在人丁加征钱粮，实有不可。人丁虽增，地亩并未加广，应令直省督抚，将见今钱粮册内有名丁数，勿增勿减，永为定额。其自后所生人丁，不必征收钱粮。"⑨ 康熙五十二年（1713 年）再度下诏："嗣后编审增益人丁，止将滋生实数奏闻。其征收办粮，但据五十年丁册定为常额，续生人丁永不加赋。"⑩ 至雍正时，清政府实行"摊丁入亩"，"雍正初，令各省将丁口之赋，摊

---

① 《宋史》卷一七三《食货志》。

② 张载：《经学理窟》，载《张载集》，256 页，北京，中华书局，1978。

③ 朱熹：《仁说》，载《朱子大全》，294 页，北京，中华书局，1949。

④ 《明史》卷七十七《食货志》。

⑤ 《明史》卷七十八《食货志》。

⑥ 《明史》卷七十八《食货志》。

⑦ 《明史》卷七十八《食货志》。

⑧ 《明史》卷七十八《食货志》。

⑨ 《清圣祖实录》卷二四九，康熙五十一年二月壬午。

⑩ 嘉庆《大清会典事例》卷一三三《户部》、《户口》、《编审》。

入地亩输纳征解，统谓之'地丁'。……自后丁徭与地赋合而为一，民纳地丁之外，别无徭役矣。"①这些措施相对地减轻了农民赋役负担，体现了"恤民"的思想。

明清时期，"民本思想"的发展还体现在以"民本"、"天下"为武器对秦汉以来的专制制度进行了批判，尤以黄宗羲、唐甄等人为最。黄宗羲指出，秦汉以后的君主专制，"以为天下利害之权皆出于我，我以天下之利尽出于己，以天下之害尽归于人，亦无不可。使天下人不敢自私，不敢自利，以我之大私为天下之大公。"②唐甄言辞更为激烈，他说："自秦以来，凡为帝王者皆贼也。"③同时，他们还批判了君主专制的法律，黄宗羲说："惟恐其祚命之不长也，子孙之不能保有也，思患于未然以为之法。然则其所谓法者，一家之法，而非天下之法也。"④他将秦汉以来的政治法律制度称为"一家之法"，在一定程序触及了专制政治的本质，成为中国近代对君主专制批判的先导。

（五）近代：民本主义的终结

鸦片战争以后西学东渐，西学政治制度、政治学说引入了中国，中国进步的思想家们开始运用西方政治制度和政治学说中的先进的概念来批评中国的专制制度，使中国传统的政治思想在整体上走向了终结。

近代取代"民本"概念的是"民权"一词。王韬、郭嵩焘、马建中、薛福成、郑观应、何启、胡礼垣、严复、康有为、梁启超等人，在鸦片战争以后大力宣传、倡导民权，虽然他们对"权利"、"民权"的概念并没有深入地了解，但是，这种宣传和倡导使中国传统的民本主义再也没有了市场。五四新文化运动后，中国社会的政治思想则全部演变成以"民主"、"科学"、"权利"、"自由"为主角了。

产生于西周的"民本主义"思想，最初只是一种简单的政治道德的观念，其在春秋战国时被纳入了儒家的思想体系，并随着儒家思想成为中国古代社会的正统思想也获得了很高的地位。在"民本主义"理论发展的同时，中国古代也产生了大量的体现"民本主义"的措施的实践。

二、民本思想的内涵

"民本主义"由最初简单的政治道德，至春秋战国时完成了理论化。在后来的历史发展中，"民本主义"的内涵也随着中国古代政治思想的丰富、成熟而不断在丰富和发展。

（一）"民本"的概念分析

作为概念，"民本"一词来自于古文《尚书》中的《五子之歌》："民惟邦本，本固邦宁。"这一观念产生于中国古代的初民社会，极端落后的社会生产和严酷的生存环境催生了这种政治道德主义观念。初民社会中，氏族、部落的首领经常起身于氏族、部落人群之中，他们为了氏族、部落的生存于与民亲善，勇于自我牺牲，造福众人，这些德行善举是中国传统民本主义思想产生的先导。

---

① 《清史稿》卷一二一《食货志》。
② 《明夷待访录·原君》。
③ 唐甄：《潜书·室语》，196页，北京，中华书局，1963。
④ 《明夷待访录·原法》。

《太平御览》卷八六九引《王子年拾遗记》："后世圣人变腥臊之味，游日月之外，以食救万物；乃至南垂。目此树表，有鸟若鸮，以口啄树，粲然火出。圣人感焉，因取小枝以钻火，号燧人氏。"

唐代司马贞所作的《补史记·三皇本纪》说："太暤包牺氏……有圣德。仰则观象于天，俯则观法于地，旁观鸟兽之文与地之宜，近取诸身，远取诸物，始画八卦，以通神明之德，以类万物之情，造书契以代结绳之政，于是始制嫁娶，以俪皮为礼，结网罟以教佃渔，故曰宓牺氏，养牺牲以供庖厨，故曰庖牺。有龙瑞，以龙记官，号曰龙师。作三十五弦之瑟。"

《庄子·盗跖》："古者禽兽多而人民少，于是民皆巢居以避之。昼拾橡栗、暮栖木上，故命之曰有巢氏之民。"《帝王世纪》载，神农氏"尝味草木，宣药疗疾，救夭伤人命"。

《史记·五帝本纪》载："轩辕乃修德振兵，治五气，蓻五种，抚万民，度四方。"禹治水时，"劳身焦思，居外十三年，过家门不敢入。"①

从上述史料可以发现，传说中的中国早期初民社会的领袖们无不是因其造福于民，或是救民于水火而成王的，是因其大功德而成王的。这对于后来以"民本"为核心的政治道德的形成有着极其深刻的影响。同时，我们也可以从这些史料中发现早期初民社会的领袖们之所以成王，因为他们关注了氏族、部落生存的"民生"问题。因此，"民生"是中国古代"民本主义"的最初的、最基本的内涵。

（二）民本主义的内容

对于"民本"主义的内容，刘泽华先生将"民本"理论分为"君以民为本说"、"民贵君轻说"、"立君为民说"、"君养民、民养君说"、"君不可与民争利说"、"富民足君说"、"民弃君说"、"得民为君说"、"君为民主说"等九个分命题，概括为保民、养民、富民三个方面。②我们认为自西周以来的"民本"思想是一个庞杂的体系，它不仅指儒家的思想，也包括其他学派的思想。应当从如下几个方面全面地理解中国古代的"民本"思想：

1. 民心即天命

天命一直是中国古代王权合法性的来源。夏商之际的天命是一种简单的天命，其完成的是王权与天命的简单对应。如《尚书·召诰》说："有夏服天命……有殷受天命。"但天命是什么却无有理念。周人将天命定位于"德"，"皇天无亲，惟德是辅"③。而"保民"是天之德行之一，故而"天聪明，自我民聪明。天明畏，自我民明威"④。"天畏棐忱，民情大可见。"⑤

春秋之世由于世事动荡，人们发现"上天"并不能主宰人事的变化。晋史墨说："社稷无常奉，君臣无常位，自古以然。""三后之姓，于今为庶。"⑥子产则说"天道远，人道迩，非所及也，何以知之？"⑦ 于是人们开始关注人事本身。由于认识到民的重要，人们将"民

----

① 《史记·夏本纪》。

② 参见刘泽华主编：《中国传统政治哲学与社会整合》，208～218 页，北京，中国社会科学出版社，2000。

③ 《尚书·蔡仲之命》。

④ 《尚书·皋陶谟》。

⑤ 《尚书·康诰》。

⑥ 《左传·昭公三十二年》。

⑦ 《左传·昭公十八年》。

心"上升到天命、天德的内涵中去了。随国季梁说："夫民，神之主也，是以圣王先成民而致力于神……民和而神降之福……民各有心，而鬼神乏主。"① 宋国司马子鱼也说："民，神之主也。"② 虢国史官史嚚则说："虢其亡乎！君闻之，国将兴，听于民，将亡，听于神。神，聪明正直而一者也，依人而行。"③ 人们进一步认识到"民之所欲，天必从之"④。"民，天之生也；知天，必知民矣。"⑤ 至此，民心成了天命的应有之义。

2. 民为邦本

中国古代自西周开始人们就认识到"民"与"邦"、"天下"的关系，"民惟邦本，本固邦宁"⑥ 是这种关系最集中的表述。春秋以后的社会现实更使人们强化了"民为邦本"的观念。崔杼弑君，晏子入吊说："君民者，岂以陵民？社稷是主；臣君者，岂为其口实？社稷是养。"⑦ 孟子则明确地说："天下之本在国，国之本在家，家之本在身。"⑧《淮南子·主术训》则进一步说："民者，国之本也"。因此，"民为邦本"则成中国传统民本主义的核心内容。

3. 民为君本

中国古代的邦和君是统一的，在一定的意义上来说"民惟邦本"与"民为君本"是统一的。自西周以后，历朝都有"民为邦本"、"民为君本"之说，管仲说："政之所兴，在顺民心；政之所废，在逆民心。"⑨ 孔子指出："民以君为心，君以民为本"，"心以体全，亦以体伤。君以民存，亦以民亡。"⑩ 孟子说："得乎丘民而为天子。"⑪ "桀纣之失天下也，失其民也；失其民者，失其心也。得天下有道：得其民，斯得天下矣；得其民有道：得其心，斯得民矣。"⑫《春秋谷梁传·桓公十四年》则说"民者，君之本也。"《礼记·大学》说："得众则得国，失众则失国。"墨子也称："昔之圣王禹汤文武，兼爱天下之百姓，率以尊天事鬼，其利人多，故天福之，使立为天子，天下诸侯皆宾事之。"⑬ 西汉时贾谊说："闻之于政也，民无不为本也。国以为本，君以为本，吏以为本。故国以民为安危，君以民为威侮，吏以民为贵贱。"⑭ 唐太宗李世民则说："为君之道，必须先存百姓。"⑮ 唐朝张九龄《千秋金鉴录·劝民》说："民者国之本也，惟本固而后邦宁，邦宁而后国治。"宋朝时司马光说："君依于国，国依于民。"⑯ 中国古代思想家们的这些言论无不说明了"民为君本"。

---

① 《左传·桓公六年》。
② 《左传·僖公十九年》。
③ 《左传·庄公三十二年》。
④ 《国语·郑语》。
⑤ 《国语·楚语上》。
⑥ 《尚书·五子之歌》。
⑦ 《左传·襄公二十五年》。
⑧ 《孟子·离娄上》。
⑨ 《管子·牧民》。
⑩ 《礼记·缁衣》。
⑪ 《孟子·尽心下》。
⑫ 《孟子·离娄上》。
⑬ 《墨子·法仪》。
⑭ 贾谊：《新书·大政上》。
⑮ 《贞观政要·君道》。
⑯ 《资治通鉴》卷一九二。

4. 设君为民

"君"与"民"谁为谁服务的问题本质上是权力与民众的关系问题，对这一问题的解决体现出中国古代成熟的政治智慧，更体现了民本主义思想的本质内涵。春秋以前，人们更多的是考虑君与天之间的关系。春秋以后，人们开始思考君与民之间的关系了，并且很多人认识到是设君为民，而不是设民为君。郏国卜迁都，史官说卦象呈显迁都利于民而不利于君，郏文公毫不犹豫地选择了迁都，说："天生民而树之君，以利之也。"并说君主"命在养民"①。晋国师旷曾说："天生民而立之君。……天之爱民甚矣，岂其使一人肆于民上，以纵其淫，而弃天地之性？"并说良君应该"养民如子"②。鲁昭公想从季平子手中夺回政权时，宋国大夫乐祁便预言："鲁君必出。政在季氏三世矣，鲁君丧政四公矣，无民而能逞其志者，未之有也，国君是以镇抚其民。……鲁君失民矣，焉得逞其志？"③"吾闻为明君于天下者，必先万民之身，后为其身，然后可以为明君于天下。"④老子也说："圣人无常心，以百姓心为心。"⑤这些观点在一定程度上正确地认识了"君"与"民"的关系。

5. 民贵君轻

"民贵君轻"思想是中国古代民本思想中最先进的内容，其倡导者孟子在"民为邦本"思想的基础上，说："民为贵，社稷次之，君为轻。"⑥ 在此基础上，孟子还提出了"昏君移位"论，孟子通过与万章的对话表达了这一思想：

> 万章问曰："人有言'至於禹而德衰，不传於贤而传於子'，有诸？"
>
> 孟子曰："否，不然也。天与贤，则与贤；天与子，则与子。昔者，舜荐禹於天，十有七年，舜崩。三年之丧毕，禹避舜之子於阳城，天下之民从之，若尧崩之后不从尧之子而从舜也。……丹朱之不肖，舜之子亦不肖。舜之相尧、禹之相舜也，历年多，施泽於民久。启贤，能敬承继禹之道。益之相禹也，历年少，施泽於民未久。……继世而有天下，天之所废，必若桀纣者也。'"⑦

在与齐宣王的对话中孟子提出了著名的"暴君放伐"论：齐宣王问曰："汤放桀，武王伐纣，有诸？"孟子对曰："於传有之。"曰："臣弑其君，可乎？"曰："贼仁者谓之'贼'，贼义者谓之'残'。残贼之人，谓之'一夫'。闻诛一夫纣矣，未闻弑君也。"⑧ 孟子的"暴君放伐论"的思想不仅是中国传统"民本主义"思想中最先进的内容，也是中国古代政治思想中最先进的内容。

6. 养民、富民

"养民"、"富民"思想是中国古代民本思想最具生命力的内容，无论是思想家还是贤明的统治者都认识到了养民、富民的重要性，并提出了许多具体的方案。墨子说："贤者之治

---

① 《左传·文公十三年》。
② 《左传·襄公十四年》。
③ 《左传·昭公二十五年》。
④ 《墨子·兼爱下》。
⑤ 《老子·第四十九章》。
⑥ 《孟子·尽心下》。
⑦ 《孟子·万章上》。
⑧ 《孟子·梁惠王下》。

邑也，蚤出莫入，耕稼、树艺、聚菽粟，是以菽粟多而民足乎食。"①《论语》记述了孔子的富民思想："子适卫，冉有仆。子曰：'庶矣哉！'冉有曰：'既庶矣，又何加焉？'曰：'富之。'曰：'既富矣，又何加焉？'曰：'教之。'"② 孔子还指出了君足与民足之间的关系，"百姓足，君孰与不足？百姓不足，君孰与足？"他强调"足食，足兵，民信之矣。"③ 孟子说："无恒产而有恒心者，惟士为能。若民，则无恒产，因无恒心。苟无恒心，放辟邪侈，无不为己。"④ "易其田畴，薄其税敛，民可使富也。"⑤ "施仁政于民，省刑罚，薄税敛"⑥ 孟子还具体提出了富民的具体方案，他说："是故明君制民之产，必使仰足以事父母，俯足以畜妻子，乐岁终身饱，凶年免于死亡。……五亩之宅，树之以桑，五十者可以衣帛矣。鸡豚狗彘之畜，无失其时，七十者可以食肉矣。百亩之田，勿夺其时，八口之家可以无饥矣。"⑦ 孟子还强调了富民与统治的关系，"老者衣帛食肉，黎民不饥不寒，然而不王者，未之有也"⑧。荀子则说："不富无以养民情……故家五亩宅，百亩田，务其业，而勿夺其时，所以富之也。"⑨ "轻田野之税，平关市之征，省商贾之数，罕兴力役，无夺农时，如是则国富矣，夫是之谓以政裕民。"⑩ 因此，"养民"、"富民"思想成为中国传统民本思想中的重要内容。

诚然，中国传统"民本主义"思想的内容还可以从很多方面进行总结。正是内容丰富的"民本主义"思想从各个方面制约了中国古代君主权力的滥用，保证了中国传统社会长久的稳定与发展。

三、民本思想的历史意义

"民本主义"思想是中国古代政治思想中最先进的内容之一。它在中国古代的孕育和发展，不仅体现了中国古代人民巨大的政治智慧，也体现了中华民族特有的民族精神。在一定的意义上来说，"民本主义"也是我们理解辉煌的中华文明史的理论基点。因此，系统地总结和整理"民本主义"思想在中国古代历史上的进步作用，不仅体现了对历史的责任，更体现了对现代的责任。

（一）政治指导思想上的意义

"民本主义"自其诞生之日起就是一种政治思想，是一种清醒地认识到"君"和"民"的关系后的治国方略选择的准则。中国自西周确立的政治理念中，"君"和"民"的关系不再是单一的统一关系了，而是一种对立统一关系了。西周的统治者提出了统治者与被统治者

---

① 《墨子·尚贤中》。
② 《论语·子路》。
③ 《论语·颜渊》。
④ 《孟子·梁惠王上》。
⑤ 《孟子·尽心上》。
⑥ 《孟子·梁惠王上》。
⑦ 《孟子·梁惠王上》。
⑧ 《孟子·梁惠王上》。
⑨ 《荀子·大略》。
⑩ 《荀子·富国》。

关系的终极命题，并以"民本"为方法解决了这一命题。"民本主义"的理论化和系统化以后，成为中国恒久的治国方略，从汉初的"与民休息"到清初的"摊丁入亩"无不表明中国古代统治者对"民本主义"治国方略的恪守和践行。同时，历史也以正反两方面的经验证明何时君主对这一方略贯彻得好，其王朝就能兴盛；反之，则会败亡。这更加说明了"民本主义"作为治国方略的现实性。因此，"民本主义"治国方略不仅造就了中国历史上的汉唐盛世，而且它还反证了暴秦酷元败亡的原因。

"民本主义"对于中国古代政治建设而言，它不仅是一种治国方略，而且也是中国古代君权得以存续的合法性基础之一。"合法性"是被统治者对统治的认同、服从和拥护的原因。构成政治合法性的内容是多元的，它可以是一种理论，恰如中国古代的"民本主义"理论，这种理论诚如法国政治学家莫里斯·迪维尔热所说"一种解释一个社会的系统方法，它或者为这个社会辩护，或者批判这个社会，成为维持、改造或摧毁这个社会而采取行动的依据"①。

"民本主义"作为权力合法性的理论在中国古代对统治者构成了巨大的约束力。如《尚书》中对尧的评价："克明俊德，以亲九族。九族既睦，平章百姓。百姓昭明，协和万邦，黎民于时变雍。"②《史记》所载汉高祖刘邦与父老约法三章："杀人者死，伤人及盗抵罪。余悉除去秦法。"③ 即便在人们的观念中残暴无道的秦始皇，他"南登琅琊，大乐之，留三月。乃徙黔首三万户琅琊台下，复十二岁"④。《新唐书》对唐太宗李世民评价道："贞观初，户不及三百万，绢一匹易米一斗。至四年，米斗四五钱，外户不闭者数月，马牛被野，人行数千里不赍粮，民物蕃息，四夷降附者百二十万人。是岁，天下断狱，死罪者二十九人，号称太平。"⑤ 至清朝时，清太宗皇太极崇德元年（1636年）四月下谕说："朕以凉德，恐负众望。……立纲陈纪，抚民恤众，使君明臣良，政治咸熙，庶克荷天之休命。"⑥这些史料均说明无论是从父祖手中继承皇权的帝王，还是暴力夺取皇权的帝王，无不以强调民本、民生来保证自己统治的合法性。

同样，对中国历史的暴君，"民本主义"也是评价他们的重要标准。夏桀是"桀不务德而武伤百姓，百姓弗堪"⑦。商纣是"百姓怨望而诸侯有畔者，于是纣乃重刑辟，有炮烙之法"⑧。隋炀帝是"奸吏侵渔，内外虚竭，头会箕敛，人不聊生"。"频出朔方，三驾辽左，旌旗万里，征税百端，猾吏侵渔，人不堪命。……自是海内骚然，无聊生矣。"⑨

中国古代正反两方面的历史均证明"民本主义"是中国古代君主统治的合性基础，在很大程度上制约着君主的行为。

---

① ［法］莫里斯·迪维尔热：《政治社会学：政治学要素》，杨祖功、王大东译，9页，北京，华夏出版社，1987。
② 《尚书·尧典》。
③ 《史记·高祖本纪》。
④ 《史记·秦始皇本纪》。
⑤ 《新唐书·食货志》。
⑥ 《清史稿·太宗本纪二》。
⑦ 《史记·夏本纪》。
⑧ 《史记·殷本纪》。
⑨ 《隋书·帝纪第四》。

（二）制度建设上的意义

中国古代虽然没有全面的制度体系保证"民本主义"的实现，但在局部制度的建设上，也体现了民本的要求。

1. 行政制度

（1）人才选拔制度。中国古代的人才选拔制度无论是隋唐之前的察举、征诏制度，还是隋唐以后的科举制度，其围绕的始终是"贤人政治"的模式。这种模式的核心正如孟子说："惟仁者宜在高位。"[①] 应该说孟子的这一思想是在以"仁"为核心的"民本主义"基础上提出来的，可以说"贤人政治"的思想是"民本主义"在古代人才选拔制度上的体现。因为历代统治者都希望能选拔出贤能的人来帮助君主治理国家，只有贤能的人才能帮助君主照顾民生、实现民生，最终维护君主的统治。这可以从历代选拔官吏的标准得到证明。秦简《为吏之道》将官员选拔的标准归纳为"五善"："吏有五善：一曰中（忠）信敬上，二曰精（清）廉毋谤，三曰举事审当，四曰喜为善行，五曰龚（恭）敬多让。"唐代著名的"四善二十七最"，"四善"是对各级官吏考核的共同标准，"一曰德义有闻，二曰清慎明著，三曰公平可称，四曰恪勤非懈"[②]。再如唐元宗时颁布《劝奖县令诏》称："抚字之道，在于县令。不许出使，多不得上考，每年选补，皆不就此官。若不优矜，何以劝奖？其县令在任，户口增益，界内丰稔，清勤著称，赋役均平者，先与上考，不在当州考额之限也。"[③] 这些选官的标准无不暗含着对官吏能关注民生、民本的要求。

（2）监察制度。中国古代的监察制度是中国古代行政制度最具特色的制度之一，对于保证中国古代国家管理机器的运作起到了十分重要的保证作用。在历朝监察制度的内容中均有对官员是有否侵犯民生的行为的监察。如《汉书·百官公卿表》记载汉武帝于元封五年（前106年）开始制订规定刺史职权的"掌奉诏条"用以监督地方强宗豪右、郡守及其子弟。"掌奉诏条"共六条，其主要内容是：田宅占有超过限度；以强凌弱，欺压百姓；为政苛暴，剥夺百姓；背公向私，侵渔百姓；不奉诏书，违反典章；滥用刑杀，奖赏违法；利用灾变，妖言惑众；选举不平，蔽贤宠顽；依仗荣势，请托河私；贪污受贿，阿附豪强等。再如唐元宗时曾下达《令御史检察差科诏》称："关中田苗，令正成熟，若不收刈，便恐飘零。缘顿差科，时日尚远。宜令并功收拾，不得妄有科唤，致妨农业。仍令左右御史，检察奏闻。"[④] 唐代殿中侍御史还有监察"赋敛违法"的专门职责，对"和籴和市"也要进行监察，"或物价逾于时价，或先敛而后给直（钱——引者注）"的，"并差御史分路访察"[⑤]。唐文宗大和四年（830年）六月诏："如闻诸司刑狱例多停滞，委尚书左右丞及监察御史纠举以闻。"[⑥] 这些内容都体现了监察制度设计中对民生、民本的关注。

2. 经济制度

在一定的意义上来说，中国古代的"民本主义"最集中地体现在经济制度方面。历朝历

---

① 《孟子·离娄上》。

② 《新唐书·百官志》。

③ 《全唐文》卷二十七。

④ 《全唐文》卷二十七。

⑤ 《唐会要·卷六十·御史台上》。

⑥ 《旧唐书·文宗本纪》。

代都建立了一些保证民生的经济制度，如汉初的赋税制度，"汉兴，接秦之敝，诸侯并起，民失作业，而大饥馑，凡米石五千，人相食，死者过半。……上于是约法省禁轻田租，十五而税一。"①汉文帝时期采取"三十税一"的政策；汉景帝时复"三十税一"之制；这些都体现了汉初统治者对民生的关注。

唐代的统治者也采取了大量措施以安顿民生，如唐代设义仓以赈民，其用途《新唐书·食货志》载："岁不登，则以赈民；或贷为种子，则至秋而偿。"对此，唐太宗说"既为百姓，先作储贮。官为举掌，以备凶年，非朕所须，横生赋敛"②。又如对于赋税，唐代规定："凡新附之户，春以三月免役，夏以六月免课，秋以九月课、役皆免。"③

康熙五十一年（1712 年）发布了"滋生人丁永不加赋"的诏令，康熙帝在给大学士和九卿等有关官员的谕旨中说："朕览各省督抚奏，编审人丁数目，并未将加增之数尽行开报。今海宇承平已久，户口日繁，若按见在人丁加征钱粮，实有不可。人丁虽增，地亩并未加广，应令直省督抚，将见今钱粮册内有名丁数，勿增勿减，永为定额。其自后所生人丁，不必征收钱粮。"④

可见，从汉初至清朝的统治者们无不注重从赋税等经济制度方面注重对民生、民本的关注。

3. 司法制度

(1) 慎刑制度。"民本"思想伴随着儒家思想成为国家的正统思想的内容以后，历代的统治者在刑罚适用方面均坚持"慎刑"。中国古代慎刑思想和制度自西周时就已经形成，《尚书·康诰》："惟乃丕显考文王，克明德慎罚；不敢侮鳏寡，庸庸，祗祗，威威，显民。"这体现了中国古代最早的"慎刑"思想。《周礼·秋官》记载了审理的"五听"制度："以五声听狱讼，求民情。一曰辞听，二曰色听，三曰气听，四曰耳听，五曰目听。"这是中国古代最早体现"慎刑"思想的制度。

唐律《断狱律》（总第 484 条）明确规定："诸断罪皆须具引律令格式正文，违者笞三十"。《断狱律》（总第 486 条）并规定："诸制敕断罪，临时处分，不为永格者，不得引为后比。若辄引，致罪有出入者，以故失论。"再如唐令规定："诸州府有疑狱不决者，谳大理寺，若大理寺仍疑，申尚书省。"⑤ 这些制度可以说是民本思想在刑罚方面的体现。

(2) 司法公正制度。中国古代很早就确立了司法公正的思想和制度，《尚书·康诰》中提出的"义刑义杀"是中国古代司法公正思想的最早体现。西周还建立了"肺石"的直诉制度，"立于肺石三日，士听其辞"⑥。以此保障司法公正，使民众冤屈得以申雪。西周以后，历朝历代都建立了一系列保障司法公正的制度，如汉代的录囚制度，《汉书·隽不疑传》记载：青州刺史隽不疑"每行县录囚徒还。"唐代明确规定了上诉的程序，"曹司断狱，多据律

---

① 《汉书·食货志》。

② 《唐会要》卷第八十八。

③ 《新唐书·食货志》。

④ 《清圣祖实录》卷二四九，康熙五十一年二月壬午。

⑤ ［日］仁井田升：《唐令拾遗》，栗劲、霍存福、王占通、郭延德编译，720 页，长春，长春出版社，1989。

⑥ 《周礼·秋官司寇·大司寇》。

文，虽情在可矜，而不敢违法者，守文定罪或恐有冤。自今门下覆理，有据法合死者而情有可宥者，宜录状奏。"① 明朝规定通政司受理上诉的程序时说："凡有四方陈情建言、申诉冤枉、民间疾苦善恶等事，知必随即奏闻。"② 这些程序和制度在很大程度上保证中国古代社会司法公正的实现，也在一定程度上体现了对民众基本权利的维护，是"民本主义"思想在司法上的体现。

（3）恤刑制度。中国古代的恤刑思想和制度可以说是司法制度中最能体现"民本主义"思想的内容之一。中国的恤刑思想起源很早，《尚书·舜典》中的"惟刑之恤哉"是中国古代"恤刑"思想的最早记录。秦汉以后的历代王朝都建立了一系列"恤刑"的制度，如《汉书·宣帝纪》记载宣帝元康四年（前 62 年）下诏："自今以来，诸年八十以上，非诬告、杀伤人，它皆勿坐。"《汉书·惠帝纪》记载："民年七十以上，若不满十岁，有罪当刑者，皆完之。"唐朝则将"恤刑"制度化，明确于法律中，唐律《名例律》（总第 31 条）有如下规定："诸犯罪时虽未老、疾，而事发时老、疾者，依老、疾论"。《名例律》（总第 26 条）规定："诸犯死罪非十恶，而祖父母、父母老疾应侍，家无期亲成丁者，上请。犯流罪者，权留养亲，不在赦例，课调依旧。"明清的秋审、朝审制度也体现了中国古代的恤刑思想，康熙皇帝于康熙二十二年（1683 年）就秋审下谕说："人命事关重大……情有可原，即开生路。"③这些内容都是"以民为本"、"恤刑"思想的典型反映。

（三）道德建设上的意义

1. 君主的道德约束

中国古代的"民本主义"在其诞生之日起就具有道德的意义，是对君主的道德要求，在整个中国古代的历史上它对君主是具有极强的约束力。这一道德的核心内容就是要求君主爱惜百姓，加强自律，开创善政。如果出现水旱、饥馑、彗星、地震、瘟疫、虫灾等天灾而致民不聊生，君主要及时地反省自己，要罪己。诚如梁启超所说："惟中国则君主有责任。责任在何？……日食彗星，水旱蝗螟，一切灾异，君主实尸其咎。"④

从史料的记载来看，中国古代最早责备自己不能体恤民本的是夏禹和商汤，《左传》通过记载臧文仲的话说明了禹、汤罪己的情况："秋，宋大水。公使吊焉……臧文仲曰：'宋其兴乎。禹、汤罪己，其兴也悖焉、桀、纣罪人，其亡也忽焉。且列国有凶称孤，礼也。言惧而名礼，其庶乎。'既而闻之曰公子御说之辞也。臧孙达曰：'是宜为君，有恤民之心。'"⑤《册府元龟》特设《罪己》一篇，其中记载了禹责备自己的情况："夏禹见罪人，下车泣而问之。左右曰：'夫人罪，不顺效使然焉，君王何这痛之至于斯？'禹曰：'尧舜之时，民皆用尧舜之心，而予为君，百姓各以其心为心，是以痛之。'"⑥《吕氏春秋》记述了商汤因旱灾而向天祈罪自己的事，"汤克夏而正天下，天大旱，五年不收。汤乃以身祷于桑林，曰：'余一

---

① 《旧唐书·刑法志》。
② 《明代律例汇编》卷二十二《刑律五·诉讼》。
③ 《清史稿》卷一一九《刑法三》。
④ 梁启超：《论中国学术思想变迁之大势》，载《清代学术概论》，北京，中国人民大学出版社，2004。
⑤ 《左传·庄公十一年》。
⑥ 《册府元龟》卷一七五。

人有罪，无及万夫；万夫有罪，在余一人。无以一人之不敏，使上帝鬼神伤民之命。'于是剪其发，酈其手，以其身为牺牲，用祈福于上帝，民乃甚悦，雨乃大至。"① 《汉书》中多次记载了帝王的"罪己诏"，汉宣帝时 8 次，汉元帝时 13 次，汉成帝时 12 次。② 唐太宗李世民则亲自作了《帝范》，提出了君主的道德要求，如他说："夫圣世之君，存乎节俭。富贵广大，守之以约；睿智聪明，守之以愚。不以身尊而骄人，不以德厚而矜物。茅茨不剪，采椽不斫，舟车不饰，衣服无文，土阶不崇，大羹不和。非憎荣而恶味，乃处薄而行俭。"③ 唐太宗李世民曾告诫臣下说："联每思伤其身者不在外物，皆以嗜欲以成其祸。若耽嗜滋味，玩悦声色，所欲既多，所损亦大……朕每思此，不敢纵逸。"④ 贞观二年（628 年）三月，唐太宗对大臣们说："水旱不调皆为人君失德，朕之不修，天当责朕。"⑤

可见，"民本主义"成为统治者检视自己行为的一项重要的道德标准，对于约束中国古代帝王的言行起到了一定的积极作用。

2. 官吏的道德约束

中国的"民本主义"诞生之初主要是对君主而言的。随着秦汉以后官僚制度的建立和儒家思想地位的提高，民本主义就不仅仅是针对君主而言了，而是针对整个统治集团而言的了。因而，"民本主义"也成为约束官僚队伍的道德规范。从总体上来说中国古代官员的"官德"包括：廉洁自律、勤政务实、忠实爱国、爱民如子、举贤任能、赏罚严明、直言敢谏、率先垂范等方面。这些内容是以勤政、爱民为核心的，其中最重要的是依然是要求官员在为官、为政的时候要以民为本，关注民生，"爱民如子"正是这些要求的集中体现。

中国古代历代的官箴、官德中均有相关的内容。唐代武则天说："人臣之公者，理官事则不营私家……忠于事君，仁于利下。"⑥ 宋人吕本中则说："爱百姓如妻子。"⑦ 宋代名臣范仲淹在《岳阳楼记》中写道，"先下之忧而忧，后天下之乐而乐"，因为此句道出了中国古代官德的最高境界，而得已传颂千年。明朝记述于谦的事迹说："于少保（谦）尝为兵部侍郎，巡抚河南，其还京日，不持一物，人传其诗云：绢帕麻菇与线香，本资民用反为殃，清风两袖朝天去，免得闾阎话短长。"⑧ 清代著名画家郑板桥说："衙斋卧听萧萧竹，疑是民间疾苦声，些小吾曹州县吏，一枝一叶总关情。"⑨ 这些官箴和名臣的事迹之所以得以流传，正因为这些语言和事迹是恪守官德、以民为本的言行。

---

① 《吕氏春秋·顺民》。

② 参见黄仁宇：《赫逊河畔谈中国历史》，33 页，北京，生活·读书·新知三联书店，1992。

③ 《帝范·崇俭》。

④ 《贞观政要·君道》。

⑤ 《册府元龟》卷一七五。

⑥ （唐）武则天：《臣轨·公正章》。

⑦ （宋）吕本中：《官箴》，转引自郭成伟主编：《官箴书点评与官箴文化研究》，北京，中国法制出版社，2005。

⑧ 《都公谭纂》卷上。

⑨ （清）郑板桥：《维县署中画竹呈年伯包大中丞括》。

第二节
传统民本思想辨析

中国传统"民本主义"思想是诞生于中国古代专制社会中的政治思想，是一种"温情政治"式的思想，但其根本维护的依然是专制政治统治。因此，中国传统的"民本主义"与近现代的"民权"、"民主"虽然在一些内容上有共通之处，但在根本性质上有着很大的差别。深入辨析"民本"、"民权"、"民主"在内涵上的不同，不仅有利于准确地认识中国传统"民本主义"思想的核心，也有利于促进其在中国当代社会的转型。

一、传统民本主义的现代认识

中国古代的民本主义虽然对于中国古代社会的发展、稳定起到了巨大的作用，它表明了中国古代社会和精神的进步，但它毕竟是属于中国古代的思想体系，它不能超越于其历史叙事的背景。认真地分析中国古代"民本主义"思想的历史本质，是现代社会发展获得历史支持的最重要的，也是唯一的途径。

（一）民本的立场是君主至上

中国古代社会是以专制为核心，专制统治的顺利实现是以"民"的臣服为前提的，单纯的"武力征伐"不能使人民臣服的现实促使中国古代早期的统治者们寻找新的使民服从的方法。正是在这一动因之下，中国古代早期的统治者们清醒地认识到了"君"与"民"的对立统一关系，因而他们提出了"保民"、"重民"的思想和方法，这应该说体现了中国古代政治智慧的成熟。

但是，"保民"、"重民"思想的提出，其目的并不是真正的以民为本，而是以君为本。荀子提出："君者，舟也；庶人者，水也。水则载舟，水则覆舟。"[1]　其通过舟与水的辩证关系最早总结了"君"与"民"的对立统一，但荀子在这里隐喻目的是为了不让"水覆舟"。《尚书·梓材》说："欲至于万年，惟王子子孙孙永保民！"使王位"欲至于万年"才是古代民本主义的真正目的。

后世的名君贤臣无不为此竭尽心力。贞观十六年（642年），唐太宗问魏征："观近古帝王有传位十代者，有一代两代者，亦有身得身失者。朕所以常怀忧惧，或恐抚养生民不得其所，或恐心生骄逸，喜怒过度。"[2]　这里，唐太宗的所忧惧的并不是他所说的"恐抚养生民不得其所"，他真正所担心的是李家的天下二代而失。

《淮南子·主术训》中将中国古代的"民"、"国"、"君"三者序列说得十分清楚："食者，民之本也；民者，国之本也；国者，君之本也。"可见，三者之中的最高的是"君"，最低是"民"。但"君"要想保住最高的位置，他不能忽视"民"与"国"的存在。"是故人君

---

[1] 《荀子·王制》。
[2] 《贞观政要·慎终》。

者，上因天时，下尽地财，中用人力，是以群生遂长，五谷蕃殖，教民养育六畜，以时种树，务修田畴，滋植桑麻，肥墝高下，各因其宜，丘陵阪险不生五谷者，以树竹木。春伐枯槁，夏取果蓏，秋畜疏食，冬伐薪蒸，以为民资。"

由此可见，中国古代的"民本主义"从一开始就是一种策略，是一种巩固君主地位的策略。虽然这种策略对中国古代社会起到了积极的作用，但我们不能由此否认其所具有的工具性的特征。荀子说："民不亲不爱，而求其为己用、为己死，不可得也。民不为己用，不为己死，而求兵之劲，城之固，不可得也。"① 这里，荀子重民、亲民、爱民的目的不过是用民以求"兵之劲，城之固"。其重民、亲民、爱民思想的工具性一目了然。战国时的楚国大臣子西说："吴光新得国而亲其民，视民如子，辛苦同之，将用之也。"② 这里，子西的一个"用"字，十分传神地表达"民本主义"的工具性的特征。

因此，中国古代的"民本主义"并非是目的，而是工具。保民、富民、重民是为了用民。"民本主义"并非是为了真正置民于君之上，并非为了真正确定百姓在国家和社会生活中的主体地位，以民本否定君本。而是以"民本"确立"君本"，以"民本"维护"君本"。

（二）民本的前提是君主享有无上的权力

"民本主义"作为一种治国的策略，作为一种工具，其实践者只能是"君主"，秦汉以后扩充至官僚队伍。自西周成王开始，"天子"成为中国古代帝王的称号之一③，这意味着中国古代的帝王们通过自我授权获得了代表上天抚育下民的资格。

但是，任何政权的长治久安都依赖于民众的合作与服从。周朝提出"保民而王"这种新型政治理念的深意在于它否定了君主权力至上的简单的逻辑论证。而是通过"德"的概念，在统治者和"天"、"民"之间建立了一种稳定的道德上的关系，使君主权力至上获得了道德上支持。使原来统治阶级与被统治阶级对立关系，变成了由权力的基层向高层、子民向家长而至君主的自觉服从。但是，"德"的概念、内容和标准主要是由权力决定的，其从一开始就是论证君主权力至上的工具。因此，中国传统民本主义思想的逻辑前提是君主权力至上，应该说是至上的君主权力选择了民本主义为作自己道德性的基础。

儒家学说将西周的"民本思想"在体系上加以理论化，在措施上加以具体化。但无论儒家民本思想的先进性程度如何，其都无法回避民本的前提是君主权力至上。孔子说"因民之所利而利之"，"择可劳而劳之"④，"节用而爱人，使民以时"⑤。这些都是儒家民本主义思想的经典语言，但从其句式特征上可以发现均没有主语。实际上孔子这里省略了主语，因为人们知道这一主语是不用说明的，是人人都知道的，是"君主"。

秦汉以后的中国古代政治实践的模式中，"民本"是在两情况下被人们运用，第一种是运用在思想家们的言论中，这种运用并没有超越孔子式的圣人说教的形式，更不可能否定君主权力至上的理论前提。第二种是运用在君主自我告诫或告诫臣下的言语中，这种告诫在两

---

① 《荀子·君道》。
② 《左传·昭公三十六年》。
③ 参见刘泽华主编：《中国传统政治哲学与社会整合》，31 页，北京，中国社会科学出版社，2000。
④ 《论语·尧曰》。
⑤ 《论语·学而》。

方面说明了君主权力至上是民本思想的逻辑前提，其一是君主通过自我告诫表明自己的贤明，同时说明自己权力至上性的道德基础；其二是告诫臣子们也必须通过维护民本维护君主的权力，也维护臣子们自己的地位。但也必须承认，正是这种告诫使中国古代的民本思想获得了实践的可能性。

（三）民本是一个道德概念

"民本"概念最初提出就是一个道德概念，但西周的统治者们并不是独立地提出"民本"概念的。它只不过是西周系统的"德"的思想的一部分。西周的"德"可以在不同的层次上得以解构分析，我们认为西周的统治者们从主体上提出了三个层次的"德"的内容。

第一个层次是"天德"。西周的"天"不再是一个简单的抽象概念，而是一个具有意识的人格神。对于天德的内容，西周人并没有具体的说明，只是说明了天德乃是"至大"、"至圣"之德，它集中人世间所有的美德。

第二个层次是"天子之德"。梁启超说："天的观念与家族的观念相互结合，在政治上产生出一新名词，曰'天子'。"[1] "天子之德"的内容在西周人的表述中是多方面的，集中而言分为三个方面，即"敬天"、"孝祖"、"保民"。在这三个方面中最重要的是前面两个，"祀，国之大事也"[2]。"国之大事，在祀与戎。"[3] 从中国古代的礼中可以发现关于君主祭祀之礼的内容和程序是非常多的，而"保民"在西周却只是一种观念之德，其并没有具体的规范和行为要求，这也说明"保民"在君主之德中的地位并不是很高的。

第三个层次是臣子之德。西周的臣子应当从两个方面理解，一是诸侯，二是官员。西周的"臣子之德"最主要的内容是"敬王"。西周的"臣子之德"中虽然也有"敬天"的概念，但臣子对天的"敬"更多的是通过"敬王"来实现的。西周的臣子之德在规范形式更多地上体现为"礼"的要求，"周公制礼"及"礼不下庶人"更多地表明了"礼"是对臣子的要求，而这些具体的规范共同指向的基本价值是"服从"，即在政治生活中服从于君主。在"臣子之德"的内容中应该说很少见到"保民"、"民本"的思想。当然，在春秋以后的中国古代社会，臣子之德（或称"官员之德"）中也包含了一定民本的要求。

从上述分析中我们可以看出，"民本"思想从一开始就是一种道德观念。其最初可以说是仅指君主之德，后来扩大到官员之德。但是，"民本"思想在西周以后的发展过程中一直没有摆脱道德观念的窠臼，这对中国古代社会在以下几个方面产生一定的不良影响。

首先，贤君、清官思想的泛滥。春秋、战国时期，由于儒家思想的形成，将"民本"思想在理论上升为圣人、圣君之德。汉代以后，中国的"民本"思想就成为圣人、君子的道德的内容了。历代帝王无论其残暴与否，均强调"民本"以表明自己的圣明。如暴君隋炀帝也诏告天下："非天下以奉一人，乃一人以主天下也。民惟国本，本固国宁，百姓足，孰与不足。"[4] 天下百姓也以获得圣君为幸，以遇暴君为哀。

---

① 梁启超：《先秦政治思想史》，载《梁启超学术论著》，杭州，浙江人民出版社，1998。

② 《左传·文公二年》。

③ 《左传·成公十三年》。

④ 《隋书·炀帝纪》。

中国古代的清官思想与圣君思想的产生具有共同的理论背景，均是汉代儒家思想定于一尊以后所形成的。清官思想的内容是"孝亲、忠君、爱民"三位一体，其核心与归宿则是"忠君"，明朝著名的清官海瑞说："臣闻君者，天下臣民万物之主也，其任至重，欲称其任，亦惟责寄臣工，使尽言而已，臣请披沥肝胆，为陛下陈之。"① 客观地说，清官的爱民行为确实有利于下层民众政治经济生活的改善。但是官的爱民归根结底是为了从根本上维护王权统治秩序的长期稳定，清官是联络民间和皇帝的中介，不论在任何时候，清官首先考虑的是王权的稳定和皇帝政治权威的维护。因为，清官在民众侵犯了王权的利益时，也会为民请"杀"。

圣君、清官思想在中国古代政治中是具有积极意义的。但是，这一思想的真正基点在于要求人们绝对地服从于圣君、清官。民众与圣君、清官之间的地位是不平等的，"爱民如子"只是对居于上者的道德要求。这种道德要求不仅不能培养民众的独立人格与精神，反而强化了民众的服从意识。

其次，民本主义缺乏制度机制。中国的民本主义是一种伦理模式，而不是一个政体模式，但并不是政治秩序的理想图式。民本主义只能给道德伦理提供原始资源，不能为中国古代政治制度提供原始资源，更不能为政治制度提供全面的操作设计。如先秦儒家的民本思想包含着民众利益是君主权力的基础的内容，但并没有赋予人民以监督、节制和罢免君主的权利，更没有这样的制度设计，而是把这些权利寄托于"天讨"、"天谴"。

中国古代的政治制度是一种集权式的专制制度，这一制度的根本出发点和归宿点都是为君主专权而服务的。虽然，在中国古代政治制度的具体内容上，我们或可发现一些关于"民本"的内容，但是，这些内容只不过是中国古代政治制度的很小的一部分，并且其目的也是为了维护、巩固君主专制的。因此，中国古代的"民本主义"并没有任何制度来保证其实现。

再次，民本主义与政治制度的对抗能力不足。中国传统民本主义的"非制度化"最重要的原因在于它只解释王权的道德合法性，它并没有从理论上说明权力的真正来源和真正性质。其"非制度化"最重要的表现就是民众"无参政权"，没有民众与王权的对抗的制度设计。虽然，中国古代的"民本"思想也提到百姓在某些时候可以诛灭暴君，但这并不是一种理性的、制度性的权利，历朝的农民起义所引发的后果只是"一治一乱"循环的历史悲剧。陈胜在起义时所说的"王侯将相宁有种乎"在一定的意义上提出了权力真正来源的问题，但遗憾的是并没有人认真地去考虑这一问题。即便是中国古代对君主专制批判最尖锐的黄宗羲也只是从天下与君主的关系上、从道义上去批判君主专制的，根本没有从君主权力真正来源上考虑问题，这使得中国古代的"民本主义"从一开始就不能在理论上与王权主义相对抗。

诚然，中国古代也有不少官员能为民请命，或是冒死直谏，如汉之张释之、唐之魏征，但这种请命只是建立在这些官员个人品德的基础之上，而不是建立在制度的基础上。虽然，唐宋建立了驳谏制度，但这一制度首先是在皇帝的允许和容忍范围之内，其根本就不是长久的制度，更不能从整体制度上对抗王权。诚如熊月之先生所说："中国古代的重民思想、仁

---

① 《明史》卷二百二十六，《海瑞传》。

政思想、纳谏思想等，都是为君主立言的。期望谁来重民？曰君主；依靠谁来行仁政？曰君主；规劝谁去纳谏？还是君主。重民与否、仁政行否、纳谏与否，一依君为转移。"①

（四）民本主义思想的内容仅是一种民生观念

中国古代的"民本"思想从一开始就是一种民生观念，西周的"知稼穑之艰难……知小人之依……怀保小民，惠鲜鳏寡。"② 所表达的正是这种民生观念。先秦诸子们也都是从民生的角度说明"民本"的内涵的，墨子说："贤者之治邑也，蚤出莫入，耕稼、树艺、聚菽粟，是以菽粟多而民足乎食。"③《论语》中说："子适卫，冉有仆。子曰：庶矣哉！冉有曰：既庶矣，又何加焉？曰：富之。"④ 孟子说："是故明君制民之产，必使仰足以事父母，俯足以畜妻子，乐岁终身饱，凶年免于死亡。"⑤ 荀子则说："不富无以养民情……故家五亩宅，百亩田，务其业，而勿夺其时，所以富之也。"⑥ "轻田野之税，平关市之征，省商贾之数，罕兴力役，无夺农时，如是则国富矣，夫是之谓以政裕民。"⑦ 这些内容体现了思想家们对"民生"的全面关注。

但是，中国古代的民生主义主要是针对君主统治提出的，其实质依旧是对君主的一种政治上的告诫。如孔子指出了君足与民足之间的关系，"百姓足，君孰与不足？百姓不足，君孰与足？"他强调"足食，足兵，民信之矣"⑧。孟子也强调了富民与统治的关系，"老者衣帛食肉，黎民不饥不寒，然而不王者，未之有也"⑨。可见，中国古代的民生主义，总是从统治者的角度设想解决民生问题的办法，而很少从被统治者的地位来思考问题、解决问题。这种"民本主义"是一种自上而下的"救"、"施"、"济"，民众始终处于一种消极被动的地位。

（五）民本思想中的"民"是一个集合概念

在中国传统社会，几乎不存在主体意义上的个体性思维，人始终只具有"群"的概念和意义。同样，民只是"群"的概念，而不是个体概念。在民中不能再分出个体与自我的主体性存在。

管子称"士农工商"为"四民"⑩。荀子则说："大儒者，天子、三公也；小儒者，诸侯、大夫、士也；众人者，工农商贾也。"⑪"工农商贾"为四民，为"众人"，民就是众，是众庶百姓。民，即"庶民"，是政治、经济和社会地位低下的民众，故又被称为"小人"、"野人"、"黔首"、"庶人"、"愚氓"等。管仲论及君、臣、民三者的关系时也说："有生法，有

---

① 熊月之：《中国近代民主思想史》（修订版），576 页，上海，上海社会科学院出版社，2002。
② 《尚书·无逸》。
③ 《墨子·尚贤中》。
④ 《论语·子路》。
⑤ 《孟子·梁惠王上》。
⑥ 《荀子·大略》。
⑦ 《荀子·富国》。
⑧ 《论语·颜渊》。
⑨ 《孟子·梁惠王上》。
⑩ 《管子·小匡》。
⑪ 《荀子·儒效》。

守法，有法于法。夫生法者，君也；守法者，臣也；法于法者，民也。"① 由此可见，中国古代"民"的概念的集合性及其地位。对此，熊月之先生曾说："'民'、'国人'，并非指全体劳动人民，也没有人民管理国家的民主意味，而且很多只是只言片语。"②民的概念的抽象性、群体性，使得个体被淹没在群体中，没有个体的主体意识，更没有具体的个体权利意识。

在中国古代的政治制度设计中，从来没有将"民"作为个体来考虑，仅是刑事法律中出现了单个的犯罪主体。因此，中国传统民本思想中的"民"是"子民"，"子民"是一个群体性的、抽象性的概念，"子民"社会是以服从为特征的。

民本主义虽然在中国古代社会对于约束君主、官员的行为起到了一定的积极作用，使他们在一定程度上关注了民生问题，但中国古代的民本主义是站在统治者的立场上所提出的一种政治道德，并不是政治制度设计的模式。而且这种政治道德以是民众服从于明君、清官为实践目标的。

二、民本与民权

"民权"一词是中国近代引入西方政治制度和权利观念以后，所形成的一个概念。但是，中国近代的思想家们在运用这一概念时，却总是无法超越民本主义的框架，以至于当代中国还有学者认为"民本思想是我国接受西方民主思想的衔接点和基础"③。

诚然，中国传统思想中有许多因子与西方的政治制度和权利观念有相近或可以附会的地方。但是，这两者在文化背景上的差异是不言而喻的，如果不深入辨析这两者本质上的不同，既不能有助于我们完成传统文化的现代转型，也不能使我们能正确地理解现代民主政治的根本内涵和基础。因此，辨析民权、民本概念之间的差异，无论是对"民本主义"传统，还是对现代民主制度的确立都具有重要的意义。

（一）中国近代民权观念的起源

"权利"一词在中国近代最早出现在丁韪良所翻译的《万国公法》中，丁韪良在1864年翻译《万国公法》时就大量地使用了"权"字，但"权"字在《万国公法》中也有多重含义。至1877年，丁韪良在翻译《公法便览》时对西文"right"定义为"凡人理所应得之分，有时增一'利'字，如谓人本有之权利，云云"④。这可能近代以中文对权利的最早阐释。

据熊月之先生考证，"民权"一词最早见于郭嵩焘光绪四年（1878年）四月的日记："西洋政教以民为重，故一直取顺民意，即诸君主之国，大政一出之议绅，民权常重于君。"⑤ 其后，黄遵宪等人也开始使用"民权"一词。

对于中国近代"民权"概念的使用，熊月之先生在《中国近代民主思想史》中论道：黄遵宪、薛福成的"民权"来自日本。19世纪70至90年代，日本资产阶级的"自由民权运动"创造了"民权"一词。日文中的"民权"一词，本来就是借用汉字的"民"和"权"两

① 《管子·任法》。
② 熊月之：《中国近代民主思想史》（修订版），37页，上海，上海社会科学院出版社，2002。
③ 万斌、诸凤娟：《论民本思想对中国民主进程的影响》，载《学术界》，2004（3）。
④ 王健：《沟通两个世界的法律意义》，166页，北京，中国政法大学出版社，2001。
⑤ 熊月之：《中国近代民主思想史》（修订版），9页，上海，上海社会科学学院出版社，2002。

个字组成。当时黄遵宪驻使日本，于是黄遵宪就在《日本国志》中照搬过来。薛福成曾为《日本国志》作序，是该书的最早读者之一，又曾与黄遵宪出使欧洲，大概他的"民权"就是沿用了《日本国志》的用语。于是，"民权"便漂洋过海，找到中国这片栖身之地。[①]

（二）中国近代民权的内涵

对于"民权"的认识，中国近代的知识分子们并没有形成系统的认识，而是从各自的理论视角对"民权"进行了不同的解释。

1. 从天道观认识民权

西方近代权利观是从现实生活中的各种具体权利出发，最终形成了以"正当性"为核心内涵的自然权利观。西方的自然权利观的核心是权利，是人自然、应然所享有的，最终在理念上形成了"天赋人权"的学说。在一定的意义上，正因为西方权利观念中存在着超越一切现实权利的"自然权利"，才在理论上完成了对法定权利、应然权利、道德权利在概念上的统一，使得"权利神圣"获得了理论上的全面支持。

中国近代思想家们没有可能去完全理解西方自然权利观形成的过程及其真正的内涵，但是他们接受了"权利自然性"、"权利正当性"和"权利神圣性"的观念。在对"权利"进行解释时，他们则运用了中国传统的"道"与"天道"的思想来解释西方的"权利"，并说明"权利"的神圣性。如郑观应论及民权时说："民权者，君不能夺之臣，父不能夺之子，兄不能夺之弟，夫不能夺之妇，是犹水之于鱼，养气之于鸟兽，土壤之于草木。"[②] 从这一概念中，我们可以看出"民权"与"鱼与水"、"养气与鸟兽"、"土壤与草木"之间的关系一样，是自然之性、自然之道。康有为则说"人者，天所生也，有是身体，即有其权利，侵权者谓之侵天权，让权者谓之失天职。男女虽同异形，其为天民而共受天权一也"[③]。康有为的这一阐释虽说的"天赋人权"的色彩，但也与中国传统的"天道"相通。

因此，中国近代的思想家们在理解西方权利概念时，没有从现实的具体权利出发。他们只是借助于中国传统的"天道"、"自然之道"的思想去理解西方的"权利"，强调权利的神圣性和不可剥夺性，这在理论逻辑上与西方权利观的形成是大相径庭的。

2. 从政治权利认识民权

由于历史的原因，中国近代知识分子们对于西方社会的认识更多地是以政治制度作为起点的，而且是从西方政治制度的形式去理解的。对于民权，他们也更多的是从政治的角度去理解。

何启、胡礼垣说"民权者，其国之君仍世袭其位；民主者，其国之君由民选立，以几年为期"[④]。"民权者，以众得权之谓也。如以万人之乡而论，则五千人以上所从之议为有权，五千人以下所从之议谓之无权；中国以四万万人而论，则二万万人以上所从之议为有权，二万万人以下所从之议为无权。"[⑤] 这里，何启、胡礼垣所说的"民权"包含着两层含义：其一是君主政体，其二是国家的决策方式。因而在何启、胡礼垣那里，"民权"的内涵是政治决

---

① 关于"民权"概念在中国近代的产生和使用参见熊月之：《中国近代民主思想史》（修订版），9～10页，上海，上海社会科学院出版社，2002。

② 郑观应：《原君》甲午后续。《郑观应全集》（上册），334页，上海，上海人民出版社，1982。

③ 康有为：《大同书》，210页，上海，中华书局，1935。

④ 何启、胡礼垣：《劝学篇·书后》，载《新政真诠》五编，44页，格致新报馆印。

⑤ 何启、胡礼垣：《劝学篇·书后》，载《新政真诠》五编，50页，格致新报馆印。

策的形式。

梁启超则更明确地称："问泰西各国何以强？曰议院哉，议院哉！问议院之立，其意何在？曰君权与民权合则情易通，议法与行法分则事易就。二者斯强矣。"① 梁启超同时对中国传统的民本主义提出了批评，"夫徒言民惟邦本，政在养民，而政之所以出，其权力在人民之外。此种无参政权的民本主义，为效几何？我国政治论之最大缺点，毋乃在是"②。可见，梁启超的民权依旧指向于西方的议会政治，是在参政权的意义上阐释民权的。

中国近代思想家们从政治的角度认识民权虽然有其深刻的历史根源，但却使中国近代社会对权利的理解出现了一定程度的偏差，这一偏差至今都不能说得以全面的纠正。

3. 从平等权认识民权

"平等"是西方权利学说中的基础性概念，也是西方近代权利观的基础。早在古希腊时期亚里士多德就将平等与正义、合法联系在一起，"所谓公正，它的真实意义，主要在于平等"③。"合法和平等当然是公正的，违法和不平等是不公正的。"④ 虽然，中国近代的思想家们并没有能真正地去探讨西方"平等"的真实含义及其历史渊源，但也有许多思想家们在一定程度上认识到了平等与民权之间的关系。

康有为说"男女虽同异形，其为天民而共受天权一也。人之男身，既知天与人权所在，而求与闻国政，亦何抑女子攘其权哉？女子亦何得听男子擅其权而不任天职？……以公共平等论，则君与民且当平等"⑤。可见，康有为从生命、身体的平等权出发，论证了男女平等，进而论证了人人有闻国政之权。

梁启超则人与人的交往中认识平等的内涵，"凡两人或数人欲共为一事，而彼此皆有平等之自由权，则非共立一约不能也。审如是，则一国中人人相交之际，无论欲为何事，皆当由契约之手段亦明矣，人人交际既不可不由契约，则邦国之设立，其必由契约，又岂待知者而决乎？"⑥

中国古代的等级制度使平等成为极为稀缺的观念，中国近代思想家们接触到西方权利思想中的平等观的内容，认识到了"平等"是东西方政治理念的最大差异所在，也认识到了"平等"对于国家富强的重要意义，他们全面接受了这一观念，并呼吁在中国形成"平等"的权利观。但是，西方权利思想中平等观不仅有具体权利的长期发展，如平等的财产权，也有理论上的长期发展。但中国近代的思想家们没有可能去梳理西方"平等"思想的发展过程，而只是从表象上认识了这一思想，缺乏对权利平等性合理的理论论证过程。

4. 从自由认识民权

自由是西方近代政治权利观的哲学基础。卢梭说：一切立法体系最终"可以被归纳成两大目标：自由与平等。"⑦ 但西方的自由学说是对各种具体权利抽象基础上所形成的哲学理

---

① 梁启超：《古议院考》，载《饮冰室文集》，文集之一，北京，中华书局，1989。
② 梁启超：《先秦政治思想史》，载《梁启超学术论著》，杭州，浙江人民出版社，1998。
③ ［古希腊］亚里士多德：《政治学》，153 页，北京，商务印书馆，1997。
④ ［古希腊］亚里士多德：《亚里士多德选集伦理学卷》，102 页，北京，中国人民大学出版社，1999。
⑤ 康有为：《大同书》，210 页，上海，中华书局，1935。
⑥ 梁启超：《论政府与人民之权限》，载《饮冰室合集》，第 2 册，文集之十，北京，中华书局，1989。
⑦ ［法］卢梭：《社会契约论》，何兆武译，60 页，北京，商务印书馆，1962。

念，其形成经历了极其复杂的过程。

中国近代思想家们在中国各种具体的权利还很不丰富、权利意识还很不兴盛的情况下接触到了西方的自由观。在认识逻辑上并不是西方式的"权利—自由—政治制度"的模式，而直接是"自由—政治制度—富强"的模式。如梁启超在《时务报》撰文指出："西方之言曰，人人有自主之权。何为自主之权？各尽其所当为之事，各得其所应有之利，公莫大焉，如此则天下平矣。"① 1902 年梁启超在《论自由》一文中说："不自由，毋宁死。"斯语也，实 18、19 两世纪中，欧美诸国民所立国之本原也。②

近代中国，严复是认识自由最为深刻的思想家，他在 1895 年的《原强》一文中，就用"以自由为体，以民主为用"③ 概括西方近代政体，在当时来说应该是认识西方政治制度最深刻的了。他说："自由者，各尽其天赋之能事，而自承之功过者也。虽然彼设等差而以隶相尊者，其自由必不全。"并指出自由与平等、民主的关系，"故言自由，则不可以不明平等，平等而后有自主之权；自主之权，于以治一群之事者，谓之民主"④。而自由是与民权联系在一起的，"是故自强者，不外利民之政也，而必自民之能自利始；能自利自能自由始"⑤。

可见，由于历史的原因，中国近代的自由观的形成不同于西方自由观的形成逻辑。虽然中国近代思想家们从自由的角度上认识了权利，但遗憾的是他们没有在这一基础上进一步探究自由与权利的内在联系。

"民权"作为中国近代社会的核心名词虽然来源于西方的权利学说，但在其内涵和理论内容上却不同于西方权利学说产生的路径，是"中国式"的权利观。这一权利观与西方权利学说的内容存在着一定的差异，但却与中国传统的"民本主义"思想有着紧密的联系。

（三）中国近代民权观与民本主义的联系

中国近代的民权主义之诞生，是中国近代思想家们运用中国传统思想中的"民本主义"来解释西方政治权利观的基础上产生的。在这个意义上来说，中国古代的民本主义思想与近代民权思想有着千丝万缕的联系。

1. 民权与民本理论前提上的联系

近代西方权利学说的发展是沿着"现实权利—权利理论—天赋人权"的轨迹发展的，至卢梭等人提出"天赋人权"时，权利获得了超然性，成为一种公理性的概念，它成为其他一切政治概念的源头，也成为一切政治理论的前提。

中国近代的思想家们的视野进入西方政治制度的理论内核时，必然会发现权利超然性的问题。因此，权利概念在引入中国近代时，必然要在传统理论资源中寻找能使其获得超然性、公理性地位的内容。中国古代关于民本主义超然性、公理性的论述，成为近代民权学说超然性地位的理论之源。

中国早期的民本主义中就有关于其超然性的地位的论述，只不过这种超然性地位是建立

---

① 梁启超：《论中国积弱由于防弊》，载《饮冰室合集》，文集之一，北京，中华书局，1989。
② 参见梁启超：《新民说·论自由》，载《饮冰室合集》，第 6 册，文集之四，北京，中华书局，1989。
③ 严复：《原强》，载《严复集》，第 1 册，北京，中华书局，1986。
④ 严复：《主客主义》，载《严复集》，第 1 册，北京，中华书局，1986。
⑤ 严复：《原强》，载《严复集》，第 1 册，北京，中华书局，1986。

在"天命"的基础之上的。"天聪明，自我民聪明。天明畏，自我民明畏。"①"天畏棐忱，民情大可见。"②"夫民，神之主也。"③"民之所欲，天必从之。"④"民，天之生也；知天，必知民矣。"⑤这些内容都表达着民本主义的超然性的地位。至程朱理学时，则用"天理"一词涵摄中国古代一切具有超然性地位的思想，"民本主义"在程朱理学中同样也具有"天理"的属性。正是程朱理学的"天理"与"天赋人权"中的"天"的一致性，使中国近代"民权"思想与西方"权利"思想获得了前提上的一致性，即"民权"概念在近代中国也获得了超然的地位。如康有为说："吾采得大同、太平、极乐、长生、不生、不灭、行游诸天、无量、无极之术，欲以度我全世界之同胞而永救其苦焉，其惟天予人权、平等独立哉，其惟天予人权、平等独立哉！"⑥"人人有天授之体，即人人有天授之权。"⑦梁启超则说："形而上之生存，其条件不一端，而权利其最重要也，故禽兽以保生命为对我独一无二之责任，而号称人类者，则以保生命保权利两相倚，然后此责任乃完。苟不尔者，则忽丧其所以为人之资格，而与禽兽立于同等地位。"⑧严复将则将"天赋权利"说成"民之自由，天由所界"⑨。可见，中国近代的思想家们也是将"民权"置于"天"、"天理"的位置上的，在这一点上与中国传统的"民本主义"是相通的。

近代中国思想家们无不在"天理"的前提之下论述着民权，但是"天"作为前提已经不能解释世俗的权利了。中国的思想家们便创造出了"公理"一词，康有为说"人道只以公理为归"⑩。梁启超的"公理"概念则更具有世俗性，"人与人相处所用谓之公理"⑪。谭嗣同则从效力上来界定公理，"公理者，放之东海而准，放之西海而准，放之南海而准，放之北海而准"。"合乎公理者，虽闻野人之言，不殊见圣；不合乎公理者，虽圣人亲诲我，我其吐之，且笑之哉。"⑫严复则从人心方面说明了公理的内涵，"所谓公理，必散而分丽于社会之人心，主于中而为言行之发机"⑬。

因此，中国近代的"民权神圣"的理论前提在于"天理"、"公理"，中国近代思想家们正是从中国传统"民本主义"的"天理"属性上论证了"民权"的天理属性。

2. 民权与民本在解释方法上的联系

西方近代的"right"一词的含义是极其丰富的，中国古代汉语中的"权利"一词是不足以涵盖的。将西文中"right"一词对译为中文"权利"的丁韪良在译完《公法便览》后便意

① 《尚书·皋陶谟》。

② 《尚书·康诰》。

③ 《左传·桓公六年》。

④ 《国语·郑语》。

⑤ 《国语·楚语上》。

⑥ 康有为：《大同书》，65 页，上海，中华书局，1935。

⑦ 康有为：《大同书》，134 页，上海，中华书局，1935。

⑧ 梁启超：《新民论》，载《饮冰室合集》，第 6 册，专集之四，31 页，北京，中华书局，1989。

⑨ 严复：《辟韩》，载《严侯官文集》，93 页，转引自夏勇：《民本与民权——中国权利话语的历史地位》，载《中国社会科学》，2004（5）。

⑩ 康有为：《论语注》卷二，转引自赵明：《近代中国的自然权利观》，济南，山东人民出版社，2003。

⑪ 梁启超：《上南皮张尚书书》，载《饮冰室合集》，第 1 册，文集之一，北京，中华书局，1989。

⑫ 谭嗣同：《与唐绂丞书》，载《谭嗣同全集》（增订本），北京，中华书局，1988。

⑬ 严复：《述黑格尔唯心论》，载《严复集》，第 1 册，北京，中华书局，1986。

识到"权利"与"right"无法直接对应，特地作出说明："公法既别为一科，则应有专用之字样。故原文内偶有汉文所难达之意，因之用字往往似觉勉强。即如一'权'字，书内不独指有司所操之权，亦指凡人理所应得之份；有时增一'利'字，如谓庶人本有之'权利'云云。此等字句，初见多不入目，屡见方知不得已经而用之也。"①

同样，中国近代的思想家们在理解和解释"民权"时也存在障碍。于是他们在认识民权的方法上，只能运用中国古已有之的"民本"思想加以对应理解、解释。诚如熊月之先生在论述中国近代接受西方的民主思想时所说：中国近代学者"都是在知道了西方的民主思想以后，再戴着有色眼镜，到传统的诗云子曰中阐幽发微的。……其结果，民主思想中羼入了貌似民主、实非民主的内容，在一定程度上混淆了近代民主思想与传统的重民、仁政之类思想的界限。"②

如对于平等思想，黄遵宪在《日本国志》中说："余考泰西之学，其源出于墨子。其谓人人有自主权利，则墨子之尚同也；其谓爱汝邻如己，则墨子之兼爱也……余初不知其操何术致此，今而知为用墨之效也。"③

又再如梁启超将孟子思想直接比附成西方民主，"孟子言民为贵，民事不可缓，故全书所言仁政，所言王政，所言不忍人之政，皆以为民也。泰西各国今日之政殆庶近之。"④梁启超甚至认为："议院之名，古虽无之，若其意则在昔哲主，所恃以均天下也。……《洪范》之卿士，《孟子》之诸大夫，上议院也；《洪范》之庶人，《孟子》之国人，下议院也。苟不由此，何以能询？苟不由此，何以能交？苟不由此，何以能见民之所好恶？故虽无议院之名，而有其实也。"⑤

应该说，近代"民权"是在"民本"的基础上得到解释的，这使得"民权"的内涵与西方的"right"一词的内涵存在着许多的不同。但必须承认，这种理解促进了"right"一词的中国化，其推动了中国近代政治民主化的进程。因此，在解释方法上，近代的"民权"与中国传统的"民本主义"有着割不断的联系。

3. 民权与民本在内容上的联系

由于中国近代的思想家们是通过中国传统的"民本主义"来诠释西方权利概念的，并由此形成了中国的"民权"概念。因而在内容上，"民权"与"民本"在近代话语体系中也存在着交叉。

首先，在"君"和"民"的关系上，"民权"与"民本"存在着联系。中国古代论述"民本"的时候，是将"民"与"君"作为对立统一的关系而论述的，中国近代思想家在论述"民权"时也是如此，如何启、胡礼垣说："天下之权，唯民是主，然民亦不自为也，选立君上，以行其权，是谓长民。乡选于村，邑选于乡，郡选于邑，国选于郡，天下选于国，

①　丁韪良：《公法便览》，凡例第9条。参见王健：《沟通两个世界的法律意义》，166页，北京，中国政法大学出版社，2001。
②　熊月之：《中国近代民主思想史》（修订版），576页，上海，上海社会科学院出版社，2002。
③　黄遵宪：《学术志》，载《日本国志》卷三十三，羊城富文斋，1890年刻本。
④　梁启超：《读〈孟子〉界说》，载《饮冰室合集》，文集之三，转引自胡波：《辛亥革命与思想话语的变迁》，载《史学理论研究》，2002（2）。
⑤　梁启超：《古议院考》，载李华兴、吴嘉勋编：《梁启超选集》，上海，上海人民出版社，1984。

是为天子。天子之去庶民远矣，然而天子之权得诸庶民，故曰得乎邱民而为天子也，凡以能代民操其之权也。"① "横览天下，自古至今，治国者唯有君主、民主及君民共主而已。质而言之，虽君主仍是民主。何则？政者民之事而君办之者也，非君之事而民办之者也。事既属乎民，则主亦属乎民。民有性命恐不能保，则赖君以保之；民有物业恐不能护，则借君以护之。至其法，如何性命始能保，其令，如何物业方能护，则民自知之，民自明之。而唯恐其法令之不能行也，于是乎奉一人以为之主。故民主即君主也，君亦民主也。"② 在何启、胡礼垣的论述中君和民仍然是对立的，他们所要解决的正是将这两者统一起来。

康有为在解释"王"字时说道："何谓之王？一画贯三者才谓之王，天下归往谓之王。天下不归往，民皆散而去之，谓之匹夫。以势力把其民谓之霸。残贼民者谓之民贼。夫王不王，专视民之聚散向背名之，非谓其黄屋左纛、威权无上也。"③ 康有为同样也是在论述"君"与"民"的关系中论述"民权"思想的。

谭嗣同则是用"民"与"君"的关系来批判君主专制，他说："中国所以不可为者，由上权太重，民权尽失。"④ "因民而后有君，君末也，民本也。"⑤因此，近代民权的内容虽然包含着自由、平等这样的内容，但在民权确立的目的性上，仍然是为了与君权的协调统一。正基于此，民权与中国传统的民本主义在内容上存在着联系。

其次，在"民"的地位上，"民权"与"民本"存在着联系。中国传统"民本主义"思想最具先进性的内容就是强调"民为邦本"、"民贵君轻"、"设君为民"，也即强调"民"是国家构成的基本要素。中国近代的"民权"思想所强调的是"民权"是国家富强的根本。如何启、胡礼垣强调"人人有权，其国必兴，人人无权，其国必废，此理如日月经天，江河行地，古今不易，遐迩无殊"⑥。正是在"民"相对于国家的地位上，传统"民本主义"与近代"民权"思想又一次完成了对接。

可见，中国也是在"民"与"君"对立的基础上论述"民权"的内容的，是试图在新的历史条件下建立一种新型的"民"与"君"关系，并由此形成新的国家政治结构。

综上所述，中国近代的"民权"观念的形成是由于西方权利观的输入，但由于中国近代思想家们都是脱胎于中国传统文化的知识分子，他们从中国传统思想中寻找到"民本主义"作为与西方权利思想对接的理论渊源，这使得中国近代的"民权"思想还带上了浓重的"民本主义"色彩。

三、民主与民本

"民权"是中国近代在五四新文化运动之前的一个核心概念，各种政治学说和实践始终围绕着这个概念。但这个概念被引进中国时，被忽略了"民主"的内涵。因此，在五四运动

---

① 何启、胡礼垣：《劝学篇》，载《新政真诠》五编，38～39 页，格致新报馆印。

② 何启、胡礼垣：《新政议论》，载《新政真诠》二编，15 页，格致新报馆印。

③ 康有为：《孔子改制考》卷八，195 页，北京，中华书局，1958。

④ 谭嗣同：《报唐才常书》，载《谭嗣同全集》，上册，248 页，中华书局，1981。

⑤ 谭嗣同：《仁学》，转引自夏勇：《民本与民权——中国权利话语的历史基础》，载《中国社会科学》，2004（5）。

⑥ 何启、胡礼垣：《劝学篇书后》，《新政真诠》五编，50 页，格致新报馆印。

以前，"民权"始终与"民主"存在着紧张关系。

五四新文化运动以后，"民主"一词取代了"民权"，成为当时中国最先进的概念。但是，五四运动以来的思想家们更多的是将"民主"作为武器来批判中国古代的专制制度，而对于"民主"的真正内涵，"民主"与"民本"、"民权"之间的差别，以及如何建设民主均没有作出深入的理论上的探讨，这不能不说是中国近代历史的一个遗憾。正是这种遗憾，使得21世纪的中国还困顿于"民主"与"民本"的概念之争中。因此从理论上澄清这两者的异同，对于中国现代的政治制度的建设具有重要的现实意义。

(一) 两者产生的经济基础不同

中国传统的民本主义思想是在农业文明的基础上产生，并与中国传统自然经济紧密相连的。"民本主义"是在中国氏族社会后期的农业文明的基础上形成的政治理念。"民本主义"产生之初的统治者深知"民"对于其统治的重要性，也深知农业生产对于其统治的重要性，故而"知稼穑之艰难"并非是一种粉饰，而是统治的现实要求。秦汉以后，虽说形成了自给自足的小农经济的生产方式，但是农业文明在物质总量递增上的不确定性，要求统治者必须考虑这种不确定性，在一定程度考虑农民的利益，这成为民本主义存在和发展的现实基础。在这样的情况下，强调"民本"不失为维护农业生产得以顺利进行的一种有效的政治策略。

而在小农经济模式之下，家族结构的封闭性使人们处于"鸡犬之声相闻、老死不相往来"的生活状态中。由于共同利益的缺乏，他们自身缺乏的凝聚力，并且他们的利益要求并不能自主地实现，而只能希冀于能"为民做主"的圣人、明君、清官。因此，"民本主义"在中国传统社会中的农民那里也获得了广泛的心理支持。"民本主义"正是在"君"与"民"的双向需要中，成为调整中国古代君民之间的关系的工具。

民主则是产生于商品经济基础上的思想和制度设计。产生于古希腊的民主制度主要归因于其商品经济的发达。由于雅典特殊的地理位置，土地的生产不足以维系城邦国家的生存，而海外贸易的发展一方面使它能维系自身的生存，更重要的是商品的平等性造就了雅典公民的权利意识、平等意识和自主意识，这些意识扩张到帝王与平民之间，产生了人类历史上最初的民主制度。近代资本主义商品经济的发展使人们更加关注权利的独立性、自主性、平等性，这与封建制度中的特权、等级制度、人身依附关系不相容。近代商品经济的发展使权利、平等、自由等要素得到扩张，并使人们重新考虑国家的性质和存在的目的。在此基础上形成了近代民主思想，最终形成了民主制度，成为资产阶级建构国家政体的理论依据和制度方式。

可见，"民本"与"民主"产生的经济基础不同，前者是中国传统自然经济基础上产生出来的思想，后者则是在商品经济基础上产生出来的思想。

(二) 两者的理论基础不同

中国传统的民本主义的理论基础是儒家思想中的仁政思想。在儒家的仁政思想中，"内圣外王"的理论使他们希望由圣人来统治世界，希望君主都是道德成就至高的圣人。圣人王在治理万民的过程中，是施恩于民，是"推仁于民"，教化万民以行善成仁。而"民本"则是圣人行仁政的一项重要内容，这可以从孔子、孟子的大量言论中得到证明。而民众对于圣人王则应当是无条件地服从，人们服从于圣人并不服从于他的权力，而是服从于他们的道德成就，既而服从于他们的权力。这样一来，以"民本主义"为内容的仁政在理论上完成了其自身的循环，使人们对权力的服从演化成了对道德的服从。当然，儒家的仁政学说也从权力的获得与保有的角度告诫君主要不断地修身养性，勤修道德，才能保住权力。而"民本主义"又是君主需要保持的道德内容之一。这样，"民本主义"在理论上又成为检视君主行为的一项重要的标准。可见，中国古代的"民本主义"是建立在儒家的"仁政"思想的基础之上，而仁政思想又是建立在道德成就不平等的基础之上，这种不平等掩盖了现实生活中的等级的不平等。中国几千年来的君主，属于圣人的几乎一个没有，但他们之所以始终以儒家学说作为正统思想，正因为"仁政"思想是他们权力的合法性的重要支撑，同时也是使民众臣服最有效的理论工具。

民主思想的理论基础是近代以来的权利、平等、自由思想。首先，民主的基础是权利。民主的最基本含义是"主权在民"，虽然这句话可以有多种理解，但首先是人民享有广泛的权利。近代商品经济的发展使人们从现实的财产权利中引申出了各项政治权利，引申出了"天赋人权"的观念，引申出了"社会契约论"的国家构成理论。其次，民主的基础是平等。人们享有财产权的平等性产生了人格的平等性，而人格的平等使人们还体现在参与国家管理、社会管理的平等性上，同样也体现在法律面前人人平等上。诚如托克维尔所说："显示民主时代的特点的占有支配地位的独特事实，是身份平等。在民主时代鼓励人们前进的主要激情，是对这种平等的热爱。"① 再次，民主的基础是自由。从权利的角度来说，自由权是财产权、平等权基础上发展起来的更高层次的权利，"财产是自由的基本要素"②。正是在自由的基础上，人们形成了独立的人格，任何人在任何领域内都无须依附于他人，人们可以依自己的意志处理自己的各项事务。更为重要的是，任何人在政治关系上不存在着人身依附关系。这些内容构成近代民主思想和民主制度的理论基础。

因此，"民本"是以儒家"仁政"思想为理论基础的，而"民主"是以"权利、平等、自由"为理论基础的，这体现了两者在理论基础上的巨大差异。

（三）两者的内涵不同

"民本"最早见于《尚书·夏书·五子之歌》："民惟邦本，本固邦宁。""地者，国之本也。"③《史记》中所记述的冒顿的这句话与《五子之歌》中的"民惟邦本"共同说明了土地和民众是构成国家最重要的因素。因此，"民本"中的"本"更多是指"基本"的意思，而不"根本"的意思，因为"根本"是君主。民本在中国传统文化中的含义主要有民心即天命，民为邦本，民为君本，设君为民，民贵君轻，养民、富民，教民、化民方面的内容。从这些内容可见，"民"总是作为"君"的相对物而出现的，其目的是通过这些措施巩固君主统治。民本同时也是一个道德概念，它表达的是一种道德要求，旨在限制和约束君主的行为，重在以爱民、利民在对君主和官吏的品德的塑造上，同时用以批判君主和官吏的行为。总之，"民本主义"思想只是将"民"作为国家的构成要素来论述的，将"民"设定国家，即政治权力的对立上来论述的。所要求的只是国家在一定程度上考虑"民"的利益，即要求

---

① ［法］托克维尔：《论美国的民主》（下），621 页，北京，商务印书馆，1993。
② ［美］路易斯·亨金等：《宪政与权利》，郑戈译，154 页，北京，三联书店，1996。
③ 《史记·匈奴列传》。

身在高位的君主、官吏要念及百姓，施惠于万民。

"民主"一词来源于古希腊，希腊历史学家希罗多德首次使用了这一概念，用来概括和表述希腊城邦的政治实践。其主要标志就是"人民的权力"和"多数人的统治"即"人人轮番充当统治者和被统治者"①。民主的内涵在近代西方的发展中主要包括以下内容：（1）主权在民。"民主是国家形式，是国家形态的一种。"② 在民主的国家形式中人民是国家的主人，政治意义上的国家性质、国家权力是由人民来决定的，即国家是人民意志的产物。正如卢梭所说："主权在本质上是由公意所构成的，而意志又是绝不可以代表的；它只能是同一个意志，或者是另一个意志，而绝不能有什么中间的东西。因此人民的议员就不是、也不可能是人民的代表，他们只不过是人民的办事员罢了；他们并不能作出任何肯定的决定。"③同时，政府并不是国家的代名词，而仅是执行人民意志的机关。政府的权力是人民通过一定的程序授予的，政府权力的运用必须要为人民的利益而服务，这是政府权力存在的理由。此外，政府权力的行使要受到人民的监督和制约。如果政府滥用权力侵害广大人民的权利，人民便可以收回属于自己的权力，重新建立能够代表他们意志的政府。（2）权力制约。国家在政治意义上来说就是指权力，民主强调权力的公共性和服务性，权力制约正是实现权力公共性和服务性的重要手段。民主主义中的权力制约思想一方面表现为国家权力分为立法、司法和行政三权，这三权之间互相监督、互相制约；另一方面，政府各部门和各级官员的权力均受到法律的限制和人民的监督。（3）公民参政、议政。民主主义中，国家的产生是由人民决定的，它必须建立有效的制度保证人民参政、议政，这是民主的基础之一。其表现为每一个公民都可以一定的方式参与国家的政治活动、参与国家政策的制定、参与国家管理和社会管理。（4）法律至上。民主首先是一种思想，其次是一种制度，更重要的是制度。而法律是制度的最重要的表现，无论是国家权力机构的形成，还是国家权力的运作形式、范围，还是公民参政、议政的权利都必须依法进行，这是民主国家的制度支持。

可见，"民本"在内容上更多地体现了国家、君主、官僚对民众的一种"关爱"，而且是一种"居高临下"式的"关爱"，从内容上更多地表现为政治道德。而"民主"在内容上更多地表现为政治制度，而且这种政治制度的设计者是人民。

（四）两者的实践主体不同

中国传统的"民本主义"是对以君主为核心的统治集团的道德告诫，要求他们"重民"、"爱民"，其目的是维护君主统治的秩序。因此，中国传统"民本主义"的实践主体是统治集团，即君主和各级官员。而"民"虽然被强调为"国之本"，但其被统治的地位决定了它只能是被"重"、被"爱"的"子民"、"小民"，是"民本主义"实践的对象，是"民本主义"实践的客体。此外，由于"民本主义"缺乏制度上的支持，其在实践中只能依赖于君主和官员的道德程度和道德自觉。当君主和官员的道德自觉的程度比较低时，"民本"主义只能是"水中月"、"镜中花"了。并且，对此民众是无能为力的，更无法从制度上改变这种状况，最终只能进行暴力对抗。因此，"民本主义"的实践主体是狭窄的，也没有制度

① ［古希腊］亚里士多德：《政治学》，吴寿彭译，312 页，北京，商务印书馆，1983。
② 《列宁选集》，3 版，第 3 卷，201 页，北京，人民出版社，1995。
③ ［法］卢梭：《社会契约论》，125 页，北京，商务印书馆，1980。

上的保证。

民主作为一种思想观念和制度设计都是以"人民当家做主"作为基础的，其要求权力必须为民众谋利益。因此，民主实践的主体是最广泛的人民，用亚里士多德的话来讲就是："平民群众必须具备最高的权力，政事取决于大多数人的意志，大多数人的意志就是正义。"①人民既是民主实践的主体，也是民主实践的目的。虽然民主制度中也有权力，但这些权力从根本意义上来说是来自于人民。而且权力的执行者也是人民中的一部分，并不像专制制度中权力执行者是人民的对立者。民主制度设计最能体现其实践主体广泛性的内容不仅仅在于权力来源于人民，还在于当拥有权力者不为人民服务时，人民可以运用制度罢免官员，维护自己的权益。诚然，现代民主制度中也还存在着权力与人民相脱节，甚至相对立的现象，这主要是民主制度还不完善所导致，这并不足以否定民主实践主体的广泛性，反而更好地说明了需要完善的制度来保证最广泛的人民参与到民主的实践中来。

因而，"民本"的实践主体是君主与官僚集团，而且是完全依赖于他们道德上的自觉。而"民主"的实践主体是人民，是依赖于制度保证的实践。

（五）两者的实践工具不同

中国传统的民本思想的实践工具是"道德"。中国古代思想家们提出君王要以仁义治理国家，以尧、舜为榜样，要做"圣君"、"明君"、"贤君"。孔子要求君王以身作则，他说："上好礼，则民莫敢不敬；上好义，则民莫敢不服；上好信，则民莫敢不用情，夫如是，则四方之民襁负其子而至矣。"②"上好礼则民易使也。"③孟子更加系统地说明了君王品德的重要性，整篇《孟子》主要是宣扬他的"仁政"思想。而君王要施"仁政"，君王自己首先要做仁义之士，"贤者以其昭昭使人昭昭。"④"君仁，莫不仁；君义，莫不义；君正，莫不正。一正君而国定矣。"⑤西汉时贾谊也认为，治国不可以不用仁义，"仁行而义立，德博而化富，故不赏而民劝，不罚而民治，先恕而后行，是以德音远也。"⑥但是，专制制度本身决定了君王可以不受道德约束，决定了君王不可能真正地"爱民如子"。

民主的实践工具是法制。17 至 18 世纪，资产阶级启蒙思想家们提出了"天赋人权"，"自由、平等、博爱"，"人民主权"，"三权分立"，"法律面前人人平等"等一系列民主口号，创立了系统的资产阶级民主理论。资产阶级民主革命胜利后，资产阶级把上述口号和理论规定在宪法和法律中，建立起完全的资产阶级民主制度，实现了民主的制度化和法律化。民主的法制化，使人民可以依据法律组织国家政权、行使政治的权利，人们可以用法律来约束各级官员，可以用法律来维护自己的权利。民主的法制化，要求权力拥有者不仅要用道德来规范自己，更要用强制性的法律来约束自己。民主的法制化，也使权力拥有者不再仅仅是权力的主体，更是义务的主体。⑦

---

① ［古希腊］亚里士多德：《政治学》，吴寿彭译，312 页，北京，商务印书馆，1965。
② 《论语·子路》。
③ 《论语·宪问》。
④ 《孟子·尽心下》。
⑤ 《孟子·离娄上》。
⑥ 贾谊：《新书·修正语上》。
⑦ 参见陈永森：《民本与民主辨析》，载《广东社会科学》，1996（4）。

可见，"民本"的实践工具是道德，具有不可监控性的特点。而"民主"的实践工具是法律制度，具有极强的可监控性。

因此，中国传统的"民本"与近代西方的"民主"虽然在诸多方面存在着相通之处，但在本质上是产生于不同历史背景的概念，其内涵是根本不一致的。虽然中国近代社会出现过以"民本"解释"民主"的现象，但不能混同这两个概念。深入地辨析这两个概念的差异，既有助我们理解"民本"与"民主"的概念，也有助于我们当代民主建设中充分运用好中国本土的文化资源。

第三节
以人为本：中国传统民本思想的传承与创新

中国的现代化是在一切传统资源基础上的现代化，是中国传统文明延续基础上的发展。产生于中国古代的一切政治思想，只要对中国当代社会、政治的发展有积极的意义，我们就应当发挥这些思想的作用，这是我们在现代化的背景下对中国传统文明应有的态度。

中国传统的"民本主义"虽然产生于专制社会，但也在一定意义上体现了政治权力运用的要求，在具体内容上对中国的现代化并不是没有任何积极意义。我们应当充分认识到"民本主义"的现代意义，并运用各种方法使"民本主义"在当代中国政治制度建设中发挥其应有的作用。

一、民本主义现代意义的背景

"民本主义"虽然产生于中国传统社会，但并不因为存在的社会基础的消失而在观念上就消失了，文化价值观都是人类在相当长的时期内积淀下来的成就。在历史的运动中这些文化价值观被塑造成为了一种超自然的存在。我们无法也不能无视这些价值观的存在，我们只能站在历史与现实之间来检视这些价值观，寻找传统的价值观与现代价值观、制度之间的连接点，来完成传统价值观的现代转型。

中国传统的"民本主义"思想撇开其存在的社会背景，单纯地从观念形态上来说，"民本主义"具有永恒的意义。因为，只要存在着权力，不论权力产生的基础如何，权力在形式上与社会、民众的脱离是其永恒的特征之一。在权力与民众的脱离上，传统的"民本主义"不仅具有现实意义，而且具有永恒的意义。

（一）民主制度的现实缺陷

民主制度是人类迄今为止所寻找到的最好的政治制度的形式，但是这里的"最好"是相对于人类历史上其他的政治制度而言的，并不是指相对于人类将来的发展历史而言的。

客观地说，无论是民主制度中的"三权分立"，还是"宪法政治"、"代议制政府"，在具体的实践中总是存在着各种各样的不足。早在美国立宪期间就有人提出了民主制的缺陷，"美国宪法之父"麦迪逊对民主制度批评说："政府若采取民主的形式，与生俱来的就是麻烦和不方便，人们之所以指责民主，原因就在这里。"① 美国制宪会议代表格里也不同意实行民主制，他说："我们所经历过的罪过，都是源于民主过于泛滥。人民并不缺乏德行，但总是受到假装爱国的人的蛊惑。"②

对于民主制度中的法律，美国学者路易斯·亨金说："一部宪法并不一定代表一种共和原则或民主原则、尊重人权或其他独特价值的原则相合的构架。许多宪法仅仅是对政府形式的描述，亦就是一种宣言或是对未来的一种希望或设计。有些宪法并不含有权利法案。有些宪法甚至不具有法律意义，当然更谈不上是最高法律了。"③路易斯·亨金的话在一定程度上说明了"宪法政治"上的不足。法国学者托克维尔指出："民主的法制一般趋向于照顾大多数人的利益，因为它是来自公民之中的多数。贵族的法制与此相反，它趋向于使少数人垄断财富和权力。……因此，一般可以认为民主立法的目的比贵族立法的目的更有利于人类。"④这里，托克维尔明确地指出了民主制度只是"趋向于照顾大多数人的利益"，并没全达到"照顾全体人民的利益"，民主的立法只是相对于贵族立法具有先进性。

对于民主的发展，美国学者弗朗西斯·福山所说："民主它是人类历史发展的最高阶段，是历史的终结点。一切重大问题都得到了根本解决，人类已经没有了更进一步的余地。"⑤ 但是，现实中的民主制度总是存在各种缺陷的，福山对此也说道："这些问题是因构建现代民主制度的两大基石——自由和平等的原理——尚未得到完全实现所造成的，并非原理本身的缺陷。"⑥

因此，在现实中并不存在最完美的民主制度，中国的民主制度建设也是一样。而且，中国的民主制度建设的历史并不长，还面临着传统观念历史久远的背景。对于这样一个背景，我们应当采取积极的态度，我们应当认识到一个现实成熟的民族所建立的政治制度必须与自己国家的历史、文化、宗教、自然条件等相适应。因而，充分运用中国传统社会中所形成的制度、观念资源，具有重要的现实意义。正是在这个意义上，传统的"民本主义"获得了修正和补充民主制度的现实生命力。

（二）权力与社会的对立性

人类社会进入文明的最重要的标志之一就是权力的诞生。权力天然具有控制和命令的属性。很多关于权力的解释都说明了这一点，如美国学者乔·萨托利说："权力永远是控制他人的力量和能力。"⑦ 美国学者塞缪尔·亨廷顿也说："权力指影响或控制他人行为的力量。"⑧ 美国学者彼德·布劳称：权力"是个人或群体将其意志强加于其他人的能力，尽管有

① ［美］麦迪逊：《辩论：美国制宪会议纪录》，尹宣译，75 页，沈阳，辽宁教育出版社，2003。
② ［美］麦迪逊：《辩论：美国制宪会议纪录》，尹宣译，26～27 页，沈阳，辽宁教育出版社，2003。
③ ［美］路易斯·亨金：《宪政·民主·对外事务》，邓正来译，9 页，北京，三联书店，1997。
④ ［法］托克维尔：《论美国的民主》上卷，董果良译，264 页，北京，商务印书馆，1993。
⑤ ［美］弗朗西斯·福山：《历史的终结及最后之人》，黄圣强等译，3 页，北京，中国社会科学出版社，2003。
⑥ ［美］弗朗西斯·福山：《历史的终结及最后之人》，黄圣强等译，代序第 1 页，北京，中国社会科学出版社，2003。
⑦ ［美］乔·萨托利：《民主新论》，冯克利、阎克文译，32 页，北京，东方出版社，1993。
⑧ ［美］塞缪尔·亨廷顿：《变革社会中的政治秩序》，李盛平等译，107 页，北京，华夏出版社，1998。

反抗，这些个体或群体也可以通过威慑这样做"①。英国学者则称："权力是指它的保持者在任何基础上强使其他个人屈从或服从于自己的意愿的能力。"② 从这些概念上我们可以发现权力所具有的控制、命令的属性。

正由于权力具有这样的属性，其天然地具有与民众、社会脱离、对立的特点。卢梭说："只要政府的职能是被许多的执政者所分掌时，则少数人迟早会掌握最大的权威。"③ 洛克说："如果同一批人同时拥有制定和执行法律的权力，就会给人的弱点以绝大诱惑，使他们动辄要获取权力，借以使他们自己免于服从他们所制定的法律，并且使他们在制定法律和执行法律时，使法律适合于他们自己的私人利益。"④此外，无论"统治"一词意味着什么，人类历史的绝大多数时期都是少数统治多数⑤，这也体现了权力与社会的对立。

即使是宪政制度下通过选举形成的权力，也存在着与社会对立的可能。美国学者罗尔斯认为即使是选举产生的政权也可能是非正义的权力，他说："政治制度中非正义的影响比市场的不完善更为痛苦和持久。政治权力迅速地积累，并且成为不平等的利用国家和法律强制力量。"⑥ 因此，美国学者说："赋予治理国家的人以巨大的权力是必要的，但是也是危险的。它是如此之危险，致使我们不愿只靠投票箱来防止官吏变成暴君。"⑦

正因为权力与社会对立的属性对人类社会可能带来巨大的危害，人类社会政治制度的每一次进步都与控制权力、合理地运用权力有关，"政治制度的部署和建立必须遵循的正规形式可以防止政治权力的滥用"⑧。民主宪政制度作为现在最完善的制度，其设计目的也是在限制权力与社会的对立。"宪法本身即是一种对权力不信任的行为：它为权威设定了限制。假如我们相信政府具有永远正确的禀赋且永远不会走极端，宪法便没有必要设定这些限制了。"⑨

但是，宪政制度并不是一种终极完善的政治制度，由于制度设计、实践运作中存在着许多问题，现代宪政制度并不能真正地消除权力与社会的对立。因而，在宪政制度设计和实践中强调"民本主义"，确立"民本"作为权力运用的目标，这不仅不违背宪政制度设计的目的，而且能有效地补充现代宪政制度的不足。因此，在限制权力和固定权力运作的目标方面，中国传统社会的"民本主义"不仅与现代宪政制度相统一，而且还存在着制度化的现实可能性。

---

① ［美］彼德·布劳：《社会生活中的交换与权力》，孙非、张黎勤译，137 页，北京，华夏出版社，1988。
② ［英］A. 布洛克、O. 斯塔列布拉斯编著：《枫丹娜现代思潮词典》，中国社会科学院文献情报中心译，453 页，北京，社会科学文献出版社，1988。
③ ［法］卢梭：《社会契约论》，何兆武译，88 页，北京，商务印书馆，1982。
④ ［英］洛克：《政府论》，下篇，叶启芳、瞿菊农译，89 页，北京，商务印书馆，1983。
⑤ 参见［美］曼瑟尔·奥尔森：《集体行动的逻辑》，18 页，上海，上海三联书店、上海人民出版社，1995。
⑥ ［美］约翰·罗尔斯：《正义论》（英文版），226 页，哈佛大学出版社，1971，转引自秦德君：《制度设计的前在预设》，载《上海社会科学院学术季刊》，2003（4）。
⑦ ［美］詹姆斯·M·伯恩斯、杰克·W·佩尔塔森、托马斯·E·克罗宁：《美国式民主》，谭君久等译，189 页，北京，中国社会科学出版社，1993。
⑧ ［美］斯蒂芬·L·埃尔金、卡罗尔·爱德华·索乌坦编：《新宪政论——为美好的社会设计政治制度》，周叶谦译，31 页，北京，三联书店，1997。
⑨ Jack Hayward, After the French Revolution: Six Critics of Democracy and Nationalism, Harvester Wheatsheaf, 1991, p. 117.

(三) 权力主体的道德性要求

由于权力与社会对立的属性的存在，权力主体在运用权力的过程中均有可能导致腐败。孟德斯鸠对此曾说："一切有权力的人都容易滥用权力，这是万古不变的一条经验。"[1] 美国当代政治学家布坎南也指出：政治活动家们似乎有一种"天然的"倾向，去扩展政府行动的范围和规模，去跨越任何可以观察到的"公共性边界"[2]。

现代民主制度设计在两个方面对权力主体提出了道德的要求。首先，在选举制度中对候选人提出了道德要求。虽然选举制度本身并没有道德要求，但选举活动中对候选人是有具体的道德要求的。权力的载体是人，"即是以统治者的名义行事的代理人"[3]。诚如麦迪逊所说："如果是天使统治人，就不需要对政府有任何外来的或内在的控制了。"[4] 因而，在选举活动中对候选人提出道德要求就是必然的了。在这一点上，现代选举制度与中国古代的"选贤与能"的官员选拔制度有着共同的旨趣，中国古代的官员选拔制度中所要求的"贤"就是对选拔对象的道德要求。正是在对权力主体的道德要求上，中国传统的"民本主义"具有现代意义。

其次，对权力主体的道德要求还体现在权力的运用过程之中。现代民主制度设计的核心要求就是防止权力主体的腐败行为，对此有"以权力约束权力"[5] 的设计，也有以制度约束权力的设计。但是，道德对权力的制约力量也是巨大的，是人们不能忽视的一种制约权力的力量。道德本身具有一种批判功能，当权力主体在运用权力的过程中不能为社会、为民众服务时，他会受到来自道德的否定。中国古代官员所说的"当官不为民做主，不如回家卖红薯"不仅表达的是官员的一种道德自觉，也表达了对官员运用权力过程中的道德要求。现代民主制度中对官员的检举、控告和罢免制度的建立也是建立在这种道德否定的基础之上的。中国传统社会的官员评价体制、考核体制和罢免体制同样也是建立在官员能否"为民做主"的道德要求基础之上的。由此可见，现代民主制度中对权力主体运用权力的道德要求与"民本主义"的要求是一样的。因此，传统民本主义思想在作为权力运用的道德标准方面依然具有现代生命力。

因此，即便是现代民主社会，道德也是制约权力的重要手段。而"民本主义"中所蕴含的道德要求不仅与现代社会不冲突，而且是能够与现代社会相协调的道德要求。

中国传统的"民本主义"虽然是产生于中国古代的专制社会，但也体现了权力与社会对立之下的权力行使的积极要求，在一定程度上制约了权力的滥用。作为权力运用的道德要求，中国传统的"民本主义"在中国当代社会依然有重要的现实意义。

二、以人为本：对民本主义的超越

传统民本主义由于其形成的社会基础的传统性，使其在内涵上存在着历史性的不足。当

---

① ［法］孟德斯鸠：《论法的精神》（上册），154 页，北京，商务印书馆，1961。
② ［美］詹姆斯·M·布坎南：《自由、市场与国家》，373 页，北京，北京经济学院出版社，1988。
③ ［美］詹姆斯·M·布坎南：《自由、市场与国家》，38 页，北京，北京经济学院出版社，1988。
④ ［美］汉密尔顿等：《联邦党人文集》，264 页，北京，商务印书馆，1980。
⑤ ［法］孟德斯鸠：《论法的精神》（上册），154 页，北京，商务印书馆，1961。

代中国在以马克思主义思想为基本理论的前提下，结合中国古代的民本思想，创造性地提出了"以人为本"的思想，并以此作为中国共产党领导的政府执政的思想和方针之一。中国共产党十六届三中全会明确提出了"以人为本"的思想，"坚持以人为本，树立全面、协调、可持续的发展观，促进经济社会和人的全面发展"①。"以人为本"就是要把人民的利益作为一切工作的出发点和落脚点，把人民群众作为推动历史前进的主体，不断满足人的多方面需要和实现人的全面发展。"以人为本"的思想完成了对中国传统民本主义思想的全面超越。

（一）以人为本：对民本主义在理论层面的超越

中国当代的"以人为本"思想是在继承中国传统的"民本主义"思想的基础上所提出的。它在内容上对中国传统的"民本主义"有所继承，如对"民本主义"思想中的"民生主义"的继承。但"以人为本"对中国传统的"民本主义"在许多方面都是巨大的超越，体现了"以人为本"思想巨大的先进性。

1. 社会经济基础超越

西周时期提出的"民本主义"思想是以农业文明为经济基础的，秦汉以后所形成的自给自足的农业经济使民本主义获得了经济基础上的全面支持。历史运动的复杂性使中国传统社会的人们只好期望圣人、明君、清官的出现，为他们消灾解难，"为民做主"。这样就形成了我国封建社会中以明君、清官"以民为本"为主要内容的民本思想。

当代中国政府正是以马克思主义理论为指导，在社会主义市场经济初步建立的基础上提出了"以人为本"的思想。相较于中国传统的"民本主义"思想的经济基础，市场经济是先进的现代经济模式，它强调充分发展社会生产力，它强调资源最佳配置，它克服了农业经济中经济主体能动性极差的特点，它强调充分发挥社会主体参与经济活动的积极性。因此，当代中国所提出的"以人为本"思想的经济基础与传统"民本主义"思想的经济基础有着根本的不同，超越了"民本主义"思想的经济基础。

2. 思想内涵的超越

（1）"人"对"民"的概念超越

民本思想语境下的"民"是相对于"君"而言的，是相对于"官"而言的，笼统地讲，可以视为相对于统治者来说的。"民"是被统治者的代名词，是"小民"、"子民"，是一个抽象的集合概念。在传统社会中，"民"所享有的政治权利和社会权利是极少的，在社会发展中基本不具有主体性的特征。

"以人为本"中的"人"是现实的人，是具体的人。马克思、恩格斯反复强调必须从"现实的人"出发去观察社会政治生活。他们明确说明："我们的出发点是从事实际活动的人"，"这种考察方法不是没有前提的。它从现实的前提出发，它一刻也不离开这种前提。它的前提是人，但不是处在某种虚幻的离群索居和固定不变状态中的人，而是处在现实的、可以通过经验观察到的、在一定条件下进行的发展过程中的人。""以一定的方式进行生产活动的一定的个人，发生一定的社会关系和政治关系。经验的观察在任何情况下都应当根据经验来揭示社会结构和政治结构同生产的联系，而不应当带有任何神秘和思辨的色彩。社会结构和国家总是从一定的个人的生活过程中产生的。但是，这里所说的个人不是他们自己或别人

---

① 《中国共产党十六届三中全会公报》。

想象中的那种个人，而是**现实中的**个人，也就是说，这些个人是从事活动的，进行物质生产的，因而是在一定的物质的、不受他们任意支配的界限、前提和条件下活动着的。"① 因此，在"以人为本"中的"人"是现实的人，是具体的人。

具体而言，"以人为本"思想中的"人"包含三个层次的内涵：一是类存在意义上的人，是人类的代名词；二是社会群体意义上的人，是指社会主体意义上的人，是具有集合意义的人群；三是具有独立人格和个性的人，就是指作为单个个体的人，"人们的社会历史始终只是他们的个体发展的历史，而不管他们是否意识到这一点"②。"以人为本"中的"人"是这三层含义的统一，在当代中国既指一切中国特色社会主义事业的建设者和劳动者，也指每一个具体的建设者和劳动者。在具体的"人"的指向上，更倾向于每一个具体的人的权利和利益。

（2）"本"的内涵超越

中国传统的"民本主义"中的"本"虽然在词义上有"根本"、"基础"的意义，但这种意义并不是中国古代社会的唯一的价值观，而是随着语境的变化的一种观念，当其与"君本"、"官本"在一起时，就不再具有"根本"、"基础"的意义了，而只是"君本"、"官本"实现的前提，"人以君为天，君以人为本"③正说明了这一点。因此，中国传统的"民本主义"从来就没有强调"民"的主体地位，而是强调了它相对于君主的意义，它只是实现"君本"的工具。

"以人为本"中的"本"则真正具有了"根本"的含义，因为"以人为本"的思想是在充分认识到"人"对于国家、社会、历史、未来所具有的终极意义的基础上得出的。正如马克思所说：人并不是抽象地栖息在世界以外的东西。人就是人的世界，就是国家、社会。"人是人的最高本质。""人的根本就是人本身。"④ 因而，在"以人为本"思想中，"人"不仅是国家的根本，而且是人类发展的根本。

"以人为本"中的"本"有三层次的内涵：一是强调人主体性。"以人为本"思想强调人是世界的主人，世界上的万事万物都是属于人的。二是人是世界发展的动力。"以人为本"思想强调人类历史的每一步发展都是无数的人推动的，人类未来的发展同样也是由无数的人推动并努力实现的。三是人是人类发展的目的。"以人为本"思想认为，人类的每一步发展都是为了人自己，是为了提高人的生活水平，为了提高人的生存质量，更是为了人在精神的高度发展。因此，人是人类发展的目的。当然，人的发展离不开人自身的努力，因此人也是人类发展的手段，但"以人为本"思想更强调人是发展的目的。

当代中国所提出的"以人为本"思想就是强调人是社会的真正主人，重心在人，强调"坚持权为民所用、情为民所系、利为民所谋"。"以人为本"不仅是一种思想方法，它更强调国家、政府用科学发展观指导社会实践，要关注人的现实生活，要对现实中具有共同性的人和个性差异性的人的生存和发展切实提供终极关怀。

（3）"以人为本"对"民本"实践方向的超越

中国古代的"民本"思想从一开始就是一种民生观念，"民生"体现了"民本主义"的

---

① 《马克思恩格斯选集》，2 版，第 1 卷，73、71～72 页，北京，人民出版社，1995。

② 《马克思恩格斯选集》，2 版，第 4 卷，532 页，北京，人民出版社，1995。

③ 《旧唐书·列传第四十八》。

④ 《马克思恩格斯全集》，第 1 卷，452、461、460 页，北京，人民出版社，1956。

实践方向。西周的"知稼穑之艰难……知小人之依……怀保小民，惠鲜鳏寡"① 所表达的就是这种民生观念。孟子所提出的富民方案从根本上体现了"民本主义"的"民生"内涵，他说："是故明君制民之产，必使仰足以事父母，俯足以畜妻子，乐岁终身饱，凶年免于死亡。……五亩之宅，树之以桑，五十者可以衣帛矣。鸡豚狗彘之畜，无失其时，七十者可以食肉矣。百亩之田，勿夺其时，八口之家可以无饥矣。"② "轻田野之税，平关市之征，省商贾之数，罕兴力役，无夺农时，如是则国富矣，夫是之谓以政裕民。"③ 中国古代的民生主义主要是针对君主的统治提出，其实质依旧是对君主的一种政治上告诫。故而，孟子更强调了富民与统治的关系，"老者衣帛食肉，黎民不饥不寒，然而不王者，未之有也"④。可见，中国古代的民生主义，总是站在统治者的立场上为被统治者解决民生问题，很少从被统治者的立场来思考民生问题、社会发展问题。因此，中国传统的"民本主义"是一种自上而下的"救"、"施"、"济"思想，是"仁君"、"清官"对民的恩泽，而民众始终处于一种消极被动的地位。

"以人为本"在实践的方向是"人的全面发展。"2004 年 4 月 4 日胡锦涛总书记在"中央人口资源环境工作座谈会"说：坚持以人为本，就是要以实现人的全面发展为目标，从人民群众的根本利益出发谋发展、促发展，不断满足人民群众日益增长的物质文化需要，切实保障人民群众的经济、政治和文化权益，让发展的成果惠及全体人民。⑤

所谓人的全面发展，就是人的社会关系的发展，就是人的社会交往的普遍性和人对社会关系的控制程度的发展，人的全面发展包括自由、整体、充分、和谐等四个环节。也就是说，它是由人的自由发展、人的整体发展、人的充分发展和人的和谐发展构成的。在内涵上，人的全面发展共有四个方面的发展：1) 人的自由发展，就是"人"作为主体的自觉、自愿和自主的发展，是人将自己作为目的的发展，是人为了人自身人格完善的发展。2) 人的整体发展，就是人的各种需要、素质、能力、活动和关系的整体发展，既包括人的身体、生命的发展，也包括人的精神素质的发展，更包括人的社会关系的全面发展。人的整体发展是每个社会成员全部力量和才能的展示过程，亦即人的本质力量的显示、充实、拓展过程。3) 人的充分发展，就是人在摆脱了各种内在、外在力量的束缚，使自己的需要、能力、精神、活动、关系得到极大程度的发展，最重要的是人的潜质、潜能在新的条件下的更进一步拓展和显示。4) 人的和谐发展，就是指人在与内在、外在的各种关系和谐共生的情况下发展，是指人与自然、人与社会、人与他人以及个人自身内在各方面关系的协调与优化的基础上的发展。

当然，人的全面发展是人类长期发展的目标，在中国当代，国家和政府应当在保障人民群众的经济、政治和文化权益的基础上，促进人的全面发展。

因此，"以人为本"的实践方向与中国传统的"民本主义"的实践方向虽然在"民生"方面有着共同的指向，但在实践的最终方向上，"以人为本"超越了中国传统的"民本主义"，代表着人类发展的最终实践方向。

---

① 《尚书·无逸》。
② 《孟子·梁惠王上》。
③ 《荀子·富国》。
④ 《孟子·梁惠王上》。
⑤ 参见胡锦涛：《在中央人口资源环境工作座谈会上的讲话》，载《人民日报》，2004-04-05。

(二) 以人为本：对民本主义在制度层面的超越

中国传统的"民本主义"在实践中是完全依赖于个人的道德自觉，没有任何制度保证其长久地实施。而中国当代的"以人为本"不仅仅依赖于官员的道德自觉，更重要的是有许多制度保证其实施。在制度层面上，"以人为本"比"民本主义"更有保证。

1. 政治制度的超越

中国传统的"民本主义"产生和实践的制度背景是以皇权为核心的专制制度。在这一制度之下，"民"是不可能获得广泛的权利和实现其权利的，更不可能获得政治地位和社会地位，他们只能是专制的对象。正如孟德斯鸠引用传教士杜亚尔德的话评价中国传统社会时所说："统治中国的是棍子"，"专制国家的原则绝不是荣誉。在那里，人人都是平等的，没有人能够认为自己比别人优越；在那里，人人都是奴隶，已经没有谁可以和自己比较一下优越了。"① 此外，由于专制制度的强大，中国传统的"民本主义"根本不可能全面地获得政治制度的支持。其只能依赖于局部的制度和帝王、官员的个人道德修养来实现，所以中国古代的"民本主义"的实践一直是暂时的、局部的。

中国当代的"以人为本"的制度背景是现代的民主制度，这一制度设计的目的就是全面保护和实现民众的利益和权利。中国当代民主制度的内容是很多的，主要有人民代表大会制、民主选举制、宪政制度、监督制度等等，这些制度核心是保证广大人民实现当家做主的权利，保证广大人民最广泛地实现自己的权利。有了这些制度，"以人为本"才有了长期的、可靠的保证。因此，"以人为本"本身就是政治制度的应有之义，中国当代的各项政治制度建设无不要求以"以人为本"为内容，这些制度充分保证了"以人为本"的实践的顺利进行。

2. 法律制度的超越

专制社会下的法律制度虽然也存在着一些维护民众权益的内容，但从根本上而言只能是维护专制的工具，其不可能是民众利益保护的工具。因此，中国古代的"民本主义"不可能是法律的核心，这从中国古代的法律体系主要是刑法得到证明。由此，中国传统的"民本主义"不可能获得法律的全面支持。

"以人为本"在当代社会是法律的应有之义。在中国当代的法律体系中，从宪法到各个部门法无不体现出对"以人为本"的要求。如《道路交通安全法》突出了行人的优先权，规定行人在人行横道上有绝对优先权，机动车行经人行横道，应当减速行驶。遇行人通行，必须停车让行。在没有交通信号的道路上，机动车要主动避让行人。同时规定，采取严格的责任归责制度，即机动车撞击行人必须承担责任，这就是对"撞了白撞"的彻底否定。又如《监狱服刑人员行为规范》中，删除了"不准"、"不得"等用语，用偏陈述的指引性语言代替了训诫式语言，显示了对服刑人员权利的尊重，体现了人权保护的基本精神。如该法规还规定服刑人员应保持个人卫生，按时洗澡、理发、剃须、剪指甲，衣服、被褥定期换洗，不再要求男性服刑人员留寸发或光头，女服刑人员留齐耳短发等。再如2004年5月1日实施的《集体合同规定》规定了对女职工和未成年工应给予特殊保护的内容，如规定有些工作是女职工和未成年人禁忌从事的，女职工的经期、孕期、产期和哺乳期的保护，女职工和未成年工的定期健康检查、未成年工的使用登记等。这些内容均说明法律对"人本主义"的体现和

---

① ［法］孟德斯鸠：《论法的精神》（上册），张雁深译，127 页注释①，北京，商务印书馆，1961。

支持。因此，当代中国"以人为本"的思想获得了法律的全面支持，是法律制度的核心内容。①

3. 社会公共制度的超越

中国古代社会在一定的意义上来说并不存在维护社会民众利益的公共制度。翻开二十五史，我们很难发现有关于医疗、教育、社会保障等具体的公共制度。因此，中国传统的"民本主义"在公共制度方面没有任何体现。

"以人为本"在当代社会中不仅获得政治制度、法律制度的全面支持，而且还获得了公共制度的全面支持，如社会保障制度、教育制度、医疗保障制度均体现了对"以人为本"的公共制度的支持。如我国社会保障制度是公民基本生存条件和权利的重要保障，是维护社会稳定不可或缺的社会机制。近年来，我国加强了有关社会保障制度方面的立法工作，国务院制定了《失业保险条例》、《工伤保险条例》、《城市居民最低生活保障条例》等行政法规，发布了一系列有关社会保障的决定，形成了社会保险和社会救济两大类的保障体系，对于公民基本生存条件和权利的保护起到了巨大的作用。再如我国自 2006 年起取消农业税，自公元前 594 年起在中国大地上延续了 2 600 年的"皇粮国税"退出了历史舞台，极大地保护了农民的权利。这些内容均体现了"以人为本"的公共制度支持。

中国当代的"以人为本"比中国传统的"民本主义"最大的不同在于制度支持程度的不同，中国传统的"民本主义"在实践中几乎没有任何制度进行支持，而中国当代的"以人为本"则有各种制度的全面支持，使"以人为本"不是一种临时性的策略。

（三）以人为本：对民本主义在实践层面的超越

在实践层面上，中国传统的"民本主义"在实践主体、实践范围和实践目的上都十分狭窄。而中国当代的"以人为本"无论是在实践的各个方面都体现对中国传统"民本主义"的超越。

1. 实践主体的超越

中国传统"民本主义"的实践主体是君主和官吏。民本思想强调"重民"、"爱民"、"惠民"、"富民"，但所能"重"、"爱"、"惠"、"富"民的人只有地位比民众高的人，只能是君主和官吏。因为在民本思想中，君主、官员是实践主体，民众只是"民本主义"实践的客体，重民的目的不是为了民的利益，而是为了巩固君主的统治。纵使一些贤明如孟子的思想家认为君主如果昏庸、残暴，人民可以起来推翻他们，但推翻了暴君、独夫，并不是要以人民的统治取而代之，而是要人民拥戴一个比较圣明的君主，使君主制度在"爱民"、"重民"的幌子下得以延续。

而当代"以人为本"的实践主体是最广泛的人民。"以人为本"的核心内容是重视人的主体地位，使人们从各种束缚中摆脱出来，确立人作为历史发展的主体地位，培养人的主体意识，弘扬人的主体性。因此，"以人为本"的实践主体是人民，"以人为本"强调在社会发展中以人民为实践主体，一切相信群众，一切依靠群众，一切为了群众，调动人民群众的积极性、主动性、创造性，使人的才能得到充分发挥。

---

① 参见虞崇胜：《以人为本：政治文明建设的出发点和最终归宿》，载《华中师范大学学报》（人文社会科学版），2004（5）。

2. 实践范围的超越

中国传统"民本主义"的实践范围是极狭窄的，仅仅是围绕着"民生"而进行的有限的活动，主要集中在国家赋税制度方面和鼓励农业生产方面。而"以人为本"的实践范围是极广泛的，可以说包括社会生活的所有方面。具体说来，至少包括以下几个方面：

（1）政治制度建设。民主制度是现代社会最先进的政治制度，也是社会主义的政治制度建设的要求。社会主义民主政治的本质就是人民当家做主，这体现了"以人为本"的要求。改革开放以来，伴随着社会主义民主政治的不断发展，人民群众的民主权利范围越来越广泛，权利也越来越多地得到了实现。但是由于种种原因，社会主义民主制度还不很健全，还不能实现广大人民群众最广泛的权利要求。因此，坚持"以人为本"不仅要在经济发展的基础上不断提高人民群众的物质文化生活水平，而且要为人民平等地享有政治、经济和文化权益提供制度保障，使广大劳动人民充分享有民主权利。只有坚持和不断发展社会主义民主政治，"以人为本"才能真正落到实处。

（2）经济制度建设。不断满足广大人民的物质生活的需求，是"以人为本"的应有之义。在这一点上，中国当代的"以人为本"与中国传统的"民本主义"有共通之处。物质利益不仅是保证"人"生存的重要条件，更是保证"人"发展的重要物质基础。中国当代的"人本主义"正是在为实现人的充分发展方面认识建设经济制度的重要意义的。现代中国社会在发展过程中充分认识到要实现这一任务，依赖于社会经济的发展，依赖于建立完善的社会主义市场经济体制。不仅如此，"以人为本"思想的实践还依赖于完善的分配制度、科学的税收制度、合理的财政金融制度等等。因此，当代中国正在不断探索社会主义制度和市场经济有机结合的途径和方式，努力建立、健全各项经济制度，为满足广大人民的物质利益提供最广泛、最全面的经济制度上的保证。

（3）法律制度建设。社会主义民主政治的本质就是人民当家做主，这是"以人为本"的根本要求。法治是社会主义民主建设的重要形式，是"以人为本"实践的法治保障。为加强社会主义法治建设，当代中国在以下几个方面正作出巨大的努力：1）树立社会主义的法治理念。树立依法治国的理念、执法为民的理念、公平正义的理念、服务大局的理念、党的领导的理念。2）加强社会主义法治要强化宪法的地位。要充分认识到《中华人民共和国宪法》是国家的根本法，是治国安邦的总章程，是保持国家统一、民族团结、经济发展、社会进步和长治久安的法制基础。3）加强社会主义法治建设要建立完善的法律体系。较为完善的法律体系应涵盖宪法及相关法、民商法、行政法、经济法、社会法、刑法、诉讼和非诉讼程序法等方面的具体内容。

（4）社会公共制度建设。建立、健全社会公共制度，尤其是建立完善的社会保障制度是"以人为本"思想的重要内容。因此，当代中国正在实践着建立最全面的社会保障制度，以切实地维护广大人民的利益。中国政府正在加快建设与经济发展水平相适应的社会保障体系，充实基本养老保险制度，健全失业保险制度，改革医疗保险制度，充实城市居民最低生活保障制度，这些制度对于保障广大人民的利益具有极其重要的意义。同时，中国政府正在努力建立现代国民教育体系和终身教育体系，以不断提高广大人民的素质，促进广大人民的精神发展。中国政府还在大力提高卫生保障制度，以提高对广大人民身体健康的程度。

3. 实践目的：构建和谐社会

中国传统的"民本主义"的实践目的从根本意义上来说是为了巩固君主权威，建立良好的统治秩序。而中国当代的"以人为本"则是要实现人的全面、充分发展。在实践目的上，中国当代的"以人为本"比中国传统的"民本主义"具有根本的差别。

当代中国"以人为本"的实践目标就是要构建和谐社会。和谐社会就是全体人民各尽其能、各得其所而又和谐相处的社会，用社会学的术语来表达就是良性运行和协调发展的社会，即建立一个民主法治的、公平正义的、诚信友爱的、充满活力的、安定有序的、人与自然和谐相处的社会。

可见，在实践目的上，中国当代的"以人为本"与中国传统的"民本主义"存在着根本的不同。毫无疑问，从实践目的上来说，中国当代的"以人为本"在一定程度上体现了人类发展的远景，比中国传统的"民本主义"更具有深远的意义。

总之，中国当代的"以人为本"的思想与中国传统的"民本主义"在内容上虽然的共通之处，可以说"以人为本"是中国传统的"民本主义"的发展。但是，"以人为本"与"民本主义"有着质的区别，它既体现了两种社会形态、社会制度的不同，更体现了实践目的方面的深层次区别。

三、以人为本的社会发展观

2007 年 10 月 15 日召开的中国共产党第十七次全国代表大会，全面提出了"科学发展观"的理论。胡锦涛同志在党的十七大报告中明确说：科学发展观，第一要义是发展，核心是以人为本，基本要求是全面协调可持续，根本方法是统筹兼顾。必须坚持以人为本。全心全意为人民服务是党的根本宗旨，党的一切奋斗和工作都是为了造福人民。要始终把实现好、维护好、发展好最广大人民的根本利益作为党和国家一切工作的出发点和落脚点，尊重人民主体地位，发挥人民首创精神，保障人民各项权益，走共同富裕道路，促进人的全面发展，做到发展为了人民、发展依靠人民、发展成果由人民共享。① 从而，以"以人为本"为核心的科学发展观成为中国共产党在新的历史条件下又一次重大理论创新。"以人为本"为核心的科学发展观是中国传统"民本主义"的又一次超越，为当代中国社会的发展明确指明了方向。

（一）"以人为本"的科学发展观与政治制度建设

"以人为本"，从政治上说就是要把人民放在本位，让人民成为我们这个社会主义国家真正的主人，人民当家做主。作为一种发展观，在政治制度的建设上就是要建立、健全各项政治制度，以实现人民当家做主的目标。

在政治制度建设中要继续推进政治体制改革。为了贯彻落实科学发展观，在政治体制发展中，党中央强调指出：要扩大社会主义民主，加强社会主义法制建设；要树立"立党为公、执政为民"，"权为民所用、情为民所系、利为民所谋"，"政府的一切权力都是人民赋予的，必须对人民负责，为人民谋利益，接受人民监督"的执政理念；要建立法治政府，要尊重和保障广大人民的权利，包括公民的政治、经济、文化权利；要加强政治文明建设、加强

---

① 参见胡锦涛：《党的十七大上的报告》，http://news.xinhuanet.com/newscenter/2007-10/24/content_6938568_11.htm。

党的执政能力建设。所有这一切，都是为了通过政治体制改革，完善和健全上层建筑，不断调整、完善国家政权对于社会、经济、政治、文化的管理、协调、公共服务功能，更好地促进社会生产力的发展，更好地开发社会主义社会的发展动力。

在政治制度建设中要加强社会主义民主的建设。社会主义民主是建立在生产资料公有制基础上并为广大人民群众服务的，是绝大多数劳动者的民主，是真实的民主。它客观上要求并保障广大人民群众参加国家事务和经济管理，以充分发挥人民群众当家做主的政治积极性。因而，应当不断完善人民代表大会制度、中国共产党领导的多党合作和政治协商制度以及民族区域自治制度等具有中国特色的社会主义民主制度，才能发展社会主义民主政治，才能真正使国家的方针政策体现出广大人民群众的利益，促进经济社会全面、协调、可持续发展。

"以人为本"的科学发展观首先在政治制度上提出了明确的要求，即要求不断进行政治体制的改革，加强社会主义民主制度的建设，以真正实现人民当家做主的目标。

(二)"以人为本"的科学发展观与经济制度建设

从 1986 年到 2004 年，在这近二十年的光阴里，中国的改革开放形势发生了翻天覆地的变化，经济市场化了，市场主体多元化了，经济成分多元化了，利益多元化了，对外开放化了，经济国际化了。同时我们也应看到，我国社会生产力原来极其落后，人口众多，底子很薄，发展不平衡，经过二十多年的快速发展，又增加了一些新的不平衡。同时，长期以来，由于种种原因，我国在社会发展问题上，也是以物为中心，在一定程度上对属于人身属性的"人本身"的发展不够重视。

因此，"以人为本"的经济发展观要求我们首先要转变观念，即要树立一切生产都要以满足人的需要为目的的思想，无论从什么时间来说，搞经济建设、搞生产建设，它的终极目的都是为了满足人的需要。要树立经济可持续的、健康发展的观念。要树立不断解放和发展生产力，为社会全面进步和人的全面发展提供物质基础的观念。

在具体经济制度的建设上，"以人为本"的科学发展观提出了具体的要求：其一，必须要坚持城乡经济的协调发展。要充分认识到农业是国民经济的基础，没有农村、农业的现代化，就不可能有全国的现代化。要统筹城乡经济社会发展的进程，逐步改变城乡二元经济结构，促进城乡经济的一体化发展。其二，坚持区域协调发展。改革开放以来，中国各个地区都有了很大的发展，但地区之间发展的差距也在不断扩大。但是，不同地区经济的协调发展是中国实现经济现代化的前提，它不仅关系到中国经济现代化的全局，也关系中国的长期社会稳定和国家的长治久安。因此，要统筹区域发展，要发挥各个地区的经济优势和发展的积极性，逐步扭转地区差距扩大的趋势，实现全国各个地区经济的共同发展。其三，要坚持经济与社会的协调发展。我们必须清楚地认识经济发展与社会发展之间的关系。要认识到经济发展是社会发展的前提和基础，也是社会发展的保证；社会发展不仅是经济发展的目的，也可以为经济发展提供精神动力、智力支持和其他必要条件。我们必须按照科学发展观的要求，在大力推进经济发展的同时，更加注重加快社会发展。其四，要坚持人与自然和谐发展。自然环境是人类的生存空间，人类只有与自然和谐相处才能获得长久的发展。我国人口众多，资源相对不足，生态环境承载能力弱，这就要更加重视人与自然的和谐发展。因此，要协调好人与自然和谐发展，处理好经济建设、人口增长与资源利用、生态环境保护的关系，使中国的发展走上生产发展、生活富裕、生态良好的发展道路。

总之，"以人为本"的经济发展观要求我们牢固树立全面发展思想，不断促进经济发展，使人民生活更加富裕，生活更加美好。

（三）"以人为本"的科学发展观与法治建设

改革开放以来的三十多年，我国制定了新宪法和400多部法律，800多部行政法规，各类法律机构和制度不断完善，为实行法治奠定了良好的基础。但是这些法律的内容和实施中还存在着各种问题，与建设"以人为本"的和谐社会的法治要求还有很大的距离。因此，在社会主义法治建设中还需要艰苦努力，加强建设。

首先，要树立社会主义法治理念。树立社会主义法治理念最重要的是树立依法治国的理念，这是社会主义法治的核心内容。在具体工作中，要以邓小平理论和"三个代表"重要思想为指导，把维护广大人民的根本利益作为政法工作的根本出发点和落脚点，在政法工作中真正做到以人为本、执法为民，切实保障人民群众的合法权益。要树立公平正义的理念，这是社会主义法治理念的价值追求。公平正义是政法工作的生命线，是社会主义法治的首要目标。要树立党的领导的理念，这是社会主义法治的根本保证。要将坚持党的领导和维护社会主义法治统一起来，把贯彻落实党的路线方针政策和严格执法统一起来，把加强和改进党对政法工作的领导与保障司法机关依法独立行使职权统一起来，始终坚持正确的政治立场，忠实履行党和人民赋予的神圣使命。要树立执法为民的理念，这是社会主义法治的本质要求。政法机关和政法干警必须提高法律素养，增强法制观念，坚持严格执法，模范遵守法律，自觉接受监督，时时处处注意维护法律的权威和尊严。政法干警必须秉公执法、维护公益、摒弃邪恶、弘扬正气、克服己欲、排除私利，坚持合法合理原则、平等对待原则、及时高效原则、程序公正原则，以全面维护社会公平和正义。

其次，要建立完善的法律体系。应当从宪法及相关法律、民商法律、行政法律、经济法律、社会法律、刑事法律、诉讼法律和非诉讼程序法律等方面建设完善的法律体系。在设计部门法时，一定做到使公法与私法、国家法与社会法、实体法与程序法等协调发展。要强调法律体系的完善、协调与和谐，以保证有法可循、有法可依。

再次，要加强执法工作。要在执法思想上树立人民至上、法律至上的观念。必须端正执法思想，把维护广大人民群众根本利益作为执法工作的根本点，坚决革除特权思想。坚决杜绝执法恶习，肃清为地方利益、单位利益、小团体利益、个人利益和经济利益对执法工作的影响。要牢固树立法律至上的思想，在执法时必须受法律的约束和控制，切实严格依法办事。要针对执法的范围、内容、方式、特点，建立完善科学、缜密、严谨的执法规范，以规范执法行为、执法责任、执法资格、执法程度和执法环节，防止执法的随意性。

最后，要加强司法工作。要牢固确立司法为民的思想，司法的核心在公正，司法的关键在"为民"。要正确认识司法权的本质特征，处理好严格执法与热情服务的关系。检验司法为民的最重要标准就是是否做到了司法公正，是否实现了法律效果和社会效果的统一。在具体工作中：其一，要切实做到司法保民。这是司法工作根本的价值取向，是司法为民的核心内容。这要求司法机关在司法活动中要依法公正、及时地保护各类诉讼主体的合法权益；要通过依法严厉打击严重刑事犯罪分子，确保人民群众的生命财产安全；要进一步加强刑事司法领域的人权保护，保障被告人依法行使辩护权、质证权、辩论权和最后陈述权。其二，要切实做到司法亲民。司法亲民是司法为民的内在品质。要在感情上贴近人民群众，将人文关怀渗透到严谨的审判活动中，体现在诉讼的整个过程和每一环节，表现在司法人员的司法活动和日常举止之中，通过公正、高效、文明的司法活动，为广大人民群众诚心诚意办实事，为当事人尽心竭力解难事，为法制建设坚持不懈做好事，用优良的作风去公正司法，用正确的司法导向来体现民意，让人民群众真正感受到司法工作者的可亲、可敬。其三，要切实做到司法便民。司法便民是司法为民的基本要求。要不断推出司法为民的举措，努力提高司法效益，推进司法文明，彰显司法的人文关怀，凸显司法的保障功能。其四，要切实做到司法安民。司法安民是对司法工作效果的要求。要通过司法工作达到平息纠纷、真正解决各类矛盾的目的。要不断完善诉讼调解制度，提高司法人员化解矛盾、解决纷争的能力和水平；要加强人民调解制度的建设，把人民调解、社会调解和诉讼制度紧密结合起来，发展多元的解决社会矛盾纠纷的机制。其五，要切实做到司法得民。司法得民是司法为民的应有之义。要运用多种方法坚持打击违法犯罪，保护广大人民的合法利益，不断提高司法工作的质量和效率，增强司法公信度，使司法工作获得广大人民群众的支持。

（四）以人为本与社会保障制度的建设

建立和完善社会保障制度是建设"以人为本"的科学发展观的必然要求。我们应当立足中国基本国情，继续坚持"广覆盖、保基本、多层次、可持续"的指导方针，努力构建中国特色社会保障体系。[①]

党的十七大报告明确指出：要以社会保险、社会救助、社会福利为基础，以基本养老、基本医疗、最低生活保障制度为重点，以慈善事业、商业保险为补充，加快完善社会保障体系。促进企业、机关、事业单位基本养老保险制度改革，探索建立农村养老保险制度。全面推进城镇职工基本医疗保险、城镇居民基本医疗保险、新型农村合作医疗制度建设。完善城乡居民最低生活保障制度，逐步提高保障水平。完善失业、工伤、生育保险制度。提高统筹层次，制定全国统一的社会保险关系转续办法。采取多种方式充实社会保障基金，加强基金监管，实现保值增值。健全社会救助体系。做好优抚安置工作。发扬人道主义精神，发展残疾人事业。加强老龄工作。强化防灾减灾工作。健全廉租住房制度，加快解决城市低收入家庭住房困难。

党的十七大报告不仅为全面建立、健全社会保障制度确定了方向，也指明了工作的重点，使社会保障制度建设的目标更加明确。

诚然，"以人为本"的科学发展观的内涵远不止上述这四个方面，还包括其他很多方面，诸如道德、文化、教育、卫生、科技等方面的发展。只要我们坚持"以人为本"的科学发展观，就能真正实现对中国传统"民本主义"的历史超越，实现"民主法治、公平正义、诚信友爱、充满活力、安定有序、人与自然和谐相处"的社会主义和谐社会。

从中国传统"民本主义"的诞生到"以人为本"的科学发展观的提出，历史经历了两千多年的发展，历史已经证明中国传统的"民本主义"所起到的作用，也证明了其所存在的局限。历史还将证明，"以人为本"的科学发展观是在"民本主义"基础上的新飞跃，它将使中国未来的发展获得更强的动力，它也能使中国得到前所未有的发展。

---

① 参见张德江：《以人为本，加快完善中国特色社会保障体系》，中国新闻网（http://www.chinanews.com.cn/gn/news/2008/11-07/1441925.shtml），访问日期：2009-03-24。

第三章

传统仁政思想与执政能力建设

第一节
中国传统"仁政"思想的发展走向

"仁政"思想是我国古代重要的政治法律思想之一,是中华制度文明最宝贵的精神财富。英国著名史学家汤因比曾经这样评价"仁政"思想:"就中国人来说,几千年来,比世界上任何民族都成功地把几亿民众,从政治文化上团结起来。他们显示这种政治文化的本领,具有无与伦比的成功经验。"① "仁政"思想始源于西周时期"皇天无亲,惟德是辅","民心无常,惟惠之怀"② 的重德保民思想,后经儒家创始人孔子的系列阐述,经孟子"仁政"思想的系统化、理论化,使之正式成为我国古代社会最受推崇的治政思想。

一、孔子"为政以德"的仁政思想:中国传统"仁政"思想的肇始

从"三皇五帝"到夏商周,中国古代文化经历了的漫长的历史开端。在尧、舜、禹时代,"禅让制"得以确立,统治者可谓"贤圣",社会秩序运行有序。尧"钦明文思,安安,允恭克让,光被四表,格于上下。克明俊德,以亲九族;九族既睦,平章百姓;百姓昭明,协和万邦;黎民于变时雍"③。民安国祚被认为是上古时代政治清明的表现。

在孔子思想学说中,"仁"始终是最核心的内容与价值标准。《论语》中提到次数最多的便是"仁"。仁的内涵极为丰富,有爱人("仁者,爱人")、有诚实("里仁为美")、孝悌("孝悌也者,其为仁之本与")、忠恕("夫子之道,忠恕而已矣")、智("知者不惑,仁者不忧")、勇("仁者必有勇")、恭宽信敏惠("子张问仁于孔子。孔子曰:'能行五者于天下,为仁矣。'请问之。曰:'恭宽信敏惠。恭则不侮,宽则得众,信则人任焉,敏则有功,惠则足以使人。'")、刚毅木讷("刚毅木讷,近仁")等多重意义,总之,"仁者,人也"。仁是人之所以成为仁的品德与素质。

---

① [英]汤因比:《展望二十一世纪》,294 页,北京,国际文化出版公司,1985。
② 《尚书·蔡仲之命》。
③ 《尚书·尧典》。

由"仁"扩展开去的，一是与礼相关联的道德规范，另一是与政相关系的政治治理方面，即孔子思想体系中"为政以德"的政治学说。"为德以政"就是以仁德的精神施政，以达仁德之政。

如何修养仁德，属于为政者主体自身的行为，而如何使仁德外化，以成就仁德之政则关系到君对民的具体的执政行为，综观《论语》，孔子的仁德之政可以体现在以下的理念中。

其一，富民教民。《论语》记载，孔子由弟子冉有陪同到卫国去，看到卫国土地肥沃，人口密集，他称赞道："庶矣哉！"冉有问："既庶矣，又何加焉？"孔子回答说："富之。"冉有又问："既富矣，又何加焉？"孔子答道："教之。"① 物质资料是人民生活的基本需要，又是国家富强的物质基础。治国者的首务在于重视生产，富民裕民，使人民有好生活。然而，人之所以为人，不仅需要衣食富足，而且应该文明有礼。只有既富且教，国民才会仁德有礼，国家才能成为有道之邦。这是仁德之政的社会基础。

其二，节用爱民。孔子说："道千乘之国，敬事而信，节用而爱人，使民以时。"② 治理国家，必须严取信于民，节约费用，爱护人民。

其三，重教轻罚。治国理民有教育和刑罚两种方法。这两种方法必须用之有度，以教为主。"政宽则民慢，慢则纠之以猛；猛则民残，残则施之以宽；宽以济猛，猛以济宽，政是以和。"③ 反对不教而杀："不教而杀谓之虐，不戒视成谓之暴，慢令致期谓之贼。"④ 理想的治理模式应该是："道之以政，齐之以刑，民免而无耻；道之以德，齐之以礼，有耻且格。"⑤

其四，举贤远佞。孔子非常重视治国人才，主张治国要重用贤才而远黜佞人。他认为，"举直错诸枉，则民服；举枉错诸直，则民不服。"⑥ 佞人枉殆，用以治国，国民不服，国必衰败。贤才德能，举以治国，国民信服，其国必治。

孔子学说的主要集中点在"为人之道"，仁政思想只是他阐释仁德之精神的外化体现，而进一步发展与丰富仁政思想，并使之系统化为一种政治制度的是孟子。

二、孟子的"仁政"思想体系：中国传统"仁政"思想的全面形成

孟子生活于战国时期，战乱频仍，"民之憔悴于虐政，未有不甚于此时者也"⑦。孟子有鉴当时普遍存在的"虐政"和"暴政"，以孔子继承人自任，继承和创造性地发展了孔子的"仁"学观，鼓吹效法先王，主张实行"仁政"、"王道"。

从《孟子》的内容来看，孟子构建的"仁政"主要包括以下几个方面的内容：

（一）仁政的哲学基础：以不忍人之心，行不忍人之政

人性问题，是中国先秦时期思想家们所经常探讨的中心问题之一。孟子在历史上第一次从理论的高度提出了人性问题，认为人性本善。孟子主张性善论，并将其作为自己伦理观和

---

① 《论语·子路》。
② 《论语·学而》。
③ 《左传·昭公二十年》。
④ 《论语·尧曰》。
⑤ 《论语·为政》。
⑥ 《论语·为政》。
⑦ 《孟子·公孙丑上》。

政治思想的哲学基础。孟子从性本善出发，探讨了仁政和善性之间的关系。他认为，仁政来源于统治者的善性，并最后与庶民的善性相契合，因而能得民心。而暴政违反人之善性，因而不与民之性合，必然失去民心。失民心者必然失天下。所以，只有推行仁政才能良治天下。在孟子看来，历史上能够良治天下的君主，都是实行仁政的君主，而这种仁政来源于先王的不忍人的善心善性。他因此指出：“人皆有不忍人之心。先王有不忍人之心，斯有不忍人之政矣。以不忍人之心，行不忍人之政，治天下可运之掌上。”① 可见不忍之人之（善）心，是“仁政”的出发点，推行“仁政”也是人的善性的必然发展要求。

（二）仁政的政治基础

1. 以民为本，忧乐随民

孟子“仁政”学说精髓之一就是“民本”思想，这也是他“仁政”学说的理论基础之一。孟子将人民列入诸侯国君的三宝之一：“诸侯之宝三：土地、人民、政事。宝珠玉者，殃必及身。”② 在此基础上，他进一步提出“民贵君轻”的观点：“民为贵，社稷次之，君为轻。是故得乎丘民而为天子，得乎天子为诸侯，得乎诸侯为大夫。”③ 确立了民在国家中的主体地位后，孟子进而指出，人民有制约君王的权利，君主如果违反国家利益，可以将之推翻；社稷不能够使人得福获益，人民可以放弃对它的信仰，不去祭祀它。

以民为本，君主与民要共忧患同欢乐。“乐民之乐者，民亦乐其乐；忧民之忧者，民亦忧其忧。乐以天下，忧以天下，然而不王者，未之有也。”④ 只要君主能够与民众共忧共乐，就必然能够称王于天下。所谓忧乐随民，即是言君主按照人民的意愿行事，以民意为执政之本，就是“所欲与之聚之，所恶勿施”⑤。孟子对人民的所欲与所恶做了详细的说明。在孟子看来，民之所欲莫过于恒产，莫过于菽粟；而民之所恶莫过于残暴的杀戮、沉重的税敛。谁能够把人民希望得到的施之于民，把人民厌恶的革除殆尽，谁就能得到人民的拥戴，“民归之，犹水之就下”，浩浩荡荡没有任何人能阻挡得住。

2. 以德服人，得道者多助，失道者寡助

在战国时期，以强凌弱的兼并战争此起彼伏，给人民带来无尽的灾难。孟子对试图以力服人的霸道严加斥责。当梁惠王“以土地之故，糜烂其民而战之”⑥，为兼并战争辩护时，孟子直接斥之为“不仁”；对那些自诩能够“约与国、战必克”，“善为陈”、“善为战”的人，孟子视之为“民贼”，谴责他们犯了大罪。在孟子看来，发动兼并战争简直就是“率土地而食人，罪不容于死”，所以他呼吁要对“善战者服上刑”⑦。孟子反对以力服人的得民，而认为真正的得民是得民心，而得民心的唯一办法是施行仁政，以德服人。孟子说：“得道者多助，失道者寡助。寡助之至，亲戚畔之；多助之至，天下顺之。以天下之所顺，攻亲戚之所

---

① 《孟子·公孙丑上》。
② 《孟子·尽心下》。
③ 《孟子·尽心下》。
④ 《孟子·梁惠王下》。
⑤ 《孟子·离娄上》。
⑥ 《孟子·尽心下》。
⑦ 《孟子·离娄上》。

畔，故君子有不战，战必胜矣。"① 决定战争胜利与否的根本因素在于民心的向背，只有得道者才能够使天下顺之，而天下之所顺的仁义之师是战无不胜的。"得道"，就是实行"仁政"。若实行了"仁政"，"四海之内皆举首而望之，欲以为君"②。

（三）仁政的经济基础：制民之产，轻徭薄赋，使民以时

实施仁政的经济手段首先是"制民之产"。孟子认为，一个国君如果要想能够得到民众的普遍拥护，就必须使他们能够有固定的产业，能够过上安定富足的生活。在战国时期，群雄争霸，战火频繁，整个社会动荡不安，民众的生活毫无保障，"仰不足以事父母，俯不足以畜妻子；乐岁终身苦，凶年不免于死亡"。当灾害或战争来临，民众则要"老弱转乎沟壑，壮者散而之四方"，"父母冻饿，兄弟妻子离散"③。与民众相比，各国的君主"庖有肥肉，厩有肥马"，过着奢靡的生活。如此的反差，想得到民心是绝不可能的。孟子指出，"有恒产者有恒心，无恒产者无恒心。苟无恒心，放辟邪侈，无不为己"。人民只有有了固定的产业，才会有安分守己之心；如果没有固定的产业，则民心思乱，铤而走险，危及封建王朝的安全。有鉴于此，贤明的君主首先要"制民之产"，使民众能够"仰足以事父母，俯足以畜妻子，乐岁终身饱，凶年免于死亡。然后驱而之善，故民之从之也轻"④。孟子描绘了一幅有产之民众安居乐业的图景："五亩之宅，树之以桑，五十者可以衣帛矣。鸡豚狗彘之畜，无失其时，七十者可以食肉矣。百亩之田，勿夺其时，八口之家可以无饥矣。谨庠序之数，申之以孝悌之义，颁白者不负戴于道路矣。七十者衣帛食肉，黎民不饥不寒，然而不王者，未之有也。"⑤

如果说"恒产"只是从制度上保证了民众拥有必要的生产资料和生活资料，避免了被剥削以及被兼并的危险的话，轻徭薄赋、使民以时，则是维持民众生产活动与日常生活的主要经济规范与措施。战国时代赋税、徭役繁多，沉重不堪，有布缕之征、粟米之征、力役之征等，民不堪其负，"君子用其一，缓其二。用其二而民有殍，用其三而父子离"⑥。孟子将横征暴敛之徒斥之为"率兽而食人"，是以政杀人。为此，孟子在仁政中明确规定了"省刑罚、薄税敛"⑦，"易其田畴，薄其税敛"⑧ 等内容。即使是商业活动，孟子认为也要减免关卡和市场的税收。明确规定了"关市讥而不征"等内容。

鉴于农业生产的季节性，孟子认为，国家还要重视发展多样化的农业生产，保护生产力，做到不失时机地、有计划地安排多种生产活动，"不违农时，谷不可胜食也。数罟不入洿池，鱼鳖不可胜食也。斧斤以时入山林，材木不可胜用也。谷与鱼鳖不可胜食，材木不可胜用，是使民养生丧死无憾也。养生丧死无憾，王道之始也。"⑨

---

① 《孟子·公孙丑下》。
② 《孟子·滕文公下》。
③ 《孟子·梁惠王下》。
④ 《孟子·梁惠王上》。
⑤ 《孟子·梁惠王上》。
⑥ 《孟子·尽心下》。
⑦ 《孟子·梁惠王上》。
⑧ 《孟子·尽心上》。
⑨ 《孟子·梁惠王上》。

（四）仁政的教育基础：兴办学校，实施人伦道德教育

孟子说："善政不如善教之得民也。善政，民畏之；善教，民爱之。善政得民财，善教得民心。"① 好的政治措施不如好的教育更能得到人民的理解。善政只能使人民敬畏，善教才能使人民喜爱。善政可以满足人民的物质财富需求，善教满足人民的精神文化需求。孟子强调教育，但他提倡的教育内容主要是道德礼仪："谨庠序之教，申之以孝悌之义，颁白者不负戴于道路矣。"②"设为庠序学校以教之。庠者，养也；校者，教也；序者，射也。夏曰校，殷曰序，周曰庠；学则三代共之，皆所以明人伦也。"③

庠序是殷周时代对百姓子弟施以教育的学校。孟子要求在学校中施以人伦道德教育。"人伦"是人与人之间的各种道德关系以及相关的行为标准。孟子人伦观的内容是："父子有亲，君臣有义，夫妇有别，长幼有序，朋友有信。"④ 对于人民，明人伦的具体要求是让他们懂得孝悌忠信的道理。孟子认为，青年们在劳动之余，"以暇日修其孝悌忠信"，就能够"入以事其父兄，出以事其长上"⑤。在家做孝顺父母敬爱兄长的子弟，出门则是忠于君主的臣民。这样不仅可以有效地防止"放辟邪侈，无不为己"的社会动乱，而且百姓们也愿意忠心耿耿地为君主效力。

三、孟子以后的"仁政"思想：中国传统"仁政"思想的完善

在孟子系统地阐释仁政思想的体系后，历代思想家不断丰富发展这一理论，其中有代表性的有贾谊、朱熹、黄宗羲等。他们既保持了仁政思想内在价值，又注入了诸多时代的特征。

（一）贾谊的"仁政"思想

贾谊（前200—前168），西汉初年的政治家、哲学家、文学家。河南洛阳人。年少时即以文章著称，二十余岁被征召为博士，后升为太中大夫。政治上，他提出改易服色、定官名、兴礼乐等主张。后因权臣不满，遭谤被贬为长沙王太傅。公元前173年被召回长安，任梁怀王太傅。怀王坠马而死，贾谊自伤失职，抑郁悲泣而亡，年仅三十三岁。

贾谊在吸取前人思想、总结秦朝灭亡的教训以及分析现实社会矛盾的基础之上，着重阐发了"以民为本"的仁政思想。贾谊把施行仁政与兴礼乐、行教化结合起来，提倡有为的统治之术以顺应历史的发展。具体来说，贾谊的"仁政"思想主要内容体现在以下三个方面：

1. 民无不以为本

贾谊认为：

> 闻之于政也，民无不为本也。国以为本，君以为本，吏以为本。故国以民为安危，君以民为威侮，吏以民为贵贱。此之谓民无不为本也。闻之于政也，民无不为命也。国以为命，君以为命，吏以为命。故国以民为存亡，君以民为盲明，吏以民为贤不肖。此之谓民无不为命也。闻之于政也，民无不为功也。故国以为功，君以为功，吏以为功。

---

① 《孟子·尽心上》。
② 《孟子·梁惠王上》。
③ 《孟子·滕文公上》。
④ 《孟子·滕文公上》。
⑤ 《孟子·梁惠王上》。

国以民为兴坏，君以民为强弱，吏以民为能不能。此之谓民无不为功也。闻之于政也，民无不为力也。故国以为力，君以为力，吏以为力。①

这里表达了民本思想的总纲。在孟子民本思想中，虽然民众是国家和君主执政的基础，但各级官员则以其上级官吏为执政目标，所以孟子有"得乎丘民而为天子，得乎天子为诸侯，得乎诸侯为大夫"之说。这一观点削弱了民众在国家政治中的地位，有可能造成"最高首长是民之公仆，各级官员是首长公仆的局面"。

贾谊全面拓展并丰富了孟子的民本思想，他从本、命、功、力四个方面，每个方面又以国、君、吏三个视角，对"民者万世之本"思想作了全方位透视，并作了具体论述。民不但是国、君、吏之本，也是他们之命脉，也是他们成就功业的唯一目标，国之存亡、君之贤明、吏之贤不肖，其评判的标准也在于民众。为什么民是国、君、吏之本？贾谊进行了全面的论证：第一，民在人口中占绝大多数，力量最大。他说："民者，大族也，民不可不畏也。""民者，多力而不可适（敌）也。""与民为敌者，民必胜之。"② 第二，民是国家不可变易的基础。他说："王者有易政而无易国，有易吏而无易民。"③ 第三，民是物质财富的生产者。他说："一夫不耕，或为之饥，一妇不织，或为之寒。"④在任何时候、任何地方，民都是"国家之所树而诸侯之本。"⑤ 以民为本，社会就会安定，政权就会巩固，君主和官吏就可以有所作为，否则将一事无成。他还告诫统治者，绝不可以与民为敌："故自古至于今，与民为仇者，有迟有速，而民必胜。……故夫士民者，国家之所树而诸侯之本也，不可轻也。呜呼！轻本不祥，实为身殃。戒之哉！戒之哉！"⑥

为了落实民为万世之本这一"大政"，贾谊主张采取一系列措施。在政治上，除了"敬士爱民"、"约法省刑"外，最根本的是要以"民意"选择官吏，以"民利"评判官吏。贾谊认为，官吏是君主治国的助手，官吏选得如何，直接关系到国家盛衰。要选择出良吏的根本方法是让民众参与："明上选吏焉，必使民与焉。"做到"民誉而举之，民苦而去之"，"王者取吏不妄，必使民唱，然后和之"。评判官吏也要以民之好恶为标准："民者，吏之程也，察吏与民，然后随之。"⑦ 即以民意为评判官吏的标准，根据民之利害、好恶，对官吏或任用或查办。贾谊说："为人臣者，以富乐民为功，以贫苦民为罪。故君以知贤为明，吏以爱民为忠。故臣忠则君明，此之谓圣王。"⑧

2. 爱民、富民、教民

贾谊看到了民对君主、国家的重要性，并以此为根据，提出了一套具体而且比较系统的以民为核心的政策，即爱民、富民、教民。

爱民。在《修政语》下篇中，贾谊通过周成王与鬻子的对话表明了自己对行仁政的见

---

① 《新书·大政上》。
② 《新书·大政上》。
③ 《新书·大政下》。
④ 《新书·无蓄》。
⑤ 《新书·大政上》。
⑥ 《新书·大政上》。
⑦ 《新书·大政下》。
⑧ 《新书·大政上》。

解。"周成王曰:'敢问于治国之道若何?'鬻子对曰:'……治国之道,上忠于主,而中敬其士,而下爱其民。'"① 治国之道,在于任用贤士、忠信爱民。那么怎样做才是爱民呢?贾谊认为爱民首先就是要求君主在内心之中对百姓有责任感,忧民之忧、乐民之乐。"故夫民者,弗爱则弗附。"② 如果君主不爱惜民众,民就不会真心归附他。"夫忧民之忧者,民必忧其忧;乐民之乐者,民亦乐其乐。与士民若此者,受天之福矣。"③ 君主只有在内心里真正认识到民之忧乐与自己息息相关,才能受到民众的爱戴和拥护。在《修政语上》篇中,贾谊引用帝尧的话来说明何以忧民之忧:"帝尧曰:'吾存心于先古,加志于穷民,痛万姓之罹罪,忧众生之不遂也。'故一民或饥,曰此我饥之也;一民或寒,曰此我寒之也;一民有罪,曰此我陷之也。"在《谕诚》篇中,他列举了楚昭王衣寒赈饥和汤去网之三面的例子说明昭王与成汤之受民众拥戴,皆在于他们想民之所想,爱民如己。贾谊通过对历史问题的论述,表明统治者若想维护和巩固自己的统治,就要得到民众的拥护。

富民。贾谊认为,爱民应该落实到给人民以物质利益,利民、惠民,做到"与民以福"、"与民以财"。因为民众只有在物质生活有了保障之后,才不会做奸邪之事,才能够接受教化。他十分赞同管仲关于物质精神关系的论述:"管子曰:'仓廪实,知礼节;衣食足,知荣辱。'民非足也,而可治之者,自古及今,未之尝闻。"④ 贾谊因此而提出了一套重本抑末的具体富民政策。如,以农业为本,驱民归农;注重积贮,增强国家的实力,应付突发的危机;禁止私铸等。

教民。贾谊也重视对民众的教化。在《大政下》中,他明确指出:"夫民者,诸侯之本也;教者,政之本也;道者,教之本也。有道,然后有教也;有教,然后政治也。政治,然后民劝之;民劝之,然后国丰富也。故国丰且富,然后君乐也。"通过教化民众才能治理好国家,国家才会富足。教化的内容则是儒家的礼乐思想,因为礼乐教化具有防微杜渐、潜移默化的巨大作用。贾谊认为国家中应该置"大相"这个官职专司教化,"大相"要做到"正身行,广教化,修礼乐,以美风俗"⑤。"教顺而必则令行"⑥ 施行教化并且要坚决果断,政令就能够推行。

3. 慎用刑罚

在《过秦论》中,贾谊回顾史实,总结秦朝灭亡的教训,认为秦朝灭亡的一个重要原因就是繁刑严诛、以法为教。因此他劝诫西汉的统治者要慎用刑罚,做到"虚囹圄而免刑戮,去收孥污秽之罪";"发仓廪,散财币,以振孤独穷困之士;轻赋少事,以佐百姓之急;约法省刑,以持其后",否则"繁刑严诛,吏治刻深"就会引起民变,导致危及政权。

首先,贾谊从民本主义思想出发,认为法令刑罚不能作为治理国家的根本指导思想。刑和法的存在有其必要性,但刑、法是末而不是本,本是仁义礼乐。贾谊批评"礼义之不如法令、教化之不如刑罚"的观点说:"夫天下,大器也。今人之置器,置诸安处则安,置诸危

---

① 《新书·修政语下》。
② 《新书·大政下》。
③ 《新书·礼》。
④ 《新书·无蓄》。
⑤ 《新书·辅佐》。
⑥ 《新书·道术》。

处则危。天下之情与器亡以异，在天子之所置之。汤武置天下于仁义礼乐，而德泽洽，禽兽草木广裕，德被蛮貊四夷，累子孙数十世，此天下所共闻也。秦王置天下于法令刑罚，德泽亡一有，而怨毒盈于世，民憎恶之如仇雠，祸几及身，子孙诛绝，此天下之所共见也。是非其明效大验邪！"[①] 如果统治者能够使本末得当，这对巩固统治是极有功效的。

其次，要诛赏慎行。贾谊举了梁有疑狱的例子：梁国有一件难以判定的案子，有关官员一半主张判罪，一半主张不判罪，梁王也感到疑惑不能决断。于是请来了陶朱公并向他询问。陶朱公回答说，我见识短浅，不懂断案。可是我家有两块白色璧玉，他们的色泽、大小都差不多，但一块值一千金，一块值五百金。梁王问其原因，陶朱公答因为其中一块的厚度是另一块的两倍，所以值千金。梁王很是称赞，于是实行狱疑从去、赏疑从予的政策。因此，贾谊发表自己的观点说："墙薄咫亟坏，缯薄咫亟裂，器薄咫亟毁，酒薄咫亟酸。夫薄而可以旷日持久者，殆未有也。故有国畜民施政教者，臣窃以为厚之而可耳。"[②] 治理国家、统治民众、实施教化的人应具有仁厚的品质。"诛赏之慎焉，故与其杀不辜也，宁失于有罪也。故夫罪也者，疑则附之去已；夫功也者，疑则附之与已。则此毋有无罪而见诛，毋有有功而无赏者矣。戒之哉！戒之哉！诛赏之慎焉，故古之立刑也，以禁不肖，以起殆惰之民也。是以一罪疑则弗遂诛也，故不肖得改也；故一功疑则必弗倍也，故愚民可劝也。是以上有仁誉而下有治名。疑罪从去，仁也；疑功从予，信也。"[③]

贾谊的仁政思想有着浓厚的民本主义色彩，这有利于汉代的统治着吸取前朝的教训，巩固政权，也有利于民众的生活的到一定程度的改善。[④]

（二）朱熹的"仁政"思想

朱熹（1130—1200），字元晦，号晦庵。宋代著名哲学家。十九岁中进士，曾任泉州同安县主簿，充焕章阁待制兼侍讲。一生大部分时间从事讲学与著述。朱熹的仁政思想的特点主要体现在以下几个方面：

1. "为政以德"

朱熹继承了孔孟德治思想，释"政"为"正"，"政之为言正也。所以正人之不正也"[⑤]。"不正"就是有"私欲"。朱熹根据《大学》"意诚心正"的条目，认为去"私欲"以及"正心"，才能修身、治国、平天下。为什么君主正心，就能及于左右、朝廷，乃至天下人呢？这是因为，只要"修德于己"，就能感化别人："德修于己而人自感化。然感化不在政事上，却在德上。盖政者所以正人之不正，岂无所作为？但人所以归往，乃以其德耳。"[⑥] 那么，如何"德修于己而人自感化"呢？在朱熹看来，"为政以德者，不是把德去为政，是自家有这德，人自归仰，如众星拱北辰。"[⑦] 同时，必须"躬行其实，以为民先"的意思，就是以身作

---

① 《汉书·贾谊传》。
② 《新书·连语》。
③ 《新书·大政上》。
④ 以上有关贾谊仁政思想的内容，参见赵敏：《贾谊仁政思想简论》，河北大学硕士学位论文，2004。
⑤ 《论语集注》卷一《为政》。
⑥ 《朱子语类》卷二十三。
⑦ 《朱子语类》卷二十三。

则，为人榜样。"为政以德，则无为而天下归之。"① "圣人行德于上，而民自归之，非有心欲民之服也。"② 因此民心归向只在"德"上，而不在事上。

"为政以德"不仅对民要"不生事扰民"，而且要"爱民"。朱熹认为，既然"爱民如子"，君主就应该为民着想，从民出发。譬如，国家"理财以养民为本"③。国家应该"爱养民力"限制徭役赋税；特别当"民力之未裕"之时，更应克去私心，而能够使人民生存下去；"平易近民，为政之本"④。

2. 以仁义为准则，实施仁政

第一，注重仁义，反对功利，提出"民富"与"君富"的关系问题。朱熹在《送张仲隆》序中说：

> 古圣贤之言治，必以仁义为先，而不以功利为急。夫岂故为是迂阔无用之谈，以欺世眩俗，而甘受实祸哉？盖天下万事本于一心，而仁者此心之存之谓也。此心既存，乃克有制，而义者此心制之谓也。诚使是说著明于天下，则自天子以至于庶人，人人得其本心以制万事，无不合宜者，夫何难而不济？……是申、商、吴之徒所以之人之国而自灭其身。国虽富，其民贫；兵虽强，其国必病；利虽近，其为害必远；顾弗察而已矣。⑤

在国家治理中，首先以"仁义"来"制万事"，以仁义作为价值指归，如果以"利"为先，则只会是"物质上的巨人，精神上的矮子"。最终下场便是申不害、商鞅、吴起之徒的亡国灭身。

朱熹并不关注如何获得财富，在他看来，财富、贫穷是命定的，不是去追求而能得到的，因而人们应"安贫乐贱"，不要去求富厌贫，以至犯上作乱。朱熹"安贫有命说"并不意味着限制财富的获得，而是表明财富的取得要服从于"仁"、"义"。在"民富"与"君富"的关系问题上，朱熹认为，民富是君富的基础，百姓富足了，君（国）也不会贫穷，反之亦然。即水涨船高，民富而国富强。如果夺民之财而"富其君"，则犹杀鸡取卵，竭泽而渔。其结果必然是民揭竿而起。因此，朱熹主张要制止国家对于百姓的厚敛。

第二，恤民、省赋。朱熹说："今上下匮乏，势须先正经界。赋入既正，总见数目，量入为出，罢去冗费，而悉除无名之赋，方能救百姓于汤火中，若不认百姓是自家百姓，便不恤。"⑥。除去无名的苛捐杂税，罢冗费，救民于汤火，认百姓是自家的百姓，这就是朱熹的"恤民"、"省赋"主张。朱熹在任地方官期间，目睹赋税苛重，造成社会上"荒畴败屋"、"流移四出"的景象，他提出减轻赋税，以使"一方憔悴困穷之民，自此庶几复有更生之望"⑦，使百姓能够继续生存下去。

第三，提出了限制土地兼并的具体措施——复井田，行经界。朱熹在注释《孟子·滕文公》篇"夫仁政，必自经界始"章时写道："井地，即井田也。经界，为治地分田，经画其

① 《论语集注》卷一《为政》。
② 《朱子语类》卷二十三。
③ 《朱子语类》卷一〇八。
④ 《朱子语类》卷一〇八。
⑤ 《朱文公文集》卷七十五。
⑥ 《朱子语类》卷一一一。
⑦ 《朱文公文集》卷十一。

沟涂封植之界也。此法不修，则田无定分，而豪强得以兼并。故井地有不均，赋无定法，而贪暴得以多取，故谷禄有不平。此欲行仁政者之所以必从此始，而暴君污吏，则必欲慢而废之也。有以正之，则分田制禄，可不劳而定矣。"① 朱熹复井田，行经界的目的是要救治田无定分，豪强得以乘机兼并；而田赋不均，贪官污吏得以多取之弊。

仁政思想在发展到朱熹之时，已有一千多年的历史，仁政思想中始终贯通一条"以民为本"的主线，即以民众为社会主体和以民为施政的基础。然而，在具体的内涵上已经发生了变化。就朱熹与孟子而言，两者"仁政"思想的不同点主要在于：

第一，在实现王道政治的途径上，孟子主张"施仁政于民"；而朱熹主张，王道政治的实现在于人（君主），在于君主的修身。朱熹认为，王道政治的实现在于"人"。先要有实施"仁政"的人，才能有"仁政"的实现。就实现"仁政"的"人"来说，主要是行政的最高领袖（君主）与行政的各级官员。而其中君主对"仁政"能否实现尤为重要。他本着"人存政举，人亡政息"的想法，以为挽救当时南宋的危局，重任落在当时的君主身上。他说："今日之事，第一且劝人主收拾身心，保惜精神，常以天下事为念，然后可以讲磨治道。"②

朱熹的这种主张有些类似于古希腊柏拉图的观点，柏拉图提出了哲学王的主张，即由哲学家来担任一国之君，因为哲学家对于宇宙真谛和人生大道的了解最为深刻而透彻，由这样一个具有完善的人格主持国政，必定能获得良治。朱熹的观点也是这样。在他看来，朝内有圣王，四方才有王道实现的可能，仁政的实现主要靠圣王的主持。

君主的地位既然如此崇高，君主的责任既然如此艰巨，所以君主自身的修养就显得十分重要。对于这一点，朱熹认为，君主修身的功夫、程序，可按照《大学》一书的规定逐步进行，即格物、致知、正心、诚意、齐家、治国、平天下。对正心、诚意朱熹尤为重视。他说："治天下，当以正心、诚意为本。"③ 果能格物、致知、诚意、正心，则君主的修身功夫自可完成。君主修身完成就可以推己及人，推行仁政，治国自然治、天下自然平了。

由此可见，朱熹在治国之道（王道政治的实现）中强调以修身为本，"正君心是大本"，削弱了孟子仁政思想中的"施仁政"的实践行为，代之以强化自身的道德修养。仁政的伦理化倾向进一步得到强化。

第二，孟子的仁政思想以性善论为理论依据，而朱熹的仁政思想以客观之理为依据。孟子从"性善"论出发把仁爱说成是人的一种天性，使仁爱成为人人必行之理。这是为了论证他提出的"仁政"不是冥想中的空中楼阁，而是植根于人的本性之中。仁政来源于统治者的善性，并与庶民的善性相适应，因而会受到人民的拥护。这样一来，仁政作为一种政治主张，就具备了一种自然而然的合理性；而不是由外在的信仰体系强加给人们的，更不是外界强加给人的社会规范了。朱熹仁政思想以客观之理为依据。朱熹所说的理是万物的根本，这种理具有道德属性，是封建道德的根本准则，这种根本准则也是自然界的基本原则。在朱熹看来，国家之理就是先王所讲所行的治道。朱熹说：

> 常窃以为亘古亘今，只是一理，顺之者成，逆之者败。固非古之圣贤所能独然，而

① 《四书章句集注·孟子集注卷五·滕文公章句上》。
② 《朱文公文集》卷二十九。
③ 《朱子近思录》卷八。

后世之所谓英雄豪杰者，亦未有能舍此理而得有所建立成就者也。但古之圣贤，从根本上便有惟精惟一功夫，所以能执其中，彻头彻尾，无不尽善。后来所谓英雄，则未尝有此功夫，但在利欲场中，头出头没。其资美者，乃能有所暗合，而随其分数之多少以有所立；然其或中或否，不能尽善，则一而已。①

就是说，圣王的治道与所谓英雄豪杰的治国是不同的。圣王的治道是依理而行，是为人民的利益进行统治，是王道；而英雄豪杰的治道，是为了自己的利益，而不是人民的利益，是霸道。

经过朱熹诠释的仁政，一方面削弱了孟子仁政思想中的"施仁政"的实践行为，代之强化"正君心"道德修养，从而使仁政的伦理化倾向进一步得到强化。另一方面，将与人性善相契合的仁政转变为天理之仁政，仁政虽然获得了本体论的支撑，但同时"仁政"因过度依赖于君王的道德修养很容易滑向"专政"与"暴政"②。

（三）黄宗羲的民本思想

宋以后，仁政中的民本思想在明末清初的黄宗羲得到了进一步发展。黄宗羲（1610—1695），字太冲，号南雷，又称梨洲先生，浙江余姚人，明末清初的哲学家、思想家。青年时期即参加"复社"，从事反"阉党"的斗争。明亡后，从事反清复明的活动。晚年从事著述讲学，拒不仕清。

在明朝覆亡的刺激下，黄宗羲在对政治进行了"理念的反省"的同时，也大胆地进行了"制度的反省"。这种反省不仅仅涉及土地赋税等具体制度，而且是对封建社会的根本政治制度和政治理念提出了深刻而尖锐的批判。而这种政治思想的反省和批判得以发出的精神之源，则是他得自古典儒家的深厚的民本主义观念。因而民本主义观念是黄宗羲仁政思想的一大特色，主要体现在三个方面：

第一，主张以"天下"作为根本的价值出发点，否定君主的"家天下"。黄宗羲认为，君主和大臣，都应当"以天下为事"，即以"天下"的利益作为追求的终极目标。他所说的"天下"其实是指"万民"即全体人民。他明确指出："盖天下之治乱，不在一姓之兴亡，而在万民之忧乐。"③ 政治与社会的治与乱，不是着眼在一姓王朝的亡，一个王朝的兴。如果带来的是万民的忧苦，那就是乱，不是治；一个王朝的灭亡，如果带来的是万民的快乐，那就是治，不是乱。在《明夷待访录》中，他抨击两千年来的一姓君主制实际把一家一姓的大私当做天下之大公，把天下当做自己一家的私产，把维护某一家一姓的君主统治当做天经地义的原则，认为，一切的政治法律"为天下，非为君也；为万民，非为一姓也"④。黄宗羲甚至将家天下的君主制度视之为万恶之源，"为天下之大害者，君而已矣。向使无君，人各得自私也，人各得自利也。""今也以君为主，天下为客，凡天下之无地而得安宁者，为君也。"⑤这种对"家天下"和"君天下"的批判，主张把对社会治乱的观察的立足点和价值出发点，

---

① 《朱文公文集》卷三十六。
② 以上有关朱熹仁政思想的内容，参见谢桂娟：《李退溪对孟子仁政说的继承与发展》，延边大学硕士学位论文，2003。
③ 《明夷待访录·原臣》。
④ 《明夷待访录·原臣》。
⑤ 《明夷待访录·原君》。

从一姓王朝的兴灭转变到天下万民的忧乐，极大地超越了以往儒者的批评与反思维度，也涉及政治统治的终极合法性基础，在根本的政治理念上提出了振聋发聩的声音。①

在批判反思的基础上，黄宗羲试图重新理清被"家天下"破坏了的君与民的关系，与传统儒家以"民贵君轻"为思路，在君主专制制度下传统儒家重民、爱民、为民请命的旧民本范式对民本思想的诠释不同，黄宗羲明确表明君与民的关系应该是"天下为主，君为客"，并且要废一家之法，而立天下为公的"天下之法"。这一主张在一定程度上表达了主权在民、君须为民服务的朴素的民主思想，开启了走向民主、民治、民主监督的新范式。

第二，承认合理的个人利益。黄宗羲批评封建专制政治"使天下之人不敢自私，不敢自利"的压制和限制，要求承认"人各得自私"、"人各得自利"的合理性。他说："有生之初，人各自私也，人各自利也。天下有公利而莫或兴之，有公害而莫或除之。"这里的"人"就是"民"，他认为政治的制度和结构要以人民为服务的主体，使人民各自得到其利益的满足，而不是压抑和限制人民对实际利益的追求。这种对民众实际利益的重视可以说是对"万民之忧乐"的进一步的具体表达。黄宗羲用重新界定"公"—"私"的意义的方式，发展了孟子的民本主义和民生思想，具有鲜明的时代特色。②

第三，学校议政。黄宗羲指出，"学校，所以养士也。然古之圣王其意不仅此也，必使治天下之具皆出于学校"③。"治天下之具"，指治理国家的根本大纲及其基本制度、发展战略的设计等。黄宗羲强调，学校不仅是教育的场所，也是评议朝政、舆论监督、构建国家大政方针的智囊的机构。在君主专制之下，"天下之是非一出于朝廷。天子荣之，则群趋以为是；天子辱之，则群擿以为非"。黄宗羲则试图改变这种思想专制，他借古代圣王为榜样表达了自己对民众参政、议政的愿望。他说，"天子之所是未必是，天子之所非未必非。天子亦遂不敢自为非是，而公其非是于学校。"学校参政、议政可以具体通过以下方式进行：在中央，"每朔日，天子临幸太学，宰相、六卿、谏议皆从之。祭酒南面讲学，天子亦就弟子之列。政有缺失，祭酒直言无讳。"在地方，每月朔望两日，"大会一邑之缙绅士子。学官讲学，郡县官就弟子列，北面再拜。师弟子各以疑义相质难。……郡县官政事缺失，小则纠绳，大则伐鼓号于众。"④有学者认为，黄宗羲之庶议在学校，"虽然与资产阶级的代议制度还有很大的距离，但毕竟已有了后来议会制度中常有的评议、审查、监督、质询、弹劾等职能的初步构想"⑤。

作为资产阶级民主启蒙思想代表作的黄宗羲的《明夷待访录》写成于1663年，比法国资产阶级革命思想先驱卢梭的《民约论》（1762年出版）要早一个世纪。虽然在其后的二百多年里，黄宗羲的思想没有像卢梭的思想那样产生对封建制度予以瓦解的实际影响力，但二百多年后，当清末维新运动兴起时，它仍然成为反封建的有力思想武器。梁启超在《中国近三百年学术史》中评论《明夷待访录》，"我们当学生时，实为刺激青年最有力之兴奋剂"。《清代学术概论》中说："梁启超、谭嗣同辈倡民权共和之说，则将其书节抄，印数万本秘密散布，于明清思想之骤变，极有力焉。"而中国民主革命的伟大先行者孙中山也特地将翻印

---

① 参见陈来：《黄宗羲民本思想的现代意义》，载《浙江学刊》，2005（4）。
② 参见陈来：《黄宗羲民本思想的现代意义》，载《浙江学刊》，2005（4）。
③ 《明夷待访录·学校》。
④ 《明夷待访录·学校》。
⑤ 俞荣根主编：《中国法律思想史》，233页，北京，法律出版社，2000。

的《明夷待访录》赠送给日本友人。可见黄宗羲的思想和著作在中国近代政治史、思想史上具有重要地位。

(四)近代资产阶级基于民主与民权诉求的仁政思想

19 世纪末、20 世纪初,随着着西方民权理论的蓬勃发展以及民主政治文明的传入,仁政思想又被赋予了时代的内容。康有为托古改制,将中国传统儒家对"大同"世界的向往与西方自由、平等等观念结合,构筑了一个完美的乌托邦"大同世界"。在康有为的三世进化理论中,由据乱世而升平世而太平世的进化,就是由君主专制而君主立宪而民主共和的进化。康氏认为,中国正在从据乱世向升平世转化,故只能变君主制度为君主立宪制。君主立宪并非尊君,而是要通过保皇立宪以达民权自由之旨。严复从君主立宪的角度,强调民权与君权的分立并用,反对专制主义,并进一步指出君主也要遵循法律,而与君权并立的民权则是促使君主遵循法律的保障。梁启超基于对西方民主法制社会的认识,对中国传统社会的国家形态、政治思想、文化传统等等进行了全面而深刻的反思,并极力鼓吹建立一个民主、自由、法治的新国家。在国家与民众的关系上,梁启超认为,人民是国家的主人。梁启超的特点在于他在强调民主、民权的同时,更为深刻地认识到要用好权利,关键在于开民智,新民德。他说,"今之策中国者,必曰兴民权。兴民权斯固然矣,然民权非可以旦夕而成也。权者生于智者也,有一分之智,即有一分之权;有六七分之智,即有六七分之权;有十分之智,即有十分之权。"[①] 他提出要塑造具有公德意识的新民,要兼采各国的道德、思想来建设中国的新道德、新思想、新精神。为此,梁启超积极提倡兴办教育,开民智于学校,"智强则民强,民强则国强"。

孙中山先生基于三民主义的理论纲领,第一次提出了推翻帝制、建立民国的政治主张。三民主义的核心是民生主义与民权主义。民生主义的主要原则是实现耕者有其田、节制资本,试图解决仁政思想中民有恒产问题。民权主义强调主权在民和直接民权。主权在民,指国民是中华民国的主体,《中华民国临时约法》第一次将人民主权宪法化:中华民国人民一律平等,无种族、阶级、宗教之区别,皆享有人身、居住、财产、营业、言论、集会、通信、信教等自由,以及请愿、陈诉、诉讼、任官考试、选举与被选举等项权。直接民权,指国民不但有选举权外,兼有创制、复决、罢官诸权。鉴于对西方三权分立的代议制度民权不能充分实现的弊端的认识,孙中山吸收中国传统社会科举考试公平选拔人才与监察制度的优点,提出了五权宪法和权能分治的政治纲领,由人民掌握政权,政府实施治权。前者为权,后者为能。政府的治权是人民所赋予,人民可以通过选举与创制赋予政府治权,也可以通过罢免和复决收加治权,"总而言之,要人民真正有直接管理政府之权,政府的一动一静,人民随时都是可以指挥的"[②]。孙中山先生一生为之努力的是要建立一个民有、民治、民享、自由、平等、博爱的理想社会。

近代资历产阶级思想家以西方法治文明的民主代替传统的民本,以主权在民限制或消解君权,从根本上超越了仁政思想中的君民关系。然而,无论是康有为的大同理想还是孙中山的五权宪法,我们仍能体会到他们理论体系中浓厚的仁政思想情怀。

---

① 《梁启超选集》,76 页,上海,上海人民出版社,1984。
② 孙中山:《三民主义·民权主义》,转引自俞荣根主编:《中国法律思想史》,331 页,法律出版社,2000。

第二节
中国传统仁政思想的两面性和时代价值

一、仁政思想的精华之处和历史作用

（一）为中国社会树立了一个理想的良治社会模式

任何民族都有自己政治生活的价值情怀，这是一种对政治的根本价值追求，是一种理想化的社会生活图景。这一图景虽然在一定的历史阶段产生，却可以超越自己的历史阶段，成为一个民族长期坚守的政治信念和化解不开的政治情结。仁政，就是中国人几千年来的深沉的政治情怀，是中国传统社会与民族精神对政治作用的结晶，虽然她或许从来不曾在历史上真正地实现过，但却深含着人们对理想政治的期望，浸润着人们对诸多社会问题的认识及解决的期待。仁政的几大要素之圣明之君、贤良之臣、重德轻刑、富民、教民，为历代中国统治王朝所追求，孟子笔下具象化了的仁政——"小康社会"，无不成为统治者和被统治者共同憧憬的理想社会。正如法治社会是市场经济的良治模式，在以小农经济为主的传统中国，仁政为历代政治统治树立了一个努力追求的目标，同时也成为中华民族评品一个朝代是否良治的标准。历史发展表明，但凡能在一般意义上真实实践上述仁政几大要素的统治，相对而言，就一定是一个人民安居乐业、国家繁荣稳定、政治清明的盛世。被后人称赞的文景之治、贞观之治、康乾之治无不在诸多方面实现了仁政。汉文帝"专务以德化民，是以海内殷富，兴于礼义"①。他简政轻刑、轻徭薄赋、举贤任能、节用爱民，开汉初盛世之基。司马迁评价汉文帝，认为其治接近了仁政："孔子言'必世然后仁。善人之治国百年，亦可以胜残去杀。'诚哉是言！汉兴，至孝文四十有余载，德至盛也。……岂不仁哉。"② 与此同时，在"仁政"思想的传播和实施过程中，能使一些正直善良的官吏士大夫有机会面向社会下层，倾听百姓呼声，了解民间疾苦，使民本主义的观点、信条升华与内化为自己心系民众、关心民生疾苦的思想倾向和人生理想，在一定程度上超越了阶级局限，使他们成为社会弱势群体的代言人，古人习惯把爱民亲民的贤臣良吏称为"爱民如子"的"父母官"。西汉名吏召信臣勤政为民，在任南阳太守时，"好为民兴利，务在富之"。他一心为民，工作勤奋，具有方略。他组织人民开挖渠道，以广灌溉，增加了良田，民得其利，蓄积有余。他还大力提倡勤俭办理婚丧嫁娶，明禁铺张。对于有些游手好闲、不务农作的府县官员和富家子弟，则严加约束。南阳郡社会风气一时极好，人人勤于农耕，盗贼绝迹，讼案也几无。郡中百姓对召信臣非常爱戴，称之为"召父"。

（二）仁政确立了民意作为政权正当性的基础

民意正当性，又叫法理合法性，指的是政治秩序必须建立在人民同意的基础上，得到人心

---

① 《汉书·文帝纪》。
② 《史记·孝文本纪》。

的广泛支持。一个政治权力获得人心民意的广泛支持就是正当的，否则就不正当。哈贝马斯指出，所谓"正当性"指的是一种政治秩序值得被人们承认。他说："一种政治秩序总要求人们把它当做正确的正义的存在物加以认可，而合法性（正当性）意味着它有着充分的理由这样去做。"① 一种制度要赢得人们的承认，即获得合法性，需要借助哲学、伦理学、宗教对该制度的正确性和合理性作出论证。一个政治秩序失去合法性意味着失去被统治者的忠诚，这便是合法性危机。西方民主政治就是人民同意的政治，人民同意通过定期的选举体现。在西方民主政治中，民意的正当性体现在人民依法选举一届政府，一届政府依人民同意的授权而获得定期统治人民的权利，人民因此必须服从一届政府的统治。自从周初确立了"天命靡常，唯德是辅"的政权存在之基础之后，儒家便致力于对政权正当性的探索，民意、民心，成为儒家王道政治思想中关于政权之合法、之稳定的唯一基础。《春秋》公羊学在解释王道时说："王者，往也。天下归往为王。""天下归往"方为王，至少与今天民主政治讲的人心民意的同意认同有方向上的一致性。只是民主政治更强调程序性形式性的民意认同，王道政治则更强调内容性实质性的民意认同。具体到政府的施政方针上，儒家民意合法性即具体体现为施仁政思想。仁政是指国家政治权力的统治基础不是建立在暴力上，即不是建立在军队、警察、监狱等暴力机器上，而是建立在人民的人心向背与民意认同上。正如孟子所言："以力服人者，非心服也，力不赡也；以德服人者，中心悦而诚服也。""以德行仁者王。"② 冯友兰指出："盖王、霸，乃孟子政治理想中二种不同的政治。中国后来之政治哲学，皆将政治分为此二种。王者之一切制作设施，均系为民，故民皆悦而从之；霸者则惟以武力征服人强使从己。"③ 以力服人者只能以恐怖驱民使民，非民意民心所向；而施仁政就是以德服人，是仁民爱物，是按照人民的意愿来统治国家。因此，仁政的治国方针确立了政治秩序的民意合法性，人民能够自觉自愿地服从政治权力与政治秩序，国家可以因此而国泰民安，社会可以因此而稳定和谐。

秦朝以法家的霸道立国，二世而亡。汉初统治者在吸取秦亡的教训，寻找治国之道时就意识到"逆取而须顺守"之"攻守之道相异"的道理，得出"不可马上治天下而须顺守"。就是说，治理国家必须确立民意的合法性与正当性。

在君权至上的传统社会，仁政提倡的以民意民心作为政权合法性之基础无疑在一定程度上对限制君权起到了作用，甚至为推翻君主专制提供了理论前提。孟子即言，"君有大过则谏，反复之而不听，则易位"④。明末清初具有启蒙意义的王夫之、黄宗羲等思想家在基于民意正当性的仁政基础上直接得出了天下乃百姓之天下，非一家之天下的理论，对封建专制制度进行了有力地批判。黄宗羲在否定"家天下"，构思新政体时即认为，后世人君皆以天下之利尽归于己，以我之大私为天下之大公，"今也天下之人怨恶其君，视之如寇仇，名之为独夫，固其所也"⑤。他指出，只要家天下的君主制度存在，汤武革命就是正当的。

（三）形成了有利于封建社会发展的执政方略

仁政作为一种良治，它所提倡的一整套国家治理之方法，适合于中国传统小农经济社会

---

① 转引自陈学明：《哈贝马斯的"晚期资本主义"论评述》，94 页，重庆，重庆出版社，1993。

② 《孟子·公孙丑上》。

③ 冯友兰：《冯友兰选集》（上册），63 页，北京，北京大学出版社，2000。

④ 《孟子·万章下》。

⑤ 《明夷待访录·原君》。

的发展需要，推动中国传统社会的进步与繁荣。这一整套执政方略主要有：选贤任能的任官制度、德主刑辅的法律制度、藏富于民的经济制度、以德化民的文化制度等。

政治之本在于人，仁政思想特别强调人的主体性与主动性。孔子言，"为政在人"，此人就是仁人与贤人，荀子称之为"治人"，即能把国家治理好的人。孟子宣称："惟仁者宜在高位。"所谓仁政，也就是仁者行政，这种贤人政治的关键是人才的选择。基于儒家仁政思想，中国古代社会形成了一套体系完整的选官任贤制度，隋唐以前的举荐、察举等是以德、能为标准选任官员，隋唐以后形成的制度化、规范化的科举选官制度，只重才能品德，不重门第出身，彻底打破了血缘世袭关系和世族的垄断，成为当时最为先进的官员选任制度，保证了大量的贤良之才可以通过科举考方法获得为国服务的机会。伏尔泰、孟德斯鸠、狄德罗、卢梭等对科举制度所体现出的平等和公平原则惊叹和折服。美国汉学家卜德在《中国思想西入考》一书中认为，科举是"中国赠与西方的最珍贵的知识礼物"。与科举制度相应而行的则是极具中国特色的监察制度，多体系、全方位的监察制度对官员的德行、品能和政绩进行了有效的监督，保证了封建制度有效运行，社会秩序平稳、有序。

儒家主张实行仁道、恕道，德主刑辅、重德轻刑，这是中国古代立法、司法与行政的重要的思想前提和基础。汉以后各代在制定律典的过程中，无不贯彻了仁道、恕道精神，抑强扶弱，并以刑罚重点打击危害平民人身、财产的犯罪。① 代表中华法系最高水平的《唐律疏议》，其立法的原则是以德礼为政教之本，以刑罚为政教之末，对大量的道德规范通过令、格、式的方式进行正面规范与积极引导，只在"出礼"的情况下才"入刑"，从而保证了道德教化作为国家强制力的前提条件，避免了孔子之"不教而罚谓之虐"之恶。司法体系中录囚制度、直诉制度、死刑复奏制度、朝审与秋审制度，以及刑法原则之中的老幼废疾减免原则、留养存亲原则无不是仁道的体现。这一套法律制度对有效地缓解社会矛盾，维护社会稳定起到了积极的作用。

藏富于民是仁政思想的经济基础，其中，"制民之产"的土地制度，"薄赋敛"的财政政策成为仁政经济制度的核心。孟子言："夫仁政，必自经界始。""经界既正，分田制禄，可坐而定也。"② 在古代农业社会，土地制度是社会经济制度的最基本的制度。基于仁政养民、富民的诉求，中国历代形成与发展了以土地私有化为基本趋向的土地制度，曹魏时期的屯田制、西晋王朝实行的占田制、隋唐的均田制都承认百姓的土地私有权。明代清丈土地，绘制《鱼鳞图册》，明确确定土地的私有权。财政税收政策是实现富民的重要国家政策，孔子言，

---

① 如明、清律规定，"凡鳏寡孤独及笃疾之人，贫穷无亲属依倚，不能自存，所在官司应收养而不收养者，杖六十。若应给衣粮而官吏克减者，以监守自盗论"（《大明律》卷四《户役》"收养孤老"条；《大清律例》卷八《户役》"收养孤老"条）。"凡收留人家迷失子女，不送官而卖为奴婢者，杖一百，徒三年"（《大明律》卷四《户役》"收留迷失子女"条；《大清律例》卷八《户役》"收留迷失子女"条）。"凡豪势之人，强夺良家妻女，奸占为妻妾者，绞"（《大明律》卷六《婚姻》"强占良家妻女"条；《大清律例》卷一〇《婚姻》"强占良家妻女"条）。各代律典从各个方面就严惩官吏、豪强盘剥平民百姓的犯罪行为做了详细规定。唐律规定"诸差科赋役违法及不均平，杖六十"（《唐律疏议》卷一三《户婚》"差科赋役违法"条）。明、清律规定，"凡有司科征税粮及杂泛差役，各验籍内户口田粮，定立等第科差。若放富差贫，那移作弊者，许被害贫民，赴拘该上司，自下而上陈告。当该官吏，各杖一百。若上司不为受理者，杖八十。受财者，计赃以枉法从重论"（《大明律》卷四《户役》"赋役不均"条；《大清律例》卷八《户役》"赋役不均"条）。

② 《孟子·滕文公上》。

"省力役，薄赋敛，则民富矣"①。孟子也强调："易其田畴，薄其税敛，民可使富也"②。什一地租率一直被儒家学派奉为理想的赋敛标准。唐前期的租庸调制及后期两税法、北宋时期的募役法和方田均税法、明朝的一条鞭法、清朝的摊丁入亩，对稳定经济、发展产生、减轻人民负担，都起到了一定的作用。

教民是仁政思想的另一核心内容，在满足了基本的物质生活之后，孟子言，"设庠序之校以教之"。基于这样的仁政追求，古代中国发展了比较完备的教育体系与教育制度。中国古代不仅自上而下设立了各个层次的官学，而且还允许大量的私学的存在。汉代规定郡、国设学，县邑设校，乡聚设庠序，宋代的书院制度的十分发达。中国完备而较为成熟的教育体制对保存中华文明、促进中华文化的繁荣起到了重要的作用。

二、仁政思想的局限性和消极意义

（一）仁政具有内在逻辑不可能性，是政治乌托邦

仁政思想的出发点是以"以不忍人之心行不忍人之政"，前者是人的德性，后者是国家政治制度，两者看似毫无关联的概念如何能连在一起？经仔细分析得出，仁政思想有一个既定的前提预设：君主（统治者）是具有高尚道德之至善之人，他的至善之德外化为制度与行为时都必定与民众的利益相符合。即他们的卓越智慧将确保他们能够发现至善的目标，而其崇高德性又将确保他们把自己的伟大力量用于至善目标的实现上，而这些至善的目标也正是百姓所需的。对于这样一个毫无自利之心、一切以天下苍生福利为念的圣人、超人必须有最大限度的放任，完全相信他们能够在道的导引下自觉地去追求那些至善目标。对他们进行职能和权力上的任何限制都不必要，甚至有害，它损害的不是别人的利益，而正是老百姓自己的利益。这种将仁政落实于统治者的"不忍人之心"的至善之德与被统治者百姓之需求符合的政治理想，将君与民天然地预设为利益与价值的共同体，无疑是一种政治乌托邦。它和民主政治将国家预设为"必要的恶"形成相反的两极。且不说君王之"不忍人之心"并不能实现符合百姓需的"不忍人之政"，就是历史上有"不忍人之心"的明君也是少之又少。因此，被孔孟理想化的夏、商、周三代并不是仁政社会，后世诚然有某些皇朝初期，一两个英明的君主以其雄才大略励精图治，社会也呈现一定程度的发展和繁荣，人民群众的生活水平也有所保障，但也远不是仁政的社会。它们与真正仁政的良治社会相差甚远。更为甚者，旋踵之间，国运之所系的政治领袖就步入了逐代衰退的下降通道，于是社会开始动荡起来，人民群众又陷入痛苦不堪的深渊。中国历代哲人和政要虽然反复倡导仁政，但仁政并没有成为中国政治的现实。相反，苛政、虐政和暴政却比比皆是。有时，主观上对仁政的追求却往往在客观上堕入暴政的深渊。如朱元璋，在大明律之外亲自制定《大明诰》，并使之家喻户晓，主观上是要加强打击贪官污吏，但最终的实行结果却成了不折不扣的暴政。③

（二）仁政化制度规范为道德规范，不利于社会制度建设

仁政以仁义道德作为价值来规定社会运作；以伦理道德为目的，将社会运动的一切要素

---

① 《孔子家语·贤君》。

② 《孟子·尽心上》。

③ 参见徐邦友：《从仁政到宪政：中国政治情怀的必然转向》，载《中共浙江省委党校学报》，2005（3）。

都直接化约为伦理道德的因素。政治是围绕伦理道德目标运转的伦理政治，官员的政治行为被化约为以榜样与楷模引导百姓（如"政者正也，其身正，谁敢不正"）。法律不仅在目标上从属于伦理要求（如德主刑辅），而且司法以是否符合道德的犯罪动机作为审判的依据（明心定罪）。作为实现政治关怀的最直接的经济手段，也被伦理所同化。一方面被简化为伦理关注的活动（如王者以不忍人之政而制民之产），另一方面也成为以平等而非效率为取向、为达到老安少怀的平均主义目标而展开的伦理活动（如不患寡而患不均）。教育是为了培养富有忠行孝悌伦理的道德之人。①这样，一切社会行为皆以道德实现作为价值导向和标准，一方面，遮蔽了社会各要素之间既相互独立又相互影响的互动情形，使人们看不清各自不同的特征和在社会中的作用与地位；另一方面，久而久之，便形成一种唯道德，或泛道德化思维，人们不再关注经济发展和物质生活及其改进过程对社会发展的重要意义，也忽视了经济物质条件对提高道德水平的必要性与重要性，即所谓"仓廪食而知礼节，衣食足而知荣辱"，在很大程度上妨碍了中国古代社会物质层面的发展，社会物质层面的制度建设也自然阙如。再者，由于人们过多地关注道德作为社会生活的调节的主要手段，从而忽略了人心之外的规范与制度的巨大作用并进而加强制度建设。《后汉书·吴祐传》记载，吴祐作胶东侯相时，"民有争讼者，辄闭阁自责，然后断其讼，以道譬之"。这种试图通过道德教育，使之良心发现，以化解社会生活的矛盾与冲突方式固然有其有价值的一面，也可能在个案或某些情形中起到作用，但显然不能从根本上解决源于"利益之争"的争讼，根本的解决方法仍在于一套合理的纠纷机制的建立。再次，由于伦理中心主义将道德评价视为一切评价的基准，进而造成人们泛道德乃至唯道德的思维定式，一切社会思考都被纳入道德思考的格局，造成人们对道德规范谨小慎微的遵从心理，人们小心翼翼地维护已有的道德戒条而诚惶诚恐，对道德以外的其他观念要素则难以合理衡量，知识精英对形而上者之"道"趋之若鹜，而对形而下者之"器"则蔑视不顾，关于制度建设的思想观念长期缺失，从而妨碍了人们制度观念的现代化。

（三）仁政提倡圣人之治，忽视民众之自主精神

仁政实际上是施惠于民的政治，无论是富民、养民，还是恤民、教民，政治的操作者都是执政者，仁政的实施过程中，始终缺少民众自己的声音，民众成为君民共同体中的对象与被动的施予者。仁政必然要求有一个全能统制型政府，它掌握着社会所有资源并因此而拥有无限权力。它有权确定需要人们共同趋赴的"共同体目标"，有权为确保实现这一目标而动用一切资源和手段，有权要求人们作出全面彻底的服从。此时，个人自由和社会自治已被彻底抹去，剩下的就是公共权力的全面性支配。密尔在分析专制君主时指出，坏的专制君主，当他的个人纵欲得到满足的时候，有时可能愿意让人民自行其是；而好的专制君主坚持为臣民做好事，使臣民按照比他们自己所知道的更好的方式各尽其职；而最好的专制君主往往趋于将其臣民的自由束缚至极端。由于政府的全面统制和控制，社会成员因缺乏自由选择的机会而形不成自主自立的能力，就连自主自立的意识也受到了彻底的破坏。他们不再关心私人事务，只期盼清官为他做主；也不再关心公共事务，任凭公共权力自由裁量。他们完全成了权威者脚下乞求恩惠的温驯子民。因此，一个具有超人的精神活力的人管理着精神上消极被动的人民的全部事务，这不仅会使人民的知识受到妨碍，也会使他们的道德能力受到妨碍，

---

① 参见任剑涛：《道德理想主义与伦理中心义——儒家伦理及其现代处境》，215页，北京，东方出版社，2003。

他们的感情也会变得狭隘和不健全。而那时，民族衰落的时代就要到来。① 仁政体现的显然是密尔所说的最好的专制政治。在一派民众安居乐业、明君贤臣殚精竭虑为民谋利的理想图景下，民众丧失了主宰自己命运的话语权，他们永远像一个弱小的孩子一样，需要统治者的保护，按照由统治者为自己设计的方式生活。鲁迅先生曾经说过，中国的历史可以划分为做了奴隶的时代和没做奴隶想做奴隶的时代，这一论述深刻地揭示了几千年来中国人对君主依赖的扭曲了心理状态。及至今天，一般百姓的心中还含藏着浓郁的明君、清官的情结。与之相对应的就是威权文化、愚民意识与官本位心态的阴魂不散。

圣人之治的另一个后果是圣人的神灵化与对民间自由思想的控制与制约。我们知道，仁政图景提供的理想君主是一位"内圣外王"者。它的逻辑预设是：有着高尚的道德品质的人，才能爱民如子，治理好国家。他是一位以德服人者，而非以力服人者。然而，由于仁政成为中国人几千年的政治情怀，也是历代统治者努力追求的政治理想，在这样的双重愿景下，我们看到，当君王通过武力成为王者之后，为了使自己符合"圣王"的标准，无不以"三缄其口"的方式，进行思想压制，达到上述黄宗羲所言"以天子是非为是非"局面。文字狱则是这种思想控制的最好方式。更有甚者，为了使王者成圣，还可以通过种种方式神化王者，诸如神灵投胎，出生时天降祥瑞等。商汤是因母亲吞食了一枚玄鸟蛋而生；刘邦出生时则是口含珠宝，令满室生辉。或者是在现实中将之创造成神，形成个人崇拜。

当然，仁政思想的消极面还包括重农抑商、小富即安的心理诉求等，这里不再一一列举。

三、仁政思想的现代启示

仁政作为中国人的政治情怀，包含着许多人类普遍追寻的精神价值，这种精神价值同样对我们今天的社会治理具有积极意义。

（一）仁政：中国人永远的政治情怀，中华文明的价值诉求

仁政是中华民族经过漫长的历史发展凝结而成的政治理想，是中国人对善政的诉求，尽管它存在诸多的问题，有许多内容已经不符合或者甚至有悖于现代社会的要求，但仁政作为一种理想的政治模式，包含着丰富的内涵，具有从容大度的开放性的品质，可以在现代社会的情况下加以改造、丰富与发展。实际上，中国共产党执政以来无不是以仁政作为政治目标的。毛泽东早在新民主主义革命时期就明确提出人民民主专政国家在人民内部要施仁政。新中国成立后不久的 1953 年，他又提出："说到'施仁政'，我们是要施仁政的。"邓小平在改革开放之初以"是否有利于发展社会主义社会的生产力、是否有利于增强社会主义国家的综合国力、是否有利于提高人民的生活水平"，即"三个有利于"作为社会发展的标准，成为他善政思想的系统化和发展的新阶段。"三个代表"与和谐社会的理论，以及中国共产党第十七次代表大会的报告中提出的"以人为本"，"科学发展观"，无不体现了仁政思想的内在精神。仁政思想体现的人民富裕、人民安居乐业、社会和谐的小康社会，一直以来也是中国政府孜孜以求的政治目标。

仁政所追寻的善政的目标，可以与现代法政社会在价值层面上相通。在西方民主政治、依法治国已经成为具有世界普遍价值标准的态势下，让民本走向民主，以法治与德治互补，

---

① 参见徐邦友：《从仁政到宪政：中国政治情怀的必然转向》，载《中共浙江省委党校学报》，2005（2）。

既融入现代民主法治的内容，又保留传统中国社会生长出来的善政的诸多因素，仁政是否可以作为具有中国主体精神，提炼、融合或转化了中国文化中的治理因素，以中国人的话语加入到世界政治的对话之中？这是值得深思的话题，也是值得人们研究的有意义的课题。

（二）仁政思想的义利观有利于加强市场经济条件下的道德建设

市场经济的特点是利益驱动，利益成为社会发展的内在动力。然而，利益的获得是以人们欲望满足为前提的，欲望的无止境，表明人们对利益的追寻也是无止境的。如何正确引导人们利益观，是建立良性市场经济的必要课题，否则，社会极有可能走向"天下熙熙皆为利来，天下攘攘皆为利往"的局面。目前中国社会道德水平的下降令人担忧，制假造假、坑蒙拐骗、见死不救、不奉养父母等现象时有发生。究其原因，主要在于人们过于受利益的驱动而取利舍义、见利忘义。仁政思想中重义轻利的义利观可以为重建市场经济条件的义利观提供精神资源。市场经济中，人们在法律许可或法律未禁止的范围内，追求利益的最大化虽然是人的正当权利，但法律允许的范围只是实现了社会最低度的要求，它与社会发展达到美好的文明的程度相去甚远。"就美好的人类生活和健全的社会制度来讲，对个人尊严的信仰和对社会责任的信仰是不应该分离的，也是不可分离的。"① 因此，国家制度设计中必须在价值层面提倡重义轻利，引导人们以义束利；即使是追寻自我合理的利，也要将之落实于义之上。汉初贾谊在反思秦亡的教训时即敏锐地觉察到秦政的真正弊端并不在于严刑峻法，而在于商鞅及法家以利益作为社会唯一驱动力的变法所造成的社会风俗的败坏，在贾谊的眼中，秦朝的社会风俗是这样一副画面："家富子壮则出分，家贫子壮则出赘。借父耰锄，虑有德色；母取箕帚，立而谇语。抱哺其子，与公并倨；妇姑不相说，则反唇而相稽。其慈子耆利，不同禽兽者亡几耳。"② 在贾谊看来，父子不慈教、夫妻不恩爱、君臣不忠义、朋友不诚言，盖在于商鞅之弃仁恩，逐利益的结果。当今中国在经济发展增强后，逐步认识到加强中国的"软实力"建设的重要性。发挥传统的义利观的价值引导作用，是加强道德建设不可或缺的"本土资源"。

（三）民为邦本：永远的执政之基

民本思想是仁政思想的精华，也是我国古代政治哲学最主要、最精彩的章节。从某种意义上讲，古代政治思想之要义在于发挥一个"民"字，古代政治哲学可以归结为"民学"，其中蕴含的核心价值乃是民本。③ "天听自我民听，天视自我民视"；"民为贵，社稷次之，君为轻"；"君，舟也。民，水也。水能载舟，亦能覆舟。"这些散发着浓郁的民本思想的话语，不仅成为几千年来民众反对暴政、制约君权的思想武器，哺育了一大批关心民众疾苦的思想家、文学家和政治家，而且在中国社会从传统走向现代的转型过程中发挥了积极作用。鸦片战争以后，西方近代社会政治学说传入中国，传统民本思想是中国文化接受西方民权、民主思想的最好的生长点。

主张君主立宪的资产阶级改良派在宣传西方资产阶级的"民权"思想时，巧妙地援引传统民本思想作为变法的理论依据。康有为在给光绪帝的奏折中，就引《洪范》、《孟子》、《周礼》的有关记载，证明自己主张"君民同体"，符合"先王之治天下，与民共之"的古训。

---

① 夏勇：《中国民权哲学》，前言页，北京，三联书店，2004。

② 贾谊：《治安策》。

③ 参见夏勇：《中国民权哲学》，2 页，北京，三联书店，2004。

严复在《辟韩》中把君主和臣民的关系看作是历史早期阶段社会分工的一种需要："君也臣也刑也兵也，皆缘卫民之事而后有也。"解释"民本"为"天下之主"："斯民也，固斯天下之真主也"；而君则为窃国者。谭嗣同则认为："生民之初，本无所谓君臣，则皆民也。民不能相治，亦不暇治，于是共举一民为君。……夫曰共举之，则因有民而后有君，君末也，民本也。……夫曰共举之，则且必可共废之。"① 这无疑受到了西方社会契约论的影响，将传统民本思想演绎为带有浓厚的近代民主色彩。孙中山先生则在古代民本思想的基础上，结合近代人权观念提出"民权"的概念，民权，就是人民的政治力量，是人民自己当家做主。孙中山一生追求的就是要建立了一个为民所有、为民所治的天下为公的国家政权。梁启超先生虽然指出民本非民主，但基于中国传统社会的民本思想与西方的民主思想可以一脉相承，他指出，民主在中华民国并非"无源之水"，其本土文化之"源"就是民本主义。② 当代学人通过深入研究传统社会结构与西方权利思想，试图把以民为本的民本论转变为民之所本的民本论，把他本的民本论转变为自本的民本论，把以民为手段的民本论转变为以民为目的的民本论，并由此而倡导一种同以人为本的观念相呼应的新的民本学说。③

以民为本也成为中国共产党执政的基础。几十年来，中国共产党不断发展与创新传统民本思想，赋予其以全新的内容。毛泽东倡导的"全心全意为人民服务"和"从群众中来到群众中去"的群众路线，邓小平同志的"是否有利于发展社会主义社会的生产力、是否有利于增强社会主义国家的综合国力、是否有利于提高人民的生活水平"的"三个有利于"和"人民满意不满意，人民答应不答应，人民赞成不赞成，人民高兴不高兴"的标准，江泽民的"三个代表"，胡锦涛强调的"情为民所系，权为民所用，利为民所谋"，都是对民本思想的经典概括，并赋予时代的新内涵。人民代表大会制度的建立与完善，则真正从制度上实现了从民本向民主的过渡。

（四）仁政的和谐发展观，有利于建设当今和谐社会

仁政所要解决的是两个问题，一是富民、养民的问题，二是教民、恤民的问题。前者涉及的是社会发展中的物质因素，后者涉及的是社会发展中的精神因素，包括教育、社会正义、生态保护等。仁政实施的理想社会是小康。"小康"最早出自《诗经·大雅》。狭义上的小康社会，指一种"富有仍嫌不足，但温饱已经有余"的生活水平。广义上的小康社会则是一个涉及经济、社会、政治、文化、教育、生态等诸多领域的全面和谐发展的社会。儒家理想的小康社会显然是后者。这样的社会，物质生活富足：五亩之宅，树之以桑，五十者可以衣帛矣；鸡豚狗彘之畜，无失其时，七十者可以食肉矣。人与自然和谐相处：不违农时，谷不可胜食也；数罟不入洿池，鱼鳖不可胜食也；斧斤以时入山林，材木不可胜用也。④ 个人利益得到保护，弱势群体得到保障：天下为家，各亲其亲，各子其子，货力为己⑤；颁白者不负戴于道路矣；七十者衣帛食肉。⑥ 重视教育，人与人之间以礼相待，和睦相处：谨庠序

---

① 谭嗣同：《仁学》。
② 参见梁启超：《先秦政治思想史》，5 页，北京，东方出版社，1996。
③ 参见夏勇：《中国民权哲学》，第一章，北京，三联书店，2004。
④ 参见《孟子·梁惠王上》。
⑤ 参见《礼记·礼运》。
⑥ 参见《孟子·梁惠王上》。

之教，申之以孝悌之义①；礼义以为纪，以正君臣，以笃父子，以睦兄弟，以和夫妇。② 人身心的和谐：富之后教之。

仁政所构筑的和谐社会的诸要素及其内涵的价值，也成为当今中国建设小康重要的指标性要素。在江苏省率先全面实现小康社会的 25 个指标中，可以看到这样的心理延承（见下表）：

江苏省全面小康指标③

指标名称	代码	单位	目标值
一、经济发展			
1. 人均地区生产总值	1	元	≥24 000
2. 二、三产业增加值占 GDP 比重	2	%	≥92
3. 城市化水平	3	%	55
4. 城镇登记失业率	4	%	<5
二、生活水平			
5. 居民收入			
(1) 城镇居民人均可支配收入	5	元	≥16 000
(2) 农村居民人均纯收入	6	元	≥8 000
6. 居民住房			
(1) 城镇人均住房建筑面积	7	m²	30
(2) 农村人均钢筋、砖木结构住房面积	8	m²	40
7. 居民出行			
(1) 农村行政村通灰黑公路（或航道）比重	9	%	100
(2) 城镇人均拥有道路面积	10	m²	12
8. 居民信息化普及程度			
(1) 百户家庭电话拥有量	11	部	200
(2) 百户家庭电脑拥有量	12	台	40
9. 居民文教娱乐服务支出占家庭消费支出比重	13	%	18
10. 恩格尔系数	14	%	<40
三、社会发展			
11. R&D 经费支出占 GDP 比重	15	%	≥1.5
12. 高中阶段教育毛入学率	16	%	≥90

---

① 参见《孟子·梁惠王上》。

② 参见《礼记·礼运》。

③ 参见《中国县域经济报》，第 20 期，2007—05—28。

续前表

指标名称	代码	单位	目标值
13. 卫生服务体系健全率	17	％	≥90
14. 社会保障			
（1）城镇劳动保障三大保险各自覆盖面	18	％	≥95
城镇基本养老保险		％	≥95
城镇失业保险		％	≥95
城镇基本医疗保险		％	≥95
（2）新型农村合作医疗覆盖面	19	％	≥85
15. 人民群众对社会治安的满意率	20	％	90
16. 城乡村（居）民依法自治			
（1）城镇社区居委会依法自治达标率	21	％	90
（2）农村村委会依法自治达标率	22	％	95
四、生态环境			
17. 绿化水平			
（1）城市绿化覆盖率	23	％	40
（2）森林覆盖率	24	％	20
18. 环境质量综合指数	25	分	80

全国小康村——江苏省常熟市康博村

第三节
仁政思想与执政能力建设

执政能力，中国共产党的十六届四中全会决定的定义是："党提出和运用正确的理论、路线、方针、政策和策略，领导制定和实施宪法和法律，采取科学的领导制度和领导方式，动员和组织人民依法管理国家和社会事务、经济和文化事业，有效治党治国治军，建设社会主义现代化国家的本领。"对仁政思想认识的不断深化，也是中国共产党作为执政党认识中国社会的深化，对社会主义现代化建设规律认识的进一步深化，以及执政能力的更进一步提高。

一、经济上：从"制民之产"、"轻徭薄税"到当代的"富民问题"

（一）对富民问题认识的不断深化

孔子曾经讲过："百姓足，孰与不足。"管子说："仓廪实而知礼节。"孟子言："有恒产者有恒心。"人民物质生活的富裕是仁政的经济基础。早在第三次国内革命战争的后期，中国共产党就开始为从一个领导战争的党向一个执政党转变作准备，毛泽东生动地将这样的转变称之为"进京赶考"。新中国成立后，中国共产党及时制定了过渡时期的总路线，并基于这一政治路线进行党的建设，党的执政能力和领导水平也得到了显著提高，顺利地领导了国民经济的恢复和社会主义的改造，全面开创了社会主义建设局面，在经济、社会、文化等各方面取得了显著的成就。然而，虽然以毛泽东为代表的第一代中国共产党人将日益增长的人民物质文化生活需求与社会生产力的不发达作为当时社会的两大主要矛盾之一，1956年后，中国共产党的执政精力并不在发展生产、提高人民生活水平上，而在意识形态的斗争上。特别是"文化大革命"的十年，阶级斗争成为国家政治生活的主要内容，人民生活水平远远低于发达国家。三年自然灾害，实际上是天灾加人祸，中国竟有三千多万人死于饥饿。共产党执政之基遭到严重的破坏，执政能力也遭到了怀疑。十一届三中全会以后，以邓小平为首的中国共产党人深刻地认识到，只有首先满足人民的物质文化生活需要，才能赢得人民的认同，取得人民的信任，得到人民的支持和拥护。他在总结共产党执政的经验教训时深刻指出："我们干革命几十年，搞社会主义三十多年，截至一九七八年，工人的月平均工资只有四五十元，农村的大多数地区仍处于贫困状态，这叫什么社会主义优越性？"[1]"社会主义如果老是穷的，它就站不住"[2]。邓小平强调指出："要迅速地、坚决地把工作重点转移到经济建设上来。"[3] 并且提出了"以经济建设为中心"的基本路线与战略布局，指出要分三步走，摆脱普遍贫穷，达成全面小康的现实途径。

---

[1] 《邓小平文选》，第3卷，110页，北京，人民出版社，1993。
[2] 《邓小平文选》，2版，第2卷，191页，北京，人民出版社，1994。
[3] 《邓小平文选》，第3卷，119页，北京，人民出版社，1993。

以江泽民为首的第三代中国共产党领导人，发展了邓小平"贫穷不是社会主义"思想，使"贫穷不是社会主义"的思想，从一种制度的理论分析，落实于社会主义的建设实践中，确定了社会主义建设的根本目的，就是为了实现人民的富裕幸福。"实现人民的富裕幸福，是我们建设社会主义的根本目的。"[①]实现"三个代表"主要目的，也是富民："不断发展先进生产力和先进文化，归根结底都是为了满足人民群众日益增长的物质文化生活需要，不断实现最广大人民的根本利益。"[②] 并且要求，要将其落实于共产党人的行动之中，提出共产党人要"先天下之忧而忧，后天下之乐而乐"，"诚心诚意为广大群众谋利益，做到人民的利益高于一切"。值得提出的是，在这一代执政者的目光中，富民的内涵不仅仅指人民的物质文化生活水平的提高，还包括个人的财产的增加、人民素质的提高。江泽民在"七一"讲话明确提出："随着经济的发展，广大人民群众的生活水平不断提高，个人的财产也逐渐增加。"并指出"既要着眼于人民现实的物质文化生活需要，同时又要着眼于促进人民素质的提高"[③]。

以胡锦涛为首的新一代中国共产党人将富民问题作为社会主义新形势下长期要面对的三大课题之一。他指出："……二是要科学判断和全面把握我国将长期处于社会主义初级阶段的基本国情，正确认识和妥善处理人民日益增长的物质文化需要同落后的社会生产力这个社会主要矛盾，紧紧抓住经济建设这个中心不动摇，正确处理好改革发展稳定的关系，推动物质文明、政治文明和精神文明协调发展，不断增强综合国力，逐步实现全体人民的共同富裕。"[④] 基于对中国发展经验与规律的进一步总结和认识上的深化，新一代执政者提出科学发展观，建设社会主义和谐社会的理论创新，要求真正以科学发展观为指导，推进发展与改革，在新的历史阶段上使全体人民的利益得到更加和谐协调的实现。与此同时，富民的内涵又进一步扩展。在中国共产党十七大报告中，明确提出了"创造条件让更多群众拥有财产性收入"，第一次把"财产性收入"这个概念提升至国家决策层面。

（二）实施富民的执政能力不断加强——以农民问题为例

中国是一个农业文明的国家，农民富裕才意味着国家与人民的真正富裕。中国古代经济发展政策主要是以土地制度和赋税制度为中心的。历代的土地制度改革有曹魏时期的屯田制、西晋王朝实行的占田制、隋唐的均田制，明代清丈土地，绘制《鱼鳞图册》，明确确定土地的私有权；然而，中国传统社会始终未能很好地解决"制民之产"问题。财政税收政策是实现富民的重要国家政策，唐前期的租庸调制及后期两税法、北宋时期的募役法和方田均税法、明朝的一条鞭法、清朝的摊丁入亩，历代统治者都试图通过赋税制度，增加财富、减轻民众负担；然而，历史上的任何一次税制改革却又都不可避免地陷入"黄宗羲定律"[⑤] 之怪圈中。

---

① 《江泽民在庆祝建党八十周年大会上的讲话》，载 http：//www. people，com. cn。
② 《江泽民在庆祝建党八十周年大会上的讲话》，载 http：//www. people. com. cn。
③ 转引自《正确把握先进与落后的标准》，载《光明日报》，2002-01-05
④ 《胡锦涛在"三个代表"研讨会上的重要讲话》，载 http：//www. people. com. cn。
⑤ "黄宗羲定律"，是对一种历史现象的概括。在中国封建社会两千多年的历史中，当农民负担到了不能忍受的极限时，历朝历代统治者都会对农民所征税费进行一些改革，但是改革之后，用不了多长时间，农民负担在下降一段时间后会涨到一个比改革前更高的水平。历代税赋改革，每改革一次，税就加重一次，而且一次比一次重。明清思想家黄宗羲称之为"积累莫返之害"。

中国共产党执政以来，对土地问题、农民富裕问题的探索经历了曲折的过程。本着实事求是的精神，中国共产党不断探索农村经济发展的规律，提高解决"三农"问题的能力。

毛泽东主张农民集体化。他认为，从长远看，解决农村和农民问题的唯一途径，就是将农民组织起来，变个体经济为社会主义集体经济，努力实现共同富裕。这种新的制度设计虽然一定程度上了解决当时所面临的经济困难，从根本上荡涤了小农经济存在的基础，在广大农民中确立了一种对新生的社会主义制度的认同感。但是，由于广大农民还没有彻底摆脱贫困，生存环境依然封闭，这种新的制度设计很快被农民中原始的"合伙平产"所蚕食，它最终带来的只能是平均分配，共同贫穷。

邓小平主张农民自主化，即在集体所有制的前提下，使农民获得经营自主权。农民是分散经营或是规模经营都由农民自己选择。20世纪80年代，在中国广大农村中实行的家庭联产承包责任制，不仅有效地调动了广大农民的生产积极性，生产力也得到了极大地发展。农民的生活水平得到了有效的改善。

江泽民主张农民"非农化"。这是以江泽民为代表的党的第三代中央领导集体在对待农民问题上的一个新思路。伴随着我国改革的全面推进，进入20世纪90年代以后，我国农业、农村和农民又面临着许多新问题，其中在农民问题上的突出表现就是农民收入增长缓慢。农民收入问题，不仅影响农业本身，而且直接关系到国民经济能否持续、快速、健康发展。第三代执政者深刻认识到农民增收难的深层问题，即农业结构不合理导致从事农业人数太多，城镇化水平低直接影响到农村富裕劳动力的转移。为此，提出了解决增加农民收入问题的渠道，即，根据市场需求调整产业结构，发展贸、工、农一体化的农业产业化经营，提高农业综合效益。要大力发展乡镇企业，发展小城镇，广泛开辟农村就业空间，向农业的深度和广度进军，同时合理有序地转移农业富裕劳动力。以城镇化的发展促进农民非农化，是第三代领导者在总结中国共产党几十年来在处理城乡问题上的实践经验基础上提出的一个大思路、大举措，找到了长期困扰农民增收的症结所在。

随着改革开放政策的深入落实，以胡锦涛为首的新一代执政者认为，我国当前已经进入了工业反哺农业、城市支持农村、城乡一体、统筹建设的新的建设发展阶段。为此，中央采取多种有利于"三农"的政策，其中最为突出的是，果断作出了全面取消农业税的重大决策。这一仁政之举，是解决"三农"问题的重大战略性举措。它不仅让困扰着历代统治者的农业税问题成为了历史，也彻底走出了"黄宗羲定律"。与此同时，新一代领导者在"三农"问题上，突破了着眼于让农村农民富裕的农业优先政策、实行离土不离乡的小城镇建设等传统框架，第一次按照农业社会化大生产的方向，实行城乡劳动者平等就业的制度，取消对农民进城就业的限制性规定，引导农村不断发展的富裕劳动力平稳有序地向城市转移，促进大中城市群落化发展。与此同时，依法、自愿、有偿流转土地承包经营权，健全农业社会化服务、农产品市场和农业支持保护体系，发展多种形式的农村专业合作组织，从而逐步实现家庭承包规模经营的现代农业体制。

全球化时代，富民的唯一出路是发展市场经济。在社会主义条件下发展市场经济，既是一个伟大创举，又是一个全新课题。它对党的执政能力和领导水平提出了挑战和考验，迫切需要中国共产党树立科学发展观，深刻把握社会主义市场经济的内在规律和基本要求，不断提高驾驭社会主义市场经济的能力，不断完善党领导经济工作的体制机制和方式。

二、政治上：从"以民为本"到"人民当家做主"

政府施政涉及人们切身利益，决定人心向背，关系社会有序发展和国家稳固，自古就受到广大群众关注，为众多思想家、政治家反复研究，于是对施政有了种种区分。所谓苛政、暴政、虐政、病政、仁政、善政、德政、天政、圣人之政等等，就是人们对施政所作的定性分析，表现了不同政府的施政宗旨和根本原则，也预示不同朝代的不同归宿和命运。我国是实行人民民主专政的国家，和以往剥削阶级国家有根本不同。中国共产党以马克思主义为指导，继承古代思想家、政治家的合理观点，坚持以仁政、善政、德政为执政基础。①

所谓仁政，就是得民心、民意之政，施仁政，就是一切政治、经济、文化活动都是为人民利益而行，以人民的福祉为目的。"仁政"学说是中国历来执政党施政的基础。

（一）人民是中国革命胜利、建设新中国的重要保证

党的第一代中央领导集体的核心毛泽东，早在新民主主义革命时期就明确提出民心向背是获得革命战争胜利的主要原因。毛泽东强调"战争的伟力之最深厚的根源，存在于民众之中"，预言"星星之火，可以燎原"。他还指出："真正的铜墙铁壁是什么？是群众，是千百万真心实意地拥护革命的群众。"② 在《论联合政府》一文中，毛泽东指出："人民，只有人民，才是创造世界历史的动力。"③ 在革命战争年代，正是在广大人民群众的支持下，中国共产党才取得了抗日战争和解放战争的最后胜利。

新中国成立不久，毛泽东就明确提出："说到'施仁政'，我们是要施仁政的。"毛泽东眼中的仁政并非传统意义上的施惠于民，而是指人民当家做主，执政党作为人民的公仆，要全心全意地为人民服务。为使中国共产党真正成为代表人民利益、为人民服务的党，他要求全党树立为人民服务的思想，并把它写入党章。他指出："我们共产党人区别于其他任何政党的又一个显著的标志，就是和最广大的人民群众取得最密切的联系。全心全意地为人民服务，一刻也不脱离群众；一切从人民的利益出发，而不是从个人或小集团的利益出发……教育每一个同志热爱人民群众，细心倾听群众的呼声。"④ 新中国成立头三年，在进行各项社会政治运动的同时，国家致力于恢复国民经济，发展生产。然而，施仁政既有成功的经验，也有深刻的教训。毛泽东把仁政分为大仁政和小仁政。毛泽东认为，大仁政是为人民的长远利益而施政，在当时情况下，就是把大量的人力、物力、财力投入到体现"长远利益"的大工程、大建设、大运动中。所谓小仁政，指的是为当前的人民利益而施政，即发展与民众日常生活密切相关的产业。毛泽东强调重点放在大仁政上。这些施政措施加大了政府施政的随意性，忽视当前群众生活的改善，挫伤了群众的积极性，以致在"文化大革命"中，仁政走向反面，变成"病政"，使国民经济跌到崩溃的边缘。

---

① 参见胡纯和：《仁政、善政、德政——从政府施政深化对共产党执政规律的认识》，载《理论观察》，2002（5）。

② 《毛泽东选集》，2版，第1卷，139页，北京，人民出版社，1991。

③ 《毛泽东选集》，2版，第3卷，1031页，北京，人民出版社，1991。

④ 《毛泽东选集》，2版，第3卷，1094～1095页，北京，人民出版社，1991。

（二）维护人民利益是拨乱反正、实行改革开改的依据

为了医治十年"文化大革命"所造成的"病政"，以邓小平为核心的中国共产党第二代领导集体，以实事求是为指导思想，以人民利益为唯一标准，以善政改造"病政"，还人民以仁政。

首先，人民是执政之本。作为党的核心领导者，邓小平曾不止一次地说过，"我是中国人民的儿子，我深切地爱着我的祖国和人民"。邓小平继承并发展了传统民本思想，以及马克思主义关于人民群众是历史的创造者的基本观点，坚持人民群众是实践的主体，是推动社会发展的动力，是社会物质财富和精神财富的创造者。他不只一次地表明，"群众是我们力量的源泉，群众路线和群众观点是我们的传家宝。党的组织、党员和党的干部，必须同群众打成一片，绝对不能同群众相对立。如果哪个党组织严重脱离群众而不能坚决改正，那就丧失了力量的源泉，就一定要失败，就会被人民抛弃。"①

其次，增加人民的福祉是施政的唯一目标。邓小平总结了新中国成立后政府施政的经验和教训，将人民的长远利益和眼前利益，国家利益和集体、个人利益，实现共产主义远大理想和实现党在现阶段的基本纲领高度统一起来，明确施政方向，重塑政府形象。党的十一届三中全会以后，邓小平及时而果断地停止"以阶级斗争为纲"的错误方针，明确指出："社会主义的本质，是解放生产力，发展生产力，消灭剥削，消除两极分化，最终达到共同富裕。"并进而提出以经济建设为中心，建设有中国特色的社会主义的方针政策。他晚年提出的"三个有利于"是他善政思想的系统化和发展的新阶段："要害是姓'资'还是姓'社'的问题。判断的标准，应该主要看是否有利于发展社会主义社会的生产力，是否有利于增强社会主义国家的综合国力，是否有利于提高人民的生活水平。"②

再次，让人民富裕起来是施政的当务之急。在社会主义生产目的上，邓小平提出，不断满足人民的物质和文化需要是社会主义的生产目的。发展经济、解放生产力、发展生产力是社会主义的根本任务，邓小平认为，发展经济的目的不仅仅是发展经济本身，更重要的是人民群众的物质、文化生活水平的提高。人民生活水平不提高，经济发展就失去了意义，社会主义的优越性也无从体现。

（三）立党为公，执政为民，"三个代表"体现了仁政的精神内涵

面对社会发展中存在一系列问题，特别是社会不公、贫富差距增大、官员腐败突出等影响党的执政形象乃至执政之基础的一系列根本问题，中国共产党第三代领导者提出了"三个代表"理论，明确指出，中国共产党是最广大人民利益的代表、先进生产力的代表、先进文化的代表，它是立党之本、执政之基、力量之源。江泽民同志在"七一"讲话中说：全心全意为人民服务，立党为公、执政为民，是我们党同一切剥削阶级政党的根本区别。任何时候我们都必须坚持尊重社会发展规律与尊重人民主体地位的一致性，坚持为崇高理想奋斗与为最广大人民谋利益的一致性，坚持完成党的各项工作与实现人民利益的一致性。胡锦涛同志在总结"三个代表"重要思想的本质时指出，应牢牢把握立党为公、执政为民，这是衡量有

① 《邓小平文选》，2版，第2卷，368页，北京，人民出版社，1994。
② 《邓小平文选》，第3卷，372页，北京，人民出版社，1993。

没有真正学懂、是不是真心实践"三个代表"重要思想最重要的标志。

其一,实现人民愿望、满足人民需要、维护人民利益,是"三个代表"重要思想的根本出发点和落脚点。"三个代表"是相互联系的辩证统一的有机整体,只有不断解放和发展生产力,增强国家的经济实力,才能为建设中国特色社会主义文化和实现人民群众的根本利益提供坚实的物质基础;只有不断发展和繁荣社会主义文化,才能不断满足人民群众日益增长的精神文化生活需要,才能为发展社会生产力提供强大的精神动力和智力支持;只有不断提高人民群众的物质文化生活水平,才能为改革和建设提供坚实的群众基础,人民群众才能始终以饱满的热情投身到中国特色社会主义的伟大事业中来。发展先进生产力和先进文化是实现最广大人民的根本利益的基础和前提,实现最广大人民的根本利益则是发展先进生产力和先进文化的目的和归宿。①

其二,立党为公、执政为民的根本途径,是认真践行"三个代表"。中国共产党作为中国特色社会主义事业的领导力量,其执政的本质就是执政不为己,除了代表工人阶级和最广大人民的利益,它没有自己的特殊利益。这就决定了领导干部手中的权力只能用来为人民服务,而绝不能用来谋取自己或少数人的特殊利益,否则,就丧失了其先进性,就不能称其为共产党。与此同时,执政为民绝不是一句空洞的口号,而必须体现在实际工作中,落实到为群众办实际事情上。胡锦涛指出:"群众利益无小事。凡是涉及群众切身利益和实际困难的事情,再小也要竭尽全力去办。"

以胡锦涛为首的新一届领导,更进一步强化共产党的执政理念和执政宗旨是"权为民所用、情为民所系、利为民所谋"。"各级领导干部都要牢固树立全心全意为人民服务的思想和真心实意对人民负责的精神,做到心里装着群众,凡事想着群众,工作依靠群众,一切为了群众。要坚持权为民所用、情为民所系、利为民所谋,为群众诚心诚意办实事,尽心竭力解难事,坚持不懈做好事。"②

基于"三个代表"重要思想,中国共产党以解决群众的切身问题作为加强党的执政能力建设的目标,实施了诸如取消农业税、加强惩治腐败等善政、德政。

实践证明,实施仁政、善政、德政,是人民政府施政不可违背的宗旨,也是执政党面对社会问题,解决社会问题的价值归依。因为,人民政府的施政问题,归根结底就是人民民主专政国家处理党和人民、政府和人民的关系问题,它关系着执政党的性质,关系着国家安危,是人心工程、最大的政治工程。当施善政变为施病政,当由依靠人民走向脱离人民时,执政的基础即被腐蚀。国内外的事实证明,施仁政的政府是强有力的政府,施善政的政府是有凝聚力的政府,施德政的政府是有生命力的政府。无论过去、现在、将来,人民政府施政永远不可违背仁、善、德,这就是共产党执政的一条根本规律。③

三、教育上:从"善政不如善教之得民也"到注重全民教育

孟子在论述他的仁政思想时指出:"善政不如善教之得民也。善政,民畏之;善教,民

---

① 参见纪伟昕:《江泽民党建理论创新的总体思路研究》,中共中央党校博士学位论文,2004。

② 人民网(http://www.people.com.cn)。

③ 参见胡纯和:《仁政、善政、德政——从政府施政深化对共产党执政规律的认识》,载《理论观察》,2002(5)。

爱之。善政得民财，善教得民心。"① 他认为好的政治措施不如好的教育更能得到人民的理解。善政只能使人民敬畏，善教才能使人民喜爱。为了得到民心，必须实施好的教育。因此，在解决穿衣吃饭问题的基础上，孟子又在仁政中规定了对人民进行道德教育的内容："谨庠序之教，申之以孝悌之义，颁白者不负戴于道路矣。""设为庠序学校以教之。庠者，养也；校者，教也；序者，射也。夏曰校，殷曰序，周曰庠；学则三代共之，皆所以明人伦也。"②

富民之后教民，是仁政思想提供给后人的解决物质与精神矛盾冲突的有效的政治资源。就孟子所言，他甚至认为，教民比富民更加重要。善教不仅比善政更能得民心，一旦民众拥有知识与文化，反过来能更好地促进物质文明。

以仁政为执政之基的中国共产党，无论是在其执政之初还是当今，都将教民、发展教育事业、提高全民族文化素质作为造福于民、服务于民的主要政策。

中国政府实施的全面教育有三种模式，扫盲教育、义务教育、高等教育大众化。它们既有时间上的承继性，又有时空上的交叉性，反映出执政者适应社会变化与发展，不断探索教育规律的执政能力的增强和执政水平的提高。

（一）以扫盲为主的全民教育

早在 1945 年，毛泽东就明确指出在 80％的人口中扫除文盲，是新中国的一项重要工作。邓小平在改革开放的历史时期也曾强调："一个 10 亿人口的大国，教育搞上去了，人才资源的巨大优势是任何国家比不了的"。江泽民在中国共产党的十五大政治报告中进一步指出："发挥各方面的积极性，大力普及九年义务教育，扫除青壮年文盲。"这种延续性的策略为我国严峻的扫盲任务铺设了积极的政策环境，新中国成立以来，始终如一地把扫盲作为保障人权、确保公民受教育机会和权利、提高民族素质、改进人民生活质量的历史任务。政府根据不同时期的实际情况多次作出重大决策和战略部署。1952 年 11 月 15 日，中央扫除文盲工作委员会成立。1956 年 3 月 15 日全国扫除文盲协会成立，协助政府组织动员全社会参与扫盲工作。党的十一届三中全会以后，扫盲工作进入了规范化、法制化轨道。1982 年 12 月 4 日颁发的《中华人民共和国宪法》第 19 条中规定，"国家发展各种教育设施，扫除文盲"。1988 年 2 月 5 日国务院颁布《扫除文盲工作条例》，对扫盲的对象、标准、规划目标、政策措施做了具体规定。1993 年《中国教育改革和发展纲要》提出：在 20 世纪末，全国基本扫除青壮年文盲，使青壮年文盲率降到 5％以下。截止到 20 世纪末，我国共扫除文盲2.03 亿，成人文盲率由 1949 年的 80％以上降到了 15％以下，青壮年文盲降低到 5％以下。年轻的中华人民共和国摘掉了世界头号"文盲大国"的帽子，从文盲国家的阴影下走了出来。③

---

① 《孟子·尽心上》。
② 《孟子·梁惠王上》。
③ 参见《新中国在扫盲和普及义务教育工作上取得的成绩》，资料来源：http：//www. snwh. gov. cn/product/5/GLSWYBGGJ/WHCYFZGS/1005. htm。

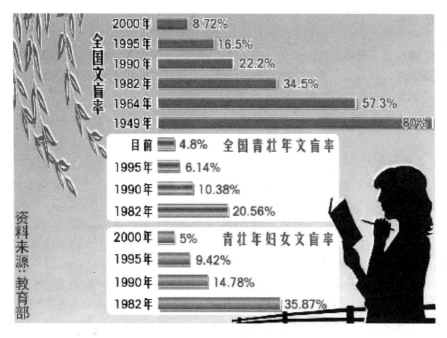

我国扫盲教育取得显著成就

图片来源：http：//news. xinhuanet. com/newscenter/2002 — 09/07/content ＿ 553530. htm，2002-09-17，该图由熊德、吕诺、林汉志编制。

(二) 实施义务教育

新中国成立以来，我国的中小学教育有了很大发展，从根本上改变了旧中国基础教育事业极为落后的状况。在旧中国只有 20％的学龄儿童能够入学。[①] 至 2006 年，中国在校小学和初中的入学率分别超过了 99％和 95％，辍学率也控制在一定的比例以内。[②]

普及义务教育，是早在新中国建立之初就已提出过的奋斗目标，并成为党和政府的一贯方针。1949 年 9 月，中国人民政治协商会议第一届全体会议通过的《中国人民政治协商会议共同纲领》提出"有计划、有步骤地实行普及教育"。1956 年党的第八次全国代表大会和 1958 年党的八届六中全会就分别提出过"用很大的努力有计划地、逐步做到普及中等教育"。虽然，当时还没有明确"义务教育"这一概念，但"普及义务教育"的思想雏形已经开始形成。1985 年，《中共中央关于教育体制改革的决定》第一次明确提出了普及九年义务教育。1986 年，六届全国人大四次会议通过了《义务教育法》，从此，普及义务教育正式纳入了法制化轨道。在普及义务教育的历程中，新中国始终坚持"积极进取，实事求是"的方针，依据中国实际情况，走出了一条有中国特色的普及义务教育的道路——集中全社会的力量，将国家办学与厂矿企业、社队办学相结合，保证尽可能多地提供就学机会；

---

① 参见《新中国在扫盲和普及义务教育工作上取得的成绩》，资料来源：http：//www. snwh. gov. cn/product/5/GLSWYBGGJ/WHCYFZGS/1005. htm。

② 参见《人民日报》，2007-03-08，第 02 版。

因地制宜，采取多种形式办学，使学校布局和办学形式与人民生产、生活相适应，便于学生就学；贯彻党的知识分子政策，提高教师待遇和地位，建设稳定、合格的教师队伍；坚持依法治教，推动落实政府责任；深化基础教育改革，落实素质教育目标；完善提高义务教育投资水平的政策；推进义务教育体制改革——从而最大限度地确保按地区、分阶段、有步骤地实施九年制义务教育，逐年提高普及程度。至 2006 年，中国农村义务教育阶段免除学杂费，五千万义务教育阶段的农村孩子受益。2007 年开始，在全国范围一亿五千万学生中免除学杂费。

（三）高等教育大众化

进入 21 世纪以来，传统的以培养精英人才为主的中国的高等教育又面临着新的挑战。首先，随着改革开放的深入，中国与世界各经济强国的交往与竞争加强，国际竞争的表象为经济竞争、商品竞争，实为科学技术的竞争和国民素质的竞争。其次，国际化趋势，特别是中国加入 WTO 后，持续快速发展的我国经济需要更多的高素质人才，特别是具有国际化能力的外向型人才。再次，广大群众普遍渴望子女都能受到高等教育，让知识"改变命运"。高等教育的需求不断加强，加之人民的生活水平有了更大的提高，有能力支付子女的高等教育费用。在此情形下，中央政府及时调整教育政策，实施了高等教育大众化的战略决策。高等教育大众化是指一个国家高等教育从培养少数精英逐步向培养各行各业专业人才过渡，直至向社会全体公众普及的发展过程。高等教育大众化既是量上的概念，也是质上的概念。从量的方面来看，15％的高中毕业生都能进入大学学习。从质的方面来看，我国高等教育的大发展归根结底在于提高我国人口的素质。

朝气蓬勃的大学生

图片说明：步入高等教育大众化阶段，中国高校在校生人数大幅度增加，高等教育向着多样化方向发展。朝气蓬勃、充满个性的大学生们将在知识更为丰富、模式更为灵活、学科更为健全、体系更为完善的高等教育中汲取营养，成长为有益于社会的创新人才。

图片来源：中国教育新闻网（http：//www.jyb.com.cn/xwzx/gdjy/plfx/t20071015_118653.htm）。

　　与此同时，全民教育结构与体系也不断完善，形成了以义务教学为基础，职业教育、成人教育、自学教育、高等教育等多种形式的教育教学模式，适应了不同层次、不同要求的教育教学要求。

四、法律上，由德主刑辅、慎刑恤罚到依法治国

　　仁政思想在法律制度上的反映是重德轻刑，主张以正面规范与积极引导为主，刑罚惩罚为辅，反对不教而杀。在立法中注意对老幼废疾等弱势群体的保护，司法上提倡宽缓、轻刑，并创造发展了一系列带有人道主义精神的卓有成效的录囚制度、直诉制度、死刑复奏制度、朝审与秋审制度等。

　　中国共产党在建设社会主义的法治国家过程中，曾经走过曲折的道路。改革开放以来，党认真吸取废法、无法的历史教训，认真探索中国法制建设的道路，在积极吸收外国法治文明的成果的同时，继承与发扬并创造性地转化仁政法律思想中的人道主义精神，建立了以保障人民权利为本的逐步完善的法律制度。

　　首先，转变执政观念。党的十一届三中全会总结了"文化大革命"法治被严重破坏的惨重教训，提出发扬社会主义民主、健全社会主义法制思想。1997 年 9 月，中国共产党的十五大明确提出依法治国、建设社会主义法治国家的方略。1999 年 3 月，九届全国人大二次会议将依法治国、建设社会主义法治国家载入宪法。从执政党的治国方略到国家最高法律的高度，确定了依法治国是社会主义法治的核心内容。依法治国，就是广大人民群众在党的领导下，依照宪法和法律规定，通过各种途径和形式管理国家事务，管理经济文化事业，管理社会事务，保证国家各项工作都依法进行，逐步实现社会主义民主的制度化、法制化，使这种制度不因领导人的改变而改变，不因领导人看法和注意力的改变而改变。虽然在理论上党与法的关系问题仍然存在疑问，并且在实践上也出现一些问题，但有法可依，有法必依，执法必严，违法必究的意识日益深入人心。执政理念的转变对改善党的领导方式，特别是党的领导干部的依法行政，对提高党的执政权威、巩固党的执政基础起到了重要作用。

　　其次，建立健全保障人民权利的法律法规。仁政思想中的人道主义的精神，对弱势群体的保护，说到底是君主的仁术、推恩之术，其最终的目的是为了维护统治秩序。依法治国方略下对弱势者的权利的保障，政府与民众的关系不是施与受的关系，人民是国家的主体，是权利的主体，国家有义务为民众权利实现提供法律的保证。就传统意义上的弱势群体，我国已经先后制定了《老年人权益保障法》、《未成年人保护法》、《妇女权益保障法》、《残疾人保障法》，另外，还特别制定了保障诸如城乡贫困人口、下岗人员、失业者、农民工、失地农民、退休人员等弱势群体的法律法规。与此同时，我国以保障人民各种权利的立法日益增多，2007 年颁布的《物权法》明确了对私有财产权的保护，2008 年 1 月 1 日开始施行的《劳动合同法》则是对劳工权益的有力的法律保护。随着国际社会人权保护观念的日益高涨，中国共产党以国际化的视野，将保障人权作为法律的最高价值追求。中国不但成为诸多人权公约的缔约国，自 1991 年开始，中国政府开始发表《中国人权状况》白皮书，让世界人民了解中国人权发展与保障情况，这既是对我国人权发展的一种展示，同时也是促进我国人权发展的动力。

　　作为善政、德政的仁政，同样也是中国共产党作为执政党的价值追求，正是因为有这样的价值引领与理想诉求，中国共产党才能在六十多年的执政历程中克服困难，勇于反思，积极进取，不断提高自己的执政能力。中国社会发展的实践证明，始终怀有得民心、顺民意、为民利的仁政情怀的中国共产党人，善于借鉴吸收古今中外推动人类社会发展的优秀文明成果，发现并掌握社会主义社会及人类社会发展的一般规律，不断开拓与创造，引领中国人民取得了社会主义建设的巨大成就，获得了人民的信任与爱戴。

第四章

传统德治思想与以德治国

第一节
源远流长的中国传统德治思想

一、周公之"德"：中国传统德治思想的发端

在中国古代社会政治与法律的发展进程中，德治思想曾经产生过重要而深刻的影响，成为传统政治、法律文化的重要内容之一。所谓德治就是道德政治，是以道德作为规范君主行为、治理国家社稷、管理庶民百姓的一种学说。它以道德教化作为一种主要的治国手段，强调以内在的潜移默化式的方式影响和制约着每一个社会成员的思想行为，并赋予人的思想行为以善恶是非的价值依据，运用道德的内在约束力以达到社会稳定之目的。

据学者考察，在殷商时期的甲骨文中就有"德"字，此"德"与"得"相通，其原始含义是与战争、财产、祭祀相关联的"以弓缚首，牵之以祭"。在周人的金文中，德字用于征伐之义的例子已经极为罕见，用于财产之义也成袅袅余音[1]，字形也发生了变化，即在甲骨文德字下方增加了"心"，德字被赋予了普遍道德的含义。这标志着商人"迷信鬼神、不重人事"转向了周人"既信鬼神、兼重人事"，即从巫时代向史时代的转变。

开创这一历史新世代的是周公。周公姓姬名旦，文王之子，武王之弟，因采邑在周（今陕西岐山北），称为周公。周公是我国西周初期著名的政治家、思想家和军事家，儒家思想文化的奠基者和创始人。武王逝后，周公辅助成王当政，制定了周朝初创时期的一套较为完善的政治法律制度，其中德治思想及具体政治实践，更是对后世产生了广泛而深远的影响，尤其对儒家思想文化的产生影响巨大，并通过儒家的传播与践履，使之绵延不绝。

（一）德治的理论依据

《礼记·表记》言："殷人尊神，率民以事神，先鬼而后礼。"周人虽然也延承了商人的

---

[1] 参见武树臣：《寻找最初的德——对先秦德观念形成过程的法文化考察》，该文综合了历代各家对"德"字的考证，并提出了自己的观点。载《法学研究》，2001（2）。

天命观，认为"予惟恐小子，不敢替上帝命"①，即不敢违背帝的命令。但周人的天命观与商人的天命观却有着截然的区别。有鉴于商代统治者迷信鬼神，专事暴力而亡的教训，以及周人得道多助的成功经验，周公提出了"天命靡常，惟德是辅"的天命观。周公认为，天命不再是永恒地被上天所赐予，上天不会永远垂青一朝一姓。上天是仁慈的，它关心百姓的疾苦与愿望，得人民的拥护、关心人民的君主将得到上天的捡选，唯有德之人才能成为天命的承担者。殷人无德，所以天命摈弃了他。殷商的亡国并不在于上天的暴虐，而是殷人自己乱德而丧失了天命。而周人行德，得民众之拥护，所以上天选择了周人作为天命的担当者。这样，人就从传统的神的羽翼下解放出来，人之本、人之主体性得到了张扬，从而为德治的展开提供了哲学前提。

这种以德配天的思想，既解决了以周代殷的合法性问题，同时，也为周人确立了基本的治理国家模式，即敬德、明德的德治与德政。在周初文献中，"敬德"的思想就像同一个母题的合奏曲一样，翻来覆去地重复着，如，"克明德慎罚"、"显惟敬德"、"惟王恭德"等。

（二）德治的内涵

1. 明德慎罚

敬德、明德的重要内容之一就是"慎罚"，它也是德政的主要表现。在西周的立法与司法原则中，周公的"慎罚"思想得到了全面的体现。主要表现为：

（1）刑罚宽严适中、避免滥刑。西周在定罪量刑上强调"中道"、"中罚"、"中正"，要求宽严适中，不偏不倚。《康诰》篇言："用其义刑义杀，勿庸以次汝封"，即是说，在行使刑罚时要合义合宜，不可以个人的喜怒哀乐之心任意用刑。同时，在判决过程中要慎之又慎，仔细思考审察五六日乃至十天、三个月才最后决定，以避免滥刑与错判。

（2）实施德教、用刑宽缓。周公认为，德治的表现之一是德教，即通过道德教化而非惩罚的方式使天下臣服，因此，适用法律、实施刑罚时应该审慎、宽缓。如，对于过失犯罪、偶犯要减轻刑罚，应给予改过的机会。"人有小罪，非眚，乃惟终，自作不典，式尔，有厥罪小，乃不可不杀。乃有大罪，非终，乃为眚灾，适尔，既道极厥辜，时乃不可杀。"② 过失犯罪、偶犯，即使罪行很大，只要有所悔改，也可以不杀；相反，如果是故意犯罪、惯犯，即使是罪行小，因无悔改之意，也要加以重惩。对于幼弱、老耄、蠢愚三类人犯罪，也采取减免刑罚的"三赦之法"。

（3）疑罪从轻。中国上古时期却有"罪疑从轻"、"与其杀不辜，宁失不经"的记载。西周继承与发扬了法律审慎这一优良传统，在司法实践中推行"罪疑从轻"、"罪疑从赦"的原则，对疑难案件，采取了从轻、从赦的原则。如，推行"三刺之法"，凡遇重大疑难案件，要经过三道特殊的程序来决定："一曰讯群臣，二曰讯群吏，三曰讯万民"。另一方而，有些疑罪也可以用赎的方式来解决。

2. 敬德保民

保民是周公德治思想的另一主题。周公在总结历史与现实的经验教训时指出，"人无于

---

① 《尚书·大诰》。
② 《尚书·康诰》。

水监，当于民监"①，指的是，以民情民意为镜，可以看政治的成败得失。周公认为，"天畏（威）棐（非）忱，民情大可见，小人难保。"② 天命与德行都可以通过民情民意体现出来，敬天获德的思想在具体的政治实践中就落实为保民。只有保民，才真正称得上是敬德，也只有保民才可能使天命永续、政权永固。"若保赤子，惟民其康乂。"③

具体来讲，首先，统治者必须对人民心存敬畏之心："治民祇（敬）惧。"④ 要从思想上认识到民众对于统治者的重要性，民心是统治的唯一基础。正如后代魏征所说："怨不在大，可畏惟人。载舟覆舟，所宜深慎。"如果不对人民心存敬畏，总有一天是要"翻船"。其次，统治者不能贪图安逸，要体察民情："君子所其无逸，先知稼穑之艰难，乃逸，则知小人之依（隐）。"⑤ 再者，统治者自身需修身进德，引正民众。周公特别强调在德治实践中统治者自身德行对民众的示范作用，他说，"无淫于观、于逸、于游、于田（田猎），以万民惟正之供"⑥。周初的统治者吸取商纣王由于荒淫无道而失去了上天支持，最终兵败身死之教训，告诫后代要以史为鉴，注重德行的修育，如控制欲望，不过分追求享乐，知稼穑之艰难等。

3. 任人唯德、任人唯贤

选择有德之人、贤能之人，成为周公德治思想的又一重要内容。如周穆王曾对伯冏说："惟予一人无良，实赖左右前后有位之士，匡其不及，绳愆纠谬，格其非心，俾克绍先烈。"⑦ 需要指出的是，周公明德慎罚、敬天保民的德治思想虽然强调以德服人、道德教化与以民为重，但其出发点是"以德配天"，其最终目的是"永续天命"，德治只是统治之术而非统治之本，周公的德治只是神权光环下的一缕人性之光。再者，周公之"德"是与宗法社会的尊尊亲亲的礼制相关联的，"德"的内容也体现着尊卑贵贱之礼的精神。

二、先秦儒家的德治思想：中国传统德治思想的系统形成

（一）孔子的德治思想

春秋之际，诸侯争霸，礼乐崩坏，"社稷无常奉，君臣无常位"⑧。天下出现了诸侯争霸、大夫擅权、陪臣执国命的混乱局面。以周礼作为治国之本的一套制度体系已经瓦解，周公敬德保民的价值追求也已经失去了往日的光彩。为在诸侯争霸之中立于不败之地，各国纷纷进行革新，试图寻找一条了富国强兵之道。在此背景下，孔子带领他的弟子游说于各诸侯国之间，提供儒家的治之道，以拯救中华于纷乱，恢复一统。孔子之时，郑国子产已通过将相关法律铸于刑鼎的方式，使民众言有所畏、行有所止，以刑去刑的治国方略正在被众多诸侯国所遵从。孔子则从人类普遍的价值理想出发，明确提出为政以德的方针："道之以政，齐

① 《尚书·酒诰》。
② 《尚书·康诰》。
③ 《尚书·康诰》。
④ 《尚书·无逸》。
⑤ 《尚书·无逸》。
⑥ 《尚书·无逸》。
⑦ 《尚书·冏命》。
⑧ 《左传·昭公三十二年》。

之以刑，民勉而无耻；道之以德，齐之以礼，有耻且格。"① 首开儒家德治主义之先河，并全面讨论了"为政以德"多方面内容，构建了儒家德治思想的基本框架，这种德治思想后经孟子、荀子的系统发挥，以及《大学》、《中庸》的理论升华后，形成了一套严密完整系统的治国方略，成为中国传统政治文化中极为重要的组成部分。

1. 孔子德治思想的理论之基

我们知道，殷周之际剧烈的社会政治变革产生了周公的德治思想萌芽，但周公所关注和所忧虑的首先是天命的转移及政权的丧失问题，德治仍然是与天命、上天相关联的一种外在附加于人的东西，尚未作为一种内在的因素，内化为人们的自觉自愿行为。随着春秋时期天命观念进一步丧失其神秘性、权威性及制约性，为由外在转换为内在带来了良好的条件。由于外在的东西难以得到保障，就需要把外在之"德"转换为内在之"德"，以使德治在人类存在的本原上及生命中寻找到存在的价值依据。孔子的最大贡献之一就是成功地完成了德治由外在向内在的价值转换。②

孔子的德治思想是与他的"复礼"，即试图恢复周初礼乐制度，实现社会稳定和繁荣的理想一脉相承的。在孔子看来，德治的外在表现是礼治，礼表现为一种行为规范，这种行为规范是自律行为，而非他力强制的他律性的行为规范，因此，礼的内在根基就是人的德，德的具体表现是仁。德治就是礼治。下面，我们将在孔子仁与礼关系的推展中探讨孔子德治思想理论之基。

春秋礼乐崩坏的现实裂变中，周公之基于天命的德政、礼制的正当性存在合法性的危机。孔子则从人自身的道德性情中寻找德治的合法性。

> 宰我问："三年之丧，期已久矣。君子三年不为礼，礼必坏；三年不为乐，乐必崩。旧谷既没，新谷既升，钻燧改火，期可已矣。"子曰："食夫稻，衣夫锦，于女安乎？"曰："安。""女安则为之。夫君子之居丧，食旨不甘，闻乐不乐，居处不安，故不为也。今女安，则为之。"宰我出。子曰："予之不仁也！子生三年，然后免于父母之怀。夫三年之丧，天下之通丧也。予也有三年之爱于其父母乎！"③

宰我与孔子对礼有不同的理解。宰我把礼看成有着诸多一招一式细节的规则、仪节，需时时加以操练和复习，否则很可能会忘记。所以他说，如果三年不为礼，礼必坏；三年不为乐，乐必崩；因此，用一年时间行丧之礼就足够了。而在孔子看来，三年之丧礼作为一种约定俗成的行为规范，它含有深层的道德意蕴。守丧时的种种行为规范并不是有谁在强迫着你去遵守，也不在于形式上的种种哀戚表现，全在于悲哀之情的自然表达——人出生之后，三年才能离开父母的怀抱，独立于天地之间，所以有因感念父母之恩才为之守三年之丧礼。三年之丧礼完全是人情之所需，是人性之所向，其本质不在于时间的长短而在于亲情的深浅。如果无情，时间再长也是虚妄，如果有情，一年也能尽哀。所以孔子指出，如果子女认为服一年的丧期能够表达哀戚之情，并且在丧期能够安于食稻、衣锦，那么他就去做好了。

孔子在这里有一个逻辑的转换，他把"礼"规定为含有血缘实质的德行——"孝悌"，又

---

① 《论语·为政》。
② 参见王杰：《为政以德：孔子的德治主义治国模式》，载《中共中央党校学报》，2004 (2)。
③ 《论语·阳货》。

把"孝悌"建筑在日常亲子之爱上。这样，三年之丧的礼制就直接归结为人人含有的亲子之爱的生活情理，礼既有道德归依又有了心理之源。孔子用"仁"来表述这种情与人性的道德体现——德性，这样，仁与礼的关系就是"克己复礼为仁"，"人而不仁，如礼何？"① 一方面，克制与调整自己，使个人言行符合公共生活规则，成为仁的伦理精神；另一方面，纳礼入仁，礼的规范性被解说成人的内在德性所需。这样，守礼、遵礼就成为人生活的一部分，对礼的遵从不需要任何理由和外力的强制。当一个人立于社会之时，他的德性与德行合而为一，中规中矩，形成一个和谐有序的社会。孔子坚信："其为人也孝弟，而好犯上者，鲜也；不好犯上，而好作乱者，未之有也。"

孔子言礼，是"把原来的僵硬的强制规定，提升为生活的自觉理念，把一种宗教性神秘的东西变而为人情日用之常，从而使伦理规范与心理欲求融为一体。礼由于取得这种心理学的内在依据而人性化……由神的准绳命令而为人的内在欲求和自觉意识，由服从于神而为服从于人，服从于自己，这一转变在中国古代思想史上具有划时代意义"②。"强调把礼的执行建立在仁的基础上，赋予礼以道德的品格，把外在的强制转化成内在的自我约束。这就是孔子德治思想的实质和它的意义所在。"③

2. 孔子德治思想的内涵

孔子的"德治"内容丰富，主要有以下几方面：

第一，"德治"以"仁"为基本精神。前面我们在礼与仁的关系中探讨了德治的理论之基"仁"。但，何为"仁"？"仁"作为人的一种道德属性应该具有怎样的品质？仁化外为礼，礼内敛为仁，仁成为德治之可能的前提。孔子对仁的解释并没有统一定义，而是情景性的，即针对不同的人、不同的意向、不同的处境而形成不同的解释。仁的内涵十分丰富，但无论是爱人，或克己复礼等，仁就是做人的道理，就是人之成为人的道德品质。它有两条思路，一是最低道德限度意义上的不损人利己，即"己所不欲，勿施于人"。二是理想的道德境界，即成己成人——己欲立而立人，己欲达而达人。所谓"己所不欲，勿施于人"，就是"我不欲人之加诸我也，吾亦欲无加诸人"④，这是人与人之间相处或者说实行德治时人同此心、心同此理的基点和底线。倘若任何一方缺乏起码的道德共鸣，就会出现向另一方强加某种观念或行为方式的危险，德治就不具有有效性。如果以此基准向上提升，人人均具有爱人之仁心与仁性，人们便可以共同进入一个互信互爱的伦理境地，德治的展开更无丝毫之障碍。

第二，德治的主体是为政者。这是实现德治的关键所在。孔子说："为政以德，譬如北辰，居其所而众星拱之。"此话堪作其德治的根本方略，既明确提出了"为政以德"的政治理念，又表达了德治的关键性因素，即："政者，正也。君为正，则百姓从政矣。君之所为，百姓之所从也；君所不为，百姓何从？"⑤ 当季康子问孔子何以为政治时，他明确指出："政者，正也。子率以正，孰敢不正？"⑥ 在孔子的德治模式中，为政者作为德治之主体，其道德

① 《论语·八佾》。
② 孙国华：《法理学教程》，14 页，北京，中国人民大学出版社，1994。
③ 钱逊：《先秦儒学》，21 页，沈阳，辽宁教育出版社，1991。
④ 《论语·公冶长》。
⑤ 《礼记·哀公问》。
⑥ 《论语·颜渊》。

修养在国家政治系统中占有绝对重要的作用。在孔子看来，道德具有超越一切的无形感召力量，为政者具有了这一道德禀赋，便拥有了政治人格和权力权威，也就拥有了为政治国、安人安百姓的资质。他多次强调为政者加强道德修养与国家政治稳定的关系以及对庶民百姓的道德示范作用："其身正，不令而行；其身不正，虽令不从。"① "子欲善而民善矣。"② 与此同时，执政者与百姓之间的和谐、亲密关系的确定也有赖于为政者的道德品质："上好礼，则民莫敢不敬；上好义，则民莫敢不服；上好信，则民莫敢不用情。夫如是，则四方之民襁负其子而至矣。"③ 因此，执政者首先严于律己、勤于正己，"欲而不贪"，要"恭则不侮，宽则得众，信则人任焉，敏则有功，惠则足以使人"④。其次要勤于其政，要"博施于民而能济众"⑤。很显然，孔子把统治者的修身、修己看作是治国平天下、实现德治理想的前提。

第三，与执政者注重自身道德修养相关联的一项重要内容就是举荐贤才，任人唯贤。殷周以来实行的是"世卿世禄"制，即人才的选举以家世、爵位等为标准。孔子则以"举贤才"的人才价值观修正了传统的人才制度。

> 仲弓为季氏宰，问政。子曰："先有司，赦小过，举贤才。"曰："焉知贤才而举之？"曰："举尔所知，尔所不知，人其舍诸！"⑥

朱熹在解释孔子这段话时说："贤，有德者；才，有能者。举而用之，则有司皆得其人而政益修矣。"⑦ 就是主张有德有才者才有资格管理国家。在孔子看来，作为国家政权的管理者和实施者，举荐贤才在维持国家政治秩序、实行治国安邦方面具有非常重要的意义，它关系着国家政权能否稳定、政令能否顺利施行等大是大非问题。因此，孔子把"举贤才"作为君臣是否具有德行的重要标尺。⑧ 在举荐标准上，孔子主张以德取人，是"志于道，据于德，依于仁，游于艺"⑨ 者，有良好的品行和一技之长。孔子还提出了"学而优则仕"的主张，认为学识丰富者可以出仕为国效力。孔子始终认为，将正直之人置放于不正直人之上，则百姓服；反之，则百姓不服："举直错诸枉，则民服；举枉错诸直，则民不服。"⑩ 使用贤才治国治民，可以收到"举直错诸枉，能使枉者直"⑪ 的理想政治功效。

第四，"德治"必须以守信、惠民、济众、尚贤、崇正、均平、公正等为基本内容，以民为本则为德治之落实之处。孔子的为政以德思想是建构在君主具有崇高的道德修养基础之上的，在对君主的道德素养进行了价值预设后，为政以德思想的另一层面才能够顺利地展开。也就是说，道德主体的修养具有向外辐射转化的本性，将自己的道德要求转化为社会每

---

① 《论语·子路》。

② 《论语·颜渊》。

③ 《论语·子路》。

④ 《论语·阳货》。

⑤ 《论语·雍也》。

⑥ 《论语·子路》。

⑦ 朱熹：《四书章句集注·子路第十三》，141 页，北京，中华书局，1983。

⑧ 参见王杰：《为政以德：孔子的德治主义治国模式》，载《中共中央党校学报》，2004（2）。

⑨ 《论语·述而》。

⑩ 《论语·为政》。

⑪ 《论语·颜渊》。

一个成员自觉的道德行为，将道德规范、礼仪制度内化为社会个体成员的自觉意识，它必然要转化为一种外在的政治事功，即"治人"的层面，具体说就是，"修己以敬"，"修己以安人"，"修己以安百姓"①。这是统治者在实施德治过程中必须要解决的问题。在中国古代政治文化中，君、臣、民三者构成了最基本的社会框架。德治就是按照道德原则处理三者关系并在此基础上确立的一定的道德伦理秩序。

孔子认为，要使社会维持和谐稳定的等级秩序，在处理君民之间的关系时，首先要以道德原则来对待庶民百姓，把自身的高尚道德泽惠于民、取信于民。在孔子看来，老百姓的信任对为政者至关重要，为政以德必先取信于民，取信于民必须诚实无欺，讲究信用。子贡曾问政于孔子，子曰："足食，足兵，民信之矣。"子贡曰："必不得而去，于斯二者何先？"曰："去兵。"子贡曰："必不得而去，于斯二者何先？"曰："去食。自古皆有死，民无信不立。"孔子把"民信"看得比"足食、足兵"更为重要。② 在《论语·颜渊》篇中，孔子又将百姓之满足作为国家统治之根，他说："百姓足，君孰与不足？百姓不足，君孰与足？"深刻地揭示了统治者与被统治者之间的依存关系。朱熹对此解释说："民富，则君不至独贫；民贫，则君不能独富。"③

以民为本的另一个重要方面是强调对民众应以道德教化为主，以刑罚惩罚为辅，反对不教而杀，实施暴政。当季康子询问是否用杀的方式使"无道就有道"时，孔子明确回答："子为政，焉用杀？"④ 孔子认为，国家政治制度应以教化为主，刑罚为辅。道德教化不仅符合人的本性，能从人的思想深处去除违法犯罪的意识，使之不再重蹈覆辙，而且这一柔性的治理手段能有效地化解统治者与被统治者之间的对立。正如《左传》所言："政宽则民慢，慢则纠之以猛；猛则民残，残则施之以宽。宽以济猛，猛以济宽，政是以和。"

孔子的德治思想中也还保留有"天命"观。《论语》中记载孔子讲"天"的地方很多，他非常看重"天"对人的社会生活的支配作用。孔子说："天何言哉？四时行焉，百物生焉，天何言哉？"⑤ 他的学生子夏也说："商闻之矣，死生由命，富贵在天。"⑥ 孔子说的天，有自然意义的天，也有宗教意义的天。孔子不谈鬼神，但又对天和鬼神表现出了足够的敬畏。杨伯峻先生在《试论孔子》中也说"殷人最重祭祀，最重鬼神。孔子虽然不大相信鬼神的实有，却不去公开否定它，而是利用它，用曾参的话说：'慎终追远，民德归厚矣。'很显然，孔子的这些主张不过企图藉此维持剥削者的统治而已。"⑦

（二）先秦德治思想的深化

1. 孟子德治思想的特点——保民而王

孟子继承了孔子德治思想的基本内容，并通过性善论，强化德治的理论之基；以仁政丰富与扩展德治的内涵。鉴于孟子仁政思想将另辟章节详细论述，此处只就最能反映其德治思

---

① 《论语·宪问》。
② 参见王杰：《为政以德：孔子的德治主义治国模式》，载《中共中央党校学报》，2004（2）。
③ 朱熹：《四书章句集注·颜渊》，135页，北京，中华书局，1983。
④ 《论语·颜渊》。
⑤ 《论语·阳货》。
⑥ 《论语·颜渊》。
⑦ 杨伯峻：《论语译注》，13页，北京，中华书局，1980。

想之特点的保民思想加以讨论。

如果说孔子的德治思想通过使为政者关注民心、民情，以缓和君与民之间的矛盾，使德治落到实处的话，孟子则将孔子的民本思想进一步深化与完善，第一次明确提出了"民为贵，社稷次之，君为轻"，强调在国家中，君与民的关系是民贵君轻。

孟子之时，西周的封建制度几乎消灭殆尽，君主专制之风渐长。"商鞅、申不害之徒方致位卿相，大扇重令尊君之说，一时风气实趋向于贵君而贱民。"① 孟子则以其不忍人之心，感天下百姓受暴政之苦，他发挥孔门"民为邦本"之意，倡导民贵君轻。

> 民为贵，社稷次之，君为轻。是故得乎丘民而为天子，得乎天子为诸侯，得乎诸侯为大夫。诸侯危社稷，则变置；牺牲既成，粢盛既絜，祭祀以时，然而旱乾水溢，则变置社稷。②

人民是天下之根本，一国诸侯与社稷之地位都可以"变置"，唯有人民之地位不容动摇。孟子又称，"得天下有道，得其民，斯得天下矣"③。反之，若不能得到百姓的拥护，则必将失去天下。人民的意志便是统治者合法性的唯一依据，人民有权选择他们喜欢的君主。比如，齐宣王攻打燕国，获胜后问孟子是否应该吞并这个邻国。孟子把人民的意愿和利益作为决定条件，他说："取之而燕民悦，则取之……取之而燕民不悦，则勿取。"④

人民既为天下之本，则君主必负有保民之义务，这也是仁政的主要内容。保民之道，则包括顺民、安民、养民、教民等诸多方面。顺民指一切以民情民意为本，如孟子告诉齐宣王，无论是选贤还是决狱，都要广泛征求国人的意见，国人认为贤则用，国人认为可杀则杀之。安民则指使百姓可以安居乐业，这主要通过省刑约法、薄赋税、止战争等方式实现。养民则要求制民之产，并且要保证百姓"不违农时"、"勿夺其时"，做到"春省耕而补不足，秋省敛而助不给"⑤，满足百姓的物质生活欲望。教民指"谨庠序之教，申之以孝悌之义"⑥，教育民众民人伦之义，行孝悌之德。孟子特别关注教化民众，认为："仁言不如仁声之入人心也，善政不如善教之得民也。善政，民畏之；善教，民爱之。善政得民财，善教得民心。"⑦ 即仁厚的言语不如仁德的声望更深入人心，良好的政治不如良好的教育深得民心。良好的政治，民众害怕它；良好的教育，民众喜爱它。良好的政治可以得到民众的财物，良好的教育才能赢得民众的人心。孟子认为，治理国家的根本就是要让民众拥有财产，过上富裕的生活。他说："是故明君制民之产，必使仰足以事父母，俯足以畜妻子；乐岁终身饱，凶年免于死亡；然后驱而之善，故民之从之也轻。"⑧ 如此，"保民而王，莫之能御也"⑨。

---

① 萧公权：《中国政治思想史》（一），92 页，沈阳，辽宁教育出版社，1998。
② 《孟子·尽心下》。
③ 《孟子·离娄上》。
④ 《孟子·梁惠王下》。
⑤ 《孟子·告子下》。
⑥ 《孟子·梁惠王上》。
⑦ 《孟子·尽心上》。
⑧ 《孟子·梁惠王上》。
⑨ 《孟子·梁惠王上》。

2. 荀子德治思想的特点——隆礼重法

荀子在治国手段上，明确指出应以道德为本，法律为末："故械数者，治之流也，非治之原也……故上好礼义，尚贤使能……赏不用而民劝，罚不用而民服，有司不劳而事治，政令不烦而俗美。"① 他从礼刑结合的角度，反对"不教而诛"和"诛而不赏"，他说："故不教而诛，则刑繁而邪不胜；教而不诛，则奸民不惩；诛而不赏，则勤励之民不劝。"② 荀子认为，礼法并重，才是治国之良策，是国家长治久安的根本保证。

荀子德治思想的独特之处在于他非泛泛地谈论德政，而是将伦理领域的道德规范外化为制度领域的礼制，使人们的行为必有外在的规范制约，或为礼或为法，因此，荀子提倡隆礼重法。

战国之际，依法家之理念治国的强秦崛起，面对法家思想对礼制的冲击，荀子清楚地感受到在道德失范（礼乐崩坏）之时，儒家自律性礼的局限性，荀子遂将法的强制性、标准性与客观性与礼结合起来，从而形成了其独特的"礼法"的制度设计。主要表现为：一方面，将自律性的道德规范转化成他律性的法律规范，使个人自觉变为国家强制，以国家强制的方式来维护道德规范。另一方面，仍然保持传统礼之"别""异"的儒家内容。从前一个意义上来说，礼与法的作用、功能相同，两者都是作为绳墨、规矩、调节社会关系之准则而存在。荀子曰："礼岂不至哉。立隆以为极，而天下莫之能损益也……故绳墨诚陈矣，则不可欺以曲直；衡诚县矣，则不可欺以轻重；规矩诚设矣，则不可欺以方圆；君子审于礼，则不可诈伪。故绳者直之至，衡者平之至，规矩者方圆之至，礼者人道之极也。"③ 这和法家之言法之作用无出二辙。如果根据现代法学认为具有一定强制性的规范都可以被称为法，则荀子之礼也就是法。就此点而言，荀子完全吸收了法家重视典章制度的思维路数。正因为此，朱熹说荀卿则全是申韩之说。④ 但是，如果就礼的内容分辨，荀子之礼与法又有本质上的差异。荀子之礼突出的是权利与义务分配上的亲疏、贵贱、尊卑、长幼的分野，故礼的"绳直"、"衡平"是"斩而齐，枉而顺，不同而一"⑤。法家则认为一切人在法律面前均须平等。管子指出，"君臣上下贵贱皆从法，此谓为大治"⑥。商鞅说："所谓一刑者，刑无等级，自卿相、将军以至大夫、庶人有不从王令犯国禁乱上制者，罪死不赦。"⑦ 由此可见，基于等差之别的礼法，实际上也就是梅因所说的身份法。

将基于人情与人性而形成的自然身份转变为可被强制执行的身份法，将道德规范转变成法律规范，将观念形态的"德治"转为制度形态的"礼制"，荀子无疑极大地促进了儒家思想向制度化发展，这也是荀子在法家以法治国而获得成功后，为了适应社会发展而对儒家政治法律思想进行的一次重大改革。

---

① 《荀子·君道》。
② 《荀子·富国》。
③ 《荀子·礼论》。
④ 参见《朱子语类》卷一三七。
⑤ 《荀子·荣辱》。
⑥ 《管子·任法》。
⑦ 《商君书·赏刑》。

3.《大学》德治思想特点——内圣外王

在儒家经典中，《大学》对儒家德治思想的贡献在于它理清了自我德性修养与成就社会德行，即安己与安人的关系。要实行德治，首先要使统治者和人民明白道德的意义，确立合乎社会要求的德行。《四书》之一《大学》对此可谓提纲挈领。《大学》第一章开宗明义地说："大学之道，在明明德，在亲民，在止于至善。知止而后有定，定而后能静，静而后能安，安而后能虑，虑而后能得。物有本末，事有终始，知所先后，则近道矣。"这里明确表示了明德的意义，在于净化自己光明的德性，在于用这种德性去使民众自新，还在于使人们达到善的最高境界。另外，《大学》还指出，大学之道在明明德，在亲民，在止于至善和格物、致知、诚意、正心、修身、齐家、治国、平天下。这是一个欲治天先"治国"，治国先"齐家"，齐家先"修身"，修身先"正心"，正心先"诚意"，诚意先"致知"，致知在"格物"的"明明德"逻辑序列。这个德治的逻辑序列表明：伟大的治国目标的实现，在于个体心智德性的增长；德治首先应以"修身"为本，进而才能做到齐家、治国、平天下。"明明德"这个逻辑递进序列的德治构架，已成为中华民族以德治国的重要纲领，也已成为许多仁人志士的奋斗目标和真实写照。

三、贾谊"以德为教"：传统德治思想的恢复

春秋战国之际，虽然儒家创制并发扬了丰富的德治思想，但在政治与制度层面，儒家的德治思想并没有得到统治者的青睐，商鞅之法与李斯之政是各诸侯国强国富兵的主要治国理念。秦灭六国，统一天下，行郡县，废封建，以法家法治理念作为治国的基本指导思想，法令由一统，治道运行皆有法式。然而秦作为第一个大一统王朝，却行二世而亡，汉初吸取秦亡之教训，大封诸侯，以藩屏汉室，却又造成诸侯割据之势，威胁中央政权。秦亡的原因到底何在？贾谊曾说：

> 然秦以区区之地，致万乘之势，序八州而朝同列，百有余年矣；然后以六合为家，崤函为宫；一夫作难而七庙隳，身死人手，为天下笑者，何也？仁义不施而攻守之势异也。[1]

周初推行封建，统治时间达八百年之久，秦行郡县，二世而亡，汉初统治者鉴于这样教训，实行封建与郡县并行之势。贾谊则指出，周道之长并不在于行封建这一表面的制度模式，而在于施仁义、行王道之德治文化。秦二世而亡，其亡不在未行封建，其亡于"仁义不施而攻守之势异也"[2]。秦亡于统治者不了解打天下与治天下有不同的方法。

贾谊认为，要治理天下必须反秦道而为之，即施仁术，行"先王之道"，所谓先王之道，就是"置天下于仁义礼乐，而德泽洽，禽兽草木广裕，德被蛮貊四夷"[3]。贾谊称之为"德教"。在他看来，民心之向实为天下治安之关键。秦以刑罚治天下，使"民怨背"、"民风衰"，所以才会出现，"一夫作难而七庙隳"。汤、武以仁义治天下，德泽广被，"民和亲"、"民气乐"，虽有禹水九年，汤旱七年而民心不背。因此，能否施仁义实为治国之本。

---

① （汉）贾谊：《过秦论》。
② （汉）贾谊：《过秦论》。
③ （汉）贾谊：《治安策》。

然而，汉初统治者并没有能从根本上反思秦亡之原因，汉王朝建立统一的帝国后，以黄老无为思想治天下，于法制上承继秦制，虽除秦苛法，却在精神上承继了商鞅变法以来"遗礼义、弃仁恩，并心于进取"的思想观念，秦之"遗风余俗，犹尚未改"，"众掩寡、智欺愚、壮凌衰"等等道德风俗日坏，汉初在社会、政治、经济、文化等方面危机四伏，矛盾重重。为此，贾谊上《论定制度兴礼乐疏》，请"定制度、兴礼乐"，"立君臣、等上下，使纲纪有序，六亲和睦。"

虽然贾谊提倡的是尊卑贵贱的礼治秩序，但其中却包含着有相当价值的德治思想：

1. 以礼义正风俗

"礼"是贾谊治国思想中的一项重要内容。贾谊的礼制思想是针对当时社会上出现的诸侯王僭逾与颓风败俗的现实提出来的。汉朝建立以后，经过几十年的与民休息的政策，经济逐步恢复并有所发展。但是一些富商大贾从事非法活动从而获得大量财富，享受奢靡生活，并与王侯分庭抗礼。另外，同姓诸侯王随着实力的增强，逐步显示出独立的倾向，首先表现出来的就是礼制上的僭逾。奢侈和僭逾的情况对社会产生了恶劣的影响，社会风气败坏，使许多人向往和追逐权势与名利。贾谊在《俗激》篇强烈谴责当时的社会风气："夫邪俗日长，民相然席于无廉丑，行义非循也，岂为人子背其父，为人臣因忠于君哉？岂为人弟欺其兄，为人下因信其上哉？陛下虽有权柄事业，将何寄之？……今世以侈靡相竞，而上无制度，弃礼义、捐廉丑日甚，可谓月异而岁不同矣。"① 贾谊指出，这种状况如果不改变，将重蹈秦之覆辙。因为秦亡的教训即在于"秦灭，四维不张，故君臣乖而相攘，上下乱僭而无差，父子六亲殃僇而失其宜，奸人并起，万民离畔，凡十三岁而社稷为墟"。贾谊抨击当时社会上的无为思想，强烈呼吁"定制度，兴礼乐"，使君臣、上下有等，使父子有礼，六亲有纪，以保国泰民安。"岂如今定经制，令主主臣臣，上下有差，父子六亲各得其宜，奸人无所冀幸，群众信上而不疑惑哉！此业一定，世世常安而后有所持循矣。"②

礼制就是道德之治，是将孔子以来的儒家提倡的尊卑贵贱之道德原则外化为规范制度。但礼制并非刚性的规范，而是与人的人性、爱相契合的制度。贾谊继承了孔子以仁作为礼之精神核心的思想，认为，君主应该按照"礼"的准则来行德政，同时也要用仁的精神来指导礼制的实行，礼就是爱。"礼，天子爱天下，诸侯爱境内，大夫爱官属，士庶各爱其家。"③如果行礼制而没有仁义贯穿其中，那么，礼只能流于形式，并且会加深社会的矛盾与对立。贾谊说："故仁人行其礼，则天下安而万理得矣。"④ 行仁德要按照礼来行事，就会天下安定，万物各得其理。把仁义思想贯穿于礼制，是贾谊不同于荀子之处。

2. 以德为教

贾谊指出，秦"以法为教"的统治政策导致了秦的覆亡，具体来说，表现为两方面的后果：其一，上下离叛。其二，颓风败俗。针对这两方面的教训，贾谊提出了其礼治思想，以德教代法教。所谓教，即从里到外地改造人，用宋儒的话来说就是"变化气质"。秦用法来改造人的做法，已彻底失败，贾谊认为应代之以礼来改造人，实施"德教"："道之以德教者，德教

---

① 《新书·俗激》。
② 《新书·俗激》。
③ 《新书·礼》。
④ 《新书·礼》。

治而民气乐；驱之以法令者，法令极而民风哀。"① 德教主要指：其一，成就君德，通过提升君王的道德，实现礼治。其二，以礼教民，强调百姓应该得到教育，以使百姓有廉耻之心。

对于儒家来说，德教的关键在于为政者发挥榜样的作用，所以君主之贤明与否又成为关键中之关键。"人主仁而境内和矣，故其士民莫弗亲也；人主义而境内理矣，故其士民莫弗顺也；人主有礼而境内肃矣，故其士民莫弗敬也；人主有信而境内贞矣，故其士民莫弗信也；人主公而境内服矣，故其士民莫弗戴也；人主法而境内轨矣，故其士民莫弗辅也。"② 统治者行仁、行义、遵礼、守信、为公、守法，就成为民亲、民顺、民敬、民信、民戴、民辅的前提，同时国家也就平和安定，民众顺服管理、人人遵法守礼。

为了有效地培养明君，贾谊提出了以德教育太子——未来国君的重要性。《新书》中论及君主教育的内容很多。《先醒》篇中指山："贤主者，学问不倦，好道不厌，惠然独先，乃学道理矣。"他认为贤君而又有师者可以成王业，中等君主而有师者，也可以成霸业。《保傅》篇中总结夏、商、周三代之所以统治长久，是因其辅翼太子有方，而秦二世而亡，是因其教子无方。胡亥并非天生性恶，只是做皇子时学的全是刑狱之事，故即位后草菅人命，暴虐无道。他指出，为确保汉代未来君王之执政品质，使政局长久治安，必须重视太子教育："天下之命、县（悬）于太子。太子之善，在于早谕教而选左右。"若要君王"以信与仁为天下先"，就必须在其为太子之时，便给予正确良好的礼教。因此，贾谊一改秦朝刑狱之教，认为太子将教育当以"礼"为本，并选择好太子的左右侍从，包括担负教导职责的人员。贾谊还具体提出了太子教育的相关方法。

对于民众，贾谊也认为应对他们实行德治教化，而非严刑惩罚："夫民者，诸侯之本也；教者，政之本也；道者，教之本也。有道，然后教也；有教，然后政治也；政治，然后民劝之；民劝之，然后国丰富也。"③ 在他看来，民众有贤者也有不肖者，百姓尚有待于自觉，但凭自身是无法达到自觉的。因此，关键在于为政者的正确引导，"惟上之所扶而以之，民无不化也"。唯统治者对他们进行教化后，才能使贤者有所得，不肖者有所服。"夫民之为言也，暝也；萌之为言也，盲也。故惟上之所扶而以之，民无不化也。故曰：民萌。民萌哉，直言其意而为之名也。夫民者，贤、不肖之材也，贤、不肖皆具焉。故贤人得焉，不肖者伏焉；技能输焉，忠信饰焉。故民者积愚也。"④ 教化目的主要是用熏陶、习染的办法来达到改造人的气质。贾谊认为，对民众进行德教内容就是"六艺"即《诗》、《书》、《易》、《春秋》、《礼》、《乐》，即以儒家之仁义礼法教化百姓。

贾谊提倡以儒家的仁义礼制治理百姓是与他移风俗、正人心的观念相联系的。贾谊敏锐而深刻地觉察到风俗优劣对于世道人心之维系、在一统社会之治平的重要性，有鉴于秦朝风俗的败坏，而积极倡导通过礼乐教化来移风俗、正人心，使百姓尽染于礼义廉耻之文化氛围之中，达到教化的目的。他理想中的风俗是"天子爱天下，诸侯爱境内，大夫爱官属，士庶各爱其家"，"君仁臣忠，父慈子孝，兄爱弟敬，夫和妻柔，姑慈妇听"⑤。

---

① 《汉书》卷四十八，《贾谊传》。
② 《新书·道术》。
③ 《新书·大政上》。
④ 参见《新书·大政下》。
⑤ 《新书·礼》。

在贾谊的眼中，德治思想并非一朝一代的国策，而具有普遍意义的价值存在，它是人类社会赖以存在与发展的道德底线。这种思想相当深刻。

四、董仲舒"罢黜百家，独尊儒术"：中国传统德治思想的系统化

汉初实行黄老无为而治的指导思想，使民众在暴秦之后能得以休养生息，国家安定，经济发展。但同时这种放任自由的政策也导致地方势力强大，割据一方，与中央分庭抗礼，直接威胁到中央政府的安全。国际关系上，汉初政府也采取一味妥协退让、企求平安的对外政策，导致匈奴经常骚扰边境军民，并对中原虎视眈眈。文景之帝扫除"七王之乱"后，如何加强中央集权，抑制统强集团内部的离心倾向，维护社会秩序，巩固大一统的汉帝国成为统治者调整政策的现实考虑。儒家思想遂成为汉中期统治者重新制定国家制度与政策的指导思想。

前述贾谊是从正人心、移风俗的角度出发，提出以儒家的礼乐教化，提倡德治。董仲舒从维护大一统的统治秩序出发，从大政治格局出发，提出只有以儒家思想治国，才能实现国家的长治久安与大一统。他在上奏武帝的"天人三策"中明确提出："诸不在六艺之科、孔子之术者，皆绝其道，勿使并进。"① 该建议被武帝接受，儒家思想遂成为正统的统治思想。儒家的德治理论也随着儒学的意识形态化而成为历代统治者或标榜或遵循的治国之道。

与先秦儒家主要论述德治与礼治而少谈法治不同，董氏德治思想是在他所设计的"大德小刑"、"德主刑辅"的制度框架中展开的。

1. 董仲舒德治思想之基础

董仲舒综合周公以德配天与孔子以人性作为德治理论之基的观点，为大德小刑、德主刑辅找到了"天"的形而上之根据，又从人自身中找到了以德治为主的人性论之依据。

董仲舒杂糅儒家学说与阴阳五行，从天人合一、天人感应出发，认为人道本于天道："天道之大者在阴阳，阳为德，阴为刑，刑主杀而德主生，是故阳常居大夏，而以生育养长为事；阴常居大冬，而积于空虚不用之处。以此见天之任德不任刑也。……王者承天意以从事，故任德而不任刑。刑者不可任以治世，犹阴之不可任以成岁也。为政而任刑，不顺于天，故先王莫之肯为也。"② 天道阳多阴少，阳为德，阴为刑，天道任德教而不任刑。故王者应承天意而行效法天道，应以德为主、以刑为辅。天之道春生夏长、秋收冬藏，故人间法制应只能在秋冬行刑，才不违背天意。由此看来，人道任德不任刑事、德主刑辅并非人所任意选择的结果，而是上天使之如此，德治获得了天命的认识，其合法性来自于天道，因此不容置疑，不能弃废。

董仲舒这里的天是自然之天、意志之天与道德之天的混合体，就其作为人道之楷模而言，它更多地表现为道德之天；当它作为人道的守望者、主宰者而言，它又是意志之天，"天以天下予尧舜，尧舜受命于天而王天下"③。因此，当人类不能遵循天道，任刑不任德或小德大刑时，上天就要通过灾异来谴告为政者。天子受命于天，禀承天意以治理天下，任德

---

① 《汉书》卷五十六，《董仲舒传》。
② 《汉书》卷五十六，《董仲舒传》。
③ 《春秋繁露·尧舜不擅移汤武不专杀》。

不任刑,实施德治与仁政便具有了神圣的正当性。

与此同时,作为天之副产品的人,其人性也要求统治者实施德治而非一任刑治。董氏认为,人与万物都是天有意识、有目的的创造的,"天者,万物之祖,万物非天不生"①;"人之为人,本于天,天亦人之曾祖父也"②。天生人,人也秉承了天之性:"人受命于天,有善善恶恶之性"③;"今善善恶恶,好荣憎辱,非人能自生,此天施之在人者也"④。这即是说人从天那进而秉承了善恶两性。之所以有善恶两性,是因为天有阴阳缘故,"天两有阴阳之施,身亦有贪仁之性"。为此,统治者就应该运用德教启发与培养其人之善性,使其成为合乎封建道德的善人:

> 今万民之性……可谓有质,而不可谓善。……天生民,性有善质而未能善,于是为之立王以善之,此天意也。⑤

> 性质,天质之朴也。善者,王之教化也。无其质,则王教不能化;无其王教,则质朴不能善。⑥

上天创造人的善端,就需要王者通过教化引导人们努力从事道德修养,达至全善之境。这既是王者可以做的事,也是王者承受天意应该做的事。董仲舒说:"民受未能善之性于天,而退受成性之教于王,王承天意,以成民之性为任者也。今案其真质,而谓民性已善者,是失天意而去王任也。万民之性苟已善,则王者受命尚何任也?"⑦

可见,人之善性是王者推行道德教化的人性根据,如果没有天赋善性,人也就失去了为善的内在根据。则于天赋善性只是一种可能性,故王者的教化尤其重要。当然,人性也有向恶的可能性,因此,成民之性也需要以法度正之。两者相比,德教更为重要。"古者修教训之官,务以德善化民,民已大化之后,天下尝亡一人之狱也。今世废而不修,亡以化民,民以故弃行谊而死财利,是以犯法而罪多,一岁之狱以万千数。"⑧

人之天赋善恶两性由于在不同的人身上会形成不同的表现,董仲舒进一步将人性分三等,即圣人之性、中民之性与斗筲之性。圣人得天独厚,从天那里禀受了完美的善性,所以圣人之性纯善无恶,对其不用教化,圣人自身就是人世间天生的教化者与人们的道德楷模。斗筲之性者得天之薄,其性纯恶无善,其人狡僻奸诈,唯有行惩罚以代替教化。圣人、斗筲之人皆为少数,唯多数中性之人可善可恶,故必须强化道德而导之向善,只有在教化不起作用时才起刑罚,即"前德而后刑","厚其德而简其行"。

经过董仲舒的论证,王者实施德治,任德不任刑就成为天经地义之事。儒家德治思想一跃而具有了神圣的品格。由于董仲舒以天道论证人道的同时也论证了君权神授,为王权的合法性寻到了上天的根基,所以,基于天人感应基础上的德主刑辅的治国理念得到了历代统治

---

① 《春秋繁露·顺命》。
② 《春秋繁露·为人者天》。
③ 《春秋繁露·玉杯》。
④ 《春秋繁露·竹林》。
⑤ 《春秋繁露·深察名号》。
⑥ 《春秋繁露·实性》。
⑦ 《春秋繁露·实性》。
⑧ 《汉书》卷五十六,《董仲舒传》。

者的认同，被董仲舒用宗教包裹的德治思想也从此演变为两种形态：一种仍然保存着原始儒家基于批评视角的理论形态，融化为一种价值诉求，成为人类追求理想政治与制度的向导；另一发展方向则从理论形态进入制度形态，通过"礼"这一仪式规范，外化为尊卑贵贱、三纲五常之礼制。当然，这两种形态的德治常常纠缠在一起，并没有明确的界限，常常你中有我，我中有你，这或许成为不能泛泛而谈儒家德治思想成败的原因吧。

2. 董仲舒德治思想之内涵

在德主刑辅的架构下，董仲舒继承了先秦儒家重君德、行仁义、施教化、遵礼制等方面的德治思想内容，并加以深化与阐释。

（1）以义正我，以仁安人。德治的主题是要通过自我的德行修养与行为规范，以自律的方式遵循公共秩序。对于统治者来说，他还要以自己的德行去影响、培养民众，因此，自我道德的修养培育尤为重要。董仲舒认为："夫上下之化，下之从上。"[1] 他告诫统治者说："尔好谊（义），则民向仁而俗善；尔好利，则民好邪而俗败。由是观之，天子大夫者，下民之所视效，远方之所四面而内望也。"[2] "故君民者，贵孝弟而好仁义，重仁廉而轻财利，躬亲职此于上，而万民听生善于下矣。"[3] 如何培养道德修养，强化人自身的行为规范？董仲舒从义与仁相差别出发，提出道德修养的两个方面。

其一，内敛性的自我独化——以义正我。董仲舒言："义者，谓宜在我者。宜在我者，而后可以称义。"[4] 即"义"这一品质是针对自身的道德要求。义，孔子谓，"君子之于天下也，无适也，无莫也，义之与比"[5]。《中庸》讲："义者宜也。"义即是行为的正当性，符合条理之秩序。人的行为是否正当性？是否符合普遍的道德规范与公共秩序，全在于人自身之严格律己。如果自身行为不正当，则不能教化别人，称为义。"义之法在正我，不在正人。我不自正，虽能正人，弗予为义。"[6] 董仲舒这一思想应该说继承了先秦儒家把重视统治者自身修养当做教化人民百姓的先决条件的观点。

其二，推己及人的教化——以仁安人。董仲舒认为，道德君子的德行圆满除了注意"以义正我"之外，还有更高的一个层次，就是"以仁安人"："仁者爱人，不在爱我"；"人不被其爱，虽厚自爱，不予为仁。"以仁安人既是一个由己及人的推恩过程，又使自我在这一广施博爱中成就了更高层次的道德境界。

仁是向外"推恩以广施"，即以宽博之爱待人；义是向内"反理以正身"。董仲舒特别强调对这种仁义之别必须明察，如果反其道而行，"以仁自裕，而以义设人"，则社会价值体现将失范，社会秩序将大乱。

董氏的以仁安人、以义正我，实际上是对孔子"己所不欲，勿施于人"，"己欲立而立人，己欲达而达人"之忠恕之道的进一步深化。目的都是强调当政者自我的道德修养，这种道德修养不只是自我的独善其身，更在于他的兼善天下，这样，个人道德就包括成己的德性

---

① 《汉书》卷五十六，《董仲舒传》。
② 《汉书》卷五十六，《董仲舒传》。
③ 《春秋繁露·为人者天》。
④ 《春秋繁露·仁义法》。
⑤ 《论语·里仁》。
⑥ 《春秋繁露·仁义法》。

与成人的德行，并通过德行而成就德性。

(2) 以仁安民。君王自我道德修养的外化，即"以仁安人"之"人"进一步具象化就是与君主相对的民众。以仁安民，就是以民为本的进一步发展。董仲舒说："天之生民，非为王也，而天立王以为民也。故其德足以安乐民者，天予之；其恶足以贼害民者，天夺之。"① 君主是为民的存在而立的，谁能重视民、使民安乐，谁就能保住君主的地位；反之就会丧失，这是已为夏殷以来的历史所证明了天理。因此，君主具有"仁"之德，在于他爱民众。"泛爱群生，不以喜怒赏罚，所以为仁也。"② "养民"和"教民"则是"以仁安民"的实践德行。"养民"要求君主要施宽惠之政于民。具体如"限民名田，以赡不足，塞并兼之路"；"盐铁皆归于民，不许官吏与民争利"；"薄赋敛，省徭役，以宽民力"；反对"不任德而任力，驱民而残贼之"；等等。以此来满足民众的衣食之需，使其得以休养生息、安居乐业。"教民"，要求"立大学以教于国，设庠序以化于邑，渐民以仁，摩民以谊（义），节民以礼"③。即以三纲五常教化民众，最终使其"有士君子之行而少过"④。

(3) 教化民众。通过教化而非惩治的方式使民众自觉遵守社会秩序是儒家实施以德治国重要措施。董仲舒虽不废弃刑法惩罚在国家治理中的作用，但他认为国家统治民众的主要手段应该是重教化而轻刑罚。董仲舒认为道德教化是主动的、治本的，因此"圣人之道，不能独以威势成政，必有教化"⑤。只有道德教化才能培养人的是非荣耻之心，从而使人为善。他总结历史的经验说："圣王已没，而子孙长久安宁数百岁，此皆礼乐教化之功也。"西周初年的"成康之治"得力于道德教化："……成康之隆，图圄空虚四十余年，此亦教化之渐而仁义之流，非独伤肌肤之效也。"⑥

教化与刑罚之间的关系是"化大行故法不犯，法不犯故刑不用"⑦。教化就像防止犯罪的堤防，"故教化立而奸邪皆止者，其堤防完也；教化废而奸邪并出，刑罚不能胜者，其堤防坏也"⑧。教化建立，堤防完善，奸邪就会止息；相反教化废弃，则奸邪并生，刑罚不能胜用。董仲舒认为，社会管理的关键是"以教化为大务"，"教化不立而万民不正也。"⑨ 对于人们趋利而弃义，董仲舒认为并不是人们道德出了问题，而是人由于人的本性和认识水平的局限所致，如他所说"民之皆趋利也，固其所暗也"。虽然义为大，利为小，但对普通人来说，"小者易知也，其于大者难见也"。人民大众是质朴无知的，但性并不等于善，"性比于禾，善比于米，米出禾中，而禾未可全为米也；善出性中，而性未可全为善也"⑩。他认为人民大众的本性就像"禾"、"粟"、"璞"一样，是处在一种自然本能的状态中，天生是趋利而不趋义的。要使"禾"、"粟"、"璞"变成"米"和"玉"，必须通过人的劳动耕耘和加工冶炼；而

① 《春秋繁露·尧舜不擅移汤武不专杀》。
② 《春秋繁露·离合根》。
③ 《汉书》卷五十六，《董仲舒传》。
④ 《春秋繁露·俞序》。
⑤ 《春秋繁露·为人者天》。
⑥ 《汉书》卷五十六，《董仲舒传》。
⑦ 《春秋繁露·身之养重于义》。
⑧ 《汉书》卷五十六，《董仲舒传》。
⑨ 《汉书》卷五十六，《董仲舒传》。
⑩ 《春秋繁露·深察名号》。

要从"本性"中培育出"善"来，必须通过教化，"性非教化不成"①。

（4）遵三纲五常之礼。前述中曾经指出，董仲舒德治思想包含了两种形态，一种是与孔子、孟子相联的精神形态的德治观，这种德治思想实际上只是作为一种应然的价值追求而存在，表现为对现实政治的一种批评与审视。与此同时，董仲舒还继承与发展了荀子以礼制为主要德政内容的制度化了德治形态，即三纲五常之礼，礼制通过德主刑辅的确认以"德"的形式进入国家制度之中，或者直接成为法律制度，如孝，或者成为国家法制的指导思想。

与论证德主刑辅的方式相同，董仲舒认为三纲五常同样也来自于天道。《尚书·皋陶谟》曰："天秩有礼，自我五礼有庸哉。"董仲舒则将天秩的内容明确化，《春秋繁露·基义》："仁义制度之数尽取之天。天为君而覆露之，地为臣而持载之；阳为夫而生之，阴为妇而助之；春为父而生之，夏为子而养之，秋为死而棺之，冬为痛而丧之。王道之三纲，可求于天。""三纲"信条是固化社会关系和政治伦理的需要，董仲舒认为，三纲之道也源于天，孝是天的品质之一，即所谓"天之经"。河间献王问董仲舒，你说孝是天经地义的，有何依据？根据什么道理？董仲舒回答说："天有五行，木火土金水是也。木生火，火生土，土生金，金生水……父之所生，其子长之；父之所长，其子养之……由此观之，父授之，子受之，乃天之道也，故曰：夫孝者，天之经也。"② 人世间的孝道遵循的是"五行相生"的天道运行规律，孝道因而具有了毋庸置疑的先天的合理性。同样，遵守三纲五常之礼是顺应天道。

五、汉代以后：中国德治思想的继续发展

儒家德治思想在经过周公、孔孟荀、董仲舒的发展之后，汉代以后基本趋向成熟，特别是汉中期"独尊儒术"，确立了儒家思想作为国家意识形态之后，作为制度形态的礼制逐渐渗透到国家制度的方方面面，作为精神形态的德治思想也成为人们对理想社会治世之道的诉求，甚至有时还能融入明君们的治国观念之中，指导着彼时的政治法律实践。例如，隋朝时期的王通，有感于隋末乱亡的社会现实，以"明王道"为己任，要求重建王道政治，提出了关于施德治、行仁政的一系列原则与主张，并提出了"正主庇民"的响亮口号："房玄龄问正主庇民之道，子曰'先遗其身'。曰：'请究其说。'子曰：'夫能遗其身，然后能无私；无私，然后能至公；至公，然后以天下为心矣，道可行矣。'"③ 正如《礼记》之"身修而后齐家，家齐而后国治，国治而后平天下"，王通之正主庇民，首先强调的仍然是主者的德性与德行，王通认为君主修身的落实处应该在"遗身"，即忘掉自己，放弃自己的私利，无私才能至公，才能以天下利益为出发点与归宿点。正主的同时还必须庇民，王通要求君主要爱民厚生，"不以天下易一民之命"④。

儒家德治思想之核心内容之一"民本思想"，也在后代得到了张扬。唐太宗李世民作为一个有作为的政治家，以民为本思想治国，认为："君依于国，国依于民。刻民以奉君，犹

---

① 《汉书》卷五十六，《董仲舒传》。
② 《春秋繁露·五行对》。
③ 《中说·魏相》。
④ 《中说·天地》。

割肉以充腹，腹饱而身毙，君富而国亡。"①由此成就了"贞观之治"。宋代理学家二程倡导"以顺民心为本"，认为，"为政之道，以顺民心为本，以厚民生为本，以安而不扰为本"②。治理国家的首要问题是民志定、民力足，民众生活富足，民心才能稳定，国家才能得到充分治理，必须理顺民心，使民心生活充裕。明末清初思想家王夫之通过对历史的考察，得出"言三代以下之弊政，类曰强豪兼并，赁民以耕而役之，国取十一，而强豪取十五，为农民之苦"③。他痛恨豪强兼并的弊政，同情农民之苦，提出，要严以治吏，宽以养民。"宽者，养民之纬也。"④

第二节
中国传统德治思想的逻辑结构

一、性善论：中国传统德治思想的理论基石

在人类思想发展史上，对于人性问题思想家们提出了见仁见智的假说，一种普遍的看法是德治的人性论前提为性善说，法治的人性论前提为性恶说。就传统儒家来讲，之所以能够实施德治，在于人们相信人的本性是可以向善的方向发展的，这种可能性需要积极引导与教化，需要发扬光大，正因为此，德治才成为可能。

关于人性善恶的讨论，发端于孔子"性相近也，习相远也"的命题，但孔子并没有对人性问题进行系统的探究。就性相近与习相远的命题来看，孔子认为，人的道德性是相近的，之所以有后来的善恶之别，在于后天"习"造成。⑤因此，改变习染环境，培养德性就显得十分重要。孔子提倡的"己所不欲，勿施于人"，"己欲立而立人，己欲达而达人"的忠恕之道，作为"仁"的具体体现，实际上也预设了人的道德向善性。就孔子为人所设计的理想的道德人格——圣人和君主子而言，德治的目的就是要培养人们成为理想的道德人格。

"人性善"是孟子关于人的性质的一个著名论点。孟子之讲性善，其根据在于他认为人天生具有"善端"，即向善的端倪。人有四端："恻隐之心，仁之端也；羞恶之心，义之端也；辞让之心，礼之端也；是非之心，智之端也。"⑥善端是道德意识的萌芽。在孟子看来，人与禽兽之别就在于人有这一点，人有善端也是人之所以为人的内在根据，又是人施行政治主张的基础。因为人有善性，所以才能讲道德、行仁政。孟子言："人性之善也，犹水之就下也。人无有不善，水无有不下。"⑦既然人与生俱有善性，为何社会还会有人作恶呢？在孟

---

① 《资治通鉴》卷一九二。
② 《二程文集》卷五。
③ 王夫之：《噩梦》。
④ 王夫之：《读通鉴论》卷八。
⑤ 孔子并没有说明"性相近"之性是自然之性还是道德之性，但就孔子所说"生而知之者上也，学而知之者次也，困而学之又其次也"来看，孔子承认人在自然属性上有先天的差异。因此，这里理解为道德属性是说得通的。
⑥ 《孟子·公孙丑上》。
⑦ 《孟子·告子上》。

子看来，这是因为受了社会环境的客观影响，即"善端"受到了"陷溺"而丧失。故孟子认为，人天生的善端要注意不断地扩充，培养善性，才能达到"尽心"、"知性"、"知天"、"事天"、"成圣"的境界。

孟子主张天赋善性人皆有之，所以人人皆可以成为尧舜。这是对人性平等的一种肯定，这种平等不会因为人的社会地位的不同而有差异，王公贵族与庶民百姓均可以在这一基础上成就理想的道德人格。孟子这一理论预设，其真正的目的在于要提高人求善的信心，发挥人向善的主动性，即让人充满信心、积极主动地去追求一种理想的道德人格与道德生活。人生有善的萌芽，进而，人们通过发掘和扩充先天的善端而使自己具备完美的善性；具备了完美的善性，就意味着实现理想的人格与理想的人生价值。这样，沿着性善论的前提，理想人格论、人生价值论、道德修养论便随之顺理成章，从而构成了一个在内在逻辑上环环相扣的人生哲学体系。而孟子的人生哲学体系又与他的政治哲学密切相关，孟子之"以不忍人之心行不忍人之政"的"仁政"学说，既要求统治者通过自身修养成为道德高尚之人，又要求通过教化的手段引导民追求理想的道德人格。人性本善，从而使仁政和德治成为可能。

与孟子相反，荀子则认为，"人之性恶，其善者伪也"①。人性由恶变善，是后天人之所为。这个变化过程被称为"化性起伪"。荀子之本性"恶"并非价值论意义上的与"善"相对应的"恶"，而是指人生有趋利避害的本能，即人的自然属性。荀子曰："凡人有所一同：饥而欲食，寒而欲暖，劳而欲息，好利而恶害。是人之所生而有也，是无待而然者也，是禹、舜之所用也。"② 正因为它是人的本能，故而禹、舜这样的圣人也都与常人一样拥有这一属性，"君子之与小人，其性一也"③。然而，如果放纵人们人的这种趋避害的本能，任其本性无节制的发展，则必然导向社会纷争，以及人真正的"恶"：

> 今人之性，生而有好利焉，顺是，故争夺生而辞让亡焉；生而有疾恶焉，顺是，故残贼生而忠信亡焉；生而有耳目之欲，有好声色焉，顺是，故淫乱生而礼义文理亡焉。然则从人之性，顺人之情，必出于争夺，合于犯分乱理，而归于暴。④

因此，若顺应人的自然本性发展，就会导致纷争悖乱不已，从而破坏社会政治的秩序。由此看来，人的自然本性与社会治理互不相容。社会治理是阻断好利、疾恶、好声色的发展势头，使之归向于辞让、忠信、礼义。正是在这个意义上，荀子说"人之性恶，其善者伪也"。"伪"即人为，"可学而能、可事而成之在人者，谓之伪"⑤。

孟子的人性善论，是认为人天生就具有辞让、忠信、礼义等善端，社会治理主方式就是扩大、顺应这些善端，使之成为善性。忠孝节义、仁义礼智等道德规范是人自我的趋向，非自外力。因此，基于性善论基础上的德治，其发展意义更多体现于价值层面，表现为前瞻性的、普遍性的意义指向。

---

① 《荀子·性恶》。
② 《荀子·性恶》。
③ 《荀子·性恶》。
④ 《荀子·性恶》。
⑤ 《荀子·性恶》。

荀子的性恶论，是认为人天性中并没有辞让、忠信、礼义等趋向，只有好利、疾恶、好声色的趋向，所以需要以礼义节之、制之："今人之性恶，必将待师法然后正，得礼义然后治。"① 礼外化为一种与社会相关的他力规范。因此，荀子的德治更多地体现为"礼"治，他强调的道德教化主要是要人们"守礼"、"遵礼"。

孟子道性善、荀子道性恶，两种立场出发点不同，但其努力方向是一致的，两人所要解决的都是社会人伦道德的根据问题，而对社会的人伦道德的重要性本身则丝毫没有怀疑。这一点正是儒家与其他学派的重要区别所在。性善论所强调的是积极的成就善，这是哲学立场上的；性恶论所努力的则是消极的防止恶，这是社会学的立场。②

先秦之后，基本上围绕着孟子与荀子的人性论而展开讨论，并因此而有德主刑辅、德刑兼用等治理模式，但以儒学为主体的传统文化的主流是倾向于性善论，董仲舒提出性三品之说，将人之性分为圣人之性、中民之性与斗筲之性，认为圣人与斗筲小人只是少数，社会上大多数人都是可以教化的中品之人，"性质，天质之朴也。善者，王之教化也。无其质，则王教不能化；无其王教，则质朴不能善"③。后汉儒者荀悦认为人性善恶相兼。"性虽善，待教而成，性虽恶，待法而消。"④ 又指出"君子以情用，小人以刑用……故礼教荣辱以加君子，化其情也；桎梏鞭扑以加小人，治其刑也。……若乎中人之伦则刑礼兼焉"⑤。提倡教化刑法各有其功用，缺一不可。但他和西汉的儒者一样，是德主刑辅论者。他说："先王之道，上教化而下刑法，右文德而左武功。"⑥ 他推崇教化。"教化之废，推中人而坠于小人之域；教化之行，引中人而纳于君子之涂。"⑦ 唐人李翱则提出性善情恶说，提出要扬善抑恶。宋明理学家又将人性分为天地之性与气质之性，要"变化气质"，使之向善。总之，儒家相信，人皆有善端，并有向善发展的无限潜能，只要通过适当的方式进行教化和修炼，都可以成为人格完美的人，所谓"人皆可以为尧舜"。

人是社会关系的产物，人性首先在于它的社会性，人的善与恶是后天在社会环境的影响下形成的。由于在当今现实社会中，善与恶两种行为模式、两种观念均客观地存在着，所以在社会中存在的人在其一生中都会受到善与恶两种行为倾向及观念的影响，其结果可能是"近朱者赤、近墨者黑"。现实生活中的人，其人性中既有善的因素，也可能有恶的倾向，抑或两者兼而有之。因此，单靠道德不足以抑恶，单靠法律不足以扬善，只有充分发挥法律与道德两种行为规范的功能与作用，法治与德治并重，才符合社会中人性状况的客观现实，符合现代社会控制的客观需要，最终实现国家与社会的长治久安。

二、德政：中国传统德治思想的理论内核

德治思想在社会实践领域的主要体现为德政。《广雅·释诂》曰："德者，得也。"《说文

① 《荀子·性恶》。
② 参见谢遐龄主编：《中国社会思想史》，9页，北京，高等教育出版社，2003。
③ 《春秋繁露·实性》。
④ 《申鉴·杂言下》。
⑤ 《申鉴·政体》。
⑥ 《后汉书·荀悦传》。
⑦ 《申鉴·政体》。

解字》曰："外得于人，内得于己也"。德政是一个内涵极为丰富的词，广义的"德政"，是指顺民意、得民心的政令和政绩，与"苛政"、"暴政"、"虐政"等恶政相对。《资治通鉴》卷七三云："夫皇天无亲，惟德是辅。民咏德政，则延期过历；下有怨叹，则辍录授能。"《佩文韵府》引《诗·周颂谱》言："太平之时，人民和乐，讴歌吟咏，而作颂者，皆人君德政之所致也。"这里的"德政"主要是指统治者的节操。孔子讲，"为政以德，譬如北辰，居其所而众星拱之"①。德是为政者之德，但有德者不一定是为政者，为政者不一定是有德者，为政以德者是为政者与有德者合二为一的人。显然，孔子强调的是为政者自身的道德修养。②从这个意义上来讲，德政的核心关注于为政者的明德诚信，并由此而进一步演绎为贤才政治。

中国传统德治思想注重为政者的素质，为政者的素质成为德治的关键环节，关系到治国的兴衰成败，这个关键环节可以概括为贤者治国。所谓贤者，司马光讲"德行高人谓之贤"③；朱熹讲："贤，有德者。"④ 传统德治思想注重君、臣的自身修养，提倡为君者要有君道，为臣者要有臣道，对官吏的选拔、任用和处罚应遵循一定的准则，从而形成吏治之道和用人之道，中心思想是贤者治国，任贤选能，让贤者在位能者在职。⑤

德治的关键在于为政者有德，有两个原因：

其一，儒家的理想人格论中，圣人或君子之人格本身就包含了德的外化——"治"，治只是为政者的德的自然发挥。古人强调人活着应该有目的，认为一个真正的人，应该心怀天下，以己弘道。"子曰：君子谋道不谋食……君子忧道不忧贫。"⑥ 曾子曰："士不可以不弘毅，任重而道远。"⑦ 真正君子，应该如《大学》所言：格物、致知、诚意、正心、修身、齐家、治国、平天下，"修己以安人"，"明明德于天下"。君子修身，对自己的一思一言一行反观内省，就是高度自觉，甚至可以说具有超越性的彻底的自觉，但这种自觉并不把目的和手段分离。修身（内圣）与齐治平（外王），或者说德与治，其相互关系是不即不离的，或者说是不一不二的。有德自然有治，"居其所而众星拱之"，而欲治必须有德。德与治一旦分离为二，德就成为一种手段，就很容易成为随人解释和操作的工具，就很可能成为"乡原，德之贼也"⑧。乃至以德杀人。

其二，在有德之君与民之间，明君的道德感召力远远大于其实施的行为。在为政方法上，孔子强调一个"正"字，他说："其身正，不令而行，其身不正，虽令而不从。"⑨ 又言：

---

① 《论语·为政》。

② 人们在讨论儒家思想时，时常将德政、仁政等混杂而用，即德政即为仁政，仁政也就是德政。如果从为仁的具体内容上来讲，这样的混用可以理解。但就为政者主体而言，德政主要强调为政者自身的道德修养，即正己，仁政强调正己的外化，即安人，仁政更注重为政者如何施行德治，使民众受益。本文所指的德政主要指的是为政者的正己。

③ 《进修心治国之要 札子》。

④ 《论语集注》卷七《子路第十三》。

⑤ 参见曹德本、方妍：《中国传统德治思想研究》，载《政治学研究》，2002（1）。

⑥ 《论语·卫灵公》。

⑦ 《论语·泰伯》。

⑧ 《论语·阳货》。

⑨ 《论语·子路》。

"政者正也，子帅以正，孰敢不正。"① "不能正其身，如正人何?"② 作为为政之德的"正"主要表现在"正名"和"正己"两个层面。"正名"是对社会规范的明确和恪守，即明确社会秩序中不同角色的伦理规范和行为准则，同时按"名"的标准和要求选择、规范处在相应名位中的人及其行为，尤其要求为政者本人的资格和行为要符合相应角色的规范。孔子认为为政的第一步是"正名"，"苟正其身矣，于从政乎何有? 不能正其身，如正人何?"为政者"正"，才能"名正言顺"地发号施令，才有令行禁止之效。孟子同样认为贤者治国对于德治而言，意义重大，他讲道："君仁，莫不仁;君义，莫不义;君正莫不正。一正君则国定矣。"又言："天子不仁，不保四海"，"其身正而天下归之"③。

君主的德是如此的重要，选贤与能就成为德政的重要因素。孔子认为，人才的关键在于他是否有德，而是否有德又是民之服从与否的标准："举直错诸枉，则民服;举枉错诸直，则民不服。"④ 孔子主张任用贤才，认为任用正直的人，民众才能信服，反之，任用不贤者，则民不服，孔子的任贤思想得到后世思想家继承和发展。

孟子同样关注君主之德，"君子之守，修其身而天下平"⑤。"辅世长民莫如德"⑥。他要求实施仁政时要"尊贤使能，俊杰在位"，"贤者在位，能者在职"，选择德才兼备之人执政。荀子也认为贤者治国是关键，他说："贤能不待次而举，罢不能不待须而废。"⑦ 荀子着重阐发了任贤思想，他认为，应尊尚贤者，使用能人，尚贤使能是治国的关键。

汉代贾谊提出了"君明、吏贤、民治"的人才思想，他说："故民之治乱在于吏，国之安危在于政。故是以明君之于政也慎之，于吏也选之，然后国兴也。故君能为善，则吏必能为善矣;吏能为善，则民必能为善矣……是故君明而吏贤，吏贤而民治矣。"⑧ 贾谊认为，作为君主要做到"明"，要按"仁、义、礼、信、公、法"行事;选吏要任贤，吏以爱民为忠，这样，君明、吏贤，才能治民，认为这是德治的关键。

唐代李世民很注重贤者治国，他说："若安天下，必须先正其身，未有身正而影曲、上治而下乱者。朕每思伤其身者不在外物，皆由嗜欲以成其祸。若耽嗜滋味，玩悦声色，所欲既多，所损亦大，既妨政事，又扰生民。"⑨ "为政之要，惟在得人，用非其才，必难致治。"⑩ 李世民很注重君主修身，他认为，作为天子，无道有道至关重要，这是关系到能否得到民众拥戴的问题，必须加强修身，做到身正，不因嗜欲而妨政事，扰生民。李世民认为，为政关键是任用贤才，不用贤才，国家难治理，任用贤才，才能使国家长治久安。

以继承儒家道统自居的宋代理学家更为关注君王之德，贤人之治。二程认为："人君欲

---

① 《论语·颜渊》。
② 《论语·子路》。
③ 《孟子·离娄上》。
④ 《论语·为政》。
⑤ 《孟子·尽心下》。
⑥ 《孟子·公孙丑下》。
⑦ 《荀子·王制》。
⑧ 《新书·大政下》。
⑨ 《贞观政要·君道》。
⑩ 《贞观政要·崇儒学》。

附天下，当显明其道，诚意以待物，恕己以及人，发政施仁，使四海蒙其惠泽可也。"① "帝王之道也，以择任贤俊为本，得人而后与之同治天下。"② 朱熹也指出正君心为天下之大事："天下事有大根本，有小根本，正君心是大本。"③ 并进而认为："贤，有德者，使之在位，则足以正君而善俗。能，有才者，使之在职，则足以修政而立事。"④

从上述中国古代有代表性的思想家和政治家关于贤者治国的思想主张中可以看出，为了治国安邦的需要，大都提倡加强君臣自身修养，倡导任贤选能，让贤者在位、能者在职。⑤ 在人治的社会环境中，提倡贤者治国有十分重要的实践意义，因为统治者自身将成为国家兴亡的关键；反之，君主荒淫无度，奸臣当道，君臣之德失，其政也往往是乱政、暴政、虐政，国家也每每处于灾乱之中。

三、德教：中国传统德治思想的实施手段

德政是德治的核心，德教则为实施德治的有效措施。

历代以来，维护社会公共秩序不外乎两种途径，其一为自律，即行为人主动约束自己的行为使之符合社会规范。其二为他律，即靠外力强制行为人不得作为或作为以维护社会规范。通过道德教化，强化人的自我约束力，使之行为中规中矩，不违社会公共秩序，一直是中国人努力所在。一方面，由自律而达到的社会秩序，社会可以长治久安，平和安乐。另一方面，主体的自律可以促使外在规范转变为行为人的积极行为，外在的规范从而内化为人的自我需求，社会对立弱化，社会规范的刚性程度减少，统治者的意志容量贯彻执行。道德关乎人的性情、品质，追求高尚与卓越；法律只关乎人的动作与行为，只要求平等与谦卑。因而，从人类发展的最终归趋而言，道德规范比法律规范更具有最终价值性。正是基于此，儒家十分重视对民众进行道德教化，提高民众道德自觉，并进而转化为道德自律。儒家关于道德教化的论述相当丰富，不仅在理论上强调教化的重要意义，而且将德教扩大到对人修身养性的德性、美育、乐感等多方面的教育，以培养既具有高尚的道德人格，又具有健全心理与美感文化的人才。

关于德教的意义，历代思想家论述得非常精辟。从君与民的关系而言，孟子将善教看作是得民心之工程："善政不如善教之得民也。善政民畏之，善教民爱之。善政得民财，善教得民心。"⑥ 董仲舒则从天人感应的角度强调："天地之数，不能独以寒暑成岁，必有春夏秋冬；圣人之道，不能独以威势成政，必有教化。"⑦ 贾谊更是将德教搞高到了"政之本"的高度，把德教看作是治国富国的一项根本措施。他说："夫民者，诸侯之本也。教者，政之本也。道者，教之本也。有道，然后教也。有教，然后政治。政治，然后劝民之。民劝

① 《粹言》卷二。
② 《经说》卷二。
③ 《朱子语类》卷一百八。
④ 《孟子集注》卷三，《公孙丑章句上》。
⑤ 以上有关思想家德治思想的内容，参见曹德本、方妍：《中国传统德治思想研究》，载《政治学研究》，2002（1）。
⑥ 《孟子·尽心上》。
⑦ 《春秋繁露·为人者天》。

之，然后国丰富也。故国丰且富，然后君乐也"①。从人的本性而言，德教更有利于培养人的善性。孔子说："道之以政，齐之以刑，民免而无耻；道之以德，齐之以礼，有耻且格。"以德教导，以礼规范，人的善性将被发挥出来，从内心感觉到不良行为的耻辱，主动革除弊端。

实施德教有两种形式，一种是私学形式的道德传授和训诫。孔子即是中国历史上最早私人设坛讲学的人。他教学的内容主要有文、行、忠、信，其中行、忠、信都是道德方面的内容，而文也与德有关。宋代大儒朱熹常在书院进行"存天理，灭人欲"的教育，明代王阳明则经常对其过私淑弟子进行"致良知"的教育。另外还有众多形式的家训、家书、家教等。另一种是官方形式的教育，设学校而教之。孟子说："设为庠序学校以教之。庠者养也，校者教也，序者射也。夏曰校，殷曰序，周曰庠，学则三代共之，皆所以明人伦也。人伦明于上，小民亲于下。有王者起，必来取法，是为王者师也。"② 学校教育的主要内容就是"明人伦"。《史记》卷一二一《儒林传序》言："闻三代之道，乡里有教，夏曰校，殷曰序，周曰庠。其劝善，显之朝廷；其惩恶也，加之刑罚。故教化之行也，建首善自京师始，由内及外。"

德教的主要内容就是进行道德训诫，提高道德水平和精神境界。具体而言，就是通过德教，使民众通君臣上下、知父慈子孝、明夫义妻顺之礼。而这样道德教化正是实现德治的有效途径。

德教的功用有二，一是知礼义，明廉耻，以教化正风俗。主要儒家深刻地认识到，贫富和强弱固然能决定一个国家的命运，但一国的长治久安，则取决于风俗之薄厚、民众道德素质之高低。孔子已经提出了"移风易俗"的命题。荀子认为社会风俗具有改变人的志向乃至本质的功能，他指出："习俗依志，安久依质。"《礼记》"化民成俗"的治国理念和教育思想则是"移风易俗"思想的进一步深化。《礼记·学记》言："君子如欲化民成俗，其必由学乎？玉不琢不成器；人不学不知道。是故古之王者，建国君民，教学为先。"孔颖达疏云："谓天子、诸侯、卿大夫欲教化其民，成其美俗，非学不可。"汉代贾谊总结秦亡的根本教训在于，商鞅变法，以功利作为推动国家发展的手段，弃仁恩、遗礼义，使秦风俗大坏，整个社会以强凌弱、以众暴寡、以智欺愚，人人以逐利为务。贾谊上书汉文帝指出，汉代作为一个一统之帝国，其长治久安系于世道人心，故他要求对民众实施礼乐教化，置民众于礼乐文化氛围之中，如春雨润物细无声，"使民日迁善远罪而不自知也。"③ 与第一功能相关，德教的另一功能是，有利于防止犯罪。董仲舒以下泄之水用比喻民众之趋利之本性，用堤防来喻道德教化："夫万民之从利也，如水之走下，不以教化堤防之，不能止也。是故教化立而奸邪皆止者，其堤防完也；教化废而奸邪并出，刑罚不能胜者，其堤防坏也。古之王者明于此，是故南面而治天下，莫不以教化为大务。"④ 教化立而奸邪止，教化是防止犯罪的堤坝。

儒家并不着力于某种技能的专门人才培养，教育的目就是使之成"人"，教育的内容就

---

① 《新书·大政下》。

② 《孟子·滕文公上》。

③ 贾谊：《治安策》。

④ 《汉书》卷五十六《董仲舒传》。

是怎样做"人"。在这一教育目标制约下，与德教相并行的则是人文品格的全面培养。《礼记·少仪》曰"士依于德，游于艺；工依于法，游于说。"以提高道德为本，并加之学习射、御、书、数，诗、乐，最终达到道德精神和人文品格的全面提升。

四、德法同治：中国传统德治思想的目标取向

提倡德治，并不意味着舍弃法治。周公之明德慎罚，强调的是慎用刑罚而非弃用刑罚。孔子提倡道之以德，齐之以礼，只是认为，从维护社会规范的效果来讲，以德教化之，以礼规范之，可以强化人的自律行为，从动机上革除犯罪的欲望，而以政以刑只可制止犯罪于一时。在道德教化与刑杀惩罚两者关系中，孔子只是在价值论层面上探讨两者的优劣。如果用刑，孔子希望应该刑罚适中，不能苛暴："礼乐不兴，则刑罚不中；刑罚不中，则民无所措手足。"① 孟子提出"徒善不足以为政，徒法不足以自行"，提倡教而后诛，反对不教而诛。在德刑关系中强调在省刑慎罚。

荀子在儒家德治思想中第一次明确提出法治的重要性。他不仅将孔孟道德意义上的"礼"制度化为可以定分人伦关系以及辨别人之身份地位的具有社会功能的"礼制"，还时常将"礼"与"法"相提并论，认为："隆礼至法，则国有常。"② 就礼刑对社会作用的普遍意义来讲，荀子同样认为，礼比法更重要。荀子认为，像商鞅、韩非那样只依靠刑赏之法并不足以治理社会。他说："故赏庆、刑罚、势诈，不足以尽人之力，致人之死"③，社会平治的前提仍在于以礼义来教化人民，"政令以定，风俗以一"④。但对许多教而不化的人，则必须"起法正以治之，重刑罚以禁之"⑤。从受施对象的角度而言，荀子认为礼与刑同等重要。他说："故不教而诛，则刑繁而邪不胜；教而不诛，则奸民不惩。"⑥"以善至者待之以礼，以不善至者待之以刑。两者分别，则贤不肖不杂，是非不乱。"⑦ 礼法相辅相成，缺一不可。另外，从治人与治法而言，法毕竟为人所制定与执行，因此，相对于"人"，法居于次要的地位，即所谓"有治人，无治法"⑧。法必依于人而存而用，如果没有君子，法将徒具形式，甚至有可能被人利用成为乱之源。荀子曰："故有良法而乱者有之矣，有君子而乱者，自古及今，未尝闻也。"⑨

董仲舒从天人合一角度提出的德主刑辅说，可谓是对先秦儒家关于德法关系的总结，也得到了大多数儒家学者的认同，并获得了众多统治者的认可，德教为主辅之以刑罚成为正统法律思想的主要组成部分。

以宋代儒家学说的集大成者朱熹对德法关系的认识，可以较为全面地反映中国传统社会强调德治不废法治的思想。

---

① 《论语·子路》。
② 《荀子·君道》。
③ 《荀子·议兵》。
④ 《荀子·议兵》。
⑤ 《荀子·性恶》。
⑥ 《荀子·富国》。
⑦ 《荀子·王制》。
⑧ 《荀子·君道》。
⑨ 《荀子·王制》。

朱熹继承了孔子德刑并举，以德为重的思想，并在此基础上提出了德刑兼具的主张。首先，从价值论角度而言，德礼为治之本，政刑为辅治之法。朱熹对孔子的"德治"思想做了这样的诠释："政者，为治之具；刑者，辅治之法。德礼则所以出治之本，而德又礼之本也。"① 这是因为"政刑能使民远罪"而无羞耻之心，德礼可以"使民日迁善"，不仅遵法，而且有羞耻心。朱熹把政刑的所以然之故归结为德礼，传承了传统儒家的理念。他认为，德是一种内在的道德理性或善心。从字源学上说，"德字从心者，以其得之于心也。如为孝是心中得这个孝，为仁是心中得这个仁。若只是外面恁地，中心不如此，便不是德"②。礼是指"制度品节"。为孝为仁作为道德良心，是得于心的德；礼是以孝仁为指导的外在表现。德与礼的内外结合而贯通为德政。其次，就政策实施的逻辑过程来讲，因先施德礼教，后行政刑之禁。朱熹认为人性是善的，因其善就应先以德感化之，再以礼去齐一。因受感化而深浅厚薄的不同，以至有违犯礼的，就需要立个法制禁令；若不服从法制禁令而有违法犯法，便以刑罚使之齐一。就政与刑而言，也是先有政后施刑。他在解释孔子"道之以政，齐之以刑"时说："道，犹引导，谓先之也。政，谓法制禁令也。齐，所以一之也。道之而不从者，有刑以一之也。"③ 即应先引导人民遵守国家法制禁令，若犯法，便以刑罚齐之。再者，从实际操作来讲，德礼与刑政应当兼施并用。他说，"有德礼而无刑政，又做不得"④，"有德礼则刑政在其中者，意则甚善"⑤。"刑政"蕴涵在"德礼"之中；无"刑政"，"德礼"亦做不得，只有德刑，即德治与法治兼施并用，才能营造一个安定的社会环境。当对有人对政刑的功能存疑，说政刑只能"使懦者畏，不能使强者革"时。朱熹回答说："若专政刑，不独是弱者怕，强者也会怕。到得有德礼时，非独使强者革，弱者也会革。"⑥ 在朱熹看来，正如德礼既对强者也对弱者产生作用一样，政刑不管是强者还是弱者，普遍起作用。

道德与法律的关系问题既是一个亘古的法哲学命题，更也关乎社会控制模式选择的实践。中国历代思想家几经思考，选择了以德法同治、德主刑辅的模式来进行中国社会的制度设计，并将之推展到实践之中，从而形成了独具特色的伦理法的中华法制文明。虽然随着工业文明的发展与进步，基于农业文明基础上产生并为之服务的伦理化法律制度本身不再适应社会发展的要求，但它所关注的法哲学思考，却仍具有十分重要的价值意义。

传统德治思想以性善论为理论前提，以施德政为核心内容，以道德教化为主要手段，以德主刑辅为具体的治理模式，形成了一个基础厚实、目标明确，手段具体，在目标与手段的关系上又有充分论证的完整、严密的理论体系。德治思想是在几千年文明发展中不断发展与完善的，它凝聚了历代思想家和实践家的智慧。德治思想所描述的理想道德社会表达了千百年来中国人对善治、善政的梦想与追求，德治思想所提供的具体的施政方法与手段也蕴含着社会治理的丰富经验和教训，它与法治文明一样，是人类社会治理的宝贵的精神财富。在传

---

① 《论语集注》卷一《为政》。
② 《朱子语类》卷二十三。
③ 《论语集注》卷一《为政》。
④ 《朱子语类》卷二十三。
⑤ 《论语或问》卷二。
⑥ 《朱子语类》卷二十三。

统社会向现代市场经济社会转型之时，挖掘与整理、分析与反思传统德治思想的精髓与糟粕，对今天的社会发展与国家治理有着重要的意义。

第三节

中国传统德治思想的得与失

一、中国传统德治思想的进步意义

（一）致思方向上的价值意义

德治政治是一种"内发性的统治"。德治的出发点是对人的尊重，是对人性的信赖。其基本用心，就是力图用每个人的内在道德融合彼此间的关系，实现社会的和谐，而不是用权力，用人为的法则把人压缚在一起或者是维系在一起。治者与被治者之间，是以德相依的关系，而非以权力相加或相迫的关系。作为统治者不是运用权力去限制人民，而是要靠统治者自己尽性尽德，从培养自己的德性上作内圣的修炼、熏陶，然后推己及人，成就内圣外王。德治强调的是以德服人、立道德之威，反对以力服人、暴察之威。与道德相比，法律的维系，毕竟是一种外在的维系。外在的关系，终究要以内在的关系为根据，否则终究维系不牢。可见德治的用意就是通过培养各人的德性，来建立人与人之间内在的关系，达到"去法"、"废法"理想境界。梁启超在阐释孔子"道之以政，齐之以礼，民免而不耻。道之以德，齐之以礼，有耻且格"这一段话时指出，"此二术者（指德与刑），利害比较，昭然甚明。……且如英国人者，以最善动用宪政闻于今世也。问自彼有宪法乎？无有也。有选举法议院法乎？无有也。藉曰有之，则其物固非如所谓'宪令著于官府'，不过一种无文字的信条深入人心而已。然举天下有成文宪法之国民，未闻有一焉能如英人之善于为政者。……无文字信条，谓之习惯，习惯之合理者，儒家命之曰'礼'"①。梁启超实际上认为儒家之德政与英国之宪政有异曲同工之妙用。美国学者伯尔曼也指出："正如心理学研究已经证明的那样，在确保遵从规则方面，其他因素如信任、公正、信实性和归属感等远较强制力为重要。正是在受到信任因此而不要求强力制裁的时候，法律才是有效率的；依法统治者无须处处都仰赖警察。今天，这一点已为一有力的反证所证实：在我们的城市里，惩罚最为严厉的那一部分法律，也就是刑法，在其他手段不能引人尊敬的地方，也没有办法使人畏惧。"②

如果将德治之制度设计抽象到一种哲学层面上去理解的话，应该说，德治所提供的理想图景符合人类对美好社会制度与社会状态的愿望，可以作为人类共同追求的价值归依。这种价值图景始终以人为一切制度的中心，因此，人不会被这样的制度异化。其次，以得民心、得民意作为一切制度好坏的评判标准，虽然在结构上不同于民主社会，但在价值层面上可以达到与民主社会相同的目的。再者，就中国传统宗法社会王权至上、专制肆意的现实态势来讨论，德治思想无疑成为对抗与批判王权专制，以及一切暴政的最有力的工具。

---

① 梁启超：《先秦政治思想史》，99 页，北京，东方出版社，1996。
② ［美］伯尔曼：《宗教与法律》，梁治平译，17 页，北京，三联书店，1991。

（二）以人为本的治国理念

从德治思想的源头来看，德治思想起源于对天帝神灵的否定，基于人是"万物之灵"，"天地之性人为贵"的价值判断。孔孟的德政之道始终围绕"为人之道"而展开，以政治为人生哲学之一种。梁启超曾指出："儒家政论之全部，皆以其人生哲学为出发点。"[1] 孔孟没有像古希腊的哲学家那样选择自然作为自己的思考对象，而是倾心于现实中的人，把"人"作为思考对象，他们关心的是人类自身的问题，而不是万物本身的问题。孔孟提倡德治，既是对殷人尊神、周人信命的超越，又是对人主体性的充分肯定。这一重要的理论创新，从根本上改变了神主宰世界命运的传统，确立人在宇宙和社会中的位置，开启了中华文化中的人文精神的优秀传统，同时也奠定了中华法制文明的理论基础。

孔子重视人的价值，提倡"仁者爱人"。孟子将之发展为"君轻民贵"的仁政主张。围绕着爱人、尊重人的这一核心价值，基于人本主义的法律文化，提倡道德教化为本，刑罚为用的德主刑辅的治国方略。强调先教后杀，反对不教而诛。在具体的司法过程中，对老、弱、病、残、妇女等弱势群体减轻处罚或赦免，它所体现人道主义精神，与今天国际社会对弱势群体的权利保护的追求相契合。

与人的物质生命相比，他们更关注人之为人的德性生命，高扬人的高尚品性与价值追求。他们所设计的理想人格也都是积极入世的、具有济世泽民抱负的道德楷模。孔孟的"德化"思想能唤醒现代人的道德自觉性，促进人与人的和谐。它的"克己"理论，能纠正现代人利欲熏心的倾向，促进人与自然、社会的和谐。如果把孔孟重视人、关心人、注重人的道德理想的精神引入现代社会和市场经济中，使其和时代精神相结合，确立人的道德主体性地位，弘扬人的道德自觉精神，就可能在一定程度上遏制西方社会把人物化、过分注重物质欲望宣泄的消极影响，使人的主体地位与物的基础地位有机结合起来，既促进物质生产力的发展，又能促成人们从现实利欲中解脱出来，摆脱心灵的空虚和精神的惶惑，升华行为的价值与品格。

（三）以"正"释"政"，规范为政者之德

绝对的权力带来绝对的腐败。社会秩序维护的本质在于对公权力的制约，治国首先在治官，这已经为中外思想家与实践家所认同。应该说，中国古代思想家在很早就认识到对公权力的制约问题，只是他们不是通过设立制度从外面约束公权力，而是将制约公权力的关键落实到对执政官员的道德建设上，通过强化官员的自律达到对运用公权力时的自我制约。另一方面，强调君主和各级官吏的道德品质、道德人格在政治生活中的重要作用和道德价值导向作用，要求官员成为民众的道德榜样，才能得到民众的拥戴，实现治国安邦的政治目的。儒家的这一思想观念反映了对社会治乱安危的经验理性和政治远见。法治的要求是低限的，守法固然重要，但对于掌握着国家公权力的官员来说，守法只是最低的要求，循规蹈矩的官员只能成为"循吏"。而成就高尚道德人格的官员则"修身洁白，而行公正，居官无私，人臣之公义也"[2]。社会正义、公正是否能得以实行，其关键在于官员是否无私、是否修身洁白。

---

① 梁启超：《先秦政治思想史》，84页，北京，东方出版社，1996。

② 《韩非·饰邪》。

因此，对于一般百姓只提倡遵守规范即可，但对于执政者，则必须要有高尚的道德、高度的责任心，必须做到无私奉献。对执政者加以道德的规约，实际上是对统治者提出了更高的要求。在今天的语境下，我们可以肯定，一个守法的官员未必是一个道德高尚者；但一个道德高尚的官员，则一定是一个遵纪守法者。

与之相关的是德治思想在选举人才上的任人唯贤价值导向，表达了传统德治意在整肃和纯洁官吏队伍的志向。尽管举贤弃奸、广纳英良的政治主张在以等级特权为基础的封建社会里不能完全实行，但它的善意价值取向符合民心民意，在一定程度上打击了贪官污吏，限制了暴政、虐政、贪政。崇德尚贤、以德行政的为官标准和实践，给人民带来了一定的利益和好处，并在长期的实践中培育出了中国古代优秀的政德和官德传统。

（四）民为邦本，恤民、爱民

在君民关系上，传统德治思想主张"民为邦本"，将民众作为国家的根本与基础，只有基础牢固了国家才能安宁。《尚书》有言"民惟邦本，本固邦宁"。对执政者而言，"安民"或"敬德保民"是为政的宗旨，凡违背了这一宗旨的，就失去了政治的合法性。《论语》载子贡向孔子请教为政之道，孔子说："是故寡人以容其民，慈爱以优柔之，而民自得也已。"孔子所强调的是爱民以为政，治政之道在于顺民心。孔子还提出："民之所欲，天必从之。"治理天下的统治者更应该"因民之所利而利之"。孟子总结夏商失天下的原因，认为："桀纣之失天下也，失其民也；失其民也，失其心也。得天下有道，得其民，斯得天下也；得其民有道，得其心，斯得民矣。"在孟子看来，得民心者得天下。荀子曰："天之生民，非为君也；天之立君，以为民也。"[1] 所谓"为民"，即以民为社会、国家的价值主体的意思。不独儒家，法家也将民心之向作为国家兴亡之本，管子说："政之所兴，在顺民心；政之所废，在逆民。"可见，民为邦本具有普遍的价值意义。

民既为邦本，因此，在国家治理上，一切政策应以得民心、民意为出发点，制定薄赋税、轻徭役、鼓励生产、发展经济等利民、惠民、宽民的政策，在一定程度上减轻了人民的负担和疾苦，使人民得以休养生息、安居乐业，从而带来了社会的稳定和发展。"以德化民、仁政爱民"成为制度的精神所在。

民本思想是传统德治思想中最具批判意识的思想，黄宗羲即是从民本思想展开对君主专制的批判。他说："古者以天下为主，君为客，凡君之所毕世而经营者，为天下也。今也以君为主，天下为客，凡天下之无地而得安宁者，为君也……然则为天下之大害者，君而已矣。向使无君，人各得自私也，人各得自利也。呜呼，岂设君之道固如是乎！"[2] 梁启超认为，民主在中国并非"无源之水"，其本土文化之"源"就是民本主义。"美林肯之言政治也，标三介词以骘括之曰：of the people，by the people，and for the people，我国学说于of、for之义，盖详哉言之，独于by义则概乎未之有闻……此种无参政权的民本主义，为效几何？我国政治论之最大缺点，毋乃在是……要之我国有力之政治思想，乃欲在君主统治之下，行民本主义精神。此理想虽不能完全实现，然影响于国民意识者既已至深。故虽累经专

---

① 《荀子·大略》。

② 《明夷待访录·原君》。

制摧残，而精神不能磨灭。欧美人睹中华民国猝然成立，辄疑为无源之水，非知言也。"① 有学者则通过识别和阐述传统民本观念里的权利成分及其流变，试图在继承和重述古代民本思想的基础上，把以民为本的民本论转变为民之所本的民本论，把他本的民本论转变为自本的民本论，把以民为手段的民本论转变为以民为目的的民本论。

二、中国传统德治思想的缺陷

（一）泛道德主义化

德治思想将一切归结于人的德性，国家治理成为为政者道德高尚的外化，所谓"政者，正也"。官员的失责与失职就被称为"道德责任感不强"。自我修德、进德成为官员的主要任务，德性与天道成为"形而上之道"而成为知识分子的终身所学，技术、工艺等成为"形而下之器"而不被社会认可。至宋明时期，理学家更是将儒家伦理道德上升为"天理"，对天理的追寻是"克得一分欲，复得一分天理"②。王阳明则力将"格物"阐释为"至吾心之良知于事事物物"，向外的事功全部化解为向内的德性修养。为政者和施政方式则表现为对百姓的道德教化，只要用道德教化人民，则"制梃可以御秦楚之坚甲利兵"，就是说经过道德教化的人民拿起木棒竹竿可以打败秦国、楚国那样强大的敌人。国家法律制度成为辅助道德教化的工具，即"德主刑辅"。国家选拔人才的标准也是以道德是否高尚作为最高标准，治国之才能退居其次。这种泛道德主义化倾向带来的危害是深远的。

儒家把统治者道德改造的希望完全寄托在他本人的自我修养上，把政治清明的希望寄托在圣贤、明君身上，而不是建构在良好完善的政治制度上，忽视了法制在治国安邦中的重要地位和作用。我们不难想象，一种依赖道德规劝和统治者自我修养的统治是何等的软弱！儒家的德治思想不过是带有空想色彩的以人治为价值导向的治国理念，带有明显的道德决定论色彩。它不足以约束邪恶、腐败的统治者不说；更有甚者，伪善、贪污、腐败等种种不道德行为往往又是打着道德的名义而施行，虚伪之风不能不由此而起。"存天理、灭人欲"的说教，使道德追求违背人心，脱离生活实际，误导知识分子群体。至于三纲五常的封建人伦之说把封建统治神圣化，则更为消极。这种泛道德化倾向不但使道德变得空洞、虚伪，而且以道德追求取代社会实践，有碍封建社会的政治改良、经济发展与科技进步。中国缺乏良好的法制传统，明代中叶以后逐步衰落乃至到近代落后挨打，不能不说与儒家德治方针的一成不变以及道德内涵的日趋陈腐有关。

（二）德治、圣人之治与专制

儒家的德治思想把国家的治理寄托于圣人、仁君个人的德性和德行品质上，由内圣而开出外王。相信只要有德性的人就可以治理好国家，有道德良心者之"好人之治"就是善治。在具体的治理过程中，也依为政者的良心与意志来处理。德治作为圣人之治，就是人治。而这种将所有治理都归结为执政者个人德性的外化的制度极有可能走向唯个人意志的专制。这种德治观是基于人人皆可为尧舜的人性善的假设，忽视了人有自私、自利这一自然本性，过

---

① 梁启超：《先秦政治思想史》，5 页，北京，东方出版社，1996。
② 《朱子语类·卷四十一》。

度重视发掘并高扬人的善端的同时，忽视了人的恶性的一面。与德治相比，法治只处于次要、辅助的地位，对君主的监督也显得不必要。法律，即使有也只是统治者治民的工具。由于把希望寄托在统治者的道德完善上，靠的是统治者的道德完善来建立仁政。这犹如在沙滩上造房子，最好的结果也就是一个仁慈的独裁者。所以儒家虽然从理论上说是圣人之治，但是绝大多数情况下都成为专制统治。这是一种典型的家长式统治，与法治精神相差甚远。依赖圣人之治，不重视制度的监督与约束作用。

（三）重私德轻公德

在文明的社会道德体系中，既有维系以家庭为中心的团体性私德，如尊长抚幼、夫妻平等、家庭和睦等；又有旨在规范和维系所有社会成员之间的普遍性关系的社会公共道德，如尊重他人、诚实守信、遵纪守法等。在儒家的德治思想体系中，德的主要内容是基于亲亲尊尊的团体性私德。这主要有两个原因，其一，儒家德治思想的德本身就是一种基于血缘亲情而建立的伦理规范，是由亲亲之爱而扩展开来的父慈子孝、君义臣忠、夫和妻顺、兄友弟恭。其二，即使是"谨而信，泛爱众"等社会公德，也是由"老吾老及人之老，幼吾幼及人之幼"的推己及人的方式扩展而来。孔子言，"其为人也孝弟，而好犯上者，鲜矣；不好犯上，而好作乱者，未之有也。君子务本，本立而道生。孝弟也者，其为仁之本与！"① 在家行孝，则出门忠君，忠孝一体。换言之，具有了孝悌仁义之私德，必然也具备了参与社生公共生活的公德。这种私德与公德界限模糊，甚至以私德代公德，在家国同构的熟人社会是有其社会基础的，也有其理论的自洽性。然而，理论上的自洽并不代表实践中的完善，所以我们看到，通过礼法关系的转换，家族中的亲亲尊尊之道德就直接转变为国家法律制度上的尊卑贵贱之法，如法律中对夫权、家长权以及贵族权利的优渥等，这显然损害了法律的平等性与公平性。

在亲情与国法的冲突关系中，我们也能感知当以亲情屈国法时，私德对公德的损害。《论语·子路》载："叶公语孔子曰：'吾党有直躬者，其父攘羊，而子证之。'孔子曰：'吾党之直者异于是，父为子隐，子为父隐，直在其中矣。'"父亲偷羊显然违背了社会公德，违背法律，但孔子在遵循公德（法）与孝亲之私德的两难困境中选择了后者。无独有偶，《孟子》中论述了舜的两个亲情与国法冲突的案例。舜作为天子，皋陶为司法官，他的父亲瞽瞍杀人。人问怎么办？孟子的回答是，先命皋陶将瞽瞍抓起来，然后，舜"窃负而逃"。舜的弟弟象曾经几次要谋害他，舜当立天子后却"封之有痺"，而同样谋害舜的共工、驩兜、三苗，舜却将他们或流放或杀害。弟子万章不解，问"仁人固如是乎？在他人则诛之，在弟则封之？"孟子的回答说："仁人之于弟也，不藏怒焉，不宿怨焉，亲爱之而已矣。亲之，欲其贵也；爱之，欲其富也。封之有庳，富贵之也。身为天子，弟为匹夫，可谓亲爱之乎？"② 显然，在国法与亲情的两难中，孟子更倾向于亲情。

我们看到，当人们在儒家的语境下同情、理解舜因孝窃负杀人的父亲而逃时，人们恰恰忘记了那个被瞽瞍杀害的受害者，或者同样犯谋杀罪却要被流放的共工们。他们往往都是话语权的缺席者。其原因正在以舜之孝德、悌德遮蔽了被瞽瞍杀害者、共工氏、驩兜、三苗他

---

① 《论语·学而》。

② 《孟子·万章上》。

们的诉求。在这里，私德超越了普遍性的、公理性的公德（甚至国法）。对此，近代著名学者梁启超深有感触，他说："我国民所最缺省，公德其一端也。……吾中国道德之发达，不可谓不早，虽然，偏于私德，而公德殆阙如。试观《论语》、《孟子》诸书，吾国民之木铎，而道德所从出者也。其中所教，私德居十之九，而公德不及其一焉。"①

除此以外，德治思想的不足还表现为，因过多地依赖个人的道德自觉，忽视制度建设，道德的法律化与法律的道德化使得道德法律界限模糊，既损害了法律的公正与公平，不利于法治精神的培养；又因法律条文的过分严苛和所定标准的不切实际而使道德规范本身流于空疏，无法得到切实遵行，造成社会道德准则的混乱和虚伪。

第四节
从传统德治思想到以德治国

一、以德治国：传统德治思想的必要传承与现代价值

比较文化研究表明，基于德治的中国传统政治是一种伦理政治，基于法治的西方政治则是典型的法理政治。学者对两种政治体系的简单轮廓加以勾画②：

类 型	伦理政治	法理政治
精神依托	良心	契约
制度架构	德治	法治
运作趋向	大同	务实

在对两种政治类型的粗放式的比较中，我们可以看到，两种类型的差别是巨大的，如果细作分析，则两者互有缺失，这在理论思虑与行动类型两个维度上都有所表现。如基于契约的法理政治尊重个人权利，凸显个人尊严，却始终有一道天堑难以逾越：即限制得太多，个人反而被形式化的法律淹没了。以良心为精神基础的德治，虽然立意高远，但这种由内向外推的政治容易导致务虚等。

今天，基于法理政治的法治已经成为具有优胜的示范性的社会治理模式，它宣告了现代社会条件下以德治为手段的传统伦理型政治的终结。然而，随着法治的普遍推行，就法自身的局限而言，它的保守倾向与滞后性、僵化性，综合控制与压制功能的膨胀，已经构成法治公正落实的障碍。③ 法治社会正面临着越来越多的问题。这些问题既有法理型政治天生存在的结构性矛盾，也有社会发展所带来的既有法治功能的缺失。例如，法治的理论预设有天赋

① 李华兴、吴嘉勋编：《梁启超选集》，213页，上海，上海人民出版社，1984。
② 参见任剑涛：《伦理王国的构造——现代性视野中的儒家伦理政治》，327页，北京，中国社会科学出版社，2005。作者在这里将他的伦理政治之制度架构"仁政"改为"德治"。这与本文将法治预设为一种手段而非一种状态有关，因此，"德治"似比"仁政"更能显示两者的对应关系。
③ 参见［美］E·博登海默：《法理学——法哲学及其方法》，第十四章"法治的弊端"，北京，华夏出版社，1987。

人权与人性本恶，然而，天赋人权之天，是一个不可证的权利保障者。人权有没有得到尊重，主要还在于握权者是否受到社会的有效制约，否则人权只是一个空洞的名词。人权国际化的困境，就证明了"天赋人权"预设的非现实性蕴含已经与客观现实存在矛盾。人性本恶作为一种人性预设，本是为社会政治领域中有效控制权力而做出的推断。但与善性的人性论一样，恶性的人性论也无法从推断中确信，客观存在不过提供了一个控制权势之物的方便说辞。[①] 在实践层面，法治的实施也遇到了困境，法治的秩序假设与公正要求，难以在政治操作中兑现，而为其奠基的普遍理性预设，则被人的非理性的存在与作用所消解。另一方面，法律统治的立法、司法与行政三个环节也无法保证各个环节的公正运行，更无法保证三个环节的相互支持。立法已经成为多元利益集团的妥协的产物，行政则成为大权在握者权与利交易的合法保障，司法也变质为泛滥而消耗社会财富的"聚讼"。再者，严密的法网，使社会政治生活中的个人感受到窒息，并在找不到更有效的方法的情况下，使法治异化成个人操觚的工具，使人抵抗法的约束，走向反法治、反社会的另一极端。[②]

在这种情形下，重新审视传统德治资源，以弥补、修正、填充法治的不足就成为必要。一般而言，法治社会至少可以在二个层面上消化和吸收德治的理论主张。其一，法律不能仅依靠其自身的事实，而有必要重视自己的道德基础。其二，任何制度规范总有漏洞，社会秩序需要他律与自律的共同约束。

与此同时，在全球化、信息化、市场化的世界发展潮流下，作为传统的控制型治理模式已经让位于整合型治理模式。这种整合治理是全方位的，包括治理主体即政府与非政府（公民社会）的整合，治理机制即德治与法治的整合，治理资源即道德、法律、政治、经济、文化的整合。"统治、治理、善治"的治理演进形态孕育着德治需求，建构着德治主题，培育着德治主体，开创着德治路径，为"以德治国"赢得了合理合法性的时代境遇或话语平台。[③]

当我们把目光从国际拉回到中国当代的社会现实时，我们看到，正在努力向市场经济转型、建设社会主义法治国家的中国社会现实，既存在着法治社会自身所不可回避的共性问题，又存在着法治落实于中国现实社会而产生的特有的个性问题。主要表现有：

其一，社会规范的失衡。我国的市场经济体制刚确立其法定的地位，新旧体制双轨并存，社会正处于一个剧烈的转型时期。人与人之间的关系，人与社会之间的关系也正在发生巨大变化。尤其是随着社会的进步，人们之间交往的范围在不断扩大，交往方式在日益增多，所以调节人际关系和个人与社会之间关系的行为规范和行为准则也必须作相应转换或重新建立。但由于社会惯性，许多新的行为规范和行为准则不可能在短期内一下子建立起来。一方面法律制度的不健全使很多行为还没有能纳入法律规范之中或即使纳入又不能有效地加以制约，出现了"法律空白"；另一方面，社会转型期间，道德与法律之"行为"的界限出现模糊，一些一直被传统道德所规范的行为不再属于"不道德"，如利己、追求利益等，这样也造成了大量的"道德空白"。社会规范的失衡导致行为的失衡，见死不救、不守信用、弄虚作假、冷漠、欺骗、缺乏责任心等现象普遍地存在着。

其二，信仰体系的崩溃。我国在改革开放以来，尤其是在实行社会主义市场经济以来，

---

① 参见任剑涛：《伦理王国的构造——现代性视野中的儒家伦理政治》，334 页，北京，中国社科出版社，2005。
② 参见任剑涛：《伦理王国的构造——现代性视野中的儒家伦理政治》，21 页，北京，中国社科出版社，2005。
③ 参见李兰芬：《以德治国：路径·功能·框架》，载《哲学研究》，2004（12）。

原有的信仰体系已基本不复存在，新的信仰体系还远远未能建立起来，我国人民的宗教信仰意识一直比较淡薄，其信仰的主要落实之处是传统儒家的亲情伦理与道德关怀。而这些自五四运动以来就一直成为批判的对象，特别是经过文革的清洗之后，再加上市场经济凸显个人权利与自由，传统儒家的亲情伦理与道德关怀"时过境迁"。中国人的信仰领域几乎就成了一块空白地。我们知道，社会成员的道德意识和法律意识的形成和确立都必须依赖于信仰，因为社会成员只有从内心认识到哪些行为可以做，哪些行为应当做，哪些行为不能做，哪些行为必须做，他们才会自觉地规范自己的行为方式。要做到这一点，单靠外在压力终究不能从根本上解决问题。托克维尔在深入地考察了美国的民主制度后，明确地把宗教信仰确定为美国资本主义经济、政治发展的重要社会意识条件，他认为，宗教信仰对社会生活有着重要的调节作用——宗教产生了道德感，用以克制人们在生活中产生的种种欲望，使人们面对世俗的无数诱惑保持内心的宁静。信仰无论对于一个民族还是对于一个个体来说都是极其重要的。没有信仰，对于任何一个社会都是很危险的。

其三，逐利主义的趋向。经济社会的基本价值导向是利益的最大化，利益驱动成为社会发展的动力。由于缺乏规范的商业意识，逐利行为在创造社会财富的同时也使得社会经济具有过分商业化的倾向，原有的道德观念和行为标准受到冲击，不少人的精神找不到归宿，原来具有道德思想的人在思想变迁中感到失落和痛苦，尚未建立坚定道德观念的年轻人则在新旧道德观念的碰撞中迷茫。因此，市场的趋利性、排他性和商品交换原则及追求利润最大化的法则，引发人们的拜金主义、享乐主义、利己主义，出现了唯利是图、见利忘义的"经济动物"，导致国家意识、集体意识和互助精神、奉献精神的削弱，甚至腐蚀人们的心灵，败坏社会风气。目前社会上存在的诸如坑蒙拐骗、贪赃枉法、以权谋私等丑恶现象和社会经济生活中存在的制售假冒伪劣产品、欺诈赖账、在商务活动以次充好、瞒天过海、偷梁换柱、短斤缺两等等失德行为，以及在市场主体的交易中明显存在的信用危机，已经对我国建立社会主义市场经济秩序和社会的稳定产生了严重的挑战。

种种现象表明，在建设社会主义法治国家的进程中，单单依靠法律的功能已经完全不能解决当代社会中的诸多问题。正是在这种情形下，2001年，作为执政党的中国共产党提出了"以德治国"的政治策略，明确提出，在加强法治建设的同时，加强道德建设。以德治国，再次被提到了国家意识形态的高度。所谓以德治国，就是要以马列主义、毛泽东思想、邓小平理论为指导，以为人民服务为核心，以集体主义为原则，以爱祖国、爱人民、爱劳动、爱科学、爱社会主义为基本要求，以职业道德、社会道德、家庭美德的建设为落脚点，积极建立适应社会主义市场经济发展的社会主义思想道德体系，并使之成为全体人民普遍认同和自觉遵守的规范。我们看到，以德治国，并不是传统德治思想的"卷土重来"，而是执政党借鉴中国历代的治国之道，吸取国外国家事务管理中的经验教训，在新的历史条件下，对如何管理国家事务，如何教育引导人民崇尚高尚的精神生活思考的结晶。

二、以德治国：传统德治思想的必要传承与创造性转化

我们知道，传统德治思想得以生存的文化生态系统——自然经济、专制政治、内圣外王的互相作用，正在或已经消亡。五四运动以来，社会政治革命打破了其完整的家国同构的政治依托；西方文化观念的大肆注入，颠覆了其单一理念认同对象与单一文明道德自认的观念

环境；市场经济的兴起所带来或要求的全新的伦理关系则有可能使传统德治存在生存性危机。因此，对现代语境下的"以德治国"与传统意义上的德治加以分析、研究，寻找古今承接之处，并实行创造性转化，是非常必要的。事实上，近代以来，学者已经就传统德治文化的再激活作出了诸多研究。新儒家的返本开新论，试图将民主科学安放于中国的道德良心的根基之上，"摄西方之智以归仁"而"转传统之仁以成智"。现代自由主义在深感民主科学对中国而言不可缺的前提下，期望以西方民主科学及自由法治为坐标，以中国固有的伦理文化遗产为加工材料，重新描绘现代道德蓝图。现代新儒家的返本有余、开新不足，现代自由主义者导向明确、论述模糊，如果将两者的思路一同纳入市场经济发展轨道，理论上综合为"创化—开新"，即手段与目的的结合，实践上统一为市场经济自身要求的自由、民主、法治、科学服务，那么，传统伦理文化结构虽然瓦解，但某些道德基本理念和行为取向焕发活力，则是可能的。① 基于这样的思路，我们选择了德治思想体系的几个核心内容，从微观的角度探讨"以德治国"之理念对传统的继承的必要性，以及应该具有的创造性转化。

1. 社会主义的"以德治国"必须实行德政，提高官德水平

德治思想的核心是德政，即行得民心、愿民意之政。在传统德治思想的语境下，德政的关键又在于为政者之德，由内圣才能开出外王，修己方能安百姓，故孔子说："正者，正也，子帅以政，谁敢不正？"百姓是否服从统治关键在于统治者的道德。关于此点，前述思想家们已经多有论述。现代语境下的施以德政，即要求执政党必须实行有利于发展社会生产力、有利于巩固社会主义制度、有利于提高人民群众物质和文化生活水平的路线、方针、政策。与此同时，必须坚持不懈地提高各级领导干部和广大公职人员的"治国"能力，其首要任务也应该在于提高官员的思想道德水平。社会主义的以德治国，虽然"政"不再是官员"德"的外化，官员即使有之"德"，也不一定能开出良治与善政，但执政者的道德素养对国家治理来说仍然是重要的。国家治理的首要任务是"治官"，而不是"治民"。它与法治社会主要抑制"公权力"的动机是一样的。"官"指的是掌握国家公共资源与国家公权力的公职人员，尤其是党的领导干部。一个执政党、一个政府，其威信不仅仅来自于权力的合法性，更需要具有道义上的力量。社会风气的好坏与政府是否清廉高效，在很大程度上取决于公德意识尤其是公职人员道德水准的高低。中国共产党在广大群众中之所以具有号召力，是因为它全心全意为人民服务所具有的道义上的力量。共产党员的道德状况，对全社会具有巨大的示范效用。解决腐败问题，要重视制度和法制建设，更要重视领导干部的官德建设。传统德治思想体系中"见利思义"、"宽人严己"、"亲君子、远小人"、"天下为公"、"廉洁奉公"等道德规范，以及"举贤任能"的人才观都可以成为当下干部队伍道德规范与道德建设的资源。例如，儒家强调"正其义而不谋其利，明其道而不计其功"，在义与利的选择中，主张"以义制利"、"以道制欲"。这种"以义制利"的价值导向，可以教导干部正确处理义与利、道德与金钱的关系，对于"利"要有一种理性的制约，不苟取、不妄得、不受不义之财，帮助他们逐步养成"一身正气，两袖清风"的高尚官德，以期有效地制止以权谋私、假公济私、权钱交易、贪污腐败等现象。

---

① 参见任剑涛：《道德理想主我与伦理中心主义》，225页，北京，东方出版社，2004。

2. 社会主义的"以德治国"，重在道德建设，提高全民素质

法律是通过外力的强制约束，道德是通过自力的主动约束。在传统社会中，通过道德教化，高扬其人性中的善端，自我约束，"克己复礼"，遵循社会规范被认为比刑法惩罚更能有效地实现社会控制。这种基于对人的尊重与关怀的社会治理方法具有普遍的价值合理性，对今天的市场经济社会同样具有重要的指导意义。以德治国，重要的内涵之一就是加强公民的道德建设。良好的道德素质，能使人们自觉地扶正祛邪，扬善惩恶，有利于形成追求高尚、激励先进的良好社会风气，保证社会主义市场经济的健康发展。

其一，道德是保证市场经济健康运行的根本。在社会主义市场经济的社会交往中，诚实、守信、公平竞争、平等交易等是人们交往中的道德，却不是法律的当然要求。法律是表达社会正义的最有效的手段，也是保障市场经济有效运行的有效机制，但正义却并不一定需要相互尊重、相互爱护。人们在竞争中都想超越对手，只要我比他做得好，并且光明正大，符合正义要求，我就有权利得到更优越的待遇，而对方或是破产或是被炒鱿鱼都不应由我来负责。然而，人类需要同情心和善心，谁不希望在背运的时候得到的是周围人的安慰而不是冷嘲热讽。因此，运行在市场活动深层的，或者说融化于市场之中的泛着人性与人情之光的是道德，因为道德是不受个人经济利益支配的命令，它关注的是利益之外的"义"。以义为取向的道德教化，可以培养富有道德心，愿意共同合作，在关注他人与社会利益的基础上，求取合理、合法的个人利益之"道德的经济人"。另一方面，市场之道德的秩序功能在于"修正最大化行为"，以保证社会或者团体的成员自行的约束无限膨胀的欲望。在交换行为中，互惠关系的建立和维持主要依赖于公平、互相尊重。正如布坎南强调的，与高效率的市场经济相适应的道德秩序的基础是：普遍承认所有的人在道德上是平等的，因而要互相尊重，并不要求个人之间一定要有某种共同目标。由此而形成的潜在社会凝聚力，来源于人们基于信仰、信念而对自身行为所作的自愿性限制，如遵纪守法、严守承诺、交易诚实。

其二，以德治国的德化教育重在提高全民的公民素质。市场经济是从生产、分配到交易、消费完整合一的经济形式，它是吸纳社会各要素于市场大流通之中而对人类社会发生着全面的影响，它不仅要求人们高度的生产创造性，有公正的制度安排；此外，还要求有合乎德性的交易伦理，合乎人的发展的消费方式。这种要求既推动人们提高素质，又推动人们努力关注社会状况，对人的教育、文化、科技诸方面的素质构成有个全面的提高过程，进而形成了最符合道德要求的现代目标。市场经济中对人的因素要求表现为，愈来愈重视与倚重高素质的人力资源，尊重自己与尊重他人的观念得到了最广泛的认同。现实要求中国人打破唯伦理中心的思维方式与行为格局，在看清楚现代社会乃是在各社会要素健康互动的基础上，明察道德境界提升的自身动力与外部活动的辩证关系，从而重新厘定个人伦理规范与社会公德规则，以期成为真正的现代人，成为现代社会的一分子。

3. 社会主义"以德治国"，坚持德法并用、法德互济

法治之法律，德治之道德，是维护人类社会秩序的两大基本规则。在社会控制系统中，法律富有效率，却有可能使社会和社会主体失去自我调节的能力，使社会生活缺乏弹性和情趣，最终会形成诉讼公害。道德是社会的自我组织，是在价值引导下社会成员对自己行为及相互关系的自我调节，显示出人的主体性，显示出人的价值、尊严；同时，在社会控制中，它比法律的制约更具有广度和深度。传统的德与刑在治道中各有其价值关节点。单纯的德

主，没有政治威慑力；单纯的刑罚，丧失伦理的感召力；权力的单一化和专制化都不可能达到治道的完善。儒家虽然倡德治、行德政，但从未曾轻视过法律规范的重要作用。但德与法谁更具有优位性？谁更能成为维护社会发展与社会秩序之本？传统中国社会德治运作模式则以德主刑辅展开德与刑的关系。这不仅是治道之权力分化的要求，也是儒家人性发展之必然。儒家德治之人性论之中，也为刑治留下了广阔的空间。在孔子的笔下，"小人"与董仲舒笔下的"斗筲之人"，显然无法全然以伦理的感化而引导他们从善，相反，采取必要的辅助性的法律惩罚是捍卫德治必不可少的手段。因此，孔子在"为政以德"的前提下，提出要"宽猛相济"；荀子表明需要礼法的"化性起伪"："治之经、礼与刑。"[①]董仲舒则从天道贵阳不贵阴，阳多阴少的天道意义角度论证大德小刑、德主刑辅。宋代理学家朱熹在德刑观上强调德本刑末，但在具体的司法中，甚至强调对犯罪分子绝不能心慈手软，否则法律难以起到威慑和禁恶的作用。朱熹言："刑愈轻而愈不足以厚民之俗，往往反以长其悖逆作乱之心，而使狱论之愈繁。"[②] 应该说，在以血缘关系为纽带而构成的宗法社会中，强化以"礼"为中心的道德规范，对维护封建宗法社会的稳定起到了十分重要的作用。

在今天社会主义市场的条件下，提倡以德治国，同样要面对法律与道德的关系。从理论上说，在社会主义的市场经济条件下，法治与德治具有同一性，法律是道德的制度体制，道德是法律的精神基础。主要表现为：其一，社会主义的法律制度也应该是以社会主义的道德观念为价值基础的。其二，从执政党的执政基础来说，宪法和法律是其执政地位的合法性依据，但代表人民的利益，则是其取得并巩固执政地位的道德前提。其三，从领导干部和国家公务员的行政行为来说，宪法和法律是其行政行为的根据，但领导干部和国家公务员又应该以高尚的道德情操和人格形象来赢得人民群众的信任。从社会功能来说，法治与德治的社会功能互补。法治的社会功能是维护社会的公正和秩序，德治的社会功能是在此基础上引导民众追求更高的道德境界。没有法治，社会就不可能有公正和秩序，而没有公正和秩序，更高的道德要求就只是一句空话。只有公正和秩序的社会还不是理想的社会，因此还应在此基础上辅之以德治，通过道德示范和道德教化使民众有更高的道德要求，从约束性规范上升到劝导性规范和超越性规范。

虽然提倡以德治国并不意味着减少或削弱法律的意义与作用，但当以德治国作为一种同样重要的治国方略提出时，不能只在理论上泛泛而谈法治与德治相辅相成、相互促进，而是需要清晰地建构法治与德治的关系。

第一，社会主义的德治，是在法治架构下的德治。现代意义上的法治已经远远超出了传统社会以刑代法，以惩罚为主的刑治主义。"依法治国"，是指依照宪法和法律的规定，通过各种途径和形式管理国家事务、经济文化事业、社会事务，保证国家各项工作都依法进行，逐步实现社会主义民主的制度化、法律化。依法治国的主体是人民群众，基本要求是有法可依，有法必依，执法必严，违法必究。依法治国也是发展社会主义市场经济的客观需要，市场经济也就是法制经济。市场中的主体资格、交易规则、财产所有权、社会保障体系以及全球经济的一体化都需要法律来保障。实行"依法治国"，就是要使国家的各项工作逐步走上

---

① 《荀子·成相》。
② 《朱子全书》，卷六十四。

法制化的轨道，实现国家的政治生活、经济生活和社会生活的法制化、规范化。同样，现代意义的德治，也不再是"正己正人"之以德服人或以仁心、仁义开出的三纲五常之礼治。"以德治国"指的是以马列主义、毛泽东思想、邓小平理论以及"三个代表"重要思想为指导，以为人民服务为核心，以集体主义为原则，以爱祖国、爱人民、爱劳动、爱科学、爱社会主义为基本要求，以职业道德、社会公德、家庭美德的建设为落脚点，建立与社会主义市场经济相适应、与社会主义法律体系相配套的社会主义思想道德体系，使之成为全体人民普遍认同和自觉遵守的行为规范，为社会主义法治国家奠定良好的伦理道德基础，有效运用伦理道德调控手段治理国家和社会。①

一方面，"法治"属于政治建设，作用于政府结构层面，"德治"属于思想建设，作用于社会层面。作为一种政治制度，法具有国家专属性质，是一种权力制度的治理，它诉求于规则来管理社会生活，保障公共秩序。正因为此，它可以使社会发生结构性变化。道德的本质是社会的，非国家专属，它是一种社会人心的治理，不能让社会发生结构性的变化，只能改变社会风尚、人的精神和心灵指向。因此，就政治层面而言，作为国家治理的方略，法治具有优先性。另一方面，就治理形式与操作层面而言，国家生活直接追求的也是制度公正而不是道德的善。再者，德治不能突破法治的原则和规范。法治的原则，如法律面前人人平等、法律程序原则等，应当受到维护。法律给予一个人的合法权益，不能因为他做了一件被人谴责的事情而被剥夺；公民和大众传媒进行针对政府官员的舆论监督时，不能侵害其名誉权和隐私权；政府实施道德教育，必须按照法定的内容、条件和方式进行；政府行政不能以道德规范代替法律规范，把"违法"和"缺德"混为一谈。因此，道德治国是有条件的，必须在法律实体的框架内发挥其治国的作用。② 只有依靠民主与法治——尤其是行政法治，才能在维持社会道德的同时又不带来人治与专制的任意性。

强调法治架构下的以德国国，还必须将法治与德治的关系纳入到社会主义市场经济的现实实践之中。市场经济首先是法治经济，而非道德经济。市场经济是人类选择的经济模式中"最不坏"的一种，它是一种有效地组织各种资源并加以合理配置的生产方式，它不仅能产出相对以往经济形式的最大的财富，而且还要求广泛的社会变化。市场经济是一种要求高度秩序的经济，它必然要求"法律面前人人平等"的法治社会与之匹配。在经济学看来，人是"经济人"，不仅会作出"利己"的选择，以实现个人福利和效益最大化，而且还会为此作出损人利己的"败德行为"。在市场经济条件下，交易双方对意志自由、公平竞争、权利平等等要求更为迫切，客观上需要动用法律予以保障。法治作为市场经济的法律环境是市场经济的内在要求，原因在于：市场经济是从历史上的小商品经济的基础上成长起来的，市场经济之前的商品经济实践中已经形成特定的市场伦理以及基于其上的市场秩序，这种市场伦理和市场秩序是刚性的，还不适应现代市场经济的要求，必须由国家通过法律的形式予以制度上的强化和保障。此外，市场经济的生长发育要求克服权力滥用，要求对私人部门与公共部门，市民社会和政府部门，权力与权利空间，权力与权利行使方式进行严格界定。

市场经济道德内涵也是围绕着法律规则而确定的。经济学理论告诉我们：良好的市场秩

---

① 参见程玲：《"依法治国"与"以德治国"的二维关系》，载《政法论坛》，2006（8）。

② 参见余爱花：《现代德治：追求和谐社会的善治》，载《毛泽东邓小平理论研究》，2006（3）。

序是各种市场因素得以起作用的关键，而秩序的获得必然要通过规则的约束。按照博登海默的说法，人类对秩序的依赖植根于人们重复令人满意的经验的先见倾向。而遵守规则是获得秩序最有力的保障。规则化的行为方式为社会生活提供了很高的有序性和稳定性，人们可以通过规则来预见未来，并指导自己的行为。与此同时，人们对秩序和规则的需要，越到复杂的社会越明显，也越强迫越强烈，因为越复杂的社会，其生活的连续性和稳定性越容易遭到破坏，而一旦遭到破坏之后越难以恢复，并且对社会生活的危害也会越大。因此，树立"规则意识"，维护良好的市场秩序，成为市场经济社会的道德体系的核心内容。

规则就是基于市场导向的人们之间各种形式的交往必须建立在诚实、守信、公平的基础上的交易制度，否则尔虞我诈、弄虚作假、强买强卖、不守信用等现象泛滥，这些属于道德范围的规范，也必须通过法律的形式加以规范，以保证市场经济的正常、健康运行。与此相关，以道德教化为主的传统德治也要相应地转化为制度化的以德治国。

第二，道德是法治的精神基础与重要保障，德治是法治的不可缺少的补充。从法律规范的来源看，道德是法律的基础，法律规范必须有道德基础。任何社会离开了一定的道德规范，法律制度的建立和完善就失去了自身基础和自身价值的合理性。亚里士多德将法治定义为多数人遵从以及良法。西方有源远流长的"自然法"传统，即在表明，即使在法理政治的西方传统中也主张合乎道德的法律才是真正的法律，普遍的道德原则成为法律的价值根据和应然取向。在中国传统宗法社会，法也必须"一准乎礼"。如果抽掉"德"以及如何"治"的内涵，法就成了恶法。就价值层面而言，德治一定是善治。古今中外，还没有出现过道德风气败坏，法治却非常有效，或道德风气良好，法治却非常糟糕的社会。相反，道德风气良好与法治有效，道德风气败坏与法治十分糟糕总会在某种程度上契合。任何一个政权治国，在客观上都需要道德。因此，当我们提出，在法治的前提下发挥以德治国的作用时，不能理解为德治重要性的降低。

就法治运行的各个环节来说，道德担负价值引领与使之完善的角色，如果说法治是一种"能治"的话，再辅之以德治，则为善治。首先，"德治"是立法的思想基础。法律的建立，是以道德为内在价值取向的。任何立法过程及其结果，都包含着立法者的理念，并体现着一个社会的道德价值取向。其次，"德治"是执法的思想基础。法律不可能穷尽所有的社会关系，法律也不可能随时随地解决生活中出现的任何问题，法律条款具有简约和一般性原则，如在签订合同时，法律规定只要双方意思表示合理，合同就有法律效力。但什么才算合理，法律没有作具体规定。这实际上就是要求执法者具体问题具体分析，那么执法者的主观能动性是不可避免的。如果执法者的素质低下，就会出现指鹿为马、颠倒黑白的情况。所以，能否公正、准确地把握立法宗旨，执法者的道德素质和思想觉悟起着非常重要的作用。再次，"德治"是守法的思想基础。一般来讲，道德水准的高低与守法自觉性的强弱是成正比的。大多数人对法律的认同和信仰，是法律存在的基础。外在的法律规范必须转化为大多数人的内心自觉，才能对社会的稳定和发展发生作用。因此，"依法治国"能否顺利进行，与人的自觉自愿意识和道德素质高低以及"德治"思想是否深入人心是有一定关联的。最后，"德治"是司法的思想保障。好的法律推行于世，首先要依靠社会成员的普遍认同和自觉遵守，再就是司法人员的良好素质也会使法律施行收到事半功倍的效果。由于法律语言的复杂性以及自由裁量权的使用，法律适用会在很大程度上取决于司法人员自身的综合素质。很难想象一个道德水准低下的人会成为一个刚正不阿的法官。所以，社会成员对法律的自觉遵守和司法人员公正廉洁的道德素质是司法重要的思想保障。

作为法治经济的社会主义市场经济，德治也会产生重要作用。其一，良好的道德风尚会减少交易成本，提高交易效率和经济效益。其二，良好的道德风尚会避免市场经济中竞争手段的过分残酷以及对个人利益、局部利益的过分追求。其三，良好的道德风尚会减少经济纠纷，化解矛盾，提高社会信用。

总之，道德可以解决法律无法解决的许多问题。强调依法治国，一定不能离开以德治国。

三、以德治国：对传统德治思想的历史超越

以德治国思想的提出，虽离不开优秀传统文化的源头，但并不是对传统文化的简单继承和照抄照搬。以德治国思想是在充分借鉴和吸收传统德治思想精华的基础上，在深刻总结建设有中国特色社会主义伟大实践的过程中所得出的全新认识，是一种伟大的创新与创造，是对传统德治思想的历史性超越。

（一）以民主超越民本

以德治国与传统德治的根本区别在于对待人民的立场不同。儒家德治思想是建立在"民本"思想的基石上的，其用心在于劝诫封建统治者采用"怀柔"之术，用恩惠笼络民心，并通过道德教化归顺人心，维护统治。基于民本的德治虽然也可以给民众带来一些利益，但制度本身的出发点绝不是人民的根本利益，而是为了民之上的君。以德治国，是建立在社会主义民主制度之上的德治，人民是社会与国家的主人，执政者只是人民委托的管理者。以德治国，以最大多数人民的最大利益为最高道德准则。德治不是权宜之计，不是"治民"或"牧民"之术，而是民主政治制度下的治国方略的有机组成部分。它首先针对各级领导干部而提出思想道德约束，是要求各级领导干部率先垂范。为政以德，不仅要依法管理国家事务、依法行政，而且要按照人民群众的意志，接受人民群众的监督，以德管理国家事务、以德行政。正如江泽民在庆祝中国共产党成立八十周年大会上的讲话中指出的，"全心全意为人民服务，立党为公，执政为民，是我们党同一切剥削阶级政党的根本区别。任何时候我们都必须坚持尊重社会发展规律与尊重人民历史主体地位的一致性，坚持为崇高理想奋斗与为最广大人民谋利益的一致性，坚持完成党的各项工作与实现人民利益的一致性"。

（二）以法治超越人治

传统德治是以封建特权为基础的人治，出发点是以统治者的"不忍人之心"行"不忍人之政"。这种制度的关键是通过统治者的道德榜样作用，去教化和感化民众，以达到天下大治。将"正心、诚意、修身"这样的个人的道德规范与"齐家、治国、平天下"所需要的特殊的政治伦理规范视为一体，将政治效用完全归纳于个人的道德，这是一种典型的人治模式。以德治国，是社会主义民主政治的一个有机组成部分，其本质是法治架构下的德治，强调应把道德的自律和法律的他律结合起来，既要发扬道德的扬善功能又要发挥法律的惩恶功能，并通过健全法制推动道德建设，实现德治和法治的有机结合而达到德治的目的。一方面，德治的内容要围绕着人的自由平等，奉公守法来开展；另一方面，德治的目的，是在法制的基础上，通过加强道德建设来提高公职人员的职业道德水准，提高全社会的精神文明水

平，促进政治文明与法制建设。因此，以德治国加强而不是削弱以法治国的权威性。

（三）以公德超越私德

传统德治思想之"德"为私德，表现在两个方面：从形式上看，"德政"之德是由君德延展而去的。从周公的"敬德保民"到孔子的"为政以德"，德治的"德"指的是"君德"，即统治者的个人德性。统治者的道德品性是当政者治理国家的道德资源。私德治国理论与当时的"君权神授"理论是一致的。君德既是获得政权的根据，也是其保持政权的必要条件，因此，君德不仅是治国平天下的前提条件，而且是治国平天下的德政手段。君主以君德权威号令天下，以德性引导政务，以德性教化百姓等，所有这一切都建立在君主的私德基础上。从内容上看，"德政"之德是由亲亲之爱发扬光大的家族伦理。孝讲父子关系，友讲兄弟关系，这种家族伦理由"老吾老及人之老，幼吾幼及人之幼"之推己及人的推恩之术而扩展为具有普遍意义的社会道德规范，亦即公德。当然，这种私德治国与当时的小农经济和家国一体的社会结构是相匹配的，这是私德治国在中国几千年国家发展中发挥有效作用的根本原因之一，也是其必然导致人治的一个重要原因。在现代多元结构的社会中，道德内涵发生了深刻的变化。2001 年，中共中央颁布了《公民道德建设实施纲要》，详细地列举了社会主义新形势下人们应该遵守的普遍的道德规范。内容涉及公民基本道德规范，如爱国守法、明礼诚信、团结友善、勤俭自强、敬业奉献；社会公德规范，如文明礼貌、助人为乐、爱护公物、保护环境、遵纪守法；职业道德规范，如爱岗敬业、诚实守信、办事公道、服务群众、奉献社会；家庭美德规范，如尊老爱幼、男女平等、夫妻和睦、勤俭持家、邻里团结。这些道德规范中既包含延续几千年的传统家庭美德，也涵盖了作为一个现代公民应遵守的其他道德规范。以德治国，就是大力加强社会公德建设，提高全体民众的道德素质，完善社会主义法治文明。这是现代德治在德的内容上对古代德治德的内容的超越。

（四）以德法互济超越德主刑辅

传统伦理型社会，治道方略为德主刑辅，主要表现为：一者，理念上表现为强调以道德教化为主，刑法惩罚为辅的价值追求；法律制度的建设成为德治的补充与完善。德主刑辅体现在制度上则表现为以道德（礼）的精神立法，即刑"一准乎礼"。二者，道德修善与政治责任不分、道德与法律的界限模糊不清、国家治理与社会治理界限不明，或以德代政，或以德代法。此种情况下，法律的作用不明，道德作用不清。

社会主义市场经济条件下的以德治国，无论是在观念还是在制度层面都是对传统德主刑辅模式的全面超越。就观念层面而言，以德治国，并非是德治超越于法治之上，而是明确区分两者不同的作用领域，并又将德治与法治结合起来，共同促进社会和谐发展。江泽民在2001 年全国宣传部长会议上清晰地指出了两者的辩证统一关系："对一个国家的治理来说，法治与德治，从来都是相辅相成、相互促进的。两者缺一不可，也不可偏废。法治属于政治建设、属于政治文明，德治属于思想建设、属于精神文明。二者范畴不同，但其地位和功能都是非常重要的。我们要把法制建设与道德建设紧密结合起来，把依法治国与以德治国紧密结合起来。"①就制度层面而言，德法的互济，首先在于理清德治与法治的边界。将道德归于

---

① 《江泽民论有中国特色社会主义》（专题摘编），337 页，北京，中央文献出版社，2002。

思想文化建设，法律归于制度建设，比如，法治在很大程度上实际是程序之治。民主政治和市场经济的建立都特别凸显了法治作为程序之治的意义和价值。德治说到底是人心之治，以人的观念、情感、道德认识为教化的目标。如此，可以明确，法治与德治应该有不同的方法与手段，达到的目标也有所不同。另外，德治与法治界限的明确，有利于在具体的立法、司法过程中，避免将道德问题以法律解决，或法律问题诉诸道德的谴责。其次，德法互济，要求通过道德建设提高民众守法的意识，法治才能真正实施，法律必须得到信仰，才能上升为人们的自觉行为，将法律提升为信仰，不是法律本身可以做到的，必须依赖道德教育。同时，法律的惩戒性功能也有助于进行积极有效的道德建设，在某些方面道德滑坡之时，可以通过法律提升道德素质。

在西方法制文明的发展过程中，宗教和道德曾经并至今仍在西方社会的更为基础与广泛的层面起着规范、引导人们行为的作用，是西方法制文明的不可或缺的、有效的辅助。清末法制改革以来，中国几乎是全盘引入了西方的法律制度，但作为西方法律制度之基的精神文化并没有也不可能随之而入，因此，法律制度在中国土壤生长时出现了诸多的"水土不服"。再加上改革开放以来，特别是随着市场经济的发展，中国社会处于急剧转型时期，各种社会问题层出不穷。在此状况下，执政党提出了以德治国的治国方略，通过对传统德治思想的继承、发展、创造性转化，既可以在社会制度层面弥补并促进法治建设，又可以在价值层面激发人们对传统理想治理状态诉求的情怀，重拾人心，构建信仰。

第五章

垂法而治与依法治国

第一节
垂法而治的历史考察

一、垂法而治的历史演变

刑罚在原始社会已经萌芽，《尚书·尧典》就记载舜使皋陶制定刑法来惩治异族人。大禹甚至对部落首领动用极刑，传说大禹在会稽山召集部落联盟会议，防风氏迟到，竟遭杀戮。

进入阶级社会以后，法作为统治阶级意志的体现，一直都是统治者维护自己统治的重要工具。所谓"夏有乱政而作禹刑，商有乱政而作汤刑，周有乱政而作九刑"①。并且各朝都相应地建立了自己的关押犯人的监狱，夏朝有"夏台"，商代有"羑里"，周朝有"圜圉"。夏、商、周三代的刑罚也非常严酷，启用"五刑"对待被俘人员，这"五刑"是指甲兵、斧钺、刀锯、钻笮、鞭扑之刑。商除五刑外，还发明了"脯刑"、"烹刑"和"炮烙之刑"，到了西周，刑制更加严密，仅五刑之律就有三千条之多。这些都是统治者为推行自己的意志而制定的，主要是为了镇压来自奴隶和平民的反抗。对于违抗自己的人，统治者首先想到的常常是严刑峻法。

启登王位，遭到有扈氏的反对，启在做了充分的准备后，用兵讨伐，在有扈氏国都南郊甘这个地方，举行誓师大会，作战争动员，并申明了战场纪律："左不攻于左，汝不恭命；右不攻于右，汝不恭命；御非其马之正，汝不恭命。用命，赏于祖；弗用命，戮于社，予则孥戮汝。"② 对于在战场上不奋力作战的人，启认为他们就是没有尽到战争责任，这些人应当受到降为奴隶直至处死的惩罚。墨子认为这里的"戮于社"就是"听狱之事"，也就是审判刑罚。

---

① 《左传·昭公六年》。
② 《尚书·甘誓》。

商汤讨伐夏桀的时候，要求战士们严格听从他的命令，否则就把他们降为奴隶，或者杀死，并且绝不会有所赦免。他说："尔不从誓言，予则孥戮汝，罔有攸赦。"①

商朝建立以后，统治阶级生活腐化，内外矛盾尖锐，为了抑制贵族的奢侈，缓和阶级矛盾，并减轻自然灾害的影响，第二十代王盘庚决定迁都到当时还非常荒芜的殷，但这遭到当时一些不愿放弃既有奢靡生活的奴隶主贵族的反对，盘庚一方面给他们申明迁都的好处，另一方面仿效其先祖用刑罚对他们进行恫吓，他说："尔不从誓言，予则孥戮汝，罔有攸赦。"②他要求反对者都闭嘴，回去各干各的事，不然的话就后悔来不及了："各恭尔事，齐乃位，度乃口。罚及尔身，弗可悔。"③盘庚还威胁要使用株连的手段，对那些反对者，他不但要惩罚他们本人，甚至还要对他们施以灭门的惩治："暂遇奸宄，我乃劓殄灭之，无遗育，无俾易种于兹新邑。"④

牧野之战，周武王宣誓时，也宣称要对那些不努力作战的人进行严惩，"尔所弗勖，其于尔躬有戮！"⑤周武王的弟弟周公号称"敬德保民"，以德治国，但他在镇压了武庚叛乱后，也对参与叛乱的管叔等宗族势力进行严惩，管叔被处死，蔡叔遭到流放，霍叔被罚做奴隶。这说明法律也是周公协助周成王进行统治的重要工具，包括他制定的周礼也兼有伦理道德规范和法律约束的双重含义："所谓周礼，就是人们心目中的法或法度。因此，作为一代王朝的社会秩序的安排，礼既是一套具有成文法特点的国家的法度，又是一套君臣或官民的行为规范，是依靠国家的权力机器、借助于国家推行的教化，以及社会的制裁力和个人的道德修养共同来维持政治秩序和社会秩序的一套治理构架。换言之，礼是一个建构完整的文明体系、一个整合性的制度架构和秩序安排，具有多层面、多维度的特征。"⑥尽管周公吸取殷商的教训，主张"慎刑"，但"慎刑"绝不意味着不重视法律制度，相反，西周完善了五刑，其法律制度的"残酷性、威慑性在其以后的历代法制中都是无法比拟的。其中'五刑'的规定就体现得最为明显。西周仍然沿用了夏以来的墨、劓、剕、宫、大辟五种酷刑，而且每种刑罚中还包括多种刑名，总计五刑之属三千。在五刑之外还有流、赎、鞭、扑等处罚方法"⑦。西周统治者标榜"明德慎罚"，但一旦他们感到自己的统治受到威胁时，就会毫不犹豫地随意加重刑罚，所谓"刑乱国用重典"。"公元前770年，周朝失去对国家的控制，西周灭亡。西周奴隶制的最终崩溃，除了因阶级矛盾的尖锐无法调和之外，统治阶级过度实行严酷的法律也是一个主要原因。"⑧

周公（？—约前1095）

可见，从夏、商到西周的法律制度是不断发展的，奴隶主阶级在

---

① 《尚书·汤誓》。

② 《尚书·汤誓》。

③ 《尚书·盘庚上》。

④ 《尚书·盘庚中》。

⑤ 《尚书·牧誓》。

⑥ 焦利：《为国以礼：西周礼制的"法"文化形态》，载《北方论丛》，2006（1）。

⑦ 焦克源：《西周法制及其对后世的影响》，载《经济与社会发展》，2004，2（11）。

⑧ 焦克源：《西周法制及其对后世的影响》，载《经济与社会发展》，2004，2（11）。

不断地完善着自己的国家机器。到西周时，法律制度已经比较严苛和繁琐。不过，总起来说，这时候无论是"礼"还是"法"，都带有多维性的特点，礼与法的分化还没有最后完成，统治阶级内部更强调的是"德"或"礼"。

西周以后，春秋战国之际，正是奴隶制社会向封建制转变的大动荡、大变革时期，出现了战乱频繁、礼崩乐坏的局面。诸侯争霸，政出"私门"，周王室逐渐丧失政治权利。生产力的发展也推动着社会关系的分化重组。奴隶主阶级由一个生气勃勃的阶级正在走向衰落。与此同时，地主阶级作为新兴势力正在登上历史舞台。

权威的缺失，长期的分裂，也给思想以自由驰骋的空间。经济的发展，政治的动荡，也促进了文化的兴盛与繁荣。许多思想家面对变革的社会力图给出自己的答案。他们对哲学、政治等问题的思考、争论形成了思想上"百家争鸣"的局面。这一时代可谓是中国思想史上的"轴心时代"。

如何提高自己的国力，救亡图存，是摆在每一个统治者面前的现实问题。对此，墨家言"兼爱"、"非攻"，道家讲自然无为，儒家倡德治、仁政，兵家精研战略战术……各家各派都在积极为统治者出谋划策，法家自然不甘落后，他们的思想也更能反映时代的要求，较能代表新兴地主阶级利益的当属法家。他们的策略主要就是"垂法而治"。

"垂法而治"是法家立足现实社会的变化，在总结历史经验的基础上逐步提出来的。这种理论的形成有一个发展的过程。

春秋时期提倡法治的法家代表人物有齐国的管仲、郑国的子产。他们都是有着丰富政治经验的大政治家。

"高岸为谷，深谷为陵"，西周末年，周天子的地位已经处于衰落之中，诸侯的实力却越来越强大，随着实力的膨胀，他们有的竟至于公开挑战周王的权威。那个曾在国内与其弟弟展开斗争的大权术家郑庄公甚至和周天子在繻葛兵戎相见，并且打败了周桓王亲自统帅的军队。王室惨败于诸侯军队，使周天子颜面尽失，其对诸侯的领导权逐渐止于名义上。繻葛之战拉开了诸侯争霸的序幕。

齐桓公就是在管仲的辅佐下，成为春秋五霸之首。管仲，名夷吾，字仲，春秋时期齐国颍上人，我国古代伟大的思想家和政治家。他早年非常贫困，经过商，做过小官，后来在齐国公子纠的门下任职。公元前686年，齐国发生内乱，公子纠与公子小白争夺王位，小白获胜，是为齐桓公，桓公要处死管仲，因听从"能知人也"的鲍叔牙的劝告，才不计一箭之仇，重用管仲为相。管仲经鲍叔牙举荐得到重用，才有了后来与齐桓公共同致力霸业的机会。

管仲就职后，尽心尽力地辅佐齐桓公，在政治、经济、军事多方面进行改革，显示出卓越的政治才能。经济上"相地而衰征"，变相承认了土地私有权，提高了劳动者的积极性，促进了经济的发展。为了促进商品流通，管仲对"关市讥（检查）而不征"，齐国的商业也获得发展。在社会组织上，管仲打破原来的分封制按家庭血缘关系管理社会的原则，依据"业缘"建立基层行政组织，设置官吏，进行分业分区管理，使士、农、工、商四民便于老少传习。在军事上，"寓兵于农"，使百姓"居同乐，行同和，死同哀"①，大大提高了军队的

① 《国语·齐语》。

稳定性和战斗力。在政治上，管仲打破了传统的"世卿世禄"制度，任人唯贤，实行"匹夫有善可得而举也"（《国语·齐语》）的政策，使齐国政治焕发了生机。经过一系列的改革，齐国具备了强大的经济、军事实力，《史记》载："管仲既任政相齐，以区区之齐在海滨，通货积财，富国强兵。"① 在外交上，齐国打起"尊王攘夷"的大旗，名义上维护周天子天下共主的地位，实际上把诸侯控制在自己手里，周天子不过得到了一个虚名而已。

司马迁认为："齐桓公以霸，九合诸侯，一匡天下，管仲之谋也。"② 孔子也称赞管仲是一个"仁"者，他说："桓公九合诸侯，不以兵车，管仲之力也。如其仁！"③ 事实上，管仲的很多措施并非以道德做标准，而经常是从发展国力、成就霸业的需要出发的。这也很符合管仲平时的为人，他为了自己的经济利益，合伙做生意时不惜从自己的好朋友那里多分利润；为了保住自己的性命，曾经在战场上"三战三走"，多次逃跑。显然，他是把利益放在朋友友谊、荣誉等等之上的。也许孔子更倾向于认为管仲是个有本事的人，比如，他"夺伯氏骈邑三百，饭疏食，没齿无怨言"④，就是说管仲剥夺了伯氏骈邑三百户，伯氏只得吃粗粮过日子，但管仲却能让他至死对自己都没有怨言。在治理国家方面，管仲一方面把礼义廉耻作为维持国家运行的四维，另一方面，他强调法的作用，认为"劝之以赏赐，纠之以刑罚"是治理国家的有效方法，他特别注重"明法"。有人认为管仲是提倡"以法治国"的第一人，是有一定道理的。管仲将其法治思想渗透进齐国的政治、经济、军事等各个方面，以法治民，又要实现以法治军，以法推行他的各项改革措施，管子认为这也是符合效率原则的方法，他说："威不两错，政不二门，以法治国，则举错而已。"⑤ 管子的这种说法逐渐成为以后法家的基本主张。管仲的法治主张随着齐国的强大得到越来越多有识之士的认同。

管仲之后，主张法治的政治家当数郑国子产。子产在自己的政治实践中把依法治国的理念以铸刑鼎公之于众的方式，实质性地向前推进了一步。

子产（？—前522年），姓公孙，名侨，字子产，又字子美，出身于郑国的奴隶主贵族家庭，是春秋时期郑国杰出的政治家。郑国地处中原，外受晋、楚两大强国夹攻，是春秋时期发生战乱最多的国家，靠拢晋国则楚国攻打，亲近楚国则晋国用兵讨伐。从周匡王五年（前608年）到周定王十一年（前596），十二年中，晋国伐郑五次，楚国攻郑七次，几乎年年都会卷入战争。据统计，春秋期间，郑国的兵灾最严重，共发生了72次战争，平均三年一次兵灾。战争给郑国带来的灾难和创伤是可以想见的。政治、经济、军事上都受大国欺侮的郑国，内部也是纷争不断。当子皮把政权让给子产时，子产担忧地说："国小而逼，族大宠多，不可为也"⑥。子产的话正是对郑国当时所处的内外交困的状况的反映。子产执政后，为使郑国在各大国的威胁下生存下去，励精图治，对国家进行了内政外交许多方面的改革，增强了郑国的经济、军事实力，提高了郑国在各诸侯国中的地位，也为子产本人赢得了很高的政治声望。孔子称赞子产是个"仁惠"的人。

---

① 《史记·管晏列传》。
② 《史记·管晏列传》。
③ 《论语·宪问》。
④ 《论语·宪问》。
⑤ 《管子·明法》。
⑥ 《左传·襄公三十年》。

　　子产的治国理念就是顺应历史发展的潮流，依法度治理国家。子产在郑国着手整饬国家内部秩序，他让城市和乡村有所区别，上下尊卑各有职责，田土四界有水沟，庐舍和耕地能互相适应，使社会生活有法度可循。并且他主张只要有罪过，就应当给予相应的惩罚。因此，对于卿大夫中忠诚俭朴的，就亲近他，听从他；骄傲奢侈的，就罢免、推翻他。①

　　要使社会生活有法度可以遵循，就应当让老百姓对法律有所了解。子产在推行法制上最大的贡献就是铸刑彰法。子产之前，在立法上"不为刑辟"，法律并没有统一的规定，在司法上，主要遵循既有的判例，这种就事论事的做法，缺少理性精神，受统治者个人意志的影响较大，随意性强，很难做到客观公正。子产出于建构新型生产关系，整顿混乱的社会秩序的要求，于公元前536年即郑简公三十年三月，铸刑于鼎，公之于众，以此作为国家统一、稳定等法律规定。鼎，在我国传统政治文化中，具有象征国家权力的意义。传说禹铸九鼎代表九州。那位春秋五霸之一、"一鸣惊人"的楚庄王在击败陆浑（今河南嵩县东北）的戎族之后，一路进军直打到周朝的国都洛邑附近。周王感到非常恐慌，派使臣王孙满到郊外慰劳楚君。在交谈的时候，楚庄王问起王室所藏的九鼎，显示他有夺取周朝政权的野心。子产铸刑于鼎，就有显示法律严肃性、神圣性的用意，鼎用青铜铸成，不宜损毁，也有彰示法律的稳定性的用意。这种做法的直接后果就是打破了奴隶主贵族对法律的垄断，使过去随意性很强、有巨大神秘性的法律变成了稳定、公开、透明的东西，社会生活有了罪与罚的客观标准。奴隶主在法律事务中的活动受到限制，因此，子产的措施遭到了一些人的反对，晋国的叔向为此专门给子产写了一封长信，说自己以前对子产寄予厚望，现在却因为子产铸刑于鼎的举动而彻底失望，因为以前的统治者害怕老百姓据理力争，所以他们"议事以制，不为刑辟"，现在法律公开了，老百姓知道有法律，就对上面不恭敬，而且可能用刑法作为根据与奴隶主理论。"民知争端矣，将弃礼而征于书，锥刀之末，将尽争之。乱狱滋事，贿赂并行。"② 老百姓丢弃礼义而征用刑书。刑书的一字一句，都要争个明白。奴隶主无法滥施刑罚，感觉自己就无法治理国家了。"国将亡，必多制"，铸刑于鼎的方法会祸乱国家。对此，连明末清初的顾炎武都引用子产的这句话反对法制繁复。孔子虽然很欣赏子产，但仍然反对他这种制定法律、公之于众的做法，因为"民在鼎矣，何以尊贵。贵何业之守。贵贱无序，何以为国"③。子产铸造了刑鼎，百姓都能看到鼎上的条文，明确了自己行为的界限，同时也明确了自己的自由，当然是界限内的自由，对于奴隶主侵犯其"自由"与权利的事情可能就会据法力争，他们敬畏的对象不再是贵贱有等的礼制，而是法律，奴隶主无法任意作威作福，还怎么守护自己的家业？贵贱没有次序，还怎么治理国家？子产铸刑于鼎的做法出发点并不是为了维护奴隶的权利，而是为了"救世"，即挽救郑国内外交困的危机状况。对奴隶主任意胡为的限制是人类理性精神发展的必然结果，有利于维护统治阶级的整体利益。这在客观上也起到了维护被统治阶级利益的作用。

　　比起奴隶主贵族所一贯奉行的"临事制刑，不预设法"的做法，铸刑于鼎把过去神秘无限的裁决之术变成了公开透明的法度。成文法的颁布是历史的进步，是法律思想史上一次伟大的革命性的发展，是由人治向法治过渡的重要转折点之一。

---

　　①　参见《左传·襄公三十年》。
　　②　《左传·昭公六年》。
　　③　《左传·昭公二十九年》。

子产制定并公布成文法，为依法治国提供了前提条件。因为郑国有了明确的法律规定，后来的邓析私招门徒，教人打官司的程序和技巧，他反对礼制，推崇法律，对于孔子的维护礼制的"正名说"不屑一顾，明确提出"事断于法"。这也就是荀子批评他"不法先王，不是礼义"的原因。在他的思想里充斥着"不别亲疏，不殊贵贱，一断于法"的法治精神。

刑鼎

战国早期法家的代表人物是李悝。李悝以恰当的赏罚作为自己的治国之道，他说："为国之道，食有劳而禄有功，使有能而赏必行、罚必当"。有赏有罚，唯才是用，这是战国时法家通行的主张，很多走向富强的国家贯彻的都是这一思想。

李悝协助魏文侯进行封建改革，使魏国成为战国早期强大的国家，战国七雄之一。李悝在魏所推行的新政的一项重要内容是制定了《法经》。这也是李悝在法律制度方面作出的重大贡献。《法经》是李悝在春秋末年，晋、郑诸国作刑鼎或刑书以及之后其他国家所制定的成文法的基础上，进一步加以完善，使之系统化，理论化的结果，显示出战国时期人们法律理性的进一步发展。

法是从礼中分化出来的，李悝仍然把法看成是礼的补救措施，所以《法经》虽然是一部"诸法合体"的法典，但它主要还是一部以刑为主的法典。因为李悝认为，"王者之政莫急于盗贼"，所以将《盗法》、《贼法》列于篇首。其余四篇是《囚法》、《捕法》、《杂法》、《具法》。《盗法》是涉及财产权的法律；《贼法》是有关处置反叛和人身伤害方面的法律；《囚法》是有关审判的法律；《捕法》是有关追捕罪犯的法律；《杂法》是有关处罚赌博、贪污、淫乱等行为的法律；《具法》相当于现代刑法典的总则部分，规定了定罪量刑的一般性的原则。

《法经》形式上有总有分，内容上比较详尽，其宗旨也是非常明确的，是为了推行"王者之政"，保护统治阶级的利益。因此《法经》初步确立了后世法典的基本形式和基本原则，它的制定有利于法的系统性和统一性，并在司法上使司法官有了一致的审判标准，《法经》作为我国古代历史上第一部比较系统的成文法典，是以后历代统治者制定法典的蓝本。

李悝（前455—前395）

李悝在魏国推行法治，进行改革的良好政绩，启示了商鞅。商鞅变法的舞台是秦国。

秦国立国较晚，周孝王时非子因为养马有功，被分封于秦这个当时还一片荒芜的地方，但附庸的地位说明它的政治影响力是非常有限的。战国初，秦国还是地广人稀，老百姓生活困苦、国力较弱。秦人羡慕其他国家的富裕与文明，秦统治者对于他国充满侵略的欲望，急欲寻找强国富民之途。为此，他们制定了延揽人才的方针，公元前361年秦孝公即位，为富国强兵下令招贤，商鞅因在魏国未受重用，于是挟李悝的

《法经》西入秦国，在秦孝公的支持下，两度主持变法，使原本贫弱的秦国迅速发展，后来居上，成为令诸侯畏惧的强大国家——战国七雄之一，并最后统一了全国。

商鞅在秦国把法的作用推向极致，他对前人法治思想的继承主要有以下几点。

第一，他发展了邓析"事断于法"的思想，重视法律的社会作用，主张君主应当"秉权而立，垂法而治"，把法律作为衡量一切政策、言行的最高标准。这样才能使人们的行为以及统治者通过赏罚进行的治理有统一的标准。

第二，商鞅继承了邓析"不法先王，不是礼义"的原则，主张"不法古，不修今"，认为制度要因时变革，因为一味学习古人会"后于时"，即落后于时代要求，他说："周不法商，夏不法虞，三代异势，而皆可以王。故兴王有道，而持之异理。"① 各朝的统治者面对的社会情势不一样，所以互不因袭，使用的统治方法也会有许多不同。"宜于时"是商鞅制定各种改革措施包括制定法律的原则。

对于宗法社会中一直盛行的德治思想，商鞅也持批评态度，主张"圣人"治国"不贵义而贵法"。因为"仁者能仁于人，而不能使人仁；义者能爱于人，而不能使人爱"。仁能施仁与他人，但不能让人也变得"仁"；义能使自己施爱与他人，但不一定能让人也变得爱人。他甚至认为刑为义的本原，而义，不过是通向暴政的通途："刑者，义之本也；而世所谓义者，暴之道也。"② 商鞅把刑制的意义看得高于道德，虽有偏颇，但他对法律的推崇却带有进步的意义。

第三，商鞅肯定了邓析"不别亲疏，不殊贵贱，一断于法"的司法原则，明确提出"刑无等级"，主张法律的普遍有效性，所有人在面前一律平等，也就是"自卿相将军以至大夫庶人，有不从王令，犯国禁，乱上制者，罪死不赦"③。在法律面前从王公大臣到普通百姓一律平等。这是对宗法特权制度的否定。

第四，商鞅在前人"宽猛相济"的思想基础上，主张重刑。"宽猛相济"的提法既有德治与法治相互支持的含义，也给了统治者随意调节法律弹性的权力。商鞅提高了法律的严厉性，主张重刑主义。商鞅的法律小罪重罚，想以此达到去刑、无刑的理想。他认为这符合道德的宗旨，是统治者爱民的表现。他说："重刑而连其罪，则褊急之民不斗，很刚之民不讼，怠惰之民不游，费资之民不作，巧谀恶心之民无变也。"④ 在严刑峻法下，老百姓不敢私斗，不敢怠惰、浪费，不敢投机取巧，这样就可以使社会秩序严整，最终促进生产的发展。

第五，商鞅在前人颁布成文法的基础上，不但制定了系统的法律，而且采取了宣传措施，借用国家信用来推行新法，力求做到家喻户晓，同时增强法律的"刚性"。

公元前359年，商鞅让人在都城的南门竖起一根三丈高的木头，下命令说，谁要能把这根木头扛到北门去，就赏给十两黄金。大家都不理解左庶长的意思，以为他在开玩笑，所以没有人敢上去扛木头。显然，老百姓对于商鞅的奇怪命令很是怀疑，于是他就把赏金提高到五十两，有一个人在重赏之下冒险把木头扛到北门，商鞅立刻让人赏给他五十辆黄澄澄的金子，一分不少。这件事被迅速传遍了秦国，老百姓都说，"左庶长的命令不含糊"。这时候，

① 《商君书·开塞》。
② 《商君书·开塞》。
③ 《商君书·赏刑》。
④ 《商君书·垦令》。

商鞅才把自己的新法令公布出去。

　　商鞅推行自己法令的另一有力措施是惩罚了一批反对新法的贵族。有一次，秦国的太子犯了法，商鞅对秦孝公说："国家的法令必须一体遵守，要是上面的人都不遵守法令，那么怎么获得百姓的信任？太子犯法，就要惩罚他的老师。"结果，太子的两个师傅都被办了罪，一个被割了鼻子，另一个脸上被刺了字，商鞅的命令毫不含糊，许多原来反对新法的贵族、大臣都不敢再触犯新法了。

　　总的来说，商鞅在秦国的变法借鉴了前人的经验教训，是当时各国变法中最为成功的。这与他顺应了时代的要求，并采取了许多严厉、巧妙的措施，善于"造势"是分不开的。

　　慎到是这一时期重视权势的代表人物，他主张实行势治。这个势主要是君主的权势，因为在慎到看来，君主关系国家的治乱安危，他说："君在也，恃君而不乱矣，失君必乱。"① 所以，慎到非常注重维护君主的统治地位，君主应当把权力紧紧握在自己手里。但是，慎到又说："治乱安危，存亡荣辱之施，非一人之力也。"② 这与他"圣人独治"的主张有矛盾吗？应当没有，因为君主个人的力量是有限的，他的权势离不开大臣们的辅佐，因为"君之智未必最贤于众也。……以一君而尽赡下则劳，劳则有倦，倦则衰，衰则复反于不赡之道也"③，一个人的智力和能量都是有限的，何况君主的智慧

商鞅（约前 390 年—前 338 年）

也未必是最出众的，如果事必躬亲，所有事都要君主一人去做，那他一定不堪其劳。所以他要借助大臣们的力量，借助有组织的暴力，借助国家机器运作所发出的巨大能量。而这个暴力机关，不过是君主造势，推行自己统治的工具。

　　那么如何驾驭好这个暴力机器去造势为自己服务呢？慎到吸取、改造了道家的哲学原则，提出了自己的尚法主张。道家以道作为世界运行的最高法则，认为道的高明远非人的智力所能及，因此聪明的人不会妄图以自己的努力代替道的功用。道似乎无为，但它创造出了世界万物，它无目的而合目的，人的妄为可能背离它，带来极为消极的后果。老子警告说："夫代大匠斲，未有不伤其手。"所以，聪明的做法是无为。无为当然不是一无所为，而是遵循道的法则去做。慎到的原则就是"法"。他反对人治，主张法治。"任法而弗躬，则事断于法矣。"④ 君主没有必要事必躬亲，他只要颁布法律于天下，根据法律规定去统治就行了。"臣事事而君无事，君逸乐而臣任劳，臣尽智力以善其事，而君无与焉，仰成而已。故事无不治，治之正道然也。"⑤ 君臣之道就是君主充分利用臣子这个工具，而自己则像没有什么事可以做一样，所有事情自可以井井有条。相反，自己什么都去做，受到很大劳累，这是悖逆君臣之道的，会导致国家混乱。但如何让臣子充分发挥臣下的作用，让他们把事情做好呢？慎到说："为人君者不多听，据法倚数以观得失。无法之言，不听于耳；无法之劳，不图于

　　① 《慎子·德立》。

　　② 《慎子·知忠》。

　　③ 《慎子·民杂》。

　　④ 《慎子·君人》。

　　⑤ 《慎子·民杂》。

功；无劳之亲，不任于官。官不私亲，法不遗爱，上下无事，唯法所在。"① 君主不需要听得太多，他只要根据法律去监督、控制国家运行就可以了。对于不合乎法律规定的话不要听从；对于不合乎法律规定的举动，不可记为功劳。没有功劳，即便是自己的亲属也不能授予官职。官僚们不私爱自己的亲属，一切依据法的规定去处理，君主通过法律来驾驭整个国家机器。这样，就可以轻松地控制整个国家，社会就能有序运行。总之一句话，法律是国家最高的准则，所谓"事断于法，是国之大道也"②。

慎到通过法来为君主造势，申不害以"术"来进一步稳固君主的统治。

首先，申不害和其他法家代表人物一样，重视法的作用。他认为"君之所以尊者，令也"，法令是君主尊贵地位的保证。哪怕是尧这样的圣人，他统治的主要方法也是"明法审令"，因此，"圣君任法而不任智"，伟大的统治者治理国家靠的是法令而不是个人的才智。

有了势与法还是不够的。因为这些太刻板，缺少灵活变通。政权的稳定，除了一些普遍性的法令外，还要有一些君主独特的驾驭国家机器的方法——这就是"术"。在法的基础上推行"术"是申不害的一个创造。申不害的术，按性质分有领导方法，有阴谋诡计。按运用的领域分有君主控制群臣的"术"，如正名责实，以静制动等；有自我保护的"术"，因为战国时期"弑君而取国"有之。这些都是法治实践的需要。出于普遍性与特殊性相结合的需要，申不害的术论有一定的合理性。但如果"术"纯粹是君主的阴谋诡计，就非常危险了。因为君主搞阴谋诡计，臣子也可以这样。

申不害（约前385—前337）

韩非继承了前人的法治思想，发展了慎到的势论和申不害的术论，明确提出法、术、势相结合。韩非子的思想是先秦法家思想的集大成。

韩非和他的前辈一样，崇尚法制，认为法治是治国的良方。有道的"圣主""远仁义，去智能，服之以法"③。他同时阐述了法治的好处和许多法制的原则性思想，他说："故以法治国，举错而已矣。法不阿贵，绳不挠曲。法之所加，智者弗能辞，勇者弗敢争。刑过不避大臣，赏善不遗匹夫。"④

韩非子比他的前辈更深刻地回答了为什么法治是最好的统治方法。这表现在他对法治的哲学基础——人性论讨论得更充分。法治止的是私欲，维护的是统治阶级整体的所谓"公利"。所以，他说："夫立法令者，以废私也。法令行而私道废矣。私者，所以乱法也。"⑤

另外，韩非子认识到要实现法治，仅仅靠法的制定和宣传都还是不够的。如果没有一定

① 《慎子·君臣》。
② 《慎子·逸文》。
③ 《韩非子·外储说右上》。
④ 《韩非子·有度》。
⑤ 《韩非子·诡使》。

的技巧，没有一定的暴力作保证，法律很可能会流于儿戏。对此，韩非子吸收了慎到的势治和申不害的术论，提出了法、术、势相结合的命题。"操法术之数，行重罚严诛，则可以致霸王之功。"① 君主依据法律和灵活的统治方法，再加上严刑峻法，就可以实现雄霸天下的目的。这里的"重罚严诛"就是君主维护自己势位的方式，它维护的是君主的权利和地位，也就是"势"。有了它，君主"威足以胜暴"，据此可以对臣民进行赏罚，震慑任何图谋不轨者。在韩非子那里，势的重要性和法不相上下。所以，"凡明主之治国也，任其势"②。

作为法家的集大成者，韩非子的法治思想是非常丰富的。这

韩非子（约前 280—前 233）

里不再一一述及。

秦国推行商鞅、韩非的法治思想，刻薄寡恩，激起民变，二世而亡。这给了后世的统治者深刻的教训。所以，法家的思想在秦以后发展不大。秦以后推行的统治策略多是德法互济，阳儒阴法。汉宣帝提到，汉家之法就是"霸王道杂之"，后世更多的统治者采用的是德主刑辅策略，纳礼于法，礼法结合，贞观统治集团就是主张礼刑兼用，"抚之以仁义，示之以威信"③，以达到长治久安。而唐律就达到了礼刑的高度融合，礼是唐律的灵魂，是唐律制定遵循的基本原则，而它也得到了后世统治者的大力称赞，认为其完善足以作为后世律法的范本。唐律慎杀、恤刑，在许多地方加以宽减，显示出人道主义的考虑。不过，明朝稍微有些例外。明太祖朱元璋惩有元一代法制松弛，采用重典治国的方针，甚至经常法外加刑，尤其在处理丞相胡惟庸案和大将军蓝玉案时无限株连，表现得异常残忍。他虽然也提倡礼刑并用，但经常有法不依，滥施刑罚。由于封建的政治制度没有根本改变，朱元璋的重典治国也不会收到什么成效。比如他惩治贪官采用剥皮萱草的手段，但根本制止不住贪污腐败。所以他后来感叹为什么自己对贪官严惩，贪官污吏却越惩越多。囿于自己的封建意识，朱元璋当然回答不了这个问题。

二、垂法而治的思想基础

法家的理论是与他们的思想路线、哲学基础分不开的。法家的思想路线基本是唯物主义的，他们不像儒家有许多令人心驰神往的浪漫想象，对社会关系的看法温情脉脉，而是撇开各种感情的考虑，显得非常理性、冷峻。用司马谈的话说就是"严而少恩"，他认为法家"不别亲疏，不殊贵贱，一断于法，则亲亲尊尊之恩绝"④。

法家拒绝从理想出发，他们的理论从现实出发，服务于现实。子产在给叔向的信中说，自己铸刑鼎的出发点是为了"救世"，这就是法家鼓吹法治的目的。在商鞅、韩非的著作中，也能看到他们对现实的深切关注。法家人物在提出自己的理论时往往先从对社会现实状况的考察开始。

① 《韩非子·奸劫弑臣》。
② 《韩非子·难三》。
③ 《贞观政要·论仁义》。
④ 司马谈：《论六家要旨》。

商鞅变法首先考察了秦国当时的状况，他写道：方圆百里的国土"山陵处什一，薮泽处什一，溪谷流水处什一，都市蹊道处什一，恶田处什二，良田处什四，以此食作夫五万。其山陵薮泽溪谷可以给其材，都邑蹊道足以处其民，先王制土分民之律也"。而当时秦国的土地"方千里者五，而谷土不能处什二，田数不满百万，其薮泽溪谷名山大川之材物货宝，又不尽为用，此人不称土也。秦之所与邻者，三晋也；所欲用兵者，韩魏也。彼土狭而民众，其宅参居而并处……"① 整个中国，耕地面积都是有限的，而秦国国土耕地不过占十分之二，"薮泽溪谷名山大川"占据了较多国土面积。秦国还要面对三晋即韩、赵、魏三个强国的威胁。秦国当时的战略形势是不乐观的。商鞅忧心"一人耕，而百人食之"的情状，他的变法就是为了能够在群雄并立的战国时代使秦国生存下去，并变得强大。

韩非子的救世意图也十分显著，他在《韩非子·奸劫弑臣》中表达了自己的这种心迹，他写道："故其治国也，正明法，陈严刑，将以救群生之乱，去天下之祸，使强不凌弱，众不暴寡，耆老得遂，幼孤得长，边境不侵，君臣相关，父子相保，而无死亡系虏之患，此亦功之至厚者也。"

正是这种唯物主义思想路线使他们重视求索万物的"必然之理"，自觉地按照事物的客观规律办事。商鞅曾说"黄鹄之飞，一举千里，有必飞之备也，麒麟騄駬，日走千里，有必走之势也。虎豹熊罴，鸷而无敌，有必胜之理也。圣人见本然之政，知必然之理，故具制民也如以高下制水，燥湿制火"② 这段话说明商鞅的思想深受古代阴阳五行的唯物主义学说的影响，认为万物及其运行有不依人的意志为转移的客观规律。人类社会也是如此，所以统治者治理国家也要根据社会运动的客观规律去做。但商鞅的思想还停留在朴素唯物主义的水平，他忽视人的感性特征，把人看作机器一样的东西，治民也像炼铁、陶土，而没有看到人的主体性，没有看到人作为目的而存在的价值性。这也是他的思想"刻薄寡恩"的原因所在。

在社会历史观上法家也多少延续了唯物主义原则。唯物主义思想路线使法家看到了世界是发展变化着的。商鞅和韩非都对比过古今的不同，以此论证他们的变法主张。商鞅在《商君书·开塞》篇中这样说：

> 天地设，而民生之。当此之时也，民知其母而不知其父，其道亲亲而爱私。亲亲则别，爱私则险，民众而以别险为务，则民乱。当此时也，民务胜而力征。务胜则争，力征则讼，讼而无正，则莫得其性也。故贤者立中正，设无私，而民说仁。当此时也，亲亲废，上贤立矣。凡仁者以爱利为务，而贤者以相出为道。民众而无制，久而相出为道，则有乱。故圣人承之，作为土地货财男女之分。分定而无制，不可，故立禁。禁立而莫之司，不可，故立官。官设而莫之一，不可，故立君。既立君，则上贤废，而贵贵立矣。然则上世亲亲而爱私，中世上贤而说仁，下世贵贵而尊官。上贤者，以赢相出也；而立君者，使贤无用也。亲亲者，以私为道也，而中正者使私无行也。此三者，非事相反也，民道弊而所重易也，世事变而行道异也。故曰："王道有绳。"
>
> 夫王道一端，而臣道一端；所道则异，而所绳则一也。故曰："民愚，则知可以王；

① 《商君书·徕民》。
② 《商君书·画策》。

世知，则力可以王。"民愚，则力有余而知不足；世知，则巧有余而力不足。民之性，不知则学，力尽而服。故神农教耕而王天下，师其知也；汤武致强而征诸侯，服其力也。夫民愚，不怀知而问；世知，无余力而服。故以爱王天下者，并刑；力征诸侯者，退德。圣人不法古，不修今。法古则后于时，修今则塞于势。周不法商，夏不法虞，三代异势，而皆可以王。故兴王有道，而持之异理。武王逆取而贵顺，争天下而上让；其取之以力，持之以义。今世彊国事兼并，弱国务力守；上不及虞夏之时，而下不修汤武之道。汤武之道塞，故万乘莫不战，千乘莫不守。此道之塞久矣，而世主莫之能开也，故三代不四。非明主莫有能听也，今日愿启之以效。

古之民朴以厚，今之民巧以伪。故效于古者，先德而治；效于今者，前刑而法；此世之所惑也。今世之所谓义者，将立民之所好，而废其所恶；此其所谓不义者，将立民之所恶，而废其所乐也。

人类初祖"知其母而不知其父，其道亲亲而爱私"，这样就可能出于私利而侵害社会与他人。这时候处理人与人的关系靠"力争"。出于解决争讼、维护社会秩序的需要，道德产生了。道德并没有强制性。对于私有财产、婚姻关系的维护开始立法，出于执法的需要，设置了官僚。而君主的出现是为了监督、驾驭这些官僚。所以，上世人们相处基于天然的血缘亲情，中世靠贤者利用道德教化，下世靠国家这个暴力机器维护社会秩序。

王道之世，神农之类的圣人靠自己的智慧赢得天下；汤武之世征服诸侯靠的是强力。这时候，道德就没有多大用处了。何况以前的老百姓民风淳朴，而现在的老百姓充满诈伪和巧智。所以，"圣人不法古"，法古可能会落后于时代的发展，夏、商、周三代情势多有不同，他们互不效法，但都能治理国家。社会形势不同了，人性也有变化了，就不能像古代那样推行德治，而应当实行法治。

韩非对古代的考察是这样的：

古者丈夫不耕，草木之实足食也；妇人不织，禽兽之皮足衣也。不事力而养足，人民少而财有余，故民不争，是以厚赏不行，重罚不用，而民自治。……是以古之易财，非仁也，财多也……轻辞天子，非高也，势薄也。①

"古代"由于人口稀少，男性不要耕种，女性不要织布，自然资源就能满足需要。老百姓用不着争夺就能获得生活资料，所以赏与罚的手段都用不着。所以古代财产的转移不是因为道德的原因，而是因为财富充盈。现在人与人发生争夺财产的现象，是因为人口增多，生活资料相对短缺，人性中恶的因素就显露出来。人口因素虽不是社会变革的决定因素，但韩非认为古今差别与经济因素有关系，还是有合理之处。古今异世，变革统治方法也就是自然的了。法治也是随着社会的发展出现的，用慎到的话说，"法非从天下，非从地出，发于人间，合乎人心而已"②。

法家提倡法治也是站在人类理性发展的新高度得出的结论。法家观察世界比较富于理性精神。商鞅崇尚"必然之理"，后来的慎到、申不害以及韩非都从当时有较高辩证思维水平

---

① 《韩非子·五蠹》。

② 《慎子·逸文》。

的道家思想中汲取营养，用"道"，用万事万物的普遍法则来说明论证法，而不是就事论事地谈论法。这正是人类理性的深刻之处。慎到说：

> 古之全大体者，望天地，观江海，因山谷，日月所照，四时所行，云布风动，不以智累心，不以私累己，寄治乱于法术，托是非于赏罚，属轻重于权衡，不逆天理，不伤情性，不吹毛而求小疵，不洗垢而察难知，不引绳之外，不推绳之内，不急法之外，不缓法之内，守成理，因自然。①

圣人不是从主观出发，而是认真观察天地、江海、山谷、日月等自然现象以及它们的运动变化规律，从而得出法治的结论。法律是"天理"的要求，而非圣人的随意杜撰。聪明的做法就是因顺自然的要求，一切依照法的规定行动。自然带有社会属性，社会带有自然属性，自然与社会毋宁说是一个东西。实际上，慎到的自然之理，就是世界的普遍法则。慎到为法寻找到了一种普遍理性基础，他的法就是合乎人类理性要求的行为规范。

申不害的以静制动显然是受道家思想启发的结果，术论也源之于道家的统治之术。道家的统治术源于"天道"，高深莫测。申不害希望法制一、群臣一、言论一等等，都是讲的统一性，这些都是人的抽象思维能力高度发展的结果。申不害的抽象思维还表现在本末之辩上，他说："君设其本，臣操其末；君治其要，臣行其详；君操其柄，臣事其常。"② 申不害把专制制度中权力的来源归之于君主，认为君主是一切权利的最终所有者，他掌管主要的事务，是大政方针的制定者，而臣子做日常的、具体的事务。

韩非子系统地研究了老子的思想，著有《解老》、《喻老》，保存在《韩非子》一书中。韩非继承、发展了老子的哲学思想，援道入法。他和老子一样把道作为万事万物总的规律，同时又提出了"理"这一哲学范畴，把它作为事物独具的特殊规律。"缘道理以从事则无不能成"，在韩非子那里，道与理就是政治法律所应当遵守的规则，统治者就应该遵循道与理的法则行事。老子提出道法自然、无为而治的思想，就是要求统治者不要违反道的普遍法则，任性胡为。这隐含着遵循普遍规律、理性的要求。但这个普遍理性应该是什么，老子没有明说。而韩非子则把道与理明确为法，君主依法治国，就可以达到"无为"的目的。他说："故以法治国，举错而已矣"。法作为理性的要求，应当排除任何感情与特权的干扰，他说："法不阿贵，绳不挠曲。法之所加，智者弗能辞，勇者弗敢争。刑过不避大臣，赏善不遗匹夫。"③ 韩非的以法治国就是以道治国的具体化，可操作化。

法家思想的另一个基础是"重利"的义利观。与宗法制相适应，夏、商、西周三代统治阶级经常借"德"来笼络人心，欺骗百姓。法家撕破了笼罩在宗法关系基础上温情脉脉的面纱，力求还原其利益关系的本来面目。法家毫不掩饰自己的功利主义。相反，他们把功利作为自己的指导思想，把利益作为变法活动的焦点内容。

首先，法家把利当做德或义的基础。"仓廪实则知礼节，衣食足则知荣辱"④，法家思想先驱管仲在义利关系上标榜富裕的物质生活是精神文明的基础。对此，司马迁深表赞同，他

---

① 《慎子·逸文》。
② 《申子·大体》。
③ 《韩非子·有度》。
④ 《管子·牧民》。

在《史记·货殖列传》中加以发挥说："礼生于有而废于无。故君子富，好行其德；小人富，以适其力。渊深而鱼生之，山深而兽往之，人富而仁义附焉。"人们生活富裕了，就更有条件讲礼义。马克思在德意志意识形态中批判巴贝夫粗陋"共产主义"的错误时指出，在极端贫困的情况下，必须重新开始争取必需品的斗争，全部陈腐污浊的东西又会死灰复燃。这与共产主义及共产主义道德都是不相容的。也许有人会完全无视利益，但这常常不是一种科学的态度。马克思认为，人们为之奋斗的一切都同他们的利益有关，他对人们的"利己主义"也绝不害怕。利益，在私有制社会是一切关系的基点，是推动社会变革的基本动力。

在法家那里，法的作用之一就是维护、促进国家和个人的利益。商鞅在《商君书》开篇就论述了大量的改革措施，最后都落实到"垦草"，即垦荒以增加国家经济实力上。商鞅固然崇尚法治，但法治也是鼓励、推行"农"与"战"，增强经济与军事实力的手段。法家不但重视国家利益，也注重维护个人的合法利益。"一兔走，百人逐之，非一兔足为百人分也，分未定也。"而"积兔在市，行人不顾，非不欲兔也，分已定矣"。在慎到那里，法已经与经济挂起钩来。法律划定财富的界限，肯定人们合法的财产权，排斥任何非法的诉求。

影响人们之间关系，人们道德观的决定性因素是利益。正是利益把人们维系在一起。夫妻、父母、儿女以至君臣之间都充满各种利害的算计。《韩非子》中有这样一个小故事：一对卫国夫妻一起祷祝，妻子祈祷说，希望神灵让自己白白获得一百来束布，丈夫不解地问，你的愿望怎么这样小？妻子回答说，如果太多，你就要用它来买小妾了。① 这好似是一个笑话，但他点明了夫妻之间利益关系的本质。

夫妻之间或许因为没有血缘关系，那么亲骨肉又如何呢？"父母之于子也，产男则相贺，产女则杀之。"父母出于未来利益的计算，对于亲生儿女，生个男孩就很满意，生了女孩就可能剥夺她的生命。何其冷酷！

至于普通人之间就更不用提了，《韩非子·备内》说："医善吮人之伤，含人之血，非骨肉之亲也，利所加也。故舆人成舆，则欲人之富贵，匠人成棺，则欲人之夭死也。非舆人仁而匠人贼也，人不贵则舆不售，人不死则棺不买，情非憎人也，利在人死也。"医生不避污秽，为病人吸吮创口，并不是因为有什么骨肉亲情；制作车轿的人，希望人富贵，不是因为他们高尚，而是因为人们不富裕，他们制作的车轿就没有市场；制作棺材的木匠则希望人的夭亡，但这也不是因为憎恨别人，而是因为只有出卖棺木他们才能实现利润。

下层勤苦百姓迫于生活压力，不得不精于算计，那么"人富而仁义附焉"的统治阶级之间的关系又如何呢？

韩非无情地否定"君爱臣忠"的谎言。"王良爱马，越王勾践爱人，为战与驰。"② 最高统治者关爱臣下不过是为了笼络人心，驱使他们为自己打仗、卖力而已。君臣之间由于利益不会完全一致，所以，臣下那里也不存在什么"忠"。韩非子警告最高统治者说："君臣之利异，故人臣莫忠。"就是要最高统治者对臣下多加提防，防止他们"弑君而取国（申不害语）"，要知道"仁义爱惠"之类的道德说教根本就是靠不住的。《韩非子·难一》说："臣尽死力以与君市，君垂爵禄以与臣市。"韩非子直言君臣之间不过是一种"主卖官爵，臣卖智

---

① 《韩非子·内储说下第三十一·说二》记载：卫人有夫妻祷者，而祝曰："使我无故，得百束布。"其夫曰："何少也？"对曰："益是，子将以买妾。"

② 《韩非子·备内》。

力”的赤裸裸的交易关系。所以，大家都是靠自己，是利益把大家维系在一起，一旦共同的利益不存在了，关系也就破裂了。

这里笔者想借用一些马克思对资本主义与资产阶级的评述，来与韩非对奴隶制、封建制下人与人关系的考察相互参考：

> 资产阶级在它已经取得了统治的地方把一切封建的、宗法的和田园诗般的关系都破坏了。它无情地斩断了把人们束缚于天然尊长的形形色色的封建羁绊，它使人和人之间除了赤裸裸的利害关系，除了冷酷无情的“现金交易”，就再也没有任何别的联系了。它把宗教虔诚、骑士热忱、小市民伤感这些情感的神圣发作，淹没在利己主义打算的冰水之中。它把人的尊严变成了交换价值，用一种没有良心的贸易自由代替了无数特许的和自力挣得的自由。总而言之，它用公开的、无耻的、直接的、露骨的剥削代替了由宗教幻想和政治幻想掩盖着的剥削。
>
> 资产阶级抹去了一切向来受人尊崇和令人敬畏的职业的神圣光环。它把医生、律师、教士、诗人和学者变成了它出钱招雇的雇佣劳动者。
>
> 资产阶级撕下了罩在家庭关系上的温情脉脉的面纱，把这种关系变成了纯粹的金钱关系。①

韩非和马克思所讨论的都是私有制社会中的现象。两千多年前的韩非子，站在时代的制高点，道出了私有制社会的许多共同点。马克思所描述的资本主义和资产阶级的特点，也有一些是所有私有制社会、所有剥削阶级所共有的特点。

法家进一步挖掘了造成奴隶制、封建制社会诸如此类“冷酷”现象的原因。他们认为这是由人好利自为的本性决定的。

管子认为人性趋利避害。他说：“夫凡人之情，见利莫能勿就，见害莫能勿避。其商人通贾，倍道兼行，夜以续日，千里而不远者，利在前也。渔人之入海，海深万仞，就彼逆流，乘危百里，宿夜不出者，利在水也。故利之所在，虽千仞之山，无所不上；深渊之下，无所不入焉。”②

商鞅也认为好利恶害是人的本性：“民之性：饥而求食，劳而求佚，苦则索乐，辱则求荣，此民之情也。”③ 利益的最大化是他们的首要选择：“民之性，度而取长，称而取重，权而索利。”④ 人们对利益的追求常常使他们越过礼与法的界限，商鞅举例说，“今夫盗贼上犯君上之所禁，下失臣子之礼，故名辱而身危，犹不止者，利也”⑤。即便古代的高士“衣不暖肤，食不满肠”，身心两方面都受到折磨，他们的目的也不过是为了求“名”而已。

慎到对人性的看法颇具动态性，他认为“人之情”就是“人莫不自为也”，统治者就应当因势利导，利用他们的自为心为自己服务。慎到说“用人之自为”，他并不担心人的“自私自利”，相反，他把这看成可资统治者利用的地方，说明他看到了人的自为的社会属性。

---

① 《马克思恩格斯选集》，2 版，第 1 卷，274～275 页，北京，人民出版社，1995。
② 《管子·禁藏》。
③ 《商君书·算地》。
④ 《商君书·算地》。
⑤ 《商君书·算地》。

高明的统治者"不用人之为我",因为那不符合人性的实际,是靠不住的。后来的韩非子肯定了这种思想,他说:"圣人之治国也,固有使人不得不爱我之道,而不恃人之以爱为我也。恃人之以爱为我者危矣,恃吾不可不为者安矣。"① 自利与利人并不矛盾,甚至恃人之自利可以为我服务,慎到与韩非的思想是非常辩证的。

韩非子进一步回答了人为什么会有自利之心。他说:"人无毛羽,不衣则不犯寒;上不属天而下不著地,以肠胃为根本,不食则不能活;是以不免于欲利之心。"② 人有肉体,不衣不食就会冻饿而死,人的"欲利之心"是由人的动物性决定的。为了生存下去,人自然会趋利而避害,"安利者就之,危害者去之,此人之情也"③。也许因为法家人物认为人的本性无法改变,所以他们经常不愿高估人性,儒家"人皆可为尧舜"(孟子语)、"涂之人可以为禹"(荀子语)的提法,他们并不赞成,他们不愿把人性想象得太好。商鞅劝告统治者:"以良民治,必乱至削;以奸民治,必治至强。"④ 西方人就是宁可把包括统治者在内的所有人都认为是性恶的,不然的话,假如人人都道德完善得像天使,那么制定法律又有何意义呢?

第二节
垂法而治:中国传统法律思想的内涵与价值

一、垂法而治的内涵

垂法而治的思想是法家以法为主,兼取儒道各家提出的论断,其内涵主要有以下几点:

(一)"一断于法"的法律至上观念

首先,法家的法律至上观念表现在法家有一种"以法为本"的法律信仰。具体说就是对法治的推崇,对法律作用的强调。法家之所以在先秦诸子中独树一帜,在于他们一般都视法为治国的根本或主要方法,主张"以法治国"、"缘法而治"。他们虽然没有像西方法律学者那样,用自然法来抬高法律的地位,神化法律,但他们注重从实证、功利出发,论证法治的优越性。"法非从天下,非从地出,发于人间,合乎人心而已。"⑤ 法并没有什么神秘,它就是人间各种关系的反映,是"圣人"在"观俗立法"的基础上制定的,是人们理性活动的结果。在法家看来,法治是明主、圣主的最佳选择。"为人君者不多听,据法倚数以观得失,无法之言,不听于耳,无法之劳,不图于功,无劳之亲,不任于官,官不私亲,法不遗爱,上下无事,唯法所在。"⑥ 法就是统治者进行管理的最有效工具,也是所有人的最高行为标准,因为法是"国之权衡"。为什么要如此重视法律呢?韩非子说:

---

① 《韩非子·奸劫弑臣》。
② 《韩非子·解老》。
③ 《韩非子·奸劫弑臣》。
④ 《商君书·说民》。
⑤ 《慎子·逸文》。
⑥ 《慎子·君臣》。

操法术之数，行重罚严诛，则可以致霸王之功。治国之有法术赏罚，犹若陆行之有犀车良马也，水行之有轻舟便楫也，乘之者遂得其成。伊尹得之，汤以王；管仲得之，齐以霸；商君得之，秦以强。……

正明法，陈严刑，将以救群生之乱，去天下之祸，使强不凌弱，众不暴寡，耆老得遂，幼孤得长，边境不侵，君臣相关，父子相保，而无死亡系虏之患，此亦功之至厚者也！愚人不知，顾以为暴。①

君主利用严峻之法来治理国家，就可以成就霸王的功业。因为以法术赏罚治国，就好像陆行有犀车良马，航行有了轻舟快船，很容易就能达到目的。伊尹这样做，使商汤取代夏桀而为王；管仲这样做，帮助齐国成就了霸业；商鞅这样做，秦国变得强大起来。申明正法，陈设严刑，可以拯救社会的动乱，消除天下的祸患，使强大的不欺负弱小的，人多势众的不欺侮势单力薄的，老人得以颐养天年，儿童得以健康成长，边境没有战祸，君臣相互亲爱，父子互相保全，而没有生命威胁，没有成为俘虏的担忧。这是最大的好处啊，但愚昧的人不懂得这个道理，却简单地以为法制是暴虐的。商鞅也肯定法制对老百姓的价值："法者所以爱民也"，并可以达到富国强兵的目的。对于法的作用与地位的强调，慎到的一句话较有代表性，他说法是天下人行为的共同准则，甚至人的思维、语言也要遵照法的要求，以至于"我喜可抑，我忿可窒，我法不可离也，骨肉可刑，亲戚可灭，至法不可阙也"②。在慎到看来，法律不应受个人喜怒情感活动的干扰，不受亲情、伦常的左右。在任何地方都不能没有法律。

不仅法家重视法律，儒家也同样重视法律的作用。荀子曾说，"法者，治之端也"，他把法律看作治理国家的凭据。对于个人来说，法与师二者并为"人之大宝也"，没有法是不利的："无师法者，人之大殃也"。法律所禁止的是统治者所厌恶的，"重法爱民"就能够帮助统治者成就霸业。法家与儒家在法制观念有一致之处，另外，法家也曾援道入法，这或许就是《易经》里面所提醒人们的："天下同归而殊途，一致而百虑"。

其次，法家的法律至上观念表现在法律凌驾于一切社会规范之上。这在管子那里表现得还比较矛盾，因为它一方面说"礼出于治"，似乎礼更根本，但在《任法》篇中又有相反的说法："所谓仁义礼乐者，皆出于法"。或许管子是在不同的着眼点上谈这个问题。从本原上说，"法出于礼"，从法和礼对于国家的社会作用来说，在私有制下，显然，法重于道德。不管怎么说，管子的后一种说法强调了法的至上性。在商鞅那里，这个问题就非常明确了，他主张"德生于刑"，他认为仁义是不足为恃的，甚至是一种暴虐。"圣王者，不贵义而贵法——法必明，令必行，则已矣。"③ 明智的统治者，更推崇法律的价值，全社会只要有法律，做到有法可依，有法必依就足够了。韩非子也持同样的观点："故有道之主，远仁义，去智能，服之以法。"④ 又说："故圣人陈其所畏以禁其邪，设其所恶以防其奸，是以国安而暴乱不起。吾以是明仁义爱惠之不足用，而严刑重罚之可以治国也。无捶策之威，衔橛之

---

① 《韩非子·奸劫弑臣》。
② 《慎子·逸文》。
③ 《商君书·画策》。
④ 《韩非子·说疑》。

备，虽造父不能以服马；无规矩之法，绳墨之端，虽王尔不能以成方圆；无威严之势，赏罚之法，虽尧舜不能以为治。今世主皆轻释重罚严诛，行爱惠，而欲霸王之功，亦不可几也。"①

再次，法律是最高的权威，任何权力都要服从法律。慎到说："法者，所以齐天下之动，至公大定之制也，故智者不得越法而肆谋，辩者不得越法而肆议，士不得背法而有名，臣不得背法而有功。"② 法是"公权力"的表现（当然这里说的"公"只是形式上的，是以公的名义出现的君主专制之权），全社会所有人都应该遵从，智者不能超出法律任意谋划，评论家不能不顾法律的规定随意发表意见，士不能违背法律而拥有名望，臣下不能违反法律而树立功勋，甚至最高统治者也不能单凭自己的个人意志治理国家："君断则乱，故曰宿治者削。故有道之国，治不听君，民不从官。"③ 君主凭个人意志赏罚，只会带来臣子的失望与埋怨，治理国家离不开法这个有效的统治工具："君人者，舍法而以身治，则诛赏予夺，从君心出矣，然则受赏者虽当，望多无穷，受罚者虽当，望轻无已，君舍法，而以心裁轻重，则同功殊赏，同罪殊罚矣，怨之所由生也，是以分马者之用策，分田者之用钩，非以钩策为过于人智也，所以去私塞怨也，故曰，大君任法而弗躬，则事断于法矣，法之所加，各以其分，蒙其赏罚而无望于君也，是以怨不生而上下和矣。"④

（二）"立法明分"的秩序观念

春秋、战国时期是社会较为动荡的时期，社会上各种势力激烈博弈，人们比以往更加感到秩序的可贵。当此之时，各家各派都不能不思考恢复社会秩序，使社会有序运行的方法。儒家力倡德义，希望主要依靠人们的主观自觉、道德自律来规范社会秩序；墨家提倡"兼相爱"、"交相利"，希望借此缓和社会矛盾；法家从人性自为、自利的人性论出发，不相信人们的道德自觉，认为人与人之间是赤裸裸的利害博弈，主张通过法律的手段来规范社会秩序。

首先，利用法来规范社会政治秩序。儒家倡导"礼制"，希望通过正名定分来建构、巩固社会秩序，在赴卫国的路上，子路问孔子到卫国的政治打算，孔子说首先要"正名"，因为"名不正，则言不顺；言不顺，则事不成；事不成，则礼乐不兴；礼乐不兴，则刑罚不中；刑罚不中，则民无所措手足"⑤。联系到孔子对季氏"八佾舞于庭"的愤慨，以及对他们在祭祀的时候演奏只有天子才可以使用的"雍"诗的斥责，可以知道，孔子的正名就是要把人们的行为限制在各自的等级内。

申不害援儒入法，提出了自己的正名思想。他说："名者，天地之纲，圣人之符，则万物之情，无所逃之矣。"⑥ 名即名分，也可以说就是礼，是社会等级秩序的反映，是人们权利、义务的界限。国家能否得到治理，关键在于对名是否有明确的规定，申不害说："昔者尧之治天下也，以名。其名正，则天下治。桀之治天下也，亦以名。其名倚，而天下乱。是

① 《韩非子·奸劫弑臣》。
② 《慎子·逸文》。
③ 《商君书·说民》。
④ 《慎子·君人》。
⑤ 《论语·子路》。
⑥ 《申子·大体》。

以圣人贵名之正也。"① 申不害认为尧的时代，天下大治靠的就是名正。桀治天下，因为名不正，所以导致天下大乱。故治理天下的关键在理清社会秩序。这与儒家的正名思想有一致之处。不过，孔子虽然较早提出正名主张，但对于如何正名，他没有提出什么切实有效的方法，而申不害的贡献就在于使用法制手段维护礼制，维护君主专制制度。在君主专制社会，君主就是秩序的象征，维护社会秩序经常就是维护君主的权威。而且，秩序作为一种制度化的社会关系，带有一致性、稳定性和规范性，法家用法律来维护当时的社会秩序——礼制，维护社会秩序的象征——君主的绝对权力是符合统治阶级利益的。对此，法家的代表人物都是毫不掩饰的。为了维护这种君主的无上权力，法家的选择常常是暴政，是酷刑："去奸之本，莫深于严刑"。君主的意志可以不受任何法律的限制，甚至"诛之，不待其有罪也"，他对臣子可以随意诛戮。这给臣下造成了"伴君如伴虎"的极端恐惧。韩非子给君主出的主意就是"抱法处势"，法、术、势相结合，他根本不相信什么"君仁臣忠"的说法，在《韩非子·备内》中，他提醒最高统治者"人主之患在于信人，信人则制于人"。君主对于一般人不能相信，甚至自己的妻子、儿女、父兄都被韩非子列入君主要提防的八奸之中。要稳定自己的统治，就要对臣下进行恐怖统治，防止他们染指最高权力。但法家完全排斥伦理的价值与作用，当君主在与臣子的权力博弈中处于劣势时，就不可避免地被取代，落得作法自毙的下场。

"立法明分"的另一重要内容就是维护社会经济秩序。利益关系是人们社会关系的主要内容，主体的不同决定了人们的利益经常处于不一致状态。尤其在私有制社会，人们的利益经常处于严重的对立和冲突之中。为了制止冲突，协调人们的经济活动，法家主张"立法以典民"，《商君书·君臣》说："明王之治天下也，缘法而治，按功而赏。凡民之所疾战不避死者，以求爵禄也。"就是要统治者利用法律来引导人们的经济活动，实现统治阶级的目的。同时，对于违法者予以制裁，用法律的权威维护社会经济秩序："圣王之立法也，其赏足以劝善，其威足以胜暴，其备足以必完法。"②

法律对社会秩序的维护，最重要的是划清经济权力的界限。权力明确之后，可以有效地制止争夺，实现墨家"强不执弱，众不劫寡，富不侮贫，贵不敖贱，诈不欺愚"的社会理想，这就是《韩非子·守道》说的"法分明，则贤不得夺不肖，强不得侵弱，众不得暴寡"。不同的是，墨家把实现这种理想的依据寄托在人们之间的"相爱"上，法家则使用法律的手段。法家的主张更具有现实性与科学性，更合乎私有制的要求。他们用法来确认私有制的经济基础，目的还是为了保护统治阶级的经济利益，客观上起到了维护社会秩序的作用。

(三)"断事于家"的自我负责观念

老子曾说："我无为而民自化，我好静而民自正。"③ 法家也同样有类似道家的无为而治思想。这主要表现在对"断事于家"的提倡上。

垂法而治有提高行政效率的含义，这要求政府不要什么都管，它可以利用法律的导引、教育、规范作用，让老百姓"断事于家"，从而达到"无为而治"。对此，《商君书·说民》

---

① 《申子·大体》。
② 《韩非子·守道》。
③ 《老子》第 57 章。

这样写道：

> 国治：断家王，断官强，断君弱。重轻刑去，常官则治。省刑要保，赏不可倍也。有奸必告之，则民断于心。上令而民知所以应，器成于家而行于官，则事断于家。故王者刑赏断于民心，器用断于家。治明则同，治闇则异。同则行，异则止。行则治，止则乱。治则家断，乱则君断。治国贵下断，故以十里断者弱，以五里断者强，家断则有余，故曰日治者王。官断则不足，故曰夜治者强。君断则乱，故曰宿治者削。故有道之国，治不听君，民不从官。

法律是国家的权衡标准，国家能垂法而治，老百姓就有了言行的标准。老百姓能断事于家，则所有人对自己自负其责，政府就能无为而高效，就能达到天下大治和富强的目的。那些社会秩序良好的国家，人们都能依据国家法律自己决定自己的行为，而不是事事听从君主和官吏们的教导。

（四）"刑无等级"、"信赏必罚"的执法原则

我国奴隶制社会是建立在宗法血缘基础之上的，它发端于父系氏族社会，历经夏、商，西周时趋于成熟。宗法制依照血缘关系的远近作为处理父系宗族内部成员间的亲疏、等级和权利的一种家族制度。儒家思想就建立在此基础上，它提出的处理社会关系的原则是对不同的社会成员施以不同的爱，这就是所谓"亲亲尊尊"、"君君、臣臣、父父、子子"。整个社会的人们在儒家看来处于不同的等级之中，一定的等级意味着相应特权。它表现在法律上，就是贵族犯罪可以免于刑罚。就连韩非子的老师荀子也主张"礼不下庶人，刑不上大夫"，可见，等级特权思想在当时人们的心目中是根深蒂固的。

法家提出相反的主张，它反对从仁爱原则出发，而更具有理性意识，虽然这种理性经常显得是那样无情和冷酷。法家反对等级制度，主张法律面前的人人平等。

商鞅最早提出司法上的"刑无等级"原则。《商君书·赏刑》说："刑无等级。自卿相将军以至大夫庶人，有不从王令，犯国禁，乱上制者，罪死不赦。有功于前，有败于后，不为损刑。有善于前，有过于后，不为亏法。忠臣孝子有过，必以其数断。守法守职之吏，有不行王法者，罪死不赦，刑及三族。"商鞅认为刑罚适用不应有等级区别，从国家重臣到普通百姓，任何人违法犯罪，都应一样严惩。以前的功劳和善行都不是减少罪行的理由。即便是君主专制社会中的"忠臣孝子"犯了罪，也要根据法律的规定裁断。国家官吏犯罪，死罪不得赦免，还要株连三族。就是说，法律是每一个人都必须遵守的，除了君主以外，没有人能凌驾于法律之上。《韩非子·有度》进一步发挥说："法不阿贵，绳不挠曲。法之所加，智者弗能辞，勇者弗敢争。"对于儒家"礼不下庶人，刑不上大夫"的政治原则，他针锋相对地提出"刑过不避大臣，赏善不遗匹夫"，彰示出法律的普适精神。

与儒家爱有差等的主张不同，法家往往强调法的唯一性。商鞅主张"壹刑"。韩非把法作为衡量一切的唯一标准："不引绳之外，不推绳之内。不急法之外，不缓法之内。"这也是法律普适性的表现。

与"刑无等级"相联系，"信赏必罚"也是法家提倡的司法原则。"刑无等级"强调的是法律的普适性，"信赏必罚"主要强调的是法律的刚性。商鞅的法律观就认为，法不但是普适的，而且是刚性的。他要求司法上"不宥过，不赦刑"，坚持依法办事，不得法外施恩；

慎到说"骨肉可刑,亲戚可灭,至法不可阙"①,也是强调法律的尊严,它超越一切亲情,是至高无上的。《韩非子·二柄》中说:

> 明主之所导制其臣者,二柄而已矣。二柄者,刑德也。何谓刑德?曰:杀戮之谓刑,庆赏之谓德。为人臣者畏诛罚而利庆赏,故人主自用其刑德,则群臣畏其威而归其利矣。

韩非子的这种主张被后世的统治者所继承。唐太宗就曾说:"国家大事,惟赏与罚,赏当其劳,无功者自退;罚当其罪,为恶者咸惧。"② 赏罚是君主控制群臣,进行统治的两种主要手段,也是法律的两种基本职能。"信赏必罚"体现的是法律的严肃性,在专制社会中体现的是君主的绝对权威。《韩非子·外储说左上》说:"明主积于信。赏罚不信则禁令不行",统治者无论要建立信用还是权威都离不开"信赏必罚"。

"赏罚随是非",赏罚应当根据一定的标准施行。而且,"明君无偷赏,无赦罚。赏偷,则功臣堕其业;赦罪,则奸臣易为非。是故诚有功,则虽疏贱必赏;诚有过,则虽近爱必诛。疏贱必赏,近爱必诛,则疏贱者不怠,而近爱者不骄也"③。赏与罚二者都不能有任何含糊,对有功的人,哪怕和自己没有血缘关系,或者地位卑贱,都一定要进行赏赐。如果确实有过错,哪怕是最亲近的人也一定要加以诛戮。这样,就能使和自己没有血缘关系,或者地位卑贱的人不懈怠,使自己近旁、亲爱的人不恃宠而骄,无视法律的尊严。同样,对于无功的人绝对不能随便赏赐,哪怕是出于仁义也不行,那样的话老百姓在战争中就不会奋勇作战,劳动时就不会高效率地耕作。要知道,耕战被法家看作是当务之急,没有了这两者,国家还怎么存在与发展?

二、"垂法而治"思想的积极价值

垂法而治作为我们国家传统的法制思想,植根于当时社会的现实,虽然它是服务于剥削阶级的,但也提出了许多真知灼见。

第一,因时立法的思想。中国古代许多法学思想家认识到社会是发展着的,因此他们一般都主张要因时立法。商鞅提出"当时而立法"的原则,他在秦孝公面前与大臣甘龙、杜挚等一起讨论变法时,坚决地主张:"当时而立法,因事而制礼。礼法以时而定;制令各顺其宜。"④《管子·白心》中也要求统治者"随变断事","知时以为度"。韩非子也主张治理国家应当"不期修古,不法常可"⑤,他把那些想用"先王之政"治理"当世之民"的人,讽刺为"守株待兔"。秦代变法的思想深入人心,在《吕氏春秋·察今》中就讲了这样一个小故事:荆人想进攻宋国,先让人量了一下澭水的深度。但后来澭水暴涨,荆人没有及时了解这一变化,夜里顺着原来标记的地方涉水渡河,淹死了一千多人。士卒哭叫的声音震塌了房屋。这个故事的寓意就是"法"与"时"有时会不相适应,刻板地学习"先王之法",难免

---

① 《慎子·逸文》。
② 《贞观政要·论封建》。
③ 《韩非子·主道》。
④ 《商君书·更法》。
⑤ 《韩非子·五蠹》。

会落得荆人涉水袭宋的下场，导致失败。这种做法也像刻舟求剑一样愚蠢。所以，"事异则备变"，随着时代的发展及时变更法令，坚持"法与时转"，才是明智的选择。

第二，必因人情的思想。法家把人性论作为自己理论的前提，主张立法要根据人性的真实状况，才能取得法治的成效。法家认为人性在于对利益的追逐，不相信人性善，更不把社会秩序寄托于人的道德之善上。法家治理国家的两大法宝——赏与罚都是建立在对人性好利恶害的认识基础之上的。对此，商鞅认为："人情好爵禄而恶刑罚，人君设二者以御民之志，而立所欲焉。"① 韩非指出："凡治天下，必因人情。人情者，有好恶，故赏罚可用；赏罚可用，则禁令可立而治道具矣。"② 赏与罚之所以有效，是因为人性就是趋利避害的。看不到人性的这一特点，就无法制定切实有效的法律。

第三，法律的普适性与刚性。法律的普适性是许多有识之士的主张。对此，商鞅较早提出统一刑罚标准，君主以下所有人一视同仁。《管子·任法》认为君主也应当守法，这样才能达到理想的法制境界，它说："君臣上下贵贱皆从法，此谓为大治。"慎到甚至已经开始怀疑君主地位的绝对性，他认为"立国君以为国，非立国以为君也"，这或许是吸收了儒家的民本思想。法家要求君主要严格要求自己，"有天下而不恣睢"，言行举止要对照法律的规定，严格按照法律的规定办事。对此，《管子·明法》篇说："故先王之治国也，不淫意于法之外，不为惠于法之内也。"

法律不但是普适的，而且是刚性的。用韩非子的话说就是"绳不挠曲"，不得枉法从事。这表现在商鞅那里，就是"信"。慎到用"势"，申不害用"术"来推行君主的法令，韩非综此二者，提出"抱法处势"而治。这些都是为了强化君主和法律的权威，在专制国家里，法与势，政治地位和法律事实上区别不大，18世纪美国政治思想家潘恩一针见血地指出：在专制国家里，国王就是法律。

慎赦就是法律刚性的一种表现。《管子》一书中多次重申人君要慎赦，要求统治者"刑杀毋赦"，对犯罪绝不放过，同时，"有善不遗，励民之道，于此乎用之矣"③。为什么要"刑杀毋赦"或"罪死不赦"呢？《管子·明法》中指出："行私惠而赦有罪，则是使民轻上而易为非也。"不严格执法，统治者的权威就不能得到保证。所以，"凡赦者，小利而大害者也，故久而不胜其祸。毋赦者，小害而大利者也，故久而不胜其福"④。法律的刚性也是人类的理性精神的体现，"故以法诛罪，则民就死而不怨；以法量功，则民受赏而无德也"⑤。

在我国传统社会中，许多明智的统治者都意识到严格依照法律规定赏罚的重要。隋文帝杨坚的儿子秦王杨俊因为宫制奢侈，违反了法制，隋文帝下令严惩，有大臣劝谏，隋文帝力主"法不可违"，将其降为平民。朱元璋执法的残酷是历史上少有的，他对自己的亲属也是这样做的。为增加赋税，明初实行严格的茶叶专卖制度，但为谋取暴利，驸马都尉欧阳伦无视禁令，贩运私茶，骚扰地方，被人告至朱元璋处，朱元璋执法如山，欧阳伦被赐死，对其他违法人员也严惩不贷。

① 《商君书·错法》。
② 《韩非子·八经》。
③ 《管子·法法》。
④ 《管子·法法》。
⑤ 《管子·明法》。

严守法律、尊重法律的权威，符合最高统治者的利益，也符合统治阶级集团的整体利益。但在专制制度下，它终究不过是一种统治策略，所以，也容易为阴谋家、权术家所利用。王莽的儿子王获杀了一个奴婢，这在封建社会算不得什么大事，王莽却逼令王获自杀谢罪。表面看来，王莽执法严明，其实他是拿自己的儿子做牺牲品，换取好名声，并且，他可以杀自己的儿子，当然也可以杀别人了。王莽篡位前的很多做法都堪称封建社会中的道德楷模，但也违反一般人性。韩非子对专制社会"君爱臣忠"的怀疑是有道理的。这也从一个方面印证了法家的人性论思想。

第四，法、术、势相结合的思想。"徒法不足以自行"，韩非子认为，法律的推行在专制社会需要政治地位做保障，并配合一些君主个人灵活的统治手段才能真正得到推行。说穿了，就是依靠"严刑重罚"的国家暴力和统治者个人的阴谋诡计。

韩非子思想的合理之处在于他看到了法治是一个系统工程。他给予我们的启示就是，法治社会的建设需要国家暴力机器做后盾，并要有有效的技术手段。今天，我们的社会在经济、政治、科学等各个方面都比韩非子时代有了巨大进步，我们实行法治的技术手段也就是韩非子所说的"术"有了更多的选择。比如，我们进行司法监督与侦查的手段大有进步，广播电视、报纸杂志等媒体的普及以及网络技术的应用，方便了我们宣传、普及法律知识，增强了政府的透明度、公开性。最重要的是，我们有强大的人民民主专政的国家政权，这是我们在今天实行法治最有利的条件。

第五，简约的立法原则。国家法律繁苛，人们动辄得咎的现象在奴隶制社会中大量存在。这给国家司法也带来了巨大的麻烦。传统法制思想中也有一些思想家提出立法的简约原则。

据《伪古文尚书·大禹谟》记载，皋陶曾说"临下以简，御众以宽；罚弗及嗣，赏延于世"。在他宽简的政治思想里，应当包含着立法的简约原则。

商鞅提出的立法原则就是："必使明白易知①。相反，"法详则刑繁"②，法令繁杂，不易为人们所了解，也就难以获得普及，为群众所掌握，更起不到指导人们行为的作用。因此，"法贵简当"，立法的简明就是当然的选择。唐太宗就强调立法必须简明，他说："国家法令，惟须简约，不可一罪做数种条。"③ 他鉴于隋炀帝法令严酷激起民变的教训，认为不能随意制定法令，必须审慎考虑。法令繁复，也会给司法带来困难，因为司法人员很难记住、掌握那么多的法律条文。明太祖朱元璋也多次申明立法的简约原则。他说："立法贵在简当，使言直理明，人人易晓。若条绪繁多，或一事两端，可轻可重，使贪猾之吏得以因缘为奸，则所以禁残暴者，反以贼善良，非良法也，务求适中以去繁弊。夫网密则水无大鱼，法密则国无全民。"④ 立法贵在简约得当，明白易懂。假若头绪繁多，发生内在矛盾，或者法律有不同规定，内在不统一，那么，司法人员就可以钻法律的漏洞，这就违背了立法的宗旨。而且，法律过于严密，人们动辄得咎，发展到极端，国民都会成为罪犯。另外，"法既难知，是启吏之奸而陷民于法"，法律太难被人掌握，司法人员就可能玩弄法律于股掌之间，借法

---

① 《商君书·定分》。
② 《商君书·说民》。
③ 《贞观政要·论赦令》。
④ 《续资治通鉴》卷第二二〇。

律迫害百姓，因此，《大明律》"芟繁就简，使之归一，直言其事，庶几人人易知而难犯。"①

立法宽简，也符合道家无为治国的思想。无为不是什么都不干，而是不胡作非为，不管政府不需要管理的事情，尤其不能过重地剥削、压迫百姓。但是封建专制制度没有改变，就不可能真正实现立法"简当"。后来，明朝的法制实践就证明了这一点。朱元璋本人在丞相胡惟庸案和大将军蓝玉案中大开杀戒，牵连了许多无辜。明朝还设立特务机构东厂、西厂、锦衣卫，大兴冤狱。这些显然不符合《大明律》所申明的立法原则。

第六，辩证的法律观。辩证观念在先秦时代就已经非常发达。老子的辩证法就显示出古代较高的辩证思维水平。老子的社会政治思想贯彻着辩证法精神。这些在古代的法律思想中也有深刻表现。

首先是刑赏结合的思想。《商君书·开塞》说："王者以赏禁，以刑劝。"商鞅从其人性好利的人性论出发，已经认识到统治者进行管理的手段是赏与刑二者。韩非把这两种统治方法称为"二柄"。他说："明主之所导制其臣者，二柄而已矣。二柄者，刑德也。何谓刑德？曰：杀戮之谓刑，庆赏之谓德。故人主自用其刑德，则群臣畏其威而归其利矣。"韩非的庆赏说的依据也是因为"为人臣者畏诛罚而利庆赏"的人性论。所以，明智的统治者用此两种方法，引导或禁止臣下的言行。所谓"明赏以劝之，严刑以威之"，就可以让臣下老老实实地按照自己的意志办事。不过，由统治阶级的本性所决定，先秦法家在刑赏两者中往往偏于严刑，引起激烈反抗。所以，后世的统治者吸取教训，更多地主张"礼法"并用，"德主刑辅"，以德标榜自己的仁政，给自己蒙上一层道义的面纱，对百姓进行欺骗。同时，这也达到了借助人们的自律减少推行法制阻力的目的，更好地维护了统治阶级的利益。

其次是以刑去刑的思想。虽然法家给人的印象是严酷无情，注重现实功利，但这并不能否定法家同样存在着法治的价值理想。法家和儒家一样有"民本"观念。他们自我表白说，对于严刑的提倡是出于爱民的目的。商鞅就说："法者，所以爱民也。"②"重罚轻赏"是统治者爱护人民的表现，推行严刑峻法可以达到"以刑去刑"的目的，所以他说："禁奸止过，莫若重刑。刑重而必得，则民不敢试，故国无刑民"③。重刑是打击犯罪，消除犯罪现象，维持社会秩序的有效手段。"行罚，重其轻者，轻者不至，重者不来，此谓以刑去刑，刑去事成"④，这就是商鞅的"重刑论"。相反，过于重视仁德，最终会陷老百姓于法网中，不符合统治者的爱民之道。韩非子也是商鞅重刑论的坚定支持者。《韩非子·显学》举例说："严家无悍虏，而慈母有败子。吾以此知威势之可以禁暴，而德厚之不足以止乱也。"法是最好的教化手段，也是最好的消除犯罪的手段，单靠"德厚"不足以维护社会稳定。法家的思想富有辩证理性精神，较少情感色彩。当法家把法制推向极端时，他们就走向了自己的反面。

三、中国传统法制思想中的消极因素

限于历史条件，垂法而治作为我国重要的传统法制资源，有许多积极因素，也有糟粕性的成分，需要我们仔细加以鉴别，在批判继承中发展前人的思想，建构新时代的社会主义法

---

① （明）焦竑：《玉堂丛语·纂修》。
② 《商君书·更法》。
③ 《商君书·赏刑》。
④ 《商君书·靳令》。

治。大体说来，其消极因素主要有以下几点。

（一）独任法制，排斥各家

与高度集权的君主专制制度相适应，在文化领域法家提倡文化专制。对其他各家思想持批判、打击态度。"国之所以兴者，农战也"①，商鞅认为国家富强靠的是"农战"，出于实用主义的考虑，他对所有不直接从事农业生产和军事的人都是排斥的，《商君书·靳令》称他们为有危害的寄生虫："六虱：曰礼乐，曰诗书，曰修善，曰孝弟，曰诚信，曰贞廉，曰仁义，曰非兵，曰羞战。国有十二者，上无使农战，必贫至削。"可见，商鞅对儒家思想和墨家思想都反对，认识不到文化的积极功能。他劝诫统治者不要重用那些"务学诗书"、徒逞口舌、智慧的人。在商鞅看来，这些都无助于"农战"。对于他们不合乎法家思想的言论不要倾听，不合乎法家认识的行为不要推崇，不合乎法家判断的政策不要实行，以达到"壹教"的目的。什么是壹教呢？商鞅说：

> 所谓壹教者，博闻辩慧，信廉礼乐，修行群党，任誉清浊，不可以富贵，不可以评刑，不可独立私议以陈其上。坚者破，锐者挫。虽曰圣知巧佞厚朴，则不能以非功罔上利。然富贵之门，要在战而已矣。彼能战者，践富贵之门；强梗者，有常刑而不赦。……夫故当壮者务于战，老弱者务于守；死者不悔，生者务劝。此臣之所谓壹教也。民之欲富贵也，共阖棺而后止。而富贵之门，必出于兵。是故民闻战而相贺也；起居饮食所歌谣者，战也。此臣之所谓明教之犹，至于无教也。②

这段话事实上集中反映了商鞅的农战思想，壹教就是一种文化专制，让人们一心一意做统治者争霸的工具，为做到这一点，不惜愚民，甚至连"老弱"也不放过，商鞅建议统治者让他们担任守卫的工作。商鞅说，这就是他所说的"壹教"的含义。壹教的结果就是老百姓日常生活中的"歌谣"充斥的都是战争思想，他们一听到要打仗就感到高兴，相互庆贺。壹教发展到极点，就是取消教化。后来秦朝"焚书"、"坑儒"就是这种思想发展的结果。

韩非子对于其他各家思想也多有批评。他反对儒家的仁政，认为"存国者，非仁义也"，因为"慈仁听则法制毁"。他推崇的是君主与臣下以至整个社会依靠实力进行博弈，君主的博弈方法就是"抱法处势"而王。他不相信任何人，因为"君臣之利异，故人臣莫忠"。韩非子把老子反对知性思维的认识论改造成赤裸裸的愚民政策。他反对统治者"释法而任智"，认为这会导致社会认识上的混乱："儒以文乱法，侠以武犯禁，而人主兼礼之，此所以乱也。"③"故行仁义者非所誉，誉之则害功；工文学者非所用，用之则乱法。"④他明确主张："凡明主之治国也，任其势。"⑤在社会意识形态上，法治最后还是成了韩非子唯一的选择，他说："故明主之国，无书简之文，以法为教；无先王之语，以吏为师"。⑥文化教育都最终被韩非子否决，一切著述、先王的教诲，在韩非子看来都是多余的，是法治理想国里的有害物。

---

① 《商君书·农战》。
② 《商君书·赏刑》。
③ 《韩非子·五蠹》。
④ 《韩非子·五蠹》。
⑤ 《韩非子·难三》。
⑥ 《韩非子·五蠹》。

（二）重刑轻民，无视民权

垂法而治的思想是为专制制度服务的，所以中国古代的法律思想家们多从君主的立场出发，维护君主的专制统治，较少民权意识。法律不是人民自由与尊严的守护神，而是限制人们言行的枷锁，它使百姓沦为供统治者任意驱使的工具。商鞅就担忧人君的权威不足。他的思想主要是为了增强君主的统治地位。对内，加强对臣下、百姓的控制；对外，通过农战争夺霸权。他的"刑无等级"并不包括君主，而是使所有的人在君主面前平等地做奴隶而已。商鞅不像儒家在君民之间压迫与被压迫、剥削与被剥削的关系上蒙一层道义的面皮，至少在口头上还标榜"民本"，他直言不讳地说法是统治者"胜民"、"使民"的有效手段，公开主张把人民当成供统治者任意驱使的奴隶，对老百姓"有难则用其死，安平则尽其力"，通过赏与罚的两手，诱导、迫使百姓从事农业生产活动和战争。商鞅的法当然不会保护被统治阶级的利益了。

法律的这种性质是由立法主体决定的。《管子·任法》中说："有生法，有守法，有法于法。夫生法者，君也；守法者，臣也；法于法者，民也。"在专制社会，立法的主体就是君主。法律是君主意志的表现，官吏是执法者，老百姓只有听从统治的义务。对于这种不反映自己意志的法律，人们不会有守法的自觉性，他们的守法是被动的，统治者对于法律的维护靠的是暴力或者阴谋诡计。慎到的势论，申不害的术论以及韩非子的"抱法处势"说都是为了维护君主和他的法律的绝对权威。之所以出现这种状况，归根结底是因为传统的宗法制度和建立在其之上的君主专制主义政治制度。传统的宗法制度造成了个人对家庭、国家的依赖与依附，建立在其之上的君主专制使一切都沦为君主的私产。所谓"溥天之下，莫非王土；率土之滨，莫非王臣。"所有人在君主面前都是"幼稚"的，是君主的保护对象、规训对象。君主垄断了一切政治权利，他是最高的立法者，是最高法院的首长，也是最高的检察官。在这种情况下，民众的权利遭到忽视甚至任意侵犯就是无法避免的了。这表现在立法上就是法是义务型的，它更多的是制裁犯罪的刑法，而没有保障民众权利的民法典。这使得法制充其量是一种统治手段、政治策略，是形式法治而非实质法治。

（三）重实体法，轻程序法

我国传统法律刑法的成分较多，基本属于实体法，较少程序立法。在司法中，公正缺少程序保证。

首先，由于没有严格的程序规定，所以司法中还存在着许多非理性的成分。比如"原心定罪"，固然有重视犯罪动机的合理因素，但司法人员就可能从自己主观认识的"人之常情"出发推定人的动机，而非严格地讲求证据，不问其实际行动和结果，一味推究别人的动机去定罪。这使得司法的随意性大增，为酷吏任意定人之罪大开方便之门。汉代的"春秋决狱"，似乎在为司法行为寻找可靠的依据，但是《春秋》文字简略，它的微言大义难免有任意解释的成分，这表面看来带有理性的成分，事实上，却是非理性的。用它来指导司法，如果没有严格的程序规范，公正难以得到有效保证。

其次，抗辩机制不健全。由于我国古代司法者往往就是行政人员，他们在道德上被认为是可靠的，审判的公正也就寄托在官吏的可靠品行上，人们意识中审判者与被审判者道德上的差距，演变为现实的审判过程中诉讼权利的不平等。被审判者主张自己的权利，为自己辩护的机会常常被随意剥夺，冤假错案的发生率难以得到有效控制。尤其在最高裁判者——皇帝那里，司法权更是不受任何约束。许多封建统治者大兴冤狱，就是其任意行使司法权、法制中缺少程序法的结果。明太祖朱元璋"朕言即法"的说法，充分说明专制社会中立法与司法都没有严格程序规定。专制制度下经常出现的暴君和酷吏现象，原因之一就是程序法的缺失或程序立法不健全。

第三节
"垂法而治"对依法治国的启示

一、形似——中国传统法治与西方法治思想的相近之处

作为社会政治制度或治国方略，中国传统法治与西方法治思想在形式上有许多相近、相似的地方。

首先，法治的基础都是性恶论。如前所述，中国古代从管仲开始，经过商鞅到韩非子都是持人性好利自为的思想，他们不相信人性有什么善。西方社会的法律思想家也持明确的性恶论思想，梭伦认为人类有邪恶、狂妄的思想和对财富的贪婪。柏拉图的人性论也是性恶论，他在《理想国》中借格劳孔之口说："在任何场合之下，一个人只要能干坏事，他总会去干的。"人性恶的原因在于人有情欲。毕竟现实社会只是理想国的摹本，它以及生活于其中的人们都是不"理想"、不完善的。欧洲中世纪，占统治地位的思想是基督教思想，而基督教对于人性的看法就是人在智慧上是有限的，在道德上是不圆满的，人一生下来就带有原罪。基督教存在的人性论基础就是对人性恶的认识。近代的资产阶级思想家们也认为人性是恶的。霍布斯、休谟建议政治家们把每个人都视为无赖，因为他认为在人的全部行动中，除了谋求一己的私利外，别无其他目的。总之，人性恶无论是在中国还是在西方社会都是法治思想的逻辑起点。

其次，都主张以法治国。中国古代的法家主张"以法治国"、"缘法而治"、"垂法而治"或"抱法处势"而王，主张"立法以典民"，立法以"治民"。法律甚至被商鞅提升到"民之命"、"治之本"的高度，整个国家从百姓到君主都离不开法律。在先秦，法家往往排斥礼制的价值与作用，"不务德而务法"，有法律至上甚或法律万能的思想。

西方的法治观念也主张"以法治国"。柏拉图在其《理想国》里把理想国的希望寄托在最有智慧的人身上，在后来的《法律篇》中，他又修改了自己的这种人治思想，为我们设计了另外一种国家模型，在这样的国家中不是单纯依靠"哲学王"的智慧以及他完善的个人道德来进行统治，而是实行法治，允许人们保留一定的私有财产。柏拉图并不是要完全抛弃他的合乎正义要求的理想国，而是他已经开始怀疑凭借道德理念治理国家的效用及其可靠性。柏拉图的后学亚里士多德肯定法治优于人治。中世纪的神学思想不但没有否定法治，还积极从上帝那里为法治寻求依据，世俗社会有通过国家机关制定的人法，而人法应当以永恒法、自然法和神法作为自己的基础，立法者也必须接受永恒法、自然法的统治。近代资产阶级的国家观认为人民的权利是天赋的，国家和统治者的权利是公民让渡的结果，它源出于人民也

应当接受人民的监督。全体公民意志的表现就是法，整个社会都应该按照法的既定轨道运行。

再次，都主张法律面前人人平等。中国古代这方面的代表性思想就是"刑无等级"，它不管人的地位、身份，功劳以及善否，所有人一视同仁，用《管子·任法》中的话说就是"不知亲疏、远近、贵贱、美恶，以度量断之，其杀戮人者不怨也，其赏赐人者不德也，以法制行之，如天地之无私也。是以官无私论，士无私议，民无私说，皆虚其匈以听其上。上以公正论，以法制断"，而且"法之不行，自上犯之"，君主也应当遵从法律，以身作则，做遵守法律的模范。

在西方，法治建立在民主和天赋人权的观念基础之上，法律是理性的体现，他们对"自然法"概念赋予理性权威，而人人平等是理性的要求。洛克说："自然法，即理性教导所有愿意服从它的人类：既然人人平等、独立，任何人就不应加害于他的生命、健康、自由和财产。"君主也和其他社会成员一样，没有凌驾于法律的特权，"我们既无须问君主是否超于法律之上，因为君主也是国家的成员；也无须问法律是否会不公正，因为没有人会对自己本人不公正；更无须问何以人们既是自由的而又要服从法律，因为法律只不过是我们自己的意志的记录"。卢梭认为，人生而自由，只是因为在自然状态中，人们的自由得不到保证，才部分地放弃自己的自由与权力，把它让渡给国家和政府，国家和政府的权力都源于人民的权利。当它不能保卫人民的利益时，人民有权起而反抗，废除契约，收回自己的权利。在资产阶级民主主义者的眼里，政府官员不过是人民聘用的"仆人"而已。即便是在欧洲中世纪，人们也不难由每个人都是上帝子民的观念，推导出所有人在上帝，在以上帝之法名义出现的世俗法面前一律平等的结论。

最后，都主张法律是维护社会秩序的有效工具。先秦思想家提出的"立法明分"思想，目的就是维护社会秩序。后世的礼法合流，使法律和道德一起成为维护封建统治秩序的基本工具。

在西方，法律与秩序经常是相提并论的。其法治思想同样是为了维护社会秩序。资产阶级民主主义者认为法律的起源，就是为了维护社会秩序的目的，以改变那种万人对万人的战争状态。因为人们可能受到情欲的支配作出危害社会的事情，理性才设计出法律来控制人们的行为。实行法治，就是为了造就良好的社会秩序，保障人们的权利与自由。

中国古代法制思想和西方法治思想的相似之处还有很多，比如，都具有理性色彩、治吏思想、法律的与时俱进思想等等，这里不再一一述及。

二、神异——中国传统法治与西方法治思想的本质区别

中国传统法治与西方法治思想有上述许多相似的地方，但也有本质的不同，这表现在它是建立在君主专制而非民主的基础之上的，它是统治阶级治理国家的工具，而非社会的核心价值，它是以国家或集体为本位，而缺少对个人权利的肯定与维护。

首先，中国传统法律是"一家之法而非天下之法"。西方的法治是相对于君主专制而言的，法治是公意的表现，是全社会人民的共同意志。它的优越性就在于它是众人之治，可以防止少数人为了自己的利益把意志强加给社会。它比人治更公平，更有理性，可以防止君主个人情欲的干扰。

中国古代的法治则是以维护君主的统治地位和个人政治权威为出发点和归宿的。法家为统治者出的主意就是充分利用自己的政治地位，甚至不惜采用阴谋诡计，比如明知故问、鼓励告奸；对于权势大、功劳高的大臣可以用他们的妻儿做人质，用高官厚禄拉拢、稳住他们，让他们互相牵制，保证君主对他们的有效控制。法律也同样是君主维护自己统治的手段，因此，立法大权总是操在君主手中，法律在商鞅那里是君主观俗立法的结果，《管子》中明确地说，君主是立法者。总而言之，法与术、势都是君主控制国家的工具，是君主个人意志的表现。所以，黄宗羲痛斥传统的法律是"一家之法而非天下之法也"。

其次，中国传统法治是实用工具性的，而非理想价值的。中国传统法治渗透着工具主义精神。法只被看做君主治理国家的手段，为君主个人所垄断使用。法存在的价值就是它可以维护社会秩序，而这个秩序并不是全体人民的一致选择，而是君主个人的安排，维护的是最高统治者的利益，它以维护最高统治者的利益为核心价值，这种价值经常与全社会的价值理想相违背，因为君主把全社会当做他实现自己个人目的的工具，所有人的存在价值对于君主来说，就是他们是自己可以利用的工具。传统法治虽然也能造就一定程度的社会和谐，但它终究是以高压和暴力做后盾维持的暂时性的和谐，是形式的和谐而非实质的和谐。如果说法治形成的秩序是全社会成员在完全平等的基础上博弈的结果，那么，中国传统法治造就的社会和谐是君主个人与全体国民博弈的结果，在这一过程中，法是君主与包括一般官吏在内的所有人进行博弈的法宝。在这场博弈中，君主不但把老百姓当做对手，而且他还要提防身边所有的人，对于他来说，最大的危险就是对身边的人存有信任。他应当时时注意收紧法网，照商鞅的说法，君主可以不需要任何理由杀人，借助恐怖手段进行统治。虽然有的"英明"的君主自觉地接受法的约束，但他遵守的也是他一手制定的反映他个人意志的法，这与他的个人利益不矛盾，至少是符合其长远的和整体的利益的，是其利益的最大化。此外，传统社会的和谐不是在承认个人自由的基础上形成的，而是在君主专制秩序第一的基础上建立起来的。自由价值的缺失，决定了中国传统法治只是形式法治。

再次，传统法治把家庭、国家、集体的利益放在首位，而不是个人本位；是义务本位而非权利本位。在中国古代，法首先意味着限制或禁止，意味着义务。法律控制社会的目的是维护社会秩序，维护统治阶级的利益，而不是保护个人的权利。个人在君主面前毫无权利可言，君主可以不需要任何理由随时剥夺任何人的任何权利。法肯定的是以国家名义出现的君主自己的权力，君主是社会权力的终极所有者，因而他的权力是无限的，其他任何人的权力都是来自于君主的授予。这与西方的法治观念完全相反。因为法在西方语言里首先是权利的意思。在西方人看来，统治者、国家和官僚的权力来源于人民权力的让渡，这种权力以个人权利为限。政府的权力是有限制的。

造成这种现象的原因或许和传统中国社会商品经济不发达有关系。传统中国社会自然经济占统治地位，不利于人们权利意识的发育，整个国家是在宗法血缘关系上建立起来的，家国同构，最高统治者就是大家庭的家长，在他的眼里，所有人都是他的监护对象，而不是有独立权利、自我负责的独立个体。个人的行为都以最高统治者的意志为转移，却少有自主行为、自己负责的意识。这样的法治观念不是鼓励个体行使他的权利，而是限制他的主体能动性的发挥。个人权利不被承认，导致个体发展受限；没有强大的个体，整个家庭、国家或其他集体组织也无法变得强大起来。

三、古代法学思想的"涅槃"——从垂法而治到依法治国

马克思指出，人类社会生活本质上是实践的，但人们并不是在他们自己选定的条件下随心所欲地创造历史，而是在直接碰到的、既定的、从过去继承下来的条件下创造。恩格斯也指出，现代的欧洲是从古希腊文化和罗马帝国所奠定的基础上发展而来。列宁要求我们继承人类历史上创造的所有精神财富。对于中国传统法制思想也是如此，需要我们继承这份遗产，对于前人的合理的思想发扬光大，对于其不合乎现代法治理念、不合乎现实需要的部分加以改造，这才能创造出符合中国国情的法治，走出一条自己的法制现代化之路。盲目照搬别国思想、经验，可能会葬送我们的社会主义法治。那么如何批判、继承中国传统法制思想呢？

（一）从"以法治国"到依法治国

中国传统法治思想提倡"以法治国"，把法律当做治国不可缺少的手段，治吏、治民靠的是法律，社会稳定靠法律。但法治的主体是君主。法治的对象是整个国家。法治维护的是王权，法治和德治一样都是君主随意利用的专制工具。而现代法治是与民主紧密相连的，没有民主就没有现代法治。在我们国家当前的法治实践中，还有许多封建意识作祟，具体表现为家长制作风，行政权力缺少限制，以政府为本位，以管理作为自己的主要职能，而不是以民为本，以服务作为自己的主要职能。依法治国应当坚持"主权在民"的原则，国家与政府是一个主体，社会和民众是一个主体，国家与政府的权利来自于社会和民众权利的让渡。因此，政府的权力就不是无限的，它的权力边界决定于社会和民众（用西方人的话说，就是市民社会）。这在当前，最主要的是改变政府职能，实行依法行政。

（二）从"刑无等级"到法律面前人人平等

法家主张"刑无等级"、"法不阿贵"，即刑罚面前人人平等，任何人触犯了法律都应当受到严惩。但是在君主专制的淫威之下，很少有思想家敢于挑战君主的权力，君主犯法要不要惩罚，谁来审判，谁来惩罚，这在专制制度下基本上是个不容讨论的问题。所以，"刑无等级"并不包括君主，这种崇高的法治理想最后也只能落得个所有人在君主面前平等地丧失所有权利的结局。现代法治的人人平等是指，法律面前不存在任何特权和特权人物，它的原则是法律至上，而非君主至上。对于传统的刑无等级观念，使之真正适用于全社会每一个个体和组织，那么，就符合了现代法治"法律面前人人平等"的原则和理想。

（三）从"断事于家"到培育法律主体

法家的法治理想是君主的法律内化为全体国民的言行准则，为他们所自觉遵守，实现断事于家的目的。这样，君主也可以获得解放。如果民众没有主体性，那么国家也不会强大。这说明法家也有把百姓塑造成法律主体的要求，不过，这种主体还只是守法的主体，他们守法的行为仍然是被动的而不是主动的。真正主动的守法，遵守的是自己的法律。这就要求守法者同时也是立法者，也就是给予人民完整的权利，在法律中体现普通民众的意志，才能让他们成为真正的法治主体。这样人们才能真正实现自己决定自己的行为取舍，自负其责，而不是像幼稚的儿童那样时时需要别人的命令、指引。

（四）从礼法并用、"德主刑辅"到依法治国和以德治国相结合

秦朝二世而亡与法家的"刻薄寡恩"不能不说有某种关联，后世的统治者大多能吸取这个教训，主张礼法并用、"德主刑辅"。唐太宗曾说"为国之道，必须抚之以仁义，示之以威信，因人之心，去其苛刻"①。《唐律》申明，政教与刑罚是本体与功用的关系。明太祖也认为礼法应该兼用，他说："仁义者养民之膏粱也，刑罚者惩恶之药石也。若舍仁义而专务刑罚，是以药石毒民，非善治之道也。"

在封建统治阶级礼法并用、"德主刑辅"的思想中包含着德治与法治相结合的合理因素。法的价值应当由伦理观得到说明。依亚里士多德的法治原则，法治应当是良法之治。良法应当合乎道德原则。在执法上，执法者的道德素质也影响着执法的公平。对于守法者来说，良好的道德观念可以增强人们遵守法律的自觉性，使法治由外在的强迫变为主体内在的需求。德治与法治相结合，才能充分发挥法治在构建社会主义和谐社会中的积极作用。

（五）从"因时立法"、"法与时转"到法治的与时俱进

法律的价值理想带有相当的稳定性，但是具体的法律规定应当随着时代的变化而变化。法家反对照搬前人的法律，主张法律应当合乎人性的实际，合乎当前的社会现实，要随着时代的发展改变法律的具体内容。用儒家的话说，要有所"损益"。当前我们的政治制度、经济体制、文化体制都在进行改革，法律也不能不与时俱进，以反映时代的变化，巩固社会主义改革的成就。

（六）从"立法明分"到有法可依

垂法而治首先要制定法令，布之于众。子产颁布成文法，就是为了这个目的。社会秩序混乱就是因为没有明确的行为界限规定。所以，商鞅主张"立法明分"。我国当前的法制现代化还在起步中，还有许多领域没有需要的法律，或是所颁布的法律不合乎社会发展的实际，这就需要我们进一步完善立法，做到完善立法，不留法律漏洞，以做到有法可依，促进社会的和谐、稳定，促进社会主义现代化建设。

（七）从"信赏必罚"到有法必依

有法不依，等于无法。所以法家提倡"信赏必罚"的执法原则。法家主张"赏厚而信，刑重而必"，强调法律的严肃性和执法的信用，反映了法家对司法公平、公正的追求。它要求统治者不能从一己私意出发，司法不能受个人感情的影响，无论亲疏远近、地位高低、功劳大小、喜欢的人还是不喜欢的人，所有人都一视同仁。"信赏必罚"体现着有法必依、执法必严的执法原则。现在，我们仍应当坚持"信赏必罚"的执法原则，同时，赋予它以公平、公正的价值内涵。这样才能真正体现全体公民的意志，做到有法必依、执法必严。在法律面前，任何人、任何组织都没有特权，都不能不受法律的约束。只有这样，才能取信于民。

（八）"从明主治吏不治民"到反对腐败

法家思想的逻辑起点是其"好利自为"的人性论。对人性的考察同样是依法治吏的逻辑

---

① 《贞观政要·论仁义》。

起点。掌握了权力的人并不一定会恰当地运用手中的权力，难免有人会运用手中的权力，化公为私，侵害国家和公众利益。因此，法家把治吏摆在十分重要的地位。这一思想和现代法治有相似的地方，现代法治特别强调依法行政，国家权力和政府权力要依法行使，加强对政府工作人员的监督，防止干部滥用职权，这就需要我们建立完善的法规，加大反腐力度，从制度上杜绝腐败。具体说来，就是依法选贤任能，依法赏功罚过，建立科学的权力制约机制。腐败问题最终的解决还是要依靠社会主义民主与法治。

　　总之，建设社会主义法治，应当立足于我国的国情，汲取传统法治思想中的合理因素，破除法治现代化的阻碍因素，对传统法治思想进行合理的改造，从而走出一条我们自己的法治现代化道路。

第六章

礼乐刑政、综合为治

第一节
"礼乐刑政、综合为治"的思想内涵

文明是人类历史经验和生存智慧的总结。中华法制文明不仅历史悠久，而且辗转相承、沿革清晰、从未中断，形成了内容丰富、特点鲜明，为世界各个文明古国所少有的传统，体现了中国传统文化的博大精深。中国法制历史所体现的治世经验和立法智慧、司法艺术正是中国三千年法制发展的总结，是中国传统文化的精髓之一。其中最为重要的一点就是，法制的成败，不仅是社会关系变动的反映，也是衡量国家治乱的重要尺度。① 而且这里所谓的法制已经不是单纯的先秦法家之法制，而是融合儒礼、杂糅其他各家学说的法制。这就是中国传统法律文化中"礼乐刑政，综合为治"思想的基本精神。

一、礼、乐、刑、政基本关系

礼是中国独有的规范，在调整中国古代社会秩序的行为规范中占有核心的地位，因此中国的传统文化是不出礼之左右的。离开了礼，我们很难对中国的传统社会和文化有一个清晰的理解。但是，至今为止，还难以用一个准确的概念来描述礼的内涵。从总体上说，它既是一种行为规范，又是一种精神原则，更是一种由礼而产生的礼治结构和社会秩序。这是中国传统文化的独特之处，"在世界历史中，没有任何一种文化和制度的生命力可与中国的礼相提并论"②。从中国早期的国家政治社会生活来看，实际上就是一种以礼所创制和维护的秩序，这也是中国法律史学在阐述早期社会秩序和法律秩序时的基本看法。但是在漫长的历史发展过程中，礼并不是独立地发挥经世治道的作用，而是在其发展的过程中，充分吸收了其他各家学说和思想观点，不断丰富自身的内涵，最终成为统领中国传统法律文化的核心价值体系。

---

① 参见张晋藩：《中国古代法律制度》，导论，北京，中国广播电视出版社，1992。

② 马小红：《礼与法》，13页，北京，经济管理出版社，1997。

(一) 礼、乐基本关系

礼、乐的字面概念是指礼节和音乐，但是，实际上暗含着通过兴礼作乐达到尊卑有序、远近和合的自然状态。西周的"乐制"不能简单地理解为狭义的音乐，它几乎包含了思想文化和意识形态的各个方面的功能。乐的作用，是使得人们内心和顺。因此，乐能够反映出时代的趋向和政治的兴废，故而有治世之音、乱世之音和亡国之音的说法。《礼记·乐记》："治世之音，安以乐，其政和；乱世之音，怨以怒，其政乖；亡国之音，哀以思，其民困。声音之道，与政通矣。"

周朝的《诗》有三百篇，是中国古代诗歌的总汇，是古代乐歌的最高成就。《颂》是庙堂乐歌，《雅》是宫廷乐歌（其中又分为大雅和小雅，前者是古乐，后者是新乐），《风》是古乐的声调，而其中的《国风》则多是民间乐歌。《礼记·乐记》："乐也者，情之不可变者也；礼也者，理之不可易者也。乐统同，礼辨异。礼乐之说，管乎人情矣。"孔颖达注疏曰："乐主和同，则远近皆合；礼主恭敬，则贵贱有序。"[1] 高诱注疏曰："礼所以经国家、定社稷、利人民；乐所以移风易俗、荡人之邪、存人之正性。"[2] "乐者为同，礼者为异。同则相亲，异则相敬。"礼用以辩异，即区分贵贱等级；乐用以求同，即缓和上下矛盾。"乐由中出，礼自外作"[3]，礼严肃于外，乐和顺于内。礼有乐配合，中庸融之，相亲爱之。这样可以达到"暴民不作，诸侯宾服，兵革不试，五刑不用，百姓无患，天子不怒"的境界。一国之内，做到了厚父子之亲，明长幼之序，则礼的作用就大大地增强了。

应当看到，不仅礼与乐之间是相互配合的，而且礼、乐之所以能够发挥其共同作用，还在于礼、乐与诗、易、春秋之间的相互协调。正如孔子所说："入其国，其教可知也。其为人也，温柔敦厚，《诗》教也；疏通知远，《书》教也；广博易良，《乐》教也；絜静精微，《易》教也；恭俭庄敬，《礼》教也；属辞比事，《春秋》教也。故《诗》之失，愚；《书》之失，诬；《乐》之失，奢；《易》之失，贼；《礼》之失，烦；《春秋》之失，乱。"[4] 这也是孔子所主张的既要学《诗》，也要学《礼》，认为"不学《诗》，无以言"；"不学《礼》，无以立"[5]，强调人们要"兴于《诗》，立于《礼》，成于《乐》"[6]。

实际上，孔子把西周时期的礼乐已经发展成为一套系统的思想体系，并表现为一整套实际化的制度，这一制度的核心就是以诗、书、礼、乐为判断标准的道德规范。这也就是《论语》中所谓"周监于二代，郁郁乎文哉，吾从周"[7] 的真实的历史语境。因为，根据《尚书大传》记载："周公摄政，一年救乱，二年克殷，三年践奄，四年建侯卫，五年营成周，六年制礼、作乐，七年致政成王。"这可以说是中国古代最早的政治制度形成、发展的过程。同时，也是后世对先秦时期礼乐文明以及相关政治制度的历史构想之源头。

由此可以看出，礼、乐在先秦时代不仅仅是一种规则、规范，更主要的是包含着一种在

---

① 孔颖达疏：《礼记注疏》，121~122 页，文渊阁四库全书本。
② 高诱注：《吕氏春秋》，35 页，上海，上海书店，1986。
③ 《礼记·乐记》。
④ 《礼记·经解》。
⑤ 《论语·季氏》。
⑥ 《论语·泰伯》。
⑦ 《论语·八佾》。

这种礼、乐范畴的规范下所形成的一种礼乐秩序，以及在该秩序下所形成的礼乐文化。实际上，这种礼乐文化，也可以被视为因社会风俗、习惯而形成的行为准则、道德规范和各种礼仪，即一套制度系统。也正是在这一意义上，西晋律学大师张斐在对夏、商、周三代治国经验进行评述时，特别关注到礼乐的作用，所谓："王政布于上，诸侯奉于下，礼乐抚于中……其相须而成，若一体焉。"①

（二）礼、刑基本关系

"刑"，在中国古代是法的统称，不单是指刑罚。纣王的暴虐统治和殷商的破败亡国，是周公制礼作乐的所谓之"殷鉴"。这个殷鉴就是不能专任刑罚，而应当把礼的教化和刑罚的镇压巧妙地结合起来，实行"礼者，禁于将然之前；而法者，禁于已然之后"②的策略。也就是说，礼是积极的、主动的规矩，是禁恶于未然之前的预防；刑是消极的惩罚，是惩恶于已然之后的制裁。礼是从正面主动地提出要求，对人们的言行作出正面的指导和教育，明确地要求人们应该做什么，不应该做什么，可以做什么，不可以做什么。礼的功能重在教化和规劝，刑只是对违背礼的行为的一种处罚和对犯罪的惩罚。所谓"明礼义以化之，起法正以治之，重刑罚以禁之，使天下皆出于治、合于善"，从而使得礼教与刑罚共同为用。③

西周时期，对于各种罪行的断定，也主要是依据礼的原则和规范，这也是礼与法互为表里、相辅相成的一面。所谓"礼之所去，刑之所取；失礼则入刑，相为表里者也"④。二者以此共同构成了西周社会完整的社会规则体系。比如"不孝不友"、"男女不以义交"、"革舆服制度"、"出入不以道义，而诵不祥之辞"等罪名，很明显都是依照礼的规范和原则来确定的。⑤ 正如杜维明所说："礼仪活动作为一种特定的行为，为个人提供了某种形式和表达手段；而超越个人的法律则为人们的活动提供了指导，因为法律的使命就是作为衡量的规范以及统一的指导，其目的就是为了迫使人们服从。"⑥

在后世历朝历代的统治实践中，礼法合治思想达到相当完善的程度。"儒法两家的对立，是明礼差等与奉法齐一的对立。经过战国、秦，至两汉，作为差别性行为规范的礼，逐渐与公允性行为规范的法交融渗透，以至合流"。"儒家以礼、德、仁政、爱人为其学说的支撑点。法家以一断于法、君主独治、术势并重为其学说特征。外儒即以儒家学说作为外饰，这是因为儒家的理论符合中国的传统国情，有着极深厚的文化底蕴，可以赢得民心，妆饰仁政，稳定社会，便于统治。以法家学说为内涵，有利于皇帝的专制统治和发挥法律的治世功能，可以收到急功近利之效。外儒佯宽，内法实猛，外儒内法就是宽猛相济的一种表现形式。"⑦

（三）礼、政基本关系

"政"，主要是设官分职，建立政权机构，实行行政管理。先秦政治思想中，有关礼与政

---

① 《晋书·刑法志》。

② 《大戴礼记·礼察》。

③ 参见《荀子·性恶》。

④ 《后汉书·陈宠传》。

⑤ 参见曾宪义主编：《中国法制史》，45～46页，北京，北京大学出版社、高等教育出版社，2000。

⑥ 杜维明：《儒家思想新论——创造性转换的自我》，127页，南京，江苏人民出版社，1991。

⑦ 张晋藩：《中国法律的传统与近代转型》，22～23页，北京，法律出版社，1997。

的关系，主要表现为儒家先哲所说的"为国以礼"的学说。面对春秋时期争伐不止、臣弑其君而造成的天下大乱的现实，孔子认为其原因在于西周时期礼治的破坏，导致贵贱无序、难以为国的社会局面，并进而提出"礼为政本"或者"礼为国本"的思想。《礼记·哀公问》："为政先礼。礼，其政之本欤！"其具体的内涵包括：一是礼的正名分、别尊卑价值可以构建并维持有利于政治统治的社会秩序，所谓下不得僭上、卑不得犯尊，人人"克己复礼"，做到"非礼勿视，非礼勿听，非礼勿言，非礼勿动"①。二是以礼德为治国之本，以亲亲为大，恢复孝道，反对苛政。

实际上，在礼的诸种社会功能中，非常重要的一点即是它的"经国家，定社稷"的作用，由于礼是"安上治民、体国立政"的根本指导原则，是调整社会关系和国家生活的思想基础，也是维护王权专制的理论教条，所以，自从周公制礼以后，礼便被视为"国之干也"、"国之常也"、"王之大经也"，是国无失其民、王无失其臣、贵无失其贱、尊无失其卑的强大的精神支柱。从指导思想上来看，在中国古代的思想家、政治家看来，礼是国家施政的标准，有礼则国家政治有正轨可循，无礼则施政无准，势必将导致混乱。②

在中国古代社会中，一切典章制度都是以礼为指导思想来加以制定的，有的礼典本身就是国家的大经大法。从历代国家政权的构建和君位的承袭来看，都必须按照礼的规则来运作，否则就是僭越，难以甚至无法取得其实施政治统治的合法性。从施政的具体方法来看，凡是以礼行政的朝代，都被称颂为盛世，反之，依法行政，则被贬斥为衰世，从而使得礼成为正国的客观标准。因此，可以说中国古代的历史雄辩地证明，国家的治乱、社会的兴衰都与礼的实施有着密切的关系。一准乎礼不仅仅是历朝历代定法修律的指导思想，也是为政施政的根本原则。③ 正如《礼记·经解》所言："礼之于正国也，犹衡之于轻重也，绳墨之于曲直也，规矩之于方圆也。故衡诚县，不可欺以轻重；绳墨诚陈，不可欺以曲直；规矩诚设，不可欺以方圆；君子审礼，不可诬以奸诈。是故，隆礼由礼，谓之有方之士；不隆礼不由礼，谓之无方之民。"

二、"礼乐刑政、综合为治"的思想内涵

中国古代社会中的"礼"是"由体现原始社会习俗的带有宗教性质的仪式，发展成为以国家权力为后盾，由法律强制实施的行为规范，是氏族原始民主制解体、阶级社会形成的产物，它反映了人类社会文明的进步……儒家关于礼起源于节欲、定分的种种理论，也反映了纯为祭祀仪式的礼，向着'法度之通名'的礼的演变"。而且"随着礼的政治作用的不断强化，礼的原始含义已经湮灭"④。也正是在这一思想基础上，后人在论述礼时，大都不外乎是看重礼的治世功能和外在作用，即所谓"经国家，定社稷"，"明贵贱，序尊卑"，"正人伦，辨是非"等。在"礼乐刑政、综合为治"的理论体系中，作为核心的礼与乐、刑、政都有着密切的关系。

在西周时期，举凡国家的行政、军事、宗教、教育、司法、伦理等各个方面，都由礼来

---

① 《论语·颜渊》。
② 参见张晋藩：《中国法律的传统与近代转型》，19页，北京，法律出版社，1997。
③ 参见张晋藩：《中国法律的传统与近代转型》，18页，北京，法律出版社，1997。
④ 张晋藩：《中国法律的传统与近代转型》，9页，北京，法律出版社，1997。

进行调节和规范。在宗法制以及建构在此基础上的分封制的社会体制下，整个社会都被纳入礼治的独特社会结构中。在这种秩序下，礼无疑起到了核心作用。但是，礼在西周社会中并不是唯一起作用的因素，还存在着一个以礼、乐、刑、政多维的社会规则体系。在周礼这个宽泛的体系中，礼、乐、刑、政不是孤立地存在着的，而是在礼制的统率下，相互依存，紧密地联系在一起的奴隶制国家的上层建筑。

《礼记·乐记》中说："礼以导其志，乐以和其声，政以一其行，刑以防其奸。礼乐刑政，其极一也，所以同民心而出治道也。"这就是说，国家尊卑贵贱有等，礼要人自尊安分，以导其志。乐者为同，要人和谐相亲，行动协调一致。用法律制约其运行，用刑罚惩治其奸宄。于是，礼、乐、刑、政归于一也，纳入一个轨道，就是以周礼体系为政治架构而确立的国家上层建筑。"礼、乐、刑、政四者之间的相互联系与相互制约，可见这是一个运动着的整体，是一个完整的体系。周朝一代的历史发展表明，作为国家上层建筑的周礼体系，其运动与制约关系的变化，无不牵动着整个国家机器的运转，关系到奴隶主统治阶级的利害，影响着周朝国家的治乱盛衰。"①

"礼乐刑政，综合为治"的思想认识和实际政治法律制度，产生于特定的历史条件，由此形成了独具特色的历史内涵和文化传统。因此，"礼乐刑政，综合为治"思想已经成为中国古代基本的治世经验。② 这一经验可以表述为：古代中国，管理国家需要综合治理的思想是由来已久。从西汉中期以后的主要是乐融于礼，礼的规范逐渐法律化。礼法结合逐渐成为后世王朝的政策思想和立法指导原则，同时也使得这一原则成为贯穿三千年中华法制文明的一条主线，是传统中华法系具有现实价值的重要部分。历代开明的统治者大都一手运用政权和法制的强制力维持国家的统治，一手运用道德教化从精神上纳民于正轨，二者相辅相成；而专任刑罚如秦末、隋末，只能招来转瞬的覆亡。历史经验已经表明，"礼乐刑政、综合为治"既是一套完整的思想原则，也是理政驭民的政策措施，是中华法制文明的重要表征。③

（一）寓教于刑

早期的国家管理活动的首要任务就是让人们遵从一套既定的社会规则，以实现一个统治

---

① 张晋藩、王超：《中国政治制度史》，58~60页，北京，中国政法大学出版社，1987。

② 当然，这其中还牵涉到一个如何对待中国古代法制历史经验的标准问题。中国政法大学张晋藩教授于1986年以《谈谈中国法制历史经验的借鉴问题》为题为中共中央书记处举办了专门的演讲。在演讲中，张先生首先提出了一个见解："从历史唯物主义的观点来看，即使是剥削阶级的法律，它的发生发展也都是合乎规律的历史运动的必然结果，都反映了中华民族的历史文化传统和特有的国情，并积累了运用法律调整社会关系、促进经济发展和保证国家机器正常运转的经验。对于中国古代剥削阶级的法律，要在扬弃这个总原则的指导下，从现实的需要出发加以借鉴，在科学的批判中总结吸收有益的成分，这对建设具有中国特色的社会主义法制是有裨益的。"因为，"观今宜鉴古，无古不成今"。历史的发展是有联系的，"马克思主义者不仅不拒绝，而且最善于吸收人类所创造的一切文明财富。"该演讲全文共2万多字，分为三个部分：(1)中国法制历史的传统与演变；(2)中国古代法的体系与丰富内容；(3)值得借鉴的历史经验。在演讲中张先生着重论述了历史上的盛世与执政者重视法制的关系、经济体制改革与法制改革的关系，并将中国古代法制的历史借鉴从宏观上总结为四个方面，即盛世与法制、改制与更法、礼乐刑政综合为治、治法与治吏。该演讲以单行本的"最新法学报告论文选"方式，由中国政法大学出版社于1986年12月出版发行。

③ 张晋藩教授有关中华法系的研究成果主要是他的三篇专题研究论文，即《中华法系特点探源》，载《法学研究》，1980 (4)；《再论中华法系的若干问题》和《重塑中华法系的几点思考——三论中华法系》，载《南京大学法律评论》，1999年春季号。

者所希望的社会秩序，这是一个"纳民于正轨"的过程，也是一个从无序走向有序的过程。在这一过程中，礼、乐的教化功能与刑、政的强制作用无疑是相辅相成、相互为用的。随着国家政治活动的复杂化，对刑、政强制作用的依赖性越来越强烈，甚而将礼、乐的教化功能也附着于刑政、强制之中。但在法律儒家化以后，对道德礼义的标榜，也使得治世者更愿意以一种仁义的面孔出现，以此来拂去刑政的狰狞形象。

寓教于刑的思想在后世的法制理论和司法实践中都得到了继承和发展。先秦儒家代表人物提出了"先富后教、先教后杀"，"不教而杀为之虐"的思想。反对滥施酷刑，提倡先教化而后刑罚，把对犯罪者的教育感化贯穿于刑罚实施的过程中，最终达到无须用刑的效果。正如西汉思想家贾谊在《治安策》中谈到礼义教化的作用时所言："礼云者，贵绝恶于未萌，而起教于微妙，使民日迁善远罪而不自知也。"

按照正统思想家的观点，造成人民身受刑罚的原因，是"上失其道"的结果。这个"道"就是执政者不能实行先教后刑的教育感化思想，从而使得人民出于无知而误犯刑宪、身陷牢狱。因此，对待犯罪者应当慎刑、轻刑，以体现仁政。这种慎刑、恤刑在司法实践中，表现在要按照礼义原则来对犯罪行为进行从宽处理。孔子依据"仁者人也，亲亲为大"，"亲亲，人也"的儒家正统伦理思想，提出"父为子隐，子为父隐"的容隐制度。此后，不断扩大容隐的范围。到汉代，发展成具有一定血缘关系的亲属之间，可以相互隐瞒其罪行。到唐代，进一步发展成"同居相隐"。与此相关的法律制度和司法原则，诸如魏律中的八议，晋律中规定的服制定罪原则和存留养亲制度，北齐律中的重罪十条等。在具体的司法实践中，历代都出现了一大批的清官和循吏。他们秉承儒家思想中以教化为先的原则，把道德说教和伦理教化融入司法审判中，充分运用情理来解决法律问题，以期维持一个较为和谐的社会秩序。

（二）礼刑并用

在中国古代社会中，礼与法具有共同的社会基础，在本质上又都是统治阶级意志和利益的体现。只是礼所包含的内容更加广泛，对社会的调整作用更深入，对民众的精神束缚更严格，而且赋予礼教以德化的外貌，又与重宗法伦理的传统国情相结合，因而容易被人们所接受。

汉自武帝时起，以董仲舒为代表的阴阳五行学说成为官方的哲学。于是，儒学以"一个道、法、阴阳兼收并蓄的花脸形象呈现在礼、律混杂的汉代法制之中"①。阴阳学说、儒家学说与商周以来的君权神授说等糅合在一起，形成了"天人感应"理论，作为法律上维护君主专制的基础，同时也是后世历代王朝的法制指导思想。以阴阳学说来论证"三纲"，打通天理、国法和人情之间的障碍，并进而以此作为国家的立法原则。把阴阳四时所代表的节气与刑罚的执行相结合，在司法中推行春秋决狱和秋冬行刑，使其成为一项法制原则而流行后世。

明初朱元璋按照"吾治乱世，刑不得不重"的所谓"刑罚世轻世重"原则，以严刑酷法治理天下。但是，到了晚年，朱元璋认识到，这种"舍礼义而专用刑罚"的统治策略，虽然能收到一时的效果，但不能杜绝犯罪，以至于得出"朕仿古为治，明礼以导民，定律以绳

---

① 朱勇主编：《中国法制史》，108 页，北京，法律出版社，1999。

顽"、使"猛烈之治，宽仁之诏，相辅而行"① 的道理。

礼法结合是中华法系的最本质的特征，是中华法制文明特有的现象。礼法互补，是国家长治久安所要求的。以礼为主导，以法为准绳；以礼为内涵，以法为外貌；以礼移民心于隐微，以法彰善恶于明显；以礼夸张恤民的仁政，以法渲染治世的公平；以礼行法，减少推行法律的阻力；以法明礼，使礼具有凛人的权威；以礼入法，使法律道德化，法由止恶而兼劝善；以法附礼，使道德法律化，出礼而入于刑。凡此种种，都说明了礼法结合可以有效地推动国家机器的运转，维持社会的稳定。因此，礼刑并用，综合为治，成为历代封建王朝一项既定的政策。② 同时，以礼为主要内涵的中国古代法律文化，也突出地显示了它不仅与西方法律文化迥异，而且还与东方其他古国有别的特殊性。③ 这也是中国传统法律文化之于世界法律文化的独特贡献。

（三）政刑一体

一般而言，"政"包括立政、设政和施政三个方面。就西周政治制度的建立和完善来看，主要是通过制礼——建立完整的周礼体系来完成的。因为周礼的产生，使得君臣有位，尊卑有等，贵贱有别，长幼有序，而且这一套严格的等级制度已经法律化、制度化，这既标志着中国古代政治文明的发达，也代表了中国奴隶制政治制度的重大发展。也正是在这一意义上，有学者认为：周公制礼与周礼体系的形成与确立是历史的一大进步。④

随着礼乐制度的崩溃和礼乐秩序的式微，以专制和集权为标志的国家机器的运转，越来越依靠刑杀威吓。于是，立政与立刑成为各个王朝在建国之初的必然之举，而且法律体系的完备程度与该王朝的治乱兴衰密切相关，姑且称之为刑政制度和刑政秩序。

秦朝早在诸侯国时期，就奉行"以农为本，废除旧礼乐、旧道德，立法修刑"的立国指导思想，制定了一整套土地改革、赋役税收、社会组织、名籍户籍、官爵官禄、吏治吏政、军事制度和司法制度等法律体系，做到了涉及国家政治统治和社会秩序的诸项事务"皆有法式"，为秦一统天下打下了基础。汉承秦制，从入关之初的"约法三章"，到武帝时期的《越宫律》《朝律》的制定和汉律体系的建立，再到东汉末年律、令、比繁杂而引起的司法混乱状况，可以说刘汉一朝的盛衰是与法制的成败息息相关的。唐朝建立之后，从《武德律》《贞观律》到《永徽律》《开元律》和《唐六典》，前后经历了一百一十三年，这也是盛唐法制之所以能够成为中华法系代表作的根源。明朝从吴元年到洪武三十年，历经五次大的修改，朱元璋躬身修撰，并在其遗嘱里严令子孙不得更改一字，否则治以"变乱祖制之罪"⑤，以图保持朱明王朝的代代相序。大清朝在总结吸收汉民族法制经验的基础上，从顺治三年（1646 年）律到乾隆五年（1740 年）《大清律例》经历了近一百年才完成了本朝的定制，成为康乾盛世的扛鼎之作；而从嘉庆九年（1804 年）直到 1902 年的晚清法制改革，中断了近八十年的"五年一小修，十年一大修"的定期修律制度，实际上也是晚清走向衰亡的标志。

---

① 《明史·刑法志》。
② 参见张晋藩：《中华法制文明的演进》，2 页，北京，中国政法大学出版社，2000。
③ 参见张晋藩：《中国古代法律制度》，96 页，北京，中国政法大学出版社，2000。
④ 参见张晋藩：《中国古代法律制度》，61 页，北京，中国政法大学出版社，2000。
⑤ 《明史·刑法志》。

第二节
"礼乐刑政、综合为治"的政治实践

"礼乐刑政，综合为治"思想，较为准确地总结了中国历代王朝的治世经验，科学地概括了中国古代社会治乱兴衰的规律性，表现了中国古代政治家杰出的政治智慧。一方面，我们要看到"礼乐刑政，综合为治"思想是历代治国安民理政实践的总结，也就是说这一思想来源于实践、为历朝历代政治统治服务，并在几千年的政治实践中已经得到了充分证明。因此，我们从另一方面要看到"礼乐刑政，综合为治"思想所体现的中国传统政治智慧是贯通古今的，是经过近三千年的中国历史考验的，对于当代的政治社会生活都具有重大而现实的意义。

一、"礼乐刑政、综合为治"思想的发展变化

自周公制礼以来，"礼"这一中国传统社会中最重要的一个概念，逐渐浸润到国家的行政、军事、宗教、教育、司法等各个方面，从而形成了一种独特的"礼治化"的社会结构。"明德慎罚"思想一直占据早期国家统治和社会治理的主导地位。此后，中国传统社会的政治实践和法制策略无不是以礼、法二柄作为治国安民的基本措施。在这种秩序下，礼无疑起到了核心作用，并存在着一个以礼、乐、刑、政多维的社会规则体系。西汉中期融合了儒、法、道等思想以及阴阳五行学说为一体的"大一统"思想的提出，将先秦时期的礼、乐、刑、政相互为治的思想，概括为"德主刑辅"、"大德小刑"的封建正统法律思想，开启了长达数百年的中国法律儒家化进程，使得传统的儒家伦理观念与国家的法律制度不断相互渗透和融合，形成了一种融"天理、国法、人情"为一体的中国传统法律文化。这一状况，随着封建专制体制的不断强化，在统治思想中，刑的地位不断上升，礼的作用不断下降，以至于到明清时期形成占主流地位的"明刑弼教"思想。[①] 因此，可以说"礼乐刑政，综合为治"是一个动态的思想体系，而不是一个固定不变的僵化模式。这一点正是"礼乐刑政，综合为治"思想能够顺应经济社会发展和时代变化而作出相应调整的有力证明。

（一）明德慎罚思想

明德慎罚思想是西周时期政治家周公摄政时所提出的施政方针。西周统治者认为，殷商从兴盛到衰败，体现了由"得天命"到"失天命"的变化，在这得失之间起决定性作用的是商朝末年的暴虐统治，而这种统治方式忽视了"天"与"民"的关系，残暴的统治使得统治者虽承继了所谓的"天命"，却失掉了民心，从一个有德者变成了一个无德者。同时得失"天命"也说明了上天具有保护万民百姓的德行，一个政权要想取得上天的支持，就必须保护民众、造福于民，否则上天也不会授命于它。这种既信奉天命，又保护小民的"敬天保

---

① 参见王磊：《明清刑事法律文化研究》，安徽大学硕士学位论文，2005。

民"观念对西周时期的立法和司法都产生了积极的影响。

按照"以德配天"的思想，要求统治者要重视自身的德行，对小民要施以道德教化。"敬天保民"的观念要求西周统治者在设政、施政过程中的要以德为主、慎重刑罚。可以说，明德慎罚思想是"以德配天"、"敬天保民"思想在法律制定和实施过程中的具体表现，也是西周时期的法制指导思想。其核心内容就是要求统治者在立法和司法中，必须坚持宽缓、审慎的原则，执行刑罚要慎重，反对专任刑罚，主张德刑并用。

明德慎罚思想体现在刑罚原则上，强调矜老恤幼、罪疑从赦。按照《周礼》的记载，七岁以下的幼童和八十岁以上的老人犯罪以后，不予以刑罚处罚。这既是明德慎罚思想的体现，也反映了中国古代在确定刑事责任时开始注重犯罪人的主观恶性和行为能力。根据《尚书》记载，对于罪证不确定的犯罪人，采取交纳赎金的办法，或采取宽免的刑罚处理原则，《吕刑》还具体规定了赎金的数额。明德慎罚思想要求区分行为人的主观恶性，对犯罪进行具体的分析、区别对待。周公在《尚书·康诰》中提出了过失（"眚"）与故意（"非眚"）、偶犯（"非终"）与累犯（"惟终"）的概念，主张故意、累犯加重，过失、偶犯从轻，同时区别犯罪情节加以定罪量刑。明德慎罚思想体现在具体处罚上，主张"罪止一身"，反对滥杀无辜。周公针对殷商"罪人以族"的做法，继承了周文王提出的"罪人不孥"的主张，强调"父子兄弟，罪不相及"①。周公还告诫各级官吏，要细心审案，防止罪连无辜。但是对危害宗法等级秩序的犯罪要严惩不贷。周公在理政的过程中十分重视德礼的教化作用，将"不孝不友"罪列为重大犯罪，要"刑兹无赦"。对于不忠于国君、犯上作乱的犯罪，要处以酷刑。所以周公在中国法制历史上首创了以刑罚手段来维护宗法伦理的先例。

从早期的神权法思想发展到明德慎罚思想，这在中国法律思想史上具有重要的历史意义。它标志着中国古代从神本位的法过渡到人为本位的法，是法制文明进步的体现。同时，明德慎罚思想在具体法治实践中的贯彻实施，极大地丰富和完善了古代的法律思想和法律制度，对先秦儒家思想的形成有着直接的影响，其中的有关刑罚原则中人性化的处罚规定，在世界法律发展史上也是非常罕见的。

（二）德主刑辅思想

德主刑辅思想是西汉中期儒学的正统地位确立以后，儒家思想在法律思想上的体现，因此一般又被称为封建正统法律思想。德主刑辅思想确立于西汉武帝时期，经过魏晋南北朝七百多年的发展，到隋唐时期达到鼎盛状态。《唐律疏议》将这一思想形象地表述为"德礼为政教之本，刑罚为政教之用，犹昏晓阳秋相须而成者也"②。

儒家思想正统统治地位的形成有着深厚的历史背景。经过西汉初年以来近七十年的休养生息政策的实行，到西汉中期时，社会经济高度发展，积累了大量的社会财富，这为汉武帝时期实行"大一统"的统治策略奠定了坚实的物质基础。在政治上，汉武帝雄才大略，对内采取削藩政策，平定了"七国之乱"，基本上改变了诸侯割据的局面；对外征伐四夷，统治疆域进一步扩大。面对如此形势，西汉初年以来实行的"无为而治"思想显然不能满足汉武帝巩固和加强"大一统"的中央专制集权的需要。为了给"大一统"的现实政治局面服务，

---

① 《左传·昭公二十年》。
② 《唐律疏议·名例律》。

汉武帝接受了董仲舒"罢黜百家，独尊儒术"的建议，把儒家学派的理论作为官方的政治理论和全社会的是非标准，从此开始了儒学独霸中国社会思想舞台的局面。

作为正统思想的儒家学说已经不同于先秦时期的儒家。它是以儒家学说为主，儒、法结合的产物，并吸收了道家、阴阳五行学说以及殷商西周以来的天命神权思想等各种有利于维护封建专制统治的思想因素。其核心理论就是建立在天命神权、天人合一和阴阳五行等学说基础上的"天人感应"思想。从这一思想理论出发，董仲舒又将符合封建专制利益的意识形态概括为"君为臣纲、父为子纲、夫为妻纲"的"三纲"理论，鼓吹"三纲"符合"天尊地卑、阳贵阴贱"的天象，皇帝是受命于天的"天子"，是"承天意"来统治万民的，从而把夫权、父权特别是君权神化，进而把封建政权、族权、夫权和神权结合为一体，大大强化了"大一统"的政治局面，并长久地影响了中国两千多年。

德主刑辅思想原本是先秦儒家在继承和发展西周时期"以德配天"学说的基础上一个新的总结，强调治理国家首先要靠统治者自身的"德行"，通过礼义教化的方式让老百姓服从，刑罚只是作为实现这种礼义教化的手段和工具。儒学正统统治地位确立以后，对德主刑辅、礼刑并用的儒家法律思想和基本原则附会上阴阳学说。董仲舒在解释"德"与"刑"的关系时，认为德为阳，刑为阴，两者的关系是"刑者，德之辅也；阴者，阳之助也"[①]。而历代的圣人都是"厚其德而简其刑"，也就是"德主刑辅"或者说"大其德而小其刑"。这样就把德主刑辅思想说成是上天"任阳不任阴，好德不好刑"的"天意"的体现，是永恒不变的真理。

德主刑辅思想的基本点就是以礼为主、礼刑并用。具体来说，就是要求以礼义教化和法律惩罚的双重手段来治理国家。其中礼义教化为根本，刑法惩罚是辅助；对待老百姓要先用德礼进行教化，教化无效再辅之以刑罚，把德与刑紧紧结合起来。同时，刑法和刑罚都应该以礼义教化为标准，也就是以儒家所主张的一系列伦理道德规范尤其是"三纲"为原则，由此达到礼与刑互为表里，"出礼而入刑"。这种刚柔相济的治国之道自汉武帝时期确立以后，对后世历代的统治者都产生了直接的影响，并成为此后历代王朝立法司法的基本指导思想。德主刑辅思想对汉及其以后各个朝代立法司法的影响主要表现在以下几方面：

第一，在立法上，以"三纲"作为基本的立法指导原则。居于正统地位的儒家是用阴阳学说来解释德主刑辅思想的，同时也将这一解释运用于如何理解"三纲"上，并进而提出以"三纲"作为基本的立法原则。按照董仲舒的提示，君、父、夫为阳，臣、子、妻为阴，按照阳尊阴卑的理论，"三纲"的合乎"天下之大道"的体现，从而也就论证了法律对"三纲"的维护是合情合理的，也是合乎"天意"的。于是，自汉代以后，法律对于君权、父权、夫权的维护是历朝法律制度的一项基本准则。对于君权的维护是法律的重点，历朝法律都专章设立众多的刑名罪名，打击危害皇帝尊严和人身安全的行为，使得法律成为维护封建君主专制的工具。法律对父权的维护主要反映在对孝道的遵从和对家族主义的肯定上，"不孝罪"以及与孝道有关的犯罪因而也就成为历朝刑法打击的重点。法律对夫权的维护则突出地表现在"七出"等婚姻家庭制度上。以"三纲"作为基本的立法指导原则使得家国一体、忠孝并重的儒家理想得到了充分的发挥，也是后世统治者所一再标榜的理想统治模式。魏晋时期统

---

① 《春秋繁露·天辨在人》。

治者继承汉代以来纳礼入律的原则，使礼律合一的思想得到了充分的体现。发展到唐朝，《唐律疏议》就是一个"一准乎礼"的产物。在此基础上，各朝都将体现"三纲"的伦理道德规范视为国家法制的核心，所谓"王政布于上，诸侯奉于中，礼乐抚于下"①，把立法和执法效果的社会评价完全系乎之上，从而把体现伦理道德的礼作为法律产生和执行的依据。

　　第二，在司法上，将寓教于刑的伦理法制作为基本的司法原则。天人感应的阴阳学说是德主刑辅思想的哲学基础，在此基础上将神秘的"天意"与世俗的人意有机结合起来，并具体表现为伦理道德的法制化。按照伦理法制的要求，断狱不可以呆板地遵守律条，而应该用伦理道德的原则去裁断是非，也就是所谓的"理正刑直"。汉代的亲亲得相首匿原则确立了有血缘关系的亲属之间可以相互隐瞒罪行，到隋唐时期发展为亲属相隐、同居相隐，容隐的范围进一步扩大。汉代基于伦理法制要求而设立了族刑和荫亲制度，也就是所谓的"一损俱损，一荣俱荣"。开始于西汉中期的春秋决狱制度是典型的道德法律化的产物。所谓的春秋决狱就是用儒家的经典《春秋》中的原则和精神作为判案根据的司法活动。春秋决狱的核心在于"论心定罪"，具体标准就是"志善而违于法者免，志恶而合于法者诛。"② 春秋决狱在汉以后虽然没有明文规定可以实施，但其按照儒家经典来判案的精神却被后世历代的各级官员所沿用。汉代根据阴阳学说创立的秋冬行刑制度，自汉以降也日益制度化，到明清之际形成了秋审、朝审、热审等制度，成为中国古代一项重要的司法制度。在魏晋时期，晋律规定了服制定罪的原则，按照血缘关系的远近来确定罪行轻重，到明朝时将服制图列入国家正典。晋律创制的存留养亲制度一直为后世所遵从，清朝时被作为秋审的一项基本原则。北齐时把严重危害皇权国威和伦理道德的十种犯罪列为刑法重点打击的对象，称为"重罪十条"，并在隋唐律中正式入律。为体现伦理法制的原则，从西汉文帝、景帝改革刑制开始，直到隋唐时期，刑罚逐步减轻，并逐渐废除了体现奴隶制残酷刑罚的身体刑制度，确立较为文明的封建制五刑。

《春秋》书影

图片说明：始于西汉、沿用千年的春秋决狱制度，用儒家经典《春秋》中的原则和精神作为判案的根据，是道德法律化的典型产物。

图片来源：李贞德：《公主之死：你所不知道的中国法律史》，23 页，北京，三联书店，2008。

（三）明刑弼教思想

　　明刑弼教思想是明初统治者将刑罚和教化并列为同等重要的统治手段的一种法律指导思想。德主刑辅、礼法结合自西汉中期以后一直是中国传统法制的指导思想。但是明初统治者大多起自社会底层，对于元朝末年吏治腐败、法纪废弛所造成的社会秩序混乱有切身体会。因此，在建立明朝统治的过程中，面对纷乱的社会局面，以朱元璋为首的统治集团，强调要通过刑罚镇压和道德教化的两手来重建汉族皇朝的统治，并以此为指导思想着手立法、司

①　《晋书·刑法志》。
②　《盐铁论·刑德》。

法，从而形成了独具特色的明刑弼教法律思想。清朝建立以后，继承了明朝的这一思想。因此可以说，明清时期强调刑的作用始终在其法律思想体系中占有十分重要的地位。

中国封建正统法律思想自西汉中期形成以来，随着社会的发展，已经发生了变化。应当说，自唐以后，国家统治越来越依赖刑罚的作用，至宋朝重刑化趋势日益明显。为此，朱元璋在遵从正统法律思想的前提下，进而提出了"重典治世"思想，并将两者统一表述为"明于五刑而弼于五教"思想。虽然"明刑弼教"思想在本质上与正统法律思想一脉相承，但其重点是"明刑"而不是"明礼"，即充分发挥刑杀威吓的作用，并以此来达到理想的政治统治秩序。礼法结合思想经过历朝历代的统治实践，已经证明了其对巩固封建专制统治有着十分重要的作用。对此，明初统治者也清醒地认识到这一点。但明初所面临的社会局面，使得统治者一方面认识到用纲常礼教来"教化"百姓，以图尽快稳定社会秩序；另一方面也认识到单纯的教化是不行的，必须靠刑罚手段来保证教化的推行，只有这样才能收到"道德教化"的效果，巩固统治地位。明太祖朱元璋曾说道："朕仿古为治，明礼以导民，定律以绳顽。"① 即对顺从其统治的良民要用礼教来加以引导，对于不顺从其统治的奸顽之徒就要用法律进行严惩。正因为此，朱元璋才会在强调重刑的同时，又将服制图、八礼图附于《大明律》的律首。

与德主刑辅、礼刑结合思想相比较，明刑弼教法律思想的侧重点在于使用法律手段来强力推行教化，教化与刑罚不分主次，而是并列的、同等重要的统治手段。在具体的实施过程中，明刑弼教思想突破了儒家所倡导的"不教而杀为之虐"的思想框框，不一定要坚持"先教后刑"，也可以"先刑后教"或"刑教并施"。所以明太祖说："君之养民，五刑五教焉。"② 明惠帝则更进一步说道要"明刑所以弼教"③，也就是"明于五刑，而弼于五教"。以严刑来宣扬礼教，以严刑来严惩违背礼教的行为，使得小民能够趋善避恶，达到统治者所希望的理想状态。明刑弼教思想在明初的立法、司法上都得到了具体的体现。

在立法上表现为明初的统治者十分重视法律的制定，以使国有定制。早在明朝建立之前，朱元璋在吴元年就命左丞相李善长等删定律令，编成律二百八十五条，史称"吴元年律"。明朝建立以后，朱元璋直接参与修订律令工作，并于洪武六年完成《大明律》的修订，七年颁布实施，史称"洪武七年律"。此后，《大明律》几经修订，到洪武二十二年又颁布了新的《大明律》，史称"洪武二十二年律"。经过近三十年的"重典"治世实践，到洪武三十年在"洪武二十二年律"的基础上，将此前单独颁布实施的《明大诰》也修订加入《大明律》中，至此《大明律》完全定型。明太祖对倾注自己大量心血的《大明律》十分看重，在其遗训中明令后世子孙要严守律文，不得删改一字；"群臣有稍议更改，即坐以变乱祖制之罪。"④ 所以，《大明律》在整个明代都没有再作任何的修改。

在司法上表现为明初统治者所奉行的"重典治世"原则。明初面临的政治形势复杂，外部存在着构成严重威胁的元朝残余势力，内部社会秩序极端紊乱，一些豪强地主对明朝政权采取不合作的态度，而元末腐败的吏治还在起着侵蚀作用。由此朱元璋认为这是"乱国"的

---

① 《明史·刑法志》。
② 《御制大诰·民不知报》。
③ 《明史·刑法志》。
④ 《明史·刑法志》。

时代，所以必须要强化法律的镇压作用，通过"重典"才能治理好，并认为这也是传统"刑罚世轻世重"原则的体现。朱元璋曾对其继承者说："吾治乱世，刑不得不重；汝治平世，刑自当轻，所谓刑罚世轻世重也。"① 明初的重典治世原则的核心是"重典治吏"，这也表明"起自布衣"的朱元璋对官吏腐败的痛恨。为此，朱元璋在明律中取消了许多优待官员的特权做法，废除宰相制度，并以种种借口大肆滥杀臣工。重典治世表现在立法上就是法外重刑、滥刑的盛行，朱元璋曾采集官民过犯的案件共二百多件辑成《大诰》四编，其中规定的许多刑罚都是《大明律》中所没有的，而且处罚特别残酷。

在奉行重典治世的同时，明初统治者十分重视礼教的作用和法制宣传工作，这也是明刑弼教思想的具体体现。尽管朱元璋十分看重重典对治理国家的作用，但并没有漠视礼教的作用，相反却认为礼教是重典治世的有机补充，只有将两者综合运用，才能实现国家的长治久安。这一思想在《大明律》制定过程中得到了充分的体现。在《大明律》的卷首首次将"八礼图"、"服制图"与刑制图并列，使礼教的精神统治力量与法律的强制执行力完美地结合在一起。为了实现重典治世的理想，朱元璋十分重视法制宣传工作。吴元年令编成后，朱元璋下令往全国郡县颁发《律令直解》，让基层的官员知法。洪武五年（1372年），鉴于"田野之民，不知禁令，往往误犯刑宪"的情况，朱元璋下令在全国范围内的州县和乡里普遍设立申明亭，定期宣讲纲常礼教和法律。洪武二十二年（1389年）《御制大诰》四编制定后，朱元璋下令要求全国人民"户户有此一本"，犯罪者如果持有大诰的，可以减轻一等处罚，相反则要加重处罚。朱元璋将立法和法律宣传工作并举的做法对稳定明初的社会经济秩序起到了积极的作用。

对于整个清前期来说，以重刑的手段来巩固自己的统治一直是标榜"仁政"的几位统治者的惯用策略。于是，在立法上，从顺治到乾隆，格外重视法典的制定，历四世而编撰成一部《大清律例》，希望朝纲不乱、皇位永固。在司法上，从顺治到乾隆，从平定明朝的遗案到残酷的"文字狱"，其处刑的手段一朝严于一朝，希望用重刑的手段来维持所谓的"盛世"局面。但是，这些毕竟无法从根本上挽救封建专制政治的命运，"外儒内法"和外宽内严的统治策略也无法掩盖专制制度末期所惯有的残暴。

二、"礼乐刑政、综合为治"思想的具体政治实践

如前所述，礼刑关系在"礼乐刑政、综合为治"思想体系中居于主导地位。从某种程度上说，探讨礼与刑在中国古代社会中关系可以大体理出"礼乐刑政、综合为治"思想政治实践脉络。受中国古代社会政治、经济、文化以及历史传统的支配，中国古代的刑法思想和刑罚制度在其长期的产生、演变和发展的过程中，逐渐形成了自身的特质。从起源上看，中国古代刑法形成时间最早，刑法观念最为丰富，相应地刑罚制度也最为发达。在华夏文明的早期，在神权法思想畅行的原始社会末期乃至夏商时期，无所不在的"天"被认为是人世间的主宰，"刑"与"罚"成了"受命于天"和"恭行天罚"的直接表现形式。此后，刑罚制度逐渐被理解为一种强制性的兴功惧暴、抑恶扬善的社会规范，并进而成为一种定分止争、维持秩序的统治工具，从而使得"刑"与"法"的概念在内涵上具有同一性。可以说，以

---

① 《明史·刑法志》。

"刑"为主体的古代法律文化构成了中华法制文明的又一个特色。因此，本节重点就中国传统刑事政策和刑事法律制度的变化来探讨"礼乐刑政、综合为治"思想的具体实践。

(一) 汉唐时期的刑事政策

在一个特定的国家形态中，社会结构、政治背景、经济条件和文化背景决定其法的价值取向。就中国古代社会而言，传统社会中如何认识犯罪现象以及如何处置犯罪行为受到其上述背景的深刻影响。中国古代国家中，断罪和理狱、问刑和讯囚具有密切相关性，在某种意义上讲甚至具有同一性。纵观中国古代社会刑罚制度和行刑原则的变迁，在人类社会之初期刑罚以肉体作为惩罚对象并以制造肉体痛苦为目的。伴随着历史发展轨迹，刑罚的执行方式也经历了从简单到复杂，从残暴再到文明的历程。在古代刑罚泛滥的社会，酷刑的行刑方式有多种多样，可以说在让罪犯承受肉体痛苦方面无所不用其极。这与人类社会早期畅行与"血亲复仇"、"同态复仇"相适应的报应刑理论密切相关。但从中国古代刑罚制度的整体历史进程中看，古代刑罚方式总的趋向是从严酷走向缓和，这其中顺应自然主义特征的人伦关怀精神起了决定性作用，而这正是中国古代行刑社会化的理论基础。从中国传统法律文化着眼，古代制狱理因的"人伦教化"性质，把刑罚的目标和功能定位于"刑以弼教"、"寓刑于教"的价值取向，将儒家学说中积极的入世思想和生活态度融入狱囚的精神世界之中，避免其消极的避世以期待来世的轮回，使其更直接地面对现实生活和社会秩序，用温情脉脉的道德关怀和自然天成的人伦亲情去唤醒其内心的情感回应，并使得其善的天性和良知得到最大限度的回归。①

1. 汉代刑事政策

秦朝二世而亡的教训，使得汉朝的统治者认识到，专任刑罚不能满足国家长治久安的需要。同时，针对经过秦末农民大起义，社会经济遭受到极大破坏的现状，汉初统治者也深刻地认识到，只有尽快恢复社会经济，才能为其政治统治的稳定奠定坚实的物质基础。于是，提倡"无为而治"的黄老思想得以盛行，这是汉初期实行"休养生息"政策的理论基础。从西汉中期开始，随着汉武帝建立专制中央集权的需要，董仲舒提出的"罢黜百家、独尊儒术"的大一统思想逐渐占据了统治思想的主流。因此，汉朝的立法思想不仅仅与秦朝大不相同，而且在前后两个阶段有着明显的不同。西汉初期，统治者总结秦朝灭亡的教训，改变了专任刑罚的立法思想，确立了以黄老思想为主，并辅以法家思想的立法指导思想，并具体体现为"立法宽约、政简刑轻"。汉高祖首先废除秦朝苛法，汉文帝、景帝进行三次刑制改革，废除残酷的肉刑。在经济政策上，表现为轻徭薄赋、与民休息。汉高祖时期，曾减轻赋税，规定田租的税率为十五而税一。汉文帝十三年，坚持"务省徭役以信民"的政策，继续减轻人民的负担。景帝时，进一步将田租的税率降低到三十而税一。黄老思想与西汉初期的社会需要相符合，促进了社会生产的恢复与发展。

自汉武帝时期开始，以儒家思想为主导的封建正统立法思想逐步确立，其核心是"德主刑辅、礼刑并用"。经过汉初七十年社会经济的恢复和发展，国家积累了大量的物质财富，为封建专制主义中央集权制的建立奠定了坚实的物质基础。同时，由于汉初实行了分封制，随着受分封的诸侯的势力的逐渐强大，他们同中央王权形成了对抗，并最终导致了"七国之

---

① 参见王磊:《明清刑事法律文化研究》，安徽大学硕士学位论文，2005。

乱"。在平乱之后，最高统治者更加认识到加强中央集权的重要性。在汉武帝诏举贤良对策时，董仲舒以"春秋大一统"的思想来应对。他认为，要建立大一统的中央集权，首先要有大一统的思想，进而提出了"诸不在六艺之科、孔子之术者，皆绝其道，勿使并进"。这就是著名的"罢黜百家、独尊儒术"。在董仲舒的大一统思想中，他把先秦儒家思想与阴阳家的思想相结合，使之神秘化，并以此来阐述德与刑的关系，提出了德为阳、刑为阴，"刑者，德之辅；阴者，阳之助"，为政者要厚其德而简其刑，或者说要"大其德而小其刑"。这就从根本上否定了秦朝专任刑罚的做法，强调既要诛恶，也要扬善，并认为这才是治本之法。也就是要求统治者先用德礼进行教化，教化无效再辅之以刑罚，即德主刑辅、礼刑并用。这一思想被汉武帝所采纳，并成为武帝以后汉王朝的立法指导思想。

受上述刑事政策的影响，汉朝的立法活动主要是围绕礼仪制度来展开的。一般说，汉律包括《九章律》、《傍章律》、《越宫律》和《朝律》共计六十篇，此即所谓的汉律六十篇。汉朝建立以后，高祖刘邦深感"三章之法，不足于御奸"，于是命萧何参照秦律，"取其适宜于时者，作律九章"。《九章律》是在《法经》六篇的基础上增加了《户律》（主要规定了户籍、婚姻、赋役之事）、《兴律》（主要是关于征发徭役、兴建城池的规定）和《厩律》（主要规定畜牧管理和驿传之事）三章。高祖即皇帝之位以后，深感文臣武将出身复杂，缺乏基本的礼仪知识，即命儒生叔孙通召集儒者按照儒家的礼仪道德规范，制定了相关的宫廷礼仪，这就是《傍章律》。《傍章律》共十八篇，集中规定了君臣朝请和各种宫廷礼制，作为对《九章律》的补充，与《九章律》并行。汉武帝时期，摈弃了汉初的立法思想和立法原则，大规模地修订法律，以加强法律的专政职能，于是命张汤制定了有关宫廷警卫方面的法律，即《越宫律》二十七篇，和有关朝廷礼仪的法律，即《朝律》六篇。

汉代在刑罚适用原则上，与秦代相比较也有很大发展。自汉代中期以后，由于受到儒家"德主刑辅"、"礼刑并用"思想的影响，汉代逐渐在刑罚适用原则上形成了一些与秦朝不同的制度和原则。其中，最有代表性的是先请制度的形成和亲亲得相首匿原则的确立。亲亲得相首匿是指直系三代血亲之间和夫妻之间，除了犯谋反、谋大逆之外，均可以相互隐匿其犯罪行为，而且可以减免刑罚。这种制度是中国古代法律中因血缘关系而影响到定罪量刑的最突出的反映，也是汉朝法律儒家化的具体体现，它自西汉中期正式成为法律规范以后，为后世各个封建法典所继承。秦朝还没有把伦理亲情关系上升到法律原则的高度。先请制度，又叫做上请制度，是指在两汉时期，贵族官员及其子孙犯罪以后，一般的司法机关不能作出最终的处理，必须先请示皇帝裁断。有罪先请原则确立于西汉，并为后世王朝所继承。它体现了儒家思想中"亲亲"原则的要求，也是"刑不上大夫"刑罚原则的体现。在司法实践中，凡是经过上请的，一般都会得到减刑或者免刑。这一原则，与法家所主张的、秦朝所奉行的"一断于法"原则相违背。

总之，汉代刑事政策的主要特色体现在三个方面：一是礼律混杂，表现为礼与律同录于礼官。汉律六十篇，其中专门规定礼仪制度的有二十四篇，几乎占汉律的一半。二是儒道入法。汉代儒学大师将道家思想、法家思想、阴阳学说等兼容并蓄地统一在儒家思想体系之中，特别用阴阳学说来论证君权神授、三纲五常、德主刑辅、秋冬行刑等新的儒家法律原则。三是法制伦理化，汉代的伦理道德对法制产生了深刻的影响。如，官员享有种种等级特权，设有先请制度、任官制度。宣扬以孝治天下，孝道成为汉朝法制的内在精神之一。亲属之间的犯罪，不同于一般主体之间的犯罪等。

2. 唐代刑事政策

"刑"与"礼"及其相互关系是影响并决定中国古代刑罚制度变化的两个基本因素。早在被后世称为"内行刀锯，外用甲兵"①的帝尧时期，部落内部在实施肢体性的摧残和惩罚的同时，就已经出现象征性的刑罚措施。到"唐虞之际，至治之极"②的帝舜时期，设置了"象以典刑"的惩罚方法。具体做法是让被惩罚者穿上有特殊标志的衣服，或在身上涂抹上特殊的标记，使其区别于常人，让被惩罚者感到羞愧和耻辱。《尚书大传》："唐虞象刑而民不敢犯，苗民用刑而民兴相渐。唐虞之象刑，上刑赭衣不纯，中刑杂屦，下刑墨幪，以居州里，而民耻之。"应当说将刑罚施之于罪人，不仅仅是一种惩罚，更是一种羞辱，使其受到来自其所生活环境的谴责。这种价值取向在后世封建刑罚制度中也得到了承继。《唐律疏议·名例》在解释笞刑时即说："笞者，击也，又训为耻。言人有小衍，法需惩戒，故加捶挞以耻之。"③所以，"刑"虽然是中国古代法的统称，却不单纯是指刑罚惩罚。纣王的暴虐统治和殷商的破败亡国，是周公制礼作乐的所谓之"殷鉴"。这个殷鉴就是不能专任刑罚，而应当把礼的教化和刑罚的镇压巧妙地结合起来，实行"礼者，禁于将然之前；而法者，禁于已然之后"④的策略。也就是说，礼是积极的、主动的规矩，是禁恶于未然之前的预防；刑是消极的惩罚，是惩恶于已然之后的制裁。礼是从正面主动地提出要求，对人们的言行作出正面的指导和教育，明确地要求人们应该做什么，不应该做什么，可以做什么，不可以做什么。礼的功能重在教化和规劝，刑只是对违背礼的行为的一种处置和对犯罪的惩罚，从而使得礼教与刑罚共同为用。礼与刑的这种关系表现在具体的刑罚制度中，就是慎刑、恤刑与重刑、酷刑的关系问题。

因此，国家管理活动中，其首要任务就是让人们遵从一套既定的社会规则，以实现一个统治者所希望的社会秩序，这是一个"纳民于正轨"的过程，也是一个从无序走向有序的过程。在这一过程中，礼、乐的教化功能与刑、政的强制作用无疑是相辅相成、相互为用的。随着国家政治活动的复杂化，国家对刑、政强制作用的依赖性越来越强烈，甚而将礼、乐的教化功能也附着于刑、政强制之中。但在法律儒家化以后，对道德礼义的标榜，也使得治世者更愿意以一种仁义的面孔出现，以此来拂去刑政的狰狞形象。正是在这样一种统治策略之下，刑教合一、寓教于刑的思想逐渐确立，并在后世的法制理论和司法实践中都得到了继承和发展。先秦儒家代表人物提出了"先富后教、先教后杀"，"不教而杀为之虐"的思想。按照正统的观点，造成小民身受刑罚的原因，是"上失其道"的结果。这个"道"就是执政者不能实行先教后刑的教育感化思想，从而使得天下小民出于无知而误犯刑宪、身陷牢狱。因此，历代的统治者皆是公开反对滥施酷刑，提倡先教化而后刑罚，把对犯罪者的教育感化贯穿于刑罚实施的过程中，最终达到无须用刑的效果。正如西汉思想家贾谊在《治安策》中谈到礼义教化的作用时所言："礼云者，贵绝恶于未萌，而起教于微妙，使民日迁善远罪而不

---

① 《商君书·画策》。
② 《汉书·刑法志》。
③ 《唐律疏议·名例》关于笞刑的疏议。
④ 《大戴礼记·礼察》。

自知也。"①

（二）明清时期的刑事政策

受远古以来刑治主义的影响，刑罚尤其是重刑在历代统治者的治世视野中都占有极为重要的地位。西周时虽奉"明德慎罚"为圭臬，但仍有"刑乱国用重典"为之补充。战国法家代表人物的政治改革和司法实践将重刑理论发挥到极致，主张"禁奸止过，莫若重刑"，提出"重刑轻罪"、"以刑去刑"。秦始皇统一中国后，"专任刑罚"。西汉中期法律儒家化以后，单纯的重刑主义被融合进礼刑结合的正统统治思想之中。宋明理学的出现，再次将重刑主义立场推到国家治世的前台。南宋理学大家朱熹不仅主张恢复肉刑，而且强调在刑事司法中要坚持"以严为本、以宽济之"的原则，以重惩那些不听教化的奸顽之徒。明初朱元璋按照"吾治乱世，刑不得不重"的所谓"刑罚世轻世重"原则，创制了大量的法外重刑，以严刑酷法治理天下。清承明制，继续坚持重刑主义，大兴"文字狱"。但宋、明、清代的重刑已经不是那种"舍礼义而专用刑罚"的唯重刑是举的策略，而是像朱元璋在总结三十年的统治经验所得出的那样"朕仿古为治，明礼以导民，定律以绳顽"，使"猛烈之治，宽仁之诏，相辅而行"的道理，强调"礼乐者，治平之膏粱；刑政者，救弊之药石"，唯有"以德化天下"，兼"明刑制具以齐之"②，才能使得国家实现长治久安。这也正是明刑弼教思想在治世之道和法制实践中的具体运用。

1. 明代刑事政策

1368年正月，农民出身的朱元璋在南京称帝，建立大明（1368—1644）。1644年，李自成领导的农民军攻入北京，末代皇帝崇祯朱由检在煤山自缢，明代灭亡。明朝历十六帝，共二百七十六年。明王朝是在反元斗争中推翻元朝统治的基础上，由朱元璋领导的农民政权转化而来。在明朝初年的政治社会背景中，有几个因素是值得考虑的：一是元末社会动荡与司法腐败。建朱明王朝的君臣都亲身经历了元末纲纪废弛、吏治腐败而导致天下大乱的现实。故明"立国之初，当先正纲纪"，因为"夫法度者，朝廷所以治天下也"。基于这样的理由，明初重视法治纲纪的制定与维护也就不足为奇了。二是正统法律思想的发展与转型。宋代加强专制主义中央集权以来，正统法律思想也开始发生一定的转向，即从强调德礼，到重视刑政。特别是两宋理学的出现，为这一转向提供了思想根源。三是朱元璋个人的身份背景。在中国历史上，开国的帝王有从农民出身的，但真正建立一个强大的延续近三百年的王朝的，只有朱元璋。而且朱元璋从小放过牛、帮过工、出过家，家境十分贫寒，真正来源于社会的底层，因此对这一社会层面人民所面临的问题有切身的体会。朱元璋一再宣称自己"朕本布衣，起自淮右"，因而"周知小民疾苦"③。

因此，朱元璋的"重典治世"思想，从其来源上看，主要包括三个方面：一是根据《周礼》所载"三邦三典"的理论和刑罚世轻世重的原则，朱元璋认为身处乱世，刑罚自当加重，这也是"刑乱国用重典"的基本内涵。《明史·刑法志》记载，朱元璋晚年对皇太孙朱允炆说："吾治乱世，刑不得不重。汝治平世，刑自当轻。所谓刑罚世轻世重也。"二是朱元

① 王磊：《明清刑事法律文化研究》，安徽大学硕士学位论文，2005。
② 《明史·刑法志》。
③ 《皇明制书》。

璋吸取两宋以来加强中央集权的做法，强调"朝纲独断"，防止"威福下移"，这在无形之中又增添了重典治世的思想内涵。三是理学的兴起，尤其是"存天理、灭人欲"的理学基本信条的提出，主张在倡导道德教化为本的前提下，必须用重刑来严惩那些奸顽之徒。如朱熹虽是位儒学大家，但却主张恢复肉刑，在刑罚适用上采取"以严为本，以宽济之"，借以强化刑罚的威慑作用。这应该是朱元璋"重典治世"思想的直接来源。同时，出身于"淮右布衣"的朱元璋亲身目睹了元末吏治腐败、纲纪废弛的景象，这又决定了朱元璋的"重典治世"思想的核心是重典治吏。①

明律所体现的"重其所重轻其所轻"刑罚原则，有其深刻的历史根源。中国封建社会进入后期，君主专制集权体制不断强化。随着宋明理学的出现，尤其是"存天理、灭人欲"的理学信条将人们的行为牢牢地束缚在礼制的范围之内，这样就使得传统的礼法结合思想，集中转为依靠刑法的打击和惩罚作用。同时，随着阶级矛盾的日益尖锐，一些谋反、谋大逆和贼盗重罪等犯罪，直接危害封建统治基础。对此类犯罪，必须加以重惩。这也是宋明以来刑罚逐渐趋于残酷和严重的基本社会根源。在沿袭前朝旧制的基础上，明朝刑事法律中又增加了许多新的罪名，以适应加强封建君主专制和强化社会治安的需要。这一原则的主要内容是："贼、盗及有关币帑、钱粮等事"明律均加重处罚，"事关典礼及风俗教化等事"明律从轻处罚。如，"不孝罪"中的"祖父母、父母在，子孙别籍异财"的行为，唐律对此要处于徒刑三年的刑罚，而明律只是处于杖一百的刑罚。

明朝法律制度的变化与发展是与明初统治者所强调的加强中央专制集权分不开的。为进一步适应强化皇权的需要，明朝法律在继承唐律的基础上，在立法原则、立法体例、刑罚制度、司法制度、监察制度等各方面都有所创见，并为清朝法律制度的建设奠定了基础。

明朝法律以《大明律》为基本法典，在体例上为适应明初废除宰相制度的政治需要，按照六部的编纂模式，形成了新的法典形式。弘治以后，明朝统治者又将单行的《问刑条例》附于《大明律》，从而形成了律例合编体例，直接对清朝的法典编纂产生重要影响。在刑罚制度上，在"重典治世"思想指导下，明朝统治者按照"重其所重，轻其所轻"的刑罚原则，增设了一些新的罪名和刑名，刑罚制度在总体趋势上有加重的倾向。在司法制度上，厂卫等特务组织的参与司法，造成了宦官专权，使得整个司法制度日趋腐败和黑暗。在加强皇权的同时，明朝十分重视监察制度的建设，改御史台为都察院，增设监察机构，增派监察人员，使得封建监察制度更加完善。②

与明初倡导的"重典治吏"的目标相一致，伴随着封建君主专制主义中央集权的高度发展，明朝行政体制发生了重大变化。其中，最为显著的就是中央中枢体制和监察机构的变化。明初，仿宋元行政体制，中央设中枢省，以丞相统辖六部，总揽全国行政。至洪武十三年（1380 年），明太祖借口左丞相胡惟庸谋反，乘机废除中枢省，罢黜丞相官职，消除了丞相对皇权的制约。中枢省废除以后，原来中枢省统辖的吏、户、礼、兵、刑、工六部，其职权和地位大大提高，成为直接对皇帝负责、集议朝政的中央最高一级行政机关。由于六部的职权各有侧重，六部长官又直接对皇帝负责，不仅减弱了臣权对皇权的威胁，而且保证了皇

---

① 参见王磊：《明清刑事法律文化研究》，安徽大学硕士学位论文，2005。
② 参见王磊：《明清刑事法律文化研究》，安徽大学硕士学位论文，2005。

帝大权独揽。

与中央行政体制的变化相一致的是明代行政监督职能的加强。明朝统治者为了维护极端发展的中央专制集权，对监察制度建设十分重视，因此，有明一代监察制度从组织机构到基本职能都有较大的变化。明初，监察机关的组织沿用唐宋的旧制，即在中央设置御史台。从洪武十五年（1382年）起，明代对行政监察体制进行了重大改革，以加强行政监督职能。明太祖为了加强监察职能，进一步扩大了监察组织和人员。首先，将御史台改为都察院，作为中央一级的监察机关，直接对皇帝负责，不受其他机构干涉。都察院的职权非常广泛，举凡学术不正、上书陈言乱变等等一切违犯事件都在究弹之例，素有天子耳目之称。所以，明代的都察院又被称做"风宪衙门"。其次，在地方设置十三道监察御史，作为中央监察机关的派出机构。为防止地方官吏擅权违法，特别设立御史巡按制度，由皇帝钦派都御史或副都御史等高级官吏作为皇帝的代表，出使巡按地方。再次，为加强对六部行政活动的监督，在六部之中分设六科给事中。六科给事中作为皇帝的特派代表，有权审查六部长官上奏皇帝的文书，监察各项行政活动。

随着专制皇权的加强，明朝对官吏的课考也更加严密。明代的课考主要分为两种：一是考满，即由上级主管官员对任期届满的下级官员进行考察评定，其主要依据是被考察官员任期内的政绩表现，从而作出称职、平常、不称职等三类考语。称职者升官，平常者复职（即同一级别内转任其他官职），不称职者降级调用。二是考查，又分为京察和大计两种形式。京察是指由都察院主持考察在京各级官员，每六年举行一次。大计是指由各地的上级官员对其下属进行的考察，每三年举行一次。考查的主要内容是按照"八法"（即是指贪、酷、浮躁、不及、老、病、罢、不谨）的规定来纠察官员的违法失职行为。凡是犯此八法者，上报皇帝分别处以降级调用、勒令致仕、闲住为民等处罚。明朝对于官员的课考主要由吏部尚书和都察院都御史负责。

2. 清代刑事政策

清朝统治者虽然是以异族入主中原，但对于利用儒家伦理思想来论证其统治的合理性同样是格外重视。于是，自顺治以下的各位皇帝无不极力推崇和宣扬儒家学说，并用儒家学说来指导立法，把"正人心，厚风俗"作为法律的最终目的，把"禁奸止暴，安全良善"作为立法的直接目的，将明朝统治者所推行的一整套以儒家伦理思想为标榜的"明刑弼教"思想发挥到了极致。这样，以儒家思想为导向的中国传统法制在历经数千年的发展和递嬗之后，至清代已经相当完备。如清代继承了传统的"准五服以治罪"这一基本法律原则。表现在刑事司法上，一般的处罚原则是：尊长犯卑幼比照常人减等处罚，反之则加重；案涉死罪，也比照常人按尊卑关系有斩、绞或者监护、立决之别；但对于服尽同宗的亲属相犯，笞杖刑一般是按尊卑关系或减或加一等处罚，而死刑案则"以凡论"。虽然有"礼"这一温情的面纱，但"以刑见长"却始终是中国传统法制的一大特色，与此相关的是中国传统的刑事法律制度十分完备而且高度发达。这一点在清朝的刑事法律体系中得到了充分的展现。而就整个清朝的法制历史发展来看，其前期，即所谓"康乾盛世"时期，是其法制在继承明朝法制的基础上不断发展并走向成熟的上升期；此后，随着专制制度本身的衰朽以及由此带来的政治经济等方面的没落，其法制伴随着吏治的腐败，开始走向没落直至走到历史的终点。

清代重典治世思想最直接的体现是突出皇权对清代行使司法权的控制。皇权对刑事司法权的控制是封建专制皇权进一步强化的具体体现，是皇权对司法权的掌控与加强的直接表现。按照清代的刑事司法程序，尽管死刑案件的审理实际上是由地方司法机关承担的，但即使是三法司的会审也只是提出判决的意见，称为"拟"，尽管皇帝的最后裁决或多或少有流于形式之嫌，但从理论上讲，死刑案件的最终裁决权绝对属于皇权的范围，也就是说，皇权掌握全国死刑案件的裁定。此外，皇权掌握对特殊案件的决定权，例如宗室觉罗案、钦定大案要案等都由皇帝亲自裁决，这类案件有时甚至是在不属于死刑案的情况下，其终审权也操之于皇帝本人。

与加强皇权对刑事司法权的控制相一致，强调中央的刑事司法权威一直是清代刑事司法机关设置的基本原则，而这一原则也正体现了重典治世的趋势。清代的司法机关总体上可以划为中央和地方两大部分。中央司法机关主要是号称"三法司"的刑部、大理寺和都察院。刑部是"刑名总汇"，是最高的司法审判机关，它主要负责审核全国的死刑案件，办理秋审、朝审事务，批结军流遣案件，审理京师地区的有关刑事案件以及负责司法行政事务。"掌司风纪"的都察院主要行使监察权，负责谏议、考核，司法权只是其职能的一部分；其行使司法权的主要形式是参与"三法司"的"会勘"，参与朝审、秋审。大理寺由传统的"廷尉"系统演变而来，一直作为中央司法机关中与刑部相制衡的一个机构而存在；至清代，大理寺的职权主要在于"掌平天下刑名"，参与"会勘"和朝审、秋审等。但在清代的"三法司"中，无论是从人员编制还是从职权范围来看，其突出的特点在于"部权特重"，传统上都察院、大理寺与刑部制衡的局面被打破，权力向刑部倾斜。就中央司法机关而言，由于传统法制中行政与司法不分，所以中央国家机关的几乎所有的部门都不同程度地享有一定的司法权，它们行使司法权的形式多为参与会审，主要是"九卿圆审"、朝审、热审和秋审等。客观而言，这些中央机构中的绝大多数参与司法的形式意义远大于实际作用。地方司法机关基本上是按照一级行政机构一级司法机关来设置。按《大清会典》所述，地方行政机构由高到低应是省、道、府（包括同级之直隶州、厅）、县（包括同级之州、厅）四级。相应地，审级一般是督抚为地方最高审级，司次之，府再次之，州县为地方第一审级。地方司法机关的特殊之处在于"道"和直隶州厅的关系，由于直隶州厅既有"亲民之责"又有属县，因而其对于直接受理的案件就不便直接转司，但其在行政级别上又同于府，故又不便由府转报，一般此类案件由道转司，即"直隶州所属，向例由道审转"。在地方司法机关的审判权限上，作为第一审级的州县有权决断答杖案，余则上报督抚，督抚有权决断徒刑案件，流刑以上上报刑部。

从清代刑事案件的审理来看，强化中央的刑事司法权威也是其坚持的一个基本方针。以最具代表性的死刑案件来看，其由下到上的整个审理过程是这样的：案件的提起主要是当事人的控告和地方上负有职责的甲长、地保、乡约、村头等的禀告。命案一经报官后，州县官须马上"轻骑简从"带领作作、刑书等人前往勘验并进行初审，一面通详上司。州县初审后提出判决意见报府复核，府经再审后，在州县判决意见的基础上作出"看语"后上报到司，由司再次复核后报督抚，最后由督抚向皇帝具题并将副本抄送刑部。在这一过程中，有时伴有上级司法机关的驳反、移审等程序。同时，不同审级在审理案件时要遵守严格的期限限制，若在规定的期限内没有审转，则该级官员一般会受到"罚俸"的惩罚，"罚俸"的多少视其违限的程度而定。对于死刑案件，地方各级司法机关是只审不判，其最终决定权在皇帝。在法律适用上，一般以《大清律例》为主，依"律"或者依"例"科断但所适用的也不只限于此。此外，刑事案件中为了获得"口供"而进行刑讯逼供不仅是常见的现象也是出于法律的明文规定。相对而言，清代前期的刑事司法中，对各级官吏严格按照法定的形式进行刑讯并声明上司的要求还是比较严格的，"滥用非刑"的官吏一经发现，必会受到上司的参奏而受处罚。类似的情形也见于狱政管理上，犯人在监瘐毙也要追究典狱官的责任。

　　清代重典治世思想对刑事政策上的影响还体现在清代少数民族刑事司法政策的制定与实施上。作为一个少数民族入主中原的王朝，清代对于少数民族的刑事政策和刑罚制度都有其鲜明的特色。轻微的刑事案件一般适用本民族的特别法，如《蒙古律例》、《番例》、《回例》，以及《理藩院则例》等等来处理，但对于罪至罚遣、死刑的案件，其终审权统一于中央。罚遣与流刑一般由理藩院会同刑部决定，而死刑则须由理藩院会同三法司拟议。少数民族刑事司法较为特殊的是有关旗人的刑事案件。由于清朝法律对旗人权利予以特殊保护，尤其在清前期，旗人的司法特权更为明显。旗人又分为属于皇族的宗室、觉罗和普通旗人；宗室与觉罗的刑事案件一般由宗人府办理，发遣、死刑案件则会同刑部；审判方式上，不得传讯，也不得刑讯，处罚往往较轻。普通旗人的刑事案件由专门的"理事厅"负责审理，处罚多为鞭刑、枷号。但不论皇族还是普通旗人，死刑案件的处理一般依律处罚。更为重要的是，如果是旗人与汉人之间发生刑事纠纷，则对于汉人的刑事处罚更重。①

---

　　①　参见王磊：《明清刑事法律文化研究》，安徽大学硕士学位论文，2005。

第二编
法律原则

第七章

立法原则

第一节
创立善法与良法之治

　　治世有良、莠之辨，立法有善、恶之分。法律上的善、恶问题历来众说纷纭，古今中外流派纷呈，有着丰富的表述。在现代立法理论上，往往将立法之良善与治国和民主制度等理论联系在一起。从法治国家的角度看，立法之良善是前提，依据法律治理国家是良法实施的必然结果。

一、古代"善法"思想的发展

　　从古至今，中外学者对法律之善、恶的探讨从未停止过。伴随法律的出现，对法律善、恶的评判就开始了。西方历史上的善法思想萌芽于古希腊时代，在柏拉图的著作中即有阐述，柏拉图认为正义的原则是国家的基本法。亚里士多德将之具体化，他认为人的生活应当追求善，正义的政体应当谋求共同善。按照亚里士多德的标准，善法体现了公众利益、自由等观念。亚里士多德将法律的好坏分为合乎正义和不符合正义的，他认为暴戾政府所制定的法律是不符合正义的。以我们今天的观点来看，这样的法律当然是列入"恶法"之行列。他的法治观念包括的主要内容是：已生效的法律获得普遍遵守；人们所遵守的法律应该是良法。[①] 欧洲早期的思想家大多认为恶法非法，如柏拉图、亚里士多德、西塞罗、圣·奥古斯汀等。

　　善法思想在自然法学家那里得到了更充分的表述。他们认为生命、自由、财产是人们与生俱来的权利，应该得到法律的确认和保护。启蒙思想家提倡依据理性和自然法生活，从这个意义出发，只有符合人类理性的法律才是良法。他们全面否定恶法的效力，关注个人自由，肯定了"恶法非法"的观点。

---

　　① 参见张乃根：《西方法哲学史纲》，增补版，59 页，北京，中国政法大学出版社，2002。

　　霍布斯提出自然法具有道德性，他认为："良法就是为人民的利益而又清晰明确的法律。"① 自然法学派认为违反理性的自然法准则而制定的实定法是不具有法律的本质特征的。"自然法是上帝的命令，它们是唯一真实的道德。它们在卢梭的变体中也是真实的，因为它们是法律，没有法律可以不公正。"② 因此公正的法律才是法律。

　　对法律的善、恶评判往往和公平、正义等联系在一起。实际上对待立法的善、恶评价，体现了对法律的道德判断和评价，并且往往伴随着对立法者的道德批判，并借此提供法律的道德标准。黑格尔认为"正义是市民社会的主要因素，好的法律可以使国家昌盛"③。

　　西方有一种观点认为柏拉图和孔夫子的理论有一定的共通性。但是，柏拉图的理论是建立于西方古代民主制的基础之上，而孔夫子的思想则是建立于专制制度之上的。中国过去也有一些学者将孔子、孟子及荀子学说中的一些观点，和西方自然法学派的观点进行比较，认为中国早已有自然法理论。实际上这是一种附会，其理论基础和现实基础均存在本质的差异。不可否认，中国古代思想家亦有关于善法的认识，但是，这种认识与西方的观点还是存在一定的差异性的。

　　中国古代对于法的认识，建立于公平意义之上，或者法本身就是公平正义的象征。东汉许慎《说文解字》对法的古体字解为"平之如水"，"触不直者去之"。所以能够称之为法的，应该就是公平的"良法"，是惩恶的手段，只不过其往往并不是以"善法"或者"良法"这一概念明确表达出来。在中国的传统观念中，符合天理、人情的法律规范，一般被归之于善法之范畴。

　　传统法律意识中，法往往是和"刑"联系在一起的，多少有些恐怖色彩。如果立法体现"轻刑"、"恤民"、"简洁"的特点，往往在历史上能够得到褒奖之誉，被视为是仁善之举，这种法律实质上被视为善法。以今天的观念来看，其表现的实际上是立法上的人道主义精神。

　　学者和政治家对法律善、恶的道德批判和伦理价值探讨始终跟随着历史在发展，在国家法律规范层面和法律的实施过程中也一直表现出这种"善、恶"对立的价值观。

　　中国历史上自古就存在鲜明的"善"、"恶"观，对于古代法律、政治上的善、恶，是以"天意"、"人情"来判断的，顺天意、尽民情，则所有的统治策略和法律以及规章制度都可以归之于"善"。法律就是通过惩恶，达到促使人们向善的目的。孟子主张性善论，荀子主张性恶论，董仲舒则将人性分三品，即圣人之性为仁、善，中民之性兼具仁、贪，斗筲之人是贪和恶的代表。

　　老子提出顺其自然制定法律，所谓"人法地，地法天，天法道，道法自然"。依照这种理论建立起来的法律制度，是好的法律制度。孔子是儒家思想的代表，主张"克己复礼，天下归仁"，以德治、仁政作为其政治理想，礼制是其理想的统治模式，实际上是试图"假礼制之名以行人治之实"④。这深深地影响了中国传统法律的价值取向。

　　① ［英］霍布斯：《利维坦》，270 页，北京，商务印书馆，1985。

　　② ［比利时］卢卡·温特根斯：《一种新的立法理论——立法法理学》，载周旺生主编：《立法研究》，2005(5)，北京，北京大学出版社，2005。

　　③ 张乃根：《西方法哲学史纲》，增补版，197 页，北京，中国政法大学出版社，2002。

　　④ 陈顾远：《中国法制史》，58 页，北京，中国书店影印，1988。

人若作恶为暴而须入罪处刑，这时法律就该发生作用了。从这个意义上看，法律的作用本身就是惩恶扬善。而法律的适用又是采取使人痛苦的方式进行的（表现为严厉的刑罚），这种方式是主张仁政的人所不愿意看到的，所以将其归之于不得已之举。因此，历代有作为的统治者都提倡约法省刑，似乎法律最理想的状态是"制而不用"。所谓"以不忍人之心，行不忍人之政"①。

对于施行严刑峻法的统治者，后人常常将之归于失民心者，往往会得到否定之评价。从这个角度看，汉代改革取消肉刑，在历史上具有划时代的意义，标志着法律向人道的方向迈进，实现了法律上的"仁善"之举，虽然伴随着取消肉刑的过程有不少争议。政治统治的理想状态是"德主刑辅"、"明德慎罚"，提倡情、理、法的统一。在这种原则指导下，司法实践中也常常曲法原情，似乎重视人情的司法活动才是合乎政治和道德要求的。

传统观念中历来认为法具有定分止争的功能，尤其是在维护社会秩序方面具有重要作用，因此法和刑常常是混用的，法的表现形式就是"刑"，或者就是具体到刑罚的适用。从法的起源上也可以看出，所谓"夏有乱政而作禹刑，商有乱政而作汤刑，周有乱政而作九刑"，此时的这种刑或曰法是与暴力、恐怖的肉刑联系在一起的，也形成了后世治乱世用重典（刑）的观念。而后世虽然对重刑在乱世的作用给以肯定的评价，但大多不认同其在常态社会的运用。

由于法本身所具有的维护公平正义、惩恶向善性（这已经形成一种共识），所以从"刑"到"法"，也就具有了重要意义，法不再是单纯的刑罚的内容，而是包含了规范社会生活的方方面面，如政治、经济、民事、行政等等。

中国农业社会历史悠久，法价值观也具有浓厚的农业社会特征。以义、理等抽象概念来评价法律，强调法律的道德义务，或者以道德义务评价法律义务，或者如西方许多学者所认为的，中国法律具有泛道德化倾向，强调道德义务，总体上缺乏法律上的权利概念。在这里法律的道德评价通过法律的善、恶之辨得到全面的表达。理论界对于中国的传统法律素有伦理法的评价。

孔子曰："为政以德，譬如北辰，居其所而众星共之。"②《唐律疏议》曰："德礼为政教之本，刑罚为政教之用，犹昏晓阳秋相须而成者也。"德政是根本，法律只是手段。儒家思想的核心就是一个"仁"字，对待法律应该也不会出乎其外，"德政"和"仁"是通往法律之"善"的有效途径。怎样达到"仁"？"仁远乎哉？我欲仁，斯仁至矣。"③似乎在虚无缥缈之间回荡着"仁"和"善"的标准，是一种心灵体验，一般人难以把握，体现了其理论上的抽象性。

从实证法的角度看，法律关系体现以家族为本位的特征。中国古代当然不会产生类似西方自由、人权之类的概念，也不可能出现个人主义盛行的社会状况。传统社会人与人之间需要互相依赖，需要的是一定的团体凝聚力，这体现了强烈的农业社会自然经济的特征。

农业社会人与人之间的依赖性强，群体性的特征显著，表现为宗族、家族、地缘、血缘关系对个人行为的选择具有举足轻重的关系，因此，强调人与人之间关系的妥善处理，而体

① 《孟子·公孙丑上》。
② 《论语·为政》。
③ 《论语·述而》。

现在立法上即强调家族的紧密联系，并以此推之于社会，提倡以仁、孝等观念处理社会关系。从个人推及家庭、社会的责任，将人们束缚在一起，形成利益共同体，个人的利益淹没在群体之中。因而立法之善、恶的标准也是萦绕于此。这种社会中，个人是渺小的，淹没在家族、宗族之中，何来个人权利？所以，代表群体利益的法律才是善的，才是具有政治价值的。从另一方面，这也可理解为中国传统法律具有的扬公抑私的价值取向的原因。

围绕立法之政治标准，封建社会以儒家思想为正统，且强调立法所具有的伦理意义和教育意义。孔子认为具备五美，摒弃四恶即可以为政，所谓五美指，"君子惠而不费，劳而不怨，欲而不贪，泰而不骄，威而不猛。"而四恶则指，"不教而杀谓之虐；不戒视成谓之暴；慢令至期谓之贼；犹之与人也，出纳之吝谓之有司。"① 政治的最高境界就是一个"仁"字，"夫仁者，己欲立而立人，己欲达而达人"②。为政从政，也要仁、善。"政者，正也。""子为政，焉用杀？子欲善而民善矣。"③ 统治者注意个人道德品质，那么刑罚之类的作用就是有限的。而作为统治者，应当具有的道德品质是具备君子之道，其表现有四方面："其行己也恭，其事上也敬，其养民也惠，其使民也义。"④ 其中心就是人治中的"仁治"，因为法律毕竟是由人来制定并操作的，所以君子的个人品德才是善法的重要前提和保证。按照美国学者昂格尔的观点，这体现了法秩序、法权力的情感化。当情感化失效时，才能够动用法律。⑤ 由于儒家正统思想的影响，"自秦汉以降，历代的成文法典，都是采礼刑合一主义"⑥。

依照马克斯·韦伯的观点，中国的"道"是至高无上的，超神的，非人格的，他并不向人类"说话"，"它是通过地上的统治方式、自然习俗的稳固秩序——也是宇宙秩序的一部分——以及所有发生于人身上的事故（世界各地皆然），来启示人类的。臣民的幸福感正显示出上天的满意和秩序的正常运转。"⑦ 从这个意义上分析，符合这种"道"的，也就是符合中国人所说的"天理人道"，自然是上天满意、臣民拥护的良法。

封建帝制下的中国社会，皇帝掌握一切权力，立法也完全听命于皇帝。虽然有专门的法律起草班子根据统治者的要求来拟定法条，但立法的最终决定权在皇帝手中，而且立法的宗旨是不能偏离皇帝的意思的，皇帝可以一言兴之，亦可一言废之。所以，皇帝个人的政治理念、道德品质与操守成为制定法律是否良善的决定性因素，体现了立法上鲜明的"人治"特色。

陈顾远先生认为，皇帝也要受"德法"的制约，这"德法"即是"礼"，常常表现为祖宗之制，所以"本于这种无文字信条的限制，好皇帝也不敢违反众议公论而创造出恶法来"⑧。他认为好的法律就是符合天理和人情的法律。实际上这不是靠法律制度来保障的，是依据作为统治者的皇帝的内心信念，即取决于其是否要做个中规中矩的皇帝，是否想顺应民

---

① 《论语·尧曰》。

② 《论语·雍也》。

③ 《论语·颜渊》。

④ 《论语·公冶长》。

⑤ 参见［美］昂格尔、孙笑侠：《中国传统与现代法治答问》，载《政法论坛》，2007（1）。

⑥ 梅仲协：《法与礼》，载吴经熊等著，刁荣华主编：《中国法学论著选集》，初版，台北，汉林出版社，1976。

⑦ ［德］马克斯·韦伯：《儒教与道教》，35～36 页，南京，江苏人民出版社，1995。

⑧ 陈顾远：《中国固有法系和中国文化》，载《中国文化与中国法系——陈顾远法律史论集》，北京，中国政法大学出版社，2006。

意，博取英名，流芳百世。如果其不循礼法，口出恶法天宪，也是无人能够阻挡的，只有靠虚无缥缈的上天来惩罚他了。实际上是只有待矛盾累积到一定程度后，出现所谓"替天行道"之人，通过改朝换代，才能改变这种恶法。所以，在封建人治的条件下，善法的建立、维护完全仰赖于封建帝王的个人行为取向，依赖于其内心修炼、个人良心及执政理念，即对封建仁政是否推崇与执行。

法律是最高统治者制定的，又常常作为祖宗之制代代相传，具有一定的稳定性。这样的法律其良恶与否，官员和一般社会成员是不敢妄加评论的。这也造成封建社会的法律家也只进行法律的注释和解释研究（虽然其中不乏对法律的道德批评），导致中国传统律学偏重于条文释义，缺乏创新和突破。

川岛武宜认为："中国人没有把伦理和法区别开来，两者处于直接结合的状态。"① 虽然他指的是中国的伦理规范被作为法的规范看待，但在立法活动中的道德批判更能够反映这一特征。所以在中国古代的立法活动中，始终贯彻立法的伦理评价，使得法律上的善、恶之辨绵延千年。

在中国传统法律中，道德要求也是立法时必须贯彻的指导思想。中国历史上占主导地位的是儒家思想，其鲜明的特征就是强调法律的伦理性。从其法律的核心价值观"德主刑辅"的要求看，获得良法评价的大多是体现了儒家的民本思想以及怀柔策略的法律规范。从这个角度看，良法是体现儒家思想为指导，礼法结合的法律规范。但法律上实际更多体现的是"外儒佯宽，内法实猛"，"法由止恶而兼劝善"②，即立法上以儒家"仁政"作为主导的策略，标榜"仁"、"德"，而以法家之严刑峻法作为后盾，体现了法律的两面性，实质上是儒法兼具。法律条文常常表现出来的是对违反礼和道德的惩罚，应该说历朝历代均是如此，只是刑罚使用的程度和频率不同。

在大多数正常情况下，统治者标榜以仁义道德规范人们的行为，在极端情况下使用猛法，所以体现立法的指导思想是一贯制的"德主刑辅"，通常以道德标准来衡量法律的善、恶。善法必定是合乎礼的要求的，而且是忠实、完美地体现封建纲常和礼之精神的。为更好地表现这一思想，在中央集权的政治体制下，大讲中庸之道，以礼统法，以礼入法，出礼入刑，注重法律的精神作用。所谓"礼禁于未然之前，法施于已然之后"，礼、法互为表里，一软一硬，一善一恶，一张一弛，达到最佳的统治效果。

一般将儒家法律思想和"善"、"仁"、"爱"相连，儒家思想所提倡的"仁、义、礼、智、信"，既是道德要求，也是法律所维护的。而与之相对的法家思想，历史上通常会将之与暴力、"恶"等联系。从政治统治出发，在儒家温情的"软"面目之下，当然也需要法家的一些强硬的统治技巧。法律的作用是扬善惩恶，因此要德、法相得益彰，更好地维护封建统治秩序，使用刑罚常常被统治者渲染为不得已之举，是维护"善"而对恶人的惩治。

荀子认为，礼的起源也是与纠纷相关的："人生而有欲，欲而不得，则不能无求；求而无度量分界，则不能不争；争则乱，乱则穷。先王恶其乱也，故制礼义以分之，以养人之欲，给人之求。"③ 从这个意义上看，礼是人与人之间良好关系和社会良好秩序的一种制度安

---

① ［日］川岛武宜：《现代化与法》，申政武、渠涛、李旺、王志安译，20 页，北京，中国政法大学出版社，2004。
② 张晋藩：《中国法律的传统与近代转型》，23、34 页，北京，法律出版社，1997。
③ 张伟仁辑：《先秦政法理论》，陈金全注，203 页，北京，人民出版社，2006。

排，而法律是维护这种安排，定分止争的。荀子认为，礼是法之大分（要领），"故非礼，是无法也"。"有乱君，无乱国；有治人，无治法。——故法不能独立，类不能自行，得其人则存，失其人则亡。法者，治之端也；君子者，法之原也。故有君子则法虽省，足以遍矣；无君子则法虽具，失先后之施，不能应事之变，足以乱矣。"可见他认为最好的还是人治，"故有良法而乱者有之矣；有君子而乱者，自古及今，未尝闻也"。良法不如好人、圣君来得可靠。"是以为善者劝，为不善者沮，刑罚綦省而威行如流，政令致明而化易如神。"[1] 他认为君子的作用更甚于良法。

孟子曰："今有仁心仁闻，而民不被其泽，不可法于后世者，不行先王之道也。"[2] 他认为："先王有不忍之心，斯有不忍人之政。以不忍人之心，行不忍人之政，治天下可运之掌上。"[3] 进而认为："无恻隐之心，非人也；无羞恶之心，非人也；无辞让之心，非人也；无是非之心，非人也。"[4] 归结起来，都和仁义道德有关："恻隐之心，仁也；羞恶之心，义也；恭敬之心，礼也；是非之心，智也。"[5] 仁就是怀有恻隐之心，不用或者少用刑罚，进而弱化法律的作用，达到天下大治。"王如施仁政于民，省刑罚……仁政无敌。"[6] 其中心思想即以"仁"为最高境界。从这个意义上看，善法实际就表现为王者的"仁政"，核心内容应该是体现"仁"的精神价值。

由于中国的良法观念和道德评价紧密联系，且在立法和司法活动中交互使用，所以道德和法律在使用中其界限常常是模糊的。于是作为立法、执法主体的人的作用就被提到了相当的高度。历代统治者和政治家、文人都信奉"徒法不足以自行"，因此方有原心定罪、原情定罪等执法要求。所谓"吏不良则有法而莫守，法不善则有财而莫理"[7]。法律实践中至今还存在的"青天"情结也是一个明证，人们常常将对公平正义的祈盼寄托于廉洁奉公的好官员或称"青天"身上。

按照现代法制理论，应该由制度约束人的行为，最根本的是需要有良善的法律制度规范人们的行为，如果好的法律制度得以实施，那么恶吏在法律的严格约束下，也无法作恶。其实善法和良吏之间应是互补之关系，但是在封建社会，良吏的作用往往被不恰当地提高，甚至超越法律，最终形成为人治理论大行其道。陈顾远称儒家政治为保姆政治，提倡爱民，不能亏民，这也是善法的一个社会现实基础，虽然客观上有利于民生和社会发展，但与民主政治相去甚远。而良法的标准是顺乎人情，合乎天理，可以说这也是一种保姆心态。老子曰："圣人无常心，以百姓心为心。善者，吾善之；不善者，吾亦善之；德善。"[8] 要求"圣人处无为之事，行不言之教"[9]。提倡政治宽容，"其政闷闷，其民淳淳，其政察察，其民缺

---

① 张伟仁辑：《先秦政法理论》，陈金全注，217、219页，北京，人民出版社，2006。

② 《孟子·离娄上》。

③ 《孟子·公孙丑上》。

④ 《孟子·公孙丑上》。

⑤ 《孟子·告子上》。

⑥ 《孟子·梁惠王上》。

⑦ 陈顾远：《中国法制史》，27页，北京，中国书店影印，1988。

⑧ 《老子》第49章。

⑨ 《老子》第2章。

缺"①。政治苛酷，则反而民心不轨。"上善若水"，可以滋润万物，表达的也是人治中的仁政思想。庄子认为："古之畜天下者，无欲而天下足，无为而万物化，渊静而百姓定。"② 所以，无为，则无不治。依其之见，法令滋彰，盗贼多有，法令并没有起到应有的作用，所以对法律本身的功能是否定的。当然其要求为百姓提供宽松的环境，对于缓和社会矛盾还是有积极意义的。

墨子主张法律是必要的，认为无规矩不成方圆，"天子为善，天能赏之，天子为暴，天能罚之"。天子应该多为善，否则会受到上天的惩罚。"爱人利人，顺天之意，得天之赏者有矣。"③ 所以他认为帝王顺之则治，逆之则凶。天欲义而恶不义，从此观点分析，善法是顺天之义的法律。

墨子曰："顺天之意谓之善刑政，反天之意谓之不善刑政。故置此为法，立此以为仪，将以量度天下之王公大人卿大夫之仁与不仁，譬之犹分黑白也。"④ 在此，是否顺"天意"是衡量法律善恶的标准，并且也是衡量王公大夫是否符合"仁"的要求的标准。

儒家学说发展到朱熹时代，成熟为封建理学的"存天理，灭人欲"。将三纲五常作为天理，因此法律首先必须是三纲五常的守护者，此时，符合封建纲常的法律，才是良法。

历史上与上述几派不同的是另一学派理论，即法家的思想。法家代表韩非子将法和"仁"对立起来，主张以刑去刑的重刑主义，"夫垂泣不欲刑者，仁也；然而不可不刑者，法也"⑤。在其理念中，刑就是法，所以不可以因为仁而放弃法，否则天下会大乱。所以他认为暴君和仁人都会搞乱国家："故仁人在位，下肆而轻犯禁法，偷幸而望于上；暴人在位，则法令妄而臣主乖，民怨而乱心生。故曰：仁暴者，皆亡国也。"⑥ 仁的结果是人们敢于犯法，暴君统治则导致民怨沸腾，也会亡国，因此法是很重要的统治工具。法家的观点十分鲜明，就是在政治上和法律上主张严格方式，要树立法律和君主的绝对权威。虽然法家思想在其后漫长的封建社会不受重视，但其许多法律观念和统治策略都被历代统治者灵活运用，在封建法律中始终可以看到法家思想的影子，因此在立法上其更具有工具意义。但由于与儒家的"德主刑辅"的立法思想反差较大，又因为常常与严刑峻法联系，所以历代君王往往在使用法家理论时，多讳言其法家的行事方式，以图博取"仁厚"之名，标榜其正统思想。

似乎法家是以重刑主义为特征的，而历史上一般将恶法视为以刑罚苛严的重刑主义为代表，如秦代法律以酷烈著称，所以仅二世而亡。秦代实践了商鞅的法律理论，结果是统治时间短，又博得寡恩刻薄之名，因此后世将其法律归咎于"恶"的范畴，故而法家的理论也最终博得"恶"的罪名。历代统治者均讳言其法家倾向，而标榜以儒家为正统。其实在统治者的实践中，法家的理论、方法也是在悄悄行用，只不过均不明言而已，怕背上"恶"之罪名。

明末清初，黄宗羲认为封建时代的法是一家之法而非天下之法，因此提出要以天下之法

---

① 《老子》第 58 章。
② 《庄子·外篇·天地》。
③ 《墨子·天志中》。
④ 《墨子·天志中》。
⑤ 《韩非子·五蠹》。
⑥ 《韩非子·八说》。

代替一家之法。他真正指出了封建立法的实质，是表现统治者意志的皇帝之一家之法。清末变法，严复、梁启超等提出，立法不能为上，不能只是为皇帝一人的私利而立法，应该是为民而立法，这样的法律才是符合天理人情的，才能够得到民众的遵守。对传统立法观进行了批判和颠覆，其立法思想已经有了西方民主政治的影响。梁启超肯定了良法在国家的重要作用："但使立法之权确定，所立之法善良，则行政官断无可以病国厉民之理。"① 这表达了以法来约束官员、依法治国的近代法制思想。同时梁启超也肯定了政治道德和法律的关系，肯定了其在建立良法中的重要作用："政治习惯不养成，政治道德不确立，虽有冠冕世界之良宪法，犹废纸也。"② 在肯定法治的前提下，他认识到"治人未具，而得良法以相维系，则污暴有所闻而不能自恣，贤良有所籍而徐展其长技"③。肯定了法律制度具有的地位是超越于人之上的，有了良法，可以抑制官吏贪暴，保护贤良。但同时，他也认为，"夫为政治人，而法非人莫丽。但谓得一完善之宪法，而国本遂可植于不敝，诚不免太早计"④。仅靠良法是不够的，"法虽善，非其人不行"⑤。将立法之善和执法之善联系起来，只有两者兼具，才是最好的。

　　沈家本在清末改革中，力主学习采用西方的法律体系，删除封建苛法，积极反对重刑主义。他认为"重法无益于治也"。其思想已有注重人的权利的内容，其进行的法律改革实践，更是与过去的良法概念有了根本的不同，代表了西方民主法制思想之萌芽。但他也是具有旧学背景的改革家，不可能超越时代和其所生活的环境，贤人政治对其多少仍有影响，如他认为如果有法不遵守，则"法虽善与无法等"，他在《历代刑法考·刑制总考》中说："法之善者，仍在有用法之人，苟非其人，徒法而已。"他尚没有认识到良法可以约束统治者的行为，民主制度下的良法是有效抑制专制和个人为恶的有效工具。

　　其实不管是历史上的哪一个学派，他们对法律善恶的评价标准没有什么本质性的区别。不管是在封建时代的哪一个时期，善或恶的法律，均是基于同一前提之下的，即是封建专制的政治体制下的，所以，在中国传统的体制下，法自君出，善法或者恶法是与作为当政者的皇帝联系在一起的，更多情况下反映的是人治情况下的立法状况。但客观地讲，顺应历史潮流的法律，能够反映社会发展趋势的法律，在一定程度上尊重民众的利益和要求的法律可以称之为是当时的善法。而近代资本主义的法律制度是民主政治的产物，其善或恶的标准是与民主制度相联系的，因此应当将其与之加以区别。在封建社会，人治之影响远胜于法律，法律的作用没有得到应有的重视，因此对于法之善恶的要求也就不那么重要了。或许梁启超的认识更有意义："荀卿有治人无治法一言，误尽天下，遂使吾中华数千年，国为无法之国，民为无法之民——并法而无之，而法之善不善，更靡论也。"⑥

　　在西方法治理论下，法律是能够规范和控制人的行为的，在社会法治的前提下，个人是

---

　　① 梁启超：《论立法权》，载《梁启超法学文集》，14 页，北京，中国政法大学出版社，2000。

　　② 《先秦政治思想史》，载《饮冰室合集》，第九册，转引自张晋藩：《中国近代社会与法制文明》，199 页，北京，中国政法大学出版社，2003。

　　③ 梁启超：《宪法之三大精神》，载《梁启超法学文集》，北京，中国政法大学出版社，2000。

　　④ 梁启超：《宪法之三大精神》，载《梁启超法学文集》，北京，中国政法大学出版社，2000。

　　⑤ 《箴立法家》，载《饮冰室合集》，第四册，转引自张晋藩：《中国近代社会与法制文明》，200 页，北京，中国政法大学出版社，2003。

　　⑥ 梁启超：《立法论》，载《梁启超法学文集》，北京，中国政法大学出版社，2000。

不能超越法律之上的。由于有法律的严格约束,所以理论上可以杜绝个人的恣意妄为,法治取代了人治,理论上法律可以将一切问题解决好。而传统的善法观念完全依赖于人治,立法依赖贤君,法律的执行同样也是依赖于贤人。这是与现代法制环境下的良法概念具有根本区别的。

二、今天关于良法的论述

现代意义上的良法是建立在现代民主政治的基础之上的,往往和自由、平等、公平、正义等观念联系在一起,更多体现对法律的价值取向的判断,表达的是一种立法上的理想状态。

按照现代法治理念,良法通常在两个意义上来考量:一是实质意义上的,所谓实体正义;二是程序意义上的,所谓程序正义。有的学者称之为实质性良善性和形式性良善性,并将其与依法治国联系在一起。[①]

按照罗尔斯的理论,正义主要是公平的正义,正义被划分为实质正义和形式正义。实质正义是制度本身所具备的,形式正义是对制度的服从,即法律和制度的公正执行。

其实在当今民主政治体制下,立法从形式到内容都应该体现其民主性、合理性、科学性,其制定也应该有严格的程序要求。即便是体现民主、正义、公平的法律,如果通过不正当的程序或者非法的手段来确立,也失去了其作为法律的正当性,不成其为法律,更不能称之为良法。所以现代法治理论在强调实体公正的同时,更强调程序公正。按照西方法学界的观点,正义不仅要得到维护,而且要以看得见的方式得到维护,要实现"看得见的正义",因此立法的正当程序日益受到重视。

法律的公众评价和道德关注在现代立法上也得到了彰显,大多数西方国家对公众道德的维护都给予了立法上的肯定,如很多国家都规定法律不能违反公序良俗,《德国民法典》第138条规定:"法律行为违背善良风俗的,法律行为无效。"[②]《日本民法典》第90条也规定:"以违反公共秩序或善良风俗的事项为标的的法律行为无效。"[③]可见现代发达国家仍然重视对传统文化价值观的继承和维护。

现代良法概念还和人的自由、尊严等相联系,关爱人的价值,以人为本,这正是现代立法所强调的。而人权在现代越来越多地与"善"及法律联系在一起,尊重人权,尊重人的价值,发挥法律在维护社会公平性上的重要作用,得到了普遍的认同。

西方学者还提出,法律应当维持人类共同的善的要求,而这种善"是一种开放的善,对所有基本价值的一种参与",正义"在一般意义上是一种有助于促进其所在共同体的共同的善的实践意愿。正义的理论,总的来说,就是整体上为共同的善所需要的理论"[④]。现代的良法在这其中更强调人与人之间的协调性和合作性,强调社会共同体的共同利益的维护,对他人权利的尊重和承认,并且将其作为人权的基本要求。

---

① 参见李龙主编:《良法论》,1页,武汉,武汉大学出版社,2001。
② 杜景林、卢谌译:《德国民法典》,29页,北京,中国政法大学出版社,1999。
③ 王书江译:《日本民法典》,19页,北京,中国人民公安大学出版社,1999。
④ [美]约翰·菲尼斯:《自然法与自然权利》,董娇娇、杨奕、梁晓晖译,210、135页,北京,中国政法大学出版社,2005。

良法在时下被公认为应该是尊重人权、维护社会公平正义的法律。良法在现代经济生活中表现为强调分配和交换的正义性，而分配和交换的公平性是维持社会公平的基本要求。这也反映了当代社会中，经济利益日益影响人们的生活和价值观，共同体的紧密型和联系性更重要，因此表现在法律上，人们也追求利益均衡和利益公平分配。

对于法律制度的善、恶，按照西方学者的观点，应该是本着价值中立的态度进行客观评价。而"某些人类的善（human goods）只有通过人类法律制度以及只有这些制度方能满足的实践理性要求才能实现"①。从这个意义上看，可以称之为法律制度的规范应该是代表善的本质的。

现代法的"善"、"恶"不仅体现在立法上，而且在司法、守法等所有的法治环节中均有体现。第二次世界大战后对于纳粹法律的态度集中体现了两种法律价值观，即"恶法非法"和"恶法亦法"。日本的川岛武宜教授不认为恶法必须执行，他认为应该由良心和理性来发现恶法并修正之。他认为法和伦理到近代社会才分化，市民社会的法不具有伦理色彩，即具有非伦理性。"法不考虑伦理的要求是市民社会法和法学的理想。"② 所以，"近代化的法是以主观自发性的守法为前提的，而守法精神同法律的内容是否有关是另外的问题"③。但是，川岛教授认为："超过一定限度的'恶法'即其内容与革命的全部或一部分价值观发生矛盾的法，当然就有可能不被国民作为法而承认其正当性，其价值合理性也不可能得到遵守。"④ 他虽否认立法的伦理性，但对法律的伦理性评价还是存在的。人们对恶法的认识就是基于伦理性评价的基础之上的，因此才会否认恶法具有法律的本质。

今天法律与道德问题依然是中外学者关注的问题。现代的良法是建立在当代民主制度下和法制环境中的。当今，人们关于善、恶的法律有了更新鲜的意义，对于良法之论有各种多元化的见解，而且很多时候与社会的共同发展和制度完善联系到了一起，对"善"有了新的诠释。如认为现代的"善"代表的是一种普遍的善。善或者是"一个人认为满意的某个特别目标或者目的"，或者是"能在许多不确定的时候，以许多不确定的方式参与或者实现的一般形式的善"⑤，或者是知识、真理、道德、良心等等，考虑多数人的最大幸福，社会共同体的共同的善，这就是现代自然法意义上的善。按照美国学者约翰·菲尼斯的观点（如他说"知识是一种影响我们一生，值得我们全身心投入的善"⑥），善的基本形式还有生命、游戏（甚至表现在法律草拟中）、审美体验、社交、实践理性和宗教等。而其认为正义的基本要素是以他人为导向性，义务和平等。从这个意义上，他认为无须关注"恶法非法"的理论，而应当关注法治原则，探求良法所有的积极性和可能性。这种现代理论更加敞开良法的标准，

① ［美］约翰·菲尼斯：《自然法与自然权利》，董姣姣、杨奕、梁晓晖译，3 页，北京，中国政法大学出版社，2005。

② ［日］川岛武宜：《现代化与法》，申政武、渠涛、李旺、王志安译，24 页，北京，中国政法大学出版社，2004。

③ ［日］川岛武宜：《现代化与法》，申政武、渠涛、李旺、王志安译，76 页，北京，中国政法大学出版社，2004。

④ ［日］川岛武宜：《现代化与法》，申政武、渠涛、李旺、王志安译，77 页，北京，中国政法大学出版社，2004。

⑤ ［美］约翰·菲尼斯：《自然法与自然权利》，53 页，北京，中国政法大学出版社，2005。

⑥ ［美］约翰·菲尼斯：《自然法与自然权利》，53 页，北京，中国政法大学出版社，2005。

体现社会共同体之间在法律认识上的开放性。

"社会法学的主要贡献，在于能发现特定社会的活法，从而建立了批判同一社会的实证法公平与否的标准。"[1] 而中国社会的活法实际上往往是以道德、习惯、礼俗等传承千年的文化传统为代表的。如果以此来评价现代法律，则又回到了传统的人情轨道上去了。所以有台湾地区学者提出在法律现代化的情况下，以天理人情作为最后的根据，试图调和传统和现代化的分歧。也有学者从社会法学的角度提出以社会需要作为评判良法的标准，"按法社会学分析，法治必须是良法之治，而判定法律良好与否的评价标准是不断接受社会价值的评价，看其是否符合社会需要"[2]。

我国学者周旺生认为，现代法治三要素即是法、良法和法的有效执行。[3] 李龙将良法的标准归纳为：价值合理性、规范合理性、体制合理性、程序合理性。[4] 今天，人们认为"许多国家的法律并不反映有关终极意义和生活矛盾的任何一种观念；相反，它的任务是有限的、物质化的、非人格的——去发挥某种功用，让人们依某种方式行事，如此而已"[5]。这是伯尔曼所称的"法律世俗主义"。在这种价值观的指引下，法律的"善"、"恶"界限变得模糊了。

"恶法亦法"观点也有一定的代表性，"苏格拉底以他自己的实践行为甚至生命的代价，以慷慨悲歌的方式诠释了恶法亦法理论的恒常精髓，即只要是法律合法（符合程序）成立，不论这种法律是好是坏，即使它非常邪恶，当事人都要无条件地服从"[6]。而奥斯丁则认为法理学不应该考虑法律的善恶。这种论点尤以分析法学派为代表，他们认为应当区分法律和法律的道德问题，只要是法律就应当无条件地得到遵守。

在现代分析实证主义法学的影响下，"恶法亦法"的观念得到不少认同，如分析法学派主张法律的道德性应该与法律本身分离，既然如此，法律的善、恶不应该由法学来分析，既然法律的伦理性被抽取，那么，恶法亦法的立论就顺理成章地确立了。

哈特认为法律的存在和评判其优劣的道德标准不是一回事。道德上邪恶的规则可以仍是法律。但同时，法律的权力也是有限的，所以立法的限度也是须考虑的。哈特也认为现代国家的法律受到了"社会道德和广泛的道德理想的深刻影响"，并且在立法和司法中显现出来，但将正义作为评价法律善恶的标准是很难的。[7] 哈特也承认有最低限度的自然法，即基本的道德准则和标准。

第二次世界大战不仅使人类遭受了战争创伤，法律也经历了善、恶的考验。战后，对于战争及战犯裁判引发了"恶法非法"和"恶法亦法"的大讨论，饱受战争之苦的人们得出了"恶法非法"的结论，使那些利用遵守法律为借口的战犯承担了应有的法律责任，并以此为基点，开始了国际性的战后人权法律保护活动，通过了一系列国际人权公约，导致国际人权

① 马汉宝：《法律道德与中国社会的变迁》，载吴经熊等著，刁荣华主编：《中国法学论著选集》，初版，台北，汉林出版社，1976。

② 汤唯：《法社会学在中国——西方文化与本土资源》，229 页，北京，科学出版社，2007。

③ 参见周旺生：《立法论》，1 页，北京，法律出版社，2004。

④ 参见李龙主编：《良法论》，75～76 页，武汉，武汉大学出版社，2001。

⑤ ［美］H·J·伯尔曼：《法律与宗教》，梁治平译，15 页，北京，中国政法大学出版社，2003。

⑥ 王振东：《恶法亦法理论的历史寻踪及其价值》，载《甘肃政法学院学报》，2007（6）。

⑦ 参见张乃根：《西方法哲学史纲》，增补版，418 页，北京，中国政法大学出版社，2002。

运动的蓬勃发展。

以拉德布鲁赫为代表的法学家对纳粹法律的批判和反思，以及战后的司法实践，引发了良法和恶法的辩论。尤其是战后德国法院作出的一系列判决，认为即便是当事人按照纳粹法律行事，但这些法律本身"违反了一切正直人的正当良知和正义感"，违反了自然法，因此，丧失了法律的性质。[①]

现代西方分析法学派对于自然法学派的法律公正和正义的标准不以为然，他们认为这些标准不应当依据道德原则，应当依赖法律体系自身。他们认为不道德的法律，即恶法也是法律，当然这并不意味着人们（从道德上）必须按照其要求行事。

分析法学派认为恶法依然具备法的特征，应该将法律和道德分离，而新自然法学派则主张道德和法律是不能截然分开的，如果违反道德的"恶法"能够得以实施，则许多恶行就可以在合法的状态下得到保护。"人类的善只有通过人类的法律制度才能得以保障。"[②] 非正义的法律不是真正的法律。新自然法学派认为，对自然法的一种阐述就是"作为有待追求和实现的善的一组基本实践原则"[③]。

社会法学派则将立法的目的归之于社会目标、社会利益和社会效果。马克斯·韦伯认为法律制度有合理性（实质和形式）和不合理之分。法经济学派的波斯纳则以经济效益来评价法律的好坏。

哈耶克认为在自由人组成的社会里，强制的正当性来源于调整和约束人们行为的大多数社会成员的一致观点。而且立法不可能尽善尽美，法律和道德是没有关系的，因此他反对以道德标准立法。

富勒提出的著名的法治八原则中的一些标准，应该也是善法的标准，如法律必须公布，法律必须明确，法律的稳定性，政府官员应当遵循法律等。徐显明教授也认为："法治状态下的法一定是善法、良法，社会主义法治一定是社会主义的善法之治、真法之治，同时也应是美法之治。"[④]

其实，即便是恶法在价值观上得到否定，但在实践中是否真的"非法"而没有法律效力，这个问题还须具体分析。也可能恶法具备法的效力，并在国家强制下得到一定程度的遵循，但可以肯定的是，恶法即便在实践中得到了形式上的执行，其生命力也是昙花一现，很快就会因其反社会性而为人们所唾弃，最终失去其存在环境。

在我国，对于"恶法亦法"也有另外的看法，"如果说良法理论催生了实质法治，那么，'恶法亦法'理论则催生了近代形式法治"[⑤]。所以有的学者提出要为良法"减负"，"恶法亦法"理论有助于中国在法治初级阶段强化规则意识，有助于解决当代中国法律难以实施的问题。总之，在我国法律意识水平较低的情况下，对于强调严格依法办事具有积极意义。

---

① 参见李龙主编：《良法论》，42~43页，武汉，武汉大学出版社，2001。

② ［美］约翰·菲尼斯：《自然法与自然权利》，董娇娇、杨奕、梁晓晖译，1页，北京，中国政法大学出版社，2005。

③ ［美］约翰·菲尼斯：《自然法与自然权利》，董娇娇、杨奕、梁晓晖译，19页，北京，中国政法大学出版社，2005。

④ 徐显明：《恶法非法，善法之治才是法治》，载人民网（http://theory.people.com.cn），2006-02-06。

⑤ 王振东：《恶法亦法理论的历史寻踪及其价值》，载《甘肃政法学院学报》，2007（6）。

　　不少学者将善法和人权相联系，认为人权是善法的出发点和归宿。从价值层面看，善法是正义呼唤的结果，是法律正义的首要标准，但还要有科学的形式。所以善法的概念应该是从内容到形式的全面的科学的定义。有的学者将良法与秩序、和谐、人文精神和人文关怀、关注人的现实权利联系在一起①，甚至与语言、逻辑、形式结构等联系。② 也有学者提出立法的人性化价值取向。③ 提出立法要"以人为本"，尊重自由、保障人权、关注私法自治。还有的学者将生态文明和可持续发展的概念运用于立法，认为自然权利是生态学和生态伦理学的概念，协调人和自然的关系的立法将越来越重要。④

　　立法的善、恶之论，是一个传统话题，只要人们对于法律还存有美好的期望，则关于法律的善、恶之论还将不断继续下去。并且随着经济和科学的发展，人们物质和精神生活的不断丰富，呈现出更加多元的特点。

三、"善法"思想对今天的启示

　　资本主义的立法是以主权在民、自由、平等、财产安全、三权分立为宗旨的。从根本意义上讲，善法应该是对民主的确认和保障，对人的权利的全面保障。

　　什么样的法律是善法，历来有各种标准和理论，一种观点认为符合客观规律的法律才是善法；另一种观点认为具有民主、道德、科学性的法律才是善法⑤；还有就是将依法治国、法治状态和善法联系起来，或者将善法与正义、平等、公平、人权等联系在一起。这些观点都是前人或者当代学者们总结提炼出来的。实际上陈顾远先生说的观点较符合实际："最好的立法并不是凭着自己的意识创造某种法律，只是凭着自己的智慧选择出某种法律是民族所需要的，是社会所期望的。"⑥ 这表明，适应社会发展要求的法律才是良法。所以，善法并不是刻意追求或者打造出来的，而是与社会发展相适应的产物。因此从这个意义上看，无所谓最好的法律（也不可能有绝对好的法律），最适宜社会发展、最符合客观规律以及人类发展的方向的法律才是符合良法要求的。反之，制作精良的法律，虽然看上去很美，如果不能适应中国的社会实际，违背客观发展规律，也不能称之为良法。

　　法律不是创造出来的，而是人类发展的文化知识成果之一。如前所述，善法不是今天才有的，从法律产生之后，就伴随着对法律的善恶评价。只要法律存在，对法律的这种评价就不会消失，而这种评价本身也会促使法律不断趋于完善。

　　以我国现代法律制度看，大多是汲取西方法律制度的成分而加以整合而来，当然其中亦保留了不少传统文化的精髓。但随着对外开放的逐步深入，经济一体化、全球化的影响，外来的影响所占的比重越来越大，怎样做到立法上的顺势而为，又照应到中国的社会现实，特

---

① 参见吕世伦、张学超：《"以人为本"与社会主义法治—— 一种法哲学上的阐述》，载《法制与社会发展》，2005（1）。

② 参见郭哲：《论良法之美》，载《云梦学刊》，2006（5）。

③ 参见危玉妹：《法律的人性化价值取向与和谐社会建设》，载《东南学术》，2005（5）。

④ 参见曾祥华：《行政立法的生态化初探》，载周旺生主编：《立法研究》，2005（5），北京，北京大学出版社，2005。

⑤ 参见李龙主编：《良法论》，65 页，武汉，武汉大学出版社，2001。

⑥ 陈顾远：《中国固有法系和中国文化》，载《中国文化与中国法系——陈顾远法律史论集》，北京，中国政法大学出版社，2006。

别是东西方文化的差异，中国式的地方差异，如沿海和内地的不同，使得立法真正能够做到适应社会和民众的要求，起到积极维护政治民主、经济发展和保障人的基本权利的作用，这才算得上是成功的立法，也可以称得上是现实中的"良法"。

其实，尊重人权，或者人道主义、以人为本等常常被作为现代立法追求的价值目标。[①]所以善法的概念在今天也被广泛诠释成为尊重人的权利和价值的立法。在当今社会，尊重人的价值，不仅是立法要求，也是政治民主的目标。法律应注重对人的全面尊重和保护，这是良法必然具备的要求，是不言而喻的，而这种尊重应该有现实的法律目标和具体规定，而不是只停留在法律原则上。因此，现代立法应当更加注重具体人权保护措施的制定，尤其是制定可操作性的具体规范。

黑格尔认为中国的法律既是法律又是道德，所以道德就取得了法律的效力，得到了国家权力的支撑。川岛武宜说日本的法律具有"家传宝刀"的性质，即仅仅是挂在墙上的装饰品，实际效能很低。[②] 这表明问题的两个方面，一是道德实际发挥了很大的作用，使得法律没有想象中有那么重要的作用；二是法律徒有其表，不切合社会实践，高高在上，法律没有得到有效的理解和贯彻执行。所以，法律不能够只是"看上去很好"，而是应该得到社会公众的了解和执行，发挥其应有的作用，否则是徒有良法之名。

现代社会并不是道德能够解决所有问题的时代，法律在市场经济中发挥了更多的作用，市场经济的运行更需要法律的保驾护航。在一个全面开放的市场经济体制中，共同的法律规则是维护市场正常运转的重要条件，良法更是支撑市场有秩序运转和市场繁荣的重要因素。所以，在现代市场环境下，法律应该得到全面的理解和加强。法律执行或者司法的良性运作更是保证良法得以实现的重要条件，这也是当代法学界特别重视司法公正、法官严格依法审判、忠实于法律的原因。司法公正在现代西方被理解为法官独立审判，不能偏向任何一方当事人，给予当事人平等的机会和同等的关注，审判公开等等诸多内容，全面实现司法公正，这也是维护良法效能的重要方面。

从立法的科学性、合理性、前瞻性的角度看，善法应该是符合客观发展规律的，建立在遵循社会发展轨迹的基础之上，符合社会共同体共同的价值观和道德标准，代表先进的生产力发展方向，并具有一定的稳定性和可持续发展性，在一定时间内能够成为推动社会进步的因素，不至于因不符合时代发展要求而迅速被淘汰。同时，现代的良法还应强调立法技术、立法手段、立法程序上的完善，要全面建立良法体系，还要做好立法预测、立法规划，使得法律能够具有一定的前瞻性，还可以研究立法形式之美，包括追求立法语言、逻辑、结构等的准确精致。

现代法律的善恶，除了有内容上的标准，还有形式上的标准。即要求实质内容和形式的统一，加强立法技术上的研究，如果立法技术低劣、粗糙，或者语焉不详，不具有可操作性，那么不管其出发点和内容如何，都不能称之为良法。做好包括语言文字、内容结构、逻辑体系的精心设计和布局，使得良法不仅内容精美，形式上也要具有一定的美感。立法还应当强调现代科学技术的运用，如对于信息、系统、电子等科学理论在立法中的运用等等。而

---

① 参见万其刚：《立法理念与实践》，31 页，北京，北京大学出版社，2006。

② 参见［日］川岛武宜：《现代化与法》，申政武、渠涛、李旺、王志安译，155 页，北京，中国政法大学出版社，2004。

立法的成本、效益等也是考量立法良善的指标。

中国传统法律观念中存在明显的重实质正义、轻程序正义倾向，这种观念今天依然影响较大。在立法和司法过程中出现了许多违反现代民主与法治原则的现象。所以，善法的标准还应该通过正当程序的检验。

综上所述，衡量现代法律的善恶标准，应该不是单一的，而是多元化的，传统的善法的标准，符合今天中国具体社会实践的，仍然应当坚持，如传统的公平正义观，注重道德和公序良俗的维护，尊重民情等。除了传统的标准之外，尊重客观规律进行立法，强调立法的前瞻性、立法的科学化、民主化、立法的人性化等等，甚至立法的公众参与，探索多样化的立法形式，都是考量我们立法善恶的参考标准。因此，今天的善法具有更丰富的内涵和表现力，可从多样化的视角来展现其不同的方面，这才能表现当代高度发达的市场经济和民主政治环境下人们对法律的良好期待。

第二节
法条简明、稳定与方便法的遵守执行

在中国传统法律文化中，"善法"既是立法的指导思想，也是立法的总的原则与标准。为了贯彻"善法"思想，实现"善法"之治，历代思想家提出了许多好的立法主张，因而，"法条的简约、明确、稳定"就成为传统中国立法的一个具体原则。

一、法条简约的内涵

柏拉图认为法律要具备权威性，要有良好的形式，特别是法律条文的规范形式和法典的结构，简单形式是首要的。[①] 马克斯·韦伯认为，"中国的法令具有相对简明的公文形式"[②]。中国留存下来的法典大多是以简约为特征的，"约法省刑"是法律良善、政治清明的标准之一。从唐、宋、元、明、清以来，所有的成文法典的文本均具有条文简洁的特点，一般律典均只有四五百条而已，而其涵盖的社会生活却是完整全面的。

中国传统法律体系中，没有单独的部门法，在诸法合一的一部法典中，在有限的几百条规定里，要将社会生活的主要方面都加以规范，不能不说传统法律真正做到了简约明确、易于理解并且便于操作。

以唐律为代表的中国传统法律正是以内容简约见长，而同时不失覆盖面广泛、针对性强的特点，基本上将社会生活需要规范的方方面面均涵盖其中。从中国传统法律发展的轨迹可以清楚地看到，简约明确的立法目标，是历代有所作为的统治者所孜孜以求的。

其实，从法的起源看，法律起初就是由简单的几条规则发展而来的，"所有条贯，良多简略"[③]。早在春秋战国时代的所传的子产铸刑书、赵鞅铸刑鼎等文本条文已无可考，而影响

---

① 参见张乃根：《西方法哲学史纲》，增补版，35 页，北京，中国政法大学出版社，2002。
② ［德］马克斯·韦伯：《儒教与道教》，121 页，南京，江苏人民出版社，1995。
③ 《唐律疏议·名例》。

巨大的李悝《法经》，从其篇目看也较简洁，仅六篇而已。秦、汉律是建立在《法经》六篇的基础之上的。以今天的观点分析，《法经》所涉及内容并不复杂，但以其为基础的秦代法律却落下了秦法苛密之名，随着秦朝的覆灭，秦代的法律更成为早期法网繁密、严刑酷法的代表。

汉高祖刘邦深谙老百姓"苦秦苛法久矣"的社会心理，以"杀人者死，伤人及盗抵罪"这一简单的约法三章，夺得天下人心。文帝、景帝时期"刑罚大省"，号称有刑措之风。至汉武帝时，招张汤、赵禹等条定法律，禁网遂密，"律令凡三百五十九章，大辟四百九条，千八百八十二事，死罪决事比万三千四百七十二事。文书盈于几阁，典者不能遍睹"①。因此说"法令之繁，自武帝始。"汉元帝认识到"律令繁多而不约，自典文者不能分明"，命省刑减轻；汉成帝也发现"大辟之刑，千有余条；律令繁多，百有余万言"，要求议减约省。② 但直到东汉光武帝，才去法令之繁密，"还汉世之轻法"③。

魏律"改汉旧律不行于魏者皆除之，更依古义制为五刑。其死刑有三，髡刑有四，完刑、作刑各三，赎刑十一，罚金六，杂抵罪七，凡三十七名，以为律首。"④ 程树德认为，汉代律令最繁，除九章，还有旁章和科令，而"魏则删繁就简，悉纳入正律之中"⑤。

晋文帝"患前代律令，本注繁杂"，因此令贾充、杜预等修订法律，要求"蠲其苛秽，存其清约，事从中典，归于益时"⑥。武帝泰始三年（267 年）完成晋律令的制定工作。杜预为晋律作注解，说："法者，盖绳墨之断例，非穷理尽性之书也，故文约而例直，听省而禁简。例直易见，禁简难犯，易见则人知所避，难犯则几于刑厝。"⑦ 简约的结果是法律能够为人们所理解，法律的执行效果好。因此晋律也是简约的典范，南朝齐武帝时尚书删定郎王植撰定律章，也说"臣寻《晋律》，文简辞约"⑧。

中国古代各朝建国之初，拟定法律，大多崇尚简约，并以此与前朝法网严密相区别（后世总结前朝失败的原因之一也大多涉及法律繁琐、苛严）。汉高祖刘邦仅约法三章，即取得"秦民大悦"的效果；萧何制定九章律，是在《法经》六篇基础上增加三篇而来。汉代即便是主导司法实践的董仲舒的"春秋决狱"，也仅二百二十三事。

北魏太祖"既定中原，患前代刑纲峻密，乃命三公郎王德除其法之酷切于民者，约定科令，大崇简易"⑨。北齐武成帝河清三年（564 年）完成的《北齐律》将篇目由西晋、北魏以来的二十篇减少为十二篇，共 949 条，史称"法令明审，科条简要"⑩，直接影响了隋唐刑律的制定。

隋文帝即位之初，就命大臣制定了新律。开皇三年（583 年），"因览刑部奏，断狱数犹

---

① 《汉书·刑法志》。
② 参见《汉书·刑法志》。
③ 《后汉书·循吏传》。
④ 《晋书·刑法志》。
⑤ 程树德：《九朝律考》，2 版，199 页，北京，中华书局，2006。
⑥ 《晋书·刑法志》。
⑦ 《晋书·杜预传》。
⑧ 《南齐书·孔稚圭传》。
⑨ 《魏书·刑罚志》。
⑩ 《隋书·刑法志》。

至万条，以为律尚严密，故人多陷罪。又勅苏威、牛弘等更定新律，除死罪八十一条，流罪一百五十四条，徒杖等千余条，定留惟五百条，凡十二卷。……自是刑网简要，疏而不失"①。这就是历史上著名的《开皇律》。

唐律为封建法律之集前代大成者，奠定了后世法律的基本走向。唐律具有的突出代表性特点之一，就是其简约。唐律条文简约，削烦去蠹，仅十二篇，五百条。②

以唐律为例，短短的十二篇五百条，涉及法律的基本原则、定罪量刑、基本刑罚制度、法律适用原则（《名例》），以及具体的警卫要塞规定（《卫禁律》）；官员设置、职守、邮驿规范（《职制律》）；户籍、婚姻、赋税、田宅规定（《户婚律》）；牲畜、仓库管理、官物规定（《厩库律》）；军事征调、防守、工程规定（《擅兴律》）；侵犯政府，侵犯人身、财产安全的责任（《贼盗律》）；斗殴、诉讼法律责任（《斗讼律》）；伪造、欺诈法律责任（《诈伪律》）；其他破坏社会秩序的行为，如私造度量衡、医疗事故、妨碍交通等规定（《杂律》）；逃亡、捕捉（《捕亡律》）；监禁、审判等规定（《断狱律》）。③ 以现代的法律理论分析，唐律涵盖的领域包括刑事、行政、民事、诉讼等方方面面。当然其规定的大多是禁止性的规范，体现为以刑罚的方式反映民事、行政、诉讼等方面的规范性要求，但即便如此，透过这些规定，我们仍然可以了解当时的社会基本规范和法律秩序状况。

唐律以简洁的五百条就将现代立法体系中主要的部门法的要求都涵盖进去了，不能不说是一个简化精致的奇迹。所以柳赟在《唐律疏议》序中说"然而必择乎唐者，以唐之揆道得中，乘之则过，除之即不及，过与不及，其失均矣"④。恰如其分地评价了唐律的美妙之处。薛允升在《唐明律合编》卷首评说唐律："论者谓其繁简得中，宽严亦得平，无可再有增减者。"⑤ 可见唐律在条文简约方面已是历史公认的达到了最高境界。

《宋刑统》基本沿袭《唐律疏议》的主要内容，凡三十卷共五百零二条，多附加令、式、敕、格等内容。

明代朱元璋一贯主张"法贵简当"。在议律时明确指示："法贵简当，使人易晓。若条绪繁多，或一事两端，可轻可重，吏得因缘为奸，非法意也。"⑥ 明代制定法律时，本着"法贵简当，使人知晓"的理念，制定之初，仅二百八十五条，后经反复修改删定，洪武三十年（1397 年）正式颁布也仅三十卷，四百六十条。

清代夺取天下之时，也深刻认识到应该"民淳法简"，清顺治三年（1646 年）颁布的《大清律集解附例》沿袭明律，共三十卷，四百五十九条。雍正皇帝在《大清律集解序》中说到修律时云："雍正元年（1723 年）八月乃命诸臣，将律例馆旧所纂修未毕者，遴简西曹，殚心蒐集，稿本进呈。朕以是书民命攸关，一句一字必亲加省览，每与诸臣辩论商榷，折中裁定，或析异以归同，或删繁就约，务期求造律之意，轻重有权，尽谳狱之情，宽严得

---

①　《隋书·刑法志》。

②　参见钱大群：《唐律研究》，53 页，北京，法律出版社，2000。

③　参见钱大群、曹伊清：《中国法制史通解》，146～147 页，南京，南京大学出版社，1993。

④　（清）薛允升撰：《唐明律合编》，怀效锋、李鸣点校，北京，法律出版社，1999。

⑤　（清）薛允升撰：《唐明律合编》，怀效锋、李鸣点校，北京，法律出版社，1999。

⑥　《明史·刑法志》。

体。"① 从这里，我们看到作为封建国家的最高统治者，皇帝对制定法律是十分重视的，并且一字一句亲自把关，删繁就简，以求达到条文简约、宽严相得的效果。雍正五年（1727 年）颁布的《大清律集解》律文仅四百三十六条。而以后修律均贯彻这一要求，张玉书等在康熙三十四年（1695 年）呈览名例律疏时说："至于律文仿自唐律，辞简义赅，诚恐讲晰未明，易致讹舛。"②

清律"全律之目，篇计三十，条分四百五十有九，言则不啻数十百万"。以封建统治者最关心的贼盗等为例，清律中主要的贼盗、人命、斗殴事关生死的重要规定，"合计三篇正条，为数不过七十，即各篇所附条例，贼盗亦止三十有二，人命计二十，若斗殴则止于八，合为通计，共不过百三十而止"③。

律文简约的立法传统一直贯彻到了清末法律改革之时。沈家本在修订法律时也认为"例文宜简易也"④，所以修律时删并了不少条款，《现行刑律》也仅 414 条。

中国历代统治者均认识到法条有限，情变无穷，法律越复杂越不利于其执行，并且容易造成官员上下其手，玩弄法律。所以，立法简约明了、涵盖面广、适应性强是历代立法者孜孜以求的。

二、法条明确的内涵及表现

传统法律由于篇幅不多，所以大多简明扼要，涉及面广，并且具有高度的概括性、示范性。为此，也要求语义明确，不能含糊，以防止操作中产生歧义，导致失误，影响法律的社会执行效果。

"帝国的统治者在编纂法典时，总是试图将犯罪的各种表现形式皆纳入法律规定之中，并为犯罪的每一种表现形式设定特别的刑罚。"⑤ 用现代的语言表述，即做到罪、刑明确的一一对应，理论上做到罪刑相适应。

以《唐律疏议》为例，有学者认为其条款具有单义性⑥，即一词一义，不会产生歧义。以唐律为代表的中国传统法律具有明确具体、易于理解和操作的特点，"律文对犯罪行为及后果、情节等的描述都非常清楚。"对于具体刑罚的规定"完全明确而又具体。法官没有选择的幅度差额"⑦。从这个角度看，可以有效地防止司法官员过度地自由裁量，可以从法律上预防官员贪赃枉法，做到了法律条文的单义性和确定无疑性，为法律的执行提供了良好的前提条件，保证了司法活动的正常进行。

为了使法律能够通俗易懂，便于操作，历代统治者对法律的解释均十分注重，将其作为与法律条文同样重要而同等对待。如将官方的解释直接跟随法律正文颁布，以指导司法，如唐律及其疏义。再如《晋书·刑法志》云："后人生意，各为章句。叔孙宣、郭令卿、马融、

---

① 田涛、郑秦点校：《大清律例》，3 页，北京，法律出版社，1999。
② 田涛、郑秦点校：《大清律例》，10～11 页，北京，法律出版社，1999。
③ 王明德：《读律佩觿》，2 页，北京，法律出版社，2001。
④ 张晋藩：《中国近代社会与法制文明》，298 页，北京，中国政法大学出版社，2003。
⑤ D. 布迪、C. 莫里斯：《中华帝国的法律》，朱勇译，21 页，南京，江苏人民出版社，1995。
⑥ 参见史广全：《中国古代立法文化研究》，1 版，345 页，北京，法律出版社，2006。
⑦ 钱大群、夏锦文：《唐律与中国现行刑法比较论》，1 版，2 页，南京，江苏人民出版社，1991。

郑玄诸儒章句，十有余家，家数万言……天子于是下诏，但用郑氏章句，不得杂用余家。"晋张斐注律影响深远，后来许多法律上基本概念的理解多是以张斐的理论为依据的。如他对刑名极为重视，认为"刑名所以经略罪法之轻重，正加减之等差，明发众篇之多义，补其章条之不足，较举上下纲领"。实际上其作用类似于现代的法律总则，名例在全律中的重要作用一直受到后世立法的特别关注。张斐对一些基本概念定义十分准确，恰如其分，"其知而犯之，谓之故；意以为然，谓之失；违忠欺上，谓之谩；背信藏巧，谓之诈；亏礼废节，谓之不敬；两讼相趣，谓之斗；两和相害，谓之戏；无变斩击，谓之贼；不意误犯，谓之过失；逆节绝理，谓之不道；陵上僭贵，谓之恶逆；将害未发，谓之戕；倡首先言，谓之造意；二人对议，谓之谋；制众建计，谓之率；不和，谓之强；攻恶，谓之略；三人，谓之群；取非其物，谓之盗；货财之利，谓之赃；凡二十者，律义之较名也。"① 这些概念解释和阐述，具有准确性、合理性、科学性，后世法律条文大多皆建立在这种理解之上。这些对法律的认识被后人接受和反复使用，即便是今天看来，有些概念也依然定义准确而不显得过时，许多定义深刻地揭示了行为的法律本质和特征。

传统法律在一些法律行为和犯罪行为的定性和区别上也十分明确，如唐律对于盗卖田地的认定，疏议曰："盗贸易者，须易讫。盗卖者，须卖了。"也就是行为实施终了，方能够适用该条规定的相应的处罚条款。故意杀人，规定是"斩"，但处斩的前提是要"杀讫"，否则是依照故意伤害处理。② 这些解释揭示了法律行为的本质和后果，对我们现在准确把握法律行为的特点和犯罪构成的特点具有一定的参考价值。

以《唐律疏议》为代表的体例，影响十分深远。唐律之正文之后，有注、疏，疏有议及问答两部分组成。③ 特别是对于操作时不明确的条款进行进一步的解释，对于易混淆的条文进行对比解释，具有指导实践的积极意义。如《唐律疏议》卷十二户婚，"诸州县不觉脱漏增减者，县内十口笞三十，三十口加一等；过杖一百，五十口加一等。州随所管县多少，通计为罪。（注文：通计，谓管二县者，二十口笞三十；管三县者，三十口笞三十之类。计加亦准此。若脱漏增减并在一县者，得以诸县通之。若止管一县者，减县罪一等。余条通计准此。）各罪止徒三年。知情者，各同里正法。（注文：不觉脱漏增减，无文簿者，官长为首；有文簿者，主典为首。佐职以下，节级连坐。）"为了明确如何具体把握该条的执行，疏议进一步阐述曰："'州县不觉脱漏增减者'，与上条'里正不觉脱漏增减'义同，十口笞三十，三十口加一等，即是二百二十杖一百；过杖一百，五十口加一等。'州随所管县多少，通计为罪'，若管二县以上，即须通计，谓管二县者，二十口笞三十；管三县者，三十口笞三十之类。'计加亦准此'，谓一县三十口，加一等，即州管二县者，六十口加一等；管三县者，九十口加一等；若管十县，三百口加一等。'若脱漏增减并在一县者'，谓管三县，一县内脱漏三十口，州始笞三十；若管四县，一县内脱漏四十，州亦笞三十，故云'得以诸县通之'。'若止管一县者，减县罪一等'，谓县脱三十口，州得笞二十之类。'余条通计准此'，谓一部律内，州管县，监管牧，折衡府管校尉，应通计者，得罪亦准此，各罪止徒三年。'知情者，各同里正法'，其州县知情，得罪同里正法，里正又同家长之法，共前条家长脱漏

---

① 《晋书·刑法志》。

② 参见钱大群、钱元凯：《唐律论析》，264页，南京，南京大学出版社，1989。

③ 参见钱大群：《唐律研究》，66～67页，北京，法律出版社，2000。

罪同。"该规定明确了如何计算脱漏户口数与笞数的关系，如何加等计算，如何通计，与前条及其他关联条的比较等。

对于注文"不觉脱漏增减，无文薄者，官长为首；有文簿者，主典为首。佐职以下，节级连坐"，疏议曰："不觉脱漏增减，无簿帐及不附籍书，宣导既是长官事，由检察遗失，故以长官为首，皆同'不觉脱漏增减'之坐，次通判官为第二从，判官为第三从，典为第四从。见有文簿，致使脱漏增减者，勘检既由案主，即用典为首，判官为第二从，通判官为第三从，长官为第四从。其间有知情之官，并同家长之罪，即从私犯首从科之；不知情者，自依公坐之法。"

该条本身条文内容较为简单，但解释十分详尽，有理由、示范和如何处罚（主从顺序）的具体操作指导，非常明确。每句话的含义以及和其他相关条款的联系、区别都解释得十分细致、清楚。

明代的法律也保持了具体明确的特色，在唐代基础之上更发展了其平白易懂的特点，薛允升认为："《唐律》古奥难读之处，大抵从汉律而来，明代俱易以平易浅近之语，若有不得其解者，则决然删除。"[①]

清律依旧保持了律加注的特点。律文后的小注，使得律文意思更加明确肯定，并且也作为律文的一部分，具有法律效力。

传统法律有法律概念定义准确、行为规范界定清楚的特点，以唐律为代表的历代法律均从法条上明确区分故意、过失，犯罪区分首、从，官吏犯罪区分公罪、私罪，并对类比、法定减免刑罚和自首、累犯、数罪并罚等刑法基本原则进行了准确定义，规定了诉讼程序和制度，也规定了刑罚的等级和执行，明确了中国传统法律中的许多特殊而精深的法律概念，如对杀人罪在理论上根据主客观情形被分析归纳为"六杀"，即谋杀、故杀、斗杀、戏杀、误杀、过失杀。本来杀人罪名在隋、唐并无专门一篇，分属贼、盗篇。"唐律无人命专门，情重者见于贼盗，情轻者见于斗讼。""明律以人命至重，特立其目，取唐律而增损焉。"[②]"虽已六杀分轻重，而要之总以毙乎人之命，故统其篇曰'人命'。"[③]关键是各有其明确的定义，轻重各不相同。古代律典将杀人的各种情况、情节作了法律上的区分，区别主观恶性和客观行为、后果等的不同，并在法律上作出了区别处理。如此指导司法实践，大大提高了法律执行的准确性。

正是建立在对这些法律行为的精确的理解和认识上，以后的法律文本都体现了这种准确性，并且在法律规定中大多延续了这些概念和定义，而这些法律理念在司法实践中也得到了一定的体现。

三、法律稳定的内涵及表现

韦伯认为，如果统治者违反了"古老而稳定的社会秩序"，那么他就会丧失神性，实质上就是失去了统治的合法性依据。所以，法律作为维护社会秩序的重要工具，稳定性是其特

① （清）薛允升撰：《唐明律合编》，怀效锋、李鸣点校，卷首，北京，法律出版社，1999。
② （清）薛允升撰：《唐明律合编》，怀效锋、李鸣点校，467页，北京，法律出版社，1999。
③ （清）王明德：《读律佩觽》，71页，北京，法律出版社，2001。

征之一。历代统治者均强调"万世不易","立万世之准绳，使民易避"①。"古代立法，万代难移"。同时，有以情理作为灵活运用的原则，傅霖《刑统赋》曰："其言虽深远，皆自人情推之，不越于理也。"②

从另一个角度看，由于法条的许多内容是统治经验的理论总结，经反复锤炼而成，往往经历了实践的长期考验，所以有一定的生活基础和社会基础，大多能够为社会所接受，并且在多年的实际执行中得以验证，已经形成了一定的思维定式。

中国传统法律皆宗自李悝之《法经》。随着社会的发展变化，法律逐步得以完善，魏律十八章，由汉九章律之上增加九篇发展而来。"晋命贾充等，增损汉、魏律为二十篇"③，北朝诸律大多沿魏晋，隋承北律。唐律又承隋律（主要是《开皇律》），《宋刑统》主体律之部分基本上沿袭《唐律疏议》的内容，所以刘惟谦在《进大明律表》中总结："唐长孙无忌等又取汉魏晋三家，择可行者，定为十二篇，大概皆以九章为宗。历代之律，至于唐可谓集厥大成矣。"

《明史·刑法志》曰："明初，丞相李善长等言：'历代之律，皆以汉九章为宗，至唐始集其成。今制宜遵唐旧。'太祖从其言……至三十年始申画一之制，所以斟酌损益之者，至纤至悉，令子孙守之。群臣有稍议更改，即坐以变乱祖制之罪。而后乃滋弊者，由于人不知律，妄意律举大纲，不足以尽情伪之变，于是因律起例，因例生例，例愈纷而弊愈无穷。"④实际上为维持祖宗之制，统治者均讳言变更法律，但社会又处于不断发展变化之中，由于对法律的认识有限，于是只能找到其他形式（如例）等作为法律的补充形式，发展到后来，反而违背了立法稳定简约的初衷。

如明朝一样，历代的法律在制定之初，大多被确定为祖宗之制，不可轻言变更。由于皇帝掌握最高立法权，法自君出，从儒家的追终及远的信条看，也不能随意改变，否则会博得不孝之名，遭到普遍的反对。如西晋以后，法律成具文，主簿熊远奏曰："若每随物情，辄改法制，以为以情坏法。法之不一，是为多门，开人事之路，广私请之端，非先王立法之本意也。"⑤将法律经常变化等同于"以情坏法"，作为法出多门、违反先王立法之意来看待。

唐律是历代法律之集大成者。在唐代以前，各朝法律是逐步发展完善起来的。如前所述，每朝法律都是在其前朝法律的基础上发展演变而来，唐律也是"远则皇王妙旨，近则萧、贾遗文，沿波讨源，自枝穷叶，甄表宽大，裁成简久"⑥。而后代的法律，大体上无出其左右。

唐律本身在唐代基本上没有进行过大规模的修改，自永徽后，仅做过一次很小的文字变动，二百余年没有改动过。在体系结构上，唐律中名例具有类似总则的作用，被置于全律之首，列笞、杖、徒、流、死之五刑，这种体制一直延续到明、清。洪武三十年（1397年）颁布的《大明律》，是在对洪武七年（1374年）制定的《大明律》的基础上多次修改增损而成，

---

①　（宋）傅霖撰：《刑统赋》，（元）郄□韵释，元建安余氏勤有堂刻本影印，北京，北京图书馆出版社，2006。
②　（宋）傅霖撰：《刑统赋》，（元）郄□韵释，元建安余氏勤有堂刻本影印，北京，北京图书馆出版社，2006。
③　《唐律疏议·名例》。
④　（清）薛允升撰：《唐明律合编》，怀效锋、李鸣点校，1页，北京，法律出版社，1999。
⑤　程树德：《九朝律考》，2版，267页，北京，中华书局，2006。
⑥　《唐律疏议·名例》。

力图使之成为一部"百世通行"的法典。当然，明代并非简单地照抄照搬唐宋律，而是有所变化，"揆其意总在求胜于唐律，而不屑轻为沿袭"①。如将十二篇改名例、吏、户、礼、兵、刑、工。这开创了又一种体例，而清代则承袭了这一体例。因此，清世祖在《大清律集解附例》之御制序文中称"详译明律，参以国制，增损剂量，期于平允"②。清乾隆五年（1740年）修订《大清律例》，后直到清末变法，其间再没有修改过律文。

历代法律在体系、结构上虽然也有些变动，但许多法律条文和规定的具体内容则在根据实际情况不断发展的前提下，皆有保留和传承。甚至有许多具体的罪名和具体规定经历千余年而基本不变地保留在法律规定中。为保护作为封建统治经济基础的土地制度，在打击侵犯土地制度的不法行为时，历代都体现了高度的一致性。如对于盗卖田地，《唐律疏议·户婚》规定："诸妄认公私田，若盗贸卖者，一亩以下笞五十，五亩加一等；过杖一百，十亩加一等，罪止徒二年。""诸官侵夺私田者，一亩以下杖六十，三亩加一等；过杖一百，五亩加一等，罪止徒二年半。园圃，加一等。"疏议解释曰："妄认公私之田，称为己地，若私窃贸易，或盗卖与人者，'一亩以下笞五十，五亩加一等'，二十五亩有余，杖一百。'过杖一百，十亩加一等'，五十五亩有余，罪止徒二年。……虽有盗名，立法须为定例。地既不离常处，理与财物有殊，故不计赃为罪，亦无除、免倍赃之例。妄认者，谓经理已得；若未得者，准妄认奴婢、财物之类未得法科之。盗贸易者，须易讫。盗卖者，须卖了。"这里还强调了土地的物理属性与其他动产等财物不同，并且该规定的要求是须犯罪行为实施终了，即交易结束。宋的规定与唐律同。明律"盗卖田宅"条，内容更加丰富、翔实："凡盗卖换易及冒认，若虚钱实契典买及侵占他人田宅者，田一亩，屋一间以下，笞五十，每田五亩屋三间，加一等，罪止杖八十，徒二年。系官者，各加二等。若强占官民山场、湖泊、茶园、芦荡及金银铜场、铁冶者，杖一百，流三千里。若将互争及他人田产妄作己业，朦胧投献官豪势要之人，与者、受者，各杖一百，徒三年。田产及盗卖过价，并递年所得花利，各还官给主。若功臣初犯免罪，附过；再犯，住支俸给一半；三犯，全不支给，四犯，与庶人同罪。"清律基本延续明代规定，只是略有细微变动："凡盗（他人田宅）卖、（将己不堪田宅）换易，及冒认（他人田宅作自己者），若虚（写价）钱实（立文）契典买，及侵占他人田宅者，田一亩，屋一间以下，笞五十。每田五亩、屋三间，加一等，罪止杖八十、徒二年。系官（田宅）者，各加二等。若强占官民山场、湖泊、茶园、芦荡，及金、银、铜、锡、铁冶者，（不计亩数）。杖一百，流三千里。若将互争（不明）及他人田产，妄作己业，朦胧投献官豪势要之人，与者、受者，各杖一百，徒三年。（盗卖与投献等项）田产及盗卖过价，并（各项田产中）递年所得花利，各（应还官者）还官，给主。若功臣有犯，照律拟罪，奏请定夺。"按《大清律辑注》之说，"田一亩、屋一间以下，笞五十，田至四十一亩，屋至二十五间以上，罪止杖八十、徒二年"③。经历了这么长时间的历史，该类犯罪惩罚的内容变化不大，量刑的幅度也基本没有大的改变，体现了法律的稳定性。

从该罪的条文内容看，基本变化不大，唐律规定官吏据势侵夺百姓私田的内容，明清律没有；明清律较唐律规定多一部分强占山场等和朦胧投献的内容，这也是针对明清社会现实

---

① （清）薛允升撰：《唐明律合编》，怀效锋、李鸣点校，卷首，北京，法律出版社，1999。

② 田涛、郑秦点校：《大清律例》，1页，北京，法律出版社，1999。

③ （清）沈之奇撰：《大清律辑注》，怀效锋、李俊点校，230页，北京，法律出版社，2000。

状况而加以规定的。基本刑罚幅度变化很少，田一亩以下，笞五十，田五亩加一等的基本处理自唐迄清没有变化，明清分别增加了屋一间和屋三间，对应田一亩和田五亩。这是根据经济的发展，房屋在财产中的比例加大，而对于该条功臣犯罪，明代有很明确的规定，即减免的原则，清代则上奏定夺。该条规定在基本规范内容不变的情况下，只是进行了适时调整。

由于封建专制体制在中国没有根本性的改变，所以即便改朝换代，法律基本不会有激烈的变革。但有些法律条文虽然历代相传，仍根据时代特征有些细微变化，如以"有妻更娶"为例，《唐律疏议》规定："诸有妻更娶妻者，徒一年；女家，减一等。若欺妄而娶者，徒一年半，女家不坐。各离之。疏议曰：依礼，日见于甲，月见于庚，象夫妇之义。一与之齐，中馈斯重。故有妻而更娶者，合徒一年。'女家减一等'，为其知情，合杖一百。'若欺妄而娶者，'谓有妻言无，以其矫诈之故，合徒一年半。女家既不知情，依法不坐。仍各离之。称'各'者，谓女氏知有妻、无妻，皆合离异，故云'各离之'。""一夫一妇，不刊之制。有妻更娶，本不成妻。"① 其表达的"有妻再娶，本不成妻"的观念，深深影响了后世的婚姻立法，甚至民国时代对于"妾"的法律地位的认识也颇有其同类含义。

唐律已将"有妻更娶"的规定阐述得十分清楚，其原因、规定的实际应用也解释得十分明确。而"有妻更娶"在明律只有简单一句（置妻妾失序条）："若有妻更娶妻者，亦杖九十，离异。其民年四十以上无子者，方听娶妾。违者，笞四十。"但处罚轻于唐律。清律规定"若有妻更娶妻者，亦杖九十，（后娶之妻）离异。（归宗）。"虽然明律整体上犯罪处罚均重于唐律，但在此条则处罚较轻，并尚有娶妾的限制。清代对娶妾无限制性规定，说明对于夫权更重视，妇女权益进一步受到漠视。但清代将该行为处理结果明确，即后娶之妻离异，换言之，保护前一个婚姻关系的合法性。从对该行为的法律规范之演变情况看，除了处罚之外，其他民事法律关系的认定和处理细节更加清楚。

由于中国传统法律一直表现出明显的继承性，所以，也被认为"体现注重继承而缺乏创新的特点"②。

中国历代法律均是在不断总结统治经验的基础上根据社会实际制定的，其中不少是历史文化精神的沉淀，并且符合民情民俗，历史作用明显，在文化传统上保持了一脉相承的特点，所以，程树德先生说："自汉以后，沿唐及宋，迄于元明，虽代有增损，而无敢轻议成规者，诚以其适国本，便民俗也。"③

四、法条简约、明确、稳定的现代意义

美国学者富勒著名的法治八原则涉及了法律的稳定性和明确性要求。可以说，法条明确、简约、稳定也是现代法制的典型特征。

法律从来不是社会变革的动力，而社会革命的成果往往是需要法律来确认和保护的。中国过去在法律制度上体现的是追求和谐、安宁的价值理念，目的是实现政权的统治要求，维持社会秩序的稳定。而这形成了有的学者所说的"变革法律的惰性"。当法律需求不能超越

---

① 《唐律疏议》。
② 苏亦工：《明清律典与条例》，173 页，北京，中国政法大学出版社，2000。
③ 程树德：《九朝律考》，2 版，1 页，北京，中华书局，2006。

惰性所形成的阻力，法律就保持稳定性。①

我国的传统法律，在历史发展的千余年中，虽然不断地改朝换代，但各朝代的法律规范之间，存在很明显的继承关系，体现了法律文化上鲜明的传承特色。流传下来的法典均具有条文简洁、具体明确、具有可操作性的特点。在已形成的传统法律概念中，不少具有一以贯之的特点，其中有些内容仍然具有现实意义，至今仍然影响着我们现代的法制建设。

从历史上看，法律通常在各朝开国之初，均尚简约，但到末期，随着政治衰败，往往走到法网严密、严刑酷法的老路上去，法律也逐步变得繁琐复杂、条文细密，对老百姓桎梏甚严，所以法条细密也是恶法暴政的代名词或者是苛政的另一种表现。凡是律令苛繁的年代，都是历史上饱受议论的时代，如汉孝武帝时代，重用张汤、赵禹等，修定法律，共三百五十九章，大辟百九条，禁网寖密。《盐铁论》评其律令繁杂，"律令百有余篇，文章繁，罪名重……自吏明习者不知其处，而况愚民乎？"② 律令繁多的后果，必然是老百姓不知所措，达不到应有的规范效果。所谓"文书盈于几阁，典者不能徧睹"。这种状况就给官员玩弄法律技巧开了方便之门，导致法律成为贪官污吏手中自如使用的工具。大凡历史上的"开明之治"，大多以法律简约为特点，如明在立国之初，法律简当，清创业之时，"民淳法简，大辟之外，惟有鞭笞"③。

如前所述，我国历代法律均存在较大的稳定性。一个朝代一般其立法均会贯彻始终，不会轻易改变，即便是朝政混乱，法律名存实亡，或者法律不能得到有效的尊重与执行，但法律在名义上仍然不会消失。即便是朝代更替，也会在尊重历史的基础上，汲取经验教训，根据时代特点，通过吸收完善原来法律的途径，制定当下的法律。当然，在这个过程中，后世的法律并非简单复制传统，而是有所发展变化。

中国传统法律除在基本原则和体系上具有明显的传承关系外，在实证法律体系的建构上也有所体现。以李悝《法经》为起点，秦汉在此基础上略有改动，秦律以《法经》为基础，汉沿秦制，虽然汉初去除了秦代的苛法，但萧何定九章律，"除参夷连坐之法，增部主见知之条"，是为法经六篇而外增加三篇。文帝"惟省除肉刑相坐之法，它皆率由，无革旧章"。

"魏命陈群等采汉律为魏律十八篇，增汉萧何律劫掠、诈伪、告劾、系讯、断狱、请赇、惊事、偿赃等九篇也。"④

晋贾充等人，增损汉魏律为二十篇。北朝继魏、齐，并由隋、唐发展为一相当完整的法律体系。宋、明、清法律均是在唐律基础上的发展完善。

即便是清政府在决定修律时，仍然不忘记推崇《大清律例》的好处："中国律例自汉唐以来，代有增改。我朝《大清律例》一书折衷至当，备极精详。"⑤ 反映清统治者内心实为不愿改革，但为形势所迫，不得已而为之。

这种法典式的稳定，其中蕴含着深刻的文化内涵。正是这种文化的因素主导了法律传承中所透射出的简约、明确、稳定的特点，它也构成了中华文化传统的一个部分，从一个方面

---

① 参见袁晓东：《论法律变革的内在动力》，载《政治与法律》，2005（5）。

② 《盐铁论·刑德》。

③ 田涛、郑秦点校：《大清律例》，1页，北京，法律出版社，1999。

④ 《唐六典注》，转引自程树德：《九朝律考》，2版，197页，北京，中华书局，2006。

⑤ 朱寿朋编：《光绪朝东华录》，4919页，北京，中华书局，1958。

显示了中国社会主流思想的单一性、统治策略的一贯性、社会组织结构的稳定性。历史证明，一个稳定的社会，其立法也体现了一定的稳定性和历史延续性。

法律所具有的明确稳定性并非代表其发展过程中的一成不变，因为时代、潮流、社会均在不断变化之中。不变是相对的，历代法律在保持稳定的同时，为了回应不断变化的社会生活，通过其他规范形式，在实践中灵活运用，或者赋予法条以时代意义的解释。这其中有许多传统做法值得我们现代借鉴，如《唐律》等传统法律，在具备条文简洁的特点的同时，《律疏》有具体的疏、议、问、答，将社会生活中可能出现的情况，给予具体解释，并且这种解释和法律正文一样，具有法律效力。

回顾中国法律发展的历史进程，对于我国法制现代化建设具有重要的借鉴意义。我们在探讨法制现代化的时候，均不否认现代法律的立法要求是条文明确、肯定、严谨、无疑义。随着社会经济生活的越来越复杂，立法工作越来越重要，近几年国家立法也越来越全面，法条正日益变得复杂起来，并且这种趋势在地方立法活动中也趋于扩大。由于法律本身不可能全面涵盖日益复杂的社会经济生活，所以法律在执行中产生了许多问题。因此，在现代立法中，注重概念的准确性、明确性、可操作性是十分重要的，这对于法律执行的实际效果具有巨大的影响。

在现代化的背景之下，我们回望传统法律，其中有不少经验需要认真地挖掘、整理、学习。如《唐律疏议》中的许多法律概念和法条能够如此持久地影响后代的法律制定，其中的科学性、精确性、可操作性的成分，值得我们今天认真研究和效法。

"文化大革命"之后，我国的民主法制建设渐渐步入正轨，立法在几乎停滞了几十年之后，重新开始。而这其中，观念转变是一个渐进过程，况且经济体制也处于变动之中，社会转型过程中各种利益矛盾冲突逐步显现。与此同时，法制建设过程中，立法活动却不能做到和变化的形势及观念完全匹配，导致立法有时候不断表现为落后于社会发展。再者，在经历了一段历史空白之后，立法的迫切性使得"成熟一个，制定一个"的要求并不能完全实现，不断加快的立法步伐使得许多立法显得粗糙而具有过渡时期的色彩，行用一段时间，因为与社会现实之不相适应而不得不进行修改。

我国的法制建设自 20 世纪 80 年代以来，一直处于恢复发展阶段，许多立法由于当时的历史局限性，已经远远不能适应今天的社会状况，因此，近几年频繁修律就成为一种常态。据统计，从 1979 年年底到 2005 年年底，全国人大及其常委会颁布法律 376 部，其中修改 133 部，占 35.37%[1]，至 2006 年年底，刑法修改 6 次，宪法修改 4 次。当然，造成频繁修律的原因也有近几年改革力度较大，市场经济体制逐步确立，与国际经济联系日益广泛，加入 WTO 以后的法律接轨等合理因素。

在国家建立、健全了全面的法律制度体系的同时，地方立法和行政规章的制定亦有全面发展的趋势。由于经济情况千变万化，地方立法工作和行政法制建设均进入了迅速发展的时期，这其中也出现了立法利益化、行政化等现象。

在社会经济发展过程中，立法意识和立法要求越来越强烈，因此出现立法求多、求全的做法。但立法的技术和水平没有同步发展，带来立法中的一些混乱，出现了一些仓促立法现

---

[1] 参见杨斐：《我国法律修改的现状及其反思》，载《周末文汇学术导刊》，2006 (1)。

象。如缺乏立法预测和规划，立法缺乏前瞻性，许多法律规定较为空洞，或者规定得较为原则，缺乏可操作性；在地方立法和行政规章的发布上，有些时候存在一定的随意性。有的法律，多则十几年，少则二三年即因为不切合实际，或者因为形势变化而不得不修改或者废止。如有的地方，城市房屋拆迁法规或者规章等频繁变动，甚至有年年修改颁布的情况，严重影响了立法的严肃性，导致政府权威的下降。

近些年在我国经济处飞速发展时期，国家的基本法律也频频修改，包括宪法、刑法在内的基本法律均经过多次修改，出现了立法不停、修改不断的现象。当然，在立法中不能实行教条主义，固守僵化，但过于频繁地修改，毕竟失去了法律的严肃性。有学者认为，法律的稳定性概念来源于西方，西方法律的稳定性是因为西方社会已经高度发展成熟，进入相对稳定期，对于我国这样急速发展的经济而言，稳定是相对的。① 当然，对于过时的、已经没有实际意义的法律当然需要变更，但是关键在于立法如何处理稳定性和改革的关系，否则会影响法律的权威性和严肃性，因此应当谨慎立法，慎重修改法律。

近些年在加速立法的同时，立法工作也存在法律条文内容庞杂、定义不明确、缺乏操作性等问题，导致具体适用时产生歧义。立法是严肃、谨慎的工作，应该是在反复论证和总结实践经验的基础之上进行的。历史上立法之严谨如《唐律》，其中的许多条文经千锤百炼而来，集知识、文化、经验于一体，经得起时间和历史的考验，其定义的精确性至今还为人所乐道。因此，在现代立法活动中，应当追求立法的准确性，对于法律规范的对象、内容、范围、权利义务的界限应当做到精确。不能因为语焉不详或者含糊不清造成理解上的问题，并进而带来操作中的困难，导致法律既不能得到很好的遵守，又给司法过程制造腐败的机会。所以应当加强立法过程的技术研究和立法语言研究，保证立法条文的准确无疑义，提高立法的科学化程度，从而推动法制现代化水平的提高。

第三节
因时变法与立法的实事求是

一、因时变法提出的时代背景

中国成文法的立法活动开始于春秋战国时代，确切地说是盛行于战国时代。很多学者认为战国时代是中国法学思想最昌盛的时代，百家争鸣为立法的发展提供了适宜的环境。春秋时代郑国铸刑书，晋国铸刑鼎，法律开始公布于世。战国时期商鞅、韩非子等法家学说大盛，推动了社会的变革和发展，并由此形成了变法的基本思路。

《尚书》曰："刑罚世轻世重。"《吕氏春秋·察今》曰："无法则乱，守法而弗变则悖；悖乱不可以持国。世易时移，变法宜矣……故凡举事必循法以动，变法者因时而化。"这与商鞅、韩非子的理论是一致的。所以有的学者认为，《吕氏春秋》的思想实质上来源于商鞅

---

① 参见徐璐、六万洪：《社会转型背景下的立法者——从 1980 年—2004 年人大常委会公报看立法理念的发展变化》，载《法律科学》，2005（6）。

和韩非子。

最完整地提出和阐述因时变法思想的是商鞅，并且商鞅也在其政治生涯中实践了因时变法的理论，取得了良好的社会效果。商鞅认为："故圣人之为国也，不法古，不修今，因世而为之治，度俗而为之法。故法不察民之情而立之，则不成；治宜于时而行之，则不干。"①他提出不拘泥于过去，顺应时代和民情立法，认为不根据时势立法、变法，则天下乱，国家也治理不好。"观俗立法则治，察国事本则宜。不观时俗，不察国本，则其法立而民乱，事剧而功寡。"②

商鞅生活的战国时代，正是各种思想流派风起云涌的时候，更重要的是商鞅携李悝的《法经》入秦，并主持秦国的变法，使得秦国迅速崛起，为秦统一天下奠定了基础。所以因时变法的思想在实践中被证明了在当时是有利于国家的强大和统一的，这对当时风起云涌的制度变革起到了极好的示范作用。

春秋战国时代是中国社会激烈动荡和变革的时代，新兴的社会阶层正在兴起，旧的制度分崩离析。在礼崩乐坏的同时，各种新的社会思潮也在蓬勃兴起。变化是这个时代鲜明的主题，这个时期用今天的话语形容，是社会的转型期，因此也是思想家辈出的时代。儒、法、道、墨各家纷纷登上历史舞台，各自对于时代的变迁和法律的发展提出了自己的见解，这些见解深深地影响了中国后来的政治发展和法律发展的走向。

法家的另一杰出代表韩非子说："故治民无常，惟治为法。法与时转则治，治与世宜则有功……时移而治不易者乱，能治众而禁不变者削。故圣人之治民治，法与时移而禁与能变。"③ 他明确主张法应当随着时代变化而变化。

正是靠着因时变法，秦成就了天下霸业。所以秦的成功得益于变法，商鞅变法的影响非常深远，其改法为律，确立了中国最基本的法律制度。但是，他的许多做法却没有得到后世的肯定，因为他所代表的法家思想后来没有成为主流思潮，影响了后世对其的评价。

秦以后，后人总结秦朝统治的失败经验，大多将其归咎于法家的理论和实践，尤其是严刑酷法的不良后果。因此，秦国的强大是得益于变法，而其迅速失败却是变法遗留的问题造成的。人们是轻过程、重结果的，因秦朝的统治效果导致法家思想不被后世看好。而且，中国封建社会存续时间漫长，要求法律具有较强的稳定性，所以不轻言变革，这是政治稳定所必需的。后世但凡变法，总是困难重重。变法者的命运都是十分坎坷的，甚至常常因此导致杀身之祸，商鞅本人的经历也是如此。人们吸取商鞅和秦朝二世而亡的教训，大多讳言变法。

由此与法家对立的儒家思想逐步占据了中国政治舞台，儒家的"德主刑辅"思想渐渐取得了法律上的主导地位。但这并不意味着法家的思想完全退出了历史舞台，实际上法家的具体做法在实际统治中发挥着不少作用，因时变法的思想从来没有被否定，而且在以后的立法活动中不断地有所体现。

---

① 《商君书·算地篇》、《商君书·壹言篇》，载张伟仁辑：《先秦政法理论》，陈金全注，北京，人民出版社，2006。

② 《商君书·算地篇》、《商君书·壹言篇》，载张伟仁辑：《先秦政法理论》，陈金全注，北京，人民出版社，2006。

③ 《韩非子·心度篇》，载张伟仁辑：《先秦政法理论》，陈金全注，北京，人民出版社，2006。

由于法家理论所渲染的暴力色彩为后世所诟，所以大多数统治者不愿意承认其奉行的是法家思想，并且试图与秦及其立法中体现的重刑苛政划清界限。所有的统治者都讳言法家的立法思想，宣扬自己维护的是封建正统，而标榜自己立法的宗旨是惩恶扬善，提倡"仁政"，轻刑省刑。

实际上，中国统治者在统治策略上和实际立法活动中从来都是儒法两道并用，或者标榜儒家思想为指导，而在具体的法律运作中以某些法家的原则或者策略作为操作手法，以实现其政治上长治久安的目的。

因时变法的观点并非为法家独享，即使在儒家思想占据主导地位的时代，中国历代法律在继承的基础上，代有沿革。春秋战国时期，刑书的相继公布，标志着中国成文法律的出现。李悝的《法经》更是奠定了中国成文法律的基本走向。西汉律学家杜周也认为"法以当'时'为是，不拘其旧"①。汉代立法时针对秦律，采取了变化统治策略的立法方式，后来又确立了儒家的立法指导思想。

晋律也是因时立法的典范。其总结了汉魏的立法得失和前朝法律实行的经验，在汉魏基础之上进行改变。所以程树德评论晋律时认为，"晋律就汉九章，蠲其苛秽，存其清约……又鉴曹氏孤立之弊，别为诸侯律一篇，因时立法，较之唐律，殆无逊色"②。可见，程先生将其与唐律相提并论。

隋律颁布之时曰"帝王作法，沿革不同，取适于时，故有损益"③。说明其是既有沿革，又有因时变化。

唐律一准乎礼，完成了传统法律体系的全面构建。宋代法律完全承接唐律，但为适应形势变化，加大了敕的作用，律所不载，听之于敕。《明史·刑法志》评价其"故时轻时重，无一是之归"。虽然明律一准于唐律，但明初根据元代统治的得失，刑用重典，所以明律许多条文明显在处罚上重于唐律，显示了在社会矛盾冲突的日益尖锐的情况下，法律根据需要变化调整了具体策略。

清王朝在立法上虽然沿用明律的主要内容，但康熙皇帝认为："国家设立法制，原以禁暴止奸，安全良善，故律例繁简，因时制宜，总期于合于古帝王钦恤民命之意。向因人心滋伪，轻视法纲，及强暴之徒，凌虐小民，故于定律之外复设条例，俾其畏而知警，免罹刑辟。"④ 这说明法律也是因时制宜，突出了相对灵活的例的作用。

清乾隆元年（1736年）刑部尚书傅鼐在奏请修定律疏时引用雍正皇帝遗诏曰："国家刑罚禁令之设，所以诘奸，除暴，惩贪，黜邪，以端风俗，以肃官方者也。然宽严之用，又必因乎其时。"而此时，情况有变化，"现今不行之例，犹载其中"，因此要求"将雍正三年（1725年）刊行律例详加核议，除律文、律注仍旧外，其所载条例有先行而今已斟酌定议者，改之。或有因时制宜，就行斟酌而未逮者，亦即钦遵世宗宪皇帝遗诏，酌照旧章，务期平允"⑤。因为律是不能变革的祖宗成法，所以提出改革条例以适应变化的社会生活。

① 陈顾远：《中国法制史》，5版，38页，台北，三民书局，1977。
② 程树德：《九朝律考》，2版，225页，北京，中华书局，2006。
③ 《隋书·刑法志》，载法律史学术网，2004-05-15。
④ 田涛、郑秦点校：《大清律例》，2页，北京，法律出版社，1999。
⑤ 田涛、郑秦点校：《大清律例》，14页，北京，法律出版社，1999。

清末的魏源、龚自珍和康有为、梁启超等也是因时变法的积极提倡者。与过去变法仍然肯定祖宗之法的前提不同，他们的变法思想是在否定许多现行法律制度的基础上提出的。魏源认为："天下无数百年不弊之法，无穷极不变之法，无不除弊而能兴利之法，无不易简而能变通之法。"① 所以作为祖宗之制的法律也是可以变革的。

一直到清末变法维新派的许多代表，包括康、梁等都对因时变法有所阐述、推广，以此证明"祖宗之法不可变"是没有依据的。

历史事实反复证明，因时变法，才能够实现富国强兵，成就天下大业。与以往的改革家的观点不同的是，清末因时变法的内容更多地包含了西方法律文化的元素，而且将变与不变提高到关乎民族存亡的高度来认识。这是因为过去的变法大多是内忧导致的，而清末则是在国家内忧外患空前的情况下不得已之举。以康有为的观点看，当时的中国，不变法即面临亡国的危险。变则存，不变则亡。所以是否因时变法成为影响中国现代化进程的重要因素。

实际上，没有经济制度、政治制度的根本改革，法律制度的根本改变是不可能的。

二、因时变法的内涵

法律具有稳定性，这也是法律的规范性特征之一。但是，稳定总是相对的，即其是一定范围和条件下的稳定。它是不可能逾越于社会发展之上的，而激烈的社会变革必定会对立法产生重大影响。封建社会法律的改变从来都是伴随着的时代更替而进行的。当然，改朝换代并不代表社会制度的根本改变，因此过去立法对既定的社会关系的承认和保护，往往并不随朝代的更替而变化，一如宋对唐之立法的继承。而它所变革的部分是随着历史发展而形成的新的需要保护和肯定的社会关系。面对日益纷繁复杂的社会生活，在保障法律稳定的前提下，采取灵活的方法，以适应社会变化的要求，达成新的社会和谐状态，这是历代统治者均十分注重的。所以，传统法律的变革总是基于在继承前提下的变革。唐代以后，在中国封建社会本质不变的前提下，后世的法律虽然"一准于唐律"，但并非抄袭唐律，而是历代均有所发展变化，但变化的只是具有时代特征的部分。

因时变法与法的稳定性之矛盾如何解决？历代统治者在保全其政治体制和祖先立法基本不变的前提下，通过建立与基本法典配套的具体法律操作规范来解决法律的灵活性与稳定性的问题。正如徐道邻在评论唐律时曰："我们与其归功于律疏写作的完美，不如说是各种'格'和'格后敕'作了保障它的安全的通气活门。"② 这种方式在不同的时代有不同的表现，如令、格、式、敕、例等形式，宋编敕盛行，明清例大行其道，均是适时变化法律规范的通行做法。

法律具有相对稳定性，再加之中国历代统治者都恪守祖宗之制不可变的信条，因此，法典的稳定性是超越一切的。但是社会在发展，生活在前行，一成不变的法律规范不可能涵盖生活的方方面面，其他的规范形式，如令、格、式、敕、例等就成为法律规范的另一种补充表现形式。于是就有唐代的令、格、式，宋代大规模的编敕，明清例之泛滥，还有科、比等方式，它们在适用过程中能够解决灵活运用法律的问题，以调和法条的固定不变与情势变化

① 转引自张晋藩：《中国近代社会与法制文明》，31页，北京，中国政法大学出版社，2003。
② 徐道邻：《中国历代律令名称考》，载吴经熊等著，刁荣华主编：《中国法学论著选集》，台北，汉林出版社，1976。

的矛盾。此外有关具体法律运用的注、疏、解等，得到了统治者的认可，也解决了法的因时适用问题。依陈顾远先生之见，由于封建朝代往往持续数百年之久，而世事、人事都在不断变化之中，法律又历来重视时势的要求，所以这种方式表现了"法的进步性，实系不可避免的现象"①。

由此，我国历史上也产生了法和其他规范形式的冲突问题，"晋律六百二十条，而晋令则为二千三百六条"②。即便是唐律，在执行中也是为诏、敕所变更，所以"律虽简而法实繁，且律又为格所迫，亦多等诸具文"③。而宋代的编敕本是因为有律所不载的情况，以敕处断，但发展到后来，敕更有替代法律的功用，律的作用实际上降低了。《旧唐书刑法志》载，"开元时，旧格式律令及敕共七千二十六条，其中律五百条，令千余条，其余为格、式、敕"④。《大明律》后附《问刑条例》，并且根据统治情况不停地加以修改。清雍正三年（1725年）有条例八百一十五条，至同治九年（1870年）增至一千八百九十二条。⑤（同治九年以后，《大清律例》未再修订过。）而六部均有齐全的则例。康熙初仅例三百二十一条，乾隆五年（1740年）修《大清律例》时四百三十六条，后附奏准条例一千零四十九条。后定五年一小修，十年一大修的规则，例文数量越来越大，但律文是不能改动的。修例分删改、修改、修并、移并、续纂五项。至此之后，清再没有对《大清律例》中的律文部分进行过修订，而通过适时发布"例"的方式，使法律适应不断变化的政治、经济与社会形势。就《大清律例》来看，如户律仅八十余条，而例则多达三百余条。"律后附例，所以推广律意而尽其类，亦变通律文而适于宜者也。故律一定而不可易，例则有世轻世重，随时酌中之道焉。"⑥《清史稿·刑法志》曰："盖清代定例，一如宋时之编敕，有例不用律，律既多成虚文，而例遂愈滋繁碎。其间前后抵触，或律外加重，或因例破例，或一事设一例，或一省一地方专一例，甚且因此例而生彼例，不惟与他部则例参差，即一例分载各门者，亦不无歧异。"⑦ 这也是"例"盛行而产生的政出多门的副作用。

"查律为一定不易之成法，例为因时制宜之良规。故凡律所不备，必籍有例，以权其大小轻重之衡，使之织悉比附，归于至当。"⑧ 所以理论上"例"完全是因时立法的典范。国外的学者也认为例是"有助于缓解法律的僵化和具有灵活性的法律形式"⑨。律具有稳定性，而例则具有适时变化的特点。清末时，清政府在正式决定进行法律改革时，首先肯定作为祖宗之制的《大清律例》是完备至当的，但"惟是为治之道，尤贵因时制宜。今昔情势不同，非

　　① 陈顾远：《法治和礼治之史的观察》，载《中国文化与中国法系——陈顾远法律史论集》，北京，中国政法大学出版社，2006。

　　② 程树德：《九朝律考》，2版，277页，北京，中华书局，2006。

　　③ 陈顾远：《中国法制史》，27页，北京，中国书店影印，1988。

　　④ 陈顾远：《中国法制史》，119页，北京，中国书店影印，1988。

　　⑤ 参见张晋藩主编：《中国法制通史》，第八卷（清），488页，北京，法律出版社，1999。

　　⑥ 雍正五年律凡例，马建石、杨玉裳主编：《大清律例通考校注》，21页，北京，中国政法大学出版社，1992。

　　⑦ 赵尔巽等撰：《清史稿》，第十五册，4186页，北京，中华书局，1976。

　　⑧ 田涛、郑秦点校：《大清律例》，14页，北京，法律出版社，1999。

　　⑨ [美] D. 布迪、C. 莫里斯：《中华帝国的法律》，朱勇译，23页，南京，江苏人民出版社，1995。

参酌适中，不能推行尽善"①。因此为了使法律尽善尽美，要因时变法。

清"律文乃系递沿成书，例乃因时酌定，凡见行则例或遇事而定，或遵旨而定"②。例的发布方式灵活，又可以突破祖宗之制不可变的教条，可以随时发布和修改，可以满足当朝皇帝的某些政治意愿和想法，因此，当任皇帝都会根据自己统治时代的特征，运用这种方式贯彻自己的政治主张或者进行一些法律变更。"律文的固定性与社会生活的多变性之间的矛盾为例的盛行提供了条件。"③ 所以这种方式发展到后来走向了另一极端，导致有"清以例治天下"的说法。④

"例成为日常行政管理和诉讼审理的法律依据，所以有'例'架空或更改了律文之说。"⑤即通常所说的"以例破律"，《大清会典》有"律不尽者著于例"，"有例则置其律"的说法。⑥但从根本上说，例"反映的是对具体环境的局部适应，以便使法律适合于一切可能发生的情况，并不表明在法律思想上有什么根本进展"⑦。

清末修律，《现行刑律》仅四百一十四条，而例文则一千零六十六条。除例之外，还有一些其他形式的规范，如成案等。

沈家本在《读例存疑序》一文中对于律与例的关系及其功能的评说可谓十分经典："其中或律重例轻，或律轻例重，大旨在于祛恶俗，挽颓风，即一事一人，以昭惩创，故改重者为多。其改从轻者，又所以明区别而示矜恤，意至善也。第其始，病律之疏也，而增一例；继则病例之仍疏也，而又增一例。因例生例，孳乳无穷。例固密矣，究之世情万变，非例所可赅。往往因一事而定一例，不能概之事事；因一人而定一例，不能概之人人。且此例改而彼例亦因之以改。轻重既未得其平；此例改而彼例不改，轻重尤虞其偏倚。既有例，即不用律；而例所未及，则同一事而仍不能不用律。盖例太密则转疏，而疑义亦比比皆是矣。"他深刻地指出例发展到后来的弊端，如出现一事、一人一例，并且例与例之间、律与例之间显现了重重矛盾，严重影响了法律的效力。

其实无论怎样因时变法，封建时代其法律的中心思想未有改变，儒家思想和"礼"作为一种社会规范对法律的影响，始终没有消失，即便是清末变法，这种传统也没有完全退出法律体系。

中国历史上的历次变法，从王莽改制到清末变法，包括康有为、沈家本等，都没有否定儒家法律观，常常更是打着"托古改制"的旗号进行法律改革。康有为甚至将立宪附会为春秋改制即有的事情，以证明其进行的改革是符合传统和祖制的。清末的转型主要体现在思想观念以及一些制度表层上，没有进行深层次的改革和彻底的革命，所有权制度不变，基本的管理及操作层面自然也不会改变。实际上社会仍然处于传统价值观主宰的状态下，缺乏根本

① 朱寿朋编：《光绪朝东华录》，4919 页，北京，中华书局，1958。
② 田涛、郑秦点校：《大清律例》，8 页，北京，法律出版社，1999。
③ 李显冬：《从〈大清律例〉到〈民国民法典〉的转型——兼论中国古代固有民法的开放性体系》，47～48 页，北京，中国人民公安大学出版社，2003。
④ 参见邓之诚：《中华两千年》，卷 5531 页，北京，中华书局，1958，转引自张晋藩主编：《中国法制通史》，第八卷（清），北京，法律出版社，1999。
⑤ ［英］S. 斯普林克尔：《清代法制导论》，张守东译，73～74 页，北京，中国政法大学出版社，2000。
⑥ 参见张晋藩主编：《中国法制通史》，第八卷（清），181 页，北京，法律出版社，1999。
⑦ ［英］S. 斯普林克尔：《清代法制导论》，张守东译，75 页，北京，中国政法大学出版社，2000。

性的改革。

三、因时变法的现代意义

因时变法其实就是我们今天立法理论上所阐述的随着社会发展，遵循客观规律适时地进行法律的废、改、立的活动。法律应和社会经济发展水平相适应，凡不适应社会发展的规范应当及时地变更。历史上的因时变法都较好地处理了法律的稳定性和改革性的关系，做到法律在保持制度和体系基本稳定的情况下，进行适时的变革，以适应社会发展的状况。

传统之因时变法，往往是根据社会转折时期的特点，及时地进行法律规范的调整，以适应变化了的形势，使法律较好地发挥了确认和保障社会发展成果的作用，使法律在改革中的作用得以凸显。现代我们同样面临这样的要求，即发挥法律在保障改革成果方面的积极作用，使社会改革的结果能够及时得到法律的确认。

法律往往不是改革的动力和原因，但是法律往往是改革的制度性结果的确认者和保障者。因此，现代立法上的因时变法，应当表现为在确认近些年改革成果的前提下，加强立法和政治、经济制度改革的衔接，使得社会进步、物质文明和精神文明建设的成果能够得到法律的确认和维护。

按照现代立法理论，通说立法有超前、滞后和同步之分。超前立法取决于立法预测水平的高低，这在西方法治国家进行得较为成熟，许多法律规范在制定之时即具有相当的前瞻性，代表了社会发展的方向和潮流，历经多年而不显落伍。其直接表现就是法律尤其是基本法律如宪法等具有相当的稳定性，轻易不改动。这是因为资本主义已经发展到成熟和稳定阶段，其政治制度也相对稳定，社会体制也较为稳固，几乎不存在政治体制和法律体制的根本性变革，因此，法律制度呈现相当稳定的态势。

我国自清末以来，一直处于政治体制变革和社会动荡不定的发展过程中，近百年来，随着政权的更替，政治制度和法律制度当然也在不停的变化中。

经过"文化大革命"十年动乱之后，在经济、政治体制改革的同时，我国开始全面恢复法制建设，中国的立法步入了正常发展的轨道。由于改革开放，百废待兴，置身于不断体制变革中的法律制度，也在经历从无到有的同时，面临根据社会变化而不断进行修正、完善的过程，导致近几十年我国的法律制度呈现变化快的特点，这与西方发达国家较少进行制度变革，存在一定的差别。不可否认，这也暴露了我们的立法过程中有许多尚待完善的地方。

同步立法是一种常态立法行为，大部分立法都是如此。而立法滞后，不言而喻，是落后于社会发展的立法，我国在过去的许多时候都存在立法滞后问题。社会政治经济生活已经发生变化，而立法则迟迟没有跟上。或者是情况发生变化以后，迟迟不改革不相适应的法律制度。

现代同样存在立法的稳定性和变化发展的矛盾问题。由于现代立法程序严谨，并且走的是政府相关部门或者学者立法路线（虽然有立法听证，听证的结果对于立法的影响究竟有多少，实践中是存在较大差异的，但肯定的是随着民主法制进程的不断推进，这种形式将受到越来越多的重视，对立法的影响也会越来越大），起草权操之于政府权力部门，或者是采取政府权力部门加专家的立法模式，相关部门意见对立法起重要的影响，有时候甚至能够左右立法的进程，在立法过程中有时候还牵扯部门利益，导致立法过程较费时日，并且与社会现实生活存在一定的距离。原则性强，操作性不足，导致相对灵活的政府行政立法日趋扩大，司法解释在司法实践中大范围运用。

现代中国的法律和行政法规、行政规章数量庞大，地方立法和地方规章也是层出不穷，其中有多少是适应当下时代和中国现实状况的，值得认真推敲。

其实这种困惑并非中国特有，包括西方法治国家也同样面临这种局面。现代西方国家的立法趋势表现为基本立法的作用降低，行政法、单行法和特别法的地位加强。所以，如何处理法律的稳定性和变革性关系，是社会经济政治高度发展之后，大家所面临的共同问题。

法律的稳定本身是有利于社会发展的，在西方法治国家，同样也反对朝令夕改。但尽管如此，因时变法还是不断地在历史上重演。而每一次变法，均不同程度地肯定了社会改革的思路。当代社会，在保持基本法律稳定的情况下，因时变法是否具有积极的现代意义？

过去总是美好的，留恋于过去，这是中国传统文化的一种表达方式。在法律文化上，也是表现为法律传统代代相传，显示了法律的一种超稳定性。即便是在社会大变革时代，法律的变革也是进行得比较艰难的。这是封建时代法律发展的状况。

当代中国的法律发展却与传统发展模式有根本性的区别，法律的快速变化表现得相当明显，说明立法存在一定的短期性。如果立法预测水平得到提高，超前立法可以保持法律的稳定性。但关键是在立法的时候应该进行深入细致的调查研究，以具有前瞻性的眼光对待立法工作，放眼未来，追求立法的科学性，使之能够适应将来的社会变化。而着重点应该是落在建立科学、规范的法律制度和体系的构建上，而非法律的个别调整。

但是社会总是在不停地发展变化的，所以法律的适时变化也是不可避免的。在提高立法预测水平，做好立法规划的同时，在法律体系总体确定的情况下，进行适当调整也是适时变化的表现形式。对于滞后立法进行改革，使之适应社会的发展状况，这也是一项重要的立法工作。尤其是我国现在正处于经济飞速发展时期，社会每天都在发生变化，政治、经济改革已经卓有成效，而法律则在许多情况下显得落后于社会发展的需要。所以因时变法，也应该成为我们法治现代化的一个重要组成部分。

近年来，我国经济飞速发展，与发达国家的差距正在缩小。欧美先进的生产方式对我们的经济生活造成了巨大的冲击，甚至在许多方面改变了我们的生活方式。我们自己时常感觉已经进入了"全球化"的时代，或者我们本身已经"全球化"了。网络的发展更使我们感到我们已是世界大家庭的一员。我们对西方的东西由起初的惊奇、认同到模仿、使用。与计算机、网络相伴而来的，是西方的文化，其中自然也包括法律。市场经济是全球化的内在动因，经济发展催生了法律进步。新技术革命对生产力的推动，促使各国经济更加开放，走向国际化。在这种情形下，改革不适应市场经济法则的法律规范是必然的。我们应该以开放的观念进行立法，吸收西方先进的立法理念和立法技术，同时也须汲取符合社会发展方向和要求的传统法律文化的精髓，适应信息时代、网络时代的立法要求，努力使法律和经济技术发展相适应。如果不根据经济发展及时进行相应的立法调整活动，则法律不仅不能保障经济的发展，反而会成为阻碍社会发展的绊脚石。

从西方法治国家到中国传统法制，对于保持基本法律稳定都是肯定的，这可能也是中西文化的共同之处。虽然稳定的原因和理论基础不同，但法律的适时变化仍然是现代法制发展的方向。

法律的稳定性并不排斥立法上的与时俱进。强调立法上的顺势而为，尊重客观发展规律，及时地进行法律的废、改、立，这是当代法制建设的重要部分，这也是法制现代化过程中的一项重要工作。

在现行的法律框架体系下，我国立法过程现在仍然保持了这一传统，即一些政策、政府规定或者是地方规定、行政规定在运行中不断得到完善和修改（由于该类规范形式制定和变更较灵活，程序简便），最终固定下来，成为法律。通过这种方式进行的立法，具有相对的科学性、实践性，能够为民众所理解和接受，因此效果较好。

当然，这种因时变法不应该成为法律频繁变动的代名词。因时变法，应该是在慎重立法的前提下，可适时通过具体操作规范和地方性立法灵活运用法律的基本概念和原则，而不应该表现为朝令夕改。

在现代法制环境下，因时变法意味着改革落后的规范体系，建立适合中国社会发展特征和中国国情的法律制度体系，以促进社会的发展。

第四节
西学为用与立法中的法律移植

一、西学为用提出的背景

英国的工业革命开始于 17 世纪，到 18 世纪、19 世纪，西欧的工业革命已经初见成效。而中国在前工业时期高度发达的社会经济形态到此时风光不再，和欧洲的差距就在这一时期被迅速拉大了。

中西文化交流起始很早。实际上文化的交流自 16 世纪，随着贸易的发展就开始了。但早期的交流是缓慢渐进，充满疑虑和偏见的，不仅中国人对外所知甚少，外国人对中国的情况也是道听途说，缺少感性认识。随着贸易往来的逐步扩大，这种了解有了迅速的发展。

中国对西方的了解是滞后的，并且是缺乏主动性的。相比之下，西方更迫切地试图了解中国，因此，早在明代就不断地试图进入中国。而在此前后，中国人并没有强烈的了解外国的愿望。西方由于在进入中国的过程中，困难重重，饱受歧视（被作为"夷鬼"对待），因此对中国的了解也存在着片面性，如他们认为中国的法律"定义模糊，司法官滥用职权等"[1]。

到了清代，思想激进的知识分子提出经世致用，开始反思中国传统文化之利弊，如魏源提出"师夷之长技以制夷"。以后对西方的介绍，从物质文明发展到文化的引进，西方的民主制度和法律制度相继传入中国。龚自珍的改革主张所产生的影响，是具有震撼性的，后来的梁启超在读其著作时也感叹道"若受电然"[2]。

---

[1]　田涛、李祝环：《接触与碰撞——16 世纪以来西方人眼中的中国法律》，111 页，北京，北京大学出版社，2007。

[2]　张晋藩：《中国近代社会与法制文明》，15 页，北京，中国政法大学出版社，2003。

　　在鸦片战争之前，中国对西方是抱拒绝态度的，在清统治者看来，所有的中国之外的国家都可列入蛮夷之列，是不开化的野蛮人。清统治者拒绝接受其文化，自然不可能接受其法律制度。而鸦片战争时西方的坚船利炮又使一些人产生了悲观情绪，认为西方是不可战胜的。

　　不能否认的是，随着西方枪炮而来的西方物质、文化也开启了中国人的眼界。鸦片战争之后，中国的大门被迫打开，西方人急迫地来到中国，进行思想、政治、宗教、商业等活动。民主、法治、平等、人权思想伴随着商业贸易活动和卢梭等人的著作进入中国，西方的法典、法律规范、法律意识也随着西方的商业活动而在中国发生着实质性的影响，从而推动了私法意识和私法规范的萌芽产生。中国知识分子渐渐地亦不满足于仅仅在书本上了解西方，而开始走出国门，亲身学习和感受西方的文化，了解西方和日本等国家具体的民主制度与法律制度的运作情况。

　　这种状况下，不少有识之士开始思考中国失败的原因，从经济、科技、文化、制度、法律上找问题，提出变法更制的主张，开始了传统法律思想的转变。

　　鸦片战争的失利，使中国人真切地看到了西方强大的物质文明的力量，也使不少中国人认识到国富才能民强，在这种情况下，洋务运动应运而生。19世纪60年代，洋务派对西方科学技术的研究和引进，也同时将新思维导入生产过程，客观上亦有利于西方文明的传播。而西方坚船利炮和所谓"奇技淫巧"及先进的产品、奢侈品的流入，在社会上（尤其是中上层人士间）也引起了巨大反响，不少时髦人士对西方的"器物"趋之若鹜。这也从另一方面为西方法律文化的传播提供了必要的土壤和条件。在此前后翻译的大量的西方法律文件和思想家的著作，成为改革人士的理论依据，对西学的传播起到了积极的作用。

　　"中学为体，西学为用"较早源于冯桂芬提出的"以中国之伦常名教为原本，辅以诸国富强之术"①。沈毓桂在光绪二十一年（1895年）《万国公报》上发表的文章中明确提出"夫中西学问，本自互有得失，为华国（人）计，宜以中学为体，西学为用"②。后由洋务派的代表人物张之洞将其系统化，成为喧嚣一时的理论，并用于指导洋务运动的实践。张之洞在其著作《劝学篇》里系统地阐述了中体西用的理论。他认为中学是根基，西学与中学要融会贯通。中体西用的理论也得到了康有为等维新派的认同："舍西学而言中学者，其中学必为无用；舍中学而言西学者，其西学必为无本。无用无本，皆不足以治天下。"③

　　洋务派提出的"中学为体，西学为用"成为响彻一时的口号，并由此开始了西方的一些技术、理论、思想在中国的具体实践，使西方的理论进入了具体的操作层面。洋务派主要看到的是中国落后的物质基础，而没有在制度上找原因。由于其主要代表人物均属上层人物（不少是封疆大吏），因此，他们不可能动摇现有的体制，而只能利用其权力和政治影响力，在现有体制内进行改革。这也是他们提出"中学为体，西学为用"的原因。他们认为中国的主流文化即儒家思想和封建道德均是优良的，制度也是不存在根本性的危机，问题是出在器物不如人。因此，他们提出在中国传统文化的框架内学习西方的器物，试图在中国传统文化体制中建立近代物质文明。

---

①　《校邠庐抗议·采西学议》。
②　张晋藩：《中国近代社会与法制文明》，103页，北京，中国政法大学出版社，2003。
③　梁启超：《饮冰室合集文集》之三，129页，北京，中华书局，1989。

　　洋务派也深知，仅靠传统的儒家思想指导当时社会来应对西方的侵入，是不可能的，孔夫子是不能抵御洋枪洋炮的，所以洋务派在举办近代工业的同时，翻译介绍了大量的西方法律和法学著作。江南制造总局附设翻译馆，翻译了大量的西方法律和法学、社会学著作，西学开始在中国发生实质性的影响。而不断发生的与西方的交往，从政治交涉到官方和民间的贸易往来，均将西方的民商事法律和一些政治观念传递到社会的中上层中，并由此潜移默化地发生了具体实际的影响和作用。

　　由于租界和会审公廨的设立，西方的法律在中国的国土上也开始进行实质性的操作，这对于正在进行的法律改革也有一定的示范作用，其程序、执行和牢狱管理中体现的法制文明通过报纸等媒体得到了赞誉，让人耳目一新。

　　在这个时期，西方与中国的经济贸易活动日益向民间扩展，由此也将西方的经济法律制度和交易习惯、规则带入中国，为西方法律理论的传播提供了一定的条件，而中国人也在与西方的交往中重新认识了西方的法律理论。由于西方经济的强势吸引力，西方的消费品因制作精良而得到社会的欢迎，也使西方的生活方式得到了上流社会的追捧，使得学贯中西之人成为时尚的代表，这又为西方政治法律制度的移植做好了铺垫工作。

二、西学为用的核心

　　鸦片战争以后，中国首先在沿海地区实行了开放，商品经济迅速发展。政府对于西方的态度由排斥转变为回应，舆论也逐步开放。在西方文化的知识精英们的鼓动与社会舆论的压力下，朝廷被动回应社会要求，其结果就是实行变法。

　　中国的开放本身是被迫的，其途径是由沿海向内地逐步渗透的。19 世纪下半叶，西方列强进入中国、不平等条约的签订，使中国知识阶层认识到学习西方法律的重要性。许多接触过西方法律制度的知识分子将西方国家的富强归之于宪政制度与民主制度。"忧时之士，咸谓非取法欧、美，不足以图强。"① 与此同时，20 世纪初，许多有留学背景的学者大量介绍西方（或日本的）法律，而这些介绍主要着重于对西方法律制度的理论宣传，使得研习西方法律成为一种风尚。

　　变法的时代背景是经济、政治、外交、战争等失利之后的被迫之举，因此，从朝廷来讲，实在是迫不得已的，存在着被动性。清廷变法的直接动因是收回领事裁判权（在英国等承诺中国改革法律，废除酷刑之后），修律因此尽量向西方法律体系靠拢，在修订法律时朝廷"并谕将一切现行律例，按照通商交涉情形，参酌各国法律，妥为拟议，务期中外通行，有裨治理。自此而议律者，乃群措意于领事裁判权"②。英美等西方国家先后承诺，中国如果仿西方法律修改，则可收回法外治权。改革的直接目的就是为了迎合西方的要求，而非自觉行为，实质上是将西方的法律制度作为一种工具，来应付外交上的交涉需要，其骨子里还是意图维护皇权统治下的政治制度体系。因此，祖宗之法还在行用，西学对统治者来说不过是应景之作。

　　但是这毕竟在制度上打开了缺口，出现了根本性的改革的要求，即便是统治者并不打算

---

① 赵尔巽等撰：《清史稿》第十五册，4187 页，北京，中华书局，1976。
② 赵尔巽等撰：《清史稿》第十五册，4187 页，北京，中华书局，1976。

真正实施这些法律，形式上也确实开始实现了法律制度的转型。沈家本主持修律，首先是删改旧律。光绪三十一年（1905年），沈家本等完成删改工作，共删除《大清律例》中的例文344条，后主持修订《大清现行刑律》，实现了民刑分立的初步要求。1910年《大清现行刑律》颁布，将原来纯粹属民事范畴的继承、婚姻、田宅等行为分出，不再科刑。这些都成为后来民国初年"民事法律有效部分"，一直适用到国民政府1929年《民法》颁布实施。而在封建经济体制下，初步架构了资本主义式（如公司律等）的近代民商法律制度。

在清末的法律制度改革中，涉及最多的就是"民情"与律例、礼法的衔接。西方法律精神及其西方文化的传播对中国社会产生了一定的影响，但是在中国广大的基层社会，传统与习惯仍然是民间交往活动的主要依据，封建礼制、儒家思想还占据主流地位。不少知识分子本身具有旧学背景，也不可能跳出其固有的地位来介绍分析西方的法律，很多时候还是从传统中去找依据，以证明传统文化与西方法律的暗合之处。正如修律大臣沈家本所述："折衷各国大同良规，兼采近世最新之学说，仍不戾乎我国历世相沿之礼教民情。"① 在法律转型过程中，始终有浓厚的儒家礼教情结伴随其中。

处在新旧交替时代的人们，不可能与旧时代断然隔绝，当然也不可能完全去除传统的烙印。在对西方法律的理解和解释中，他们甚至直接以传统法律来附会变法，因此，西方法律在中国的传播过程，一定程度上也加入了中国传统法律的惯性思维，影响了其原有的精神。"时至清末，当我们变法图强之初，正是西洋法律由权利本位移向社会本位之际，所以我们所接触到的西洋法律，已是社会本位的法律，所谓社会本位的法律，是在权利本位的法律上，加了一层形同义务的色彩，这一层色彩，恰恰与我们旧律上的义务观念接轨，于是整套的西洋本位立法，可以很顺利的被接受。"② 这正是当时对接受西方法律在认识上存在误区的一个典范。

在法律制度的架构上，清政府寻求建立新法制的同时，又寄希望于中国固有的传统法律体系，推动修律的张之洞认为，借鉴西方法律是重要的，但须融会贯通。如有许多人将现代民法等同于旧法中去掉刑罚的"户婚田土钱债"，认为将其与原有的刑事处罚分离，如此就是实现了法律与西方的对接，实现了近代化的转型，这正表明当时对西方法律精神的理解是有限的。甚至民政部在奏请厘定民律时也说："中国律例，民刑不分，而民法之称，见于尚书孔传。历代律文，户婚诸条，实近民法，然皆缺焉不完。"③

清末的一些有识之士也仅是看到了中西法律的表面形式区别，没有看到精神实质的不同。张之洞在光绪十五年（1889年）的奏折中之看法极具代表性："中外之律用意各殊，中国案件命盗为先，而财产次之；泰西立国首重商务，故其律法于凡涉财产之事，论辩独详。及其按律科罪，五刑之用，轻重之等彼此亦或异施"④。

从制度构建上看，清末改革时，法律大多由有西学背景的人士起草，或者由外人操刀，

---

① 谢振民编著：《中华民国立法史》（下），744~745页，北京，中国政法大学出版社，2000。

② 王伯琦：《从义务本位到社会本位》，载《王伯琦法学论著集》，台北，三民书局，1999，转引自俞江：《近代中国民法学中的私权理论》，254页，北京，北京大学出版社，2003。

③ 谢振民编著：《中华民国立法史》（下），744页，北京，中国政法大学出版社，2000。

④ 《增设洋务五学片》，《张文襄公全集》卷二十八，民国十七年刻本，转引自陈亚平：《清代法律视野中的商人社会角色》，300页，北京，中国社会科学出版社，2004。

如《大清新刑律》、《大清民律草案》请日本人帮助起草，远取德国，近学日本（1898年《日本民法典》是学习德国的典范）。本着"注重世界最普遍之法则，原本后出最精确之法理，求最适于中国民情之法则，期于改进上最有利益之法则"①，修律的结果是打破了中华法系的固有系统，引进了西方法典的立法理念和方法，如作为移植外来法律典型的《大清民律草案》，显著的特点是仿西方模式，确立了个人财产制度，确立了现代的"不动产法律制度"②，不动产登记制度及所有权人的自由使用、收益、处分制度。初步实现了立法上的契约自由，确立了私权保护的基本概念，这些法律概念和制度是传统法律所没有的。

以制度层面看，有清一代《大清律例》基本贯彻始终。清末法律虽然开始逐步改变，但由于许多法律并未真正实施，所以新式法律的实际作用非常有限。在西方学者的眼里，这至多属于"法律的辅助性来源"③。在基层的法律实践中，只要是不违反法律禁止性规定或封建道德规范及政府保护的社会习俗，其行为都可以得到认可。

清末修律十年，主要是全面翻译介绍西方法律，同时也派出人员到日本和西方考察立法、司法状况，并请国外法律人士参与立法，全面引进西方法律的规范形式，从体系到语言风格完全与传统法律分道扬镳，确立的是全新的法律制度体系。作为清末改革的最大成果而颁布的《大清现行刑律》、《大清新刑律》，虽然实际上并未真正全面实行，但毕竟法律开始了近代化转型。就当时的中国现状看，许多改革所体现的先进的法律理念与中国传统农业社会的现实状况不相契合，体现了立法上的超前性，其用语也有一些生搬硬套西文语气。而《大清民律草案》在起草前后，因为全仿西方法律制度，与清末承继传统的旧体制大相径庭，因此，在两次讨论中，受到守旧派的强烈抵制，所以，直到清覆灭，始终未获正式通过，结果仅仅是一种制度设计。但是即便这样，改革的积极意义是不容忽视的。整个修律过程和其间引发的社会争议，无疑是在进行一场轰轰烈烈的西方民主和法制精神的普法教育，提高了社会对西方民主、法制的感性认识。实际上，改革的精神已深深影响了法律人，后来在大理院的工作中，很多方面都体现了其精神。毕竟这是中国历史上第一次试图以西方法律形式来规范中国人的生活，在理论上真正起到了唤醒国民权利意识的作用，影响了后来中国法律体系的构建，直接对国民党的立法也产生了相当大的影响。尤其《大清民律草案》是历史上第一次将民事法律规范独立出来，打破了传统的"诸法合体"的体系，虽然在实践中未实行，但其理论意义是十分深远的。

从提倡"中学为体，西学为用"的洋务派的代表人物张之洞、李鸿章、曾国藩等人的背景分析，他们都是新旧参半的人物，而且在政治思想上属保守派，也是封建礼制的大力提倡者、专制制度的维护者。所以西学为用的核心还是中学，西学只不过是其举办近代工业、修建铁路，进行经济改革的工具。张之洞认为："中学为内学，西学为外学。中学治身心，西学应世事。"西学是技术之类的东西，不能修身立志，不能以之作为思想支柱，不能体现社会的核心价值。而儒家思想、封建纲常礼教才是社会的根本所在，所以应以中学为主。

中国那个时代的思想家大多具有浓厚的怀旧情绪，对过去的制度有一种难以割舍的情怀，导致在他们接受西方文化时有所保留，甚至是以批判的眼光来接受的。这与今天许多学

① 谢振民编著：《中华民国立法史》（下），744～745页，北京，中国政法大学出版社，2000。
② 《大清民律草案》第170条：称不动产者，谓土地及房屋。
③ ［英］S. 斯普林克尔：《清代法制导论》，张守东译，161页，北京，中国政法大学出版社，2000。

人否定传统式的学习西方法律文化，在出发点和立足点上均有不同。

"西学为用"并非否定封建的政治纲领和道德规范，而是在坚持封建纲常礼教的同时，采纳西方的技术、工艺、法律等作为工具，以图自强，为已趋没落的封建王朝注入强心剂。其核心还是封建的政治理论和道德伦理支撑下的价值观的体现，但客观上带来了技术改进和法律方法及其手段的更新。

"西学为用"的直接后果是造就了中国近代工业的基础，而兴办新式教育机构，翻译西方政治法律文献、著作，介绍西方的民主制度等，使得中国近代化的过程不可逆转地开始了其缓慢的进程，中国社会开始发生了根本性的转变。自强、发展的观念渗透于社会，民主、法治观念开始萌芽。

"西学为体，中学为用"的提出，既固守了传统的道德观、价值观，又引入了新思潮、新技术、新方法，所以是新旧交替时代的必然产物，符合当时中国的社会现实。因而该理论在当时轰轰烈烈，一时间得到了新旧两派不少人士的认可。由于其核心是以工商业强国，继续以传统的礼仪和道德规范维持封建政权在政治上的统治地位，既维新又不失守旧，因此在社会上得到广泛的关注和不少人的欣赏。

"清季士大夫习知国际法者，每咎彼时议约诸臣不明外情，致使法权坐失。"[①] "西学为用"之所以得到许多官员的共鸣，更有其功利的目的。即试图通过学习西方的法律制度和规范，在实际的对外交往（即在从事洋务）的过程中，利用西方的法律制度争取权利，达到"以夷制夷"，以取得话语权。

"西学为用"的理论对于近代工业发展有着积极的作用，这也是一种较为务实的理论。洋务运动所兴办的近代工商业，很多依据近代的法律制度而建立和运作，股份制、公司制度、现代金融业客观上需要西方的经济、社会、法律制度来规范和调节内外关系，这种情况下，原有的《大清律例》显然不能适应其要求，需要与此相适应的新型的法律制度，这就给中国近代法律转型、民商法的产生提供了客观条件。

"西学为用"所提倡的是渐变，是在不触动封建统治根基的基础上的改革，是在保留传统的大前提下的手段变化、操作更新，它很婉转地兼顾了传统和改革的关系，所以得到了统治当局和新旧两派的赞成。

"西学为用"具有过渡时期的特征，是转型之初开风气之先的理论准备，所以对于后来的改革和变法具有重要的开创意义，为变法作了理论和物质准备。其实质是提倡在技术层面向西方学习，走西方的道路，也包括一些制度上的学习和模仿，而在道德、文化、传统、思想等意识形态方面则坚守民族文化的阵地。清末由于近代工商业的发展，需要建立近代的交易法律规则，因此其成功地将一些具体的西方民商法律规范运用于实践，而耐人寻味的是国家的基本制度并没有根本变化。但这为将来政治制度的改革奠定了基础，对人们思想观念的转变也起了推动作用，以至于后来的维新较容易得到社会的认同，使得改革从西方的"器物"深入到西方的政治法律制度引进，如仿照西方民主政治制度设计的民主共和的君主立宪法律制度即是一例证，这也是统治者起初所始料未及的。

"中学为体、西学为用"追求的是工商业的近代化，而不是政治、法律制度和思想观念

---

① 《清史稿·刑法志》，载法律史学术网，2003-12-28。

的现代化，固守的是传统的政治、文化、道德，没有否定封建社会的主流意识。其在实施过程中是通过工商业的发展，进而推动制度的改变，渐渐培养出现代化的元素，标示的是一个社会逐步发展和渐变的过程，较符合中国社会统治者求和谐、求稳定的传统。

三、法律移植：西学为用对今天的启示

移植本来是个生物学上使用的名词。按照《辞海》的解释，移植主要指为农业上的"自苗床挖起秧苗，移至大田或他处栽种的工作。移植可使秧苗有较大的营养面积，有利生长，并促使侧根发育。将树木或果树的苗木移至他处栽种，也称移植"。可见，移植是为了给植物提供更好的生长环境，提供更多的养分，是有利于植物生长的一种技术。从这个意义延伸下去，法律移植也应该是在一个更广阔的环境里为法律的发展提供更有利的成长条件的一种技术方法。

近年来有关法律移植的讨论很热烈，众说纷纭。究其实质，就是将非本土的法律引进，通过本土的立法途径，使之成为国内法律。从生物学的角度看，有适宜的条件和土壤、温度、环境等，才能保证移植成功。同样，法律移植也存在这样的问题，要有适合的本土环境和条件，并且还要加之适当的改造，才能有利于其营养和生长，保证移植成功。否则，法律移植不能取得应有的效果，死亡或者失败就是必然的。即便是移植成功，其产品也和原产地的产品存在一定的差异，即适应本土环境而生长的东西，会产生一定的变异，而很少与其母体丝毫不差，所以移植不可能做到完全相同。

有学者认为，在西方法律来到中国的过程中，"中国人不是自我创造、自我发明一种法律思想体系，而是介绍、仿制、重复一种法律思想体系"①。如果是这样，那么就不是严格意义上的移植，而是复制。

移植也是有条件和有选择性的。在诸多的法律体系中究竟选择哪一种模式进行移植，还须结合本土的环境和条件以及自身的需求而定，这也是至关重要的。1901年清廷宣布变法，拉开了中国传统法律转型的实质性操作的序幕。修律大臣沈家本等先后组织翻译了西方主要国家和日本的基本法律文本和一些理论书籍，仿西方的法律制度（德、日），先后草拟了刑、民律、刑民诉讼法、法院编制法、商事法律等基本法律。采用这两个国家的法律体系，主要是中国的专制制度与这两个国家的体制和发展路径有类似之处，特别是日本，具有移植的同源性，并且传统的观念体制也存在着一定的相似之处。因此在法律改革时，选择学习这两国的制度，更少障碍、更易得到认同。

这种移植的法律制度，打破了中国传统的法律编制体例，建立了新型的部门法和程序法体系，可以说与当时世界上最先进的法律体系接轨了。同时这种移植是在未根本改变当时的政治制度的条件下进行的，因此移植地的土壤环境并没有根据原产地的要求而进行改造，结果有点水土不服，导致其中的许多法律并没有真正实施。但即便如此，不可否认移植所具有的开创性意义。它为近代法律转型提供了榜样，建立了新的立法范式。从法律上赋予了民众一部分权利，宣告了封建法律体制的解体，使得中国的法律融入了世界法律体系之中，部分西方民主、法制的法律价值观渐渐地得到了部分认同。

---

① 汤唯：《法社会学在中国——西方文化与本土资源》，76～77页，北京，科学出版社，2007。

"西学为用"为法律改革和传统的转型提供了开放的社会制度环境，使得改革更为顺畅。在中西文化的激烈碰撞中，用传统文化去附会西方文化，是改革家推进改革的一个有力武器。"中体西用"的根本在于对封建礼教的承认和遵循，试图调和西方文化和中国传统的矛盾。在法律改革中，宪政编查馆在其1910年11月5日奏请颁行《大清新刑律》的奏折中表达目的十分明确，即"根本经义、推原祖制、揆度时宜、裨益外交"[①]。这从根本上揭示了清末修律的宗旨。

"西学为用"的最大特点在于对中国传统文化的认识和尊重，其植根于传统的根基之上，有一定的社会基础。它搬用的是西方的法律形式和外在的制度，更多的是侧重于技术层面的东西，所谓格物至理，其内核仍然是本土的传统和文化，易得到社会的接受。"西学为用"很好地兼顾了传统和现代，实行的是平稳、渐进的改革，短时间内不会引起社会的激烈动荡。这种循序渐进式的改革，从某种意义上看，较为符合国情。同时其理论建立在对中国现实的清醒认识之上，对本土的文化给予了充分的重视，而其抓住的是西方物质文明和文化的精髓，并结合中国实际很好地加以运用，较为成功地实现了西方文明的本土化，在客观上取得了一定的成效。其主要意义在于大幅提升了物质文明程度，使得西方最先进的物质文化能够顺利落户中国，推动了社会的物质文明进步，给中国纯粹的农业社会中吹来了工业文明之春风。

本土文化和外来文化遭遇到一起时，总会发生一番博弈。在外来文化的强势影响下，往往本土文化会逐渐丧失其优势地位，让位于外来的东西。这其中失去的不仅是本土文化中落后的、不合时宜的东西，也有可能随之失去民族的文化、精神甚至是优秀的传统，这是现代化过程中值得担忧的问题。

"西学为用"在今天看来，依然有其现实意义。在现代经济全球化的背景下，社会交往日益频繁，各个不同法律体系之间的互相影响越来越明显，法律移植也就与全球化、国际化发生了联系。即便是西方的法律，在其近代化过程中也充分尊重了传统与习俗，各国法律中很多规定有尊重公序良俗的内容。所以有学者认为这是法律具有兼容性的很好说明。[②]

在法律移植的过程中，西化和传统习俗的保留一直是伴随移植过程的话题，在更多的情况下，激进的改革家往往会将传统习俗作为改革的阻力或者作为保守势力的代表而予以批判。而务实的改革家则会在充分了解国情的基础上客观地看待西化和传统保留的关系，在改革制度的同时，对传统有所保留，以提高改革的成功度和社会接受度。成功的法律移植则是在两者之间进行比较选择后，根据国情、社情和民意，社会经济发展水平等进行取舍。如日本和中国等东方国家在法制现代化过程中，在现代民法的发展中均注意到了在婚姻、家庭、继承、亲属关系等方面传统和习俗的保留。在今天看来，在法律及观念的改革中，"西学为用"所走的是渐变的道路，是在工业化和技术革命中进行缓慢的法律思想演变，不会引发社会主流思潮的激变，而是通过在生活实践的慢慢渗透中实现西方法律思想对中国传统思想的改造，人们是随着生活方式的改变而渐渐接受西方法律的。这比强行推动全面实行西方的法律制度，来得自然得多。

---

① 张晋藩：《中国近代社会与法制文明》，315页，北京，中国政法大学出版社，2003。
② 参见张德美：《探索与抉择——晚清法律移植研究》，84页，北京，清华大学出版社，2003。

萨维尼认为，法律是从习俗和约定中产生，因此习惯法很重要。法律是民族精神的体现，它就像民族语言存在于人的意识之中。这种观点虽然有失偏颇，但其重视民族法律文化的观点是值得重视的。

在西方或者发达国家的法律现代化的发展过程中，对于民族法律文化也是相当尊重的，如日本明治民法第 90 条规定："以违反公共秩序和善良风俗的事项为标的的法律行为无效。"第 92 条规定："有与法令中无关公共秩序和规定相异的习惯，如果可以认定法律行为当事人有依该习惯的意思时，则从其习惯。"德国民法也有尊重习俗的规定，如《德国民法典》第 138 条规定："法律行为违背善良风俗的，法律行为无效。"

在法制现代化过程中，法律移植作为现代化的一个重要方法，同样面临这一问题：在学习先进的法律制度的同时，如何保持民族性？在经济一体化、全球化的背景下，是否需要保持和发扬民族的文化观、伦理观和价值观？这些都是值得讨论的。或许"西学为用"的理论值得借鉴。

有学者将代表中国本土文化的"国学"或曰"中学"在当今定位于两个方向：一是作为文化资源，另外是作为主导性的意识形态或者信仰体系。同时反对传统文化中的"德治"与"人治"相混淆，影响现代法治建设。[①] 这实际上就是提出在现代法制条件下，应当抛弃传统法律的落后的方面。其实国学作为文化资源是可行的，作为主导性的意识形态则大可不必。

"西学为用"反对的是在法律移植中的简单复制，这种复制是无思想和灵魂的照抄照搬，而移植应该是根据本地实际进行改进和培养，以适应本土化的要求。中国晚清政治改革和经济上的兴办洋务，为法律移植提供了一定的条件，但远不能构成适宜的土壤和环境，因此，移植的效果自然不理想。但是法律现代化的种子已经开始播撒，在条件、环境适宜的情况下，它会吸收本土的养分，会生长发育，在经济政治多元化的社会条件下，移植才可能是成功的。

"西学为用"是在保持传统的前提下，实行渐进的改革，保证社会的平稳过渡，而不是激进的变革。"西学为用"是时代激烈变革中新旧观念剧烈碰撞的结果，反映的是人们恋旧又喜新的复杂心态，因此引起大多数人的共鸣，具有典型的时代特征。它反映在法律移植方面，则是注重本土传统和新型法律的融合。实际上在法律移植中，伴随着技术层面的革命，也不可避免地带来了观念的更新，这是不以人的意志为转移的。

"西学为用"由于起步于发展近代工商业，引进西方先进技术，其直接后果是西方文化及其政治法律观渐渐行进于中国人的观念中，渗透到了社会上层的思想中，使得法律转型能够顺理成章地进行。

在清末修律之争中，学部（时以张之洞为首）驳新刑律草案奏折反映的一些观点，也是指出了修律的软肋："并非必须将中国旧律精义弃置不顾，全袭外国格式文法，即可立睹收回治外法权之效也。盖收回治外法权，其效力有在法律中者，其实力有在法律外者。"[②] 这也是说出了问题的实质，其实法律改革只是一个契机，真正的是国家的经济繁荣、物质强大，才能使得法外治权无法立足，这才是根本。法律超出社会发展的水平，或者盲目照抄照搬别

---

① 参见李德顺：《国学："热"向何处？》，载《江西社会科学》，2007（7）。

② 《沈家本年谱长编》，转引自张晋藩：《中国近代社会与法制文明》，313 页，北京，中国政法大学出版社，2003。

国的文本，既不切实际，也不能收到应有的效果。但是对于观念更新，法律启蒙与宣传是具有积极意义的。从这个意义上看清末修律，其理论意义远大于实际作用。在实际法律生活中，改革的影响是缓慢发生的，经过漫长的熏陶和社会法律实践，传统的法律意识才可能渐渐淡化。

黄宗智先生认为"在 1900 年后的过渡时期里，制度上与行政上的变革实际上早于成文法的变化"①。这是他对司法体制与行政体制的研究之后得出的结论（主要是指行政、司法已经分离）。如《大清民律草案》虽然没有颁布实施，但有些观念却已在社会发生影响，从这一角度看，可能也是不无道理的。他认为行政改革形式下平静进行的实践变化先于理论，制度改革先于成文法的变化。② 这主要是指法律改革所导致的新旧观念的激烈碰撞的结果，这一结果首先影响的是上层社会与较高等级政府之办事程序、行政管理行为，而对于官府的基层管理模式（如县以下）、民间社会却触动不大。清末引进的大陆法系，其特点是注重法律文本，而西方的法律及其理论来到中国，又产生了文本与现实的错位，这也符合"西学为用"在操作中的实际情形。

沈家本在修律时也表示"按照交涉情形，参酌各国法律，妥为拟议"。提出模范列强修律。这时的移植法律，主要是为与国际接轨，不给外人以口实，以实现收回领事裁判权的目的。但同时也非一味地全盘西化，而是在学习和接受西方法律文化的同时，挖掘传统法律的精髓，进行相应的调查研究，对适应社会发展和形势要求的法律传统予以保留，如对民商事习惯的调查即是。沈家本是一个既有深厚的旧学背景，又有开阔的政治法律视野的法律改革家。新旧观念的冲击在其身上也有明显的烙印。正是这种心态使他担当了法律改革的重任，并出色地完成了中国法律近代化的具体实施工作。清末的修律为西方法律在中国的生长培养了土壤。

在法律移植过程中，重视对民情、社意的调查和了解，扩大社会对于新生事物和新型法律的接受面，这是法律移植成功与否的重要指标。为社会大众所普遍接受和了解的法律，才能得到有效的贯彻。"西学为用"的成功之处，在于其以物质文明建设为先导，试图在先行提高社会物质发展水平的基础上，在知识、技术、文化创新的前提下，进行法律移植，使法律改革有扎实的物质文化基础，社会的接受程度有一定的提高，能够平稳地实现改革的目的，而不会造成社会的激烈反应和动荡。

这是百余年前政治变革的一条颇有内涵的原则。其对应的西方化问题，演变到现代的全球化、国际化，及其它们和本土化、民族性的矛盾，至今还缠绕着我们，纷纷争争多少年。与现代化共生的经济全球化、一体化，也不可避免地波及政治制度和法律制度，这种讨论随着经济全球化、一体化的继续扩展，将会越来越影响我们的制度构建，并且这种影响还会一直持续下去。所以有学者认为，"中体西用"的原则从清末法律改革一直延续到中华人民共和国成立，贯穿了法律近代化的全过程。③

其实，在这一过程中，中体、中学随着西方文化的影响和改革的深入，呈现的本土特征越来越弱化，今天的法律究竟有多少传统的东西呢？我们自己可以加以清点，应该是为数不

---

① 黄宗智：《法典、习俗与司法实践：清代与民国的比较》，2 页，上海，上海书店出版社，2003。
② 参见黄宗智：《法典、习俗与司法实践：清代与民国的比较》，31 页，上海，上海书店出版社，2003。
③ 参见曹全来：《国际化与本土化——中国近代法律体系的形成》，69 页，北京，北京大学出版社，2005。

多，或者说是寥寥无几。还有一种悖论，即现代化就等于西方化，全球化就是欧美化。于是我们孜孜以求的是"西法东渐"，似乎中国法律现代化就是如此。

不可否认，由于世界经济发展越来越互相依赖，需要建立共同的市场规则体系，这导致在许多方面发展趋同，尤其是经济全球化发展更是大势所趋。但是全球化是否就是西方化？是否就是否定我们所有的本土化的东西，否定全部的传统价值体系，全面更新我们的制度，完全按照西方模式打造一个崭新的法律体系？是否意味着要全面抛弃我们已有的法律制度，来迎合全球化的节奏？其实不然，西方许多学者也承认，中国在某些时期和某些领域中所保存下来的人类历史记录比西方丰富得多。所以，在当前全球化背景下，我们应当重新审视近几年我国法制现代化发展的路径，校正偏离的轨道，重视本土化资源的运用与创新。

"经济全球化是一个必然的过程"不无道理。作为发展中国家，为改变自己在经济上的弱势地位，积极参与国际社会的经济活动，参与国际经济秩序规则的制定，是历史性的进步。为此，世界经济活动的一些共性的规则，就在法律上得到了体现。依据罗豪才先生的观点，经济全球化对法律的影响体现在两个层次上，即国内法与国际法中。[1] 国内法上主要表现是对西方先进的经济运行规则及技术规则进行法律上的移植。而国际法领域则表现为加入相关的国际条约。这样做的目的是能够融入国际经济政治生活，这也是发展中国家争取自己权利的一种有效的方式。客观上，这种做法也加快了法律与国际接轨的脚步。或者换一个视角，也有人说是"法律的全球化"。实际上，它体现的是一种文化上的融通、法律上的互惠互利。因此，这只是一种经济上的需要、政治上的策略，并不能得出"法律全球化"或"法律发展趋同"的结论。

随着我国加入 WTO，我国已经进入了世界经济共同体，国际经济活动的基本准则中有许多已在我国发生了法律效力。从这些方面来看，我们确实是进入了全球化时代，进入了"地球村"。正因为如此，才有这样的疑惑：全球化了的我们在哪里？人们好像正在全球化进程中逐步丧失自我。

据《华尔街日报》与 NBC 新闻网联合进行的一项调查，近 58％的美国人认为全球化对国家不是好事，只有 28％的人认为全球化对美国有利。而 10 年前只有 48％的美国人认为全球化有害，有 42％的人表示支持全球化。[2] 在美国这样提倡民主政治、文化多元的国家，这一调查结果，对我们是否有启示？

在全球化背景下，存在着政治、法律的多样化形态。世界上各个国家和地区政治、经济、法律的发展是不平衡的。在经济全球化浪潮中，我们也须看到由于各个国家的经济发展、政治制度、文化传统等的不同，在法律制度上必然会呈现不同的形式，有些还表现出独特的民族特点。

是否存在法律全球化的趋势？是否东西方的法律已步入趋同的轨道？依照一些专家的见解，法律全球化"只是人类生活其他领域的全球化的法律表现，离开其他领域全球化，法律全球化无从谈起"[3]。

---

① 参见罗豪才：《经济全球化与法制建设》，载《求是》，2000（23）。

② 参见《希拉里奥巴马为争取蓝领选票将矛头指向中国》，载 http：//www.sina.com.cn，2008-03-03。

③ 朱景文：《法治国家的历史演进——国内与国际的连接》，载《跨越国境的思考——法学讲演录》，北京，北京大学出版社，2006。

每个国家和民族都有权选择自己的发展道路,包括对法律的选择也是如此。在未来法律的发展中,不同法律体系之间的相互影响、相互融通可能会继续加大,有些方面可能会趋于一致,但多样化发展必然是客观存在的。经济全球化并不代表政治、文化的全球化,与经济一体化不同,不同文化彼此间仍然会发生冲突与融合,其不同的价值取向是客观存在的,短时间内并不会消亡。因此,由经济全球化推导出法律全球化,是否具有普适性,非常值得推敲。在经济一体化的趋势下,还须看到人们的生存空间总是一定的,人们的生活方式是丰富多彩的,文化、意识形态的不同始终是存在的。在经济活动中,强势群体对法律规则的制定和使用产生着不可忽视的影响,往往出现以全球化面目掩盖的西方化,演变为西方法律向发展中国家的单向输出,这种情况下的法律移植必然是以丧失自我为代价的。

不仅如此,在全球化背景下的资本、产业输出也同样存在问题。在技术、资本输出过程中,很多时候是伴随西方落后产品和技术的转移,所以在法律移植中也应切忌同样的状况发生。

现代法制环境下如何看待"西学为用"?杜维明先生说:"你对自己文化传统的批评越是粗暴,对西方那些价值的引进就会流于肤浅。"① 民族优秀的传统和核心价值观应当得到坚守,在这种情况下,西学才能更好地为我所用。其实全球化也并非西方化、去东方化,而是在互利、互助、互赢的基础上,寻求共同发展,全球化不意味着消灭民族的法律传统。

实际上,儒家的思想作为传统法律的指导原则,过去它在中国的作用甚至大于宗教的力量。它维持了中国几千年的社会稳定,自然有其合理的内涵。这正是我们在法制现代化发展过程中必须发掘研究的,我们可以利用很多传统法律文化的合理内核,充分吸收现代法律的精神,创造更完善的、具有中国特色的法律制度。

社会不可能孤立地发展,它总是处在历史的变化中。法律也不可能在一个封闭的环境中成长、发展,它是处于与世界的动态联系之中的。因此,东西方法律文化的融合与互动发展,才是法律发展的基本形态。在世界文明的发展中,各自保持其先进的文化与传统,互相学习,才能促进人类文明的进步。认为西方的法律传统代表文明的方向,东方的法律传统代表没落的法律文化,这是不正确的。自清末以来,中国传统法律体系逐步解体的过程或者说是近代化的过程就是学习西方法律制度的结果,其进步性自然不言而喻,但是教训也不少。主要问题是与中国的现实衔接不够,导致西方法律精神在社会生活中的实际影响有限。正如伯尔曼在评价罗马法对日耳曼征服地区的影响时所说的:"实际上,在接受罗马法的同时,也存在着罗马法庸俗化的问题。近代一个相类似的例子则是日本和中国在 19 世纪晚期和 20 世纪早期对西方类型的法律的接受——它们所接受的西方类型的法律,调整的是某些官方的和上层阶级的关系,而对整个民族中的传统法律秩序,实际上并无影响。"②

我们是无法全然割断与过去的联系的。在中国法律的近代化与现代化过程中同样也表现了历史发展的脉络,我们今天的法律制度固然是在吸收了近代西方法律制度的基础上发展起来的,但在其中我们可以清晰地看到我们民族文化与传统的精髓。清末的中华法系解体,近代法律体系的架构过程中,传统法律的影响始终是伴随着法律发展的。所以在法制现代化的

---

① 刘梦溪:《中华民族之再生和文化信息传递——杜维明教授访谈录》,载《社会科学论坛》,2007(9)上。

② [美]哈罗德·J·伯尔曼:《法律与革命——西方法律传统的形成》,81 页,北京,中国大百科全书出版社,1993。

进程中，我们应当重视法律本土化资源的发掘及创新，在吸收外来先进法律文化的基础上，创造性地将其进行整合，使我们的法律制度既符合经济全球化发展的客观规律，又切合中国的实际与国情，形成富有特色的现代化的法律体系。

我们在对传统法律文化进行批判时，往往以西方的概念为分析工具，因此难免有失偏颇。在法制现代化过程中，在法律全球化浪潮下，不可否认仍然有一些富有生命力的传统法律制度又重新得到了重视。西方的法律传统虽然经过历次变革，但没有根本性的改变。"每次革命最终产生了一种新的法律体系，它体现了革命的某些主要目的，它改变了西方的法律传统，但最终它仍保持在该传统之内。"① 依照杜维明先生的观点，"现代化可以拥有不同的文化形式，并且西方的现代性也和其本身复杂的地方性有千丝万缕的联系，我们所看到的其现代性，如民主政治等，只是其普世性的东西"②。

作为法律本土化资源，在我们运用时并非原封不动地使用，E. 希尔斯在其《论传统》一书中提出传统应该带有选择性。也就是在现代化的环境下，对传统既不是全盘否定，也非全盘保留，应该是精心研究传统法律文化的现代价值，取其有利于现代法治发展的内容予以保留，更好地发挥传统文化在促进现代化建设中的积极作用。正如有的学者提出的，"对于传统文化要有一个准确的定位，一个合适的度"③。所以，过度渲染传统文化在当今的作用，也是对传统文化的庸俗化处理。

"中体西用"的模式，其在今天的现实意义在于，可通过效法西方技术创新的路径，带动社会生活方式的改变，进而带动法律及其观念的更新。在全球化背景下，其意义在于保持民族性，保持本土先进的法律文化精髓，保留经历史和实践所证明，仍然具有现实意义的法律精神，吸收西方先进的法律技术和理念，创造性的融合运用，建立起符合中国特色的法律体系。

"西学为用"并非全盘西化，或者完全抛弃传统，而是取长补短，互动发展。随着全球化的发展，不仅是我们学习西方的法律，西方也开始关注中国的法制建设，中国传统法律中的优良制度也受到西方的重视。伯尔曼认为，西方法律传统正经历着前所未有的危机。"在过去，西方人曾信心十足地将它的法律带到全世界。但今天的世界开始怀疑——比以前更怀疑——西方的'法条主义'"④。所以，随着中国的发展，不仅是单向输入西方的法律制度，也许是有输入也有输出，未来的法律移植可能成为双向甚至是多向的。

---

① ［美］哈罗德·J·伯尔曼：《法律与革命——西方法律传统的形成》，23 页，北京，中国大百科全书出版社，1993。

② 刘梦溪：《中华民族之再生和文化信息传递——杜维明教授访谈录》，载《社会科学论坛》，2007（9）上。

③ 许总：《"国学"的定位与文化选择的"度"》，载《中国文化研究》，2007（2）。

④ ［美］哈罗德·J·伯尔曼：《法律与革命——西方法律传统的形成》，39 页，北京，中国大百科全书出版社，1993。

第八章

法律适用原则

法律，以其社会性，为人持，为人守。所以，一切以人为本，这是一切法制的关键，也是法律适用原则的核心。一切法度、一切规则，都是被动的，只有人才是能动的，能动的责任往往在统治者。《论语·子路》记载孔子的话说："其身正，不令而行；其身不正，虽令不从。"① 没有适格的人，立法、守法、司法皆成空谈。诚如孔子在《论语·八佾》中所叹："人而不仁，如礼何？人而不仁，如乐何？"② 这是我们在探讨古代法律适用原则时不得不先予界定和明确的。

再则，古人所称之法，尤其在先秦时期，各有不同指称，含义大不相同。如儒家之法，多指刑罚之法，想完整地理解儒家的法律思想，则必须将礼纳入，礼是刑法之外一切社会生活规则的总和；而法家之法则指称广泛，实践上包括了规范社会的一切规则。所以在本章的后续讨论中，对古人法律思想均取其对社会规则的认知，而不仅用其著作中关于"法"的直意。

无产阶级思想家的代表马克思、恩格斯、列宁等一直认为，无论是奴隶制时代，还是封建时代、资本主义时代，法律都是统治阶级集体意志和利益的反映，从没有关于法律是最高统治者个人意志和利益反映的评述和论断。这也是后续论述的一个基本出发点。

第一节
以法为本与树立法的权威

一、以法为本的内涵

以法为本有着多层含义。词源意义上的以法为本，也指社会一般维系需要层面的以法为

---

① 《论语·子路》。
② 《论语·八佾》。

本，应当指以人们为共同生存所必须遵守的"规则系统"为本。这个规则系统不带有任何倾向性，没有阶级性，比如"杀人者死"，对任何人都是有效的，无例外性，所以它是绝对公正的。这些规则体系不是由皇帝或者其他什么人创造的，是由社会本身生发出的要求，古人称之"天道"。这个"天道"，有时也可称之为民意。如《左传·襄公三十一年》引《泰誓》曰："民之所欲，天必从之。"① 所以《管子》认为，"故法者，天下之至道也，圣君之实用也。"又说："圣君任法而不任智"，"所谓仁义礼乐者，皆出于法，此先圣所以一民者也"②。《管子》中对法的本质的表述，传达出较古时期人们对法的本体与自在地位的认知与肯定，这种认知与西方古典法学中的自然理性说极为相近，与后世封建律学家们对法的理解与认知相去甚远。不仅《管子》传达出这种观点，管仲在相齐后也是这样做的。《史记·管晏列传》记载：管仲在齐国，"俗之所欲，因而予之；俗之所否，因而去之。"③ 这种认识指导下的以法为本，是指以社会生存和发展所必然要求的规则体系为本，这个体系中的规则只能被人们发现总结，不能由任何个人或集体创造，也就是说它排斥人们尤其是统治者的主观性。这种比较朴素接近自然的认识，在我国古代可能只存在于春秋末期到战国初期。这个时期，代表新的生产力发展方向的地主阶级已经能够掌握社会的经济力量，但是却不能掌控社会的政治力量。他们的经济利益还不能得到作为政治表征的法律的确认，缺乏最起码的安全感，更说不上法定的社会地位了。为了维护既得的经济利益，进一步争取应有的政治利益和社会地位，地主阶级的代言人们就提出了近乎本源意义的法的概念，直接摒弃先前以"刑"称法的习惯，改以"灋"来指称法律，用水表达公平之意，用神兽獬豸表达正直无偏私，并形成了较为理性的以法为本的认识。结合战国时郑国子产等铸刑鼎公开公布成文法的行为趋势，可以看出，这一时期人们倡导的以法为本包含了对法律、司法的公开、公平和公正原则的希冀和追求。以纯粹的制度体系为本的理念，则可以从商鞅和韩非子的论断中看出。《商君书·定分》中称："法令者民之命也，为治之本也，所以备民也。为治而去法令，犹欲无饥而去食，欲无寒而去衣也，欲东〔而〕西行也，其不几亦明矣。"④ 商鞅认为，治国不依法，犹如南辕北辙，一无是处，必须以法为本才是正道。而《韩非子·有度》有云："故矫上之失、诘下之邪、治乱决缪、绌羡齐非、一民之轨，莫如法。厉官威民、退淫殆、止诈伪，莫如刑。"⑤

解读古人所称的以法为本在社会现实中的表现，则可以大致归纳出以法为本的以下几层含义，即：法律是统治者治国的根本手段，法律是划一统治者意志的根本方法，法律是一切国家事务和社会事务的标准范式，法律是社会道德风尚养成与维护的路径与保障，法律与权威互为根本，树立法律的权威是统治者的根本利益所在。

（一）法律是统治者治国的根本手段

现代学者常称我国古代的统治模式为人治，而不是法治。他们的理论是，古代的政权是

---

① 《左传·襄公三十一年》。
② 《管子·任法》。
③ 《史记·管晏列传》。
④ 《商君书·定分》。
⑤ 《韩非子·有度》。

君主的一人一家的政权，皇帝不是政权的代表而是政权的唯一所有权人，并以"朕即国家"这样的皇帝言论为佐证。同时认为古代的法是君主一己之私意而成，并非民主基础上形成的规则体系，所以无论古人如何把法律作为治国的基本手段，古代的治理模式都是人治。这种理解从区分古代法治与现代西方法治的分别上看有其一定意义，从个别皇帝的所作所为看也有一定的事实依据，但这却非历史主流，且难免会误导后进。要知道，任何时代的法律都不可能是在一般学者想象的那种绝对的民主意境下设立的，即使在自称西方民主模式典范的美国也不可能。法律都是在社会占主导地位的利益集团内部争论、酝酿、妥协后生成的，可以说，到目前为止，还没有哪一部法律能代表其施行范围内一切人的利益，为一切人所衷心拥护。评价一部法律的标准，主要在于看它所反映的利益倾向是否与社会历史发展的方向相重合。如果是重合的，那就是进步的，是当时社会真正的法律，在这种法律治下的社会就可称之为法治社会。否则就是反动的，无论是以什么方式产生的，它都不是真正的法律。在这种法律统治下的社会不能称之为法治社会。中国古代法律的发展路径尽管曲折，但从它的完整的轨迹看，仍可称之为螺旋式上升，绝大部分历史时期仍是处在适宜当时社会形势的法律治理之下，否则也不可能有中华法系的形成。这种用法律维系起来的对社会的统治，恐怕不宜称之为绝对的人治，称之为古法治可能更符合实情。因为一人天下和家天下的说法既无理论依据，也无史实基础。荀子即曾明确指出："天之生民，非为君也。天之立君，以为民也。故古者，列地建国，非以贵诸侯而已；列官职，差爵禄，非以尊大夫而已。"① 也就是说，君只不过是民意的代表，绝不是社会的目的。而孟子的观点与此不谋而合，他认为："民为贵，社稷次之，君为轻。"② 并认为："君之视臣如手足，则臣视君如腹心；君之视臣如犬马，则臣视君如国人；君之视臣如土芥，则臣视君如寇仇。"可见，孟子并不认为君主是天下政权的所有权人，他们与臣民之间的关系是相对的，臣民对君主的态度是可变的，并不要求绝对的忠诚与服从。孟子在答齐宣王关于汤放桀、武王伐纣是否属于臣弑其君的问题时，更是非常明确地揭示了这一点，他说："贼仁者谓之贼，贼义者谓之残。残贼之人谓之一夫。闻诛一夫纣矣，未闻弑君也。"③ 即当君主或皇帝不能代表统治阶级和人民的根本利益时，他就不再是君主或皇帝了，而是人尽可起而诛之的敌人。后世如"君叫臣死，臣不得不死"等论调，绝不是儒家的传统观点，而是附会阿谀的文人们为极力维护君主专制杜撰出的邪说。

实际上，不管是亘古的夏、商时代，还是为人们深入了解的明、清时代，统治者们及其利益集团只能以法律为其治国理政的唯一手段。这个结论可以从以下三个大问题中得出：一是，没有了法律，藏于深宫中的帝王们如何看守其一家之天下，如何协调各方利益，如何防范大臣们的不臣行为，如何适度保护普通百姓利益使他们不致造反？《墨子·法仪》记载墨子的观点如下："天下从事者，不可以无法仪。无法仪而其事能成者无有也。虽至士之为将相也，皆有法。"④ 帝王们没有三头六臂，更没有特异功能，也没有足够的心腹可以依赖，但却能实现对庞大国家的统治，靠的不是个人聪明才智，更不是靠的个人兴趣爱好，而是靠统治集团一起拟定的规则体系，即法律。二是，在那种交通通讯极为落后的时代，统治者在不

---

① 《荀子·大略》。
② 《孟子·尽心下》。
③ 《孟子·梁惠王下》。
④ 《墨子·法仪》。

能及时传达自己的意旨,不能对郡县事务直接指挥、监督的情况下,如何能有效地实现对官员、对民众的规范与统治?君主、皇帝的意旨是随时可变的,不具有稳定性,而且这种意旨难以传达,所以不可能依它来处理纷繁复杂的社会事务和国家事务,只有沿袭传统,斟酌时务,全面修正厘定法律,才可以做到对民众和百官的规范和统治。正如《商君书·修权》所议:"故法者,国之权衡也。夫倍法度而任私议,皆不知其类也。""是故明王任法去私,而国无隙蠹矣"①。这里的私议不仅包括臣民的私议,也包括皇帝的法外之议,无论是臣民之议甚或是皇帝之议,都不能对法律形成抗衡,尤其不能废法。三是,没有法律,靠人们通常理解的最高统治者的金口玉言式的人治,如何能达成对广大国家一百年、二百年甚或是三百年的统治?也许立国之君的智慧、才能均超出常人,他在世时可以以其个人魅力实现对国家的统治,但是无论如何,他的后世子孙们是不可能做到这一点的。所以常见的历史景象是,所有成功与不成功的王朝的开国君主们,他们在建立王朝后最为重要的工作就是组织所有大臣和各种人才立法,并往往规定后世子孙永世相守,不得变更。这实际上也是必须以法治国的明证。早在春秋战国时期,慎子就从反面论证过不得不以法治国的道理,他说:"君人者,舍法而以身治,则诛赏予夺从君心出矣。然则受赏者虽当,望多无穷;受罚者虽当,望轻无已。君舍法而以心裁轻重,则同功殊赏,同罪殊罚矣,怨之所由生也。……大君任法而弗躬,则事断于法矣。法之所加,各以其分,蒙其赏罚,而无望于君。是以怨不生而上下和矣。"②

(二) 法律是划一统治者意志和行为的根本方法和标准

秦始皇统一中国后,统治者对法的认知与定位随着时势的发展也发生了根本性的转变。地主阶级取得政权以后,变成了社会最大的既得利益集团,再也没有必要与谁对阵去争取法律的公开、公平、公正了。相反的,如坚持自己过去的主张,则会对自己形成不能容忍的束缚。没有了过去与旧贵族争权夺利时的那种弱势感觉,只有本利益阶层对国家政权的绝对控制,地主们不再需要也不能容忍自己本初对法本质的主张了,而要确立自己在立法与司法中的主体地位,释放并极度扩张本阶层的意志自由。这样,我们就看到了《史记·秦始皇本纪》记载的秦始皇的观点:"朕言即法"、"言出法随"。这是最高代表对地主阶级法律观的最为直白的表达。另《史记·李斯列传》记载李斯观点:"明主圣王之所以能久处尊位,长执重势,而独尊天下之利者,非有异道也,能独断也。"③ 李斯将法视作君主实现独裁专制的工具了。秦以后,这种观点又得到进一步发展和明确,被直接表述为最高统治者的意志了。如《汉书·杜周传》记载西汉时期律学家杜周对法的认知是:"三尺安在哉?前主所是著为律,后主所是疏为令,当时为是,何古之法乎?"④ 什么是法律,它的渊源是什么?杜周认为,无论律或令都是本朝前后各位皇帝的意志,只有现时的才是有效的,与古代法或其他什么规范都不相关。根据祖宗皇帝的意志编成的法律就是"律",根据儿孙辈皇帝意志编成的法律就是"令"。这种唯上、唯今的法律观在中国古代法制历史上不绝如缕,能够代表后世封建法

---

① 《商君书·修权》。
② 《慎子·君人》。
③ 《史记·李斯列传》。
④ 《汉书·杜周传》。

律的基本精神，也是后世统治者一再承袭的立法传统。它的产生并流传表明，古代对法律所持的朴素而又相对唯物的规矩观，从秦汉时期已经逐步转化为具有极端功利性而又相对唯心的阶级利益观，规避且削弱了法的本体性和自在性。在这种奴化法律的主导意识指引下，法律也一步步沦落为封建统治者维系其家族统治的工具，成为君主专制的帮凶、民主的对立面。这种情况下的以法为本已经异化为以最高统治者的主观意识或喜怒哀乐为本，以王朝创始人的家族统治利益为本，以统治阶层的利益倾向为本，失去了以法为本的本初价值指向和目标依归。

但是，法律却从来没有改变其作为古代的统治者划一集团意志和行为的根本方法和标准的特质。对此，作为法家代表之一的慎到有过完整的论述。他说："法虽不善，犹愈于无法，所以一人心也。"① 即使是坏法，也是统一统治集团意志的标准。"官不私亲，法不遗爱，上下无事，唯法所在。"② 有了法律，统治集团上下的行为就有了依据。同时，他还认为："法者，所以齐天下之动，至公大定之制也。故智者不得越法而肆谋；辩者不得越法而肆议；士不得背法而有名；臣不得背法而有功。我喜可抑，我忿可窒，我法不可离也。骨肉可刑，亲戚可灭，至法不可阙也。"③ 法家的另一代表人物申不害也认为："君必有明法正义，若悬权衡以称轻重，所以一群臣也。"④ 法家代表的这些言论反映出，统治者失去法律，将无法统一本集团各成员的意志和行为，无法划一其行动，进而无法实现对国家的统治。

（三）法律是规范一切国家事务和社会事务的标准范式

如前所述，以君主、皇帝为代表的统治集团必须以法为工具实现对社会的统治。那么，具体而言，法律必须是规范一切国家事务和社会事务的标准范式。在司法和执法过程中以法为本自古以来一直是人们的理想。但是在具体的司法过程中，对不同的执法者而言，却存在多种可能，有的以法为本，有的以皇帝的意旨为本，还有的以私欲为本。但是，这些都无法改变统治者立法时将法律作为国家和社会事务标准范式的初衷。

必须承认，古代的法律受其历史背景的局限，不可能是在民主基础上纯粹通过集民意、为保民利而制定的。但是为了其江山社稷的长远，为了社会秩序能够基本得到维护，任何国家、任何时代的开明统治者都不能不把社会的基础利益作为立法的基本核心。如《汉书·桓谭传》记载桓谭奏折中所言："且设法禁者，非能尽塞天下之奸，皆合众人之所欲也，大抵便国利事多者，则可矣。"⑤ 社会的这个基础利益有其规律性，可能有时不被尊重，但却不是统治者个人或小集团利益能够改变的。历史已经不止一次证明，凡是在制定法律时充分尊重、固定这个社会基础利益，对社会和国家的各项事务进行合乎时宜规范的，其政权就会更稳固一些，其家族统治也会更长久一些，如汉朝、唐朝。反之则祸乱丛生，朝代统治短促，如元朝。

关于以法律为国家和社会事务的标准范式的论述在中国古代典籍中比比皆是。如，《荀

---

① 《慎子·威德》。
② 《慎子·君臣》。
③ 《守山阁丛书·子部·慎子佚文》。
④ 《全上古三代秦汉三国六朝文》，卷四，转引自《中国法律思想史资料选编》，152 页，北京，法律出版社，1983。
⑤ 《汉书·桓谭传》。

子·王霸》中称："国无礼则不正。礼之所以正国也，譬之犹衡之于轻重也，犹绳墨之于曲直也，犹规矩之于方圆也，既错之而人不能诬也。"① 又如，《韩非子·八说》中言明："明主之法必详事。"②

秦始皇统一中国后，更是事事立法，将国家、社会的一切事务均纳入法律的规制之下。《史记·秦始皇本纪》记秦始皇："事皆决于法。"③ 并记秦始皇登泰山刻石的内容有"诸产得宜，皆有法式"④。仅 1975 年 12 月在湖北省云梦睡虎地十一号墓挖掘出的秦墓竹简，就反映出秦代至少有《田律》、《厩苑律》、《仓律》、《金布律》、《关市律》、《工律》、《均工律》、《工人程》、《徭律》、《司空律》、《军爵律》、《置吏律》、《效律》、《传食律》、《行书》、《内史杂律》、《尉杂律》和《属邦律》等十八种，除此之外还有各种令、式等作为补充，后人评价秦法"网密于凝脂"⑤，可见秦时法律对社会和国家事务的关照度有多么的密实。而这一切，又不可能被后世的封建统治者们完全撇之脑后，肯定是借用不疑，且会有更多、更大的发展。从唐朝发展起来，到明清大为发达的行政法制的推行，就是明证。尽管现代学者对《唐六典》及以后各朝的行政典籍的性质还有争论，但有一点是不容争论的，那就是这些典籍反映出统治者对行政官署设置、职责定位的考虑是真实不虚的，在现实的社会生活和政治生活中，这些规则是被切实执行过的。

（四）法律作为社会道德风尚（礼的原则与要求）养成与维护的路径与保障，是经国治世之策中的重要一环

中国自古有礼仪之邦的美称，这一称谓有其深远之源流。其源在于家族式社会亲情的推演，而其流则要归功于法律对社会道德风尚的提倡与保障。在长达两千余年的封建社会里，中国没有像西方国家那样靠宗教维系社会的基本秩序，而是靠礼来明确各种社会生活的规则。正如《荀子·劝学》中强调的："《礼》者，法之大分，类之纲纪也。"⑥ 在中国古代，礼是法的总纲，是一切种类社会事务的核心原则。在规则实施的基本方法问题上，中国没有像西方那样用天堂、地狱这样的形而上的引导在人们的心中养成内心强制，而是靠君子、小人这样的一般社会评价来实现对人们行为的劝导。方式方法不同，但究其根本考虑及实际效果，则可见其本质如一。社会的道德风尚是法律施行的基本土壤，它的品质如何，可以直接决定一个社会的法治程度，甚至是国家的存亡。《管子·牧民》就指出："礼义廉耻，是谓四维，四维不张，国乃灭亡。"⑦ 所以在精明的统治者那里，他们从不把法律与道德截然分开，相反，却时时处处把法律与道德密切衔接。在我国古代，道德风尚的具体内容都直接体现在礼中，礼不是简单的礼仪。《左传·昭公二十五年》记载："子大叔见赵简子，简子问揖让周旋之礼焉。对曰：'是仪也，非礼也。'简子曰：'敢问何为礼？'对曰：吉也闻诸先大夫子产

---

① 《荀子·王霸》。
② 《韩非子·八说》。
③ 《史记·秦始皇本纪》。
④ 《史记·秦始皇本纪》。
⑤ 《盐铁论·刑德》。
⑥ 《荀子·劝学》。
⑦ 《管子·牧民》。

曰：'夫礼，天之经也，地之义也，民之行也。天地之经，而民实则之。'"① 礼的精神是道德，礼被人们遵行后产生的效果，就是好的道德风尚。因此，统治者们无不既重礼又重法，常常将重要的礼的要求作为法的一部分内容加以固定，这就是历史上人人尽知的纳礼入律。古代的统治者对明礼以敦行、严法以助教的做法都不陌生，且都是积极的实践者。

《礼记·曲礼》强调礼在社会和国家政治生活中的极端重要性："夫礼者，所以定亲疏，决嫌疑，别同异，明是非也。……道德仁义非礼不成；教训正俗，非礼不备；分争辩讼，非礼不决；君臣上下，父子兄弟，非礼不定；宦学事师，非礼不亲；班师治军，涖官行法，非礼威严不行；祷祠祭祀，供给鬼神，非礼不诚不庄。"②《礼记·乐记》中则强调礼与乐、政，尤其是与刑之间的契合关系："礼以道其志，乐以和其声，政以一其行，刑以防其奸，礼乐刑政，其极一也。"③ 孔子则特别重视治国、治世方法选择不同所带来的不同后果，他说："道之以政，齐之以刑，民免而无耻；道之以德，齐之以礼，有耻且格。"④ 孔子的这一观点，并不否定法律和刑罚的作用，而是说不能偏任法律和刑罚。同时，孔子还强调，在为治国所不可或缺的刑罚实施时，如果没有礼的正确指导，那么也会一无是处。他说："名不正，则言不顺；言不顺，则事不成；事不成，则礼乐不兴；礼乐不兴，则刑罚不中；刑罚不中，则民无所措手足。"⑤ 礼的精神未被明确，道德风尚没有得到很好的建立，那么刑罚的施行就会失去正确的方向，导致人民惊惶无措，莫衷一是。

晋以后的统治者都特别重视刑律与礼的结合，重视将礼的重要规则直接立为刑罚保障实施的对象，对违反者施以重刑。如唐代就将"不孝"列为十恶大罪，即使行为人为"八议"对象，也不享受法定优待，而且遇有赦的机会，也会加以剥夺。《唐律疏议·名例律》对十恶大罪之七"不孝"注云："谓告言、诅詈祖父母父母，及祖父母父母在，别籍、异财，若供养有缺；居父母丧，身自嫁娶，若作乐，释服从吉；闻祖父母父母丧，匿不举哀，诈称祖父母父母死。"⑥ 另外，为保证子女服从家长教令，《唐律·斗讼律》规定："诸子孙违反教令及供养有缺者，徒二年。"⑦ 这些在现代我国年轻人看来只是道德缺失的问题，在古代都构成重罪，甚至是十恶大罪。看起来古代刑法特别保障的这些礼的内容是细微末事，也许有人会感到疑惑，甚至会报以不屑，把它规定在刑法中并施以重刑有必要吗？对此，《韩非子·内储说上七术》中的一段话揭示了其中的道理，这段话是："殷之法刑弃灰于街者，子贡以为重，问之仲尼。仲尼曰：'知治之道也。夫弃灰于街必掩人，掩人，人必怒，怒则斗，斗必三族相残也。此残三族之道也，虽刑之可也。且夫重罚者，人之所恶也；而无弃灰，人之所易也。使人行之所易，而无离所恶，此治之道。'……公孙鞅之法也重轻罪。重罪者人之所难犯也，而小过者人之所易去也。使人去其所易无离其所难，此治之道。夫小过不生，大罪不至，是人无罪而乱不生也。"⑧ 序人伦以睦家庭，顺世情而美风俗，治小过以避重罪，这就

① 《左传·昭公二十五年》。
② 《礼记·曲礼》。
③ 《礼记·乐记》。
④ 《论语·为政》。
⑤ 《论语·子路》。
⑥ 《唐律疏议·名例》。
⑦ 《唐律疏议·斗讼》。
⑧ 《韩非子·内储说上七术》。

是古人治世事和社会的基本逻辑。

汉代贾谊对法律在生成并保障社会道德风尚的作用及礼法关系有过全面的论述："夫礼者，禁于将然之前，而法者禁于已然之后，是故法之所用易见，而礼之所为生难知也。若夫庆赏以劝善，刑罚以惩恶，先王执此之政，坚如金石，行此之令，信如四时，据此之公，无私如天地耳，岂顾而不用哉？然而曰礼云礼云者，贵绝恶于未萌，而起教于微眇，使民日迁善远罪而不自知也。孔子曰：'听讼，吾犹人也，必也使无讼乎！'"① 由此观之，贾谊不仅把美俗的责任赋之于立法，而且很明确的也将之寄于司法，并以此来解释孔子的司法目的观，可谓深刻全面。

（五）法律与权威互为根本，树立法律的权威是统治者的根本利益所在

古代法家强调君主治世，工具有三，就是法、术、势。法是权的根本，是权利之柄，更是势的基础。所谓势，也就是权威、威势。法家认为，没有法，君主的权威则无以树立；而没有权势，法律则无法得以贯彻执行。这其中的辩证关系法家的所有代表人物均曾详加陈述，可见法与权威互为表里、互为根本的关系。《商君书·画策》载："昔之能制天下者，必先制其民者也。……民本，法也。故善治者塞民以法，而名地作矣。"② 而《抱朴子·外篇·用刑》中葛洪也认为："明君不释法度，故机诈不肆其巧。"③

从根本上说，法律本身必须要靠权威才得以施行，而统治者的一般治世权威也来自于法律；树立法律的权威是统治者根本利益所在，为历代统治者所重视和施行。

二、保证以法为本的具体手段

古代的统治者治国时以法为本，这本身也只是一个宗旨，甚至只能说是一个愿望。如《商君书·画策》中传达出的："国之乱也，非其法乱也，非法不用也。国皆有法，而无使法必行之法。"④ 也就是说，要切实实现法治理想，达成治国以法为本，更长地延续自己家族统治的目的，尚需要建立一个严密的保障系统。

对于这个系统的建立，司马迁给出了明确的答案。他在《史记·太史公自序》中假托以其父亲之口对诸家学说，实际上也是对统治者的统治术进行了评价："阴阳之术，大祥而众忌讳，使人拘而多所畏；然其序四时之大顺，不可失也。儒者博而寡要，劳而少功，是以其事难尽从，然其序君臣父子之礼，列夫妇长幼之别，不可易也。墨者俭而难遵，是以其事不可遍循，然其强本节用，不可废也。法家严而少恩，然其正君臣上下之分，不可改矣。名家使人俭而善失真；然其正名实，不可不察也。道家使人精神专一，动合无形，赡足万物。其为术也，因阴阳之大顺，采儒墨之善，撮名法之要，与时迁移，应物变化，立俗施事，无所不宜，指约而易操，事少而功多。儒者则不然，以为人主天下之仪表也，主倡而臣和，主先而臣随。如此则主劳而臣逸。至于大道之要，去健羡，绌聪明，释此而任术。夫神大用则

---

① 《汉书·贾谊传》。
② 《商君书·画策》。
③ 《抱朴子·外篇·用刑》。
④ 《商君书·画策》。

竭，形大劳则敝。形神骚动，欲与天地长久，非所闻也。"① 此一番妙论，可能为一些谦谦君子类君主大臣们口头所异议，甚至是诟病。但是，私底下，却无不将其奉为圭臬，私密之，宝贝之，温养之，维护之。各家学术思想和治国措施的杂糅，就可以作为保证治国以法为本的手段。

根据司马迁的分析，以法为本的保障系统大致可分为以下几个组成部分，即由名家正名实理论生成的法律自身的利益均沾系统，由法家势的理论生成的严密的监察控制系统，由阴阳之术发展而来近乎极端的个人特务政治系统，由儒家礼治理论生成的先于法律设置的关于人伦秩序的道德教化系统。开明时期的统治者还会用道家的虚静无为使臣民有为且多为。

（一）建立根本利益均沾的法律系统

古代统治者，自君主以至于臣僚，对集团利益的一致性或公共性历来都有明确的认识。从帝王们的认识看，如北魏世祖就常说："法者，朕与天下共之，何敢轻也。"② 元英宗也说："法者，天下之公。"③《清圣祖实录》记载清康熙帝也反复强调这一观点。说明帝王们大都认识到，法律不可能是只维护帝王一家之私，更不是他们的家族私器，这是"天下之公"的利器，必须与天下人共之才能做到严格办事，实现天下长治久安的目的。而臣僚们的认识则更为激进。西汉名臣张释之最早提出法律是天子与天下公共观点的人。而《汉书·谷永传》记载谷永的话说："天下乃天下之天下，非一人之天下也！"④《新唐书·裴怀古传》记载：裴怀古在向武则天进谏时也称，"陛下法与天下画一"⑤。这实际是成为当时及以后士大夫们的共识。而士大夫们是统治集团内部大众意志的代表，在立法与司法时，是不会将其视为身外事的。因此，无论是开明的皇帝主动顾及，还是刚愎自用的皇帝被迫顾及，总之，最高统治者们在立法时，不得不虑及集团中其他人的利益，普遍遵循利益均沾的原则。荀子从反面说明立法、司法公平，力避君主一人、一家利益至上的重要性。《荀子·成相》："治之经，礼与刑，君子以修百姓宁。明德慎罚，国家既治四海平。""君法明，论有常，表仪既设民知方。进退有律，莫得贵贱孰私王？"⑥ 为使君主的统治看起来超脱有权威，不使自己陷于利益争斗的旋涡中，君主必须使立法明、司法有常，并做到能使各方利益均沾、平衡。

（二）建立与现实利益攸关的法律特权制度

关于统治集团内部的法律特权设定，最早见之于《周礼》，其《秋官司寇》篇记载："凡命夫命妇，不躬坐狱讼。凡王之同族，有罪不即市。"⑦ 就是说大夫和大夫以上的贵族及其正妻，不亲自出庭受审，犯死罪时，不在闹市执行死刑。除此之外，还明确规定有八种人犯罪，在实体和程序上都要予以优待。《周礼·秋官司寇》篇还记载："以八辟丽邦法，附刑罚：一曰议亲之辟；二曰议故之辟；三曰议贤之辟；四曰议能之辟；五曰议功之辟；六曰议

---

① 《史记·太史公自序》。
② 《资治通鉴》卷一二〇。
③ 《元史·刑法志》。
④ 《汉书·谷永传》。
⑤ 《新唐书·裴怀古传》。
⑥ 《荀子·成相》。
⑦ 《周礼·秋官司寇》。

贵之辟；七曰议勤之辟；八曰议宾之辟。"①

汉代贾谊为设立统治阶级内部特权的必要性有过生动的论证，他说："臣闻之，履虽鲜不加于枕，冠虽敝不以苴履。夫尝已在贵宠之位，天子改容而体貌之矣，吏民尝俯伏以敬畏之矣，今而有过，帝令废之可也，退之可也，赐之死可也，灭之可也；若夫束缚之，系绁之，输之司寇，编之徒官，司寇小吏詈骂而榜笞之，殆非所以令众庶见也。夫卑贱者习知尊贵者之一旦吾亦乃可以加此也，非所以习天下也，非尊尊贵贵之化也。夫天子之所以尝敬，众庶之所以尝宠，死而死耳，贱人安宜得如此而顿辱之哉！"② 他的意思是说，如贵族统治者们犯罪，让他们与庶民一样受到下层折辱的话，那么尊贵人等将再也没有颜面了，让其他贵族统治者今后还怎么维系其尊崇的地位，实现对民众与社会的控制与统治？所以从汉代开始，统治者们就注意在法律中给予统治集团成员以特权。

到了隋唐时期，封建贵族的法律特权被系统化、法律化，并在实践中被认真执行。以唐律为例，《名例律》第 7 条明确规定了"八议"的对象，条文注中对其范围详加列举，其后用 8 至 17 条共 10 个条文说明八议对象可以享受的权利。总结起来，唐代规定法律特权有以下几个特点：一是地位愈尊崇，其享受的特权就越大、越多。如《名例律》（总 17 条）规定："五品以上，一官当徒二年，九品以上，一官当徒一年。"③ 二是官员和贵族用官和爵"当"、"赎"基本上可以不受流以下刑罚的惩处，而且被判处以后还可以保住官籍。三是在审判和行刑过程中可以享受优待，不受拷讯，也可免强制劳役，如犯死罪还可在家自尽。如《断狱律》（总 474 条）规定："诸应议、请、减，……合拷讯……以故失论。"④ 四是一旦进入贵族官僚阶层，终身得益。如《名例律》（总 16 条）规定："诸无官犯罪，有官事发，流罪以下以赎论。其有官犯罪，无官事发；有荫犯罪，无荫事发；无荫犯罪，有荫事发；并从官荫之法。"⑤

为统治阶级成员建立这样的特权制度，可以建立相关的利益引诱，使成员个体珍惜身份，严格执行法律，为维护其长久统治共同努力。

（三）建立完善的责任制度和监察制度

古代统治者们在赋予本集团成员充分的特权的同时，也为司法、执法设定了严格的责任制，并同时建立了高度发达的监察制度，以督促官员严格办事，做到以法为本。

对涉法执政责任制度设立的必要性，古人论述多多。兹举其先声以为佐证。如商鞅认为："故上多惠言而不克其赏，则下不用；数加严令而不致其刑，则民傲死。"必须做到"赏厚而信，刑重而必，不失疏远，不违亲近，故臣不欺主而下不欺上。"⑥ 从这段论述中可以读出，只提要求，无论是多么严的要求，也无论以多么严厉的方式提出，如果不配以严格而明确的责任，则这些要求都会沦为空谈。又如另一先秦思想家荀子认为："刑称陈，守其银，下不得用轻私门。罪祸有律，莫得轻重威不分。""君教出，行有律，吏谨将之无铍滑。下不

① 《周礼·秋官司寇》。
② 《汉书·贾谊传》。
③ 《唐律疏议·名例》。
④ 《唐律疏议·断狱》。
⑤ 《唐律疏议·名例》。
⑥ 《商君书·修权》。

私请，各以宜舍巧拙。"① 正面规范紧随责任，使官员们无从规避，不能耍猾。而古代统治者则无不将明确官员严格执法司法的责任作为其立法的重点之一。仅以《唐律》为例，在所有十二篇中，每一篇都密布追究各种官吏在职责前提下"应为不为"和"不应为而为"的刑事责任条款，其中《职制》一篇更是纯粹的官员职责及应当承担的刑事责任条款，其他的法律形式如令、格、式中，对官员职责的规定也往往随之以刑事责任，致使人们常常为这种立法形式所迷惑，认为以唐律为代表的中国古代法律是诸法合体，或者是刑民不分、刑行不分的。实际是，这就是古代统治者的立法智慧的体现，凡有权力、职责的地方均随之以责任，绝不使权力失去控制，更不使责任和义务成为倡导性口号。

除了设立严密的责任制度外，为充分保障这些制度得以不折不扣的施行，古代统治者还建立了极为发达的监察系统，制定出行之有效的监察制度，并将监察机构及其组成人员置于政治阶梯中很高的层位。秦时，御史大夫位列三公。汉代沿袭秦朝做法，以御史大夫为副丞相。《汉书·薛宣传》称：御史大夫"内承本朝之风化，外佐丞相统理天下"②。汉武帝为了加强中央对地方的控制，防止郡守与地方豪强勾结形成地方割据，于元封五年除京师附近七郡外，把境内州郡分为十三个监察区，各置刺史一人，巡视地方。到唐代，御史台分为三院，即台院、殿院、察院。台院掌纠举百僚，推鞫狱讼；殿院掌殿廷供奉之仪；察院掌分察百僚，巡按州县，纠视刑狱，整肃朝仪。监察御史巡视州县，有六条主要的监察内容，据《新唐书·百官志三·御史台》记载："其一，察官人善恶；其二，察户口流散，籍帐隐没，赋役不均；其三，察农桑不勤，仓库减耗；其四，察妖猾盗贼，不事生业，为私蠹害；其五，察德行孝悌，茂才异等，藏器晦迹，应实行用；其六，察黠吏豪宗，兼并纵横，贫弱冤苦，不能自申者。"③ 而监察御史在京，则又分察尚书省六部。以第一人察吏部、礼部；第二人察兵部、工部；第三人察户部、刑部，岁终议殿最。监察御史还列席七品以上官员会议，以观察掌握他们的动态。御史们品秩不算很高，有些甚至可说是偏低，但因是皇帝的鹰犬和耳目，所以他们的权力和威势极大。从史料不难看出，秦汉以后，我国的监察机构和监察制度一直在丰富和发展中，到明清时期发展到极致。据《明史·职官志》记载，明朝将御史台改为都察院，下设十三道。都察院长官都御史职专纠劾百司，辩明冤枉，提督各道，为天子耳目风纪之司。十三道监察御史，主察纠内外百司之官邪，或露章面劾，或封章奏劾。而巡按则代天子巡狩，所按藩服大臣，府州县官诸考察，举劾尤专，在事奏裁，小事立决。另外，明朝在地方还设有固定的监察机构，即按察司，为省级监察机关。除此之外，明朝为加强对中央六部的监察，还专设了六科给事中，直属皇帝节制，作为专职监察中央职能部门的机关。六科给事中主要职掌言谏、封驳、弹劾、监督狱讼、廷推等事务。

监察对维护封建王权至关重要，但监察机构、监察官员本身也是需要规范的。明朝洪武年间，朱元璋陆续颁布敕令对监察机构的职责范围、施行要求等作出明确规定，如《宪纲》、《出退337见礼仪》、《奏请点差》与巡历事例等条例。正统四年（1439 年）颁布的《宪纲条例》，对监察官员的地位、职权、选用、监察对象以及行使权力的方式和监察纪律等作了更为详尽的规定，后被汇总编入《大明会典》中。这些规范，明确了各类监督机构的监督职权

---

① 《荀子·成相》。
② 《汉书·薛宣传》。
③ 《新唐书·百官志三·御史台》。

及其行使方式，分点差、巡按和回道考查等三个环节规定了御史出巡细则，同时还明确了监督纪律。《大明会典·都察院三》记载："风宪之任甚重，行止语默，须循理守法，若纤毫有违，则人人得而非议之。……在我无瑕，方可律人。"① 为此，明朝对监察官员规定了更为严格的廉政纪律。如：巡按不许张其声势，饮食供帐不得逾分，不得向监察对象问及地方所产何物，不许于衙门嘱托公事，不得携带家眷并不得通音讯等等，不一而足，如有违反，均较一般官员处罚为重。

（四）建立极端的皇帝个人控制系统

古代的统治者们为了实现对以官僚体系为代表的国家机器的控制，确保大权不致旁落，往往费尽心机，用尽一切公开和非公开的手段，以掌握官僚队伍动态，处处掌握先机，以使自己能够时时处于先发制人的态势。

对皇帝建立个人控制系统的问题，官方记载与论述极少。荀子在《荀子·成相》中明确指出了君控制臣的方法路径："上通利，隐远至，观法不法见不视。耳目既显，吏敬法令莫敢恣。"② 而论述最为直接、最为全面则非韩非莫属。韩非在《韩非子·定法》中指出，法、术是君主统治的两个最为重要的工具："术者，因任而授官，循名而责实，操生杀之柄，课群臣之能者也。此人主之所执也。法者，宪令著于官府，刑罚必于民心，赏存乎慎法，而罚加乎奸令者也。此臣之所师也。君无术则弊于上，臣无法则乱于下，此不可一无，皆帝王之具也。"③ 韩非子并为后世君主们总结了"七术"："一曰众端参观，二曰必罚明威，三曰信赏尽能，四曰一听责下，五曰疑诏诡使，六曰挟知而问，七曰倒言反事。此七者，主之所用也。"④

在历代皇帝那里，建立个人控制系统是必然的事，但强弱会有所不同。明以前普遍不强，到明代，控制系统受到空前关注，具体施行也为史籍所载。有代表性的强化控制者中，明世宗可谓代表之一。由《明史》、《明世宗实录》、《明世宗宝训》等相关典籍中，可以看出其控制臣下恩威无常，身边重臣也往往难以自保，大臣们人人自危，从而将大臣们的身和心牢牢地掌握在手中，真正做到一切断自圣心；另外还以特定手法使群臣相互犯忌，相互防范，以达到使大臣们相互监督的目的。最为典型的是为现代人周知的在明代横行的特务政治。东厂、西厂、锦衣卫，个个都是为执行特务监视任务而生，而他们自己也是皇帝为相互监视的必要而设立的。诸多的特务组织、诸多的特务行为、诸多的牺牲，使人们，尤其是官僚们人人自危，不得安生。这正实现了皇帝严格控制臣下和社会大众的目标，就是要使大臣和百姓们不致生异心，更不敢有异行。中国那时近乎病态的皇帝个人控制，使得汉唐所传统治集团内部相对平等的议事氛围荡然无存。封建君主专制得到了过度加强，上之尊极与下之卑极损害了社会的敦睦风气，削弱了整个社会的话语勇气，从而扼杀了社会发展的活力。

（五）建立潜移默化的教育制度

中国有句古谚说："十年树木，百年树人。"用以说明教育对于一个社会的基础意义，又

---

① 《大明会典·都察院三》。
② 《荀子·成相》。
③ 《韩非子·定法》。
④ 《韩非子·内储说上》。

说明教育的重要，必须坚持不懈，更说明教育的艰难。古今中外，没有哪个国家不重视教育。从思想到言语到行为莫不视教育为第一要务。教育是立国之本，是一个国家实力的最终、最高级的反映。古代和现代西方用宗教戒律和教义解决对人们思想和行为的引导、匡正和教育问题。我国古代用礼来规范、引导人们的行为，用礼的要求来评价人们，对一个人进行社会定位，以匡正人们的思想、行为，实现教育的目的。不论用何种方式对社会人群开展教育，遵守规则都是教育不可或缺的重要内容，其中当然包括遵守法律。

古代中国的统治者们也非常重视教育。无论诸子百家中的哪家哪派，在重视教育的问题上都是绝无分歧意见的，包括法律的宣教也是如此。儒家宗祖孔子在他的论著中就曾毫不客气地评价说："不教而诛谓之虐，不戒视成谓之暴。"[①] 他的意思是说，如果统治者平时不将人们不可做的事公开向群众宣告，让人们熟知法律规定，当人们违反了那些规定时，不顾之前未曾晓谕的事实，直接对行为人处以重刑甚至死刑，这就可以称之为酷虐。战国时郑国子产用行为证明其对法律宣教的重视。他顶着巨大的压力，把刑法的内容铸于鼎上，努力使百姓知晓法律，以达到预防的目的。不仅如此，他还开设乡校，让群众论议世事，同时也宣讲法律。同样，秦国的商鞅也认为要大力推行教育，但是要注意两件事：第一件是要树立教育的主导方向，不能多路并举，致生歧路而亡羊。他认为应当"壹教"，他说："所谓壹教者，博闻、辩慧、信廉、礼乐、修行、群党、任誉、清浊，不可以富贵，不可以评刑，不可独立私议以陈其上。坚者被，锐者挫。虽曰圣知巧佞厚朴，则不能以非功罔上利，然富贵之门，要存战而已矣。……而富贵之门必出于兵。是故民闻战而相贺也，起居饮食所歌谣者，战也。"[②] 第二件事是一定要把法律宣传教育作为教育的重中之重，而且教育老百姓知法守法最好的老师非法官莫属。他说："天下之吏民无不知法令者。吏明智民知法令也，故吏不敢以非法遇民，民不敢犯法以干法官也。遇民不修法，则问法官。法官则以法之罪告之。民即以法官之言正告之吏。吏知其如此，故吏不敢以非法遇民，民又不敢犯法。如此，天下之吏民虽有贤良辩慧，不能开一言以枉法；虽有千金，不能以用一铢。"[③] 从商鞅的观点看，教导百姓知法的好处不仅在于可让百姓守法，关键的是可以由百姓知法而可达到监督地方百官不敢违法待民的目的，可谓一箭双雕，事半功倍。

儒家代表之一的孟子对教育也有过不少论述。他对教育作用的认识要更为深刻，角度也觉更高。他说："善政不如善教之得民也。善政，民畏之；善教，民爱之。善政得民财，善教得民心。"[④] 他认为如果能够准确把握教育的规律，精心设定教育的内容，以恰当的易被百姓接受的形式开展教育的话，那么这样的统治者是很能得民心的，老百姓跟着他走，是因为他们爱戴他，而不是因为他们怕他。他的论述中给出的反面结论是，精巧地运用暴力、威势等手段也能实现天下太平，并且可以获取社会财富，显得统治者较有实力，但这是百姓畏惧的结果，不是百姓拥护的结果。所以话外音就应该是，英明的统治者应当多在如何更好地开展教育上下工夫，这是保证江山稳固、天下持久太平的最好方法。

秦始皇统一中国后，特别重视对人民的法律教导，要求以吏为师。从《史记》记载秦始

---

① 《论语·尧曰》。

② 《商君书·赏刑》。

③ 《商君书·定分》。

④ 《孟子·尽心上》。

皇登泰山刻石的内容看，当时确是将法律宣达天下的，所谓"专隆教诲，训经宣达，远近毕理，咸承圣志"。

后世的历代统治者也都非常重视法律宣传教育。明太祖朱元璋不仅在开国之初即颁布了六条圣谕以教导天下，即"孝敬父母，尊敬长上，和睦乡里，教训子孙，各安生理，毋作非为"，还亲自把法律的重点依照古典模式编成《大诰》，一篇不足，接续成四篇，最终形成《御制大诰》、《御制大诰续编》、《御制大诰三编》和《御制大诰武臣》。一方面这些大诰与明律一样有最高的法律效力，另一方面，它又是全国推行法律教育的统编教材。明初，这些大诰被强行灌输民间，当时要求每家每户都要有《大诰》，老师讲学必须有《大诰》的内容，乡村里要定期组织宣讲《大诰》，连科举考试也要把《大诰》作为重要的内容，一时间《大诰》中的规定和其精神深入人心，极大地扩展了法律的知晓度，对促成全社会守法氛围的形成起到了积极的作用。

到了清朝，更是把礼义法律的传承与教育推向了极致。康熙帝亲自制成《圣谕》十六条，现录其内容以见统治者融法律、礼义与道德一体的苦心。十六条《圣谕》是："敦孝弟以重人伦；笃宗族以昭雍睦；和乡党以息争讼；重农桑以足衣食；尚节俭以惜财用；隆学校以端士习；黜异端以崇正学；讲法律以儆愚顽；明礼让以厚风俗；务本业以定民志；训子弟以禁非为；息诬告以全良善；诫窝逃以免株连；完钱粮以省催科；联保甲以弭盗贼；解仇忿以重身命。"雍正帝继位后，又将十六条《圣谕》衍释成洋洋万言的《圣谕广训》，使这些规范更加具体化、形象化。《圣谕》和《圣谕广训》颁布后，各地广泛将其进一步解释，附以具体事例进行融会贯通，建立朔望宣讲制度。由获得政府考试审查认可的讲生等受命宣讲。清朝时对讲生的选择也是十分慎重。如道光八年（1828年）八月二十五日署葭州儒学正堂马颁发给讲生的执照载："为慎选讲生恭行宣化事。照得雍正七年奏准，令直省各州县大乡村俱设立讲约之所，宣讲《圣谕广训》，原以举贡生员任其职，至乾隆元年、二年议准，令直省各州县于乡里民中择其素行醇谨、通晓文义者为讲生，不论士民，不拘名数，惟择其人，广行化导。为此合行采访其有曾习经书、未列胶庠而为乡里所推重者应充讲生，优以礼貌，免其杂差，俾得于附近里社中专行宣讲，永蹈淳风。尔等身膺其选，允宜勤慎乃心，无旷厥职，须至执照者。"可见，统治者在法律、道德宣传教育的问题上总是殚精竭虑，不厌其烦的。他们的行为从侧面说明了法律教育对确立以法为本社会风尚的重要性。

三、以法为本的现代意义

尽管古人的做法有古人所处的时代背景，有些与现代情景相差甚远，但是延续历史和民族特性的惯性，有些社会层面的风俗风尚一时也无法尽改。所以，现时研究古人以法为本的思想和做法对现代社会并非全无助益。现今我们正处在市场经济建设时代，有人说市场经济必须是法制经济，只有当法律健全、司法具有权威、市场主体守法意识已成自觉时，市场经济才才为成熟的市场经济。目前人们的共识是，我们的市场经济还远未达成熟的程度，所以更有必要加大法制建设力度，始终坚持以法为本。

1. 树立法律的尊崇地位。法制社会的建设，关键在于引导人们认知和尊重法律。只有当各种社会成员、各种利益体系均养成了尊重法律、依赖法律的习惯和传统，法制社会建设才能奠定其基础。所以，在法律已经初具规模的今天，树立法律的尊崇地位已经成为当务之急。

2. 健全法律体系，严密制度体系，合理规范。中国有句古话，就是"没有规矩，不成方圆"。对于从事具体工艺的人来说，这话是正确的；对于家庭教育来说，这话也非常有道理；尤其对于一个国家、一个社会来说，这句话有它本质成熟的意义。现实地说，就是要求社会生活的各个层面、各个角落都要有法律规制，形成严密的制度体系，使重要的生活环节、层面上均有法可依。而且，制定的这些法律要合乎当时、当世的实际需要，符合社会发展的客观规律，不能揠苗助长。

3. 树立执法者应模范守法的意识，掌握渐进次序。法律不被遵行，犹如一纸空文，不如无法。而守法的关键在于执法者。执法者既是法律的宣讲者，更应是法律的率先遵守者。古语有云："法之不行者，自上坏之。"几千年的古代法制历史，已经证明这句话是真理。所以，当执法者们有置身事外的想法或高高在上的姿态，仿佛自己在法律面前可以与众不同的时候，应当引起人们的警惕。此时的法制是否健康就值得考量。在这个问题上，所有执法者们的神经都应绷紧，自己是示范人，是引导者，在法律的贯彻执行上肩负着极重的责任，不可以有任何的怠惰和疏忽。古人用一句易招致批评的话来形容统治阶层行为倾向对下层群众的影响，那就是"君子之德如风，小人之德如草"，在平等民主的今天已经不能适用。但是执法者是否能严格守法，对一般社会民众还是会有很大影响的。所以，当社会守法风气不能形成，或已形成但时有杂色，这时就应多从执法者身上找原因，而不应一味地埋怨一般守法者素质低。培养民众的守法意识，应先从执行者做起。

4. 正确认识并处理好法律与社会伦理道德风尚之间的关系。社会秩序的创设与维护，不是法律一种规则就能完成的。因为在远古没有法律的时候，人们也能在一定的组织形态下生存繁衍，这时靠的是道德风俗。道德风俗先于法律存在，在一定的时期可以独立于法律单独维系社会秩序，说明它自身存在着独立价值。道德与法律相较，在维护社会的健康发展方面更有其优势，因为道德不靠外在的强制实现其追求的目标，而是靠对人们内心的说服与约制来达成对其外在行为的引导与规范，这是它永远的长处。看到这一点，我们在现代法制社会的建设中，无论如何也不能忽视道德的作用。应当把道德和法律作为维系社会稳定、促进社会和睦的不可分割的有机体，同时建设。为了淳化社会风尚，滋养社会心理，敦厚民风民俗，提高民族素质，在加强法律建设的同时，不可忽略道德建设，应当两手抓，两手都硬。

5. 明确责任，加强监察监管。守法、执法都是辛苦的过程。没有责任，人们易生怠惰之心；失去监督监管，人们易成散放之羊。因此，在立法时就要明确违反的责任，明确执法者不作为或乱作为的责任，避免"严肃处理"之类笼统规定。同时，还要加强监督监管，及时发现违法，继之以相应的惩处，做到言行一致，奖惩分明。

6. 改进方式方法，切实加强法制宣传教育。对重要的法律、法条，可以宣传入家入户。运用现代的传播手段，使一些重要的规定活泼起来，让人们易知、易懂、易记，切实提升法制宣传教育的效果。坚持长期不懈，避免运动式应付差事。

在古代，以法为本在更多的时候被人们理解为以在位皇帝的意旨为本。以皇帝意旨为本的例子较早可见于《史记·酷吏列传》。据司马迁记载，西汉时以精通法律闻名于世的杜周作廷尉时，受人责问："君为天子决平，不循三尺法，专以人主意指为狱。狱者固如是乎？"杜周回答："三尺安出哉？前主所是者为律，后主所是疏为令，当时为是，何古之法乎？"结果，到杜周当上廷尉后，"诏狱亦益多矣"。可见，古代司法者对法律的理解和定位本身就是有其特定的背景特点的，皇权专制下的法律只有强制的本质，不具有公正、平等、自由和程序公开等法律的一般价值。并非如我们今人所理解的民主制度下形成的统一而相对稳定的法律。正如黄宗羲所言："三代以上有法，三代以下无法。……三代以上之法也，固未尝为一己而立也。……（三代以下之法是）一家之法而非天下之法也。"①

　　古人以法为本，是坚守规则的统一。尽管有这样那样的弊端，但是今天的人们也要看到，在先古、中古、近古的各个封建时期，凡是能够绵延其统治数百年的王朝，政权奠基者无不拳拳于严格执法，无不以强力推行其法律。法律的内容可改，遵行法律的习惯和风气万万不能改。在信息沟通手段极度落后的封建时代，皇帝身处深宫，其家族统治能够绵延一百年、二百年，甚至三百年，靠的是什么？总结起来，经验只有一条，那就是严格以法治国，时时处处以法为本。

第二节
不分等级、刑无贵贱与法律面前人人平等

　　我国古有"刑不上大夫"之说，那么在执法、司法的问题上是否也有贵贱等级之分？考察过中国古代法制历史，可以得出这样的结论：一是，立法参与上的不平等是客观存在的。平民下层永远没有参与立法的机会，无法表达他们的利益诉求，所以在立法上他们永远是客体，是被动的，无法与贵族上层平等；在法律规定的权利义务问题上也不平等，自隋唐以后，贵族官僚被"八议"条款笼罩着，拥有了法定的保护伞，平民百姓没有。二是，在执法与司法上也不平等。贵族上层有法定特权，平民下层则无任何特权可言，最多被视为守法的主体也就很幸运了；在那时的法庭上，平民百姓要向司法官员下跪以示恭敬，而贵族上层则没有这个必要，他们甚至可以不出席法庭受审，只委托代理人即可；在刑事案件中，平民百姓弄不好要受刑讯，但贵族上层则可免受此苦；等等。三是，在执法、司法结果上的不平等。贵族上层被定罪量刑后，有诸如议、请、减、赎、官当等优惠方式可以选择，待诸多优惠手段用上以后，大多不用再受实质性的处罚了，最起码可以让处罚大大地减轻。平民下层没有这些特权，只有默默地承受着。那么，是不是古代的司法就是黑白不分，全无章法了呢？也不全是。最起码在各个相应的阶层上，统治者们还是基本坚持了法律面前人人平等的。而且关于执法、司法平等上的思想和做法，屡见实例，尤以有不分等级、不别贵贱与司法平等认识的思想家、政治家为多。

---

① 《明夷待访录·原法》。

龙虎狗三铡

图片说明：龙虎狗三铡，分别代表了皇族、官员、平民的等级，折射出不平等。在中国古代封建社会，刑罚是根据人的身份、地位不同来进行的。

图片来源：冯玉军：《衙门里这些事儿》，138 页，北京，法律出版社，2007。

一、不分等级、刑无贵贱的思想

在中国古代，尽管由于各种各样的客观原因不能出现近现代意义上的法律面前人人平等的法律适用原则，但是，基于已经存在的社会现实，主张、追求这一原则的人还是为数众多。在古代，无论是执政者，还是一般的思想家，无论是法家，还是儒家、墨家，都曾有这样的认识和追求。

《左传·僖公二十八年》载："同罪异罚，非刑也。"[1] 意指有不同的人犯同样的罪，如果不予相同的处罚而实行差别待遇，那么不符合法律（刑）的基本原则，是非法的。

《管子》中说："君臣上下贵贱皆从法，此谓为大治。"又说："不知亲疏贵贱美恶，以度量断之，其杀戮人者不怨也，其赏赐人者不德也，以法制行之，如天地之无私也。"意指，社会各个层面、各种人士，不论是君臣，还是上下，也不论贵贱，一切行为皆以法律为圭臬，那么就天下大治了。对执法者来说，执法、司法，不见亲疏、贵贱、美恶之区别，无论什么事情，均用法律给定的尺度裁断，那么必定可以使他人虽被处死而不怨判处和执行死刑的人，虽受奖赏而不感激具体实施奖赏的人，一切严格依法办事，犹如天地一样无偏私。

《商君书·赏刑》中说："所谓壹刑者，刑无等级，自卿相将军以至大夫庶人，有不从王令、犯国禁、乱上制者，罪死不赦。有功于前，有败于后，不为损刑；有善于前，有过于后，不为亏法。忠臣孝子有过，必以其数断。守法守职之吏有不行王法者，罪死不赦，刑及三族。周官之人，知而讦之上者，自免于罪，无贵贱，尸袭其官长之官爵田禄。故曰：重刑，连其罪，则民不敢试。民不敢试，故无刑也。"[2] 商鞅强调刑无等级，也不论行为人犯罪

---

[1] 《左传·僖公二十八年》。

[2] 《商君书·赏刑》。

之前是有功还是有善，也不论他是否为忠臣孝子，必须一断于法。对举劾官长罪行的，还要把犯罪官长的官爵田地俸禄都奖赏给他。重罚有罪，并予株连，达到人人不敢触犯法律的目的。

《韩非子·有度》中说："法不阿贵，绳不挠曲。法之所加，智者弗能辞，勇者弗敢争。刑过不避大臣，赏善不遗匹夫。"① 就是说，法是公平正直的，依法断事，智者无法使自己开脱，勇者不敢力争。追究刑事责任，对大臣也铁面无私；奖赏善行，对平民百姓也毫无保留。

《诸葛亮集·前出师表》记诸葛亮劝后主刘禅："宫中府中，俱为一体，陟罚臧否，不宜异同。若有作奸犯科及为忠善者，宜付有司论其刑赏，以昭陛下平明之理，不宜偏私，使内外异法也。"② 也就是劝后主，赏善罚恶，都要一视同仁；对于有罪或有功的人，应当交司法主管部门去依法办理，不能内外有别，亲疏差异。

《抱朴子·外篇·用刑》中葛洪也认为："善为政者，必先端此以率彼，治亲以整疏。不曲法以行意，必有罪而无赦，若石碏之割爱以威亲，晋文之忍情以斩颠。"③ 好的统治者，必然用自己严格执法的举动来影响感动他人，而不会反其道而行。

《贞观政要·刑法》记载：贞观九年（635年），就高甑生违抗李靖节度又诬告李靖谋逆受到处罚，群臣有上奏请求宽免事，唐太宗为不予宽免所列理由称："虽藩邸旧劳，诚不可忘，然理国守法，事须划一，今若赦之，使开侥幸之路。"④ 唐代成为世界强国，造就百余年盛世，除仰赖开国最高统治者依法公平公正处理政务时事之外，诸多朝臣能尽忠职守，直言敢谏，顶住压力，做到依法办事，也是必不可少的因素。如据《贞观政要·公平》记载大臣戴胄为严格依法办事而与唐太宗直面理论事："朝廷大开选举，或有诈伪阶资者，太宗令其自首，不首，罪至于死。俄有诈伪者事泄，胄据法断流以奏之。太宗曰：朕初下敕、不首者死，今断从法，是示天下以不信矣。胄曰：陛下当即杀之，非臣所及，既付有司，臣不敢亏法。太宗曰：卿自守法，而令朕失信也？胄曰：法者国家所以布大信于天下，言者当时喜怒之所发耳！陛下发一朝之忿，而许杀之，既知不可，而置之以法，此乃忍小忿而存大信，臣窃为陛下惜之。太宗曰：朕法有所失，卿能正之，朕复何忧也？"⑤ 大臣据法力争，唐太宗在君主的颜面与公正司法之间作出了正确选择，并对依法断案的大臣给予嘉评，显示出君臣之间高度有效的配合与默契。

二、刑无等级思想的局限性

在古代，不分等级、不别贵贱、在法律面前人人平等的思想还是比较普遍地存在于统治者和思想家的头脑中，并且他们用坚定的语气把这些思想表达记录了下来，让我们这些子孙们多少也感到一些慰藉。在思想者所处的时代，有这样的思想，也总会多多少少形成一种匡正的力量，产生相应的好效果。但是这些思想的本源并非根自社会绝大多数人的立场和利

① 《韩非子·有度》。
② 《诸葛亮集·前出师表》。
③ 《抱朴子·外篇·用刑》。
④ 《贞观政要·刑法》。
⑤ 《贞观政要·公平》。

益，所以读来总有一种居高临下的感觉。有些外强中干，有些声嘶力竭，有些恨铁不成钢的味道。古人们面对现实的勇气可嘉，但是这现实有些过于残酷。几千年里，人们一直在要求去除等级，去除贵贱，梦想有一天做到法律面前人人平等。可经过那么多代的圣君明主，终清之世，这一梦想终于还是没有变成现实，这是历史的悲哀，当然就不可避免地反映出那时人们的思想、思想根源、思想的变现有其根本的局限性。

三、刑无等级思想的现代价值

撇开前述思想的局限性，就其反映出的脉络与一般精神看，还是有一些值得现实关注和借鉴之处。现代我国，既没有等级，也没有了贵贱，但是亲疏在任何社会中都是难以避免的。就这一点而言，在面对亲疏关系时，及时依法回避亲者，对疏者一视同仁，也非常有必要。除此之外，古人重视司法、在严格执法问题上的认真精神最值得我们关注与学习。对于领导者和执法集体来说，要树立法律面前人人平等的思想意识，去除封建遗毒，消除上下等级意识，确信人与人之间在主体地位上没有任何差别，任何人在一般权利与义务层面上没有特权。在这个社会中，人们只有品格、能力、职业、外表等的客观差异，没有资格、法律上的差异。必须警惕高人一等、可以在法律规定的权利范围之外再享受一些特殊待遇思想的滋生，更应当避免干预执法、干预司法的不当行为，为现代法制建设创造良好的环境和氛围。对于执法者和一般司法者而言，这一思想的树立对于严格依法执法、司法尤为重要。

第三节
执法严明、不避权贵与严格依法行政

执法严明，关键体现在不避权贵，只有这样才能做到严格依法行政。

一、执法严明的思想与做法

执法严明是古往今来几乎所有政治家和思想家的理想和追求，尽管他们追求的背景、追求的目的及追求的表达方式各有不同，但归根结底，历代统治者、政治家、思想家没有明确反对严明执法的，即使有时在行动上他们自己会破坏自己的理想和信念。

（一）执法严明的思想追溯

孟子说："徒法不足以自行。"[1] 这揭示出法律没有自我施行的能力，必须有合格的人来执行才行。只有合格的人才能严格执法，做到事事严明，不生偏颇。所以后世多有统治者感叹："有治人，无治法"。恐怕也就是这个意旨了。

《韩非子·有度》中说："故当今之时，能去私曲、就公法者，则民安而国治；能去私行、行公法者，则兵强而敌弱。"[2] 在战国那样激烈争霸的时代，法家认为执法严明几乎可成

---

[1] 《孟子·离娄上》。
[2] 《韩非子·有度》。

为制胜的砝码，是国之重器。

《蜀志·诸葛亮传》评述诸葛亮："尽忠时益者虽仇必赏，犯法怠慢者虽亲必罚；服罪输情者虽重必释，游辞巧饰者虽轻必戮；善无微而不赏，恶无纤而不贬；庶事精练，物理其本，循名责实，虚伪不齿；终于邦域之内，咸畏而爱之，刑政虽峻而无怨者，以其用心平而劝戒明也。"① 执法严明无偏私，连执法受众都无法怨恨他，足以令执法者超然于物议之外，这是后世执法严明者的慰藉，也是最后的心理依归。

《史记·酷吏列传》中太史公议曰："法令者治之具，而非制治清浊之源也。"② 法令既然不是制治清浊之源，那么什么是它的源头？无非是人，是负有执法、司法使命的人。这里，太史公隐然指出有法未行，形同虚设，以致社会未治，风气难清，批评执法者未能恪尽职守，严明执法，以维护社会稳定，养成良好的社会风气。

《汉书·刑法志》记刘颂上书中言："又律法断罪，皆当以法律令正文，若无正文，依附名例断之，其正文、名例所不及，皆勿论。法吏以上，所执不同，得为异议。如律之文，守法之官，唯当奉用律令。"③ 这是具体的司法官员对执法严明在适用法律上的理解与诠释，没有适切对应的法律、法规或者对相关的法律规定有疑义时，才能允许执法者讨论、参详，没有这些疑义情况时，必须严格依照法令办事。

《隋书·秦孝王俊传》载：隋文帝儿子秦王杨俊被委以重任后，逐渐奢侈无度，违反制度。文帝追查后仍未警醒。后文帝免去其官职。其后，不断有臣下进谏，请求宽恕杨俊，但文帝不理。文帝说："法不可违"。如果因为杨俊是我儿子，那么"我是五儿之父……何不别制天子儿律。"并且在杨俊派遣使者向其请罪时，仍然气不过地说："我戮力关塞，创兹大业，作训垂范，庶臣下守之而不失。汝为吾子，而欲破之，不知何以责汝！"④ 可见，在古代最高统治者的意识里，法律不仅是为老百姓制定的，它是为所有人制定的。人人应当遵守，即使贵为太子，骄宠已极，但在法律面前，也不可有例外。文帝的思想异常明晰，那就是，任何人都必须生活在法律的统治之下；如果有人可以置身已有的法律之外，那么现有的法度也就不成其为法度了。为维系杨氏江山长久统治计，太子也不能例外。隋文帝用简单的逻辑循环驳回了大臣们的建议，放在今天看来，也还是句句铿锵。

《隋唐嘉话》中记载了这样一段故事，显示了古代法官对自己的严格执法责任的认识：徐有功担任武则天时的大理寺丞时，审理曾经诬告过自己的皇甫文备的案子，给予公正判决。别人问他，他以前陷害你，你为什么还要为他开脱呢？徐有功回答说："汝所言者私愤也，我所守者公法也，安可以私害公！"真是义正词严，也充分展示了古代正直法官的过人品德。徐有功的这句振聋发聩的话，也交代出一个真理，即公私分明是执法严明的前提条件之一，执法者必须牢记不忘。

《折狱龟鉴》卷四记载：唐太宗曾在判断长孙无忌带刀擅闯宫门一事说："法为天下公，朕安得阿亲戚？"⑤《贞观政要·公平》也记载此事："法者非朕一人之法，乃天下之法，何得

---

① 《蜀志·诸葛亮传》。
② 《史记·酷吏列传》。
③ 《汉书·刑法志》。
④ 《隋书·秦孝王俊传》。
⑤ 《折狱龟鉴》。

以无忌国之亲戚，便欲挠法耶？"① 这是从封建最高统治者那里发出的声音，法律为天下共守，即使贵为天子，也不能视法律为私产甚至玩物，搞法外施恩。

（二）一些令人信服的严明执法的例证

据《韩非子·外储说右上》记载：楚庄王时制定了"茆门之法"，规定群臣大夫诸公子入朝，马车不能进入茆门。但太子因王急召且天下大雨而驱车进入茆门，被廷理用兵器击伤马和车。太子遂向楚王哭诉遭遇，但楚王不为所动，说："前有老主而不逾，后有储主而不属，矜矣，是真吾守法之臣也。"② 并因此给严格执法的廷理加爵二级，以示奖励。

据《史记·司马穰苴列传》记载：齐国将军司马穰苴受命率军出击燕国和晋国的侵略军，景公派宠臣庄贾担任监军。军队原定第二天中午集合，可庄贾自恃王宠，不遵军纪，直到黄昏时才赶到军营，违反军法。穰苴询问军法官得知此种情形应当承担的责任是斩首，庄贾恐惧派人向景公求救。但在景公使节到达国中之前，穰苴已经依军法处斩了庄贾，并不顾及景公的颜面，并且还严厉处罚了擅闯军中的景公的使节，杀了使节的仆人。穰苴这种严明执法的精神饱满坚定，留于史册亦属当然。

据《汉书·张释之传》记载："上（汉文帝）行出中渭桥，有人从桥下走，乘舆马惊。于是使骑捕之，属廷尉。释之治问。曰：县人来，闻跸，匿桥下。久，以为行过，既出，见车骑，即走耳。释之奏当：此人犯跸，当罚金。上怒曰：此人亲惊吾马，马赖和柔，令它马，固不败伤我乎？而廷尉乃当之罚金！释之曰：法者，天子与天下公共也。今法如是，更重之，是法不信于民也。且方其时，上使使诛之则已。今已下廷尉，廷尉天下之平也。壹倾，天下用法皆为之轻重，民安所措其手足？唯陛下察之。上良久曰：廷尉当是也。"③ 张释之为当时人所敬重，为后世统治者，尤其是司法同行们所尊崇、景仰，在我国的法制史上烙下深刻的印记，都因为他有不唯上、只唯法、严明无私的精神。

据《汉书·东方朔传》记载：汉武帝妹妹隆虑公主的独子昭平君娶了汉武帝女儿夷安公主为妻。隆虑公主病危时，曾交国库一千斤黄金和一千万枚钱为昭平君预赎死罪，已经得到武帝批准。公主去世后，昭平君骄横异常，"醉杀主傅，狱系内官"。廷尉审理后报请皇帝裁定。汉武帝先是内心矛盾，并为此"垂涕叹息"，心想："吾弟老有是一子，死以属我。"事实上隆虑公主在世时正是怕昭平君会犯重罪而为他预赎死罪的。尽管有过先期承诺，但是经过反复权衡，武帝还是认为："法令者，先帝所造也，用帝故而诬先帝之法，吾何面目入高庙乎！又下负万民。"最后还是忍悲命令廷尉严格依法办事。东方朔以这个君主严格执法的典型为契机，极力推崇武帝的做法，认为这样做足以使"四海之内元元之民各得其所，天下幸甚"。

据《旧唐书·李昭德传》记载，李昭德的父亲李乾祐，贞观初年为殿中侍御史。当时有一名县令裴仁轨因私役门夫，唐太宗震怒，想处死他。李乾祐奏曰："法令者，陛下制于上，率土尊之于下，与天下共之，非陛下独有也。仁轨犯轻罪而致极刑，是乖画一之理。刑罚不

---

① 《贞观政要·公平》。
② 《韩非子·外储说右上》。
③ 《汉书·张释之传》。

中，则人无措手足。臣忝列宪司，不敢奉制。"① 终于使裴仁轨得到宽免。

据《新唐书·张镒传》记载，张镒为殿中侍御史时，华原令卢枞为公事得罪了宦官齐令诜，被齐诬告。张镒受命复核，认为卢枞依法应当免官。可是法司为了迎合上司而提出了判处死刑的意见。张镒在谏诤受贬和附和亏职之间徘徊，但在母亲的鼓励下，还是坚持严明执法，上奏为卢枞辩护，结果招致自身被贬为抚州司户参军的结果。张镒的这种为严明执法而忘我的精神，是古代司法官员优秀者的代表，也是古代法制精神的一例活证。

据《旧五代史·晋书·吕琦传》记载，后唐明宗初年吕琦被任命为殿中侍御史。当时河阳府管理国库的官吏监守自盗案发，朝廷诏令军巡院审讯。军巡使尹训依仗官势，收受贿赂，徇私枉法，颠倒是非。不久，就有人到朝廷喊冤。朝廷命吕琦复查此案。吕琦查明尹训等的违法犯罪事实后，奏报朝廷请求治尹训的罪，由于受到阻挠未得批准。吕琦反复奏报。尹训自知不免于死，在家中自杀。最终，多名蒙冤官员免于一死。吕琦逆势公正执法的精神气质，感染了当时的人们，为统治者们所敬重。

史籍和民间传说故事中记载了有关包拯清正廉明、秉公执法的许多事迹，包拯作为中华民族公正执法的标志性人物已经深入中国人的心灵。《宋史·包拯传》就曾记载："旧制，凡诉讼不得迳造庭下。"而包拯为避免小吏上下其手，规定直接打开官衙正门，使百姓有事者可以直面长官陈述。对群官的集体违法事，包拯整肃不怠。朝中权贵们建造私家园林侵占惠民河道，使河道堵塞、泄洪不畅。正逢京师汛期大雨不断，包拯立即命令将侵占河道的建筑物全部拆除，清理河道，并依法弹劾那些想趁机扩张地界计巧的官员。包拯不仅自身要求严格，对后世子孙也提出了极为严格的要求："后世子孙仕官宦，有犯赃者，不得放归本家，死不得葬大茔中。不从吾志，非吾子若孙也。"

包拯像

图片说明：一身正气，破案如神，甚至敢断皇帝"家务事"，享有"青天"之誉的包拯。

图片来源：郭建：《执王法——中国古代帝王与法官》，147 页，北京，当代中国出版社，2008。

据《明史》（卷一二一）记载，朱元璋的女儿安庆公主嫁给欧阳伦。欧阳伦自恃皇亲，目无法纪。洪武三十年（1397 年），朝廷禁止私贩茶叶，但欧阳伦多次派遣心腹出境贩卖，还骚扰地方，经常让地方官员征发百姓车辆为他们转运茶叶。一次经过兰县黄河桥巡检司关卡时，欧阳伦家奴周保等人无理殴打侮辱了巡检司官员。他们不堪忍受，将此事告到朝廷。朱元璋知悉此事后，大为震怒，下令赐欧阳伦死，并诛杀其家奴周保等人。朱元璋这种护法灭亲的行为，实为严明执法的一种积极表现，也为下属官吏的后续执法树立了榜样，立下了标杆。

过去的统治阶层不仅重视对法律的严格遵守，还特别重视执法官员的选择与任用，从根本上保证司法官员队伍的纯洁性，从而也保证这些人能够不受诱惑，始终保持中立清廉，为

---

① 《旧唐书·李昭德传》。

严格执法创造最稳固的基础。如江苏巡抚汤斌弹劾一钱官的事例就属此类。据《谐铎》（卷三）记载："南昌某，父为国子助教，随任在京，偶过延寿寺街，见书肆中一少年数钱买《吕氏春秋》，适堕一钱于地，某暗以足践之，俟去而俯拾焉。旁坐一翁，凝视良久，忽起叩某姓氏，冷笑而去。后某以上舍生入誊录馆，谒选得江苏常熟县尉，束装赴任，投谒上台——时潜庵汤公巡抚江苏——十谒不得一见。巡捕传汤公命令：某不必赴任，名已挂弹章矣。问：所劾何事？曰：贪。某自念：尚未履任，何得赃款？必有舛错。急欲面陈。巡捕入禀，复传汤公命曰：汝记昔年书肆中事耶？为秀才时尚且一钱如命，今侥幸作地方官，能不探囊胠箧，为纱帽下之劫贼乎？请即解钮去，毋使一路哭也。某始悟日前叩姓氏者，即潜庵汤公，遂惭愧罢官而去。"[①]

　　但自古以来并非所有执法严明者都受欢迎，有的甚至下场悲惨。如西汉郅都，"为人勇，有气力，公廉，不发私书，问遗无所受，请寄无所听。常自称曰：'已倍亲而仕，身固当奉职死节官下，终不顾妻子矣'。"郅都"行法不避权贵，列侯宗室见都侧目而视，号曰'苍鹰'"[②]。郅都就是这样一个铁面无私、清廉自守、执法如山的人，因为临江王事件得罪了窦太后，竟被太后以触犯"汉法"为由中伤而处死，虽景帝出面求情也未能幸免，实为悲剧。且这种悲剧在古代是不断上演的，它反映出，在特殊人物所关注的特殊利益面前，严明执法的思想与行为未必就能收到好的效果，有时要付出沉重的代价，甚至付出执法者的生命。

二、执法严明的价值

　　执法严明的第一大价值是可以树立法律自身的权威，使天下一体遵行，引导人们形成良好的规则意识和行为习惯，保证人们能够在安全稳定的社会环境中生存。在物质生活主导的社会中，没有法律这种强制性的规范体系，或者仅有规范体系而不能切实予以实施，那么由人们追求物质享受的热情所形成的力量会变为不可控制的猛兽，将这个社会冲得七零八落，直至毁灭人类社会生存的秩序基础。法律为各种利益关系设定了适宜的边界和标志，人们在日常生活中相互尊重这些边界和标志就能获得安稳的生活，司法官员对于破坏者能够及时给予恰如其分的警示和处罚，做到执法严明，使违法犯罪者必不能得到其预期的利益，相反要付出沉重的代价，那么，久而久之，自然会养成人们自觉守法的习惯。

　　执法严明的第二大价值就是立即可以使社会秩序稳定，给人民的社会生活提供一个起码的保障，而这又是任何一个社会形态下的统治者所不懈追求的。在封建社会中，在自力无法维系稳定，安全失去基本保障的时候，由统治者的代表依法以强力打压以形成一个安稳的局面，也是人心能向的最高秩序境界了。《史记·酷吏列传》记载，郅都对二千石官员不能制的济南豪猾的瞷氏，"至则族灭瞷氏首恶，余皆股栗。居岁余，郡中不拾遗"[③]。形成了稳定良好的社会环境，就是最好的例证。

　　执法严明的第三大价值就是可以维系法律自身的稳定，为民立信，使民有所守。汉武帝依法诛杀外甥兼女婿昭平君和明太祖诛杀女婿欧阳伦的事例就是典型，它既维护了法律的严肃性，同时也向全天下传达了最高统治者维护法律尊严、严明执法的决心。法律能够长期不

---

　　① 《谐铎》。
　　② 《史记·郅都传》。
　　③ 《史记·酷吏列传》。

被诟病地严格执行，说明法律规定的内容要求符合社会发展基本规律和统治者的统治需要。这样的法律被反复执行，法律精神被反复强调，自然可以维护法律自身的稳定，使百姓可以逐步深入了解法律的内容，树立法律概念，便于长期不懈地遵守。

执法严明本身是族群成员内心自尊的外化，是主体意识明晰的表现，是一种文化进步的标志。任何一个社会，当人们之间能够相互体谅、相互尊重、相互帮助时，自然也就较少出现违法犯罪的情形。这肯定地说明，这个社会中各成员之间都有明确的主体意识，建立了明确的主体地位，并且相互承认，相互尊重，互相维护。主体意识的增强，主体地位的确立，是一个社会文明进步的重要标尺。今天，人们说现代社会是市场经济社会，而市场经济社会又必然是法制社会，道理也在其中。执法严明有助于明确人们的社会主体地位，增强人们的主体意识，通过自尊的由内而外的制约，完成秩序的安定过程，实现文明与进步的质的飞跃。

三、不避权贵所体现的价值

不避权贵可以树立司法勇往直前的根本精神。司法是社会公平正义的守护神，勇往直前是它的特性之一。在司法的具体过程中，它可以用法律之剑荡平一切不平，去除一切障碍，去实现司法的本来目标追求。司法的一般运作过程往往是顺利的，但是有时也会遇到阻碍。从中国过去几千年的历史经验看，这种阻碍大多来自权贵。权贵们要么利用其手中掌握的权力直接干预司法，要么通过其掌握的社会权力资源来间接影响司法，轻者错误引导司法官员的工作方向，中者强迫司法官员违心违法办案，重者用尽各种手段消灭不如其意的司法者，为其枉法得利扫平道路。有鉴于此，可以理解凡历史上敢直接面对，甚或敢于与权贵们进行斗争的司法先贤们是多么的勇敢与坚强。不避权贵是公正司法的关键，代表着司法勇往直前的精神实质。

不避权贵体现了司法的独立与超脱本性。司法是社会主体活动的观察者和评判者，有其自身与众不同的特性。司法不能是一般社会生活的积极参与者，因为它必须保持独立与超脱，才能完成一个公正客观的观察者和评判者的使命。这种独立与超脱，主要表现在与权贵们关系的处理上。能够不被权贵所惧、所吓、所诱、所迷、所用，就可以称之为独立、超脱，就可以达成司法对其主体的一般品格要求。

不避权贵说明司法以维护弱者利益、集体利益和社会的根本利益为己任。权贵是一个社会中的极少数，当他们违法得利或者违法不作为的时候，往往是侵害了大众的利益，剥夺了弱者的利益，甚至损害了社会的根本利益，动摇社会安定的基础，破坏统治者执政基础。对于权贵们严重的违法犯罪行为，古代的法律大多加以明确规定，隋朝以后特别规定为十恶大罪，列为不赦，在处理这类问题时，不存在难题。但对于其他的行为，司法把大众利益、弱者利益和社会公共利益作为庇护的对象，真正面对权贵，与权贵们进行针锋相对的较量，不避水火，甚至不惜身家性命，那确实需要很大的勇气，需要极强的道德支撑。

四、执法严明与自由裁量权的矛盾及解决

执法严明是对执法、司法的原则性、规律性的要求，不是司法官员一切司法行为的细节、过程和结果的绝对法定化。由以下三个理由决定，古人或现代人均不能将这一规律性要

求绝对化，否则易生偏颇，反为不美：一是，法律的概括性与社会生活的纷繁复杂性决定执法严明有时会生偏颇，必须保有自由裁量权。法律的特点在于其预见性和概括性，这两个特点决定，法律不能准确无误地对未来将要发生的事给出十分恰当的规则，又受其条文数量的限制，它不能事无巨细均加以规定，只能抽象出若干种特殊情形加以规定，作为判断的一般准绳，而不可能实现与社会生活的绝对对应。二是，法律责任的非绝对法定化与法律事件的多变性决定执法严明会生偏颇，必须保有自由裁量权。法律只是天平，它只能给出一个统一的尺度和标准，不能预先将各种事件中行为的责任完全法定化。这样，就需要司法官员具有一定的司法能动性，授权他们运用法律允许的手段和方法将事件、行为、行为人放在法律这架天平上，根据法律事先预定的尺度和标准来客观地衡量、评判，给出一个结果。如果这个行为过程不论被不同的司法官员重复多少次，所得的结果都基本相同，那么说明最初的司法者是在严明执法的。三是，事件、法律的绝对对应与主客观状态错位决定执法严明会生偏颇，必须保有自由裁量权。有些社会事件为法律所禁止，但乡风民俗可能并不反对。又如同样的杀死他人，主观意识状态不同，客观行为方式不同，行为时所处的背景情形不同，都会导致行为人所应承担的责任大小、轻重不同等等，均需要赋予司法官员一定的自由裁量权。

但是，如果自由裁量权过大，缺乏约制，也会成为部分别有用心者徇私枉法、谋取私利、鱼肉百姓的工具，因此不得不时时提高警惕，防止自由裁量权超出法定的范围。也就是说，自由裁量尽管是对执法严明的必要补充，但掌握不好，有时也会走向其反面，适得其反。自由裁量权与严明执法之间本原目标上不存在矛盾，但就一般操作层面看，二者之间还是有一定的对立性，需要加以协调。

解决执法严明与自由裁量权之间的矛盾，需要加以调和。调和的基本原则应当是彻底解决纠纷、真正做到定分止争。也就是《论语·颜渊》中记孔子所言："听讼，吾犹人也，必也使无讼乎。"[①] 有人理解孔子这里所说的无讼是不赞成老百姓打官司，认为正是孔子的这一思想导致后世中国人没有法律权利意识，厌讼、惧讼，缺乏民主精神，基本奴化，是阻挠中国政治进步的罪魁祸首。但是，这种理解是值得商榷的。首先，孔子说这句话的前提是自己如果是一名司法官，然后他作为一名司法官在审理案件，且较大的可能是审理的民事案件（因为古代民事诉讼称为讼，刑事诉讼称为狱，审理刑事案件称为断狱）。其次对审理的目标要求，孔子谦虚地称我和别人一样，是追求"无讼"，用我们现在的话说，就是追求"案结事了"，使当事人服判息讼。最后，就宏观的司法行为而言，理解孔子的这句话，应具第三只眼，不能局限于话里，而忘记了话外。话外是说，司法官员们通过审理一起起案件，不仅要使每个具体案件的当事人口服心服，看到法律、法官的公正，还应通过这些案件的审理，向社会传达法律、司法机关、司法人员绝无偏私的能力和决心，向不法者敲响坚定的警钟，使人违法无望，通过违法得利更是难上加难，那么，人们自然别无他路，只有循法律之规、蹈法律之矩，至此必臻无讼之境。由此，无讼作为调和执法严明与自由裁量之间矛盾的原则是必然的，并且可以将其量化为几个基准。

调和执法严明与自由裁量之间的矛盾应当以社会的根本利益为第一基准。社会的根本利益是法律的源点，尽管在这个源点上在不同时代会生发出诸多变种，但是却不能毁却这一根

---

① 《论语·颜渊》。

源。所以，社会稳定、基本秩序、人伦婚姻、财产保护、国防安全、对统治集团利益的保护等在任何时代都是法律的源点，同时也是社会的根本利益所在。当执法严明会生偏颇，自由裁量缺少参照时，社会的这些根本利益应首先被用作调和各种利益、各方利益的基准。

调和执法严明与自由裁量之间的矛盾应当以社会事物未来的发展方向为第二基准。在行为判断遇到难题，无法以当期法律或法律原则为基准时，应当考虑社会事物发展的未来方向。对未来方向的判断看似艰难，实则有凭有据。凭据就是过去司法的传统。古代的司法官员们在为案件处理与上司甚至皇帝争执时多举出过去的司法实例或司法思想为佐证，这种类比不是要复古，而是要通过过去与现在之间的连线，找出社会事物未来发展的基本方向。立法、司法都是在这一原则的引导下获得发展与推进的。

调和执法严明与自由裁量之间的矛盾应当以维护统治集团的统治为第三基准。在中国几千年的历史长河中，这肯定不是最正确或每次都能适切的基准，却是被参照最多的基准。根据马克思历史唯物主义观点，法律本身就是统治阶级意志的反映和外化。以此为基准调和执法严明与自由裁量之间的矛盾固然在情理之中。古代的司法者们常常以此忖度法律事件中人们行为的善恶度，并相应地作出法律评价。这种情形下作出的判决，无论能否真正调和执法严明与自由裁量之间的矛盾，也不论其是否符合司法情理，都会得到统治者的良好评价，所以也为人们所喜好。但是常用这个基准易形成对一般社会利益的压迫，构成少数人对多数人的暴政。

调和执法严明与自由裁量之间的矛盾应当以社会的善良风俗和道德教化要求为第四基准。社会的善良风俗和道德教化不是法律的核心，但有时可以成为司法护卫的目标，更多的时候还可以成为弥补执法严明之失与自由裁量之过的良方。《刑案汇览》记载的一则故事可以对此作一注脚。故事说，清朝道光年间一姓周的书生在父亲丧期娶周女为妻，按照清朝法律关于禁止"居丧嫁娶"和"同姓相婚"的规定，二人犯有两罪，至少应依法判二人离异，并至少判处周生徒刑。但当时的刑部对此案的处理却并未坚持所谓的严明执法，反而批复府县："居丧嫁娶虽律有明禁，而乡曲小民昧于礼法，违法而为婚者亦往往有之。若必令照律离异，转致妇女之名节因此而有失……凡属办此种案件，原可不拘律文断令完娶。若夫妻本不和谐，自无强令完娶之理。"这个批复准确权衡法律规定与乡野实情之间的矛盾，在考虑了妇女名节和夫妻感情这两大因素后，让法律的硬性规定排在本案之外，最终给出了合乎人情、法理的决断，本案中刑部批复的基准就取得好，大能得人心。

调和执法严明与自由裁量之间的矛盾应当以当事人双方而不是旁观者的利益衡平点为最后一个基准。在有明确利益关系的案件中，除应考虑法律的硬性规定外，最重要的是找准当事人之间利益关系的衡平点作为判断的基准，不应以他人的看法、反应为基准。只有这样，最终的判决才能令当事人口服心服，稳定利益关系，巩固社会安定。如《三朝野史》记载的一则故事就可作为很好地说明这一问题。马光祖当县令时，曾审理一起穷书生越墙幽会邻家姑娘的案件。依照当时的法律，此种行为应认定为"无夫奸"，属于重罪，应判处二年徒刑，最轻也应处以杖击八十。但是马县令在法律有明文规定，自己不便依常情直接行使自由裁量权释放他们的情况下，依当事人双方的利益衡平点找到了解决此事的方法。他以"逾墙搂处子"为题命书生作诗，如果诗意美好即予开释。书生才气甚高，作得好诗。马县令即以词为判："多情爱，还了半生花债柳债；好个檀郎，室女为妻也不妨。杰才高作，聊赠青蚨三百索。烛影摇红，记取媒人是马公。"从根本上评价，未婚男女之间的这种行为虽然有违旧德、时法，但系当事人你情我愿，绝不违反人伦，且未伤害他人，马县令的这一判决可谓找准了当事人利益的衡平点，于情于理，绝无瑕疵，虽未严明执法，好过严明执法。

第四节
亲亲尊尊：传统法律适用中的伦理因素

我国的社会历史在某种意义上可以称为家族史，因为在古代国人的思想中，家是社会的最基本细胞，是个人与国家社会之间联系的最为直接、稳固的纽带。家可以缩小为单个细胞——人，也可以扩大为细胞集群——国。所以称国为国家，强调国的家的属性，可以无限地增强人们对国的依赖与留恋。家的这种在社会上基本独立的单元地位，决定个人不可以具有太多的个性，它必须以家的性格为性格，以家的利益为利益，以家的方向为方向。历代统治者都深刻地认识到一个真理，那就是，要治好国，必先治好家。这是儒家经典中早已揭示，也确已经融入统治者血液中的不能被替代的经验。这一经验模式是："……心正而后身修，身修而后家齐，家齐而后国治，国治而后天下平。自天子以至于庶人，壹是皆以修身为本。"① 这一模式的核心是将道德原则、生活条规（礼）和法律密切结合，形成条理、规范社会的疏密有致、牢固有效的无形之网。这张网以亲亲尊尊为纲，在家族里，以亲亲密切亲属之间的关系，以尊尊树立家长的权威；在社会上，亲亲也可将社会各个层面联系在一起，尊尊更利于树立皇帝和中央政权的权威；因此它既能囊括家族生活的要领，也能概括国家政治生活的要求，能够左右逢源。

一、亲亲尊尊的思想与原则：内涵分析

撇开亲亲、尊尊的古典意义，只以字面意义理解，它是完全必要的。因为人区别于其他动物的第一特征在于其具有的高级社会性，而社会的基本特征在于秩序，秩序由亲情发端。亲亲本身是一种原始秩序，随着亲亲的扩展，就必然产生小团体与小团体之间，中团体与中团体之间，大团体与大团体之间的关系问题，为了解决这一类问题，尊尊的必要也就自然地被推演出来。亲亲、尊尊是一个事物的不同发展阶段。它的产生是自然的，不带有政治性；它的本质是中性的，既没有自性的善，也没有自性的恶；它对社会的生成与维系起着关键作用，有着不容被评说的内在价值。在政治层面上，亲亲、尊尊没有自主的能力，易被人们发挥和利用。

秦以后的中国，在"朕即国家"的意识主导下，最高统治者与国家之间在物质层面和精神层面便从来都是一而二，二而一，难分彼此。不仅如此，物质与精神国度中的一切，均成为国有，也就是最高统治者所有的财产。为了维护这一个庞大的结构体系，并很自然地使自己处于这一体系的核心地位，利用亲亲原则，强化尊尊原则也就成为聪明人的不二之选。统

① 《大学》。

治者们在顺应人心大力推进亲亲原则的同时，也在不遗余力地强化尊尊原则。最高统治者将国家权力从根至梢以尊尊的形式流注入社会的最细小单位——家庭中，让大大小小社会单元中所有的强势主体都分一杯羹，从而保证皇权这个巨壑中源流不断。

维护利益最好的也是最经济的手段就是法律。对于统治者而言，亲亲、尊尊原则自应成为法律规范和维护的重点对象。清代律学家王明德在《读律佩觿》"读律八法"中开宗明义地指出："律义首重伦常，故五刑图具之后，即冠以服制各图。凡有所犯，皆依服制亲疏为加减，不必言矣。"①

早在周代，人们已经明确亲亲、尊尊原则是礼的核心，也是社会生活所有规则体系中至关重要的部分，它不能随时间的流逝而变化。在西周那种土地与政权分封、整个政权依靠宗法关系维系和运行的年代，亲亲与尊尊原则的树立与坚守显得尤为重要。因为王权对诸侯政权缺少后世郡县制下皇帝对各地官员直接严密的控制手段，如果没有亲亲尊尊原则的支持，没有诸侯们对这一原则的信守，王权自然就会落空，国家也就会处于动荡甚至是战争的状态。这样分封制与亲亲尊尊原则就互为表里、互为依托了。所以《礼记·大传》说："亲亲也，尊尊也，长长也，男女有别，此其不可与民变革也。"那时的人们认为以亲亲、尊尊原则为核心的礼是治国、理民的关键，在政治生活中可以起到"经国家，定社稷，序民人，利后嗣"② 的作用；在日常生活中可以起到"定亲疏，决嫌疑，别异同，明是非"③ 的作用。了解当时的历史背景后，就不会得出有别于此的结论。

对亲亲原则在法律适用中的运用，孔子曾作这样的一例分析：据《论语·子路》记载，孔子认为"吾党之直者异于是：父为子隐，子为父隐，直在其中矣"④。也就是说，基于亲亲的考虑，在父子关系下判断是相互隐庇其罪还是告发其罪才算是诚实正直，不能与一般社会公众等同，应当以相互隐罪为诚实正直。亲亲是人性之自然，必须是常顺此自然之性的人，才能参与政事，治理国家，让全体人民把他和他的家庭作为典范。正所谓"其为父子兄弟足法，而后民法之也"⑤。相反地，如果一个人对父亲也如世人一般，那么不配做人民的典范。

对亲亲、尊尊原则的根源与内部递进关系，孔子在《中庸·哀公问政》中做过这样的阐述："仁者人也，亲亲为大；义者宜也，尊贤为大。……天下之达道五，所以行之者三。曰：君臣也，父子也，夫妇也，昆弟也，朋友之交也，五者天下之达道也。知、仁、勇，三者天下之达德也，所以行之者一也。"⑥ 又曰："君子之道，造端乎夫妇，及其至也，察乎天地。"由亲亲尊尊原则可以推演出社会的五个最根本的关系，那就是君臣、父子、夫妇、兄弟和朋友。用智、仁、勇三德理顺、保持并不断推进这五种关系，使他们一直处于应有的良好状态，这便是社会发展的必由之路，也是最为平坦、最为便捷的一条大道。治国、平天下有此一策，则可顺理成章。

孟子对亲亲、尊尊原则实行的结果下过肯定的结论，他认为："人人亲其亲，长其长，

---

① （清）王明德：《读律佩觿》，北京，法律出版社，2001。
② 《左传·隐公十一年》。
③ 《礼记·曲礼上》。
④ 《论语·子路》。
⑤ 《大学》。
⑥ 《中庸·哀公问政》。

而天下平。"① 也就是说，以亲亲、尊尊为源，则全社会的秩序必然水平流布，这一原则实行的结果可以泽被天下。可见孟子对亲亲、尊尊原则，是推崇至极。

清朝雍正帝对亲亲原则作过具体解释，并自然推演出其中包含了尊尊的原则。他在御制《圣谕广训》第一条"敦孝弟以重人伦"中衍释说："朕丕承鸿业，追维往训，推广立教之思，先申孝弟之义，用是与尔兵民人等宣示之。夫孝者，天之经、地之义、民之行也，人不知孝父母，独不思父母爱子之心乎？……父母之德，实同昊天罔极，人子欲报亲恩于万一，自当内尽其心，外竭其力，谨身节用，以勤服劳……推而广之，如曾子所谓'居处不庄非孝，事君不忠非孝，莅官不敬非孝，朋友不信非孝，战阵无勇非孝'，皆孝子分内之事也……人不孝与不弟相因，事亲与事长并重。能为孝子，然后能为悌弟；能为孝子、悌弟，然后在田野为循良之民，在行间为忠勇之士。……故不孝不弟，国有常刑。然显然之迹，刑所能防；隐然之地，法所难及。……于戏！圣人之德本于人伦，尧舜之道不外孝弟。"② 雍正帝对孝弟这一段圣谕的衍释，极清晰地描绘了古代统治者们理解并重视亲亲、尊尊原则的情形。雍正帝先从人伦中父母养育儿女之艰难但无怨无悔说起，推导出人必须孝。至于如何孝，雍正帝除像前人一样对必须保障好父母物质生活、不要做一些让父母丢脸沮丧的事等作一般交代外，将更多的心思用在如何处理人与社会，尤其是人与国家、朝廷之间的关系问题上了。由亲亲所必然包含的孝，雍正帝以曾子一句话带出了尊尊的关键内容，那就是"事君不忠非孝"、"莅官不敬非孝"、"战阵无勇非孝"。可以看出，最高统治者们关注亲亲之间的孝，只是铺了一条奔向目标的路，其终极追求还是要得到人们对统治者的忠、为官的清廉勤政和战时的英勇善战，是要人们汇聚一切精神、力量，跟着专制皇帝和皇权家族走，当个顺民。最高统治者以这样的思想认识指导立法和司法，当然会在实践中收到预想的实效。

二、亲亲尊尊原则在法律适用中的体现及其特点

（一）亲亲原则中孝的要求在法律适用中的体现及其特点

孝是亲亲原则的核心要求所在，《孝经》把孝变成人间社会的道德极致，它说："夫孝者，天之经也，地之义也，民之行也。"并称："五刑之属三千，罪莫大于不孝。"把不孝设定为刑罚打击的重点。自北齐政权设定重罪十条，即把不孝列为之一。到封建正统已经形成的隋唐时期，不孝更是列为十恶，数为恶逆和不孝两类，排在不赦之列。如《唐律·名例》"十恶条"（总第6条）之四"恶逆"项注："（恶逆）谓殴及谋杀祖父母、父母，杀伯叔父母、姑、兄姊、外祖父母、夫、夫之祖父母、父母。"③ 恶逆项下所列各罪，绝大多数要处以绞刑甚至斩刑。十恶条之七"不孝"项注："（不孝）谓告言、诅詈祖父母父母，及祖父母父母在，别籍、异财，若供养有缺；居父母丧，身自嫁娶，若作乐，释服从吉；闻祖父母父母丧，匿不举哀，诈称祖父母父母死。"④ 犯不孝罪，都要处以徒以上刑罚，且遇赦不原。

因为强调孝，所以中古以前的人们重视复仇，古代政权对子孙为父母尊长复仇的行为也

① 《孟子·离娄上》。
② 《圣谕广训——集解与研究》，上海，上海书店出版社，2006。
③ 《唐律疏议·名例》。
④ 《唐律疏议·名例》。

多予宽免。《礼记·曲礼》记载："父之仇弗与共戴天，兄弟之仇不反兵，交游之仇不同国。"①《魏志·庞淯传》记载的赵娥复仇就属此类故事。赵娥父亲赵安被李寿杀害。赵娥本有三个兄弟，但都不幸早夭。赵娥决定替父报仇。她杀死李寿后，到县府自首。福禄长尹嘉很同情她，弃官放纵赵娥逃跑。赵娥不肯，守尉强行将其遣送回家。乡人皆"为之悲喜嗟叹"。

《旧唐书·列女传》记载：贾女的父亲被族人杀害，贾女的弟弟尚在幼年。贾女坚持不嫁，一直抚养这个弟弟。弟弟成年后，杀死了仇人，为父亲报了仇。事后贾女让弟弟去官府自首，司法人员判处弟弟死刑。贾女请求让自己代弟弟受刑。唐高祖怜悯她，赦免贾女和她弟弟的死刑，将他们一家迁居于洛阳。这个事例显示出社会中由孝生发出的强烈的复仇意识，也证明由孝而复仇是会得到社会和最高统治者的广泛认同的。

其他尚有许多史料记载复仇杀人被轻罚或赦免的例子。在轻罚的例子当中，有的也只是减等处罚。这在现代刑法体系也是被允许和执行的，对被害人有重大过错的刑事案件，一般是不能判处被告人死刑的。

在古代，不仅法律要严惩不孝的行为和言论，即社会舆论也不能容忍不孝的人和事。如果一个人被认定为不孝，他将无法立足于社会，即使侥幸未受刑罚处罚，也必被舆论人心所扼杀。这是法律及法律适用的余絮，也是古代成功以刑促德的典型例证。

（二）尊尊原则中忠的要求在法律适用中的体现及其特点

尊尊原则在政治序列中的终点和最高点是对皇帝和皇权的忠心不二，所以忠是古代尊尊原则的核心价值所在。为了保证尊尊原则在现实生活中可以被严格遵守，古代的法律无不对此作出详细的规定，并在司法过程中予以严格执行，有时甚至达到残酷的程度。

从法律规定的角度看，封建刑律中的十恶大罪中有四项是为直接维护皇帝和皇权而设立的，它们是谋反、谋大逆、谋叛、大不敬。而这四项只是类属，并非只指有四个罪名，在具体条文中，则往往又被细化为数不清的各种具体犯罪名目，进行规范，并给出极重的处罚方法。在被世人称赞为刑罚得其中的唐律中，也毫不留情地将"登高临宫中"、"误犯宗庙名讳"等行为立为重罪，附以重刑。更遑论后世君主专制登峰造极的明清时代了。

从法律适用的角度看，对违背忠的原则的行为甚至言论，都要处以重罚，有时甚至不惜超越法律规定，法外用刑。据《史记·秦始皇本纪》记载，因卢生、侯生等儒生私下批评秦始皇"天性刚戾自用"、"乐以刑杀为威"、"不闻过而日骄"等，秦始皇得知后大怒，认为卢生等"乃诽谤我……或为妖言以乱黔首"，于是坑杀儒生四百六十余人。②据《汉书·食货志》记载：汉武帝元狩四年（前119年），颁布诏令"盗铸诸金钱罪皆死"，朝臣对此多有议论。时任大司农的颜异"与客语，客语初令下有不便者。异不应，唇微反，（张）汤奏当异九卿见令不便，不入言而腹诽，论死"③。明、清时期的文字狱则更为不堪，难为一叙。

封建各朝对不忠或看似不忠的文字甚至一般议论尚作如此残酷的处罚，更不能忍臣民有不忠的行为。例证繁多，不需列举。

---

① 《礼记·曲礼》。
② 参见《史记·秦始皇本纪》。
③ 《汉书·食货志》。

（三）基于亲亲原则而设立的存留养亲（留养承祀）制度

存留养亲是中国古代法制史上一项重要的法律制度。一般多适用于非十恶不赦的斗殴杀人等普通重罪的处理中。对于祖父母、父母老疾，且无人奉养的情形，经过一定机关依法定程序向皇帝报告，一般可得免却死罪，接受一定刑罚后回家养亲，待家中有丁承接或被奉养亲属均去世后，再服流刑。如《唐律·名例》"犯死罪应侍家无期亲成丁"（总第 26 条）规定："诸犯死罪非十恶，而祖父母、父母老疾应侍，家无期亲成丁者，上请。犯流罪者，权留养亲，（谓非会赦犹流者）不在赦例，（仍准同季流人未上道，限内会赦者，从赦原。）课调依旧。若家有进丁及亲终期年者，则从流。地程会赦者，依常例。即至配所应侍，合居作者，亦听亲终期年，然后居作。"[1] 这项制度经由隋唐，发展而至清末，始终未废，只不过在具体的制度细节上有所修正。原因在于它是被作为统治施行仁政的重要标志，也被作为宣扬道德、鼓励孝道的重要手段。但这样的做法有时也受抨击。如清嘉庆帝曾在上谕中明确指出："凶恶之徒，稔知律有明条，自恃身系单丁，有犯不死，竟至逞凶肆恶；是承祀留养非以施仁，实以长奸，转以诱人犯法。"他认为这不是仁义政举，而是姑息养奸。清末修律过程中，这也是礼教派与法理派争论的一个重点。

（四）基于亲亲原则和家庭内尊尊原则设立的子孙违反教令、别籍异财等罪名

子孙违反教令是封建法律中常见的一个条款，别籍异财是隋唐后才规定的条款，目的也在维护家长权有一个适格的行使环境。根据类似的条款，只要子孙违背了尊长的意志或命令，或未在合法状态下与祖父母、父母"分家另过"，即可能构成此罪名。隋唐以后封建各朝将这两条入律，以强制力保证家长能够行使家长权，这个权力既包括向官府举告权，也包括直接惩罚的权力。如《唐律·斗讼》"子孙违反教令条"（总第 348 条）规定："诸子孙违犯教令及供养有缺者，徒二年。"[2] 本条律注说："谓可从而违，堪供而缺者。须祖父母、父母告，乃坐。"疏又解释："若教令违法，行即有愆；家实贫窭，无由取给：如此之类，不合有罪。"《唐律·户婚》"子孙别籍异财条"（总第 155 条）规定："诸祖父母、父母在，而子孙别籍、异财者，徒三年。若祖父母、父母令别籍及以子孙妄继人后者，徒二年；子孙不坐。"[3] 从本条规定可以明确看出，不仅子孙不能主动别籍异财，即祖父母、父母也不可以令子孙别籍异财，这是法律的强制性规定，非尊长的选择范围。

（五）基于尊尊原则设立子孙卑幼不能对尊长实施正当防卫的制度

传统上，根据亲亲尊尊的原理，子孙对祖父母、父母等尊长的暴力行为只能忍受，即所谓"大杖则走，小杖则受"，但无论如何绝不可还手。这与现代刑法规定是有很大差距的。到清末，也有法理派代表提出，这样不够公平。他们的理论依据是，刑法为国家所制定，为人民所共守；父亲打杀子女，法律应治以不慈之罪；子女打杀父母，当被处以不孝之罪，这样才算公平对等。主张废除这一规定，但始终未能施行。

---

[1] 《唐律疏议·名例》。

[2] 《唐律疏议·斗讼》。

[3] 《唐律疏议·户婚》。

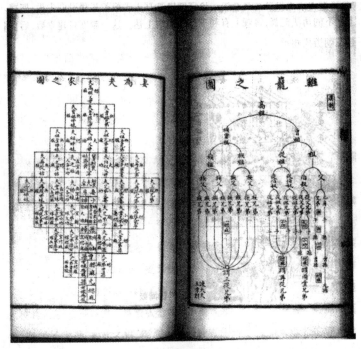

五服图解

图片说明：在中国古代，亲属相犯，以卑犯尊者，处罚重于常人，关系越亲，处罚越重；若以尊犯卑，则处罚轻于常人，关系越亲，处罚越轻。

图片来源：冯玉军：《衙门里这些事儿》，82 页，北京，法律出版社，2007。

（六）基于亲亲原则而设定亲亲得相为隐制度

汉代法律即规定，"亲亲得相首匿"，如理解汉代的这一规定是为了缓和秦朝关于人人皆有法定告奸义务的弊端的话，那么这一规定被后世诸朝沿用不绝，说明其背后有很深刻的思想基础。《唐律·名例》"同居相为隐条"（总第 46 条）规定："诸同居，若大功以上亲及外祖父母、外孙，若孙之妇、夫之兄弟及兄弟妻，有罪相为隐；部曲、奴婢为主隐：皆勿论，即漏露其事及擿语消息亦不坐。其小功以下相隐，减凡人三等。若犯谋叛以上者，不用此律。"① 根据本条规定，谋叛以下的犯罪一般是允许相互容隐的。有些时候，如系亲属间相互侵犯，那么可以根据犯者、被害者与自己亲缘远近，选择告发或容隐。血缘较远的杀了血缘较近的，应当控告；相反，如血缘较近的杀了血缘较远的，则不准控告。如果各方均在可以容隐的范围内，则法律规定相对较为宽容，可以告，也可以不告，法律均不予追究。

（七）亲亲尊尊原则在实践中的悖行例证

亲亲原则在中国的法制历史上形成过不少悲剧。如，《史记·循吏列传》记载：楚昭王的宰相石奢"坚直廉正，无所阿避"。一天，他巡视地方，发现有人在杀人，即追了上去。抓到其人后发现是自己的父亲。石奢放了父亲，绑了自己。派人向楚昭王请罪，认为父亲杀

---

① 《唐律疏议·名例》。

人，做儿子通过制裁父亲来建立功绩则不孝，徇私枉法放纵父亲则不忠，所以他最后的结论是"臣罪当死"。楚昭王不愿失去这样的人才，劝慰说"追而不及，不当伏罪"，要求石奢继续做他的宰相。但石奢却认为"不私其父，非孝子也；不奉主法，非忠臣也。王赦其罪，上惠也；伏诛而死，臣职也"，终于自刎。这个事例，体现了古代司法者中确有唯法是举的思想和实践者，也体现了亲亲原则在司法过程中给司法主体带来难以破解的悖论。

尊尊原则有时也会形成悖论。在尊尊原则指导下，人们必须离法顺尊，由此导致法治原则的破坏，易产生司法缺口，成为法律不行的罪魁。在中国古代的现实法制生活中，法律规定与法律执行之间存在较大的差距。自汉武帝罢黜百家、独尊儒术之后，各代政权都重视用律条宣示对儒家义理的尊崇，但因法律规定的条文过于呆板严酷，与实际生活习俗等严重脱节，致使现实生活有时未必能够严格地执行法律规定。犹如八议条款在清朝的法律上一直存在，但雍正时即明谕停用，然而却不即从法律中予以删除的目的，乃是为了宣示一种文化的标志。

对于法律维护孝文化而言，也多是雷声大而雨点小。雷声大可以收到严刑威吓，使人不敢触犯的效果；雨点小是因为，实际生活中人们尽管痛恨子女忤逆背伦，但真正愿意送官严厉处罚的家长毕竟少见，因为这是违背常情的；而且依靠邻居、乡里上告，非到公愤已成、人人难以忍受的地步，也不可能。因此，在两千余年的封建历史上，这种立法与司法、执法脱节的现象一直存在也就并不显得那么稀奇了。

三、亲亲尊尊原则的现代意义：认真对待传统法律的伦理因素

（一）孝的相关规定对现代立法和司法的借鉴意义

一个时期，一个政权，对待孝的态度是其对待道德态度的体现。对于法律与道德关系的认识，古今中外总不能统一。但是，倾向性的意见认为，道德是法律的指针，是法律实施的基础，是法律条文不可或缺的补充。适当的道德水准是法制文明的先导。道德的修养必须先从家庭开始，家庭内的道德修养必先从孝开始。就我国面临的社会现实而言，人口多，社会负担重，人口老龄化日趋严重，妥善地解决老有所养的问题对稳定社会十分关键，在独生子女占据多数的情况下，如何使年轻的人们能自觉生成对老人的责任感，并切实履行法定义务，已经成为迫在眉睫的问题。就我国的社会秩序现状而言，市场经济所必需的诚信严重缺失，人们彼此之间缺乏必要的信任，由此导致规则意识薄弱、责任意识虚化等问题的产生，已经对我国的现代化事业发展进程产生了阻碍作用。这些问题的解决，必须从家庭入手，从强化人们对父母和兄弟姐妹的责任入手，加强宣传、教育，弘扬正气，并辅之以必需的行政和法律惩戒，对于极端的事例则可以用适当的法律形式量定刑事责任，向社会强行立标，并择适当时机严惩，以立法威，才能笃定信心，匡正人们的相关行为。

（二）近亲相容隐对现代立法与司法的启示

对法律而言，它有冷冰冰的一面，但也应有顺人情的一面。从某种意义上说，法律与人情并不是相互冲突的。良好法治社会中的法律应当包含有人情的因素，才能顺应爱心、人情社会的基本要求。只讲斗争，不讲温情，只顾打击，不顾亲情的社会是非正常的社会，有时显现出扭曲、变态的样子，令人不寒而栗，是不适宜人群生存的。因此，在一些非典型案件上，在特定的亲属范围内，可以适当地对近亲之间的容隐取宽容的态度。如明确可以相互容

隐的近亲属的范围为配偶、父母、子女、兄弟姐妹、（外）祖父母、（外）孙子女。对于这些人相互之间实施的不牵涉第三者的包庇行为，可以不追究刑事责任，或对情节严重的伪证或毁灭证据的行为，可以减轻处罚，但不得强行要求他们相互指证有罪。对于前述容隐范围内的近亲属，应当排除负有特定法律职责或义务的人员，以免由此产生徇私舞弊、枉法裁判、玩忽职守等行为，形成司法腐败。

（三）存留养亲制度对现代立法和司法的借鉴意义

在今天的现实生活里，一人独力支撑家庭生活的例子比比皆是，那种形单影只，背负全家期望的情形往往是令人心酸的。今后我国的老龄化现象会日趋严重，少数人负担大部分人生活责任的情况渐趋普遍，难免会遇到一人受刑全家破落的情况。如，一人犯重罪被判处死刑缓期二年执行，家中有年逾七十且患重病的父母，还有未及读书年龄的幼子，妻子离婚远走，家中承包土地无人耕种，生意无人经营，老人无人照顾，子女无人教养，而地方政府无力负担其家人的生活重担，一家人遂悬悬无望了。此时，地方政府为解决社会稳定问题，从村委会开始，到乡、县、市，逐级出具证明向司法部门求援，争取能对其人法外开恩，准其保外护家，确保其家庭的基本生活不出问题，从而维护社会稳定。这种情况下，是否应当借鉴古代存留养亲的规定，适度予以优容呢？从古代的法制实践看，这样做似乎并不会带来很多问题。目前可以用两种做法来缓解这一矛盾：一是对刑罚为有期徒刑三年以下的，可以考虑设定特殊情形的缓刑。二是对刑期较长或很长的，可以在假释的特殊情形中予以列举，允许突破假释考验期不得超过原判刑期一半或不得少于十年等规定，以较好地解决这一问题。

（四）尊尊原则的例外意义对现代立法与司法的启示

尊尊原则之在古代，已经被异化为对最高统治者个人、家族权力与地位的忠诚与维护。但是，这样做的副产品是，它可以使中央政令得以畅通，我们姑且称之为尊尊原则的例外意义。就是在这个意义上，尊尊原则对现代立法和司法才有一定的启示，可作一定的借鉴。现代我国正处于各项建设事业快速发展时期，相应的社会也处在变革、转型时期，正因如此，有太多与国家、民族命运攸关的大事需要中央决策、调控，政令频出显属正常现象。正确的决策要得到不折不扣的执行才能产生预期的效果或效益，才能实现中央昌盛国运、保任民生、壮大国力、振兴民族的初衷。而要保证这些决策都能被不折不扣地执行，没有系统而具体的行政、刑事责任追究制度，没有强力、果断的专门司法保障措施，是断难收到实效的。三令五申可以简省，明确责任并及时兑现则不可或缺。把忠于党、忠于国家、忠于人民的责任细化为对中央正确决策的贯彻责任，既有其理论基础，也合乎实践的需要。

老子说："以正治国，以奇用兵，以无事取天下。吾何以知其然哉？以此：天下多忌讳而民弥贫；民多利器，国家滋昏；人多伎巧，奇物滋起；法令滋彰，盗贼多有。故圣人云：我无为而民自化，我好静而民自正，我无事而民自富，我无欲而民自朴。"[①] 读了《老子》的这一章，有时会生出莫名的感叹。到底是法律规制、整齐了人，还是人规制、整齐了法律？在人类社会的发展进程中，法律是至关重要的推动因素吗？人们面对制定的规则体系，还会有、应有、能有主观能动性吗？思索经年，似乎有所得，那就是：人，尤其是作为统治者的

---

① 《道德经·五十七章》。

人，一直是法律适用和法律发展的推动者。说法律昌明，也是统治者昌明；说法制成就，也是说统治者成就。任何时代、政权下的立法、守法、执法，无不体现最高统治者的素质和自身的利益追求，体现他们对社会、对民众、对国家、对民族的责任感，体现他们追求社会公平正义的决心和信心。法律适用原则的生成与坚守，也同样难出这样的藩篱。

第九章

司法原则

第一节
"律法断罪，皆当以法律令正文"与"法无明文规定不为罪"

一、"律法断罪，皆当以法律令正文"的内涵

依法办事是当代司法的基本要求，在中国古代法律传统中，援法定罪也是一个重要方面。法家坚持依法断狱、事断于法的司法理念。但自汉开始，统治者开始引礼入法，法律走向儒家化，司法活动中形成了"议事以制"、"原情定罪"的风气，带来了一些弊端。针对这些弊端，晋代著名律学家、晋惠帝时的三公尚书刘颂在上疏中极其鲜明地提出：

"律法断罪，皆当以法律令正文，若无正文，依附名例断之，其正文名例所不及，皆勿论。法吏以上，所执不同，得为异议。如律之文，守法之官，唯当奉用律令。至于法律之内，所见不同，乃得为异议也。今限法曹郎令史，意有不同为驳，唯得论释法律，以正所断，不得援求诸外，论随时之宜，以明法官守局之分。"①

这段文字的意思是说，依法判案定罪，都要以律令的正文为依据，如果无相应的正文，就比照名例中的规定决断。如正文和名例没有涉及，则不予判处。县州以上的执法官吏，审案中所依据的律文不同，可以作为不同的意见提出。至于律令中的条文，执法官员只能严格按这些条文办事。至于对法律内的一些条文，理解不尽相同，仍可提出异议。现在应限定，只有司法官署的各尚书郎与令史，意见不同时能驳斥下议；但他们只能阐明、解释法律，用以纠正欠当的判决。而不能够在法外另行引文取证，声称是顺时势需要。这样做，就可以明示司法官吏各守其职的权限。

刘颂的奏疏得到当时朝中不少大臣的赞同。侍中、太宰、汝南王司马亮认为："若断不断，常轻重随意，则王宪不一，人无所错矣。故观人设教，在上之举；守文直法，臣吏之节也。"因此，他主张按刘颂所奏设定为"永久之制"。于是门下省官吏奉命告知刘颂曰："昔

---

① 《晋书·刑法志》。

先王议事以制，自中古以来，执法断事，既以立法，诚不宜复求法外小善也。若常以善夺法，则人逐善而不忌法，其害甚于无法也。"①对其观点给予了肯定。

刘颂的"律法断罪"思想具有丰富的内涵。首先，作为一项司法原则，"律法断罪"界分了立法与司法各自的权力范围，明确了司法官的职责与本分。立法需要"看人设教"和"随时之宜"，"看人随时"应是一项制法原则。但是，一旦法律制定完毕，进入司法领域，这一原则就不能发挥作用。刘颂说："法轨既定则行之，行之信如四时，执之坚如金石，群吏岂得在成制之内，复称随时之宜，傍引看人设教，以乱政典哉！"② 他进而解释道："始制之初，固已看人而随时矣。今若设法未尽当，则宜改之。若谓已善，不得尽以为制，而使奉用之司公得出入以差轻重也。夫人君所与天下共者，法也。已令四海，不可以不信以为教，方求天下之不慢，不可绳以不信之法。且先识有言，人至遇而不可欺也。不谓平时背法意断，不胜百姓愿也。"③

就其初衷，"律法断罪"原则是要约束官吏的司法活动，防止恣意妄为，滥用刑法，这颇类似于今天的"法律至上"和"依法裁判"。但是，如果做进一步分析，就会发现，二者存在重大差别："律法断罪"原则并非对所有的司法主体都一视同仁。刘颂对此并不讳言，他说："君臣之分，各有所司。法欲必奉，故令主者守文；理有穷塞，故使大臣释滞；事有时宜，故人主权断。主者守文，若释之执犯跸之平也；大臣释滞，若公孙弘断郭解之狱也；人主权断，若汉祖戮丁公之为也。天下万事，自非斯格重为，故不近似此类，不得出以意妄议，其余皆以律令从事。然后法信于下，人听不惑，吏不容奸，可以言政。人主轨斯格以责群下，大臣小吏各守其局，则法一矣。"④ 可见，刘颂本人并不将"律法断罪"作为一项可以一体通行的司法原则，其适用是存在条件的，这是一种有差等的司法原则，根据不同的主体区分为"主者"、"大臣"和"人主"，也分别设定不同的职责要求与范围。

"主者"，指司法官吏审理具体案件必须援法定罪，严守律文。所有狱讼必须依照法律正条或者名例判断，如果正文和名例都没有规定的，不能断为有罪。严防司法官员法外治罪用刑。刘颂的这一主张在于革除汉代以来形成的、各级司法官吏都可以"议事以制"、"原情定罪"的流弊。于是，法吏必须据律文断罪，实行严格的法定刑主义，在司法制度中基本上被确立起来，隋唐以后没有根本的变动。这是晋代律学集前代司法理论和实践成果而作出的一大贡献。

"大臣释滞"是说像刘颂这样的廷尉、三公尚书才有权"议事以制"，运用法理、经义解决疑难案件。可见，对于疑难案件中的法律解释权只在中央主管司法的大臣。至于"大臣释滞"又当以什么为据？刘颂没有明确论述。直到晋室东渡以后，主簿熊远上奏认为，"诸立议者皆当引律令经传"。他说："凡为驳议者，若违律令节度，当合经传及前比故事，不得任情以破成法。愚谓宜令录事更立条制，诸立议事皆当引律令经传，不得直以情言，无所依准，以亏旧典也。若开塞随宜，权道制物，此是人君之所得行，非臣子所宜专用。主者唯当

① 《晋书·刑法志》。
② 《晋书·刑法志》。
③ 《晋书·刑法志》。
④ 《晋书·刘颂传》。

征文据法，以事为断耳。"① 熊远的观点实际上是刘颂主张的深化，进一步强调大臣"驳议"、"立议"应以"律令经传"为准，如果连"律令节度"也需突破，那就"当合经传及前比故事"。熊远虽然并未否定汉以来的"经义折狱"、"《春秋》决狱"，司法理念方面仍然禀持儒家经传高于律令的价值论，但是却大大限制了它的适用范围，仅成为解决律令所不及的"立议"、"驳议"的一种依据。

"人主权断"，即超出法律的非常之断是君主的特权，换言之，皇帝有任心裁量、生杀予夺的擅断之权。

刘颂的奏请主张对中国古代司法制度产生了深远影响。中国封建司法中罪刑关系的理论格局基本定型：法吏、中下级官员守文据法；大臣、高级官员以经传原情定罪，"议事以制"；君主可以"权道制物"，任意裁断。② 自然，这一观点并非完全的新生事物，先秦的慎子早就说过："以力役法者，各有所司。法欲必奉，有司也；以道变法者，君长也。"③ 但这不能否认一种权力格局的正式形成。这种格局典型地体现在唐律的有关规定之中。《唐律·断狱律》规定："诸断罪皆须具引律、令、格、式正文，违者笞三十。"这里强调，一是要"具引"，即完整准确地而不是断章取义地引用；二是要引"正文"，即律令格式的原始正文，而不是其他随意解释、引用之类的文字。这是要求司法官吏折狱断罪时须引正文，这是律法断罪原则的体现。同时，《唐律》也允许在法律没有规定的情况下，可以进行比附和类推，如《唐律·贼盗律》疏义云：对某些行为，"金科虽无节制，亦须比附论刑。岂为在律无条，遂使独为侥幸"。《唐律·名例律》规定："诸断罪而无正条，其应出罪者，则举重以明轻；其应入罪者，则举轻以明重。"另一方面，《唐律疏义·断狱律》又说："事有时宜，故人主权断制敕，量情处分。"这种认识在士大夫的著述中也得到认可。宋司马光议阿云狱云："夫执条据例者，有司之职也；原情制义者，君相之事也。分争辨讼，非礼不决。礼之所去，刑之所取也。"④

应该说，人主可以依时权断本质上所维护的是封建社会君权至上的权力格局。刘颂所谓的"君臣之分，各有所司"和"大臣小吏各守其局"，仍然脱不了封建专制主义的窠臼，是"守文"还是"权断"，则是依司法主体在权力格局中的地位而定。这与其说是强调依法办事，不如是要强调人主对臣下、上级对下级的绝对控制，难以达到现代社会的法律至上和司法独立。撇开"律法断罪，皆当以法律令正文"与罪刑法定原则表面上的联系，二者之间存在着本质区别。

二、"律法断罪，皆当以法律令正文"与"法无明文不为罪"的区别

罪刑法定本是西方的刑事法治思想，最早可以追溯到1215年英国的《自由大宪章》，该法的第39条规定："凡是自由民，除经贵族依法判决或遵照国内法律之规定外，不得加以扣

---

① 《晋书·刑法志》。
② 参见俞荣根：《罪刑法定与非法定的和合——中华法系的一个特点》，载倪正茂主编：《批判与重建：中国法律史研究反拨》，北京，法律出版社，2002。
③ 《慎子》。
④ 转引自沈家本：《寄簃文存》卷四。

留、监禁、没收财产、剥夺其法律保护权，或者加以放逐、伤害、搜索或逮捕。"① 这一规定奠定了"正当法律程序"的思想基础。17、18 世纪，随着资产阶级思想启蒙运动的兴起，罪刑法定原则作为与封建社会罪刑擅断相对抗的思想武器，在后来的法典中得到了更为清晰、明确的记载。在大陆法系，罪刑法定原则的经典表述是"法无明文规定不为罪，法无明文规定不处罚"。费尔巴哈则指出："无法律则无刑罚，无犯罪则无刑罚，无法律规定的刑罚则无犯罪"，"没有法律，就不存在市民的刑罚。现在的法律不适用时，刑罚也不适用。"② 贝卡里亚指出："只有法律才能为犯罪规定刑罚。只有代表根据社会契约而联合起来的整个社会的立法者才拥有这一权威。超越法律限度的刑罚不再是一种正义的刑罚。因此，任何一个司法官员都不得以热忱或公共福利为借口，增加对犯罪公民的既定刑罚。"③ "当一部法典业已厘定，就应逐字遵守，法官唯一的使命就是判定公民的行为是否符合成文法律。"④ 法国 1789 年《人权宣言》第 8 条规定："在绝对必要的刑罚之外不能制定法律，不依据犯罪行为前制定且颁布并付诸实施的法律，不得处罚任何人。"1810 年《法国刑法典》第 4 条规定："没有在犯罪行为时以明文规定刑罚的法律，对任何人不得处以违警罪、轻罪和重罪。"这是最早在刑典中规定罪刑法定原则的条文，至此，罪刑法定原则成为实体刑法的一项基本原则。其后，在各国刑法典中陆续加以规定。1870 年《德国刑法典》第 2 规定："某一行为的可罚性，唯有在其实施行为前已有明文规定的法律，始得科处刑罚。"1880 年《日本刑法》规定："无任何种行为，法无明文规定者不罚。"第二次世界大战结束后，世界各国进一步认识到罪刑法定原则对于法治国家的重要性。1948 年《世界人权宣言》规定："任何人的任何行为，或者不行为，在其发生时按照国家法律或者国际法均不构成犯罪者，不得判为犯有刑事罪。刑罚不得重于犯罪时所适用的法律规定。"1966 年《公民权利和政治权利公约》规定："任何人的任何行为或者不行为，在其发生时依照国家法律或国际公约均不构成刑事罪者，不得据以认为犯有刑罪。所加之刑罚也不得重于犯罪时使用的规定。如果在犯罪之后依法规定了应处较轻的刑罚，犯罪者应予减刑。"这是两个最重要的国际人权公约，标志着罪刑法定原则的进一步国际化。

对于我国古代是否存在罪刑法定原则，学界有不同的观点。如沈家本、蔡枢衡等人认为，罪刑法定并非西方独创，中国古代法中的"律无正条不为罪"便是罪刑法定之意。另有学者如张晋藩、钱大群等认为："中国古代的依法断狱与西方的罪刑法定存在着较多的不同点，形式上的援法定罪与实际存在的皇帝擅权、广泛的类推比附存在着难以调和的矛盾。"⑤ 这理论分歧的核心点在于中国古代的"律法断罪"原则与西方刑法中的罪刑法定原则之间究竟存在着多大的区别，这种区别是本质性的，还是非本质性的。

罪刑法定原则的含义可以表述为"法无明文规定不为罪，法无明文规定不处罚"。在这一原则之下又派生出四项具体原则：（1）禁止习惯法；（2）禁止不定期刑；（3）禁止事后

---

① 高铭暄、马克昌主编：《刑法学》，26 页，北京，北京大学出版社、高等教育出版社，2000。
② 马克昌：《比较刑法原理：外国刑法学总论》，57 页，武汉，武汉大学出版社，2002。
③ ［意］贝卡里亚：《论犯罪与刑罚》，黄风译，11 页，北京，中国法制出版社，2002。
④ ［意］贝卡里亚：《论犯罪与刑罚》，黄风译，15 页，北京，中国法制出版社，2002。
⑤ 俞荣根：《罪刑法定与非法定的和合——中华法系的一个特点》，载倪正茂主编：《批判与重建：中国法律史研究反拨》，北京，法律出版社，2002。

法；（4）禁止类推。罪刑法定原则是西方资产阶级革命和人权运动的产物，是针对西欧封建刑法"刑罚擅断主义"而提出的。我国古代法律具有一个显著特点即诸法合体，以刑为主，实际上我国古代法律的最主要部分就是刑法，那么我国古代刑法是否实行过罪刑法定主义呢？

从语言表述上，中国古代的"律法断罪"原则与西方刑法中的罪刑法定原则所体现的含义基本上是相同的，都主张法无明文不为罪，法无明文不处罚，但是，罪刑法定并不能简单地归结为"罪之法定"和"刑之法定"，其背后存在着深厚的价值内涵。在本质上，中国古代的"律法断罪"原则与罪刑法定原则是不同的，这具体表现为：

首先，政治基础不同。中国古代的"律法断罪"原则服务于封建君主专制制度，而罪刑法定原则适用于民主的政体。中国古代社会，皇帝集立法、行政、司法、军事等大权于一身，始终凌驾于法律之上，法律不过是皇权的附庸。无论何朝何代，"律法断罪"原则的倡导者都把希望寄托在开明的君主身上，对专制政体并没有产生任何怀疑，并竭力加以维护。甚至从其出发点上，这种"律法断罪"思想也是因应了君主专制的需要而设立，它要求各级官僚机构和司法官吏不得在法律明文规定之外，有擅自定罪论刑的权力，由此强化了中央集权的统治。而西方罪刑法定的提出立足于对封建专制政体的批判，在彻底打破封建专制政体的基础上，以分权、民主的政体为出发点来设立刑法原则。政治基础的不同决定了立法旨向的不同。

其次，价值取向不同。中国古代的"律法断罪"原则旨在维护皇权对臣民的绝对控制与支配，而罪刑法定原则的基点，首先是为了限制国家刑罚权滥用，以保障人权，保障公民的个人自由不受来自政府的侵害。[1] 在中国古代权力金字塔中，皇帝作为最高的立法者与司法者，执掌生杀予夺大权。民众的权利不是制定法律的出发点，而是皇权随意侵犯的客体。而西方的罪刑法定是以保障公民权利和自由为指向的。启蒙思想家认为法律是自由的保护者，法律是为自由而存在的。贝卡里亚指出："公民的自由主要依靠良好的刑法"，"人们牺牲一部分自由是为了平安无扰地享受剩下的那份自由。君主就是这一份份自由的合法保存者和管理者。"[2]刑罚在本质上是公开的、及时的、必需的、尽量轻微的、同犯罪相对称的，因而是由法律规定的，其机能在于保障公民的个人权利。在这一点上，两者之间的区别是本质性的。

再次，权力结构不同。在表面上，中国古代的"律法断罪"原则和西方的罪刑法定原则都体现了立法与司法之间的分工与制约，但是，二者所依凭的权力结构截然不同。中国古代的"律法断罪"再严格，也不可能排除专制君主在司法上的擅断权力。皇权神圣不可侵犯性，君主的意志左右着法律，他可以一言立法，也可以一言废法。罪刑法定原则的制度基础是权力分立、相互制衡，讲求立法权对司法权的限制，而立法权又是属于人民的，由民选的立法机关行使。同时，讲求司法权的独立。如果有君主的话，他的权力也是受到实质性限制的。正如贝卡里亚所说："代表社会的君主只能制定约束一切成员的普遍性法律，但不能判定某个人是否触犯了社会契约。需要一个作出终极判决的司法官，他的判决是对具体事实作出单纯的肯定与否定。"[3]

可见，中国古代"律法断罪"原则的历史局限性十分明显，与现代罪刑法定原则不可同

---

① 参见武玉红：《罪刑法定思想的沿革与发展》，载《华东理工大学学报（社科版）》，2002（1）。

② ［意］贝卡里亚：《论犯罪与刑罚》，黄风译，8页，北京，中国法制出版社，2002。

③ ［意］贝卡里亚：《论犯罪与刑罚》，黄风译，11页，北京，中国法制出版社，2002。

日而语。日本法学家仁井田升说："中国古代的罪刑法定主义，不是近代西欧那样的以个人主义和自由主义为基础的产物，是国家政权出于统治人民的需要而提出来的。"① 不过，中国古代"律法断罪"原则毕竟否定了"刑不可知，则威不可测"② 的极端罪刑擅断主义，在一定程度上限制了官吏的徇私舞弊和滥用刑罚，减少冤狱。在这一点上，与"罪刑法定主义"的理论极为相似。这无疑是应该加以肯定的，因此我们有必要探讨"律法断罪，皆当以法律令正文"的历史意义。

三、"律法断罪，皆当以法律令正文"的历史意义

（一）延续并发展了中国古代援法定罪的优良传统

早在夏商时期就要求断狱者依据刑书来定罪。《吕刑》中规定："明启刑书，胥占"；"勿用不行，唯察惟法"。意思是说从事审判活动的法吏须熟知刑书，不要用已废除的法令，而应当明察案件事实，以现行法令作为定罪的唯一标准。"唯察惟法"旨在防止官吏在司法活动中利用裁量权来营私舞弊。

据《左传》记载，昭公六年，也就是公元前356年，子产在郑国"制参辟，铸刑书"，公布成文法，开援法定罪之风气。晋国的上大夫叔向闻讯，严词责难，称："先王议事以制，不为刑辟，惧民之有争心也。"③ 不过，其后不久，晋国也铸刑鼎，将范宣子所为刑书"铸鼎而铭之，以示百姓"，使"民知罪之轻重在于鼎矣，贵者断狱不敢加增"，以约束贵族的司法擅断，代之以法律的权威。与此同时，依法断狱的观念有所发展。邓析曾提出过"事断于法"的主张。法家代表人物慎到主张人君依法而治："无法之言，不听于耳；无法之劳，不图于功；无劳之亲，不任于官，官不私亲，法不遗爱，上下无事，唯法所在。"④

战国时期，魏国司寇李悝综合春秋战国以来的立法成就，制定《法经》六篇，完成了习惯法向成文法的转变。秦国在商鞅变法以后，法家的思想理论一直占据国家的统治地位。商鞅变法的核心就是援法而治。"自卿相将军以至大夫庶人，有不从王令，犯国禁，乱上制者，罪死不赦。"⑤ 秦始皇统一中国，建立秦王朝后，崇尚韩非等法家代表的学说，厉行封建法治，形成了有别以往的司法原则。韩非说："先王以道为常，以法为本，本治者名尊，本乱者名绝。"⑥ "国，无常强，无常弱。奉法者强则国强，奉法者弱则国弱。"⑦ "明法者强，慢法者弱。"⑧ 韩非"以法为本"的理论得到秦始皇的肯定后，不但成为秦朝的立法、行政的原则，也成为司法的重要原则。秦朝不但奉行"以法为本"的原则，而且要求坚决贯彻"事断于法"的精神。秦朝主张"治道运行，诸产得宜，皆有法式"，建立起诉讼审判所应遵循的各项原则与制度。要求各级审判官吏坚决加以执行。《睡虎地秦墓竹简·尉杂》中录有"岁

---

① ［日］仁井田升：《唐令拾遗》，栗劲、霍存福、王占通、郭延德编译，72页，长春，长春出版社，1989。
② 《左传·昭公六年》孔颖达疏语。
③ 《左传·昭公六年》。
④ 《慎子·君臣》。
⑤ 《商君书·赏刑》。
⑥ 《韩非子·饰邪》。
⑦ 《韩非子·有度》。
⑧ 《韩非子·饰邪》。

雠辟于御史"的规定,要求廷尉等中央司法长官每年都须去御史处核对刑律。其《内史杂》则录载了"县各告都官在其县者,写其官之用律"的法律规定,即要求治京师的内史下辖各县长官应通知设在该县的都官,抄写该官所使用的法律,以便于对县级官吏是否依法处刑进行司法监督。与此同时,要求各级司法官吏本着"以法为本"、"事断于法"的原则,正确处理各类案件,如有违背,要追究司法官吏的法定责任。为此,还专门规定了"不直"罪、"纵囚"罪与"失刑"罪等,用以维护法律的严肃性以及"事断于法"的精神。

历史进入隋唐,封建的经济、政治、文化都达到兴盛阶段,法制也臻于定型。隋初,关于"诸曹决事,皆令其写律文断之"①的规定,是对晋律援法定罪的新发展,它的制度化对后世有深远的影响。要求司法官断狱时具写律文来验证司法官执法是否公正无私,从而决定是否上诉于高一级司法机关。《唐律》在此基础上进一步规定:"诸断狱皆须具引律令格式正文,违者笞三十。"②这条规定可以说是中国封建时代援法定罪最简明、最典型的概括,它标志着中国封建时代司法活动的规范化,反映了封建法律所具有的权威,严肃了司法官的司法责任,维护了封建的法制秩序。

宋朝是中国封建法律全面发展的时期。宋朝为加强中央集权,因此重视发挥法律的作用和对司法的集中管理。宋朝统治者以法律为"理国之准绳,御世之衔勒"③,因此要求"食禄局官之士",皆为"亲民断狱之人"④。为此在科举中专设书判拔萃科、明法科。神宗时还于国子监设律学。宋代法律的均衡发展与律学的进步和勉励官吏、士人明法习律是分不开的。宋代法律在援法定罪方面也较唐朝完善。《宋刑统》完全继承了唐律援法而治的精神与规定,并根据社会的进步在制度上有所补充。例如,宋朝在刑事审理中实行的监狱分司就是最明显的例证。宋初,设司理院,由司理参军专管狱讼勘鞫,成为"鞫司",而将原来的职掌狱鞫断刑的司法参军,改为专管"检法断刑",有宋一代始终坚持鞫狱分司的制度,被看作是一项成功的经验。⑤宋朝"鞫狱分司"制度的实施,为援法定罪提供了重要的保证,提高了使用法律的准确性。宋代王安石主张司法统一,反对司法官在审判中不循法律、任其私虚。他说:"有司议罪,惟当守法。情理轻重,则敕许奏裁。若有司辄得舍法以论罪,则法乱天下,人无所措手足矣。"⑥宋代杨万里曾说:"以法从人,不若以人从法。以人从法,则公道行而私欲正;以法从人,则公道止而私欲行。"⑦

明朝在断罪"断罪以律令"上沿袭唐宋旧律,但又规定"凡律自颁降日为始,若犯在以前者,并依新律拟断",表明明朝统治者更注意法律的统一适用,避免新旧律互异造成执行上的问题。明代的丘浚强调"以律从事",认为,律令颁布后,"内外有司断狱",必须"一遵成宪",若有疑案,应当上奏,"不许辄引前比违治以专擅之罪",这样可以做到"法令画一,情罪相当,而民志不惑也。"⑧

---

① 《刑书·刑法志》。

② 《唐律疏议·断狱》。

③ 《宋会要·选举》。

④ 《宋会要·选举》。

⑤ 参见张琮军:《中国古代依法断罪制度源流考》,载《黑龙江省政法管理干部学院学报》,2009 (1)。

⑥ 《文献通考·刑考》。

⑦ 《论吏部恩泽之弊札子》。

⑧ 《大学衍义补·定律令之制》。

清朝在依法断狱的法律规定上，援引明律，但增加小注，使律义明晰。同时由于清代"例"的法律地位特殊而与明朝有所不同。《大清律例·断罪引律令》的律文规定如下："凡断罪，皆须具引律例。违者，笞三十。"按《明律断罪引律令条》，首句为"具引律令"，大清律改为"具引律例"，以明示例的法律地位。在清代，例的适用范围广泛，而且多因时因事而立，是律文的重要补充，以致在法律体系中律高于例，而在司法实用价值上则例大于律。除此之外，清律还沿承明律"决罚不如法"的律文，但增加小注。《大清律例》关于"断罪不当"的律与例，"赦前断罪不当"的律与例，也都从不同角度确保依法定罪的贯彻实施。

综上所述，从中国法律发展的传统看，援法定罪既悠久而又饶有价值，不仅标志着刑法的发达程度，也是中华民族法制文明的象征。中国古代的援法定罪，其出发点是维护法律的统一适用和对官吏司法权的约束。援法定罪蕴含着现代"罪刑法定"思想的进步因素，在封建社会里无疑具有积极的意义。它与西方反对侵害个人权利与自由而提出的罪刑法定主义虽有不同，但在依法审判与定罪量刑的基本原则上，显然是一致的。[1]

（二）通过强调律在法律形式体系中的主导地位，为后世律典编纂的发展打下基础

秦汉时期的主要法律形式是律、令、科、比，而且总的来说处于一种无序的状态。隋唐之后各朝的主要法律形式是律、令、格、式，此种转变是魏晋南北朝时期完成的。晋代定律时，将律、令规范化。初步形成了以"定罪名"为核心的"刑律"，与"存事制"为体例的"政令"并存的法律体系。这种转变与"律法断罪"原则的提出及指导是密切相关的。

"律法断罪"原则的贯彻，首先要求重视律作为国家正典的作用。汉朝时国家的律和令没有明确的界分，即所谓的"前主所是著为律，后主所是疏为令"[2]，以及"天子诏所增损，不在律上者为令"[3]。曹魏时，令律区分仍不明显。至西晋，律令开始区分，亦即："律以正罪名，令以存事制"[4]，意思是说：律为固定性的规范（以刑事为主）。而令是暂时性制度（国家制度），违令而犯禁者，依律论处。随着"律法断罪"原则得到尊崇，在其后的法制发展中，律逐渐成为法律体系中的主要法律形式。唐初在武德、贞观、永徽年间曾三次较大规模地修订《唐律》；尤其是在永徽三年（652年），在长孙无忌主持下，对《唐律》逐条、逐句进行了疏解。律是唐代法律的核心，在各种法律形式中最为稳定，地位也最高。唐朝法律形式的基本格局已经于魏晋南北朝时期定格。

其次，"律法断罪"原则的贯彻还要求能够尽可能地制定完善的法典，使其体例更趋科学，以利于司法官吏的理解与适用。中国古代法典以《法经》为开端，以《唐律疏议》为其顶峰，而法典体例的真正定型则是魏晋南北朝时期完成的。《法经》与《秦律》中的总则篇《具律》位于六篇之尾；汉《九章律》直接在原先六篇的后面加上了三篇，结果是总则处在了中间，这样的法典结构显然是不够科学的。《魏律》更"具律"为"刑名"篇，置于全律之首，法典结构趋于合理化；《晋律》分刑名为"刑名"和"法例"两篇，沿至北齐定律，将"刑名"、"法例"两篇合为"名例"一篇，至于律首，此后总则的名称及其与其他篇目的

---

① 参见张琮军：《中国古代依法断罪制度源流考》，载《黑龙江省政法管理干部学院学报》，2009（1）。
② 《汉书·杜周传》。
③ 《汉书·宣帝纪》。
④ （宋）李昉等：《太平御览》。

关系固定不变，这也直接为唐律所采用。

（三）要求司法官吏依法断狱，限制徇私舞弊、滥用刑罚的行为

中国古代实行罪刑法定是封建君主专制政体下的"法定"，其历史局限性十分明显。但是由于中国封建社会是一个君主专制的中央集权制国家，为了维护以封建君主为首的统治阶级根本利益，在司法实践上不同程度地要求实行罪刑法定。虽然封建君主在整个封建社会始终持有制定、修改和废除一切法律的特权，因而使罪刑法定在实施过程中受到一定的限制和削弱。但毕竟它否定了远古时代"人治"的传统，不再崇尚"刑不可知，则威不可测"的极端罪刑擅断主义，在一定程度上限制了官吏的徇私舞弊和滥用刑罚，在客观上能减少些冤狱，给百姓能带来好处，这无疑是应该加以肯定的。

司法实践中，"律法断罪"原则也激励着古代的执法官吏认真执法，依律断狱，而且还出现了更多的敢于犯颜直谏，坚决同最高统治者皇帝的罪刑擅断行为作斗争的封建官吏。据《旧唐书》载唐高祖武德元年（618 年）"时有犯法不至死者，高祖特命杀之"，时为监察御史的李素立谏曰："三尺之法，与天下共之，法一动摇，则人无所措手足。陛下甫创鸿业，遐荒尚阻，奈何辇毂之下，便弃刑书？臣忝法司，不敢奉旨。"李素立坚持依法断狱，最终使"高祖从之"。贞观年间的大理寺少卿戴胄更是信守刑律、依律断狱的典范。如一次太宗对一伪造资历者要处以死刑（依据唐律应处以流刑），戴胄谏曰："法者，国家所以布大信于天下，言者，当时喜怒之所发耳。陛下发一朝之忿而许杀之，既知不可而置之于法，此乃忍小忿而存大信也。若顺忿违信，臣窃为陛下惜之。"① 他坚持让太宗改变了主意，依律断案。像类似敢于向处在法律之上的皇帝"据法力争"的行为，在那个君主专制的时代，必然要对"罪刑法定"有着极高的信仰和极大的勇气。他们的行为使当时在有限空间内发展着的"罪刑法定"思想闪烁出了照亮整个时代的耀眼火花。

所以，在中国古代的封建法制中，尽管说"律法断罪"原则与现代的罪刑法定原则有着本质性的区别，但它作为一种思想始终存在，而且已经写进了具有最高法律效力的律典中。这不仅使它有了存在的一席之地，也使它在同封建司法官吏，甚至是处在法律之上的最高统治者的罪刑擅断行为的斗争中发挥了重大作用。

第二节
慎刑与限制司法权的滥用

一、慎刑的内涵

在中国古代，慎刑思想源远流长，在西周之前就有萌芽。《尚书·舜典》中说："钦哉，钦哉，惟刑之恤哉！"意思是：注意啊，注意啊，对刑法的运用，必须慎重行事，体现悯恤之意。《尚书·大禹谟》也记载了夏商时期一条为后世所传诵的刑事司法原则："与其杀不

---

① 《旧唐书·戴胄传》。

辜，宁失不经。"这都可以认为是中国古代慎刑思想的渊源。

西周时期，周公提出"明德慎罚"，这是慎刑思想的最早形态，它包括两个层次：一是彰明德教，二是慎用刑罚，要求为政者在施政过程中，无论是立法还是司法，都要体现德的要求，在以道德来教化人民；而针对那些不听德教而触犯刑律者虽然要适用刑罚，但在定罪量刑时一定要慎重行事，做到公允执中，这一思想的核心在于主张德刑并用，以"慎罚"反对冤滥。在"明德慎罚"思想的基础上，西周制定了不少值得称道的法律原则和制度。如在刑罚适用时应区分过失（眚）与故意（非眚）、偶然（非终）与惯犯（惟终）①；"有旨无简不听"（虽有犯意而无事实，则不认为是犯罪）；罪行有疑，则应"阅实其罪"（讼辞必须经过验证，只有在核实以后才能论罪）；罪疑从赦。与此同时，为保证司法的慎重与用刑的中正，当时还规定了"五过之疵"②的法官责任制。西周统治者之所以提出"明德慎罚"思想，主要是吸取了殷商"不敬厥德"，一味"重刑辟"而灭亡的前车之鉴。这一思想其后又在儒家学说中得以发扬光大，被奉为中国封建社会正统的法律思想。

西汉中期之后，儒家学说被奉为封建社会的正统意识形态，慎刑思想得以延续和发扬光大。西汉新儒学的奠基者董仲舒主张"先德后刑"、"大德小刑"，并将儒学与阴阳学结合起来阐释德主刑辅的关系。他在《春秋繁露》里说："人资诸天，大德而小刑也；是故，人主近天之所近，远天之所远，大天之所大，小天之所小；是故，天数右阳而左阴；务德而不务刑；刑之不可任以成治也，犹阴之不可任以成岁也。为政而任刑，谓之逆天，非王道也。"汉成帝时的经学家刘向也主张："圣主先德教而后刑罚"③。儒家学说主张"德主刑辅"、"为政以德"，要求统治者实施仁政，反对滥杀，这对于封建司法制度产生了重要影响，成为贯穿中国传统法律思想的一条基本脉络。

唐代的慎刑思想发展到新的高峰。《唐律疏议》中载明："德礼为政教之本，刑罚为政教之用。"李世民也认为："失礼之禁，著在刑书。"④他主张法律应宽平简约，对于死刑与肉刑的运用，就持特别的审慎态度，他说："死者不可复生，用法务在宽简"，"人命至重，一死不可复生"。在这种指导思想之下，"九卿议刑"制度和死刑执行前应向皇帝请示的"五复奏"制度得以建立。唐之后的立法者基本上都奉慎刑观念为基本的立法指导思想，如宋代主要参与制定《宋刑统》的窦仪以"恤刑御物"、"约法临人"作为治国典范，主张"礼之失则刑之得"。在封建正统思想家的言论与著述里，慎刑观念同样得以传承。宋代理学大师朱熹虽然主张执法须有"从严"的一面，但同时也十分强调慎刑："狱讼……系人性命处，须吃紧思量，犹恐有误也。"明代的丘濬则将《尚书·舜典》中的"惟刑之恤"作为"后世帝王所当准则而体法"的刑罚原则，在这一原则的指导之下，司法应当做到："治狱必先宽"，"免不可得而后刑之、生不可得而后杀之"，"论罪者必原情"，"遇有疑狱，会众详谳"，"罪疑从轻"⑤。

应该说，无论是在制度层面，还是法律思想层面，中国古代的立法者或思想家都将慎刑

---

① 参见《尚书·康诰》。
② 《尚书·吕刑》。
③ 刘向：《说苑·政理篇》。
④ 《全唐书·薄葬诏》。
⑤ 丘濬：《大学衍义补·总论制刑之义》。

作为一项重要的原则，从而使这一原则得以"一以贯之"地延续与发展。虽然说在不同的时期慎刑原则有着不同的表现形态，但其基本的内涵包括以下诸方面：

（一）德主刑辅，教化为先

《尚书·吕刑》中说："典狱，非讫于威，惟讫于富"，即审理案件，不完全用刑罚解决问题，而是靠福佑德教解决问题，为民谋利。又记载："惟敬五刑，以成三德"，即要求在诉讼中严格地遵守法律，但其目的是成就德教。《尚书·酒诰》中也说："勿庸杀之，姑为教之"。可见，"德"既是西周的立国之道，也是其法律的总目的。在西周统治者看来，刑罚适用的目的不仅在于威慑和惩罚那些触犯刑律的人，更重要的是要彰显其中的道理来教育民众。就德与刑的关系而言，刑是德的载体，德是刑的灵魂，二者相辅相成，德寓于刑罚之中，对刑罚的适用具有指引作用。春秋时期，孔子提出"道之以政，齐之以刑，民免而无耻；道之以德，齐之以礼，有耻且格"①，主张"不教而杀谓之虐"②。孔子的学说延续了周公的"明德慎罚"的思想，并在"明德慎罚"的基础上，又提出"宽以济猛，猛以济宽，政是以和"和"一张一弛，文武之道"的主张，为"德刑并用"、"德主刑辅"法律思想增添了新内容。西汉时期董仲舒则指出："天道之大在阴阳。阳为德，阴为刑。刑主杀而德主生。是故阳常居大夏，而以生育养长为王；阴常居大冬，而积于空虚不用之处。以此见天之任德而不任刑也。"③ 董仲舒"任德而不任刑"、"大德而小刑"的观点是对孔子思想的进一步发展。唐代定律，一准乎礼，于礼以为出入，儒家经典得以法典化，"德主刑辅"思想成为最高的立法与司法原则。"德主刑辅"思想与慎刑原则之间存在着密切的关系。"德主刑辅"既是慎刑的理论前提，又是如何慎刑的具体指针。宋时的晁迥在《劝慎刑文》中说："《易》称，'君子明慎用刑而不留狱。'……'苟得情勿喜。'先哲垂戒者，盖以道化之末而及于礼；礼防之末而及于刑。刑以辅政，弗获己而用之也。"从中可以看出二者之间的关系，因此，"德主刑辅、教化为先"应是慎刑原则的首要内涵。

（二）以德司法，哀矜折狱

慎刑本身只有谨慎司法、不枉杀无辜之意，但是，这并非慎刑原则内涵的全部。慎刑的前提在于"敬德"、"明德"，这就要求司法之中体现"德政"，即以德司法。以德司法强调司法官吏将统治者所遵奉的伦理规范引入司法领域，指导律条的适用，甚至直接作为法规的补充。司法官在审狱时心存仁义，自然也会成为仁者，以"哀矜"的心态去面对各种案件和当事人。"哀矜折狱"是孔子提出的一项司法原则，他指出："上失其道，民散久矣。如得其情，则哀矜而勿喜。"④ 根据明代丘浚的解释："哀者，悲民之不幸；矜者，怜民之无知；勿喜者，勿喜己之有能也。呜呼、圣门教人，不以听讼为能，而必以使民无讼为至。"⑤ 孔子显然是将"哀矜折狱"作为贯彻慎刑原则的一种司法方法。在孟子那里，慎刑原则又被赋予了新的内涵。《孟子·尽心上》说："以生道杀民，虽死不怨杀者。"意思是说：司法官即便遇

① 《论语·为政》。
② 《论语·尧曰》。
③ 《汉书·董仲舒传》。
④ 《论语·子张》。
⑤ 丘浚：《大学衍义补》卷一六〇。

到死刑案件，也应当以"求其生"之道来谨慎审理，确系罪大恶极，求其生而不得，不得已而将其处死，那么，其死也是罪有应得，无从怨恨了。所谓"生道杀民"其实是"哀矜折狱"思想在死刑案件中的体现。应该说，"以德司法"、"哀矜折狱"的慎刑思想在中国古代社会一直得以延续，成为中国古代的主流法律思想。即便是以苛严之治而闻名的清代雍正皇帝在与群臣论及秋审时，也标榜说："朕惟明刑所以弼教，君德期于好生，从来帝王于用刑之际，法虽一定，而心本宽仁。"即所谓的"以宽仁之心去行严格之法"，其实它与孔子的"哀矜折狱"思想、孟子的"生道杀民"思想是一脉相承的，也正是传统慎刑思想的应有之义。

（三）执法原情，论心定罪

参见本章第三节中的相关内容。

（四）用刑执中，罪刑相称

慎刑并不反对严格执法，它所要求的是用刑执中，罪刑相称。《尚书·立政》中说："兹式有慎，以列用中罚"，主张司法官在处理狱讼案件时应慎之又慎，依据常例，使刑罚适中，刑当其罪。《尚书·吕刑》中说："士制百姓于刑之中，以教抵德。""故乃明于刑之中，率乂于民棐彝。"意思是说：司法官吏制止百姓犯罪在于使刑罚得当，教导民众敬重德行；用刑得当，就会使民众乐于服从法律。在西周时，"中罚"或"中刑"是"明德慎罚"原则的核心。所谓"中罚"或"中刑"，是指刑罚要公允、适当，用刑应符合法律规定，既无"不过"又无"不及"，即罪刑相称。如何做到这一点，西周时统治者又提出了一些具体原则。

一是上下比罪。《尚书·吕刑》中说："上下比罪，无僭乱辞，勿用不行，惟察惟法，其克审克之"，即对罪重的处于重刑，罪轻的处以轻刑，对于犯人的供词和决狱之词，都要求与事实相符，不要发生差错，一定要核实其罪情，并根据法律办事。这里的"比"是指成例，即已有的案例。《礼记·王制》中说："凡听五刑，必察小大比以成之。"郑注："小大犹轻重，已行故事曰比。"因此，在方法论上，上下比罪，就是在法无明文规定的情况下，司法官可以运用比附类推的方法，或用成例比附而定罪。

二是因时制罚。《尚书·吕刑》记载："轻重诸罚有权。刑罚世轻世重，惟齐非齐，有伦有要"，即在决定刑罚时要根据各个时期社会的不同状况权衡并决定判刑的轻重。也就是说，要分别各种犯罪对社会的危害程度，并根据各时期的社会特点，灵活地掌握刑罚应该从轻还是从重。当然，同时也要注意法律规定，遵守法律判例和法律条文。《周礼·秋官·大司寇》中说："刑新国，用轻典；刑平国，用中典；刑乱国，用重典"，即对待新征服的国家，要以安抚为主，因而用轻典去治理。一般诸侯邦国，以常刑对待。如果是反叛的"乱国"，那就要动用"重典"，大刑伺候了。《尚书·吕刑》中说："上刑适轻下服，下刑适重上服"，即罪在上刑而情有可原的，可改服下刑；反之，罪在下刑而情节恶劣的，则改服上刑。在国家发生凶荒的时候，刑罚减轻，如《周礼·士师》中记载："若帮凶荒，则以荒辨之法治之"。同样的佐证可见《周礼·朝士》："若帮凶荒，札丧，寇戎之故，则令邦国都家县鄙虑刑贬。"

（五）罪止一身，反对酷刑

酷刑是慎刑的反面，它是指严苛而残酷的用刑，既包括定案之后的刑罚执行，也包括刑事审讯或侦查过程中的刑讯。慎刑要求刑罚宽和、不严厉，人道、不残酷，无论是在刑罚执行过程中还是在侦讯过程中严刑、酷刑的使用应当减少，甚至完全不用。尽管说在中国古代并不缺乏各式各样的酷刑，但是，正是在慎刑思想的影响之下，这些酷刑的使用受到了一定的限制。首先在刑罚执行方面，西周时期就确立了"罪不相及，罚不连坐"的原则。《左传·昭公二十年》中说西周时刑罚的适用情况是："父子兄弟，罪不相及。"可见当时一度取消了族株连坐的酷刑，从而改变了夏商时期"擎戮汝"、"罪人以族"等严刑措施。汉文帝时也有废除株连之法的改革。公元前 178 年，汉文帝诏令丞相、太尉、御史："法者，治之正，所以禁暴而卫善人也。今犯法者已论，而使无罪之父母妻子同产坐之及收，朕甚弗取其议。"在驳斥反对取消株连之法的奏言时，他说："法正则民悫，罪当则民从。且夫牧民而道之以善者，吏也。既不能道，又以不正之法罪之，是法反害于民为暴者也。朕未见其便，宜孰计之。"汉文帝二年"尽除收律相坐法"①。汉文帝的言论与改革举措正是慎刑思想的体现。其次，在古代中国，刑讯是一种合法的取证方式，但是，由于慎刑思想的影响，限制甚至废除刑讯的观点也是存在的。其中最有代表性的当推西汉的路温舒。路温舒深受儒学《春秋》思想影响，他曾向汉宣帝"上书言宜尚德缓刑"。特别总结秦亡的十点原因之一便是治狱吏的刑讯。他说："夫狱者，天下之大命也。死者不可复生，绝者不可复属。《书》曰：'与其杀不辜，宁失不经。'今治狱吏则不然，上下相驱，以刻为明。……夫人情安则乐生，痛则思死，捶楚之下，何求而不得？故囚人不胜痛，则饰辞以视之。吏治者利其然，则指道以明之；上奏畏却，则锻炼而周内之；盖奏当之成，虽咎由听之，犹以为死有余辜。何则？成练者众，文致之罪明也。是以狱吏专为深刻，残贼而亡极，输为一切，不顾国患。此世之大贼也。故俗语曰：'画地为狱，议不入；刻木为吏，期不对？'此皆疾吏之风，悲痛之辞也！"②路温舒的反对刑讯是在宣扬"尚德缓刑"。反对刑讯的"慎刑"思想在中国此后的封建社会，常为提倡"慎刑"的学者所倡导。

（六）罪疑从赦，防止冤滥

疑罪或疑案是在司法实践中经常出现的现象，而疑罪或疑案的处理与司法的指导思想有着密切的关系。在慎刑思想的影响之下，西周确立了罪疑从赦原则。《尚书·吕刑》中记载："五刑之疑有赦，五罚之疑有赦，其审克之。简孚有众，惟貌有稽，无简不听，具严天威"，即是在罪行有疑问的情况下，要减等处理，但态度一定要谨慎，没有事实根据的，便不要论罪。在对待赦免的问题上，司法官并不能自行决断。《周礼·乡士》中记载："若欲免之，则王会其期"，即是在有疑冤与合于宽免条件或可赦宥的情况下，周天子在司寇听讼时亲往议刑。《周礼·遂士》中亦记载："若欲免之，则王令三公合其期"，即有疑罪可赦宥的情况时，周王派司徒、司马、司空三公在外朝听讼那天前往议刑，同样的佐证可见于《周礼·县士》："若欲免之，则王令六卿会其期。"《尚书·大禹谟》中说"与其杀不辜，宁失不经"，颜师古注云："辜，罪也；经，常也，言之命之重，治狱宜慎，宁失不常之过，不滥杀无罪之人，所以宽恕也。"即没有确凿的案件事实，就不要轻易杀人。《后汉书》亦云："夫狱者，天下之大命也，死者不可复生，绝者不可复属。"可见，罪疑从赦，防止冤滥正是慎刑思想的一种具体化。

---

① 《汉书·刑法志》。
② 《汉书·路温舒传》。

（七）怜老恤弱，减免刑罚

西周对一些特殊主体的犯罪，采取了特别的宽和政策，这些主体包括老人、妇女、儿童和精神病人。《周礼·秋官》中有"三赦之法的记载"："一赦曰幼弱，再赦曰老耄，三赦曰蠢愚。"即对七岁以下的弱小儿童，七八十岁以上的昏耄老人，智力低下的白痴采取宽宥的政策，赦免其刑罚。《尚书·梓材》中记载："至于敬寡，至于属妇，合由以容"，对于老人与妇女的犯罪，给予一定的宽恕政策。这一原则的价值色彩是极其明显的。"礼云：'九十曰耄，七岁曰悼，悼与耄虽有死罪不加刑'。爱幼养老之义也。"①

对特殊群体减免刑罚正是慎刑的重要表现形式，这一原则为后世所承继，成为我国封建社会一项普遍的法律原则。《唐律疏议·名例》规定："诸年七十以上、十五以下及废疾，犯流罪以下，收赎。八十以上、十岁以下及笃疾，犯反、逆、杀人应死者，上请；盗及伤人者，亦收赎。余皆勿论。九十以上，七岁以下，虽有死罪，不加刑；即有人教令，坐其教令者。若有赃应备，受赃者备之。诸犯罪时虽未老、疾，而事发时老、疾者，依老、疾论。若在徒年限内老、疾，亦如之。犯罪时幼小，事发时长大，依幼小论。"这一规定涉及对老幼疾废减免刑罚的原则。年龄在七十岁以上十五岁以下以及废疾者犯了处以流刑以下的罪时采取收赎的处刑方式，不再施以原来的刑罚。这里的"废疾"是指"痴哑、侏儒、腰脊折，一肢废"等。"笃疾"是指"恶疾，癫狂，两肢废，两目盲"等，即使上述主体犯有反、逆、杀人者应判处死刑的，可以通过上请的方式来决定是否减免刑罚；而在反、逆、杀人以外的犯罪原则是可以减免刑罚的。同时，为了便于在司法实践中切实贯彻这一原则，《唐律疏议》中还对犯罪人年龄作出了宽松的规定，即犯罪时未老、疾，而在老、疾的时候事发也依老、疾论；犯罪时幼小，在长大后案发也依幼小论；另外罪犯在徒刑执行期内老、疾，也依老、疾论。唐律之中细致入微的规定，不仅显示出立法技术上的近乎完美，而且也将儒家慎刑的价值理念体现得淋漓尽致。

妇女是我国古代的特殊群体，她们生理特殊，体力上逊于男子，性格上也通常不如男子刚毅，社会地位低下，这种弱势地位决定了妇女势必会成为法律矜恤的对象。早在秦汉时期，法律对自由刑的劳役就采取了男女有别、男重女轻的政策。晋代法律规定："女徒听赎；女人当罚金、杖罚者，皆令半之。"②《唐律疏议·名例》规定："妇人之法，例不独流，故犯流不配，留住，决杖、居作。……其妇人流法，与男子不同：虽是老小，犯加役流，亦合收赎，征收铜一百斤"。《唐律疏议·断狱》规定："禁囚：死罪枷、扭，妇人及流以下去扭，其杖罪散禁。……诸妇人犯死罪，怀孕，当决者，听产后一百日乃行刑。"这些规定给予妇女以特别的处刑政策，正是慎刑原则的体现。

二、慎刑的理论基础

（一）天道思想

中国古代社会的人们敬畏上天，认为上天主宰自己的命运。于是，最高统治者往往以"天命"、"天意"的代表自居，以此来"代天牧民"，但是，对于如何"代天牧民"，不同的

---

① 《唐律疏议·名例》。

② 《晋书·刑法志》。

朝代、不同的统治者有着不同的看法。《诗经》中记载了"天命玄鸟，降而生商"①，"有娀
方将，帝立子生商"②的神话传说，商王据此获得了"率民以事神"的合法性。然而在殷商
后期，承受"天命"的商王为所欲为，屠杀无辜，残害忠良，致使天下怨叛，众叛亲离，最
终丧失了政权。周朝建立后，统治者开始反思殷商亡国的教训，他们一方面继承殷商的神权
法思想，继续宣扬自己的统治是受命于天，即"昊天有成命，二后受之"③，因而可以"代行
天罚"④；另一方面在"天命"之上加以"天道"思想。"皇天无亲，惟德是辅"⑤，最高统治
者必须"以德配天"，遵循"天道"，才有可能获得上天的垂青。正因为"天助有道"，西周
才得以取代商纣，而行"天道"的统治者应当做到"敬天保民"、"明德慎刑"。天道思想既
为周朝的统治找到了合法性依据，也成为慎刑思想的观念基础。商纣不守"天道"的表现之
一就是滥用酷刑、滥杀无辜，这是上天抛弃商纣的一个重要原因。"天道"思想要求统治者
"则天垂法"、"顺天行刑"，体察上天的"好生之德"，审慎用刑，减少刑戮。同时，中国古
人相信"天人合一"学说，认为天道与人道相通，上天能够感觉到人间的善和人间的恶，这
就是所谓的"天人感应"。统治者为德政，天降祥瑞；统治者施残暴，天降灾难。如果人间
的刑杀和冤狱过多，上天就会以大旱、地震等自然灾害或者其他"阴阳灾异"现象来作出警
告，这时，最高统治者为了维护其统治，往往会行大赦，以平息天道之怒。为了维护天道的
正常秩序，不致引起上天的惩罚，那就应当审慎用刑，防止冤案和减少刑杀。

（二）仁政思想

仁政的基础是仁学。仁学始于孔子。孔子对什么是"仁"给出了明确的解释。《论语·
颜渊》中记载："樊迟问仁，子曰：'爱人'。"儒家认为"为政在人"，理想的为政之人乃是
"仁人"、"贤人"，所以孟子宣称："惟仁者宜在高位"。儒家思想以"仁"为基本核心，认为
"仁者爱人"，主张为政以仁，要求统治者爱民，重视人的生命的价值。仁政学说的脉络之中
必然有着慎刑的要求。无论是遵从法家学说的"酷吏"，还是信奉儒家学说的"仁者"，都将
"去刑"作为执政的一种追求，但是，前者采取的是"以刑去刑"的方法，而后者则反对
"不教而诛"，主张先施德教，以教化去刑。所谓教化，就是要激活人内心中的"善端"，使
当事人茅塞顿开、幡然悔悟，自动化解冲突与纠纷。这样，对于民事案件或轻微的刑事案
件，自然可以达到息讼的目的，而即使对于难以宽恕的严重犯罪，也可以使犯罪人辞服心
服，即所谓"以生道杀民，虽死不怨杀者。"同时，仁者始终怀有一颗仁恕之心。孟子说：
"恻隐之心，仁之端也。"对于何谓"恻隐之心"，他又解释："人皆有不忍人之心。先王有不
忍人之心，斯有不忍人之政矣。以不忍人之心，行不忍人之政，治天下可运之掌上。所以谓
人皆有不忍人之心者：今人乍见孺子将入於井，皆有怵惕恻隐之心；非所以内交於孺子之父
母也，非所以要誉於乡党朋友也，非恶其声而然也。由是观之，无恻隐之心，非人也……"⑥
宋时郑克结合司法实践评论说："恻隐之心，人皆有之，为物所迁，斯失之矣。故有利人之

---

① 《诗经·商颂·玄鸟》。
② 《诗经·商颂·长发》。
③ 《诗经·周颂·昊天有成命》。
④ 《尚书·多士》。
⑤ 《左传·僖公五年》。
⑥ 《孟子·公孙丑上》。

死为己之功者，或文致于大辟，或诬入于极典，宁复能存不忍之心，以贷应死之命乎？"① 汉武帝"独尊儒术"以后，儒家学说被统治阶级奉为圭臬，"爱民如子"或施行"仁政"也成为一种主流思想影响了后世帝王和官僚，尽管封建帝王和官僚经常会阳奉阴违，但至少也以博得如此名声为荣。仁政学说要求司法官在侦查、审理、判决有关案件时，时刻怀有一种宽恕、仁慈之心，因此必然会产生慎刑的要求。

（三）人本思想

中国古代人本主义思想源远流长，其源头可追溯至西周时期。在西周之前的夏商统治者眼中，天命是决定其统治地位的根本因素，因而重天命而轻民意。以周公为代表的统治者在推翻殷朝政权过程中，认识到了"天畏棐忱，民情大可见"② 的社会发展规律，意识到了民众是维持政权巩固的根本因素。于是将天命与民意结合起来，认为"民之所欲，天必从之"③，"国将兴，听于民；国将亡，听于神"④。春秋战国时期"礼崩乐坏"，社会剧变，天命的作用有所降低，思想家和统治者也更多地认识到民众支持、民心向背与国之兴亡之间的紧密关系，因此，从维护政权稳固的角度出发，古代人本主义思想首先是民本主义思想。"民本"要求统治者畏民、忧民、恤民。孟子说："乐民之乐者，民亦乐其乐；忧民之忧者，民亦忧其忧。乐以天下，忧以天下，然而不王者，未之有也。"⑤ 应该说，让掌握国家权力的统治者敬畏普通的民众并非易事，这只有将其与维护统治者的统治联系起来才能做到。如果将民本思想中的恤民意旨应用于司法活动，也必然会产生慎刑的要求。

中国古代人本主义与西方的人权学说存在诸多差异之处，但是，中国古代人本主义其实也十分重视人之为人的基本特性和价值。古人将"天道"、"地道"、"人道"并列，认为人可以与天、地相参，"天有其时，地有其财，人有其治，夫是之谓能参。"⑥ 在儒家思想里，"人"也是受到尊崇的。"惟人，万物之灵。"⑦ "夫人肖天地之貌，怀五常之性，聪明精粹，有生之最灵者也。"⑧ 同时，仁与人又是相通的。仁的本质就是人，无人就无所谓仁，"仁也者，人也"，"仁，人心也"。孔子说"仁者爱人"，孟子说"亲亲仁也"，这些说法都极大地抬升了"人"的地位。西汉时出现了"天人感应"，"人"的地位进一步提高。既然人的作用如此重要，统治者只有把人当做人看，尊重人格，满足人的需要，才能符合天道的要求。这一点在汉文帝废除肉刑的改革举措中得到充分体现，汉文帝认为："夫刑至断肢体，刻肌肤，终身不息，何其刑之痛而不德也！岂称为民父母之意哉？其除肉刑，有以易之；及令罪人各以轻重，不亡逃，有年而免。"⑨ 可见，中国古代的人本思想对于慎刑原则的产生与发展是有着重要影响的。

---

① 《折狱龟鉴·矜谨》。
② 《尚书·康诰》。
③ 《尚书·泰誓上》。
④ 《左传·庄公三十二年》。
⑤ 《孟子·梁惠王下》。
⑥ 《荀子·天论》。
⑦ 《尚书·泰誓上》。
⑧ 《汉书·刑法志》。
⑨ 《汉书·刑法志》。

三、慎刑的制度表现

(一) 录囚复审制度

录囚制度指皇帝或者皇帝委派的各级司法官吏对在押的囚犯进行审录复核，检查下级机关的缉捕审判是否合法进行监督检查，以便及时平反冤狱、纠正错案、督办淹狱、宥减轻系的制度。《礼记·月令》中说："仲春三月命有司省囹圄。"可见，早在西周时期，司法官就开始巡视监狱，省录囚徒了。但这尚不能称正式的录囚。录囚制度创设于汉代，最初的录囚是刺史录囚，指朝廷派往地方的刺史从事录囚活动，以平反冤狱。据《续汉书·百官志》刺史条注云："诸州常以八月巡行所部郡国，录囚徒，考殿最。"皇帝录囚则始于东汉明帝时期。史称明帝"常临听讼观录洛阳诸狱"[1]。两汉时期，通过皇帝、刺史及郡守的录囚活动，使一些冤假错案得到了平反，取得较好的效果。此后魏、晋、隋、唐等朝均有君主亲自录囚活动的记载。最为有名的是贞观六年至七年间唐太宗的一次录囚事件。据《资治通鉴》卷一九四的记载："（贞观六年十二月辛未）帝亲录系囚，见应死者，悯之，纵使归家，期以来秋来就死。""（贞观七年九月）去岁所纵天下死囚凡三百九十人，无人督帅，皆如期自诣朝堂，无一人亡匿者；上皆赦之。"尽管也有人认为唐太宗录囚纵囚，属于人主权术，但是后世更多的是赞誉之声，毕竟，这当中体现了慎刑的意旨。当然，录囚制度尚有其他实际效果，如有助于解决"淹狱"问题，即疑狱不决或久系不讯的情况。淹狱是封建时代普遍存在的问题。古时监狱管理水平较低，卫生条件较差，酷暑严冬，狱内人满为患，会导致瘟疫流行、集体越狱等更严重的危害。因而对淹狱的督办成为古代统治者录囚的一项重要内容。《唐六典》载："若禁囚有推决未尽留系者，五日一虑。"宋太宗在位时规定"长吏每五日一虑囚，情得者即决之"，后改为"诸州十日一虑囚"[2]。明清时期基本坚持前朝做法，但更多地采用秋审、朝审时由中央有关官署会审、复审重罪案的办法。如明代每五年命司礼太监会同三法司堂上官，于大理寺审录囚徒，称为大审。会官审录在司法制度史上是审判、复核制度在中国古代社会晚期的重要表现形式，但它与录囚的性质、任务大体相同，是录囚制度发展演变的结果。录囚制度能够在封建社会长期存在与沿袭有多重原因，第一，它有利于国家司法权的集中，在司法领域强化中央集权；第二，通过录囚来检查和督励下级机关的审判活动，考核郡县行政长官的政绩，有利于廓清吏治，防范司法腐败和司法专横；第三，有助于提高审案质量，减少冤狱；第四，通过录囚对淹滞未决案进行督办，防止案件的滞留延宕；第五，通过录囚可以对狱政状况进行监督和检查，可以改进狱政管理。同时，通过录囚还能够宣扬统治者标榜的"仁政"，体现"慎刑"的要求。

(二) 法司会审制度

古代会审制的雏形可见于《礼记·王制》中关于殷、周时期狱讼审判程序的记载。《礼记·王制》一书就记载："成狱辞，史以狱成告于正，正听之；正以狱成告于大司寇，大司寇听之棘木之下；大司寇以狱之成告于王，王命三公参听之；三公以狱之成告于王，王三又（宥），然后制刑。"这是说，案件从立案到庭讯到判决，须经过史、正初审后上交司寇复审，

---

① 《晋书·刑法志》。

② 《宋史·刑法志》。

最后由国王在三公或六卿的参与下作出裁决。金文中的"讯有司"，《周礼》中的"三刺之法"，都具有会审的性质。秦汉法律规定，发生重大案件后，由廷尉会同丞相、御史中丞等共同审理，时称"杂治"。据《汉书·王嘉传》记载：汉武帝时，息夫躬、孙宠等上书告东平王云犯"谋弑上为逆罪"，"廷尉梁相与丞相长史、御史中丞及五二千名杂治东平王云狱"。至唐代，会审制得到进一步完备。唐代的三个主要法司大理寺、刑部、御史台，一般情况下分别工作并相互制约监督，但遇有特别重大案件，则由大理寺卿会同刑部尚书、御史中丞共同审理，叫做"三司推事"。汉代以廷尉、御史中丞和司隶校尉为三法司。唐代以刑部、大理寺和御史台为三法司。明、清两代以刑部、大理寺和都察院为三法司，遇有重大疑难案件，由三法司会同审理。在唐朝，不少案件的审判都以三司推事的形式进行。唐朝的三司推事开创了后世"三法司"联合办案的先河。唐代还有一种都堂集议的会审形式。《旧唐书·刑法志》中记载："伏奉今月五日敕：复仇，据礼经则义不同夫，征法令则杀人者死，礼法二事，皆教之端，有此异同，必资论辩，宜令都省集议闻奏者。"都堂集议实际上是唐朝的最高级集体审判组织，凡"八议"之人犯死罪时，均由其集体讨论罪名和有关宽宥的情节，提出意见供皇帝裁夺。《唐律·名例律》总第8条规定："诸'八议'者犯死罪，皆条所犯及应议之状，先奏请议，议定奏裁，流以下减一等。"即将其所犯罪行及应议理由奏请皇上，皇上再召令公卿都堂集议，议定后奏上，由皇上参与"集议"最后裁决。明清的会审制度在取代录囚制的基础上更为完备，发展成每年的朝审、大审、秋审、热审等制。除三法司外，九卿、五府、科道、通政司、司礼监、宗人府等机构各从不同的职能和侧面参与审录。如明代在中央专门设"三法司"的联合审判组织，由刑部、大理寺和都察院组成，对重大或疑难案件会同审理，称为"三司会审"。再有特别重大案件，则由三法司会同各部尚书及通政使共同审理，即"会九卿鞫之，谓之圆审"。清朝改称"九卿会审"，依清朝规定，凡全国性特别重大的案件，由三法司（刑部、大理寺、都察院）会同吏、户、礼、兵、刑、工各部尚书和通政使组成会审机构共同审理，判决结果奏请皇帝审核批准。明清时设有朝审和热审、秋审三种审查形式。朝审制度始于明英宗天顺三年（1459年），每年霜降后，由三法司同公、侯、伯会审重囚。热审是中国古代于暑热天为疏通监狱而设的审判制度。永乐二年（1404年）开始在暑热天减、遣轻罪，但未成定制。康熙十年（1671年），清朝将热审定为制度，"每年小满后十日开始，至立秋前一日为止，非真犯死罪及军流，均酌予减等，笞杖者宽免，枷号者暂行保释，俟立秋后再行补枷"。秋审是明清时期复审各省死刑案件的制度，因在每年秋季举行而得名。《大明律》中记载："直隶去处，从刑部委官与监察御史，在外去处，从布政委官与按察史共同审决。"每年秋审前，各省督抚预先对刑部判决的案件以及京畿地区的斩监候、绞监候案件进行审核或审讯，并提出书面意见分送九卿、詹事、科道以及军机大臣、内阁大学士等重要官员备阅，供秋审参考。至八月在天安门外金水桥西由六部长官、大理寺卿、都察院都御史、通政使与小三司等会同审理。在清朝，秋审被称为国家"秋谳大典"，受到特别重视。统治者试图通过这样一种隆重、繁琐的程序，来表示重视民命，慎刑执法。会审制度的实施，能够对各级司法机关的活动实行检查和监督，除纠正冤错外，也有助于封建法律的统一适用。经过秋审和朝审的死刑案，其处理的结果大致可分为情实、缓决、可矜、留养承祀四类。除情实类要执行死刑外，其他三类均可免除死刑。这些制度的实施减免了大部分斩、绞监候死囚的死刑，有些死囚因此而获生路，从而使慎刑原则得到彰显。

（三）死刑复奏制度

人命关天，人死不能复生，作为剥夺人生命的极刑，死刑的适用自当慎之又慎。慎重对待死刑应该是慎刑思想的重要方面。为了在死刑执行方面体现慎刑理念，中国古代统治者制定了一套对死刑案件反复推敲、再三省察的独特法律制度，即死刑复奏制度。在性质上，死刑复奏制度与死刑复核制度是不同的。死刑复核制度是指对拟判处死刑的案件在最终定判之前奏请皇帝核准的制度，属于审判程序的一个环节；死刑复奏制度是指对已经核准判处死刑的案件，在行刑之前再次奏请皇帝进行批准方可行决的制度，它属于执行程序的一个环节。死刑复奏制度确立于北魏时期。《魏书·刑法志》中记载："当死者，部案奏闻。以死者不可复生，惧监官不能平，狱成皆呈，帝亲临问，无异辞怨言者乃绝之；诸州国之大辟，皆先谳报，乃施行。"这是关于死罪复奏制度的最早记载。《三国志·魏书·明帝本纪》中也记载魏明帝青龙四年（236年）曾下诏："廷尉及天下狱官，诸有死罪具狱已定，非谋反及手杀人，亟语其亲治，有乞恩者，使与奏"。至隋朝，隋文帝为体现慎刑意旨下诏："命诸州囚有处死，不得驰驿行决"，并于开皇十五年（595年）定制，"死罪者，三奏而后决"①。由此确立了死刑的"三复奏"制度。但其后隋炀帝为严厉镇压农民起义和百姓的反抗，又下令"天下窃盗以上，罪无轻重，不待闻奏，皆斩"，"于是州县官人，又各专威福，生杀任情矣"②。唐朝前期延续了隋朝已成定制的死刑案件的"三复奏"制度，《唐律疏议·断狱》规定："死罪囚，谓奏画已讫，应行刑者，皆三覆奏讫，然始下决。"但贞观五年（631年）唐太宗错杀大理寺丞张蕴古和交州都督卢祖尚，追悔自责之后，将三复奏改为五复奏。唐太宗认为"人命至重，一死不可再生。……比来决囚，虽三覆奏，须臾之间，三奏便讫，都未得思，三奏何益？自今以后，宜二日中五覆奏，下诸州三覆奏"③。唐朝的死刑复奏制度趋于完善，形成了较为完备的制度。《通典》卷一六八《考（拷）讯》记载："诸决大辟罪，在京者，行决之司五复奏；在外者，刑部三复奏（在京者，决前一日二复奏，决日三复奏；在外者，初日一复奏，后日再复奏。纵临时有敕，不许复奏，亦准此复奏）。若犯恶逆以上，及部曲、奴婢杀主者，唯一复奏。"而且规定，司法官违反复奏规定的，要被处罚，"诸死罪囚，不待复奏报下而决者，流二千里。"④可见，唐朝的死刑复奏制度已经趋于完善。宋元时期虽然延续了死刑复奏制度，但没有具体规定死刑复奏制度的次数。元朝法律规定："凡死罪，必详谳而后行刑。"贤明君主对这一制度多持肯定态度。如"元世祖谓宰臣曰：'朕或怒，有罪者使汝杀，汝勿杀，必迟回一二日乃覆奏。'斯言也，虽古仁君，何以过之。自后继体之君，惟刑之恤，凡郡国有疑狱，死罪审录无冤者，亦必待报，然后加刑。"明朝恢复了唐朝采用的死刑三复奏制度，即死刑无论是立即执行，还是秋后执行，都要三复奏。《明会典》记载："决囚每年在京朝会即毕，以情真罪犯请旨处决，候刑科三复奏得旨决囚；官即于市曹开具囚犯名数奏请行刑，候旨下照数处决。"清代继承了明时的朝审制度，发展成为秋审、朝审和热审三种，设立了专门的死刑复核机关，形成了完善的死刑复奏制度。顺治十年（1653年），

---

① 《隋书·刑法志》。
② 《隋书·炀帝本纪》。
③ 《贞观政要·刑法》。
④ 《唐律疏议·断狱》。

规定朝审案件实行三复奏，秋审案件不实行。雍正二年（1724年）诏令秋审情实应决者，和朝审一样实行三复奏。① 乾隆十四年（1749年）又诏令朝审案件仍三复奏，秋审案件实行一复奏。死刑复奏制度是死刑执行中的一项制度，它一方面保持了死刑应有的威慑功能，另一方面也减少死刑执行的数量，体现"恤刑"和"慎杀、少杀"的基本精神。

（四）赦宥制度

赦宥的一般词义是指赦免过错，宽恕罪行。《易·解》："雷雨作，解，君子以赦过宥罪。"孔颖达疏："赦谓放免，过谓误失，宥谓宽宥，罪谓故犯。过轻则赦，罪重则宥，皆解缓之义也。"在中国古代，最高统治者有时会发布特别的命令，免除犯罪者的部分或者全部的刑事责任，以示法外开恩，宽恕仁慈。在司法活动中，"赦宥"可以从三个方面来加以理解：一是免除刑罚；二是刑罚的减等适用；三是以赎金等方式替代刑罚。《尚书·舜典》最早提到了赦免："眚灾肆赦。"孔传曰："眚，过；灾，害；肆，缓也。过而有害者缓赦之。"孔颖达疏曰："若过误为害，原情非故者，则缓纵而赦放之。"郑玄曰："眚灾，为人作患害者也。过失，虽有害则赦之。"邱溶曰："朱子曰'言不幸而触罪者则肆而赦之，此法外意也。'按此万世言赦罪者之始，夫帝舜之世所谓赦者，盖因其所犯之罪，或出于过误，或出于不幸，非其本心固欲为是事也。而适有如是之罪焉，非特不可以入常刑，则虽流宥、金赎亦不可也，故宜赦之。盖就一人一事而言耳，非若后世概为一札，并凡天下之罪人，不问其过误故犯，一切除之也。"《尚书·大禹谟》中还有"宥过无大"的说法，意思就是"过误所犯虽大，必宥不忌"。《周礼·秋官·司刺》曰："掌三刺、三宥、三赦之法，以赞司寇听狱讼。一刺曰讯群臣，再刺曰讯群吏，三刺曰讯万民。一宥曰不识，再宥曰过失，三宥曰遗忘。一赦曰幼弱，再赦曰老耄，三赦曰蠢愚。以此三法者求民情，断民中，而施上服、下服之罪，然后刑杀。"中国古代统治者十分重视赦宥，这项制度往往被赋予了除旧布新、与民更始的功能。皇帝在位期间常常颁布大赦令，减免罪刑，显示皇恩浩荡；历代王朝各种形式的赦免层出不穷，名目繁多。汉高祖刘邦在位十二年，共赦十二次，平均一年一赦，发布赦令的频率很高。正如沈家本所云："盖高帝大乱之后，不能不赦，以与天下更治。"② 对于统治者频繁适用赦免的利弊，有不同的观点。有人认为赦免罪犯是朝廷的"德政"，可以起到使人"畏威感恩"的作用，如晋朝的郭璞认为"刑狱充溢"难免会出现冤假错案，而大量冤假错案的产生会导致当事人发出"怨叹之气"，由此导致"愆阳苦雨之灾，崩震薄蚀之变，狂狡蠢戾之妖"③ 的出现，因此有必要进行赦宥。另一些人则认为"赦非善政"，不宜多用。管仲在《法治篇》中认为"凡赦者，小利而大害者也。"东汉的王符曾在其所著《潜夫论·述赦》中专门讨论了赦免制度的弊端。他认为"国无常治，又无常乱，法令行则国治，法令弛则国乱。法无常行，亦无常弛，君敬法则法行，君慢法则法弛。""擒灭盗贼，在于明法，不在数赦。"甚至唐太宗也主张不能常用大赦。因为，这会使罪犯产生侥幸心理而不能改过。《贞观政要·赦令》中记载了他的主张："凡赦宥之恩，惟及不轨之辈"，如果常赦"将恐愚

---

① 参见陈光中、沈国峰：《中国古代司法制度》，164页，北京，群众出版社，1984。另参见张明敏：《中国死刑复奏制度的流变及其现代价值》，载《中国刑事法杂志》，2008（3）。

② 沈家本：《历代刑法考》，582页，北京，中国检察出版社，2003。

③ 《晋书·列传第四十二·郭璞》。

人常冀绕幸，凡惟欲犯法，不能改过。"但尽管如此，他本人也有过十分有名的纵囚之举。《唐书·刑法》载："六年，亲录囚徒，闵死罪者三百九十人，纵之还家，期以明年秋即刑；及期，囚皆脂朝堂，无后者，太宗嘉其诚信，悉原之。"由此可见，赦免已成为中国古代政治生活中一项重要内容，赦宥制度也就成为统治者借以标榜仁政和慎刑的一项不成文的制度。

（五）存留养亲制度

存留养亲，亦称"留养"，指有直系尊亲属年老应侍而家无成丁、死罪非十恶的犯人，通过上请而可以获得特殊的处置，流刑可免发遣，徒刑可缓期，将犯人留下以照料老人，老人去世后再实际执行。这一制度主要是为了解决被判处死刑或徒刑、流刑罪犯父母老疾无人侍养的问题而设置。存留养亲制度始见于北魏。《魏书·刑罚志》载北魏孝文帝曾诏曰："犯死罪，若父母、祖父母年老，更无成人子孙，又无期亲者，仰案后列奏以待报，著之令格。"《北魏律·名例》规定："诸犯死罪，若祖父母、父母年七十已上，无成人子孙，旁无期亲者，具状上请。流者鞭笞，留养其亲，终则从流。不在原赦之例。"以后各代相继沿用。《唐律·名例律》第 26 条"犯死罪应侍家无期亲成丁"明确规定："诸犯死罪非十恶，而祖父母、父母老疾应侍，家无期亲成丁者，上请。诸犯流罪者，权留养亲，谓非会赦犹流者，不在赦例，仍准同季流人未上道，限会赦者，从赦原。课调依旧。若家有进丁及亲终期年者，则从流。计程会赦者，依常例。即至配所应侍，合居作者，亦听亲终期年，然后居作。"这里的"期亲"，是指老疾之人伯叔父母、姑、兄弟姐妹、妻、子及兄弟子之类的亲属；"成丁"是指年龄在二十一岁以上、五十九岁以下的男丁。宋代几乎完全继承了唐朝关于存留养亲制度的规定。《元史·刑法志》规定："诸犯死罪，有亲年七十以上，无兼丁侍养者，许陈请奏裁。""诸窃盗应徒，若有祖父母、父母年老，无兼丁侍养者，刺断免徒；再犯而亲尚存者，候亲终日，发遣居役。"《元史·仁宗本纪》曾经记载："延祐元年（1314 年）三月，晋宁民侯喜儿昆弟五人，并坐法当死，帝叹曰：'彼一家不幸而有是事，其择情轻者一人杖之，稗养父母，毋绝其祀。'"对于这个案例，沈家本认为："此即今兄弟二人共犯死罪，准留一人养亲之例。"[①]《大明律》也仿唐律专列犯罪存留养亲条："犯死罪，非常赦所不原，而祖父母、父母老无养者，得奏闻取上裁。犯徒流者，余罪得收赎，存留养亲。"《大清律例》沿用明律并且将"留养承祀"正式定为会审免死的条件。其规定得十分具体："凡犯死罪非常赦所不原者，而祖父母、父母老、疾应侍，家无以次成丁者，即与独子无异，开具所犯罪名奏闻并应侍缘由，取自上裁。若犯流而祖父母、父母老、疾无人侍养者，止杖一百，余罪收赎，存留养亲。军犯准此。"存留养亲制度是中国传统法律文化中的独特现象，在性质上属于一种法外施恩的制度，对这一制度也不乏批评者。《金史·世宗纪》中记载："世宗十三年甲辰，尚书省奏，邓州民范三殴杀人，当死，而亲老无侍。上曰：'在丑不争谓之孝，孝然后能养。斯人以一朝之忿忘其身，而有事亲之心乎？可论如法，其亲，官与养济。'"金世宗认为好勇斗狠、犯法作恶的人没有孝心，养不了亲，因此不赞成罪犯存留养亲，而不如采取官与养济的办法以解决亲老应侍的问题。清代的沈家本、薛允升等对存留养亲制度也不甚支

---

① 沈家本：《历代刑法考》，472 页，北京，中国检察出版社，2003。

持。也有人认为存留养亲制度是对犯罪的一种放纵，不利于维护法律的尊严。[1] 但是，存留养亲其实是为了怜悯老人，而不是宽恕犯罪。因此，这一制度是中国古代一种比较人性化的法律制度，对于感化和改造罪犯、维护家庭和社会的稳定是有积极意义的，也正是统治者慎刑恤民的一种体现。

四、慎刑对于限制司法权的作用

慎刑的对立面是滥刑，其含义之内又包含着轻刑的意味，从而又与酷刑相对，因此，作为一项司法原则，它对司法权的作用主要表现在对刑罚酷滥主义的纠偏与制约作用。

(一) 提倡"以德配天"、"敬天保民"，反对"天命"名义下的刑罚酷滥主义

夏、商、西周时期，没有公布成文法，统治者"议事以制，不为刑辟"[2]，司法具有极大的神秘性和主观随意性，而墨、劓、刖、宫、大辟等"五刑"，极其酷重，使用时稍有偏差失误，给人的伤害即无法补救。商王朝，基于神权法的高度发展，统治者有恃无恐，"折民惟刑"[3]，从来不顾及受刑者的痛苦和滥施刑罚的严重后果。神权法思想对施用酷刑的主导作用表现在如下几个方面：其一，以占卜形式揣测神意，决定惩罚。商代甲骨文是占卜结果的真实记录，其中就有大量通过占卜来定罪量刑的内容，例如："贞，王闻不惟辟；贞，王闻惟辟。"[4] 用刑与否全凭天意裁定，让人无法置疑和违抗，只能被动地接受其处罚。其二，轻罪重罚，《韩非子·内储说上》中说："殷之法，弃灰于公道者断其手。"刑罚极其酷烈，让人惨不忍睹，毛骨悚然，从内心深处产生恐惧，以显示上天的强大威力。其三，酷刑施用的范围不断扩大，一人犯罪，株连甚众；大夫犯罪，也在所难免。尤其到了殷商末期，纣王自恃"我生不有命在天乎"[5]，生活上荒淫无度，沉溺酒色，政治上刚愎自用，独断专行，导致"百姓怨望而诸侯有畔者，于是纣乃重刑辟，有炮烙之法"[6] 并醢九侯，脯鄂侯，"所朝涉之胫，剖贤人之心，作威杀戮，毒痛四海"[7]，从而导致众叛亲离，人心涣散。这正如清末法学家沈家本所言："淫刑以逞，而国亦随亡矣。"[8]

灭商之后，周王朝的统治者通过对神权法思想改良维新，提出了"以德配天"的学说。"以德配天"的含义是：天命是属于那些使人民归顺的有"德"的统治者。"以德配天"学说，一方面并没有否定天的尊显地位和巨大作用，另一方面，强调天命是根据民众的意愿，可以随时向有德者转移。如《左传·僖公五年》中说："皇天无亲，惟德是辅。"《尚书·诏告》中说："惟王其疾敬德，王其德之用，祈天永命"。"敬天保民"就是要恭敬奉行天命，谨慎保有人民。这就要求统治者要做到宽以待人，平易近民，关心民之疾苦，并施惠于民，相应地，也就要求审慎地使用刑罚，反对专任刑罚，滥杀无辜。可见，自西周以后，古代的统治者在天命观方面

---

① 参见王庆亮：《论中国古代法制之矜恤主义》，吉林大学硕士学位论文，2006。
② 《左传·昭公六年》。
③ 《尚书·汤誓》。
④ 《殷墟文字乙编》，4604。
⑤ 《尚书·西伯戡黎》。
⑥ 《史记·殷本纪》。
⑦ 《尚书·泰誓》。
⑧ 沈家本：《历代刑法考·刑制通考》。

发生了一场深刻的观念更新，把天命与民主向背、与审慎用刑联系起来，试图从根本上消除"天命"名义下酷施刑罚的思想土壤，从而能够有效地限制司法活动中的滥刑行为。

（二）倡导德主刑辅，法本原情，反对法治名义下的重刑主义

秦国自商鞅变法以后，一直奉行"重刑处断"的原则，不但在立法上如此，在司法上也同样如此。秦国强调在处罚犯罪上，坚持"行刑重其轻者，轻者不生，则重者无以至矣"的处刑方针，从重惩轻罪入手，严厉处断各类犯罪案件。韩非则认为"重刑处断"原则的实行，还可以起到威慑犯罪的作用。他认为："刑盗，非治所刑也。治所刑也者，是治胥靡也。故曰：重一奸之罪而止境内之邪，此所以为治也。重罚者，盗贼也；而悼惧者，良民也；欲治者，奚疑于重刑。"[①] 在这一原则的指导下，秦朝司法制度愈益表现出严酷性，以至于"有敢偶语《诗》、《书》者弃市，以古非今者族。吏见知不举者与同罪"。《史记·秦始皇本纪》之外，《秦简》中随处可见"黥劓城旦"及"斩左右趾"的规定。桓宽《盐铁论》载："秦时，劓鼻盈累，断足盈车。"《三国故事》也说："始皇时，隐宫之徒至七十二万，所割男子之势，高积成山。"这类记载可能有夸大之处，但秦王朝在司法上"乐以刑杀为威"，动辄使用酷刑，确实是存在的，而且造成了严重的后果。正如后人班固所总结的那样，"至于秦始皇兼吞战国，遂毁先王之法，灭礼谊之官，专任刑罚"[②]。而至秦二世，刑罚使用更加酷滥，进一步加剧了社会矛盾，促使秦王朝二世而亡。

正如贝卡里亚所说："严酷的刑罚不但违背了开明理性所萌发的善良美德，同时，严酷的刑罚也违背了公正和社会契约的本质。"[③] 法治之下的重刑虽然仍属于依法办事的一种形式，但是，一种违背善良美德和公正理念的法律只能是恶法，而失去民众对它的认同与支持。因此，汉代以后的统治者汲取了秦朝统治者的教训，倡导礼治主义，将道德置于法律之上，或者说贯穿于法律之中，追求法律与情理的统一，以缓和法律的刚性，以及严格执法可能带来的刑罚严苛。这使得古代司法审判的目标发生了深刻的变化，它所追求的是维持社会秩序的和谐与稳定，教化子民，因此结合情理进行审判成为法官的重要任务。情、理、法三者都是法官审理案件的重要依据，三者本质上并无区别，只是各自表现出来的伦理色彩程度不同而已。法官在审判过程中选择判决或者调解，运用自由裁量权等审判行为都受儒家伦理的约束，其行为根据伦理原则是具有可预测性的。清代法官在司法审判中是运用伦理规范进行审判的道德裁判者，在司法过程中承担了一种伦理教化的功能，家长式的法官必须对子民进行伦理教化之后才能作出判决。道德式的法庭与中国古代法律相吻合，儒家伦理渗透到社会生活的各个方面，国家政权都把法律的基础建立在儒家的经典教义之上，从而也将慎刑观念渗透到立法、司法与执法过程之中。

（三）融礼于法，律法定罪，防止法外用刑、罪刑擅断

在中国古代历朝历代，司法官吏法外用刑、罪刑擅断始终是一种挥之不去的积弊，由此也形成了古代司法领域的一个特殊群体——酷吏。历史上有各种各样的酷吏，晚清时有人区分了古今酷吏的不同类型说："古之酷吏，虽深文周内，不足以语于导德齐礼之教，然引是

---

① 《韩非子·六反》。

② 《汉书·刑法志》。

③ ［意］贝卡里亚：《论犯罪与刑罚》，11 页，北京，中国大百科全书出版社，1997。

非，明曲直，争天下大礼，严峻而无伤焉。后之所谓酷吏，舞文弄法，杀人以利已。"① 然而不论哪一种酷吏，都是以用刑酷烈和不尊奉法律为特征，更重要的是，他们缺乏明德慎罚的司法精神。古代的酷吏在审判案件时往往置法律于不顾。《汉书·酷吏列传》载："严延年迁河南太守。其治务在摧折豪强，扶助贫弱。贫弱虽陷法网，曲文出之；其豪杰侵小者，以文内之。众人所谓当死者，一朝出之；所谓当生者，诡杀之。吏民莫能测其意深浅，战栗不敢犯禁。"尽管严延年尚有摧折豪强、扶助被侵小民之意，但是，无论如何，酷吏之曲意杀戮究属暴烈，义无可取之处。更有一班等而下之的酷吏，不仅贪污腐败，而且残暴成性，专门以酷刑滥杀为能事，甚至不择手段。李伯元在《活地狱》一书中曾描述了一个叫姚明的山西阳高县知县，专以酷刑取供，任何重案疑案一到他手，"不上三天，无供的立时有供，有供的永远不翻"。像姚明这样的官吏在当时是不乏其人的，"各州县每遇审讯，不论何犯，酷用刑威，且有私设非刑以示严厉者"，如此导致的必然是欺下瞒上，而所谓"严刑之下，何求不得"，冤案错案频发不断，因刑讯殒命者不计其数。

儒家反对严刑峻法，主张以德入刑，强调教化对臣民的影响和作用，认为治狱与治国一样，应以德为主，辅之以刑罚，科刑只是不得已而为之的最后手段，但不是最好的手段。"明德慎刑"要求，在审判活动中不仅要防止错杀无辜，并且对有罪者一般也注意慎用刑罚，尤其是慎用死刑。古代统治者根据"明德慎刑"的要求，在历代律令中均设立了一系列制度，以确保上级官吏对下级官吏、皇帝对全国各级官吏自上而下的监督和约束，将慎刑思想贯彻到司法活动之中。中国古代的刑讯制度中也不乏体现慎用的规定，《唐律疏议》对之规定甚详。概括地说，主要包括四个方面：其一，刑讯的对象，诸如议、请、减、老弱、废疾等人，不得拷讯；其二，刑讯的条件，只有在"反覆参验，犹未能决"的情况下，才能拷讯；其三，刑讯的数量，总数不得超过二百，杖罪以下不得超过本罪之数量；其四，刑讯的法律责任，如果司法官吏非法拷讯的，那就必须承担法律责任。

第三节
原心定罪与刑罚的人道主义

一、"原心定罪"的内涵

"原心定罪"又叫"论心定罪"、"原情定罪"，是中国古代司法活动的一项重要原则。根据《通典·刑法典》的解释，"原"是"寻其本"的意思。"定罪"的含义不能局限于罪与非罪的判断，而应作广义理解，即与司法审判同义，涵盖定罪与量刑的全部。"原心定罪"就根据"心"所表现出来的含义来进行司法审判和定罪量刑，"心"则是指与客观危害相对应的主观因素。简单来说，所谓"原心定罪"，是指司法官在审判案件中，不仅考虑犯罪行为所造成的社会危害，而且要分析犯罪的主观因素，如动机、目的等，依据这些主观因素善恶

---

① 转引自赵晓华：《晚清讼狱制度的社会考察》，230 页，北京，中国人民大学出版社，2001。

来定罪量刑。"志善"的人可以从轻或免除处罚,"志恶"者则从重处罚。

显然在这个司法原则中,"心"是一个核心概念,因此,对"原心定罪"的理解关键在于对"心"的内涵的把握。古人称之为"心"、"志"、"情"、"气"等。《尚书·大禹谟》说:"人心惟危,道心惟微,惟精惟一,允执厥中。"《孔传》曰:"危则难安,微则难明,故戒以精一,信执其中。"就是说,人心须时时存有戒惧,只因道心总是精微不明,只有心灵保持集中专一,才能保证行为的中道无偏。这段话表述的是道、心、行之间的关系,其中,"心"处在枢纽的关键地位。"道"与"行"则以"心"为中介,能否"执中"取决于"心"的状态,因此,只有使人心时时存有戒惧,并保持集中专一,才能保证行为的合道与执中。人的行为有违法度,往往根源在心,而此种行为是否当罚、可罚,则不能只关注客观的行为及其后果,而应当观心察意,即考虑主观状态的不同来追究责任。在这里,"心"提供了一种更有深度,甚至是更加精确的尺度。我们认为,对原心定罪中的"心"可以从三个方面来加以析解:

(一)犯心

这是指个体在实施某种危害行为时的主观心理状态,如故意或过失,或者主观恶性的程度等。《尚书·康诰》说:"人有小罪,非眚,乃惟终,自作不典,式尔,有厥罪小,乃不可不杀;乃有大罪,非终,乃惟眚灾,式尔,既道极厥辜,时乃不可杀。"意思是说,有人犯了小罪,不是过失而是故意,且屡犯不改,其罪虽小,不可不杀;反之,有人犯了大罪,但属于过失偶犯且能悔改,对这种人,在定罪量刑时,是不可杀掉的。可见,在西周的司法活动中,司法官已开始关注犯罪人对罪行本身的认识情况,区分了故意与过失这两种不同的主观状态,并将其作为定罪量刑的一项重要依据。在当时历史条件下,这是具有相当进步意义的。明确提出"原志听狱"的人是董仲舒。他说:"《春秋》之听狱也,必本其事而原其志。志邪不待成,首恶者罪特重,本直者其论轻。……罪同异论,其本殊也。"[1] 就是说,在根据《春秋》中的经义原则审理案件时,要根据犯罪的事实,考察行为人的动机;对于动机不良者,应当加以惩罚,不能等其行为完成;如果动机罪大恶极,则要从重处罚;对于存在犯罪行为,但动机良好的,则应当从轻发落。桓宽进而将其概括为:"法者,缘人情而制,非设罪以陷人也。故《春秋》之治狱,论心定罪;志善而违于法者免,志恶而合于法者诛。"[2] 王充的解释则是:"刑故无小,宥过无大,圣君原心省意,故诛故赏误。故贼加增,过误减损,一狱吏所能定,贤者见之不疑矣。"[3]

由此可见,最初意义上的"原心论罪"是一种动机论,或者说是一种主观归罪模式,即在判断一项行为是否具有刑事可罚性的时候,着重分析的是行为者的主观动机,而不是行为的客观后果。是否定罪与如何量刑,是根据犯罪动机、目的、心态等主观方面的因素来作决定的,这样避免了单纯依客观行为定罪的片面化。

(二)人心

如果说前述的"犯心"所指的是行为人个体的主观心理状态,那么,此处的"人心"所

---

① 《春秋繁露·精华》。

② 《盐铁论·刑德》。

③ 《论衡·答佞篇》。

指的则是一般普通百姓的思想意识和心理预期，因此也可以称为人情。人心与人情虽然不是同一个概念，但重合之处甚多。日本学者滋贺秀三在分析中国古代法律生活中的人情观时指出："情本来有'心'之意，特别是说到'人情'时，通常照例是指活生生的平凡人之心，即人们可以估计对方会怎样思考和行动，彼此这样相互期待，也这样相互体谅。"① 这个意义上的"原心论罪"称之为"原情定罪"更为恰当。

但是，即使在中国传统文化中，人情也是一个十分复杂的概念。它可以是指具有贬义色彩的"私情"，这样的人情往往具有个体性和主观性的特点，可能是影响司法公正的一个因素。不过，当每个以个体为起点的"私情"在特定的范围内能够并存，并且能够相互理解、推己及人时，人情就会转化为"人之常情"或"普遍人性"②，具有一定范围内的公共性或普遍性。这种意义上的人情则应理解为"民情"、"民心"或"情理"，这也是中国古代人情或"人心"的最主要含义。

就此看来，"原心定罪"其实不能不说是古代民本思想在司法活动中的体现。《管子·牧民》说："政之所兴，在顺民心；政之所废，在逆民心。"因此，在立法领域，应当顺应民之情性，来制定国之度策；在司法领域，则自然少不了依民情所向来裁决案件的倾向。作为古代社会正统意识形态的儒家思想以"仁"为基本核心，认为"仁者爱人"，要求统治者爱民，为政以仁。于是，在中国古代司法活动中，执法顺民情，乃至屈法而伸情的情况十分普遍。这早在西周时期就已有相应的方法论，统治者要求采用"以五声听狱讼，求民情"③ 的治狱方法，并且在定罪量刑时注意"慎测浅深之量以别之"④，其实正是"原心定罪"精神的体现。《折狱龟鉴·议罪》中记载了这样一个案例："晋殷仲堪，为荆州刺史。有桂阳人黄钦生，二亲久没，诈服衰麻，言迎父丧。府曹依律弃市。仲堪曰：'原此法意，当以二亲生存而横言死没，情理悖逆，所不忍言，故同于殴詈之科，正以大辟之刑。钦生徒有诞妄之过耳。'遂活之。"郑克评论说："推己以议物者，恕也；舍状以探情者，忠也。"在此案中，殷仲堪没有拘泥于法律条文的字面含义，而是原法意，探人情，考虑普通百姓的一般观念，使案件得到较为妥当的解决。其实，古代司法官在判决案件时，首先考虑的问题是是否合乎情理，而合法与否反倒成为一个次要的问题，只要能够做到合情合理，即使是偏离了法律的字面含义，仍然可称之为"仁政"，这是中国古代司法的一个重要特色。

（三）礼心

礼心的本初含义应是"善恶之心"。如桓宽所说的"志善而违于法者免，志恶而合于法者诛"，即对于行为人的主观心理状态进行道德的评判，在此基础上作出司法裁决。如果说前述的"犯心"和"人心"考虑的主要是事实层面的问题，"礼心"则进入了价值评价的领域。"原心论罪"的思想根源虽早在周，但董仲舒是在《春秋》记载的基础上提出这一原则的，必然贯穿着儒家的宗法伦理思想，是判断主观动机善恶的标准，因此"原心定罪"的主

---

① ［日］滋贺秀三：《清代诉讼制度之民事法源的概括性考察》，载王亚新、梁治平编：《明清时期的民事审判与民间契约》，北京，法律出版社，1998。

② 陈秀萍：《诉讼、人情与法治——现代法治视野中的诉讼人情化现象研究》，载《法制与社会发展》，2005（5）。

③ 《周礼·秋官司寇》。

④ 《礼记·王制》。

要依据只能是宗法伦理。凡是符合《春秋》之义者就是"志善",即使犯法也不定罪;反之,如果违反《春秋》之义的就是"志恶",即使犯罪未成,也要定罪。① 正是在这个意义上,我们认为,"原心定罪"的重要含义是,借助于儒家伦理来对行为人的主观心理状态进行道德评判,凡主观动机符合儒家"忠"、"孝"精神的,即使其行为造成严重的危害后果,也可以依据儒家学说精神给予减轻处罚或免于处罚;相反,犯罪人主观动机严重违反儒学经典大义精神,即使违法不具有严重危害后果的,也要认定犯罪,给予惩罚。

董仲舒所著的《春秋决狱》中,关于具有血缘亲情关系的人之间发生的刑事案件而适用"原心定罪"的案例俯拾皆是。如:"甲父乙与丙争言相斗,丙以佩刀刺乙,甲即以杖击丙,误伤乙。甲当何论?或曰:殴父也,当枭首。论曰:臣愚以父子至亲也,闻其斗,莫不有怵怅之心,扶杖而救之,非所以欲诟父也。《春秋》之义,许止父病,进药于其父而卒。君子原心,赦而不诛。甲非律所谓殴父也,不当坐。"在这件案例中,行为人客观上已经触犯了"子殴父"的伦理律条,理当"枭首",但董仲舒认为甲"扶杖而救之,非所以欲诟父也",所以"不当坐"。实际是以宗法伦理的道德要求为依据,判断当事人的主观心理状态,以此作为其行为是否应当受处罚的先决条件。由此便可看出,行为人主观的善恶是依照宗法伦理来确认的。另外,古代对于一些血亲复仇案件的处理上也体现了这种办案原则。据《列女传》所载:"汉赵君安女娥,酒泉人,父为同县李寿所杀。娥兄弟三人,皆欲报仇,不幸俱死。寿窃喜,置酒自贺。娥闻而感愤,隐刃以候之。历十余年,遇于都亭,刺杀之。诣县自首,县长尹嘉义之,欲与俱亡,娥不肯。会赦、得免。郡表其闾。同郡庞子夏慕其名,娶为妇。"赵娥为报父仇杀人触犯了国法,不仅未受任何处罚,反而嘉奖备至,为人称颂,还被人著书立传流芳千古,何哉?因为她主观动机是善的,而这个善的评定便是以儒家思想的"孝道"作为标准的。再从"县长尹嘉义之,欲与俱亡"和"同郡庞子夏慕其名,娶为妇"可以看出,儒家伦理思想在民间有深厚的基础。这样,以儒家伦理为依据的"原心论罪"便有了合理性,从而为世人所接受。②

二、原心定罪的发展

"原心定罪"一词虽产生于西汉时期,但其所包含的思想在西周就出现了。《尚书·康诰》说:"人有小罪,非眚,乃惟终,自作不典,式尔,有厥罪小,乃不可不杀;乃有大罪,非终,乃惟眚灾,式尔,既道极厥辜,时乃不可杀。"这是对罪犯分清故意犯罪与过失犯罪、惯犯与偶犯等情节,前者从重,后者从轻。《尚书·梓材》:"奸宄杀人,历人宥。"历人,过路的人。宥,宽恕、赦免。句意为,歹徒杀人行凶,过路人不受牵连。另外,《易·讼九二》:"不克讼,归而逋,其邑人三百户无眚。"即大夫败诉,即将获罪,因而逃跑,他的邑人没有过失。《周礼·司刺》中记载:"一宥曰不识,再宥曰过失,三宥曰遗忘"。即在量刑上,对没有知识(认识)而杀人,无心而过失杀人,因遗忘而杀人这三种情况给予宽恕。这些记载都表明,早在西周时期,人们已经认识到,对犯罪的处罚不能完全从客观的行为或后果来论罪,也应当考虑行为人的主观心理,这种认识无疑是具有相当科学性的。

---

① 参见范梅:《论儒家司法观》,重庆大学硕士学位论文,2006。
② 这两则案例及相关论述,参见范梅:《论儒家司法观》,重庆大学硕士学位论文,2006。

至春秋战国时期，立法和司法中也越来越多地考虑"心"的因素。如《法经》规定"拾遗者刖，曰：为盗心焉。"虽然惩罚的是犯罪行为，但法律之所以对之严惩却起因于"盗心"。这里已有以小见大、以"心"代行的趋势了。法家代表商鞅也认为："刑加于罪所终，则奸不去。……故王者刑用于将过，则大邪不生。"这实际是要按照人们的思想倾向即行为的前奏——主观之"心"（将过）来定罪，而不是根据客观的行为（罪所终）来惩治。《韩非子·说疑》说："禁奸之法，太上禁其心，其次禁其言，其次禁其事。"后来李斯上疏"入则心非"，说的也是要考虑"心"的因素在定罪量刑中的作用。孔、孟则将其精神实质包含在相关的学说之中，《经》："许世子止弑其君买"。《传》："许悼公虐……饮太子止之药卒。……书曰：'弑其君'。君子曰：'尽心力以事君，舍药物可也'。"《正义》："轻果进药，故罪同于弑，虽原其本心，而《春秋》不舍其罪。"许国太子在不知药有毒的情况下给父亲进药造成父亲死亡，按律犯了杀父罪，但分析其主观动向是为了尽孝，而非故意谋害，虽然"不舍其罪"，但"原其本心"也是一种考量。因而，孔子应该是赞同"原情定罪"的主张的。

至汉武帝罢黜百家，独尊儒术之后，儒家之礼便构成了封建法律的思想基础，经过董仲舒的阐述，"原心定罪"成为一项司法原则。《春秋》中所记载的许止之"君子原心，赦而不诛"就成为董仲舒"原心论罪"的理论依据。董仲舒后，西汉大兴引经注律之风，汉代酷吏张汤奏颜异"不入言而腹非"等等，也是"原心论罪"的表现。

魏晋南北朝时期，法律明确规定遇疑难案件应以儒家经义来决断。如《晋书·刑法志》说："凡为驳议者，若违律令节度，当合经传及前比故事，不得任情以破成法。"意即对政治、司法问题的意见不符合法律规定时，该意见如果符合儒家经义则可，否则不可。也就是说，可以儒家经义来处理政治和法律上的疑难问题。[①] 又如北魏"太平真君六年三月，诏诸有疑狱，皆付中书，以经义量决"[②]；"（太平真君）六年春，以有司断法不平，诏诸疑狱皆付中书，依古经义决之"[③]。对引经注律，当时有些学者（如杜预）提出了反对之论，但是总的来说，"原心论罪"仍影响很大且有进一步的发展。与杜预齐名的律学家张斐在谈到具体的案件审理时说，"本其心，审其情，精其时"。这种提法已与董仲舒"春秋决狱"所选用的"原心论罪"有着某种沿革。所不同的是董仲舒的定罪标准是依"春秋大义"，而张斐所依为已纳入儒家伦理的法来考查"心，情，事"等诸多情况，而后定罪。

随着法律的儒家化，"原心论罪"所依据的儒家准则已由依"法外之经"转化为面向"法内之理"。及至"一准乎礼"的《唐律疏议》的问世，儒家伦理思想完成了法典化进程，"原心论罪"也已经渗透到法典之中。[④]《唐律疏议·斗讼》规定："诸过失杀伤人者，各依其状，以赎论。"其律疏解释过失曰："谓耳目所不及，思虑所不到"，意思是没有杀人和伤人的目的，也不能预见到会发生的后果，因此对这种犯罪可以"以赎论"。《唐律疏议·职制》规定："若考校、课试而不以实及选官乖于举状，以故不称职者，减一等。失者，各减三等。"《唐律疏议·断狱》说："官司失入人罪，减故犯三等。"可见对于过失犯罪法律都比照

---

① 参见吕志兴：《"春秋决狱"新探》，载《西南师范大学学报（人文社会科学版）》，2000（5）。

② 《魏书·世祖纪》。

③ 《魏书·刑法志》。

④ 参见赵波：《浅析"原心论罪"》，载《安阳师范学报》，2001（6）。

故意犯罪减等处罚。这应该是儒家"原心定罪"思想在法律中的体现，虽然过失犯罪也导致了危害结果的发生，但其并非出于犯罪者的本意，其社会危害性较小，因而对其减轻处罚，这体现了对过失犯罪者的宽恕。这正是原心定罪的法典化表现。

隋唐以后，儒家伦理精神被奉为立法宗旨，诸多经义原则被直接定为法条，因此不必有如汉代那样广泛的"经义折狱"的要求，"经义折狱"不再盛行，"原心论罪"也随之而逐渐淡出。但是，无论是"经义折狱"还是"原心论罪"都未完全消失。诸如八议、上请、留养、复仇等等制度中，都还需要原情以制。"以经义来原情定罪的原则只是改变了方式，限定了范围，远不是销声匿迹了。"① 宋司马光议阿云狱云："夫执条据例者，有司之职也；原情制义者，君相之事也。分争辨讼，非礼不决。礼之所去，刑之所取也。"② 直至清季甚至于民初，仍有些微之势，如明末清初王夫之便在审判断狱实践中阐述了其观点。他举出杀人之例，凡属于纯心杀人者，"从刑故之杀"，过失杀人者，"慎过之典"，并指出司法官员应"原情定罪"，"岂可盖之而无殊乎？"从王夫之主张"论心定罪"中可以看出其审判断狱思想的儒家底蕴。③

三、原心定罪的历史意义

（一）革除秦朝苛法，缓和社会矛盾

战国时代诸侯竞雄，唯利是争，大国都致力于争国争城，以武力手段求取霸道。儒家学说被认为是"迂远而阔于事情"，不可能获得施展。法家学说主张"骨肉可刑、亲戚可灭"，"一断于法"，却颇能迎合统治者富国强兵的功利心态而得到青睐。秦依靠法家学说，并吞六国，建立起中央集权的王朝，因而在立法上继续严密法网，以至于"繁于秋荼，密于凝脂"，在司法活动中则实行轻罪重刑、深督轻罪的重刑主义政策。秦朝的严苛的司法与其繁密的立法相结合，充分发挥了国家对内维持社会秩序的功能，同时亦激化了社会矛盾。"褚衣塞路、囹圄成市"只能带来表面上的秩序，百姓心中蓄积了极大的反抗情绪。董仲舒看到了这当中的要害之处："刑罚不中，则生邪气积于下，怨恶畜于上。上下不和，则阴阳缪戾，而妖孽生矣。此灾异所由起也。"④ 百姓对秦的繁法苛刑无法忍受，民怨载道，人心惶惶，唯有揭竿而起，秦王朝于是成为只有十五年的短命王朝。

汉承秦业，亦承其制、其法、其吏。"汉兴，高祖初入关，约法三章曰：'杀人者死，伤人及盗抵罪。'蠲削烦苛，兆民大悦。其后四夷未附，兵革不息，三章之法不足以御奸，于是国相萧何捃摭秦法，取其宜于时者，作律《九章》。"⑤"叔孙通益律所不及，《傍章》十八篇，张汤《越宫律》二十七篇，赵禹《朝律》六篇。"⑥ 当时的法律和司法活动仍主要体现法家思想的基本精神。即使是到了汉武帝时期，也同样是立法繁密，酷吏盛行。正如《汉书·

---

① 俞荣根：《罪刑法定与非法定的和合——中华法系的一个特点》，载倪正茂主编：《批判与重建：中国法律史研究反拨》，北京，法律出版社，2002。

② 转引自沈家本：《寄簃文存》卷四。

③ 参见赵波：《浅析"原心论罪"》，载《安阳师范学院学报》，2001（6）。

④ 《汉书·董仲舒传》。

⑤ 《汉书·刑法志》。

⑥ 《晋书·刑法志》。

刑法志》所言："孝武即位，外事四夷之功，内盛耳目之好，征发烦数，百姓贫耗，穷民犯法，酷吏击断，奸轨不胜，于是招进张汤赵禹之属，条定法令，作见知故纵监临部主之法，缓深故之罪，急纵出之诛，禁网寝密，律令凡三百五十九章。"《魏书·刑法志》也说："孝武世以奸宄滋甚，增律五十余篇。"然而此时状况毕竟与汉初有所不同，崇尚无为的黄老思想已经无法适应时代要求，而纯用法家则又有前车之鉴。正是在这种背景之下，适应"大一统"政治要求的儒家学说为统治者所青睐。公元前180年，"窦太后崩，武安君田蚡为丞相，黜黄老、刑名百家之言，延文学儒者以百数，而公孙弘以治《春秋》为丞相封侯，天下靡然向风矣。"① 汉武帝采用了董仲舒的"罢黜百家、独尊儒术"的方针，在司法领域则实行"春秋决狱"。于是，尘封多时的儒家心性学说在改造社会的实践中才显其光彩。在"引经决狱"思潮的推动下，建立在心性学说基础上的"原心"以及由此衍生的"原情"、"原孝"、"原忠"等审判、刑罚原则才大行其道。董仲舒说："天道之大者在阴阳。阳为德，阴为刑；刑主杀而德主生。是故阳常居大夏，而以生育养长为事；阴常居大冬，而积于空虚不用之处。以此见天之任德不任刑也……王者承天意以从事，故任德教而不任刑"。"刑罚不中，则生邪气……此灾异所由起也。"② 统治者只有在适用刑罚时能够"中"，才能缓和社会矛盾，避免引起百姓的反抗。因此，在"罢黜百家，独尊儒术"这样的大政方针确立以后，他便直截了当地引用春秋大义来判案了。

董仲舒这种强调行为人主观因素的"原心论罪"原则是有历史意义的。秦代任法家之法，法网繁密，司法严苛，法家严而少恩，一断于法，片面强调"事皆决于法"，"深督其罪"，不问事由、滥用刑罚的做法太过于极端。然而，过于严酷的刑罚，并不足以保证一个政权的稳定和国家的长治久安。董仲舒吸取秦代教训，纠秦之弊，以求"更化"。"原心论罪"旨在明德慎罚，定罪量刑考虑主观动机，以求刚柔相济、礼法并施，"既本其事"又"原其志"，考虑客观行为以外的因素，这好比缓冲剂，适时地调整了法律的适用，在一定程度上减轻了律法的残酷性。这无疑是有其历史进步意义的，我们应给予充分的肯定。有学者曾对"原心定罪"的实践作用做过这样的评论："在我们所见的汉代引经决狱的案例中，有这样一种趋向：属于一般平民的基本上都是出罪，即从轻判决；属于皇亲国戚的则以'君亲'无将为依据来严以执法。这样做在当时是有积极意义的。"③

当然，"原心定罪"也存在着弊端，首先，"原心定罪"完全依据人的主观因素动机而定罪，而主观的善恶标准皆取决于法官，这就给法官罪罚擅断、枉法徇私打开了方便之门，乃至于有捉刀之吏的说法。汉初大将周勃蒙冤下狱，被官吏百般捉弄，获释后颇有感慨："吾常将百万之兵，然安知狱吏之贵也。"其次，"原心定罪"随法律之儒家化的进行为国法与人情相合开启了道路。中国古代人情是以深厚的血缘伦理亲情为基础的，包含了"君臣之情、朋友之情"，至于后来，甚至于亲情、友情、爱情、师生之情的世情。世情中，伦理之情乃是情之核心。及至董仲舒之"三纲五常"、"以心定罪"使得"原情定罪"同样也契入汉律的实施之中，成为人情决狱、亲情决狱和世情决狱。在经历了历代的发展和沿革后，重视人情成为中国古代法律文化的主要特征之一。"原心定罪"、"原情定罪"在中国法律文化中逐渐

---

① 《汉书·儒林传》。

② 《汉书·董仲舒传》。

③ 俞荣根：《儒家法思想通论》，518页，南宁，广西人民出版社，1992。

随着历史的发展沉积下来，深入到修律、审案、断狱之中，乃至于对今天的司法仍有着深远的影响。①

（二）引礼入律，促进礼法合流

礼与法虽然各自独立，但礼所具有的规范人们行为、调整社会秩序的特殊功能，使得礼入于法不仅是必要的，也是可能的，但这是一个历史发展的过程，不是一蹴而就的。汉初儒学在复兴过程中，同时通过参与立法和解释现行法律，引礼入法，给现行法律制度注入儒家礼的精神。这主要体现在儒经的法典化与"春秋决狱"、礼的等级特权原则逐渐法制化等方面。应当说，董仲舒的《春秋》决狱是汉儒引礼入法，以礼对法律施加影响的高峰，对汉代儒学的法律化，法律的儒学化，完成中国封建社会礼法同构政治文化模式有决定性的作用。《春秋》贯彻着"尊尊"、"亲亲"的礼制精神，包含遏止礼崩乐坏，维护"君君、臣臣、父父、子子"的宗法等级秩序的微言大义。在文字上，《春秋》言简意晦，很便于随意引申附会，因而受到董仲舒等的大力推崇，认为可以用《春秋》的经义解释法律和指导司法实践，以符合强化封建统治的需要。《春秋决狱》一书早已失传，从现存的三四例中，可以看出礼对于法的影响。如"春秋为亲者讳"，"春秋之义，父为子隐，子为父隐。"②

"引经决狱"正是以《春秋》经义所含圣人治国的"微言大义"作为决事折狱的最高依据。它对引经注律的促进作用间接地促进了引礼入律。在汉代律学研究（即章句之学）的基础上，三国两晋南北朝时期的律学更向前迈进了一大步。这时期不仅有在法律技术方面研究的突出代表张斐，而且有引礼入律的实践家杜预。张斐在立法技术、刑名原理及科罪量刑方面造诣很深，曾作律解二十一卷，《汉晋律序注》一卷。杜预著有《律本》二十一卷，《杂律》七卷。杜预作为经学大师，尤其推崇《春秋》，时人称其为《春秋》癖。他的法律观是以儒家思想为核心的。他曾言："刑之本在于名分，故必审名分，今所注皆网罗法意，格之以名分。使用之者执名例以审趣舍，伸绳墨之直，去析薪之理也。"《晋书·刑法志》。面对汉代春秋决狱引发的纷繁众多的引经注律及因此造成的"本注烦杂"的局面，杜预抨击这一现象是"简书愈繁，官方愈伪，法令滋章，巧饰弥多"③。可见杜预对经学与法律的纠缠不清的负面影响已有深刻认识。他指出："法者，盖绳墨之断例，非穷理层性之书也"④，他主张要把法律和经书区分开来，可是既要区分法律和经书，又要在法律中贯彻经书的微言大义，怎么才能达到这一目的呢？那就只好引经入律，引礼入律。这样一方面避免了经律混杂的局面，另一方面又使儒家之礼法律化，成为正规的法律条文，避免了适用上的种种麻烦，也减轻了司法官对儒家经典精通的素质要求。因此，他所删定的《晋律》大量地引礼入律，如"峻礼教之防，准五服以制罪"，"八议"入律，确立"不敬"、"不道"，"恶逆"、"诬罔父母"、"反逆"等违礼的罪名，等等。⑤

"春秋决狱"将礼的精神与原则引入司法领域，成为断罪的根据，不仅仅是引礼入法，

---

① 参见赵波：《浅析"原心论罪"》，载《安阳师范学院学报》，2001（6）。

② 许健：《汉代礼法结合综治模式的确立及其影响》，中国政法大学博士学位论文，2006。

③ 《晋书·杜预传》。

④ 《晋书·刑法志》。

⑤ 参见史广全：《春秋决狱对礼法融合的促动》，载《哈尔滨学院学报》，2002（7）。

在相当程度上是以礼代法，形成了儒家思想法律化、儒家经典法典化的现象。引经决狱从两汉始，经过七百余年，至唐朝才逐渐衰落。引经决狱是引礼入法，礼法并用的深化。在实践中，法无明文规定者，以礼为准绳；法与礼抵触者，依礼处断。①

（三）确立了独具特色的"春秋决狱"判例机制

《汉书·董仲舒传》记载："仲舒在家，朝廷如有大议，使使者及廷尉张汤，就其家而问之，其对皆有明法。"其依据即《春秋》等儒家经典。《后汉书·应劭传》载："故胶东相董仲舒，老病致仕，朝廷每有政议，数遣廷尉张汤亲至陋巷问得失。于是作《春秋决狱》二百三十二事。动以经对，言之详矣。"从《春秋决狱》的零星判例进行分析，《春秋》作为决狱依据的主要有两部分：一是春秋"故事"，二是春秋"微言"。尽管《春秋》等儒家经典取得了法定的权威性，但毕竟儒经不是法典，无论依据春秋"故事"，还是春秋"微言"，都必须通过一定的司法操作程序适用于具体案件，创制为判例，赋予其现实法律约束力，才能达到"春秋决狱"的目的。董仲舒认为："《春秋》二百四十二年之文，天下之大，事变之博，无不有也。"② 只要精通《春秋》经义，现实生活中的政治法律问题，都可以从中找到解决办法。当法无明文规定时，可通过探求《春秋》经义这个封建法律的最高本原来决断疑狱。从审理经过确认的案件事实出发，发现和寻找《春秋》"所举与同比者"，这是春秋决狱的判例机制区别于先秦"议事以制"和秦朝"廷行事"的重要标志。它实质上等于把《春秋》等儒经视为具有最高法律效力的判例集，从而把"遵循先例"原则约束在儒家经义的指导之下，消除了先秦判例法没有统一精神的任意性。

汉代"春秋决狱"的出现，解决了在汉代成文法典尚未全面制定或修订的情况下，司法实践如何处理法律与儒家道德冲突或法无明文规定等矛盾，为儒家思想全面改造封建法律和形成以成文法规范为主，以判例法制度为辅的"混合法"样式开辟了道路。无论是对中国法制史，还是对中国法律思想史，"春秋决狱"都有极为深刻的影响。《汉书·刑法志》说，汉武帝时，"死罪决事比万三千四百七十二事，文书盈于几阁，典者不能遍睹，是以郡国承用者驳，或罪同而论异，奸吏因缘为市，所欲活则傅生议，所欲陷则与死比。"决事比即判例。"春秋决狱"所产生的判例，也是决事比，故董仲舒"春秋决狱"又称"春秋决事"、"春秋决事比"。由此可见，当时受"春秋决狱"的影响，判例的创制与适用非常普遍，判例汇编一度滞后于判例的广泛适用，判例适用的不规范已造成纷乱。后人多据此攻击中国古代判例制度。实际上这只是判例制度不完善产生的弊端。总的说来，"春秋决狱"主张原心论罪的精神是务在宽简，对秦法的严刑峻法加以纠正，在法律思想上是一大进步："春秋决狱"所奠定的创制和适用判例机制，为后世弥补成文法的不足，解决立法漏洞、立法滞后、法律冲突等造成的问题，提供了一个卓越的思路和操作模式。③

（四）形成主客观相结合的归罪模式

中国古代刑法的归罪原则是一个不断发展变化的过程。最初，不论行为人对危害（包括

① 参见许健：《汉代礼法结合综治模式的确立及其影响》，中国政法大学博士学位论文，2006。
② 《春秋繁露·十指》。
③ 以上关于"春秋决狱"判例机制的论述，参见黄震：《汉代"春秋决狱"的判例机制管窥》，载《中央政法管理干部学院学报》，1999（2）。

法律禁止的危害行为、危险状态和危害结果）有无意识和意志能力，是否意识到应当避免危害发生，只要有行为或行为与危害间存在因果关系，就应负责任，可谓因果责任时代或客观归罪时代。客观归责，即仅依据有关危害行为、危险状态、危害结果定罪，不论行为人有无过错。法家从人性恶的基本观点出发，偏重于客观归罪的方法。由于人生来就"性恶"，所以，每个人时刻都有犯罪动机，都是潜在的罪犯。因此，法家认为在审理案件时用不着探究行为人犯罪时的主观心态，只看客观方面，如果某人在客观上实施了危害国家或社会利益的行为，就构成犯罪，应给以处罚。这种理论只注重犯罪的客观方面，失之偏颇，具体案件的处理往往会出现许多有乖人情的情况。

董仲舒说："《春秋》之决狱也，必本其事而原其志。志邪者不待成，首恶者罪特重，本直者其论轻。"意思是，"春秋决狱"必须根据犯罪事实来探索罪犯的犯罪动机等主观心态。凡心术不正，故意为恶的，即使是犯罪未遂，也要加以处罚。对共同犯罪中的首谋和组织领导者等首恶分子要从重处罚。而行为动机、目的纯正，合乎道德人情的，即使其行为违反法律，造成损失，也可以减轻甚至免于处罚。这里所使用的显然是一种主观归罪的方法。主观归罪把犯罪意思作为犯罪成立的基本要件，把人身危险性、反社会性格、犯罪动机等主观要素，作为认定犯罪和适用刑罚规定的标准。至于是否实施了危害社会的行为，行为是否造成了危害社会的结果，行为和结果与被告人的主观心理态度之间有无联系，则不影响犯罪的成立。所以"原心定罪"的实质是强调根据犯罪动机、目的、心态等主观方面的因素来定罪和量刑。这与法家理论刚好相反。

儒家主张"原心定罪"，强调根据罪犯的主观善恶来定罪量刑，强调犯罪的主观方面，而不注重犯罪的客观方面，也不全面。但若把儒家理论和法家理论结合起来，则可互纠其偏。随着"春秋决狱"和"引经注律"的盛行，儒家的精神原则不断地融入法律中去，中国古代关于犯罪构成的理论也日益趋于完善。对中国古代犯罪构成理论的完善起到重大的推动作用。①

四、原心定罪的现代意义

（一）审慎用法，宽和处刑

秦朝统治者在刑事司法中所贯彻的是客观归罪原则，追究刑事责任的基础是犯罪人的外部行为及其所造成的损害，审判案件定罪量刑主要以行为人的外在行为及其结果为依据，不考虑行为人的主观动机。这是他们过分注重法律维持社会秩序的价值倾向所导致的必然结果。而这种倾向又是把人简单化地理解为单纯为个人利欲所驱使的自私的动物的结果，从而只要用外在的有震慑力的规范加以驱使便可以维持社会秩序的稳定。于是这种倾向又导致一系列的重刑主义的方法与手段，如连坐族诛、轻罪重刑等等。此种情形，董仲舒称之为"苟简之治"，是"以乱济乱"，过于简单粗暴，其结果是"使习俗薄恶，人民嚣顽"，"抵冒殊捍"，社会风气越来越坏，而人民反抗的心理越加高涨。

"春秋决狱"的审判方法即是对秦以来客观主义审判方法的更化，它特别重视对行为人主观心理动机因素的衡量。桓宽在《盐铁论·刑德》中说："春秋之治狱，论心定罪，意善

---

① 参见吕志兴：《"春秋决狱"新探》，载《西南师范大学学报（人文社会科学版）》，2000（5）。

而违于法者免，意恶而合于法者诛。"即主观动机是好的，即使违法也可以免于处罚；主观动机是恶的，即使行为合法也要治罪。这种说法揭示了"春秋决狱"对主观方面因素的重视，但由于过于强调对主观方面因素未免使人觉得"春秋决狱"有从客观归罪走向主观归罪的另一极端之嫌。对于"春秋决狱"，董仲舒本人说得更加全面一些，他说："春秋之听狱也，必本其事而原其志。志邪者不待成，首恶者罪特重，本直者其论轻。"也就是说，"春秋决狱"是在事（客观）基础上推究行为人的志（主观动机、心理因素），而且志之善恶在定罪量刑上具有举足轻重的地位。在董仲舒本人看来，春秋决狱是客观主义与主观主义相结合，并相对重视主观的审判方法。而考察行为人的志善抑或志恶的标准则是春秋大义，也就是儒家所提倡的"亲亲"、"尊尊"的礼治主义的伦理原则。因此，这种审判方法上的更化，实质上是以礼统法，是对秦朝以来只注重法律的秩序价值的校正，转而更加注重法律的道德价值，亦即把规范的对象还原为有血有肉、有欲有情、有礼有节的真正的人。这种审判方法强调了人的道德责任，使礼治的伦理原则得以法律的强制力加以推行，同时也就加强了对礼治原则的宣传和弘扬。从而提高了人们遵守礼制伦理原则的自觉性。况且，西汉时期社会生产落后，生产力水平较低，天然的血缘等级伦理是基本的民情，这种以礼统法的"春秋决狱"适应民情，符合实际，才能够充分发挥法律调整社会关系的最佳效果，其直接的表现就是审判的结果轻重各得其宜。本来按照客观主义原则"一刀切"的案件，现在又分出轻重来。把打击的锋芒集中到那些志邪犯人身上，充分发挥刑法的威力。而对那些志善者则加以减免，以示肯定，从而稳定人心，稳定社会秩序。

"春秋决狱"比较侧重行为人的主观心理状态，与秦之法家的客观主义断案作风相比必然要宽恕一些人。分析现存的"春秋决狱"的案例就发现，"春秋决狱"的判例有比以往加重和减轻两种情况，而大多数案例是比以往减轻了，仅有一例是加重处罚的。以春秋经义从轻断案，有"亲亲之道"、"同情女子"、"父为子隐"、"诛首恶而恕随从"、"以功覆过"等方面；而以春秋经义从重决狱，主要是"志邪者不待成"，"臣毋将，将而诛"、"不尊上公"、"杀世子诛"等方面。可见，"春秋决狱"针对以往的客观主义客观归罪以"一刀切"的方式所判的案件加以区别对待，有的从轻，有的从重，并把打击的重点放到危害中央集权和儒家伦理纲常的方面上来，而对于符合伦常但客观上却产生了社会危害的行为一般减免其罪，从而真正宽恕了一批人，做到了刑罚之"中"[①]。在量刑上改重为轻，有利于缓和社会矛盾。儒家能更多地从亲属相爱、人间相怜上考虑罪犯的动机，着重以教化、礼义服人，这在一定程度上克服了秦法的残酷性，有利于统治。同时，"春秋决狱"注意到犯罪主从的区别，采取重罚首恶，宽恕随从的轻刑省罚原则，较以前的"连坐族诛"仁慈。它一方面对草菅人命有一定的限制作用，另一方面也利于安定民心，稳定社会。它体现了轻刑省罚、德主刑辅的决事原则，不仅弥补了当时法制上的不完备，而且利于安定民心、稳定社会秩序。

据史料记载，汉代以"春秋决狱"者，都"务从宽恕"，如汉宣帝时的廷尉于定国"迎师学《春秋》，身执经……决疑平法，务在哀鳏寡，罪疑从轻"（《汉书·于定国传》）；东汉和帝时的廷尉陈宠"数议疑狱，常亲自为奏，每附轻典，务从宽恕，帝辄从之"[②]。从全部的

---

① 以上关于"春秋决狱"审判方法等论述，参见史广全：《春秋决狱对礼法融合的促动》，载《哈尔滨学院学报》，2002（7）。

② 《后汉书·陈宠传》。

"春秋决狱"的事例看,除了侵犯政权和皇权,按"君亲无将,将则诛焉"的原则从重处罚的以外,其余的案件,与汉律的规定相比,都是从轻处罚甚至是判定无罪的。这在一定程度上也起到了缓和社会矛盾的作用,正如《后汉书·何敞传》所载:何敞"以宽和为政,举冤狱,以《春秋》义断之,是以郡中无怨声"。"原心论罪"起到了纠法家之极端的作用。正是以儒家的礼义为标准,才缩小了刑罚的范围,救活了许多人命。历代也不乏清官以"宽和之心",为民申冤。然而,我们更要看到原心论罪值得汲取的一面。

从现代刑法理论来看,单纯以罪行的轻重来决定刑罚的轻重而不考虑犯罪分子个人的情况,是难以实现预防犯罪和改造犯罪者的目的的。我国刑法坚持惩罚与宽大相结合的原则,不仅要求对罪行的轻重区别对待,而且要求根据犯罪分子的恶性大小和改造的难易程度实行区别对待。这不仅包括了罪刑均衡,而且包括了刑罚个别化。因为刑罚之轻重,不仅要体现罪刑均衡原则,还必须充分考虑犯罪人的一贯表现、犯罪前后态度等有关因素,以评定其主观恶性和再犯可能性的大小,并在刑罚上作适当调整,从而体现了用刑的轻缓化与司法人道主义。

(二)建立"法断"与"情断"相结合的司法方法论模式,重视司法的社会效果

在司法方法论上,法家思想强调的是依法断罪,而"春秋决狱"、"原心定罪"思想的提出,开创了以情为断的新型司法模式,"法断"与"情断"相结合由此成为中国古代颇具特色的司法方法论模式。这种司法方法论模式主要以儒家思想为依托。一方面,孔子主张"据法听讼,无有所阿"[①],赞美"直道"执法。这是他倾向于罪刑法定、以法断罪的一方面。另一方面,《论语》又有"如得其情,则哀矜而勿喜"[②]的记载。"哀矜勿喜"即是"哀矜折狱"之意,属于非法定的主张。孟子说:"徒善不足以为政,徒法不能以自行。"[③]"徒法"不行,就是说要得人心,以善心为政,包括哀矜折狱在内;"徒善"不足,即是说要遵法,以法为政,包括据法断罪在内。所以孟子的"徒善"与"徒法"均不足以为政,须"善"与"法"二者得兼的主张,含有以法断与以情断兼顾的意思。荀子所论之法是礼法。他将礼法的结构分为若干层次:礼法的精神、原理、原则,他称为"礼义"或"法义";礼法的条文,叫做"法数";还有一层次是"类",指类推的原则以及法例和案例。这些对封建法律中有乖人情之处予以纠正。《汉书》中说:"圣王断狱,必先原心定罪,探意立情,故死者不抱恨而入地,生者不衔怨而受罪。"[④]依法家思想而制定的汉律对有些问题的规定过于机械,有乖人情,而通过"春秋决狱"和"原心定罪"则对这些规定作了一定的纠正。董仲舒所处理的不少案件都是这样的。如:"甲父乙与丙争言相斗,丙以佩刀刺乙,甲即以杖击丙,误伤乙,甲当何论?或曰殴父也,当枭首。论曰:臣愚以父子至亲也,闻其斗,莫不有怵怅之心,扶杖而救之,非所以欲诟父也。《春秋》之义,许止父病,进药于其父而卒。君子原心,赦而不诛。甲非律所谓殴父,不当坐。"儿子为帮父亲打架,误伤了父亲,儿子的本意是为了救父亲,如果机械地引用汉律的"殴父者当枭首"规定处理,将儿子处死,太有乖情理。在这

---

① 董仲舒:《春秋繁露·五行相生》。

② 《论语·子张》。

③ 《孟子·离娄上》。

④ 《汉书·何武王嘉师丹传第五十六》。

三个案例中，董仲舒均判决被告不当坐，纠正了汉律不合情理的规定。

　　司法的效果通常表现为两个方面，即法律效果与社会效果。前者是通过司法活动，使法律，包括程序法和实体法，得到严格的遵守和执行。而后者是指主要体现在司法对社会的推动和社会对司法活动的认同性，即通过严格司法，使法的价值得以实现，在全社会树立司法权威，提高司法公信力，从而达到解决纠纷、稳定社会之目的，建立一种法律秩序。一般而言，司法的法律效果与社会效果是统一的。但是，实践中经常会出现这样的情况：有时，虽然查清了案件的全部事实，在实体和程序上也严格适用了有关法律规定，从形式上看确实做到了司法公正，但在裁判文书生效后，社会效果却不怎么理想。这就出现了办案的法律效果与社会效果不相适应，甚至冲突的情况。古代的司法官一方面援法定罪，另一方面常常会将曲法以尽人情之举作为其仁政或德政的体现。宋人郑克在《折狱龟鉴》记录了一个案例：曹魏时，陈矫任魏郡西部都尉。当时耕牛稀少，因此，"杀牛者死"成为一条尽人皆知的法令。曲周县有一个人因父亲病疾，为祈求神灵保佑父亲而杀死了一头牛。县衙将此人判了弃市之刑，上报都尉，陈矫认为此人为孝子，于是上表请求赦免死罪。从古代的司法实践来看，人情不仅是弥补"法律空隙"的良方，更是弥补僵硬的法律条文所造成的伤害的良方，是仁政的具体体现形式之一。可见，建立"法断"与"情断"相结合的司法方法论模式，可以使二者相统一。在这方面，传统社会的管理者是极为聪明的，面对人情与国法的冲突，并没有作弃其中任一方的打算或其他计谋，而是缜密分析二者的优劣，就具体案情，或原情或援法而断，故有"法情相谐，综合为治"①。

（三）融通法意与人情，增强民众对于法律的认同感

　　"礼乐不兴，则刑罚不中"②，法律服务于礼治，屈从于人情，这便是中国古代统治者以情破法，行"法外之仁"的发端。《清史稿·刑法志》中有："中国自书契以来，以礼教治天下。劳之来之而政生焉，匡之直之而刑生焉。正也，刑也，凡皆以维护礼教于勿潜。"德主刑辅、礼主法辅已成为封建正统法律思想体系中的主要内容，而这一价值体系的建立，肯定了人情在法律中所占有的重要地位。尚礼教，便要重人情。与人情有些不太协调的法律不仅被人们视为"不得已而用之"的手段，而且在其发展的道路上，不断向人情妥协，以适应整个统治的需要。中国传统法律中的人情观正是在这种状况下逐步确立与丰富起来的。

　　人情指的是人情世故，有时也指风土人情、地方风俗，但在古代最主要的是指一种从社会人际关系出发的价值判断标准，其主要精神是"均衡"、"和谐"，强调不能死拘法律条文，讲究以情理折人。这在历朝历代的立法、司法实践中广泛采用，逐步形成了一种法制架构下的人情观。敦煌出土的唐初书判中已有"据法法不可容，论情情实难恕"③的惯用语。唐《永徽律》五百零二种禁条中，"我们不但能够感觉到均匀分布于其中的道德精神，而且能够领略到此种道德情调与威刑原则紧密结合的完美与和谐。"④ 南宋《名公书判清明集》中，天理、人情、国法并提的事例俯拾皆是。人情"润物细无声"，它使人们在不知不觉中心底向

①　高秦伟：《中国传统法律中的人——兼论法的亲和力》，载《湖南社会科学》，2001（6）。
②　《论语·子路》。
③　《敦煌吐鲁番唐代法制文书孝释》，443页，北京，中华书局，1989。
④　梁治平：《寻求自然秩序中的和谐》，278页，北京，中国政法大学出版社，1997。

善，远离犯罪。由于统治者的大力提倡，于是，在中国古代的法律实践中，我们既可以看到严刑峻法，又能看到恤刑和宽仁之举。

由于民情、人情具有社会性，是法之所以立的基础，所以脱离民情，法的生命也将终结。从法制发展的历史看，法合人情则兴，法逆人情则竭。情入于法，使法与伦理结合，易于为人接受；法顺人情，冲淡了法的僵硬与冷酷的外貌，更易于推行。古代良吏追求的正是法与情两全，亲情义务与法律义务统一的局面。他们宁可舍法取情，以调整法与情的某种冲突，避免以法伤情，从而增强宗法社会成员的凝聚力，发挥寓教于刑的法律功能。法顺人情不仅无害于国法的权威，还可以粉饰统治者所鼓吹的祥刑与恤刑。"水能载舟，亦能覆舟"，为了统治的长治久安，必须善待百姓。舍法取情往往为统治者所鼓励，这是因为如此做法正好与传统法的价值取向相一致，与礼、德相吻合，所以从其结果看恰恰体现了统治者的良苦用心与真实目的。①

在中国古代的司法实践中，原情断狱被作为一种司法要求。滋贺秀三曾把中国古代法律比喻为情理的大海上时而可见的漂浮的冰山。诚然，法官所作的任何一个裁判，归根到底，都有意无意地受着情理的影响，即使是符合法律的裁判，情理也有重要含义。这缘于中国古代社会是一个非常重视伦理道德的社会，人情也反映了国情、世情的特殊性。人情具有伦理性、社会性，是法之所立的基础，情入于法，使法与伦理相结合，易于为人所接受；法顺人情，发挥寓教于刑的法律功能，真正树立起法律的权威，即为良吏之追求目标。

第四节
宽猛相济与宽严相济的刑事政策

一、"宽猛相济"的内涵

（一）作为治国方略的"宽猛相济"

"宽猛相济"是古人提出的一条治国谋略，它语出孔子对子产执政思想的评价。子产是春秋时郑国正卿，为郑执政，颇有政绩。据《左传·昭公二十年》记载，他在临终前告诫子太叔说："惟有德者能以宽服民，其次莫如猛。夫火烈，民望而畏之，故鲜死焉。水懦弱，民狎而玩之，则多死焉。故宽难。"希望子太叔根据情况适用"宽政"或"猛政"来治国。子产死后，"太叔为政，不忍猛而宽。郑国多盗，取人于萑苻之泽。太叔悔之，曰：'吾早从夫子，不及此。'徒兵以攻萑苻之盗，尽杀之，盗少止"。孔子对这一思想推崇备至，《左传》附载他的评价："善哉！政宽则民慢，慢则纠之以猛；猛则民残，残则施之以宽。宽以济猛，猛以济宽，政是以和。"然后，孔子又援引《诗经》来进一步阐述"宽"与"猛"的意旨："《诗》曰：'民亦劳止，汔可小康；惠此中国，以绥四方。'施之以宽也。'毋从诡随，以谨无良；式遏寇虐，惨不畏明。'纠之以猛也。"孔子对宽猛相济的治国手段是推崇备至的，他

直接将这一原则与社会理想联系起来。他引用《诗经》中的话说："'柔远能迩，以定我王。'平之以和也。又曰：'不竞不絿，不刚不柔，布政优优，百禄是遒。'和之至也。"在孔子看来，只有实行宽猛相济才能实现"政和"、"人和"的理想境界。

原初意义上的宽猛相济并不是一个单纯意义上的司法原则，而是一种治国方略，或者说是实现儒家理想和谐社会的政治措施。这里的"宽"与"猛"，实际上是"德"与"刑"的同义语，宽猛关系，实际上就是礼法关系，社会治理要达致"和"的境界，既要强调道德教化，又要适时地实施刑罚，有时以"宽"，有时以"猛"，德与刑、宽与猛的互济互补，相辅相成，可以实现社会的平衡与和谐。具体而言，"宽"是指统治者在治理国家时应宽和、怀柔和施以恩惠，实行仁政，注重以德化民，养民生息，维护社会稳定，使百姓生活富裕，国力增强。"猛"是指统治者严格法制，对违法犯罪者施以刑罚，实行严格的管理，使百姓感受到法律的威严，自觉地遵纪守法。统治者应当认识到"宽"与"猛"是两种性质迥异、各具所长的方法，两者是可以互相配合运用的。如果说子产只注意到宽猛的兼用，那么，显然孔子进一步看到了这两种手段之间有机结合、取长补短的关系，强调一个"济"字，即"宽以济猛，猛以济宽"，使宽猛相济原则的含义更加完备与丰富。

不过，从儒家思想的基本立场出发，孔子的宽猛相济还是有主有次的，即德主刑辅。子产看到了宽与猛作为两种手段的难易不同，"宽"是一种理想的政治，要做好很难，唯"有德者"才能"以宽服民"，而以"猛"，使"民望而畏之"要相对容易一些，一般的统治者也能做到。子产虽然也认识到宽与猛是有高下之分的，但似乎并不强求统治者达到最佳境界，而是要根据自己的具体情况来加以运用。孔子具有更加明确的立场，旗帜鲜明地强调德主刑辅，教化为本。他主张统治者须"为政以德，譬如北辰，居其所而众星共之"[1]。《论语·颜渊》还记载："季康子问政于孔子曰：'如杀无道，以就有道，何如？'孔子对曰：'子为政，焉用杀？子欲善，而民善矣。君子之德风，小人之德草。草上之风必偃。'"朱熹注曰："为政者，民所视效，何以杀为？欲善则民善矣。"[2] 因此，德是立国之本，行政手段的强制性和严刑峻法的威慑力只能治标，而不能治本，道德教化比刑罚手段更重要，在这个意义上，宽比猛更加重要。

如此看来，孔子对宽猛相济的阐释可以找到更为悠远的思想源头，即西周的"德治"学说。西周统治者总结了殷商暴政亡国的教训，提出了"以德配天"与"明德慎罚"的思想。这一思想中所包含的一些因素如敬刑为德、以德化人、教而后刑、德刑并用、以刑辅德、慎重用刑显然与孔子的宽猛相济原则有着密切的血脉联系。西周统治者早就认识到，刑虽然是一个治理社会不可或缺的基本手段，但应将其放于恰当的位置上，无论是立法还是司法都要以宽缓、审慎为原则，"刑"本身并不是目的，政治的根本在于使民向善。自然，之所以贯彻"明德慎罚"的指导，其最终目的还是要强调其治权的合法性即"以德配天"，维护其统治的长治久安，但是，其中所蕴含的慎刑保民的思想还是有着积极意义的。孔子一生对周公推崇备至并以恢复西周礼制为目标，我们在其宽猛相济的思想中显然看到了西周"德治"学说的延续与影响。

---

① 《论语·为政》。
② 《朱熹·四书集注》。

(二) 作为司法原则的"宽猛相济"

司法活动是社会治理的一个重要组成部分,而宽和与严格又是用刑适法的两种向度,因此,"宽猛相济"演化为一种司法原则就是顺理成章的事情了。我们通常都将孔子看成是伟大的思想家和教育家,但孔子也曾担任鲁国的大司寇之职①,也是有着丰富的司法实践经验的。而他的"听讼"活动也必然会贯穿着宽猛相济的基本精神,以下主要以孔子的言论、实践以及西周的制度来谈谈作为司法原则的"宽猛相济"的内涵。

第一,司法须以"和"为贵,以"德"化民。孔子主张,无论是"宽"还是"猛",都是手段,也都以"和"为目标的。孔子说:"听讼,吾犹人也,必也使无讼乎!"②"无讼"是孔子的司法理想,在这个理想境界里,为政者实施德政,哀矜折狱,"胜残去杀"③,从而形成了良好的社会风气,"老者安之,朋友信之,少者怀之"④。这种理想在西周其实就有明确的表述:"典狱,非讫于威,惟讫于富","惟敬五刑,以成三德"⑤;"勿庸杀之,姑为教之"⑥。孔子认为: "道之以政,齐之以刑,民免而无耻;道之以德,齐之以礼,有耻且格"⑦,主张"不教而杀谓之虐"⑧。这种司法理想的实现却不是人人都能做到的,用宽还是用猛,跟统治者或司法者"德"之深浅是紧密相关的。统治者有德,自然将会在人民心中产生一种向心力,百姓如群星拱卫北极星一样护卫于四周。子产说:"惟有德者能以宽服民,其次莫如猛。"如果统治者缺乏足够的道德力量,就只能用猛,而不能用宽,这就对统治者或司法人员提出了较高的要求。

第二,刑分三典,轻重有权,五刑可赦,审慎用之。虽然孔子将"无讼"作为"政和"的一个重要指标,但是,他并没有轻视刑罚的意思,对孔子"为政以德"、"道之以德"之类的论述,不可以作绝对化的理解,宽猛相济之中已包含了用刑必要性的成分。从历史上看,古代帝王治理国家莫不重视法和刑,夏时有《禹刑》,商时有《汤刑》,周时有《九刑》。但如何制刑与司法活动中能否贯彻宽猛相济却是有着很大关系的。《周礼·秋官·大司寇》中记载:"大司寇之职,掌建邦之三典,以佐王刑邦国,诘四方:一曰刑新国用轻典,二曰刑平国用中典,三曰刑乱国用重典。"周公通过制定"三典"来管理国家,治理百姓,对新建立的邦国适用轻法,对守成之国适用中罚之刑,对于民风恶化、积重难返的乱邦适用重典。将法律区分为"轻典"、"中典"和"重典"有助于在司法实践中根据社会或者案件的具体情况,来加以区别对待,以体现宽猛相济之意。不过,对轻与重、宽与猛,不可机械地加以理解。即使是一些看起来比较严重的违法犯罪,也不可滥刑,而应心怀悲悯,发现可恕之处。在《吕刑》中就规定了五刑皆有可赦者,"五刑之疑有赦,五罚之疑有赦,其审克之。"对判处"五刑"有疑者,减等按"五罚"定罪;对判处"五罚"有疑者,可以免于处罚,以体现

---

① 参见《史记·孔子世家》。
② 《论语·颜渊》。
③ 《论语·子路》。
④ 《论语·公冶长》。
⑤ 《尚书·吕刑》。
⑥ 《尚书·酒诰》。
⑦ 《论语·为政》。
⑧ 《论语·尧曰》。

慎刑原则。在一定意义上，慎刑可以成为宽猛相济原则的一个组成部分。对慎刑原则，前文论述已多，在此不赘。

第三，乱国首恶，重典可用，当杀之人，不可不杀。在处理违法犯罪的司法活动中，轻刑代表了宽猛相济原则中"宽"的一面，但缺乏了"猛"的一面，宽猛相济原则亦不完成，也未必能够实现"政和"的目标。子产死后，太叔为政，政宽民慢，盗贼聚集，就是一个例证。西周统治者虽然主张"明德慎罚"，但也不否认"刑兹无赦"①的情形。《尚书·康诰》中说："人有小罪，非眚，乃惟终，自作不典，式尔，有厥罪小，乃不可不杀。"看来，即使是犯了小罪，如果是惯犯、累犯，主观恶性大，是不可不杀的；更何况那些"不孝不友"的"小人桀雄"。子产也认为，"为刑罚威狱，使民思忌"，适当地实施重刑，可以达到"民望而畏之，故鲜死焉"②的目的。孔子虽然主张道德优先于刑罚，而反对以刑罚为道德之先，但却似乎并不完全反对重典的适用。在其不多的司法实践之中，他曾经果断地诛杀少正卯。《荀子·宥坐》中记载："孔子为鲁摄相，朝七日而诛少正卯。门人进问曰：'夫少正卯，鲁之闻人也。夫子为政而始诛之，得无失乎？'孔子曰：'居，吾语汝。其故人有恶者五，而盗窃不与焉。一曰心达而险，二曰行辟而坚，三曰言伪而辩，四曰记丑而博，五曰顺非而泽。此五者有一于人，则不免于君子之诛，而少正卯兼有之。故居处足以聚徒成群，言谈足以饰邪营众，强足以反是独立，此小人之桀雄也，不可不诛也。'"对于历史上孔子是否的确诛杀了少正卯，并非没有异议。一些学者从孔子"不教而杀谓之虐"，"子为政，焉用杀"的只言片语出发，认为，他不可能实施这种严厉的诛杀行为。但是，孔子从来就没有否认过刑杀的必要性，他不仅为郑国执政子太叔"尽杀盗贼"的行为击节叫好，而且，对"犯上作乱"的人进行诛杀，也符合其宽猛相济的思想。更何况，少正卯思想活跃、言辞大胆，孔子对他的定性是鼓吹邪说、扰乱国政，这类思想上"犯上作乱"的人，与孔子所倡导"慎言"、"慎行"③、"矜而不争"④的君子形象相背离，甚至直接危及他所谋求的思想大一统，作为鲁国大夫的少正卯自然难逃"圣人之诛"了。⑤在此，笔者无须对孔子诛杀过少正卯的行为进行价值评判，只想说明对一些特定的犯罪、特定类型的人，孔子也是主张可用"重典"的，这正是其宽猛相济思想的必然结论。

孔子的明确表述与倡导，使宽猛相济成为历朝历代的一项重要的治国与法律原则，而司法活动正践行这一原则的重点领域。后世的有识之士与贤明君主都十分重视这一原则的作用。例如，唐朝的长孙无忌在《进律疏表》中对宽猛相济原则给予了充分的肯定，他说："轻重失序，则系之以存亡。宽猛乖方，则阶之以得丧。"⑥即如果用刑轻重不分，次序混乱，可能会关系到国家社稷的存亡问题；如果刑罚宽猛无方，就会导致国家的施政失坠。又如《明史·刑法志》在评述朱元璋的司法活动时也试图用宽猛相济来为他粉饰："盖太祖用重典以惩一时，而酌中制以垂后世。故猛烈之治，宽仁之诏，相辅而行，未尝偏废也。"可见，

---

① 《尚书·康诰》。
② 《左传·昭公二十年》。
③ 《论语·八佾》。
④ 《论语·卫灵公》。
⑤ 参见马作武：《孔子法思想辨正》，载《法学评论》，1998（1）。
⑥ 长孙无忌等：《唐律疏议》，577页，北京，中华书局，1983。

宽猛相济也是中国古代社会一以贯之的司法原则。

二、当代宽严相济刑事政策的内涵阐释

宽严相济的刑事政策是党和国家在同敌对势力和罪犯的长期斗争中形成并逐步发展完善的，是我国维护社会治安的长期实践经验的总结。新中国成立初期，我国在刑事法制领域奉行的是"镇压与宽大相结合"的对敌斗争政治策略，"文化大革命"以后，则演变为"惩办与宽大相结合"的预防和控制犯罪的刑事政策，1979 年《中华人民共和国刑法》第 1 条明确规定刑法"依照惩办与宽大相结合的政策"制定。"宽严相济"一般被认为是"惩办与宽大相结合"的新提法。2002 年，最高人民检察院针对职务犯罪确定的八项刑事政策中，包括了"区别对待、宽严相济"的政策。2004 年 12 月 7 日召开的全国政法工作会议上，中共中央政治局常委、中央政法委员会书记罗干同志指出："要认真贯彻宽严相济的刑事政策，对严重危害社会治安的犯罪活动必须严厉打击，决不手软，对具有法定从宽条件的应依法从宽处理。"宽严相济的刑事政策是我国刑事基本政策在新时期的调整与发展，同时也是对惩办与宽大相结合刑事政策的调整与修正，因而更加科学与合理。

何谓宽严相济？根据 2006 年最高人民检察院工作报告，宽严相济刑事政策的主要内容是："坚持区别对待，对严重刑事犯罪坚决严厉打击，依法快捕快诉，做到该严则严，对主观恶性较小、犯罪情节轻微的未成年人初犯、偶犯和过失犯，贯彻教育、感化、挽救方针，慎重逮捕和起诉，可捕可不捕的不捕，可诉可不诉的不诉，做到当宽则宽。……宽不是要法外施恩，严也不是要无限加重，而是要严格依照刑法、刑事诉讼法及相关刑事法律，根据具体的案件情况来惩罚犯罪，做到宽严相济、罚当其罪。"同年最高人民法院工作报告在解释宽严相济刑事政策时指出："对犯罪情节轻微或具有从轻、减轻、免除犯罪的情节，依法从宽处理。"该工作报告还特别提到在处理死刑案件时也要贯彻宽严相济刑事政策："对罪当判处死刑但具有法定从轻、减轻处罚情节或者不是必须立即执行的，依法判处死缓或者无期徒刑。"具体而言，宽严相济的刑事政策可以从"宽"、"严"和"济"三个方面来加以理解。

1."宽"。这应当理解为刑罚的轻缓与处理上的宽大。具体可以分为"该轻而轻"和"该重而轻"两种情况：前者是指罪轻刑轻，即根据罪责刑相一致原则，对于犯较轻之罪的行为人，给予较轻处理；后者是指罪重刑轻，即对犯重罪的行为人，本应承受较重的刑罚，但由于法定或酌定从宽处理情节，而给予较轻的处理。关于轻罪和重罪的划分标准，目前理论界尚无定论。有人主张以犯罪性质作为划分较轻与较重之罪的标准，也有人主张以犯罪的法定刑轻重作为划分较轻与较重之罪的标准。如有学者认为，"应当根据犯罪所应判处的刑罚来划分较轻之罪与较重之罪，应当判处一定刑罚之下的犯罪可以视为较轻之罪，应当判处一定刑罚之上的犯罪可以视为较重之罪"。并且进一步提出："应当判处 3 年以下有期徒刑的犯罪可以视为较轻之罪，应当判处 3 年以上有期徒刑的犯罪可以视为较重之罪。"① 不过，无论是"该轻而轻"还是"该重而轻"的情形，不仅要考虑犯罪的性质或者法定刑的轻重，还应当考虑犯罪人的情况，如属于偶犯，过失犯，中止犯，从犯，胁从犯，防卫、避险过当

---

① 周振想主编：《刑法学教程》，271 页，北京，中国人民公安大学出版社，1997。

犯，以及未成年人、聋哑人或者盲人、孕妇或哺乳期的妇女、严重疾病患者等犯罪人，对这些犯罪人给予轻缓化的处理。所谓轻缓化的处理，既包括实体上的非刑罚化和执行上的非监禁化，也包括程序上的简易化和非刑事化。

2.“严”。这既含有“严厉”之意，也含有“严格”之意。前者是指在实体上（如判处较重刑罚）或程序上给予较为严厉的处理（如采取较为严厉的强制性措施）。它包括两种情况：一是罪重刑重，即犯重罪者应当承受较重的刑罚。对于有组织犯罪、黑恶势力犯罪、严重暴力犯罪、跨国境犯罪、恐怖主义犯罪、严重影响群众安全的多发性犯罪以及对于人身危险性大的犯罪人作从重处理，体现为在实体上处以较重的刑罚，直至适用死刑。在程序上则要求适用普通程序，加以较严厉的程序措施。二是罪轻刑重，即根据刑罚个别化原则，对一些犯轻罪的犯罪人，虽然本应负较小的刑事责任，但由于具有教唆不满 18 周岁的人犯罪、累犯等法定从重情节，而使其担负较大的刑事责任和承受较重的刑罚。而“严格”则是指执法上的有法必依，该作为犯罪处理的一定要作为犯罪处理，该受刑罚制裁的一定要受到刑罚制裁，如正确适用从重量刑的情节、慎用死刑制度等。

3.“济”。宽严相济，最为重要的还是在于“济”。这里的“济”，是指救济、协调与结合之意。因此，宽严相济刑事政策不仅是指对于犯罪应当有宽有严，而且在宽与严之间还应当具有一定的平衡，互相衔接，形成良性互动，以避免宽严皆误结果的发生。换言之，在宽严相济刑事政策的语境中，既不能宽大无边或严厉过苛，也不能时宽时严，宽严失当。“在此，如何正确地把握宽和严的度以及如何使宽严形成互补，从而发挥刑罚最佳的预防犯罪的效果，确实是一门刑罚的艺术。”[1] 这显然必须考虑两者之间的相互配合、相辅相成的关系。

我国“宽严相济”刑事政策一定程度上吸收了西方“两极化”或“轻轻重重”刑事政策中的积极因素。在西方，刑事政策产生之初，重刑主义思想也是十分严重的，在人权运动的推动之下，人们开始逐渐关注人权保护，刑事政策朝轻缓方向发展。自 20 世纪中期开始，受目的刑理论的影响，在西方国家，掀起了一场以非犯罪化和非刑罚化为主题的刑法改革运动，基本上以刑罚轻缓化为特色。但是，20 世纪后半期，犯罪数量增多，刑事犯罪恐怖化、经济犯罪严重化，以及犯罪的有组织化和国际化，严重影响到西方社会的安宁。各国公民的安全感普遍下降，从而倾向于支持以惩罚为目的的刑事政策。于是，西方国家普遍开始对原有刑事政策作出调整，增加了严厉打击的成分，出现了“轻轻重重”的复合型政策，即在强调对轻微犯罪实行轻缓性制裁的同时，也强调对严重犯罪采取较为严厉的制裁措施。

“轻轻重重”体现了刑事政策的两极化发展趋势。日本学者森下忠指出：“第二次世界大战后，世界各国的刑事政策朝着所谓‘宽松的刑事政策’和‘严厉的刑事政策’两个不同的方向发展，这种现象称为刑事政策的两极化。”[2] 这就是所谓的刑事政策的“轻轻重重”。具体而言，“轻轻”就是对轻微犯罪，包括偶犯、初犯、过失犯等主观恶性不大的犯罪，处罚较以往更轻，在基本策略上表现为各种非刑事化的处置，包括刑事立法上的“非犯罪化”、

① 陈兴良：《宽严相济刑事政策研究》，载《法学杂志》，2006（2）。
② ［日］森下忠：《犯罪者处遇》，白绿铉译，4 页，北京，中国纺织出版社，1994。

刑事司法上的"非刑罚化、程序简易化"、刑事执行上的"非机构化、非监禁化"。"重重"就是对严重的犯罪，如暴力犯罪、有组织犯罪、毒品犯罪、累犯等，处罚较以往更重，基本策略是刑事立法上的"入罪化"、刑事司法上的"从重量刑、特别程序和证据规则"和刑事执行上的"隔离与长期监禁"①。

从其基本内涵来看，"轻轻重重"政策与"宽严相济"政策颇有异曲同工之妙，也体现了我国和西方国家在刑事政策发展上殊途同归的趋势。我国素有重刑主义的法制传统，重视打击犯罪，"严打"的刑事政策便是这一传统的体现。随着人权保障观念的深入人心，人们开始关注对犯罪人的处遇，提倡人道主义思想，主张刑罚的轻缓化，这大致是一条"由重而轻"的调整路线。而在西方国家，刑事政策朝轻缓方向发展之后，在面对犯罪新形势之后重新开始强化对犯罪的打击力度，这大致是一条"由轻而重"的调整路线。可见，只强调"从重打击"，会导致刑罚权的过度扩张；而只注重"轻刑化"，又会造成刑罚功能的削减和丧失，理想的状态则是在二者之间形成恰当的兼用相济之关系。

三、宽猛相济原则的现代意义

"宽严相济"与"宽猛相济"仅一字之差，这已经昭示了它们之间的渊源联系。当代宽严相济刑事政策既是对西方先进法制文明的借鉴，也是对我党同违法犯罪的斗争实践经验的总结。前者是指它在一定程度上吸收了国外"轻轻重重"刑事政策中的积极因素，后者则是指新中国应对犯罪的基本策略在发展中逐步完善，历经"镇压与宽大相结合政策"、"惩办与宽大相结合政策"至当下的"宽严相济刑事政策"，在经验中发展，在实践中调整，日趋合理与完备。从这个意义上说，我们应该将宽严相济视为一种全新的刑事政策或司法原则，与古代的"宽猛相济"不能等同视之。但是，不可否认，宽严相济刑事政策与古代宽猛相济原则存在着明显的继承关系，不仅如此，剔除了古代法制中封建糟粕的成分，古代围绕宽猛相济原则的制度与实践中所包含的一些技术性因素仍然可以在当代焕发生命力，甚至可以有直接的指导作用。

(一) 区分不同的犯罪性质与罪刑类型，以使轻重有序，宽严有方

宽严相济刑事政策的核心是区别对待，宽猛相济原则亦然。正如我国有学者所说："具体刑事犯罪的社会危害性各异，犯罪人的人身危险性也不尽相同。从控制犯罪的策略出发，要有意识地寻求、利用这些差别。通过对不同情况的不同处遇，从而有效地维护社会治安，促进社会和谐。"② 这一点对宽猛相济原则而言也是同样适用的。古代统治者对不同的犯罪性质与罪刑类型是有着清醒认识的。周公制礼时就确定："毁则为贼，掩贼为藏，窃贿为盗，盗器为奸……有常无赦。"③ 意思是说，破坏礼法的人是贼，隐匿贼子为藏，窃取财物是盗窃，盗取国家宝器为奸。对这些有常刑处罚，不能赦免。《唐律疏议·贼盗律》规定："谋反及大逆者，皆斩。子年十六以上皆绞，十五以下及母女、妻妾、祖孙、兄弟、姐妹，若部曲、资财、田宅并没官；男夫年八十及笃疾，妇人年六十及废疾者并免；伯叔父母、兄弟之

---

① 孙力、刘中发：《"轻轻重重"刑事政策与我国刑事检察工作》，载《中国司法》，2004（4）。

② 赵秉志：《和谐社会构建与宽严相济刑事政策的贯彻》，载《吉林大学社会科学学报》，2008（1）。

③ 《左传·文公十八年》。

子皆流三千里，不限籍之同异。即虽谋反，辞理不能动众，威力不足率人者，亦皆斩；父子、母女、妻妾流三千里，资财不在没限。其谋大逆者，绞。诸口陈欲反之言，心无真实之计，而无状可寻者，流二千里。"唐律将谋反大逆之罪置于"十恶"的前列，处刑上最高处斩刑；最低处流刑二千里，处刑极重，这类犯罪直接危害君主专制制度，统治阶级对此类犯罪表现出高度的重视，并采取"常赦所不原"的处刑方针。即便是一些先哲，也不否认对不同犯罪应加以区别对待。如《荀子》就曾将"奸言"、"奸说"、"奸心"视为"古之大禁"，"圣王起，所以先诛也，然后盗贼次之。盗贼得变，此不得变也"[①]。如果我们摒弃其维护封建专制制度的犯罪类型，仅从技术层面来考虑，这种区别对待的刑事政策还是值得借鉴的。就现代刑事司法而言，区分不同的罪刑类型，采取不同的处刑方式同样也是必要的。罪刑类型主要是指案件性质、犯罪情节与涉嫌罪行的轻重，它往往用犯罪嫌疑人、被告人行为所涉嫌的罪名、法定刑的轻重以及有无法定或酌定的量刑情节来加以衡量，包括：犯罪的时间、地点、对象、罪过形式、动机、目的、原因、方法、手段，犯罪完成的程度和实际危害后果，是否预谋犯罪，在共同犯罪案件中的地位等。从刑事立法来看，有些罪名所指明的行为性质严重，其本身足以反映社会危害程度，如杀人罪、强奸罪、抢劫罪、放火罪等。这些犯罪的构成要件已经基本上客观化了社会危害性，据此就可以判断出司法上的社会危害性。其他的一些案件往往需要结合具体的案件情况来加以判断。罪刑类型会对程序强度的判断发生影响，一般而言，案件性质、涉嫌罪行严重的，应当设置和使用强度较大的处刑措施，否则可能会缺乏效果；而案件性质、涉嫌罪行较轻的，则应当设置和使用强度较小的处刑措施，避免造成不必要的损害。

（二）考虑不同的适用对象，根据被告人的个体情况来调整宽严的尺度

宽严的尺度如何把握？被告人的个体情况可以成为一个重要的考量因素。古代立法者和司法者在贯彻宽猛相济原则时，充分考虑了被告人的个体情况。例如，早在西周时期就出现了所谓的"三赦之法"，对七岁以下的弱小儿童，七八十岁以上的昏耄老人，智力低下的白痴采取宽宥的政策，赦免其刑罚。此类法律最为完善的当推《唐律》，其中对老幼疾废及妇女减免刑罚作了明确而细致的规定，对这些特殊主体，采取与一般犯罪主体相区别的处刑政策。如何对不同的被告人进行分类，朱熹曾"发明"了一种独特的方法。他根据众人接受天理的不同将人的气禀分为最厚、厚、薄、最薄等几种情况，以适应德、礼、政、刑等诸种治理社会的措施。按照不同的气禀施以不同的措施，"对气禀最厚者，导之以德，自觉服从，其他三类不从；对气禀厚者，齐之以礼，自觉服从，后两者不从；对气禀薄者，制之以政，服从，后一类不从；对气禀最薄者，惩之以刑，被迫服从，然而尚有为恶之心。"[②] 按照气禀的不同对犯罪人进行分类显然是不科学的，但是，考虑不同的适用对象，区分被告人个体情况的不同来调整宽严的尺度，这还是具有借鉴价值的。在现代刑事司法中，我们同样也应当作这样的考虑。刑事案件复杂多样，而所涉及的犯罪嫌疑人、被告人也是形形色色，各具特点，存在着多方面的差别，如在年龄和性别上，是否属于老年人、未成年人、女性等；在身份上，是否国家机关工作人员、学生等；在性格和品质上，是否一贯品行良好，有无违法犯

---

① 《荀子·非十二子》。
② 转引自武树臣：《儒家法律传统》，149 页，北京，法律出版社，2003。

罪前科，有无不良嗜好等；在生理、精神状况上，包括是否盲、聋、哑等残疾人，是否患有精神疾病，是否怀有身孕或者患有严重疾病等；在经历和所处的环境上，是否有正当职业、受教育状况、家庭状况、居住情况、交友情况、经济状况如何，未成年人是否有双亲或其他监护人等；在与被害人的关系上，是陌生人关系还是熟人关系；在犯罪地位上，是累犯、故意犯、主犯、首犯，还是属于初犯、偶犯、激情犯、过失犯、从犯、胁从犯等；在认罪态度上是好还是差；等等。对象类型的这些因素也影响到处刑的具体方式，这既是宽严相济刑事政策的必然推论，也是宽猛相济原则的题中之意。

（三）宽中有严，严中有宽，以形成宽与严的良性互动

中国古代的宽猛相济原则除了要求对不同的罪刑类型和被告人进行适当区分，并采取区别对待的处刑方式之外，尚有更加细致精妙之处，即主张"宽"中有"猛"，"猛"中有"宽"，反对对"宽"与"猛"作机械的理解。《尚书·康诰》说："人有小罪，非眚，乃惟终，自作不典，式尔，有厥罪小，乃不可不杀；乃有大罪，非终，乃惟眚灾，式尔，既道极厥辜，时乃不可杀。"可见，有人犯了小罪，本应处以较宽和的刑罚，但由于其他情节较重，如屡犯不改、主观恶性大，所以仍然可以从严处理；而犯了大罪的，由于是过失偶犯且能悔改，仍然可以获得较轻的刑罚。即使是对死刑这样的重大犯罪，仍然可以视其具体情节，有从宽处理的可能。西周时即有"五刑可赦"的规定，自然包括死刑的情况在内。清代康熙二十二年（1683 年）曾谕刑部："人命事关重大……情有可厚，即开生路。"[1] 即对于死刑案件，也要考虑可原之情，宽和处刑。宽猛相济原则这一内涵可以为我们解读宽严相济刑事政策提供一个特别的视角。这也恰恰是我国宽严相济刑事政策与西方"轻轻重重"刑事政策的一个重要区别。"轻轻重重"政策与"宽严相济"政策具有一定的相同之处，如都强调对轻者与重者加以区分，然后对轻者与重者采取不同的刑事措施。我国有学者也用"轻轻重重"来解读惩办与宽大相结合政策的基本精神，认为，惩办与宽大相结合政策的基本精神就是对严重的罪犯施以更严重的处罚，对轻微的罪犯给予更轻微的处罚，即轻其轻者，重其重者。换言之，也即"轻轻重重"[2]。但也有学者认为，在惩办与宽大相结合政策的原始含义中，并无"轻轻重重"的内容，而是强调轻重的区别对待，即轻者该轻，重者该重。[3] "轻轻重重"则强调轻者更轻，重者更重，是一种两极化的刑事政策；而惩办与宽大相结合政策并无这种两极化的内涵。宽严相济政策从惩办与宽大相结合政策发展而来，自然也就延续了这一区别。应该说，"宽严相济"政策与西方"轻轻重重"刑事政策是不能完全等同视之的，其中一点便是"宽严相济"政策延续了传统"宽猛相济"原则所包含的"轻中有严"、"重中有宽"的情况，轻中有严，是指轻微的犯罪中也可能有从重的情节，如犯罪人人身危险性较大。在这种情况下，应慎重考虑从重情节，在严格限制的前提下，可有条件地予以从严处理。重中有宽，是指严重的犯罪也可能有从宽的情节，在这种情况下，应充分考虑从宽情节，并在刑事处理中予以体现。这较为典型地体现在我国死刑制度的适用上。我国目前立法尚不能废除死刑，因此应充分贯彻宽严相济的刑事政策，对罪当判处死刑但具有法定从轻、减轻处罚情

---

①　《清史稿·刑法志三》。

②　侯宏林主编：《刑事政策的价值分析》，270 页，北京，中国政法大学出版社，2005。

③　参见陈兴良：《宽严相济刑事政策研究》，载《法学杂志》，2006（2）。

节或者不是必须立即执行的，依法适用，而不必判处死刑立即执行。同时，可以发挥刑事司法限制死刑的功能，适用死刑缓期执行制度来减少死刑立即执行的适用。① 正是在这个意义上，我国的"宽严相济"政策比"轻轻重重"政策要更加科学、合理，更能适应我国当前刑事司法的特殊要求。

（四）根据社会形势和违法犯罪状况来调整宽严尺度，以实现刑事政策的动态调整

社会是在不断的发展之中的，犯罪形势也随之发生变化，因此，刑事司法活动中宽严尺度的把握也不能一成不变。古人在运用宽猛相济原则的过程中就已经认识到这一点。《尚书·吕刑》中记载："轻重诸罚有权，刑罚世轻世重，惟齐非齐，有伦有要。"这是说，对于刑罚的适用，在各个不同的历史时期，其轻重程度是不同的，换言之，应根据社会发展的具体情况来掌握宽严的尺度。这要求，应根据不同时期犯罪的不同情况，依客观形势的需要，制定轻重不同的刑罚，或者采取宽严有序的处刑政策，以切合维护社会秩序的需要。这种思想反映了适用刑罚的客观规律，自其被提出之后，受到历代统治者和思想家的普遍重视。东汉崔寔在《政论》一文中也指出："刑罚者，治乱之药石也；德教者，兴平之粱肉也"，也就是说乱世要多用猛，治世要多用宽；乱世要用重典，治世则要用教化。现代刑事法律奉行"罪刑法定"基本原则，因此不能过分强调社会形势对刑罚轻重的影响，但是，根据社会形势和违法犯罪状况来调整刑罚的宽严，对犯罪的宽严处理符合社会形势的发展，还是具有借鉴意义的。刑事司法不仅要实现一定的法律效果，同样也要追求良好的社会效果，因此，在刑事法治中考虑社会形势和违法犯罪状况来调整刑罚的宽严也是必要的。这一点在当代的刑事法治实践中也具有重要的实践意义，无论是对刑事法律制度的设置还是法律规范在司法中的掌握都有指导价值。例如，在刑事诉讼中，根据无罪推定原则的要求，控诉方完全承担提出证据证明被告人有罪的责任，犯罪嫌疑人、被告人一般不承担证明自己有罪或无罪的责任。这被称为贯穿"刑法之网"的一条"金线"②。但是，近年来，贪污、受贿、贩毒和有组织犯罪日益猖獗，对社会的危害越来越严重，但犯罪手段却越来越隐蔽，带来了证明上的困难。各国立法者为了严厉打击这类犯罪，有效地维护社会秩序，基于刑事政策的考虑，要求或者许可司法人员将传统上由控方承担的关于犯罪构成要件的某些要素的证明责任分配给被告人承担，从而使证明责任发生倒置。例如，英国为了惩治恐怖犯罪，1994 年通过的《刑事审判和公共秩序法》对沉默权作了限制，法庭和陪审团可以从被告人的沉默中作出不利于被告人的推论。③ 又如联合国《反腐败公约》第 28 条规定："根据本公约确立的犯罪所需具备的明知、故意或者目的等要素，可以根据客观实际情况予以推定。"通过推定的许可适用，对犯罪主观要素降低了证明标准，加强了反腐败的力度，有利于遏制腐败犯罪增长的势头，这种做法无疑与宽猛相济原则的精神不谋而合，也从一个侧面彰显了宽猛相济原则的现代意义。

---

① 参见赵秉志：《宽严相济刑事政策视野中的中国刑事司法》，载《南昌大学学报（人文社会科学版）》，2007（1）。

② Richard May，Criminal Evidence，p. 42，Sweet & Maxwell，1986.

③ 参见卞建林：《刑事证明理论》，191 页，北京，中国人民公安大学出版社，2004。

第三编
法律制度

第十章

传统吏治制度与现代行政法治

所谓行政，就是国家设定各种行政主体运用行政权力，并通过积极的手段对社会生活进行组织管理的行为。行政法是调整行政管理者与行政管理对象之间的关系的法律规范，从行政法的内容上来说，它主要分为内部行政法、外部行政法和行政监督法。[①] 所谓内部行政法，是指行政机构内部的管理性法律；所谓外部行政法，是指调整行政管理者与管理对象关系的法律；所谓行政监督法，就是监督行政管理主体行使行政权的法律。行政法的核心就是要规范国家行政权合理、合法的使用，即依法行政。

行政是国家管理的职能，是由国家通过设立行政机关，行使行政权来实现的，这是公共行政的本质所在，也是公共行政区别于其他活动的关键所在。行政法之所以产生并存在是因为行政权的运用会对他人的权益产生影响，甚至损害他人的权益，所以需要法律对行政权加以约束，这就决定了行政法必然以行政权的合理运用为核心。

中国古代并不存在严格意义上的行政法，但中国古代有着丰富的吏治法律制度，形成了特有的吏治法文化。中国传统吏治法律制度是在数千年的历史变迁中孕育、形成和发展起来的机构组织、官吏选任、权力运用、官吏监督的法律制度，在内容上相当于现代行政法中的内部行政法和行政监督法。

中国古代的吏治法文化是在中国传统社会所特有的政治文化和精神文化的共同作用下所形成的法律文化的一个子系统。中国传统的自然经济结构造就了以君主专制为核心的政治结构，形成了集权式的政治运作形式。君主以及官吏集团处于政治结构的核心地位，为了保证官吏集团维护君主权威和正确地使用权力而产生了一整套的法律机制，这构成了中国传统吏治法律制度的核心内容。这种以专制为核心的吏治法律从总体上来说是扼杀和桎梏了人们智慧的发展，阻碍了中国传统社会的发展。但是，中国传统吏治法律制度的这种总体上的落后性，并不能掩盖其合理的、科学的成分。因而，具体地分析和借鉴中国传统吏治法律制度中的积极因素，完成其在现代社会中的创新，对于中国现代行政法制建设具有重要的理论和实践意义。

---

① 现代行政法学中还包括行政救济法，但行政救济法与本章关系不紧密，故本章不作介绍。

第一节
中国传统吏治法律制度概览

中国古代早在夏、商、周时期就开始"设官分职"，建立了官吏队伍，同时也开始通过法律对官吏权力的运用进行约束。在数千年的历史发展中，中国古代形成了完备、成熟的吏治法律制度，在一定程度上保证了中国古代行政权力的正确行使，对中国古代社会的发展起到了积极的作用。

一、中国传统吏治法律制度的流变

中国传统社会很早就产生了官吏管理的法律制度，但以皇权为核心的吏治发端于战国，形成于秦汉，成熟于唐宋，衰微于明清，崩溃于清末。中国古代国家行政权在分配上可以分为皇帝总揽行政、中央官僚行政、地方官僚行政三个部分。中国古代社会在这三种行政权力的运作过程中又形成了系统的吏治法律制度。

官吏制度是与国家同时产生的。我国早在夏朝国家诞生之际，就出现了六卿、稷（掌管农业）、牧正（掌管畜牧业）、车正（掌管车服）、水官（掌管水利）、遒人（掌管皇令）、大理（掌管刑狱）、啬夫（掌管监狱）等官职。① 《尚书·禹贡》还说："禹别九州，随山浚川，任土作贡。"可见，夏王朝不仅有了行使农业、畜牧业、水利、刑狱等管理职能的专职官员，而且在部落联盟基础上的地方行政区划和贡赋制度也问世了。商周时期，国家的各种行政职能进一步发展，商周时职官开始划分为内服官（中央王朝职官）、外服官（诸侯方国职官）。西周的内服官中又有了卿事寮和政务官常任、民事官常伯、司法官准人，以及大史寮、宰等众多的设置，而且分工也更明确和专门化了。② 这一时期同时也产生了相应的官吏管理法律制度，如"皋陶之刑"中的"墨"罪、商朝的"官刑"、西周的"礼"等，都涉及官员的日常管理和对官员违法犯罪的惩罚。

严格意义上的中国古代吏治产生于战国时期，是在君主集权政治结构和职业官吏制度的基础上产生的。战国以后，秦、魏、赵、楚相继进行了改革，尤其是商鞅在秦国的改革中所设立的军功二十等，为官僚政治准备了条件。诸侯国的国君们沿用春秋后期卿大夫的家臣享受俸禄，为主人效力之例，按照"主卖官爵，臣卖智力"③ 的原则，组织了一批新的职业官吏，建立了一整套官吏管理制度，诸如任免、印玺、上计、俸禄等。通过这些制度的实施，官吏具体掌握和行使国家的行政权，与专制君主相结合，构成了完整的官僚政治体制。随着君主集权专制和职业官僚的出现，以维护国家行政权力行使、运作、维系、协调为目的的官吏管理制度也就出现了。

---

① 参见《史记》卷四《周本纪》；《左传·哀公元年》；《左传·定公元年》；《左传·襄公十四年》；《左传·昭公十七年》；《国语·周语上》。

② 参见白钢：《中国政治制度史》，80页、134页，天津，天津人民出版社，1991。

③ 《韩非子·外储说右下》。

　　秦汉至南北朝时期，官吏管理制度不仅得到全面的继承，而且得到了进一步的发展，逐步向中央以"三省六部制"、地方以"州郡县"三级划分的行政体制发展。隋唐宋元，是中国古代官吏管理制度进一步发展的阶段。此阶段，中央行政中枢和政务管理完成了向三省六部施政或群相辅政的过渡，皇帝在整个行政管理中的权力中心地位更加突出，地方州县行政管理体制不断地调整、稳定，地方官吏的管理也日臻成熟，科举制的产生和完善改进了择优取才的官吏选拔机制，中央与地方的监察机制不断健全。明清是中国封建社会的最后两个王朝，由于吸收了前朝丰富的统治经验，明清时期的官吏管理得到了进一步的发展，选官、考课、监察等官吏管理制度，达到了相当完善的程度。

　　中国古代社会，从夏商周至明清都十分重视对官员的管理，历朝都制定了相关的法律制度用以约束、规范官员行政权力的运用，使中国古代形成了完备、成熟的吏治法律制度。

二、中国吏治法律制度的特点

　　中国古代官吏行政管理从权力结构上可以分为皇帝支配行政权、中央官员行政权和地方官员行政权三个部分。在其运作过程中，封建皇帝以"天子"和"君主"的身份，汇最高权力于一身，牢牢地控制和支配着官僚的行政活动。中央官吏是国家行政管理的关键，其中以宰相为首的中枢机构协助皇帝进行最高决策，是行政管理的核心。九卿、六部等负责朝廷的具体政务管理，同时还承担指导全国行政管理的工作。地方官吏是通过州行省、郡府、县乡来实施其行政管理的，州郡府县是地方政务的主要执行者。乡里保甲组织又与宗族制相结合，以行政管理与家族自治相结合的方式，充当了中国古代社会行政管理的基层网络，从而完成了中国古代行政管理从权力顶端到末梢的运作过程。在中国古代行政管理制度的发展过程中，中国古代吏治法律制度逐步地形成了。中国古代吏治法律制度至少在以下五方面体现了其特征。

（一）吏治管理集权化

　　中国古代是中央集权制的政体形式，国家权力由低级行政单位集中统一于中央政府。其核心内容是：各级官府无独立性，统一服从于中央政府，受中央政府的领导和监督，执行中央政府的法律、法令、政策、指示和命令。在中国古代从秦汉到明清的封建官僚政治条件下，中央集权逐步发展并趋于极端化，其基本表现有：

　　第一，地方行政管理级层化。秦汉以后改变了中国夏商周时期的诸侯制，在地方上实行郡县制，郡、县、乡之间存在明确的级别之分，将地方的行政权力依级层集中于朝廷。以宋朝为例，宋朝将地方官吏的行政、司法、财政、军事等方面的主要权力，由县到州，由州到路，由路到朝廷，逐级上收，汇于中央。诚如宋朝范祖禹所说："自祖宗肇造区县……分天下有十八路，置转运使副、提点刑狱……收乡长镇之权悉归于州，收州之权悉归于监司，收监司之权归于朝廷……上下相维，轻重相制，如身之使臂，臂之使指。"①

　　第二，朝廷直接掌握地方官吏的任免、考课和调迁。秦汉以后，地方官吏虽然实行分级治理和层层督责的管理制度，但是，各级地方官的任免、考课、迁调等人事大权是由朝廷直接掌握的，地方官考课的最终审核权也由朝廷掌握。定期朝觐"上计"，也是由中央政府直

_____

　　①　（宋）范祖禹：《范太史集》卷二十二《转对条上四事状》。

接掌握。

第三，建立垂直体系的监察机构监督百官。中国古代的监察制度历来以严密完善而著称于世，其中的重要职能就是监察地方官吏。秦朝的监察御史，西汉的州刺史，唐初的观察使、采访使，宋代的路"监司"，元代的行御史台及二十二道肃政廉访使司，明清的十三道监察御史，都是直接监察地方官员的机构。这些监察机构独立于政府系统之外，直接隶属于朝廷、皇帝，具有较高的权威。

客观地说，中国古代中央集权的政治结构形式，对中国古代吏治法律的实施和国家管理起到了一定的积极作用。其主要表现如下：首先，以皇帝为核心的朝廷对稳定社会秩序，尤其是维持官僚集团的向心力和凝聚力具有重要的意义；皇帝所散发的巨大威慑力量，也使社会处于相对稳定的状态。其次，中国古代中央集权的政治结构形式对整饬吏治起到了一定作用，在历史上曾经出现过官吏"一时守令畏法，洁己爱民，以当上指，吏治焕然不变矣"①的清明状况。

当然，中央集权制对国家行政管理的消极影响也是巨大的。尤其是宋元以后，中央集权制的日趋极端化，其流弊更重，其中最大的影响是行政效率的低下。按照现代行政学原理，有计划、有目的地把权力和责任分给下级行政单位，常有助于发挥下级官吏的专长和能力，有助于提高行政效率。而中国古代却与此背道而驰，正如顾炎武所说："守令，亲民之官。而今日之尤无权者，莫过于守令。……是故上下之体虽若相维，而令不一；法令虽若可守，而议不一。守令才既不得其职，将欲议其法外之意，必且玩常习故，辟嫌得例，而皆不足以有为"，"相与兢兢奉法，以求无过而已。"② 中央集权制造成官吏唯上命是从，消极推诿，不敢负责，官府行政效率低下的恶果。

（二）皇帝与行政官员之间的支配与依附关系

皇帝与官僚是封建社会政治结构中的两个基本因素。皇帝是支配者，官僚是执行者，是具有人格的统治工具，皇帝与官员之间结成了严格的支配与依附关系。这种支配与依附关系，大体形成于秦汉时期。其渊源来自于春秋、战国时期家臣对卿大夫的效忠依附关系，后来渗透到君臣之间的关系。申不害当时就说："明君如身，臣操其柄，臣事其常。"③秦始皇创立皇帝制度后，运用各种手段确定了皇帝的至尊无上的地位，同时压抑臣僚。"尊君抑臣"④ 因袭相沿成为后世帝王维护君统的法宝。西汉时随着儒家思想上升为中国传统社会的正统思想，皇帝裁定编制了儒家经学大观《白虎通义》，正式将"君为臣纲"列为三纲六纪之首。以此为标志，官员对皇帝的效忠依附成为正统的君臣关系的内容。司马光曾典型地描述了这种支配与依附关系："父之命，子不敢违。父曰前，子不敢不前；父曰止，子不敢不止。臣之于君亦然。"⑤尊君抑臣的支配与依附关系不断地钝化和削弱了行政官员的独立人格，使中国古代行政官员的独立行政能力不断下降。

---

① （宋）范祖禹：《范太史集》卷二十二《转对条上四事状》。
② 《日知录》卷九《守令》。
③ （唐）《群书治要》卷三十六《大体篇》。
④ 《史记·秦始皇本纪》。
⑤ 《资治通鉴》卷二百九十一《臣光曰》。

皇帝与行政官员之间的支配和依附关系首先表现在皇帝在国家行政中具有绝对的权威，可以支配国家行政管理的一切活动。"天子之所是，皆是之。天子之所非，皆非之。"① 其次，皇帝与行政官员的支配和依附关系表现在皇帝对官员的职权可以任意予夺。历代皇帝都有权设立或撤销某个行政机构，也有权把任何人的官职加以剥夺，甚至是官员的生命。再次，对官员而言，"食君之禄"自当"忠君之事"，即以服从皇帝的意志作为处理一切政务的标志，没有任何行政独立性。皇帝与行政官员之间的支配和依附关系是中国古代行政管理结构中不可克服的缺陷，对中国古代行政管理产生了巨大的消极影响。

（三）中国古代行政管理的根本原则是人治

人治与法治是两个相互对立的范畴。人治，是指依靠统治者个人的才能、品德及理念判断，来实施行政权力。法治，是指依据法律治理国家，法律高于一切、支配一切，法律限制或规范着国家的一切行政活动。

虽然中国古代从秦汉至明清，历朝相继制定了完整的法律，在官吏行政管理方面，历代有专门的《违制律》、《职制律》、《吏律》等篇条，似乎形成了完整而严密的法律体系，但是事实却不尽然，由于专制社会的性质，历代数万言的法律并没带来一个法治清明的社会。相反，人治的现象俯拾皆是。

首先，中国古代行政管理中的人治集中表现在皇帝行使最高立法权、司法权和行政权。中国古代的律、令、格、式、敕等法律形式是调整行政活动的主要法律。但皇帝又随时可以诏令设立、废除律条。正如西汉酷吏杜周所言："三尺安出哉？前主所是著为律，后主所是疏为令，当时为是，何古之法乎？"② 法律皆出于皇帝个人的意志或任情判断，又依在位的皇帝的诏令作为最新立法标准而随时变更。这就不能不使法律的客观性和社会适应性受到损害，不能不使法律的公正性、严肃性、稳定性等不断丧失，沦为君主专制统治的工具。诚如黑格尔在评价中国法律时说："它们不是法律，反倒简直是压制法律的东西。"③ 皇帝在司法、行政方面的随意性更为常见，法外行旨、任情处置成为君主随意处置司法、行政的重要表现。因此，皇帝在立法、司法、行政方面的恣意妄为，是中国古代行政管理中最大的人治。

其次，中国古代行政管理中的"人治"表现在官员随意行使行政权力。中国古代没有严密的行政程序法，官员在行使行政管理权时很大程度上依赖于道德自觉，当官员的个人道德高时可能造福于民，但当官员个人道德差时就会造恶于民。这种依赖于官员个人道德的行政活动也是"人治"的重要表现。

因此，中国古代行政管理的根本原则是人治，或者说是形式上的法治，本质上的人治。中国古代的法律为行政活动的秩序化、制度化所提供的法律保障是极其有限的。因而，中国古代行政管理中有法不依、因人废法、任人不任法等现象极为普遍，成为中国古代行政制度的痼疾。

（四）行政机构分权制衡

中国古代历代皇帝都十分担心国家的行政大权会过多地集中于权臣之手，因此，他们一

---

① 《墨子》卷三《尚同中》。
② 《汉书》卷六十《杜周传》。
③ ［德］黑格尔：《哲学史讲演录》，贺麟、王太庆译，119 页，北京，商务印书馆，1981。

方面加强自己对立法、行政、司法大权的总揽；另一方面，又通过行政机构分权制衡以防止权力的过度集中，并以此强化皇帝自身的独裁专制。

首先，注重机构设置中的分权制衡。中国古代从中央到地方官府的设置分工细致、职能具体，无论是宰相制度、三省六部制，还是行省制，国家的管理中枢、各政务部门、监察部门职司明确、互相监督、互相牵制。地方各级官府内部，军政、行政分立，财政、司法、捕盗分权行使，层次清晰，既有明确的职能分工，又有上下相应的设置，互相连接却又各有所司，互相牵制却又各有所忌。这种统一中央集权条件下的内部分权结构，有效地防止了权力过度集中，防止了某些部门的权力膨胀。

其次，这种分权制衡还体现在同一职事分属不同部门，由不同的官员办理。这最突出的表现就是中国古代丞相制度的变化，由一相制至两相制、群相制，最终至明代的内阁制，这充分说明了中国古代的统治者们为消除行政权力过度集中所采取的措施。其他各部门的职能分合在历史上也是屡见不鲜，其根本原因就是封建君主担心这些部门的权力过度集中，影响君权的行使。但也正是出于这种担心，中国古代很早就走上了行政权分权制衡的道路。

（五）成熟的吏政管理制度

吏政管理是古代行政管理制度中最重要的部分。它的主要目标是实现官吏的更新、激励和监控，保持行政管理者的良好素质，保证国家行政权的正确行使。秦汉以降，吏政管理被纳入了制度化和法律化的轨道。中国古代历代王朝几乎都制定了大量的吏政管理的法律制度，确保官员行政权力的准确使用。从吏政管理法律制度的内容来看，其主要有以下具体内容：

1. 官吏选拔尚贤能、重考试。中国古代官员选拔方式主要有：察举、荐举、征辟、科举、恩荫、贤选等。其中虽仍有一些"亲贵"原则的运用，但绝大多数还是尚贤能、重考试的。即使察举、荐举、征辟，也都要求选拔贤德才能者。科举制更是分科选试，不论门第高低和资产贫富，贵贱皆收，在较大程度上实行了智能竞争。"誊录"、"锁院"等科场的规定，在一定程度上保证了竞争的公平性，使官员队伍吸收了一批又一批的优秀人才。尚贤能、重考试的原则，对于优化官员队伍的人员构成和提高其能力素质都是有裨益的。

2. 建立严密的考课制度。自秦汉以来，对官吏的行政业绩进行考课，并予以相应的奖惩，已成为固定的制度。历代的考课不仅有道德、才能、业绩、年龄等方面的标准，而且有逐级考核，上门评议等具体办法。政绩考核与权力予夺相结合，能够提高行政效率，有利于维护良好的社会秩序。

3. 设峻法严惩腐败犯罪。中国自官吏制度出现起就有惩罚官员腐败犯罪的法律制度，秦汉以后则更加重视对腐败犯罪的严惩，至隋唐形成了较完备的反腐败法律制度体系。这种法律制度体系一直延续到清末，对于保证中国古代行政队伍的清廉、行政效能的提高具有极其重要的意义。

4. 设专门监察机构整饬吏治。监察机构自成系统、地位超然，独立地实施行政监察，这是中国古代官吏管理中独特的制度。监察官员"阴希帝指"①，地位超然。监察官员监督百官、纠劾不法，权力范围极广。中国古代的专职监察作为一种行政监控，对于维护国家利

---

① 《明史》卷三〇八《陈瑛传》。

益、整饬吏治，对于皇帝控制内外官员等均发挥了重要作用。

古代吏政管理制度的严密是长期发展、不断完善的结果，由于在官吏分工建置、官吏选拔、考课、调迁、专职监察等方面的长足进步和发达，中国古代官僚的政治才能中具备了较强的自我调节机能和较好的适应能力，能胜任各项行政管理职能。但是，中国古代高度成熟严密的官吏管理制度是有其特定目的和宗旨的，即有利于皇帝对官僚机器的有效控制。正是由于这一宗旨，古代吏政管理制度带有明显的设计目的的不足，如历代选官中因荫叙、保举入仕者、叨冒冗滥尤多；号称选举正途的科举，也有学非所用、所试难取真才等痼疾；宋元以降盛行的回避迁调，又会产生朝拜而夕迁、视官舍如传舍的现象，出现不利于管理职能专门化和不利于官吏建长久之功的后果。因而，中国古代专制政治条件下的吏政管理制度不可能根治官吏腐败、效率低下等弊端，也无法遏止周期性危机的频繁光顾。

诚然，中国古代吏治法律制度的特点远不止这几个方面。但这几方面的特点显现了中国古代吏治法律制度的总体特征。尤其是成熟的吏政管理制度，体现了中国古代先民们的政治和管理智慧，其中很多内容对于现代行政法制的建设依然具有重要的借鉴意义。

第二节
中国古代官吏管理制度与现代公务员管理制度

不管是什么政治体制的国家都有国家的组织活动，都存在国家组织自上而下地通过行政命令对社会的管理活动。国家行政管理活动总是由一定的人来完成的，这些人员就是通常所说的行政官员。因而，对这些人员管理制度的严密性直接影响着国家行政管理的有效性。

中国古代的政治体制是君主专制，这一体制是以君主和官员两个因素的协调、制衡而运作的。专制君主是主宰、轴心和支配者，官僚则从属效忠于君主，是国家权力的具体执行者，是具有人格（尽管其独立性较差）的统治工具。为实现君主专制国家的目的，官员也被纳入到被管理的对象中来。因此，中国古代产生了大量的管理官吏的法律制度。对于这些法律制度，我们不能因其所依附的政治体制的落后性而抹杀其内在历史进步性。我们应当深入地研究这些制度，并在此基础上深层次地分析和科学地说明这些制度的进步性。

现代国家基本上都使用在英国文官制度基础上发展起来的公务员制度。我国现代公务员制度是在近二十年来的行政机构改革和行政法制的建设过程中建立起来的，2002年党的十六大报告提出要改革和完善干部人事制度、健全公务员制度，这为公务员的队伍建设和制度建设指明了方向。2005年4月颁布的《中华人民共和国公务员法》已成为我国行政法律的重要内容。但是，我国现代公务员制度毕竟起步较晚，还存在着很多的不足。因此，借鉴中国古代官吏管理制度中科学性的内容，是完善我国现代公务员管理制度的现实之路。

一、中国古代编制法及其现实意义

中国古代虽然没有明确的编制法的概念，但有完备的编制法律的体系和内容。中国古代官吏的设立可以追溯到尧、舜、禹三代，西周已有设官分职的法律制度。于战国时期成书的

《周礼》，是完全根据官吏职司的分类而编成的，故而又名《周官》，它"是中国奴隶制国家以法治官的历史文献和职官编制法的雏形"①。秦代废除了世卿世禄的世袭制度，实行君主自由任免官吏的制度，但官员的任免也不是无法可循。从云梦竹简中可以发现《置吏律》、《除吏律》是直接规定官吏设置任免的法律。两汉时期，立法技术不断成熟，制定了《品令》、《秩禄令》，以规定官吏的品秩、俸禄。唐时逐步出现了单独的职官编制法律《职员令》，并在《职员令》之下分设七种"令"来规定唐代的职官编制。宋元两朝职官编制方面大体都沿袭唐朝的制度。明清两代的会典，以"官职制度为纲"，以"事物名数仪文等级为目"②，汇集了职官的建置、规模、职掌等方面的法律。中国古代以严明的法律确定职官的设置与编制，这对于中国现代行政法制建设来说具有极其重要的现实意义。

（一）中国古代编制法的主要内容

1. 依法设立政府机构

虽然严格意义上的中国古代吏治立法是从秦朝开始的，但早在西周就有了编制立法的雏形，《尚书·立政》篇中已反映了西周设官分职的概况。《周礼》更是完整地反映了西周的职官编制的状况，它首先说明了设官的目的："惟建王国，辨正方位，体国经野，设官分职，以为民极。"③ 其次，以天地四时为名设立六官，即天官冢宰、地官司徒、春官宗伯、夏官司马、秋官司寇、冬官司空，分别掌握不同的权限。再次，强调设官要"专"，分职要"清"，以达"各有所职，而百事举"④。

秦朝废除了世卿世禄制度，在行政机构设置上实行九卿施政。在官员队伍的组建上不仅任官以法，而且重视官员的任用程序和官员的任职能力。至隋唐，职官的编制则进一步法律化、制度化，尤其是唐代运用法律规定了行政体制中的机构、职权、员数等内容。唐代国家机构的组织编制主要是由唐《令》中的各种《职员令》予以具体规定，即通过《三师三公台省职员令》、《寺监职员令》、《卫府职员令》、《东宫王府职员令》、《州县镇戍岳渎关津职员令》、《内外命妇职员令》等令的形式，规定了从中央到地方的全部行政机构的设置、职权等内容。宋朝的职官编制立法，大体因袭唐朝之制。明清两代，职官编制立法则进一步完善。

2. 依需要设立政府机构

中国古代行政机构的设立基本上是依国家行政管理的需要而设立的，并不是乱设的。中国古代在商朝就设有百官，分为政务官、宗教官和事务官三类，这完全是按照当时的社会事务管理的需要而确立的。西周王朝的吏治在商朝的基础上更加发展，形成了一套庞大的官僚组织。辅佐周王进行统治的有三公（太师、太傅、太保），是国家的总管。协助周王处理政务的最高官职是六卿，即太宰、太宗、太史、太祝、太士、太卜。此外，周朝还设有冢宰、司徒、宗伯、司马、司空、司寇等六官，分别掌管土地、军赋、工程、爵禄、刑罚等。这些官员基本上都是按国家行政管理的需要而设置的。

中国古代依需要设立机构最典型的就是"御史台"的设立。"御史"一官早在西周时就

---

① 张晋藩：《中国法律的传统与近代转型》，164 页，北京，法律出版社，1997。

② （明）《孝宗实录》卷一二三，《大明会典》卷首。

③ 《周礼·天官·冢宰》。

④ 《周礼·天官·冢宰》郑玄注。

有，《周礼》记载："御史，中士八人、下士十有六人、其史百有二十人、府四人、徒四十人。"① 其职权主要是记录王的命令和上下传递文书。② 秦朝时由于监察百官的需要，御史的职权开始向监察转移，并设"御史大夫"作为兼职监察机构。《汉书·百官公卿表》称："监御史，秦官，掌监郡，汉省。"汉武帝时为加强对百官的监察，将原来御史大夫属官"中丞"保留下来，改称为"御史台"，专司监察，中国历史上专职的监察机构从此正式建立起来。

曹丕称帝后，认为尚书台权力太大，便另设中书省，掌握机要，起草和发布政令，逐渐成为事实上的宰相府。尚书台自此成为执行机构，其事务日益繁忙，开始分曹治事，设侍郎、郎中等官，综理各曹工作，为六部的出现准备了条件。

隋唐时期，为防止政府大权过度集中，将中书、门下、尚书三省同列为国家最高的政务机构，分别负责决策、审议和执行国家政务。并把原尚书省诸曹正式定为六部，各部长官称尚书。终唐一代，六部的顺序因时政的变化而有所调整，最后而成吏、户、礼、兵、刑、工六部。从隋唐至明清，三省六部虽历朝有所调整，但整体上是基本相沿未改，这一行政机构的结构完全是依中央集权的需要而设定的。

虽然，中国古代的政府机构多重且复杂，所涉及的官名极多，但从其发展沿革来看，基本上还是按照政治的需要和管理事务的需要而设立的。

3. 依实际情况设立地方机构

现代行政组织法中，地方政府机构的设立，是依赖于国家行政区划的。而地方行政区划的设定，完全是由政治、经济发展等综合因素决定的。在某种意义上来说，行政区划与地方行政机构的设立本身就是法律行为。如我国现在的行政区划中的海南省、重庆市、香港特别行政区、澳门特别行政区的设立，都是依据我国社会经济发展、地方社会经济的发展和政治的需要而设立的。同样，这些地方行政区的政府机构的设立也是依据社会发展的需要而设立的。

中国古代的地方行政区划和地方行政机构的设立基本上也是依据政治和社会经济发展的需要而设立的。如秦朝统一后划全国为三十六郡（后增至四十余郡），每郡统辖若干县，是郡县二级制，郡县行政长官均由皇帝直接任免。郡置"守"，为行政长官，下置"尉"，佐守掌郡之军事，又置监御史，掌郡之监察。县分二等，大县置令，小县置"长"，为行政长官。县下设"尉"，掌县之治安，又设"丞"、佐令，执掌仓储、刑狱和文书。可见，秦朝的地方行政机构的设立完全是依政治发展的新要求而设定的。

汉武帝时，为加强对地方官员的监察，划全国为十三州（又称部），每州设刺史一人，奉帝命巡察诸郡、国。东汉末年改刺史为州牧，居郡守之上，掌一州之军政大权。至东汉灵帝时，州则成为郡之上的一级行政机构。东汉州的设立也是依政治发展的需要而设立的。

隋末改州为郡，唐又改郡为州，都是两级制。唐还在全国设置十个监察区，称为"道"，每道派高级京官一人，先后称黜陟使、按察使、采访处置使等，掌监察州、县官吏违法事件，并有权罢免或提升地方官吏。此外，隋唐还合并若干州为一军区，每区设总管（唐时改称都督），掌管该区军事。后来唐又在边区设节度使，多带有京官和御史大夫衔，集数州以

① 《周礼·春官·御史》。
② 参见《史记·蔺相如列传》、《史记·孟尝君列传》。

至十余州的军、民、财政和监察诸权于一人，权势极大。"安史之乱"后，节度使势力扩大，割据独立，雄霸一方，世称"藩镇"。

宋代鉴于唐、五代藩镇之祸，为加强中央集权，削除藩镇，因地而置州、府、军、监，均有属县，仍然是二级制。此外又设"路"，路设都转运使、提点刑狱、提举某路常平公事等官，负责一路的吏治、民刑案件及财务。此外，宋朝还设经略安抚使或安抚使，掌一路的地方军事，通常由本路的知州或知府充任。

明初改元代"行中书省"为"承宣布政使司"（仍称"道"），长官为布政使，掌民政和财政。此外，中央派监察御史巡察各地，称"巡按"；或派京官巡抚地方，称"巡抚"，事毕即罢。

清代的地方行政结构分为省、道、府、县四级。清代的省级行政由总督或巡抚综理军民政事，总督辖一省或二三省，巡抚辖一省，成为固定的"封疆大吏"。各省在总督和巡抚之下设布政使和按察使，布政使专属税收、民政、称为"藩台"；按察使管一省之司法，称为"臬台"。清代在省之下设道，乾隆之后道分为"守道"和"巡道"两种。"守道"是指有固定辖区的机构，管理道内的民政、钱谷。"巡道"则是分巡一定区域内的刑名案件，巡道的辖区不是固定不变的。清代道之下的设府、县二级行政机构。府的长官称知府，在府之下有厅、州作为府的下属行政单位，厅的长官称同知或通判。但厅、州并不是一级独立的地方行政权机关。县的长官称知县。

总之，自秦汉至明清的地方行政机构，基本上是州、郡、县三级。地方最高行政机构的名称、组织、职掌等，历代有所不同，但基本上是按照国家政治结构的需要、地方经济发展的需要而设立的。

4. 依法明确机构职权

中国古代早在西周就开始明确地规定官员的职权了，《周礼·天官·冢宰》强调"大宰之职，掌建邦之六典，以佐王治邦国"。西周还将官员的职权内容具体化，如大宰以八法治官府，"一曰官属，以举邦治；二曰官职，以辨邦治；三曰官联，以会官治；四曰官常，以听官治；五曰官成，以经邦治；六曰官法，以正邦治；七曰官刑，以纠邦治；八曰官计，以弊邦治"。

西周以后的历代王朝均通过法律明确规定了官员的职权。如唐代首先规定了主要机构中的主要官员的职权，"盖尚书省以统会众务，举持绳目。门下省以侍从献替，规驳非宜。中书省以献纳制册，敷劳宣扬。秘书省以监录图书。殿中省以供修膳食服。内侍省以承旨奉引。御史台以肃庶僚"[1]。御史台中御史大夫的职权是："掌肃清风俗，弹纠内外，总判台事"。御史中丞的职权是："掌副大夫，通判台事。"[2]主食的职权是："主食升阶进食。"[3]其他如九寺、五监、六军、十二卫等也是各司其职，分工明确。其次明确划定了行政官员上下等级之间的隶属关系，以明职责。如"吏部尚书一人（掌文官选举、总判吏部、司封、司

---

① 《通典·职志·总叙》。

② 开元《三师三公台省职员令》，载［日］仁井田升：《唐令拾遗》，栗劲、霍存福、王占通、郭延德编译，长春，长春出版社，1989。

③ 开元《三师三公台省职员令》，载［日］仁井田升：《唐令拾遗》，栗劲、霍存福、王占通、郭延德编译，长春，长春出版社，1989。

勋、考功四曹事），侍郎二人（掌选补流内六品以下官），郎中一人（掌选补流外官），郎中一人（掌文官名簿、朝集、禄赐、假使并文官告身、分判曹事），员外郎二人，司封郎中一人（掌封爵、皇宗诸亲、内外命妇及国官邑官告身并选流外亲品等第等），员外郎一人，司勋郎中一人（掌校定勋绩、论官赏、勋官告身等事），员外郎二人，考功郎中一人（掌考察内外百官及功臣家传，碑颂诔谥等事），员外郎一人"①。可见，每个部门的上下隶属关系及其职权十分明确，这一制度和传统延续至明清。

综上，历代职官编制立法明确地规定了行政权力的结构层次，严格地划定上下等级之间的隶属关系，以提高行政效率。"设官置吏，中外相维，是以万里之遥，若臂指之相使，兆民之众，若呼吸之可通。"②

5. 依法规定官员编制人数

防止官僚队伍膨胀，控制职官的人员数额是职官编制法的重要任务，中国古代职官立法从《周礼》开始就十分注重控制官员的数额。郑玄注《周礼》称："六官各六十，则含有三百六十官。"其各自的属官也有严格的数额限制。

唐朝贞观元年（627年），唐太宗李世民就对房玄龄等人说：治理国家要"务省官员"，强调"官在得人，不在员多"。他说："官不得其才，比于画地作饼，不可食也"，"千羊之皮，不如一狐之腋"③。之后，唐代的立法强调明确行政机构官员的人数，"凡天下官吏各有常员"④，具体规定了各部官员的数额，如御史台，"大夫一人，中丞二人，侍御史四人，主簿一人，录事二人，令史十五人，书令史二十五人，亭长六人，掌固十二人，殿中侍御史六人，令史八人，书令史十人，监察御史十人，令史三十四人"⑤。又如尚书省，其所属六部二十四司，从六部尚书到小吏掌固共一千二百九十二人，中书省和门下省编制合计不过六百六十五人。⑥ 唐代并在刑律中规定了"署置过限"、"不应置而置"等罪名，以保证编制法的贯彻实施。唐以后的诸朝均在立法中明确地规定了官员的人数，在一定程度上限制官员队伍的膨胀。

（二）中国古代编制法的现代意义

中国古代的编制立法经历千余年的发展，体系完整，结构严谨，其在立法上所体现出来的诸多特点为我国现代行政组织法的建设提供了很多可借鉴的经验和教训，尤其是机构设置的精简性、官员职责的明确性、官员人数的固定性，很值得我国现代行政组织法吸收。

1. 制定统一的编制法

机构编制法是行政组织法的重要组成部分，是行政机构及其职权设定法定化的重要表现。新中国成立以后，我国的政府编制一直没有统一的法律。机构编制法的缺乏，更是加重了政府部门间"争权争利让责"的现象。1997年，我国虽然颁布了《国务院行政机构设置和

---

① 开元《三师三公台省职员令》，载 ［日］ 仁井田升：《唐令拾遗》，栗劲、霍存福、王占通、郭延德编译，长春，长春出版社，1989。

② 《通典·职官》。

③ 《贞观政要》卷三。

④ 《唐六典》卷二《尚书吏部》。

⑤ 《唐六典》卷十三《御史台》。

⑥ 参见《唐六典》卷二《吏部尚书》。

编制管理条例》，但是，我国的机构编制管理依然没有一部统一的基本法，相关政策十分零散。这使得中国社会在一定程度上存在机构臃肿、部门林立、职能重叠、人员冗杂、效率低下的现象。

我们应当借鉴中国古代编制立法的经验，制定统一的编制法，明确编制管理目的，授予编制管理主体职责权限与管理手段，确定编制管理的原则，制定机构编制和编制配备标准，确立职能配置规则，控制人员定额和领导职数比例，申明编制纪律，设计编制制定和监管程序，设定违反编制的法律责任等。同时为增加编制管理工作的透明度和公开性，应当及时向社会公开机构编制，广泛听取社会意见，通过"阳光作业"保证编制的科学性和合理性。

2. 依法设立行政机构

改革开放以前，我国的行政组织法很少，主要有《中华人民共和国中央人民政府组织法》（1949 年 9 月 21 日）、《政务院及所属各机关组织通则》（1949 年 12 月 2 日）、《市人民政府组织通则》（1950 年 1 月 6 日）、《省人民政府组织通则》（1950 年 1 月 7 日）。但这几部法律不足以规定机构的设置和权限，行政组织建设主要是由行政命令和政策来完成的。

改革开放以后，我国的行政组织法建设才走上发展的道路。近年来我国的行政组织法的建设形成了以《宪法》为指导，以各政府部门的组织法和司法部门的组织法为内容的法律体系。但是，目前我国的行政组织法还很不完善，只有国务院组织法和地方组织法。而地方政府组织法只是笼统地规范地方的人大和政府。没有规范国务院各个部委和地方各级政府及地方政府职能机构的具体的组织法。机构的设立完全是依政策性规定而进行的，具有较大的随意性和不稳定性。

因此，我们应当借鉴中国古代编制立法方面的经验，制定统一的《组织法》，规定从中央到地方的各级行政机构的名称、职权、人员等，以使我国的行政组织迅速走上法制化的轨道。

3. 进一步明确违反编制法的法律责任

中国古代编制法得以较好的执行的重要原因就在于法律责任明确，不仅规定了官员的行政责任，而且规定了相应的刑事责任。如《唐律》（总第 91 条）规定："诸官有员数，而署置过限及不应置而置，一人杖一百，三人加一等，十人徒二年；后人知而听者，减前人署置一等；规求者为从坐，被征须者勿论。"①

中国现行行政组织法中，没有罚则或者罚则很少，这对于机构设置不能进行有效的控制。我国现行的《中华人民共和国中央人民政府组织法》、《中华人民共和国地方各级人民代表大会和地方各级人民政府组织法》几乎没有罚则，而《国务院行政机构设置和编制管理条例》中仅第 23 条规定了五种应受行政处分的行为，即：擅自设立司级内设机构的，擅自扩大职能的，擅自改变机构名称的，擅自超过核定编制使用工作人员的，有其他违反机构设置和编制管理法律、行政法规的其他行为。而这五条罚则并不能有效地制止在机构设置中的违法行为。

我们应当学习中国古代的编制法律，建设有效的法律责任体系。对越权审批增设机构、擅自提高机构规格、超配领导职数、增加编制的行为，法律应明确规定领导和责任人员的行

---

① 《唐律疏议》卷九《职制》。

政法律责任，对于重大违法行为应当明确刑事责任。

4. 确立与人口的比例相适应的官员编制

虽然说中国古代的统治者不能完全认识到官员总数与人口比例，以及与社会稳定和社会发展之间的联系，但中国古代政治清明时期的官民比例还是比较合理的。从古代创世之君和开明之君时期的官、民人数之间的比例看，严格地执行职官编制法，能有效控制官员人数总额，对于稳定社会、发展生产、提高行政效率，起到了一定的促进作用。

目前，中国行政编制法中对各级政府机构并没有直接规定人员的总数，人员编制是通过政策下达的。各级政府的人员数额要求无法对社会公开，而且具有很大的弹性，这对于精简机构是很不利的。

对此，我们应当学习中国古代的编制立法，依据官员总数与国家总人口的合适的比例，具体明确地规定各级政府机构的人员定额。同时我们必须树立"编制就是法律"的观念，保证编制法律的效力和编制违法行为的责任追究。

中国古代编制立法经长期的发展，不仅形成了完备的法律、法规，也形成了相应的理念。中国当代的行政法制建设不仅应当借鉴中国古代的立法经验，还要借鉴中国古代编制立法的理念，树立"编制就是法律"的观念，以促进中国现代编制立法的全面发展。

二、古代官员选任制度及其现代意义

行政官员队伍的素质决定着行政效能，也决定着行政权是否合理、合法地运用。中国古代的帝王们也充分地认识到了官员素质与权力运用之间的关系，从很早就开始制定相关法律制度，以选拔高素质的人员进入官员队伍，提高行政效能。

（一）中国古代官员选任制度的内容

中国古代从夏商周到明清，虽然各朝选拔官员的方式有所不同，但都十分注重选拔德才兼备者担任官职，以保证行政权力的合理运用。

1. 中国古代官员选任制度概述

中国古代行政官员的录用方式经历了一个复杂的发展过程。古代官员的选任方式繁多，而且历朝历代各有侧重，但主要有以下几种方式：察举、征辟、科举等。察举、征辟主要实行于秦汉至隋以前，察举是指依据中央的三公九卿、地方的郡守等高级官员的考察，把他们所发现的品德高尚、才能突出的平民或低级官吏推荐给朝廷，授以官职。征辟，是指皇帝或官府之长官，直接聘请他人做官，或是作为自己的辅助者。其中，由皇帝征召的称为"征"，官府长官请人到衙署任职充任僚属的称为"辟"。

隋朝正式开科举，隋文帝于开皇十八年（598 年）七月诏令"诏京官五品以上，总管、刺史，以志行修谨、清平干济二科举人"[1]。这开创了科举取士的制度。隋炀帝时，又扩大了科举的范围，大业三年（607 年）四月，炀帝诏令："夫孝悌有闻，人伦之本，德行敦厚，立身之基。或节义可称，或操履清洁，所以激贪厉俗，有益风化。强毅正直，执宪不挠，学业优敏，文才美秀，并为廊庙之用，实乃瑚琏之资。才堪将略，则拔之以御侮，膂力骁壮，则任之以爪牙。爰及一艺可取，亦宜采录，众善毕举，与时无弃。以此求治，庶几非远。文武

---

[1] 《隋书》卷二《帝纪二高祖下》。

有职事者，五品已上，宜依令十科举人。"① 大业五年（609 年）六月，炀帝又"诏诸郡学业该通才艺优洽、膂力骁壮超绝等伦、在官勤奋堪理政事、立性正直不避强御四科举人"②。

从隋朝正式开科举，至清光绪三十一年（1905 年）发布上谕停罢科举止，"科举选官制度"在中国历史上延续了一千三百多年而废止。科举取士在中国古代社会的官员选任制度中占有相当重要的地位，这一制度不仅实行的时间长，而且是唐宋以后官员选任制度的最重要途径。

从制度创立的初衷来看，科举制度是为了选拔官员而设立的。科举制度以考试为选拔人才的基础，颇有些考试面前人人平等的味道，而且为了防止考官偏见以及受托、作弊等，各朝又有复试、誊录、糊名、磨堪等制度，以确保选官不受干扰。这种选官模式，减少了任用官员的主观性，体现出了任人唯才、唯贤的观念，淡化了世族、门第的影响。科举制度另一个重要功能，是保持了社会阶层的流动性，使社会"底层"人员可以通过苦读考试升至"上层"。所谓"朝为田舍郎，暮登天子堂"，虽不无夸张，却是这种流动性的形象反映。科举制度在形式上给几乎每一个人提供了可以进入仕途的均等机会，而且确实也使大批中小地主及知识分子进入到国家统治机构中来，为统治阶级拓宽了政治基础。科举选官制度与其他选官制度相比，要进步得多，合理得多。正因为如此，唐太宗看到当时人人参加科举考试的盛况时，不禁得意地说："天下英雄，尽入吾彀中矣。"③

2. 中国古代官员录用的基本原则

纵观中国古代的科举考试，虽然有任人唯亲、科场舞弊等现象的存在，但总体上还是坚持"任人唯贤"的思想的。在科举取士的过程中能够坚持平等原则、公开原则、竞争考试原则、严格考核原则、择优录用原则，这对于实现"任人唯贤"的取士思想起到了重要的作用。

（1）平等原则。中国古代虽然是不平等的等级社会，但在科举考试方面还是基本上贯彻平等原则的。社会成员不论门第出身，只要身家清白、不属贱民均可报考。从而打破了门阀世族对官员选任的垄断，扩大了选才、取才的范围。

（2）公开原则。中国古代科举取士也十分重视公开原则，这从公开报名、定期考试、公开结果、选拔任官公开等方面得到体现，在一定程度上保证了科举的公开性。

（3）竞争考试原则。中国古代的科举取士虽然没有预先公开应招的职位，但考试的层次、名次都是固定的，如考试的层次由低至高依次为：院试、乡试、会试、殿试。院式及格者称生员，俗称秀才；乡试考中者被称为举人，俗称老爷；会试考中者被称为贡士；殿试分三甲出榜，考中者被称为进士，一甲三名，分别是状元、榜眼、探花。这些科举考试的层次和名次的称谓历千年不变，具有较大的公开性，也体现了竞争考试原则。

（4）严格考核原则。科举考试虽没有细致的考核内容，但也有从任官实习等方式中对应试人员进行全面考核的要求。

（5）择优录用原则。择优录取是选贤任能的核心，其内容是根据竞争性考试排列名次，择优录取，这是中国古代科举考试的根本原则。

---

① 《隋书》卷三《帝纪第三炀帝上》。
② 《隋书》卷三《帝纪第三炀帝上》。
③ 《唐摭言》卷一《述进士上篇》。

这些原则在中国古代社会贯彻时虽然存在着时好时坏的现象，但基本上还是被遵循的，这使得中国古代能够选拔出相当数量的德才兼备的官员。

3. 明确应试人员的素质要求

首先，应试人员须具有较高的道德素质。中国古代科举制度对应考人员提出了较高的道德要求。首先要求为官者须"心正"，"为政以德"中的"德"首推"正"。"政者正也，子帅以正，孰敢不正。"① "其身正，不令自行，其身不正，虽令不从"，"苟正其矣，于从政乎何有？不能正其身，如正人何？"② 唐太宗则提出"正身"以安天下，"若安天下，必先正其身，未有身正而影曲，上治而下乱者"③。而"身正"必先"心正"，即心正而后身正。"夫有正义，必有正德，以正德临民（治民），犹树表望影，不令而行。"④ 唐代要求选拔"方正清循，名行相副"⑤ 之人为官。清代康熙帝也说："朕观人必先心术，次才学。心术不善，纵有才学何用？"⑥

其次，应试者须节俭。虽然中国古代的科举考试没有明确提出应试人员须节俭的要求，但节俭是中国古代社会选拔官员的整体要求。历代统治者都要求官吏不追求犬马声色之好，不事金玉财帛，以求"俭以养德"⑦。如唐太宗李世民曾告诫臣下说："朕每思伤其身者不在外物，皆以嗜欲以成其祸。若耽嗜滋味，玩悦有色，所欲既多，所损亦大……朕每思此，不敢纵逸。"⑧ 历代君主均要求臣下克勤克俭，宋朝司马光则一针见血地指出了不俭的结果："俭则寡欲，君子寡欲，则不役于物，君子多欲，则贪慕富贵……是以居官必贿。"⑨

再次，应试人员须具有较高的业务素质。中国古代科举制度也非常重视考察应考人员的业务素质，如唐代科举应考者对法律的理解和运用须达到："诸明法，试律令各一部，识达义理，问无疑滞者为通。"⑩ 其他如"明算"、"明书"等都有具体的要求，这样在一定程度上保证了选择德才兼备者为官。

此外，科举制度之所以能够选拔出较有才学的人员入仕，还由于它实行的是多层甄拔制度。以明清为例，学子们须先通过本乡在县府的考试，取得"童生"资格，方可参加府级院试，合格者为"秀才"，获得"生员"的身份，然后再参加乡试，通过者为"举人"，而只有中了"举人"才获得了为官的资格。而朝廷选官，主要是从更高一级的"进士"中选拔，举人升进士，须赴京通过会试、殿试方可获得晋升，这种层层甄别的程序能够从形式上保证朝廷选拔出最优秀的人才为官。

中国古代的官员选拔制度从秦汉的察举、征辟制度发展到隋唐的科举取士制度，其间经

---

① 《论语·颜渊》。

② 《论语·颜渊》。

③ 《贞观政要·君道》。

④ 《诸子治要》《傅子》。

⑤ 《唐律·职制律》（总第 92 条）疏文。

⑥ 《圣祖实录》卷一三四。

⑦ 《诸葛亮集·诫外甥生》。

⑧ 《贞观政要·君道》。

⑨ 《训俭示康》。

⑩ 开元《考课令》。参见［日］仁井田升：《唐令拾遗》，栗劲、霍存福、王占通、郭延德编译，267 页，长春，长春出版社，1989。

历了复杂的过程。虽然，中国古代的官员选拔制度中也有任人唯亲的现象，但总体上还是要求任人唯贤的。

(二) 中国古代官员选任制度的现代价值

中国古代的官员选拔制度虽然是为专制统治选拔人才而设，但在选拔优秀人才为官方面与中国当代的公务员选拔有共通之处。因而中国古代的官员选拔制度在许多方面对中国当代公务员的选拔制度有一定的借鉴意义。

1. 强化录用的基本原则

(1) 强化平等原则。中国古代的官员选拔制度中虽然有一些不平等的内容，但在总体上还是强调平等取士的。平等原则对现代公务员的选拔也具有重要的意义，在现代公务员的录用制度中不能因性别、民族、出身、财产状况、宗教信仰、婚姻状况等受到歧视或不公正的待遇。

(2) 强化公开原则。中国古代的官员选拔制度是强调公开原则的，尤其是科举考试中，秀才、举人、进士等称谓历千年不变，这本身就体现了科举考试的公开性。现代公务员录用制度中也应当坚持公开原则，应当做到考试具体事项公开、考试公开、考试结果公开等内容，以增强考试录用的公平性和透明度。

(3) 强化竞争考试原则。中国古代的科举取士是坚持竞争考试原则的，强调通过考试检验应试者的才学、能力，优胜劣汰。现代公务员选拔中也应当坚持这一原则，录用名额应当实行全社会范围内的公开竞争，以考试的形式实行平等竞争、择优录用。

(4) 强化严格考核原则。中国古代官员选拔制度中有多种具体的考核方法，以进一步考核应试者的品行、才学和才能，甚至有"任官实习"这样的制度存在。现代公务员录用过程中，也应当运用多种方法考核应考人员的政治思想、道德品质、工作能力、工作表现等基本素质和修养。

(5) 强化择优录用原则。择优录用是中国古代官员选拔制度中的基本原则，这一原则集中表现在科举取士。择优录取是选贤任能的核心，其内容是根据竞争性考试排列名次，择优录取，这是现代公务员考试和中国古代科举考试共同遵循的原则。

2. 注重录用对象的基本素质要求

国家公务人员不仅要具有优良的道德素质，同时也需要具有良好的业务素质，这是行政管理活动的要求。现代国家公务员的选任制度和中国古代科举考试制度对此都提出了较高的要求。

首先，注重录用对象的道德素质。较高的道德素质是公务员在管理行为中自我约束的重要基础，是保证公务员依法行政、依社会理性行政的道德基础。现代公务员制度中对公务员提出了较高的道德要求，要求公务人员具有强烈的正义感，对法律绝对忠诚，不谋私利、不徇私情、不畏权势、勇于承认和纠正错误。

科举制度发展的后期，在其考试的内容上，很多是儒家学说的内容。这种纯以道德内容为考试内容的科举考试，其所考查的只是应试举人们对儒家学说的记忆程度，并不能说考生们考到了什么程度，考生们的道德修养就达到了什么程度。正是科举考试的内容与应考人员道德水准的分离与背离，导致了中国古代官员的二元人格，在口头上、文字上均表现出高尚的道德，而在行为上却表现出人格和道德的低劣。这也为我国现代公务员考试制度提供了反面的教训，对于录用对象的考核内容应当偏重于道德素质，而不是道德观念、道德语言。

其次，注重录用对象的业务素质。具有丰富的知识和较强的行政能力是现代国家公务人员的基本素质，是面对错综复杂的社会现象和解决复杂的社会问题的必备条件。但在录用公务员时更应当偏重于能力的考查，而不应当偏重于知识；考查的形式应多样化，而不应当仅限于书面考试。

中国古代官员选拔制度中的基本原则和选拔方法，保证了能够遴选出具有较高的道德素质和才能的人为官，也促进了中国古代政治的发展。这些原则和方法对中国当代的公务员录用制度有一定的借鉴意义。

三、古代官员的考课制度及其现代意义

任官考核制度是中国古代官吏管理中的一项重要制度，也是一项独具特色的制度，它不仅保证了官员任职时勤勉工作，还是监督官员的重要方法。

（一）中国古代官员的考课制度的内容

中国古代政治作为一种权力政治形态，也存在吏治混乱、官僚队伍腐败等严重问题。针对这种弊端，中国古代政治制度在两千多年的运行、发展过程中形成了一套比较成熟的整肃自身秩序的机制，政绩考课制度是其中重要的内容。考课，又称考绩、考功、考成，是指按照一定的标准对官吏行政业绩进行考察和督课，并给予相应的奖惩。中国古代的考课，虽可上溯至原始社会末期部落联盟首领对各部落首领的考核，但作为一种稳定和经常性的制度，还是在战国时期官僚政治以后逐步发展起来的。

1. 考核标准

中国古代的官吏考课标准在道德、才能、劳绩、年龄等方面各有侧重，而且常常根据官吏不同的职务及职权分别制定考核标准，经历了一个由重道德到重实效，由繁杂到简要的演化过程。秦朝《为吏之道》年提出的"五善"、"五失"，是考课以道德为核心的代表。西汉时的考课标准已由秦代的纯道德内容演化为"户口垦田，钱谷入出，盗贼多少"[①] 等较具体的业绩标准。唐代则在考课的标准中融合了道德、才能、功绩三个方面的内容，提出了"四善二十七最"的标准。"四善"是指：德、慎、公、勤，主要是道德操守；"二十七最"则是针对各个部门官员的才能和功绩所提出的具体标准。宋代则将唐代考课的标准加以简化，如对地方官考课的标准为"四善三最"，四善与唐代相同，三最为"狱讼无冤，催科不扰为治事之最；农桑垦殖，水利兴修为劝课之最；屏除奸盗，人获安处，振恤困穷，不致流移为抚养之最"[②]。金元模仿唐制，以"四善十七最"考诸百官。明代以称职、平常、不称职为考课之制，作为官吏升职加俸的依据，又以"贪、酷、浮躁、不及、老、病、瘦、不谨"[③] 八目为考课内容，以考察天下内外官的过失与不称职。清代依京官和地方官两类对象分为"京察"和"大计"两种考课制度，标准为"四格六法"，"四格"为"才、政、守、年"，用于

① 《后汉书·百官志》补注引胡广语。
② 《宋史》卷一百六十三《职官志三》。
③ 《明会要》卷四十六《职官十八》。

定期秩俸的升降。"六法"为"不谨、疲软、浮躁、才力不及、年老、有疾"①，用于举劾不称职。

2. 考核的方式

中国古代官员的考核一般都是采自上而下的方式进行，分为小考和大考两种，小考一年一次，大考四年一次，各朝有所变化。具体方式主要有逐级考核和上计考核两种。

逐级考核是上级官员依次负责下属官员的政绩考核。两汉时，皇帝亲自考核丞相、三公；丞相、尚书台负责郡国守相之考核；郡守负责考核县令，县令负责考核乡三老、啬夫等。公卿僚属掾史又各自根据隶属关系，接受上级的考核，并由丞相、三公负责百官的考核，以定其殿最。② 唐代对百官的考核日趋严格，尚书省、吏部考功司专门负责中央与地方官的政绩考核，考功郎中专司京官考核，考功员外郎专管地方官的考核。并且，每年各州官属的"功过"由其长官负责考核。③ 宋时实行两院三级考核制，即审官院和考课院为负责考课的最高机构，审官院专司京官考课，考课院负责州县官的考课。宋代的三级考核是指考课分三级实施，守令（知州）考县令，监司（路转运使）等考知州，两院考百官。④ 明代，对于京官的考核，四品以上由皇帝亲裁，五品以下由吏部考察，都察院复核。对地方官的考核，州县以月申报政绩，年终汇报布政使司，三年造册上报朝廷。⑤

上计考核，是我国战国时期出现的政绩考核办法。其方法是剖木为左右两半，官员在券上书写赋税收入。年终时，官吏持左券上奏其政绩，国君持右券进行考核。秦汉以后，官吏以"计簿"代木券定期上计，成为考课的一项重要制度。唐代上计考核都须初拟优劣等级然后征求被考官吏的意见，并当众宣读。对官吏的上计考核中，专职监察官早在西汉时就介入了这种考核，御史可以"察计簿，疑非实者，按之，使真伪毋相乱"⑥。元代时，肃政廉访使也"体覆"地方路府州县官的考殿最。明清的"京察"、"外察"和"大计"考核主要由吏部掌管，但都察院也经常参与对过失官吏的惩办与黜退。

3. 考核的组织

中国古代的公务员考核有比较严密的组织机构。以唐代为例，根据《唐六典》的记载，尚书省吏部考功司负责内外官的考核工作，由考功郎中与考功员外郎主持。考功郎中判京官考核，考功员外郎判京外官考核。此外，每年年终考核时，除考功司外，皇帝还另外选派校考使和监考使参与考核，以加强对考核的监督。

中国古代官员的考课制度在考核的标准、考核的方法、考核的机构等方面都形成了完备的制度，这些制度对于保证中国古代行政机构的正常运作和行政权力的合理行使都起到了积极的作用。

---

① 《清史稿》卷一一一《选举志六·考绩》。

② 参见《汉书》卷四十二《张苍传》；《后汉书·百官志》；《汉书》卷七十四《丙吉传》；《东汉会典》卷十九《职官一》。

③ 参见《新唐书》卷四十六《百官志一》；《容斋四笔》卷七《考课之法废》。

④ 参见《宋史》卷一六三《职官志三》。

⑤ 参见《明会要》卷四十六《职官十八》。

⑥ 《汉书》卷八《宣帝纪》。

（二）中国古代官员考课制度的现代价值

中国古代官员的考核制度是极其严密的，它在许多方面为中国现代公务员的考核制度提供了可资借鉴的经验。

1. 明确考核内容

我国现行的公务员考核制度中虽然提出了"德、能、勤、绩"四个方面的内容，但是却没有这四个方面的具体的、可量化的标准，这很大程度上使考核成为一种形式。而中国古代的考课制度有严格的、可操作的标准。如唐代著名的"四善二十七最"，"四善"是对各级官吏考核的共同标准，"一曰德义有闻，二曰清慎明著，三曰公平可称，四曰恪勤非懈"①。而"二十七最"则是依官吏职权范围不同分别提出具体标准，如"铨衡人物，擢尽才良，为选司之最"；"扬清激浊，褒贬必当，为考校之最"；"推鞫得情，处断平允，为法官之最"等。可见，唐代官员考核标准是具体全面的。

现代公务员考核应当借鉴中国古代官员考核的办法，将考核标准具体化，形成既有适用于所有公务员的共同标准，也有适用于不同职权的公务员的具体标准，从而建立完备、科学的公务员考核的标准体系。

2. 建立细致的考核等级

中国古代官员考核的等级是极为细致的，如唐代将考课的等级分为九等，官吏考绩为优或上称为最，加上四善的内容："一最四善为上上；一最三善为上中；一最二善为上下；无最而有二善为中上；无最而有一善为中中；职事粗理，善最不闻，为中下；爱憎任情，处断乖理为下上；背公面私，职务废阙，为下中；居官谄诈，贪浊有状，为下下。"②

中国现代公务员考核等级只有三等，即"优秀、称职、不称职"，这三个标准过于简单、笼统，不足以评价公务员工作实绩的客观情况，这不仅使评定标准难以把握，也会打击公务员的积极性，使考核制度达不到预期效果。我们应当借鉴中国古代官员考核的经验，建立细致的、科学化的考核等级，使公务员考核制度真正落到实处，体现考核的公平、公正。

3. 建立多样化的考核形式

中国古代官员的考核形式是多样化的，不仅有对一般官员考核的形式，也有对特殊部门官员的考核形式，还有对地方官员的附加标准，诸如人口增减、田地丰歉等。不仅有一年一度的"小考"，还有四年一度的"大考"，还有"上计考核"、离任考核等。中国古代多样化的考核形式有利于真实地考核出官员的政绩。

我国现代公务员考核的形式仅两种，一是平时考核，另一是年终考核。考核方式上，对于平时考核没有明确的法律规定，对于年终考核，法律规定也过于弹性，不具有可操作性，不利于保证考核的客观性。我国现代公务员的考核制度应当借鉴中国古代官员考核的经验，形成多样化的考核方法，既有公务员考核的一般形式，又有对高级公务员的考核形式，还要有对执行特殊管理职能的公务员的考核形式，以使公务员的考核落到实处，保证公务员考核的实效。

---

① 《新唐书·百官志》。
② 《新唐书·百官志》。

4. 明确考核程序

中国古代的考课程序是相当明确和具体的，并具有较强的严密性，如唐代的考核程序分为五道：读议初评；送省复审；尚书省审核；审定批准；颁牒。此外还有一些特殊的规定，如行为事迹要实录，不得虚言；负责考核的官吏因考核不实而使被考核者升降，须承担相应的法律责任，甚至要承担刑事责任；允许官员在对自己的考核等级不服时申诉等。

现代公务员的考核程序是比较简单的，平时考核由公务员所在的行政机关完成，这种考核甚至都没有任何效果。年度考核则是由个人先写出个人总结，然后由行政机关主管领导人在听取群众意见的基础上写出评语，提出考核等次的意见，经考核委员会考核小组审核后，由部门负责人确定考核等次，这种考核也往往流于形式。因而，中国现代公务员考核应当吸收中国古代官员考核制度的经验，建立严格的考核程序，避免使公务员考核制度流于形式。

中国古代官员的考核制度在考核标准上是具体而严密的，在考核方法上是多种多样的，在考核等级上是细致全面的，在考核程序上是严格而周全的，这些内容保证了对官员的有效监控，这些内容对中国当代公务员考核制度的建设具有重要的意义。

四、中国古代回避制度及其现代意义

中国古代为防止官员利用于各种私人关系滥用职权、徇私舞弊，从很早起就建立了回避制度。在中国古代长期的历史发展中，回避制度得到了充分的发展，至明清时形成了完备、成熟的制度体系。中国古代回避制度中的大量内容对中国当代公务员回避制度的建设具有重要的借鉴意义。

（一）中国古代回避制度的内容

回避制度是指官员在任用和执行公务过程中，因特定的身份而不受任用和不得执行某种公务的制度。我国古代很早就建立了官吏任用回避制度，是世界上创立和执行官吏任用回避制度最早的国家之一。

1. 中国古代回避制度的发展

我国有回避制度的文字记载最早出现在东汉，《后汉书·蔡邕传》记载："朝仪，以州县相党，人情比周，乃制：婚姻之家及两州人士不得互相监临，于是又有三互法。""三互法"就是我国历史上第一部有关官吏任用的籍贯和亲属回避制度的法规。魏晋南北朝时期，由于战乱及少数民族的入侵，回避制度并没有得到推行。唐宋时重新建立了官吏任用的回避制度，有"选法原有回避之例"[①]。宋代任官回避制度比唐代更为明确，宋初规定："父子兄弟及亲近之在两尉，与侍从执政之官，必相回避。"元朝时，回避制度基本被废止。明朝又重新确立这一制度，并将之法律化、严密化，行之于整整有明一代，清代著名史学家赵翼称："回避之例，至明始严。"[②] 其后又为清代所承袭。

中国古代回避制度在长期的发展中形成了比较完整和严密的制度，这些制度对于我国现代公务员回避制度建设与完善具有十分重要的现实意义。

---

① 赵翼：《除余丛考》卷二十七《仁宦避本籍》。
② 赵翼：《除余丛考》卷二十七《仁宦避本籍》。

2. 中国古代回避制度的种类

中国古代各朝回避的种类各不相同，但纵观中国古代官员的回避制度，可以发现回避的形式也是多种多样的。

（1）亲属回避

亲属回避是官员任用上的一种限制形式，是指不允许有一定亲属关系的官员在同一单位任职或在同一部门担任具有上下级隶属关系、监督关系的职务。中国古代的亲属回避又称亲族回避，这一制度始于东汉，至明代而完善。明代洪武元年（1368年）规定："凡内外管属衙门官吏，有系父子、兄弟、叔侄者，皆从回避。"① 万历五年（1577年）令又规定："从卑回避，以职官论，今后除巡按史从方面官回避，其余内外官员，俱从官职卑者回避。"② 对这些回避官员的安排，《万历会典》记道："凡各重衙门官员，遇有更革，及合回避，任满，如本衙门相应员缺，于相应衙门对品改调。"③ 这说明明代的亲族回避仅限于父子、兄弟、叔侄三种关系，简便易行，收到了对官吏加强监督和控制的效果。

（2）地区回避

地区回避又称籍贯回避，是指不允许一定层次上的官员在原籍、原地区任职。中国古代的地区回避制度主要是指本省籍回避，即本省籍的官员不得出任本省的官员。明太祖在洪武十三年（1380年）亲自把全国地方官的任用裁定为三大区域互调。洪武二十六年（1393年）明朝地区回避的范围基本确定。"洪武二十六年定，其应选官员人等，除僧道、阴阳医士就除原籍，余供各照例避贯铨注"④，《明史·选举三》也记载："洪武间，定南北更调之制，南人官北，北人官南。其后吏治渐弛，自学官外，不得官本省，亦不限南北也。"这对于割断地方官员与本家族势力的结合，防止地方官员利用家族势力独霸一方起到了积极的作用。

（3）司法人员的回避

司法人员的回避，是指司法人员在司法活动过程中有可能影响司法裁决的公正性，这些司法人员应当回避的制度。中国古代也对司法人员提出了回避的要求，唐《狱官令》中首次规定了中国古代司法官员的回避制度："诸鞫狱官与被鞫人有五服内亲，及大功以上婚姻之家并，受业师、经为本部都督、刺史、县令，及有仇嫌者，皆须听换推，经为府佐、国官于府主亦同。"⑤ 明朝的《大明律》规定："凡官吏于诉讼人内，关有服亲及婚姻之家，若得受业之师及旧有仇嫌之人，并听移文回避。违者，笞四十。若罪有增减者，以故出入人罪论。"⑥

（4）重要职务回避

中国古代除了规定通常的官吏任用的亲族回避和地区回避外，对一些身居要职的官吏还实行特殊的职务回避。例如，明代负责中央财政税收的户部官吏是不准由江苏、浙江、江西人出任的。《万历会典》卷五《选官》记道："凡户部官，洪武二十六年奏准，不许用江浙、

---

① 《万历会典》卷五《改调》。

② 《万历会典》卷五《改调》。

③ 《万历会典》卷五《改调》。

④ 《万历会典》卷五《选官》。

⑤ ［日］仁井田升：《唐令拾遗》，栗劲、霍存福、王占通、郭延德编译，720页，长春，长春出版社，1989。

⑥ 《明律·刑律·听讼回避》。

苏松人。"之所以这样规定，《续通典》卷二十二则称："明制铨政最严，如户部不许苏松、浙江人为之，以其地多赋税，恐飞诡为奸也。"也就是说江浙、苏松地区是明代国家财政税收的最重要的来源，同时也是地方豪绅利用"飞诡"侵吞国家赋税最严重的地方，因此，户部的官吏均不能任用江浙、苏松之人。

明代除了对户部官吏提出了回避的要求，对于出巡的监察御史也规定了严格的职务回避的内容。《万历会典》卷二百一十《出巡事宜》记载：洪武二十六年（1393 年）定："凡分巡按治州郡，其分巡地面，果系原籍及按临之人有仇嫌，并宜回避，毋得沽恩报仇，朦胧举部"；正统四年（1439 年）又重申："凡分巡地面，果系原籍并先曾历仕，寓居处所，并须回避"，将回避的范围扩大到曾经在那里当过官、寄居过，及有私人恩怨者的地区。

（二）中国古代回避制度的现代价值

相较于中国古代的回避制度，我国现代公务员法律中的回避制度的建设具有鲜明的时代特点。但仍须借鉴中国古代回避制度中的合理因素，加强现代公务员回避制度的建设。

1. 回避的强制性

中国古代执行回避制度是极其严格的，如在地区回避上，明代朱元璋将全国裁定为三大官员互调区，这在中国历史上是空前绝后的，以至于上任官员"风土不谙，语言难晓"[①]，足可以说明其执行回避制度的严格性。

在我国现代公务员回避制度的建设中，应当首先加强公务员回避制度的权威性和强制性的建设，凡应当回避的人员应无条件地回避，而且必须在法定期限内解决，绝不可以拖延。政府的人事部门和行政监察部门有权进行督察和核查。

2. 回避制度的严密性

中国古代的回避制度因中国古代行政结构的简单性，在整体上不如现代回避制度细致，但在具体的制度上却是十分严密的。如明代为加强行政监察的效能，对监察官运用综合的回避制度，仅地区回避就将回避的范围扩大到曾经在那里当过官、寄居过，及有私人恩怨者的地区，可见其高度严密性。

对于现代公务员的回避制度，应当借鉴中国古代回避制度的这一特点，在立法上对适用回避的条件、适用范围、时间、方式及回避的执行、督察机构均作出明确的规定，使法律规范的抽象性降低，操作性提高，以加强公务员回避制度的严密性。

3. 对不服从回避人员的惩罚性

中国古代回避制度执行的严格性是极强的，明代初期在中国历史上的政治清明应归功于其成功的吏治方法，这其中就包括对回避制度的严格执行，任何不服从回避的人员都受到严厉的惩治，这也正是明代回避制度得以切实地执行的保障。

我国现代公务员回避制度的建设也须充分地重视这一问题，应当在立法上赋予行政主管机关、人事机关、监察机关对于不服从回避者以一定的惩罚权，以使回避制度得以真正的实行。

中国古代回避制度形式上的多样性、执行的严格性，使回避制度得到了较好的执行，也在一定程度上促进了中国古代政治的清明。中国古代回避制度的很多内容值得当代中国公务

---

① 顾炎武：《日知录》卷八《选补》。

员回避制度建设进行必要的借鉴。

五、中国古代官箴制度及其现代意义

官箴的"箴"字，是劝告、规诫的意思。西周王朝初年，出现了我国历史上第一部官箴——《虞箴》。《左传·襄公四年》载："昔周辛甲之为大史也，命百官官箴王阙。"其意为：早在周武王时，辛甲担任"大史"之职，曾经号令百官，每官各为箴辞，以劝诫武王之过失。由此可见，官箴的原始含义，是指百官对帝王的劝诫。秦始皇统一六国，确立了专制君主制和官僚政治的基本格局。自此而后，两千年间，"治乱之要，其本在吏"①成为历代统治者所信奉的基本信条。官箴的主旨也由过去的百官对帝王的劝诫演变成帝王、高官名臣对百官的劝诫，从后世所存留官箴的内容我们可以发现官箴就是为官者的圭臬和行为准则。

历代官箴中，比较著名的有秦简中的《为吏之道》，唐武则天的《臣轨》，北宋陈襄的《州县提纲》、南宋吕本中的《官箴》、真德秀的《西山政训》，元朝张养浩的《为政忠告》、明朝徐元瑞的《吏学指南》、明朝昌坤的《吏品》，清顺治皇帝所作的《御制人臣儆心录》、清代汪辉祖的《佐治药言》以及清朝石成金汇编的《嘉官捷径》等等。

（一）官箴的沿革

在一定的意义上来说，《睡虎地秦墓竹简·为吏之道》是现存的中国古代最早的官箴，也是最完整的秦代官箴。它要求官吏必须具备正直、无私、细致、赏罚得当的品质和能力。其曰："凡为吏之道，必精洁正直，慎谨坚固，审悉毋私，微密纤察，安静毋苛，审当赏罚。"还要做到"听谏勿塞"；"审知民能，善度民力，劳以率之，正以矫之"；"临财见利，不取苟富"等。此外，它还列举"吏有五善"、"吏有五失"等内容，作为规范官吏行为的准则。

唐代武则天亲撰《臣轨》以告诫官员遵守道德与法律，其称："清净无为，则天与之时；恭廉守节，则地与之财。君子虽富贵，不以养伤身；虽贫贱，不以利毁廉。智者不为非其利，廉者不求非其有。行廉以全其真，守清以保其身。富财不如义多，高位不如德尊。"②

五代后蜀主孟昶曾于广政四年（941年）颁布一个戒饬官吏的令箴于州县，共四言二十四句："朕念赤子，旰食宵衣。言之令长，抚养惠绥。政存三异，道在七丝。驱鸡为理，留犊为规。宽猛得所，风俗可移。无令侵削，无使疮痍。下民易虐，上天难欺。赋舆是切，军国是资。朕之赏罚，固不逾时。尔俸尔禄，民膏民脂。为民父母，莫不仁慈。勉尔为戒，体朕深思。"③

官箴在五代以后多半是官吏"箴以自警，书诸座屏"④的自我警示。如北宋陈襄的《州县提纲》，南宋吕本中的《官箴》、真德秀的《西山政训》，元朝张养浩的《为政忠告》，明朝徐元瑞的《吏学指南》、明朝昌坤的《吏品》，清代汪辉祖的《佐治药言》以及清朝石成金汇编的《嘉官捷径》等。

---

① 《后汉书·百官五》。
② （唐）武则天：《臣轨·廉洁章》。
③ （宋）景焕：《野人闲话·颁令箴》。
④ （明）徐元瑞：《吏学指南·提刑箴》。

此外，宋代时出现州县官吏将官箴勒为铭石，立于衙署大堂前。宋初平蜀后，宋太宗将五代后蜀主孟昶所作的令箴删繁就简，摘录其中"尔俸尔禄，民膏民脂；下民易虐，上天难欺"十六个字，颁行天下，立在全国各地州县衙门前，这成为世人最为熟悉和称赞的官箴，又称"戒石铭"。南宋高宗绍兴二年（1132年）六月，又以黄庭坚所书太宗御制之箴辞于州县，命长吏刻之庭石，置之座右，以为朝夕之戒。① "戒石铭"成为官箴的另一种表现形式。自此而后，"戒石铭"元明清世代相沿。

（二）中国古代官箴的内容

1. 要求官员道德自律

秦汉以后的中国古代社会，"为政以德"不再仅仅是对帝王的一种道德要求，而是一种对整个统治集团的要求。因此，历代官箴中无不注重官员的"修身"、"正心"、"省己"，并提出"自律不严，何以服众"的问题，主张"身任其劳，而贻百姓以安。"

秦朝的《为吏之道》中所强调的"精洁正直，谨慎坚固"体现了对官员的道德要求。唐代武则天所撰的《臣轨》中专设《公正章》、《诚信章》、《廉洁章》强调了对官员的道德要求。如在《诚信章》中说："非诚信无以取爱于君，非诚信无以取其亲于百姓。"宋朝陈襄则说："有实必有名，虚誉暴集，则毁言随至矣。"②

元朝名臣张养浩则强调"戒贪"，力陈"治官如治家"，"禁家人侵渔"③。明代的昌坤在其《吏品》中写道："世情宜淡，立志贵刚。刚则欲不能出，淡则欲念不起。惟士之廉，犹女之洁，一朝点污，终身玷缺。"清人汪辉祖在其《佐治药言》中则将为官之德进一步具体化，他尤其强调"立品"，即"立德"。他说："立品是道幕之本……而尤重自洁俭是立品之本，品立而后能尽心尽言。"④ 此外，汪辉祖还强调了"虚心"、"自处宜洁"、"俭用"等具体的道德要求。

2. 坚持做官为"公"的准则

官箴的宗旨不仅强调官员的道德自律，更重要的是强调做官为"公"，要官吏具备"公尔忘私，国尔忘家，志在于立功树名，富贵不蒙于心"⑤ 的精神境界。宋朝林逋说，"天下有公议，私不可夺；以私夺公者，人不服"⑥。明朝薛瑄也说："公则四通八达，私则一偏向隅。"⑦ 清代梁章钜说："人主有公赋无私求，有公用无私费，有公役无私使，有公赐无私惠，有公怒无私怨。私求则下烦而无度，是谓伤情；私费则官耗而无限，是谓伤制；私使则民挠扰而无节，是谓伤义；私惠则下虚望而无准，是谓伤正；私怨则下疑惧而不安，是谓伤德。"⑧ 清代张伯行也说："官无大小，凡事只是一个公。若公时，做得来也精彩；便若小官，

---

① 参见《容斋续笔》卷一《戒石铭》、《吏学指南·戒石铭》等。
② （宋）陈襄：《州县提纲》。
③ （元）张养浩：《三事忠告》。
④ （清）汪祖辉：《佐治药言·立品》。
⑤ （元）胡祗遹：《紫山大全集》卷二十三《县政要式》。
⑥ （宋）林逋：《省心录》。
⑦ （明）薛瑄：《薛文清公从政录·体验》。
⑧ （清）梁章钜：《古格言·治术》。

人也望风畏服。若不公，便是宰相做来做去，也只得个没下稍。"① 这些官箴体现了做官为"公"的道德要求。

3. 体现以民为本的要求

"以民为本"是中国古代最重要的政治道德。官箴中也十分强调为官须"以民为本"。五代时后蜀主孟昶所颁布一个戒饬官吏的令箴中有言："下民易虐，上天难欺。……尔俸尔禄，民膏民脂。为民父母，莫不仁慈。"体现了"民本"的要求，元朝徐元瑞在《吏学指南·为政九要》中也说："民情欲寿，生之而不伤；民情欲富，厚之而不困；民情欲安，扶之而不危；民情欲逸，节力而不尽。"他强调说："得民心者，可以为官；失民心者，何足道哉？"② 徐元瑞的话集中体现了官吏要关注民心、民情，以民为本的要求。

（三）中国古代官箴的现代意义

中国古代自西周开始，就以"明德慎罚"提出了"德治"思想的雏形。春秋战国之际，儒家学派完整地提出了"德治"的理论。"道之以政，齐之以刑，民免而无耻。道之以德，齐之以礼，有耻且格。"③ 这是人们经常用来说明儒家德治思想的名言。从儒家德治思想的主要内容来看，他们的"德治"思想主要是针对统治者而言的，孔子所说的"为政以德"④，"为国以礼"⑤，"礼让为国"⑥，"克己复礼，天下归仁"⑦，"敬事而信，节用而爱人，使民以时"⑧，这些内容无不是希冀统治者施仁政、施德惠于民众。

但是，儒家"德治"思想本身存在一个前提，即统治的君王本身就是道德修养极高的圣人，在孔子的言论里称之为"圣人"、"君子"。他说："君子之道，焉可诬焉？有始有卒者，其为圣人乎！"⑨ 孟子则发展了孔子的"圣人王"的思想，他针对整个统治集团提出了："惟仁者宜在高位，不仁而在高位，是播其恶于众也。"⑩ 这些内容完整地构成了中国古代"贤人政治"的思想。

"德治"、"贤人政治"的思想是现代中国批评中国古代的"人治"思想的主要依据。但是我们必须清醒地意识到，即使是崇尚"法治"的现代社会，只要公共权力的私人性特征⑪没有消失，强调权力拥有者的道德自律的"贤人政治"思想就没有失去其现代意义，孔子所说的"修己以安百姓"⑫ 没有过时，也永远不会过时。中国古代"官箴"的提出及其制度化、普遍化正是儒家"贤人政治"思想在中国中古社会的一种现实反映，其核心是强调对权力的道德约束。

---

① （清）张伯行：《朱子语类辑略·论治道》。
② （元）徐元瑞：《吏学指南·为政九要》。
③ 《论语·为政》。
④ 《论语·为政》。
⑤ 《论语·先进》。
⑥ 《论语·里仁》。
⑦ 《论语·颜渊》。
⑧ 《论语·学而》。
⑨ 《论语·子张》。
⑩ 《孟子·离娄上》。
⑪ 是指权力的拥有者是个人。参见董长春：《论权力的私人性及其法律控制》，载《政治与法律》，2005（5）。
⑫ 《论语·宪问》。

在人类社会的发展过程中，秩序是人类追求的目标之一。但形成秩序的手段却是多元的、宗教、道德、法律、暴力、强权等在一定的意义上来说，都是形成秩序的手段。但是，道德是秩序以及形成秩序的手段的最终评判标准。同样，权力作为形成秩序的手段，权力主体及权力的行使过程也受着道德评判的约束。无论是亚里士多德所说的"一切社会团体均以善业为目的"①，还是孔子所说的"政者，正也"②，均蕴含着对权力进行道德约束的要求。中国古代的"官箴"正是对权力道德约束要求的反映。诚然，中国古代的历史证明"德治"是失败的，这种失败说明的是不应当将道德约束提高到作为定国安邦的根本和唯一手段的地位，但并不是说对权力的道德约束是不必要的。

现代社会的标志之一是"法律主治"。人类社会在发展过程中寻找到了比"德治"手段更可靠、更有效的形成社会秩序的手段——"法律"。但是，人们对法律的选择，并不意味着对道德的排斥和拒绝。因此，在这个意义上，我们不仅不能排斥道德对权力的约束，而且应当强化对权力的道德约束，以促进我国现代公务员制度的建设。

1. 强化权力行使的道德要求

中国古代的"官箴"中最重要的内容就是强调权力运用过程中的道德制约。在中国古代历史的发展过程中，形成了以"执政为君"、"执政为民"为双重核心的权力道德，包含了许多具体权力运用的道德要求，诸如"公正"、"效率"、"诚信"、"廉洁"等。中国古代的"官箴"中也充满了这样的内容，如对于效率，宋代的陈襄说："公事随日而生，前者未决，后者继至，则所积日多，坐视废弛，其势不得不付之胥吏矣，凡文书之呈押与讼事之可判决者，要当随日区遣，无致因循行之，有准则政有条理，事无留滞，终于简静矣。"③ 又如对于"公正"，西安碑林刻有一条著名的明代的官箴，其称："吏不畏吾严而畏吾廉，民不服吾能而服吾公；廉则吏不敢慢，公则民不敢欺；公生明，廉生威。"再如诚信，清代汪辉祖在《佐治药言·示民以信》中说："官能予人以信，人自帖服。吾辈佐官，须先要之于信。凡批发呈状，示审词讼，其日期早晚，俱有定准，则人可依期伺候，无废时失业之虑。期之速者，必致与人之诵，即克日稍缓，亦可不生怨言，第欲官能守信，必先幕不失信。盖官苟失信，幕可力尽。幕自失信，官或乐从。官之公事甚繁，偶尔偷安、便逾期刻，全在幕友随时劝勉。至于幕友不能克期，而官且援为口实，则它之不信，咎半在幕也。开赈既示日期，饥人四面将至，万不可改，致误民命。如示期本迟，而欲改早者，愈早愈妙。考试最要酌时昔势，定期出示不可轻改。若不经意恐，小而士论不平，大则藉端罢考，他如出借，点验老民残废及放棉衣口量等事，凡稍涉入来出众者皆可类推。"

当代中国社会也应当重视权力道德体系的建设，尤其要重视权力运用过程中的道德建设，应当在"立党为公、执政为民"的总原则下，全面建立公务员职业道德体系，强化权力的道德要求。这一方面我们已经作出了一定的努力，如2001年10月18日，最高人民法院印发了《中华人民共和国法官职业道德基本准则》，2002年2月26日，最高人民检察院印发了《检察官职业道德规范》。这两个规范性文件对于开创我国公务员职业道德体系的建设具有巨大的推动作用。但是，我国目前既没有统一的公务员职业道德体系，也没有完整的针对不同

---

① ［古希腊］亚里士多德：《政治学》，吴寿彭译，3页，北京，商务印书馆，1965。

② 《论语·颜渊》。

③ （宋）陈襄：《州县提纲》卷一《事无积滞》。

类别的公务员的特定职业道德规范。而已有的职业道德体系失之简单，如《检察官职业道德规范》仅四项内容，并且高度抽象。我们应当借鉴中国古代"官箴"的经验，全面具体地规定公务员的职业道德的内容，以推动我国公务员制度的建设。

2. 强调公务员的私德制约

在一定的意义上而言，道德可以分为公共道德、职业道德和个人私德三种类型。目前我国的道德建设的重点是社会公共道德和职业道德，而对于私德的建设，尤其是公务员的私德的建设则重视不够。而在中国古代的权力道德建设中对官员的私德是十分重视的，这种重视在中国古代的官箴中得到了较全面的体现。

在中国古代的道德形成理论中，个人道德的形成是由私及公的，在个人的生活中是由近及远的。即一个私德好的人，其为官的官德也必然会好。孔子说："孝慈，则忠。"① "孝悌也者，其为仁之本欤！"② 他认为个人修养的起点始于家、始于孝。故而儒家提出了"修身、齐家、治国、平天下"的道德实践和政治实践的途径。应该说儒家的这一理论在一定的意义上来说指出了个人道德由己身及他人、由近及远的实践逻辑，具有终极意义。至于为什么孝子必成忠臣，《孝经》对此解释得更清楚："君子之事亲孝，故忠可移于君；事兄悌，故顺可移于上；居家理，故可移于官。是以行成于内，而名立于后世矣。"③ 司马迁对此也说："人有言子者曰：'父之孝子，君之忠臣也'。"④ 因此，在中国古代的权力道德体系中形成了这样一个判断逻辑，即其人私德重孝，则其人官德则忠。撇开中国传统道德内容的"忠"、"孝"的正确与否不论，至少说儒家思想在一定程度上揭示了私德与官德之间的逻辑联系。毫无疑问，这一逻辑是正确的。因此，中国古代的权力运行体系在两个方面十分重视官员的私德，其一是选拔官员时，如汉代的"举孝廉"的措施；唐代武则天在《臣轨》中引古语也说："欲求忠臣，出于孝子之门。"⑤ 其二是重视为官以后的官员的私德修养。个人道德是会随着个人境遇的变化而改变的，为防止官员的私德败坏而影响官德，历代官箴均十分强调官员勤修自己的私德。"尔俸尔禄，民膏民脂"所隐含的正是对官员私德的警喻，唐武则天说："君子修身，莫善于诚信。"⑥ 宋朝陈襄在《州县提纲》中则说："廉，盖居官者分内事。"⑦ "有名必有实，虚誉暴集，则毁言随至矣。"⑧ 他还强调了官员应"戒亲戚贩鬻"、"晨起贵早"等私人修养方面的问题。这些内容均在一定程度上制约着官员，使其不敢擅权为害。

中国当代的权力道德建设并没有在整体上提出对官员私德的明确要求，而是将其一部分内容纳入了法律规范。但是，这部分内容较少，不能全面地约束公务员的违反私德的行为，也不能有效地制止没有纳入法律规范中的官员违反私德的行为。因此，我们认为一方面应当强化法律、法规对公务员违反私德行为的惩罚。对此，我国在立法上已经有所改进，如 2007 年 4 月颁布的《行政机关公务员处分条例》对严重违反私德的行为给予了较严重的处罚，该条例第

① 《论语·为政》。
② 《论语·学而》。
③ 《孝经·广扬名章》。
④ 《史记·赵世家》。
⑤ （唐）武则天：《臣轨》卷上《至忠章》。
⑥ （唐）武则天：《臣轨》卷下《诚信章》。
⑦ （宋）陈襄：《州县提纲》卷一《洁己》。
⑧ （宋）陈襄：《州县提纲》卷一《洁己》。

29 条规定："有下列行为之一的，给予警告、记过或者记大过处分；情节较重的，给予降级或者撤职处分；情节严重的，给予开除处分：（一）拒不承担赡养、抚养、扶养义务的；（二）虐待、遗弃家庭成员的；（三）包养情人的；（四）严重违反社会公德的行为。"另一方面，应当加强公务员私德观念的约束，针对不同领域的公务员制定相应的职业守则，在其中纳入与该职业有关的私德观念，以强化公务员的私德修养，提高行政队伍的整体道德素质。

3. 加强公务员道德的法律化

在伦理学意义上，道德只是自律的手段，道德对人的约束能否实现，完全在于人们内心对道德的认同和信服。但是，道德并不仅仅是隐藏于人们心中的一种信念，它经常外化为人们的行为。否则，道德就失去了其规范的意义。正是在规范的意义上，道德与法律存在着共同的基点。道德建设的一个重要方面就是道德的规范化、法律化。现代西方国家也存在着这样的法律，如 1978 年美国第 95 届国会通过了第 521 号法案《公务员道德法》；1980 年美国第 96 届国会通过了第 363 号法案《公务员道德法》；意大利也存在着公务员的《道德法典》。①

中国古代的"官箴"就是一种道德规范化的形式，它将抽象的道德观念具体化为人们的行为要求。如宋朝时陈襄在《州县提纲》中列举了"不洁己"的行为，主要有："私家饮食备于市买，纵其强掠于市，不酬其钱；役工匠，造器用，则不给衣食；勒吏轮具，以至灯烛樵薪，责之典吏。"②

目前，在中国的公务员立法体系中虽然也强调了对公务员的道德要求，如《中华人民共和国公务员法》第 11 条第 4 项规定，公务员须"具有良好的品行"；第 12 条第 8 项规定，公务员须"清正廉洁，公道正派"。但这些规定过于笼统，不能有效地约束公务员的行为。这种情况在 2007 年 4 月 4 日国务院第 173 次常务会议通过的《行政机关公务员处分条例》中得到了一定的改观，但惩治公务员违反道德的内容依然较少，仅第 28、29 条两个条文。这有待于在今后的立法中进一步加强。

综上所述，中国古代的官箴一方面体现了帝王对官员约束自己的行为、遵守道德要求的警诫，另一方面也体现了中国古代官员的道德自律，对于中国古代官员队伍的勤政、廉洁具有一定的积极意义。当代中国公务员建设应当从中国古代官箴制度中借鉴有益的内容，强化权力行使的道德要求，强调公务员的私德制约，加强公务员道德建设的法律化，以促进现代公务员队伍的勤政、廉洁。

第三节
中国古代官员责任体系与现代廉政意义

中国古代的廉政建设是中国古代法制发展过程最具有历史意义和现实意义的内容之一，深入研究其制度结构和法律结构对于中国当代的廉政建设具有重要的意义。

① 参见张康之：《论公共权力的道德制约》，载《云南行政学院学报》，1999（5）。

② （宋）陈襄：《州县提纲》卷一《洁己》。

对中国古代的廉政建设的研究，我们不能仅限于惩治腐败犯罪的几个条文或是严厉的刑罚措施，我们应当在整体研究中国古代官员责任体系的基础上探究中国古代廉政法律制度建设的特点，以期对中国当代的廉政建设提供必要的历史借鉴。

一、中国古代官员责任体系概述

中国古代很早就有了对官员的责任要求。从史料的记载来看，早在尧舜时代，就有"鞭作官刑"[①] 的记载。《尚书·虞书·尧典》载："乃命羲和，钦若昊天，历象日月星辰，敬授民时。"而后来，"羲和废厥职，酒荒于厥邑，胤后承王命徂征。……羲和尸厥官罔闻知，昏迷于天象，以干先王之诛，《政典》曰：'先时者杀无赦，不及时者杀无赦。'今予以尔有众，奉将天罚。"[②] 这些内容体现了中国远古时期的法律就对官员责任提出了明确的要求。

中国古代官员责任法律化的时期是一个难以考证的问题，但它应当与中国古代法律的发展是同步的。中国古代的成文法是在春秋战国时期形成的，中国早期的代表性法律《法经》也体现了对官员责任的要求，如《杂法》中有关处罚赌博、贪污、逾制等行为的内容是对官员责任的要求。随着春秋战国时期等级官僚制度的逐步形成，吏政管理制度也逐步出现，在对官员考核基础上所形成的行政责任制度也出现了。《韩非子·外储说右下》记载："田婴相齐，人有说王曰：'终岁之计，王不一以数日之间自听之，则无以知吏之奸邪得失也。'王曰：'善。'田婴闻之，即遽请于王而听之计……田婴令官具押券，斗石之计……田婴复谓曰：'群臣所终岁日夜不敢偷怠之事也，王以一夕听之，则群臣为勉矣。'王曰：'诺'。俄而王已睡矣，吏尽揄刀削其押券升石（当是斗石）之计。"《商君书·禁使篇》载："夫吏专制决事于千里之外，十二月而计书定，事以一岁别计，而主以一听，见所疑焉，不可蔽，员不足。"从这些记载可以看出当时"上计考核"的情况，而考核的结果则最终表现为"度其功劳论其赏庆"，"当则可，不当则废"[③]。这些制度成为中国古代官员行政责任制度的先导。[④]

中国古代官员责任制度的系统化始于秦汉，成熟于唐宋。秦王朝统一的中央集权制下的官僚体制全面建立，在法律上也开始加强有关官员责任制度的建设。但是，由于中国古代法律形式功能未分化，官员的刑事责任与行政责任均集中在"律"中。《睡虎地秦墓竹简》中记载了大量的关于官员责任的内容，如《厩苑律》规定："以四月、七月、十月、正月朌田牛，卒岁，以正月大课之最，赐田啬夫壶酉束脯，为旱者除一更，赐牛长日三旬；以殿者，诽田啬夫，罚冗皂者二月。其以牛田，牛减絜，治主者寸十。有里课之，最者，赐田典日旬；殿，治卅。"[⑤] 这条律文说明的是关于管理饲养牲畜的官吏责任的规定，《秦简》中还有关于对管理粮食的官吏、手工业生产的官员的法律责任的规定。汉承秦制，同样也在官员责任制度上大量承继了秦代法律制度，进一步发展了官员责任制度。

魏晋以来律令分野，中国古代法律的形式得到了发展和分化。官员的刑事责任逐步向刑

---

① 《尚书·尧典》。

② 《尚书·胤征》。

③ 《荀子·议兵》。

④ 中国古代并没有行政责任、经济责任和刑事责任的概念，这些概念是现代法律责任体系中的概念，本章运用这些概念只是为了说明中国古代责任体系的方便。

⑤ 《睡虎地秦墓竹简》，137 页，北京，文物出版社，1978。

事法律集中，官员的行政责任则由吏政管理制度所承担，大量体现在《考课令》中。至唐宋时，中国古代官员责任制度走向成熟，完成了其自身的体系化，形成了以刑事责任为主，经济责任、行政责任为辅的责任体系。以唐代为例，官员的刑事责任集中体现在《唐律》中，而官员的经济责任、行政责任则体现在官员的考核中，集中体现在《考课令》中。

明清以后，由于中国古代政治结构具有极强的稳定性，中国的政治法律制度在整体上没有结构性的变化。因此，明清官员的责任制度体系也因袭了历史上的责任制度体系，只在局部内容上发生了一些变化。

在中国古代社会长时期的发展过程中，国家行政管理得以存续、发展，并形成了一些政治清明的时期，与严密的官员责任体系有很重要的关系。

二、中国古代官员责任体系的内容

中国古代官员的责任的形式非常丰富，内容非常具体，不仅促进了官员准确地运用行政管理的权力，也有效地惩罚了官员的违法犯罪，对于保证中国古代行政机制的良性运行起到了重要的作用。

(一) 中国古代官员责任的形式

中国古代官员的责任体系是从秦王朝建立时开始全面建立的，经两汉、三国两晋南北朝的发展，至隋唐时形成以行政责任、经济责任、刑事责任为主要内容的官员的责任体系。

1. 行政责任

中国古代官员的行政责任历朝虽有不同，但基本上是围绕着官员的职级而设定的。其主要形式有如下几种：

(1) 削阶、降级

削阶就是削减官员的品阶，这是中国古代最常用的行政责任承担方式之一。削阶始于秦朝的夺爵，商鞅变法所设立的二十等的军功爵级构成了中国古代社会官员等级的基础，同时也使夺爵、削阶有了依据。如秦朝时吕不韦因谋反致死，不许民众临视，并规定"其舍人临者，晋人也逐出之，秦人六百石以上，夺爵，迁；五百石以下不临，迁勿夺爵"①。汉代也有类似的规定，《汉书·王子侯表》、《汉书·恩泽侯表》记载了大量的对官员削爵的事例。如《汉书·恩泽侯表》载："高平侯魏宏、博阳侯丙显，坐不敬，削爵一级为关内侯。"汉以后的历朝均有削阶、减品的处罚，如唐德宗贞元七年（791 年）吏部尚书刘滋、侍郎杜黄裳因科举考试"乖谬奸滥，贿赂成风"②，皆坐削阶。

(2) 免官、除名

免官、除名也是中国古代最常见的行政责任的承担方式之一。免官、除名在中国古代起源很早，《尚书·蔡仲之命》称："降霍叔于庶人，三年不齿。"这可以说是中国历史上最早出现的官员除名的处罚。秦代也设此责任，《秦简·法律答问》中有这样的记载："任人为丞，丞已免，后为令，令初任者有罪，令当免不当？不当免。"从这一答问的内容中可见秦代有官员除名之制。《汉书·百官表》中记载了大量的官员免官的事例，如汉成帝阳朔三

---

① 《史记·秦始皇本纪》。
② 《文献通考·选举十》。

年（前 22 年），韩立、子渊为执金吾，坐选举不实，免官。唐代则发展了免官制度，并在法律中增加了除名的规定，唐代的免官分为"免所居官"和"免官"二种，除名则是指"官爵悉除"。唐代在《唐律》中明确而具体地规定了免官和除名的适用条件、方法和主要罪名。

（3）永不叙用

永不叙用是指官员永远不得再为官的处罚，是剥夺了犯罪官员再担任官员的资格，是中国古代官员行政责任形式中最重的一种，也是最严厉的行政处罚方法之一。永不叙用在中国古代起源也很早，如《礼记·王制》中载有"终身不齿"。《左传》中也记载了大量的"禁锢"的事例，如《左传·襄公二十一年》载："会于商任，锢栾氏也。"注云："禁锢栾盈，使诸侯不得受。""永不叙用"在秦朝时称之为"废"，《秦简》规定："廷行事吏以为诅伪，赀盾以上，行其论，有（又）废之。"[1] 汉代沿用春秋战国以来的概念，称为"禁锢"。孝文帝时规定："吏坐赃者，皆禁锢不得为吏。"[2] 汉代的禁锢甚至涉及父子兄弟，《汉书·灵帝纪》载："制诏州郡，大举钩党。于是天下豪杰及儒学行义者，一切结为党人。熹平五年，永昌太守曹鸾坐讼党人，弃市。诏党人门生故吏父兄子弟在位者，皆免官禁锢。"唐代对犯罪的官员也适用永不叙用的处罚，称之为"勿齿"、"不许仕"、"永不齿录"等，如唐开元二年（714 年）诏曰："周利贞……钟思廉等十三人皆为酷吏，比周兴、来俊臣、侯思止等事迹稍轻，并宜放归草泽，终身勿齿。"开元十三年（725 年）三月二十日又诏："周酷吏来子珣等身在者宜长流岭南，身没，子孙不许仕。"[3] 唐以后的各朝都有"永不叙用"的规定。

上述三种官员行政责任形式为中国古代官员主要的行政责任承担方式。除此之外，各朝还有一些不同于其他朝代的独特的行政责任形式。如秦代有"谇"；汉代有"迁徙"、"鞭杖"、"督笞"等。唐代有"追田"、"停解"、"追告身"等。这些均体现了中国古代官员行政责任形式的丰富与完备。

2. 经济责任

中国古代官员的责任承担方式除了行政责任方式之外，还有经济责任。经济责任承担方式主要有以下几种：

（1）降俸

降俸就是降减官员的俸禄，降俸始于汉代，称为"奉赎"。《续律历志》载："冯恂、宗诚上书，恂言不当施诚术。为洪义所侵，事下永安台复实，皆不如恂、诚等言。劾奏欺谩，诏书报恂、诚各以二月奉赎罪，恂、诚皆为舍人，所言不当，以二月奉赎罪。"[4] 唐代开元七年（719 年）和开元二十五年（737 年）的《考课令》中均规定："诸食禄之官，考在中上已上，每进一等，加禄一季；中中者守本禄；中下已下，每退一等，夺禄一季。"[5]

（2）罚金

罚金就是对官员违法行为的一种经济上的处罚。秦朝时称"赀"，秦律中有赀盾、赀甲

---

① 《秦简·法律答问》。
② 《汉书·贡禹传》。
③ 《唐会要》卷四十一。
④ 转引自王云清：《汉唐文官法律责任制度》，116 页，北京，中国人民大学出版社，1998。
⑤ ［日］仁井田升：《唐令拾遗》，栗劲、霍存福、王占通、郭延德编译，256 页，长春，长春出版社，1989。

的规定，如《秦简·秦律杂抄》中规定：管理车马的官员"伤乘舆车，决革一寸，赀一盾；二寸，赀二盾；过二寸，赀一甲"。《秦简·效律》规定：清点仓库，损失"值百一十钱到二百廿钱，谇官啬夫；过二百廿钱以到千一百钱，赀啬夫一盾；过千一百钱以到二千二百钱，赀啬夫一甲；过二千二百钱以上，赀啬夫二甲"。汉代则直接称为"罚金"，《汉书·张释之传》引如淳曰："《令乙》跸先至而犯者，罚金四两。"《汉书·哀帝纪》引如淳曰："《令甲》，诸侯在国，名田他县罚金二两。"

（3）赔偿经济损失

中国古代官员在执行职务的过程中对公私财产造成损害时，也被要求承担经济赔偿责任。秦代将这种经济赔偿责任称为"赏"，如《秦简·效律》规定："积禾粟而败之……令官啬夫、冗吏共赏（偿）败禾粟。"唐代则通过立法明确地规定了官员承担赔偿责任的条件、方法。一般说来，唐代对官员执行职务过程中对公私财产造成损失的处理分为三种情况：其一是偿而不坐，即仅负赔偿责任而不承担刑事责任，如唐代《厩牧令》规定："乘官畜产，非理致死者，备偿。"①《唐律》总第203条规定："诸误杀伤官私牛马及余畜产者，不坐，但偿其减价。"其二是既偿且坐，即既要赔偿损失又要承担刑事责任。如《唐律》总第203条规定："诸故杀官私马牛者，徒一年半。赃重及杀余畜产，若伤者，计减价，准盗论，各偿所减价；价不减者，笞三十。"其三是不偿只坐，即只承担刑事责任而不承担赔偿责任，如《唐律》总第196条规定："诸牧畜产，准所除外，死、失及课不充者一，牧长及牧子笞三十，三加一等；过杖一百，十加一等，罪止徒三年。羊减三等。"唐代立法的这些规定说明了对官员经济赔偿责任承担的严格性。

可见，中国古代官员的经济责任的名称、内容在历朝虽有所不同，但是官员的经济责任的规定在历朝均是比较严密的，这些严密的官员经济责任体系在一定程度上有效地制约了官员的违法犯罪行为。

3. 刑事责任

中国古代社会在一定的意义上来说是"刑治"社会。因此，对中国古代官员违法犯罪惩罚的最主要的手段是刑法制裁。历朝历代均十分重视以严厉的刑罚手段制裁官员的违法犯罪，尤其是官员的腐败犯罪。从夏朝羲和掌天文而"废厥职"②被诛始，中国古代就逐步地形成了"以刑治官"的独特的法律文化现象。

中国古代官员的刑事责任的承担方式一般说来有两种，一是依法定罪量刑，历朝历代的成文法中均有大量关于官员犯罪的规定，无论是墨、劓、刖、宫、辟，还是笞、杖、徒、流、死，每一个刑种都适用于官员犯罪，历代典籍中也有大量的案例的记载。二是法外用刑，中国古代法外用刑一直是帝王惩治官员腐败犯罪的重要手段。虽说法外用刑体现中国古代司法制度弊端，但也说明了中国古代对腐败犯罪的严惩。

（二）中国古代官员责任的范围

中国古代官员责任的范围是极其广泛的，涉及中国古代国家行政权力运用的各个方面。综合而论，中国古代官员责任的范围主要体现在以下几个方面：

---

① ［日］仁井田升：《唐令拾遗》，栗劲、霍存福、王占通、郭延德编译，638页，长春，长春出版社，1989。

② 《尚书·尧典》。

1. 吏政管理中违法犯罪的责任

中国古代国家十分重视官员的管理，形成了比较完备的吏政管理制度，也完善了吏政管理中的法律责任。

首先，惩治官员选拔过程中的违法犯罪。以《唐律》为例，其在《职制律》（总第92条）规定："诸贡举非其人及应贡举而不贡举者，一人徒一年，二人加一等，罪止徒三年。若考校、课试而不以实及选官乖于举状，以故不称职者，减一等。失者，各减三等。承言不觉，又减一等；知而听行，与同罪。"该条文集中规定了在选拔官员过程中的几种犯罪行为，分别为"贡举非其人"、"应贡举而不贡举"、"课试不实"、"选官乖于举状"等，并说明了过失犯罪的处罚情况。其次，官员考核过程中的违法犯罪。《唐律》在《职制律》（总第92条）中对此也作了明确的规定，即"若考校不以实，以故不称职者，减一等。失者，各减三等。承言不觉，又减一等；知而听行，与同罪。"其疏文对"考校"一词专门解释道："考校，谓内外文武官寮年终应考校功过者。"

2. 官员违反职权、职守行为的责任

中国古代无论是秦汉的三公九卿制，还是唐宋的三省六部制，均要求各级各类官员恪尽职守，这也是中国古代官员责任制度的基础。因此，中国古代官员的责任制度始终围绕着惩治各类官员违反职权、职守的行为。

首先，惩治三省官员违反职守的行为。如唐代的门下省是唐代的文书驳正部门，其职权是"凡百司奏抄，侍中审定，（给事中）先读而署之，以驳正违失"[1]。《唐律》在《名例律》（总第40条）疏文中也说明了门下省与尚书省之间的职权关系，"尚书省应奏之事，须缘门下者，以状牒门下省，准式依令，先门下录事勘，给事中读，黄门侍郎省，侍中审。有乖失者，依法驳正，却牒省司"。因此，该条律文规定了门下省官员违反此职责的处罚原则，"应奏之事，有失勘读及省审之官不驳正者，减下从一等"。

其次，惩治各部官员违反职责的行为。以唐代为例，中央尚书省下属六部二十四曹司都有明确的职守，这些职守集中体现在唐"令"中，而在《唐律》中则明确规定了各部曹司违反职权时的处罚。如对工部管理工程兴建官员的职权，唐令规定：诸别敕有所营造，"计人工多少，申尚书省，听报始合役工"[2]。对此，唐律则规定了官员违反这一职责的惩罚，《擅兴律》（总第240条）规定："诸有所兴造，应言上而不言上，应待报而不待报，各计庸，坐赃论减一等。"不仅如此，《唐律》对其他各部、曹司官员违反职责的行为都规定了相应的惩罚。

再次，惩治地方各级官员违反职责的行为。地方各级官员的主要职责是对地方事务进行督责管理，其职权涉及对地方农业生产的监督管理、对地方治安的管理、对地方户籍的管理、对地方赋税征收的管理，这些内容构成了地方官员职权的范围。历朝的法律对于地方官员违反这些职权的行为均加以严惩。如唐代开元二十五年（737年）《田令》规定："诸户内永业田，每亩课种桑五十根以上，榆、枣各十根以上，三年种毕。"[3] 地方官吏必须对此进行督责，《唐律》在《户婚律》（总第171条）则规定了地方官员对此督责不力的处罚："诸里

---

① 《唐六典·门下省》卷八。

② ［日］仁井田升：《唐令拾遗》，栗劲、霍存福、王占通、郭延德编译，735页，长春，长春出版社，1989。

③ ［日］仁井田升：《唐令拾遗》，栗劲、霍存福、王占通、郭延德编译，551页，长春，长春出版社，1989。

正，依令：'授人田，课农桑。'若应受而不授，应还而不收，应课而不课，如此事类违法者，失一事，笞四十；三事，加一等。县失十事，笞三十；二十事，加一等。州随所管县多少，通计为罪。"该条规定了对地方从州至里正等各级官员督责不力的处罚。

3. 官员擅权、违制行为的责任

中国古代是中央集权制的政治体制，从中央到地方各级官员均须服从皇帝的命令，不得有任何独自处分事务的权利。若各级官员有擅权处分的行为即构成犯罪，历朝历代在这方面的规定均十分严明。

首先，严惩擅自改动皇命、官方文书的行为。以唐代为例，记述帝王命令的文书称"制书"，制书即使"旨意参差，或脱剩文字，于理有失者"，各级官员也不得任意修改，须"皆合复奏，然后改正、施行"①。故而《职制律》（总第 114 条）规定："诸制书有误，不即奏闻，辄改定者，杖八十。"对于"官文书"，《职制律》（总第 114 条）疏文解释说："谓常行文书"，并引《公式令》说："其官文书脱误者，谘长官改正。"若各级官员擅自改动官文书，《职制律》（总第 114 条）规定："官文书误，不请官司而改定者，笞四十。"唐代还严惩擅自代判、代署公文的行为，严惩擅自拆阅公文的行为。

其次，严惩官员擅离职守的行为。中国古代很早就有关于严惩官员擅离职守的法律规定，前文所引夏朝羲和擅离职守而遭诛杀即可说明。汉代也有惩治官员擅离职守的"出界"之罪。至唐时，这方面的法律规定已经十分完备。《唐律》规定了严惩官员在官私逃、在职逃亡和私自出界等行为。如《捕亡律》（总第 464 条）规定了对现任官员无故私逃的处罚："在官无故亡者，一日笞五十，三日加一等；过杖一百，五日加一等。边要之官，加一等。"

再次，严惩违反令制的行为。中国古代历朝的法律不仅规定了各级官员的职责内容，同时还通过法律规定了一些其他要求，诸如官员不得泄密，官员不得为自己树碑立传，官员不得非法殴打治下的百姓，有的王朝甚至还规定官员不与部下百姓通婚。这些内容对于约束官员的行为，保证官僚队伍的廉洁起到了一定的积极作用。如唐代《户令》规定："诸州县官人在任之日，不得共部下百姓交婚，违者虽会赦，仍离之。"② 对此，《唐律·户婚律》（总第 186 条）规定："诸监临之官，娶所监临女为妾者，杖一百；若为亲属娶者，亦如之。其在官非监临者，减一等。女家不坐。即枉法娶人妻妾及女者，以奸论加二等；行求者，各减二等。各离之。"

4. 官员贪赃枉法行为的责任

历代统治者都注重运用法律严惩官员贪赃枉法的行为。早在尧舜禹时期，司法官皋陶就制定了昏、墨、贼的罪名，其中墨就是指贪婪败坏官纪的行为。夏朝规定犯这三个罪者均处死刑。商朝则制"官刑"，以"三风十愆"的罪名惩治官员的贪赃枉法行为。西周时期规定了官员的"五过之疵"，即惟官、惟反、惟内、惟货、惟亲，以惩罚审判官徇私舞弊。战国时期的《法经》中《杂法》"六禁"中的"金禁"就是惩罚受贿行为的规定。汉代则将赃罪分为盗和赃两大类，盗指官员们利用职务之便侵吞国家共有财产，赃指接受下属、吏民的贿赂。

---

① 《唐律·职制律》（总第 114 条）疏文。
② ［日］仁井田升：《唐令拾遗》，栗劲、霍存福、王占通、郭延德编译，162 页，长春，长春出版社，1989。

魏晋南北朝对于惩治官员的贪赃枉法行为，也从立法上作了努力。如《魏律》在前代的基础上，把《盗律》中的"受所监受财枉法"，《杂律》中的"假借不廉"以及"呵人受钱"、"使者验赂"等相类似的条文集中在一块，创辟《请赇律》，成为中国最早的惩治贪污的系统化法律。《晋律》把官吏贪污、受贿、枉法断事与不孝、谋杀等重罪并列，作为不能赦免的罪行，首开了唐宋及以后赃罪"遇赦不原"的先河。隋唐是中国古代封建立法发展成熟的时期，反贪立法也随之步入发展和定型阶段。唐朝时，反贪立法主要体现在《唐律》中。《唐律》以国家大法的形式，把有关惩治贪污犯罪的规定通过法律固定下来，并划分了官吏罪与非罪、罪轻与罪重的界限，为惩贪提供了法律依据。在具有法律总纲性质的《名例律》中，对赃罪的几种情形及其区别作了原则性的规定，首次在法律条文中出现了六种非法占有公私财物的犯罪，总称为"六赃"，即强盗、窃盗、枉法、不枉法、受所监临及坐赃，其中枉法、不枉法、受所监临是直接针对官员贪赃枉法行为的罪名。在这六赃罪中，《唐律》明确说明是官员犯罪的条文达52条之多，约占唐律全文的十分之一。明清反贪立法多继承唐宋，但要更系统一些，虽仍沿袭唐宋时期"六赃"的提法，但增加了一些罪名，对监守自盗、枉法赃、不枉法赃、行贿、挪用官物、敲诈勒索以及介绍贿赂等罪，都作了明确的规定。

由此可见，中国古代官员的责任范围是比较广泛的，从官员的选拔到权力行使的所有环节几乎都有官员责任的存在，这对于约束中国古代官员的行为、保证和促进中国古代的廉政建设具有重要的意义。

三、中国古代官员责任体系的特点

中国古代官员的责任不仅形式多样，内容具体，而且在运用和执行过程中也呈现出独特的特点，这些特点正是中国古代官员责任体系促进行政权力合理运用的特点，也是中国古代官员责任体系在当代中国最具生命力的内容。

（一）中国古代官员责任体系的严密性

中国古代官员的责任体系经长期的历史发展，自隋唐以后形成了较为严密的系统：从纵向上来说，涵盖了中国古代各级官员的选拔任用，各级官员的职权范围；从横向上来说，涉及中国古代官员权力行使的各个环节，从而从制度设计上完成了官员权力与责任的全面对应。具体而言，中国古代官员责任的严密性体现在两个方面。

1. 责任形式的多样性

中国古代官员的责任形式是极其发达的，与现代政府官员的责任体系相对应，也可以分为行政责任、经济责任与刑事责任。并且中国古代在官员的三种责任之下均形成了具体的责任形式。

对于官员的行政责任，秦王朝规定有：谇、赀、夺爵、免、废五种形式。汉朝官员的行政责任主要有：罚俸、免、削爵、迁徙、禁锢、鞭杖、督笞等几种形式。至隋唐时，中国古代官员的行政责任进一步规范化，以唐代为例，唐代官员的行政责任的主要形式有：贬降、停解、削阶、永不录用、追及告身、除名、免官等。

对于官员的经济责任，历朝虽各不相同，但其目的均是促进官员依法行使职权。秦代官员在行使权力的过程中，给国家和私人利益造成损害时，要负赔偿责任，被称为"赏"，《秦简》在《厩苑律》、《效律》、《金布律》、《工律》中均有关于"赏"的规定。汉代对官员经济责任称为"罚金",如《汉书·张释之传》引如淳曰:"《令乙》跸先至而犯者,罚金四两。"唐代对官的经济处罚则更为细致,将官员的经济责任与刑事责任结合起来,分为偿而不坐、坐而不偿、既坐且偿三种形式。

对于官员的刑事责任,可以说历代的主要刑种均适用于官员犯罪,隋唐五刑确定后更是如此。除此之外,历代统治者对于官员的违法犯罪还经常法外施加更重的刑罚加以制裁。

中国古代官员的行政责任、经济责任、刑事责任内容的多样性正体现了中国古代官员责任体系的严密性。

2. 官员责任范围的广泛性

责任体系的严密性不仅体现在责任形式的多样性上,而且更主要地体现在官员的责任体系能否笼罩官员行政权力行使的范围,这成为责任体系是否严密的一项重要的标准。

中国古代历朝均努力建立一张庞大的责任网络,试图涵盖官员权力行使的所有环节。从《秦简》的"法律答问"中我们可以发现秦代规定了大量的对官员违法犯令、失职、治狱不直的处罚,虽然其内容尚不成系统,但依然可以看出秦朝法律在这方面的努力。汉律的全貌虽已不能全见,但从史料中可以发现汉代官员的责任范围也是十分广泛的,主要包括违礼犯上、臣下交通、失职不胜任、擅权逾制、欺谩诈伪、故不以实、奸、略、盗、赇、赃等方面。

中国古代法律经三国两晋南北朝的发展,至隋唐完成了全面的法典化。同样,中国古代官员的责任体系也完成了其法典化和系统化。以唐代为例,除《唐律》在《职制律》中集中规定了官员的法律责任外,散见于其他各篇中的官员的法律责任也是极其广泛的,主要包括:官员选任和职权方面的责任、官员在维护君主权威方面的责任、官员在遵守礼仪方面的责任、官员在保证行政效率方面的责任、官员在遵守国家经济管理制度方面的责任、地方官员在依法施政方面的责任、军政官员在军事防卫方面的责任、司法官员在审理案件方面的责任。这些内容几乎涉及国家行政权力从产生到运用的各个环节,体现了中国古代官员责任体系的全面性、严密性。

(二) 中国古代官员责任体系的严格性

从法律实践的要求来看,责任的严格性主要体现立法的细致性和执法的严格性方面。由于行政权力的运用是具体的,所以需要在行政权力行使的末梢上来规范、约束行政权力的行使,这就要求官员责任体系在立法上要细致、全面。但光有立法的细致、全面,而没有执法的严格,这些立法只能是空洞的文字。

从立法的细致性上来看,历朝均从行政权力运用的末梢方面加强官员责任体系立法的建设,以图提高行政效率,防止官员腐败。如秦代规定对于管理饲养牲畜的官员,每年四月、七月、十月、正月评比。若是耕牛,其腰围每减瘦一寸,对管理者要处笞刑十下。[①]《唐律》总第94条对官员的值班这样细微的事情规定:"诸在官应直不直,应宿不宿,各笞二十;通昼夜者,笞三十,若点不到,一点笞十。"《唐律》总第127条规定:官员"诸增乘驿马者,一疋徒一年,一疋加一等。"《唐律》(总第219条)还规定:官员"请输后至,主司不依次第,先给先受者,笞四十。"不仅如此,《唐律》还规定了官员家属犯罪时对官员及其家属的

---

① 参见《秦简·秦律杂抄》,载《睡虎地秦墓竹简》,137页,北京,文物出版社,1978。

处罚，如《唐律》总第 146 条规定："诸监临之官家人，于所部有受乞、借贷、役使、卖买有剩利之属，各减官人罪二等；官人知情与同罪，不知情者各减家人罪五等。其在官非监临及家人有犯者，各减监临及监临家人一等。"再如明代万历十三年（1585 年）制定的《问刑条例》中《吏律・职制》的《贡举非人条例》对于科举考试中作弊行为规定："应试举监生儒及官吏人等，但有怀挟文字、银两，并越舍与人换写文字者……拏送法司问罪，仍枷号一个月，满日，发为民。"这些内容说明代统治者十分注重立法的细致性。

从执法的严格性上来看，中国古代历朝的统治者均十分重视对官员违法犯罪惩罚的严格性。中国古代早在尧舜时就对官员违反职权的行为加以严惩，如《尚书・虞书・尧典》载："乃命羲和，钦若昊天，历象日月星辰，敬授民时。""羲和废厥职，酒荒于厥邑，胤后承王命徂征。……羲和尸厥官罔闻知，昏迷于天象，以干先王之诛，《政典》曰：'先时者杀无赦，不及时者杀无赦。'今予以尔有众，奉将天罚。"①《汉书・王子侯表》也记载了平城侯礼仅因为恐喝取他人鸡，以令买偿就被免去了爵位。《汉书・恩泽侯表》还载：高平侯魏宏、博阳侯丙显，坐不敬，削爵一级为关内侯。《汉书・百官表》载汉成帝阳朔三年（前 22 年），韩立、子渊为执金吾，坐选举不实，免。唐开元十三年（725 年）三月二十日的诏书说："周酷吏来子珣等身在者宜长流岭南，身没，子孙不许仕。"②唐德宗贞元七年（791 年）吏部尚书刘滋、侍郎杜黄裳因科举考试"乖谬奸滥，贿赂成风"③，皆坐削阶。这些内容均表明对于官员的责任立法，中国古代基本上是严格执行的，正因为执法的严格性才使中国古代的不同朝代均出现过政治清明的时期。

（三）腐败犯罪的刑事责任体系严密

腐败犯罪的概念有狭义与广义之分，狭义的腐败犯罪主要是指贪污、收贿犯罪。广义的腐败犯罪包括官员所有的职务犯罪。中国古代无论是狭义的腐败犯罪，还是广义的腐败犯罪，均规定了严密的刑事责任体系。

1. 腐败犯罪罪名体系的严密

从狭义的腐败犯罪来看，中国古代很早就有了罪名的概念，《左传》说："贪以败官为墨……夏书曰：'昏、墨、贼，杀'，皋陶之刑也。"④ 其中"墨"罪可以说是中国古代最早的贪污犯罪。

秦朝虽无明确的"收贿"罪的概念，但却有了对代为保管他人收贿款行为的处理，如《秦简・法律答问》说："智（知）人通钱而臧（藏），其主已取钱，人后告臧（藏）者，臧（藏）者论不论？不论论。"

汉代则对"受赇"、"主守盗"、"受所监临"等的罪名作了明确的说明。如对于受赇，《说文》解释道："以财枉法相谢。"《汉书・刑法志》中颜师古的注解说："吏受赇枉法，谓曲公法而受略者也。"对于"主守盗"，《汉书・刑法志》中有"守县官财物而即盗之"的记载，颜师古的注解说："守县官财物而即盗之，即今律所谓主守自盗者也。""主守盗"的处

---

① 《尚书・胤征》。
② 《唐会要》卷四十一。
③ 《文献通考・选举十》。
④ 《左传・昭公十四年》。

罚，《汉书·陈万年传》中注文解释："律：主守盗，值十金，弃市。"对于"受所监临"，汉文帝前元元年（前179年）下诏说："吏受所监临，以饮食免，重；受财物，贱买贵卖，论轻。"① 这比较明确地解释了"受所监临"的概念。这些概念为隋唐腐败犯罪罪名的体系化准备了条件。

唐代更加注重立法中狭义的腐败犯罪罪名的体系化。唐代以"六赃"罪来处罚非法获取公私财物的犯罪，具体包括：强盗、窃盗、枉法、不枉法、受所监临及坐赃六种。其中"强盗"、"窃盗"为非腐败犯罪，其余的均为腐败犯罪。但《唐律》并不是仅规定六个罪名，而是形成了一个罪名体系，涉及"枉法"的条文有9条，涉及"受所监临"的条文有10条，涉及官员"坐赃"罪的最多，多达25条。《大明律》则专设《受赃》一卷。这样，中国古代形成了比较周密的腐败犯罪的罪名体系。

广义的腐败犯罪，是指官员的职务犯罪。历朝历代对此的规定也十分详细，前文已述及中国古代的立法基本上涵盖了官员行政权力运用的所有范围。以《唐律》为例，现存《唐律》共502条，其中涉及官员犯罪的条文就达246条，几乎占总条文的一半，这也体现了中国古代官员职务犯罪罪名体系的完备。

2. 腐败犯罪刑罚的严厉性

中国古代很早就采用严刑酷法惩治贪官污吏。如夏朝就规定贪婪败坏官纪的"墨"罪要处以死刑，春秋时鲁国大夫叔向处罚贪官羊舌鲋时，援用的就是夏刑，被论"墨"罪，杀，弃尸于市。秦朝强调轻罪重法，以刑去刑，对行贿一钱即处黥城旦，规定贪污与"盗"同罪。到了汉代，汉律规定"吏坐受赇枉法……皆弃市。"②《晋律》首开赃罪"遇赦不原"的先河。唐代虽然用刑轻缓，但对贪贿犯罪处罚却极为严厉，对受财枉法一类的处罚尤为重苛，规定正七品官受财枉法、违法之赃达月俸禄收入总数一半以上者处极刑。监临主司受财枉法，受绢一尺杖一百，一匹加一等，受十五匹即处绞刑。虽有议请减赎和官当制度，但对官吏犯赃则取消一切特权，明确规定对犯十恶及受财枉法者，一律不准使用上请减免的规定。到宋代，"承五季之乱，太祖太宗颇用重典以绳奸匿。"③ 明朝时期，《大明律》降低了死刑的起刑点，规定官吏受财，枉法赃八十贯绞，无禄之人枉法一百二十贯绞。④ 此外，由于朱元璋出身贫苦，所以反贪决心最大，力度也最强：赃至60两以上者，枭首示众，仍剥皮实草，并在官府公座旁各悬一剥皮实草之袋，使之触目惊心。《明史·刑法志》载："帝疑北平二司官吏李彧、赵全德等与桓为奸利，自六部左右侍郎下皆死，赃七百万，词连直省诸官吏，系死者数万人。""胡惟庸、蓝玉两狱，株连死者且四万。"可见，明朝对贪官用刑之酷是历史上罕见的，并创造了剥皮实草这一极为恐怖残酷的刑罚手段。对此，赵翼评论说："明祖惩元季纵弛，特用重典驭下，稍有触犯，刀锯随之。"⑤ 清朝初年也严惩贪官。康熙告谕大臣："朕观自古帝王，于不肖大臣，正法者颇多。今设有贪污之臣，朕得其实，亦必置

① 《汉书·景帝纪》。
② 《汉书·刑法志》。
③ 《宋史·刑法志》。
④ 参见《大明律·刑律六·官吏受财》。
⑤ （清）赵翼：《廿十二史札记·明史》卷三十六。

之重典。""凡别项人犯尚可宽恕，贪官之罪，断不可宽。"① 观中国古代历朝历代，采用重刑惩治贪官污吏，确实起到了杀一儆百的作用，使中国古代王朝在一个时期内保持了政通人和、蒸蒸日上的活力和景象。

总之，中国古代行政机构的廉洁与行政效率的提高，是建立在官员责任体系的严密性、执法的严格性基础之上的。正是在官员责任体系的严密性和执法的严格性上，中国传统社会的吏治法律制度获得与现代以公务员法律制度为核心的行政法相契合的一个基点。

四、古代官员责任体系对现代廉政的启示

中国古代官员责任体系是保证和促进中国古代行政官员恪尽职守、勤政为民的重要手段，也是中国古代行政管理体制具有长久生命力的重要保证。正是在保证和促进行政官员准确地运用行政权力方面，中国古代官员责任体系具有重要的现代意义。

（一）建立完备的公务员行政责任体系

我国公务员责任制度经二十多年的发展，已经形成了以行政责任、经济责任、刑事责任为内容的比较完备的责任体系。这对于加强公务人员的廉政建设、提高行政效率是具有重要意义的。但是，相较于中国古代官员的责任体系，我国现有公务员责任制度还存在着一些不足。我们认为应当从如下几个方面加强建设，提高公务员责任体系的严密性。

1. 明确公务员的行政责任范围

我国《公务员法》在第九章"惩戒"中仅以一个条文（第53条）规定了公务员应承担行政责任的行为。从条文的数量上来说是不足以满足对公务员的惩戒要求的。而且条文内容过于抽象，很难具体适用。如该条第3项规定的"玩忽职守，贻误工作"，而"玩忽职守"根本没有明确的法律含义，"贻误工作"也没有明确的法律标准，这样的条文在实践中很难适用。此外，《公务员法》第53条内容虽多达16项，但其内容的核心并没有围绕公务人员的职权来设定公务员的责任。在一定意义上来说，公务人员滥用职权的行为在《公务员法》中实际上并没有涉及。因此，我们应当借鉴中国古代的经验，在立法上可以制定专门的《公务员责任法》，明确公务员的职权范围，并确定公务员的责任形式、责任范围。

2. 加强公务员行政责任立法的严密性

中国古代官员责任体系的严密性体现在立法的细致性和执法的严格性两个方面。现代公务员责任立法应当借鉴这一经验，一方面要加强公务员责任立法的细致性，将公务员责任立法扩张到行政权力运用的所有环节。另一方面要严格执行有关公务员责任的法律，将公务员法律责任在贯彻执行中落到实处。在立法方面要将立法的触角延伸到行政权力运用的细节、末梢，这样才能有效地制约公务员职权方面的违法犯罪；对于实践中存在的比较突出的问题应当进行列举式立法，这样既符合责任法定的原则，也有利于更好地促使公务员机关及相关人员对照自己的行为，防止发生违法现象；还应建立相应条款，对其他未能一一加以列举的情形进行概括式立法，为制定配套法规依法追究公务员的责任提供上位法的依据。自2007年6月1日起施行的《行政机关公务员处分条例》在这方面已经作出了一定的努力，使一些责任得以具体化、细致化。在执法方面，要强化执法的严格性，绝不能姑息公务员的违法行

为；要强化执法的全面性，要使公务员的所有违法行为都能得到应有的惩罚；要强化执法的程序，使公务员的责任承担建立在严密的法律程序的基础之上。只有从立法的细致性和执法的严格性两个方面加以强化，才能保证现代公务员制度的高效、廉洁。

（二）建立完备的公务员经济责任体系

虽然说我国公务员责任体系中也有经济责任的内容，但其既不在《公务员法》中，也不在《刑法》中，而是在《国家赔偿法》中。其内容只是公务员行使职权侵犯公民、法人和其他组织的合法权益造成损害的赔偿责任，并不是严格意义上的经济惩罚。《国家赔偿法》虽然体现了行政管理的国家责任，但国家责任并不能体现出对公务员的经济惩罚。我国现行的《国家赔偿法》的赔偿顺序实际上使公务员的经济责任处于虚设状态，并不能有效地惩治公务员违反职权的行为。

我们认为应当强化公务员的经济责任，首先应当设立公务员违反职权时的经济罚则，根据公务员违反职权行为的情节建立行政罚金制度，强化公务员个人的经济惩罚。其次，在《国家赔偿法》中部分地变更赔偿顺序，现行的《国家赔偿法》是先由国家赔偿，再向个人追偿。这种顺序易使公务员个人逃脱赔偿责任。我们认为数额较小的赔偿责任由公务员个人直接赔偿，数额较大的由国家先行赔偿，再向个人追偿。同时，对于职权侵犯公民、法人和其他组织的合法权益造成较大、巨大损害的行为，要与刑法相联系，直接规定为犯罪，并同时在刑罚中规定相应的经济惩罚，以打击公务人员的违法犯罪。

（三）建立完备的腐败犯罪的刑事责任体系

现行《刑法》直接规定公务人员刑事责任的条款主要集中在《刑法》第八章"贪污贿赂罪"和第九章"渎职罪"，在现行《刑法》的篇章结构中所处的位置是倒数第二篇和第三篇。从篇章结构的地位上，并不显得其在我国现行刑法中占据最重要的地位。而在中国古代的立法中，官员的违法犯罪在法律的篇章中是处在前列的，体现了刑事立法对官员违法犯罪的重视，如在《唐律》的篇章顺序中，《职制律》紧随《卫禁律》之后，位列全律的第三篇，体现了唐律在立法中对官员违法犯罪的重视。我们应当学习唐律的篇章结构的这一特点，将我国现行《刑法》中的"贪污贿赂罪"和"渎职罪"的位置提前至第三篇和第四篇，以体现刑法对官员刑事责任的重视。

从条文上而言，我国现《刑法》第八章共 15 条，第九章共 23 条，两者共计 38 个条文，另外散见于其他各章有关国家工作人员的违法犯罪条文共 10 条。即现行《刑法》中有关国家工作人员职务犯罪的条文共四十余条，相对于 351 条刑法分则的条文而言，仅占百分之十三左右。而《唐律》全律中涉及官员的违法犯罪的罪名多达 246 条，约占全律的一半。与《唐律》相较，我国现行《刑法》所规定的公务人员犯罪的条文是比较少的。但更主要的是现行刑法中的这些条文不足以涵盖现实中的公务员犯罪的情况，许多公务员人员利用职权之便所进行的违法犯罪并没有有效的条文加以规制。因此，我们应当加强刑事立法中有关腐败犯罪的罪名体系、责任体系的建设，以形成严密的惩治腐败犯罪的责任体系，严厉打击腐败犯罪。

（四）以严厉的刑罚手段惩治腐败犯罪

在中国传统的刑法观念中，官员违反职权的犯罪是极严重的犯罪，在刑罚上也是十分严厉的，从汉唐宋明的刑罚适用上可以发现这一特点。我国现行《刑法》的适用过程中，由于各种原因对腐败犯罪所适用的刑罚存在着一些问题。首先，法定刑起刑点模糊，尤其是死刑的起刑点很不清晰，仅以"情节特别严重"作为死刑适用的条件，导致了司法实践中存在很多问题。其次，腐败犯罪中死刑条款极少，仅在贪污罪中有一项内容涉及死刑，这根本不足以威慑和惩罚腐败犯罪，以致现实生活中造成严重后果的腐败行为得不到有效的惩罚。再次，对轻微腐败犯罪，尤其是行政权力运用的细节和末梢方面的违法犯罪行为没有相应的刑罚措施。因此，我们认为应当借鉴中国古代惩治腐败犯罪的经验，强化刑事立法，以严厉的刑罚手段惩治腐败犯罪行为。

综上所述，我们应当全面借鉴中国古代吏治法律制度的经验，全面建立公务人员的法律责任体系，并在执法中使这些责任体系得到全面地贯彻。尤其是要加强公务人员违法犯罪的刑事责任体系，并以最严厉的刑罚对公务人员的违法犯罪加以严惩。只有这样，才能真正有效地遏止公务人员违反职权、职责和贪污腐败犯罪。

第四节
中国古代监察制度与现代行政监督法

中国古代监察制度源远流长，可以上溯至春秋战国时期，秦汉确立了专职的监察机构，后经历朝的延续和发展而日臻完备，形成了独具特色的监察体制。历代的监察机关和监察官员以纠弹官吏为己任，这对于中国古代社会整饬吏治、惩治腐败，打击贪官污吏，维护社会稳定和发展起到了积极的作用。

一、中国古代监察制度的发展

中国古代监察制度是伴随着中央集权制的建立而诞生的，又随着君主专制的不断强化而发展、完备。其发展过程大致可分为下列六个阶段：

第一，先秦时期的萌芽阶段。夏商周三代已经有监察的因素或监察的活动。春秋战国时期的御史已兼有监察的使命。但这个时期尚未产生专职的监察机构，作为一种严格意义上的监察制度还没有建立。

第二，秦汉时期的形成阶段。秦朝创建御史大夫为中央监察机构，"内承本朝之风化，外佐丞相统理天下"[1]，并在地方设置监郡御史。汉承秦制，在中央设御史府的同时，增设丞相司直和司隶校尉为中央监察官，在地方设立十三部刺史，监察地方二千石长吏。东汉时，御史台成为专职监察机构，"专任弹劾，始不居中主章奏之事"[2]。

第三，魏晋南北朝时期的发展阶段。魏晋以后，御史台逐渐脱离少府，直接受命于皇帝，废司隶校尉，监察机构初步统一，监察权能扩大，自太子以下无所不纠。如南朝齐时的

---

① 《汉书·薛宣传》。
② （宋）林駉：《古今源流至论·续集》卷六《台官》。

御史中丞是"职无不察，专道而行"①。

第四，隋唐时期的成熟阶段。隋设御史台、司隶台、谒者台，分别负责内外监察。唐初废除了司隶台和谒者台，专设御史台，并在御史台下设台院、殿院、察院三院分别监察各级官员，分工明确，互相配合。地方则分十道（后增至十五道）监察区，形成了比较严密的监察网。

第五，宋元时期的强化阶段。宋朝的中央监察制度上承隋唐，下启明清，是中国古代监察制度的转型时期。宋设立谏院，台谏职权开始混杂，趋向合一；地方监察设监司和通判，直隶皇帝。元朝时取消谏院，台谏合一；元朝时地方设行御史台，统辖二十二道监察区，每道设肃政廉访使（提刑按察司），从而使中央与地方在监察机构上走向统一。

第六，明清时期的严密阶段。明改御史台为都察院，又罢谏院，设六科给事中，成为六部的独立监察机构，科道并立；明朝时地方设十三道巡按御史和各省的提刑按察司，同时设督抚，形成地方多重的监察网络。清朝时将六科给事中归属都察院，清朝的地方监察继续沿用明朝的制度。

总之，中国古代的监察制度自先秦萌芽，至清朝而衰，历时两千多年，形成了高度统一和严密的监察制度体系。

二、中国古代监察机构体系

中国古代的监察机构是以御史台的专职监察为主，其他机构监察为辅的机构体系。中国古代的监察机构萌芽于春秋战国时期，其时诸侯相互争霸，国家的存亡维系于国力是否强大。因而魏、楚、秦诸国竭尽全力推行变法改革，以维护统治机器的正常高效运转，保证政府及其官吏的廉洁、高效。因此，各国国君不得不对监察相当重视，以减少和制止官员的贿赂、渎职和暴虐百姓等行为的发生，监察制度的萌芽是这个时期发展的必然结果。当时，在君主的身边出现了兼司监察官员——御史。秦汉以后，为了强化对各级政府及其官吏的监督制约，以监察权制约行政权的行使，御史台这样的专门监察机构就应运而生。

隋唐时，确立御史台为国家的最高监察机关，并在此基础上形成了多重机关共同行使监察职能的监察机构体系。如唐代的监察机构体系主要有：（1）皇帝监察。皇帝监察的主要途径有亲理国务与刑狱、面讯臣僚、批阅奏折、遣派使臣巡察天下等几种形式。（2）御史台的专职监察；如唐代御史台的察院，"第一人察吏部、礼部，兼察祭使；第二人察兵部、工部，兼察驿使；第三人察户部、刑部。岁终殿议最"②。（3）行政机构的监察。唐代于门下省设给事中之职，执掌"陪侍左右，分判省事，凡百司奏抄侍中审定，则先读而署之，以驳正违失"③。（4）勾检系统的监察。唐代从中央到地方，内外官府，皆有勾检官的设置，用以加强国家行政机关内部从上到下的行政监察。隶属于尚书省的都尚书省是全国最高的勾检机构，其左、右丞是全国最高的勾检官员，《唐六典》称："左右丞掌管辖省事，纠举宪章，以辨六官之仪制，而正百僚之文法。"唐代的行政机构中基本上都设有勾检宫殿

---

① （唐）杜佑：《通典》卷二十四《职官六》。

② 《新唐书·百官志》。

③ 《唐六典·中书省》。

员，以及时对百官进行监察。（5）比部的财政监察。比部是唐代尚书省刑部的负责财政检查的监察机构，是全国的财政审计机构，比部的职权范围是："京师仓库，三月一比；诸司、诸使、京都，四时勾会于尚书省，以后季勾前季；诸州，则岁终总勾焉。"① 对于地方财政，比部仅勾会至州级，县级由州府勾会，这样构成了唐代的财政审计监察体系。（6）地方监察机构。唐代的地方行政机构是州、县二级，州以刺史为最高行政首长，刺史同时又是地方行政监察的最高长官。他既负责监察本州及属县的行政官员，同时还负责"每岁一巡属县，录囚徒"，以及纠举百姓"不孝悌、礼乱常、不率法者"和官吏"贪秽、谄谀、求名、徇私者"②。

宋元明清时期，基本上继承了唐代监察机构的体系结构。随着君主专制的加强，对中央与地方官吏的监察特别重视，尤其是授予了专职监察机构更大的权能。宋元两朝的中央监察机构仍称御史台，宋朝沿袭了御史可以"风闻奏事"的做法，进一步规定监察官即便奏错可不问罪，而不奏应受罚。元代在地方上建立了行御史台和肃政廉访史，从事对地方官吏的监察。明清两代改御史台为都察院，并提高了都察长官的品位，以显示监察官员对政府及其官吏监察的权威。

中国古代自春秋战国时出现御史兼理监察以后，东汉出现了专司监察的机构——御史台。汉代以后的历朝都在不断地完善御史台的机构设置，并形成了以御史台专职监察为主，其他监察为辅的监察机构体系，这对于监督中国古代官员的勤政守法起到了极其重要的作用。

三、中国古代的行政监察原则

中国古代的监察制度在长期的发展过程中，逐步地形成了制度运行的基本原则，这些原则指导着中国古代的监察活动，对促进中国古代行政权的准确、合理运用起到了重要的作用。

（一）权力约束与自我约束相统一原则

中国古代的行政监察制度虽然没有完整地提出权力约束与自我约束相统一的原则，但提出了君主权力约束与官员自我约束相统一的原则。中国古代绵延千年的君主专制强调君主至上的地位与支配一切的权力。可以说，君主是中国古代官员行使行政权最大的约束。但君主以一己之力并不能承担对全体官员的全面约束，故而加强了行政监察的法律和制度的建设，以充分监督权力运用过程的合法性和正当性。但中国古代的统治者同时认识到要维护统治阶级的整体利益，必须使官僚集团处于自我约束之中，故而加强了官员的思想道德修养的教育，强调官员要"正"、"俭"、"勇"，如唐代对监察官的道德要求有"凡所取御史，必先质重勇退者"③，"坚明劲削，临事而不挠"④，"直躬正词"，"嫉邪忿佞"⑤，从而提出了监察官

---

① 《新唐书·百官一·比部郎中员外郎》。

② 《唐六典·州县官吏》。

③ 《唐会要》卷六十《御史台上》。

④ 《文苑英华》卷三五九《授肖业、李玄监察御史制》。

⑤ 《唐文粹》卷九十二《唐赠礼部尚书孝公崔沔文集序》。

员的道德自我约束。中国古代还在官员的任用、考核、升迁制度中配合监察制度，使中国古代行政权力的运用受到较严格的限制。

（二）监察权相对独立原则

中国古代长期的行政监察很早就形成了行政监察权相对独立的原则。御史台的设立及其权能、地位的独立性充分地说明了这一原则。御史台官员在监察纠举百官时，只对皇帝负责，既不受丞相与三公九卿的节制，也不受御史台长官的制约，是所谓"御史人君耳目，比户事主，得自弹事，不相关白。若先白大夫，而许弹事，如弹大夫，不知白谁"①。这说明了御史台独立行使职权的重要性。为保证御史台监察活动不受行政机构的干预，唐代法律特别规定御史由皇帝直接颁诏任命，或由御史大夫委派，吏部无权过问。② 但是，中国古代监察机构的独立性是相对其他行政机构的职权而言的，他们对于皇权则根本不具有独立性，这也正是中国古代监察制度最大的局限性。

（三）专职监察与行政机构内部监察相结合的原则

中国古代的监察制度坚持专职机构监察与行政机构内部的层层监察相统一的原则。中国古代的监察机构也是多层次、全方位的，不仅有御史台这样的专门行政监察机构的监察，而且各职能部门还存在上下级之间以及同级官僚之间的监察。此外，比部、勾检部门对财政的层层监察等也成为中国古代监察体制中的重要内容。从而将行政监察的触角伸向国家机器的各个角落，以严防官员朋比为奸，失职、渎职行为的发生。

中国古代监察制度的这三个原则全面地指导着行政监察制度的运作，尤其是监察权相对独立原则对于中国行政监察巨大成就的取得具有极其重要的意义。

四、中国古代监察机构的职权

中国古代监察制度之所以取得很大的成就，更重要的原因在于监察机构和监察官员拥有较大的监察权力，而且在行使这些权力的过程中具有较强的独立性，这是保证中国古代监察制度取得良好效果的最重要的原因之一。

（一）监督检查权

中国古代的统治者同样也赋予了监察机构以监督检查权。早在西汉时就规定监察地方官员的刺史可以"周行郡国，省察治状"③。唐代察院御史主要执掌对地方州县、驿馆事务、军队及派员驻尚书省六部的调查、监督，监察官员可以调查官员的才绩，举荐人才等。这些都体现了中国古代监察官员拥有广泛的监督检查权。

（二）调查权

调查权同样也是我国古代行政监察中的重要权能。如西汉时规定的州部刺史的"六条问事"主要是指刺史有权调查官员的田宅占有超过限度；以强凌弱，欺压百姓；为政苛暴；滥用刑杀，奖赏违法；利用灾变，妖言惑众；选举不平，蔽贤宠顽；依仗荣势，请托徇私；贪

---

① 《大学衍义补·重台谏之任》。

② 参见《唐六典·御史台》。

③ 《通典·职官志》。

污受贿，阿附豪强等犯罪事实。① 元代也规定御史台的职权是"掌纠察百官善恶"②。可见，调查权也是中国古代行政监察机构的重要权能。

（三）监察建议权

中国古代虽然没有明确行政监察建议权的概念，但也有类似的权能。这一方面体现在监察官员在对官员全面调查的基础上可以提出提升、降职的建议。中国古代因监察官员的建议而得到提拔、降职的官员不计其数。如西汉名相萧何在秦时曾受御史的赏识，予以举荐，因萧何坚辞而罢。

另一方面，中国古代监察官员的建议权体现在对君主言行违失的直言规谏。中国古代很早就有谏官的存在，隋朝以前的谏官经常设置在其他部门，如秦时的郎中令，汉时的光禄勋。唐朝时加强了谏诤制度的建设，唐太宗规定凡遇大臣议政和朝廷进行决策时，谏官有权与闻政事，并可当场对政策的得失发表意见。唐时涌现了大量直言敢谏的名臣，如谏议大夫魏征。宋朝时建立了专门的机构"谏院"。元以后，御史台与谏院机构合一，谏诤的职责归入监察系统，监察官也成为纠言之官。清朝在建立都察院时，皇太极指出："凡有政事背谬及贝勒、大臣骄肆慢上，贪酷不法，无礼委行者，许都察院直言无隐，即所奏涉虚，亦不坐罪。倘知情蒙敝，以误国论。""都察院各官，皆朝廷谏诤之臣。"③ 因此，中国古代的监察官员拥有较大的监察建议权。

（四）监察决定权

中国古代的监察机构最重要的权能就是决定权。中国古代实行"弹、惩、治"三权一体的监察运作机制。中国古代的监察机构的决定权很大，轻则可以罢免官员的官职、降低俸禄，重则以刑治罪，而且这种决定权无须征得其他行政部门或者司法部门的同意，如唐肃宗至德元年（756年）下诏说："御史弹事，自今后不须取大夫同署。"④

此外，中国古代的监察决定权还表现在监察官员可以参与司法审讯，具有一定的司法决定权，如唐代以后的会审制度，御史台是重要的会审机构之一。由此可见中国古代行政监察决定权的广泛性和威严性，这也是中国古代行政监察制度能够很好地贯彻执行的重要原因。

中国古代由于其政权结构及运作的特殊性，监察机构的权能还有议政、审核奏章、整束朝仪等，但其主要权能依然是集中于行政监察权。

中国古代监察官员的权力远不止上述的这些内容，但上述权力已经体现了中国古代监察机构和监察官员权力的广泛性和特殊性。正是监察权力的广泛才使中国古代的监察制度发挥了很好的作用。

五、中国古代行政监察制度的现代价值

中国古代的监察制度历经千年，千锤百炼。认真总结中国古代监察制度的经验和特点对于我国现代行政监督制度的建设具有重大的现实意义。中国古代的监察制度对于我国现代行

---

① 参见《汉书·百官公卿表》。
② 《元史》卷八十六《百官志二·御史台》。
③ 《大清令典事例》卷九九八。
④ 《唐会要》卷六十一《御史台中·弹劾》。

政监督法律制度建设具有借鉴价值的内容主要有：

（一）垂直领导的监察体制

监察机构的体制是影响监察职能发挥的核心问题。中国古代统治者在长期的政治实践中，创造性地创立了监察机关独立垂直领导的监察体制。秦时，最高监察机关御史大夫与总管行政的宰相府是并立的，监察地方郡县的御史只对御史大夫和皇帝负责，与郡县的行政、军事长官是监察与被监察的关系。两汉与隋唐的中央监察机关也都是独立于其他机构之外，汉朝在地方设的十三部监察区以及唐朝在地方所设的十道（后改为十五道）监察区，都是垂直领导。元明清时期，中央的最高监察机关照样由皇帝直接领导，并与中央总管行政和军事的机构并立。如元朝的御史台、掌管全国行政的中书省以及掌握全国军权的枢密院并立为中央的三大机构，至于这三大机构的关系，元世祖忽必烈比喻为："中书朕左手，枢密朕右手，御史台为朕医两手。"① 而且元朝在地方设立的行御史台和肃政廉访，直接对中央的御史台和皇帝负责。明朝下属的十三道监察御史，以及在地方设立的十三个提刑按察司，清朝在都察院下设的二十二道监察御史，无疑都是直接对中央都察院负责的。

可见，中国古代从中央到地方所建立的独立的、垂直领导的监察体制，使监察机构从根本上摆脱了中央和地方行政权的干涉，更有利于监察机构独立行使职权，从组织上保证了对各级官吏实行有效的监察，充分发挥了监察机关的职能。

（二）监察机关及监察官员的地位超然

在中国古代社会的国家机器中，监察机构一直占据超然的重要地位，这是监察制度在中国古代政治体制中能发挥重要作用的一个关键因素。秦朝时，作为最高监察官的御史大夫与主管行政的丞相和主管军事的太尉一起并称"三公"，共同辅佐皇帝治理国家、决议大政。作为一般监察官的御史也备受皇帝的依赖，御史常受皇帝亲自指派执行一些特殊的重要使命。东汉时，为了提高监察官的地位，光武帝刘秀于建武元年（25年）"特诏"管监察的御史中丞、司隶校尉和总揽政务的尚书令在朝令时"皆专席而坐"，这三位官员被朝野上下号为"三独坐"，此"言其尊也"②。在这备受尊宠的"三独坐"里，监察官占据了两个席位，这种显赫的地位对百官无疑是一种震慑。唐朝时，总管全国监察的御史台也与掌行政的尚书、中书和门下等省并立，地位极高。元明清等朝的监察机构，也都与总理政务的机构和军事机构处于同等的地位。明太祖朱元璋曾明确指出："国家立三大府，中书总政府，都督总军旅，御史掌纠察，朝台纪纲尽系于此，而台察之任尤清要。"③ 可见，中国古代监察机构和监察官员的超然地位。

此外，秦朝到魏晋南北朝，总管全国监察的御史大夫和御史中丞都由皇帝直接任命。唐朝以后，凡是监察官，不管其职务级别高低，皆由皇帝直接任命。元代规定御史台自选台官，从而摆脱了相权的控制，在一定程度上克服了"宰相自用台官，则宰相过失无敢言者"④的弊端。这是中下级行政、军事官员无法享受的特权地位。

---

① （明）叶子奇：《草木子》卷三。

② 《通典·职官典》。

③ 《明史》卷七十三《职官志二》。

④ 《续资治通鉴》。

（三）监察官的素质优秀

监察机关在中国传统社会中的根本职能是充当皇帝的耳目，故而对监察官的选任，不同于其他部门行政官员的选任，监察官的特殊地位对其素质要求很高。纵观各朝对御史的选任，均有严格的标准，总体上来说有如下几项：（1）监察官须有渊博的知识。西汉中期规定监察官须是"明法律者"。唐以后的朝代大多以进士举人出身者为监察官。明朝时，明成祖认为御史为朝廷之耳目，应用有学识、通达识体者。（2）监察官须刚正不阿。监察官为风霜之任，在官僚队伍中处于防弊除奸的位置，所以必须洁身自好、操履笃实，在政治风暴中能激浊扬清，要有高度的社会责任感和临大节不屈不挠的坚强意志，所以历朝都要求监察官廉洁公正、嫉恶、敢言。（3）监察官须有丰富的实践经验。唐代规定监察官必须在地方州县任过职，唐代很多的御史都是从县尉、主簿、县丞和县令中选拔的。宋孝宗时规定监察御史必须是曾任两任县令者。明代参选的监察官的成员有中书科中书舍人、行人司行人、大理寺评事、太常寺博士、地方官中的府推官、县知县等，这些官职在正七品至八品之间，属中下层官员，但在各个部门中所担负的工作却至为重要。可见，中国古代历朝对监察官员的素质提出了较高的要求。

（四）对监察官员严格管理

中国古代监察官的作用能够得到较好的发挥，还在于对监察官的地位和待遇问题上贯彻了秩卑、回避、权重、赏厚、罚严的管理原则。

1. 秩卑，是指监察官的官品一般不是很高。汉代除御史大夫为秩两千石的上卿外，御史中丞不过千石，侍御史、御史及监察地方的部刺史皆为六百石。[①] 唐代御史台除御史大夫三品、御史中丞五品外，其余三院的监察官皆六品以下的小官，监察御史只有八品。[②] 元以后，御史台或都察院长官的品位虽有提高，但监察御史却一直为七品，直至清雍正年间才升为五品。

2. 回避。由于监察官的特殊地位，在监察官的选任中，必须坚持回避制度。东晋、南朝普遍规定，士族子弟不得任监察官。宋时规定凡宰执所荐之人，以及宰执子弟、亲戚和属官，一概不得充任台官。清时规定三品以上的京官和外督府以上子弟不得选充监察官。

3. 权重，是指监察官的品级虽不高，但权力却很大。汉代品秩仅六百石的刺史可以纠弹品秩过二千石的郡守，其他各朝监察官在行使纠弹权时亦不受品位的限制。

4. 赏厚，是指监察官在监督百官时能尽职尽责，便可得到优厚的奖赏。如汉代刺史如果弹劾了郡国守相，自己可以取而代之。唐代一般官员须经四考以后才能转迁他官，而御史经三考即可迁升。明代，正七品的监察御史、都给事中和从七品的给事，往往外任就为正四品的知府。

5. 罚严。中国古代的监察官如果失察或自身贪暴，处罚极严。宋朝时对监察官不是降职、停职，就是被放罢。元朝时，肃政廉访司的"职官犯赃，比诸人加重，刑而加流"[③]。明

---

① 参见《汉书·百官公卿表》。

② 参见《旧唐书·职官志》。

③ 《元史》卷十八《成宗纪》。

代的法律也规定"凡御史犯罪加三等，赃罪从重论处"①。可见，对监察自身的监督是保证监察效能得到充分发挥的关键之一。

长期以来，中国封建社会基本上都是按照秩卑、权重、赏厚和罚严这样的原则对监察官进行管理的。正如古人所说："秩卑，则其人激昂，权重，则能行志"②，"秩卑而赏厚，威劝功乐进"③。这也正是值得当代中国监察制度借鉴的一个方面。

监察制度在中国古代长期的发展中形成了完备的机构体系、运作原则和成熟的管理制度，这些内容不仅保证了中国古代监察制度运作的实际效果，而且是中国当代行政监察制度应当借鉴、学习的内容。

总之，中国古代累数千年发展的吏治法律制度，对于中国古代社会的稳定和发展起到了极为重要的作用。虽然，其在制度的总体设计上是为专制王权服务的，但效率和廉洁是这一制度体系的内在要求。正是在此点，中国古代的吏治制度依然具有较大的现代价值。

---

① 《明史》卷七十三《职官志二》。
② 《日知录·部刺史》。
③ 《资治通鉴·汉纪·孝哀皇帝中》。

第十一章

传统刑法制度的现代意义

第一节
罪名的设定

一、罪名的体系结构

（一）历史沿革与制度转换

所谓罪名体系是指罪名的种类及其排列顺序。罪名我国古代早已有之，而且种类繁多，但罪名形成体系却是始自《法经》，到清朝为止一共形成了三种各具特色的罪名体系：第一种是以《法经》为标志所确立的以盗贼为中心的罪名体系。第二种是以《唐律》"十恶"为核心的罪名体系。第三种是以《明律》确立的以"六部"统辖的罪名体系。

1. 早期的"盗、贼"罪名体系

盗、贼是古代刑法最为看重的两类犯罪。盗是侵犯财产方面的犯罪，贼是侵犯人身方面的犯罪，二者在古代有严格的区分。"害良曰贼……窃货曰盗"①，"杀人不忌为贼"②，"无变斩击谓之贼。……取非其物谓之盗"③，"盗贼并言者，盗谓盗取人物、贼谓杀人曰贼"④。自《法经》、《秦律》、《汉律》、《唐律》直至《明律》、《清律》，都以"盗"、"贼"作为其法律的篇名，都是从人身与财产不同意义上使用"盗"、"贼"的，只不过次序排列不同而已。

《法经》的具体内容已经失传，但是从后世的著作中可以看出其篇目。根据记载："悝撰次诸国法，著法经。以为王者之政莫急于'盗贼'，故其律始于'盗贼'，'盗贼'须劾捕，故著网（即囚）、捕二篇，其轻狡、越城、博戏、借假不廉、淫侈逾制以为杂律一篇，又有其（即具）律具其加减，是故所著六篇而矣，然皆罪名之制也。"⑤ 从上述叙述中可以看出，《法经》共有六篇：一、盗法；二、贼法；三、囚法；四、捕法；五、杂法；六、具法。从

---

① 《荀子·修身》。
② 《左传·昭公十四年》。
③ 《荀子·修身》。
④ 《晋书·刑法志》。
⑤ 《晋书·刑法志》。

篇幅上可以看出，盗和贼各占一篇，囚法和捕法是为缉拿、囚禁盗贼而设的网捕法律，其他各法因为较轻，都在杂法里面，具法是解决刑罚适用法律问题的。从排列顺序上讲，盗、贼排在《法经》的最前面，体现了《法经》打击的犯罪重点，形成了以"盗、贼"为中心的罪名体系。

《法经》的指导思想就是"王者之政，莫急于盗贼"，所以从该罪名体系可以看出，《法经》的打击锋芒集中指向威胁封建地主阶级政权和他们私有财产制度的所谓"盗、贼"，首要目的在于确立和巩固封建地主阶级对广大农民的专政，反映了当时的贵族及新兴的封建士大夫加强、维护其地位的意志。

《秦律》体例取自《法经》，罪名亦沿而不改，同样将盗贼作为最重要的罪名，置于中心地位，其他罪名则围绕着盗贼罪名而设。秦朝封建统治者对"盗贼"亦十分害怕，视为王者之急政。秦墓竹简《法律答问》共有一百九十条，其中有关"盗"、"贼"的就有五十八条，占其总数的30.5%，而且多处重刑。《法律答问》的解释中有三分之二的内容是有关盗贼以及其刑罚适用的。据记载："秦之法、盗马者死，盗牛者加。"① 特别是对于"群盗"，杀之无罪。而对于"贼"，也是极其严厉的。"贼入甲室，贼伤甲，甲号寇，其四邻、典、老皆出不存，不闻号寇，问当论不当？审不存，不当论；典、老虽不存，当论。"② 他人犯罪，株连被害人四邻和乡村典、老，即使典、老当时不在家也不能幸免。可见其严苛到何等程度。

汉《九章律》已失传，其具体内容亦无法查考，但据后人记载："汉承秦制，萧何定律，除参夷连坐之罪，增部主见知之条，益事律兴厩户三篇，合为九篇。"③《唐律疏议》亦说："周衰刑重，战国异制，魏文侯师于李悝，集诸国刑典，造《法经》六篇。……商鞅传授，改法为律；汉相萧何，更加悝所造户、兴、厩三篇，谓九章之律。"由此可见，《九章律》的篇目应为：一、盗律；二、贼律；三、囚律；四、捕律；五、杂律；六、具律；七、户律；八、兴律；九、厩律。汉《九章律》一方面废除了秦律中参夷连坐等苛刑峻法，另一方面适应社会发展的形势，又增加了户、兴、厩三个方面的刑事犯罪内容，为以后刑事立法开创了先例。尽管如此，盗、贼仍是罪名体系的中心。

2. 以"十恶"为核心的罪名体系

以"盗、贼"为中心的罪名体系虽然在一定程度上维护了封建地主阶级的利益，但是这种罪名体系过于简单，只能适应较为简单的社会状况，随着社会的进一步发展，需要用法律调整的事项越来越多，这种罪名体系在汉代后期就已经不能适应社会的发展了。因而《魏律》较之汉《九章律》新增劫掠、诈伪、毁亡、告劾、系讯、断狱、请赇、惊事、偿赃等章，并"改旧汉律不行于魏者皆除之"，共成十八篇，即：（一）刑名；（二）盗律；（三）贼律；（四）囚律；（五）捕律；（六）杂律；（七）户律；（八）劫掠律；（九）诈伪律；（十）毁亡律；（十一）告劾律；（十二）系讯、断狱律；（十三）请赇律；（十四）兴擅律；（十五）乏留律；（十六）惊事律；（十七）偿赃律；（十八）免坐律。④《晋律》在汉《九章律》基础之上新增十一篇，共二十篇，具体如下：（一）刑名；（二）法例；（三）盗律；（四）贼律；

---

① 《盐铁论》。
② 《秦简·法律答问》。
③ 《晋书·刑法志》。
④ 参见《晋书·刑法志》。

（五）诈伪律；（六）请赇律；（七）告劾律；（八）捕律；（九）系讯律；（十）断狱律；（十一）杂律；（十二）户律；（十三）兴律；（十四）毁亡律；（十五）卫宫律；（十六）水火律；（十七）厩律；（十八）关市律；（十九）违制律；（二十）诸侯律。①

魏、晋增加了罪名，纠正了汉代的弊端，但又产生了新的弊端：罪名滋长、烦而不要。为此，北齐时大胆创新，制定出了"法令明审、科条简要"的《北齐律》，共十二篇：（一）名例；（二）禁卫；（三）婚户；（四）擅兴；（五）违制；（六）诈伪；（七）斗讼；（八）盗贼；（九）捕断；（十）毁损；（十一）厩牧；（十二）杂。②最为重要的是北齐首创"重罪十条"，即一曰反逆，二曰谋大逆，三曰叛，四曰降，五曰恶逆，六曰不道，七曰不敬，八曰不孝，九曰不义，十曰内乱。③重点打击威胁封建统治阶级利益的犯罪。隋朝因而循之，把"重罪十条"改为"十恶"，奠定了以"十恶"为核心的罪名体系的基础。《唐律》继承了这种体系，把"十恶"重罪确定为：一曰谋反，二曰谋大逆，三曰谋叛，四曰恶逆，五曰不道，六曰大不敬，七曰不孝，八曰不睦，九曰不义，十曰内乱。④且把"十恶"不赦大罪列在首篇，以突出打击威胁封建政权的重罪。《疏议》曰："五刑之中，十恶尤切，亏损名教，毁裂冠冕，特标篇首，以为明诫，其数甚恶者，事类有十，故称十恶"，这就是《疏议》对十恶重罪的总的否定评价。"十恶"在本质上是违反纲常伦理的行为，是同社会根本制度相抗衡的严重犯罪行为，以"十恶"为核心的罪名体系就是为了保证有效地维护政权的安全，并兼顾社会秩序和个人安全与利益的维护。根据《唐律》的体例，"十恶"重罪既在名例篇集中规定，又在各篇中分散规定，即首先在名例篇中对其进行总的否定评价，然后分别在各篇中对其具体定罪量刑。

在以"十恶"为核心的罪名体系下，所有十种罪名分为三类：危害国家和政权安全的罪名、危害个人安全与利益的犯罪以及维护国家司法权威的犯罪，排列顺序正好反映了国家重点保护的客体与重点打击的犯罪。以"十恶"为核心的罪名体系一方面体现了对封建统治阶级利益的保护，另一方面又适应了复杂的社会情况，成为新的罪名体系。

3. 以"六部"统辖的罪名体系

以"十恶"为核心的罪名体系对中国后世影响深远，但是随着生活的变迁，至两宋时代就出现了"律不足以周事情"的情况，即律典所确立的罪名已经无法适应社会的变迁，因而宋代经常用编敕、编例的方式进行弥补。到了明朝，尽管一直想恢复隋唐时期的罪名体系，但终因与社会现实相冲突，加上明朝废除宰相制，实行六部制的政治变革，《明律》最终确定了以中央六部名称统辖的新罪名体系。这种罪名体系分为三个层次：第一层次以中央六部的设置为根据，将所有的罪名纳于六部吏、户、礼、兵、刑、工名称之下。第二层次在六部之下设立二十九种罪名：职制、公式、户役、田宅、婚姻、仓库、课程、钱债、市廛、祭袍、仪制、宫卫、军政、关津、厩牧、邮驿、贼盗、人命、斗殴、骂詈、诉讼、受赃、诈伪、犯奸、杂犯、捕亡、断狱、营造、河防。加上名例一卷，共三十卷，亦称三十门。第三层次是在上述二十九种犯罪之下设立了四百余种具体的犯罪罪名，形成了完整的体系。清朝

---

①　参见《晋书·刑法志》。

②　参见《隋书·刑法志》。

③　参见《隋书·刑法志》。

④　参见《旧唐书·刑法志》。

制定《大清律例》对明朝的罪名体系完全继承。①

相比较而言，以六部统辖的罪名体系与以"十恶"为中心的罪名体系，存有明显进步，表现在以下两个方面：第一，涵盖范围广泛，适应了社会的发展。第二，按照各罪违反的法律秩序的性质分类，对犯罪的认识进一步提高，概括能力加强，也更为集中，便于适用。但是，缺陷在于分类的标准不伦不类，六部本为政府机关的职务名称，而不是罪名的分类标准，因此导致名不符实，体系混乱。但有一点应该强调，尽管罪名体系根据社会发展的实际情况发生了变化，"十恶"及其在罪名体系中的地位仍然继承了下来，仍然是罪名体系的核心，这也反映了封建制度的本质。

从罪名体系的演变可以看出来，每一种罪名体系都是适应当时社会发展的实际情况制定的，这三种罪名体系标志着我国奴隶和封建社会两次创造性的转换：第一，从早期的"盗、贼"罪名体系到以"十恶"为核心的罪名体系，这一转换的标志是在刑法保护内容上的明确，在脱离了早期罪名立法的朦胧状态之后，着重强调了皇权的重要保护价值，以及封建宗法礼教在社会生活中的重要地位，充分反映了封建社会价值观的转变与成型，这一转型支配了我国古代社会相当长的时期，影响深远。第二，从以"十恶"为核心的罪名体系演变到以"六部"统辖的罪名体系，这一转换体现了立法技术上的进步。两者在保护封建皇权与宗法礼教的重点上是一脉相承的，以"六部"统辖的罪名体系也是对以"十恶"为核心的封建皇权与伦理价值的重点保护。但是，在立法技术上采取了按照犯罪所侵犯的法律秩序的性质来归类，反映了立法概括能力的进步，在法理上也更趋成熟与精致，从而对社会的调控能力也随之增强。

（二）现代意义

从古代罪名的体系上所反映的重点保护价值与立法技术对我们当代的罪名体系立法有重要的借鉴意义，概括起来有以下几点：

1. 建立科学合理的罪名体系是非常重要的。随着社会分工的复杂化，越来越多的社会关系需要刑法进行调整，这就导致刑法中罪名很多，如果不合理地进行分类就会造成古人所说的弊端：罪名滋长、烦而不要。因此要结合实际，对罪名进行合理的划分，做到标准统一、体系完整，以便于查找和适用。

2. 罪名体系必须反映出刑事立法打击的重点行为与保护的重点价值。采取何种分类标准主要取决于社会对犯罪的认识程度，无论是以"盗、贼"为中心的罪名体系，还是以"十恶"为核心的罪名体系，都是围绕统治阶级重点打击的犯罪进行分类的，以凸显刑法打击和保护的重点。

3. 罪名的排列顺序彰显着刑法的价值观念，也非常重要，我国古代的罪名体系都是把最严重的犯罪排在刑法的前面。

4. 罪名体系必须有合适的分类标准。古代以"六部"统辖的罪名体系以犯罪所侵犯的法律秩序的性质为基础，能扩大犯罪的容纳量，并且有统一的标准可循。

我国1997年《刑法》基本上借鉴了古代刑事罪名立法的优点，分则分为十章，根据犯罪的性质、侵犯的同类法益进行分类，同类罪排列在一起，便于查找适用。但是美中不足的

---

① 参见杨一凡主编：《新编中国法制史》，269～272页，北京，社会科学文献出版社，2005。

是，在法典的排列上，依然把危害国家的犯罪排在前面，而没有把侵犯公民人身、财产的犯罪排在前面。在奴隶和封建社会实行国家本位主义，当然要把最严重的侵犯封建统治秩序的犯罪排在前面，而在如今倡导公民权利、重视个人权益的情况下，理应把侵犯公民人身和财产的犯罪排在罪名体系的前面。

二、渎职罪

（一）历史沿革与制度转换

我国最早的渎职罪始于夏朝，夏朝司法中就有渎职罪。《左传·昭公七年》引《夏书》关于"掌天师"羲和因喝酒擅离职守，昏迷于"天象"而被治以死罪的记载，是迄今关于追究官吏渎职责任的最早文字记载。全文大意是：仲康时，职掌天文之官羲和，玩忽职守，荒废于酒，对于天象完全昏迷无知，因而犯了先王杀头之法。到了商朝，为预防和减少官吏违法犯罪，专门制定了法律《官刑》。伊尹将商汤在位时即已经制定的《官刑》重新修订，即为《伊训》，其目的是儆戒有权的人物："制官刑，儆于有位"，达到"居上克明，为下克忠"的目的。其中规定有"三风十愆"的罪名，从作风上、道德上、政治上来管束官吏和当权者。惩罚官吏的职务犯罪是国家管理活动的需要，官吏职务犯罪的内容及制度，随着国家政务管理活动的发展变化而发展变化。

西周渎职方面犯罪的罪名更为发达，如司法官的"五过"是西周时有关法官责任的法律规定，"五惟"是造成"五过"的原因，即所谓"五过之疵"。"五惟"① 即惟官、惟反、惟内、惟货、惟来，即各种不正之风。"惟官"是指畏惧权势，尝同官位与吏旧同僚；"惟反"是指徇私枉法，诈反囚辞，拒讳实情而不承服；"惟内"是指为亲属徇私枉法，内亲用事，或望其意而生曲笔；"惟货"是指贪赃枉法，行货于吏，吏受财枉法；"惟来"是指囚犯与旧吏相往来。奴隶主统治者就通过这些亲朋好友或故旧相识等人事关系，相互授受贿赂，说情行私，使办案衙门及其官吏徇私枉法，作出故意颠倒黑白的冤、纵裁判，却以"五过之疵"赦免其罪责。对于这类枉法裁判者，按照《吕刑》的规定，一方面强调办案人员的善良、秉公，以保证公正，但同时它又把某些不良行为排除在刑罚之外，说明统治阶级的官官相护。

《法经》也有涉及官吏渎职罪的部分记载："博戏罚金三布。太子博戏则笞，不止则特笞；不止则更立。曰嬉禁。禁群相居，一日以上则问，三日、四日、五日则诛，曰徒禁。"② 秦朝最高统治者也非常重视治吏，《秦简》不仅证实了秦国存在一个明确的官吏考核制度，还给我们提供了考核所采用的标准，比如考核官员的"五善"、"五恶"。"五善"指"中（忠）信敬上"、"精（清）廉毋谤"、"举事审当"、"喜为善行"、"龚（恭）敬多让"。并对获得"五善"的官吏给予奖赏。五恶是"似"、"贵以大（泰）"、"擅（制）割"、"犯上弗智（知）害"、"贱士而责贷（贝）"。"五善"、"五恶"的规定明显是对官吏进行道德教化，并把官吏的道德行为列入考核范围。

汉律也严惩官吏渎职行为。据《汉书·刑法志》记载，汉律规定官吏贪赃枉法或监守自盗，处重刑，率军出征误期处斩刑。汉武帝时，为了督促地方官吏缉捕所谓"群盗"，还专

---

① 《尚书·吕刑》。
② 《晋书·刑法志》。

门制定了《沈命法》。按照该法规定，如有"群盗"，主管官吏未发觉，或已发觉而未全部捕获者，不论官职大小，一律处死。及至唐朝，对官员的渎职犯罪的规定更是达到了高峰，不仅制定了专门的行政法规《唐六典》，更在《唐律》十二章中规定了具体的渎职罪，其中有七篇用超过半数的条款规定，渎职罪的罪名占了总罪名的半数，由此可见对渎职犯罪的重视。唐以后，宋元明清延续了唐朝重点治吏的传统。

各个朝代无一不重视渎职犯罪，官吏渎职性犯罪法律在中国传统法律中地位的重要性随着中国官僚体系的成长成熟和重要性的提高而不断增长，以致成为法律中最重要的一部分。在后来的法律中，比如唐律，发现许多秦律的原型并不困难，而唐律的渎职犯罪又对后世的渎职犯罪的规定影响深远。在历史的发展转换中，渎职犯罪呈现以下几个特点：一是精致系统化。以律治吏的思想和实践不断强化，官吏渎职犯罪的规定越来越精致、规范并法典化。二是儒家化。儒家思想对渎职犯罪有深远的影响，以"八议"为代表的官员减免特权一步步具体化。官吏的特权，程序上的和实体上的，堂而皇之地进入法典。儒家思想与渎职犯罪相辅相成，体现了传统以及当代学者的论断，即实际上是"内儒外法"①。三是严厉化。使用严刑重罚以至恐怖手段作为控制官僚工具的做法在汉代以后的历朝历代从没停止过，而且有时达到走火入魔的程度。而这也得到包括顾炎武这样的清朝著名学者的肯定并高度赞扬，对不法官吏施以严刑重罚以至把恐怖手段作为控制官僚机器有效运转的工具的做法在所谓法律儒家化以后的汉朝以降的历朝历代迄未中断。② 在许多相同的渎职犯罪的处罚上，唐律都要比秦律严厉，尽管秦律被历代认为是严刑峻法的典型。为此，我国学者顾炎武曾有一段精彩的评论："汉兴以来，承用秦法以至今日多矣，世之儒者言及于秦，即以为亡国之法，未及之深考乎"③。儒家化与严厉化特征使得古代渎职犯罪呈现严厉与宽恕并存的局面，导致古代官吏在法律上处于既享有特权同时又受从严监督的双重地位。④

（二）渎职罪的内容

渎职罪在古代罪名体系中占据了重要的位置，罪名繁多，大体上可以分为一般渎职罪和特殊渎职罪。

1. 一般渎职罪

一般渎职罪指一般官吏均可能触犯的罪名。根据历代刑律的规定，一般渎职罪又大致可以分为擅权之罪与失职之罪。

（1）擅权之罪。主要有以下罪名：

第一，置官过限及不应置而置。唐朝《职制律》有"官有员数"的规定，其具体内容是："诸官有员数，而署置过限及不应置而置（谓非奏授），一人杖一百，三人加一等，十人徒二年；后人知而听者，减前人署置一等；规求者为从坐。被征须者勿论。即军事要速，量事权置者，不用此律。"唐朝各级官府有权自行委任的人员，都应根据所确定的人数，不得突破，否则就是犯罪。这主要是为了避免机构的臃肿以及官员任用私人。

---

① 胡世凯：《中国传统法律中的官吏渎职罪研究》，162、163 页，北京，中国政法大学出版社，2002。
② 参见胡世凯：《中国传统法律中的官吏渎职罪研究》，152 页，北京，中国政法大学出版社，2002。
③ 胡世凯：《中国传统法律中的官吏渎职罪研究》，78 页，北京，中国政法大学出版社，2002。
④ 参见钱大群主编：《职务犯罪研究》，45 页，南京，南京大学出版社，1996。

第二，刺史县令私出界。唐朝《职制律》规定："诸刺吏、县令、折冲、果毅，私自出界者，杖一百（经宿乃坐）。"唐朝州、县均有划定的地界，不因公事，官员不得擅自超过界限，若私自出界，就是犯罪，在外过夜的，杖一百。

第三，长吏辄立碑。唐朝《职制律》规定："诸在官长吏，实无政迹，辄立碑者，徒一年。若遣人妄称己善，申请于上者，杖一百；有赃重者，坐赃论。受遣者，各减一等（虽有政迹，而自遣者亦同）。""吏六百石以上，皆长吏也。"① 此条主要是为了避免官员虚报政绩，甚至伪造事实，邀功请赏，紊乱朝政。唐朝以后，明清沿而不改。

第四，上言大臣德政。《大清律》有禁止上书大臣美德与政绩的规定："凡诸衙门官吏及士庶人等，若有上言宰执（执政）大臣美政才德者（非图引用，便系报私），即是奸党。务要鞫问穷究（所以阿附大臣）来历明白。犯人（连名上言，止坐为首者）处斩（监候），妻子为奴，财产入官。若宰执大臣知情，与问罪；不知者，不坐。"该条主要是针对严重危及皇权的结党营私行为所设，起源于明，因明朝对元朝的吏治腐败，深怀戒惧，对臣僚结党营私最为痛恨，这是一种典型的客观归罪，充满了政治斗争的意味。

此外，还有许多擅权方面的渎职犯罪，比如擅自兴造。至于违背皇帝命令，未先奏明皇帝而擅自改正、弃毁制书和官文书、大臣专擅选官、擅勾属官等行为都属于擅权方面的渎职犯罪。

（2）失职之罪。主要有以下罪名：

第一，贡举非其人。唐朝《职制律》规定："诸贡举非其人及应贡举而不贡举者，一人徒一年，二人加一等，罪止徒三年（非其人，谓德行乖僻，不如举状者。若试不及第，减二等。率五分得三分者，不坐）。"在人才举荐的过程中，举非其人，或该举不举，或者推举应试考不及格的，就构成此罪。自汉律有始就已经有"选举不实"的犯罪了。据记载汉明帝即位后下诏曰："今选举不实，邪佞未去，权门请托，残吏放手，有司明奏其罪，以正举者。"②

第二，稽缓制书官文书。唐朝《职制律》规定："诸稽缓制者，一日笞五十，一日加一等，十日徒一年。其官文书稽程者，一日笞十，二日加一等，罪止杖八十。"朝廷的文书都有实行的期限，如果是皇帝颁布的制书，需即日行下，也就是立即执行。其他文书，以文书的分量与缓急为标准，都规定有具体限期，超过就是犯罪。

第三，不言及妄言部内旱涝霜雹虫蝗。唐朝《户婚律》规定："诸部内有旱涝霜雹虫蝗为害之处，主司应言而不言及妄言者，杖七十。覆检不以实者，与问罪。若致枉有所征免，赃重者，坐赃论。"唐朝重点治吏，规定州县官吏负有保境安民的责任，如果辖区内如有旱涝霜雹或者天灾虫患，应及时上报，地方官吏胆敢玩忽职守，隐瞒不报，或不如实上报，即是犯罪。

第四，部内田畴荒芜。唐朝《户婚律》规定："诸部内田畴荒芜者，以十分论，一分笞三十，一分加一罪，罪止徒一年。"封建王朝特别重视田桑，有对官员农业生产管理上的失职之罪的规定。如果在自己管辖的辖区内，荒芜土地的，各级地方官都要负责。罪行轻重以

---

① 《汉书·景帝纪》。

② 《后汉书·明帝纪》。

受灾面积计算，递加处罚。这对于封建王朝保证朝廷税收财政收入与国家安定是十分重要的，对百姓的生活也是有积极作用的。

另外，对于制书有误、受制出使事毕，因它事而不返制命、应当向朝廷奏明的事项而未奏明，不应奏明的事项而奏明的、对堤防不进行维护或修护失时的，主司不提供医药救治、饮食供应的，由于监临官的过失造成在役人员伤亡的、脱漏户口的等都是失职方面的犯罪。

2. 特殊渎职罪

因为法律调整的社会关系的缘故，古代比较典型的特殊渎职罪大致可以分为两种：司法渎职罪和军事渎职罪，尤其典型的是司法渎职罪。主要有以下罪名：

第一，出入人罪。唐朝《断狱律》规定："诸官司出入人罪者（谓故增减情状足以动事者，若闻知有恩赦而论决，及示导、令失实辞之类）。若入全罪，以全罪论；从轻入重，以所剩论；刑名易者，从笞入杖、从徒入流亦以所剩论，即断罪失于入者，各减三等；失于出者，各减五等。若未决放及放而还获，若囚自死，各听减一等。即别使推事，通状失情者，各又减二等；所司已承误断讫，即从失出入法。虽有出入，于决罚不异者，勿论。"唐律首先把审判官定罪判刑上的违法行为统称为"出入人罪"。然后"入罪"与"出罪"又各分为"故意"与"过失"两种，共四种：故意入人罪，故意出人罪，过失入人罪，过失出人罪。在出入罪的幅度上又区分为出入"全罪"及出入轻重的不同情况，规定了不同的刑罚。明、清律承袭了这项规定并有所发展。

第二，断罪不依律。唐朝《断狱律》规定："诸断罪皆须具引律，令，格，式正文，违者笞三十。若数事共条，止引所犯罪者，听"。该条要求司法官员断罪必须正确引用法律条文，如果断罪不详尽引用法律条文，便会使案件发生舛误造成冤假错案，就要处以刑罚。但对一人犯数罪的，允许只引所犯重罪的条文。

第三，主守导令囚翻异。唐朝《断狱律》规定："诸主守受囚财物，导令翻异；及与通传言语，有所增减者，以枉法论，十五匹加役流；三十匹，绞。"驻守即指专司囚犯、监狱管理的官员，如果接受囚犯财物，诱导、指使囚犯翻供，或者通风报信的就构成司法方面的渎职罪。

唐律在依法受理、依法审判、依法刑讯、依法执行等各方面都规定有相应的罪行，比如断罪应言上而辄自决断、拷囚过度、于本状之外别求他罪、拷决孕妇、有疮病不待差而拷、领徒应役而不役、应禁而不禁、囚应请给衣食医药而不请给等司法方面的渎职犯罪，体现了古代刑法对司法过程的重视与精通。

有学者认为，《唐律》关于公务犯罪的规定，有如下特点：（1）将《职制篇》放在十分显著的位置，继名例、卫禁篇之后，是为第三篇，可见唐朝统治者对官吏渎职行为非常重视。（2）采取集中与分散规定相结合的方式，规定了范围广泛的公务犯罪。（3）内容丰富、具体而详尽。（4）对各种公务犯罪做了严格而详细的处罚规定，并且注重根据社会危害性的大小决定刑罚的轻重。[①]

---

① 参见周振想主编：《公务犯罪研究综述》，26页，北京，法律出版社，2005。

（三）现代意义

从以上对古代渎职犯罪的分析可以得出一个基本的结论：从严治吏。[①] 自秦汉以来，从严治吏的思想就贯穿在历代王朝的治国方略中，各封建政权对百姓的统治都是通过各级官吏的职务行为来实现的，因而官吏的作用至关重要。尤其是法家，更是将以律治吏作为治国的第一选择，其原因就在于法家认为这是最为有效与实用的统治之术："人主者，守法责成以立功者也。闻有吏虽乱而有独善之民，不闻有乱民而有独治之吏。故明主治吏不治民。"[②] 韩非子更是用了一个生动的比喻，来说明官吏的作用："救火者，吏操壶走水，则一人之用也；操鞭使人，则役万夫。故圣人治吏不治民。"[③] 清朝雍正皇帝讲得更清楚："治天下唯以用人为本，其余皆枝叶事耳。"[④] 所以，"明主治吏不治民"就成为历代统治者遵守的定律。从严治吏的思想主要表现在以下两方面：一是严格任用。我国封建王朝建立了严密的人才选拔制度，从汉代的选举制到魏晋时期的九品中正制直至在我国封建王朝实行了很长时间的科举制，其目的就在于选拔合适的人才，为统治阶级服务；二是严格赏罚。赏善罚过是使用人才的最根本措施。尤其是对官吏实行的严刑峻法，已经成为整个封建法制的一部分。

封建国家对司法官吏职务犯罪的严厉的监督与处置，其根本目的是维护封建统治，提高统治效能，但确实能在一定程度上对官吏的违法犯罪起到抑制作用，有相对的进步作用。封建国家的吏治虽然比起现代社会真正的民主制来有很大的局限性，但是毕竟也体现了对权力的制约与监督。几千年来，封建刑律在惩治和预防职务犯罪上有丰富的经验，我们今天欲从立法及司法上加强对现行刑法中"渎职罪"的研究，这种从严治吏的思想对我们建立社会主义法治国家，做到依法治官，依法治权有一定的借鉴作用。[⑤] 具体表现在以下几个方面：

1. 借鉴古代渎职犯罪广泛性的特点

涉及官吏渎职罪的条款在《唐律》中数量最多，有关官吏渎职罪的条款占全部条款的一半以上，与国家和皇帝直接安全有关的犯罪就大约有九十条。而且渎职罪的范围非常广泛，涉及管理活动的方方面面，大到危及皇帝的人身安全，小到携带的随身衣物，都有可能构成渎职犯罪，许多小的违纪行为，比如"诸在官应直而不直、应宿而不宿"、"诸官人无故不上及当番不到"、"诸之官限满不赴者"等，都被认为是刑事犯罪。渎职罪规定如此详细，是任何其他类型的犯罪所无法比拟的。另外，渎职罪的主体也非常广泛，除了各级官吏之外，还扩大到其他人员，如在宫廷里担任守卫任务中的渎职行为就不限于将官。《卫禁律》"官卫冒名相代"条，就规定冒名顶替入宫警卫的，从正三品以下的武官到一般军士，都可构成此罪。管理乡务的里正、负责传邮公文的驿使，都可成为渎职罪的主体，甚至在清律里面更直接将太监作为渎职罪主体规定在条例中。法网如此严密，以至于任何人都会因为自己的渎职行为受到惩罚。这一点与我国学者提倡的法网严而不厉的刑事政策思想是一致的。

---

① 从严治吏，不仅体现在处罚的广泛与严厉上，还体现在责任追究中的许多特殊原则上，比如在追究监临官失却统摄职责罪责时，以事后共犯与片面共犯的理论追究放任下级犯罪者的罪责，强化连带责任等。参见钱大群：《中国法律史论考》，367～373 页，南京，南京师范大学出版社，2001。

② 《韩非子·外储说》。

③ 《韩非子·外储说》。

④ 《雍正朱批御旨》。

⑤ 参见高绍先：《中国刑法史精要》，321～322 页，北京，法律出版社，2001。

2. 借鉴古代严厉处罚渎职犯罪的原则

严厉性是古代渎职犯罪更明显的特征。这表现在以下几个方面：第一，惩罚的严厉性。在古代刑法中，直接反对皇帝的犯罪，如谋反、谋叛等是最严重的犯罪，被处以最重的刑罚。但渎职犯罪与这些属于"十恶"的犯罪相比，刑罚也相差不甚远，也是在最重考虑之列。例如，唐律规定的出入人罪，分为四种：故意入人罪，故意出人罪，过失入人罪，过失出人罪。在出入罪的幅度上又区分为出入"全罪"及出入轻重的不同情况，规定了不同的刑罚，法官故意增减犯人之罪，要承受犯人所增减之刑罚同样的刑罚。在与为皇帝服务直接相关的犯罪中，有二十多种犯罪应被处以死刑，其中有九种属于渎职罪。由此可见对渎职犯罪的惩罚力度。第二，不要求结果。《唐律》中的许多渎职罪不必有预谋或过失的结果，也不以伤害或损害作为必要条件就可以构成。甚至有许多犯罪也不区分故意和过失，在秦律中有"戍边，失期当斩"① 的规定，即不区分情节，只要发生刑律中所规定的后果，一律论处，这是一种典型的客观归罪。第三，实行连坐。官吏不仅对与他们直接有关的犯罪活动而且还对在他们管辖范围内的犯罪，甚至是家人犯罪，都要承担刑事责任。在同一官府的官吏，不论官品高低都要受到刑事追究惩罚，上级官吏，按照其监管范围内官吏犯罪的数量和严重程度，也要受到相应的惩罚。这样就形成了一个严密的追究渎职犯罪的法律之网。其中有的具体制度，比如连坐，已经遭到时代的抛弃，但其中严厉惩罚渎职犯罪的思想是值得借鉴的。

3. 合理吸收古代渎职犯罪区别对待的思想

古代渎职犯罪另一个典型的特征是区别性，即根据官员职务的高低区别处理：职务越高，承担的刑事责任就越大，惩罚也就越严厉。《唐律》对监临和主守官吏的渎职犯罪规定了特殊的规则，施加比普通官吏更重的刑罚。比如前面所引唐律中的"主守导令囚翻异"罪："诸主守受囚财物，导令翻异；及与通传言语，有所增减者，以枉法论……其非主守而犯者，各减主守一等。"即主管监守囚犯的官员，如果玩忽职守，与囚犯沟通，或者接受犯人财物，引导囚犯改变供词的构成犯罪。如果是非主守而犯该罪，就各减主守一等。在共同犯罪中一般"以造意为首"，但如果凡人"共监临主守为犯，虽造意，仍以监主为首，凡人以常从论。"监临主守因此要受到更重的刑罚。另外，在对累犯赃罪计赃的特别规定上也有所不同，一般情况下对于官吏赃罪的刑罚以所受赃价值的一半来确定，但对于监临和主守的刑罚是以全部赃值来确定的。这种根据官吏职务高低来适用不同的刑罚原则的规定是古代刑律中的显著特征。重点惩治职务高者的渎职行为这种思想是很值得我们借鉴的。

当然，严厉惩罚只是预防渎职行为的一个侧面，古代对官吏犯罪严刑峻法并未能有效地防治官吏犯罪的教训，也对我国现代社会对官吏渎职犯罪的惩罚和预防有警醒意义。仅仅依靠严酷的惩罚并不能有效地防治渎职犯罪，只有加强民主，强化监督，防患于未然，再结合刑罚的惩罚，才能收到良好的效果。

三、六赃罪

（一）历史沿革与制度转换

所谓"六赃"是指中国封建法律中规定的六种非法占有公私财物的犯罪。"赃"是指非

---

① 《史记·陈胜世家》。

法获得的财产，晋张斐在《晋律》注中说："取非其物谓之盗，货财之利谓之赃。"在我国，贪赃罪作为一种犯罪已有很长的历史，据史籍记载，夏时即有对贪赃罪的规定："贪以败官为墨……夏书曰：昏、墨、贼、杀。皋陶之刑也"[1]。这应该是我国历史上最早的有关贪污贿赂犯罪的规定。《伊训》规定的"三风十愆"的罪名中的"殉于货"，就是贪污受贿方面的犯罪。西周"五过之疵"中的"惟货"，就是专指贪污受贿，对此罪采取反坐的处罚原则。秦以严于治吏著称，对贪污贿赂的惩罚非常严厉。秦把贿赂罪称为"通钱"："通一钱，黥为城旦"[2]，可见处罚之严厉，而且不仅处罚受贿者，还处罚窝藏者。另外，秦律还规定："府中公金钱私货用之，与盗同罪"，这相当于现今刑法中的挪用公款罪，即将官府的公款私自挪出、使用，不仅构成犯罪，而且采取"与盗同法"的处罚原则，体现了严惩贪污受贿的思想。到汉朝时，对于惩治贪污贿赂方面的犯罪又有了许多新的发展，最主要表现在罪名的丰富上，而且汉代对贪污行为的查处比秦朝更为系统、严格，包括免官、禁锢、徒刑、弃市等。唐朝在总结历代惩治贪污贿赂犯罪的立法基础之上，规定了"六赃"犯罪，始定"六赃"之名，唐律规定的"六赃"是：受财枉法；受财不枉法；受所监临；强盗；窃盗；坐赃。其中，第一、二、三种赃罪是主管官吏所犯的赃罪，第四、五种赃罪主要是常人所犯的赃罪，第六种赃罪是非主管官吏所犯的赃罪。宋明清律沿用之，但至明清时，六赃的内容有所变化。

从六赃罪的发展历史来看，有几个关键时期：（1）唐朝的成型期。六赃犯罪是在总结以前朝代惩贪立法规定的基础之上于唐朝始成型的，被许多学者认为不仅规定全面，而且条理清楚，惩罚轻重得当，对后世影响深远。（2）宋元的发展期。宋辽金元时期的惩治赃罪的立法基本沿用唐律，但仍有所发展，主要表现在：一是对赃罪防范和惩治更加严密。如《宋刑统》除了重申唐律对贪污行为的规定外，还利用"准敕"、"臣等参详"的形式，加强了对赃罪的法律规定。在量刑上，宋律也加重了对赃吏的惩处。二是对犯赃官员实行连坐制。《宋刑统》规定，犯赃官吏不能任职和荐举，并且要连累以前的举荐人和上司，并影响子孙的仕途。元代甚至规定，负有检举谏议之责的言官，如果缄默不言，对犯赃官吏不予弹劾，要与受赃者同样处罚。这样，就对贪污犯罪结成了一个严密

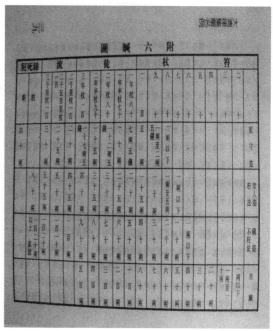

清《六赃图》

图片来源：（清）沈之奇撰：《大清律辑注》，怀效锋、李俊点校，序39页，北京，法律出版社，2000。

---

① 《左传·昭公十四年》。

② 《秦简·法律答问》。

的监视网。三是制定了严厉的惩治赃罪的单行法规。比如宋神宗熙宁三年（1070 年）的"诸仓丐取法"。宋神宗发现京师诸仓普遍有亏损克扣的情况，就令三司起草法令，严厉禁止。元代制定了专门惩治官吏收受贿赂的法令"官吏受赇条格"等。单行法规立法形式的出现表明国家对赃罪犯罪的进一步重视。（3）明清的继承成熟期。明清在继承的基础之上，又有所发展，体现在两个方面：一是明清六赃犯罪在体系与分类上有所发展。从内容上看，明清的六赃犯罪与唐律的规定有所不同，其中无"受所监临"及"强盗"，而增加"监守盗"及"常人盗"①。二是明清对六赃的处刑也比唐律要重。明代惩治赃罪的法规集中体现在《大明律》中。该律特点是"视唐简核，而宽厚不如宋"②，体现了明太祖刑用重典，为法当简的法治思想。在涉及贪污贿赂罪的处罚上，明律普遍均较唐律为重，如"受财不枉法"，唐律的最高刑为加役流，明律为杖一百，流三千里。而明太祖亲编的《明大诰》又较明律更重，甚至对贪赃官员实行"剥皮实草"。

（二）主要内容

六赃之罪始于唐朝，《唐律》吸收、总结了前代惩治官吏贪污、受贿犯罪的立法经验和成果，对赃罪规定的罪名非常详尽。在六种赃罪中，受财枉法、不枉法、受所监临及坐赃的犯罪主体均为官吏，这四种赃罪都属于受贿罪范畴。窃盗赃罪的监临主守自盗属于现今的贪污犯罪，其犯罪主体也是官吏。

1. 受财枉法。受财枉法是指"监临主司受财而枉法"的行为。唐朝《职制律》"监主受财枉法"条律疏规定："监临主司，谓统摄案验及行案主典之类，受有事人财而为曲法处断者。"此外，还有一些行为比照受财枉法处理：（1）事后受财。《职制律》第 139 条规定："诸有事先不许财，事过之后而受财者，事若枉，准枉法论；事不枉者，以受所监临财物论。"（2）受人财为请求。《职制律》第 136 条规定："诸受人财而为请求者，坐赃论加二等；监临势要准枉法论。与财者，坐赃论减三等。"（3）出使受财。《职制律》第 141 条规定："诸官人因使，于使所受送馈及乞取者，与监临同；经过处取者，减一等。注纠弹之官不减。"（4）主守受囚财物。《断狱律》第 472 条规定："诸主守受囚财物，导令翻异；及与通传言语，有所增减者，以枉法论，十五匹加役流，三十匹绞……无所增减者，笞十五；受财者，以受所监临财物论。其非监临主守而犯者，各减主守一等。"（5）出入课役以赃入己。《户婚律》第 153 条规定："诸里正及官司妄脱漏增减以出入课役，一口徒一年，二口加一等。赃重入己者，以枉法论，至死者加役流；入官者坐赃论。"（6）非法赋敛以赃入己。《户婚律》第 173 条规定："若非法而擅赋敛，及以法赋敛而擅加益，赃重入官者，计所擅坐赃论；入私者，以枉法论，至死者加役流。"

2. 受财不枉法。受财不枉法是指官吏虽然接受当事人的钱财，但是在公务活动中并没有违反法律的行为。唐《职制律》"监主受财枉法"条："不枉法者，一尺杖九十，二匹加一

---

① 对于这种体系与分类的变化，有学者提出质疑，认为不妥：其一，《明律》不如《唐律》分类清晰。《唐律》六赃官民分开，而《明律》则官民混为一谈；其二，《明律》不如《唐律》分类全面，《明律》将《唐律》受所监临与坐赃罪两条合二为一，六赃遂少一名目。参见华友根：《薛允升的古律研究与改革》，168、170 页，上海，上海社会科学院出版社，1999。

② 宋朝惩治贪赃犯罪比较轻，这在历史上是比较少见的，固然与宋朝开国之初的社会现实有关，但也成为宋代廉政与法制建设方面的一大弊害。参见薛梅卿：《宋刑统研究》，73、243～251 页，北京，法律出版社，1997。

等，三十匹加役流。"《疏议》解释曰："虽受有事人财，判断不为曲法。"受财不枉法由于没有"枉法"的行为，故而危害结果较轻，在量刑上比受财枉法要轻，最多只是"加役流"。

3. 受所监临。受所监临赃罪主要是处罚官员收受自己部下及所管辖内百姓财物的行为。《疏议》解释此罪是指"监临之官，不因公事而受监临内财物"，如因"公事"则为"受财枉法赃"或"受财不枉法赃"。明清时期的法律把受所监临合并到受财不枉法赃罪里面。

4. 监守自盗。监守自盗在唐律里面属于窃盗赃罪，明清改为独立的赃罪，是一种典型的贪污行为。《贼盗律》规定："诸监临主守自盗及盗所监临财物，加凡盗二等，三十匹绞。"《疏议》曰："假有左藏库物，则太府卿、丞为监临。左藏令、丞为监事，见守库者为主守，而自盗库物者，为'监临主守自盗'。"除监临主守自盗外，《唐律》还规定有多种行为，均"以盗论"或"准盗论"，比如监临主守私贷官物等。

5. 坐赃。坐赃罪在唐律里面是比较特殊的赃罪，《疏议》曰："然坐赃者，谓非监临主司，因事受财，而罪由此赃，故名坐赃致罪。犯者，一尺笞二十，一匹加一等；十匹徒一年，一匹加一等，罪止徒三年。假如被人侵损，备偿之外，因而受财之类，两和取与，于法并违，故与者减人五等。即是被此俱罪，其赃没官。"据此，除了上述所规定的官吏贪污受贿行为之外，凡是一般官吏因事受财，一律按坐赃罪处罚。坐赃罪条类似于现今的兜底条款，这样，惩治贪污受贿犯罪的法条就很严密了。

另外，在唐律六赃罪里面还有强盗和窃盗，强盗也就是明清的常人盗，指的是非官吏的普通人侵犯财产的犯罪，该罪沿袭了自古以来严惩盗贼的传统，把普通人侵犯统治阶级财产的犯罪纳入到六赃罪里予以严惩，体现了法律的阶级性和继承性。

（三）处罚

唐律的六赃罪立法不仅罪名详尽，而且在赃罪的处罚上区别对待，确定了许多处罚原则，比如区分"枉法"和"不枉法"、"首犯"和"从犯"、"事前受贿"和"事后受贿"等界限，为后世所接受。同时，唐朝以后，宋元明清又进一步发展了对赃罪的处罚原则，比如区分"有禄人"和"无禄人"，使得我国古代的赃罪立法走向了成熟。

1. 计赃定罪。唐律里面确立了计赃定罪的原则。《职制律》规定："诸监临主司受财而枉法者，一尺杖一百，一匹加一等，十五匹绞，不枉法者，一尺杖九十，二匹加一等，三十匹加役流。无禄者各减一等。""诸监临之官，受所监临财物者，一尺笞四十，一匹加一等；八匹徒一年，八匹加一等；五十匹流二千里。"从上述条文规定可以看出，是否定罪以及罪行的轻重是以赃物的数量计算的，这就是计赃定罪的原则。虽然计赃的起点、累进的程度及最高刑各朝有所区别，但计赃定罪的原则在后世各代中都遵循不移。

2. 从重处罚。唐律将官吏犯罪区分为公罪和私罪两大类，将官吏贪赃枉法列入私罪范围。《名例律》对公罪与私罪的概念做了界定："公罪，谓缘公事致罪而无私、曲者"。"私罪，谓私自犯及对制诈不以实、受请枉法之类。"在唐六赃罪中，受财枉法、受所监临、监临主守自盗这三种赃罪都属于私罪范畴。另外在坐赃罪中，非监临官吏因事受财而枉法裁断，也属于私罪之列，唐朝官员赃罪归入私罪的惩罚明显比公罪重。

3. 区分职务高低。和渎职罪一样，职务高的监临、主守犯赃罪加重处罚。《唐律》将官吏按其权力高低分为监临官、主守官和一般官吏。《名例律》规定："统摄案验为监临。"《唐律疏议》曰："统摄者，谓内外诸司长官统摄所部者。案验，谓诸司判官判断其事者是也。"

"躬亲保典为主守，虽职非统典，临时监主亦是。""'主守'，谓行案典吏，专主掌其事及守当仓库、狱囚、杂物之类。"按照《唐律疏议》的解释，监临官就是政府各部门的长官和领导者，主守就是专门负责掌管某一事务的官吏，即直接负责的责任人员。这些人员，握有大权，很容易利用职权贪污受贿，因此应从严惩处。①

4. 特权减免的限制。官员犯罪在古代享有各种特权，但是这种特权并不是针对所有犯罪的。比如"十恶"犯罪就是为常赦所不原的严重犯罪，贪污贿赂犯罪和"十恶"犯罪一样也是为常赦所不原的犯罪。李渊称帝之后，"命纳言刘文静等损益令。武德二年，颁新格五十三条，惟吏受赇、犯盗、诈冒府库物，赦所不原。"②后来唐代大赦令中对官吏受财枉法与监临主守自盗一般也不予赦免，由此可见唐朝对受财枉法与监临主守自盗行为的重视。不仅如此，官吏犯赃还限制官当的特权。

5. 实行连坐。和渎职罪一样，下级官吏犯赃，连坐长官。例如，《新唐书》记载，韦凑任河南尹，开元十年（722年），洛阳主簿王钧因受贿被杖杀，玄宗下诏："两台御史、河南尹纵吏侵渔，《春秋》重责帅，其出（韦）凑曹州刺史，侍御史张洽通州司马。"《唐会要》记载："今以后丞、簿、尉有犯私赃，连坐县令，其罪减所犯官二等，冀递相管辖，不敢为非。"经皇帝批准，遂成定制。连带责任根据情节的不同，一般处以除名、免官、贬官、罚俸等行政处分和刑罚。连带责任对于官员约束家人、仆人，防止上下串通，徇私舞弊具有一定的积极意义。

6. 赃物没官。《名例律》曰："诸彼此俱罪之赃及犯禁之物，则没官。"疏议曰："受财枉法、不枉法及受所监临财物，并坐赃，依法与财者亦各得罪。此名'彼此俱罪之赃'，谓计赃为罪者。"《名例律》还规定：除本人已死及配流者不征赃外，"余皆征之"。即使"会赦及降者，盗、诈、枉法犹征正赃"。即监临主守自盗和受财枉法虽被赦免或减轻刑罚，赃物仍没官。赃物没官对于防止官员利用职权获得利益、减少损失和预防犯罪具有重要意义。

7. 禁锢。禁锢是一种资格刑，即剥夺犯罪者担任公职资格的制度。春秋战国时期，即有禁锢之法，据记载："子反请以重币锢也"③，杜预注说："禁锢令勿仕"，即不准做官。东汉时有禁锢至"三属"的规定，即父、母、妻三族皆不得为官。《唐律》规定，官吏因犯罪而被除名、免官之后，经过一段时间后，仍可重新叙用。《名例律》规定："诸除名者，官爵悉除，课役从本色。六载之后听叙，依出身法。"禁锢在唐代是最严厉的行政处分或者资格刑，对于预防犯罪具有重要的意义。

我国历代对官吏贪污贿赂犯罪基本上采取严刑政策，为严惩贪赃官吏，皇帝往往法外用重刑，唐朝也不例外。比如《唐律》规定死刑只有绞、斩两种，五品以上官吏犯死罪则赐死于家，但在实际司法实践中，有许多官吏犯赃罪被杖杀。按法律规定官吏被流放后一般六年后可以重新入仕，而实际上在唐代有许多官吏犯赃后被终身流放到岭南等地，终死未能回归。明清法律在惩治贪污贿赂犯罪方面处刑比唐朝更重，许多法外酷刑，比如"剥皮实草"，都被广泛地应用于惩治赃罪。

---

① 参见彭炳金：《唐代官吏赃罪述论》，载《史学月刊》，2002（10）。
② 欧阳修：《新唐书》，1406页，北京，中华书局，1976。
③ 《左传·成公二年》。

（四）现代意义

官员贪污贿赂犯罪是历朝历代最为看重也是惩罚最为严厉的犯罪，几千年来，封建刑律在惩治和预防职务犯罪上有惨痛的教训，更有丰富的经验，古代丰富的法律规定与实践经验为我们当今惩贪立法与司法提供了良好的资源。

1. 我们需要借鉴的就是严惩贪污贿赂犯罪的立法思想。这突出地表现在罪名多、处刑加重还要受附加刑的处分，甚至有的朝代实行贪赃罪不赦、不赎的制度。① 大多数朝代对贪污贿赂犯罪都规定了很重的法定刑，甚至于法外用刑，在唐朝官吏贪赃枉法被列入私罪范围，处罚比公罪要重，而且在特权的减免上也受到限制，不仅和"十恶"重罪一样列入为常赦所不原的严重犯罪之类，在官当等特权上也大加限制。为了避免官员上下串通，徇私舞弊，还实行连坐，下级官吏犯赃，连坐长官，扩大处罚范围。所以，古代统治者重视吏治方面的立法，严密防范和重处官吏收赃枉法和贪污盗窃犯罪，特别是严惩负有监督责任的官吏的犯罪活动，都有借鉴意义。②

2. 还应借鉴区分对待的立法原则。在六赃罪里，受贿和行贿都是犯罪，但是唐律对行贿的刑罚要比受贿轻得多。同样是受贿的行为，枉法和不枉法处刑相差很大，受贿枉法因为造成了严重的后果，损害了国家的法制，惩罚明显加重。将受贿罪分为枉法与不枉法两类分别处置，具有很深层次的意义。古代立法者考虑到同样接受贿赂，但实际上侵犯的客体却并不完全一致。受财枉法直接扰乱、危害了统治阶级的统治秩序，会激化社会矛盾，严重危及封建王朝的命运，必须严惩。而受财不枉法并未直接扰乱、危害统治秩序，危害性相对较小，因而受贿枉法不惜以死刑加以严惩，而对于受贿不枉法则可以从轻处罚。在共同犯罪的情况下，还要区分首从，唐朝《名例律》规定："即共监临主守为犯，虽造意，仍以监主为首，凡人以常从论。"从首从的规定上也可以看出封建法典从严治吏的思想。不仅如此，在官员共同犯罪时，要区分职务高低，职务高的监临、主守犯赃罪加重处罚。正如上文所述，这些人员因为握有大权，很容易利用职权贪污受贿，因此应从严惩处。例如，唐朝《职制律》规定："诸受人财而为请求者，坐赃论加二等；监临势要，准枉法论。"明清时期刑法中的受财枉法，按犯罪主体身份分为"有禄人"和"无禄人"两大类，也是职务高者处刑重。职务高者犯罪处刑重，体现出了我国古代吏治的精髓，值得我们借鉴。

3. 借鉴预防官员贪污贿赂犯罪的思想与制度。在对官员贪污贿赂犯罪的应对措施中，处罚固然是很重要的，但是更为重要的是预防。预防犯罪的思想在我国古代很早就产生了，比如惩治贪污贿赂犯罪中的赃物没官和禁锢。赃物没官一方面有惩罚的作用，因为赃物分为正赃和倍赃，在征收倍赃的时候就具有明显的惩罚性质。另一方面，赃物的没收使得犯罪人得不到犯罪的好处，可以打消犯罪意图，而且赃物的没收还可以剥夺犯罪人再次犯罪的经济能力，也具有预防犯罪的功能。在预防犯罪方面更为重要的是禁锢制度，禁锢作为一种行政处罚或者一种资格刑，具有明显的预防官员再次犯罪的功能，因为禁锢的实施使得犯罪人失去了为官的机会，也就丧失了利用职权犯罪的能力。作为唐代最严厉的行政处分或者资格刑，禁锢对于唐朝预防官员再次犯罪起到了重要的作用。这种预防犯罪的思想是需要我们大力借鉴的。

---

① 参见高绍先：《法史探微》，186～189页，北京，法律出版社，2003。

② 参见钱大群：《中国法律史论考》，328页，南京，南京师范大学出版社，2001。

当然，由于受到阶级的局限以及刑法思想的制约，我国古代在惩治贪污贿赂犯罪中也有许多不当甚至过激的制度需要纠正和避免。比如在惩治赃罪过程中的法外用刑就破坏了封建王朝的法制，还有连坐的做法，尽管出发点是好的，是为了加强官员之间的相互监督，避免上下串通，共同犯罪，而且在实践中也起到了一定的作用。但是，这些思想是和现代社会的刑法思想相矛盾的，应当予以抛弃。值得一提的是与我们现行刑法最为相近的计赃定罪的做法，这种做法在我国现行刑法里面也是存在的。尽管计赃定罪简单易行，便于计算，赃多刑重，赃少刑轻，可以有效地防止官员的擅断，不会发生刑罚畸轻畸重的情况，具有一定的优越性。但是计赃定罪这种做法又过于简单和机械，不能适应现实生活中复杂的案情，也不能真正地罪重刑重，罪轻刑轻，以致在实践中把刑法变成了专为富人服务的有力工具。赃物数量的多少和价值的贵贱，固然是赃物犯罪的一个重要方面，然而案情是复杂多样的，手段、后果、动机、目的也都应当给予充分考虑，仅以赃物的多少来论定刑罚的轻重，不仅是片面的，而且更重要的是把刑法保护的重点完全放在富人身上，置穷苦百姓的利益而不顾，体现了封建刑法的阶级属性，反而激起了人民群众更大的反抗。

对于这种简单的计赃定罪的做法在古代就有许多有识之士提出了尖锐的批评。正如赞成王安石变法的曾布所指出的："盗情有重轻，赃有多少。今以赃论罪，则劫贫家，情虽重，而以赃少减免，劫富家情虽轻，而以赃重论死，是盗之生死，系于主之贫富也。"以赃定罪的做法反而会导致处刑轻重失当。明末清初著名思想家王夫之也反对简单的计赃定罪。王夫之在专门总结明代政治教训的《噩梦》一书中，认为"计赃定罪"是所谓的"一切之法"。王夫之认为计赃定罪的弊端在于：首先，这种做法过于严厉，加上连坐之法，使得官员相互隐瞒，反而不利于惩罚犯罪。其次，最关键的是受贿的多少实际上与造成的损害并没有直接的关系，计赃定罪完全找错了惩罚的标准，反而会造成重罪轻判、轻罪重判的局面。所以惩罚赃罪主要不能以赃的数额多少定罪量刑，更应该按照赃罪造成的实际危害后果进行定罪量刑。

这种见解可谓透彻，但遗憾的是我国现行刑法里面许多财产犯罪还是"计赃定罪"，这些法律规定看似简单易行，但实际上反映的是我们立法思想的滞后与立法技术的缺失，应当深刻地反思这种做法。赃额只是衡量行为社会危害性的一种标准而不是重点，更不是全部，不可简单地计赃定罪，而应按照确切的对于社会的危害程度来定罪量刑，以做到罪责刑相适应。

第二节
刑罚适用原则

一、自首

（一）历史沿革与制度转换

自首制度在我国历史上可谓源远流长，最早可溯源于夏朝。"凡厥庶民，有猷、有为、有守"①。守即首，意思是处罚犯罪，要区分预谋犯罪、实施犯罪行为和犯罪后自首的，分别给予不同的处罚，才能有效地惩罚犯罪。"殷因于夏礼"，殷商时期的刑书简册也有自首制度的规定。"乃有大罪，非终，及惟眚灾，适尔，既道极厥辜，时乃不可杀。"② 据此，在西周时，统治者即把犯罪后是否交代其罪行，与是否过失以及是否惯犯，一并作为裁量刑法时的备考因素，这被后世学者称为后世律文自首者免罪的开端。

然而，真正将自首作为一项法律制度规定下来的则是秦律。秦律中有"自出"、"自告"的规定，如："司寇盗百一十钱，先自告，可（何）论，当耐为隶臣，或曰赀二甲。""隶臣妾系城旦舂，去亡，已奔，未论而自出，当治五十，备系日。"③《封诊式》也载有盗窃犯甲在逃亡途中遇杀人犯乙，"而捕以来自出，甲毋它坐"的案例。可见，秦律中的自首制度，已具有后世自首制度之雏形，但是秦律中关于自首制度的规定，具有分散性，尚未达到理论概括的高度。④

汉代继承秦律自首制度的规定，并有进一步发展。当时不称"自首"，而称"自告"。汉律中有"先自告，除其罪"⑤ 的规定，说明汉律中已有自首免除刑事责任的原则性规定了。但在西汉并非所有的自首都免罪，犯罪集团中的"适意"犯或"首恶"犯，即使自首了，亦不得免罪。到东汉时，自首在量刑上较西汉有所变化，即自首者既可以免罪，也可以减罪。比如明帝即位时发布的赦罪诏书中规定："其未发觉，诏书到先自告者，半入赎。"⑥ 所谓半入赎，即减轻刑罚的一部分。自首制度发展到汉代，完成了由具体规定到抽象和概括的理论的发展，较秦律在立法技术上更为先进。三国时《魏律》"删改旧律，傍采汉律"而成，改汉之"自告"为"自首"，一直为后世沿用。唐代在总结前朝定罪量刑原则和吸收前代立法技术的基础上，继承了自首减免刑罚的原则，不仅对自首的条件及其处罚作了详细的规定，还设置了"犯罪共亡捕首"条等许多特殊自首的条款，从而使得《唐律》中的自首制度相当全面成熟，成为后世效仿的楷模。

宋承唐制，《宋刑统》有关自首制度的规定与唐律基本相同，但又有所发展，比如规定了"犯罪已发未发自首"和规定了"诘问自首法"⑦，实际上是把如实供认也视为自首，把坦白也认定为自首，使得自首的条件进一步放宽了。明清律也是沿袭《唐律》，但文字上稍有变更，内容上也有所增益。至清末改革，接受西方的刑法思想，对刑法进行了较大幅度的修改，于1910年颁布了《大清新刑律》，该法典在总则中对清律繁琐的条文予以简化，剔除唐以来关于自首制度的繁琐规定，使自首制度系统化、概括化、明确化，规定为三条。首次明确规定了自首的定义、"首服"制度，还规定了预备犯和阴谋犯的自首。对自首减轻处罚。只对预备犯、阴谋犯的自首，规定既可以减轻处罚，也可以免除处罚。⑧

由上所述可见，中国历史上的自首制度萌芽于夏周，法律化于秦汉，完备于隋唐，至明

---

① 《尚书·洪范》。

② 《尚书·康诰》。

③ 《云梦秦简·法律答问》。

④ 参见杜启新：《论自首制度》，郑州大学硕士学位论文，2001。

⑤ 《汉书·衡山王传》。

⑥ 《后汉书·明帝纪》。

⑦ 《宋史·刑法志》。

⑧ 参见杜启新：《论自首制度》，郑州大学硕士学位，2001。

清发展到了顶点，可谓源远流长。从以上自首的规定可以看出，在自首的历史发展中具有以下几个显著的转折性特点：第一，汉代以后自首制度完成了由具体规定到理论抽象和概括的发展。汉律中有"先自告，除其罪"的原则性规定，使得自首制度具有了广泛的适用性。第二，唐朝时期自首制度已经成熟完善，对自首的规定详尽而完备，比如自首的原则、机关、时间、方式以及不同的处罚原则等，使自首制度具有很强的操作性。第三，宋朝在继承唐朝自首制度基础之上，又进一步扩大了自首的成立范围，规定了"犯罪已发未发自首"和"诘问自首法"，实际上是把如实供认也视为自首，把坦白也认定为自首，使得自首的条件进一步放宽了。

《刑部比照加减成案》

图片说明：该书系道光十四年刻本，现存于上海科学院图书馆

（二）主要内容

自首制度成熟于唐朝，唐律的自首制度主要规定在《名例律》第三十七"犯罪未发自首"条文中，曰："诸犯罪未发而自首者，原其罪（正赃犹征如法）。其轻罪虽发，因首重罪者，免其重罪；即因问所劾之事而别言余罪者，亦如之。即遣人代首，若于法得相容隐者为首及相告言者，各听如罪人身自首法（缘坐之罪及谋叛以上本服期，虽捕告，俱同自首例）；其闻首告，被追不赴者，不得原罪（谓止坐不赴者身）。即自首不实及不尽者，以不实不尽之罪罪之，至死者，听减一等。（自首赃数不尽者，止计不尽之数科之）。其知人欲告及亡叛而自首者，减罪二等坐之；即亡叛者虽不自首，能还归本所者，亦同。其于人损伤（因犯杀伤而自首者，得免所因之罪，仍从故杀伤法。本应过失者，听从本），于物不可备偿，本物见在首者，听同免法。即事发逃亡（虽不得首所犯之罪，得减逃亡之坐），若越度关及奸（私度亦同。奸，谓犯良人），并私习天文者，并不在自首之例。"该条文明确规定了自首的条件、种类和处罚原则。

1. 自首的认定

（1）自首的原则

自首原则可以划分为基本原则和特别原则。基本原则体现在《名例律》的规定中："诸犯罪未发而自首者，原其罪。"《疏议》曰："过而不改，斯成过矣。今能改之，来首其罪，皆合得原。若有文牒言告，官司判令三审，牒虽未入曹局，即是其事已彰，虽欲自新，不得成首。"从该条可以看出自首成立的基本时间条件，即要成立自首必须是"诸犯罪未发"。所谓"未发"，即是指未被官府发觉。依照《疏议》的解释，发仅限于"有文牒言告，官司判令三审"，即使"牒虽未入曹局"，也算是犯罪已发。也有学者将"发"解释为犯罪已被发现，不论官司是否着手处理，都认为是犯罪已发，即使投于官府，亦不视为自首。但无论如何，根据《捕亡律》的有关规定，一旦进行追捕，就不存在自首问题了。

除了规定有自首的基本原则，限定了成立自首的时间条件以外，古代刑律还根据实际情况规定了许多特别原则，以有利于进一步鼓励犯罪分子自首。第一，首重罪得原的原则。

《名例律》曰："其轻罪虽发，因首重罪者，免其重罪。"即犯罪分子的轻罪已被发觉，但如果重罪还未被发现，这时自首了重罪，就可以成立自首，其重罪可得到宽免。第二，首余罪得原的原则。《名例律》曰："即因问所劾之事而别言余罪者，亦如之。"《疏议》曰："假有已被推鞫，因问，乃更别言余事，亦得免其余罪，同'因首重罪'之义。"即如果因为别的犯罪而被审问，此时自首别的犯罪，也视为自首，类似于现今刑法中的余罪自首的规定。第三，自首不实不尽，以不实不尽之罪罪之的原则。《名例律》规定，"即自首不实不尽者，以不实不尽之罪罪之，至死者，听减一等。自首赃数不尽者，止计不尽之数科之。"这一点尤其能体现古代刑法对自首的宽大处理，只要犯罪分子自首，即使自首未尽，仍能得到一定程度的减免。《疏议》曰："'自首不实'，谓强盗得赃，首云窃盗赃，虽首尽，仍以强盗不得财科罪之类。'及不尽者'，谓枉法取财十五匹，虽首十四匹，余一匹，是为不尽之罪。"第四，知人欲告及亡叛而自首，予以减罪的原则。《名例律》曰："其知人欲告及亡叛而自首者，减罪二等坐之。"《疏议》曰："犯罪之徒，知人欲告及案问欲举而自首陈；及逃亡之人，并叛已上道，此类事发归首者各得减罪二等坐之。"为了进一步鼓励犯罪分子接受制裁，甚至规定"即亡叛者虽不自首，能还归本所者，亦同"。即逃亡的犯罪分子，虽然没有自首其罪行，但如果能归还逃叛之所在地的，亦可以减罪二等处理，该条主要是方便犯罪的审理与惩处。第五，犯罪已发自首原则。《宋刑统》规定了"犯罪已发自首"，规定了在犯罪已发的条件下也可以自首。另外，还规定了"诘问自首法"，即案情已发或人已被逮捕之后供述犯罪事实的，亦认定为自首，并予减刑。即嫌疑人被捕于官府后，在被讯问时招供了犯罪事实，亦认定为自首，并给予减刑。此即所谓"诘问便承"以自首论。如"应犯罪之人，因疑被执，赃证未明，或徒党就擒，未被指说，但诘问便承，皆从律按问欲举首减之科"①。诘问自首相当于现今刑法理论中的坦白，该条把坦白也认定为自首。第六，共同犯罪轻罪能捕重罪首原则。《名例律》曰："诸犯罪共亡，轻罪能捕重罪首。"《疏议》曰："犯罪事发，已囚、未囚及同犯、别犯而共亡者，或流罪能捕死囚，或徒囚能捕流罪者，如此之类，是为'轻罪能捕重罪首'。"《名例律》又规定："重罪应死，杀而首者，亦同"。《疏议》进而解释曰："律称'应死'，未须断讫。准犯合死，逃走，轻者杀而来首，亦同捕首法。其流罪以下逃亡，轻者能捕重罪首者，捕法自准捕亡律。若死罪之囚，不必捕格，方便杀得者，亦是。"即在共同犯罪的情况下，为了更有力地分化瓦解犯罪分子，规定犯罪轻者可以捕获甚至在特殊情况下杀死重罪犯者，就可以成立自首，如果彼此之罪轻重相当，就要求以少捕多，方可成立自首，《名例律》规定："及轻重等，获半以上首者，皆除其罪。"这一规定类似于现在的立功制度，对于打击犯罪具有明显的效果。第七，诸公事失错，自觉举者，原其罪原则。该条规定的是职务犯罪的自首。《名例律》曰："诸公事失错，自觉举者，原其罪。"《疏议》曰："'觉举'之义，与'自首'有殊。'首'者，知人将告，减二等；'觉举'既无此文，但未发自言，皆免其罪。"《名例律》对"觉举"免罪规定有三个条件：其一是"应连坐者，一人自觉举，余人亦原之"。即有连坐责任的官员，只要其中一个人自觉举，其他的人也免除处罚。其二是"其断罪失错，已行决者，不用此律"。即已经处理过的就不再适用此条，以保证判决的严肃性。其三是"应连坐者，一人自觉举，余人亦原之，主典不免；若主典自举，并减

---

① 《宋史·刑法志》。

二等"。即对职务高的官吏自首提出了更为严格的条件，贯彻了从严治吏的立法精神。

（2）自首的机关

一般情况下，自首必须向官府投案才能成立，这主要是为了便于处理犯罪案件。但是为了扩大自首的成立范围，尽可能地分化与瓦解犯罪，对于某些特定的犯罪，比如强盗、盗窃、诈欺取财等有被害人的财产犯罪，规定："于财主首露者，与经官司自首同。"即犯罪人只要向财主承认犯罪并将财物返还的，与向官府自首相同。

（3）自首的方式

大体而言，唐律规定了下列数种自首的方式：第一，身自首。《名例律》曰："各听如罪人身自告法。"规定"身自首"是自首基本形式，即指犯罪人犯罪后，亲身去官府供陈自己所犯的罪行。第二，代首。《名例律》曰："即遣人代首，若于法是相容隐者为首及相告言者，各听如罪人身自首法；缘坐之罪及谋叛以上本服期，虽捕告，俱同自首例。"《疏议》举例："假有甲犯罪，遣乙代首，不限亲疏，但遣代首即是。"第三，为首。即为了使犯罪人减轻或者免除刑罚，依法得相容隐者在犯罪人不知的情况下，代为向官府自首。"为首"与"代首"不同之处在于，前者是在犯罪人不知的情况下实施的，如果犯罪人知道，则是代首。第四，捕告。唐律规定缘坐之罪及谋叛以上的犯罪，虽捕告，同自首例。指依法得兼容隐者，"纵经官司告言，皆同罪人身自首之法"。被缘坐人以及犯谋叛罪以上的不被缘坐的有丧服期的亲属，即使把罪犯捕捉告官也视同犯罪人自首。此条一方面体现了儒家"亲亲相隐"的原则，另一方面也有利于打击犯罪。第五，首露。《唐律》规定：于财主首露者，与经官司自首同，即犯罪人只要向财主承认犯罪并将财物返还的，与向官府自首相同。这也是自首的一种方式。应当注意的是，"代首"、"为首"、"捕告"毕竟不是犯罪人自己前往官府自首，故而，还规定有特殊的附加条件，即在官府追捕时，必须自动投于官府，才能成立自首，否则"不得免罪"。另外，和历代封建法律一样，犯"常赦所不原"之罪，如谋反、大逆等罪，虽捕人自首，也不减免刑罚。

（4）不准自首的犯罪

除了上述成立自首的原则与条件之外，《唐律》中还规定有几种不成立自首的犯罪。第一，《唐律》中"于人损伤"的犯罪。《名例律》曰："其于人损伤，因犯杀伤而自首者，得免所因之罪，仍从故杀伤法。本应过失者，听从本。"第二，于物不可备偿，指的是盗窃、毁坏、丢失不能返还的物品的犯罪。按照《疏议》的解释，这里所称之物是指宝印、符节、制书、官文书、禁兵器及禁书之类的东西。因为这类物品比较重要，带有鲜明的政治色彩，一旦毁损就会造成较大损失，故而规定不能成立自首，但如果"本物见在"，则"听同首法"。第三，"事发逃亡"的犯罪。《疏议》举例曰："假有盗罪合徒，事发逃走，已经数日而复陈首，犯盗已发，虽首不原；逃走之罪，听减二等。"第四，越度关及奸方面的犯罪。前者包括越度、私度和冒度三种犯罪。犯越度与私度之罪，"虽首不原"，犯冒度之罪的，"自首合免"。"奸，谓犯良人"，即贱人奸良人的犯罪也不属于自首免罪之列。第五，"私习天文"的犯罪。① 《疏议》曰："天文玄远，不得私习。"即私习天文亦不属于自首免罪的范围。②

---

① 关于不准自首的犯罪，参见曹坚：《唐律自首制度研究》，载《福建公安高等专科学校学报——社会公共安全研究》，2000（5）。

② 参见钱大群：《唐律研究》，151页，北京，法律出版社，2000。

2. 自首的处罚

根据《唐律》的规定，自首犯的刑事责任有三种情况：第一，自首免刑。这主要指下列情形：犯罪未发而自首的，身自首的或代首的，大功以上"为首"或"相告言"的等。此外，还有轻罪发而首重罪的，免重罪之刑，讯问本罪而交代他罪的，对他罪免除处罚等。第二，自首减刑。《名例律》曰："知人欲告及亡叛而自首者，减罪二等坐之；即亡叛者虽不自首，能归还本所者，亦同。"第三，征收正赃。这主要是针对涉及赃物的犯罪，《唐律》规定自首后"正赃犹如法"，《唐律》把所征之赃物分为"正赃"和"倍赃"。正赃即犯罪实际所得之赃物，倍赃即实际所得赃物的几倍。如果在有赃物的犯罪行为之后没有自首，就要征收几倍于实际赃物的赃物，这实际上是一种变相的附加财产刑。如果自首，就仅征收犯罪实际所得之赃物，而不是征收几倍的赃物。犯罪自首的只征正赃，也是对自首的一种从宽处罚方法，以鼓励自首。

（三）现代意义

综上所述，《唐律》中的自首制度之完备、内容之细密，在世界各国古代刑法典中都是前所未有的，它说明我国封建立法技术到唐代已达到了相当高的水平，再加上宋元明清的发展，为我们完善现行刑法的自首制度提供了丰富的资源。

在我国，自首制度的产生有深厚的理论基础，在儒家"明刑弼教"、"明德慎罚"的思想指导下，统治阶级认识到治理国家不能只靠刑罚，而要"德刑并用，德主刑辅"，刑罚只是德教的辅助工具，这也决定了对犯罪人感化和教育的必要性。可以说，自首制度之所以能在我国延续几千年，最根本的就是受到这种刑罚思想的影响。最为明显的表现是自首制度的趋势越来越宽大，条件越来越宽松，这可以从成立自首的时间条件以及可以自首的范围上看出来。比如，在《唐律》中成立自首需要"诸犯罪未发"，如果犯罪已发就不能成立自首了，最多成立自新。但是发展到宋朝，就增加了"犯罪已发而自首"的规定以及"诘问自首法"，把成立犯罪的时间条件放宽了。还有在唐律中不仅"身自首"可以成立自首，在一定条件之下，他人代为自首，甚至捕首都可以成立自首，不仅本罪可以自首，余罪也可以成立自首等。所有这些规定都鲜明地体现出我国古代自首的特色。

现今刑法思想不再仅仅强调报应与惩罚，同时也注重预防与矫正，因而自首制度更是受到重视。而且，从功利的角度来讲，自首制度能够最大限度地促使重大案件迅速破案，对犯罪分子产生警告和威慑力，自首制度可以以最小的刑罚成本支出最大限度地遏制犯罪，完全符合现代刑罚的价值取向。我们对自首的犯罪人"从轻或减轻"处罚，能更好地保护国家、社会和人民的利益。我国1997年修订的现行《刑法》在总结多年来自首制度立法与司法经验的基础上，规定了自首成立的条件，确认了余罪自首制度，放宽了自首犯处罚的幅度，对于自首又有重大立功表现的，规定了绝对从宽处罚的原则，而且在分则里面还规定了特别自首制度，从而使得我国的自首制度更加完善。但是，即使如此，和我国古代的自首制度相比较，我国现行刑法中的自首制度还有许多可待完善之处：

1. 应扩大自动投案的条件。我国刑法和相关的司法解释大大扩大了自动投案的时间和范围，比如向其所在单位、城乡基层组织或者其他有关负责人员投案的，并非出于犯罪嫌疑人主动，而是经亲友规劝、陪同投案的，或是公安机关通知犯罪嫌疑人的亲友，或者亲友主动报案后，将犯罪嫌疑人送去投案的，这些都视为犯罪嫌疑人自动投案。这些规定在司法实践中发挥了积极的作用，但是相对于《唐律》的规定而言，还有进一步宽大的余地。① 比如犯罪分子向受害者悔过的行为是否认定为自首，犯罪分子的亲友以捆绑等强制措施，送犯罪人投案的能否视为自首，还有犯罪分子家属或者亲友主动引导司法人员抓捕犯罪人的是否认定为自首等。在唐律里面，这些都可以认定为自首，而且有明文的规定，比如向被害人自首的首服制度等。对此，现代刑法可以借鉴。

2. 应该扩大余罪自首的成立范围。我国刑法规定被采取强制措施的犯罪嫌疑人、被告人和正在服刑的罪犯，如实供述司法机关还未掌握的本人其他罪行的，以自首论。最高人民法院《关于处理自首和立功具体应用法律若干问题的解释》规定：被采取强制措施的犯罪嫌疑人、被告人和已宣判的罪犯，如实供述司法机关尚未掌握的罪行，与司法机关已掌握的或判决确定的罪行属不同种罪行的，以自首论……如实供述司法机关尚未掌握的罪行，与司法机关已掌握的或者判决确定的罪行属同种罪行的，可以酌情从轻处罚。如实供述的同种罪行较重的，一般应当从轻处罚。也就是说供述不同种罪行的才构成余罪自首，供述同种，即使不是同一桩罪行的，也只能是构成坦白。和《唐律》中首余罪得原的规定相比，现行刑法规定的自首范围过窄。我国现行刑法可参照唐律的做法，不应对构成余罪自首的其他罪行作出不同种的限制。进一步扩大自首的成立条件，可以鼓励犯罪人进一步悔过自新，同时也有利于减轻司法机关的工作压力，收到良好的社会效益。

3. 应充分地考虑自首的程度要求。我国现行刑法要求自守者必须如实交代所犯罪行，此处的所犯罪行不要求细枝末节，但是要交代清楚犯罪的主要事实。对于不能如实交代自己所犯罪行的，不能按自首论处。对此，《唐律》里有自首不实不尽，以不实不尽之罪罪之的原则。《名例律》规定："即自首不实不尽者，以不实不尽之罪罪之，至死者，听减一等。自首赃数不尽者，止计不尽之数科之。"只要犯罪分子自首，即使自首未尽，仍能得到一定程度的减免，以不实之罪处理。如果罪名是实，但少供述了赃数，则只计不尽之数科之。② 这一点尤其能体现古代刑法对自首的宽大处理，应予借鉴。

4. 借鉴过失犯罪与职务犯罪的处理原则。《名例律》曰："诸公事失错，自觉举者，原其罪。"《疏议》曰："'觉举'之义，与'自首'有殊。'首'者，知人将告，减二等；'觉举'既无此文，但未发自言，皆免其罪。"《名例律》对"觉举"免罪规定有三个条件：其一是"应连坐者，一人自觉举，余人亦原之"。即有连坐责任的官员，只要其中一个人自觉举，其他的人也免除处罚。其二是"其断罪失错，已行决者，不用此律"。即已经处理过的就不再适用此条，以保证判决的严肃性。其三是"应连坐者，一人自觉举，余人亦原之，主典不免；若主典自举，并减二等"。即对职务高的官吏自首提出了更为严格的条件，贯彻了从严治吏的立法精神。此处，不仅明文规定过失犯罪可以成立自首，而且成立条件更为宽松。"一人自觉举，余人亦原之"，实际上将自首的效力给予未能自首的犯罪人身上，这种区分故意与过失犯罪成立自首条件的规定，敏锐地觉察到故意犯罪与过失犯罪的差别，可以为我们所借鉴。在职务过失犯罪上又不同于一般的过失犯罪，虽然也适用"一人自觉举，余人亦原之"的原则，但是对主从犯的自首规定了不同的效果，实际上还是在自首的原则上贯彻了从

---

①　参见曹坚：《唐律自首制度研究》，载《福建公安高等专科学校学报——社会公共安全研究》，2000（5）。

②　参见高绍先：《中国刑法史精要》，462页，北京，法律出版社，2001。

严治吏的思想，对职务高者提出了更高的要求，因为他们有更高的注意义务的标准。

此外，唐律自首中知人欲告及亡叛而自首，予以减罪的原则，也可以适当借鉴。《名例律》曰："其知人欲告及亡叛而自首者，减罪二等坐之。"《疏议》曰："犯罪之徒，知人欲告及案问欲举而自首陈；及逃亡之人，并叛已上道，此类事发归首者各得减罪二等坐之。"为了进一步鼓励犯罪分子接受制裁，甚至规定"即亡叛者虽不自首，能还归本所者，亦同。"即逃亡的犯罪分子，虽然没有自首其罪行，但如果能归还逃叛之所在地的，亦可以减罪二等处理。设置该条主要是方便犯罪的审理与惩处，这一规定既体现了朝廷的"宽大"，又能鼓励犯罪分子"自新"，是封建统治者刑事政策的制度化，在当时针对农民起义、奴隶逃亡能起到分化瓦解的作用。① 这种刑事政策思想，在某种程度上也可以为我们借鉴，尤其是对于处置涉及面非常广、危害较大的聚众犯罪有实际的作用，对于防止犯罪分子流窜，节省警力，分化瓦解犯罪分子，缩小打击面，贯彻宽严相济的刑事政策，保持社会的稳定具有重要意义。

二、故意与过失的区分

（一）历史沿革与制度转换

故意与过失合称罪过，是指犯罪人对自己的行为及其后果所持有的心理状态，是刑法理论研究的重要课题之一。在我国古代的法制中，很早就出现了故意和过失的区别，并把其作为定罪量刑的重要依据。"人有小罪，非眚，乃惟终，自作不典，式而，有厥罪小，乃不可不杀。乃有大罪，非终，乃唯眚灾，适尔，既道极厥辜，实乃不可杀。"② 可见，"眚灾"、"过"即过失犯罪，"怙终"、"故"、"非眚"即故意犯罪。《尚书·舜典》记载："眚灾肆赦，怙终贼刑。"其注曰："眚，过；灾，害；过而有害，当缓赦之；怙奸自终，当刑杀之。""宥过无大，刑故无小。"注曰："过误所犯，虽大必宥；不忌故犯，虽小必刑。"③ 我国古代刑法中概括表示故意犯罪的罪过称为"故"。何为"故"？《说文解字》释曰："故，使为之也。""过失"一词，最早见于《周礼》的三宥之法，其中"再宥曰过失"④。我国古代刑法中概括表示过失犯罪的罪过称为"过"、"误"或者"过误"，是指非出于行为人的本意而发生的过错、错误。如"凡过而杀伤人者，以民成之。"注曰："过，无本意也。"⑤ 在秦代，罪过表述为"端"与"不端"。在汉代，"法令有故、误"⑥，可见，"故"与"误"是汉代刑法中相对称的故意与过失的概念。

晋代刑法中更为普遍采用的是"故"与"失"相对应的罪过概念。载："夫律者，当慎其变，审其理。若不承用诏书，无故失之刑，当从赎。谋反之同伍，实不知情，当从刑。此故失之变也。"⑦ 这里"故失之刑"、"故失之变"中的"故失"即指故意犯罪和过失犯罪。晋

---

① 参见高绍先：《中国刑法史精要》，463 页，北京，法律出版社，2001。

② 《尚书·康诰》。

③ 《尚书·大禹谟》。

④ 《周礼·秋官·司刺》。

⑤ 《周礼·地官·稠人》。

⑥ 《后汉书·郭躬传》。

⑦ 《晋书·刑法志》。

代张斐在其《注律表》中对"故"与"失"作了经典的解释:"其知而犯之谓之故,意以为然谓之失。"这实际是对故意与过失犯罪所下的定义。张斐的解释对后代法律具有重要的影响,从唐律到明清律都沿用张斐的解释。唐律集历代法律之大成,在区分故意和过失的基础上,将过失犯罪分为"误"、"失"和"过失"三种。宋、元、明、清沿用唐律,对罪过的表述基本保留。直到清末变法修律,我国的罪过表述才发生了变化。在效法近代资产阶级刑法的基础上,《大清新刑律》对我国的罪过形式进行了重新界定。

在主观罪过的发展过程中,有两个重要的转折时期:第一,从最初的故意与过失的简单化分类到西晋、唐律的理论化与成熟化时期,尤以晋朝律学家张斐《晋律注》为代表。① 这一转折时期,不仅在故意与过失内部的分类上更加丰富,对故意与过失的认识更加深刻,而且在故意与过失的分类标准上有了巨大的进步,认识到主观认识与意志因素在区分故意与过失中的重要作用,对后世的刑事立法产生了深远的影响。第二,《大清新刑律》对我国的罪过形式进行了重新界定,使得我国罪过形式由传统向近代转型,标志着另一重大转折。首先,《大清新刑律》将罪过形式区分为故意、过失和无过失三种。表现在《大清新刑律》第13条规定:"非故意之行为,不为罪。但应论以过失者,不在此限。"由此确立了成立犯罪以故意为标准,过失为例外的原则。其次,故意和过失分别从罪责轻重的条件变为既是分别罪责轻重的条件,也是区别是否成立犯罪的条件。② 这使得罪过概念的意义进一步加大。最后,在对罪过的认识上,也脱离了以前刑法的桎梏,从认识与意志两个方面进行界定。比如,《大清新刑律》关于犯罪故意的解释是:"意欲其死,而径情杀人曰之故。""故者,有意而故为也。"在法律形式上,《大清新刑律》也是中国刑法史上第一次把罪过内容规定在总则条文里面,在立法技术上也更为成熟了,具有划时代的意义,脱离了古代刑法的领域,进入了责任制度的新阶段,在客观上体现了刑法的人道主义精神与人权保障功能。

(二)主要内容

1. 故意。故,指明知故犯,即"知而犯之谓之故"③。中国古代法典往往将故与具体罪行连在一起,如故买、故纵、故出入人罪。故意犯罪在古代刑法中的表现形式除"故"以外,还有"谋"、"贼"、"知"等。晋代张斐对"谋"的解释是:"二人对议谓之谋"。可见,谋是指二人以上共同故意犯罪,强调商量的过程。唐朝《名例律》规定:"称'谋'者,二人以上。"但同时又规定:"谋状彰明,虽一人同二人之法。"《疏议》曰:"假有人持刀仗入他家,勘有仇嫌,来欲相杀,虽止一人,亦同谋法。"可见,"谋"是古代故意犯罪的预备形式,如果进一步实施犯罪并发生危害结果,则加重处罚。"贼"是指故意杀、伤人。"杀人不忌为贼。"④ 秦、汉律中都有贼杀、贼伤等罪名。晋代张斐注律曰:"无变斩击谓之贼。"应该强调的是,在古代刑法中,"贼"作为故意犯罪的一种表现形式,其范围仅限于侵犯人身的

---

① 《唐律疏议》关于犯人心理状况的意识不仅未能随着经验的增加,作出比较张斐《晋律注》杆头更进的总结和概括,就是张斐《晋律注》的水平,对于《唐律疏议》的著者,亦似不无高山仰止之感。参见蔡枢衡:《中国刑法史》,176 页,北京,中国法制出版社,2005。

② 参见蔡枢衡:《中国刑法史》,176、177 页,北京,中国法制出版社,2005。

③ 《晋书·刑法志》。

④ 《左传·昭公十四年》。

杀伤犯罪。在唐代以后，"贼"被"故杀伤人"罪所取代，不再是法律用语。"知"是指明知、知道。汉代有"见知故纵之法"，唐律有"知情藏匿罪人"，知就是明知故犯，也为故意犯罪的表现形式。

具体而言，故意可以分为以下几种：第一，预谋故意，也就是上文所说的"谋"，即一种预谋的故意。预谋故意又可分为两种形态：共谋和独谋。前者指二人以上事前共同策划、商议，后者指一个人在事前酝酿、策划。二者的共同点是都有事前的策划，区别在于前者需二人以上，后者是独自一人，前者是"谋诸于人"，后者是"谋诸于心"。第二，临时故意，即临时起意。所谓"临时故意"，指的是实施行为开始时形成的故意。历代刑法在论述临时故意时，多与杀人罪联系在一起。唐律解释为"临时起意"，"非因斗争，无事而杀，是名故杀"。《宋刑统》的解释是"两相竞争谓之故"。《大清律》的解释是："临时有意欲杀，非人所知曰故。"相当于今天的因事相争，故意犯罪。第三，间接故意。间接故意是现代刑法中的概念，在我国封建刑律中并无该词，但在一些犯罪中却有类似的情节。如唐朝《贼盗律》规定："脯肉有毒，曾经病人，有余者，速焚之。违者、杖九十。若故与人食，并出卖，令人病者，徒一年；以故致死者，绞。"该条类似于我国现行刑法中的出售有毒、有害食品罪，规定肉类如果霉变有毒，已经使人中毒，则必须烧毁（此行为是为了证明行为人知道肉已经有毒），若再予人食或出卖，造成死亡结果，行为人虽然没有杀人的直接故意，但在追求经济利益的同时，放任了他人死亡结果的发生，可谓间接故意。第四，推定故意。推定故意指的是在某些特定情况下，对不易认定的严重情况当做故意来处理，实际上是一种故意的推定。如汉律有"与犯人交关三日，即应知情"。即如果和犯罪人在一起相处三天以上，则被视为知情者，如果犯罪人实施了某种犯罪，知情者也要受到处罚。另外还有《唐律》中"斗而用刃"的规定，原则上讲，有无杀人之心是区别故意杀人和故意伤害的关键，也就是唐律中的"害心"。但是，如果"本虽是斗，乃用兵刃杀人，与故杀同"，"斗殴者原无害心，斗而用刃，即有害心"。即在斗殴中，本来没有杀人之心，但使用了兵刃，就推定为有杀人之意，按照故意杀人认定。也就是用犯罪工具来认定主观罪过。

2. 过失。历代刑法对过失有多种解释，流传最为广泛的是晋代张斐注律的解释："不意误犯谓之过失。"所谓"不意误犯"，就是指危害后果的发生不是出于行为人的本意，所以，"过失"的含义与"过"、"误"是一致的。《唐律疏议》对过失也有许多解释。如"失者，谓原情非故者"，"过失杀、伤人者……谓耳目所不及，思虑所不到；共举重物，力所不制；若乘高履危，足跌，及因击禽兽，以致杀伤之属，皆是"。从上述解释来看，有的是采取认识标准，认为"耳目所不及，思虑所不到"的就是过失，还有的采取意志的标准，即"不意误犯谓之过失"。着重说明行为人没有主观上危害社会的动机和目的，即没有危害社会的意志。"不知"，是指行为人因不知道、不了解事实真相而造成危害结果的情况。在古代刑法中有些"不知"属过失犯罪，如《秦简·法律答问》记载："发伪书，弗智（知），赀二甲。"即不知道是伪造的文书而传发，此即过失犯罪。但是也有些"不知"则不为罪，如《唐律》规定："其展转相使而匿罪人，知情者皆作，不知者无论。"《疏议》曰："展转相使匿罪人者，假有甲知情匿罪人，又嘱付乙令匿，乙又嘱丙遣匿，如此展转相使匿罪人者。乙、丙知是罪人，得藏匿之罪；不知情者，无罪。"所以，在古代刑法中，知而犯之是故意犯罪，不知而犯则未必是过失犯罪，也就是说，在古代认定过失更重要的是区分主观意志方面的因素，即"不意误犯"①。

（三）现代意义

从上文的介绍中可以看出我国历代刑法对故意与过失规定的特点，其中有许多思想可供我们借鉴，主要表现在以下几个方面：

1. 借鉴古代重故意、轻过失的立法原则。古代刑法历来重故意轻过失。《周礼》有三宥之法，其中"再宥曰过失"②。"宥过无大，刑故无小"③，"志善而违于法者免，志恶而合于法者诛"④，在随后的历代刑事立法及司法中都普遍采纳和适用这一原则。"违而有害，虽据状合诛，而原情非故，如此者，当缓赦之。小则恕之，大则宥之。"体现在刑罚上则是重惩故意犯罪，而轻罚过失。刑法之所以区分故意和过失，就在于这两种罪过反映出行为人不同的主观恶性。

2. 吸收古代刑法在认定故意与过失中重视认识因素与意志因素作用的合理因素。在故意的认定上看重的是认识因素，在过失的认定上则主要强调的是意志因素。故意最经典的解释是"知而犯之谓之故"，也就是强调知的因素。在预谋故意中，不仅知道，而且有详细的谋划，不仅有认识因素，还有意志因素。在临时故意中，尽管没有具体的谋划，但是主观上是知道的。在类似于间接故意的犯罪主观形态里，行为人对危害结果的出现也是明知的，只不过不追求危害结果的发生而已。推定故意中，尽管没有具体的明知，但是根据具体的情况认为行为人不可能不知道，也就是现行刑法中的推定明知，尽管这种推定的合理性还有待讨论，但是以推定明知作为认定故意的标准，还是贯彻了认识主义的因素，所以，总体而言，在认定故意的标准上，基本上是采取认识的因素。因此，古代刑法中故意犯罪的范围，除了包括直接故意、间接故意外，还包括现代刑法中的过于自信的过失，唐朝《斗讼律》规定："诸斗殴杀人者，绞。以刃及故杀人者，斩。虽因斗，而用兵刃者，与故杀同。""诸戏杀伤人者，减斗杀伤二等；虽和，以刃，若乘高，履危，如水中，以故相杀伤者，唯减一等。""故杀"是指"非因斗争，无事而杀"，即直接故意杀人。"斗杀"是指"原无杀心，因相斗殴而杀人者"，但如果以兵刃斗殴致人死亡，仍然定故杀，是一种推定故意杀人。"戏杀"是指双方本无怨恨，自愿相戏，彼此搏击，以决胜负，在相戏过程中致一方死亡。对于戏杀人者来说，其对杀人结果的发生是有预见的，特别是"或以金刃，或乘高处险，或临危履薄，或入水中"。但是，行为人并不希望这种结果发生，致人死亡是违背其意愿的，严格意义上讲，戏杀应属于过于自信的过失杀人，但依古代刑法的规定，戏杀也是"知而犯之"，是故意犯罪。

在认定过失上则主要强调的是意志因素。"不意误犯谓之过失。"所谓"不意误犯"，就是指危害后果的发生不是出于行为人的本意，也就是说，尽管危害结果发生了，但是这种结果是行为人反对和不希望发生的，只是因为不小心导致的。"过，无本意也"，意味着"无

---

① 刘淑莲：《论我国古代刑法中的罪过》，载《中外法学》，1997 (5)。

② 《周礼·秋官·司刺》。

③ 《尚书·大禹谟》。

④ 《盐铁论》。

意"是认定过失犯罪的主要标准，即行为人对结果的发生持否定态度。但是，按照此标准，古代刑法中过失犯罪的范围，可能既包括现代刑法中疏忽大意的过失，也包括意外事件。如唐朝《斗讼律》规定："诸过失杀伤人者，各依其状，以赎论"，何谓过失呢？按照解释是指"谓耳目所不及，思虑所不到；共举重物，力所不制；若乘高履危，足跌，及因击禽兽，以致杀伤之属，皆是"。《疏议》例曰："假有投砖瓦及弹射，耳不闻人声，目不见人出，而致杀伤。"如果行为人应该预见，即有预见的义务，而且具有预见的可能，应该属于疏忽大意的过失。但是举另外的例子，如"本是幽僻之所，其处不应有人，投瓦及石，误有杀伤。"则应属不能预见的意外事件。"共举重物，力所不制"，如果有预见，则属于疏忽大意的过失，如果没有，则属于不可抗力。总之，"无意"是古代刑法认定过失犯罪的主要标准。

3. 吸收古代"事后共犯"与"片面共犯"中主观罪责追究的合理因素。这种追究在现行刑法理论中大都是作为渎职行为处理的，但在古代刑法中可以作为故意的共同犯罪来处理。比如《职制律》先规定有官署违法超编之罪，又规定："后人知耳听者，减前人署置一等"。即后任官员在已经了解前任的超编之情，而在自己任内予以默许或接受的作为共犯——事后共犯追究，只是减一等处理而已。有制止及究举职责的官吏，如果不制止而听其实施犯罪的，也是故意犯罪。比如《职制律》规定了各州及国子监各馆在"贡举"上的犯罪，如果上级机关对这些犯罪"知而听行"，就"同罪"①。事后共犯在我国刑法理论上并不承认，而是认为属于一种独立的犯罪②，片面共犯理论也处于探讨阶段。古代刑律在职务犯罪上采取更为宽松的共同故意犯罪成立条件的做法，进一步体现了从严治吏的刑事政策，对现代刑法以及刑法理论有一定的借鉴意义。

4. 借鉴吸收古代刑法间接故意与推定故意的规定。间接故意是现代刑法中的概念，在我国封建刑律中并无该词，但在一些犯罪中却有类似的情节。如上文提到的唐朝《贼盗律》的规定："脯肉有毒，曾经病人，有余者，速焚之。违者、杖九十。若故与人食，并出卖，令人病者，徒一年；以故致死者，绞。"推定故意指的是在某些特定情况下，对不易认定的严重情况当做故意来处理，实际上是一种故意的推定。如汉律有"与犯人交关三日，即应知情"。即如果犯罪人在一起相处三天以上，则被视为知情者，如果犯罪人实施了某种犯罪，知情者也要受到处罚。还有《唐律》中的"斗而用刃"的规定，在斗殴中，本来没有杀人之心，但使用了兵刃，就推定为有杀人之意，按照故意杀人认定，也就是用犯罪工具来认定主观罪过。在当时的历史条件下，能提出如此先进的故意理论实属不易。即使在现代刑法中，间接故意与推定故意也是重点与难点问题。

当然，受制于古代认识的局限与阶级局限，对故意与过失的区分还有许多不尽如人意的地方，其中有不少教训需要我们后人吸取。比如，按照古代刑法的规定，罪过在古代刑法中原则上讲，只是刑罚轻重的标准，而不是刑事责任有无的标准。在特殊情况下罪过也可以成为区分罪与非罪的界限，有些行为如果出于故意即构成犯罪，非出于故意或出于过失则不构成犯罪。但是，除此之外，还存在大量结果责任和主观归罪。《秦律》中"戍边，失期当斩"③的规定，该法条就不区分情节，只要发生刑律中所规定的后果，一律论处，是明显的

---

① 钱大群：《唐律研究》，184页，北京，法律出版社，2000。

② 参见蔡枢衡：《中国刑法史》，137页，北京，中国法制出版社，2005。

③ 《史记·陈胜世家》。

客观归罪。还有上文中《唐律》的规定，耳目所不及，思虑所不到都成立过失犯罪，这意味成立犯罪过失只要求没有犯罪的故意，对行为所发生的危害结果没有认识即可，它实际上显然包含了在不可抗力作用下的无过失损害和在无法预见情况下所造成损害结果的意外事件等情况。即使责任程度较之故意为轻，仍然不能否定其为结果责任和客观归罪。另外，由于受到儒家思想的影响，古代法律主张"原心定罪"，本来强调行为人的主观恶性，相比于单纯的以结果论罪具有一定的进步意义，但是由于走到了另一个极端，发展到"志善而违于法者免，志恶而合于法者诛"① 的程度，就由客观归罪走向了主观归罪，发展到后世就是登峰造极的"文字狱"。

另外，还应避免不考虑主观罪过的株连犯罪。罪过尽管在古代刑法中已经比较发达，在一般的犯罪中也得到了很好的区分和贯彻，在定罪量刑中也起着比较重要的作用。但是，对于族诛、连坐的犯罪来说罪过是不适用的。被连坐的人在主观上根本无罪过可言，客观上也没有任何的危害行为，但依法可以被处以重刑直至死刑。自古以来皆是如此，唐、宋、元、明、清律一直沿袭，直至清末。显然缘坐、连坐等株连采取的是"结果责任"。由此清楚表明，古代罪过在定罪量刑中的作用具有社会的、阶级的局限性。

尽管株连责任在现行刑法理论中已经不复存在，但是结果责任和主观归罪的现象还时有发生，需要引起我们足够的警惕。当然，我们不能苛求古人，应该采取一种去其糟粕，取其精华的态度，为完善我国的罪过理论贡献力量。

三、累犯

（一）历史沿革与制度转换

累犯在我国也有悠久的历史。《尚书·舜典》记载："眚灾肆赦，怙终贼刑。"其注曰："眚，过；灾，害；过而有害，当缓赦之；怙奸自终，当刑杀之。"即如果再犯，则虽可有当赎者，亦不听其赎，必处以刑。这里的"终"，即再犯，包括累犯。学者一般认为，这是我国古代已知的关于累犯制度的最早记载。至虞舜后期，因"怙终贼刑"还不足以制止再次犯罪的发生，因而又制定两条处罚累犯的律条："天命有德，五服五章哉；天讨有罪，五刑五用哉。"② 对累犯杀人犯罪的，明显加重了刑罚。虞舜时期这些关于累犯的规定，虽然简约粗陋，却是我国刑法史上第一次出现累犯的概念和处罚原则，具有进步意义。

西周时期也有对累犯的规定。"人有小罪，非眚，乃惟终，自作不典，式尔，有厥罪小，乃不可不杀。"③ 这里的"终"就是一贯、始终的意思，"惟终"，坚持不改，累犯。这段话的意思就是，一个人犯了小罪，但他却是故意的或一贯的，就不能不杀。可见西周继承了以前对累犯从重处罚的规定，也将累犯作为定罪量刑的标准。同虞舜时期相比，西周对累犯的规定适用范围有所扩大，立法技术更为成熟。秦律中也根据不同的犯罪情节和认罪情况，对累犯从重处罚，如《秦简·法律答问》曰："诬人盗，值廿，未断，又有他盗，值百，乃后觉，当并赃以论。"这是对再次犯罪的进行数罪并罚。但是，同西周的规定一样，没有能区分数

---

① 《盐铁论·刑德》。
② 《尚书·皋陶谟》。
③ 《尚书·康诰》。

罪并罚和累犯的界限，具有一定局限性。①

到西汉时，有关累犯的立法技术又有进步。《汉书·刑法志》记载，汉文帝十三年（前167年）废除肉刑时曾经定令："当斩右趾，及杀人先自告，及吏坐受赇枉法，守县官财物而即盗之，已论命复有笞罪者，皆弃市。"其注曰："命者，名也，成其罪也。"后张苍定律时又规定："大辟论减等，已论，而复有笞罪，皆弃市。"从这一规定看来，构成累犯需要的条件是：前面已经犯罪且已经判决又犯罪的，尽管是笞刑这样的轻罪，也构成累犯，没有判决后的时间限制，也没有再犯罪应受刑罚种类和程度轻重的要求。而且对累犯的处罚极其严厉，即使先自告已获免罪，或大辟已经减等，只要再触法条，应判处笞刑以上的，一律斩首。从这里可以看出，当时的累犯立法还是比较粗糙的。但是西汉已经把"已论命"作为累犯的成立条件，说明其已意识到累犯与并发罪之间一定的区别，反映了累犯立法技术的进步。

《唐律》对累犯制度的规定也相当详尽完备。在《唐律》中不仅有再犯的总则性规定，而且在分则中还规定了特别累犯，并规定了不同的处罚原则。另外，还明确规定了累犯与并发罪的区别。为了维护宗法血亲制度的稳定性，还规定了成立累犯的例外，比如"亲属相盗不适用累犯"等。《唐律》成为累犯制度的集大成者。《明律》继承了《唐律》的规定又有所修改，《大清新刑律》吸收了西方现今的刑法理论，明确规定了构成累犯的前罪后罪间的时间间隔是五年，合理地限定了累犯的范围，并且明确区分了累犯与并罚数罪，在立法技术上具有很大的进步性，标志着我国古代累犯制度现代化的开端。

在累犯制度的发展史上，存在三次重要的转折：第一，西汉不再简单地把再次犯罪的都视为累犯，而是把"已论命"作为累犯的成立条件，说明其已意识到累犯与并发罪之间一定的区别，反映了累犯立法技术的进步，这就为累犯制度的成熟奠定了基础。第二，唐朝累犯制度走向成熟。在《唐律》中不仅有再犯的总则性规定，而且在分则还规定了特别累犯，并规定了不同的处罚原则。另外，还明确规定了累犯与并发罪的区别。为了维护宗法血亲制度的稳定性，还规定了成立累犯的例外，比如"亲属相盗不适用累犯"等。第三，《大清新刑律》吸收了西方现今的刑法理论，合理地限定了累犯的范围，并且明确区分了累犯与并罚数罪，清晰地规定了对累犯和三犯的处罚，在立法技术上具有很大的进步性，标志着我国古代累犯制度向近代意义的累犯制度的过渡。②

（二）主要内容

累犯在古代起源于多次犯罪，唐律中将多次犯罪分为再犯与累犯，分别有不同的构成条件。也有学者将再犯称为一般累犯，将累犯称为特殊累犯，尽管以现代刑法中累犯的评价标准来看不是很恰当，但是考虑到当时的立法水平以及社会的实际情况也无不可。无论如何，唐律中的规定为后世累犯制度的形成奠定了基础。

1. 再犯

唐朝《名例律》规定："诸犯罪已发及已配而更为罪者，各重其事。即重犯流者，依留住法决杖，于配所役三年。若已至配所而更犯者，亦准此。即累流徒应役者不得过四年。若

---

① 关于我国古代累犯制度的历史沿革，参见谢应霞：《我国累犯制度研究》，河南大学硕士学位论文，2003。

② 参见苏彩霞：《累犯制度比较研究》，13页，北京，中国人民公安大学出版社，2002。

更犯流、徒者，准加杖例。其杖罪以下，办各依数决之。累决笞、杖者，不得过二百。其应加杖者，亦如之。"《疏议》曰："已发者，谓已被告言；其依令应三审者，初告亦是发讫。即已配者，谓犯徒已配，而更为笞罪以上者，各重其后犯之事而累科之"。"发"是指被告发，"配"是指徒刑犯人发送到服役地。这里的"更为罪者"是指在犯罪已被告发，审判和刑罚执行期间重新犯罪的人。从《疏议》的解释中我们可以看出一般累犯的构成要件是：首先，犯罪分子须是在已被揭发、控告或者已被判处发配后，再犯新罪。其次，必须是又犯应处笞刑以上的刑罚。再次，根据唐代规定："诸告言人罪者，非谋叛以上，皆令三审"，因此凡应当三审的案件，均应"初告亦是发讫"。对再犯的处罚原则总体而言是限制加重原则，表现在以下几个方面：首先，根据《名例律》的规定："重犯流者，依留住法决杖，于配所役三年"，对再犯则决杖加役，体现累犯从重但加重又有限制的精神。其次，《疏议》还规定："累流、徒应役者，不得过四年。若更犯流、徒罪者，准加杖例。"即犯流役未满，更犯流役，或流役未满，更犯徒役，或在徒、流役内，复犯徒、流之罪，应服役的，役期都不得超过四年。若已因再犯而加役，在役期未满时，又犯徒、流之罪的，比照加杖的法例，但不论犯罪多少，累决杖笞，总数不得超过二百。通过上述对配役年数、决杖笞之数的规定，已经充分反映出再犯处罚限制加重的原则，非常类似于现今数罪并罚中的限制加重原则。

2. 累犯

唐律中的累犯主要规定在《贼盗律》中，《贼盗律》规定："诸盗经断后，仍更行盗，前后三犯徒者，流二千里；三犯流者，绞（三盗，只数赦后为坐）。其于亲属相盗者，不用此律。"《疏议》曰："行盗之人，实为巨蠹，屡犯明宪，罔有悛心，前后三入刑科，便是怙终其事，峻之以法，用惩其罪。"这便是唐律对累犯的总体评价，正是因为累犯危害性重，所以三犯盗窃者要加重至死刑，而且在《名例律》中"更犯"之外单独设置重罚。

从上述律文中可以看出构成累犯的要件：第一，从犯罪性质上看，构成累犯罪名上仅限于盗罪。所谓盗罪，《疏议》曰："故有强盗、窃盗，经断更为"，明确指出"盗罪"包括强盗和窃盗，因此，不是盗罪不能成立累犯，这是唐律累犯对犯罪性质的要求。第二，从犯罪次数与犯罪的严重程度上看，唐律中规定必须前后三次被判徒刑或者三次被判流刑。首先，必须犯罪三次以上，否则不构成累犯，这与再犯只需要两次以上犯罪不同。其次，在犯罪严重程度和处刑要求上看，累犯必须是相同刑种的三次累计，而不是不同刑种的三次累计，如果罪犯一次犯徒、两次犯流或两次犯徒、一次犯流，均不构成累犯。对于降罪的情况，《疏议》曰："律有会赦之文，不言降前之犯。死罪会降，只免极刑；流徒之科，本法仍在。然其所犯本坐，重于正犯徒流，准律而论，总当三犯之例。"即如果是死刑遇上降罪，降至徒刑或流刑的，则可算作徒刑或流刑，可以计作三犯，从而构成累犯。第三，从构成累犯犯罪罪数的时间上看，累犯必须是经审判确定后没有被赦免过的徒刑或流刑。《唐律》规定："诸盗经断后，仍更行盗，前后三犯"，《疏议》曰："不论赦前犯状为数"。可见，唐律中的累犯是指于赦免后经审判确定三次犯徒刑或累计三次犯流刑的盗犯，如果是未经审判确定的徒、流刑或者虽经审判但已被赦免的徒、流刑，就不得计入。此外，《疏议》还补充说："其未断经降、虑者，不入三犯之限。"也就是说，未经审判而减轻、免奏的徒、流刑，也不计入三犯。可见《唐律》对累犯犯罪次数的精密规定。第四，例外规定。《唐律》规定："其于亲属相盗者，不用此律。"同时，《疏议》对亲属的范围进行了界定："假有于堂兄弟妇家及堂兄弟男女婚姻之家，犯盗徒、流以上，并不入三犯之例。"这就是唐律儒家宗法思想的影响，即累犯在适用范围上仅适用于凡人之间的盗罪，而不适用于亲属间的盗罪。因为累犯严重的社会危害性以及人身危险性，故而唐律规定了单独的处罚，相比于再犯而言，处刑明显加重了，加重的方法是以刑罚升级论处，即徒刑累犯升一级为流两千里，流刑累犯升级为绞刑。

从上述条文规定来看，唐律中的再犯与累犯是有严格区别的。表现在以下几个方面：第一，罪名要求不同。再犯没有限制，任何犯罪都可以构成再犯，而累犯仅限于盗罪，即强盗和窃盗，即再犯的范围比累犯广。第二，构成犯罪的罪数要求不同。再犯是二次以上的犯罪，累犯是三次以上的犯罪。再犯当然也可以由三次构成，但是累犯不可以由二次犯罪构成，所以累犯的成立条件更为严格。第三，计算罪数的时间不同。再犯只需犯罪被揭发、控告或判决已配后（包括已至配所）再犯罪的即可构成，累犯不仅要求判决以后，而且要求经赦免以后。[①] 第四，犯罪性质与处刑要求不同，唐律中规定累犯必须是前后三次被判徒刑或者三次被判流刑，要求比再犯严格。第五，处罚不同。尽管二者都从严处罚，但是累犯采取的是刑罚升级的加重处罚方式，较之于再犯处罚更重。

另外，《唐律》中还明确了累犯与并发罪的区别。《名例律》规定："诸二罪以上俱发，以重者论；等者，从一。若一罪先发，已经论决，余罪后发，其轻若等，勿论；重者更论之，通计前罪，以充后数。"这就是唐律中并发罪的规定，即两次以上犯罪同时被告发，行为人被告发前就犯有两个以上的犯罪的为数罪，实行并罚。构成并发罪的条件是两次以上的犯罪发生在被告发以前。因此，并发罪与累犯的区别在于，并发罪的犯罪均发生在被告发以前，而累犯则是行为人在被告发后又犯他罪。成立的时间不一样决定了二者不同的处罚原则。

（三）现代意义

总体而言，我国古代对累犯制度的规定还是非常粗疏的，其对累犯的规定不仅包括近代意义上的累犯，实际上还与并罚数罪混同。同时也并未对累犯的成立限定为故意犯罪，在累犯的成立条件上规定不足，大大扩大了累犯成立的范围。加上认识水平和认识能力的局限性，对累犯的认识局限在几个具体的犯罪，只规定累犯是几个特定犯罪加重处罚的原因，没有认识到累犯现象的普遍性，因而未能把累犯作为所有犯罪的一般加重原因。由于重刑主义的影响，在累犯的处罚上适用严刑峻法，加重升格，甚至加重至死刑，体现出封建法律的残酷性。所以，只能说古代的累犯制度是现代累犯制度的历史渊源。但是，《唐律》中对再犯与累犯的规定在中国古代累犯制度史上，甚至世界范围内，都是独树一帜的，并多被后世沿袭，即使在今天也有许多值得借鉴的地方。

1. 累犯从重处罚的思想值得借鉴。累犯行为人因为数次犯罪，实在是屡犯明宪，罔有悛心，所以需要峻之以法，用惩其罪。即因为认识到累犯严重的社会危害性以及人身危险性，故而历朝历代都对累犯从严处罚。这种从严处罚的思想被我国现行刑法很好地继承下来，规定对累犯从重处罚。更为重要的是《唐律》中从重处罚的技术是非常成熟的，做到了宽猛相济，既有限制加重原则，又有刑罚升级原则，但是主要以限制加重为主，力求做到"务在宽

---

① 参见高绍先：《中国刑法史精要》，458页，北京，法律出版社，2001。

平"。既从严处罚了累犯，又没有无限制地从重，从而给累犯留下自新之路，在刑事政策上也做到了区分对待，既体现了恤刑思想，又不姑息养奸，较好地维护了封建法制的权威。所以《唐律疏议》凭其高超的立法技术和经验直接被后世刑法典所借鉴和模仿。《宋刑统·名例》规定："诸犯罪已发及已配而更为罪者，各重其事。即重犯流者，依留住法决杖，于配所役三年。若已至配所而更犯者，亦准此。即累犯流、徒应役者，不得过四年。若更犯流、徒罪者，准加杖例。其杖罪以下，亦各依数决之。累决笞杖者，不得过两百。其应加杖者亦如之。"基本上原文沿袭了《唐律》的规定，《大明律·名例》也有类似规定。这种情况前后持续约一千两百多年，直到《大清新刑律》在总则中引入西方近代资产阶级刑事立法的原理和原则才得以改变。这种限制加重的立法技术应该为我们所借鉴。

2. 累犯的分类思想值得借鉴。尽管对唐律中是否存在总则性的累犯规定有争议，但不可否认的是唐律中特殊规定的累犯是非常有特色的。自《法经》以来，所有的封建王朝都以"王者之政莫急于盗贼"作为自己刑事立法的重点，均将"盗、贼"作为镇压的重点，甚至于以"盗、贼"为核心组建罪名体系，来维护封建统治秩序和财产安全，《唐律》中累犯的规定就充分体现了这一点。《贼盗律》规定："诸盗经断后，仍更行盗，前后三犯徒者，流二千里；三犯流者，绞（三盗，只数赦后为坐）。其于亲属相盗者，不用此律。"《疏议》曰："行盗之人，实为巨蠹，屡犯明宪，罔有悛心，前后三入刑科，便是怙终其事，峻之以法，用惩其罪。"即《唐律》专门对强盗和窃盗犯罪规定了累犯成立的条件，并且规定了更重的处罚原则，体现了封建统治者对强盗和窃盗犯罪的重视。这种特殊罪行特殊规定的思想也为我国现行刑法所接受，体现在特殊累犯制度上。我国的特殊累犯只限于危害国家安全方面的犯罪，成立条件较之一般累犯更为宽松，体现了我国重点打击危害国家安全犯罪的立法思想。

3. 亲属犯罪累犯例外的思想值得借鉴。《贼盗律》规定："其于亲属相盗者，不用此律。"该规定明确把亲属之间相互的强盗和窃盗犯罪排除在外，体现了儒家尊卑长幼、亲疏有别、尊尊、亲亲的伦理关系。"仁者人也，亲亲为大。"《贼盗律》先在律条正文中明确规定亲属相盗者不适用累犯，又在《疏议》中对亲属范围作出规定："缌麻以上及大功以上婚姻之家"。亲属相盗"自依亲属本条，不用此三犯之律"。因为儒家思想的影响，亲属相盗在《唐律》中属于较轻的犯罪，轻于一般盗罪的犯罪，而累犯属于从重甚至加重处罚的情况，两者相互排斥。为了遵循儒家伦理，法典作出了不适用的例外规定。可见《唐律》在规定累犯制度从严处罚时并没有忽视传统的儒家伦理道德观，通过设置例外规定，以求作为封建社会细胞的家庭和宗族的敦睦和谐。[①] 亲属之间的犯罪确实具有特殊性，值得我们借鉴。尽管我国现行刑法并没有明文规定亲属之间犯罪从轻处罚，但是在司法实践中还是做了和一般犯罪不同的处理。

四、教唆

(一) 历史沿革与制度转换

我国秦代就已经有教唆犯的规定，称之为"谋遣"。"谋遣"在秦代谓谋划并唆使他人犯

---

① 参见朱作鑫：《论〈唐律疏议〉中的累犯制度》，载《西安文理学院学报（社会科学版）》，2005（1）。

罪。"人臣甲谋遣妾乙盗主牛，买（卖），把钱偕邦亡。出缴，得，论各可（何）殴（也）？当城旦黥之，各畀之。"① "甲谋遣乙盗，一日乙且往盗，未到，得，皆赎黥"。"甲谋遣乙盗杀人，受分十钱，问乙高末盈六尺，甲何论？当磔"②。这里的谋遣，既包含有主谋，也含有指使、唆使之意，是教唆犯。秦律对共同犯罪中的教唆犯采取加重处罚的原则，处刑或与行动者相同，或重于行动者。汉律中规定，"敢蛊人及教令者，弃市"，教令者即教唆犯。《唐律》对教令犯的规定既在《名例律》篇里，又分散在各篇。《名例律》"老小废疾"条规定，对九十以上、七岁以下的人，"即有人教令，坐其教令者"。《疏议》曰："但是教令作罪，皆以所犯之罪，坐所教令。或教七岁小儿殴打父母，或教九十者砍杀子孙，所教令者各同自殴打及杀凡人之罪，不得以犯亲之罪加于凡人。"在这里，明确了教令犯的两个方面：第一，只处罚教令者，而不处罚被教令者，理由是年龄大的或者年龄小的人智力受到限制，因而被教唆者不构成罪，而由教唆者单独承担刑事责任。这类似于现今刑法中的间接正犯。第二，按照杀凡人之罪处罚，明确了教令者的处罚原则。在《唐律》等封建刑法里面，由于受儒家思想的影响，子殴打父的刑罚重于殴打凡人，父故杀子孙轻于故杀凡人。但是，在教令犯的情况下，一律按殴杀凡人论处，即把教令者视为一般主体进行处罚。明、清律皆有相同的规定和解释。

《唐律》的具体罪名中也有对教令犯的规定。如唐朝《斗讼律》规定："诸教令人告，事虚应反坐，得实应赏，皆以告者为首，教令为从。""其有教令人自告缌麻以上亲，或教人部曲、奴婢告主者，告实及诬，各减告者罪一等。……'被教者，如律论'……若教人告子孙者，告子孙本既无罪，各减所告罪一等。"在该条里面不仅区分了各种具体的情况分别处理，还规定了教令人的刑事处罚原则，具有一定的借鉴意义。但是，尽管《名例律》以下也有规定对教令犯比照主、从犯量刑，但教令犯不属于共犯人的法定类型。可见，当时是将教令行为作为一种具有独立社会危害性的行为来处理的。此后，各代都沿用《唐律》对共犯的规定及共犯的分类方法。

清律在《唐律》的基础之上又有所发展。《大清律》规定："如原告之人并未起意诬告。系教唆之人起意主令者，以主唆之人为首，听从控告之人为从。如本人起意欲告，而教唆之人从旁怂恿者。依律与犯人同罪。"对第一种情况，教唆之人是教令犯，按首犯从重处罚。在后一种情况下，教唆之人应该作为帮助犯，依律与犯罪人同样处罚。这种规定对教唆犯的本质认识得更加清楚，已经十分接近现代意义上的教唆犯。③

及至清末修律，《大清新刑律》在借鉴西方刑法理论基础之上，明确规定了教唆犯。《大清新刑律》第 30 条规定："教唆他人使之实施犯罪之行为者，为造意犯。教唆造意犯者，准造意犯论。"第 31 条规定："教唆或者帮助从犯者，准从犯论。"第 32 条规定："事前教唆或帮助，其后加入实施犯罪者，从其所实施者处断。"第 33 条规定："凡因身份成立之罪，其教唆或帮助者。虽无身份，仍以共犯论。因身份致罪有重轻者，其无身份之人，仍科通常之刑。"

教唆犯的发展历史上有两个重要的转折时期。一是唐律中规定的教令犯，明确规定了

---

① 《秦简·法律答问》。

② 《秦简·法律答问》。

③ 参见魏东：《教唆犯研究》，17 页，北京，中国人民公安大学出版社，2002。

对教令犯人应该加以处罚，在处罚的原则上，没有僵硬的标准，按照其起的作用处罚，既有按主犯处罚的，也有按照从犯处罚的，还有单独承担刑事责任的，更有另定罪名的，这表明充分地认识到教令犯的复杂性，既看到了教令犯对实行犯的一定的从属性，又看到了教令犯一定程度的独立性。二是清朝《大清律》进一步区分了教唆犯与帮助犯，《大清新刑律》改变了过去刑法中共犯只分首从，教唆犯包含在首犯之中的传统的二分法，实行三分制，即正犯、造意犯、从犯，造意犯是作为教唆犯独立规定的。而且还规定了间接教唆犯的刑事责任，和教唆犯一样，教唆造意犯者，以准造意犯论，标志着教唆犯制度的现代转型。

（二）处罚

我国古代刑法对教唆犯的处罚较为复杂，有各种各样的规定，大体上有以下几种：第一，对教唆犯处罚的一般原则是以所教唆之罪论处，如前文中的"但是教令作罪，皆以所犯之罪，坐所教令。或教七岁小儿殴打父母，或教九十者砍杀子孙，所教令者各同自殴打及杀凡人之罪，不得以犯亲之罪加于凡人"。第二，教唆犯按从犯论处，比被教唆之人减一等处罚，如教令人诬告，就是以告者为首，教令者为从。第三，另定罪名，如《唐律》中的"导令翻异"，就是以枉法论。《大清新刑律》发展了教唆犯的处罚原则，规定了关于从犯的教唆犯罪者的刑事责任，还规定了教唆犯与正犯并合情况下教唆犯的刑事责任，即从其所实施者处断，规定了身份犯下教唆犯的刑事责任，仍以共犯论。

（三）现代意义

受制于对刑法理论认识的不足，古代对教唆犯的规定并不是非常完善。共犯并没有规定在相当于现代刑法总则的名例一篇，而是规定在具体罪名之中，相当于现代刑法分则的规定。《唐律》没有教唆犯的规定，但有教令犯的规定。《唐律》中的教令犯是指非身自行，及唆使他人犯罪的人，它不包括于所谓的共同犯罪之内。根据《唐律》，教令人虽非与被教令人共同加功，但在法律上，被教令人的行为视同教令人的行为，教令人的成立，系于被教令人的实行行为，如其系既遂或未遂，教令犯亦同。至于被教令人有无责任能力、其责任形式、违法性及身份等，与教令人无关，因此，所谓间接正犯仍为教令犯。由此可见，现代刑法中的教唆犯与间接正犯都包含在教令犯的概念之中。所以正如日本刑法学家西村克彦所说：在《唐律》里，除了"共（共同）犯罪者（正犯）"之外，并没有设立像人们所说的教唆或者帮助这样的与共犯罪者（正犯）相对立存在的概念，来作为一般的犯罪类型。其原因并不是嫌区别它们麻烦，而是在于要把更为广泛的犯罪的协力行为认定为"犯罪"行为。① 但是，古代刑法能够认识到教令人的刑事可罚性，尤其是在法条中做了类似于现今刑法中间接正犯的规定，并且在身份犯的处罚中规定了以凡人论的处罚原则等，无不显示出我国古代立法者的智慧，其中合理的思想与经验值得我们借鉴。

---

① 参见陈兴良：《共同犯罪论》，2 版，522、523 页，北京，中国人民大学出版社，2006。

第三节
刑罚制度

一、三宥

　　宥指的是宽免，减轻处罚。西周时三宥是一种审判原则。《周礼·秋官·司刺》曰："司刺，掌三刺、三宥、三赦之法……壹宥曰不识，再宥曰过失，三宥曰遗忘。"即西周在司法组织和诉讼制度上设有"司刺"一职，掌握三宥之法。所谓"三宥"指的是三种应该减免刑罚的情况：一宥曰不识，即无知识、无认识；二宥曰过失，即无意；三宥曰遗忘，即忘记。三宥表明，对于自己的行为、危害的对象和结果都有正确认识，便是有意识，应该重罚。如果认识不符合实际，或者事前虽曾正确认识，临时有所忘记，遂致认识不符实际，都应减轻处罚。[①] 三宥制度虽然是就臣僚犯公罪而创立的，但是具有某种普遍意义，不识、过失、遗忘逐渐发展成刑法中误和过失等普遍适用的刑法制度。

这三种情况都是强调犯罪性质上的从轻，本质上是行为人主观恶性比较小，故而应该和故意犯罪相区分，在刑罚上从轻处罚。这体现了西周的恤刑原则。三宥之法只是从轻或者减轻处罚，是在定罪基础之上的从轻或者减轻，即罪还是要定的。这种原则一直为我国古代刑法所继承，表现为重故意，轻过失。"宥过无大，刑故无小"[②]，"志善而违于法者免，志恶而合于法者诛"[③]，在随后的历代刑事立法及司法中都普遍采纳和适用这一原则。"违而有害，虽据状合诛，而原情非故，如此者，当缓赦之。小则恕之，大则宥之。"刑法之所以区分故意和过失，就是因为这两种罪过反映着行为人不同的主观恶性和社会危害性。发展到极致就是"原心定罪"，这主要是受到儒家思想的影响，随着儒家伦理思想统治地位的确立，诛心之说开始主导刑法，最典型就是腹诽罪的确立，造成了主观归罪。

　　三宥之法的现代意义在于其对犯罪性质与主观恶性的区分思想，这种区分是在刑法制度还不成熟的情况下，为了追求案件处理的合理性而产生的，体现了恤刑原则，从这个角度而言，类似于现行刑法理论所讨论的

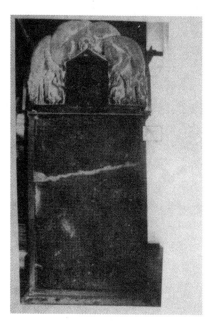

《劝慎刑文》

图片说明：该碑文现存陕西碑林博物馆，是反映宋初统治阶级慎刑思想的第一手史料。

---

① 参见蔡枢衡：《中国刑法史》，174 页，北京，中国法制出版社，2005。

② 《尚书·大禹谟》。

③ 《盐铁论》。

超法规的违法阻却或减轻事由，具有重要的现实意义。随着刑法制度的成熟，不识、过失、遗忘逐渐发展成刑法中误和过失等普遍适用的刑法制度，其思想一直为我国古代刑法所继承，是我们应该借鉴的宝贵财富。但是，在三宥制度下，有的属于过失犯罪应该处罚，但是也有的情况是意外事件，行为人主观上没有过错，也要定罪处罚，体现了古代刑法中的以结果论罪的客观归罪原则。所以，我们一方面要继承自西周以来重故意、轻过失的思想，重视行为人的主观恶性大小，给予不同的惩罚，也要注意三宥制度本身所蕴含的主观归罪和客观归罪的倾向，真正的实现主观客观相统一的原则。

二、三赦

　　三赦是古代赦免制度的一种，是对特殊犯罪主体的赦免。① 《周礼·秋官·司刺》曰："司刺，掌三刺、三宥、三赦之法……壹赦曰幼弱，再赦曰老旄，三赦曰蠢愚。以此三法者，求民情，断民中，而施上服下服之罪，然后刑杀。""司刺"一职不仅掌握三宥之法，也掌握三赦之法。《周礼·秋官·司刺》中的"三赦"是幼弱、老旄、蠢愚。一赦曰幼弱，矜其幼也；二赦曰老旄，矜其老也；三赦曰蠢愚，矜其性识之不逮也。由此可见，三赦之法着重的是犯罪主体上的宽免②，也是西周恤刑原则的体现。一赦曰幼弱，指的是未成年人，未成年人的标准各朝有所不同。《汉书·刑法志》曰："幼弱谓七岁以下。"也有的认为八岁以下是幼弱，因为还未成年，认识能力和控制能力都没有发育完全，加上身体上的原因也不可能实施严重的犯罪行为，所以予以赦免。和赦免幼弱相反，二赦曰老旄者，矜其老也，指的是行为人年龄过大，如果实施了危害社会的行为也要予以赦免。"八十九十曰耄"③，"七十曰耄，头白耄耄然也"④。可见老旄为七十八十九十之通称。因为老旄者年龄过大，已经部分丧失刑事责任能力，而且在古代因为生活条件所限，人类的寿命较短，能活到七十岁以上的非常少，更重要的是老旄已经年老体弱，也不可能实施严重危害社会的犯罪行为了，故而予以赦免。三赦曰蠢愚，矜其性识之不逮也，"矜其性识之不逮也"这一解释很重要，一方面指的是人的精神和智力方面的原因，虽然年龄不属于幼弱和老旄，但是精神发育不正常，或者智力受限，则也属于限制或者无刑事责任能力人。同时也可以作为"幼弱"者和"老旄"者予以赦免的原因，因为幼弱和老旄者也是"性识不逮"，即认识能力与控制能力受到限制。西周以后，秦汉唐宋明清诸律沿袭了三赦制度，在法典所附的解释中屡次征引《周礼·秋官·司刺》中的"三赦"制度作为法律依据或渊源，遵循了儒家的恤刑原则。一方面优待老、幼、笃疾之人，另一方面又限制其参与诉讼，因为他们"不堪刑罚"，更重要的还是因为其"矜其性识之不逮"。

　　三赦制度不仅体现了刑法理论对刑事责任主体认识的深化，在客观上也缓和了阶级矛盾，有助于社会稳定，具有一定的进步意义，值得我们借鉴，而且，还体现了刑法的谦抑性价值。我国现今的刑法典中保留着关于未成年人减免刑罚的规定，也有对精神病人不负或者减免刑罚的规定，而且规定得更加科学合理，体现了对古代刑法理论的继承和发展。但是对

---

① 参见陈东升：《赦免制度研究》，15 页，北京，中国人民公安大学出版社，2004。
② 参见高绍先：《中国刑法史精要》，471 页，北京，法律出版社，2001。
③ 《礼记·曲礼》。
④ 《释名·释长幼》。

于老年人的相关规定却付之阙如。我国历朝历代无不以仁政作为自己的最高成就，强调"明德慎刑"，主张恤刑。而老年人"发齿堕落，血气既衰，亦无暴逆之心"，成为减免刑罚的重点对象。现今对老年人犯罪从宽处罚的原则已成为一条世界上较为通行的立法和司法原则。对老年人从宽处罚不仅不妨碍刑法预防犯罪的目的，还能实现刑罚的经济，而且人到古稀之年，神志模糊，对其适用重刑，既丧失了改造的意义，同时也失去了社会同情。所以，我国应该效法古代刑法的规定，设立刑事责任年龄上限，根据老年人犯罪的具体情节和犯罪动机酌情从轻或减轻处罚，即把老年人犯罪规定为法定从轻或减轻处罚的情节之一。此外，还应当从刑种上予以限制，对老年人不适用死刑。在诉讼程序上，如同对盲、聋、哑或者未成年人等弱势群体一样，增加对老年人的特殊保障程序，比如指定辩护、特殊关押等。这样，既能有效地实现刑罚的目的，实现刑罚的经济，还能充分保障人权，符合对老年人宽宥的国际化趋势。此外，还可以扩大赦免的主体范围，比如对已经死亡的犯罪人和单位在特定情况下的赦免。①

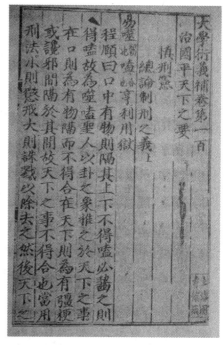

《大学衍义补·慎刑宪》内页

图片来源：何勤华：《中国法学史》，修订本，第二卷，211 页，北京，法律出版社，2006。

三、刑事责任年龄

（一）历史沿革与制度转化

刑事责任年龄是指法律规定的一个人对自己实施了危害社会的行为承担刑事责任所应达到的年龄，是犯罪主体必须具备的重要条件之一。中国古代崇尚"出礼入刑"、"德主刑辅"的刑法理论。根据有关史料表明，我国奴隶社会时期开始，就有法律对幼年人和老年人的危害行为不归责或减免责任的立法。《周礼·秋官·司刺》规定的三赦之法："壹赦曰幼弱，再赦曰老旄，三赦曰蠢愚。""八十、九十曰耄，七年曰悼，悼与耄，虽有罪不加刑焉。"②《周礼》同时规定："未龀者，皆不为奴"，龀者，毁齿也，指小孩换牙，一般情况下男孩八岁，女孩七岁，达此年龄以上，犯罪就要承担刑事责任，否则未换牙的小孩即使犯了罪，也不被罚为奴。据此可知，西周时期刑事责任年龄应为七岁至七十岁，七岁以下、七十以上，犯罪不罚。

到了封建社会，战国初期制定的《法经》中就载有人的年龄影响其刑事责任轻重的规定。《法经》曰："罪人年十五岁以下，罪高三减，罪卑一减；年六十岁以上，小罪情减，大

---

① 参见陈东升：《赦免制度研究》，283、284 页，北京，中国人民公安大学出版社，2004。

② 《礼记·曲礼》。

罪理减。"由此可见，《法经》把刑事责任年龄规定在十五岁至六十岁之间。《秦律》关于刑事责任年龄的规定，以身高为标准。例如，《秦简·法律答问》曰："甲小未盈六尺，有马一匹自牧之，今马为人败，食人稼一石，问当论不论？不当论及偿稼"；"甲盗牛，盗牛时高六尺，系一岁，复丈，高六尺七寸，问甲何论？当完城旦。"从以上规定看，在秦朝身高不满六尺为未成年人，不负刑事责任。贾谊解释曰："七尺谓年二十，六尺谓年十五。"可以断定，在秦朝男身高六尺五寸，女身高六尺二寸为成年，年龄约十六七岁，即秦朝刑事责任年龄为十六七岁。

汉改秦制，废除以身高为刑事责任标准的制度，实行年龄段的划分。汉景帝时规定，八十以上，八岁以下犯罪，给以宽宥，不加桎梏。汉景帝后元下诏曰："高年老长，人所尊敬也……年八十以上八岁以下，及孕者未乳，师、侏儒当鞫系者，颂系之。"① 即八十岁以上，八岁以下及孕妇、乐师、侏儒犯罪可以不加桎梏等刑具。汉宣帝元康四年（前62年）又下诏曰："朕念夫耆老之人，发齿堕落，血气既衰，亦无暴逆之心，今或罗以文法，执于囹圄，不得终其年，朕甚怜之，自今以来，诸年八十，非诬告杀伤人，它皆勿坐。"后来汉成帝定令："年未满七岁，贼斗杀人及犯殊死者，上请廷尉与闻，得减死。"② 光武建武二年（26年）下诏曰："男子八十以上，十岁以下……自非不道，诏所名捕，皆不得系。"由此可知，在汉代，大约免除或减轻刑事责任年龄的上限为七十、八十岁，下限为七至十岁。

秦汉刑事责任年龄的分类被后世接受。据记载，《晋律》规定："若八十非杀伤人，他皆勿论，即还告谋反者反坐，十岁不得告言人。"③《北魏律》规定："年十四已下，降刑之半；八十及九岁，非杀人不坐，拷讯不逾四十九。"④ 可见北魏时期刑事责任年龄划分得更为细致，分为三种情况：八十岁以上和九岁以下，除犯杀人罪外不负刑事责任，九岁至十四岁对所有罪行都负刑事责任，但可以减轻处罚，十四岁至八十岁之间负完全的刑事责任。

集中国封建法律之大成的《唐律》在刑事责任年龄的规定方面，较之以前更是有了长足的发展。《名例律》规定："诸年七十以上、十五以下及废疾，犯流罪以下，收赎（犯加役流、反逆缘坐流、会赦犹流者，不用此律；至配所，免居作），八十以上、十岁以下及笃疾，犯反、逆、杀人应死者，上请；盗及伤人者，亦收赎（有官爵者，各从官当、除、免法）。余皆勿论。""九十以上，七岁以下，虽有死罪，不加刑（缘坐应配没者不用此律）；即有人教令，坐其教令者。若有赃应备，受赃者备之。""诸谋反及大逆反者，皆斩。……男夫年八十及笃疾、妇人年六十及废疾者，并免。"宋、明、清三代，基本上沿用《唐律》中关于刑事责任年龄的规定。如《大明律·名例律》规定："凡年七十岁以上、十五岁以下及废疾，除犯谋叛缘坐应流、造畜蛊毒、采生折割人，杀一家三人，家口会赦犹流者以外，犯流罪以下收赎。八十岁以上、十岁以下及笃疾，犯杀人应死者，议拟奏闻，取自上裁，盗及伤人者收赎，其余有罪都不负刑事责任。九十岁以上、七岁以下，虽有死罪而不加刑。"相比《唐律》的规定，基本上没有变化。

及至清朝末年，《大清新刑律》在总结我国古代立法以及采纳西方刑法理论的基础之上，

① 《汉书·刑法志》。
② 《汉书·成帝纪》。
③ 《晋书·刑法志》。
④ 《魏书·刑法志》。

对刑事责任年龄做了更为科学的规定："未满十二岁人之行为不为罪"，"未满十六岁人及已满十八岁犯罪得减刑一等或二等"。《大清新刑律》将刑事责任年龄分为三类：十六岁以上，即十六岁至八十岁，负完全刑事责任；十二岁至十六岁和八十岁以上，减轻处罚；十二岁以下，其任何行为都不视为犯罪，当然也就不负任何刑事责任。同时《大清新刑律》规定十二岁以下的少年儿童虽然不能作为犯罪的主体，不应追究犯罪的刑事责任，但要对未满十二岁的未成年人进行"惩治教育"，以改其恶习。

刑事责任年龄的发展，历史上有几次重要的转折：第一，汉改秦制，废除以身高为刑事责任标准的制度，实行年龄段的划分，确立了刑事责任年龄划分的标准。第二，唐律在刑事责任年龄立法中确立三分法，即全部负刑事责任年龄段、减轻刑事责任年龄段和无刑事责任年龄段，分别规定了各自的处遇原则，为后世沿袭。第三，《大清新刑律》在界定刑事责任年龄的界点上更加科学合理，并且对不负刑事责任的未成年人进行"惩治教育"，以改其恶习。

（二）现代意义

通过上文所述，可见我国古代刑律中关于刑事责任年龄的规定对现行刑法有重要的借鉴意义。

1. 继承刑事责任年龄及其分类的思想。历代刑律中大都有关于刑事责任年龄的规定，对一定年龄的人实行一定程度上刑罚的减免，这有力地说明古代刑法立法的科学性以及对犯罪主体认识的深化，这一思想应予继承。尽管古代刑律对达到一定年龄的老年人和幼小之人减轻或免除刑事责任，主要是因为这些人对统治阶级不可能造成大的损害和威胁，减免惩罚可以获得仁政的美誉，而惩罚他们反而会激化社会矛盾，但是，客观上毕竟实现了刑罚的轻缓，体现了恤刑的思想，在刑法科学史上也具有重要意义。而且古代刑法在确定刑事责任年龄上还具有继承性，多把七岁、十岁、十五岁和七十岁、八十岁、九十岁作为免除或减轻刑事惩罚的年龄标志，一般情况下十五岁至七十岁之间的人负完全刑事责任，七岁至十五岁和七十岁至九十岁之间的人负相对刑事责任，七岁以下和九十岁以上之间的人完全不负刑事责任，体现了立法的科学性与连续性。

2. 继承老年人犯罪可以减免刑罚的思想。从西周到汉、唐、明、清，大多规定七十岁以上的老人负相对刑事责任，九十岁以上的老人一般不负刑事责任，这在世界各国的古代刑法中是少见的，即使和现代刑法相比也毫不逊色。但是，我国现行刑法只规定了刑事责任年龄的下限，而没有规定上限是一大缺陷。根据《中华人民共和国老年人权益保障法》第2条的规定，老年人是指60周岁以上的公民。在我国现有的物质条件下，自然人在达到60岁左右时，各方面的生理机能都会出现明显的下降。达到80岁至90岁左右时生理器官对外界的感知进一步下降，会导致发生不辨是非的情况。所以，对一定年龄的老年人减免刑罚符合刑事责任能力的评价标准。另外，刑罚的目的是预防犯罪，一定年龄的老年人犯罪后，即使不适用刑罚，也往往不会继续再犯罪，刑罚的特殊预防目的也能达到。在世界各国和国际组织强调尊重人权的大环境下，让身体健康状况极差的老年人接受司法审判和刑罚，其实质是对人权的践踏，对生命的蔑视，使刑法的人道性受到影响，不利于国家的形象和社会的和谐。所以，我国应该借鉴古代的刑事立法，不仅要规定刑事责任年龄的下限，同时也要规定刑事责任年龄的上限。

3. 借鉴在年龄计算上采取的宽大原则。古代刑法中对犯罪行为人年龄的计算，也往往采取宽大原则，如《唐律·名例律》规定："诸幼小为盗，事发长大，以幼小论；未老疾为盗，事发老疾，以老疾论。"同时又规定犯死罪时未及九十岁，而事发时已九十岁和犯死罪时七岁，而事发时八岁的，按年老和年幼论，免除刑罚。即依变易前对罪犯有利的一种情况处置，有新出现的可从轻判处的能力变易情况可溯及事发之时，而且进一步规定责任上的有利被告原则可适用到已经执行的判决中去。① 这种宽大的立法思想非常值得我们借鉴。

另外，刑事责任年龄对教唆犯罪还有一定的影响。"即有人教令，坐其教令者"的处罚原则。唐朝《名例律》"老小废疾"条规定，对九十以上、七岁以下的人"即有人教令，坐其教令者"。《疏议》曰："但是教令作罪，皆以所犯之罪，坐所教令。或教七岁小儿殴打父母，或教九十者砍杀子孙，所教令者各同自殴打及杀凡人之罪，不得以犯亲之罪加于凡人。"在这里明确规定只处罚教令者，而不处罚被教令者，理由是年龄大的或者年龄小的人智力受到限制，因而被教唆者不构成罪，而由教唆者单独承担刑事责任。而且把教令者视为一般主体进行处罚，可以看出唐朝对身份犯罪的处罚原则，这种原则应该为我们借鉴吸收。

当然，由于历史的局限，古代刑法在规定刑事责任年龄的立法上还有许多不妥之处，需要我们避免：第一，刑事责任的例外。虽然历代刑律中大都有关于刑事责任年龄的规定，但同时又规定了免除或减免刑事责任年龄的例外，这主要体现在连坐的规定之中。如汉律规定："大逆无道腰斩"，"父母、妻子同产，无长少，皆弃市"。《唐律》更是明确规定"缘坐应配没者不用此律"，《疏议》曰："谓父祖反、逆，罪状已成，子孙七岁以下仍合配没。"历代王朝对"谋反"、"谋大逆"、"谋叛"的罪犯，不分首从，实行株连，对其父母、妻子、祖孙以及外祖父、妻父、女婿以至奴婢，均处斩刑，七岁以下的儿童，甚至尚在哺乳的婴儿也难以幸免。第二，刑事责任年龄规定得过于提前，实际上是客观归罪。我国古代刑法多把七岁、十岁作为刑事责任年龄的下限，但是，按照当时的知识教育与智力发展水平，七岁、十岁的儿童实际上是没有辨别、控制行为能力的，却依然要负刑事责任。第三，忽视对未成年人的教育问题。历代刑法只是注意惩罚犯罪，尽可能地把危害统治阶级的行为纳入到刑罚体系中来，而没有重视未成年人教育，这与古代报应刑的思想有关。这种状况直到清末才得以改变。《大清新刑律》注意到了对不罚的少年儿童的教育问题：如未达到犯罪年龄，而拘置于监狱，徒染囚人恶习，将来矫正更不容易，如责付家族，又恐非父兄所能教育，且有家本贫瘠无力教育者，则惩治教育为不可缓也。所以，凡幼年犯罪，改用惩治处分，拘置场中，视情节之重轻定年限之长短，以冀渐收感化之效。这种思想对于预防犯罪有着重要的意义，我们应该在继承的基础上发扬光大。

---

① 参见钱大群：《唐律研究》，181 页，北京，法律出版社，2000。

第十二章

调整社会稳定和经济发展的法律制度

> 中国封建社会历经各朝各代的风云变幻，在起伏中保持了基本层面的稳定。封建的法律制度也在历史的延续中不断臻于完善，并且对社会结构的稳定，经济的推进与发展，起了巨大的支撑作用。不少制度性的规定对我们现代的经济发展和制度建构均有不可忽略的作用，有些传承至今的法律传统对我们现代法律制度的产生和发展有着不可忽视的作用。

第一节
婚姻家庭法律制度

婚姻家庭制度的稳定是社会的稳定和发展的基石，中国传统社会素以其超稳定的家庭结构为显著特征，传统的家、国一体观念在封建社会表现得尤为突出，不仅显示其制度上的精致与完备，而且有些规范更具有其合理的道德价值内涵和文化内涵，不少文化传统与法律规范流传下来，至今依然影响着人们的社会生活和家庭生活。

一、婚姻制度

中国封建社会有一整套完善的婚姻法律制度，绵延千年，且对社会发展产生了重大影响。以现代中国婚姻制度的架构来回望封建社会的婚姻法律制度，有许多制度与现今的规范具有非常明显的相关性与接续性，有些作为传统习俗还在人们的生活中发挥重要作用。

（一）结婚的要件

"父母之命，媒妁之言"，是缔结中国传统婚姻的实质要件。"不待父母之命，媒妁之言，钻穴隙相窥，逾墙相从，则父母国人皆贱之。"[①] 诗曰："娶妻如之何？必告父母。"因而尊长是婚姻关系的决定人，子女没有婚姻自主权，婚姻关系的主宰人是家长。所以历代法律均规

[①] 《孟子·滕文公下》。

定婚姻关系中的主婚人为家长,一般祖父母、父母等尊长作为家长,自然有资格成为主婚人。唐宋法律规定的"违律为婚",其承担法律责任的是家长,而不是婚姻关系当事人本人:"诸违律为婚,祖父母、父母主婚,独坐主婚。"① 由此看来违法婚姻的当事人是无须承担法律责任的。"若期亲尊长主婚者,主婚为主,男女为从。余亲主婚者,事由主婚,主婚为首,男女为从;事由男女,男女为首,主婚为从。其男女被逼,若男十八以下及在室女,亦主婚独坐。"② 可见绝大部分情况下承担主要责任的都是家长。《大明令》则曰:"凡嫁娶皆由祖父母、父母主婚。祖父母、父母俱无者,从余亲主婚。若夫亡携女适人者,其女从母主婚。"③所以父母是婚姻法律关系的第一当事人,没有尊长做主的婚姻,其法律效力是有问题的。从法律上看,婚姻不是个人的感情事宜,而是家族的重大事件,婚姻的目的是为家族接续香火,传宗接代,婚姻关系家族的存亡和兴废,因此作为婚姻关系当事人的男女自然是处于次要地位,凡事皆由家长承担法律责任。与之相应,婚姻当事人的自主权在法律上也是不存在的。《大清律例》延续明律的规定,主婚人承担责任的范围明确到伯叔父母、姑、兄、姊及外祖父母。即便是清末仿西方法律制度进行改革,《大清民律草案》依然规定:"婚姻须由父母允许。继母或嫡母故意不允许者,子得经亲属会议之同意而结婚。"④ 如因违反该规定而结婚,则"户籍吏不得受理其呈报"⑤。由于该草案规定"婚姻从呈报于户籍吏,而生效力"⑥,所以,不经父母同意的婚姻,是无法取得婚姻的合法效力的。在《民国民律草案》中仍然规定:"结婚,除依第一千零七十八条第一项(家属为婚姻、立嗣或出嗣者,须得家长之同意)规定外,并须经父母允许。父母双亡故或在事实上不能表示意思时,须经祖父母允许。但年龄满三十者,不在此限。父或祖父在,而嫡母、继母或嫡祖母、继祖母无正当理由不允许者,当事人得仅经父或祖父之允许而结婚。父或祖父不在,而嫡母、继母或嫡祖母、继祖母无正当理由不允许者,当事人得经亲属会议之同意而结婚。父母或祖父母之一方亡故或在事实上不能表示意思时,仅得父一方允许。"⑦ 该草案规定婚姻必须呈报于户籍吏登记后生效,违反上述规定而结婚,户籍吏不能受理结婚呈报。这个草案较前的进步之处在于,作为子女,三十岁结婚才可以无须长辈同意。在那个年代,三十岁结婚是非常迟的,尤其对于女性,更是十分少见。因此,从实践意义上看,基本上是剥夺了青年男女的婚姻自主权。

家长对婚姻的影响是深远的。虽然现代婚姻自主的观念已经深入人心,但父母等尊长对婚姻的影响,即便是在现代,仍然有所表现。今天的父母对于子女结婚事宜还具有相当的影响力,虽然婚姻的目的不再与家族延续相连,但婚姻在许多中国人的观念中不仅是两个人的个人情感事宜,而是两个家庭的事情,这与西方的观念完全不同。从积极的方面看,这表现了中国人在婚姻的缔结过程中对父母意见的尊重,从这个意义上看,其合理之处在于家庭和谐关系的维护。因此在婚姻家庭中,相关各方能够较容易地建立起良好的关系,联系紧密,

---

① 刘俊文点校:《唐律疏议·户婚》,296 页,北京,法律出版社,1999。
② 刘俊文点校:《唐律疏议·户婚》,297 页,北京,法律出版社,1999。
③ 怀效锋点校:《大明律》,241 页,北京,法律出版社,1999。
④ 杨立新点校:《大清民律草案、民国民律草案》,171 页,长春,吉林人民出版社,2002。
⑤ 杨立新点校:《大清民律草案、民国民律草案》,171 页,长春,吉林人民出版社,2002。
⑥ 杨立新点校:《大清民律草案、民国民律草案》,171 页,长春,吉林人民出版社,2002。
⑦ 杨立新点校:《大清民律草案、民国民律草案》,351 页,长春,吉林人民出版社,2002。

和睦相处，有利于减少家庭纠纷和矛盾，也有利于建立和谐的社会关系，这正是中国式家庭的优点。其消极作用在于，有些情况下，由于传统观念的影响，父母对子女婚姻的干预过当，导致有些婚姻当事人由于父母的干涉而无法实现法律上的婚姻自主权，表现了传统观念和现代法律的冲突。

婚姻必须要有媒妁。《礼记·曲礼》曰："男女非有行媒，不相知名；非受币，不交不亲。"《唐律疏议》曰："为婚之法，必有行媒。"① 可见，媒人是婚姻成立所不可缺失的。为了规范媒人的行为，杜绝因此索要钱财的现象，元代法律上更是规定了官媒制度："照得嫁娶并招召女婿婚姻聘财，各有定例。今后媒妁从合属官司、社长、巷长、耆老人等，推举选保信实妇人充之，官为籍记姓名，仍严切约束，无得似前多取媒钱，及滥余设立，违者治罪。"② 而且，媒人还承担了减少诉讼的责任。《新元史·刑法志》曰："诸狱讼之繁，婚田为甚。其各处官司，宜使媒人通晓不应成婚之例……"③ 这样才能从源头上杜绝诉讼。唐宋"违律为婚"的法律责任主体有媒人，明清"嫁娶违律"承担责任的主体亦有媒人。根据规定，如果媒人知情，减犯人罪一等处罚。所以，媒人在传统法律中是有其地位的，也是法律责任主体。

民国以后，媒人虽然不见诸于法律，但其社会地位依然如旧。在世人的眼光中，正式婚姻缔结过程中如果没有媒人的介绍，似乎是有很大缺憾的，甚至不为社会上许多人所接受。国民党的《民法》亲属编规定婚姻的有效条件，以公开仪式或者有二人以上证人，或者是依户籍法登记都可。但实际上大多数传统婚姻采用仪式婚，而仪式婚中，媒人又是必不可少的角色。

作为社会角色的媒人这一社会群体一直存在至今，当然其发展也出现了分化，一部分趋于职业化和商业化的运作。

传统的婚姻方式并不会随着法律的变化而全部改变，所以只要有社会需求，媒人还可能继续存在下去。当然其存在只具有习俗上的意义，而不再具有法律上的意义。近些年，婚姻又开始注重公开仪式的意义，虽然现代的婚姻仪式大多是中西合璧式的，但在现代婚姻仪式中，我们常常看到媒人也占有一席之地。不过其只具有传统上的仪式意义，而不再在现代婚姻关系的成立过程中占有法律地位。但他们在实际生活中仍然发挥着作用，这种现象作为一种历史传统也许在相当长的时间内会继续存在下去。

在传统婚姻的成立过程中，婚姻一定要有书面形式，即写立婚书（契）。"婚姻书文，开写如镜。"④ 唐代规定："诸许嫁女，已报婚书及有私约（约，谓先知夫身老、幼、疾、残、养、庶之类），而辄悔者，杖六十。（男家自悔者，不坐，不追聘财。）"疏议曰："许嫁女已报婚书者，谓男家致书礼请，女氏答书许讫。"⑤ 即立定婚书之后，婚姻就具有法律效力，不得随意悔婚，悔婚须承担刑事法律责任。有学者认为私约实际上是婚书的补充条款。⑥ "为婚

① 刘俊文点校：《唐律疏议·户婚》，278 页，北京，法律出版社，1999。
② 郭成伟点校：《大元通制条格》，54 页，北京，法律出版社，1999。
③ 郭成伟点校：《大元通制条格》，459 页，北京，法律出版社，1999。
④ （宋）傅林撰：《刑统赋》，（元）郄□韵释，元建安余氏勤有堂刻本影印，北京，北京图书馆出版社，2006。
⑤ 刘俊文点校：《唐律疏议·户婚》，276 页，北京，法律出版社，1999。
⑥ 参见陶毅、明欣：《中国婚姻家庭制度史》，226 页，北京，东方出版社，1994。

之法，必有行媒，男女、嫡庶、长幼，当时理有契约"①，即便是娶妾，也不例外。虽然《唐律疏议》认为"妾通买卖，等数相悬"，但是仍然需要订立婚契，当然，这种婚契是一种买卖契约，所以唐代户令云："娶妾仍立婚契"②。即便是娶妾，也要明立婚书。明代法律要求"写立婚书，依礼聘嫁"。

封建时代虽然没有婚姻登记制度，但是结婚和离婚都须有文书，即婚书（婚契）和休书。《元书·刑法志》载元代规定："诸出妻妾，须约以书契，听其改嫁。以手模为徵者，禁之。"③ "男女婚姻或以指腹割衿割衫襟为亲，既无定物婚书，难成亲礼，今后并行禁止。"④ 可见表达结婚或者离婚意思的书面文件是婚姻的必备条件之一。

婚姻以收受聘礼为成立的要件。《唐律疏议》曰："婚礼先以聘财为信，故礼云：'聘则为妻。'虽无许婚之书，但受聘财亦是。"⑤ 并且聘财不以多少为限，"即受一尺以上，并不得悔"。以酒食作为聘财的，也是如此。不管聘财多少均可，其作为婚姻成立的象征意义是必不可少的。

这种传统流传许久，现代在许多地方结婚还须行"聘礼"，包括在沿海都市、经济发达地区。近些年这一传统习俗不仅没有消亡，而且还有所发展，只不过是聘礼的内容随着经济发展而与时俱进了，不再是布匹、酒食，而是家具、家用电器等，甚至房、车等。不少人认为，聘娶婚具有买卖婚姻的因素，但是实质上，现代婚姻许多情况下是男女双方及家长均有金钱物质付出（特别是在城市，农村可能情况不太一样），并不单纯是男方以聘礼来宣示成立婚姻，而是父母通过这种传统方式对儿女结婚的馈赠。所以笔者认为，聘礼在现代社会，很多情况下成为保留传统婚姻仪式的一种象征。

从封建婚姻的有效性看，嫁娶须有聘财，明媒正娶才是合法有效的婚姻。元代因无书面的婚书而致对于聘财多少出现争议和诉讼，婚姻的要件、程序等相继在法律中有明文规定。"至元六年（1269年）十二月，中书户部契勘：人伦之道，婚姻为大。据各处见行婚礼，事体不一，有立婚书文约者，亦有不立婚书止凭媒妁为婚者。已定之后，少有相违，为无婚书，故违元议，妄行增减财钱，或女婿养老出舍，争差年限，诉讼到官。其间媒证人等徇情偏向，止凭在口词因，以致争讼不绝，深为未便。省部议得：今后但为婚姻，须立婚书，明白该写元议聘财，若招召女婿，指定养老，或出舍年限，其主婚保亲媒妁人等，书字依理成亲，庶免争讼。"⑥ 元代还在法律上明文规定了礼金要求：如规定上户为金一两、银五两及其他䌽段绢匹等，中户为金五钱、银四两、䌽段绢匹等，下户银三两及䌽段绢匹等。⑦ 所以历代婚姻的财礼要求都是得到法律认可和保护的，法律在处理违法婚姻时，通常也会对财礼作出处理规定，如《明律》"嫁娶违律"规定强制离异后，如果娶者知情，财礼则入官，不知者，财礼追还原主。

———————————

① 刘俊文点校：《唐律疏议·户婚》，278页，北京，法律出版社，1999。
② 刘俊文点校：《唐律疏议·户婚》，286页，北京，法律出版社，1999。
③ 郭成伟点校：《大元通制条格》，404页，北京，法律出版社，1999。
④ 郭成伟点校：《大元通制条格》，50页，北京，法律出版社，1999。
⑤ 刘俊文点校：《唐律疏议·户婚》，276页，北京，法律出版社，1999。
⑥ 郭成伟点校：《大元通制条格·户令》，39页，北京，法律出版社，1999。
⑦ 参见郭成伟点校：《大元通制条格·户令》，38～39页，北京，法律出版社，1999。

中国封建社会一直采取仪式婚制度。举行正式的婚礼是婚姻有效的必要条件。礼制上有六礼，《大元通制条格》将婚姻礼制规定为七，一为议婚，二为纳采，三为纳币，四为亲迎，五为妇见舅姑，六为庙见，七为婿见妇之父母。① 前六项与六礼几乎一致；最后增加了婿见女方父母的礼节，应该是实践中的做法，多少有点男女平等的味道。但普遍来讲，还是以六礼为主，这种传统一直延续到民国年间，仍有遗存形式。

现代仪式婚虽然不具有法律上的意义，但在中国民间普遍将举行婚姻仪式作为结婚的标志，虽然婚姻登记的法律意义已普遍为人们所接受，但由于婚姻登记并不通过公开方式宣传，社会上大部分人只能从仪式上来认定当事人的婚姻状态，婚姻当事人为取得社会的认可，也会通过仪式的方式，来表达自己的婚姻状态，通过仪式来展示自己、家庭的形象，甚至是家庭的经济实力。这也是仪式婚经久不衰，并且在现代一些地方还进一步强化、发展的原因。

封建时代虽然没有婚姻登记制度，但是通常通过户籍登记来规范婚姻的事实状况。唐宋均严格户籍管理，依据唐户令："诸男女三岁以下为黄，十五以下为小，二十以下为中。其男年二十一为丁，六十为老。"② 唐代规定，如果脱户，家长徒三年。所谓"率土黔庶，皆有籍书。若一户之内，尽脱漏不附籍者，所由家长徒三年"③。并且，基层官吏等层层负责。里正、州县等均要承担法律责任："里正之任，掌案比户口，收手实，造籍书。不觉脱漏户口者，脱谓之脱户，漏谓漏口，及增减年状，一口笞四十，三口加一等；过杖一百，十口加一等，罪止徒三年。""诸州县不知脱漏增减者，县内十口笞三十，三十口加一等；过杖一百，五十口加一等。州随所管县多少，通计为罪。"④

户籍历来为统治者所重视，明清均对脱漏户口的行为予以严惩，"凡一户全不附籍，有赋役者，家长杖一百；无赋役者，杖八十，附籍当差。若将他人隐蔽在户不报，及相冒合户附籍，有赋役者，亦杖一百，无赋役者，亦杖八十。若将另居亲属隐蔽在户不报，及相冒合户附籍者，各减二等；所隐之人，并与同罪，改正立户，别籍当差"⑤。隐蔽自己成丁人口或他人丁口不附籍，也要承担法律责任，基层官员均须承担失勘的责任。薛允升曰："户口籍书不清，吏治所以日偷，而民散之所以日甚耳。""户口册籍分明，一切均有头绪，若网在纲，有条不紊者也。"⑥ 清末颁布的《大清民律草案》仍然规定："婚姻从呈报于户籍吏，而生效力。"有户籍的婚姻，才是官府所认可的合法婚姻。传统的入籍方式也是女到男家，入男方的户籍，现代大部分地方依然保持此习俗，虽然法律没有如此规定。

（二）离婚制度

封建社会是男性独尊的社会，自然在离婚方面赋予男子单方面的特权。表现为男方享有出妻权利，所谓"妻不贤，出之何害"。至于贤否的标准是由家长和男子掌握的。当然也有法定的出妻标准，即有法定的七种状况可以出妻，具体为无子、淫佚、不事舅姑、多言、盗

① 参见郭成伟点校：《大元通制条格·户令》，36～38页，北京，法律出版社，1999。
② 薛梅卿点校：《宋刑统》，214页，北京，法律出版社，1999。
③ 刘俊文点校：《唐律疏议·户婚》，252页，北京，法律出版社，1999。
④ 刘俊文点校：《唐律疏议·户婚》，254～255页，北京，法律出版社，1999。
⑤ 怀效锋点校：《大明律》，45页，北京，法律出版社，1999。
⑥ （清）薛允升撰：《唐明律合编》，怀效锋、李鸣点校，273页，北京，法律出版社，1999。

窃、妒忌、恶疾。同时也有法定的强制性离婚的情况，谓之义绝。出现义绝情况，如果不离异，则须承担法律责任。义绝的情况解释为殴妻之祖父母、父母及杀妻之外祖父母、伯叔父母、兄弟、姑、姊妹，若夫妻祖父母、父母、外祖父母、伯叔父母、兄弟、姑、姊妹自相杀及妻殴詈夫之祖父母、父母，杀伤夫外祖父母、伯叔父母、兄弟、姑、姊妹及与夫缌麻以上亲若妻母奸，及欲害夫者。而对于无义绝、七出，或者虽有七出之状，而有三不去（与更三年丧、前贫贱后富贵、有所取无所归）情况的，丈夫如果出妻的话，是要承担法律责任的。明清均规定："妻犯七出之条，有三不去之理，不得辄绝。"但是，在实际生活中，作为丈夫休妻并没有什么严格限制，因为离婚是男方单方面行使的权力，主动权掌握在男方手中。

此外法律上还有两愿离婚制度曰和离。唐律及明清律均曰："若夫妻不相和谐而两愿离者，不坐。"《大元通制条格》曰："若夫妻不睦而和离者，不坐。"① 这种离婚方式得到政府的认可和保护。可以将之与现代的协议离婚制度相比。

既然结婚是家长的事情，那么离婚也须得到家长族众的认可，并有公开的书面文件或仪式宣之于众。元大德四年（1300年），东昌路王钦画手模休弃妾孙玉儿，后孙改嫁殷林为妻，王后悔争执。于是中书省礼部议得："今后凡出妻妾，须用明立休书，即听归宗，似此手模，拟合禁止。"② 民间将此单方面离弃妻子的行为称作为休妻，一般必须有休书作为凭证，否则，其法律效力会受到质疑。

到清末改革时，《大清民律草案》依然规定两愿离婚，但家长仍然有一定的权力："如男未及三十岁，或女未及二十五岁，须经父母允许。"③

清代巴县档案载：蔡永一同意妻赵氏退婚再嫁，两次凭众写立文约，表示离异后不干预赵氏自由，并且还收取了财礼银两，其道光二十九年（1849年）所立退婚再醮文约说："夫妇商议，情愿两相离异。将生女招弟同赵氏母女，在渝央请媒妁择户觅主，不拘远近，任行再醮，或正或妾无论，只取财礼纹银十两正。……自后不得异言，其有蔡赵二姓老幼族亲已在未在人等，亦不得别生言语。犹如高山放石，水流东海，恁尔母女各自逃生，永不回头。倘有籍故生端，格外需索，寻常访问，来往窥探一切等弊，恁随赵氏执约鸣公，自干咎戾无辞。此系夫妇心甘情愿，其中并无逼勒套哄等情。今欲有凭，特立此甘愿离异文约一纸，交与赵氏执照为据"。文后并有赵蔡两家族戚签字，并且蔡还在"巴邑祥主存再醮案为据"。后又再次订立文约说："今以人心不一，无人成娶，怕永一等生非滋事，永一只得请凭众等，甘愿立无事字据与赵氏名下，永无翻悔。另行再醮，无论出银十五两正，其银蔡永一凭众等入手收讫，并未少欠分厘。自立复认约后，恁随媒说合，或妻或妾随其自愿，并无阻拦。自立约以后，犹如高山滚石，永不回头。赵氏出嫁富豪，蔡姓不得生枝，蔡姓另行再娶，赵氏不得称说，从此两断。"并对双方所生育的儿女约定由赵氏抚养，并对今后的生活作了安排，子成人后归宗，女由母嫁出。"蔡姓族内人等别故生枝等弊，一力由蔡永一挺身承担，并无推辞。若有日后永一偏心，另外生枝兴讼等情，执约禀公，蔡姓自甘坐罪，概行不与赵氏丝毫相涉。此系蔡姓二次心甘情愿，家族同商，请出蔡文升、蔡恒兴二人承担无事，其中并无逼勒套哄等情。今恐无凭，特立复认永断后患文约一纸，交与赵氏名下，永远无悔存据。"

---

①　郭成伟点校：《大元通制条格·户令》，53页，北京，法律出版社，1999。

②　郭成伟点校：《大元通制条格·户令》，52～53页，北京，法律出版社，1999。

③　杨立新点校：《大清民律草案、民国民律草案》，174页，长春，吉林人民出版社，2002。

文后不仅有族人签字，更有作为见证人的街邻签字，证明其有相当的公开性和公示性。也说明妇女在婚姻关系中根本没有法律地位，可以是买卖的对象。

法律上亦有强制离婚的制度。如《唐律疏议》中的强令"离之"、强令"正之"即是，明清律中的"各离异改正"也是。法律上的"义绝"即属于强制离婚的范畴。依《唐律疏议》，"夫妇义和，义绝则离。违而不离，合得一年徒罪"。《唐律疏议》曰："皆谓官司判为义绝者，方得此坐。"官府判决离婚，如果不离，还要承担法律责任。[1] 元规定："又条犯义绝者，离之。违者断罪。"[2] 这种做法一直延续到明清，"若犯义绝，应离而不离者，亦杖八十"[3]。如"良贱为婚姻"，法律除规定要承担刑事责任外，还规定"各离异，改正"。"同姓为婚，各杖六十。离异。"这种情况下，不离异即是违法行为，官府要干预，强制性地使之离异。

以现代的观念看，形式上和离类似于协议离婚，义绝大多类似于判决离婚，但从实质意义分析，妇女在其中一直处于被动地位，即便是两愿离婚，如前所述，妇女依然没有主动权，并且离婚妇女的地位也是十分低下的。

二、收养制度

封建时代的收养制度由两方面构成，一是收养晚辈，另一是收养长辈。收养的名称法律上历代均有所不同，如称养子，称过房，称立嗣等，一般法律上规定的多是无子情形下的立定家族继承人的收养。

（一）同宗间收养（即立嗣）

这是为沿袭宗族香火的行为，因此有严格的要求。唐《户令》曰："无子者，听养同宗昭穆相当者。"[4] 因为收养是从宗族利益出发的，所以局限于宗族内部，法律禁止收养异姓男，但收养女性则不限。《唐律疏议》曰："异姓之男，非本族类，违法收养，故徒一年；违法与者，得笞五十。养女者不坐。"[5] 收养异姓男，双方均须承担法律责任。收养有严格的辈分要求，虽系同宗，如果尊卑失序，也要承担违法责任。

《大明令》曰："凡无子者，许令同宗昭穆相当之侄承继，先尽同父周亲，次及大功、小功、缌麻。如俱无，方许择立远房及同姓为嗣。……不许乞养异姓为嗣，以乱宗族。立同姓者，亦不得尊卑失序，以乱昭穆。"明时程序上出现松动，不一定按亲疏远近之程序，可考虑贤、爱，并参考昭穆伦序（不失序）。《立嫡子违法条例》曰："凡无子立嗣，除依律令外，若继子不得于所后之观，听其告官别立。其或择立贤能及所亲爱者，若于昭穆伦序不失，不许宗族指以次序告争，并官司受理。若义男、女婿为所后之亲喜悦者，听其相为依倚，不许继子并本生父母用计逼逐，仍依《大明令》分给财产。若无子之人家贫，听其卖产自赡。"[6]

清代延续这一规定，并作出了相应的补充规定，允许无子之人有一定的选择权："无子

① 参见钱大群、钱元凯：《唐律论析》，193 页，南京，南京大学出版社，1989。
② 郭成伟点校：《大元通制条格·户令》，53 页，北京，法律出版社，1999。
③ 田涛、郑秦点校：《大清律例》，213 页，北京，法律出版社，1999。
④ 刘俊文点校：《唐律疏议·户婚》，256 页，北京，法律出版社，1999。
⑤ 刘俊文点校：《唐律疏议·户婚》，257 页，北京，法律出版社，1999。
⑥ 怀效锋点校：《大明律》，369~370 页，北京，法律出版社，1999。

立嗣，若应继之人平日先有嫌隙，则于昭穆相当亲族内择贤则爱，听从其便。如族中希图财产，勒令承继，或忿恚择继，以致涉讼者，地方官立即惩治。"① 对于收养异姓儿，仍从过去规定："其乞养异姓义子以乱宗族者，杖六十。若以子与异姓人为嗣者，罪同。其子归宗。"② 沈之奇说："其乞养异姓义子，改姓为嗣，是乱己之宗族矣，故杖六十。若以子与异姓人改姓为嗣，是乱人之宗族矣。"③ 所以双方同罪，都要承担责任。

《大清民律草案》也规定了收养立嗣："成年男子已婚而无子者，得立宗亲中亲等最近之兄弟之子为嗣子。……若无子者不欲立亲等最近之人，得择立贤能或所亲爱者为嗣子。"④

清代法律还对兼祧，即一子顶两门，给予了肯定："如可继之人亦系独子，而情属同父周亲，两相情愿者，取具合族甘结，亦准其承继两房宗祧。"⑤

《大清民律草案》亦规定："独子者不得出为嗣子，但兼祧者不在此限。"⑥

历代在收养制度的规定上体现了浓厚的宗族意识和传宗接代的思想。

（二）收养异姓儿

唐宋允许收养三岁以下异姓弃儿，《唐律疏议·户婚》规定："其遗弃小儿三岁以下，虽异姓，听收养。即从其姓。"《疏议》曰："其小儿年三岁以下，本生父母遗弃，若不听收养，即性命将绝，故虽异姓，仍听收养，即从其姓。如是父母遗失，于后来识认，合还本生；失儿之家，量酬乳哺之直。"⑦《唐律》规定较为全面，主要是出于人道主义，顾虑到三岁以下幼儿被遗弃后难以活存而定，并且对于将来父母找回时的民事（抚育费）补偿也已作出规定，抚育方可酌量收取养育费用。《大清律例》规定："其收养三岁以下遗弃之小儿，仍依律即从其姓，但不得以无子遂立为嗣。"⑧ 也就是虽然可以收养，但不能承继宗族，不能作为家族继承人。《大清民律草案》仍然规定："三岁以下遗弃小儿，被人收养，或以义男名义入异姓人家为子者，为养子。"⑨

清对于旗人则允许收养异姓小儿："旗人义子必该佐领具保，实系自襁褓抚养成丁以继其后者，准其另记档案，不许将民间成丁子弟改随本姓。"八旗立嗣可立异姓，但须是无同宗之人可立才行。雍正十二年（1734年）定："八旗有无嗣之人请继立异姓亲属为嗣者，务令该旗取具两姓情愿甘结，并各管官参佐领等及族长保结，送部存案，以杜占夺财产之端。如无两姓情愿甘结，不准继立。"乾隆五年（1740年）定例："凡八旗无嗣之人，如无同宗及远近族人昭穆相当可继为嗣者，除户下家奴、民间子弟虽与另户旗人分属至亲不准承继外，其有另户亲属情愿过继者，取具两姓族长人等，并该参佐领印甘各结，咨部准其继立。倘实

---

① 马建石、杨玉裳主编：《大清律例通考校注》，410页，北京，中国政法大学出版社，1992。
② （清）沈之奇撰：《大清律辑注》，怀效锋、李俊点校，195页，北京，法律出版社，2000。
③ （清）沈之奇撰：《大清律辑注》，怀效锋、李俊点校，196页，北京，法律出版社，2000。
④ 杨立新点校：《大清民律草案、民国民律草案》，177页，长春，吉林人民出版社，2002。
⑤ 马建石、杨玉裳主编：《大清律例通考校注》，410页，北京，中国政法大学出版社，1992。
⑥ 杨立新点校：《大清民律草案、民国民律草案》，178页，长春，吉林人民出版社，2002。
⑦ 刘俊文点校：《唐律疏议·户婚》，259页，北京，法律出版社，1999。
⑧ 马建石、杨玉裳主编：《大清律例通考校注》，409页，北京，中国政法大学出版社，1992。
⑨ 杨立新点校：《大清民律草案、民国民律草案》，364页，长春，吉林人民出版社，2002。

有同宗可继为嗣，捏称并无族人，朦混继立异姓，仍按律治罪。"① 因此在这个问题上，对旗人的规定是相对宽松的，异姓亲属可以成为立嗣的对象，前提是同宗族无人可以继承。

（三）收养的禁止性规定

禁止收养卑贱地位之人，如收养杂户、部曲、奴隶为子孙。"杂户者，前代犯罪没官，散配诸司驱使，亦附州县户贯，附役不同白丁。若有百姓养杂户男为子孙者，徒一年半；养女者，杖一百。养官户者，各加一等。官户亦是配隶没官，唯属诸司，州县无贯。与者，各与养者同罪。"并且，"虽会赦，皆合改正"。但"若当色自相养者，同百姓养子之法"②。"若养部曲及奴为子孙者，杖一百。各还正之。（无主及主自养者，听从良。）"如所养之部曲及奴本无主，或者主养当家部曲及奴为子孙，"亦各杖一百，听从良，为其经作子孙，不可充贱故也。若养客女及婢为女者，从'不应为轻'法，笞四十，仍准养子法听从良"③。收养虽然不合法，但经过这一程序，可以从良。宋基本沿袭唐代的规定。

收养之后，法律不允许随意解除收养关系，《唐律》规定："诸养子，所养父母无子而舍去者，徒二年。若自生子及本生无子，欲还者，听之。"《疏议》曰："若所养父母自生子及本生父母无子，欲还本生者，并听。即两家并皆无子，去住亦任其情。若养处自生子及虽无子，不愿留养，欲遣还本生者，任其所养父母。"④ 只有收养人自己生子及生父母无子，或者收养和被收养家庭均无子或者养父母不愿再继续收养关系，这种情况才可以解除收养关系。但是如果实在贫困，元代也允许转养。"诸人乞养过房到男女，如值贫乏，赴所在官司具由陈告，勘当是实，出给公据，方许转行乞养过房。图利兴贩及转于远方者，有司严行禁治。仍仰监察御史、肃政廉访司常加纠察。"⑤ 元代规定严格打击借转养之名买卖儿童。"乞养过房继嗣子女，合从人便，转卖为躯，拟合禁止。"

禁止收养异姓紊乱族姓，《大明律》规定："其乞养异姓义子，以乱宗族者，杖六十。若以子与异姓人为嗣者，罪同，其子归宗。……若立嗣，虽系同宗，而尊卑失序者，罪亦如之。其子亦归宗，改立应继之人。若庶民之家存养奴婢者，杖一百，即放从良。"清代也延续了这一规定，但实际上民间非立嗣性质的收养关系是存在的。

禁止收留迷失子女等卖为奴婢，"凡收留人家迷失子女，不送官司而卖为奴婢者，杖一百，徒三年。为妻妾子孙者，杖九十，徒二年半。……若收留在逃子女而卖为奴婢者，杖九十，徒二年半，为妻妾子孙者，杖八十，徒二年。"如收留（在逃奴婢）为奴婢、妻妾子孙者，也要负罪。如冒认良人为奴婢、妻妾子孙者，杖九十，徒二年半。⑥

清代规定："八旗凡有呈报迷失幼童、幼女者，该管官取具本人族长等并无捏饰甘结，照例移咨兵部存案，如有隐匿寄养情弊，将寄养受寄人照隐漏丁口律治罪、改正。族长人等照里长失于取勘律治罪。"⑦ 清代对于人口尤其是儿童人口的管理还是相当严格的，并且基层

① 马建石、杨玉裳主编：《大清律例通考校注》，410 页，北京，中国政法大学出版社，1992。
② 刘俊文点校：《唐律疏议·户婚》，260 页，北京，法律出版社，1999。
③ 刘俊文点校：《唐律疏议·户婚》，260 页，北京，法律出版社，1999。
④ 刘俊文点校：《唐律疏议·户婚》，258 页，北京，法律出版社，1999。
⑤ 郭成伟点校：《大元通制条格·户令》，60～61 页，北京，法律出版社，1999。
⑥ 参见怀效锋点校：《大明律·户律》，47～48 页，北京，法律出版社，1999。
⑦ 马建石、杨玉裳主编：《大清律例通考校注》，411 页，北京，中国政法大学出版社，1992。

和族长等均有法律责任。

（四）收养鳏寡孤独老人

《宋刑统》载，依唐令："诸鳏寡孤独，贫穷老疾，不能自存者，令近亲收养；若无近亲，付乡里安恤。如在路有疾患，不能自胜致者，当界官司收付村坊安养，仍加医疗，并勘问所由，具注贯属、患损日，移送前所。"① 唐代不仅收留孤寡老人，还要安养医疗。元代设立养济院收留鳏寡孤独者，由官府支粮养济，养济院有官房收留、收养鳏寡孤独老人。但是对于入养济院有一定的要求，必须是鳏寡孤独废疾不能自存之人，才能够入院，官给衣粮，病给医药。对于有子孙亲属而遗弃的鳏寡孤独贫穷老疾之人，不能由官办的养济院收养，而且对于此等子孙亲族，亦要断罪。"元至元二十一年（1284 年）正月，中书省御史台呈：体知得近年来，汉人官吏、士庶与父母异居之后，或自己产业增盛而父母日就窘乏者，子孙视尤他家，不勤奉侍，以为既已分另，不比同居。或有同祖、同父叔伯兄弟、姊妹子侄等亲，鳏寡孤独老弱残疾不能自存者，亦不收养，以致托身养济院，苟度朝夕，有伤风化。今后若有别籍异财，丰衣美食，坐忍父母窘乏不供子职，及同宗有服之亲寄食养济院，不行收养者，许诸人首告，重行断罪。如贫民委无亲族可倚，或亲族亦贫不能给养者，乃许入养济院收录。"② 规定对于子女亲属过着富足的生活，而将老人送入养济院的，要重行断罪。明清均规定有官府收养鳏寡孤独者的制度，如鳏寡孤独及笃废之人，贫穷无亲属依倚，不能自存，所在官司应收养而不收养者，杖六十。清代也设有养济院，京师五城设栖流所，"安顿贫病流民"，以体现封建统治者尊老恤贫的统治策略。

这种制度实质上无异于现代有关部门补贴的福利性质的敬老院，区别于收费性的养老院。这种制度集中反映了传统法律中强调的子女等的赡养义务，体现了法律对孤寡老人特殊保护的态度，这点仍然为现代法律所肯定。

三、婚姻家庭制度的现代启示

（一）科学考虑同宗亲属间通婚的问题，保证后代健康繁衍

"男女同姓，其生不繁。"摩尔根认为没有血缘关系的婚姻会创造出体质和智力更加强健的人种。而中国人很早就对此有认识，排除血亲之间的婚姻是中国早已有的婚姻禁忌，体现了我国古代较早的婚姻进化意识。表现在法律上即为禁止同姓为婚，《唐律疏议·户婚》曰："诸同姓为婚者，各徒二年，缌麻以上，以奸论。"这里主要指"同宗共姓"，尤其是规定对于近亲属间的通婚作为"奸罪"的刑事犯罪来处理。妾虽然没有妻的地位，是通过买卖而娶的，但是买妾也是要受此条限制："买妾不知其姓，则卜之。"依照《唐律疏议》，这就是为防止同姓为婚而设。"同姓之人，即尝同祖，为妻为妾，乱法不殊。"③

同时禁止亲属间的尊卑为婚，这也是排除近亲属之间婚姻的有效方法。《唐律》规定："若外姻有服属而尊卑共为婚姻，及娶同母异父姊妹，若妻前夫之女者，亦以奸论。其父母之姑、舅、两姨姊妹及姨，若堂姨、母之姑、堂姑、己之堂姨及再从姨、堂外甥女，女婿姊

---

① 薛梅卿点校：《宋刑统》，215 页，北京，法律出版社，1999。
② 郭成伟点校：《大元通制条格·户令》，28 页，北京，法律出版社，1999。
③ 刘俊文点校：《唐律疏议·户婚》，285～286 页，北京，法律出版社，1999。

妹，并不得为婚姻。违者，各杖一百。并离之。"明代针对元代蒙古族的一些习惯，特别规定禁娶亲属妻妾，如兄亡收嫂、弟亡收弟妇等，一旦有这种行为，须处绞刑。《大明律》规定："凡外姻、有服、卑幼，共为婚姻，及娶同母异父姊妹，若妻前夫之女者，各以奸论。其父母之姑、舅、两姨姊妹及姨，若堂姨、母之姑、己之堂姨及再从姨、堂外甥女，若女婿及子孙妇之姊妹，并不得为婚姻。违者，各杖一百。若娶己之姑舅两姨姊妹者，杖八十，并离异。"① 明代比唐宋规定多一禁忌，即禁止与姑舅两姨姊妹为婚，也就是禁止民间的中表婚。实际上，这一政策并未持续多久，"明洪武十七年（1384 年），帝从翰林待诏朱善言，其中表相婚，已弛禁矣"②。而朱元璋认为，法律规定姑舅及两姨子女不得为婚，造成不少诉讼，民间有的已聘娶，有的结婚又为此离异，有的儿女成行，有司逼夺，他认为过去法律所说的尊卑为婚，是指不同辈分的如与母之姊妹为婚，而姑舅两姨子女是为同辈分，无尊卑之嫌，所以可以开禁。清代许多规定与明相同，在法律上明确对中表婚网开一面："外姻亲属为婚，除尊卑相犯者，仍照例临时斟酌拟奏外，其姑舅两姨姊妹，听从民便。"③《大清民律草案》和《民国民律草案》均规定外亲或妻亲中之旁系亲，辈分相同的，不在禁止结婚之限。国民党的《民法》规定六亲等及八亲等之表兄弟姊妹不在禁止结婚之列。中国民间的中表为婚，亲上加亲的习俗又得以合法化，并一直遗留到民国以后，直到解放初仍然还有这种状况存在。

（二）尊重婚姻的事实状态

传统法律对于未经家长批准的事实婚姻，采取有条件的承认和尊重。法律规定婚姻虽然是由尊长做主，但是如果卑幼在外自行结婚，已经成婚的话，即便是家长后来又给卑幼定婚，也须尊重子女的已成婚的事实。唐代规定："诸卑幼在外，尊长后为定婚，而卑幼自娶妻，已成者，婚如法；未成者，从尊长。违者，杖一百。"④ 明清律因之并细化，清律规定："若卑幼或仕宦，或买卖在外，其祖父母、父母及伯叔父母、姑兄姊（自卑幼出外之）后为定婚，而卑幼（不知）自娶妻已成婚者，仍旧为婚。（尊长所定之女，听其别嫁。）未成婚者，从尊长所定，（自定者从其别嫁。）违者，杖八十。（仍改正。）"⑤

对于一些违法婚姻，也有区别对待的情况。唐代娶逃亡（犯罪）妇女为妻妾，知情者同罪，离之。如妇女无夫，又会恩赦免罪，可以不离。不知情而娶，准律无罪，若无夫，即听不离。此规定中有相当的人道主义因素。

婚姻已定，但迟迟不行婚礼结婚，法律上也可以离异。如元《通制条格》规定："为婚已定，若女年十五以上，无故五年不成（小注：故谓男女未及婚年甲或服制未阕之类，其间有故，以前后年月并计之。），及夫逃亡五年不还，并听离，不还聘财。"⑥ 婚姻定下多年不结婚同居，可以合法离异并不退还财礼。唐代规定夫背妇逃亡，达三年以上，妻可以离婚改嫁。清代规定："期约已至五年无过不娶，及夫逃亡三年不还者，并听经官告给执照，别行

---

① 怀效锋点校：《大明律·户婚》，62 页，北京，法律出版社，1999。
② （清）薛允升撰：《唐明律合编》，怀效锋、李鸣点校，342～343 页，北京，法律出版社，1999。
③ 马建石、杨玉裳主编：《大清律例通考校注》，448 页，北京，中国政法大学出版社，1992。
④ 刘俊文点校：《唐律疏议·户婚》，290 页，北京，法律出版社，1999。
⑤ 马建石、杨玉裳主编：《大清律例通考校注》，443 页，北京，中国政法大学出版社，1992。
⑥ 郭成伟点校：《大元通制条格·户令》，48 页，北京，法律出版社，1999。

改嫁，亦不追财礼。"①

这一规定后来演变为婚约的法律效力问题。《民国民律草案》规定定婚之后，一方"故违结婚期约者"，他方可以解除婚约。② 民国《民法·亲属编》仍旧对婚约做了同样的规定。现代婚约只具有习俗意义而无法律意义了。

(三) 法律上禁止指腹为婚，注重婚姻的法律形式

指腹为婚不符合婚姻的形式要求，无婚书为证。元"至元六年（1269年）四月，中书户部议得：男女婚姻或以指腹并割衫襟为亲，既无定物婚书，难成亲礼，今后并行禁止。"③ 一直到明清，"男女婚姻，各有其时，或有指腹、割衫襟为亲者，并行禁止。"④ 法律沿袭了这一规定，但在民间这种习惯并没有消失，指腹为婚仍较为多见，并且作为习俗一直流传很久，换言之，该项法律规定并没有得到有效的执行。

(四) 维护法律形式上的一夫一妻制

历代法律都规定严禁有妻更娶。唐代规定，有妻更娶徒一年，女家减一等处罚。如果欺妄而娶者，徒一年半，女家不坐，并且须各离之。封建时代也是提倡"一夫一妻制"的，只不过法律不禁止有其他的婚姻补充形式。所谓"一夫一妻，不刊之制。有妻更娶，本不成妻"⑤。法律承认的"妻"只有一位，其他的如妾之类并不能取得妻的地位，法律上不承认其和配偶之间具有夫妻间的权利义务关系，不承认其具有妻子法律地位，《唐律》规定："诸以妻为妾，以婢为妻者，徒二年。以妾及客女为妻，以婢为妾者，徒一年半。各还正之。"《疏议》曰："妻者，齐也，秦晋为匹。妾通买卖，等数相悬。婢乃贱流，本非俦类。若以妻为妾，以婢为妻，违别议约，便亏夫妇之正道黩人伦之彝则，颠倒冠履，紊乱礼经。"⑥ 所以要承担刑事责任。妻是按法律要求的形式正式聘娶的，"妻者，传家事，承祭祀，既具六礼，取则二仪"⑦。妾是买卖的，与妻完全不同。但唐代法律上不限制娶妾。宋沿唐制，元时规定，对于无子的情况，如果再娶，则在法律上也不能有两位妻子，所以要么离异，要么改妻为妾（必须自愿）："州县人民有年及四十无子，欲图继嗣，再娶妻室，虽合听离，或已有所生，自愿者，合无断罪，听改为妾。"因为有此网开一面，所以规定"有妻更娶，委自愿者听改为妾"⑧。明代法律上有娶妾的限制性规定，其"妻妾失序"条规定："凡以妻为妾者，杖一百。妻在，以妾为妻者，杖九十。若有妻更娶者，亦杖九十，离异。其民年四十以上无子者，方许娶妾。违者，笞四十。"而到清代规定严格妻妾地位，有妻更娶，或者以妻为妾，以妾为妻者，均处杖刑。并且如有妻更娶，后娶之妻强制离异归宗。但取消了年四十以上娶妾的规定，中国社会娶妾之风盛兴，且无限制，形成实质上的一夫一妻多妾制，是变相的多妻制。

① 马建石、杨玉裳主编：《大清律例通考校注》，453页，北京，中国政法大学出版社，1992。
② 参见杨立新点校：《大清民律草案、民国民律草案》，349页，长春，吉林人民出版社，2002。
③ 郭成伟点校：《大元通制条格·户令》，50页，北京，法律出版社，1999。
④ 马建石、杨玉裳主编：《大清律例通考校注》，443页，北京，中国政法大学出版社，1992。
⑤ 刘俊文点校：《唐律疏议·户婚》，278页，北京，法律出版社，1999。
⑥ 刘俊文点校：《唐律疏议·户婚》，279页，北京，法律出版社，1999。
⑦ 刘俊文点校：《唐律疏议·户婚》，280页，北京，法律出版社，1999。
⑧ 郭成伟点校：《大元通制条格·户令》，48~49页，北京，法律出版社，1999。

（五）离婚和再婚得到法律许可

妇女从一而终，是历代统治者大力提倡的，在法律上也有类似鼓励和保护守志妇女的特别规定，如各朝法律均不允许强迫守志妇女再嫁，但贞洁守志只是道德要求，不是法律的强制性规定，对于一般百姓不作强行要求："夫妇乃人之大伦，故妻在有齐体之称，夫亡无再醮之礼，庶人固不可责以全礼。"① 所以民间一般百姓，尤其是穷困之家，为生存之计，夫亡再嫁也是正常的。《唐律》规定，"诸夫丧服除而欲守志，非女之祖父母、父母而强嫁之者，徒一年；期亲嫁者，减二等。各离之。女追归前家，娶者不坐。"《疏议》曰："妇人夫丧服除，誓心守志，唯祖父母、父母得夺而嫁之。"② 即如果家长要求妇女改嫁，则也是合法的。对于守节不嫁的妇女，各个朝代都给予特殊待遇，如《大明令》规定："凡民间寡妇，三十以前夫亡守志者，五十以后不改节者，旌表门闾，除免本家差役。"③ 但即便如此，法律并不禁止离婚和再婚。离婚有类似现代的"协议离婚"——和离，即两愿离婚，《唐律疏议》曰："夫妻不相安谐，谓彼此情不相得，两愿离者。"两愿离婚，各代法律均不干涉。

但是在社会实际生活中，在社会舆论和道德评价方面，离婚或者再婚是受到歧视的。如清代对于妇女因抗拒强奸、调戏、强迫改嫁等自杀的大多会作为烈女节妇给予立牌坊旌表，但是如果是再嫁之妇，则不能享受此待遇，因为再嫁之妇在道德上是有缺陷的。所以改嫁虽然合法，但政府提倡的是"从一而终"的道德模范。据陈郁如对清乾隆时期刑科题本统计，以乾隆元年（1736年）二月至乾隆元年年底，共33件调奸致本妇羞忿自尽案件的刑科题本档案，其中本旌表为烈妇者有29人，占9/10强。④ 以此可以清楚地看到封建时代官府实际提倡的做法和法律的规定是有出入的。法律上离婚和再婚虽然合法，但作为离婚和再婚妇女实际在社会上是饱受歧视的。

（六）有较为完善的婚姻管理制度

《周礼·地官》说："媒氏，掌万民之判，凡男女自成名以上，皆书年月日名焉，令男三十而娶，女二十而嫁。"即有媒氏对男女婚姻进行管理，"凡娶判妻入子者，皆书之。中春之月，令会男女，于是也，奔者不禁，若无故而不用令者罚之。司男女之无夫家者而会之。凡嫁子娶妻，入币纯帛无过五两。禁迁葬者与嫁殇者"。封建时代并有私媒官媒之分，官媒由官方登记管理。媒人不仅是婚姻关系的见证人，并且法律上媒人也承担违法婚姻的连带责任。如嫁娶违律，除主婚人承担责任外，如果媒人知情，各减（男女、主婚人）一等处罚。元代规定有官媒制度，有些婚姻必须经过官媒，如封建时代一般都规定官员不能娶部民之女或所监临之女，以防止以权谋私，但元代曾有例外："外任迁转官员常不归乡里，如无正妻，或乏子嗣，若绝禁不许任所求娶，恐涉未便。——今后流官如委亡妻或无子嗣，欲娶妻妾者，许令官媒往来通说，明立婚书，听娶无违碍妇女。如违，治罪离异，追没元下财钱。"⑤

---

① 郭成伟点校：《大元通制条格·户令》，61 页，北京，法律出版社，1999。
② 刘俊文点校：《唐律疏议·户婚》，288 页，北京，法律出版社，1999。
③ 怀效锋点校：《大明律》，242 页，北京，法律出版社，1999。
④ 参见陈郁如：《清乾隆时期刑科题本之研究——以调奸本妇未成致本妇羞忿自尽类型案件为中心》，载何勤华主编：《法律文化史研究》，第二卷，北京，商务印书馆，2005。
⑤ 郭成伟点校：《大元通制条格·户令》，52 页，北京，法律出版社，1999。

这种情况只有通过官媒,婚姻才能够得以合法建立。

对从业人员也有一定的道德要求,以防止媒人借此索取钱物,所以元代规定:"今后各处官司,斟酌居民多寡,询问社长人等,推举年高信实妇人为媒,须要钦依圣旨,定到聘财求娶,不得中间多余索要财礼钱物,亦不得拾分中取要壹分媒钱。如有违反之人,谕众断决。"①

规范媒人的行为,主要是为制止媒人借介绍婚姻之名,行骗取钱财之实。现代婚介活动中,依然有同样的问题存在,在管理上也存在相当大的难度。元代对媒人的选任、收费的规范等规定,对现代婚介商业化以后,如何进行规范化管理,杜绝类似骗取钱财的行为,有一定的借鉴意义。

随着社会生活节奏的加快,人际交往范围的局限,使得中国相当一部分青年男女依然需要通过婚介(实际上是媒人的现代表述)结识或者谈婚论嫁,所以对媒人的依赖程度并未随经济发展而趋弱。虽然现代网络出现,分化了媒人的一部分作用,通过网络采取的婚媒也代表了婚介方式的更新。但媒人依旧活跃于当今社会,并且在现代人的婚姻撮合中起着积极的作用。不可否认,他们为青年男女提供交往的机会、创造相识相恋的条件确实起到不可忽略的作用。虽然法律上对此没有具体的规定,但目前中国很多地方均形成了一定规模的婚介市场,而婚介中的不规范行为也屡屡曝光,为此也引起了相关行政管理部门的关注。不少地方制定了规范婚介市场的规定,将媒人的婚介行为纳入规范管理的范畴。如上海市为进一步加强对全市婚介服务行业的管理,提高婚介行业的服务质量和服务水平,为征婚当事人营造良好的婚介服务环境,上海市民政局于2008年1月1日正式实施《上海市婚姻介绍行业服务规范(草案)》,其中有这样的规定:"会员在同一天内不得安排两次约见","如遇特殊情况需要安排的,必须征得约见双方当事人同意、签名,并有文字记录"。如婚介所会员违反此规定,有关部门将责令改正,予以警告,并依据情节轻重予以罚款。这些条款在社会上引起了广泛争议,而民政局表示对经证实为欺诈性婚姻介绍服务活动的行为,将参照2002年3月1由上海市政府颁布的《上海市婚姻介绍机构管理办法》具体惩罚。根据《上海市婚姻介绍机构管理办法》规定,对欺诈行为可处1 000元~30 000元的罚款。② 由此看出,媒人这一传统的行业近期并不会淡出人们的生活,而由此产生的对其的规范化管理也可能不会停止。

(七) 有一些保护妇女、老人和儿童权益和地位的规定

封建法律保护妻子的合法地位,法律上不允许随意出妻,《唐律疏议》曰:"伉俪之道,义期同穴,一与之齐,终身不改。故妻无七出及义绝之状,不合出之。"③ 以此维护妻子最基本的权利。法律也禁止典雇妻妾,"江淮薄俗,公然受价将妻典与他人,如同夫妇"④。明清律皆禁此类行为,"凡将妻妾受财典雇与人为妻妾者,杖八十;典雇女者,杖六十,妇女不坐。若将妻妾妄作姊妹嫁人者,杖一百;妻妾杖八十。知而典娶者,各与同罪,并离异,财礼入官。不知者,不坐,追还财礼。"限制男性家长将妻妾买卖谋利,或者以之作诱骗财,

---

① 郭成伟点校:《大元通制条格·户令》,52页,北京,法律出版社,1999。

② 参见《上海民政局出台新规　一天不得相亲两次》,载新民网,2007-12-27。

③ 刘俊文点校:《唐律疏议·户婚》,291页,北京,法律出版社,1999。

④ 郭成伟点校:《大元通制条格·户令》,61~62页,北京,法律出版社,1999。

"将妻妾作姊妹及将亲女并姊妹嫁卖与人作妻妾使女名色，骗财之后设词托故，公然领去者，照诓骗例治罪"①。但是实际上典妻这类行为直到民国时代仍有所见，可见法律规定在实践中并没有得到严格的遵守和执行。

法律也规定禁止强占良家妇女，禁止官员倚仗权势，娶所监临女、娶部民女为妻妾："凡府、州县亲民官，任内娶部民妇女为妻妾者，杖八十。若监临（内外上司）官，娶（见问）为事人妻妾及女为妻妾者，杖一百。女家（主婚人）并同罪。妻妾仍两离之，女给亲。（两离者，不许给予后娶者，亦不给还前夫，令归宗。其女以父母为亲，当归宗。或已有夫，又以夫为亲，当给夫完聚。）财礼入官。（恃势）强娶者，各加二等；女家不坐，（妇归前夫，女给亲。）不追财礼。若为子孙、弟侄、家人娶者，（或和或强。）罪亦如之，男女不坐。若娶为事人妇女，而于事有所枉者，仍以枉法从重论。"② 这些规定的出发点是防止豪强仗势欺压百姓，霸占妇女等。清代还有对于家长不允许婢女婚配行为的处罚规定："凡绅衿、庶民之家，如有将婢女不行婚配，致令孤寡者，照不应重律，杖八十。"③ 防止主人为私利阻拦婢女结婚。对于强占良家妇女的行为处罚极严，如明清律均规定豪势之人强夺良家妻女，奸占为妻妾的，处绞刑，即便是配与子孙、弟侄、家人，也是同罪，并且男女不坐，规定不可谓不严。这些规定客观上对保护生活在社会底层的妇女多少有点理论上的意义，虽然现实生活中这些条文并没有实际有效地阻止上述行为的出现。

历代法律对于收养鳏寡孤独老人和遗弃儿童的规定，体现了中华民族尊老爱幼的传统，体现了法律上的人道主义精神。在允许收养弃儿的同时，法律规定不允许随意解除收养关系，或者收养迷失儿童买卖牟利，不允许通过收养而买卖儿童，体现了对未成年人的特殊保护。而对于鳏寡孤独的收养，则更为合情合理，在这种制度下，子女的赡养义务必须得到体现，无子女等亲属的赡养问题则由官府负责，这类对于特殊人群的社会保障制度，在今天看来依旧有其深刻的社会意义，许多做法值得借鉴。

第二节
经济法律制度

传统社会是自然经济占主导地位，市场交易不发达，政府对经济活动也实行严厉的管制。但是，乡镇一级的市场和繁华都市的市场以及交易活动始终是存在的，在一定时间、一定地区还相当活跃。同时为了给农业创造更好的生产环境，历代都有促进生产、保护环境资源的一些规定。为规范各地方的经济行为，各朝都曾有过管理经济活动的法律规范，虽然这些规定较为零散，不成体系，但有不少内容在今天看来仍然不失其深刻的意义。

---

① 马建石、杨玉裳主编：《大清律例通考校注》，444 页，北京，中国政法大学出版社，1992。
② 田涛、郑秦点校：《大清律例》，210 页，北京，法律出版社，1999。
③ 马建石、杨玉裳主编：《大清律例通考校注》，454 页，北京，中国政法大学出版社，1992。

一、保护自然资源

在中国漫长的历史发展过程中，朴素的生态意识、资源保护意识和环境法律意识很早就出现，并且在传统社会得到了一定程度的重视。中国很早就出现了限制破坏性开发自然资源的思想萌芽，《周礼·地官·山虞》曰："仲冬斩阳木，仲夏斩阴木。凡服耟，斩季材，以时入之。令万民时斩材，有期日。凡邦工入山林而抡材，不禁。春秋之斩木不入禁。"《汉书》曾说道："秦连相坐之法，弃灰于道者黥。"《礼记·月令》规定，孟春之月，禁止伐木，"毋覆巢，毋杀孩虫胎夭飞鸟，毋麛毋卵"。仲春之月，"毋竭川泽，毋漉陂池，毋焚山林"。孟夏之月，"继长增高，毋有坏堕，毋起土功，毋发大众，毋伐大树"。季夏之月，"树木方盛，乃命虞人入山行木，毋有斩伐"。《睡虎地秦墓竹简·田律》也有类似规定："春二月，毋敢伐材木山林及雍（壅）隄水。不夏月，毋敢夜草为灰，取生荔……到七月而纵之。唯不幸死而伐绾（棺）享（椁）者，是不用时。邑之近皂及它禁苑者，麛时毋敢将犬以之田。百姓犬入禁苑中而不追兽及捕兽者，勿敢杀；其追兽及捕兽者，杀之。河（呵）禁所杀犬，皆完入公；其他禁苑杀者，食其肉而入皮。"① 意为保护山林资源（二月林木生长不得砍伐；土地干旱不得堵塞水道；不到夏天不准取草烧灰，影响幼草生长；不准捉幼兽鸟卵、幼鸟，不准毒杀鱼鳖等，七月解禁），保护禁苑动物。汉简《田律》也有类似规定："禁诸民吏徒隶，春夏毋敢伐材木山林，及进（壅）隄水泉，燔草为灰，取产麛卵，毋杀其绳重者，毋毒鱼。"这些规定有利于动植物的繁衍和生存，对于保护人类生产和生活环境均起到了积极的作用。

由于中国是传统的农业社会，所以法律上历来相当重视对土地资源的保护和利用。汉代就有对土地利用的特殊政策，张家山汉简《二年律令》有："田不可垦而欲归，毋受偿者，许之。"不能耕作的土地可在不要求补偿的情况下退还官府，官府在接受后应免除其相关的赋税。②

汉简田律还有保护畜产的规定："诸马牛到所，皆毋敢穿阱，穿阱及置他机能害人、马牛者，虽未有杀伤也，耐为隶臣妾。杀伤马牛，与盗同。"③ 马牛所之处，不能设陷阱或者其他机关害人及马牛。如果有犯，惩罚较重。

汉代还曾制定过《水令》，规范合理用水。④ 唐代也曾制定《水部式》，对水资源进行规范化管理。不仅如此，唐代还将法律责任落实到实处，如《唐律》规定官员对于发生的自然灾害要及时上报，如内部旱涝霜雹虫蝗为害，要及时层层上报，并可减免租调。同时还要求尽地力，不许抛荒土地，要求官员劝课农桑："诸部内田畴荒芜者，以十分论，一分笞三十，一分加一等，罪止徒一年。（州县各以长官为首，佐职为从。）户主犯者，亦计所荒芜五分论，一分笞三十，一分加一等。"并且要求依田令："户内永业田，每亩课植桑五十棵以上，榆、枣各十根以上。土地不宜者，任依乡法。"⑤ 要求因地制宜种植果树。唐代还大力保护畜

---

① 睡地虎秦墓竹简整理小组编：《睡虎地秦律十八种》，载法律史学术网，2006-09-14。

② 参见杨师群：《张家山汉简反映的汉初土地制度》，载张伯元主编：《法律文献整理与研究》，北京，北京大学出版社，2005。

③ 蒲坚主编：《中国历代土地资源法制研究》，88 页，北京，北京大学出版社，2006。

④ 参见曾宪义主编：《中国法制史》，95 页，北京，中国人民大学出版社，2000。

⑤ 刘俊文点校：《唐律疏议·户婚》，270～271 页，北京，法律出版社，1999。

牧业，建立层层负责制，《唐律·厩库》规定对牧畜产、死、失之牧长、牧子均加笞杖至徒三年之刑。为保护畜力，还规定：应乘官马、牛、驼、骡、驴，私驮物不得过十斤，其乘车者，不得过三十斤，违反者均要处笞杖刑。对放牧官畜者，若果"令瘦者"，也要处刑，并规定了详细的标准。对于侵占巷街种植垦食、穿墙出污、占山野陂湖之利等破坏环境的行为均规定了严格的法律责任。所谓"山泽陂湖，物产所植，所有利润，与众共之"。并且严禁山林失火及"非时"（二月一日以后、十月三十日前，可根据南北方气候土壤情况不同而定）。烧田野以充肥料。不允许私吃弃毁官私田园瓜果，违者，以赃、盗论。对于毁伐树木、稼穑者，准盗论。

宋继续沿袭唐代的许多规定，元代在自然环境保护方面所作的规定并不逊于唐宋。要求官民等种植树木，护长成林，不允许随意砍伐，《通制条格》卷十六载："至元九年（1272年）二月，钦奉圣旨节该：据大司农司奏，自大都随路州县城郭周围，并河渠两岸，急递铺道店侧畔，各随地宜，官民栽植榆柳槐树，令本处正官提点本地分人护长成树，系官栽到者，营修隄岸、桥道等用度，百姓自力栽到者，各家使用，似为官民两益。准奏，仰随路委自州县正官提，春首栽植，务要生成。仍禁约蒙古、汉军、探马赤、权势诸色人等，不得恣纵头疋咬，亦不得非理斫伐。"[1] 法律不仅要求栽种植物树木，而且要求护长成林，并且要求水域地区种植水生植物，豢养水禽，"近水之家许凿池养鱼并鹅鸭之类，及栽种莲藕、鸡头、菱角、蒲苇等，以助衣食。如本主无力栽种，招人依例种佃，无致闲歇无用"[2]。要求"每丁周岁须要栽桑枣二十株或附宅栽种地桑二十株，早供蚁蚕食用。其地不宜栽桑枣，各随地土所宜，栽种榆柳等树，亦及二十株。若欲栽种杂果者，每丁衮种一十株，皆以生成为定数。愿多栽者听。……仍仰随社布种苜蓿，初年不须割刈，次年收到种子，转转俵散，务要广种，非止喂养头疋，亦可接济饥年。"[3] 这一规定虽然是从生活出发，要求人们种植桑枣等经济作物，实际上对环境和资源的保护、生态平衡等都是大有益处的，同时元代还禁捕秃鹙和天鹅，客观上对动物的保护有一定的意义。

对破坏自然资源的行为，明代规定严格的刑事法律责任，《大明律·户律》规定，若强占官民山场、湖泊、茶园、芦荡及金银铜场、铁冶者，杖一百，流三千里。同时明代还禁止私自开窑卖煤、凿山卖石、立厂烧灰，并且规定擅自进入违禁山林，将应禁林木砍伐贩卖者，发烟瘴之地充军。这些规定客观上抑制了盲目开山占湖，破坏环境资源的行为的泛滥。同时规定，不允许盗掘金银、铜锡、水银等项矿砂，客观上有利于保护矿产资源。

为保护农业经济，明清也规定不允许荒芜田地，且规定需种植桑麻等植物，但允许根据土壤性质自行选择栽种植物的品种，"凡里长部内已入籍纳粮当差田地，无（水旱灾伤之）故荒芜，及应课种桑麻之类，而不种者，（计荒芜不种之田地，）俱以十分为率，一分，笞二十，每一分加一等，罪止杖八十。县官各减（里长罪）二等，长官为首。（一分减尽无科，二分方笞一十，加至杖六十罪止）。……人户亦计荒芜田地，及不种桑麻之类，就（本户田地）以五分为率，一分，笞二十，每一分加一等；追征合纳税粮还官。（应课种桑、枣、黄

---

① 郭成伟点校：《大元通制条格》，192～193 页，北京，法律出版社，1999。

② 郭成伟点校：《大元通制条格》，195 页，北京，法律出版社，1999。

③ 郭成伟点校：《大元通制条格》，194 页，北京，法律出版社，1999。

麻、苎麻、棉花、蓝靛、红花之类，各随乡土所宜种植。)"① 同时，明清律也规定"毁伐树木稼穑者，计赃准盗论，免刺，官物加二等"②，以严厉的手段保持良好的农业环境。

中国封建社会是自然经济占主导地位的农耕社会，因此"靠天吃饭"的思想极具代表性，这就要求保持生态环境平衡，发展水利、控制灾害，而且要求发展经济作物种植及畜牧业等，以达到资源丰富、丰衣足食的经济目的。

虽然封建法律的许多规定其出发点并非仅仅是为了环境保护，如一些规定是出于保护官私财物，有些规定是为发展农业生产，但这些规定的内容客观上对保护环境起了积极的作用。

鸦片战争之后，中国原有的封建体制受到极大的冲击，资本主义思潮开始影响中国社会。清末历经戊戌变法、洋务运动之思潮影响，固有的封建法律体系发生了深刻的动摇。面对日益高涨的资产阶级革命运动，清政府被迫进行了改制立宪的工作，最终导致封建法律体系的终结。同时清统治者也客观地了解到欧美技术所带来的先进理念，加之当时出洋考察大臣的鼓吹，遂有法律上鼓励新学之举动，这在国家经济建设的促进和自然环境的重视上均有一定的表现。如1906年《商部奏酌拟奖给商勋章程》规定用新法栽植各项谷种，获利富厚，卓有成效者；独力种树五千株以上，成材利用者；独力种葡萄、苹果等树，能出新法制新器开垦水利等行为，均可拟奖给三等商勋，并请赏加四品顶戴。这为的是鼓励种植树木、开垦水利等行为。虽然是从发展经济的角度着眼的，但是对促进环境效益的增长还是有积极影响的。

封建统治者从国计民生的角度出发，制定保护环境资源和农业生产的措施，以利于正常社会生活的维系，当然也不乏有统治者认识到环境、资源对人类的重要性，但总体上看，这种意识还是一种朴素的环境意识，尚没有环境效益的观念，因此范围也较为狭窄。

二、规范度量衡和产品标准化

秦统一中国，"一法度衡石丈尺，车同轨，书同文字"。不仅如此，秦还对度量衡的制造和使用进行严格规范，制造的衡器不准，主管官员要受处罚。③ 唐代也规定度量衡官制："诸京诸司及诸州，各给秤、尺及五尺度，斗、升、合等样，皆铜为之。"并且规定每年还要校验，开元《杂令》规定："诸官私斛斗秤度，每年八月诣金部、太府司平校。不在京者，诣所在州县平校，并印署，然后听用。"④《唐律疏议》还规定了对作度量衡不准确，且使用的行为要处罚，甚至依照盗罪论处："诸私作斛斗秤度不平，而在市执用者，笞五十。因有增减者，计所增减，准盗论。"度量衡虽然没有问题，但不经官验印者同样要处罚："其在市用斛斗秤度虽平，而不经官司印者，笞四十。"并且制造器物等也要严格遵照官府要求的式样，"诸其造弓矢、长刀，官为立样，仍题工人姓名，然后听鬻之。诸器物亦如之"。器物上要刻工人名字，以落实责任到人。对于"诸以伪滥之物交易者，没官；短狭不中量者，还主"⑤。

---

① 田涛、郑秦点校：《大清律例》，201页，北京，法律出版社，1999。
② 田涛、郑秦点校：《大清律例》，201页，北京，法律出版社，1999。
③ 参见曾宪义主编：《中国法制史》，72页，北京，中国人民大学出版社，2000。
④ 薛梅卿点校：《宋刑统》，482页，北京，法律出版社，1999。
⑤ 开元《关市令》，转引自钱大群、艾永明：《唐代行政法律研究》，南京，江苏人民出版社，1996。

宋代承袭了唐代的规定，监校度量衡的官员要承担连带责任："诸校斛、斗、秤、度不平者，杖七十。监校者不觉，减一等；知情，与同罪。"①

唐令还规定以中等的"黍"作为计量标准，开元《杂令》规定："量，以北方秬黍中者，容一千二百为仑，十仑为合，十合为升，十升为斗，三斗为大斗一斗，十斗为斛。秤权衡，以秬黍中者，百黍之重为铢，二十四铢为两，三两为大两一两，十六两为斤。度，以秬黍为中者，一黍之广为分，十分为寸，十寸为尺，一尺二寸为大尺一尺，十尺为丈。"② 唐代还规定了田亩之制。

明代《大明令》规定："凡斛、斗、秤、尺，司农司照依中书省原降铁斗、铁升较定则样制造，发直隶府、州及呈中书省，将发行省依样制造，较勘相同，发下所属府州。各府正官提调依法制造较勘，付与各州、县仓库收支行用。其牙行市铺之家，须要赴官印烙，乡村人民所用斛、斗、秤、尺，与官降相同，许令行使。"③ 可见，官府对度量衡的官颁标准掌控极严，民间交易所用要与官方一致。

沈之奇认为度量衡制度是"王制"。"斛斗秤尺，乃百物之所受裁以为平者，官降一定之式，民间遵依制造，赴官较勘印烙，而后行使，所以同风俗，一制度，不得私有增减。"④ 薛允升曰："虞廷之政，以度量衡为先，所以同风俗，定民志也。"但是到了清代，度量衡出现了较为混乱的情形，"今则各自制造，俱不画一"，所以薛建议"宜合天下度量衡而一之，部颁铁尺铁斤铁斛，通行各省，从前诸名，不得复用，用者以违制论"⑤。清代规定："凡私造斛斗秤尺不平在市行使及将官降斛斗秤尺作弊增减者，杖六十，工匠同罪。若官降不如法者，（官吏、工匠）杖七十。提调官失于较勘者，减（原置官吏、工匠罪）一等，知情与同罪。其在市行使斛斗秤尺虽平而不经官司较勘印烙者，（即系私造），答四十。若仓库官吏私自增减官降斛斗秤尺收支官物而不平（纳以所增，出以所减）者，杖一百，以所增减物计赃，重（于杖一百者）坐赃论。"⑥ 该规定源出唐律，承继明律，与明律一样增加了工匠的法律责任，并且相关的官员失职或者私自增减也要承担责任。

历代统治者对产品的标准化管理也是相当重视的，如唐代规定"诸造器用之物及绢布之类，有行滥、短狭而卖者，各杖六十（不牢谓之行，不真谓之滥。即造横刀及剑镝用柔铁者，亦为滥）。"《疏议》曰："'行滥'，谓器用之物不牢、不真；'短狭'，谓绢匹不充四十尺，布端不满五十尺，幅阔不充一尺八寸之属而卖。"为便于监管，工匠制作的某些产品上要求刻写制作时间和制作人的姓名，以便跟踪管理，"诸营军器，皆镌题年月及工人姓名，辨其名物，而阅其虚实。"⑦ 清代规定："凡民间造器用之物不牢固正实及绢布之属纰薄短狭而卖者，各答五十。"⑧ 同时也对工程、工匠的工作有标准要求，"凡（官司）役使人工，采取木、石材料及烧造砖瓦之类，虚费工力，而不堪用者，（其役使之官司及工匠人役，并）

① 薛梅卿点校：《宋刑统》，482 页，北京，法律出版社，1999。
② 薛梅卿点校：《宋刑统》，482 页，北京，法律出版社，1999。
③ 怀效锋点校：《大明律》，244 页，北京，法律出版社，1999。
④ （清）沈之奇撰：《大清律辑注》，怀效锋、李俊点校，379 页，北京，法律出版社，2000。
⑤ （清）薛允升撰：《唐明律合编》，怀效锋、李鸣点校，738～739 页，北京，法律出版社，1999。
⑥ 马建石、杨玉裳主编：《大清律例通考校注》，537 页，北京，中国政法大学出版社，1992。
⑦ 开元《营缮令》，转引自钱大群、艾永明：《唐代行政法律研究》，173 页，南京，江苏人民出版社，1996。
⑧ 马建石、杨玉裳主编：《大清律例通考校注》，537 页，北京，中国政法大学出版社，1992。

计所费雇工钱坐赃论"①。明代规定:"凡(官司)造作(官房器用之类),不如法者,笞四十。若成造军器不如法,及织造缎疋粗糙纰薄者(物尚堪用),各笞五十。若(造作、织造各不如法,甚至全)不堪用,及(稍不堪用)应(再)改造(而后堪用)者,各并计所损财物,及所费雇工钱(罪)重于笞四十、五十者,坐赃论。"根据制作尚堪用、稍不堪用、全不堪用等不同情节,要求行为人承担法律责任。所谓造作不如法,就是大小长短不符合规定,如明代工令规定:"凡局院成造缎疋,务要紧密,颜色分明,丈尺斤两,不失原样。局官常切比较工程,合用丝料,从实申请,提调正官,严加督促,但有不堪,究治,追赔。"②清代规定:"凡打造弓箭,擅改式样,货卖者,笞五十。"③清太宗崇德三年至四年(1638—1639年)刑部档记:"皇上颁给工补补官织毛青布规制被改变,所织毛青布尺幅短缺,质地粗糙。多罗巴颜贝勒,尔不明白交待部员验看,应罚银三百两。工部吴善、囊努克各罚银五十两。"还有其他十余人也均罚银三十两,处罚严厉。④对于工程建造也有标准化要求,档案中有多处官员不按标准要求施工,达不到要求或工程坍塌而受刑的记载,如"篇古旗布喀,石廷柱旗宋仁督催城工,所筑屏城一侧墩台墙垣周长并定制少六庹,墙厚少一尺,墙高矮一拃,沟口短一尺,沟深浅一庹一尺一拃,故拟布喀、宋仁各鞭一百。奏闻,上命:'饿禁三日两夜。'"⑤

对于产品实行标准化管理,主要是避免因产品质量问题影响使用,尤其是造成安全问题,如对于建造上不符合建造标准而出现坍塌,这些问题的大量出现会动摇封建统治的基础,影响社会稳定,所以法律上均规定了严厉的制裁措施。标准与制度如果混乱,还会导致市场混乱,最终影响统治秩序的稳定。正是由于实现了严格的规范化管理,传统中国才创造了中华灿烂的文明,遗留下来大量精美的产品、精湛的工艺技术和完美的建筑,这对于我们今天的产品质量管理和标准化管理有着重要的启示。时至今日,我们对于产品的标准化管理和质量管理仍然缺乏一整套长效管理机制,且执行不严格,在实际操作中对于违反相关规定的稽查和处理均不十分到位,导致该类问题屡禁不止。或许我们可以从传统法律规范中吸收一些有益的东西。

三、市场管理

中国对市场的系统管理制度很早就形成了,虽然在这种简单的初级乡镇市场,商品经济的因素很少,但官府从不放松管理。《周礼·地官·质人》说:"质人掌成市之货贿,人民、牛马、兵器、珍异,凡卖儥者质剂焉,大市以质,小市以剂;掌稽市之书契,同其度量,一其淳制,巡而考之;犯禁者,举而罚之。凡治质剂者,国中一旬,郊二旬,野三旬,都三月,邦国期,期内停,期外不听。""质券"、"质剂"为买卖契约(券),管理市场贸易的称

---

① 田涛、郑秦点校:《大清律例》,606页,北京,法律出版社,1999。

② 怀效锋点校:《大明律》,270页,北京,法律出版社,1999。

③ 田涛、郑秦点校:《大清律例》,606~607页,北京,法律出版社,1999。

④ 参见中国人民大学清史研究所、北京第一历史档案馆译:《盛京刑部原档》(清太宗崇德三年至崇德四年),142页,北京,群众出版社,1985。

⑤ 中国人民大学清史研究所、北京第一历史档案馆译:《盛京刑部原档》(清太宗崇德三年至崇德四年),37页,北京,群众出版社,1985。

之为"质人"。所以在中国很早就形成了市场管理的制度体系。如在唐代有管理市场的官员，如市令、市事丞、市官、市司，负责颁发市场立契的凭证"立券"，掌管度量衡的校准，管理市场价格。①

(一) 对于买卖重要动产及不动产，实行严格的立契制度

传统的市场管理首先从契约管理开始，买卖须立契（唐宋曰"立市券"），这是官方的要求，也是民间交易的惯例。唐宋律均规定："诸买奴婢、马牛骡驴，已过价，不立市券，过三日笞三十；卖者，减一等。"因为这类财产在农业社会属于重要的动产，所以法律规范交易行为，强制立契，不订立契约要承担法律责任。

中国古代没有严格表示动产与不动产区别的词语，民间一般以"产"或"业"表示现代房地产等不动产的概念，而在官方的法律文书中常常称之为"田房"或"田宅"，这种称呼也体现了农业经济的特征，体现以土地所有权为核心的特点。买卖不动产，则一定要立契，而且须使用官颁契纸，并须官府盖印确认，否则没有法律效力。据《元史·刑法志》："诸典卖田宅，从有司给据立契，买主卖主随时赴有司推收税粮。若买主权豪，官吏阿徇，不即过割者，止令卖主纳税，或为分派别户包纳，或为立诡名，但受分文之赃，笞五十七，仍于买主名下，验元价追征，以半没官，半付告者。"②

清代北京地区规定（咸丰年间）规定："民间嗣后买卖田房必须用司印官纸写契。违者作为私契，官不为据。""如不用司印官纸写契，设遇旧业东、亲族人等告发，验明原契年月，系在新章以后，并非司印官纸，即将私契涂消作废；仍令改写官纸，并照例追契价一半入官。"③ 如果不用官府发行的契纸签订买卖契约，是作为私契，其法律效力是不被官府所承认的。在大量的房地产纠纷中，纠纷的主要原因常常是不能提供契约，尤其是没有经官方钤盖红印的红契。

由于契约（尤其是红契）具有权利证书的性质，所以，在不动产交易活动中，契约常常作为转让的凭证。一般在房地产交易中，都将上手的契、证、照等作为权利转让的凭证，在交割时一并交付受让方。如果遗失不能交付，一般须声明"其房正契并上首各契早年失落无存。设查出片纸只字，俱做废纸无用"。一般将私契（即没有官府的红印的）称为"白契"，清代有效的房地产买卖契约应该是加盖官府红印后纳税，粘贴官颁契尾。所谓"总以粘有布政司打印之契尾，用本管州县骑缝印为凭"④。否则也照私契论。因此一般将盖有官府红印的契约称为"红契"。实际上早在明代就建立了房地产管理的循环簿，即登记契税的文簿，一送府考查，一留县登记。清代不粘契尾为非法，契尾编号与循环簿配合使用。所有权管理的出发点则是百姓手中的红契与官府掌握的册档是否相符，所谓"私无契据，官无册载"，即无法认定其所有权。

红契是管业依据，相当于今天的权利凭证。所以，在诉讼中具有重要的证明作用。对于红契，其法律效力基本可以认定，因此，有时候虽然双方当事人没有使用官颁契约，而是使

---

① 参见何勤华：《唐律债法初探》，载《法律文化史谭》，北京，商务印书馆，2004。
② 郭成伟点校：《大元通制条格·户令》，401 页，北京，法律出版社，1999。
③ 张传玺主编：《中国历代契约会编考释》（下），1467 页，北京，北京大学出版社，1995。
④ 张传玺主编：《中国历代契约会编考释》（下），1467 页，北京，北京大学出版社，1995。

用自己拟定的契约，但是如果有官府盖章确认，由于其是经过国家认可的，所以，是取得国家法律效力的法律文书，可以由国家强制力保障其权利。而白契虽然不能说绝对无效，但在法律上属于效力待定，更多情况下是被否定法律效力。在发生纠纷时，官府往往不会轻易认定白契的效力，而是要进行调查确认，大多数情况是直接认定其不能取得法律效力。而有红契，则买卖关系可以肯定。

我国历史上对房地产的规范化管理由来已久，早在唐宋时代就建立了相应的法律制度，通过契约管理及相关证照的发放对房地产民事活动进行监管，对房地产及其交易进行管理，如唐代的文牒制度，宋代的亲邻先买制度以及税契制度等等，以此掌握社会财产的流转状况，保护合法的交易行为，维护宗法社会的内聚力，稳定社会秩序。更重要的是，这种法律理论和管理思路对现代房地产法律制度、管理模式有着重要的影响，在我们今天的生活和社会实践中，可以发现一些制度性痕迹。仔细分析现代的房地产交易及登记制度，可以清晰地反映出历史的传承关系。由于房地产本身不易受外界的影响，体现在实践层面上的制度性变化较小，而且一些交易习惯等仍然在民间还有表现，实际上房地产法律制度更多地体现了民族性与传统性。有些具体的操作制度一直传承到现代，如官契制度演变为现代房地产交易中使用政府提供的示范合同文本，合同须登记（或备案），税契制度、社会变动后的验契发展到现代的房地产普查或者总登记等制度，均是历史上有例可循的，这也是在我们物权法律制度现代化过程中所不能忽视与丢弃的。搞清其来源，对现代法制环境下如何发扬历史传统，建立具有中国特色的房地产法律制度均有重要意义。

封建法律所确立并延续的这套管理制度构成了现代房地产管理的基础制度，其所维护的交易安全及对房地产所有权的保护，提供了社会稳定的基石，对保护个人财产，维护产权人的合法权益，稳定基层管理秩序，保护基层社会老百姓的生存权利，都有积极意义。在我们构建科学的、符合中国社会实际的房地产法律体系时，充分重视历史的传承，注重至今仍影响房地产法律实践的传统制度的运作，对我们构建现代和谐社会，促进稳定发展有着重要的借鉴作用。

（二）重要商品实行禁榷和交易管制

封建统治者历来对盐、茶、铁等专营，实行国家垄断。早在汉代就实行榷盐制度，宋代扩大，不仅盐、茶、酒，矾、煤、铁也列入禁榷的范围。[①] 明代规定，犯私盐者，杖一百，徒三年。买食私盐者，杖一百。清代"盐引勘合，给自户部，掌于运司，客商先中买引勘为凭，亲身赴场。支盐之法，定制如此，首尾相应，难于作弊也"[②]。清代实行定额生产，顺治年间，还设立"公垣"，要求盐业生产者所产的食盐必须到"公垣"交易，卖给政府特许商人，不得自由贸易，并且要有盐引和引窝（取得盐引的凭证）[③]，并规定"凡客商贩卖（有引）官盐，（当照引发盐，）不许盐（与）引相离，违者，同私盐法。其卖盐了毕，十日之内，不缴退引者，笞四十。"而"有引谓之官盐，无引即谓私盐。客商凭引发卖，引内盐数

---

① 参见曾宪义主编：《中国法制史》，165 页，北京，中国人民大学出版社，2000。

② （清）薛允升撰：《唐明律合编》，怀效锋、李鸣点校，405 页，北京，法律出版社，1999。

③ 参见萧国亮：《清代盐业制度论》，载《中国社会经济史研究》，231～232 页，北京，北京大学出版社，2005。

卖尽，谓之退引，例应送官截角，类缴勾销。"① 可见，国家对盐业的管理较为规范和严格。

同样，"商人卖茶，必具数报官纳引，方许贩卖。其无引者，即私茶也"②。处罚与私盐相同。如清代规定："官给茶引，付产茶府、州、县，凡商人买茶，具数赴官，纳银给引，方许出境货卖。每引照茶一百斤，茶不及引者，谓之畸零，别置由贴付之。量地远近，定以程限，于经过地方执照。若茶无由引，及茶、引相离者，听人告捕。其有茶、引不相当，或有余茶者，并听拿问。卖茶毕，即以原给由引，赴住卖官司告缴，该府、州、县，俱各委官一员专理。"③ 国家对此实行严格的专人管理，严格实施茶、引相当制度。

此外，在自由开放的市场中也禁止贱买贵卖、市司评物价不平、把持行市等。在经济开放的唐、宋代，对市场管制也较为严格。《唐六典》曰："凡有互市皆为之节制。"集市也有固定地点和集散制度。还有根据物品质量统一评估价格的制度。④ "公私市易，若官司遣评物价，或贵或贱，令价不平。"⑤ 那么要承担刑事责任。同时也限制房地产交易，《通典》卷二《田制下》曰："凡卖买皆须经所部官司申牒，年终彼此除附。若无文牒辄卖买，财没不追，地还本主。"

封建时代对有些行业还限制经营。如对金银匠铺的特许经营，取得权利的匠人通过官府取得该地区的独家经营权。

这些制度中的许多内容一直传承至今，如我们今天的烟、盐等实行专卖制度，金银等的经营许可制度等。通过这些制度反映了政府对关系国计民生的重要产品的控制，有利于国家经济的稳定和发展，保障国家基本的经济需要。

（三）官府通过控制牙人达到间接控制市场的目的

官牙作为市场管理的中介，是由官府认可的，并代为行使一部分管理市场职能的特许商人，其地位相当于今日之中介人或经纪人。牙人也称行人，"诸色货物之美恶，时价之高低，以行人评估为准，故曰市司"⑥。官府规定很多交易必须通过牙行来进行，从而赋予他们特许经营权。如果其他商人不经牙行私相买卖，官府得知，也会出面干预。要求牙行铺户不得紊乱行规，对于买卖客商不投交易、私相交易的情况，准许行户指名具禀。由此官牙与政府互相依靠，共同管理市场，政府的税收也依靠牙行。所以"只有特殊商人才能开设牙行"⑦。因此清代法律规定严禁私设牙行，"额设牙帖，俱由藩司衙门颁发，不许州县滥发"⑧，当然，牙人每年也必须向政府缴纳牙税。

牙行自古就有，日本学者提出秦汉时期即存在。明朝一度撤废，清代又蓬勃发展。清代府、州、县，城市、乡村集镇均有牙行，客商交易均通过各行的牙行进行。清政府非常重视

---

① （清）沈之奇撰：《大清律辑注》，怀效锋、李俊点校，卷十，350 页，北京，法律出版社，2000。
② （清）沈之奇撰：《大清律辑注》，怀效锋、李俊点校，卷十，358 页，北京，法律出版社，2000。
③ 田涛、郑秦点校：《大清律例》，257 页，北京，法律出版社，1999。
④ 参见钱大群、艾永明：《唐代行政法律研究》，160 页，南京，江苏人民出版社，1996。
⑤ 刘俊文点校：《唐律疏议》，539 页，北京，法律出版社，1999。
⑥ （清）沈之奇撰：《大清律辑注》，怀效锋、李俊点校，375 页，北京，法律出版社，2000。
⑦ 张晋藩主编：《中国法制通史》，第八卷（清），461 页，北京，法律出版社，1999。
⑧ 《雍正朱批谕旨》第 3 函第 6 册，法敏奏，转引自张晋藩主编：《中国法制通史》，第八卷（清），461 页，北京，法律出版社，1999。

牙行的管理，体现在其有关市场管理方面的法律较全面，并以重点规范牙行人等的行为为代表，建立了全国性的由政府控制的牙行管理体制。《大清律例》卷十五《户律·市廛》规定："凡在京各牙行，领贴开张，照五年编审例，清查换贴。若有光棍顶冒朋充、巧立名色、霸开总行、逼勒商人不许别投、托欠客本、久占累商者，问罪枷号一个月，发附近充军。地方官通同徇纵者，一并参处。"① 正如其名，官牙具有半官方的性质，替政府征收税赋，发生交易纠纷，其与中人及保甲负责调处。乾隆五年（1740 年）朝廷发布《清厘牙行之例》，规定牙帖发放由户部发给各省，再由省发给牙商，牙税由地方税改中央税②，政府对牙行控制越来越严。如北京地区规定："凡税契事宜均田（由）房地牙又名五尺及宫中者评价成交，社书者总其成而已。何人有契未税，房地牙均了如指掌。嗣后即责成房地牙分投查劝，每房地牙能劝征税银一千两以上者，准犒赏百分之五。"③ 因为牙人还承担了催纳租税的责任，所以官府也保证交易必须通过牙人进行，以保证其收益，"凡民间置买田房成交后，该牙眼同填写官发契稿，催令依限纳税。如有私相买卖，不经官牙，希图漏税者，并中保人私拿官用，该牙查明禀报，以凭按例究办"④。

城市与乡村均有从事居间活动的牙人存在，由官府发帖，称"官牙"，在民间也有未经官府允许的"私牙"活跃于市场。如果有人控告，如前所述，官府自然要维护领帖的官牙的利益，即会干预处罚。对于牙行，政府要征收牙税。但是私牙也是屡禁不止，使得政府十分头痛。《大清律例·户律·市廛》规定："凡城市乡村诸色牙行，及船（之）埠头，并选有抵业人户充应，官给印信文簿，附写（逐月所至）客商船户住贯姓名、路引字号、物货数目，每月赴官查照。（其来历引货若不由官选），私充者，杖六十，所得牙钱入官。官牙、埠头容隐者，笞五十。"⑤ 乾隆八年（1743 年）的上谕对牙行的作用是个很好的说明："官为设立牙行，以评市价，所以通商便民，彼此均有利益也。是以定例，投认牙行，必系殷实良民，取有结状，始准给贴充应。盖殷实则有产可抵，良民则无护符可恃，庶几顾惜身家，禀遵法纪，不敢任意侵吞，为商人之害。"⑥ 由于牙行发展到后来，出现了不少问题，尤其是牙人利用其特殊地位，任意作为，客商深感经商艰难。雍正时屡下谕，进行整治。"雍正十一年（1733 年），饬令各省额设牙贴报部存案。谕内阁：各省商牙杂税额设牙贴，俱由藩司衙门颁发，不许州县滥给，所以防增添之弊，不使贻累于商民也。"⑦ 因此，牙行管理在制度层面的建设上还是相对完备的。但是正如胥吏问题始终困扰清政府一样，牙人与政府间的关系也是如此，地方政府根本离不开他们，发展到后来，胥吏与牙人勾结，给交易当事人制造事端。"各处客商辐辏去处，若牙行及无藉之徒用强邀截客商者，不论有无诈赊货物，问罪，俱枷

① 田涛、郑秦点校：《大清律例·户律·市廛》，268 页，北京，法律出版社，1999。

② 参见张晋藩主编：《中国法制通史》，第八卷（清），462～463 页，北京，法律出版社，1999。

③ 张传玺主编：《中国历代契约会编考释》（下），1468～1469 页，北京，北京大学出版社，1995。

④ 张传玺主编：《中国历代契约会编考释》（下），1429 页，北京，北京大学出版社，1995。

⑤ 田涛、郑秦点校：《大清律例》，267 页，北京，法律出版社，1999。

⑥ 《钦定大清会典事例》（光绪朝），卷一三三，光绪十二年本，转引自陈亚平：《清代法律视野中的商人社会角色》，85 页，北京，中国社会科学出版社，2004。

⑦ 乾隆《钦定大清会典则例》卷十八《吏部·考功清吏司·关税·清察牙行》，转引自任放：《明清长江中游市镇经济研究》，279 页，武汉，武汉大学出版社，2003。

号一个月。如有诓赊货物，仍追比完足发落。"① 实际上朝廷很清楚问题之所在，乾隆五年（1740 年）议准："嗣后胥役见在更名捏姓，兼充牙行者，令地方官严察确实，即行追贴，勒令歇业，并将胥役充补牙行之弊，永行严禁。倘不法胥役仍更名捏姓、兼充牙行者，照例杖一百，徒三年。"② 同时，也严禁士绅充牙人，不许衿监认充牙人。牙帖不许未经官府更名批准转让，即便是亲属也不行。巴县档案载有一届绍祖的牙人，领有牙贴开设牙行，由于身故无子，其女婿江有朋继续经营，被官府认为是"私设牙行"，江有朋只好将牙贴缴交，由官府"悬牌招募，顶补更换"③。

牙人承担交易价格的评估确认责任，以作为缴纳税赋的依据，货物时价以牙人评估为准，很大程度上兼有政府的部分市场管理的责任。对于价格评估出现的问题，牙人要承担法律责任。"凡诸物（牙）行人评估物价，或（以）贵（为贱），或（以）贱（为贵），令价不平者，计所增减之价，坐赃论。"④ 因此，官府反复强调，牙人的个人品质须无懈可击，要"为人诚实、家有产业者取具保邻甘结"才能给贴，并须送布政司存查。如果不符合条件而取得牙贴，则地方官要承担法律责任，如降一级调用。并且要求，按律五年编审清查换贴，以保持对牙行的动态管理。但是实践中屡有逾期不换的情况，由此可见，牙人始终是困扰清政府的问题，以至于政府屡屡发布谕令，不断重申牙人必须规范操作，可见问题解决之不易，同时政府始终无法取消这种制度，也说明牙行在交易中也是政府所倚重的。

牙人是一古老的行业，演变到今天，可以用中介人或者经纪人来取代。官牙的作用并不似今日之经纪人，现代的中介机构和人员的主要业务是居间介绍，而牙人更重要是有投税、证明交易合法性的作用，某种程度上承担了一部分政府职能，是政府和市场的中介，是政府管制市场的一种中间力量，这与现代之中介人是不同的。现代的中介人或者经纪人活跃于市场的方方面面，在市场经济活动中起到了沟通买卖双方的桥梁作用，搞活流通，促进贸易，对经济的繁荣和发展发挥了积极的作用。他们除了在一些行业还有执业资格要求之外，几乎很少有官方特许的色彩，完全具有市场经济的主体资格，这一行业不仅在过去，现在也是市场必不可少的角色。

（四）严控对外贸易，严禁私出外境及违禁下海

历代的对外交易限制均较多，大多实行国家专管，唐代规定："共化外人私相交易，若取与者，一尺徒二年半，三匹加一等，十五匹加役流。""诸赍禁物私度关者，坐赃论。……若私家之物，禁约不合度关而私度者，减三等。"规定贵重的奢侈品和珠宝、贵金属等不得出关，"依关市令：'诸锦、绫、罗、縠、紬、绵、绢、丝、布、牦牛尾、真珠、金、银、铁，并不得度西边、北边诸关及至缘边诸州兴易。'"⑤ 但是从锦绫以下的普通生活用品，允许私家持有。明代在边贸中形成了官市和私市，官市交易马匹等重要物资，私市则交易生活

① 马建石、杨玉裳主编：《大清律例通考校注》，533 页，北京，中国政法大学出版社，1992。
② 乾隆《钦定大清会典则例》卷十八《吏部·考功清吏司·关税·清察牙行》，转引自任放：《明清长江中游市镇经济研究》，283 页，武汉，武汉大学出版社，2003。
③ 四川大学历史系、四川省档案馆主编：《清代乾嘉道巴县档案汇编》（上），348 页，成都，四川大学出版社，1989。
④ （清）沈之奇撰：《大清律辑注》，怀效锋、李俊点校，卷十，374～375 页，北京，法律出版社，2000。
⑤ 刘俊文点校：《唐律疏议》，192 页，北京，法律出版社，1999。

用品。① 清代实行更为严格的海禁政策，康熙二十三年（1684 年）开海禁之后，沿海贸易发展迅速。官府控制依然很严，允许民间生活物品的交易，禁止军器交易和兴贩鸦片。"凡外国差使臣人等赴京朝贡，官民与军民人等交易，止许光素紵丝绢布衣服等件，不许将一应兵器并违禁铜铁等物交易。违者，处以极刑。"②《大清律例·兵律·关津》规定："凡将马牛、军需、铁货、铜钱、缎疋、紬绢、丝绵，私出外境货卖及下海者，杖一百；挑担驮载之人减一等；物货、船车并入官。……若将人口、军器出境及下海者，绞（监候）。因而走泄事情者，斩（监候）；其拘束官司及把守之人通同夹带，或知而故纵者，与犯人同罪。失觉察者，（官）减三等，罪止杖一百，军兵又减一等。"规定民人越境进入台湾番境，如近番处偷越深山"抽藤、钓鹿、伐水、采棕"，均要处杖一百，徒三年。沿海军民等私造海船，带违禁物下海，前往番国买卖等，潜通海贼同谋结聚等，处极刑。打造海船卖给外国图利，为首者立斩，从者发近边充军。将船只雇与下海之人分取番货，纠通下海之人私行接买番货，探听下海之人番货到来，私贩买卖苏木、胡椒一千斤以上，发近边充军，货没官。③ 同时加大对船只的监管，"凡外国贡船到岸，未曾报官查验先行接买番货，及为外国收买违禁货物者，俱发近边充军"④。"会同馆内外四邻军民人等，代替外国人收买违禁货物者，问罪枷号一个月，发近边充军。"从律例的规定来看，处罚十分严厉。不允许黄金、废铁、铁货等贩卖出洋。偷运米谷出洋牟利，达到一百石，即发近边充军，不及十石，亦枷号一个月，杖一百，船货没官。如接济奸匪者，绞立决。将豆麦杂粮等偷运出洋，亦比照该条论罪。这些规定反映了农业社会关注粮食等关系国计民生的重要产品的交易，对于此等违禁行为处罚尤为严酷。

在西方侵略者纷纷来华之后，行商制度渐趋成熟，广州设立十三行，由政府特许其与外商贸易，十三行是官方的商业垄断组织，具有官方性质，而且其完全控制了对外贸易，其他自由商人是不能与外商自由贸易的。行商也是政府和外商联系的中介，在一定程度上扮演了外交的角色。

清朝也建立了类似现代出入境验关及管理制度，对出洋船只实行人员、船只等的发照、登录号簿等管理，出口时将水手年貌、姓名、籍贯填照后，钤盖官印，并将所有人数登入号簿，按簿辑查。船只上并刻船甲字号。海关各口遇往洋船只在海关倒换照票时，须查验人数，登填簿籍，钤盖印戳，始准放行。进口时也须稽查，如有人照不符，船货互异，即送官究办。同时规定外国人到京，不许买黄、紫、黑、皂大花西番缎疋，不得收买史书及违禁军器、硝黄、牛角、铜铁等物。国人如将上述违禁物卖与外国人，为首斩监候，为从，发近边充军。并且直接控制货物往来："凡泛海客商舶（大船）到岸，即将货物尽实报官抽分。若停塌沿港土商牙侩之家不报者，杖一百。虽供报而不尽者，罪亦如之。（不报与报不尽之）物货并入官。停藏之人同罪。"⑤ 以此了解和控制贸易量。

对外贸易管制在现代国家或多或少均存在，只不过程度、范围不同。但是中国的对外贸易管制由来已久，而且具体对象大多为重要物品。其中的一些措施对于保障国家安全和经济

---

① 参见萧国亮：《明代后期蒙汉互市及其社会影响》，载《中国社会经济史研究》，北京，北京大学出版社，2005。
② 马建石、杨玉裳主编：《大清律例通考校注》，535 页，北京，中国政法大学出版社，1992。
③ 参见马建石、杨玉裳主编：《大清律例通考校注》，617 页，北京，中国政法大学出版社，1992。
④ 马建石、杨玉裳主编：《大清律例通考校注》，620 页，北京，中国政法大学出版社，1992。
⑤ 田涛、郑秦点校：《大清律例》，260 页，北京，法律出版社，1999。

命脉是有积极作用的。但发展到后来，其海禁政策是不利于经济流通和对外交流的，关闭了学习国外先进制度、技术、文化和知识的大门，影响了中国近代化的进程。

（五）以刑罚手段干预民间贸易活动中的不规范行为

唐代即有法令惩治擅自以私产换易官物的行为。[1] 依唐律，"诸以私财物、奴婢、畜产之类贸易官物者，计其等准盗论，计所利以盗论"。并且对于私家不应有之物，"虽未度关，亦没官"。明律规定"把持行市"的法律责任是："凡买卖诸物，两不和同，而把持行市，专取其利，及贩鬻之徒，通同牙行，共为奸计，卖物以贱为贵，买物以贵为贱者，杖八十。若见人有所买卖，在旁高下比价，以相惑乱而取利者，笞四十。若已得利物，计赃重者，准盗窃论，免刺。"扰乱市场秩序者要承担的责任可能是盗窃类的刑事责任，处罚也较严。以刑事责任代替民事责任，这也是中国传统法律的一大特征。经济法律规范大多没有相应的经济损害赔偿责任，因此只是代之以刑事责任和刑事处罚。

即便在鸦片战争之后，中国仿西方和日本模式建立起了近代化的法律体系，并制定了刑、民、诉讼、公司等法律，旧有的封建法律体系宣告理论上的终结，开始了仿西方法律体系的构建。但由于腐败的政府无意进行实质变革，只希图延缓寿命，因此法律形式的西方化并不代表其制度的民主化。包括在1910年颁布的《清现行刑律》仍以刑罚手段处理民事行为和经济行为，如"荒芜田地"条规定："凡里长部内已入籍纳粮，当差田地，无故荒芜，及应科种桑麻之类而不种者，俱以十分为率，一分处二等罚，每一分加一等，罪止八等罚。""弃毁器物稼穑"条规定："凡弃毁人器物及毁伐树木、稼穑者，计赃准窃盗论。"1911年《大清新刑律》第197条规定："故意妨害水利，荒废他人田亩者，处二等至四等有期徒刑。"民国初，刑事法律已经采行了西方化的法典，而在民事法律方面则完全援用了旧律。[2]

四、货币制度

货币制度是国家的基本经济制度，关系到社会的稳定和发展，历代统治者都十分重视。明代制定了钱法和钞法，规范钱（铜钱）、钞（纸币）的行用。唐代和宋代均禁止私铸钱："诸私铸钱，流三千里。作具已备，未铸者，徒二年；作具未备者，杖一百。若磨错成钱，令薄小，取铜以求利者，徒一年。"《唐律疏议》曰："若私铸金银等钱，不通时用者，不坐。"唐宋不将金银作为流通使用的贵金属，排除于钱法之外。"时用之钱，厚薄大小，并依官样。"刑部格敕："私铸钱及造意者，及勾合头首者，并处绞，仍先决杖一百；从及居停主人，加役流，仍各先决杖六十。……其铸钱处，邻保配徒一年；里正、坊正、村正各决杖六十。若有纠告者，即以所铸钱毁破，并铜物等赏纠人。"[3] 官府对于此类犯罪持严厉打击的态度，因此对于私铸钱实行严格的连坐责任制。

元代对于钞法有许多具体规定，有些内容今天看来亦不乏其合理性，一些做法与现代相似："至元十五年（1278年）六月，中书省会验：先为街市诸行买卖人等将元宝交钞，贯百分明，微有破损，不肯接使，已经出榜晓谕，今后行使宝钞，虽边栏破碎，贯百分明，即便

---

① 参见钱大群、钱元凯：《唐律论析》，215页，南京，南京大学出版社，1989。
② 参见黄宗智：《法典、习俗与司法实践：清代与民国的比较》，18页，上海，上海书店出版社，2003。
③ 郭成伟点校：《大元通制条格·户令》，173页，北京，法律出版社，1999。

接受务要通行，毋致涩滞钞法。若有似前将贯百分明，微有破软钞数不肯接受行使，告捉到官，严行治罪。及将堪中行用宝钞赴库倒换，库官人等亦不得回倒，如违，定将官典断罪。"并详细规定了倒换残破钞的情况，从法律上保障纸币在市场上能够正常流通。元代也将金银排除于钞法之外，听民自由买卖："至大四年（1311 年）四月二十六日，钦奉诏书内一款节该：权禁金银，本以权衡钞法，条令虽设，其价益增，民实弗便。自今权宜开禁，听从买卖，其商贾收买下番者，依例科断。"①

据《元史·刑法志》记载，对于伪造宝钞规定了详细的惩罚措施："首谋起意，并雕版抄纸，收买颜料，书填字号，窝藏印造，但同情者皆处死，仍没其家产。"② 并且两邻知道了不举报，坊里正、主首、社长等失察均需承担法律责任。而捕获者，赏银五锭。买使者也要惩罚。"挑剜裨转宝钞者，不分首从，杖一百七，徒一年，再犯流远。"而"烧造伪银者，徒"③。相应的惩罚较伪造宝钞轻。

虽然世界上最早的纸币——交子出现于宋代，但从民间实际情况来看，在交易中使用纸币的情况并不普遍，交易中主要使用银两和铜钱，从买卖契约反映的情况看，大部分交易均使用银两，中国人喜欢使用金银等贵金属作为计价工具，因此"自 16 世纪中期起，白银注入中国经济所造成的经济扩张更为壮观"④。似乎人们更相信贵金属货币的保值性，所以人们一般也喜好将钱与银折算，"如每一文作银一厘，一千作银一两也"⑤。

明律《钞法》曰："凡印造宝钞，与洪武大中通宝，及历代铜钱，相兼行使。其民间买卖诸物，及茶、盐、商税诸色课程，并听收受。违者，杖一百。若诸人将宝钞赴仓场、库务，折纳诸色课程，中买盐货，及各衙门起解赃物，须要于钞背用使姓名私记，以凭稽考。若有不行用心辨验，收受伪钞，及挑剜描转钞贯在内者，经手之人杖一百，赔追所纳钞贯，（谓误收伪钞，并挑剜描转钞一贯，赔追二贯。）伪挑钞贯烧毁。其民间关市交易，亦许用使私记。若有不行仔细辩验，误相行使者，杖一百，倍追钞贯。止问见使之人，若知情行使者，并依本律。"法律上虽然规定钞和钱并用，但使用中限制又较多，使用要求高，薛允升曰："前明视钞法为最重……然中叶以后，已不行矣。"⑥ 如此严格的使用要求，又易制假，加之使用人又承担了收受伪钞的法律责任，使用上自然有诸多不便，因此中叶后就渐渐不使用了。但是作为国家的货币保护政策，明代对伪造宝钞的行为处罚仍然极严，明律规定："凡伪造宝钞，不分首从，及窝主若知情行使者，皆斩。财产并入官。告捕者，官给赏银二百五十两，仍给犯人财产。里长知而不举者，杖三百；不知者，不坐。其巡捕、守把官军，知情故纵者，与同罪。若搜获伪钞，隐匿入己，不解官者，杖一百，流三千里。失于巡捕，及透漏者，杖八十；仍依强盗，责限跟捕。若将宝钞挑剜、补转、描改，以真作伪者，杖一百，流三千里。"⑦ 牵连范围很广，隐匿、修改、变造等行为也要严惩。

---

① 郭成伟点校：《大元通制条格·户令》，300 页，北京，法律出版社，1999。
② 郭成伟点校：《大元通制条格·户令》，429 页，北京，法律出版社，1999。
③ 郭成伟点校：《大元通制条格·户令》，429 页，北京，法律出版社，1999。
④ ［德］贡德·弗兰克：《白银资本——重视经济全球化中的东方》，刘北成译，224 页，北京，中央编译出版社，2005。
⑤ （清）薛允升撰：《唐明律合编》，怀效锋、李鸣点校，377 页，北京，法律出版社，1999。
⑥ （清）薛允升撰：《唐明律合编》，怀效锋、李鸣点校，376 页，北京，法律出版社，1999。
⑦ 怀效锋点校：《大明律》，193 页，北京，法律出版社，1999。

据薛允升考证，"伪造宝钞，较私铸铜钱罪名为尤重。然中叶以后，钞法已成具文，亦无伪造之事宜"。所以他认为"徒立重法何为也"①。实际上是朝廷为保持货币的尊严，以严刑峻法恐吓百姓，鲜明地表现出国家对基本经济制度的保护力度。

铜钱是国家制作的，不允许私铸。沈之奇认为："钱法有定制，国家开局鼓铸，以生财利用，非民间所得私也。"所以，国家对私铸铜钱在处罚上远重于伪造金银等贵金属。"铜钱曰私铸，其体质犹铜钱也；金银曰伪造，其体质非金银矣。而私铸之罪重者，盖钱法之权出乎上，私铸则犯禁乱法，故法重；金银之产出乎地，伪造者但罔民取利耳，故法轻。"② 一言以蔽之，伪造金银仅仅在于牟利，而私铸则是侵犯了国家政权，扰乱统治秩序，威胁国家权威，因此必须严惩。

明律《钱法》规定："凡钱法，设立宝源等局，鼓铸洪武通宝铜钱与大中通宝及历代铜钱，相兼行使，折二，当三、当五、当十，依数准算。民间金银、米麦、布帛诸物价钱，并依时直，听从民便。若阻滞不即行使者，杖六十。其军民之家，除镜子、军器及寺观庵院钟、磬、铙、钹外，其余应有废铜，并听赴官中卖，每斤给价铜钱一百五十文。若私相买卖，及收匿在家，不赴官中卖者，各笞四十。"③ 明会典曰："洪武初，置宝源局于应天府，铸大中通宝钱，与历代钱兼行，以四百为一贯，四十为一两，四文为一钱，设官专管。江西等行省各置宝源局，颁大中通宝大小五等钱，设官铸造，令户部及各省铸洪武通宝钱，其制凡五等：当十钱重一两，当五钱重五钱，当三当二皆如其所当之数，小钱重一钱。"④ 为了保证官铸钱，除生活必需品外，铜器也不许私下买卖，必须给价交官。

清代规定官铸钱，也沿袭了明代的规定："凡钱法：设立宝源、宝泉等局鼓铸制钱，内外俱要遵照户部议定数目，一体通行。其民间金银、米麦、布帛诸物价钱，并依时值，听从民便。若阻滞不即行使者，杖六十。其军民之家，除镜子、军器及寺观庵院钟、磬、铙、钹外，其余应有废铜，并听赴官卖，每斤给银七分，增减随时。若私相买卖及收匿在家不赴官者，笞四十。"⑤ 雍正五年（1727 年）曾规定："销毁制钱，地方官密行严查，勿致潜藏。如怠忽疏纵，不行查出或被旁人首告，将该地方官革职。至黄铜器皿，除乐器、园镜、戥子外，其余不准使用。见在所有黄铜。悉令交官给价。违者，以私藏禁物律治罪。若铺户人等制造黄铜新器出卖者，照销毁制钱为从例治罪。"⑥ 为保证控制铸币，将铜器制造、使用也一概禁绝。

在严格控制铜等贵金属的用途及处理的基础上，清代对私铸钱给予十分严厉的打击。清律规定："凡私铸铜钱者，绞（监候）。匠人同罪。为从及知情买使者，各减一等。告捕者，官给赏银五十两。里长知而不首者，杖一百。不知者，不坐。若将时用铜钱剪错薄小，取铜以求利者，杖一百。若（以铜、铁、水银）伪造金银者，杖一百，徒三年。为从及知情买使者，各减一等。（金银成色不足，非系伪造，不用此律。）"雍正十三年（1735 年）定例："方

① （清）薛允升撰：《唐明律合编》，怀效锋、李鸣点校，674～675 页，北京，法律出版社，1999。
② （清）沈之奇撰：《大清律辑注》（下），怀效锋、李俊点校，898～899 页，北京，法律出版社，2000。
③ 怀效锋点校：《大明律》，68 页，北京，法律出版社，1999。
④ （清）薛允升撰：《唐明律合编》，怀效锋、李鸣点校，377 页，北京，法律出版社，1999。
⑤ 马建石、杨玉裳主编：《大清律例通考校注》，456 页，北京，中国政法大学出版社，1992。
⑥ 马建石、杨玉裳主编：《大清律例通考校注》，457～458 页，北京，中国政法大学出版社，1992。

造私铸器具尚未铸钱，被获审实者，将起意为首并同伙商谋之人，均照伪造印信未成为首律，杖一百，流三千里。"不仅如此，地方官、同居之父兄、伯叔与弟等均需承担法律责任。对于从事经营的人，处分更严："凡经纪铺户人等，搀和私钱行使者，或被该管官员查拿，或被旁人首告，不论钱数多少，应发黑龙江给披甲之人为奴，照名例改发云贵、两广烟瘴少轻地方。""凡经纪铺户人等，有收买剪边钱搀和货卖，数至十千以上者，照搀和私钱行使例治罪。其不及十千者，俱枷号一个月，杖一百。"对于将银挖空倾入铜铅等物，及用铜铅等物倾成锭锞，外用银皮包好，将铜铅等物在每两内搀上一部分实银等，伪造银钱使用，均按照以铜钱水银伪造金银论罪。如果"私造铅钱，为首及匠人俱拟绞监候；为从及知情买使者，减一等"。对于各省拿获私铸之犯，不论砂壳铜钱，为首及匠人俱拟斩候；为从以及知情买使的人，俱发遣为奴。如果只是受雇做些如挑水、打碳、烧火的辅助工作，及停工散局之后，贪其价钱偶然买使的，以及房主、邻佑、总甲、十家长知而不拿获举首的，俱照为从遣罪减一等，杖一百、徒三年。其房主人等虽然不知情，但属于失于查察的，也要杖一百。[①]清代有关私铸钱的犯罪的规定具体全面，牵连人员十分广泛，处罚也极严。

历代对钞、钱、银的法律规范从实际行用到兑换等均有涉及，且规定十分具体，显示了对货币体系的严格规范管理。这对维护币制，稳定经济秩序，保障人民生活具有十分重要的意义。

五、中国传统经济法律制度的现代意义

中国经历了漫长的封建时代，在这一时期初期，人类主要是通过农耕和畜牧，从自然界获得较为丰富的生活资料。随着社会的发展，人们的生活水平有了很大的提高，人口也不断增长，经济、科学技术等都有了快速的发展。应该说中国在前现代社会已经发展到了极高水平，起跑点很高，正如一些国外学者所认为的，1850 年以后，中国与现代化跑反了方向。在西方学者眼里，前现代社会的中国，人口保持持续增长，集镇市场的数量居世界之首，由中央统筹协调的文武官僚遍及各地，社会流动模式不受约束，民众识字率很高，官绅大体上还可资依靠，人际关系基本立足于正式契约之上——这一切有利条件使中国树立了强大而丰满的形象。这些长期形成的特征证明中国是一个到 18 世纪正接近顶峰的非凡的前现代社会。[②]

回顾中国前现代化阶段所取得的巨大成就，经济法律规范的建设在一定程度上发挥了积极的作用，尤其是一些行之有效的法律措施在实际生活中起到了推动经济发展的效用，为现代经济法制建设树立了一定的范式，值得我们认真地思考和借鉴。我们可以从中萃取精华，构建符合中国国情和特点的经济法律制度，在现代法制环境下积极地推进经济法律制度的现代化，实现法律为经济建设保驾护航的作用。

（一）对重要的商业活动实行高度的行政保护

中国具有漫长的农业社会历程，经济法律建设中，商业经济活动是法律重点关注和保护

---

① 参见马建石、杨玉裳主编：《大清律例通考校注》，933～939 页，北京，中国政法大学出版社，1992。
② 参见［美］吉尔伯特·罗兹曼主编：《中国的现代化》，国家社会科学基金"比较现代化"课题组译，沈宗美校，184 页，南京，江苏人民出版社，1988。

的对象。对农业等关系国计民生的产业，官府直接参与生产或者经营，以控制国家的经济主动权，使重要的生产资料、生活资料掌控在国家手中。这样做，夯实了国家的物质基础，为国家抵御社会动荡和自然灾害等突发事件提供了物质保障。

盐、铁、茶等重要产品实行专卖，"盐课之制，由来尚矣。其义专以供给军需，或水旱凶荒，亦藉以赈济，其利甚薄"①。其实倒不在于其有无利益，关键是生活必需品及军需品是经济命脉，所以国家要严格控制，不允许私下贸易。明代就开始设茶马司，实行茶马贸易政府垄断控制，因为"茶为民所不可无，又为番用所不可缺"，政府直接控制参与边界贸易。所以清也在江宁、杭州等处设立茶引所，发放茶引，又在川、陕等地设茶马司，听各番纳马易茶②，并且制定了专门的法律规范《盐法》、《茶法》。专卖制度传留到现代，如现在国家对于烟、盐等依然实行专卖。事实证明，对于关系国计民生的重要物资实行国家控制也是增强国力的有效手段，是抵御经济侵略和稳定市场的有效方法。

（二）有较为完善的交易管理体系

唐代就规定了边贸管理体制："诸外蕃与缘边互市，皆令互官司检校，其市四面穿堑，及立篱院，遣人守门。市易之日卯后，各将货物畜产俱赴市司。官司先与番人对定物价，然后交易。"③ 对于市场建立、设置和交易规则均有规定，管理也较为严格规范。同时历代统治者对走私行为也予以严厉打击，以保证国家经济利益和统治秩序的稳定。宋代以前实行坊市制，四周设有围墙，开二或四面门供人们出入，商店依四面设立，按业经营，不能破墙开店，市中间设立官衙，置鼓，晨聚夕散，市门定时关闭。并且对交易价格、质量、度量衡均有严格管理。④

现代许多农副产品和小商品市场依然如此设立，晨开暮息，市场内专设人员和机构进行管理，以维持市场秩序，维护市场的公平交易，甚至对价格、质量、衡器的管理也有统一规定，这和传统的市场有很大的相似性。不可否认，这为市场提供了良好的运作环境，而历史上的管理经验对于现代管理也有一定的启示作用。

明代规定："甘肃、西宁等处，遇有番夷到来，本都司委官关防提督，听与军民人等两平交易。若豪势之家，主使弟男子侄、家人、头目人等，将夷人好马奇货包收，逼令减价，以贱易贵，及将粗重货物与瘦损头畜拘收，取觅用钱方许买卖者，听使之人，问发附近卫分充军，干碍势豪及委官知而不举，通同分利者，参文治罪。"⑤ 要求在与外番交易时也要遵守市场的公平规则，禁止豪强利用势力进行强制交易和不公平交易。虽然清代实行严厉的海禁政策，但也在一定范围内保护正常的对外交易往来，不允许私下交易，不允许诈骗境外人钱财，使之羁留中国不能回去："凡外国人朝贡到京，会同馆开市五日，各铺行人等将不系应禁之物入馆，两平交易。染作布绢等项，立限交还，如赊买及故意拖延，骗勒远人久候不得启程者，问罪，仍于馆门首枷号一个月。若不依期日及诱引远人潜入人家私相交易者，私货

---

① （清）薛允升撰：《唐明律合编》，怀效锋、李鸣点校，400～401页，北京，法律出版社，1999。
② （清）薛允升撰：《唐明律合编》，怀效锋、李鸣点校，406页，北京，法律出版社，1999。
③ 开元《关市令》，转引自钱大群、艾永明：《唐代行政法律研究》，164页，南京，江苏人民出版社，1996。
④ 参见萧国亮：《独特的"食货"之路》，载《中国社会经济史研究》，北京，北京大学出版社，2005。
⑤ 怀效锋点校：《大明律》，387页，北京，法律出版社，1999。

入官，铺行人等照前枷号。"①

以法律手段管理牙行等中介机构，禁止欺行霸市，保护市场秩序。清代规定："京城一切无帖铺户，如有私分地界，不令旁人附近开张，及将地界议价若干，方许承顶；至发卖酒觔等项货物，车户设立名牌，独自霸揽，不令他人揽运，违禁把持者，枷号两个月，杖一百。"② 实际上该条规定的是对类似于现代市场中欺行霸市的行为的惩罚。在市场经济高度发展的今天，同样要维护公平竞争的市场秩序。市场中不平等竞争、垄断行为、强迫交易等仍然随处可见，规范市场行为依然有着重要的现实意义。采取严厉的法律手段打击市场垄断势力是必要的，只有这样，公平竞争的市场环境才能形成，市场经济才能充分得到发展，市场繁荣景象才能实现。

在田土交易方面，封建社会形成了通过税收管制交易过户的制度。这种制度奠定了现代交易制度的基础。所谓推粮过割，税契过户，才是交易合法化的标志，而这完全有赖于政府的承认。宋代典卖房地产需"输钱印契"，即到政府机关办理交易过户手续和缴纳契税，印押红契，买卖才有效。《元史·刑法志》曰："诸典卖田宅，从有司给据立契，买主卖主随时赴有司随时推收税粮。"③ 即买卖报官府，取得书面许可。④ 所以不少学者认为，中国的土地自由买卖在晚清才逐步开始实施。由于土地在封建社会是人们生存的重要依靠，也被认为是封建统治的根本所在，因此其交易受到了官府严格的管制。

实际上晚清实施的官契制度一直沿用到民国。一般房地产交易必须购买官颁契纸，据实填写双方姓名、坐落、面积、四至、价格，照契价完税。官契是为投税之用，通过官契纸的购买，可以掌握交易动态及交易量。清代当事人投税后，由官府填发契尾，上载业户姓名、坐落、数量、面积、契价、税额、契约性质（典或卖）、纳税要求、法律责任，前半幅粘贴原契约，加盖官印交业主留存，作为拥有合法产权的证明，后半幅留存官府备查。

这种管理方式演变到今天，已有不少习俗的意义。从现代房地产法律规制的角度看，现代契约、税票等是据以进行不动产登记的文件，不动产交易必须订立书面合同，而交易中仍然采用买卖合同盖章（红印）的形式，以区别于未办理手续的合同（私契，或者称白契）。根据我国《城市房地产管理法》的规定，商品房预售合同必须到房地产管理部门办理合同的登记备案手续。实践中只有办理了备案手续，买受人将来才能顺利取得房地产权利证书。目前上海等地，对于民间自由交易的二手房也实施统一的网上备案制，反映了对房地产交易的管理已覆盖于立契。而实践层面上，官契制度虽不再存在，但现代房地产交易中普遍使用政府提供（房地产管理部门和工商管理部门制定的）的示范合同文本，这种文本的作用类似于过去的官契，当事人也须到管理部门出价购买，政府通过制定合同的主要条款规范交易行为，尤其是规范开发商的销售行为，保护作为买受人（在市场交易中处弱势）的合法权利。种种做法并非历史的巧合，而是多年经验的积累和历史沉淀，而且被实践证明是切实可行的，这些传统对交易法律规范的现代发展，对交易秩序的维护，对当事人的合法权益的保护起了积极的作用。这些行之有效的经验也是法律制度现代化过程中所不能忽视。

---

① 马建石、杨玉裳主编：《大清律例通考校注》，532 页，北京，中国政法大学出版社，1992。

② 田涛、郑秦点校：《大清律例》，268 页，北京，法律出版社，1999。

③ 郭成伟点校：《大元通制条格·户令》，401 页，北京，法律出版社，1999。

④ 参见蒲坚主编：《中国历代土地资源法制研究》，383 页，北京，北京大学出版社，2006。

（三）以保护农牧业生产为经济立法的重点

中国传统的法律调整偏重于保护农业经济，体现了对农业生产的重视，兴修水利、保护耕畜等均受到高度重视，这方面也留下了不少宝贵的经验和物质财富。在经济发展中，人们的意识主要集中于如何进一步发展农业生产，提高生活水平，后来为了增加物质财富，主要依靠扩大耕地面积，增加农作物的播种和增加畜牧数量等方法发展经济，相关的法律规定也较为完善。政府的相关规定始终围绕着农业生产和保护农业经济，历代法律均规定不允许荒芜田地，以保障民生的内容。秉持"民为邦本，有人有土，而后有财有用，此不易之理也"①。将经济立法重点放之于农业。土地是人们生存的根本，土地如荒芜相关人员均须承担法律责任，《唐律》规定："诸部内田畴荒芜者，以十分论，一分笞三十，一分加一等，罪止徒一年。（州县各以长官为首，佐职为从。）户主犯者，亦计所荒芜五分论，一分笞三十，一分加一等。"《疏议》曰："不耕谓之荒，不锄谓之芜。"② 并且法律规定基层官吏还有劝课农桑的法律责任："诸里正，依令：'授人田，课农桑。'若应受而不授，应还而不收，应课而不课，如此事类违法者，失一事，笞四十。"③ 其中主管官吏的责任更是十分重大。为保证农业生产，《唐律》还规定："诸部内有旱涝霜雹虫蝗为害之处，主司应言而不及妄言者，杖七十。覆检不实者，与同罪。"④ 明清律均有类似规定："凡部内有水旱霜雹，及蝗虫为害，一应灾伤田粮，有司官吏应准告而不即受理申报检踏，及本管上司不与委官覆踏者，各杖八十。若初覆检踏官吏，不行亲诣田所，及虽诣田所，不为用心从实检踏，止凭里长、甲首朦胧供报，中间以熟作荒，以荒作熟，增减分数，通同作弊，瞒官害民者，各杖一百，罢职役不叙。"⑤ 法律要求官吏在此时不能仅听汇报，还必须亲自实地仔细踏勘，否则须承担行政责任和刑事责任。这些规定对规范现代政府官员的经济工作，建立责任分明的负责制很有意义。

法律要求保护畜牧、耕畜，鼓励种植经济植物等。中国历代统治者还十分重视兴修水利，认识到水利在减轻灾害对环境和生活的破坏方面的重要作用。唐宋明清均规定失时不修堤防的法律责任。"凡不修河防及修而失时者，提调官吏各笞五十。……若不修圩岸及修而失时者，笞三十。因而淹没田禾者，笞五十。其暴水连雨，损坏堤防，非人力所制者，勿论。"⑥ 不仅如此，对于河堤还要求经常维护，不许擅自盖房屋，如果有在河坊上盖房屋的，不仅本人有罪，容隐官吏也有法律责任："凡堤工，宜加意慎重以固河防，除现在已成房屋无碍堤工者，免其迁移外，如再有违禁增盖者，即行驱逐治罪。并将循纵容隐之官弁交部分别议处。"⑦

现代农业由于受到工业化和商业性开发的侵蚀，越来越不受到人们的重视，而且农业生产保护的法律意识淡薄。传统社会以严厉的法律手段保护农业生产的做法，值得我们学习。

---

① （清）薛允升撰：《唐明律合编》，怀效锋、李鸣点校，273 页，北京，法律出版社，1999。
② 刘俊文点校：《唐律疏议》，270 页，北京，法律出版社，1999。
③ 刘俊文点校：《唐律疏议》，271 页，北京，法律出版社，1999。
④ 刘俊文点校：《唐律疏议》，269 页，北京，法律出版社，1999。
⑤ 怀效锋点校：《大明律》，54 页，北京，法律出版社，1999。
⑥ 怀效锋点校：《大明律》，230 页，北京，法律出版社，1999。
⑦ 马建石、杨玉裳主编：《大清律例通考校注》，1138 页，北京，中国政法大学出版社，1992。

对于农业的保护只有提高到法律的高度，才能改变目前对农业生产不重视的局面，破坏耕地，破坏农业资源、农业生产的行为才能得到制止，才能保障中国人的基本生存和生活需要，才能实现社会的可持续发展。历代保护农牧业和土地的法律规定具有可操作性，值得现代效法。

（四）经济立法中体现一定的环境保护法律意识

虽然对于经济效益、环境效益等尚无全面认识，但封建政府在保护环境等问题上有一定的认识，在经济发展以后，逐步形成了经济、社会、环境与人民生活密切相关的概念，也在法律上形成了保护相关环境的观念与共识，在保护生活生产环境、防灾减灾、公共卫生等方面均有所体现。明成化十年（1474 年）规定："都城外四围沿河居住军民人等，越入墙垣，偷鱼割草，窃取砖石等项，轻则量情惩治，重则参奏拏问，枷号示众。若该城循情纵容不理，及四邻知而不守的，都治以罪。其守门官军，亦不许于城门外河边栽种蔬菜，牧放头畜，因而引惹外人入内作践。违者，一体治罪。"[1] 清代还规定："在京内外街道，若有作践掘成坑坎、淤塞沟渠、盖房侵占、或傍城使车、撒放牲口、损坏城脚及大清门前御道、棋盘并护门栅栏、正阳门外御桥南北本门、月城将军楼、观音堂、关王庙等处作践损坏者，俱问罪，枷号一个月发落。"[2] 对于环境卫生的治理也相当重视："街巷宜于洁净，以便行旅，若于自己临街巷之房屋，穿墙以出秽污之物者，笞四十。仍令塞之。"[3] 对于穿墙出污的行为，除受笞刑外，还需要恢复原状。

尤其在清末，针对有些环境问题还制定了专门罪名，如《大清新刑律》规定了"妨害饮料水罪"、"妨害卫生罪"等，如规定污秽供人所饮之净水，因而致不能饮用者，要处五等有期徒刑、拘役或一百元以下罚金。如果污秽由水道以供公众所饮之净水或其水源，因而致不能饮者，处三等至五等有期徒刑。以有害卫生之物，混入供人所饮用之净水内者，处四等以下有期徒刑或拘役。以有害卫生之物，混入由水道以供公众所饮之净水内或其水源者，处一等至三等有期徒刑。对于损坏、壅塞水道、水源，以杜绝公众所饮之净水，至二日以上者，处二等或三等有期徒刑。而违背预防传染病之禁令，从进口船舰登陆或将物品搬运于陆地的，处五等有期徒刑、拘役或一百元以下罚金。对于知情贩卖有害卫生之饮食、饮食器具或孩童玩具者，处其卖价二倍以下卖价以上之罚金。这些规定已经涉及了类似现代的食品安全等危及公众健康问题的处理，已经认识到食品卫生和儿童玩具安全的重要性，但由于战争影响，或者条件局限，或者是政局变化动荡，很多规定在实践中并没有得到执行，不少时候成为一纸空文。

但是，不容置疑的是传统的环境法律意识，对我们今天生态保护、环境保护和生态文明建设均有着重要的启示作用。封建时代虽然尚无可持续发展和生态文明的概念，但是其保护环境的出发点来自于生活，对基本的环保要求具体明确，与社会生活密切相关，具有易管理、可操作的特点，处罚也较严，尤其是要求恢复原状的规定，对于现代环境责任处罚不足以完全制止污染的问题，可借鉴此类法律措施，相信是十分有效的。

---

① 怀效锋点校：《大明律》，412 页，北京，法律出版社，1999。

② 马建石、杨玉裳主编：《大清律例通考校注》，1130页，北京，中国政法大学出版社，1992。

③ （清）沈之奇撰：《大清律辑注》（下），怀效锋、李俊点校，1068页，北京，法律出版社，2000。

（五）实行严格的经济法律责任追究制

对于经济法律责任，其中有很大一部分是刑事责任，各级官员的层层负责制在经济法规中体现较为明确，虽然在实际执行中可能并非如法律规定的那么严格，但在理论上这些规定对督促官员积极履行经济责任具有积极意义。在今天看来，仍不失其现代意义。如汉代有早期的道路规划及修建保养政策，汉《二年律令·田令》规定："田广一步，袤二百四十步，为畛。亩二畛，一陌道；百亩为顷，十顷一阡道，道广二丈。恒以秋七月除阡陌之大草，九月大除道□阪险，十月为桥，修陂堤，利津梁。虽非除道之时而有陷败不可行，辄为之。乡部主邑中道，田主田道。道有陷败不可行者，罚其啬夫、吏主者黄金各二两。"① 汉代对道路修建养护均有要求，各管人员要承担法律责任。清代规定："各省委员修理城工，督、抚、布、按每人各管一处。若城工有数处者，则令分管一、二处者，则令挨管。如有修著不坚，三年之内倾圮，著承修之员与专管之上司分赔。倘上司因干系己身赔修，故意隐匿者，一经发觉，责令专修，并交部治罪。"② 法律责任划分十分明确，各管一段，责任到人，而且工程结束后还留有一定的时间来检验工程的质量，如果出现问题，负责人仍然须承担责任，从法律上严防"豆腐渣"工程。

虽然我们现代许多法律都规定了政府的责任追究制度，但存在不少操作问题，传统的责任追究制度给今天的政府管理提供了很好的素材。

封建时代的经济法律规范涉及的内容较为全面，甚至覆盖社会生活的方方面面，从农业生产到生活、日常交易、边贸等，基本上体现了人们对社会生活与生产的重视。虽然有关经济的法律规范是零散的、不成体系的，缺乏相对完善的系统，但有不少内容依然具有相当的积极意义，这些规范的执行，使得社会经济生活能够有条不紊地进行下去。

封建时代的经济法律规范虽然没有独立成篇，也没有形成体系，但很多具体规定即便在现在看来，也有一定的合理性，封建统治者在一定的时期，尤其是统治稳定时期，对经济发展相当重视，这也是中国在前现代处于世界发展高水平的一个原因。就清末的社会而言，"衣食和住房等供给的增长幅度很可观，跟上了人口增长的需求，人口从 17 世纪中叶至 19 世纪中叶翻了一番多（甚或增长到原来的三倍）"③。但历代封建统治者采取抑商政策，导致商品经济发展缓慢，商业利润倒流到封建土地制下的农村，强化了封建经济基础；或者用于奢侈品消费，客观上也刺激了手工业的发展。中国在进入 18 世纪以后，相对于西方国家，经济与科学技术发展速度渐渐放缓，尤其是鸦片战争之后，中国受到列强的掠夺，加上政府不思进取，日益腐败，政治、经济发展水平越来越落后于西方国家，由世界前列沦落到落后挨打的地位。

中国古代社会很多时候并不缺乏先进的理论和先进的法律制度，但是缺乏具备操作性的社会法律实践的支撑。很多规定并没有在基层得到贯彻落实，直到今天，我们仍然完全没有

---

① 转引自杨师群：《张家山汉简反映的汉初土地制度》，载张伯元主编：《法律文献整理与研究》，北京，北京大学出版社，2005。

② 马建石、杨玉裳主编：《大清律例通考校注》，1122页，北京，中国政法大学出版社，1992。

③ ［美］吉尔伯特·罗兹曼主编：《中国的现代化》，国家社会科学基金"比较现代化"课题组译，沈宗美校，140～141页，南京，江苏人民出版社，1988。

解决这一问题。理论上，我们有些技术性规定与西方国家并非差别很大，但是在实际制度运行中却存在差距。甚至同样的法律或规定，在中国运行的结果却完全不一样，好的法律和制度在实际执行中却没有得到应有的的效果，这个问题至今还在一定范围内困扰着我们。从传统经济法律规范可以看出，一些规定不可能得到基层老百姓的充分理解，所以违反经济法律的行为也是屡禁不止，有的官员对法律规定也不甚了解，再加上一些官员腐败，或者利用垄断经济的权力贪赃枉法，使得经济法律规范没有真正发挥其应有的作用。

清末通商口岸的兴起，带动资本主义经济萌芽的发展，经济多元化由沿海向内地演变，江南地区的商品经济已成长起来，虽然城市化及其商业、手工业有所发展，但乡土意识依然很浓厚。直到清末法律改革，宣布要民刑分离，民事行为不再处罚，现代化的经济法规才开始走上初创的道路。欧洲重商主义成就了其现代化，而中国则继续循着其固有的发展轨迹前行。实际上中国在清末已经出现封建经济与"资本主义萌芽"并存状态，然而封建制经济并未解体，还占据主导地位。封建经济在中国的广大农村和内地依然顽强地固守其阵地。资本主义生产方式随着大炮和鸦片首先进入沿海，并向内地渗透。清末政府因时局所迫，主动实行"变法"，实际上是被动回应已经发展了的社会形势。而政府在经济领域的法律管制并没有改变，许多规定不能贯彻到基层社会，也不能贯彻始终，所以法律常常成为具文。

法律在基层的执行状况与规定有相当的距离，也体现了制度性建设与社会实践在一定程度上的脱节。封建统治者无心于经济发展和建设，导致这些规定丧失了其实践意义，其具有的文献价值大于实践意义。这些问题即便在现代的法制建设中，亦没有得到根本性的解决。这也是我们研究传统法律所应该注意的，法律规定在现实生活中贯彻落实，还需要长久的努力。

中国的现代化过程是在传统的体系内慢慢生长的，是渐进的，甚至是让人不易察觉的，而非突变的。清末改革中学习西方，进行了民事立法与法典化的尝试，但并没有改变实际运作中的法律制度。随着殖民主义的枪炮，政治动荡不安，社会结构并没有随着政治制度的改良、法律制度的革新而有根本改变，辛酉政变表明传统习惯性的统治体制是根深蒂固的。戊戌变法虽然失败，但其后而来的政治体制的变革却是不可逆转的。但是社会生活和经济活动一如过去，只不过随着时间的流逝，在缓慢地发生变化。事实上几千年传承下来的这些制度性规范的影响，并没有完全消失，这些制度和习惯与法律制度相辅相成，互相影响，共同维持了中国社会正常的经济秩序。直至今天，许多制度性的习惯还在发挥潜移默化的影响。因此，我们现代法制建设的关键是要区分传统法律的精华与糟粕，根据中国的经济现实，建立符合中国实际的经济法律规范体系。

第十三章

独具特色的法律解释

> 中国古代法制文明的发展过程中，除了形成独特的法律价值、成文法体系、司法体系和法律观念外，还形成了独特的法律解释体系。中国古代法律解释的丰富和发达是中国传统法律文化所独有的现象，所形成的法律解释的形式、方法、原则，以及法律论证、法律推理的方法对中国古代法制发展的所有环节都起到了重要的作用，并促进了中华法系的最终形成。
>
> 中国古代的法律解释虽然不能摆脱历史的束缚，在内容上体现了中国传统法律的局限性，但是，法律解释是中国传统法律文化最优秀的成果之一，中国古代法律解释的方法、技巧，甚至是一些法律解释的内容即使在中国当代社会也没有失去其现实意义。
>
> 中国古代的法律解释在技术上能够与现代法律解释直接对接，即中国古代法律解释的各种方法和技巧可以直接运用于中国当代的法律解释，或为中国当代的法律解释提供最直接的历史借鉴。因此，深入、细致地研究中国传统法律解释，对于当代中国法律解释的发展具有重要的现实意义。

第一节
中国传统法律解释概述

中国古代法律学术的发展不同于现代法律学术的发展，它并没有形成系统的学科体系。因此，有学者称中国古代没有法学。[①] 虽然，中国古代并没有近代学科意义上的法学，更没有学科意义上的法律解释学，但是我们不能由此而否认中国古代法律研究的成就，更不能否认中国古代社会在法律解释研究方面的成就。正是中国古代社会法律解释研究的发达，促进了中国古代法律解释的发展，并促进了中国传统法律文化的最终形成。

---

① 参见钱剑夫：《中国封建社会只有律家律学律治而无法家法学法治说》，载《学术月刊》，1979（2）。

一、中国传统法律解释的内涵

法律解释是现代法学中所运用的一个术语，《中国大百科全书·法学卷》用的是"法的解释"，并将此概念解释为："对法律规范的含义以及所使用的概念、术语、定义等所作的说明。"①

中国古代虽然没有明确的"法律解释"的概念，但可以肯定地说中国古代存在着"法律解释"。《中国大百科全书·法学卷》在"法的解释"词条下说："对法进行解释由来已久。中国东汉时期郑玄、马融等就为《汉律》作过章句解释，晋代张斐为《泰始律》作过注解。《唐律疏议》是长孙无忌等人就《永徽律》逐条所作的注解。"可见，中国古代的法律解释源远流长。

在法律学术上，中国古代对于法律解释也有一个学界公认的概念——"律学"。但是，对于"律学"的内涵，学界的认识也不统一。有学者认为是"刑名之学"、"刑学"②；也有学者认为律学是中国古代的法学③；也有学者认为律学是中国古代官办教育机构。④ 但我们认为传统律学更主要地是指中国古代社会以适用法律为目的，通过考证、分析、注释等方法，解释、阐明法律含义的研究活动，是"研究具体的法律原则、名词术语之概念、特征及量上的规定性的学问"⑤。因此，从法律学术上来说，中国古代的律学就是法律解释研究。正是在解释法律这一平台上，传统律学与现代法律解释学具有学术上的联系。

二、中国传统法律解释的发展

中国古代法律解释取得巨大的成就，赖于其长期的发展与承继。中国古代法律解释的发展，正如有学者说明中国古代"律学"的发展过程那样，它发轫于商鞅变法，兴起于汉，繁荣于魏晋，成熟于唐，衰微于宋元，复兴于明，至清而终结。⑥

（一）中国传统法律解释在先秦的萌芽

中国古代的法律解释是伴随着成文法的出现而出现的，春秋时期是我国成文法发展的重要时期。以公元前536年郑国子产"铸刑书"、公元前513年晋国赵鞅的"铸刑鼎"和公元前501年郑国邓析"制竹刑"为开端，中国古代社会开始公布成文法，走上了成文法的发展道路。这一期间所制定的大量的成文法为人们从理论上对法律进行分析、总结提供了文本依

① 《中国大百科全书·法学卷》，81页，北京，中国大百科全书出版社，1984。
② 武树臣：《中国古代的法学、律学、吏学和谳学》，载《中央政法管理干部学院学报》，1996（5）。另见何勤华主编：《律学考》，北京，商务印书馆，2004。
③ 参见怀效锋：《中国传统律学述要》，载《华东政法学院学报》，1998年创刊号。另见何勤华主编：《律学考》，北京，商务印书馆，2004。
④ 参见叶炜：《论魏晋至宋律学的兴衰及其社会政治原因》，载《史学月刊》，2006（5）。徐道邻先生在《中国唐宋时代的法律教育》一文中说："在南宋的文献里，我们还没有发现关于'律学'的记载，可能自南渡起，宋朝就不许置律学了。"（徐道邻：《中国法制史论集》，185页，台湾，志文出版社，1975。）
⑤ 武树臣：《中国古代的法学、律学、吏学和谳学》，载《中央政法管理干部学院学报》，1996（5）。另见何勤华主编：《律学考》，北京，商务印书馆，2004。
⑥ 参见怀效锋：《中国传统律学述要》，载《华东政法学院学报》，1998年创刊号。另见何勤华主编：《律学考》，北京，商务印书馆，2004。

据。邓析将子产所作的《刑书》加以研究和修改，作了《竹刑》，首开了中国古代历史上私家研究法律和制作法律的先河，可以说邓析是中国古代法律解释研究的先驱。①

战国时期是中国古代成文发展的重要时期，李悝制定了中国古代社会早期系统的法律——《法经》。《法经》的制定一方面体现了中国早期法律研究的成就。《晋书·刑法志》称，"悝撰次诸国法，著《法经》"。这说明李悝在制定《法经》的过程中，是对"诸国"法律作了一定的研究的。另一方面，《法经》的制定体现了中国古代法律发展系统化的趋势，这为中国后来的以法律解释为主要内容的"律学"的发展提供了法律文本形式。商鞅变法过程所依赖的法律文本正是《法经》，但商鞅并不是仅在形式上运用《法经》，而是在研究了《法经》和秦国社会现实的基础上运用《法经》的，他的"改法为律"和制定新律，说明了中国古代法律在这一时期的发展。

虽然，春秋战国时期没有严格意义的法律解释，但这一时期法律的每一次进步，都体现了法律研究的发展。中国先秦时期的法律研究还很稚嫩，这种研究还处于偶然和自发的状态，其初衷具有很强的政治功利性的倾向。然而它却为中国古代法律在秦汉时期的发展，乃至于后世的发展作了十分必要而有益的准备。

（二）中国传统法律解释在秦汉的发轫

秦王朝建立后，以"法家"思想为治国的指导思想，强调法律在治理国家中的作用。这就涉及"法令之所谓"的问题，故而商鞅提出了最初的"以吏为师"的法律运用的方法，他在《商君书·定分》中说："诸官吏及民有问法令之所谓也於主法令之吏，皆各以其故所欲问之法令明告之。……主法令之吏不告，及之罪，而法令之所谓也，皆以吏民之所问法令之罪，各罪主法令之吏。"商鞅之所以提出"以吏为师"，是因为"吏"是知晓、精通法律的人，是对法律进行过系统学习的人。韩非子则在商鞅思想的基础上提出了"以法为教"、"以吏为师"的治国方略，他说："故明主之国，无书简之文，以法为教；无先王之语，以吏为师；无私剑之捍，以斩首为勇。是境内之民，其言谈者必轨于法，动作者归之于功，为勇者尽之于军。"②"以法为教"、"以吏为师"的治国策略提出的一个重要原因就是官吏能够告诉民众"法令之所谓"，官吏也必须告诉民众"法令之所谓"。这必然导致秦朝法律的官方解释的出现，《秦简》中《法律答问》中的丰富内容说明了"以吏为师"策略在秦王朝的贯彻和中国古代官方法律解释的正式出现。

汉初政治发展最重要的内容之一就是在治国指导思想上完成了对儒家思想的选择。这一选择必然影响国家政治运作的所有环节，也必然影响法律实践的所有环节，董仲舒首倡的"引经决狱"是儒家思想对法律实践影响的具体表现。由于儒家思想与法律实践的脱节，汉代的"经义决狱"、"引经注律"成为法律实践和法律研究的最主要方式，也成为中国古代"律学"诞生的标志。此外，汉朝时期经学的发达以及语言学、文字学和逻辑学的发展为"引经注律"的法律注释活动的展开创造了适宜的文化环境。

汉代法律的发展最主要的体现是将儒家的价值观渗透到法律中，"上请"制度、"老幼不加刑"制度及"亲亲得相首匿"原则的确立体现了儒家价值观渗透的过程，这也是学界所公

---

① 参见柯卫、马作武：《〈竹刑〉：中国律学的开山之作》，载《法学评论》，2007（4）。

② 《韩非子·五蠹》。

认的"法律儒家化的过程"。汉代的法律解释同样也体现了中国传统法律儒家化的过程,这可以从董仲舒"引经决狱"的案例中得到证明。

汉代引经注律极其繁荣、发达,有的家庭甚至世代注律,如杜周、杜延年的《大杜律》、《小杜律》。《后汉书·陈宠传》则称:"律有三家,其说各异。"至东汉时,"叔孙宣、郭令卿、马融、郑玄诸儒章句十有余家,家数十万言。凡断罪所当由用者,合二万六千二百七十二条,七百七十三万二千二百余言,言数益繁,览者益难。天子于是下诏,但用郑氏章句,不得杂用余家。"①

相较于先秦时期,秦汉时期的法律解释具有鲜明的特色。首先,法律解释的内容更加丰富,解释也更为详尽。有对某项法律、法令的历史背景及其发展演变过程的分析,有对律文的立法宗旨、含义的归纳总结,还有对法律概念、术语的训诂和界定。其次,法律解释中价值解释占据了主导地位。即以儒家的价值理念解释法律成为最主要的方法,使法律解释在很大程度上被儒家的思维与视角所同化。再次,秦汉律学开创了立法与编撰法律解释同步、官方法律解释与私学并行的传统,这些都对后世法律解释的发展影响极大。

(三)中国传统法律解释在魏晋南北朝时期的独立与勃兴

尽管中国古代的法律解释很早就已经诞生,但对法律解释予以明确记述并使用"律学"来指称法律解释及其相关的研究,却是魏晋以后的事。

魏晋南北朝时期是中国古代法制发展重要的演变时期,秦汉早期的法制经由这一时期完成了向成熟完备的隋唐法制的发展。在魏晋南北朝长达近四个世纪的历史进程中,由于封建集权统治的相对削弱及周边少数民族的大规模内迁,整个社会的结构(包括文化结构)在剧烈的变动中得到了新的整合。对应这种特殊的时代背景,中国古代的法律解释在魏晋南北朝时期有了进一步的发展,其独立性明显增强并呈现较前代更为昌盛与活跃的状态,主要表现在:

第一,儒家思想在法律解释研究中得到进一步的贯彻。在一定意义上来讲,中国古代"律学"的诞生是以中国传统法律的儒家化为起点的。魏晋南北朝时期,儒家思想在立法、法律解释中的影响,不仅较汉代时更加广泛、深入,而且出现了系统化、制度化的倾向,为隋唐及后世律典的"一准乎礼"奠定了基础。

第二,律博士的设置和法律教育机构的形成。

魏明帝太和元年(227年),卫觊上奏魏明帝:"九章之律,自古所传,断定刑罪,其意微妙。百里长吏,皆宜知律。刑法者,国家之所贵重,而私议之所轻贱。狱吏者,百姓之所悬命,而选用者之所卑下。王政之弊,未必不由此也。请置律博士,转相教授。"② 魏明帝采纳了卫觊的建议,在魏明帝太和元年(227年)颁布《新律》的同时,置律博士一人,负责对地方行政官吏和狱吏教授国家的法律、法令,这使中国古代出现了官方的法律研究和教育机构。此后,两晋及南北朝时期的政权也大都设有律博士或类似职位,如后秦姚兴当政时期(394—416年)于长安设立律学,"召郡县散吏以授之。其通明者还之郡县,论决刑狱"③。

---

① 《晋书·刑法志》。
② 《三国志·魏书二十一》。
③ 《晋书·载记第十七·姚兴上》。

这是中国历史上官方设立的第一个独立的法律教育机构。

魏晋南北朝的律博士，是司法机构廷尉或大理寺之下的属官。这样，法学教育附属于司法机构之下，律博士们既研究、教授法律，也参与立法与执法活动。律博士和法律教育机构的设置，使律学研究在一定程度上摆脱了偶然自发的状态和单纯的学者热情，而具有了相应的制度保障，这对于促进律学的发展与繁荣起到了重要的作用。对此，清代沈家本评说：律博士之设，"上自曹魏，下迄赵宋，盖越千余年，此律学之所以不绝于世也"①。

第三，立法者直接解释法律。魏晋南北朝时期法律解释的一个重要的特点是立法者直接进行法律解释。如这一时期的陈群、贾充、刘颂、张斐、杜预等人，他们既是国家的重臣，直接参与当朝的立法，他们又是"律学"大家，对法律的解释洞悉渊源、深得要领。他们直接对成文法典的条文作出权威性的注解，使得法律的原意得以明确，具有极强的可操作性。正是他们的努力，使法律解释在国家法制建构、司法活动中的作用也日趋重要。例如，律学大家杜预曾直接参与《晋律》20 篇的制定工作，而由张斐、杜预所注的《晋律》则被称为"张杜律"。而由封述（出身渤海律学世家封氏家族）主持完成的《北齐律》，则是这一时期立法成就最高的法律。

第四，法律解释具有独立性。汉代的法律解释始终是与经学联系在一起的，在一定的意义上可以说是经学的附庸。魏晋南北朝时期尤其是晋代以后，由于"辨名析理"的学术风气的影响，法律解释在方法论上有了进步，也使得传统律学不再依附经学，而成为相对独立的研究领域。

这一时期的律学家们一般不再单纯使用儒家经义来解释法律了，而是更多地使用抽象的逻辑思维及归纳、演绎的推理方法来解释法律，更加注重研究立法技术，更加重视法律概念和术语的规范化解释，重视刑名原理的阐释，重视定罪量刑原则解释的科学性与准确性，重视法律适用条件的严格解释。如张斐在《晋律》的《律解》中对诸如"故意"、"过失"、"斗杀"、"戏杀"、"造意"、"群"、"谋"等概念、术语的解释，是从刑事法律的科学性上进行的解释，这些解释成为中国古代法律实践的重要理论依据。这些解释甚至相对当代中国的刑法而言，也并没有丧失其意义。张斐等律学家的努力，不仅使这一时期法律解释的逻辑化、抽象化、系统化得以发展，更使中国传统法律的发展趋向于体系化、科学化，为隋唐立法走向中国传统立法的最高峰打下了坚实的基础。

（四）中国传统法律解释在隋唐时期的成熟

隋唐时期是中国古代社会发展的全盛时期，法制在这一时期达到了空前完备的状态。随着社会经济、政治、文化的全面进步，法律得到了全面发展，法律解释也步入了成熟与发达阶段。

公元 581 年，杨坚夺取了北周的政权，建立了隋朝，结束了三国两晋南北朝的分裂，使中国古代社会得以再度在统一的政权下发展。隋朝建立之初，隋文帝励精图治，本着"帝国作法，沿革不同，取适于时，故有损益"② 的思想，命高颎、杨素、裴政等人，"上采魏晋刑

---

① （清）沈家本：《寄簃文存》二编卷上《设律博士议》。

② 《隋书·刑法志》。

典，下到齐梁，沿革轻重，取其折衷"①，制定了《开皇律》。虽然隋朝并无统一的法律解释，但是《开皇律》是在对中国自汉代以来法律、法律解释的成就全面总结的基础上制定出来的，如"八议"、"官当"制度就是对魏晋以来法律发展的总结；"十恶"罪名是在对自秦汉以来中国古代刑律、刑律解释全面总结的基础上抽象出来的，体现了法律概念总结上的进步。"十恶"罪名一直沿用至清末，并影响到中国的戏剧、语言等其他的文化表现形式。② 正是隋朝《开皇律》对秦汉以来的法律及法律解释成就的全面总结，才使《唐律疏议》成为中国古代立法的最高峰。

唐代最初的立法承继了隋代的《开皇律》，唐初《武德律》"篇目一准隋开皇"③。贞观以后，在长孙无忌的主持下，在众多精通律学的官员的参与下，以《开皇律》、《武德律》为基础修订出了《贞观律》④，这使唐代的法律走上了自我发展的道路。永徽初年，唐高宗命长孙无忌等广召解律专家，制定《永徽律》十二篇，于永徽二年（651 年）颁行全国。又因律文未有定疏，科举考试的"明法"科中对律意阐发无凭准，高宗于是命长孙无忌等人本着对法典精神实质的准确理解，"纲罗训法，研核丘坟"⑤。对律条逐条逐句地作出统一的解释，附于律文之后，同律文一样具有法律效力，称为《律疏》。《律疏》于永徽四年（653 年）颁行，又称为《永徽律疏》，"自是断狱者皆引疏分析之"⑥。《永徽律疏》⑦ 因其集中国传统法律解释之大成，成为中国古代法律解释的最高峰。同样，《唐律》也因律疏准确阐明了律意，而成为中国古代立法的最高峰，成为中华法系的杰出的代表性法律，对后世的立法影响极其深远，诚如清代学者纪昀说："论者谓《唐律》一准乎礼，以为出入得古今之平，故宋世多采用之。元时断狱，亦每引为据。明洪武初，命儒臣四人同刑官进讲《唐律》，后命刘惟谦等详定《明律》，其篇目一准于唐。"⑧

《唐律》的立法成就固然很高，但在某种意义上来说，其法律解释的成就更高，可以说是《律疏》成就了《唐律》的历史地位。并因《律疏》的成就，《唐律》得以流传至今。日本学者浅井虎夫曾说："唐律得传于今日，实有赖《律疏》之存也。"⑨ 唐律法律解释的成就表现是多方面的，它不仅体现了儒家思想与法律规范的全面结合，也体现了法律规范、概念、原则解释的完美与准确，更体现了律文、法律解释与法律实践之间的协调统一。

唐代不仅在《唐律疏议》上体现了中国古代高超的法律解释的技术，而且唐代还出现大量的法律解释的著作，推动了中国古代法律解释的发展。从孙祖基先生的《中国历代法家著述考》（上海 1934 年刊行）一书中可以发现唐代法律解释方面的著作。其中，涉及法学总论

---

① 《隋书·裴政传》。

② 中国的成语"十恶不赦"的起源，就是确定于隋朝的"十恶"（参见《中华成语大辞典》，1123页，长春，吉林文史出版社，1986）。关汉卿在《窦娥冤》第四折中写道："这药死公公的罪名在十恶不赦"。

③ 《唐六典》卷六"刑部郎中员外郎"条注。

④ 参见《贞观律》是在《武德律》，也可说是在《开皇律》基础上发展起来的，《旧唐书·刑法志》载，贞观律在武德律的基础上，"凡削烦去蠹、变重为轻者，不可胜纪"。

⑤ 《唐律疏议·进律疏表》。

⑥ 《旧唐书·刑法志》。

⑦ 《永徽律》后世被称为《唐律》，《永徽律》及《律疏》后世并称为《唐律疏议》。

⑧ （清）纪昀：《四库全书总目提要》卷八十二。

⑨ ［日］浅井虎夫：《中国法典编纂沿革史》，陈重民译，118 页，北京，中国政法大学出版社，2007。

类的主要有：李文博撰《治道集》十卷、邯郸绰撰《五经析疑》三十卷、李敬玄撰《正论》三卷。涉及立法类的主要有：刘仁轨撰《永徽留本司格后本》十一卷、崔知悌等撰《法例》二卷、赵仁本撰《法例》二卷、裴光庭撰《唐开元格令科要》一卷、宋璟撰《旁通开元格》一卷、狄无蕐撰《开成详定格》十卷、刘暮等撰《大中刑法总要格后敕》六十卷、张戣撰《大中刑律统类》十二卷、李崇撰《法鉴》八卷、王行先撰《律令手鉴》二卷、元泳撰《式苑》四卷、卢纾撰《刑法要录》十卷、李保殷撰《刑律总要》十二卷、王朴撰《律准》一卷、卢质撰《新集同光刑律统类》十三卷等。另外，徐道邻先生根据各朝《艺文志》对当时的《刑书》也作了统计，结论是在唐代曾编撰有刑书六十一部，共一千零四卷。[1]

（五）中国传统法律解释在宋元时期的衰微

唐朝灭亡后，中国古代社会经由动荡的五代十国进入了地区局势相对稳定的宋辽夏金元时期，这是我国历史上一个重要的多元法制并存阶段（其中宋元法制较为完整）。这一时期的法律解释较之隋唐，形衰式微的趋势明显。

首先，由于《唐律》的完善，宋初的帝王们并没有制定严格意义上的新律，而是沿袭唐律制定了《宋刑统》。客观上由于唐律的先进，《宋刑统》对其全面继承，终宋之世，沿用不改，这使法律解释的进一步发展失去了必要性。

其次，宋代的立法体制和法律形式发生了重要的变化。一是"敕"的大量适用，《宋史·刑法志》称："宋法制因唐律、令、格、式，而随时损益有编敕"；《宋史·刑法志》记述宋仁宗《天圣编敕》中的内容："其丽于法者，大辟之属十有七，流之属三十有四，徒之属百有六，杖之属二百五十有八，笞之属七十有六。又配隶之属六十有三，大辟而下奏听旨者七十有一。凡此，皆在律令外者也。"宋神宗以后，敕作为定罪量刑的法律规范与律的地位相同，甚至敕的地位比律还要高。《宋史·刑法志》载："神宗以律不足以周事情，凡律所不载者一断以敕，乃更其目曰敕、令、格、式，而律恒存乎敕外。"但是由于宋代的敕由皇帝直接制定，并且数量极大，而又极不稳定，"自是用法以后冲前，改更纷然，而刑制紊矣"[2]。二是"例"的大量使用，早在宋神宗时就有《熙宁法寺断例》。[3] 宋徽宗崇宁元年（1102年），有官员说："有司所守者法，法所不载，然后用例。今引例破法，非理也。"[4] 可见，例的适用范围之广和地位之高。至南宋时，例的使用就更为广泛了，南宋高宗时有《绍兴刑名断例》[5]，孝宗时有《乾道新编特旨断例》。[6]《宋史·刑法志》记载了南宋乾道时期例使用的情况："法令虽具，然吏一切以例从事，法当然而无例，则事皆泥而不行，甚至隐例以坏法，贿赂既行，乃为具例。"这也使法律解释的进一步发展成为不可能的事。

再次，由于科举考试中"明法"科的重要性越来越低，以至南宋时取消了"明法科"，这使得很多人不再研习法律，"律学"成为末学小道。因此，法律解释的发展也必然受到影响。

---

① 参见何勤华：《唐代律学的创新及其文化价值》，载《政治与法律》，2000（3）。另见何勤华主编：《律学考》，156页，北京，商务印书馆，2004。

② 《宋史·刑法志》。

③ 参见《宋史·艺文志》。

④ 《宋史·刑法志》。

⑤ 参见《玉海》卷六十六。

⑥ 参见《宋会辑稿·刑法志》。

虽然两宋时期法律解释发展和研究受到了影响，但是在民间依旧有一些学者在研究律学，研究法律解释。其间出现了孙奭的《律音义》、傅霖的《刑统赋》、刘筠的《刑法序略》和王健的《刑书释名》等比较优秀的律学著作。

元朝时期，由于产生于汉文化背景下的唐宋法律体系被弃而不用，代之以有着浓厚的蒙古民族色彩的相对比较落后的法律，所以依附于汉民族法律文本的法律解释根本没有发展的可能。虽然这一时期有沈仲伟的《刑统赋疏》，但并不能改变法律解释在元朝的进一步衰微。

（六）中国传统法律解释在明清的终结

中国古代社会在明清时期出现了短暂的复兴。其复兴的轨迹在思想上是重新回归于儒家的治国理念，在政治制度上是重新回归于中央集权制下的政治结构，并强调吏治的清明，在经济上是采取各种措施促进其发展，在法律上则是回归于以《唐律》为渊源的中华法系的法统。由于这些措施的得力和各种因素的综合作用，中国传统的法律解释也得到了复兴。

明代初期，朱元璋十分重视法律建设，早在吴元年（1367 年）十月平定武昌后，即命李善长为律、令总裁官，率杨宪等二十人为议律官，本着"法贵简当，使人易晓"的精神制定律令，于吴元年十二月制成令一百四十五条，律二百八十五条。朱元璋"又恐小民不能周知，命大理卿周桢等取所定律令，自礼乐、制度、钱粮、选法之外，凡民间所行事宜，类聚成编，训释其义，颁之郡县，名曰《律令直解》"①。《律令直解》成为明代早期的官方法律解释，又重开了中国古代律学的注律之风。明朝建立以后，朱元璋依旧十分重视律法的学习，他曾命大臣与刑官为其讲解法律。对此，《明史·刑法志》记载："洪武元年，又命儒臣四人，同刑官讲《唐律》，日进二十条。"不仅如此，朱元璋还十分重视法律的制定，"（洪武）五年，定宦官禁令及亲属相容隐律，（洪武）六年夏，刊《律令宪纲》，颁之诸司。其冬，诏刑部尚书刘惟谦详定《大明律》。"② 明初法律的制定始于吴元年，洪武七年初定明律，又于洪武九年、二十二年先后对洪武七年的明律进行了七次修改，史称："盖太祖之于律令也，草创于吴元年，更定于洪武六年，整齐于二十二年，至三十年始颁示天下。日久而虑精，一代法始定。"③

正由于明初统治者对法律的重视，中国传统的律学得以复苏，法律解释又得到了进一步的发展。明代法律解释的发展最重要的特点是私家注律得到了较大的发展，其原因是明代中叶以后，条例日益繁多，律例之间的冲突不断增加。加之政治腐败，官方大规模的注律已经不可能。而私家注律则十分兴盛，出现了一大批具有影响力的律学家和律学著作。如姚思仁的《大明律附例注解》，何广的《律解辨疑》，刘维廉等人的《明律集解附例》，陈遇文的《大明律解》，明允的《大明律注释详刑冰鉴》，王樵、王肯堂的《大明律例笺释》，缺名辑《律例类抄》，张楷的《律条疏议》，雷梦麟的《读律琐言》，唐枢的《法缀》，缺名等辑《大明律直引》，舒化等人的《大明律附疏》，林楚南等人的《新刑精选刑学大成》，佚名著《律

---

① 《明史·刑法志》。
② 《明史·刑法志》。
③ 《明史·刑法志》。

学集议渊海》，彭应弼的《刑书据会》。① 这些私家注律的著作，极大地丰富了中国传统法律解释研究的内容。

清朝建立之初，统治者十分重视法制建设，皇太极曾说："励精图治，法制详明者，国祚必永；怠忽政事，废弛纪纲者，国势必危。"② 并且，在法制建设上是以尊重汉民族的法律传统为基本指导思想的，即以"详译明律，参以国制"③ 为立法的指导思想的。《清世祖实录》载，清兵入关占领京城后，摄政王多尔衮于顺治元年（1644 年）六月下令"自后问刑，准依明律"。《清史稿·刑法志一》也载多尔衮入关后："即令问刑衙门准依明律治罪。"这说明了清政府重视以《唐律》为渊源的汉民族的法律传统。

清律的制定自顺治皇帝的《大清律例集解附例》至乾隆皇帝的《大清律例》，其间历时一百多年。但清律的制定过程中十分注重对法律的解释。如顺治三年（1646 年）五月的《大清律集解附例》，沈家本考证说："律文有难明之义，未足之语，增入小注。"④ 再如"（康熙）二十八年，台臣盛符升以律例须归一贯，乞重加考定，以垂法守。特交九卿议，准将现行则例附入大清律条。随命大学士图纳、张玉书等为总裁。诸臣以律文昉自唐律，辞简义赅，易致舛讹，于每篇正文后增用总注，疏解律义。"⑤ 雍正元年（1723 年），命大学士朱轼为总裁，对原有的大清律"再行详加分析，作速修订"⑥。"雍正三年，又纂总注附于律后，并列圣训，命官撰集。"⑦ 至乾隆时的《大清律例》在其立法形式上依旧是在律文中夹注，以阐明律意。可见，大清律的制定过程中，极其重视对法律的解释。清代法律的官方解释承续了唐以来的官方解释的方法，并将其发展到一个新的高度。

清代由于政府重视法律解释，私家研究法律的现象大量增加。而且，清代私家研究法律的人员中大量的是司法官员，其中最著名的是薛允升和沈家本，他们精通中国传统法律的精神，同时又有十分丰富的司法实践的经验。他们所作的法律解释及著作成为司法实践的重要依据，同时也将中国传统的法律解释提高到了一个新高度。如时人评及薛允升时说："念刑法关系人命，精研法律，自清律而上，凡汉唐宋元明律书，无不博览贯通，故断狱平允，各上宪倚如左右手，谓刑部不可一日无此人。"⑧ 因此，清代产生了大量的律学著作。清代的律学著作主要有：官修《大清律集解附例》，王有孚的《番审指南》，刘衡的《读律心得》，钱之青的《大清律笺释合抄》，万维翰的《大清律例集注》、《律例图说辨伪》，沈之奇的《大清律辑注》和《大清律例集要新编》以及《大清刑案汇纂集成》，湖北谳局编的《大清律例汇辑便览》，潘德畲的《大清律例按语》，崇纶等人重编的《大清律例要源》，吴源的《大清律例通考》，杨荣绪的《读律提纲》，梁他山的《读律琯朗》，王明德的《读律佩觿》，薛允升的《读例存疑》和《唐明律合编》，谢诚钧辑《秋审实缓比较条款》，蔡嵩年的《律例便览》，沈

---

① 书籍目录参见武树臣：《中国古代的法学、律学、吏学和谳学》，载《中央政法管理干部学院学报》，1996（5）。另见何勤华编：《律学考》，14 页，北京，商务印书馆，2004。并在此基础上略有增加。

② 《清太宗实录》卷四十二，10 页。

③ 《大清律集解附例·御制序》。

④ （清）沈家本：《寄簃文存》卷六《大清律例讲义序》。

⑤ 《清史稿·刑法志》。

⑥ 《清史稿·刑法志》。

⑦ （清）沈家本：《寄簃文存》卷六《大清律例讲义序》。

⑧ 吉同钧：《薛赵二大司寇合传》，载《乐素堂文集》（卷三），北平杨梅竹斜街中华印书局铅印本。

辛田的《名法指掌》，徐文达的《大清律例图说》，费斌的《律例摘要·读律要略》，缺名撰《律例疑义问答》，沈家本的《寄簃文存》等等。① 这也体现了清代法律解释的发达。

鸦片战争以后，中国传统的法律由于内容和形式的历史落后性而面临着全面的挑战。清末修律改制过程中，中国传统法律在形式上被现代部门法体系所代替。由于中国传统法律解释所依附的法律形式、文本均已经退出了历史的舞台，中国古代以汉唐法律为依据的法律解释也完成了其历史使命，走向了终结。但是，中国传统法律解释中的精神并未由此而消失，他们通过各种形式渗透于清末以后的中国的法律建设之中。

第二节
中国传统法律解释分析

中国传统法律解释无论是在解释体制，还是在解释形式、解释方法、解释内容、解释原则等方面都形成了独特的内容，这些内容符合法律解释的内在要求。从法律解释技术上来说，这些内容具有恒久的生命力。

一、中国传统法律解释的体制

中国古代的立法一直是掌握在王朝的最高统治者手中的。正如韩非子告诫君王的那样，"抱法处势则治，背法去势则乱"②。因而，除了牢牢地掌握立法权，中国古代的君主也牢牢地掌握着法律解释权，形成了中国古代一元化的国家法律解释体制。但是，法律的专业性特征，使得中国古代的法律解释在具体的解释主体上呈现出多元化的特征。诚如沈家本在《设律博士议》中所说："法律为专门之学，非俗吏之所能通晓，必有专门之人，斯其析理也精而密，其创制也公而允。"③ 因而，中国古代的法律解释在长期的发展过程中形成了以国家统一解释为主，私家注律解释和官员个人解释为辅的法律解释形式，这三种法律解释互相协调，促进了中国古代法律解释的发展。

（一）国家统一解释

中国古代社会在秦王朝时形成了大一统的国家政治结构，形成了以帝王为核心的统一的中央集权式的统治结构，所谓"海内为郡县，法令由一统"④。在这样的政治结构之下，立法权掌握在帝王手中，法律解释亦是如此。在强调"若有欲学法令，以吏为师"⑤ 的秦王朝，法律除了国家解释，是不可能有其他形式的。现存资料中能体现秦朝法律解释特征的主要是

---

① 参见武树臣：《中国古代的法学、律学、吏学和谳学》，载《中央政法管理干部学院学报》，1996（5）。另见何勤华编：《律学考》，14 页，北京，商务印书馆，2004。

② 《韩非子·难势》。

③ （清）沈家本：《设律博士议》，载《历代刑法考》（第四卷），北京，中华书局，1985。另见何勤华编：《律学考》，86 页，北京，商务印书馆，2004。

④ 《史记·秦始皇本纪》。

⑤ 《史记·秦始皇本纪》。

《秦简·法律答问》。"答问"的形式体现了最高官府回答下级官员所提出的问题，这说明法律解释权在最高官府，是一种自上而下的法律解释。

汉代由于儒家思想向法律渗透过程的复杂性，经学家私人注律的现象出现，而且私家注律十分兴盛。但是，私家注律的法律解释并不直接具有法律效力，必须得到国家最高权力的认可才能获得法律效力。"叔孙宣、郭令卿、马融、郑玄诸儒章句十有余家，家数十万言。凡断罪所当由用者，合二万六千二百七十二条，七百七十三万二千二百余言，言数益繁，览者益难。天子于是下诏，但用郑氏章句，不得杂用余家。"①"但用郑氏章句，不得杂用余家"典型地说明了私家注律的法律解释获得效力的途径。因此，两汉时期私家注律的发达并没有改变法律解释的国家统一性。

魏晋南北朝时期是中国古代法律迅速发展的时期，同时也是法律解释迅速发展的时期。这一时期法律解释最重要的主体是国家，最重要的形式是国家的立法解释。当然，魏晋南北朝时期的法律解释主要是由当时参与立法的律学家们完成的，如陈群、贾充、刘颂、张斐、杜预等人，他们直接参与当朝的立法，同时也直接对法律作了权威性的解释。例如律学大家杜预曾直接参与《晋律》的制定，张斐、杜预所注的《晋律》则被称为"张杜律"。但是，他们的解释首先是代表国家所作的解释，并不是他们个人的解释，其次他们的解释也只有得到了国家的认可才能获得效力。因此，在魏晋南北朝时期，法律解释的国家统一性并没有受到破坏。

至唐时，中国古代法律的国家解释发展至最高点。《唐律》的"律疏"是唐代法律国家解释的表现形式。其所采取的"律中夹注"解释、逐条逐字解释和问答解释的形式，成为中国古代社会法律解释最主要的文字形式，对唐以后的王朝的法律解释产生了极其深刻的影响。

从唐朝至清朝，虽朝代数度更迭，但最具权威性的法律解释依旧是国家解释。而且国家解释更多的是采用统一的解释，而不再是简单地认可一个私家或一位官员的解释作为统一的国家解释了。

可见，中国古代法律的有权解释是一元化的国家统一解释，正是这种一元化的解释体制保证了中国古代法律解释和法律适用的统一性。

（二）私家注律解释

中国古代法律的私家解释起源很早，春秋时期的邓析可以说是中国古代私家注律的始祖。邓析深得法律具有"两可性"的特点，故而《列子·力命篇》中说："邓析操两可之说，设无穷之辞。"这里并不是邓析要"操两可之说"，而是法律本身就具有"两可之性"。但遗憾的是中国古代后来的学者并没有沿着邓析的思路前进，从法律本身去研究法律。

至汉以后，由于统治者也不知如何将儒家学说与法律相联系，于是自董仲舒开始以"春秋决狱"为形式，儒家思想与法律，尤其是与司法实践相统一，促进了中国传统法律与儒家学说的结合。但是儒家学说在汉武帝之际也并不统一，而汉代学习儒家经义的人很多，他们则纷纷注律、释律。这不仅开创了中国古代全面的私家解释法律之先河，而且促使了中国古代"律学"的诞生与发展。

---

① 《晋书·刑法志》。

魏晋南北朝以后，中国古代私家解释法律进一步发展。由于中国古代法律在魏晋南北朝时期迅速发展，完成了儒家思想与法律的全面结合，故而，魏晋南北朝以后的私家解释法律逐渐摆脱了经学的影响，更多的是从法律本身来解释法律，注重解释法律概念的内涵、法律的形式、刑名的含义等。魏晋南北朝时期，私家解释法律成就最高者当推张斐。隋唐以后，中国古代私家解释法律则更加注重法律的司法实践性，如明代雷梦麟的《读律琐言》、清代沈之奇的《大清律辑注》等。

中国古代私家解释法律的著作极其丰富。从这些著作的内容来看，或是以当朝的成文法为底本全面地进行法律研究；或是从法律的发展流变进行研究；或是对不同朝代的法律进行比较研究。在一定的意义上，有些著作已经超越了法律解释，而是法学研究方面的著作了。

(三) 官员个人解释①

官员个人解释与私家注律解释在形式上似乎是统一的，其实不然。官员个人解释更多的是在其任职过程中，针对其所处理的案件，对法律适用过程中的问题所进行的解释。在某种意义上来说，官员个人解释是司法性的解释。

官员个人解释最典型的如汉代张释之关于"犯跸"的解释，《汉书》载：

> 上行出中渭桥，有一人从桥下走，乘舆马惊。于是使骑捕之，属廷尉。释之治问。曰："县人来，闻跸，匿桥下。久，以为行过，既出，见车骑，即走耳。"释之奏当："此人犯跸，当罚金。"上怒曰："此人亲惊吾马，马赖和柔，令它马，固不败伤我乎？而廷尉乃当之罚金！"释之曰："法者，天子所与天下公共也。今法如是，更重之，是法不信于民也。且方其时，上使使诛之则已。今已下廷尉，廷尉，天下之平也，壹倾，天下用法皆为之轻重，民安所错其手足？唯陛下察之。"②

中国古代官员在办理案件中所做的法律解释非常多，这种解释更多地体现了官员在法律实践中对法律的准确理解。当然，中国古代许多官员无论是其在任期间还是离任之后，都在从事律学的研究，也留下了大量的著作，如薛允升的《唐明律合编》、《读例存疑》等。也正是这些著作，使得官员个人解释与私家注律解释之间出现了交叉。但这里我们更强调官员个人解释的司法性，即直接处理案件时的解释。

纵观中国古代的法律解释，官员个人的法律解释的数量是巨大的。无论是正史中，还是中国古代大量的案例汇编中，都体现了中国古代官员，尤其是司法官员在法律解释方面的智慧和成就，也更能体现这种直接的解释与司法实践之间的紧密联系。

综上所述，中国古代虽然存在着大量的私家注律和官员个人解释法律的现象，但这些现象只能说明中国古代"律学"研究，或是法律解释研究的兴盛。从法律解释的效力上来说，具有法律效力的法律解释是由国家作出的。因而，中国古代具有法律效力的法律解释的体制是国家统一解释。

二、中国传统法律解释的形式

中国传统法律解释的形式可以从不同的方面进行总结，可以是文本形式，如"律释合

---

① 鉴于官员个人解释体现在众多的案例中，再加上篇幅所限，本章不能对官员的个人解释作出全面的分析。
② 《汉书·张释之传》。

典"，也可以是一部法律解释文本之内的形式。中国古代的法律解释在一部完整统一的法律解释文本内，其形式也是多元化的，既有法律条文本身的解释，又有注文的解释，还有疏文的解释。中国古代法律解释的多样化的形式，使中国传统的法律解释呈现丰富多彩的样式。

(一) 律条本身的法律解释

在立法中，法律条文本身就有解释法律的功能，这在中国古代也是一样。以《唐律》为例，其许多法律条文就是法律解释，《名例律》自总第51条至总第57条均是法律解释。如《名例律》(总第54条) 规定："诸称'监临'者，统摄案验为监临；称'主守'者，躬亲保典为主守。虽职非统典，临时监主亦是。"该条律文准确地解释了"监临"和"主守"的概念。

(二) 注文解释法律

中国古代自隋唐以后，在成文法的制定过程中，总是在正律条文中间夹注以及时地解释律条中概念、原则和适用条件的含义。如《唐律》中注文非常丰富，运用注文的地方多达518处，涉及263个条文，占全律的一半多。如《名例律》(总第1条) 规定："笞刑五：笞一十。(注文：赎铜一斤。) 笞二十。(注文：赎铜二斤。) 笞三十。(注文：赎铜三斤。) 笞四十。(注文：赎铜四斤。) 笞五十。(注文：赎铜五斤。)"括号中的注文明确地解释了每一等"笞刑"在适用赎刑时应缴纳的铜的数量，注文的运用既节约了文字，使得律文十分简洁，又起到了解释的作用。这种律中夹注的解释形式对明清的立法有着深刻的影响。明清立法一方面坚持在律文中夹注，同时在律后设总注，统一解释律文。

(三) 疏文解释法律

中国古代以"疏"的形式对法律作出解释的以《唐律》成就最高。"疏"在中国古代的文字中就是解释的意思，从《旧唐书·经籍志》的记载看，唐代对"经"、"注"等原著同时作解释的著作称为"疏"的情况已十分普遍。如《易经》有《周易义疏》、《周易文句义疏》；《书经》有《尚书义疏》；《诗经》有《毛诗义疏》；《礼经》有《周礼义疏》；《礼记》有《礼记义疏》；《孝经》有《孝经义疏》等。

"疏"用在《唐律》的法律解释中，就是对相当于"经文"地位的律及其注文作解释的文字，也就是"兼律注而明之"。这种法律解释，使律义解释在内容上达到最大的深度与广度。《名例律》卷首的疏文说："远则皇王妙旨，近则萧、贾遗文，沿波讨源，自枝穷叶，甄表宽大，裁成简久。"长孙无忌的《进律疏表》中说："撮金匮之故事，采石室之逸书，捐彼凝脂，敦兹简要，网罗训诰，研核丘坟。"可见，《唐律》疏文的目的就是要解明律文、注文之义以满足司法之需要。诚如清雍正朝刑部尚书励廷仪评论"义疏"说："其疏文则条分缕别，句推字解，阐发详明，能补律文之所未备。"[1] 又如清代学者沈家本所说"盖自有《疏议》，而律文之简质古奥者，始可得而读焉。"[2] 这些评论都准确地说明了《唐律》疏文的解释功能。

(四) 问答解释

问答解释就是通过一问一答的形式对法律、法条等尚有疑问的内容加以解释、说明。这

---

[1] (清) 励廷仪：《唐律疏议序》，载刘俊文点校：《唐律疏议》附录，北京，中华书局，1983。
[2] (清) 沈家本：《寄簃文存·重刻〈唐律疏议〉序》。

种法律解释的形式在中国起源很早，《秦简》中的《法律答问》是最早的问答解释。秦汉以后的法律解释也大量地运用问答解释，如《唐律疏议》中运用问答解释的律文多达 118 条，设有问答共 179 组。

如唐律《名例律》（总第 24 条）规定："诸犯流应配者，三流俱役一年。妻妾从之。"这是关于流刑配役的一般规定。但是对于妻妾与犯流者的关系变化后是否"从之"，该律条并未说明。故疏文设问答解释这种情况下的处理办法，"问曰：妻有'七出'及'义绝'之状，合放以否？"即犯流者的妻妾，犯有"七出"或被判定"义绝"的情况下，是否从流放地放回来。疏文回答说："犯'七出'者，夫若不放，于夫无罪。若犯流听放，即假伪者多，依令不放，于理为允。犯'义绝'者，官遣离之，违法不离，合得徒罪。"疏文在此分别说明对这两种情况的处理：其一，对于妻妾犯"七出"的，疏文认为"七出"休妻是丈夫的单方面行为，故"夫若不放，于夫无罪"。但是，丈夫被处流刑后，以"七出"之名休妻的行为多为作假，故而"依令不放，于理为允"。其二，对于被判"义绝"的夫妻，由于"义绝"在唐代是法定离婚的情节，若被判"义绝"而不离婚的应被判处徒刑。因此，在丈夫被判处流刑后，与妻妾又被判处"义绝"离婚的，妻妾应从流放地放还。这样疏文通过问答的形式，将这两种具体情况的处理说明得十分清楚，并总结道："'义绝'者离之，'七出'者不放。"

考察《秦简》和《唐律疏议》中的问答，可以发现问答解释经常用于对司法实践中的"疑难杂症"如何适用法律问题的解释，对于保证司法实践中准确地适用法律具有重要的意义。

中国古代法律解释在统一的法律解释的文本内，法律解释的形式是多样化的，这主要体现在《唐律疏议》文本中。当然，统一的法律解释文本和"律释合典"也是法律解释的形式。

三、中国传统法律解释的方法

中国古代法律解释的方法是多样化的，考察《唐律疏议》的文本，可以发现法律解释的方法多达五类二十余种。结合现代法律解释研究方法对法律解释方法的分类标准，我们将中国古代法律解释的方法分为文义解释、论理解释、引用解释、类推解释和举例解释五大类，并具体分析每一类解释方法。

（一）文义解释

文义解释就是解释法律条文所运用的词语及其在一定语法结构下组成的句子、段落的含义。法律的文义解释的方法和手段是多元的，中国古代的法律解释者们总是运用多种方法和手段使得词语、句子、段落的含义准确、严格地限定在法律特有的语境中。因此，文义解释的方法是丰富的，其包括逐词逐句解释、本义解释、扩张解释、限制解释、辨析解释、冲突解释、列举解释和概括解释等等。

1. 逐词逐句解释

逐词逐句解释①就是依据律文的结构，对律文中所涉及的每一个词、每一句话都依次进

---

① 现代法律解释研究并没有这种解释方法，这是《唐律》法律解释特有的解释方法。

行解释。这是《唐律》律文含义最基本的解释方法之一，几乎《唐律》的每一条律文都是以这种方法进行解释的。如《贼盗律》（总第 255 条）规定："诸妻妾谋杀故夫之祖父母、父母者，流二千里；已伤者，绞；已杀者，皆斩。部曲、奴婢谋杀旧主者，罪亦同。（注文：故夫，谓夫亡改嫁。旧主，谓主放为良者。余条故夫、旧主，准此。）"《疏议》逐句解释说："'妻妾谋杀故夫之祖父母、父母者，流二千里；已伤者，绞'，并据首从科之。'已杀者，皆斩'，罪无首从。谓一家之内，妻妾寡者数人，夫亡之后，并已改嫁，后共谋杀故夫之祖父母、父母，俱得斩刑。若兼他人同谋，他人依首从之法，不入'皆斩'之限。部曲、奴婢谋杀旧主，称'罪亦同'者，谓谋而未杀，流二千里；已伤者，绞；已杀者，皆斩。注云'故夫，谓夫亡改嫁。旧主，谓主放为良者'，妻妾若被出及和离，即同凡人，不入'故夫'之限。其'旧主'，谓经放为良及自赎免贱者。若转卖及自理诉得脱，即同凡人。'余条故夫、旧主准此'，谓'殴詈'、'告言'之类，当条无文者，并准此。"这里，完全可以发现《唐律》的疏文对律文所采用的逐词逐句解释的方法。

2. 本义解释

本义解释，又称字面解释，是指根据法律条文中词语、句子以及段落文字的一般意义作出解释，既不扩大文字的含义，也不缩小文字的含义。《唐律》法律解释的大部分内容都是对律条的本义解释，这也是《唐律》文义解释的最主要方法。《唐律》律文的本义解释有以下几种表现：

（1）整条律文的本义解释。整条律文的本义解释多发生于没有注文的律文中，如《杂律》（总第 390 条）律文规定："诸国忌废务日作乐者，杖一百；私忌，减二等。"其疏文称：

> "国忌"，谓在令废务日。若辄有作乐者，杖一百。私家忌日作乐者，减二等，合杖八十。

此疏文就是对整条律文的本义进行解释，没有任何扩张、限制。

（2）部分律文的本义解释。《唐律疏议》由于疏文较长，其在印行的版式上经常将一条律文分成几个部分，分别对每一个部分进行解释。部分律文的本义解释就是指整条律文中某一部分的解释，没有任何扩张和缩小。如《卫禁律》（总第 66 条）律文规定："诸登高临宫中者，徒一年；殿中，加二等。"其疏文称：

> 议曰：宫殿之所，皆不得登高临视。若视宫中，徒一年；视殿中，徒二年。

这段疏文对该条律文的这部分内容的解释是本义解释。

（3）对概念的本义解释。《唐律》中概念解释的总量是极其庞大的，其中大部分的概念均是本义解释。概念的本义解释首先体现在律文的解释上。如《名例律》（总第 55 条）律文对"众"的解释即是本义解释，其律文称："称'众'者，三人以上"。其次体现在注文对概念的解释上。如《卫禁律》（总第 58 条）注文对"阑"的解释即为本义解释，其注文称："阑，谓不应入而入者。"再次体现在疏文对概念的解释上。如《名例律》（总第 46 条）对"同居"的解释即是本义解释，其疏文称："'同居'，谓同财共居，不限籍之同异，虽无服者，并是。"

任何一部法律其文义的本义是最重要的，是整部法律的基础，只有在对本义全面解释的基础上，对律文的其他含义的解释才有坚实的参照。

3. 扩张解释

扩张解释，又称扩大解释、扩充解释，是基于律文的需要，在律文本义的基础上将本义扩张到一定范围，以补充律文本义过于狭窄的不足，以保证立法意图的实现和律文被准确地适用的法律解释方法。

从内容上来说，《唐律》的扩张解释分为两种情况：一是对概念的扩张解释。如《名例律》（总第 47 条）规定："诸官户、部曲、官私奴婢有犯，本条无正文者，各准良人。"其注文称："称部曲者，部曲妻及客女亦同。"将全律中"部曲"的概念在人员上扩张至部曲的妻子和客女。二是对律义的扩张解释。如《擅兴律》（总第 241 条）律文规定："诸非法兴造及杂徭役，十庸以上，坐赃论。"对于"非法兴造"，该条疏文称："'非法兴造'，谓法令无文；虽则有文，非时兴造亦是，若作池、亭、宾馆之属。"疏文将"非法兴造"的含义扩张到了兴造工程不当时的"非时兴造"行为。

4. 限制解释

限制解释，又称限缩解释，是基于律文的需要，在律文本义的基础上将文义限制在一定的范围和条件之内，以限制律文本义过于宽泛的法律解释方法。

以《唐律》为例，如总第 6 条规定"十恶"中"不孝"的条件之一"供养有阙"时，该条的疏文作了限制性的解释，"其有堪供而阙者，祖父母、父母告乃坐"。这里对"供养有阙"设定了两个限制性的条件，其一是"有堪供而阙者"；其二是"祖父母、父母告乃坐"。这样就不致使"供养有阙"的罪名扩大至偶然的行为。

5. 辨析解释

辨析解释法是指在一个条文中有两项或两项以上相近的、比较容易引起混淆的律文或用语，而对这些容易混淆的律文及用语进行比较分析、阐述，区别清楚各自的内涵，以使在司法实践中能够准确地运用这些律文和词语。

如《唐律·斗讼律》（总第 306 条）规定："诸斗殴杀人者，绞。以刃及故杀人者，斩。虽因斗，而用兵刃杀者，与故杀同。"该律文中说明了四种杀人罪的情节及处罚，分别是"斗杀，绞"；"以刃杀，斩"；"故杀，斩"；"用刃斗杀，斩"。但是，对于"故杀"与"以刃杀"的区别，在律文中并没有说明，故而《疏议》在解释此时设问答说："问曰：故杀人，合斩；用刃斗杀，亦合斩刑。得罪既是不殊，准文更无异理，何须云'用兵刃杀者，与故杀同'？答曰：《名例》：'犯十恶及故杀人者，虽会赦（遇到大赦），犹（仍然需要）除名。'兵刃杀人者，其情重，文同故杀之法，会赦犹遭除名。"这里的问答说明，这两者的差别不在本条的规定当中，而是在其他条文中，即《名例律》（总第 18 条）规定："诸犯十恶、故杀人、反逆缘坐，狱成者，虽会赦，犹除名。"因此，用兵刃杀人的，也适用"虽会赦，犹除名"的规定。

6. 冲突解释

中国古代的立法同样也要求法律条文必须互相协调。但是，社会现实的复杂性也常常使法律条文处于冲突之中，这样就需要对冲突的条文作出协调性的解释。如唐律《贼盗律》（总第 264 条）律文规定："诸有所憎恶，而造厌魅及造符书祝诅，欲以杀人者，各以谋杀论减二等。"但这里被杀的"人"是否包括自己父母呢？如果包括自己的父母，就与《贼盗律》（总第 253 条）相冲突，该律文规定："诸谋杀期亲尊长、外祖父母、夫、夫之祖父母、父母者，皆斩。"故而《唐律》总第 264 条的注文对此作了特别的解释："于期亲尊长及外祖父母、夫、夫之祖父母、父母，各不减。"疏文并且明确指出："依上条（指总第 253 条）皆合斩罪。"

7. 列举解释

列举解释是指将律文的含义中所涉及的事物及现象一个一个地举出来，以说明律文含义的解释方法。

《唐律疏议》文本中多处运用了列举的方法来解释律文的含义。如《名例律》（总第 6 条）"大不敬"条，通过注文列举了归于"大不敬"的犯罪种类，即"谓盗大祀神御之物、乘舆服御物；盗及伪造御宝；合和御药，误不如本方及封题误；若造御膳，误犯食禁；御幸舟船，误不牢固；指斥乘舆，情理切害及对捍制使，而无人臣之礼。"

8. 概括解释

概括解释是指由于律文的本义中涉及的现象众多，而且比较散乱，而将律文本义所涉及现象的共同特点进行总结的解释方法。

如《贼盗律》（总第 264 条）规定："诸有所憎恶，而造厌魅及造符书祝诅，欲以杀人者，各以谋杀论减二等。"对于律文中的"厌魅"，其疏文解释道："有所憎嫌前人而造厌魅，厌事多方，罕能详悉，或图画形像，或刻作人身，刺心钉眼，系手缚足，如此厌胜，事非一绪；魅者，或假讬鬼神，或妄行左道之类。"但该疏文只是罗列了"厌魅"的一些行为，并称"厌事多方，罕能详悉"。《名例律》（总第 6 条）"不孝"的注文疏对"厌魅"概念作了概括解释，其称："厌魅者，其事多端，不可具述，皆谓邪俗阴行不轨，欲令前人疾苦及死者。"由此，概括出了"厌魅"行为的共同特点，即"邪俗阴行不轨，欲令前人疾苦及死者"。

（二）论理解释

论理解释是指参酌法律产生的原因、理由、沿革及其他相关事项，按照立法精神阐明法律真实含义的解释方法。任何法律规范均有其产生和发展的原因、制定的理由和目的，这些内容对于法律含义的明确具有重要的意义。因而，中国古代法律解释也大量地运用论理解释方法。

1. 历史解释

历史解释就是在法律解释的过程中说明某一部法律、某一个名词、某一个原则的历史渊源。在中国古代的法律解释中历史解释是一种十分常见的方法，早在汉代就已经运用了，如《汉书·惠帝纪》："六年冬十月辛丑……令民得卖爵。女子年十五以上至三十不嫁，五算。"应劭对此解释说："《国语》：越王勾践令国中女子年十七不嫁者，父母有罪，欲人民繁息也。《汉律》，人出一算，算百二十钱，唯贾人与奴婢倍算。令使五算，罪谪之也。"再如《汉书·文帝纪》载："（元年冬，十二月）尽除收帑相坐律令。"应劭对此解释道："帑，子也。秦法，一人有罪，并其室家。今除此律。"

历史解释至隋唐以后运用得更加频繁。如《唐律疏议》中对十二篇篇名的解释基本上都是采用历史解释的方法。如对《职制律》的解释是："职制律者，起自于晋，名为违制律。爰至高齐，此名不改。隋开皇改为职制律。言职司法制，备在此篇。"再如唐律《名例律》（总第 5 条）解释死刑的赎刑时引《晋律》进行解释，其文曰：晋"应八议以上，皆留官收赎，勿髡、钳、笞也"。再如《名例律》在解释"十恶"时也运用了历史解释法，将"十恶"的历史渊源说明得十分清楚，其疏文称："然汉制九章，虽并湮没，其'不道''不敬'之目见存，原夫厥初，盖起诸汉。案梁陈已往，略有其条。周齐虽具十条之名，而无'十恶'之目。开皇创制，始备此科，酌于旧章，数存于十。大业有造，复更刊除，十条之内，唯存其八。自武德以来，仍遵开皇，无所损益。"

2. 目的解释

目的解释就是具体地解释设立某个法条、某项罪名、某项法律原则的目的，以使在法律实践中准确地运用该法律。如《唐律》在《名例律》（总第 1 条）规定"笞刑"时疏文称："言人有小愆，法须惩诫，故加捶挞以耻之。"这准确地说明了设立"笞刑"的目的是"加捶挞以耻之"。再如《名例律》（总第 6 条）规定"十恶"的疏文称"五刑之中，十恶尤切，亏损名教，毁裂冠冕，特标篇首，以为明诫"。该疏文明确地说明了设立十恶之罪的目的。

（三）引用解释

引用解释是指在法律解释过程中引用律文，引用其他的法律形式、古代的典籍、礼的内容，甚至是引用名人名言、赦书、成案的内容对律文进行解释的方法。中国古代法律解释中的引用解释在《唐律疏议》文本中有集中的表现。

1. 引其他的法律解释律文

唐代的法律形式分为律、令、格、式四种，《唐律》的法律解释中对于其他几种法律形式均加以引用。

首先，引"令"解释律文。《唐律》引其他三种法律形式解释律文，以令文引用得最多。《唐律》法律解释对令文的直接引用共 152 处，涉及 110 条律文，三十三篇唐令大部分都被引用到。其引用的方式有三种：一是直接引用令文，其行文形式是既引出令的名称，也引出令文的内容，如《名例律》（总第 6 条）"十恶"中的"大不敬"条中解释"大祀"时，疏议称："依祠令：'昊天上帝、五方上帝、皇地祇、神州、宗庙等为大祀。'"二是只引令文，不引令名。如《名例律》（总第 7 条）"八议"的"议贵"中引《公式令》解释注文中的"职事官"和"散官"，称："依令：'有执掌者为职事官，无执掌者为散官'"。三是间接引令解释律文，即不直接引出令文，而是间接引用令的规定来解释律文，如《名例律》（总第 29 条）在解释犯罪"已发者"时，间接引用《狱官令》的内容来说明，即"其依令应三审者"。

其次，引"格"解释律文。《唐律》的法律解释对格也加以引用，但相对来说比较少，全律引"格"文仅 4 处，分别为总第 23 条二处、总第 88 条和总第 375 条。如总第 23 条律文称："若诬告道士、女官应还俗者，比徒一年；其应苦使者，十日比笞十；官司出入者，罪亦如之。"疏文先引《道僧格》说明"应还俗"的含义，其疏文称：依格："道士等辄着俗服者，还俗"。其疏文又引《道僧格》说明"苦使"的含义，其疏文称：依格："道士等有历门教化者，百日苦使"。

再次，引"式"解释律文。《唐律》疏文中共引用式文 17 处，涉及 14 条律文。涉及的"式"主要有《监门式》、《职方式》、《驾部式》、《吏部式》、《兵部式》、《礼部式》。如《卫禁律》（总第 71 条）"奉敕夜开宫殿门"的疏议直接引用《监门式》说明宫殿门的管理规定，其疏文称："依监门式：'受敕人录须开之门，并入出人帐，宣敕送中书，中书宣送门下。其宫内诸门，城门郎与见直诸卫及监门大将军、将军、中郎将、郎将、折冲、果毅内各一人，俱诣合覆奏。御注听，即请合符门钥。监门官司先严门仗，所开之门内外并立队，燃炬火，对勘符合，然后开之。'"

2. 引律文解释律文

引律文解释律文是唐律的重要特色之一，《唐律疏议》文本中直接引用律文解释律文的共有 138 处，涉及 90 条律文。其引用分为直接引用和间接引用两种。其一，直接引用律文解释律文，如《名例律》（总第 11 条）规定"会赦犹流"时，直接引用《贼盗律》（总第 262 条）加以解释，其疏文称：案贼盗律云："造畜蛊毒，虽会赦，并同居家口及教令人亦流三千里"。其二，间接引用律文解释律文，如《户婚律》（总第 172 条）规定："诸应受复除而不给，不应受而给者，徒二年。其小徭役者，笞五十。"该条疏文间接引用《户婚律》（总第 153 条）的内容说明"其妄给复除及应给不给"的处罚方法，即：依上条"妄脱漏增减以出入课役"，一口徒一年，二口加一等，赃重入己者，以枉法论，至死者加役流；入官者，坐赃论。

3. 引儒家经典解释法律

自汉代董仲舒"春秋决狱"以后，引儒家经义解释法律的形式成为汉代解释法律的主要形式，史称"引经决狱"。汉以后，这种引儒家经义解释法律的方法一直被使用，沿袭至清末。以《唐律》为例，唐律中所引儒家的经典著作多达十余种，其中主要有《尚书》、《孝经》、《礼记》、《孔子家语》、《国语》、《周礼》、《春秋公羊传》、《左传》、《尔雅》、《仪礼》、《诗经》、《易经》、《论语》，其他还有《春秋元合包》、《说文解字》、《三秦记》等典籍。如《名例律》（总第 1 条）在解释笞刑的目的时引《尚书·虞书·尧典》道：书云"扑作教刑"。明清私家解律也常引儒家经典，如清代薛允升在解释"奸罪"的起源时，引《尚书大传》的文字："男女不以义交者，其刑宫"，并解释道：此"即后世之所谓奸也"[1]。

4. 引典故解释法律

典故是中国古代典籍中的故事，其具有言简意赅的作用。中国古代也经常用典故来解释法律，以收节约笔墨之效。如《唐律疏议》全文中涉及典故引用的多达 10 个条文，具体如《名例律》中总第 6 条"十恶"中的"谋大逆"的疏文中解释"山陵"时，就引用了"黄帝葬桥山"的典故来说明"山陵"是指"帝王之葬，如山如陵"。再如同一条文中在解释"谋叛"时，引用"如莒牟夷以牟娄来奔，公山弗扰以费叛之类"二则典故来说明"叛"的含义。

（四）类推解释

类推是指某一行为应当定罪量刑，但现行法律中没有相应的条文与该行为相对应时的定罪量刑的原则。《唐律·名例律》（总第 50 条）中规定了类推的一般原则，"诸断罪而无正条，其应出罪者，则举重以明轻；其应入罪者，则举轻以明重"。同时，在对每一个具体条文的解释上，也时常运用类推解释的方法，以帮助司法人员明白律意，掌握律文的精神实质。

如《唐律·贼盗律》（总第 249 条）规定缘坐人员的资财处理办法："诸缘坐非同居者，资财、田宅不在没限。虽同居，非缘坐及缘坐人子孙应免流者，各准分法留还。若女许嫁已

---

[1]　（清）薛允升：《唐明律合编》，702 页，北京，中华书局，1999。

定，归其夫。出养、入道及聘妻未成者，不追坐。道士及妇人，若部曲、奴婢，犯反逆者，止坐其身。"但该条的注文与疏文均示涉及"杂户及太常音声人"犯反、逆之罪是否缘坐及其资财如何处理，而其注文、疏文均未直接说明处理的方法。故该条设问答通过类推的方法作出了说明，"杂户及太常音声人，各附县贯，受田、进丁、老免与百姓同。其有反、逆及应缘坐，亦与百姓无别"。所以他们犯了谋反、谋大逆罪之后，也应比照普通百姓犯此等罪时的处罚，其亲属应受到缘坐的处罚。

（五）举例解释

举例解释就是指举例解释法律条文，这也是中国古代法律解释中经常使用的方法。如《唐律·名例律》（总第 49 条）在规定"诸本条别有制，与例不同者，依本条"时律文称："其本应重而犯时不知者，依凡论；本应轻者，听从本。"为能准确地解释该律文的含义，疏文举例说明"依凡论"的情况："假有叔侄，别处生长，素未相识，侄打叔伤，官司推问始知，听依凡人斗法。"又举例说明了"听从本"的情况："其'本应轻者'，或有父不识子，主不识奴，殴打之后，然始知悉，须依打子及奴本法，不可以凡斗而论，是名'本应轻者，听从本'。"

总之，中国古代在法律解释的过程中所运用的方法和技巧是多种多样的，这些方法和技巧运用的目的却是共同的，即准确地阐明律意，以有利于司法过程中能准确地适用法律。

四、中国传统法律解释的内容

中国传统法律解释在内容上是很丰富的，如概念解释、罪名解释、刑罚解释、法律原则解释、法律的适用条件解释等等，但中国古代的法律解释始终是围绕着法律的内容进行解释的，这可以从《唐律》法律解释的逐词逐句解释得到说明。但是，中国古代法律解释的目的是在司法实践中准确地适用法律。在这一目的指导下，中国古代法律解释在内容上的核心是关于概念、法律原则和法律适用条件的解释。也正是在这三个方面的内容，中国古代法律解释具有重要的现代意义。

（一）对相关法律概念的解释

概念解释历来是法律解释的首要问题。在一定的意义上来说，法律是概念组成的，法学是概念之学。概念含义的确定性、准确性对于司法实践而言具有至关重要的意义。

中国古代很早就重视对法律概念的解释。早在秦朝时，就十分注重对法律概念的解释。《睡虎地秦墓竹简》共 210 支竹简中，共解释法律条文 187 条，涉及法律概念多达七十余个。[①] 如"同居"一词，《法律答问》解释说："可（何）为'同居'？（同）户为'同居'，坐隶（奴隶犯罪，主人应同坐），隶不坐户谓也（主人犯罪，奴隶不连坐）。"[②] 在解释"犯令"、"废令"时，《法律答问》说："律所谓者，令曰勿为，而为之，是谓'犯令'；令曰为之，弗为，是谓（废）令殹（也）。廷行事皆以'犯令'论。"[③] 在解释"不直"与"纵囚"时，《法

---

① 参见何勤华：《秦汉律学考》，载《法学研究》，1999 (5)。另见何勤华编：《律学考》，45 页，北京，商务印书馆，2004。

② 睡虎地秦墓竹简整理小组：《睡虎地秦墓竹简》，160 页，北京，文物出版社，1978。

③ 睡虎地秦墓竹简整理小组：《睡虎地秦墓竹简》，212 页，北京，文物出版社，1978。

律答问》说："罪当重而端轻之，当轻而端重之，是谓'不直'。当论而端弗论，及伤（减轻）其狱，端令不致，论出之，是谓'纵囚'。"①

汉朝时也十分重视法律概念的解释。汉代法律概念解释的主要内容有：其一，对罪名的解释。如"挟书"罪，《汉书·惠帝纪》载汉惠帝四年"省法令妨吏民者；除挟书律"。应劭对"挟"字解释说："挟，藏也"。"左道"这一罪名在《汉书》中多次出现，如《汉书·郊祀志》："皆奸人惑众挟左道。"《汉书·杜周传》："不知而白之，是背经术，惑左道，皆在大辟。"《汉书·佞幸传》："许皇后坐执左道，废处长定宫。"对于"左道"一词，郑玄在注《礼记·王制》时说："若巫蛊及俗禁。"其二，对刑罚概念的解释。对汉代刑罚"顾山"，《汉书·平帝纪》记载说，元始元年诏："天下女徒已论，归家，顾山钱月三百。"对于"顾山"，应劭解释说："旧刑鬼薪，取薪于山以给宗庙，今使女徒出钱顾薪，故曰顾山也。"同时，对于"城旦舂"、"鬼薪"、"白粲"，应劭解释说："城旦者，旦起行治城；舂者，妇人不豫外徭，但舂作米；皆四岁刑也。今皆就鬼薪白粲。取薪给予宗庙为鬼薪，坐择米使正白为白粲，皆三岁刑也。"其三，其他概念的解释。如对"酺"的解释。《汉书·文帝纪》载："朕初即位，其赦天下，赐民爵一级，女子百户牛酒，酺五日。"服虔解释"酺"字说："酺，音蒲。"文颖解释道：酺"音步。汉律，三人以上无故群饮酒，罚金四两。今诏横赐得令会聚饮食五日也"。又如对"籞"、"池"的解释，《汉书·宣帝纪》载：地节三年诏曰："池籞未御幸者，假与贫民。"应劭解释道："池者，陂池也。籞者，禁苑也。"再如对"上造"、"内外公孙"、"耳孙"的解释，《汉书·惠帝纪》载："上造以上及内外公孙耳有罪当刑及当为城旦舂者，皆耐为鬼薪白粲。"对此，应劭解释说："上造，爵满十六者也。内外公孙，谓王侯内外孙也。耳孙者，玄孙之子也。今上造有功劳，内外孙有骨血属婣，施德布惠，故事而从轻也。"此外，汉代还有对法律形式的解释，如《汉书·宣帝纪》载：地节四年，诏曰："令甲，死者不可生，刑者不可息。此先帝之所重，而吏未称。今系者或以掠辜若饥寒瘐死狱中，何用心逆人道也！朕甚痛之。其令郡国岁上系囚以掠笞若瘐死者所坐名、县、爵、里，丞相、御史课殿最以闻。"对此诏令中的"令甲"一词，文颖解释道："萧何承秦法所作为律令，律经是也。天子诏所增损，不在律上者为令。令甲者，前帝第一令也。"

三国两晋南北朝是中国传统法律、法律解释迅速发展的时期。其发展的重要表现就是对法律概念的解释更加精当，其成就最大者是张斐，他从逻辑上以定义的方式对二十余个法律概念加以界定。如"知而犯之谓之故，意以为然谓之失，违忠欺上谓之谩，背信藏巧谓之诈，亏礼废节谓之不敬，两讼相趋谓之斗，两和相害谓之戏，无变斩击谓之贼，不意误犯谓之过失，逆节绝理谓之不道，陵上僭贵谓之恶逆，将害未发谓之戕，唱首先言谓之造意，二人对议谓之谋，制众建计谓之率，不和谓之强，攻恶谓之略，三人谓之群，取非其物谓之盗，财货之利谓之赃。凡二十者，律义之较名也。"② 张斐对这些概念所做的较为明确、简洁的界定，使这些难以掌握的法律概念成为明确的、操作性较强的概念，极大地推动了中国传统法律和法律解释的发展。

隋唐以后，中国古代法律解释更加重视法律概念的解释。如《唐律·斗讼律》（总第 339

---

① 睡虎地秦墓竹简整理小组：《睡虎地秦墓竹简》，191 页，北京，文物出版社，1978。

② 《晋书·刑法志》。

条）规定了过失杀伤人的处罚原则，对于"过失"的概念，该条注文解释道："谓耳目所不及，思虑所不到；共举重物，力所不制；若乘高履危足跌及因击禽兽，以致杀伤之属，皆是。"这种解释相对于现代刑法学尚有不足之处，但在当时已经是十分精当了。

明清时，由于中国古代罪名、刑罚概念已经日臻成熟，法律概念的解释则更加注重司法的实践性。如《大清律例》在卷首把整部法律中常用的八个字，即"以、准、皆、各、其、及、即、若"提炼出来，绘成一图置于律前，称之为"义之字八分例"，并对这八字作出解释。如对"以"字解释道："以者，与实犯同。谓如监守贸易官物，无异实盗，故以枉法论，以盗论，并除名，刺字，罪至斩、绞，并全科。"清代学者王明德将这八个字称为"律母"，"律有以、准、皆、各、其、及、即、若八字，各为分注，冠于律首，标曰八字之义，相传谓之律母"①，并在《读律佩觿》卷首对这八个字进行了全面的解释。如对"以"字，他解释道："以者，非真犯也。非真犯，而情与真犯同，一如真犯之罪罪之，故曰以。"② 这种概念解释体现了对法律实践的重视。

（二）对法律原则的解释

中国古代法律解释十分重视对法律原则的解释。在儒家思想渗透到法律的过程中，最先受到影响的是法律原则。故而自汉代始，历代王朝十分重视对由儒家思想演化来的法律原则的解释。如对于"上请"原则，《汉书·高帝纪》载："令郎中有罪耐以上者，请之。"对此，应劭解释说："轻罪不至于髡，完其耏鬓，故曰耏。古耐字从彡，发肤之意也。杜林以为法度之字皆从寸，后改如是。言耐罪以上，皆当先请也。耐音若能。"再如汉代所确立的"老幼恤原则"，郑玄解释说："未满八岁，八十以上，非手杀人，他皆不坐。"③ 再如，汉代虽未明确确立"亲亲得相首匿"的原则，但也有了类似的解释，如董仲舒通过一则案例对此作了解释："时有疑狱曰：甲无子，拾道旁弃儿乙养之，以为子。及乙长，有罪杀人，以状语甲，甲藏匿乙，甲当何论？（董）仲舒断曰：甲无子，振活养乙，虽非所生，谁与易之。《诗》云：螟蛉有子，蜾蠃负之。《春秋》之义，父为子隐，甲宜匿乙，诏不当坐。"④

隋唐以后，由于中国传统法律儒家化的完成，法律原则中充满了儒家的思想。因此，在法律解释中更加重视法律原则的解释。如《唐律·名例律》从总第8条至总第51条均是规定和解释法律原则的内容。《名例律》其条文总数约占全律的十分之一，但其疏文占全律疏文总量的五分之一，这些疏文中尤以对法律原则的解释为重，足可见其对法律原则的重视。具体而言，《唐律·名例律》中总第8条至总第23条均规定的是特权原则；总第26条、总第27条、总第46条均规定家族等级伦理原则；总第30条、总第31条规定的是老幼恤刑原则；其余的是刑法所特有的原则。从这些原则的分布来看，其强调的重点是等级特权原则。《唐律》在解释这些原则时，首先注重阐明设立这些原则的原因、目的，如总第13条规定："诸五品以上妾，犯非十恶者，流罪以下，听以赎论。"其疏文解释原因说："五品以上之官，是为'通贵'。妾之犯罪，不可配决。"再如总第30条"老幼恤刑"规定："九十以上，七岁以

---

① （清）王明德：《读律佩觿》卷一，2页，北京，法律出版社，2001。
② （清）王明德：《读律佩觿》卷一，4页，北京，法律出版社，2001。
③ 《周礼·司寇》引郑玄注引汉律。
④ 程树德：《九朝律考》，164页，北京，中华书局，1963。

下，虽有死罪，不加刑。"其疏文明确地说明设立该条的原因，疏文说："爱幼养老之义也。"再如《名例律》总第 37 条规定自首的律文称："诸犯罪未发而自首者，原其罪。"其疏文解释了设立该条的立法目的，"过而不改，斯成过矣。今能改过，来首其罪，皆合得原"。其次，《唐律》在解释这些原则时，十分注重法律原则实践性的解释，即十分强调这些原则在实践中的操作性。如总第 10 条"减章"规定："诸七品以上之官及官爵得请者之祖父母、父母、兄弟、姊妹、妻、子孙，犯流罪已下，各从减一等之例。"其疏文说："'七品以上'，谓六品、七品文武职事、散官、卫官、勋官等身；'官爵得请者'，谓五品以上官爵，荫及祖父母、父母、兄弟、姊妹、妻、子孙。"对享有"减"权的人员的范围界定得十分清楚，有利于司法实践过程中准确地运用。

明清以后的刑事立法基本上以《唐律》为蓝本，其法律原则的解释与《唐律》中的解释大同小异。虽然明清私家注律中有一些对法律原则的新解释，但其基本精神没有什么变化。

(三) 对法律适用条件的解释

中国古代的法律解释在内容上十分注重法律适用条件的解释。在一定的意义上来说，法律的运用是以文字对应事实的过程，文字能否准确地与事实相对应直接关系到法律运用的效果，而适用条件是许多法律条文与事实联结的中介点。因此，法律适用条件的解释成为法律解释最重要的内容之一。以《唐律》为例，其法律解释中的大量内容是关于适用条件的解释。在解释形式上，其既有注文对适用条件的解释，也有疏文对适用条件的解释。在具体的解释内容上，既有对法律原则适用条件的解释，也有对罪名适用条件的解释。在适用条件的性质上，既有准用性条件的解释，也有排除性条件的解释。择其要分述如下：

1. 注文对适用条件的解释。《唐律》中大量的注文是关于法律适用条件的解释。如《卫禁律》（总第 62 条）规定"若以应宿卫人。自代及代之者，各以阑入论。"对于该段律文中的"应宿卫人"，其注文明确解释为"谓已下直者"。也即本罪的主体是依职权应当"宿卫的人"，但只有"已下直"的宿卫人才符合本罪的主体资格要求。再如《卫禁律》（总第 65 条）规定："若于辟仗内误遗兵仗者，杖一百。"其注文说："弓、箭相须，乃坐。"即，如果仅是误遗弓，或是误遗箭，均不构成此罪。

2. 疏文对适用条件的解释。如《职制律》（总第 97 条）规定："诸官人从驾稽违及从而先还者，笞四十，三日加一等；过杖一百，十日加一等，罪止徒二年。侍臣，加一等。"其疏文说明该条的适用条件时称："其书吏、书童之类，差逐官人者，不在此限。"

3. 对法律原则适用条件的解释。如《名例律》（总第 11 条）"减章"规定："其于期以上尊长及外祖父母、夫、夫之祖父母，犯过失杀伤，应徒；若故殴人至废疾，应流；男夫犯盗及妇人犯奸者：亦不得减赎。"对于律文中的"男夫犯盗"，注文特别说明了其适用的条件，即男夫犯盗罪"谓徒以上"。

4. 对罪名适用条件的解释。如《卫禁律》（总第 74 条）规定："诸车驾行，冲队者，徒一年；冲三卫仗者，徒二年。"对于该罪名的适用条件，其注文说明道："谓入仗、队间者。"

5. 对准用性条件的解释。准用性条件是指可以适用该条文或罪名的条件。如《职制律》（总第 135 条）规定："诸有所请求者，笞五十。"即请求官员枉法处理事情的要处笞刑五十。但从律意上来看该条文是说明本人向官员请求的情况，未说明代他人请求如何处理。故该条注文说："即为人请者，与自请同。"明确说明了代他人请求一样适用本条处理。

6. 对排除性条件的解释。所谓排除性条件，是指不适用该条文或罪名的条件。如《职制律》（总116条）规定："诸上书若奏事而误，杖六十；口误，减二等。"该条注文称："口误不失事者，勿论。"这样就排除了对"口误不失事"适用本条律文和罪名。

作为依附于法律而存在的法律解释，中国古代的法律解释在内容上必然全面的解释法律的内容，具体涉及概念、罪名、刑罚、法律原则、适用条件、定罪量刑方法的解释。但中国古代法律解释强调司法目的性，在司法目的性的要求下，中国古代法律解释的核心内容是概念解释、法律原则解释和适用条件解释。

五、中国传统法律解释的原则

对于法律解释的原则，现代法理学经常将其总结为：合法性原则、合理性原则、整体性原则、文意与法意相统一原则和历史与现实相统一原则等五个原则。应该说这五个原则是在对现代法律解释全面总结的基础上所确立的。但是这些原则不能完全对应于中国古代的法律解释，而是与中国古代的法律解释的原则处于交叉状态的。中国古代由于立法体制、法律解释体制和司法体制与现代社会均有很大的不同，所以，产生了完全不同于现代的法律解释原则。具体而言，中国古代法律解释的基本原则主要有：文义准确性原则、整体性原则、司法目的性原则、价值准确性原则等。

（一）文义准确性原则

文义准确性原则，是指法律解释中所贯彻的必须对法律条文的含义作出最准确解释的指导思想。法律解释的文义准确性原则是文本解释活动对法律解释提出的客观要求，中国古代的法律解释同样也确立了这一解释原则。《唐律》的法律解释作为中国古代统一的法律解释的文本，集中体现了文义准确性原则的贯彻。

首先，确保法律解释对《唐律》的依附性。《唐律》法律解释对律文的依附关系可以从《唐律》法律解释的方法上得到明确地说明。《唐律》解释方法中最能体现法律解释对法律条文的依附关系的是"逐字逐句法"。从一定意义上来说，逐字逐句解释并不能称为一种法律解释的方法。但在《唐律》的疏文中，逐字逐句解释的普遍运用不仅不能使我们将其排除在法律解释方法之外，反而使我们进一步思考这种方法大量使用的原因。几乎《唐律》的每一个条文都被逐字逐句地解释，之所以如此，一个重要的原因就是《唐律》的解释者们认识到了法律解释对法律规范的依附关系。此外，《唐律》法律解释对律文的依附关系还可以从《唐律》被解释的内容得到说明。《唐律》律文中包含的内容是极其丰富的，有罪名、罪状、法律原则、刑罚、刑罚执行制度、适用方法等，还有大量的与刑事法律相配套的各种适用制度。考察《唐律》法律解释的内容，可以发现《唐律》律文中所有的内容全部得到了解释，几乎无一遗漏。《唐律》法律解释对律文解释的全面性同样也使我们能够判定，正是因为解释者们基于法律解释对法律依附性的立场才对律文的所有内容均作出解释的。

其次，运用多种方法保证文义准确。《唐律》的法律解释方法共有五类，其中文义解释是具体解释方法最多的一类，共有八种具体的解释方法。这八种解释方法分别是逐词逐句解释、本义解释、扩张解释、限制解释、辨析解释、冲突解释、概括解释和列举解释。《唐律》文义解释的方法中最重要的是本义解释，本义解释运用的目的就在于对律文最基本的、应有的含义进行解释。毫不夸张地说，《唐律》每一条律文的基本含义都通过本义解释法得到了明确的解释。本义解释是《唐律》法律解释所有的解释方法中运用得最普遍的解释方法之一，本义解释法的普遍运用保证了《唐律》法律解释的准确性。

再次，准确地解释律文的内容。以概念解释为例，《唐律》中有许多概念直接来自于人们的日常生活，这些概念的含义为人们所熟知。但《唐律》解释者们并没有因这些概念的含义为人们所熟知而不解释。相反，对于这些为人熟知的词语，《唐律》法律解释也作出了准确的解释。如《名例律》（总第52条）疏文对人们所熟知的"继母"解释说："继母者，谓嫡母或亡或出，父再娶者为继母。"又如《卫禁律》（总第58条）疏文对"垣"这个常用词也作出明确的解释，其疏文称："垣者，墙也。"再如《卫禁律》（总第81条）疏文对"官府"的含义解释说："官府者，百司之称。"当然，《唐律》法律解释在内容上的准确性不仅仅表现在对概念的解释上，还表现在对法律原则、罪名罪状、刑罚、适用条件的解释方面。正是《唐律》法律解释内容的准确性最有力地说明了文义准确性是《唐律》法律解释的重要原则。

（二）整体性原则

整体性原则是法律体系的整体性要求在法律解释中的体现。即在法律解释过程中，应当强调不同的法律形式、法律部门之间以及一部法律内部的协调性。法律的协调性应当在法律解释中得以明确和强化，绝不可因法律解释使这种协调性遭到破坏，甚至出现法律的冲突。

中国古代虽然没有明确的法律部门的划分，但存在着不同的法律形式。中国古代的法律解释中也是十分注重整体性原则的。在隋唐以前的成文法典中我们无法看到一部完整的，但从《唐律疏议》中我们可以发现中国古代法律解释对于整体性原则的坚持。

首先，在法律解释的过程中运用其他法律形式的内容，以保持法律体系的协调性。《唐律疏议》全篇直接引用"令"文152处，涉及110条律文；直接引用"格"文4处；直接引用"式"文17处。如《名例律》（总第24条）律文规定："诸犯流应配者，三流俱役一年。妻妾从之"。对于"妻妾从之"，该条疏文引《狱官令》作出解释：依令："犯流断定，不得弃放妻妾"。这体现了刑律与"令"的协调统一。又如《诈伪律》（总第375条）规定："诸妄认良人为奴婢、部曲、妻妾、子孙者，以略人论减一等。妄认部曲者，又减一等。妄认奴婢及财物者，准盗论减一等。"但律文并未说明"妄认良人为随身，妄认随身为部曲"这两种情况的处理，故而本条设问答并引《刑部格》加以说明："随身与他人相犯，并同部曲法。"即从《刑部格》的规定可以发现"随身"与"部曲"相同。因而这两种情况当以"妄认部曲"处罚。再如《卫禁律》（总第81条）规定了"无故开闭城门"的处罚，律文含有"有故"不处罚之意，但何为"有故"？本条疏文引《监门式》说："若公使赍文牒者，听。其有婚嫁，亦听。"即这两种情况为"有故"，不处罚。此外本条还引了《监门式》的注文进一步说明"有故"："丧、病须相告赴，求访医药，赍本坊文牒者，亦听。"从这些内容我们可以发现《唐律》的解释对不同的法律形式之间整体性的重视。

其次，引用律文解释律文，以保持同一部法律内部的整体性。如《卫禁律》（总第87条）规定："诸赍禁物私度关者，坐赃论；赃轻者，从私造、私有法。"但"私造、私有"之法的内容是什么，该条律文并未说明，故而疏文直接引出《擅兴律》中的律文加以解释，私有"甲一领，弩三张，流二千里。矟一张，徒一年半。私造者，各加一等"。再如《职制律》（总第109条）规定："诸漏泄大事应密者，绞。"其注文称："大事，谓潜谋讨袭及收捕谋叛之类。"但该注文并未将大事说全,同时另外的条文也有类似的规定。故而本条的疏文将另外的律条(《斗讼律》总第340条)直接引出加以说明:"知谋反及大逆者,密告随近官司。"即"谋反"与"大逆"也属本条所称的"大事"的范围。由此可见,《唐律》疏文通过引用律文以实现一部法律内部的协调性。

再次,通过引用注文解释律文,保持一部法律内的整体性。如《职制律》(总第112条)规定:"诸被制书,有所施行而违者,徒二年。失错者,杖一百。"但本条仅指"奉(执行)制书有违"的处罚,若执行其他官文书有违如何处罚并未说明,故而该条疏文设问答并引用其他条文的注文加以说明,即引用《职制律》(总第111条)"稽缓制书"的注文解释说:"誊制、敕、符、移之类皆是。"这样保持了该条律文与其他条文的协调一致。《唐律疏议》文本中这样的情况非常多,这说明在《唐律》的解释过程中,极其重视法律的整体性。

(三) 司法目的性原则

法律解释的司法目的性原则,是指法律解释的目的不仅仅是简单地解释法律的文字意义,而是要实现法律在司法过程中的准确适用,这是中国古代法律解释贯彻的重要原则。

秦王朝在立朝以前就贯彻商鞅的"以法为教"、"以吏为师"的政策,秦王朝建立以后依旧奉行"若有欲学法令,以吏为师"① 的政策。就法律的贯彻执行的要求而言,这正是法律以司法为核心目的的体现。在秦王朝,制定法律的不是平民百姓,能够解释法律的也不是平民百姓,而是官吏。正是在这个意义上,《汉书·景帝纪》称:"吏者,民之师也。"《秦简·法律答问》中的法律解释内容,一方面体现了"以吏为师"的指导思想,另一方面则体现了司法目的性。从司法的过程来看,不能说这一政策是错的,即便是司马迁也承认这一政策的创始人商鞅的措施是正确的,他在评价商鞅的政策时说"行之十年,秦民大说,道不拾遗,山无盗贼,家给人足。民勇于公战,怯于私斗,乡邑大治。"②

汉武帝时,儒家思想开始走上神坛,成为中国古代社会治国的指导思想,"夫国之大事,莫尚载籍"③。但在以儒家思想治理国家的过程中,首先面临的问题是法律实践与儒家思想的冲突。所以,"故胶东相董仲舒老病致仕,朝廷每有政议,数遣廷尉张汤亲至陋巷,问其得失,于是作《春秋决狱》二百三十二事,动以经对,言之详矣"④。董仲舒所作的二百三十二事的目的正是要在司法中解决儒家思想与法律的冲突。"春秋决狱"、"经义决狱"的核心是决狱,是司法实践。这正是汉代法律解释的核心。诚如王充在《论衡·程材》中对董仲舒"春秋决狱二百三十二事"的评价:"表《春秋》之义,稽合于律无乖异者。"其目的是使儒家思想"稽合于律"以用于司法实践。桓宽在《盐铁论》中从董仲舒"春秋决狱二百三十二事"中总结出了中国古代社会最重要的司法原则,即"论心定罪"。他说:"《春秋》之治狱,论心定罪,志善而违于法者,免;志恶而合于法者,诛。"⑤ 更可见汉代的法律解释的核心是以司法为中心的。

---

① 《史记·秦始皇本纪》。
② 《史记·商君列传》。
③ 《后汉书·应劭传》。
④ 《后汉书·应劭传》。
⑤ (汉)桓宽:《盐铁论·刑德》。

晋代张斐在《律注表》开篇就明确指出法律的司法性目的，"律始于《刑名》者，所以定罪制也"，而"断狱为之定罪"①。他所解释的二十个名词，无不从司法实践的操作性出发，如"唱首先言谓之造意，二人对议谓之谋"。这种解释使官吏在司法中能非常方便地适用法律。不仅如此，他还指出了在实践中易混淆的几种情况，更具有司法指导意义，"谋反之同伍，实不知情，当从刑。此故失之变也。卑与尊斗，皆为贼。斗之加兵刃水火中，不得为戏，戏之重也。向人室庐道径射，不得为过，失之禁也。都城人众中走马杀人，当为贼，贼之似也。过失似贼，戏似斗，斗而杀伤傍人，又似误，盗伤缚守似强盗，呵人取财似受赇，因辞所连似告劾，诸勿听理似故纵，持质似恐猲"②。此外，他在这篇著名的法律解释著作中指出了司法实践的基本原则，"论罪者务本其心，审其情，精其事，近取诸身，远取诸物，然后乃可以正刑"。

隋唐以后的法律解释更加注重司法目的性。虽然说《唐律》的"律疏"是因为科举考试中"明法"科"遂无凭准"，"宜广召解律人，修义疏奏闻，仍使中书门下监定参撰"③，但"律疏"在实际制定时又自然地把司法实践之需要提到了主要地位。具体地说，就是要克服司法实践中刑部与大理寺之间及地方州、县之间因认识分歧而执法不一的弊病，从而确定对律文内容统一的解释。这一点，《名例律》开头的疏文中表达得最清楚："今之典宪，前圣规模，章程靡失，鸿纤备举，而刑宪之司执行殊异，大理当其死坐，刑部处以流刑；一州断徒年，一县将为杖罚。不有解释，触涂睽误。……是以……爰造《律疏》，大明典式。……譬权衡之知轻重，若规矩之得方圆，迈彼三章，同符画一者矣。"④ 此外，在《唐律》解释的方法、内容上均体现了司法中心主义的目的，如概念解释的精确性、适用条件解释的严格性和举例解释的广泛运用，无不体现了对司法实践的重视。

中国古代法律解释的司法目的性至明清时依然坚持。明清时的法律解释大家很多本身就是司法官员，他们从各自的司法实践出发来解释法律，并互相校证，以使律义更加明确，更能适应司法实践的需要。如明代《读律琐言》的作者雷梦麟是明嘉靖时期的刑部郎中，清代《唐明律合编》、《读例存疑》的作者薛允升任职刑部四十年，官至刑部尚书。他们所作的法律解释更加注重司法实践性。清末沈家本在《重刻唐律疏议序》中的一段话也能体现其对司法实践的关注，"设使手操三尺，不知深切究明，而但取办于临时之检按，一案之误，动累数人；一例之差，贻害数世"⑤。

总之，中国传统的法律解释始终是以司法实践为目的的。也正因为此，中国古代法律解释取得了辉煌的成就。

（四）价值准确性原则

任何一个社会或任何一个社会发展时期，都有支持这个社会发展、运行的价值体系。法律运动的所有环节必须积极地反映、体现这个价值体系的内容。只有这样才能实现法律与社

---

① 《晋书·刑法志》。
② 《晋书·刑法志》。
③ 《册府元龟》卷六一二。
④ 钱大群：《〈唐律疏议〉结构及书名辨析》，载《历史研究》，2000（4）。
⑤ （清）沈家本：《寄簃文存·重刻唐律疏议序》。

会的协调，法律才有自己的生命力。法律解释作为法律运动的一个环节，也必须坚持这一原则，这也是法律解释有效性的基础之一。中国古代的法律解释也正是在坚持这一原则的基础上，使中国传统的价值体系体现于法律之中，使之成为中华法系的主要标志之一。

中国传统社会的价值体系是在家族社会结构基础上形成的以儒家理论为基础的等级伦理价值系统。这一系统不仅指导着中国古代社会长期的运行、发展，同时也指导着中国古代法律解释的发展。换言之，中国古代的法律解释始终把坚持在法律中解释等级价值体系作为基本任务之一，从而呈现出独特的价值解释现象。具体而言，中国古代社会的价值系统有两个核心内容：一是等级特权价值，这一价值有两点表现，即皇权至上与官僚等级特权；另一是家族等级伦理。这在中国古代的法律解释中得到了充分、准确的体现。

1. 等级特权价值

中国古代自进入文明社会以来就是一个等级特权社会，西周的王、公、大夫、卿、士的等级结构体现了中国早期社会的等级结构。秦以后的官僚等级体现了中国统一的中央集权制之下的等级结构。儒家价值系统中对等级的强调并不是儒家经典思想家们的独创，而是对春秋以前的中国古代等级制度的一种反映。儒家在将现实中的等级制度进行合理性解释时，纳入了道德的因素，使之成为一种理论上的道德等级制度。但是，汉以后儒家思想成为中国正统的统治思想以后，历代帝王所建立的等级制度并不是儒家所称的道德等级制度。不过，他们却经常以儒家的等级理论来解释他们所建立的等级制度的合理性。同样，法律作为论证和维护社会等级制度的合理性存在的手段，也不遗余力地解释保护这种制度的原因。这样，在中国传统法律解释的价值追求上，等级制度的合理性是其中的重要内容之一。

秦汉时期，中国古代的等级特权制度始终是围绕着新建立不久的皇权制度，法律制度的建设也是如此，法律解释也必然反映这一点。如秦律中就有类似汉代的"矫制"之罪。《秦简·法律答问》曰："'侨（矫）丞令'可（何）殹（也）？为有秩伪写其印为大嗇夫。"可以说这是汉代"矫制罪"的前身。

汉代的法律中创制了大量有关破坏皇权的罪名，如大逆无道罪、左道罪、失礼罪、醉歌堂下罪、戏殿上罪、不朝不请罪、挟诏书罪、欺谩罪等。汉代对于这些罪名也进行了大量的法律解释，体现了对皇权至上的维护。如对于"左官"，《汉书·诸侯王表》记载："武（帝）有衡山、淮南之谋，作左官之律。"对此，汉儒服虔解释道："仕于诸侯为左官，绝不得仕于王侯也。"应劭对此解释为："人道上右，今上天子而仕诸侯，故谓之左官。"又如对于"大逆不道"的罪名，《汉书·景帝纪》载："襄平侯嘉子恢说不孝，谋反，欲以杀嘉，大逆无道。"注引如淳曰："律，大逆不道，父母、妻子、同产皆弃市。"① 对于"矫制"罪，《汉书·功臣表》载："浩侯王恢，坐使酒泉矫制害，当死，赎罪，免。"如淳注曰："律，矫诏大害要斩，有矫诏害，矫诏不害。"可见汉代"矫制罪"分为"大害"和"不害"两种。这些法律解释无不体现了对皇权至上的等级制度的维护。

三国两晋南北朝时期"十恶"、"八议"、"官当"制度的确立，表明中国古代官僚等级特权在法律中全面确立，中国古代的法律解释对这些原则也是不遗余力地全面解释。以《唐律》为例，在《名例律》中从总第6条至总第23条，用了18个条文来解释这些原则，可见

---

① 如淳为三国曹魏时期的人，虽不是汉朝本朝之人，但曹魏去汉不远，其解释当也能说明汉律之意。

其对这些原则的重视。如"八议"由原来仅有的"议权"发展至唐时的"议"、"请"、"减"、"赎"四项权利，《唐律疏议》以注文、疏文对这四项权利进行了全面的解释。如对"赎权"，《名例律》（总第 11 条）规定："诸应议、请、减及九品以上之官，若官品得减者之祖父母、父母、妻、子孙，犯流罪以下，听赎。"其疏文解释道："此名'赎章'。应议、请、减者，谓议、请、减三章内人，亦有无官而入议、请、减者，故不云官也；及九品已上官者，谓身有八品、九品之官；'若官品得减者'，谓七品以上之官，荫及祖父母、父母、妻、子孙：犯流罪以下，并听赎。"这段疏文从法律解释的角度而言，可谓十分精当。

明清时期的法律解释对于等级特权原则是全面继承了《唐律疏议》的这种解释形式，并在制度设计上进一步维护中国古代的等级特权。

2. 家族等级伦理

中国古代社会是依赖于家族结构进入文明社会的，家族血缘等级结构是中国古代社会赖以存在的基础。因此，产生于这一基础之上的家族等级伦理并不是因为儒家的提倡而成为中国古代社会的核心价值之一的，而是它本来就是中国古代社会的核心价值。儒家思想只是在理论上对此加以强化，并从理论上阐释了这一价值的合理性。中国古代法律的重要任务之一就是要维护在家族等级伦理基础上所形成的等级秩序。中国古代的法律解释对此也十分重视，强调对这个原则解释的精当性。

对于家族等级原则，秦王朝也是十分重视的。陈寅恪先生曾说："秦之法制实儒家一派学说所附系。"① 《秦简·法律答问》的内容也体现了这一点，如《秦律》规定："父子盗，不为盗"。对此《法律答问》解释道："今叚父（义父）盗叚子（义子），可（何）论？当为盗。"② 可见，秦代已经注意区分具有血缘关系的父子与没有血缘关系的父子在犯盗罪时的不同处理了。再如，对于奸罪，《秦简·法律答问》规定："甲、乙交与女丙奸，甲、乙以其故相刺伤，丙弗智（知），丙论可（何）殹（也）？毋论。"而《法律答问》又规定："同母异父相奸，可（何）论？弃市。"③ 对于前者，女子同时与二人通奸都不处罚，而后者因其有血缘关系则处"弃市"，可见秦朝法律对于家族伦理等级的重视。

儒家思想在汉代成为中国古代社会的正统思想后，法律对家族伦理道德更加重视了。如董仲舒所编的案例现仅存五则，在我们所能见到的四则中，均是关乎家族成员之间相互犯罪或纠纷的案件，董仲舒所作的解释无不体现了对家族伦理道德的维护。如"时有疑狱曰：甲无子，拾道旁弃儿乙养之，以为子。及乙长，有罪杀人，以状语甲，甲藏匿乙，甲当何论？（董）仲舒断曰：甲无子，振活养乙，虽非所生，谁与易之。《诗》云：螟蛉有子，蜾蠃负之。《春秋》之义，父为子隐，甲宜匿乙而不当坐。"④ 可见，董仲舒的解释体现了对中国古代家族伦理道德的重视，更体现了所谓的"引礼入法"的过程。

魏晋南北朝时期是中国传统法律儒家化的重要时期，其最重要的表现就是体现中国古代

---

① 冯友兰：《中国哲学史下册》（下册），载陈寅恪撰：《审查报告三》，北京，中华书局，1961，转引自何勤华：《秦汉律学考》，载《法学研究》，1999（5）。

② 睡虎地秦墓竹简整理小组：《睡虎地秦墓竹简·法律答问》，159 页，北京，文物出版社，1978。

③ 睡虎地秦墓竹简整理小组：《睡虎地秦墓竹简·法律答问》，225 页，北京，文物出版社，1978。

④ 《通典》卷六十九《东晋成帝咸和五年散骑侍郎乔贺妻于氏上表引》；亦可见程树德：《九朝律考》，161 页，北京，中华书局，2003。

家族等级伦理关系的"礼"被全面纳入法律，确立了一系列法律原则，诸如"亲亲得相首匿"、"准五服以制罪"等等。至隋唐时，中国传统法律的儒家化全面完成，在法律解释中，对家族伦理等级道德进行了全面的、精准的解释。如《唐律·名例律》（总第 46 条）精准地解释了由"亲亲得相首匿"演化而来的"同居相隐"原则。再如《斗讼律》（总第 329 条）律文规定：

> 诸詈祖父母、父母者，绞；殴者，斩；过失杀者，流三千里；伤者，徒三年。若子孙违犯教令，而祖父母、父母殴杀者，徒一年半；以刃杀者，徒二年；故杀者，各加一等。

其疏文称：

> 子孙于祖父母、父母，情有不顺而辄詈者，合绞；殴者，斩。律无"皆"字，案文可知：子孙虽共殴击，原情俱是自殴，虽无"皆"字，各合斩刑。下条"妻妾殴夫之祖父母、父母伤者，皆斩"，举轻明重，皎然不惑。过失杀者，流三千里；伤者，徒三年。见血为"伤"，伤无大小之限。"若子孙违犯教令"，谓有所教令，不限事之大小，可从而故违者，而祖父母、父母即殴杀之者，徒一年半；以刃杀者，徒二年。"故杀者，各加一等"，谓非违犯教令而故杀者，手足、他物杀，徒二年；用刃杀，徒二年半。

从此条律文及疏文可以看出法律对家族等级伦理的维护达到了极致，以至于在司法实践中出现了"曲法伸礼"的状况。如《旧唐书·陈子昂传》中所载的武则天时期徐元庆复仇案所引起的争论，就体现了法律与家族等级伦理的冲突。虽然最后的处理体现了法律的要求，但同时也表现了法律对家族伦理的屈服。

明清的法律解释，对中国传统的家族等级伦理的维护与唐代一样。如明代雷梦麟在解释"谋杀祖父母、父母"条时，说得十分简洁、准确，他说："子孙谋杀祖父母、父母，及卑幼谋杀期亲尊长，外孙谋杀外祖父母，妻妾谋杀夫及夫之祖父母、父母，已行者，不问伤人与未伤人，罪无首从，皆斩；已杀者，皆凌迟处死。"[1] 这里，雷梦麟对这样的处罚已经不需要再从理论上说明任何理由了，因为这已经是天经地义的事了。

中国古代虽然没有像现代法学研究一样从理论上总结出法律解释的一般原则，但中国古代的法律解释者大都是立法参与者和司法官员，他们从对实践的直接感知中形成了法律解释的一些原则，这些原则不仅符合一般解释的要求，也符合法律解释的特点，这些原则的贯彻对于中国古代法律解释的准确性、实用性具有重要的意义。

六、中国传统法律解释的特点

中国传统法律解释经历了两千多年的发展，取得了辉煌的成就，对于中国古代法律的发展起到了巨大的促进作用。认真总结中国古代法律解释的特点，不仅对中国古代法律解释的研究具有重要的理论意义，而且对中国当代法律解释的发展具有重要的现实意义。

（一）中国传统法律解释体制的特点

1. 以国家解释为主，多种解释主体并存

---

① （明）雷梦麟：《读律琐言》，347 页，北京，法律出版社，2000。

　　中国古代法律解释主体在总体上是以国家解释为主，以私家解释和官员个人解释为辅，形成了主体多元化的法律解释体制。在国家解释占主导地位的前提下，允许私家解释法律和官员个人解释法律的存在与发展。但是，私家解释法律和官员个人解释法律不得违背国家法律的基本精神。只有私家解释法律和官员个人解释法律与国家法律精神相协调、统一时，它们才能得以存在，才可能获得国家的认可和支持，否则，将会受到严惩。春秋时邓析被杀就是例证，邓析被杀并不仅仅是因为其私自铸律，更多的是其利用法律知识"以非为是，以是为非，是非无度，而可与不可日变。所欲胜因胜，所欲罪因罪"①。

　　中国古代能使多种解释主体并存的原因在于社会各个阶层对于法律秩序的共同追求。法律的实践价值在于"定分止争"，在于形成良好的社会秩序，这是中国古代的帝王、官员和普通百姓的共同期盼和追求。正是基于这一原因，中国古代才出现了多种解释主体并存的现象。因为统治者也十分清楚，私家、官员解释法律对于统治秩序、社会秩序的形成是有百利而无一害，故而汉文帝能容忍张释之的数次"冒犯"，这是因为汉文帝清楚地知道张释之的做法是在维护他的王朝。同样，中国古代国家能允许私家各自解释法律现象的存在，也是基于这样的理由。《晋书·刑法志》全文抄录张斐的《律注表》，也正说明了这一点。

　　2. 多元主体的法律解释互相补充

　　中国古代的国家并不是只运用一元主体的法律解释，而是多元主体的法律解释相互促进，相互提高。在某种意义上来说，中国古代法律的国家解释实际上只是一种法律解释效力、权威的表达形式，而在内容上是私家法律解释和官员个人解释的总结，国家解释完全是吸收其他两种解释的成就，这就形成了中国古代法律解释独特的相互补充的现象。如《唐律疏议》中的疏文，如果单纯地从作者的角度而言，是以长孙无忌为首的官员个人解释。清代历次修订法律都十分重视律学家对法律的解释，并将这种解释吸收到法律中。现存《大清律例》中《名例律》中的"以理去官"的律后附例："子孙缘事革职，其父祖诰敕不追夺者，仍与正官同。若致仕及封赠官犯赃，与无禄人同科。"② 吴源的《大清律例通考》对此条例考证后称："谨按：此条例文系仍《笺释》③ 律注，康熙、雍正年间已纂入律小注及律总注内，乾隆五年馆修奏准纂为专条，以补律文之所不及。"④ 又如《大清律例》的《刑律》中"骂制使及本管长官"律文后附例："凡在长安门外等处妄叫冤枉、辱骂原问官者，杖一百，用一百斤枷枷号一个月发落。妇人有犯罪坐夫男，若不知情及无夫男者，止坐本妇，照常发落"。《大清律例通考》对此条例考证说："谨按：此条系明律旧例。条内'杖一百'三字，原系'问罪'二字，乾隆五年律例馆奏准，以'问罪'亦未指定罪名，查照'笺释'，依违制增入。"⑤ 这些事件均说明私家解释法律和官员个人解释法律对国家立法、法律解释的巨大作用。

　　（二）综合运用多种法律解释形式

　　中国古代法律解释的形式是多样化的。以《唐律》为例，法律解释有律、注、疏和问答

---

①　《吕氏春秋·离谓》。

②　《大清律例》，93 页，北京，中华书局，1999。

③　指明代学者王肯堂所撰《大明律例笺释》。

④　何敏：《从清代私家注律看传统注释律学的实用价值》，载《法学》，1997（5）。

⑤　何敏：《从清代私家注律看传统注释律学的实用价值》，载《法学》，1997（5）。

等形式。① 这些形式综合为用，共同承担了对《唐律》律文进行精确解释的任务。

1. 灵活地运用注文

《唐律》注文是与律文同时制定出来的，唐代人称之为"子注"②，其功能就是对律文进行解释和补充，《唐律》注文在性质上是典型的立法解释。《唐律》注文在运用时体现了极大的灵活性。

首先，因需设注。《唐律》全律共 467 处注文，涉及 267 个条文。在形式上，《唐律》是随文下注。虽然《唐律》注文的总量很多，但并不是所有的律文都有注文，而是按需设注的。所谓"需"是指《唐律》律文中的具体内容需要作出说明，只有在这种情况下，《唐律》才设注文予以解释。这种因"需"下注的方法体现了注文运用的灵活性。

其次，注文长短灵活。从《唐律》注文的内容来看，有些注文内容十分短少，有些注文的内容则较长。如《名例律》（总第 7 条）"八议"条中"议故"的注文仅三个字，即"谓故旧"。而《贼盗律》（总第 281 条）"强盗"的注文则较长，其注文称："谓以威若力而取其财，先强后盗、先盗后强等。若与人药酒及食，使狂乱取财，亦是。即得阑遗之物，殴击财主而不还；及窃盗发觉，弃财逃走，财主追捕，因相拒捍；如此之类，事有因缘者，非强盗。"该注文近九十个字，比该条律文的内容还要多。《唐律》注文在长短上的各不相同，也体现了注文运用的灵活性。

再次，注文功能灵活。《唐律》注文的功能是多样化的，从大的方面来说分为解释功能和补充功能。在这两种功能的具体表现上，更显现出注文多样化的功能。如解释功能，唐律注文有对概念的解释、对律文的解释、对罪名的解释、对罪状的解释、对罪名构成条件的解释等等。《唐律》注文的补充功能也是如此，有对律文的补充、对罪状的补充、对定罪方法的补充、对刑罚的补充、对适用条件的补充等等。《唐律》注文在功能上的多样化也体现了注文在运用上的灵活性。

2. 全面地运用疏文

疏文是《唐律》法律解释的主体，所有的律文都通过疏文得到了解释，因而疏文在运用时具有全面性的特点。在形式上，疏文有序疏、律文疏、注文疏三种形式，这三种形式的疏文分别对《唐律》的篇名、律文、注文进行了全面的解释。《唐律》疏文还运用了各种解释方法，诸如文义解释、论理解释、引用解释、推理解释和举例解释等五大类解释方法对律文进行精确而细致的解释。就解释的内容而言，《唐律》疏文不仅解释了律文中的概念、罪名、刑罚、法律原则、适用条件等内容，还解释了定罪量刑的方法以及具体适用问题等内容。《唐律》的疏文体现了中国古代高超的法律解释技术，这些技术的运用不仅使律文的含义得以明确，而且使《唐律》所蕴含的法律价值、法律精神得以彰显。正如清代学者励廷仪评述说："其疏义则条分缕别，句推字解，阐发详明，能补律文之所未备。"③ 由于《唐律》疏文对中国古代法律知识的全面运用，使《唐律疏议》成为中国古代法律的"百科全书"。

---

① 从严格意义上来说，《唐律》法律解释中的问答是疏文的组成部分，但由于其在法律解释功能方面的特殊意义，本书将其独立为一种与疏文并行的法律解释形式。

② 《唐律·名例律》（总第 36、44 条）疏文。

③ （清）励廷仪：《唐律疏议序》，载刘俊文点校：《唐律疏议》附录，北京，中华书局，1983。

3. 适当地运用问答

《唐律》法律解释在疏文中还设置了大量的问答对律文作了进一步解释。全律共设置 178 组问答，主要是对律文的适用进行解释。从问答的设置来看，是以"必要性"为条件的，即问答的设置是解释律文所必需的。如《职制律》（总第 120 条）规定："闻期亲尊长丧，匿不举哀者，徒一年。"但现实生活中存在着"闻丧不即举哀，于后择日举讫"的现象，对这种具体情况如何定罪量刑是律文疏无法进行直接解释的。但现实生活中的这类现象又需要定罪量刑，故而该条疏文设问答予以明确地说明：

> 问曰：闻丧不即举哀，于后择日举讫，事发合得何罪？
> 答曰：依礼："斩衰之哭，往而不返。齐衰之哭，若往而返。大功之哭，三曲而偯。小功、缌麻，哀容可也。"准斯礼制，轻重有殊，闻丧虽同，情有降杀。期亲以上，不即举哀，后虽举讫，不可无罪，期以上从"不应得为重"；大功，从"不应得为轻"；小功以下，哀容可也，不合科罪。若未举事发者，各从"不举"之坐。

可见，问答的设置是以"必要"为条件的。

问答不仅对法律适用的具体问题进行了解释，而且在解释的过程中还进一步阐明法理，使律文的精神在具体的案例中得以运用。如《贼盗律》（总第 248 条）设问答说：

> 问曰：反、逆人应缘坐，其妻妾据本法，虽会赦犹离之、正之；其继、养子孙依本法，虽会赦合正之。准离之、正之，即不在缘坐之限。反、逆事彰之后，始诉离之、正之，如此之类，并合放免以否？
> 答曰：刑法慎于开塞，一律不可两科，执宪履绳，务从折中。违法之辈，已汩朝章，虽经大恩，法须离、正。离、正之色，即是凡人。离、正不可为亲，须从本宗缘坐。

问答中所称的"刑法慎于开塞，一律不可两科，执宪履绳，务从折中"，不仅解答了问题，还进一步说明了中国古代法律适用的基本理论，使中国古代社会的"法理"得以彰显。《唐律》疏文中问答的这种运用体现了法律解释者们的独具匠心，诚如清代学者励廷仪说："其设为问答，互相辨难，精思妙意，层出不穷，剖析疑义，毫无遗剩。"①

《唐律》法律解释中的注文、疏文和问答虽然各有特点，其功能也各有千秋，但这些形式之间却是互相协调、配合的，它们被综合地运用于整部《唐律》的法律解释之中，共同对《唐律》的文义及其适用作出了全面的解释。

（三）综合运用多种法律解释方法

中国传统法律解释在方法上是多种多样的，以《唐律》法律解释为例，其解释方法共有五类，分别是文义解释、论理解释、引用解释、类推解释和举例解释，这些方法在运用中形成了自身的特点。

1. 综合运用多样化的解释方法

《唐律》法律解释中众多的解释方法并不是单一地运用，而是综合运用的，这主要体现

---

① （清）励廷仪：《唐律疏议序》，载刘俊文点校：《唐律疏议》附录，北京，中华书局，1983。

在每一段具体律文的解释都运用多种方法进行解释。如《名例律》（总第1条）规定："笞刑五：笞一十。笞二十。笞三十。笞四十。笞五十。"其疏文解释说：

> 议曰：笞者，击也，又训为耻。言人有小愆，法须惩诫，故加捶挞以耻之。汉时笞则用竹，今时则用楚。故书云"扑作教刑"，即其义也。汉文帝十三年，太仓令淳于意女缇萦上书，愿没入为官婢，以赎父刑。帝悲其意，遂改肉刑：当黥者髡钳为城奴令舂，当劓者笞三百。此即笞、杖之目，未有区分。笞击之刑，刑之薄者也。随时沿革，轻重不同，俱期无刑，义惟必措。《孝经援神契》云："圣人制五刑，以法五行。"礼云："刑者，侀也，成也。一成而不可变，故君子尽心焉。"《孝经钩命决》云："刑者，侀也，质罪示终。"然杀人者死，伤人者刑，百王之所同，其所由来尚矣。从笞十至五十，其数有五，故曰"笞刑五"。徒、杖之数，亦准此。

分析这段疏文，可以发现其运用的法律解释方法有本义解释、目的解释、历史解释、引用典籍解释、立法理由解释、扩张解释等多种方法。整个《唐律》法律解释中，每一段律文都运用了多种方法进行解释，因而在法律解释方法的运用上呈现出综合性的特点。[①]

2. 科学地确定解释方法运用的序列

从宏观上来说，《唐律》法律解释共运用了五类解释方法，分别是文义解释、论理解释、引用解释、类推解释、举例解释。这五类解释方法还可以相对地分为两类，前三者因其围绕着法条的含义、历史渊源、立法目的、立法理由以及法律体系的整体性等立法意图方面的内容进行解释，可以称为"法义解释"方法；后二者因其围绕着法律实践中的问题进行解释，可以称为"实践性解释"方法。从这两大类解释方法在《唐律》法律解释中的运用可以发现其在运用序列上的特点。

第一，法义解释方法优先，实践性解释方法为补充。纵观《唐律》法律解释，可以发现法义解释是普遍适用的，尤其是文义解释是所有法律条文解释都运用的方法；而实践性解释是解释者认为法条在司法实践适用中可能出现模糊的情况下才运用的解释方法，因而实践性解释是法义解释的补充。

第二，在法义解释方法中，文义解释方法优先。在《唐律》中法义解释方法的序列是文义解释优先，引用解释居次[②]，论理解释居再次，其他解释方法作为补充。从具体的法义解释方法在《唐律》的法律解释中运用的普遍性程度来说，文义解释是最普遍的，尤其是逐词逐句解释、本义解释更是每一段律文解释都运用的方法。其次是引用解释。《唐律》法律解释中不仅引用了大量的其他法律的内容来解释律文，而且还引用了大量的典籍、史书和其他资料来解释律文；这不仅保证了法律解释的体系性特征，还保证了法律解释与社会观念、社会文化的统一。再次是论理解释。《唐律》法律解释中的论理解释包括历史解释、立法原因解释、立法理由解释、目的解释等方法，这些方法是在具体的律文的含义在法理上存在着理解的障碍时才运用的解释方法，故而其在引用解释之后。其他的解释方法，诸如扩张解释、限制解释、列举解释、辨析解释、冲突解释、概括解释等，从适用的普遍性上来说不如文义

---

① 参见励廷仪：《唐律疏议序》，载《唐律疏议·附录》，刘俊文点校，666页，北京，中华书局，1983。

② 《唐律》法律解释中的"引用解释"类似于现代法律解释中的体系性解释，但其引用的内容并不限于其他的法律，也包括各种典籍、史书等。

解释，而更多的是作为文义解释的补充方法。

第三，实践性解释方法中，举例解释方法优先。《唐律》实践性解释方法中是举例解释优先，类推解释居次。从举例解释、类推解释在《唐律疏议》文本中的适用来看，举例解释多达 450 处，类推解释约 60 处。从具体适用的情况来看，举例解释最具有普遍性，既是为了直观地说明律文的含义，也为法律适用提供一般的范例；类推解释是针对法律适用中特殊问题的解释，即法无明文规定时如何适用法律的解释。因而，无论从适用的普遍性，还是从具体适用的情况来看，《唐律》法律解释在实践性解释方法的序列上是举例解释优先，类推解释居次。

虽然《唐律》解释者们并没有说明这种法律解释方法运用序列的理论，但体现在《唐律》法律解释中的法律解释方法的序列无疑是具有科学性的。

总之，《唐律》法律解释在解释方法上不仅运用了多种解释方法，而且科学地确定了这些解释方法运用的序列，实现了《唐律》法律解释的目的，也体现了中国古代法律解释方法的多样性。

（四）明确了法律解释的重点内容

在一定意义上来说，法律解释的内容是由法律决定的，即全面地解释法律的内容是法律解释的任务，也是法律解释在内容上的要求。但中国古代法律解释在内容上还依刑事法律的特点确定了重点解释的内容，即以概念解释、法律原则解释和适用条件解释为核心内容，这也是法律解释的司法目的性的要求。

1. 强化了概念的解释

法律中概念含义的准确性对法律适用具有重大的意义。中国传统法律非常注重法律概念的一般解释，同时也十分注重法律概念的特殊解释。如"群"字，据张斐在《注律表》中的解释，其一般意义即"三人谓之群"[①]。《唐律疏议》的解释也坚持这一般意义，如总第 266 条和总第 308 条的"群党共杀"中即是如此。但《唐律疏议》也对"群"在不同场合下的特殊意义作了特别解释，如《厩库律》（总第 196 条）疏文引《厩牧令》称："牧马、牛，皆百二十为群；驼、骡、驴，各以七十头为群；羊，六百二十口为群。"这种解释既注重了概念解释的统一性，又注重了同一概念的特别解释。

2. 强化法律原则的操作性解释

法律原则虽然具有抽象性，但是所有的法律条文都应当具有操作性，否则与法律的实践性要求相违背。中国古代的法律解释者们也许并不明了其中的理论意义，但是在法律解释中却是暗合于这一基本要求的。如《唐律疏议》（总第 24 条）规定了"犯流应配"的原则，该条详细地解释了这一原则在实践操作中可能遇到的各种情况，诸如妻妾是否跟从、父祖是否跟从、移乡人家口是否跟从，跟从的人放还的条件及其例外等等。这些解释对于流刑中可能遇到的各种情况都进行了预设，非常有利于司法实践的操作。

3. 强化了适用条件的精确解释

法律适用条件是法律对应于事实的前提，其重要性是不言而喻的。中国古代的法律解释对于适用条件的重视也是无与伦比的。如《唐律疏议》（总第 28 条）规定了"犯流留住"的

---

① 《晋书·刑法志》。

情况，其中规定"其妇人犯流者，亦留住"，但对"造畜蛊毒"的妇女犯流罪的规定了严格的排除条件，其疏文称："造畜蛊毒，所在不容，摈之荒服，绝其根本，故虽妇人，亦须投窜，纵令嫁向中华，事发还从配遣，并依流配之法，三流俱役一年，纵使遇恩，不合原免。"其解释使得本条内容在适用时受到严格的限制。

（五）科学地设定了法律解释的原则

法律解释原则不仅决定着法律解释内容的侧重，其设定的科学性程度还在整体上决定着法律解释的科学性程度。因此，保证法律解释原则设定的科学性对法律解释来说具有基础性的意义和作用。中国古代法律解释所设定的文义准确性原则、整体性原则、司法目的性原则和价值准确性原则既符合了解释的要求，也符合了法律的特点和法律实践的要求，具有很强的科学性。

1. 文义准确性原则设定的科学性

准确地解释被解释对象的含义是解释的第一要义，法律解释也是如此。虽然中国古代没有解释学的一般理论，但中国古代各种解释活动的存在早已经使人们认识到解释活动的最基本要求。正是基于这一认识，中国古代的法律解释者们确立了文义准确性的法律解释原则。这可以从《唐律》对概念的解释得到证明，《唐律疏议》文本中解释的概念多达三百多个，《唐律》运用各种方法保证了这些概念解释的准确性。有的概念还多次进行解释，以"监临"为例，《名例律》（总第 54 条）律文、疏文对这一概念的内涵做了全面解释，其律文称："诸称'监临'者，统摄案验为监临。"疏文解释说："统摄者，谓内外诸司长官统摄所部者。案验，谓诸司判官判断其事者是也。"该条并设问答对特殊情况下"监临"身份的确定做了说明。除此条的解释外，《唐律疏议》文本中还有九处疏文对这一概念进行了解释。《名例律》（总第 54 条）中的"监临"分为统摄、案验两种情况，其他条文的解释中有的明确解释了"监临"一词在其所属律文是指统摄，还是指案验。如《斗讼律》（总第 361 条）疏文解释为"统摄之官"。还有的则解释了"监临"的特殊含义，如《厩库律》（总第 212 条）疏文则解释说："'监临主守'，谓所在之处，官物有官司执当者。"该疏文说明此处的"监临"不同于《名例律》（总第 54 条）的一般含义。《职制律》（总第 138 条）疏文解释为："'监临主司'，谓统摄案验及行案主典之类。"此处"监临"的内涵则在一般含义上有所扩张。不仅如此，有的条文还设问答专门解释"监临"身份的确定，如《职制律》（总第 146 条）设问答解释说：

> 问曰：州、县、镇、戍、折冲府判官以上，于所部总为监临，自余唯据临统本司及有所案验者。里正、坊正既无官品，于所部内有犯，得作监临之官以否？
>
> 答曰：有所请求及枉法、不枉法，律文皆称监临主司，明为临统案验之人，不限有品、无品，但职掌其事，即名监临主司。其里正、坊正，职在驱催，既无官品，并不同监临之例。止从"在官非监临"，各减监临之官罪一等。

从上述内容可见《唐律》法律解释对"监临"这一概念的解释的全面和细致，这也说明文义准确性原则设定的科学性。

2. 整体性原则设定的科学性

任何一个民族在任何一个时期都不可能通过一部法律来解决所有的问题，而是依据各种标准制定出多部法律分别解决不同的问题。但是不同的法律之间不是没有联系的，相反存在着紧密的联系，这是法律发展过程中所形成的体系性要求。法律的这种体系性要求在刑法中体现得更加明显，因为刑法是维护社会秩序的最后一道防线，它必须完成与其他维护社会秩序的法律之间的联结。

中国古代的法律解释者们也充分地认识到了法律的整体性的特征，在法律解释中充分地体现了法律的整体性。以《唐律》中的法律解释为例，解释者们大量引用其他法律的内容来说明《唐律》具体律文与其他法律之间的关系。在具体表现上，有的直接引用其他法律的内容来说明律文，有的引用其他法律中的各种具体制度来说明律文。

法律的整体性不仅表现在一部法律与其他法律的关系上，而且表现在一部法律内部。即一部法律内部的各部分内容也必须是相互协调的整体。《唐律》的解释者也认识到了立法的这方面的要求，在解释《唐律》的过程中，大量地引用《唐律》本身的内容来解释《唐律》，即在形式上"引律释律"。这样，不仅说明了《唐律》内部体系的整体性，也使法律解释本身成为一个各部分相互协调的整体。正是《唐律》解释者们在这方面的努力，体现了《唐律》法律解释对法律体系性要求的遵循，从而揭示了《唐律》与其他法律的联系。

《唐律》法律解释在这些方面的努力促成了其巨大的成就，《唐律》法律解释的成就也说明了中国古代法律解释整体性原则设定的科学性。

3. 司法目的性原则设定的科学性

对于其他的解释来说，实现了对被解释对象含义的准确解释也许就完成了解释的任务。但是，法律解释的最终目的不在于准确解释法律的文义，而在于能使法律正确、准确地适用于法律实践。虽然文义解释的目的也是为了法律实践，但文义解释的准确性只是使法律能准确适用于司法实践的一个前提性环节，即文义解释的准确并不必然地保证其能准确地适用于法律实践。由于文本含义，包括法律解释文本含义的有限性，再准确、精准的文义解释与社会现象的复杂性之间还存在着巨大的差距。在法律解释中解决这一差距唯一的方法就是强化法律适用的解释，这是法律的实践品性对法律解释提出的客观要求。

中国古代的法律解释者们也充分地认识到司法实践对法律解释的这一客观要求，在法律解释中十分注重法律规范的适用性解释。晋代张斐的《注律表》可以说是对中国古代有关法律解释的理论论述最集中的一篇文章，其中所说的："论罪者务本其心，审其情，精其事，近取诸身，远取诸物，然后乃可以正刑。"[①] 说明的正是中国古代法律实践的理性要求，即司法实践中务求精审得当，以正其刑。其在《注律表》中的这段文字，实际上也说明他制作《注律表》的目的，也就是要促进司法活动精审得当。再来看张斐在《注律表》中的另一段文字："仰手似乞，俯手似夺，捧手似谢，拟手似诉，拱臂似自首，攘臂似格斗，矜庄似威，怡悦似福，喜怒忧欢，貌在声色。"这中间所描述的人的行为的特征以及各种表情正是说明应当从人们在日常生活中所表现的行为特征中寻求法律解释的道路，恐怕这也是他所说的"审其情"的另一种表达，这正从理论上说明了中国古代法律解释始终坚持司法目的性原则的原因。清代王明德在《读律佩觿》"本序"中说："等五刑而上之有刑焉，等五刑而下之有

---

① 《晋书·刑法志》。

刑焉，不应重，不应轻，将得谓刑之正耶。"① 这里"重"、"轻"二字准确地表明了中国古代司法实践的目的，与张斐所说的"正刑"实为异曲同工。王明德同时说道："两造陈，强梁抑、削弱伸，直而胜者欣，曲而负者服。"② 这里，王明德用"陈"、"抑"、"伸"、"欣"、"服"五个字说明了中国古代司法实践的结果期望，也是社会效果期望。这种期望正是中国古代司法实践的最终理性的实现，同时也是法律解释的最终目标。

《唐律》法律解释集中体现了司法目的性原则设定的科学性。首先重视律文一般适用的解释。即在准确解释律义的基础上，《唐律》法律解释就律文如何适用于司法实践通过列举解释、举例解释、类推解释等方法给予解释，尤其是举例解释，为律文提供了司法实践的范本。其次，重视适用条件的解释。在法律中，尤其是在刑法中，适用条件经常是法律条文与事实的联结点。而这一联结点是否明确直接影响着罪与非罪、此罪与彼罪的确定。《唐律》解释者们在解释《唐律》的过程中，力求准确、精当地对适用条件作出全面的解释，以保证在司法中准确地适用法律条文。再次，重视律文特殊适用的解释。由于立法技术相对于社会生活的复杂性所存在的"先天性障碍"，法律规范经常不能涵摄所有社会现象，这就需要对法律在各种特殊情况下如何适用作出明确解释。《唐律》的解释者们在解释《唐律》的过程中，通过大量的问答解释、类推解释对法律适用中的特殊问题作出尽可能全面、准确的解释。正是《唐律》解释者们在这三个方面的努力，提高了《唐律》法律解释的可操作性，更体现了《唐律》法律解释司法目的性原则设定的科学性。

4. 价值解释原则设定的科学性

法律必然反映和体现着一个社会的价值体系，这是法律的生命力之所在。依附于法律而存在的法律解释也必然体现一个社会的价值体系，这也是法律解释的生命力之所在。但是，社会价值的多元性决定法律解释更应当坚持的是一个社会的主导性价值，只有坚持社会的主导价值，法律和法律解释才有存在的可能。

中国古代的法律解释并没有明确地提出坚持社会主导价值这样的解释原则。但是中国古代的法律解释者们在解释过程中却无处不在地贯彻这一原则。支撑中国古代社会运行的价值可以说是多元的，但核心价值却只有两个：一是等级特权；二是家族等级伦理。依附于中国传统法律而存在的中国传统法律解释，其无法也不可能摆脱这种核心价值。相反，中国传统的法律解释时时刻刻坚持着中国古代社会的核心价值。如晋代张斐在《注律表》中称："是故尊卑叙，仁义明，九族亲，王道平也。"这也是张斐注律时所坚持的原则。清人王明德则说："然深原夫刑之所自，实本道德仁义之基生。"③ 同样，王明德也是坚持着这些核心价值的。

单纯地从这些价值内容来看，历史的发展与进步宣判了这些价值在整体上的落后。但是，我们必须承认，这些价值是支撑中国古代社会运行的理念基础，中国古代的法律和法律解释对这些价值的体现是一种必然。从价值内容层次上，我们已经不能认同这些价值的合理性。但从法律解释的技术上，我们必须承认，正是中国古代法律解释对这些核心价值的认同和全面解释，才使得这些核心价值能够在法律中得以具体化和可操作化，同时也使这些价值

① （清）王明德：《读律佩觿》，5页，北京，法律出版社，2001。
② （清）王明德：《读律佩觿》，6页，北京，法律出版社，2001。
③ （清）王明德：《读律佩觿》，本序，1页，北京，法律出版社，2001。

在司法的过程中得到真正的贯彻。正是在这个意义上，价值准确性原则具有科学性。

总之，中国古代的法律解释，无论是解释的形式、方法，还是解释的原则、目的，均体现了其独特之处。这些特点虽然没有充分的理论支持，但无不体现出中国古代先贤们对法律解释的正确认识。正缘于此，中国古代的法律解释技术有着很强的现代生命力。

第三节
中国传统法律解释的现代意义

当代中国法律制度在法文化系统上是属于大陆法系，强调法典的制定，注重法律规范的抽象化、概括化。因此，法律解释在中国当代法律实践的各个环节依然起着非常重要的作用。全国人大常委会于 1981 年制定了《关于加强法律解释工作的决议》，对法律解释工作提供了制度和法律上的支持。2000 年全国人大通过的《立法法》专设了"法律解释"一节，为今后法律解释的发展提供了法律上的依据。经过二十多年的发展，我国的法律解释工作取得了巨大的成就，对我国当代法制建设起了巨大的作用。

但是，由于中国当代的法律解释起步较晚，但发展速度很快，在法律解释领域存在着大量的问题。我国法理学界从上个世纪 90 年代对法律解释问题给予了高度的关注，很多学者从各个角度和领域对法律解释问题进行深入的探讨，取得了较大的理论成就。但是，中国学术界在探讨法律解释问题时，经常是以其他国家的理论作为理论参照系，很少有学者以中国古代的法律解释作为参照系。对此，我们认为应当重新认识中国古代的法律解释所取得的巨大成就，并将其作为中国当代法律解释问题的理论和实践的参照体系，从中国古代的法律解释的成功经验中寻找中国当代法律解释发展有益的历史资源，寻找中国当代法律解释可资借鉴的制度和技术。

一、建立统一的多元化的法律解释体制

我国当代现行的法律解释体制[①]是根据 1981 年五届全国人大第 19 次常委会通过的《关于加强法律解释工作的决议》建立的。该决议对法律解释的主体、权限划分、内容等问题作了以下四项原则性的规定：（1）凡关于法律条文本身需要进一步明确界限或作补充规定的，由全国人大常委会进行解释或加以规定。（2）凡属于法院审判工作或检察院检察工作中具体应用法律的问题，分别由最高人民法院和最高人民检察院进行解释。两院解释如有原则分歧，报请全国人大常委会解释或决定。（3）不属于审判和检察工作中的其他法律如何具体应用的问题，由国务院及主管部门进行解释。（4）凡属地方性法规条文本身需要进一步明确界限或作出补充规定的，由制定法规的省、自治区、直辖市人大常委会进行解释或作出规定。凡属地方性法规如何具体应用的问题，由省、自治区、直辖市人民政府主管部门进行解释。[②]

---

① 这里所说的法律解释体制是指具有效力的法律解释体制。

② 参见孔祥俊：《法律方法论——法律解释的理念和方法》（第二卷），642～643 页，北京，人民法院出版社，2006。

从这四项规定中我们可以总结出我国当代的法律解释的四级体制即全国人大常委会的立法解释、最高人民检察院和最高人民法院的司法解释、国务院及其主管部门的行政解释、地方人民政府的地方性法律解释。

但在这种解释体制下，实际有权解释法律的机构很多，在实际操作中存在着一些问题，使具体的法律解释呈现出十分混乱的状况，如"释出多头"、"一法多释"、"有法无释"、"以释破法"等等。

中国古代法律解释的体制实质上是一元体制，即对法律文本的统一解释只有国家解释是有权解释。虽然中国古代的法律解释从主体上还包括私家注律解释和官员个人解释，但这两种主体所作的法律解释必须得到国家的认可才能获得法律效力，尤其是私家对法律文本注律解释更是如此。中国古代的法律实践证明一元的解释体制在解释法律时可以保证法律和法律解释的统一性，同样也可以保证司法实践的统一性。我们应当认真总结中国古代法律解释体制的经验，并从中国古代的解释体制中吸取有益的经验。

首先，应当建立统一的法律解释体制。中国古代的法律解释体制最重要的特点之一就是统一于国家解释之下，国家对于法律解释具有最后的决定权。而中国当代的法律解释虽然也坚持国家的法律解释权，但是，国家解释权在形式上却分属于不同的主体，形成了立法解释、司法解释、行政解释和地方解释四种性质的法律解释分立的状况。这种解释体制导致中国当代的法律解释出现了很多问题：其一，立法解释很少，而司法解释、行政解释很多。如全国人大常委会由于立法任务很重，对于立法解释注重的较少，我国现在的很多法律都缺少立法解释。由于受司法机关和行政机关的司法和行政执法职能的影响，司法解释、行政解释却是十分庞杂。其二，立法与立法解释性质不明。全国人大常委会作出的一些决定是立法还是法律解释难以定性，如全国人大常委会《关于惩治骗购外汇、逃汇和非法买卖外汇犯罪的决定》，其性质是立法还是立法解释难以明确。其三，立法解释、司法解释和行政解释难以定性。如最高人民法院、最高人民检察院、公安部、国家安全部、司法部、全国人大常委会法制工作委员会联合于1998年1月发布了《关于刑事诉讼法实施中若干问题的规定》，这个规定由于涉及立法机关、司法机关和行政机关，在性质上是立法解释还是司法解释、行政解释很难确定。

之所以出现这种情况，就是因为我国法律解释缺乏统一的体制。我们认为，法律解释的重要性在某种意义上来说，不亚于立法活动。因此，应当借鉴中国古代由国家统一进行法律解释的做法，确立法律的最高解释权属于立法机关，任何法律解释都必须由立法机关公开和宣布其生效。我们认为应当在最高立法机关设立专门机构，如设立法律解释委员会，定期约请从事司法工作的人员、学者针对重点问题进行研讨，确定相对最准确的法律解释。当然，立法机关可以授权给最高人民法院、最高人民检察院、国务院以及地方各级人民政府一定的法律解释权，这些机关所制定的法律解释必须经立法机关审查批准方可行用。这样确立国家的最高立法机关对于法律的最终解释权，以有利于我国当代法律解释工作的统一协调。

其次，统一法律解释的名称。中国现代的法律解释在性质有立法解释、司法解释、行政解释、地方解释几种。在具体的名称上更是多种多样，常见的有"意见"、"解释"、"解答"、"批复"、"答复"、"通知"、"规定"、"复函"、"纪要"。这使具体法律解释的名称十分混乱，而且法律解释的效力层次无法显现。我们认为法律解释的名称应当统一，应当直接统一为

"法律解释"，在表述上可以直接称"中华人民×××法的解释"，如《刑法》的解释可以表述为《〈中华人民共和国刑法〉的解释》。这样既能体现出法律解释在形式上的统一性，也能体现法律解释在效力上的统一性。

再次，由一个机构制定统一、完整的法律解释文本。在中国当代法律解释体制下，虽然解释法律的主体较多，但是尚没有一个机构对一部法律制定完整统一的法律解释文本。以现行《刑法》为例，单独的、零散的刑法解释非常多，既有立法解释，也有大量的司法解释，但没有一个机构对《刑法》作统一解释，以至于现行《刑法》有多少个具体的解释是一个难以说得清楚的问题。中国古代的法律解释是针对一部法律颁布统一、完整的法律解释的，如《唐律》的律疏是对《唐律》完整、统一的法律解释，它的统一性、完整性，不仅使法律解释的内容是统一的，而且还使法律解释的内容是全面的，更有利于司法人员检索使用。我们应当借鉴中国古代法律解释的这一特点，即由一个机构制定统一的法律解释文本，以克服"一法多释"、"有法无释"和法律解释之间相互冲突的弊病。

因而，中国当代应当借鉴中国古代法律解释体制的经验，形成统一的法律解释体制，明确法律解释的最终归属，统一、完整地解释法律，并使用统一的名称。这样，使我国法律解释在体制上走向完备，促进法律解释的发展。

二、综合运用多样化的法律解释形式

二十多年来，我国的法律解释工作取得了很大的进步，已经形成了"多样化"的法律解释形式，如常见的有"意见"、"解释"、"解答"、"批复"、"答复"、"通知"、"规定"、"复函"、"纪要"。但这些形式却是各自独立的、零散的，同一部法律经常有多种形式不同的解释。如《刑法》至今尚没有一部统一的法律解释，但涉及《刑法》的具体解释的形式多种多样，而且是"释出多头"，如关于《刑法》第 12 条的适用，最高人民法院于 1998 年 1 月 13 日制定了《关于适用刑法第十二条几个问题的解释》，最高人民检察院也作了《关于检察工作中具体适用修订刑法第十二条若干问题的通知》。一部《刑法》的法律解释多达几十种，非常不方便适用，以致在司法实践中出现"解释不定"的现象。

综合运用多样化的法律解释形式是指在一部完整、统一的法律解释内运用诸如《唐律疏议》中的那些多样化的法律解释形式。我们认为应当从中国古代统一的法律解释的多样化的法律解释形式中借鉴。

首先，对一部法律应当制定完整的、统一的法律解释文本。如针对《刑法》可以制定《刑法解释》，由立法机关对刑法中的所有问题进行全面的解释。在司法实践中碰到的新问题，如果是带有普遍性的问题，可以通过修订《刑法解释》加以解释，对于个案的法律解释可以采取批复的形式。这样，以保证法律解释的统一性。

其次，在完整、统一的法律解释中运用多种解释形式。中国古代是在完整统一的法律解释文本中运用各种法律解释形式，我们应当借鉴这一历史经验。当然，我们今天的法律解释不能照搬中国古代法律解释的形式，而是应当合理借鉴，并创造适合于现代社会的法律解释的形式。如现代的法律解释可能不再需要《唐律疏议》中的"注文"形式。但是类似于《唐律》法律解释中的疏文解释、问答解释形式是完全有必要的。我们认为在中国当代的法律解释中至少可以运用"释义解释"、"举例解释"和"疑难解释"三种解释形式，分别针对法律条文的含义和法律适用的问题进行全面的解释。

在统一、完整的法律解释文本内综合运用多种解释形式是全面、准确解释法律的客观要求，也是中国古代法律解释中值得我们借鉴的重要内容之一。

三、综合运用多种法律解释的方法

综合运用多种法律解释的方法，是指在一部完整统一的法律解释内，运用各种法律解释的方法，如中国古代的法律解释中所运用的文义解释、论理解释、引用解释、举例解释和类推解释等方法。

以中国古代法律解释的多种方法反观中国当代的法律解释时，可以发现中国当代的法律解释中所运用的方法很少。就立法解释而言，除了关于《刑法》的解释中运用了一些文义解释方法之外，其他解释方法运用很少；而司法解释中大量的是条文化的解释，运用的法律解释方法更少。在已有的法律解释中，还存在解释方法运用不够精当的问题。如1998年最高人民法院制定的《关于审理非法出版物刑事案件具体应用法律若干问题的解释》中对于非法出版物的概念没有集中解释，该法律解释中"非法出版物概念"不明确，也没有采取列举的方式说明非法出版物的种类。由于对此没有精当的解释，可能在司法实践中出现对"非法出版物"的概念任意性运用的现象。

应当借鉴中国古代法律解释的多种方法综合运用的特点，在统一的法律解释中运用多种法律解释方法。首先，以文义解释方法为基本方法。即对法律条文的含义必须运用文义解释的方法进行全面解释，具体如本义解释、扩张解释、限制解释、辨析解释等多种方法。其次，运用论理解释方法对立法意图进行解释。法律中的很多条文的立法意图是不清晰的，对于这一类的条文应当运用论理解释方法，对立法意图、立法理由、立法原因等问题做较详细的解释，以利于司法实践中准确地适用这些条文。再次，以举例解释作为补充。很多法律条文在具体运用时可能出现难以把握的现象，如刑法中可能出现"罪与非罪"、"此罪与彼罪"难以确定的问题。对于这一类的法律条文，可以运用举例解释来解决，并为司法实践提供可参考的适用范本。

中国古代的法律解释综合运用了大量的法律解释的方法，中国当代的法律解释不仅要学习法律解释方法综合运用的经验，而且可以将中国古代法律解释的方法直接运用于当代的法律解释之中。

四、明确法律解释的重点内容

由于中国古代法律体系的特殊性，中国古代的法律解释大都集中于刑事法律的解释之中。对于刑法的解释，中国古代的法律解释在内容上几乎涉及了刑事法律的所有内容，诸如概念、罪名、罪状、刑罚、法律原则、适用条件等。但中国古代的法律解释者们通过对司法实践的准确认识，在法律解释中重点解释了概念、法律原则和适用条件。

中国当代法律中需要解释的远不止刑法一部，其他诸如民法、行政法、诉讼法等也需要解释。但是，不同的法律在立法上的重点是不一样的，如刑法侧重于定罪量刑，民法侧重于规定公民的民事权利和义务，诉讼法侧重于诉讼程序和程序中当事人的权利、义务。由于不同法律立法重点的不同，法律解释内容的重点也不尽相同。因而，依据不同法律的性质确定法律解释的重点内容具有重要的意义。

虽然不同的法律有不同的立法重点，但由于任何法律都要付诸司法实践，法律的实践性品性使不同的法律在解释中有一些共同的重点。我们认为，对于所有的法律来说，概念、法律原则和适用条件是法律解释共同的重点，应当对其作出全面的解释。

（一）清楚地解释概念

法律规范的大部分是由概念组成的，对概念的解释是否精当将直接决定着法律适用的准确性。我国已有的法律解释已经十分重视这个问题了，如现行《刑法》第 357 条规定："本法所称的毒品，是指鸦片、海洛因、甲基苯丙胺（冰毒）、吗啡、大麻、可卡因以及国家规定管制的其他能够使人形成瘾癖的麻醉药品和精神药品。"该法条对毒品的概念直接作出了明确的解释。

但是也还有一些概念缺乏相应的法律解释。如我国现行《刑法》第 20 条第 3 款规定："对正在进行行凶、杀人、抢劫、强奸、绑架以及其他严重危及人身安全的暴力犯罪，采取防卫行为，造成不法侵害人伤亡的，不属于防卫过当，不负刑事责任。"但对于本款条文中的"行凶"一词至今没有明确的解释，使该条款在适用中存在着很大的障碍。再如我国现行《刑法》第 347 条中规定的"贩卖、运输毒品罪"和第 348 条所规定的"非法持有毒品罪"在概念上没有明显的区别，由于没有法律解释，司法实践中这两个罪名较难区别。

对此，我们认为应当借鉴中国古代法律解释的经验。首先，对于每一个概念都需要作出精当的解释，如《刑法》中的"行凶"等概念。其次，对于容易混淆的概念必须通过对比、辨析的方式作出解释，如《刑法》中"贩卖、运输毒品罪"和"非法持有毒品罪"，从而使这些易混淆的概念得到明确的区别，以有利于司法实践中对这些概念的准确运用。

（二）全面解释法律原则

法律原则是法律规范中最具抽象性的内容之一。但是，法律原则并不因为其抽象而不会在司法实践中被运用。因此，对法律原则也必须作出准确的解释，否则也会影响到司法实践。如我国《民法通则》第 4 条规定："民事活动应当遵循自愿、公平、等价有偿、诚实信用的原则。"该条文中规定了民事法律四个最重要的原则，即"自愿"、"公平"、"等价有偿"和"诚实信用"原则。由于立法简洁、概括的要求，法条没有对这些原则的内涵作出解释。而且，1988 年 1 月 26 日最高人民法院审判委员会讨论通过的最高人民法院《关于贯彻执行〈中华人民共和国民法通则〉若干问题的意见》对这些原则均没有作出解释。但是在司法实践中，这些原则经常被运用，尤其是公平原则、诚实信用原则。由于没有对这些原则的解释，所以这些原则难以具备操作性。实践中这类案件是基于法官对这些原则的理解去运用，经常出现"同案不同判"的现象，对我国法律适用的统一性产生了不良的影响。

我们认为应当借鉴中国古代法律解释的经验，强调对法律原则的解释，以提高这些原则的可操作性。如对于《民法通则》中的"公平原则"，应当首先解释"公平原则"的含义，并说明其含义与人们平时口语中的"公平"的区别。其次，应当解释适用"公平原则"的条件，即在什么情况下适用该项原则作为处理案件的法律依据。再次，应当解释"公平原则"的适用方法。只有这样，才能使法律原则得以具体化，具有可操作性。

（三）全面解释适用条件

法律适用条件是立法中最严谨的内容。因为，法律适用条件是联系法律与事实的中介。

如果这一中介含义不明，在法律对应于事实的过程中出现的问题将会很多，甚至直接影响到法律的公信力。应该说，中国现代的法律规范建设中已经十分重视法律适用条件的制定、解释。但是，由于社会生活的复杂性和法律的抽象性、简洁性之间的矛盾，法律适用条件的解释也存在着很大的模糊性，对法律的具体适用产生了一定的不良影响。如关于"婚内强奸罪"的定罪，2001 年 3 月 19 日四川省南江县的一对夫妻在离婚期间发生的案件中，法院判决认为由于双方当事人的二审离婚判决未送达被告，夫妻关系还处于存续期间，因此被告的行为不构成犯罪。① 2001 年 10 月 25 日，陕西省"首例婚内强奸案"宣判，被告（男）在离婚判决已下发但尚未生效前对妻子施行强奸（未遂），被法院以强奸（未遂）判处有期徒刑 1 年，缓刑 1 年零 6 个月。② 从这两个不同的判决可以发现，之所以出现这一类"同案不同判"的现象，问题出在没有对"婚内强奸罪"适用条件作出准确解释。

我们认为，应当借鉴中国古代关于法律适用条件解释的经验。首先，要重视对法律适用条件的解释，要认识到对法律适用条件的解释是否准确将直接关系到法律适用的效果。其次，对每种情况下的法律适用条件都必须明确作出解释，甚至对于个案也应当作出特别说明。这样才能保证法律适用条件解释的准确、精当，也才能保证司法实践的统一性。

中国当代的法律解释应当借鉴中国古代法律解释在内容上的特点，既要全面解释法律的内容，又要根据不同法律的特点确定解释的重点，更要根据法律实践性的要求全面地解释概念、法律原则和适用条件。

五、科学地确立法律解释的基本原则

关于法律解释的原则，很多学者从法理学或者是从现代的法律实践作出总结，形成了各种观点。如沈宗灵先生等提出的四项原则是：第一，任何一项法律解释，从指导思想上说，都必须坚持中国共产党在社会主义初级阶段的基本路线。第二，法律解释（除宪法以外），要以宪法为准则。第三，法律解释要实事求是，符合原意。第四，对法律的有效解释，必须按照法定权限进行，严格维护法制的统一。③ 张文显先生等提出的原则是：第一，兼顾法律的稳定性与情势性原则。第二，联系立法历史背景与司法现实条件的原则。第三，结合立法意图与司法目的的原则。第四，合理分配立法解释权与司法解释权的原则。④ 这些原则可以说是我国现代法律解释的基本要求，但我们认为更应当从中国古代法律解释的原则方面借鉴经验，从而科学地确立中国当代法律解释的原则。

（一）确立文义准确性原则

任何解释活动都是以解释对象为前提的，而解释对象的客观性存在要求解释必须依附于、服从于对象的"客观性"。因此，准确地说明解释对象的含义是解释活动的第一要义，这既是解释的一般特点和要求，也是评价解释优劣的标准。对于法律解释而言，依附、服从

---

① 参见《"强奸"妻子有罪吗?》，载《南方周末》，2001-10-18。
② 参见《陕西首例婚内强奸案宣判·前夫施暴罪名成立》，载《中国新闻社》，2001-10-25；另见范愉：《法律解释的理论与实践》，载《金陵法律评论》，2003 年秋季卷。
③ 参见沈宗灵主编：《法学基础理论》，387～388 页，北京，北京大学出版社，1994。
④ 参见张文显主编：《法理学》，377～378 页，北京，法律出版社，1997。

于客观存在的法律，以客观存在的法律中的概念、原则、规范的要素等为核心，准确地解释法律的含义是法律解释的第一要义，也是法律解释的首要原则。

中国古代的法律解释，尤其是《唐律》的法律解释正是贯彻了这一首要原则，才成就了《唐律疏议》的巨大成就。中国当代的法律解释，尤其是立法解释，应当学习中国古代法律解释在确定解释原则方面的这一经验，确立文义准确性为中国当代法律解释的首要原则。

(二) 确立整体性解释原则

整体性原则是指在法律解释过程中坚持法律解释内部、不同的法律部门之间、同一法律部门的不同规范之间的协调一致。整体性原则首先是法律体系的一项基本原则，即法律体系的各个部门之间是相互配合、相互支持的协调一致的整体。作为依附法律而存在的法律解释其必然也要遵守整体性原则，即在法律解释过程中要充分体现不同的法律形式之间、不同的法律部门之间的相互配合、相互支持。

中国古代的法律解释虽然没有从理论上完整地提出整体性原则，但在具体的解释过程中也是坚持整体性原则的。正是中国古代对这一原则的坚持，使得中国古代法律不仅基本实现了法律的统一性，而且也基本上实现了司法的统一性。

法律解释的整体性原则是法律体系的整体性原则对法律解释活动的客观要求。我们应当借鉴中国古代的经验，在法律解释活动中始终坚持整体性原则。首先，要求同一部法律解释的前后内容必须协调，绝不能前后矛盾。此外，不同性质的法律解释的内容必须协调一致。中国当代的法律解释在性质上分为立法解释、司法解释、行政解释和地方解释四种，法律解释的整体性原则要求这四种法律解释在内容上也必须协调一致，不能相互矛盾。其次，法律解释必须与所解释的法律的内容协调一致，不能互相矛盾，更不能出现"以释破法"的现象。再次，法律解释应当体现法律体系的统一性、整体性。法律解释应当全面解释被解释的法律与相关法律之间的关系，以保持法律体系的统一性和整体性。

(三) 确立司法目的性的解释原则

司法目的性原则是指在法律解释过程中，要以有利于司法实践为目的。法律的生命在于运用，在于将法律规范对应于社会事实。司法活动是将法律规范适用于、对应于社会生活的核心环节。法律解释之所以存在的根本原因是法律规范的简洁性、抽象性与社会生活的具体性、复杂性之间的矛盾。因此，法律解释存在的意义就是为了实现司法实践的准确性，因而司法目的性是法律解释的重要原则。

中国古代的法律解释虽然没有明确提出这一原则，但从立法者的言论和具体的法律解释来看，中国古代的法律解释是始终坚持这一原则的。综观中国古代的法律解释，虽然其中也时有涉及法律的理论解释，但其总体上体现了法律实践性的要求。无论是概念解释、法律原则解释以及适用条件解释，还是具体解释方法的运用，始终将为司法实践服务作为自己的目的。也正因为对这一原则的坚持，中国古代的法律解释才取得了辉煌的成就。

我们应当借鉴中国古代的这一经验，在中国当代法律解释工作中确立和坚持司法目的性原则，并以此原则作为法律解释的归宿性原则。

(四) 坚持价值解释原则

价值解释并不是说坚持法律解释本身的价值，而是坚持以法律所蕴含的社会主导价值为主。一个社会的价值体系是非常复杂的观念形态，而其主导价值进入法律时经过了逻辑上的高度抽象。但当法律适用于社会时，其又必须在逻辑上具体化。

中国古代的法律解释始终坚持价值解释的原则，虽然那些价值内容已经丧失了先进性。但是在法律解释的技术上对价值解释的坚持却是我们应当全面继承的。

中国当代的法律解释也必须坚持价值解释原则，这样才能促进法律与中国当代社会的契合。我们首先要明确现代社会的主导价值，同时要明确不同的法律所要保护的主导价值，并在法律解释中将这些价值内容进行全面的解释。其次，要将这些蕴含在法律规范中的价值内容具体化，使其具有可操作性。再次，当同一法律内或是不同的法律之间出现了价值冲突时，要明确地解释冲突平衡、协调的原则，更要解释价值冲突平衡的方法。

中国古代法律解释原则的确定不仅体现了解释的一般要求，更体现了法律的特定要求。中国当代法律解释原则的确定应当借鉴中国古代的经验，在法律解释原则确定的过程中既要体现解释的一般特点，也要体现法律的特点，尤其是法律实践性的特点，以保证法律解释原则的科学性。

法律解释是中国古代法律文明之苑中的一朵奇葩，它不仅促进了中国古代法制文明的形成，而且使中国传统法律的精神得到彰显。从传统法制文明的现代转型来说，中国古代的法律解释是最直接的具有现代意义的内容，也即中国古代的法律解释的很多方面可以为中国当代的法律解释直接运用，如法律解释的方法就可以直接运用于中国当代的法律解释之中。因此，中国当代法律解释的发展应当以中国古代的法律解释为最直接的参照体系，吸收、借鉴其各方面的经验，以促进中国当代法律解释的全面发展。

第四编

司法机理

第十四章

司法会审与注重实质正义

第一节
传统会审制度的理论基础

中国古代的会审制度，是指在刑事案件的审理过程中，由于案件的重大性和案情的复杂性，主审的司法官员不能单独作出判决，而邀请其他相关机构的人员参加审理并共同裁断的一种司法审判方式。会审制度始于唐代的"三司推事"，即凡中央和地方的特殊重大案件，由大理寺卿会同刑部尚书、御史中丞组成临时最高法庭，共同审理。到了明清，会审制度得到进一步的发展，首先，唐代的"三司推事"在明清得以继续沿袭，并发展为"三法司会审"，即由刑部、都察院、大理寺共同审理重大疑难案件。其次，明朝时的会审除了三司会审外，还有"九卿圆审"、"朝审"和"热审"等。清沿明制，并创制了"秋审"这一新的会审制度。总的来说，中国古代种类繁多、程序完备的传统会审制度历史悠久，成于唐，完善于明清。从本质上讲，封建社会的集议、会审制，类似于现代诉讼中多人参与、集体决策的合议制度，它一方面有利于司法官员集思广益，更加准确地裁断重大案件，减少冤假错案；另一方面，作为一种加强制约和监督的机制，多人共同决策又相互监督，有利于防止司法混乱。因此，会审制度体现了中国古代审慎用刑的司法精神，折射出"人命至重，一死不可再生"① 的"慎刑"之意。传统会审制度及其背后的"慎刑"精神的形成和发展，有着深厚的理论基础，那就是由追求和谐的法律价值观、以人为本的法文化基础、德主刑辅的正统治国思想结合在一起的、多元一体的理论体系。

一、和谐：传统会审制度的理论目标

和谐是事物协调地生存与发展的最佳状态，也是人类向往和追求的一种理想境界。在古代中国，自然和谐的观念深入人心，正如李约瑟博士所认为的："古代中国人在整个自然界寻求秩序与和谐，并将之视为一切人类关系的理想。"② 因此，尽管在中国古代，执政者把法

---

① 《旧唐书·刑法志》。
② ［英］李约瑟：《李约瑟文集》，陈养正等译，338 页，沈阳，辽宁科学技术出版社，1986。

律看作定分止争的工具，但在统治集团和平民百姓的法律意识中，法律更应该使社会保持稳定与和谐。如同勒内·达维德在《当代世界主要法律体系》一书中所说："中国人一般是在不用法的情况下生活的，他们对于法律制订些什么规定不感兴趣，也不愿站到法官的面前去。他们处理与别人的关系以是否合乎情理为准则。他们不要求什么权利，要的只是和睦相处与和谐。"① 这种思想投射到司法上，就要求司法官员不能枉杀无辜，否则就破坏了自然与社会的和谐秩序。特别是当被害人已被杀害时，司法机关如因工作失误，不仅没能将真凶绳之以法，反而又枉杀人命，造成冤案，则使已被破坏了的和谐进一步失衡，显然不利于社会的稳定。

在和谐这一理想目标的指引之下，开明的统治者大多主张"王政本于仁恩，所以爱民厚俗"②，并在统治实践中注意勤政修德，用刑宽缓，避免社会矛盾的激化，这就使宽仁慎刑的司法精神成长了起来。汉文帝废除肉刑就是统治者关注民生，强调"民命为尤"的典型范例。唐初统治者也比较注意恤刑慎杀，以宽仁治天下，形成了以科条简要、刑罚适中为特征的唐律。在中国封建法律条文中，对老弱废疾的减免刑罚、对死刑最终决定权的控制、对刑讯的限制性规定、对重大案件的集体会审等，都反映了统治者对待死刑的慎重态度和爱惜民命的人道主义精神。这些规定对于保护人命、纠正错案、减少民怨，进而缓和社会矛盾、稳定专制统治、促进社会和谐起到了一定的积极作用。然而，我们也要认识到，和谐价值观的合理性是存在的，但它也有着轻视法治、权利意识淡薄、法律地位低下、人治主义泛滥等消极影响。追求和谐的传统在重视和解、提倡宽仁的同时导致了人们对法律的轻视，导致了中华民族对法的价值问题的忽略和对法律的不信任，从而阻碍了传统法制的健康发展。

二、人本主义：传统会审制度的理论基石

中国传统人本主义思想源远流长，它萌芽于西周对人事、道德的重视，在春秋战国时期得以基本形成，并在秦汉及以后的历史时期不断得以丰富与发展。首先，夏商时期占统治地位的主流意识是以"天命迷信"和"代天行罚"为主要内涵的神权思想，统治者用天命观来维护奴隶主阶级的统治，所谓"有夏服天命"③、"有殷受天命"④。然而，天帝的庇护和天命的赐予并没能使夏商的统治延续千秋万代，相反却因残酷的统治导致民怨沸腾，众叛亲离。牧野之役，商军溃败，纣王自焚，商朝灭亡。周灭商的历史事实不仅使神权旧说露出破绽，而且还使以周公为代表的西周统治者在思想认识上发生了根本性的转变。他们既感到"天命靡常"⑤，"天不可信"⑥，更感知到人民的力量对于维持政权统治的重要作用，所以他说："民之所欲，天必从之"⑦，"人无于水监，当于民监"⑧，"欲至于万年，惟王子子孙孙永保

---

① ［法］勒内·达维德：《当代世界主要法律体系》，487 页，上海，上海译文出版社，1984。
② 《旧唐书·刑法志》。
③ 《尚书·召诰》。
④ 《尚书·召诰》。
⑤ 《诗经·大雅·文王》。
⑥ 《尚书·君奭》。
⑦ 《尚书·泰誓》。
⑧ 《尚书·酒诰》。

民"①。周公进而提出了"以德配天"、"敬德"、"保民"等指导思想，提高了人的地位，开始注重人事而不专赖天命鬼神，希望以此永保周王的统治。接下来，人本思想在春秋战国时期得以基本形成。春秋战国时期"礼崩乐坏"的社会大变动，进一步彰显了民心向背对于国家兴衰所起的决定性作用，人们对民的地位和作用的认识又得到进一步深化。春秋战国的百家争鸣，儒、墨、道、法等各学派都提出了各具特色的民本主张。儒家宗师孔子建立了以"仁"为核心的民本思想，提出"仁者爱人"；孟子在此基础上进一步提升了民的地位，提出了"民为贵，社稷次之，君为轻"② 的著名论断；荀子继承了孔孟的学说，主张实行"仁政"，提倡"平政爱民"、"节用裕民"、减轻赋税，并且引用孔子的话说："君者，舟也；庶人者，水也。水则载舟，水则覆舟。"③ 提醒统治者要重视和争取人民的支持。墨家代表人物墨子提出了以"兼相爱，交相利"④ 为出发点的爱民主张。道家通过对当时统治者和现实社会的抨击，以及对礼乐仁义和君主权势的批判，揭示了统治阶级专横独断、祸国殃民的行径对社会和百姓所造成的危害，以此从反面彰显出道家对酷刑滥罚的憎恨和对民生的关怀；即使是反对以仁义治国，崇尚严刑峻法的法家，也有一些民本思想因素，比如发展生产、重视农耕等。继百家争鸣之后，民本思想不断得以丰富与发展，汉初黄老之学所提倡的"无为而治"、文景之治时的重农减税和约法省刑、儒家大师董仲舒的"德主刑辅"、贞观时期的法务宽简以及李世民"君依于国，国依于民"⑤ 的重民思想、康雍乾盛世时轻徭减税、尚德缓刑等爱民措施，都体现了中国传统文化中浓厚的人本主义色彩。

人本主义的思想潮流经过历代思想家和开明君主的传承、发展与实践，逐渐积淀成具有中国特色的、铸造中华民族性格的人本主义文化传统，进而成为中国传统法律的文化根基，对中国传统法律文化的品格特征有着深远的影响。人本主义强调珍惜人命，宽仁慎杀。以人本主义为法文化基础的中国传统会审制度，既是统治者稳定民心、巩固封建统治的一种手段，也体现了国家的仁政和人道主义原则。当然，我们也应该注意到，中国传统的人本主义思想是封建性的人本主义，在重公权轻私权、重国家轻个人、重义务轻权利、重宗法尚家族的古代中国，它的积极作用是有限的，而且还具有不少消极影响与局限性。比如，它不能摆脱王权的阴影，相反，借助"天"的威慑作用为王权辩护，从而巩固和强化了君权专制统治，使中国难以培育出步入近现代所必需的民主政治基础。又如，中国古代的人本主义中的"人"，是以家族成员的身份，作为"类"而存在的，并不具有个体独立的存在意义。再如，在浓厚的人本主义的观念中，个人首要的价值取向是维持国家和社会的秩序稳定，以及对君主和家族所承担的各种义务，个人对利益和权利的诉求得不到舆论的支持和法律的肯定。因此，鸦片战争后，民族资本主义经济的发展和救亡图存的斗争需要，以及西方新思潮的大量涌入，使得在封闭的农业社会里形成的传统人本主义思想受到了严重的冲击，并且不可避免地被人权神圣、民主法治的新思潮所代替。

---

① 《尚书·梓材》。
② 《孟子·尽心上》。
③ 《荀子·哀公》。
④ 《墨子·兼爱上》。
⑤ 《资治通鉴》卷一九二。

三、德主刑辅：传统会审制度的理论核心

德主刑辅体现了中国传统司法的德治主义精神，是中国传统法律文化的独特品格之一。① 早在西周时期，周公就从殷王"惟不敬厥德，乃早坠厥命"② 的结局中吸取教训，提出了"以德配天"说，并在此基础上提出了"明德慎罚"③ 的主张，告诫统治者要勤于修德，注意民情，慎用刑罚。先秦儒家继承了这一思想，强调"德治"，所谓"为政以德，譬如北辰，居其所而众星拱之"④。"道之以政，齐之以刑，民免而无耻；道之以德，齐之以礼，有耻且格。"⑤ 汉代董仲舒则为"德主刑辅"构建了更系统完整的理论体系，使其成为封建统治者治国与立法的指导思想。他说："天道之大者在阴阳。阳为德，阴为刑，刑主杀而德主生。……以此见天之任德不任刑也……王者承天意以从事，故任德教而不任刑。"⑥ 又说："厚其德而简其刑，以此配天"⑦。此后，德主刑辅成为历代统治者所高度认同和极力推崇的法制观念，成为他们统治人民的基本方法。德刑互补的关系在《唐律疏议·名例》中得到了经典的官方表述："德礼为政教之本，刑罚为政教之用，犹昏晓阳秋相须相成者也。"⑧ 唐代以后的法典都以《唐律》为蓝本，"德主刑辅"的德治精神一直延续下来，成为中华法系的独特品格之一。

按照"德主刑辅"的思想，道德是社会调整的主要手段，而刑罚只是次要手段。刑罚在治国时虽然必不可少，却只是道德的辅助手段；刑罚是工具，而道德教化则是目的，刑罚的适用必须建立在德教的基础上，而实施刑罚的目的则是实现道德教化的要求。既然刑罚是德教的附属，为了不至于因实施刑罚而破坏德治，最好的做法就是"明德慎刑"，把慎重刑狱看作是明德的体现。如果统治者不认真对待刑狱，经常出现冤假错案，刑罚就不可能成为推行教化的工具。这样，在"德主刑辅"思想的指引下，历代开明统治者都提倡以教化为首，慎狱恤刑，并且设立了一系列制度，如集议、会审，这些都有利于加强监督、制约，在一定程度上减少冤狱，体现了审慎用刑的精神。由于经会审后的死刑案件要由皇帝勾决，因此又形成了死刑复核与复奏制度。此外，还设置了录囚制度、法官责任制度、御史监察制度、直诉制度等等，从而防止了刑罚的滥用，有效地纠正了某些冤假错案，保证慎刑思想在司法活动中得以贯彻，以体现封建统治者以德教治天下、宽仁爱民的明君风范，进而维护封建统治秩序，巩固自己的统治地位。

"德主刑辅"思想的确立和不断强化，充分反映了中国古代司法活动中道德教化的价值，所谓"德教者，人君常任也，而刑罚为之佐助焉"⑨。但是，也应当看到，德主刑辅思想及其

---

① 详细论述请参见夏锦文：《中国法律文化的传统及其转型》，载《南京社会科学》，1997（9）；夏锦文：《中国传统司法文化的价值取向》，载《学习与探索》，2003（1）。

② 《尚书·召诰》。

③ 《尚书·康诰》。

④ 《论语·为政》。

⑤ 《论语·为政》。

⑥ 《汉书·董仲舒传》。

⑦ 《春秋繁露·基义》。

⑧ 《唐律疏议·名例》。

⑨ 《群书治要·昌言》。

所代表的德治主义精神过分提升了道德在司法中的重要性，从而使传统司法主要依据道德的要求而不是法律的规定，司法的程序化和合法性必然不受重视。这种法律的泛道德主义必然导致整个社会对法律的不信任，影响法律权威和机制的建构，进而动摇法律在治理国家中的重要地位，不可避免地为人治主义奠定了基础。

审视整个中国古代司法制度，我们可以发现中国传统会审制度及其体现出的慎刑精神深深植根于中国古代的社会环境和文化土壤中，已然成为中国传统司法文化中极具特色的一个组成部分。传统会审制度及慎刑精神的成长和发达有着深厚的理论基础，那就是以追求和谐的法律价值观为理论目标、以人本主义的法文化观为理论基石、以德主刑辅的正统治国思想为理论核心，三位一体所共同组成的一个逻辑严密、系统完整的思想体系。

第二节
疑难案件的会审：从"三司推事"到"三法司会审"

一、历史沿革和制度变迁

会审作为一种制度，始于唐朝的"三司推事"。三司，指大理寺、刑部、御史台三大中央司法机关。隋唐时期，三省六部制确立，三法司（三个司法审判机关）也正式形成，分别负责行使审判、复核和监察等项司法职能。其中，大理寺是中央最高审判机关，负责审理中央百官犯罪及京师徒刑以上的犯罪案件，但所作判决中的徒、流案件须送刑部复核，死刑则须奏报皇帝核准。此外，大理寺对于刑部移送的地方死刑案件拥有重审权。刑部是中央最高司法行政机关，属尚书省，为中央六部之一，除负责有关的司法行政事务外，还负责复核大理寺判决的流刑以下案件及地方判决的徒刑以上的犯罪案件，如有疑问或发现错案，徒、流以下案件有权驳回原审机关重审，死刑案件则移送大理寺重审。同时，刑部还负责全国的狱囚管理，受理各地在押囚犯的申诉。御史台是中央最高监察机关，负责监督百官的言行及大理寺和刑部的司法审判活动，有权参与重大或疑难案件的审理，并受理行政上诉案件。在一般情况下，上述三大中央司法机关各司其职，互相配合，互相监督，彼此制约，有利于司法效能的充分发挥及皇帝对司法权的控制。①

唐代三法司形成之初，虽然三机关各有职掌，各自行使职权，但并不会同审判案件。后来有了"三司受事"（三衙门会同接受官民呈控案件）制度，进而又发展为"三司推事"（即由三法司共同审理特别案件）制度。《通典》曰："（侍御史）与给事中、中书舍人，同受表里冤讼……谓之三司受事。其事有大者，则诏下尚书刑部、御史台、大理寺同案之，亦谓此为三司推事。"② 也就是说，"三司受事"是由御史台侍御史、门下省给事中与中书省中书舍人共同接受官民的诉状，与"三司推事"不同。"三司受事"又称"三司理事"，因其组成人员不是三省的长官，审理的案件不如"三司推事"的重要，故称为"小三司"。"三司受事"

---

① 关于隋唐时期的三法司制度，参见曾宪义主编：《中国法制史》，北京，中国人民大学出版社，2000。
② 《通典》卷二十四《职官六》。

的建立，由于官员们所属的机构不同，可以相互牵制，相互制约，防止一个机构的独断专行，一手遮天。到了唐高宗龙朔三年（663 年），右丞相李义府一案始由三法司会同审判，当时谓之"三司推事"。此后，"三司推事"制度逐渐形成。史称，高宗龙朔三年"夏四月乙丑，下义府狱，遣司刑太常伯刘祥道与御史、详刑共鞫之"。胡三省注："司刑太常伯，即刑部尚书。详刑，大理也。唐自永徽以后，大狱以尚书刑部、御史台、大理寺官杂按，谓之三司。"① 可见，高宗永徽以后，以刑部、御史台、大理寺这三个司法机关的长官共同审理大狱的"三司推事"开始出现。三司审讯，既示慎重，又由于三司各有分工和侧重，在审判活动中可以互相牵制，防止片面、武断，有利于罪状的推鞫核实，也有利于对案情作出合理的判决。从"三司受事"发展为"三司推事"，这是三法司制度的重大发展。在唐代，"三司推事"并非常态，仅适用于少数特别案件，其中绝大部分都是宗室、官员犯罪的重大案件，一般平民犯罪的案件并不适用"三司推事"。该项制度确立后，一旦遇到全国性的重大疑难案件，即由大理寺卿、刑部尚书、御史台御史共同审理。必要时，皇帝还会命令刑部与中书、门下二省集议，以示慎重。地方上若有重大疑难案件不能审断，但又不便移送中央的，则由中央派"三司使"即三法司的官员前往当地审理，称为"小三司推事"。这种"三司使"决狱灵活、方便，往往能取得迅速、准确的效果。总之，唐代大理寺会同刑部、御史台共审案件的"三司推事"，可以使三法司互相配合、互相制约，有利于减少冤假错案，维护封建统治。

　　唐代的"三司推事"到了明朝，发展为正式的三法司会审制。明太祖朱元璋认为元朝灭亡的主要原因在于权臣擅权，皇权旁落，因此他非常重视分配臣下手中的权力。体现在司法体制上，尽管刑部完全把持了国家的重大司法审判权，但中央在洪武十七年（1384 年）建立了三法司的联合审判组织。凡遇有重大或疑难案件，均由刑部、大理寺和都察院联合审判，最后由皇帝裁决，称为"三司会审"。洪武十七年（1384 年）："诏天下罪囚，刑部、都察院详议，大理寺覆谳后奏决"②。明代刑部与大理寺的名称、组织虽然与唐宋相同，但具体的职权管辖却与唐宋不同。唐宋两代京师案件是由大理寺初审，再由刑部复核。明代京师案件则由刑部或都察院初审，再由大理寺复核。也就是说，明代的大理寺已不再是初审机关，而是复核机关。所谓"掌审谳平反刑狱之政令"，凡刑部、都察院所审狱讼，"皆移案牍，引囚徒诣寺详谳"。如情允罪服，准拟具奏，否则驳令改判，曰"照驳"；三拟不当，则纠问官，曰"参驳"；有牾律失入者，调他司再讯，曰"番异"；犹不惬，则请下九卿会讯，曰"圆审"③。招供不清者，可移再审，曰"追驳"。屡驳不合，则请旨发落，曰"制决"④。至于审判则归刑部，因此，刑部的组织机构相应地扩大。明初刑部分为四部，后扩充为十三清吏司，分别受理地方上诉案件，以及审核地方上的重案和审理中央百官的案件。无论是刑部的审判或大理寺的复核，都须接受都察院的监督。凡"大狱重囚，（都御史）会鞫于外朝，偕刑部、大

---

　　① 司马光：《资治通鉴》，北京，中华书局，2007。

　　② 《明史·太祖本纪》。

　　③ 需要指出的是，明清的三法司会审以及下文的秋朝审都包含有九卿会审的情形，因此九卿会审并不是"三法司会审"的进一步发展，而应当看作在某些三法司会审案件和秋朝审案件中出现的会审形式。

　　④ 《明史·职官志》。

理谳平之"①。都察院，历代称御史台，明代改为都察院，职掌纠劾百司，设有十三道监察御史，辨明冤枉，为天子耳目风纪之司。都察院之监察御史，除在京履行职责外，还受命往各省巡按，巡按御史号称"代天子巡守"，其使命之一就是每到一地必先审录罪囚，察看有无冤滥。监察御史也可以代表都察院与刑部主事、大理寺寺正等属官会审案件，这种会审与三法司堂官会审比较起来，案件性质较轻，官员级别较低，因而称为"小三司会审"。凡通政司送发的案件和击登闻鼓控诉的京控直诉案件也都由都察院先行审理，然后移送大理寺审录。

清代承袭明代三法司会审的体例，但刑部权更重，《清史稿》曰："清则外省刑案，统由刑部核复，不会法者，院、寺无由过问，应会法者，亦由刑部主稿。在京讼狱，无论奏咨，俱由刑部审理，而部权特重。"② 光绪《大清会典》关于刑部职掌曰："掌天下刑罚之政令，以赞上正万民，凡律例轻重之适，听断出入之孚。决宥缓速之宜，赃罚追贷之数，各司（指刑部各司）以达于部，尚书、侍郎率其属以定议，大事上之，小事则行，以肃邦纪。"③ 关于刑部的实际权限，郑秦先生将其归结为六个方面，即：批结全国军流案件；核拟全国死刑案件；办理秋审和朝审事宜；审理京师地区的大小刑案；处理司法行政事务，如司法统计、狱政管理、赃款收缴、本部法司官员考核等；主持律例修订。④ 刑部以下设十八清吏司分管各省司法事务。清代的都察院号称"风宪衙门"，是法纪监察机关，主掌官员监察、谏议，有关司法职责是其职权的一个方面。但总的说来，清代的御史监察作用和影响，都远逊于明代。清代实行"台谏合一"，将六科合于都察院内，御史、科臣多看皇帝眼色行事，少有犯颜强谏或弹劾权臣之举。雍正后推行密折制度，每个大臣都有权密奏他人，但又得提防他人密奏，在一定程度上取代了都察院"天子耳目"的作用。都察院参加司法审判事务，有两方面的职责：第一，会谳，即复核拟议全国死刑案件。对京师案件叫做"会审"，对外省案件叫做"会复"。京师"现审死刑案件"即要都察院、大理寺参加刑部"会审"。《清史稿·刑法志》记载："死罪既取供，大理寺委寺丞或评事，都察院委御史，赴本司（按指刑部有关司）会审，谓之会小法。狱成呈堂，都察院左都御史或左副都御史，大理寺卿或少卿，挈同属员赴刑部会审，谓之会大法。"⑤ 也就是说，每逢京师死刑案件，则要都察院、大理寺之司官与刑部司官先行会审，而后三法司堂官（长官）再行会审定谳，分别谓之"会小法"、"会大法"。地方各省的死刑案件则由刑部受理后，奉旨核拟，而后将核拟意见送都察院参核，都察院参核无异议再转交大理寺，大理寺无异议后即退回刑部，三法司意见相同即轮流"画题"（签发，写一"题"字），刑部即可以三法司的名义上奏，待皇帝批准。第二，都察院参加秋审和朝审，执行复奏的职责。清代的大理寺，作为自古以来的司法机关，其地位进一步下降，虽然号称"掌天下之刑名，凡重辟则率其属而会勘"⑥，实际上大理寺参加核拟重囚也好，秋审也好，不过都是陪衬而已。由于大理寺实权不大，以至在清末戊戌变法时，一度被

---

① 参见《明史·刑法志》。
② 《清史稿·刑法志》卷一四四。
③ 光绪《大清会典·刑部》卷五十三。
④ 参见郑秦：《清代法律制度研究》，103～104页，北京，中国政法大学出版社，2000。
⑤ 《清史稿·刑法志》。
⑥ 《大清会典·大理寺》卷六十九。

作为骈枝机构裁撤，并入刑部。

清代三法司的关系，时人称："持天下之平者（刑）部也，执法纠正者（都察）院也，办理冤枉者大理（寺）也。"① 这表明了刑部审判、都察院监察、大理寺复核的关系。清承明制，亦实行三法司会审制度。"凡刑至死者，则会三法司以定谳。"② 凡遇有应由三法司会审的案件，刑部即知会都察院和大理寺，都察院和大理寺堂官率属官至刑部衙门会审。会审期限为一个月。③ 另据《清朝通典》记载："凡刑部重辟囚，先以御史、大理寺左右寺官会刑曹，察其辟，辨其死刑之罪，而要之曰'会小三法司'。及致辞于长官都御史、大理卿，乃诣刑部与尚书、侍郎会听之，各丽其法以议狱，曰'会大三法司'。"④ 一般来说，三法司会审的对象仅限于因案情重大而提于刑部大牢的死囚，会审过程的关键在于"会小三法司"。刑部司官、大理寺左右丞和都察院御史，也就是部院司官一级官员的会审，是真正意义的审断。其狱成，才由小三法司向大三法司汇报，由三法司堂官最后决定。之后，由三法司堂官共同具疏奏请皇帝定夺，这叫做"会题"。需要指出的是，虽然从法律规定上讲，三法司在会审时可以有不同意见，如果复核时仍不能统一，可以将两种意见分别具奏，由皇帝裁决，但是，在实际中，很少有这种情况发生。由于清代刑部权更重，一般都是以刑部意见为准，三法司会审徒有虚名而已。但是，三法司会审仍有一定的意义，在某些情况下，都察院和大理寺的参与，也会对刑部执掌的审判权起到某种制约作用。⑤

需要说明的是，明代出现了"九卿圆审"（发展到清代，称"九卿会审"）。明代的九卿圆审指由六部尚书及通政使司的通政使、都察院左都御史、大理寺卿九人会审皇帝交付的案件或者已经判决但因犯仍翻供不服之案。清代的九卿会审是在九卿圆审基础上发展而成的一种会审组织，也包括六部尚书、大理寺卿、都察院左都御史、通政司通政使等九个重要官员。按照清朝的制度，凡属全国性的重要案件，特别是每年判决的斩监候、绞监候案件，需要由九卿组成最后一级的会审机构会同审理，以示重视。在清代的"秋审"、"朝审"中，一般都有九卿参与会审。在三法司会审的案件中，皇帝如认为案情重大，也会裁决由九卿会议具奏。因此，明清的三法司会审以及下文的秋朝审都包含有九卿会审的情形，九卿会审并不能简单视为"三法司会审"的进一步发展，而应当看做在某些三法司会审案件和秋朝审案件中出现的会审组织，它渗透在一部分三法司会审中，同时又在一般情形下作为秋审、朝审的一环程序而存在。

二、会审形式和主要程序

(一) 明代三法司会审的形式与程序

明代的三法司会审以多种形式出现，有时是案件的第一审，有时是第二审，并未完全定

---

① 《大清会典·大理寺》卷六十九。

② 《大清会典·刑部》卷五十三。

③ 参见《大清会典事例·大理寺》卷一〇四三。

④ 《清朝通典·职官》卷二十五。

⑤ 关于中国古代三法司的发展沿革，参见郑秦：《清代法律制度研究》，北京，中国政法大学出版社，2000；另参见刘长江：《中国封建法政体制的形成和演变述论》，载《山东师范大学学报（人文社会科学版）》，2005（2）。

型。① 据学者考察，明代弘治十三年（1500年）《问刑条例》首度明文规定三法司会审："法司遇有重囚称冤，原问官员辄难辩理者，许该衙门移文，会同三法司、锦衣卫堂上官，就于京畿道会同辩理。果有冤枉，及情可矜疑者，奏请定夺。"② 依本项条例，凡遇有京师重大案件，刑部或都察院初审时，如果原问官员（指刑部或都察院原问刑官员）觉得难以审理，原问衙门（指刑部或都察院）得会同三法司、锦衣卫堂上官，于京畿道会审。有学者认为，《问刑条例》的该条规定是第一审的三法司会审。③ 对此，有以下例子可以说明：

　　例一：宣德三年（1428年）七月戊辰，"福建行都司械送谋反罪人楼濂等至京师……上命三法司讯之，皆引伏。上曰：'小人无知，不可不治，令锦衣卫械系其词，所连者悉捕。'"④（谋反案）

　　例二：宣德五年（1430年）九月庚戌，右都御史顾佐劾监察御史严皑等十数人。"俱谪为吏于辽东各卫。皑不受役，潜逃至，仍造词胁取财物，上命之法司鞫之，奏皑所犯应死。……上命戮于市。"⑤（职官犯罪案）

　　例三：宣德九年（1434年）二月乙亥，妖僧李皋纠集山西汾州僧了真等二十四人谋反，"事觉，有司捕得之，械送至京。上命三法司讯之有验，悉弃市。"⑥（谋反案）

　　例四：正统元年（1436年）二月丁未，给事中、御史劾应城伯孙杰"诱取良家子妾，上令戴头巾于国子监读书学礼，杰惭，不谢恩，为鸿胪寺所奏，下三法司廷鞫，论以大不敬斩，上命锢禁之。"⑦（职官犯罪案）

明代三法司会审有时是第二审。对此，《大明会典》规定："凡发审罪囚，有事情重大，执词称冤，不肯服辩者，（大理寺）具由奏请，会同刑部、都察院或锦衣卫堂上官，于京畿道问。"⑧ 这种会审是指当刑部或都察院已经初审后，大理寺复核时，如果发觉案情重大，则大理寺可以奏请会同另外二法司及锦衣卫共同审理。这种形式的会审是第二审，举例说明如下：

　　例一：宣德十年（1435年）十一月乙未，"四川按察使刘洵以修葺公宇，索蜀府砖瓦兽头，又挟私捶死弓兵五人。长史善士仪奏之，下都察院狱，论斩罪，洵称冤，命三法司辩，言其罪实当。上从之。"⑨（职官犯罪案）

　　例二：景泰六年（1455年）十一月癸未，"巡抚广东兵部右侍郎揭稽下都察院狱。以故勘死平人，论当死。稽数从狱中上疏……诏曰：'稽坐罪不引伏，乃数连及他人，其令三法司会鞫之。'"⑩（职官犯罪案）

---

① 参见那思陆：《明代中央司法审判制度》，193页，北京，北京大学出版社，2004。
② 弘治十三年《问刑条例》，载《中国珍稀法律典籍集成》，乙编，第二册。
③ 参见那思陆：《明代中央司法审判制度》，193页，北京，北京大学出版社，2004。
④ 《明宣宗实录》卷四十五，宣德三年七月戊辰。
⑤ 《明宣宗实录》卷七十，宣德五年九月庚戌。
⑥ 《明宣宗实录》卷一〇八，宣德九年二月乙亥。
⑦ 《明英宗实录》卷十四，正统元年二月丁未。
⑧ 《大明会典·大理寺》卷二一四。
⑨ 《明英宗实录》卷十一，宣德十年十一月乙未。
⑩ 《明英宗实录》卷二六〇，景泰六年十一月癸未。

在明代，三法司会审可能是第一审，也可能是第二审，两种形式都被采用。但皇帝对于京师案件还是更倾向于采用第一审的三法司会审，这是因为在第一审时就由三法司集中审理案件，能使京师案件速审速决，提高司法审判的效率。

明代三法司会审后定拟的判决意见，又称"题本"，必须奏闻皇帝，经票拟后，由皇帝裁决。皇帝（或皇帝授权的司礼监太监）朱批裁决后，三法司定拟具题的判决意见才发生法定效力，案件的判决结果才真正确定。皇帝对三法司会审后的题本所作的朱批谕旨（即裁决），主要有三种：一是依三法司定拟判决之裁决；二是命三法司再拟或再问；三是另为处置之裁决。①

第一种是依三法司定拟判决之裁决。京师案件经三法司会审后，刑部等衙门奏闻皇帝裁决，奉旨钦依（即依三法司定拟之判决），该京师案件始为结案。

> 例：崇祯三年（1630年）十二月己酉，"刑部等衙门会谳钱龙锡之狱。以龙锡斩帅既不上闻，主款仪行私阻，律以隐匿之条，一斩洵为不枉。但辅臣在八议之列，合令荷戈远戍，以需皇仁。帝以国体虽当顾惜，成宪不可轻移，廷议既明，依拟，监候处决。"②

第二种是命三法司再拟或再问之裁决。皇帝如果认为案件拟罪与律文不符合，或认为案件事实还未查明，皇帝可以命三法司再拟或再问。

> 例：万历二十五年（1597年）九月辛丑，"三法司会审，前兵部问书石星酿患祸国，拟极边永戍。上以法司徇私朋比切责回话，石星另拟罪。"③

第三种是皇帝另为处置之裁决。皇帝如果认为量刑或定罪不当，可以作出加重其刑的裁决、减轻其刑的裁决或其他裁决。

> 例：弘治五年（1492年）十月己未，"刑部尚书彭韶等以会审拟上监察御史李兴、彭程罪状。得旨：'李兴致死人命数多，处斩；彭程并家属发隆庆卫充军。'于是，五府、六部、英国公张懋等上疏曰：'李兴酷暴罪固不可逭，然其致死者多有罪之人，若处兴以死，则凡故杀故勘者又将何以罪之？……'上曰：'李兴酷刑罪当死，汝等既累章论奏，姑从轻，杖之百，并家属发极边烟瘴地充军。……彭程乃充军。'"④（皇帝作出减轻其刑的裁决）

（二）清代三法司会审的形式与程序

清承明制，实行三法司会审制度。"凡刑至死者，则会三法司以定谳。"⑤ 京师死刑案件，原则上由三法司会审。清代三法司会审经过了数次变革。起初，在清初顺治年间，三法司会审的案件范围很广，并且会审案件要先由刑部初审，再由三法司复核。即案件的审理过程分

---

① 参见那思陆：《明代中央司法审判制度》，203 页，北京，北京大学出版社，2004。
② 《崇祯长编》卷四十一，崇祯三年十二月己酉。
③ 《明神宗实录》卷三一四，万历二十五年九月辛丑。
④ 《明孝宗实录》卷六十八，弘治五年十月己未。
⑤ 《大清会典·刑部》卷五十三。

两个阶段，其中三法司会审是案件的第二审。顺治十年（1653年）题准："刑部审拟人犯，有犯罪至死者，亦有犯罪不至死者，若概经三法司拟议，恐于典例不合，嗣后凡犯罪至死者，刑部会同院寺复核。"① 此后，三法司会审案件的范围缩小到了死刑案件，但仍分刑部初审及三法司复核两个阶段，且均须奏闻皇帝。即三法司会审制度成为京师死刑案件的第二审，经皇帝裁决后定案。康熙年间，京师死罪案件也按照这一程序审理。依这种程序审理死刑案件，虽然较为慎重，但程序过于繁琐。乾隆以后，京师死刑案件则不再分为刑部初审及三法司复核两个阶段进行审理，而是由三法司会同审理，并在第一阶段完成，三法司会审成为第一审。从此以后，这种程序就成为定制。

关于三法司会审，清律及《清史稿》都有记载。《大清律》第70条附例规定："刑部遇有三法司会勘案件，即知会都察院、大理寺堂官，带同属员至刑部衙门秉公会审，定案画题。"《清史稿·刑法志》则记载："（京师案件）死罪既取供，大理寺委寺丞或评事，都察院委御史，赴本司（按指刑部有关司）会审，谓之会小法。狱成呈堂，都察院左都御史或左副都御史，大理寺卿或少卿，挈同属员赴刑部会审，谓之会大法。如有翻异，发司复审，否则会稿分别题奏。"② 也就是说，每逢京师死刑案件，则要都察院、大理寺之司官与刑部司官先行会审，而后三法司堂官（长官）再行会审定谳，分别谓之"会小法"、"会大法"。这就是乾隆以后三法司会审的概貌。

清代三法司审理案件完毕后，应专本具题或专折具奏，奏闻于皇帝。皇帝的裁决有四种：一是依法司定拟判决之裁决（即依议之裁决）；二是法司再行复审之裁决；三是九卿会议之裁决；四是另行处置之裁决。③

第一种是依法司定拟判决之裁决（即依议之裁决）。对于三法司定拟之判决，皇帝如认为并无不妥，可裁决依照三法司定拟之判决，不再改动。

　　例：康熙二十三年（1684年）十二月初三日，"三法司会议法葆挈其妻子逃匿，与马雄等同伙招兵，拟凌迟立决，其妻子交与该主为奴。上曰：'尔等之意若何？'明珠等奏曰：'法葆所行悖乱，人所共愤，法所不免。'上曰：'着照议完结。'"④

第二种是法司再行复审之裁决。对于三法司定拟之判决，皇帝如认为不妥当，可裁决三法司再行复审。

　　例：康熙二十五年（1686年）十月十九日，"刑部等衙门题，希佛纳打死和善，拟绞，秋后处决。上曰：'希佛纳系新满洲，情有可原。'明珠等奏曰：'希佛纳系一时之怒，殴打误伤，至三十二日身死，原无必杀之意。'上曰：'此事着该部再行确议具奏。'"⑤

第三种是九卿会议之裁决。对于三法司定拟之判决，皇帝如认为案情重大，应当由九卿共议者，可裁决九卿会议具奏。

---

① 《大清会典事例》卷一〇二一。

② 《清史稿·刑法志》。

③ 参见那思陆：《清代中央司法审判制度》，187页，北京，北京大学出版社，2004。

④ 《康熙起居注》，康熙二十三年十二月初三日甲午。

⑤ 《康熙起居注》，康熙二十五年十月十九日庚午。

例：康熙二十四年（1685 年）九月初四日，"刑部（等衙门）题杀张世兴父子三人张林等两议。上问曰：'此事尔等以为如何？'明珠等奏曰：'臣等之意，此事前议照律，后议原情。若照律坐罪，似属太过；若原情定议，又难行之久远。似应交与九卿定议。'上曰：'然。尔等所议交与九卿甚当。'"①

第四种是另行处置之裁决。对于三法司定拟之判决，皇帝如认为不妥当，可以直接裁决另行处置，或加重其刑罚，或减轻其刑罚，或为其他之裁决，而不必非要由三法司复审或由九卿商议。

例：康熙二十年（1681 年）五月十五日，"三法司议，护军机木素不听主将号令，于别路散去，应立绞事。上曰：'此人应免死否？'明珠奏曰：'前有此等罪犯，概行宽免。'上曰：'机木素从宽免死，着给与本主为奴。'"②

另外需要指出的是，首先，三法司会审原则上应该会同妥议，意见一致，画一具题。只有少数案件，三法司意见不同，难以画一具题时，三法司可作出两议。三法司两议时，皇帝可以径行裁决依其中一议，亦可令其画一具奏。另外，京师斩、绞立决案件若奉旨依议，案件即已确定，刑部可立即执行。京师斩、绞监候案件若奉旨依议，则案件并未确定，尚有待朝审之复核。

三、反思与借鉴

三法司会审制度所体现的中国古代"慎刑"思想以及对司法实质正义的注重，是我们可借鉴的宝贵思想资源。中国古代三司会审制度呈现出一定的历史作用。隋唐时期，在中央设大理寺、刑部和御史台三大司法机关，分别执掌审判、复核、监察等项司法职能。刑部、大理寺、御史台既各有执掌、分别工作，又彼此监督和制约。每遇重大疑难案件，由大理寺卿会同刑部尚书、御史中丞共同审理，叫做"三司推事"。三司审讯，既示慎重，又由于三司各有分工和侧重，在审判活动中可以互相牵制，防止片面、武断，有利于罪状的推鞫核实，有利于对案情作出合理的判决。明朝中央司法机关正式以三法司相称，曰刑部、大理寺和握有一定司法权的都察院。司法审判中，实行三法司会审制度。这实质上是一种权力的制约，旨在防止刑部独揽审判权。清朝承袭明制，设刑部、都察院和大理寺等三法司。由于有三个法司，总是能够起到一定的相互制约和平衡作用。三法司集议、会审有利于加强监督、制约，在一定程度上减少了冤狱，体现了审慎用刑的精神。虽然在封建时代，慎刑思想在司法活动中的贯彻是为了体现封建统治者以德教治天下、宽仁爱民的明君风范，进而维护封建统治秩序，加强执政集团的统治地位，但是，它在客观上确实能保护人命、减少民怨、促进社会和谐，是社会文明与进步的重要标志，它所包含的重民命、慎刑罚思想在当今社会仍有很重要的现代意义。

从司法实践看，唐代一些大案经过"三司推事"、明清许多大案经过"三法司核拟"后，增强了司法的准确性，提高了审判效率。据《旧唐书》卷十七上《敬宗纪》记载，敬宗宝历

---

① 《康熙起居注》，康熙二十四年九月初四日辛酉。

② 《康熙起居注》，康熙二十年五月十五日丁卯。

元年（825 年）秋九月丁丑，"卫尉卿刘遵古役人安再荣告前袁王府长史武昭谋害宰相李逢吉，诏三司鞠之……十月……甲子，三司鞠武昭狱得实，武昭及弟汇、役人张少腾宜付京兆府决。"由三司推鞠谋害宰相这样的大事，推鞠的结果是，罪魁武昭的犯罪事实得以查明，武昭等人被判处死刑。可见，三法司会审作为一种"慎刑"制度，确实能在一定程度上加强司法的实质正义，减少冤假错案，这在当时是有进步意义的，在今天的社会也是值得借鉴的。

不过，司法不独立是三法司会审不可逾越的障碍，也是我们今天的法制现代化事业所坚决摒弃的。三法司会审在注重实质正义的同时，由于多方共同审理的司法格局，在表面上还体现出似乎十分强烈的形式正义，貌似能够保证程序公正，使国家法律得以有效执行。然而实际上，在中国古代专制主义中央集权体制下，三法司会审表面上的三司集议、共同审断的形式合理性特征，却因皇帝把持最高司法权、行政干预司法、刑部实权过重这三项不容忽视的客观事实而沦为假象。

第一，三法司会审的最终目标是保证皇帝的最高司法权。将重大案件审判权由三机关共同执掌的制度实质上是一种权力的制约，旨在防止刑部独揽审判权，而三法司的制约最终保证了没有一个机关可以擅权专断，这样皇帝可以更有效地控制司法大权。更何况，会审后最终将由皇帝作出终审判决，这就更鲜明地体现出会审制度的集权性价值取向。以明代对重大或疑难案件实行三法司会审为例，表面看来，诚如朱元璋所言，可以集中各方面的不同意见，使司法审判做到"推情定法，刑必当罪，狱以无冤"[1]，起到"慎刑"的作用，从而保证国家法律的正常执行。但实质上是一种权力的制衡机制，旨在使司法权分散在司法、行政、监督等部门，防止刑部、大理寺的擅权专断，保证皇帝可以有效地操纵司法大权，最终形成使各衙门"分理天下庶务，彼此颉颃，不敢相压，事皆朝廷总之"[2] 的专制格局。[3]

三法司会审制度的设立是希望通过对司法权的分割来保障皇帝独揽最高司法权，因此皇权对司法的控制必然会使三法司会审的形式正义成为表面文章，甚至会大大破坏法制秩序。以君主集权最严重的明代为例，明代皇权的发展在中国封建史上可谓已经达到了极致，洪武十三年（1380 年），明太祖罢中书省，废宰相，政归六部，由皇帝直接统领。一切国家政务由皇帝亲自裁决，皇帝的权力达到有史以来的巅峰。皇权成为至高无上的权力，在司法审判上也是如此。一方面，皇帝握有一切死刑和重案的最后裁决权，各类会审均须由刑部"拟律以奏"，然后依旨执行。另一方面，皇帝往往亲自审案，任意用刑。如朱元璋凡"有大狱当面讯"，"重案多亲鞠，不委法司"[4]。成祖时又令"重罪必五覆奏"[5]。明代皇帝大多"任喜怒为生杀"[6]。明初太祖滥刑及作为常制的廷杖姑且不论，仅成祖诛戮建文帝旧臣，其酷刑可谓无所不用其极，对方孝孺凌迟，夷十族，犹不解恨，连其朋友门生也不得免，"坐死者八百七十三人"，其他还有先去齿、断手、再断颈；有用油煎；有先割耳鼻再凌迟；有用铁扫

---

① 《明太祖实录》，卷二〇九。
② 《明太祖实录》，卷二三九。
③ 参见刘长江：《明代法政体制述论》，载《四川师范大学学报（社会科学版）》，2005（6）。
④ 《明史·刑法志》。
⑤ 《明史·成祖本纪》。
⑥ 《明史·解缙传》。

帚扫尽肤肉致人死的，而皇帝竟自称是轻刑之举。皇帝对司法权的掌控甚至滥用，往往会使法制遭到极大破坏。

清沿明制，一切典章制度多取法前明。因此，国家重大事务（含司法审判）均由皇帝最终裁决。清代京师死刑案件，三法司审理完结后，必须奏闻皇帝裁决。清代各省死刑案件，督抚审理完结后，也须奏闻皇帝裁决。斩、绞立决案件奉旨依议后，始可执行死刑。清代皇帝也是牢牢掌握司法审判大权，绝不轻易授予臣僚。司法审判出自上裁，生杀予夺在于一人，清代司法审判中君主集权的情形极为显著，往往使三法司会审成为形式主义。与以往王朝不同的是，清朝统治者总结了历史上的教训，懂得利用法定程序才能确立长久稳定的法制。因此，清朝大多数皇帝大致上能严格按法定程序办案，尤其是对死刑案件的审断绝少发生历史上曾经有过的君主任情生杀（随意杀人）的现象。① 他们十分注重使案件的审理符合法定司法程序，即使皇帝想除去某个大臣，也力求借三法司会审的合法程序来实现自己的独裁目的，年羹尧案便是明证。雍正元年（1723 年），抚远大将军年羹尧总督川陕青海军政大计，特旨参议朝政，获清朝以来汉大臣少有的殊荣，深受雍正帝器重。可是，雍正三年（1725 年）十二月，年羹尧却因犯"大逆"、"期罔"、"僭越"、"狂悖"、"专擅"、"贪黩"等九十二款大罪，被"逮至京师，下议政大臣、三法司、九卿会鞫"②。对年案的处理不管是在定罪量刑上，还是在审判程序上都完全符合清朝法律。从吏部参劾，经三法司审理完毕，到皇帝按法定程序审批，年案的整个程序可以说无懈可击，雍正帝并没有以独裁者的身份绕过三法司。但是谁都明白年案的制造和审理完全是雍正帝本人的意图，三法司不过是忠实地按照制度加以贯彻而已。③ 这样，所谓的三法司会审，也就沦为独裁君主手中的工具。

第二，中国古代行政与司法合一的体制，导致行政干预司法，于是有多方力量影响三法司的审理工作，最终使司法更加冤滥。例如，明代三法司就受到来自各方面的制约，首先是明中后期厂卫的干扰。明代在普通司法机关以外，还特设特务司法机构厂卫组织。厂卫虽不是正式的司法机构，但却是皇权高度集中的产物，几乎凌驾于司法机关之上，被赋予种种司法特权，如侦察缉捕、监督审判和专理"诏狱"，它由宦官操纵，直接听命于皇帝。宦官利用"厂卫"干预司法审判主要表现为以下三方面：一是侦察缉捕。其侦缉范围主要是涉及国家政权的大要案，对一般刑事案不干预，即其他"作奸犯科，自有（法）司存，不宜缉"④。民间曾有人在密室酒后大骂魏忠贤，声音未落即被厂卫特务捕到魏府凌迟处死。他们往往无中生有，罗织罪名，陷害忠良，致使法纪大坏，而"三法司几乎虚设"⑤。二是监督审判。明代宦官往往作为皇帝的代表参加各类形式的会审，监督法司的审判。如成化十七年（1481 年），"命司礼太监一员会同三法司堂上官于大理寺审录，谓之大审"。从此，"每五年辄大审"⑥。大审时，宦官居中而坐，刑部尚书反在旁列侍，时人认为刑部尚书这种

① 参见郑秦：《皇权与清代司法》，载《中国法学》，1988 (4)。

② 《清史稿·年羹尧》。

③ 参见郑秦：《皇权与清代司法》，载《中国法学》，1988 (4)。

④ 《明史·刑法志》。

⑤ 《明世宗实录》。

⑥ 《明史·刑法志》。

尴尬地位，观之"殊令人短气"①。热审亦是由司礼太监主持，会同都察院、锦衣卫等的会审。在这些审判中，宦官一方面有主要裁决权，往往是"三法司视成案，有所出入轻重，俱视中官意，不敢忤也"②。甚至司法官员欲在会审中变更原判，亦须在宦官处打通关节，可谓"天下之刑狱，先东厂而后法司"③。三是设立刑堂，专理"诏狱"。"诏狱"是锦衣卫北镇抚司所理刑狱，它区别于三法司而直接为皇权服务，洪武十五年（1382年）始置。正如《明史》所称，凡"天下重罪逮京师者，收系（锦衣卫）狱中……使断治"。"朝廷专一镇抚（即锦衣卫北镇抚司），法司可以空曹，刑官为冗员矣。"④ 三法司断案受到严重干扰。其次，除了厂卫特务机关对司法的强力干预外，还有内阁首辅通过"票拟"干扰司法。尽管明代司法大权操纵在皇帝手中，但皇帝不可能亲自过问所有案件，因此有时不得不让首辅代替皇帝行使最高司法权。内阁首辅可通过对三法司题本的"票拟"假皇帝之手改变法司的判决，左右法司的司法审判。如嘉靖六年（1527年），世宗将三法司关于李福达一案中获罪官员马录量刑的题本发下，让首辅杨一清票拟，其结果是完全照阁票下诏，将马录永远充军。⑤ 首辅还可以奉命拟旨处分有罪的官吏，或通过向皇帝提建议干预司法。再次，明代行政长官可以通过会官审录制度干扰司法，他们通过参加"会审"参与司法审判。明初就有会官审录的制度，即有关重大刑狱，三法司审问不服，要会同九卿共鞫，谓之圆审，又称廷鞫。仁宗时还特命内阁大学士参加会审。以后又有朝审，六部尚书和内阁大学士都有资格参加，审判中通常由吏部尚书主笔，权力很大。在审理过程中，由于司法与行政不分，所以以权压法的现象自然难免。行政长官往往利用手中的权力干扰和破坏法司的正常审判，为自己的政治利益服务，从而导致司法程序的紊乱，造成大量冤案。总之，对司法权的分割，固然可以造就权力制衡，便于皇权操纵，但多方过度的干预，又使司法权遭到严重破坏。⑥

清代也有行政长官参与司法审判，进而干预司法的现象。清代司法审判机关以三法司为主，但中央尚有其他机关兼理司法审判。如清初诸帝常将重大案件（如反逆案件、官员贪渎案件等）交议政王大臣会议等定拟具奏；清代内阁则通过票拟参与司法审判，审核法司所定拟之判决是否适当或合法，票拟是内阁全体参与司法审判之重要方式；军机大臣对奏折虽无票拟权，但有处理建议权，军机大臣还可以奉旨审判重大案件，参与秋审及朝审；有关考试舞弊案件及涉外案件，则通常由礼部审理；通政使司所属鼓厅得接受京控案件呈词；清代诸帝还常指派议政王大臣、内阁大学士、学士、军机大臣、章京、六部尚书、侍郎、郎中、都察院左都御史、左副都御史等官员为钦差大臣，审理各省或京师重大案件。某些外省案件，皇帝也可能指派其他省份总督、巡抚前往审理。⑦ 清代行政长官参与监督司法审判，除了确保皇权统治外，也确实对保障司法的公正起到了一定的积极作用。但行政长官参与司法，以及司法行政合一的现象，历来是使司法有失公平独立的痼疾。

---

① （明）沈德符：《万历野获编》。

② 《明史·刑法志》。

③ 黄宗羲：《明夷待访录·奄宦》。

④ 《明史·刑法志》。

⑤ 参见《明史·马录传》。

⑥ 参见刘长江：《明代法政体制述论》，载《四川师范大学学报（社会科学版）》，2005（6）。

⑦ 参见那思陆：《清代中央司法审判制度》，105页，北京，北京大学出版社，2004。

　　第三，刑部实权过重导致三法司会审不可能真正使司法权得到合理的分配与平衡。在明代，刑部作为三法司之首，部权特重，缺失也多。明代刑部不但是中央的最高司法审判机关之一，也是京师的地方司法审判机关。就直隶及各省案件而言，刑部第一次复核，大理寺第二次复核。就京师案件而言，刑部初审，大理寺复审。从表面看来，刑部审级较低（第一审），大理寺审级较高（第二审），但在实际运作上，刑部的司法审判权始终大于大理寺。

　　到了清代，虽然三法司的职权范围与明朝大致相同，但刑部的职权更重于明代。顺治十年（1653年）大理寺卿魏管向亲政不久的顺治帝条陈大理寺的作用及三法司的关系，他说，"持天下之平者（刑）部也，执法纠正者（都察）院也，办理冤枉者大理（寺）也"①。表明了刑部审判、都察院监察、大理寺复核的关系。他认为这是从明朝以来的"旧例"。清朝虽然继承了这样的制度，但三法司中，刑部之权进一步加重，大理寺之权则进一步衰落，几乎没有一点实权了。《清史稿》曰："清则外省刑案，统由刑部核复，不会法者，院、寺无由过问，应会法者，亦由刑部主稿。在京讼狱，无论奏咨，俱由刑部审理，而部权特重。"② 光绪《大清会典》关于刑部职掌曰："掌天下刑罚之政令，以赞上正万民，凡律例轻重之适，听断出入之乎。决宥缓速之宜，赃罚追贷之数，各司（指刑部各司）以达于部，尚书、侍郎率其属以定议，大事上之，小事则行，以肃邦纪。"③ 由于部权重，院、寺虽可以提出异议，也允许一案两议上奏，但实际上绝少例证。史载乾隆二十六年（1761年）秋审，发生过刑部、都察院一案两议之争，左副都御史宝光鼐不同意刑部的定拟，激愤争辩，结果受到乾隆斥责，认为宝光鼐"迁拙"不胜职予以调离，皇帝还是支持了刑部的意见。④ 因此，虽然从理论上讲，三法司之间既有分工，又有配合，共同完成司法使命，但明清司法权责的重心在于刑部，都察院、大理寺在多数情况下并没有发挥监督和复核的平衡作用。"部权特重"是明清尤其清代三法司关系中一个基本特点，也是三法司会审徒具形式的一个重要原因。

　　由此看来，中国古代司法制度中的三法司会审，既有特定的目的和进步意义，也有着天生的弱点和弊端。中国古代社会是人治社会，皇权至上，司法是附属于行政的，其权威性是大打折扣的，这就造成了三法司会审制度的本意未能真正实现。现代社会，我们提出了依法治国，要建立社会主义法治国家和现代司法制度，做到"有法可依，有法必依，执法必严，违法必究"。司法机关依法独立行使司法权无疑是现代法治社会的基本特征。我国的宪法和法律也都明确地规定了司法独立原则。但是受古代君权至上、行政权高于司法权、司法不独立等几千年封建糟粕文化的影响，某些情况下"司法机关受制于地方政府、地方权力机关和地方党委"⑤，使司法权没有得到充分的尊重。司法机关的活动受到过多干预和制约，司法独立难以做到。要使司法能真正独立，司法的权威性能真正彰显出来，就要使司法权的行使彻底摆脱行政权的干扰，建立独立的现代司法体系。当然，我们也应该认识到，任何一个国家的司法独立都是相对的，不可能是绝对的独立。我们不能搞西方"三权分立"下的权力分配与制衡，而应该从本国的具体情况出发，从体制上保障审判机关和检察机关独立公正的行使

---

①　《大清会典·大理寺》卷六十九。
②　《清史稿·刑法志》卷一四四。
③　光绪《大清会典·刑部》卷五十三。
④　参见《清史稿·宝光鼐传》。
⑤　陈业宏、唐鸣：《中外司法制度比较》，327页，北京，商务印书馆，2000。

审判权和检察权，防止独断专行和枉法裁判。

第三节
死刑案件的会审：朝审与秋审

一、历史沿革

各省死刑案件题本经三法司复核奉旨依议后，即已结案。不过，斩、绞立决与斩、绞监候案件不同，立决案件情节较为重大，结案之后，各省应当依照部文立即执行。而监候案件，其情节相对较轻，为慎重决囚，明清两代逐渐发展出两种慎刑制度，即朝审与秋审。也就是说，立决不存在朝审与秋审的问题，只有监候才纳入朝审或秋审程序。其中，朝审指对于京师斩、绞监候案件，每年加以复核的制度。它始于明代，并为清代所承袭。秋审指对于地方各省斩、绞监候案件，每年加以复核的制度。它是清代所创，可以看作是把明朝以来只限于京师的朝审程序向地方各省的推广，亦可视为明朝针对地方死刑囚犯的"差官审决"制度的进一步发展。

朝审、秋审作为制度，最早溯源于两汉开始的"录囚"制度。所谓录囚就是审录复核在押的人犯，"省录之，知其情状有冤滞与不也"①。唐代录囚已成定制，在京禁囚"每月二十五日以前本司录其犯及禁时日月以报刑部"，天下诸州禁囚"断罪应申复者，每年正月与吏部择使，取历任清勤明识法理者，仍过中书门下定讫以闻，乃令分道巡复"②，审录复核，京城每月一次，地方各州每年一次。

历代录囚制度发展到明初，出现了"会官审录"的措施，霜降后请旨在承天门外审录刑部狱在押的囚犯，参加的有三法司、五军都督府、九卿、科道、锦衣卫等衙门。被审录的囚犯分为"有词不服"、"情罪有可矜疑"、"情真罪当"等项，分别处理。被审录的罪囚包括死罪人犯和其他人犯。京师已定案应秋后处决的死罪人犯之"会官审录"，就是最早的"朝审"。

到英宗天顺三年（1459 年），朝审制度得以正式确立，《明史·刑法志》记载：

> 天顺三年令每岁霜降后，三法司同公、侯、伯会审重囚，谓之"朝审"，历朝遂遵行之。③

从天顺三年（1459 年）起，朝审每年一次，成为定例。朝审的对象限定为在京所押斩、绞监候罪囚，重点是查核平反冤狱。

另外，对于地方死刑囚犯的审录，明朝基本上延续唐朝以来的派遣恤刑官下去审录的方式，即"差官审决"，五年一次。《明会典》记载：

---

① 颜师古注：《汉书·隽不疑传》。
② 《唐六典·刑部》卷六。
③ 《明史·刑法志》。

> 凡在外五年审录……差刑部、大理寺官往南北直隶及十三布政司，会同巡按御史、三司官（指各省布政使、按察使、都指挥使）审录。死罪可矜、可疑、及事无证佐可结正者，具奏处置。徒、流以下减等发落。①

明朝在京的朝审和在外的遣官录囚还没有结合起来，但是审录的结果已有"情真"、"可矜"、"可疑"、"有词不服"、"事无证佐"等类别。

清代之朝审，始于顺治初年。顺治元年（1644年），刑部侍郎党崇雅奏言："旧制凡刑狱重犯，自大逆、大盗决不待时外，余俱监候处决。在京有热审、朝审之例，每至霜降后方请旨处决。"② 顺治初年，南方各省尚未征服，当务之急是军事征战，清原有司法审判制度又与明不同，因此党崇雅的建议不能立即付诸执行，但得到了清朝统治者的首肯。清代真正创立朝审制度是在顺治十年（1653年）：

> 顺治十年八月二十一日，刑部题朝审事宜日期，于霜降后十日举行。将情实、矜疑、有词各犯，分为三项，各具一本请旨。奉有御笔勾除者，方行处决。③

以上就是清代的朝审，专指京师斩、绞监候案件的复核。顺治十年（1653年）京师斩、绞监候案件朝审程序如下："每年于霜降后十日，将刑部现监重犯，引赴天安门。三法司会同九卿、詹事、科道官，逐一审录。刑部司官先期将重囚招情略节删正呈堂，汇送广西司刊刻刷印进呈，并分送各该会审衙门。会审时，各犯有情实、矜、疑者，例该吏部尚书举笔，分为三项，各具一本。均由刑部具题请旨，内有奉旨勾除者，方行处决。其未经勾除者，仍旧监候。"④ 到了康熙七年（1668年），朝审人犯已有"矜疑"、"缓决"、"情实"三类。可矜和可疑并为一类，即"矜疑"，另增加"缓决"一类。"朝审秋决重犯，将矜疑、缓决、情实者分别三项具题，俟命下之日。矜疑者照例减等，缓决者仍行监候，情实者刑科三复奏闻，俟命下之日。别本开列各犯姓名，奉旨勾除，方行处决。其未经勾除者，仍行监候。"⑤

顺治十五年（1658年），清朝正式确立了对京外各省秋决重犯的秋审制度：

> 顺治十五年十月初六日，刑部等衙门遵旨会议，各省秋决重犯，该巡按会同巡抚、布、按等官，面加详审，列疏明开情真应决、应缓、并可矜疑者，分别三项，于霜降前，奏请定夺。命永着为例。⑥

其"永着为例"之范例，载于《大清会典事例》："其各省秋审，务依地方远近，先将奉旨秋决重犯，各该巡按会同该抚及布按二司等官，照在京事例详审，将情实应决、应缓并有可矜可疑者各案，分别开列，均定期于霜降前具奏，候旨定夺。"⑦ 顺治年间各省都有巡按，权力极大，会审案件时，均由巡按领衔具题。顺治十七年（1660年）裁撤巡按后，各省秋审

---

① 《明会典·刑部·恤刑》卷一七七。
② 《清史稿·刑法志三》。
③ 《清世祖实录》卷七十七。
④ 《大清会典事例》卷八四六。
⑤ 《大清会典事例》卷八四六。
⑥ 《清世祖实录》卷一二一。
⑦ 《大清会典事例》卷八四六。

遂由巡抚照例举行。①

康熙十二年（1673 年）以后，秋审制度（京外各省案犯）与朝审制度（在京案犯）渐相类似，均须经九卿复核，并且都成为每年必行的大典。康熙十二年十一月初一日，上谕刑部：

> 各省秋审本内止有节略，观览未能明晰……以后各省秋审应令照在京朝审例，预期造册进呈，亦着九卿、科道会同复核，奏请定夺。②

朝审、秋审均为清代重要司法审判制度，两者同时发展，渐次确立。清朝有关朝审、秋审制度之规定均附于《大清律例》第 411 条（有司决囚等第）之中。

二、主要程序

（一）明代朝审程序

关于明代朝审的程序，《大明会典》规定：

> 霜降以后，题请钦定日期，将法司见监重囚，引赴承天门外，三法司会同五府、九卿衙门并锦衣卫各堂上官及科道官，逐一审录。③

三法司会同多官朝审时，三法司及锦衣卫堂上官等官员均应在场会同审理。天顺至成化年间，仅原问官（刑部及都察院问刑官员）在场，而原审官（大理寺审录官员）并不在场。成化十四年（1478 年）开始规定原审官（含接管官）均应在场。这源于成化十四年九月丙子法司所奏：

> 据大理寺评事周茂建言，凡会审重狱之时，止有原问官在而无原审官。宜查囚人姓名，开报原审官执赴会审，以备询考。其言亦详审重狱之意。自今原审并接管官仍持文卷诣彼，遇囚人称冤，即按卷陈其始末，从众参详。（上从之）④

由于大理寺评事周茂的上述建言，明代朝审制度的程序更为完善，并且开始规定原审官（含接管官）均应在场。据《大明会典》记载，成化十四年奏准：

> 凡真犯死罪重囚，推情取具招辞，依律拟罪明白，具本连证佐干连人卷，俱发大理寺审录。如有招情未明，拟罪不当，称冤不肯服辩者，本寺将审允缘由奏奉钦依，准拟依律处决，方才回报原问衙门监候。
>
> （三法司）照例具奏，将犯人引赴承天门外，会同多官审录。其审录之时，原问原审并接管官员，仍带原卷听审。情真无词者，复奏处决。如遇囚番异称冤有词，各官仍亲一一照卷，陈其始末来历，并原先问审过缘由，听从多官从公参详。果有可矜可疑，或应合再与勘问，通行备由奏请定夺。⑤

① 参见《大清会典事例》卷八四六。
② 《清圣祖实录》卷四十四。
③ 《大明会典》卷一七七。
④ 《明宪宗实录》卷一八二，成化十四年九月丙子。
⑤ 《大明会典》卷一七七，《刑部十九》。

上述《大明会典》所载成化十四年奏准之敕令，其前半部分为京师案件的初审与复审程序，其后半部分则为朝审程序。朝审囚犯经多官审录后，如系情真罪当者，应即处决。但朝审人犯往往妄诉冤枉，使死罪案件无法定案。成化十九年（1483 年），刑部即建言此类人犯应即处决。《明宪宗实录》记载：

> 成化十九年十月乙丑，刑部会官审囚毕，因奏重囚葛恂等十八人，皆犯杀人等罪问结，情真罪当，无可矜疑者，往往撷拾妄诉，有监候五六年或四三年，调问有三四司或五六司者，牵连证佐，不得休息，宜即处决，庶使妖恶之徒有所征戒，而死者之冤亦得申雪也。奏上，命斩之，不复辩问。①

关于朝审程序的时间，一般只有一天。一日以内，审录数百名死囚，其仓促可想而知，这使朝审往往流于形式。对此，曾经分别有兵科给事中潘释和刑科给事中王瑄奏请延长朝审的时间，均获皇帝钦依，但未成为定制。②

（二）清代朝审程序

清代京师死刑案件奉旨"依拟应斩（绞）、着监候，秋后处决"者，均系朝审案件，须等待纳入朝审程序。清代朝审完全由中央进行，分为三个阶段：第一阶段由刑部进行并自定实缓，并由皇帝特派大臣复核。第二阶段是九卿会审与会题。第三阶段是皇帝裁决。③ 正如清律规定：

> 刑部现监重犯，每年一次朝审。刑部堂议后即奏请特派大臣复核，核定具奏后，摘紧要情节，刊刷招册送九卿、詹事、科道各一册，于八月初间，在金水桥西，会同详审，拟定情实、缓决、可矜具题，请旨定夺。④

第一阶段，刑部定拟看语。朝审以九卿会审的方式进行，在九卿会审之前，刑部应就京师朝审案件先行定拟看语。清初，由刑部广西司办理朝审事务。雍正十三年（1735 年），刑部设立总办秋审处，除办理秋审事务外，也办理朝审事务。朝审时，刑部各司应先核办各该司原签分现审之京师案件（列入朝审者），逐案定拟看语。各司核办后应送秋审处汇办，然后呈报堂官批阅，再由刑部奏请特派大臣复核。这是因为朝审案件都是刑部现审案件，为避免刑部固执己见、独断专行，故特派大臣复核。

关于朝审案件刑部奏请特派大臣复核这一程序，乾隆以前并未施行。嘉庆二十三年（1818 年）开始特派大学士、尚书、侍郎等复核。是年上谕："向来直省秋审人犯，由各督抚分别情实缓决，刑部再加复核。其有原拟未协，经刑部改缓为实、改实为缓者，皆例有处分。惟朝审人犯，但由刑部分别情实缓决，不加复核，立法尚未周备。着自明年为始，朝审人犯，经刑部堂官议后，即由刑部奏请特派大学士、尚书、侍郎数员复核。其有部拟实缓未协，应行改拟者，着派出之员奏明请旨，以昭慎重。"⑤

---

① 《明宪宗实录》卷二四五，成化十九年十月乙丑。
② 参见那思陆：《明代中央司法审判制度》，215～218 页，北京，北京大学出版社，2004。
③ 参见那思陆：《清代中央司法审判制度》，191～193 页，北京，北京大学出版社，2004。
④ 《大清律例·断狱·有司决囚等第》。
⑤ 《大清会典事例》卷八四九。

第二阶段，九卿会审与会题。刑部看拟定语后，应将朝审案件刊刷招册，分送九卿、詹事、科道进行九卿会审。朝审的九卿会审与会题与下文要提到的秋审类似。朝审的九卿会审过程中，因参与朝审的官员人数众多，因此多数官员随口附和，不提出实质意见。对此，嘉庆帝曾大加斥责。按嘉庆十二年（1807 年）上谕："朕闻朝审渐成具文，九卿科道亦未必全到，即全到亦不发一言，若有一人驳改一案者，群起而攻，目为多事，此习至恶，各宜痛改，毋负国恩而虚大典。朕非喜多事之人，但深恨模棱之辈耳，嗣后内外问刑各衙门，益当思人命至重，虽至狱成处决时，苟稍涉疑窦，当必为之推鞫，断不肯稍有屈抑。"①

朝审过后，刑部领衔会同全体参与朝审官员具题。朝审案件分情实、缓决、可矜、留养承祀四本具题，情实案件另造黄册随本进呈，此外，服制案犯和官犯均各单独一本具题。

第三阶段，皇帝裁决。由于朝审是对京师死刑监候案件的复核制度，因此清代皇帝极为重视。九卿会审京师斩、绞监候案件后应具题，奏闻于皇帝。皇帝裁决时，还常与内阁大学士、军机大臣商榷。有关皇帝裁决九卿会审题本的情况，可以通过以下案例加以说明：

> 例：康熙二十一年（1682 年）十月初二日，"九卿朝审顾齐弘党徒朱方旦，邪说惑众，拟斩。上曰：'朱方旦蛊惑愚民，其徒甚众，发觉者止顾齐弘一、二人，这顾齐弘着缓决。'又两议邪党陆光旭、翟凤彩，前议拟斩，后议缓决。上曰：'顾齐弘尚且缓决，陆光旭、翟凤彩情罪仍属可矜，俱着免死，减等发落。'"②

（三）清代秋审程序

清代各省死刑案件奉旨"依拟应斩（绞）、着监候，秋后处决"者，均系秋审案件，须等待纳入秋审程序。所谓"秋后处决"并非指秋后一律处死，只有对经秋审核定为"情实"，并经皇帝勾决后的囚犯才执行死刑，其余死罪人犯仍应监候，等来年秋审再行复核。清代秋审分各省秋审（地方秋审）和中央秋审两个阶段进行，其中，各省秋审（地方秋审）阶段又分为造册等准备工作、解囚和审录、具题这三个环节，中央秋审阶段又分为刑部定拟看语、九卿会审与会题、皇帝裁决这三个环节。

在各省秋审（地方秋审）阶段，第一个环节是基层州县的造册和其他准备活动。秋审是地方司法审判中的一项重要事务，因此每年秋审都要及早做好准备。监候人犯一般是监押在初审州县的，因此秋审准备工作也就是由州县做起，清律规定："各省每年秋审，臬司核办招册。"③"招册"即案犯清册，核办招册是秋审的前期工作，由基层州县造办。州县造册相当于对案犯进行了一次审录，下一环节即是解送上司衙门审录，即解囚和审录。州县派解差把秋审案犯监解至省城押在臬司狱中，等审完之后再押回。州县解囚的目的是为审录。在省的审录分臬司和督抚两步进行。臬司主持全省秋审事宜，要省录新解省人犯，核办新、旧事招册，各案的看语略节要先期定稿。而后会同藩司、道台一同商榷定案，随后联衔向督抚"具详"。督抚在臬司的详文呈上之后定期审录。督抚的审录也是会审。臬司和督抚审录工作的主要目的是将秋审犯人分为情实、缓决、可矜、留养承祀等几大类，案犯归于哪一类关系

---

① 《大清会典事例》卷一〇二一。
② 《康熙起居注》，康熙二十一年十月初二日乙亥。
③ 《大清律例·断狱·有司决囚等第》，乾隆二十六年条例。

极大，直接决定其生死命运。需要指出的是，《大清律》第 411 条（有司决囚等第）附例规定："秋审时，督抚将重犯，审拟情实、缓决、可矜具题，限五月内到部。"依本附例所示，秋审案件处理类别只有情实、缓决、可矜三种，惟依《大清会典》规定，尚有留养承祀一种，总共四种。① 学术界一般认为有实、缓、矜、留四种。第三个环节就是在督抚审录完毕之后，以题本正式汇题，以备上交刑部。秋审题本不同于新发案的题结，不是一案一题，而是全省汇题。与此同时，还应缮造黄册奏报，以备皇帝浏览。督抚秋审汇题本上奏后，地方本年度的秋审程序即告结束。②

在中央秋审阶段，第一个环节是刑部定拟看语，指刑部审核案卷，并正式审定部拟意见，决定各案的实缓矜留，这是中央秋审程序的开始和基础。各省秋审题本具题后，在题本上照例奉旨："三法司知道"。刑部奉旨后，正式开始办理本年度的中央秋审。清初，由刑部四川司办理秋审事务，因为四川遭明末战乱浩劫，地僻人稀，案牍较少。雍正十三年（1735年），刑部设立总办秋审处，办理秋审事务。在秋审实际运作上，刑部各司应先核办各省秋审案件，各司核办后应送秋审处汇办，然后呈报堂官批阅。对于刑部定拟看语，《大清会典》规定：

> 总办司员于年底即请堂派各司专办次年秋审官，满洲一员，汉二员。将各该司应入秋审人犯，依原案题结先后，以次摘叙案由，分别实缓矜留，出具看语，曰初看，用蓝笔标识。再为复看，用紫笔标识，陆续汇送本处。坐办司员将各司略节删繁补漏，交总看司员酌核允当。加具看语，呈堂批阅。仍于堂议之前，总看坐办各司员，齐集核议。将情实、缓决、可矜、留养承祀各犯，详加参酌，平情定拟。③

《清史稿·刑法志》的记载则与上述记载稍有不同：

> 刑部各司，自岁首将各省截止期前题准之案，分类编册，发交司员看详。初看蓝笔勾改，复看用紫，轮递至秋审处坐办、律例馆提调，墨书粘签，一一详加斟酌，而后呈堂核阅。④

中央秋审的第二道环节是九卿会审与会题。刑部定拟看语后，应将秋审案件刊刷招册，分送九卿、詹事、科道，进行九卿会审。《大清律》第 411 条（有司决囚等第）附例规定：

> 刑部将原案及法司看语，并督抚看语，刊刷招册，送九卿、詹事、科道各一册，八月内在金水桥西，会同详核情实、缓决、可矜，分拟具题，请旨定夺。⑤

依此条例规定，九卿、詹事、科道都要参与秋审，也就是说参加会审的不只是三法司，而是所有重要官员。发展到后来，内阁大学士也参加会审。至光绪年间，"三品官衙门则与会审"⑥，参与秋审的官员越来越多，甚至负责祭祀的太常寺、马政的太仆寺也都列坐会审。

---

① 参见《大清会典》卷五十七。
② 参见郑秦：《清代法律制度研究》，174~177 页，北京，中国政法大学出版社，2000。
③ 《大清会典》卷五十七。
④ 《清史稿·刑法三》。
⑤ 《大清会典事例》卷八四四。
⑥ （清）薛允升：《读例存疑》卷四十九。

可以想见，届时将有数百名之多的官员列坐在天安门前金水桥西会审，场面非常壮观。也因为如此，清代的秋审被称为"秋谳大典"，是清代的重要典章制度。至于为什么要这么多官员参加会审，嘉庆皇帝曾指出："秋谳大典令大学士、九卿、科道公同会议，原以重人命而昭钦恤……须众议佥同方成定谳。"①

秋审大典过后，刑部领衔以参加会审全体官员的名义向皇帝具题，分省逐次办理，每省案件按照情实、缓决、可矜、留养承祀四本具题，情实案件还另造黄册随本进呈。另外，"服制"案犯和"官犯"均各单独一本具题。

中央秋审的最后一道环节是皇帝裁决。会审各省斩、绞监候案件后应具题奏闻，皇帝须为裁决。皇帝的裁决有一定的格式，如情实本则批："这情实某某（开列名单）着覆奏，册留览"。如缓决本则批："某某（开列名单）俱着监候缓决"。可矜本则批："这情有可矜犯某某（开列名单）依议免死，减等发落。"② 对于凡奉旨缓决、可矜、留养承祀的案犯，秋审程序即告结束。可矜、留养的即已免死减等或责放，他们的死刑不再执行；缓决案犯本年不执行死刑，仍然监押，等待明年再次秋审决定命运，如再次缓决就再等下年秋审，直到减等改判或改情实。奉旨情实的案犯，其秋审程序尚未结束，还要经过复奏和勾决。复奏由刑科给事中办理，复奏之后由十五道御史分别办理勾到题本，并在皇帝亲自主持下进行勾到仪式。皇帝通过勾到直接掌握最高审判权。秋审"情实"案犯的生死就在此一举，被"勾决"的犯人与"立决"犯人一样，一旦奉旨即执行死刑，而被"免勾"的案犯则有希望得到减等，死刑将免于执行。勾决本下，本年度的秋审程序就宣告结束了。

三、现代价值

秋审、朝审作为最高级别的死刑复议程序，是明清时期集中审理死刑案件，由皇帝亲自参与并最后决断的重大审判活动。秋朝审面向全国，牵及九卿，直接决定了一年之中除重大案件处以"斩立决"或"绞立决"的案犯以外的所有监候案犯的生命，同时关系到上一年缓决的在押死囚的命运。秋朝审是一种独特的司法审判制度，它注重司法的实质正义，是中国古代慎刑思想在司法审判制度上的具体体现。一方面，它充分体现了皇权的至高无上。全国上下生杀大权统于皇帝一人。可以显示皇权之威，也是皇帝显示其宽仁矜恤，以笼络人心的手段。皇帝朱笔一勾，人命即可归西。有些杀人罪犯因而得以免死，而使受害者冤屈难伸；当然，也有罪犯因冤案得以平反而捡回了性命。另一方面，秋朝审制度客观上毕竟是一种加强死刑复议的机制，它能更慎重地对待死刑，减少了无辜，进而加强了司法的实质正义。从司法的角度来看，秋朝审作为封建社会制度下死刑复议的最高形式和终审程序，无疑是中国古代法律发展史上的重大进步。这正是我国封建法律制度中的精华，因此秋朝审不失为一面历史的镜子，对中国目前司法制度的建构有着重要的现代价值。

首先，中央直接对死刑案件进行秋审和朝审，体现了对人命的重视。中国古代君王很早就意识到了生命的意义。人死不能复生，生命是一切社会活动的前提和基础。没有生命，一切将毫无意义。滥用刑罚，草菅人命堪称世间最残酷的恶行，将造成令人痛惜且无法逆转的

---

① （清）《钦定台规》卷一〇，宪纲，会谳。
② 郑秦：《清代法律制度研究》，180～181 页，北京，中国政法大学出版社，2000。

悲剧性后果。因此，慎用死刑并尽可能减少适用死刑是历代明君的共识。中央机构通过会审制度对人命重案进行复查，使大部分罪因免于死刑，体现了君主以"仁义"治天下的思想和对人命的重视。在当今文明社会，对待死刑更应慎重。目前法律规定的死刑虽然执行简便，但同时又因其不可回复性而误判难免。然而生命一旦被剥夺，便不可再恢复。死刑在误审误判的情况下，一经执行将成为无法弥补的遗憾，不仅难以挽救，还会对司法机关带来一系列负面效果，给国家带来不安定的隐患。我们应随着人类文明的发展，吸收传统优秀文化和法律观念，借鉴古代慎用死刑的法律观念和法律制度，从中获得启迪。

更重要的是，秋审和朝审制度对死刑的慎重，体现出对司法实质正义的关注。而我们目前的司法活动，也应当加强实质正义。总的说来，秋审、朝审对实质正义的注重可以说反映在两个层面：一是在理念上，清代皇帝对秋朝审的重视，以及对"中"和"平"的执法观念的强调，无疑显示了秋朝审对司法实质正义的注重；二是在实践中，秋朝审将被审录的在押死囚根据不同情况分为实、缓、矜、留四大类，并分别处以不同的刑罚，也深刻地体现了秋朝审对司法实质正义的关照。不仅如此，从法的历史发展角度看，秋审、朝审表明中国封建后期统治者的法律思想已经相当成熟，他们积累了丰富的执政经验，融汇发展了几千年来的传统法律思想和法律制度。

秋审与朝审制度本质上是一种慎重民命的慎刑制度，清代诸帝对其极为重视。乾隆帝曰："秋审为要囚重典，轻重出入，生死攸关。直省督抚皆应详慎推勘，酌情准法，务协乎天理之至公，方能无枉无纵，各得其平。"① 又曰："国家秋谳大典，上系刑章，下关民命，虑囚时设情法未衷于至当，何以昭弼教之用心？"② 不过，清朝统治者认为秋朝审并非一味讲宽，而是反复强调"中"和"平"。雍正二年（1724 年），雍正帝在谈到秋审时说："朕惟明刑所以弼教，君德期于好生，从来帝王于用刑之际，法虽一定，而心本宽仁"③，也就是"以宽仁之心去行严格之法"。在这种指导思想下，凡情有一线可原者即入缓决。至于停勾、减等、免死，甚至留养承祀的"法外之仁"等都是"以昭慎重"（乾隆语），使执法得中、持平。④ 对此，清朝皇帝有不少言论：

> 凡情有可原者，务从缓减，而意非主宽；凡法无可贷者便依斩绞，而意非主严，本无成见，惟其自取。（雍正十二年）
>
> 秋审为要囚重典，轻重出入生死攸关……应酌情准法，务协乎天理之至公，方能无枉无纵，各得其平……朕毫不存从宽从严之成见，所勾者必其情之可恕，所原者必其情之有可原。（乾隆十四年）
>
> 凡有宽严不中之处，皆许其据案直陈……从宽从严视其人之自取。……若朕亦欲博宽大之名，将秋审人犯全予免勾，其为阴德岂不更大，而使国家刑章宪典竟成虚设，有是理乎？（乾隆四十六年）
>
> 总当按律定谳，不得预存从宽、从重之见，用昭平允。（嘉庆四年）⑤

① 《大清会典事例》卷八四七。
② 《大清会典事例》卷八四七。
③ 《大清会典事例》卷八四六。
④ 参见郑秦：《清代法律制度研究》，202 页，北京，中国政法大学出版社，2000。
⑤ 引文均见《大清会典事例》卷八四六。

　　清代皇帝对秋朝审的重视，以及不一味从宽，而是得中、持平的执法观念，无疑显示了秋朝审对司法实质正义的注重。秋朝审对司法实质正义的关照，反映在实践中就是把被审录的在押死囚分为实、缓、矜、留四大类，也就是将死刑案件中对社会制度危害较小的、可杀可不杀的那部分案犯区别开来，法开一面之网，这样既可保持死刑的威慑力量，又可收到"恤刑"的效果，体现"慎刑"的司法精神，还能罚当其罪，强化司法的实质正义。在实、缓、矜、留四项中，可矜、留养承祀两项只占百分之几，缓决最多，情实次之。秋审、朝审的主要任务可以说就是区分罪犯的实、缓。

　　"可矜"是指情有可原，即案情虽属实，但有可以宽恕的情节，此种情形大多可以免于处死，改判其他刑罚。对此，律文没有明确规定一个标准，司法实践中往往不好掌握。乾隆二十七年（1762年）所定条例中举了两种："如子妇不孝，詈殴翁姑，其夫愤激致毙"；"或因该犯之母，素有奸夫，已经拒绝，后复登门寻衅，以致拒绝殴致毙者"。由此可见，可矜都是"情切天伦，一进义激，与寻常狠斗者不同"，这种案情并不多见，处置时可"照免死减等例，再减一等发落"①。

　　"留养承祀"是指照顾到犯人是独子（所谓"丁单"）或犯人父母老病无人奉养（所谓"父母老疾"），按法应处死者免死，使他回家奉养父母，不致绝嗣。这种制度渊源于唐律"诸犯死罪非十恶，而祖父母、父母老疾应侍，家无期亲成丁者，上请"②。明律有"犯罪存留养亲"条文，清律原文继承下来。按照一般规定，准予留养承祀的罪犯应是，非"常赦所不原者"，即非犯十恶、杀人等罪，"奏闻取自上裁"，皇帝亲自审核批准。③由于留养承祀本是"法外之仁"，所以一定要由皇帝最后裁决。

　　"缓决"，是指案情还有疑问，暂时将人犯再行监禁，留待下一年秋审或朝审再行审理。在秋审案犯中罪行较轻的，若干次缓决后即可减等。如情罪较重，则不准奏请减等，只有在特赦及其他一些特殊情况下才可奏请减等。而那些得不到减等的人犯，少数可能在某次秋审时被改为情实，执行死刑，多数将长期"缓决"下去，年复一年，长者有缓十多年甚至二十年者，实际上已变为一种长期徒刑。许多监候犯就可能在长期监禁中瘐毙。

　　"情实"，是指案情属实，适用法律并无不当。这种情况当然是"奉旨勾决"，下令执行死刑。明朝称"情真"，就是"情真罪当"的意思，雍正时因避世宗胤禛之名，改称"情实"。雍正后刊刻的实录、律典等均作情实，致使人们忽略了"情真"这一本名。"情实"是秋审、朝审人犯罪行最严重者，入情实，大都要勾决，如果未勾就是侥幸，所以入情实就意味着所拟死刑要执行。

　　秋审、朝审的主要任务以及重要意义就在于区别情实、缓决，使囚犯的罪行与所受刑罚相适应，更好地实现司法的实质正义。可是《大清律例》并没有明确规定两者的区分标准，而是由各省和刑部掌握。因此在司法实践中难免"各司随意定拟"，出入很大。乾隆三十二年（1767年）刑部拟定《比对条款》，后经修改，又汇辑成《秋谳志略》颁行，使"中外言秋勘者依之"④，就是比照着定出哪条罪名应入情实，哪条应入缓决。不过，《秋谳志略》的

---

① 《大清律例·断狱·有司决囚等第》，乾隆二十七年定例。
② 《唐律疏议·名例》。
③ 参见《大清律例·名例·犯罪存留养亲》。
④ 《清史稿·刑法志》。

划分仍不能完全解决实、缓的定拟。此后，朝野上下编辑了许多实缓比照的资料，但始终没能寻求到统一标准，结果每年秋审、朝审往往靠的是比附类推各种远近"成案"①。而且，我们也要注意到，作为朝廷极为重视的国家"大典"，秋审、朝审的实质正义是有限的。因为全国成百上千件监候案件，要在一天之内审结完毕，所以审理过程很容易成为一个象征性的仪式。

不过，从宏观上看，秋审、朝审仍然可以视为是清朝实行的一种重要的恤刑制度。虽然秋审、朝审的会审大典可能由于案件多、时间只有一日而流于形式，但有关各方在审理之前的大量准备工作是比较仔细的。而且秋审、朝审程序的存在，也在客观上迫使各司法机构对于案件的审理和判决比较慎重。从清朝档案材料所反映的情况看，秋审和朝审后，被列入"缓决"的情形比较多。所以，秋审和朝审作为一种"慎刑"制度，确实能将国家的死刑大体约束在法定的程序内，在一定程度上加强司法的实质正义，减少冤假错案。在当今司法制度现代化的进程中，我们应当充分利用中国传统会审制度的可借鉴资源，审慎对待死刑，关注司法的实质正义，尽量降低错案率，保证案件审理结果的公平与公正，从而更好地保障人民权益，维护司法权威，进而促进我们社会主义法治国家的稳定与和谐。

第四节
一般案件的会审：各种审录制度

一、明代京师一般案件的会审之一：京师审录

针对京师各类案件的"审录"有多种类型。从《大明会典》三法司中有关审录的条目可知，明代京师"审录"至少有四种类型（广义的京师审录）：大理寺对京师各类人犯的复审（即一般正常程序下的大理寺复审）；三法司会同多官对京师死罪人犯的会审（即京师死罪人犯之朝审）；三法司及锦衣卫对京师情节重大案件的会审（即三法司会审）；三法司每年夏季或冬季对京师各类人犯之会审（即京师各类人犯之热审或寒审）。其中，第四种类型的京师审录，亦即狭义的京师审录，可以分为两类：一是一般的审录，二是夏季的审录。第二类发展到后来就是明代的"热审"。热审的对象起初是京师未定案的轻罪人犯，后来扩大到京师未定案的各类人犯，包括轻罪和重罪。在明代中期以后，热审就成为京师审录的主要方式。

狭义的京师审录的起源和目的与京师案件的审理期限有关。关于京师案件的审理期限，《大明令》吏令规定："凡内外衙门公事，小事伍日程，中事七日程，大事十日程，并要限内结绝。若事干外郡官司追会，或踏勘田土者，不拘常限。"违反上述规定者应予刑罚，《大明律》第 71 条（官文书稽程）规定："凡官文书稽程者，一日，吏典笞一十，三日加一等，罪止笞四十。首领官各减一等。"《大明令》有关结绝公事的期限，法理上亦适用于刑名案件，但刑名案件有其特殊性，并非五日、七日或十日内可以审理完结。因此《大明令》有关结绝

---

① 郑秦：《清代法律制度研究》，186～189 页，北京，中国政法大学出版社，2000。

公事的期限难以适用于刑名案件，三法司官员也难以适用《大明律》第 71 条（官文书稽程）之规定，这是明代司法审判制度中的重大缺失。明代京师案件的审理长期拖延不决，人犯长期监禁的情形十分严重，对此现象，明人称为"淹禁"。

明代京师案件人犯淹禁的情形早在吴元年（1367 年）就已经存在。据《明太祖实录》吴元年十一月己亥的记载，吴元年京师已发生滞狱情形，明太祖希望法司清理刑狱，依时决遣：

> 中书参政傅瓛言，应天府有滞狱当断决者。上曰："淹滞几时矣？"曰："逾半岁。"上恻然曰："京师而有滞狱，郡县受枉者多矣。有司得人以时决遣，安得有此？"瓛顿首曰："臣等不能统率庶僚，是臣罪也。"上曰："吾非不爱其民，而民尚尔幽抑。近且如此，远者何由能知。自今狱囚审鞫明白，须依时决遣，毋使淹滞。"①

又根据《明太祖实录》洪武十七年（1384 年）秋七月庚申记载，洪武十七年秋七月，明太祖命刑部虑囚（即审录囚徒），这应是明代第一次实施审录，对象是刑部所审理的各类人犯，目的仍然是清理刑狱，依时决遣：

> 命刑部虑囚。谕之曰："今秋，暑方盛，狱囚不以时决，或致疾病陷于死亡，轻者误戕其生，重者幸以逃法，非所以明刑慎狱也。其以时决遣，毋更淹滞。"②

永乐以后，三法司审录各类人犯的事例渐多，审录时间则四季都有。其中三法司于夏季所举行的审录，后来发展成为"热审"。永乐二年（1404 年），明成祖因天热，狱囚淹久，于是命法司清疏刑狱，以此为开端，形成了"热审"制度。永乐二年（1404 年）夏四月丁丑，上谕三法司官曰：

> 天气向热……今令五军都督府、各部、六科给事中，助尔等尽数目疏决之。③《明史·刑法志》曰："热审始永乐二年。"即指此事也。

此后，各朝又有不少热审事例，现略举两例：

> 例一：宣德二年（1427 年）五月乙巳，上谕三法司官曰："今天气已热，狱囚拘系甚苦，宜早决遣，悉录所犯进来，朕亲闻之。"④

> 例二：宣德二年（1427 年）六月甲戌，敕行在三法司及北京行部："今夏，暑方殷，狱中系囚久未疏决，当思矜恤，悉录其罪以闻。"⑤

到了弘治元年（1488 年），热审成为定制。《大明会典》记载：

> 弘治元年夏，令两法司、锦衣卫将见监罪囚情可矜疑者，俱开写来看。（自后，岁以为常）⑥

---

① 《明太祖实录》卷二十七，吴元年十一月己亥。
② 《明太祖实录》卷一六三，洪武十七年秋七月庚申。
③ 《明太宗实录》卷三十，永乐二年夏四月丁丑。
④ 《明宣宗实录》卷二十八，宣德二年五月乙巳。
⑤ 《明宣宗实录》卷二十八，宣德二年六月甲戌。
⑥ 《大明会典》卷一七七，《刑部十九》。

关于热审,《大明会典》规定:

> 国朝钦恤刑狱,凡罪囚夏月有热审,其例起于永乐间,然止决遣轻罪,及出狱听候而已。自成化以后,始有重罪矜疑,轻罪减等,枷号疎放,免赃诸例。每年小满后十余日,司礼监传旨下刑部,即会同都察院、锦衣卫,复将节年钦恤事宜题请,通行南京法司,一体照例审拟具奏。①

从上述史料可知,京师热审的对象,原来是京师未定案的轻罪人犯,处理方式是"出狱听候"。后来热审对象扩大到京师未定案的各类人犯,包括轻罪和重罪。对徒、流以下现监罪囚,减等发落,重囚可矜疑及枷号者,具奏定夺。京师热审原则上每年举行一次,一般为每年小满后十余日,由司礼监传旨下刑部,组织热审。京师热审除刑部、都察院及锦衣卫参与会审外,大理寺亦曾参与会审。《大明会典》规定:"凡每年天气暄热,奉旨审录两法司及锦衣卫罪囚。本寺堂上官公同会审。近例,每年热审,惟刑部专主其事。临期,止行手本,于本寺知会。"② 所谓近例是指正德以后的事例。

弘治元年(1488年)以后,热审成为定制,岁以为常,成为明代中期以后审录的主要方式。如:嘉靖元年(1522年)四月丙申,"上以天气暄热,命法司、锦衣卫见监笞罪无干证者释之,徒流以下减等,拟审发落。重囚情可矜疑并应枷号者,疏名以请。疏上,宽恤有差(自是,岁以为常)"③。

然而,至万历末年,皇帝倦于勤政,常因皇帝未下谕旨,热审未能如期举行,据史料记载:万历四十年(1612年)六月庚午,"刑部奏:'每岁夏月,例应热审,历祀以来遵行不异,惟旧岁未奉明纶,遂成阙典。'"④

总之,明代京师案件司法审判常拖延时日,数年未决,各类人犯监禁于狱中,瘐死者众。为解决这种问题,加快未定案件的审理判决过程,疏通监狱,以防在暑热天气瘐毙狱囚,发展出京师热审制度,然而实施效果并不佳。明代的京师热审制度,清代废弃,不再适用。⑤

明代除了热审以外,还有"春审"及"寒审",它们也是狭义上的京师审录,但其重要性远不及热审。所谓"春审",是指春季的审录。宣德七年(1432年)二月庚寅朔,"上谕行在刑部、都察院、大理寺臣曰:'今天气和煦,万物发生之时,尔法司其具系囚情状以闻,朕亲阅之。'"⑥ 同年二月甲午,"上亲阅三法司所进系罪囚状……是日决遣千余人。"⑦

"寒审"则指冬季的审录。明代曾有数次以灾异修刑、覃恩布德之名义给当系重罪者恤刑,被崇祯年间的代州知州郭正中称为"寒审"⑧。"寒审"的事例较多。依《明实录》的记载,永乐四年(1406年)十一月己卯、永乐九年(1411年)十一月乙亥、永乐十一年

---

① 《大明会典》卷一七七,《刑部十九》。
② 《大明会典》卷二一四,《大理寺》。
③ 《明世宗实录》卷十三,嘉靖元年四月丙申。
④ 《明神宗实录》卷四九六,万历四十年六月庚午。
⑤ 参见那思陆:《明代中央司法审判制度》,204~210 页,北京,北京大学出版社,2004。
⑥ 《明宣宗实录》卷八十七,宣德七年二月庚寅朔。
⑦ 《明宣宗实录》卷八十七,宣德七年二月庚寅朔。
⑧ 《明史·刑法志》。

（1413 年）冬十月丙寅及宣德元年（1426 年）十二月丁卯，均有寒审事例。根据《明史·刑法志》中的记载，寒审事例以宣德四年（1429 年）最多，"宣德四年冬，以天气沍寒，敕南北刑官悉录系囚以闻，不分轻重。"①

二、明代京师一般案件的会审之二："五年大审"

对于京师一般案件的会审，明代先发展出京师审录制度，随后又发展出京师"五年大审"制度。"五年大审"，又称"大审"，指明代对京师各类现监囚犯及累诉冤枉者的会审制度，由司礼太监（宦官二十四衙之首）与三法司堂上官会同审理，一般五年举行一次。

对于大审，《大明会典》定曰："凡在京，五年大审。"②《明史·刑法志》也记载："至（成化）十七年，定在京五年大审。"③ 关于京师各类人犯五年大审的历史沿革如下：

1. 天顺四年（1460 年），令法司将现在监累诉冤枉者，会同三法司堂上官、刑科给事中各一员审录。④

2. 成化十七年（1481 年），命司礼监太监一员会同三法司堂上官于大理寺审录，以后每五年一次，著为令。⑤

对于成化十七年（1481 年）的敕令，《大明会典》另有规定：

> 凡五年审录，成化十七年命司礼监太监一员，会同二法司堂上官，于本寺审录罪囚。以后每五年一次，著为令。⑥

《明史·刑法志》亦规定：

> 成化十七年命司礼监一员会同三法司堂上官，于大理寺审录，谓之大审。南京则命内守备行之。自此定例，每五年辄大审。⑦

由上述史料可以得知，自成化十七年（1481 年）始，京师各类人犯五年大审制度形成。五年大审的对象最初是在京累诉冤枉者，后来扩大到京师未定案的各类现监人犯，与热审的对象基本相同。京师热审每年一次，京师五年大审每五年一次。

关于京师五年大审的程序，《大明会典》记载：

> 国朝慎恤刑狱，每年在京既有热审，至五年又有大审之例，自成化间始，至期，刑部题请敕司礼监官会同三法司审录。南京则命内守备会法司举行。其矜疑遣释之数恒倍于热审。⑧

京师五年大审以司礼监太监为主审官，三法司堂上官不敢忤也。《明史·刑法志》记载：

---

① 《明史·刑法志》。
② 《大明会典》卷一七七，《刑部十九》。
③ 《明史·刑法志》。
④ 参见《大明会典》卷一七七，《刑部十九》。
⑤ 参见《大明会典》卷一七七，《刑部十九》。
⑥ 《大明会典》卷二一四，《大理寺》。
⑦ 《明史·刑法志》。
⑧ 《大明会典》卷一七七，《刑部十九》。

　　凡大审录，赍敕张黄盖于大理寺，为三尺坛，中坐，三法司左右坐，御史、郎中以下捧牍立，惟诺趋走惟谨。三法司视成案，有所出入轻重，俱视中官意，不敢忤也。①

　　正德年间，皇帝也曾命司礼监太监主持京师五年大审。例如：正德六年（1511 年）夏四月己酉，"命司礼监太监张永同三法司堂上官审录罪囚，敕谕永曰：'……兹当天气炎热，恐轻重罪囚或有冤抑，致伤和气，特命尔同三法司堂上官从公审录。'"②

　　司礼监太监奉旨主持京师五年大审，是代表皇帝主持，因此权力极大。《明史·刑法志》举出二例来证明：

　　　　例一：成化时，会审有弟助兄斗，因殴杀人者，太监黄赐欲从末减。（刑部）尚书陆瑜等持不可，赐曰："同室斗者，尚被发缨冠救之，况其兄乎？"瑜等不敢难，卒为屈法。

　　　　例二：万历三十四年大审，御史曹学程以建言久系，群臣请宥，皆不听。刑部侍郎沈应文署尚书事，合院寺之长，以书抵太监陈矩，请宽学程罪。然后会审，狱具，署名同奏。矩复密启，言学程母老可念。帝意解，释之。③

　　凡是曾经奉旨主持京师五年大审的内官，都将这段经历引为毕生的荣耀。《明史·刑法志》记载：

　　　　内臣曾奉命审录者，死则于墓寝壁，南面坐，旁列法司堂上官，及御史、刑部郎中引囚鞠躬听命状，示后世为荣观焉。④

　　京师五年大审，有五个步骤，其一曰阅文卷，以察始末之详；二曰询掌印官，以察拟罪之意；三曰询原问官，以察取招之由；四曰询检尸捕盗及证佐人，以察起狱之故；五曰审正犯之言、貌、视、听、气，以察所犯之实。审录之后，不得径行处置，而应将审录结果奏报。⑤

　　京师五年大审，原则上是五年举行一次。成化至正德年间，大体上按期举行。嘉靖至万历年间，则不一定按期举行。万历三十四年（1606 年）五月戊寅，"刑科左给事中宋一韩言：'国家虑囚以五年一大审，今岁又当期……二十九年大审未经举行，人情惶惑，今不宜再有稽留。'不报。"⑥ 又万历四十五年（1617 年）五月己卯，"礼部署部事左侍郎何宗彦言：'……岁一热审，五年一朝审，所以理冤抑、释轻系，体上帝好生之德，而开下民自新之路者也。年来热审愆期，朝审又复格而不行……臣窃谓热审不可愆期，朝审必不可废格……'不报。"⑦ 明代京师五年大审制度，清代废弃，不再适用。⑧

----

　　① 《明史·刑法志》。
　　② 《明武宗实录》卷七十四，正德六年夏四月己酉。
　　③ 《明史·刑法志》。
　　④ 《明史·刑法志》。
　　⑤ 参见张晋藩主编：《中国法制通史》，第七卷，540 页，北京，法律出版社，1999。
　　⑥ 《明神宗实录》卷四二一，万历三十四年五月戊寅。
　　⑦ 《明神宗实录》卷五五七，万历四十五年五月己卯。
　　⑧ 参见那思陆：《明代中央司法审判制度》，210～212 页，北京，北京大学出版社，2004。

三、明代地方一般案件的会审：从"差官审录"到"五年审录"

明代的地方"审录"也有多种类型。从《大明会典》三法司中有关审录的条目可知，明代地方上的直隶及各省案件的"审录"至少有三种类型（广义的地方审录）：各地提刑按察司或巡按御史对直隶及各省案件的复审；大理寺对直隶及各省各类人犯的复核（即一般正常程序下的大理寺复核）；三法司官员奉旨前往直隶及各省，对直隶及各省各类人犯的复审。其中，第三种类型的地方审录，亦即狭义的地方审录，后来发展为"差官审录"制度。

狭义的地方审录（即后来的"差官审录"）的起源与目的，也与明代地方案件的审理期限有关。关于直隶及各省案件的审理期限，《大明令》吏令规定："凡内外衙门公事，小事伍日程，中事七日程，大事十日程，并要限内结绝。若事干外郡官司追会，或踏勘田土者，不拘常限。"违反上述规定者应予刑罚。《大明律》第71条（官文书稽程）定曰："凡官文书稽程者，一日，吏典笞一十，三日加一等，罪止笞四十。首领官各减一等。"《大明令》虽规定有结绝公事的期限，《大明律》亦有官文书稽程的规定，但实际上，直隶及各省案件长期拖延不决，人犯长期监禁的情形十分普遍。此一现象，明人称为"淹禁"。为解决地方案件的淹禁问题，明代开始实施地方审录制度。

关于直隶及各省人犯淹禁的情形，可以举例说明如下：

例一：正统六年（1441年）四月甲午，敕曰："在外三司并卫、所、府、州、县监禁轻囚……动经二三年或七八年监系不决。岁月既久，生死难保。"①

例二：景泰六年（1455年）闰六月丙午，南京监察御史苗穗奏言："臣见南直隶府州县卫所问刑官，不问罪之轻重，一概监禁。有一年不决者，有半年不理者。"②

例三：成化十四年（1478年）八月二十四日，礼部尚书邹题："各府县牢狱，不分轻重囚犯，动辄淹禁半年、一年之上，不行问结。"③

在"差官审录"制度实行之前，明代于各省设提刑按察司，号称"外台"，有审录罪囚之责。洪武十年（1377年）秋七月乙巳，"诏遣监察御史巡按州县"④，亦有审录罪囚之责。洪武十四年（1381年），"差监察御史分按各道罪囚。凡罪重者，悉送京师"⑤。洪武十六年（1383年）秋七月辛亥，"遣监察御史往浙江等处录囚"⑥。洪武十四年（1381年）及洪武十六年（1383年）差遣监察御史至各省系专为录囚，与洪武十年（1377年）差遣监察御史巡按州县的情形不同。但真正由皇帝差遣三法司官员赴直隶及各省审录罪囚，始于洪武二十四年（1391年），称为"差官审录"。

《大明会典》记载："洪武二十四年，差刑部官及监察御史，分行天下，清理刑狱。"⑦ 洪武二十四年（1391年）所差之审录官系刑部及都察院二法司之官员，正统六年（1441年），

---

① 《明英宗实录》卷七十八，正统六年四月甲午。
② 《明英宗实录》卷二五五，景泰六年闰六月丙午。
③ 《皇明条法事类纂》卷四十六，《刑部类》，《淹禁》。
④ 《明太祖实录》卷一一三，洪武十年秋七月乙巳。
⑤ 《大明会典》卷二一一，《都察院三》。
⑥ 《明太祖实录》卷一五五，洪武十六年秋七月辛亥。
⑦ 《大明会典》卷一七七，《刑部十九》。

大理寺官员亦奉旨赴直隶及各省审录罪囚。《大明会典》载："正统六年，令监察御史及刑部、大理寺官，分往各处会同先差审囚官，详审疑狱。"① 所谓"先差审囚官"，是指巡按御史。正统十二年（1447 年），差官审录之制又发生改变，皇帝不再差遣监察御史，而仅差遣刑部及大理寺二法司官员赴直隶及各省审录罪囚。据《大明会典》记载："（正统）十二年，差刑部、大理寺官往南北直隶及十三布政司，会同巡按御史、三司官审录。死罪可矜可疑，及事无证佐可结正者，具奏处置。徒流以下，减等发落。若御史别有公务，督同所在有司审录。原问官故人等罪，俱不追究。"② 皇帝之所以仅差遣刑部及大理寺二法司官员赴直隶及各省审录罪囚，是因为皇帝已经差遣巡按监察御史赴直隶及各省，不必重复差遣监察御史。

成化七年（1471 年）以前，皇帝差官审录直隶及各省罪囚，无固定年份，并非定制。皇帝认为有需要时，即可降旨差官审录直隶及各省罪囚。成化八年（1472 年），差官审录始定为五年一次，成为定制。也就是说，前述皇帝不定期差官审录直隶及各省各类人犯之做法，成化八年（1472 年）开始制度化。《大明会典》载："成化八年奏准，今后五年一次，请敕差官往两直隶、各布政司录囚。"③ 依据这项敕令，五年举行一次审录。

有关成化八年（1472 年）以后的五年审录制度，《大明会典》规定：

> 国朝慎恤刑狱……其在外，则遣部寺官，分投审录。北直隶一员，南直隶江南北各一员。浙江、江西、湖广、河南、山东、山西、陕西、四川、福建、广东、广西各一员，云南、贵州共一员。各奉敕会同巡按御史行事。④

定制后的五年审录工作，《大明会典》亦有记载：

> （成化）八年奏定，每五年一次，法司请敕差官，往两直隶、各布政司审录见监一应罪囚。真犯死罪，情真无词者，仍令原问衙门监候呈详，待报取决。果有冤枉，即与辩理。情可矜疑者，陆续奏请定夺。杂犯死罪以下，审无冤枉，即便发落。⑤

直隶及各省五年审录完结后，审录官即奏闻皇帝裁决。

明代地方案件的"差官审录"及后来的"五年审录"有其制度上的缺失。如前所述，明代于各省设提刑按察司，号称"外台"，本有审录罪囚之责。洪武十年（1377 年）秋七月乙巳，"诏遣监察御史巡按州县"⑥，亦有审录罪囚之责。也就是说，各地提刑按察司及巡按御史本即有审录罪囚之责，现皇帝又差官赴直隶及各省审录各类人犯，则审录人犯一事即有重复之嫌，按察司及巡按御史与审录官（即恤刑官）于审录权责上难免交叉，以致发生矛盾。万历十五年（1587 年）初，山东巡按御史即曾就审录官与巡按御史之权责建言："审有矜疑，行有司问明通详，巡按衙门参酌停妥，然后奏请。"同年三月庚戌，刑部认为：

> 夫矜疑必请详于御史报可，始许具题，是恤刑官为御史一理刑官也，何谓专敕？审

---

① 《大明会典》卷一七七，《刑部十九》。
② 《大明会典》卷一七七，《刑部十九》。
③ 《大明会典》卷一七七，《刑部十九》。
④ 《大明会典》卷一七七，《刑部十九》。
⑤ 《大明会典》卷二一四，《大理寺》。
⑥ 《明太祖实录》卷一一三，洪武十年秋七月乙巳。

过矜疑若干，令法司复行，恤刑官照数具题。是恤刑官尽受成于御史也，何谓钦差？且宪臣主于执法，部臣主于宽恩，各有所重，原不相制。若一一尽专于御史，惟一御史足矣！又何须五年特遣部臣恤刑为？[1]

这是一件万历十五年（1587 年）发生的关于五年审录权责的争执，奉旨："巡按御史及恤刑官审录，各照旧行事，不必纷更。今合候命下，使事权各有所属，职司两不相妨。"至于万历年间直隶及各省五年审录的程序，大致分为两个环节：第一，（审录官）据原招以别矜疑，允驳听之部议。第二，法司之奉旨议复也，据原奏以定允驳，可否请自上裁。

五年审录的事务由刑部主办，但皇帝差官审录直隶及各省各类人犯时，直隶及各省地方官因系原勘原问官，责任攸关，因此常有掣肘情形。万历十九年（1591 年）四月辛丑，针对五年审录恤刑制度，刑部题恤刑四款：

一、恩恤宜广。奉差官须虚心详审，惟求至当，不拘人数。本部题复，亦惟详其恤之当否，不得以数多参驳。

二、鞫审宜慎。狱情变伪无穷，须不厌烦劳，吊取始末卷案，前后招对细简严查，临审时详问证佐，务得真情以洗沉冤。

三、平反宜公。恤臣主于原情，按臣主于执法，各不相戾，苟为摘一二按臣所经参驳之狱以为矜恤，安用恤录为哉！宜去雷同尚平允，按臣亦宜和衷，共沛德意。

四、事权宜重。每恤臣所历地方，专责理刑一员听其委分驳勘。府、州、县正官俱不得相抗玩忽。违者揭呈，重则参奏。恤录官事竣，亦听该科分别考核。[2]

总之，直隶及各省案件本应由地方官员自行依限审结，巡按御史又系中央派往地方审录人犯之官员，无论是不定期还是五年一次由皇帝差官审录直隶及各省各类人犯，均很容易引起审录官与原问官之间的矛盾与冲突，并非妥当的做法。故，不定期审录或五年审录制度，清代废弃，不再施行。

---

[1] 《明神宗实录》卷一八四，万历十五年三月庚戌。

[2] 详请参见那思陆：《明代中央司法审判制度》，135～140 页，北京，北京大学出版社，2004。

第十五章

传统调解调处制度与现代多元化解纷机制

人类纠纷解决机制也与社会的发展一样经历了不同的发展阶段，而达成今天之相当完善的体制。从纠纷的解决方式看，典型的解纷方式有三种：（1）自力救济，如自决、和解，其特点是依靠自己的力量解决纠纷，无须第三方的介入，也无规则可循；（2）社会救济，包括调解和仲裁，其是依靠第三方或社会力量解决纠纷；（3）公力救济，即诉讼，是由国家机关参与的，具有国家强制力。这几种解纷方式代表了人类解决纠纷的方式从低级阶段到高级阶段的一个发展流向。[①] 现代纠纷解决机制中，诉讼是纠纷解决的最终途径，也是最后的、最有力的方式，这是为西方发达国家多年的法律实践所证明的。但是，近几年西方出现了一定程度的向传统的回归，包括和解、调解、仲裁等传统的解纷方式重新得到青睐，非诉讼之多元化解决纠纷方式得到大力提倡。西方在经历了诉讼程序化的高度发展之后，重新回归传统，诉讼之外的多元化解决纠纷机制得到了重构，这一趋势值得我们注意和研究。

与此同时，中国传统的调解制度近些年在西方也受到广泛注意。（当然，西方的非诉讼解决纠纷的方式与中国传统的调处制度还是存在一定的区别的。）许多人非常欣赏这种传统的解纷方式，认为它在解决纠纷方面是卓有成效的。据说美国的司法改革，也深受中国调解制度的影响。

在西方学者关注调解等非诉讼解纷方式时，国内理论界和实务界也开始重新审视曾经被认为已经属于传统的、过时的纠纷调处制度，检讨其历史合理性，寻求在时代发展的背景下，其存在和发展的合理的价值内涵。

在中国传统的法律制度中，成文法体系采取的是"诸法合体，刑民有分"。（一说是"诸法合体，刑民不分"，但"诸法合体"是不争的事实。）反映到诉讼程序上，基本是刑、民不分，所以，调解制度在刑事诉讼（如伤害、犯奸案件）和民事诉讼（如户婚、田土、钱债案件）中均有所体现，当然在民事案件中表现得更突出，而传统的刑事诉讼中的调处是受到严格限制的。

从现代法制背景下分析传统的调处制度，其与现代的调解制度是存在一定区别的。现代的调解制度是在双方平等自愿的基础上展开的，体现了较强的自主性、

---

① 参见江伟、汤维建：《民事诉讼法》，2 版，4～5 页，北京，中国人民大学出版社，2004。

合意性。而传统调处，无论是官府调处还是民间调处，则既有自愿的因素，更有充当调处人的第三方的意思表示，往往当事人自主性的因素较少，而更多的是以调处人身份出现的群体所代表的那个阶层对解决纠纷的态度。实际上，在调处中更多体现的是社会主流群体或者是精英阶层的伦理观、价值观、法律观，其背后反映的是占主流地位阶层的现实需要。单从字面含义就可分析出其区别：二者在"调"的前提下，落脚点不同。调解的重点落实在"解"上，即解开症结，解决纠纷。而传统之调处，重点在"处"，带有处理的意思，体现一定的非自主性。传统社会中，调处人往往是颇有势力的社会阶层，通俗地说是在一定范围内很有面子的人，是一种社会力量的代表。由他们主导的调解活动有时候还存在相当的非自愿性，他们的意志在调处活动中有一定的表现，所以称之为调处比调解更恰当。因为这种制度不仅有双方妥协的因素，更有一定的强制性处理的成分。民间调处表面上看没有强制力，但是由于其背后强大的社会道德评价系统的支撑（在人身依赖关系十分重要的小农社会，这种力量是十分有力的，足以危及人的生存环境），所以，这种调处活动具有很强的社会效果。同时，由于民间调处人常常还以拥有一定的处罚权作为后盾，如宗族制度下的处罚权、礼法制度下的强制手段等等，所以传统的调处制度具有很大的强制性效力。而官府调处本身就是贯穿于民事诉讼中的，直接以政府权威作为后盾，很多时候还伴以刑事处罚的威胁，调处是为满足封建司法体制下调判息讼的司法目标而进行的。

在肯定并学习中国经验和做法的同时，也有不少专家（如黄宗智、迈克尔·努尼）认为东方式的调解体现了非自愿性和政府的意志，在调处过程中贯穿了官方的干预。其中法庭的强制和当事人自愿的服从混合交杂，道德意识甚至物质刺激都起着作用，是家庭和社会综合作用的结果。因此，国外的一些学者认为，调解制度是中国的衡平法，重视实质正义，缺乏程序公正。从这个意义上分析，中国传统的调解制度应该被称为调处制度。

中国传统调处制度的这种风格应该是有其历史渊源的，从明清直到现代，许多有记载的案件都是自愿和强制的结合，道德说教占有重要地位，即便是在现代法制环境下的调解制度，实际操作中仍然有这种明显的传统痕迹，可谓之历史传统的一种延续。

第一节
传统调处制度的基础

调处制度之所以存活到现在，并且随着时代的发展，又重新得到海内外学者的重视，甚至在当代又得到进一步的发展，有其深厚的社会根基。其传承至今，不失魅力，不仅有制度上的原因，也有深刻的思想基础、社会基础和价值基础。

一、思想基础:"无讼"思想

中国传统的理想社会模式是和谐的大同社会,理想的社会境界是天下太平,人人和谐相处,其乐融融。法律虽然是定分止争的有效手段,但不到万不得已,最好不要轻易动用。这一看法至今在中国基层社会并未发生根本性的动摇,占据中国人思想领域几千年之久的儒家道德观还在无形地发挥着或多或少的影响。虽然随着西方外来文化的冲击,传统观念可能将不断被弱化,但短时间内不可能被完全清除掉。依据儒家的道德要求,为人应克己、仁爱,做人应当内敛、低调,注重个人品德的修炼。从个人的政治理想上提倡"修身、齐家、治国、平天下",由个人通过家、国而联系到天下万物,并以实现家、国一体化的和谐发展作为政治奋斗目标。为此,首先要求个人严格品质修养,对于做人的道德要求是谦谦君子,"温、良、恭、俭、让",主张在发生纠纷时忍让,靠内心修炼解决问题,所谓"退一步海阔天空"。民间基层社会也宣扬"吃亏是福",积极争取权利和利益的人在主流社会中受到贬斥,被认为是"不安分的人",喜欢打官司的人被卑称为"讼棍",为社会所不齿。社会主流群体对于诉讼行为,在价值取向上是持否定态度的,尤其是读书阶层,将诉讼视为没有文化和修养的表现,参与诉讼的人会得到他人对其人格的否定性评价,甚至被视为读书人中的败类。在中国的乡间社会,如费孝通所言,打官司是可羞之事,"表示教化不够"①。

对于屡屡诉讼告状之人,官府表现出十分厌烦的倾向,此类案例在史料中记载甚多:如明代有生员何与球,因为好讼,被认为是"妄人也,有讼癖,终年以讼为疗贫之药"。即认为此人靠诉讼救贫,且有"讼癖",原因是他不停地控告:"控之部院,控之两司,控之粮宪、学宪,蔓及其兄弟叔侄,以及于同辈,以及于小民,读其词,据其事,即叩阍焉可也,岂止于各台上之呼吁已哉。"官员将之称为"刁讼",是因为"乃事经数载,案经几官,卷已盈抱,终不能已"②。这个生员给官府出了很大的难题,其案件数年不能审结,当局者将责任推之于其有"讼癖",而不去研究案件处理过程及本身的问题,结果是否公正,或者司法制度所存在的问题,反而认为是少数好讼之人的问题,这从一个侧面也反映了封建司法体制下,司法官员只求"无讼",不求深入研究解决纠纷的方法与手段,造成司法制度落后,长期得不到发展。

封建统治阶级治理国家和社会提倡的是"德主刑辅"的指导思想,道德判断是解决纠纷的第一要义,法律是作为最后使用的手段。通过提倡个人克己退让,以求得家庭、社会的和谐圆满,最终达到天下无事。道德才是"本",而法律则是作为工具"使用"的。《论语》中孔子的"听讼,吾犹人也,必也使无讼乎",这句话千百年来作为经典传颂,集中体现了封建社会的政治和司法理想。统治阶级追求的"无讼",是出于统治秩序稳定的需要,强调社会平稳和谐发展,这与小农经济、宗法制度的要求是相吻合的。国外有些观点认为中国的封建政治结构属超稳定结构,与"无讼"和谐的价值追求具有很大关系。

但是事物发展均有其两面性,也需看到,客观上,非诉讼形式化解纠纷所追求的"无讼",作为一种理想目标,确实对正常状态下的社会平稳、循序渐进地发展有着一定的积极

---

① 费孝通:《乡土中国 生育制度》,56页,北京,北京大学出版社,1998。
② (明)颜俊彦:《盟水斋存牍》,141~142页,北京,中国政法大学出版社,2002。

作用。就普通老百姓的生活而言，非诉讼形式化解纠纷创造了平和的生存环境，有利于人民的生活安定，也为社会生产提供了宽松的发展环境。

"无讼"仅仅是一种理想状态，并不能够真正实现，因此追求"无讼"就成为一种政治理想和目标。统治阶级不仅在理论上倡导，在具体的法律规定中也突出了这种价值导向。对于参与诉讼设置种种法律限制，比如在诉讼的程序性规定上，有功名的人员如果参与诉讼不仅道德评价上遭否定，而且法律上要遭到申斥甚至惩罚，如《大清律例·诉讼·越诉》规定："凡生员越关赴京，在各衙门谎捏控告，或跪牌并奏渎者，将所奏告事件不准，仍革去生员，杖一百。"在清代还有一些特殊群体不能本人出面诉讼的具体要求，如有功名者、妇女、年老等人，不出庭诉讼。作为有功名的人或者是读书人，他们在社会上是属于有一定身份和地位的人，不能本人直接去诉讼。因为诉讼不是一件光彩的事情，实在是迫不得已，也只能以他人代为提起告诉。

地方政府也都将"无讼"作为自己追求的目标。四川巴县于道光二十一年（1841年）的谕示中说："照得息事宁人，为政要务。"但由于有人"每逢民间一切户婚、田土、口角微嫌，彼即撞入局中，议论风生。"为此告诫百姓"毋持刀□而唆众兴讼，毋昧天良而诱人犯法。须知教人典讼，律有明条，诬告良民，罪加三等。法律森严，岂能轻纵"①。直接将诉讼和犯罪相提并论，以此恐吓对法律知之甚少的一般老百姓。

与"无讼"相对立的就是教唆词讼，这是要受到惩罚的。官府关注的重点是哪些人挑起诉讼，制造社会不安定因素，这就是打击的重点。封建社会还在制度设计上，尽量压制或者减少诉讼的发生。清律规定的教唆词讼来源于唐律"为人作辞牒加状"和"教令人告事虚"，唐代的规定还较为客观，得实还应赏，"诸为人作辞牒，加增其状，不如所告者，笞五十；若加增罪重，减诬告一等。""诸教令人告，事虚应反坐，得实应赏，皆以告者为首，教令为从。"②《宋刑统》沿袭了这样的规定，明律"教唆词讼"规定更加具体，《大明律》规定："凡教唆词讼及为人作词状增减情罪者，与犯人同罪。若受雇诬告人者，与自诬告同。其见人愚而不能申冤，教令得实，及为人书写词状而罪无增减者，勿论。"③虽然似乎为人打抱不平无须承担责任，但是为人撰写词状并不会得到官府的欣赏，实际上官府对介入他人的诉讼是持反对态度的。如果想做专业的帮人打官司的事情，那更是风险极大，明代诬告条例规定："各处刁军刁民专一挟制官吏，陷害忠良，起灭词讼，结党捏词缠告，把持官府不得行事等项，情犯深重者，民发附近；军发边卫，充军。凡无籍棍徒，私自串结、将不干己事情，捏写本词，声言奏告，恐吓得财，计赃满贯者，不分首从，俱发边卫充军。"④对于这种介入诉讼的行为处罚十分严厉，是官府打击的重点犯罪。清代规定传承明律而成，后又通过例文加以强化，并显现出较强的贬抑诉讼的趋向，将可能发生诉讼的物质环境、人文环境一概严控，《大清律例·诉讼·越诉》例文曰："在外刁徒身背黄袄，头插黄旗，口称奏诉，直入衙门挟制官吏者，所在官司就拿送问。若系干己事情及有冤枉者，照例审判，仍治以不应

① 四川大学历史系、四川省档案馆主编：《清代乾嘉道巴县档案汇编》（下），413页，成都，四川大学出版社，1996。

② 刘俊文点校：《唐律疏议·斗讼》，479、480页，北京，法律出版社，1999。

③ 怀效锋点校：《大明律·诉讼·教唆词讼》，180页，北京，法律出版社，1999。

④ 怀效锋点校：《大明律·诬告条例》，427页，北京，法律出版社，1999。

重罪。其不系干己事情，别无冤枉，并追究主使之人，俱发近边充军。"① 清代还规定："审理词讼究出主唆之人，除情重赃多、实犯死罪及偶为代作词状情节不实者，俱各照本律查办外，若系积惯讼棍串通胥吏，播弄乡愚，恐吓诈财，一经审实，即依棍徒生事扰害例问发云贵、两广极边烟瘴充军。""凡钦差驰审重案，如果审出虚诬，除赴京捏控之人照诬告例治罪外；其有无讼师唆使扛帮情节，原审大臣即就案严行跟究，按例分别问拟。失察之地方官，从重议处。"②

从官府的观点分析，之所以民间纠纷导致诉讼，主要是有人教唆使然。"民间讼牍繁多，最为闾阎之患。而无情之词纷纷赴诉，则全由于讼棍为之包谋。……著通谕直省：审理词讼，各衙门凡遇架词控诉之案，必究其何人怂恿，何人招引，何人为之主谋，何人为之关说。一经讯出，立即严拏、重惩，勿使幸免。再，地方官于接受呈词时，先讯其呈词是否自作自写。"③ 不仅打官司的人倒霉，而且还要深挖幕后指使之人、具体操作之人，一旦发现重惩不贷，可见官府对此是深恶痛绝的，这种对诉讼的打压也深深影响了相关法律服务职业的产生和发展。

不仅法律上对诉讼严格限制，在实际生活中也通过各种方式宣传一种观念：但凡诉讼之人大多为恶人、有罪之人，因此民间社会也形成了少惹官司的共识。法律规定也不断强化这种观念："无籍棍徒，私自串结，将不干己事捏写本词，声言奏告，诈赃满数者（准窃盗论，赃至一百二十两以上，为满数），不分首从，俱发边卫充军。若妄指宫禁亲藩，诬害平人者，俱枷号三个月，照前发遣。"④ 所以不干自己之事，不要去招惹官司，弄不好还要坐牢发配。

官府认为普通老百姓对法律是不了解的，一般不会贸然主动诉讼。他们认为诉讼的兴起主要应归咎于教唆之人，尤其是赚取不义之财的讼师，所以清乾隆七年（1742年）定例："坊肆所刊讼师秘本，如《惊天雷》、《相角》、《法家新书》、《刑台秦镜》等一切构讼之书，尽行查禁销毁，不许售卖。有仍行撰造刻印者，照淫词小说例，杖一百，流三千里。将旧书复行印刻及贩卖者，杖一百，徒三年。买者，杖一百。藏匿旧版不行销毁，减印刻一等治罪。藏匿其书，照违制律治罪。其该管失察各官，分别次数，交部议处。"⑤ 明确规定从根源上消灭与诉讼有关的材料，基本上就是禁绝一切与诉讼有关的文字，并且将责任落实给主管官员。这种法律文化上的封锁也是我国法律及其相关的司法技术得不到发展的一个重要因素。

但是也需看到，封建法律的书面规定与现实社会的法律实际执行，是存在一定距离的。实际上讼师并没有销声匿迹，相关的文字也没有完全绝迹，这证明法律实践是根据社会现实的要求而循着自己的轨迹发展的，纸面规则不代表法律的真实运行状态，但是毕竟这种法律导向严重阻碍了司法制度的发展和进步。

"无讼"不仅得到官府的嘉许，而且在民间社会也得到较大范围的回应。更能使老百姓

① 马建石、杨玉裳主编：《大清律例通考校注》，872 页，北京，中国政法大学出版社，1992。

② 马建石、杨玉裳主编：《大清律例通考校注》，899～900 页，北京，中国政法大学出版社，1992。

③ 《刑案汇览》卷四十九，嘉庆二十五年通行，转引自［美］布迪、莫里斯：《中华帝国的法律》，朱勇译，339 页，南京，江苏人民出版社，1995。

④ 田涛、郑秦点校：《大清律例·刑律·犯奸》，483～484 页，北京，法律出版社，1999。

⑤ 马建石、杨玉裳主编：《大清律例通考校注》，899 页，北京，中国政法大学出版社，1992。

对于"无讼"产生共鸣的是经济上的因素,特别是惧怕诉讼的高额成本。民间流传的多是诉讼令人倾家荡产的故事,司法制度本身所暴露出来的黑暗面也导致人们对诉讼的恐惧心理极大。对基层社会的普通老百姓而言,实际上不是"无讼",而是"畏讼"。诉讼不仅要付出经济成本,对于根本不知道打官司具体程序和技巧的老百姓,还极有可能由民事纠纷衍化为刑事案件,可能因为一些钱财方面的小事而招致皮肉之苦和牢狱之灾。封建统治者也是通过各种渠道宣传、强化这种认识,因为在封建社会的司法实践中,本来对于刑事诉讼和民事诉讼就没有明确的分界,对于普通老百姓,"讼"就是"惹官司",如果成为被告,可能直接就意味着坐牢。不仅如此,就是作为案件的证人也会牵扯其中,常常被虎狼般的衙役拘提作证。所以打官司不仅当事人自己深受折磨,还要连累为其作证之人。这种状况,对于一般民众,更是无法承受的。所以"无讼"是统治阶级提倡和追求的,而"畏讼"才是老百姓的真实想法。"无讼"和"畏讼"通过非诉讼的方式解决纠纷找到了切合点,落实到具体制度上就是调处的大规模运用。

应该说官府首先是积极从源头上控制诉讼的提起,这种处理方式在诉讼前就开始了。为了将诉讼提起纳入掌控范围,《大清律例》又通过定例细化了许多规定,如规定官代书制度,保证官府控制诉状的写作与提交,早期介入,全盘掌握诉讼情况。

有时候因为小事打官司的人,官府还要对当事人处以刑罚。在清代黄岩诉讼档案中屡见知县和刑名师爷对兴讼的斥责,即便如此还是有人屡屡上告,因此有学者猜测是否息讼仅是官方的意愿而并非平民的意识。其实在这个问题上也是观念不同使人产生看法上的分野,主要是主流社会群体认为诉讼绝非体面之事,尽量避免发生,一旦有纠纷,也是希望由家族或亲朋好友出面解决,以保全面子。因为中国传统社会本质上是熟人社会,面子极重要,其对于个人生存状态有极大影响,所以在清代的诉讼档案中,常能够见到"投绅理息"、"毋庸滋讼"、"着即自邀族人调理,以全体面"等类似批语。[①] 社会上层人士如果卷入诉讼,也是为人所不齿的。如果是地位高于普通人的士绅阶层介入此事,更为其所在的阶级所不屑。官府也会在判决中对其参与诉讼的行为给予斥责甚至刑事处分。

但是诉讼还是会发生。作为非主流社会群体的普通民众,他们处于社会的中下层,他们的受教育程度普遍较低,缺乏解决问题的技术、手段和资本,因此在自主有效地解决纠纷或阻止纠纷继续升级、发展到法律层面上,明显处于劣势。在民间纠纷的解决过程中,这一群体毫无优势可言。而弱势群体其相应的解决纠纷的能力因为地位、财力等受到限制,一旦有纠纷,他们的面子不足以解决问题,面子也不能改变他们的生存状况,虽然诉讼成本很高,但由于社会地位低下,不打官司可能无以立足和生存,到这时面子问题已经相对不重要了。他们希望通过"告状"(诉讼)的最后途径,保障自己的最基本的生存权利。此外,与其他群体相比,弱势群体也不可能会有意识地主动运用国家法律机制来保护自己的权利,而使纠纷在官府期望的框架内解决。对于纠纷的解决,传统社会的普通百姓更多的是指望官府或者寄希望于一位"青天大人"能够解决其问题,这是一般民众诉讼时的真实想法,这也是多少年来(直到今天)在中国民间始终存在着强烈的"青天"意识的原因。

---

① 相关诉讼档案参见田涛、许传玺、王宏治主编:《黄岩诉讼档案及调查报告:传统与现实之间——寻法下乡》,北京,法律出版社,2004。

官府并非对一切纠纷都是提倡当事人"和息"的，如果认为事关人伦大事，威胁到封建社会最基本的道德价值观，或者威胁其统治秩序的稳定，也不允许私下和解，甚至直接出面干预，要求当事人必须呈堂诉讼，否则可以动用刑罚。

从制度设计上来看，官府也有鼓励人们告状申冤的种种规定，唐大历十二年（777 年）四月十二日敕："自今以后，有登闻鼓者，委金吾将军收状为进，不得辄有损伤，亦不须令人遮拥禁止。其理匦使但任投匦人投表状于匦，依常进来，不须勒留副本，并妄有盘问，方便止遏。"① 《唐律》规定："即邀车驾及挝登闻鼓，若上表诉，而主司不即受者，加罪一等。"《疏议》曰："有人邀车驾及挝登闻鼓，若上表申诉者，主司即须为受。'不即受者，加罪一等'，谓不受一条杖六十，四条杖七十，十条杖一百。"但是，封建成文法典的这些规定只是告诉人们，中央政府和皇帝决定一切、掌控一切权力，对于基层处理不公的案件，完全可以求助于中央政府或者是皇帝，法律上将皇权和中央集权统治作为最高正义、公平的代表。在封建司法实践中灌输的理念是法律得到公正执行的最高标准是由中央政府，尤其是皇帝决定的。司法实践中官员以良心、良知等社会普遍认知的道德标准和抽象伦理来处理案件，说服当事人息讼。而作为威胁朝廷安全和社会稳定的重大案件，官府和朝廷还是希望老百姓积极地上告或者诉讼，"教唆词讼"的后半条"其见人愚而不能申冤，教令得实，及为人书写词状而罪无增减者，勿论"，即是如是反映。特别是对于危害中央集权统治的事件，法律并不会阻止人们告发。而对于民事纠纷或者轻微的人身伤害，官府则希望民间依据封建礼法和封建道德要求自行解决，反对因为这类"细故"导致社会纷争，动摇统治基础和社会安定。因为民事纠纷常常与利益相关，封建正统思想是要求重义轻利的，追求利益者不是正人君子所应该做的，所以官府在调处中一般会对因利益诉讼的当事人给以批评斥责，以维持封建道德在维系日常社会稳定中的基本作用。

一般情况下，诉讼不是值得称道的事情，但是万不得已，诉讼也是可以接纳的。按照封建社会的一般认知，诉讼无一是处，"词讼之兴，初非美事，荒废本业，破坏家财，胥吏诛求，卒徒斥辱，道途奔走，犴狱拘囚。与宗族讼，则伤宗族之恩；与乡党讼，则损乡党之谊。幸而获胜，所损已多；不幸而输，虽悔何及"。但是有些诉讼行为是可以理解的，"故必须果抱怨抑，或贫而为富所兼，或弱而为强所害，或愚而为智所败，横逆之来，逼人已甚，不容不一鸣其不平，如此而后与之为讼，则曲不在我矣"②。由此看来，完全"无讼"，客观上是不可能，如此则封建法律制度完全是虚设之制了。因此，被逼无奈的诉讼是法律和道德都能够理解的，尤其是对危害社会安定的行为提出告诉，这是法律所不禁止的。

"无讼"导致的后果，在官方的表现就是重视刑事案件的处理，轻视民事纠纷的解决，希望将民事纠纷的处理委之于地方和宗族，民事权利在法律上进一步受到漠视。明代在建立了民间调处的申明亭制度之后，有的地方开始以官方的方式禁止老百姓民事诉讼。《盟水斋存牍》载《禁小事诉告》一文，颇具典型意义："琐屑之事纷纷见告，告者废纸，看者废眼，断不准行。"③

---

① 薛梅卿点校：《宋刑统·讼律·邀车驾挝鼓上表自诉事》，430 页，北京，法律出版社，1999。

② 中国社会科学院历史研究所隋唐五代宋辽金元史研究室点校：《名公书判清明集》，123 页，北京，中华书局，1987。

③ （明）颜俊彦：《盟水斋存牍》，349 页，北京，中国政法大学出版社，2002。

一方面，"无讼"确实是中国民事法律和民事诉讼难以发展的原因之一，但不可否认，它对社会的和谐发展、对稳定基层老百姓的生活还是有一定的积极意义的。从法律本身存在的功能看，法律是要解决社会问题的。因此通过非法律手段化解矛盾，制止纠纷，这是中国理想的社会治理方式。当然，从理论上分析，这种缺乏挑战性的社会机制，导致中国的封建社会令人惊异地稳定，而这种超稳定的社会架构，当然是排斥诉讼的普遍适用的。从这个角度看，"无讼"思想具有消极的一面。

但是"无讼"并不意味着法律无用或者诉讼消灭，只不过是在纠纷解决时，由于这样的价值导向，调处得到了大范围的应用，被作为解决纠纷的理想手段。尤其是民间调处，因其便利、灵活、低成本，减少官府的压力而得到了大力的提倡。

在今天看来，减少社会纠纷的产生，提倡和谐相处，减少诉讼，也是各个国家，包括西方发达国家所追求的理想社会状态。现代化的法治国家，从法律角度分析，就是将许多社会问题作为法律问题来解决，以达致法律规范社会生活的效果。在西方国家，所有的社会问题和政治问题最后都会被转变成为司法问题，而通过法律的方式或者途径解决。在传统的中国社会，则所有的法律问题都试图转变为社会问题或者政治问题，努力通过非司法途径解决，这才是传统的中国社会真正的社会治理和运转模式。

在减少社会矛盾、建设和谐社会的过程中，"无讼"是一种理想状态，虽然不可能实现，但在积极地构筑"少讼"和阻断纠纷升级的体制方面还是现实可行的。从经济发展、社会稳定、和谐制度的建设方面看，也是于国、于民有益的。因此，应该看到其有益的一面，这点也为西方的很多学者所赞同。

二、社会基础：宗法制度

封建宗法制度是中国传统社会制度的根基，是封建法律所竭力维护的。传统的家、国一体观显示了封建统治者对封建宗法制度的高度重视。由于宗法制度具有的重要地位，国家当然就需在法律上赋以其一定的角色和权限，在司法实践中维护其在法律上的权威，尤其要彰显其在纠纷处理中所具有的不可替代的优势地位。特别是在基层社会，封建家长、宗族首领，实际上就是政府的代言人，他们在中国基层社会自治中得到了政府的广泛授权，发挥了重要的作用。他们以家庭、家族，进而以同宗同姓为名，进行一些制度化的日常管理，而且，还承担了道德教化的责任。在日常的纠纷处理中，他们承担了第一道责任，是维护宗法秩序的"第一责任人"。实际上，对于所有的家庭、地邻等之间发生的民事纠纷，大多由地绅和宗族"首问负责"，并且在处理中贯彻封建的宗法观。而且封建家长的权威也借此得到了官府和基层社会的认可，家族首领的地位由此也反复得到强化。这种不容置疑的地位又通过诉讼处理在官府得到进一步的认可，在许多民事纠纷中，提交官府的诉状上都首先表明，该纠纷已经经过本家族或者当地的地绅出面协调解决，由于处理不下，无奈才敢求助于官府。

作为基层社会的成员，普通老百姓不敢藐视地方官吏和宗族士绅，因为这些地方精英不仅能够左右社会舆论、支配公共生活环境，而且还具有诉讼上的话语权。他们不仅可以处理纠纷，在处理不下时还可以要求官府处置危害宗法秩序的行为，为宗法利益受到侵害的当事人鸣冤叫屈，而他们的证言又会在官府受到相当的重视。并且在官府的调处中还常常邀集宗族参与（如田土、继承等纠纷处理，官府常要求宗族、地邻等作为见证人），或者官府判决之后，要求宗族、地方落实判决的执行，监督双方当事人履行判决义务。官府也是极力维护地方宗族的调处权力，清代的诉讼档案中常见的所谓"惟名分攸关，着邀房族理处，毋庸涉诉"等类批语就是很好的例证。所以，在民事纠纷处理上，官府也着力维护宗法权威，有了国家权力作为后盾，民间调处更具有了一定的强制力。

封建家长深知自己的责任，一般也能够很好地落实管束子弟、解决内部和地方纠纷的责任，尤其是对于家族内的兴讼之人，一般均会严加管束。《名公书判清明集》有载"惩戒子侄生事扰人"一文，作者自豪地说："当职居乡，惟恐一毫得罪邻里，数十年间，未尝有一词到官，颇获善人之誉。"说明自己治下是"无讼"的楷模，所以有"善人"之誉。但是世风日下，兴讼在不肖之后辈中出现："不谓近年已来，后生子侄中有一、二不肖者，不尊父兄之教，不恤交游非类，渐习嚣讼"，在感到痛心的同时，他感到有必要对其中最恶劣的动用家族权力将其送官进行惩戒，"黄百七乃当职从侄之仆，辄敢从臾，乃至妄兴词诉，扰害乡人，累烦县道，鞭车警牛，岂容但已。黄百七勘杖一百，牒押送湘阴县，请长枷就县门示众五日放。"这尤嫌不够，还有其他人也要处罚，"且闻如此等类假借声势者，尚有一、二，并请从公施行"[1]。家族权威人物可以直接要求对子侄刑罚示众，想必县衙也不会拒绝其要求，因为他们的目标是一致的，是要惩治敢于挑战传统的兴讼之人。

但是究竟对于地方宗族、家长给以多大的调处权力，法律没有明文规定，有时候完全取决于官员的个人好恶和道德观。而宗族家长在调处中也无依照律令行事的要求，唯以封建宗法要求和道德要求进行调处。官府对于审理刑事案件要求依法具断，民事案件则没有具体要求，比如对于妇女犯奸，这是宗法制度下之大忌，也违反了法律的明文规定，完全可以判罪处刑。但有时候为了给宗法制度更强有力的支持，强化其权力，官府也把裁决权交给宗族。如清代黄岩诉讼档案中载光绪元年（1875 年）张汝龙因妻犯奸，自光绪元年（1875 年）六月至九月，先后七次呈状，要求官府处理。官府在其六月呈状上批曰："李氏不守妇道，究应如何设法，以杜后患。尽可投知亲族妥议之，何必讦讼公庭，播扬家丑也。"似乎不受理处罚是为保全家族的体面。在八月又批："李氏深恶万分，披阅情词，断难相安，或去或留，尔父子尽可自行主张。控之不已，其意何居。既无妇女杖毙之例，不能由官递行断离。即使予以责惩，亦未必能改前过。着邀族从长计议，呈情立禁可也。毋生他心，希图彼累。"官府认为其处理这类事宜效果未必好，因此批由家族管理更好。最后，问题没有解决，官府显然对张屡屡缠讼十分恼火，在九月批曰："尔妻李氏淫奔，已犯七出之条，若无所归，固难离异。兹既逃回母舅家，亦可谓有所归，听其自去可也。尔乃先请断离，今又欲领回设法，实属无耻之极！尤敢嚣渎，深堪痛恨。特斥。"[2] 官府实在不愿意介入处理，而张显然又不满足于亲族处理，因此坚定不移地想行使其诉讼权利，因此屡遭斥驳。从该案的处理可见官方在婚姻家庭等民事案件的处理上对家族和宗法制度的依赖性。同时也反映基层执行法律也存在一定的随意性，依照《大清律例》，"凡和奸，杖八十；有夫者，杖九十。刁奸者，杖一

---

① 中国社会科学院历史研究所隋唐五代宋辽金元史研究室点校：《名公书判清明集》，32～33 页，北京，中华书局，1987。

② 田涛、许传玺、王宏治主编：《黄岩诉讼档案及调查报告：传统与现实之间——寻法下乡》（上），238～240 页，北京，法律出版社，2004。

百。……其和奸、刁奸者，男女同罪。……奸妇从夫嫁卖，其夫愿留者，听。"① 可见，其夫的做法并不违反法律的规定，要求也是合理合法的。但是，官府显然认为这种做法不符合"家丑不可外扬"的宗法社会的观念，且家族内完全可以严厉惩罚。而这种案件宣扬出来，有辱门风，也影响社会风气，不合封建礼制，应当家族内部自行处理，以免造成不良社会影响。在这里家族的名声和利益比个人行为重要，所以反而认为受害人是在传播家丑，危害了家族的利益和名声，这里似乎法律和道德要求发生了冲突。

从封建法律要求看，"礼者禁于将然之前，法者禁于已然之后"，所谓"德主刑辅"，"出礼入刑"，因此在民事纠纷中主要以礼作为调节人们行为的准则，而家族、宗族及其地方士绅以及官府在处理民事纠纷时凭借其对礼法的理解和要求，将封建伦理、家法族规作为处理依据，通过调处纠纷过程，又不断地强化了家法族规的宣传和落实，使得家族的内聚力不断上升，通过所谓"敬宗收族"，实现稳定封建家族秩序，进而稳定社会秩序的目的。正因为如此，中国的封建家庭制度、宗族制度才保持了相当的稳定性，往往不会因为社会制度变革、外来文化冲击而轻易改变或解体。在家庭纠纷等领域，官府常常不是依法裁判，而是根据封建家庭伦理或者儒家经典教义来认定是非曲直，因此，无论是民间调处还是官府调处，都是以宗法制度作为基础和出发点的。国外专家对中国传统调处制度的看法相当具有代表性，他们认为中国的传统调处制度具有家长式的权威性，追求道德性的结果。②

一般封建宗族对于纠纷的调处结果都会得到官府和社会的广泛的尊重（除非这种决定危害了封建统治秩序，违背常理或者背离了当地多年形成的风俗习惯）。即便是纠纷诉讼到法庭之上，宗族家长的调处结果依然相当有效。

在肯定宗族家长权威的同时，官府对于调处纠纷，也赋予宗族一定的义务。宗族履行不好其义务，也要承担责任。不能将纠纷很好地调处解决，由此给官府增添麻烦的，宗族家长也会受到处罚，以责罚其没有履行好家长管理家族事务的责任。另外，在诉讼过程中，家族的参与也对调处起着重要的作用。家族在诉讼中的作用十分重要，其提出的意见会得到重视，判决的执行也有赖于家族配合。在诉讼中，官府通常会维护宗法要求，案件处理后，有时候还要求宗族做好调处的后续工作。对于家族内部的纠纷，官府以家族伦理处置，最终还是通过家族行动，督促纠纷的实际解决，这使得诉讼的结果较易得到履行。

直到20世纪三四十年代，在许多地方仍存在发生冲突后在宗庙祠堂解决的习惯，家长仍然具有相当的纠纷调处甚至裁决权。即便是现代中国，许多偏僻乡村仍然还有这种遗迹可循。但是不可否认的是，随着时代的发展、社会的进步，人们之间的这种血缘、地缘联系日趋松散，这种制度已经逐步走向衰落了。

以宗法制度为基础的民间调处得到了官府的支持，具有一定的强制性，而不是完全自愿性的。且民间调处活动也会得到官府保护，客观上也保证了调处的有效性，推动了民间调处制度的发展。官府的调处更是与民间调处互为表里，共同致力于维护封建宗法制度的稳定。调处的过程就是封建宗法伦理观的集中实现过程，在这种思想指导下的调处结果，完全是按照封建礼法要求重新安排当事人的民事法律义务和道德义务，使当事人为实现宗法制度的要

---

① 田涛、郑秦点校：《大清律例·刑律·犯奸》，521页，北京，法律出版社，1999。
② 参见［英］迈克尔·努尼：《法律的调解之道》，杨利华、于丽英译，6页，北京，法律出版社，2006。

求，自觉或者不自觉地放弃一部分权利，甘愿息讼，这种结果正是官方所追求的"无讼"的具体实现。

家庭是社会的基本单元，家庭、家族的治理与稳定对社会的稳定具有重要的意义。因此，在这个意义上分析，封建统治者依靠家庭、宗族的力量治理社会，平息纠纷和矛盾，具有很强的针对性，也是一个良好的统治策略。在今天看来，家庭对于社会稳定依然具有重要的意义，家庭和谐是社会和谐发展的重要元素。发挥家庭和基层社会组织在解决纠纷中的作用，可以及时发现矛盾，并且在矛盾激化前可以有效地控制矛盾的爆发，并且通过努力可以将一些矛盾消弭于萌芽状态，这是今天我们在解决社会矛盾时值得重视的。

三、价值基础：逃避诉累

诉讼由于其成本高，专业性要求强，对于一般老百姓来讲，实在是不得已而为之的事情。对于他们，打官司的耗费可能是终身的劳作报酬，甚至还不够。而且官府对于诉讼还有种种的告状规定或者状式要求，一般人根本不清楚，常常花费了许多冤枉钱，官府不受理或者直接就驳回，有时候甚至可能还要赔上身家性命。对于诉讼的提起，自唐宋开始，就有相应的告状规定，必须从下至上，自本县、本州、府、省，逐级上告，不可越诉。清代规定告状的事情必须是与自己切实相关的，而且还有种种限制："凡实系切己之事，方许陈告，若将弁剋饷，务须营伍管队等头目率领兵丁公同陈告，州、县征派，务须里长率领众民公同陈告，方准受理。如违禁将非系公同陈告之事，怀挟私仇，改捏姓名，砌款粘单，牵连罗织，希图准行妄控者，除所告不准外，照律治以诬告之罪。"[1]

作为处于社会中下层的普通老百姓，由于其受教育和研习法律的机会很少，所以其通过法律方式自主解决纠纷的能力相应地也较弱，一旦发生纠纷，只有求助于乡地保、宗族、士绅等周围熟悉而又具有权威的人。同时由于物质条件的限制，交通不便，进城打官司对于居住在偏远乡村的人们，更是物质上无法承受的，自然常常需要社会力量参与帮助其解决纠纷。如果能够不出家门解决纠纷，当然就会得到乡间的响应。因此，传统的调处制度，尤其是民间调处，由于其诉讼上的便利性和程序上的灵活性、低成本一直受到欢迎而广泛存在至今。

客观地看，调处制度确实减轻了当事人和官府的负担。尤其中国乡间，老百姓打官司必须到县城，案件有可能拖延较长时间，并且常常连带证人也得传到县城公堂，不仅自己耗时、耗钱，耽误农事、家事，而且还会连累别人。张集馨在谈到卡房之残酷时，说到"甚至将户婚、田土、钱债、佃故被证人等亦拘禁其中，每日给稀糜一瓯，终年不见天日，苦楚百倍于图圄"[2]。这种情况，已经不是一般的讼累问题。因为民事纠纷而连累他人入狱并受百般虐待，这是善良的人所不愿意看到的。所以，除非万不得已，老百姓又怎么敢诉讼。

对于这种情况，实际上各级官府均十分清楚，到了清代，已经发展为严重的社会问题了。但是官府根本就没有有效的措施来处置或治理，而是将责任全部归结于下层小吏所为，其提出的治理司法黑暗的对策却是要求老百姓不要诉讼。如道光十年（1830 年）年重庆府抄

---

① 田涛、郑秦点校：《大清律例·刑律·诉讼》，484 页，北京，法律出版社，1999。

② （清）张集馨撰：《道咸宦海见闻录》，95～96 页，北京，中华书局，1981。

发川督告示，其中将民间民事纠纷中出现的勒索当事人等的现象，全部归咎于差役和讼师。"自人命盗劫，以至田土钱债细故，一事到官，不论案情之轻重，先探两造之贫富。"关键是这些人倚仗与官府的关系，"非自诩衙门情熟，官所信从，即诡称线索可通，券操必胜。于是乡里愚民，无不堕其术中，愿出重赀。包办讼事，盈千累万"，还要"讹索饭食钱文，开销夫马用度"，"又须讲说讼费，开单铺堂等项，名目繁多，少则数千，多则数十千"，而且"诉讼费一日不讲成，则一日不为禀审。羁延守候，示审无期。"如果是失窃案件，差役先赴受害人家进行勒索，甚至"波及两邻，锁搕约保"。更有甚者，借一些自然死亡事件，"择肥而噬"，而"温饱之家，深恐到官，受累不能，出资贿嘱，以冀买静求安"。可见，确有差役利用官府的诉讼程序进行勒索。但官府没有根本的治理措施，却认为一些民间小事，本来是不该诉讼的，所以成讼是这些人等为勒索而制造的案件，"如遇里巷之间偶有口角微嫌及些小事故，不为怂恿投状，即为禀官访查。延至讼事即既成"。而涉讼之人因为本来事情细微，一般家境也非丰厚，出于对诉讼的恐惧，急着将就了结，"力难花费多金"。但这些差役"铢两什佰，无不搜求；米谷鸡豚，皆可准折"[1]。官府眼中的诉讼状况都这么可怕，实际情况则可想而知。

作为县官，则不仅要受理诉讼，还有其他繁杂的行政事务，而且由于纠纷的解决需要一定的时间和精力，案件的调查取证也非短时间所能够处理完毕，所以对官员来讲也负担很重，而审判案件也不能无限拖延，因为法律是有规定的。清代一般州县自理案件二十日内办结。雍正十二年（1734 年）定例：

> 州县自行审理一切户婚、田土等项，照在京衙门按月注销之例设立循环簿。将一月内事件填注簿内，开明已结、未结缘由；其有应行展限及覆审者，亦于册内注明。于每月底送该管知府、直隶州、知州查核，循环轮流注销。其有迟延不结，朦混遗漏者，详报督抚咨参，各照例分别议处。[2]

乾隆十九年（1754 年）定例：

> 州县自行审理及一切户婚、田土事件，责成该管巡道巡历所至，即提该州县词讼号簿逐一稽核。如有未完，勒限催审。一面开单移司报院，仍令该州县将某人状告某人某事、于某日审结，造册报销。如有迟延，即行揭参。[3]

据日本学者估计，一个约二十万人口的州县，每月平均可有千份以上的诉状提交县衙。[4]知县除日常行政事务之外，这么多案件不可能都一一过问，很多情况下只好依赖于刑名师爷，具体办案时，调查取证也是要依靠差役，因此造成差役等上下其手，借机勒索。张集馨于道光十九年（1839 年）批评其前任时曰："历来前任从不问案，尘牍甚多。前任章荆帆尤

① 四川大学历史系、四川省档案馆主编：《清代乾嘉道巴县档案汇编》（下），225～226 页，成都，四川大学出版社，1996。

② 马建石、杨玉裳主编：《大清律例通考校注》，880 页，北京，中国政法大学出版社，1992。

③ 马建石、杨玉裳主编：《大清律例通考校注》，880 页，北京，中国政法大学出版社，1992。

④ 参见［日］夫马进：《明清时代的讼师与诉讼制度》，［日］寺田浩明：《权利与冤抑——清代听讼和民众的民事法秩序》，［日］滋贺秀三等：《明清时期的民事审判与民间契约》，193、392～394 页，北京，法律出版社，1998。

昏愚可笑，公事皆幕友斯为胜主持。即遇京控发审案，皆令书吏在外劝和，从不提审；两造到堂，原、被莫辨，而口钝言涩，狱不能折。"① 这种从不提审，由书吏在庭外劝和，不问是非曲直，模糊办案的情况是具有代表性的，也是调处运用泛化的典型。而更多情况下是官府默认这种状况，对刑名师爷及差役的所作所为也是无意管束的，甚至将处理的权限交与他们。因此出现前述的那些在诉讼中上下其手、威逼勒索的情况就不足为奇了。

对于一般的民事纠纷，如果不影响社会关系和社会稳定，没有对封建道德观念造成很大冲击，那么官府一般不直接处理，而是批给宗族、地绅等协调处理，而对于盗贼等刑事案件大多能够及时受理。对于轻微的侵犯财产的刑事案件，如果没有造成严重后果，民间能够调处，也尽量不插手处理。从官员的职业道德要求来看，似乎对于地方官员来讲，不应该插手这类案件。张集馨曾批评曰："各省地方官簠簋不饬者，每于户婚田土案，有所染指，闽则非命盗案无可贪婪。"② 所以他反对地方官吏染指于民事纠纷处理，认为是腐败官吏通过处理纠纷、通过诉讼做手脚，勒索钱财。与这类地方官员不同的是，另一类地方官员不愿意介入民间纠纷处理的原因，是认为官府应当办理命盗大案，不能为民间细故所累，老百姓最好能够自己解决纠纷，这也是免于讼累的极好方式。前述明代《禁小事诉告》曰："府堂示：凡诉讼告户婚、田土及赌博、争殴之事，必须从县而起。本厅以刑官而署府事，所准理者，驱贪墨、析冤枉、剔衙蠹、锄豪恶而已。琐屑之事纷纷见告，告者废纸，看者废眼，断不准行。"③ 有时候希图由官府裁判取得清白的人，并不能够得到支持。因为如果是钱财之事，官府认为没有必要多纠缠，锱铢必较也是不符合封建的义利观以及封建正统的价值观的，在这个意义上看，官府认为讼累比老百姓的权利主张更重要。因此不仅老百姓觉得诉讼是拖累人的苦事，而且在官府的眼中，也是这样看待的，在这里官、民的价值观有了共同的表达。在很多诉讼档案中都能看到关于对讼累的批驳，有时候这种观念在官方的表达中更强烈。从现有的许多资料看，避免讼累更多地表现在官方的价值引导中，而不一定是老百姓的自觉选择。《名公书判清明集》胡石壁判词的观点表达得十分明白："才有些小言语，便去要打官司，不以乡曲为念。且道打官司有甚得便宜处，使了盘缠，废了本业，公人面前陪了下情，着了钱物，官人厅下受了惊吓，吃了打捆，而或输或赢，又在官员笔下，何可必也。便做赢了一番，冤冤相报，何时是了。"于是他觉得应该教导百姓："当职在乡里，常常以此语教人，皆以为至当之论。今兹假守于此，每日受词，多是因闲唇舌，遂至兴讼。……此等皆是不守本分，不知义理，专要争强争弱之人，当职所深恶，正要惩一戒百。"其实质是因为这些人"妄兴词讼，紊烦官司，其罪何可逃也"④。所以关键是这些兴讼之人给官府带来了无尽的麻烦。其实在中国传统社会，基层国家机关没有专门的司法机构和司法官员的设置，通常是行政官员兼理司法，而且是刑、民案件都须处理。这样他们的工作压力就比较大，据称所谓勤勉的县官十天中有七天审案⑤，如此牵扯大部分精力于办案，显然不能专注于日常管理

① （清）张集馨撰：《道咸宦海见闻录》，45 页，北京，中华书局，1981。

② （清）张集馨撰：《道咸宦海见闻录》，62 页，北京，中华书局，1981。

③ （明）颜俊彦：《盟水斋存牍》，349 页，北京，中国政法大学出版社，2002。

④ 中国社会科学院历史研究所隋唐五代宋辽金元史研究室点校：《名公书判清明集》，394 页，北京，中华书局，1987。

⑤ 参见郑秦：《清代州县审判试析》，载《清代法律制度研究》，133 页，北京，中国政法大学出版社，2000。

事务，必然影响行政效能。因此，一种方式是依赖于刑名师爷的帮助，另一种方式就是通过将他们认为无伤大雅的部分民事纠纷案件分流给地甲、宗族、士绅处理，既能够减轻工作压力，又能够强化基层社会、宗族的自治能力，通过控制他们达到稳定社会秩序的目的。所以从这个角度看，大力提倡自力救济和社会救济等解纷方式，可以大大减轻官府的工作量，提高行政效能，可以更好地维持政府的日常运转。

因此，传统社会在舆论和宣传上要制造诉讼可怕的效果，为诉讼提起营造心理障碍。明代《盟水斋存牍》载一"谕民休讼"文，对诉讼之累的分析可谓入木三分："今见每日期告状，动以百纸将尽。不准，尔百姓又以下情不能上达。欲行准理，而守候有守候之苦，衙门有衙门之费。即所堆词，大半付之追纸发落，免供存案。然一纸入公门，恐便不免费数日之粮。对此饥荒，于心何忍？尔百姓苟非万万不可已，何不勉强忍耐，各安生理，以度时日？本厅苦心苦口嘱我二三赤子，一字一点血也。其三思之。"① 可以看出，官府出这样的告示，一字一血，试图表明其主观出发点是非常体恤民情的，对诉讼中的黑幕也是大致了解的，知道人们诉讼是万不得已之举，且中间还有很多花费，许多案件到了衙门并不能够得到及时有效的解决。官府深知其中之弊，但他们不是着力于解决时弊，而是要求老百姓为免麻烦和花费，忍耐安分，不要诉讼。通过宣扬这种诉讼弊端来恐吓老百姓，使得有意诉讼的人望而却步。所以逃避讼累的代价就是"勉强忍耐"，能够生存下去就可以，这样大家都能够相安无事。朱熹也很推崇乡约制度，曾撰写《劝谕榜》，要求有了纠纷，要委曲调和，不要论诉，劝说息讼。

法律制度设计上并没有对诉讼进行明确的禁止和贬抑，诉讼制度是开放的，而且对于刑事案件还有直诉和申冤制度设置，但是，法律规定和法律实践并非一致。体现在现实社会中的司法实践，则是对诉讼持鄙视态度。而作为封建官吏，考量其政绩的一个主要指标就是其治下诉讼是否盛行，如果在其任上，整天忙于处理诉讼，那么对他的评价就不会高，即使其诉讼处理得很完美，他是不可能被列入好官和良吏的行列的，因为诉讼增多就说明其管理混乱，没有达成政通人和的良好管理局面。从国家来讲，所谓的"政通人和"才是治理社会的良范。治理得好的地方几乎可以做到"刑措"，即法律可以搁置不用，只是作为恐吓犯罪的象征，这样才实现了法律的根本目的。但要做到这一点也是很不容易的，所以追求低诉讼率就是有为官员的理想，而一般的官员则认为"虽不能使民无讼，亦不至讼狱繁兴"② 。这就是算是工作做得较好的情况了。

逃避讼累这种客观要求始终是存在的。不可否认，不仅是封建时代，即便是西方发达国家，诉讼带给人们的麻烦也是有目共睹的，尤其是对普通老百姓而言，诉讼实在是一种"高消费"。这也是在经历了多年的诉讼高发期之后，西方进行司法改革，并且大力提倡非诉讼方式解决纠纷，重构多元化纠纷解决机制的原因所在。从中国的实际情况看，这种观念一直到现代仍有影响。事实证明，即便是当代，调处相对于诉讼，成本仍然低很多。在一般人看来（尤其在乡村社会），哪一家惹上了官司，那么就是少则"破财"，多则倾家荡产。人们在起诉之前，往往是慎之又慎，左右权衡，很多当事人是在使用其他方式或者途径无法解决纠

① （明）颜俊彦：《盟水斋存牍》，345 页，北京，中国政法大学出版社，2002。

② 王庆成编著：《稀见清世史料并考释》，231 页，武汉，武汉出版社，1998。

纷的情况下，才提起诉讼。所以，相关的教科书也是将逃避讼累作为调解制度的优势之一。较权威的说法是，调解原则能够简化诉讼程序，减轻当事人讼累和法院的工作负担。① 这也是非常切合中国目前的社会现状的。

在现代法制环境下，"讼累"的问题依然没有得到根本性的解决。首先，诉讼需要专业知识。因此，局限于法律知识的匮乏，一般人常常不得不求助于律师，但对于大多数普通老百姓而言，法律服务在现代中国可以归之于奢侈性消费。同时，诉讼必须按照严格的程序要求进行，这是司法公正必然要求，而这又须有一定的时间经过。再者，在整个诉讼过程中，调查取证等又耗费法院和当事人相当的精力。最后，当事人双方在经历过诉讼之后，他们之间的关系、感情也荡然无存，很多时候诉讼判决并不能够彻底解决纠纷，也许判决只是对纠纷做了断，其矛盾依旧，常常还需要花费长时间去消解。所以，对于国家和当事人来讲，诉讼都是需付出一定的成本的。在一般人的观念中，打官司也不是值得炫耀的事情，意味着投入一定的时间、精力、金钱，而结果具有不确定性，即投入不一定有回报。现实中有这种认识也是客观合理的，诉讼的高成本，目前还是公认的。这也是今天非诉讼解决纠纷制度的魅力所在。由于非诉讼纠纷解决方式具有程序非正式性特点，低成本，波及的范围和当事人正常的生活有限，处理灵活，省时省力，有利于矛盾的及时和彻底解决，很少留有后遗症，因此在解决纠纷时，依然是当事人的首选。

第二节
官府调处

一、官府调处的发展过程

对于官府调处，实际上可分为两种：一种是庭内的调处，另一种是庭外调处。庭内调处，是由官吏直接在审理案件时，在庭上（公堂之上）调查事实、询问相关当事人，就案件事实发表观点，根据案件进展情况和当事人的态度、争点，进行有利于案件解决和平息当事人矛盾的劝说，目的是促成当事人达成和解，当然其中常常不乏威逼利诱；而庭外调处，则是在庭外（公堂之外）与一方或双方当事人沟通、劝说、批评。两种方式的结果均是当事人具结保证不再争执，双方和息，这样案件就此了结。有些学者认为封建时代不存在庭内调解，如黄宗智先生认为庭内调解在帝制时期的中国几乎不存在。也许黄先生说的是现代意义或者方式上的调解，即自主性、参与性很强的调解。封建时代这类调解自然不存在，但由官府主导的诉讼中的调处还是存在的。

薛允升《唐明律合编》曾说到《汉书·韩延寿传》："民有昆弟相与讼田自言，延寿大伤之，曰：幸得备位，为郡表率，不能宣明教化，至令民有骨肉争讼，咎在冯翊，当先退云云。尔时长吏遇此等事，则深自引咎，以为非常变异。后来直视为无足轻重矣。"② 这说明原

---

① 参见江伟主编：《民事诉讼法》，63 页，北京，中国人民大学出版社，2000。
② （清）薛允升撰：《唐明律合编》，怀效锋、李鸣点校，651 页，北京，法律出版社，1999。

来官府对民间发生诉讼自认为是负有责任的，也就是应当通过道德教育防止诉讼的发生。

唐代诉讼中就存在调处，如白居易《白氏长庆集》卷六十七载白居易就一民事赔偿的判词，同在一地放牧的二人，牛将马抵死。白居易认为："情非故纵，理合误论。在皂栈以来思，罚宜惟重；就桃林而招损，偿则从轻。将息讼端，请徵律典。当陪半价，勿听过求。"①意为本身该事件属于意外，不是故意所为，而且如果事情发生在厩圈中那么处罚应重，而在野外放牧，赔偿应从轻（半价），当事人应当息讼而不要提出过分要求。

宋代调处较为灵活，对于不服处理的，还可进一步上告。虽然明清也是可以上告的，但一般不在判词中告知当事人。《名公书判清明集》载一佴与出继叔父争田业的纠纷案件，按照封建伦理，出继为伯父之后的杨天常不应该再继承本生父母的财产，但杨仍占生父田产，据其生母所立关约，称其生父生前曾借杨天常钱债，遗言以田产归还。但其生母立约后第二年即过世，该案已无法判断事件的真实性。所以判官翁浩堂如此解决此案："在法：分财产满三年而诉不平，又遗嘱满十年而诉者，不得受理。杨天常得业正与未正，未暇论，其历年已深，管佃已久矣，委是难以追理。请天常、师尧叔佴各照元管，存睦族之谊，不必生事交争，使亡者姓名徒挂讼牒，实一美事。如不伏所断，请自经向上官司。"②判词完全是劝告式的，从尊重历史状况的角度出发，而且表示不服从息讼的裁决，可向上诉讼，这似乎与清代的调处纠纷的方式有所不同。清代不鼓励老百姓就民事案件上告，老百姓如果认为县里审判可能不公，进京告状，不仅不太可能告赢，而且自己还会被判越诉之罪。乾隆三十七年（1772年）在修订越诉条例第17条"外省民人赴京控诉"条例时规定"以外省州县小民敢以户婚、田土细事来京控诉，必非安分之人，仅将原呈发还，无以示儆"。在原乾隆三十四年（1769年）定例"听其在地方官衙门告理"下，添入"仍治以越诉之罪"③。也就是如果进京控告，仍然发回地方审理，并且还要判罪，这就完全堵绝了当事人其他的救济渠道。

宋代官府在纠纷的处理过程中，也常常要求地保等参与，尤其在田土纠纷中，官府会"差无碍保正，再集邻从公勘会"。宋代官府在调处时，如前所述，常常引用法律规定，《名公书判清明集》有不少这样的案例。而明清的官府调处，很少根据法律的明文规定阐述判决依据，特别是民事案件较少见引用相关法条进行判决，而是以道德说教为主。当然，宋代的道德教育也是必不可少的，调处是以道德标准、宗法伦理以及社会所公认的风俗习惯为依据的。清代法律要求断罪须引律例，但对民事诉讼没有提出明确要求。

官府在处理民间纠纷时，认为是细故小事，有时候根本不拟审理其是非曲直，而是从恢复基层社会秩序的角度出发，对敢于提起诉讼的当事人施以刑罚了结。明代《盟水斋存牍》所反映的案件，存在不少这种情况。而且明代对于家族在控制、制止民间纠纷的发生方面寄予厚望，没能有效制止诉讼的家族首领也会处以刑罚，对"不善调处"之家长要薄责。明代《盟水斋存牍》反映的很多和息案件，当事人都受到了一定的刑事处罚。而在清代，和息并受刑事处罚的案例并不普遍，从这一点看，民事纠纷的审理方式还是在进步，到了清代，民事、刑事案件在审理上还是有很大不同的，民事案件在审结时一般并不处罚当事人。

---

① 高潮主编：《古代判词选》，5~6页，北京，群众出版社，1981。

② 中国社会科学院历史研究所隋唐五代宋辽金元史研究室点校：《名公书判清明集》，135~136页，北京，中华书局，1987。

③ 马建石、杨玉裳主编：《大清律例通考校注》，873页，北京，中国政法大学出版社，1992。

明代的官府调处发挥得较为淋漓尽致。官府调处往往有地方士绅作为中间人参与，并穿梭进行说合，这种情况下，官方也会就势同意了结息讼。同时，明代在官府审理案件的过程中，地方士绅等调处意见，可以部分被官府采纳，但不会妨碍官府作出其自己的判断与处理。举一案件为例，陈云阳"贫老无赖，将蒸租写典族弟陈梃生及服表举人彭淳云。阳止有此蒸租而两授之，是以有今日之诉，已经生员彭遵古、陈鹤龄处息，似无可深求。但究竟典梃生在前，典彭在后，中分其租，梃生有余恫焉。云阳气余一喘耳！有子南英称远游未归，俟其归当责其补梃生之万一也。云阳一杖，断不可已。"① 该案在诉讼时由于有生员出面调处平息了纠纷，但官府仍然还要在认可其息讼的同时，作出处理，以惩罚陈云阳同时两典的过错，让陈云阳之子承担补偿责任，而且对陈的不法行为不能免其刑杖。

明代的官府调处似乎较为开放，往往与民间调处结合，没有严格的程序要求，而且官府一般对参加调处的人士并不审查或者干预，也会尊重他们的调处结果。调处可以由当事人的族亲或者其他人参与，达成和解申请撤诉。这种做法一直延续到清代，并且司法实践中仍然十分常见。

清代诉讼中的民事纠纷调处权力由知县等政府官员控制，虽然案件可由乡保查明呈报，但法律明文规定有些案件州县官要亲自剖断，不能批给乡地处理。但是实际执行中似乎并不完全如此，如前张集馨述书吏在外劝和等。

清代地保乡绅在这方面发挥了积极作用，充当了官府调处的中间人。地保、乡绅、宗族等承担了大量维持基层社会秩序的工作。当然，是否需要他们出面以及是否同意他们参与调处，最终由官府决定。清代的一些诉讼档案反映很多案件是在庭外调处结束，双方当事人达成协议，由调处人提出息讼要求，官府同意，当事人具结。所以官府的一般做法是同意息讼或者驳回诉讼，但并不如明代那样经常处罚诉讼当事人，也有很多时候要求当事人"自行清理，毋庸肇讼"。而且清代的调处更灵活，许多情况下如果已经过民间调处，后来又反复，继续诉讼的，官府在处理中如果认为可以继续由民间调处的，一般在不予受理的同时，要求原调处人继续调处。如黄岩诉讼档案所载一案，清光绪十一年（1885年）监生胡凤山因族人胡恩松开木器店，向曾经开过木器店的胡凤山赊借木器和钱洋一百九十多元，后"迭讨迭诱，始终不偿"。这时候有当地人王汝春、孙宣元等"理算恳让"，要求还洋一百二十元，一并了事。从诉状要求看，显然调处没有奏效，胡凤山认为"不求迅赐立提究追，大块血本被噬不还，心何克甘"。而黄岩县正堂则批："进出洋货既有账簿可凭，又有王汝春等理算可证，着再自行清理，毋庸肇讼。"② 要求继续自行解决，不许当事人再行诉讼。

一般的民事纠纷，经过调处，当事人申请和息，通常会得到官府的同意。但有时候也可能不会得到官府的准予。在《盟水斋存牍》里反映明代的一些案件处理即是如此，官府认为："宪台何等衙门，可容其自告自息乎？""宪台何等衙门，敢轻率若此？"③ 官府的权威受到损害，自然不会同意当事人和息止讼。但清代的做法似乎不同（如黄岩诉讼档案基本上没有这类情况）。

---

① （明）颜俊彦：《盟水斋存牍》，555页，北京，中国政法大学出版社，2002。
② 田涛、许传玺、王宏治主编：《黄岩诉讼档案及调查报告：传统与现实之间——寻法下乡》（上），281~282页，北京，法律出版社，2004。
③ （明）颜俊彦：《盟水斋存牍》，553、600页，北京，中国政法大学出版社，2002。

对于命盗案件，是不允许任意调处及和息的。所谓"人命盗情，岂可息之事！"但如果官府认为呈控的命盗案件实为民事纠纷，则不予处理，如光绪八年（1882年）黄岩张所寿呈控，本月初一日趁其本人出外探亲，匪徒普岳、李老二及生面十余人执洋枪刀械哄至其家，除搜去烟浆、衣衫等，还扬言要银元百元方休，不然近日还要继续到张家骚扰。张所寿要求官府"除匪安良"，并表示"如虚坐诬"。但是代理黄岩县正堂批曰："彼此素识，何所仇隙，而竟明目张胆持械哄扰，岂不虞指名控告乎？若果所控非虚，则尔探亲不家，其乡党邻佑当不乏人，何惧一任横行，置之不顾？更堪诧异，察核呈词谓非别有隐情，其谁信之？不准。合饬。"① 官府似乎也没有进一步的调查处罚措施。但是清代对于这类控之以盗匪实为民事纠纷的案件，似乎并不如明代那样苛求处罚。这反映了司法观念较前开放，对于民刑的案件的分野也把握得较好。

清末在西方政治法律制度冲击下，传统的法律体系开始解体。但是，"无讼"的传统观念仍然存在，礼治的格局并没有被毁灭，所以旧的传统习惯在乡间依然发挥着作用。到了民国，也还是没有根本性的改变，乡间、基层社会依然如故，革命似乎是主流社会的事情，变革只是在城市蔓延。在乡土社会缓慢蜕变的过程中，民间对于诉讼的观念未变，现代的司法制度和体系也没有完全建立起来。如费孝通先生在其文章中所说，新的司法制度推行下乡，结果是不服从乡村伦理的人因为不服乡间的调解而告到司法处去，而在司法处打官司的人却是被乡村认为是"败类"的人物。他认为当时司法制度的副作用在于破坏了原有的礼治秩序，但是又没有建立起法治秩序，结果既无法治的好处，又显现了破坏礼治秩序的弊端。② 这说明人们对于诉讼的观念没有实质性改变，所以调处仍然是乡村解纷的主要方式，这时候的调处与过去帝制时代的调处相比，并没有什么本质性的区别。

我国的现代调解制度在革命根据地时代得到了很好的建立和发展。当时在苏区，如果政府在纠纷调解过程中发现重要问题，还可向审判机关提出控告。调解的行政色彩十分强烈，完全由传统的官府调处制度发展而来，应该将之称为传统意义上的调处制度的进化形式。理论上司法与行政已经分开，20世纪30年代初红色苏维埃以政府干预的形式解决群众纠纷，村苏维埃不能解决纠纷，可移交乡苏维埃政府调解。政府调解设立专人负责并且逐级进行，而在调解中发现问题，政府有权向审判机关控告。③ 由此，行政调解和法院调解分离。到抗战时期，人民调解制度大大发展起来，形成现代调解制度的雏形，一般民事纠纷由民间调解，如果不能解决，则由政府调处。诉讼中由马锡五审判方式发展而来的法院调解具有极大的影响力。对于诉讼案件，法院也进行调解，并且已经形成诉讼内和诉讼外的调解制度。这种传统一直延续到新中国成立以后，直到现在，虽然有所发展，但基本的架构与观念并没有完全改变。

在行政权力基础深厚的中国，尤其在基层和乡村社会，老百姓依赖政府机关解决纠纷的倾向较为明显。因此由传统官府调处制度发展而来的行政调解和法院调解在现代依然发挥着

---

① 田涛、许传玺、王宏治主编：《黄岩诉讼档案及调查报告：传统与现实之间——寻法下乡》（上），126～127页，北京，法律出版社，2004。

② 参见费孝通：《乡土中国 生育制度》，57～58页，北京，北京大学出版社，1998。

③ 参见韩延龙：《我国人民调解制度的历史发展》，载《法律史论丛（二）》，北京，中国社会科学出版社，1982。

积极的作用。我国相关的法律法规规定了行政机关调解的主要内容。目前各行政主管机关主持的调解已涉及经济和社会生活的许多方面，为解决纠纷提供了多种渠道和较大的便利，如工商管理部门对合同争议的行政调解即是一典型。其他的如公安机关、土地管理部门、卫生行政部门、信访部门等也都可在不同程度上介入民事纠纷的调解。目前还有其他半官方（半行政）性质的调解，如消费者协会、劳动争议调解等。人民调解委员会是调解民间纠纷的群众性组织，但由于其是在基层人民法院和人民政府的指导下进行工作，所以调解具有一定的官方性质。

现代诉讼调解是在法院主持下，当事人双方在自愿平等的基础上进行协商解决其民事纠纷的诉讼活动。依照我国民事诉讼法的要求，诉讼调解在整个民事诉讼活动中均可以进行，并且在民事案件、刑事自诉案件、刑事诉讼附带民事诉讼案件、行政赔偿案件中均可适用。有时候调解是必经程序，如离婚案件。但是现代的诉讼调解与封建时代的官府调处并不完全相同，关于诉讼调解制度，我国《民事诉讼法》第八章专设调解，规定法院和其他组织和个人在调解中的互相配合。2004 年 8 月最高人民法院《关于人民法院民事调解工作若干问题的规定》，确立了独立调解人、协助调解人、和解协调人、司法确认调解（和解）协议的效力等制度。近几年中国的法院调解制度建设更趋完善，诉讼调解进入了新的发展时期。

过去，诉讼调解主要集中于民事诉讼，在刑事诉讼和行政诉讼中不适用调解，近些年，随着社会的发展，法制环境的改变，以及构建和谐社会的需要，有些地方已经开始尝试行政诉讼中的调解和刑事诉讼（轻微刑事案件）中的和解，这也是对法律的突破和传统调处制度的发展，对于我国现代法律体制的完善和进一步发展具有积极的探索意义。

二、官府调处的主要内容

由于中国封建社会基层机构设置上司法、行政不分，没有专职的法官，均是县太爷兼理司法，一般的民事案件和轻微的刑事案件都是在县衙处理了结。如清代，规定民事案件归之于州县自理案件，即由州县审断了结，因此这里的官府调处完全就是州县官的调处。一般上级官员仅仅进行书面查核，如发现情节可疑，可"立提案卷查核改正"。

按照清代的规定，户婚、田土、钱债等民事案件属于州县自理案件，完全由州县掌握。地方官员的首务是"解忿息争，以期刑清政简"①。作为主管官员，一般严格限定案件的提起。案件上告到庭，常常是批回地方处理，要求地方宗族调处，或者直接批复"不准"，相当于今天之"驳回起诉"。虽然法律明文规定，地方官不得随意将案件批给地方处理，但实际上，大部分户婚、田土纠纷中的"细事"都是由地方乡保、宗族、士绅等直接调处解决的。对此，已经形成了一定的社会默契，且运转自如。

民间调处完全决定于基层社会价值观，其成功与否决定于人们对调处人的信任度和调处人的个人魅力和能力。而官方诉讼则完全是政府权威的体现，调处中体现的完全是封建官员的价值观念。在官府所进行的调处活动中，除家族、宗族、地方里甲、士绅协助外，不允许任何其他人参与，尤其是讼师。"讼师教唆词讼为害扰民，该地方官不能查拿禁缉

---

① 王庆成编著：《稀见清世史料并考释》，231 页，武汉，武汉出版社，1998。

者，如只系失于觉察，照例严处。若明知不报，经上司访拿，将该地方官照奸棍不行查拿例，交部议处。"① 因此，所有的案件必须州县官员亲自审理。

官府在处理案件时，究竟是调还是处，权力完全掌握在承办官员手中。面对呈上堂的各类民事案件，官吏完全有权决定是否同意当事人和解或者撤案，如果其审理，他也可以自主决定是调解结案或判决结案（除涉及刑事案件之外）。因为法条并没有约束司法官这一权力的规定，体现了完全的人治主义和强大的"自由裁量权"。虽然在唐代就规定"诸断罪皆须具引律、令、格、式正文，违者笞三十"②。并且宋、明、清均有规定，要求断罪必须引用律令："凡断罪皆须具引律令。违者，笞三十。若数事共条，止引所犯罪者，听。其特旨断罪，临时处治不为定律者，不得引比为律。若辄引比，致罪有出入者，以故失论。"从书面规定要求看，依法裁判的要求还是很严格的，但是实际执行中并不能真正贯彻，法律实践中也并非如规定那么严格。这一规定历来都是针对当时的刑事案件，对于民事纠纷或不构成犯罪的案件，则大多以"礼"的要求处理，并遵从习俗和生活常识来处理。从《名公书判清明集》的许多判词看，引用法律规定还较多，而在明清时代，处理民事纠纷的判词中则较少引用法条。官府在处理案件时，讲求情、理、法的统一，原心、原情裁判，要求当事人忍让，进行道德说教，而不是严格引用法条处理案件。理论上看，明、清律都要求官吏通晓律令，依法裁判，规定"凡国家律令，参酌事情轻重定立罪名，颁行天下，永为遵守。百司官吏务要熟读，讲明律意，剖决事务。每遇年终，在内在外，各从上司官考校。若有不能解讲、不晓律意者，官罚俸一月，吏笞四十"③。但实际中远非如此。无怪乎薛允升说："今日之大小官员，内讲读律令者，有几人哉？……律已繁多，条例更甚，千头万绪，彼此抵牾之处，尤不一而足，无怪讲解者之日少一日也。"④ 在处理民事案件时，司法官通常还会进行道德教育，通过宣传封建伦理，要求当事人双方以礼义廉耻为重，平息纠纷，公堂调处的过程就是进行道德教育的过程。许多封建社会著名的清官良吏就是以善于劝导当事人息讼而著名，他们会对诉讼的不良后果（如给当事人可能造成的名誉、经济损失，诉讼可能得罪很多人等）进行仔细解释甚至量化分析，意图化解矛盾，让当事人彻底打消争取权利的念头，以实现和睦相处的社会要求，并且在其裁判文书上也会对违反封建伦理要求的行为进行斥责或处理，或者直接提出解决方案，要求双方具结和解或者撤诉。一个较为完全的旧式的调解是当事人自愿或半自愿，或者勉强服从法庭强制的结果。官员在调处过程中，往往动之以情，晓之以理，以父母官的身份施加压力，再加上家族、宗族和乡村基层社会的综合作用，当事人缠绕在这错综复杂的网络关系之中，在这种情形下，瞻前顾后，往往或者自愿或者不自愿地和解息诉。

在一些案件中，当事人不接受官府的调处方案，可能会招来处罚。《樊山政书》载樊增祥对于一案件的批语，反映了对息讼后如果再起讼端的处理意见："惟刘志瀛以犯法之人，胆敢缠讼四年之久。该民等明知此案妨碍较多，官府必不肯办，故意蔓讼，为泄忿图财之地，深堪痛恨。"这表达了对缠讼、蔓讼的痛恨，但如当事人具结息讼，则可不深究："故念该民人等尚知畏惧，现已具结了事，暂免深究。"如果再继续纠缠诉讼，就要将有关当事人

① 马建石、杨玉裳主编：《大清律例通考校注》，899 页，北京，中国政法大学出版社，1992。
② 刘俊文点校：《唐律疏议·断狱·断罪不具引律令格式》，602 页，北京，法律出版社，1999。
③ 马建石、杨玉裳主编：《大清律例通考校注》，373 页，北京，中国政法大学出版社，1992。
④ （清）薛允升撰：《唐明律合编》，怀效锋、李鸣点校，201 页，北京，法律出版社，1999。

各方押解审讯："查此案全由潘寿龄而起，而寿龄现已捐官赴甘候补。此后倘刘志瀛再起讼端，即将刘志瀛、戴鸿恩、张瀛成一并押解兰州，请甘臬司秉公审讯，以惩健讼而挽刁风。"① 在案件当事人具结了事之后，强调说明以后再起诉讼，就须严肃处理。

官府调处完全是承办官员个人意志的反映，没有严格的程序要求，所以撤案或者和息很可能并不是当事人的自觉行动。在调处过程中，很多情况下也无须对当事人所陈述的具体事实进行调查、取证，官员只是根据其形成的对诉状的看法和对民间习俗的了解，最多是听取基层组织或者家族、士绅等的汇报，即可根据自己的想法进行调处。理论上诉讼调处的结果必须当事人亲自画押认可，才可以发生法律效力，至于签字画押是否真正出于自愿，这是没有人关心的。根据清代黄岩诉讼档案所附格式化的《状式条例》规定："和息呈词非原、被同劝之人亲书画押，两造当堂同具者，不准。"②

在这类案件中，审判人员是不需要严格引用法律条文来处理案件的，只要处理过程符合儒家的道德规范，能够维系宗法制度的要求即符合其职责要求。由于封建官僚大多对法律不是十分精通，有些甚至根本不了解法律的具体规定和案情，所以调处中违反法律规定的事也是常有的。官方调处的基本模式在司法实践中表现为以止讼、息讼为宗旨的调解，因此调判是诉讼处理的最理想的结果，是审判官处理诉讼问题的能力和水平的体现。

地方官府对于民间民事纠纷，一旦受理，往往在审理中即开始调解，实质上是在调处过程中进行封建伦理教育，即所称"教化"的过程。有时候在调处的判决中，几乎无一处提及法律规定，通篇均是封建道德阐述，充满道德说教，调处围绕孝友之道，至情至理，从另一个方面折射出公堂所具有的道德感召力。这也是值得我们今天思考和借鉴的。有时候诉讼活动就是一场彻底的道德教育现场会，使得当事人不仅解决了纠纷，而且深受感染。调处的过程强调的是服判，对官吏的说教要心服口服，追求的是对调处结果的满意度，只有这样才能达到息讼和纠纷平息的目的。

通过教育，一种是双方当事人从道德上检讨自己，表示接受教育，所谓两造具息，即双方当事人申请和解、平息诉讼，这样可能申请撤案处理或者官府同意结案。如果主审官觉得有问题，也可不准。官员有时因可能尚有隐情而不敢朦胧许息，所以常常会在详细询问了解案件实际情况之后，才同意"悔息"。

提出和息申请的，可以是当事人双方，也可以是邻约、保甲、士绅、家族等。很多情况下，诉讼中有族亲士绅等人，为家族颜面，看不下去当事人打官司，会主动出面劝息，达成协议（为庭外调处），如果事实清楚，没有违反法律或者封建礼教，则官府一般会同意，即可以结案。还有一种情况，双方当事人并不十分情愿撤诉，这时候官员可能对双方当事人进行道德教育之后，对于其不愿意调处的情况进行一番批判，或者对双方当事人训诫之后，责令他们具结和息；有时候为强化和息的效力，还要求有地保、宗族、士绅出面具保。这其中大部分都是在庭上进行调处的。此外，案件受理后，官员在审查案件时，觉得根本没有必要审理下去，可以要求原告撤诉；最多见的就是受理后经过审理，认为不必在堂上审理，直接批回地方调处，或者派人监督乡约地保、士绅等调处。有时候官府在庭上能调即调，不能调

① 樊增祥：《樊山政书》，60 页，北京，中华书局，2007。
② 同治十三年（1874 年）十二月十八日徐廷燮呈为噬秀被殴泣求讯追事，参见田涛、许传玺、王宏治主编：《黄岩诉讼档案及调查报告：传统与现实之间——寻法下乡》（上），234 页，北京，法律出版社，2004。

也可直接判决，但调处在民事纠纷解决中还是首选的方法。

在官府的调处中，不仅有道德教化的内容，有时候官府也会抛开空洞的说教，从老百姓的实际生活出发，贴近老百姓的具体生活进行调处。如明代《盟水斋存牍》载一案：蔡雪台买入阮兆庭、陆绍连之山（香山），价值仅一二两，据当地生员谢天锡等称，"香山之山原不足争，两家以口舌遂开雀角之衅"。主审官在庭上诘问他们："以一二金之山而及于讼，讼费恐不止此。"听此言，"两造不觉抚然自失"①。这种庭上调处由于比较贴近老百姓生活，易得到共鸣，调处效果也较好。②

官府的调处大多是循着审理官员的价值判断进行的，调处方案也完全是按照审理人员的思路拟定的，反映的是主审官就案件形成的个人看法，反映了官吏个人通过运用其道德和法律思维对案件进行价值平衡的过程，并不一定完全反映当事人的愿望或要求。在这一基础上所提出的解决纠纷的方案可能具有强制性，当事人只有接受，不能讨价还价，所以这时候的调解应该是完全意义上的调处兼审理，因为它只是贯彻了官吏的案件处理思想。但是究其本质还是调处，因为很多时候不会动用刑事手段或者其他处罚手段（虽然有时候如明代很多和息案件仍不免处罚），而且其最终表现为要求当事人双方同意具结，只不过调处的方案是由官员拟定或者决定的。不过这种调处，更多体现的是官方的意志，并非是真正意义上的调解，实质上为判决的另一种方式，只是以当事人双方同意的方式表现出来，具有调解的形式，而不具有调解的实际内容。在现代司法活动中，我们有时候还会看到这种调解方式的遗迹，即在现代调解活动中有时候不以当事人为主导，而是贯彻法官的想法，强制当事人和解，这是封建式调处的典型表现，也是调解中常见屡调屡悔的原因之一。

由于诉讼提起之后，所有的主动权都控制在官府手中，所以，当事人就不再具有私下和息的权利，如果再要求和息（包括堂上堂下），都必须得到审理案件的官员的同意。对于随意诉讼、随意请求和息的案件，官府有时候也不准，以维护其权威，惩治当事人随意诉讼的行为。有些民事案件较为复杂，可能缠讼多年，也可能屡审屡翻，对这种案件官府也是不轻易适用调处的。

官府有时候在处理诉讼过程中感觉到有当事人或者好讼之人利用调处，认为政府的权威受到了愚弄，如果出现这种情况，当事人就不能轻易息讼了。也就是要确认是当事人真正息讼，不能反复才可以。清代有的县府还针对这种和息案件，专门告示，分析和息之具体情况，告诫相关当事人：

> 或藉讼以诈财，财诈而恳息。或托势以销状，状销而复兴。或捏干证之名，或托里邻之口。原不通被，被不通原。罔畏电雷之章，擅弄魍魉之影。即于死生至大之事，视为真伪倏翻之情。解铃系铃，原出一手；欲生欲死，岂伊异人。巧设津梁，工填欲壑，殊为可恨。为此再行申饬。嗣后凡有禀息状词，务要犯各正身，当堂面递，以便审息，立断葛藤。务使两造心平，无滋蔓草。敢有故违，仍前欺准诳息者，定拿本犯严惩。③

---

①　（明）颜俊彦：《盟水斋存牍》，228 页，北京，中国政法大学出版社，2002。

②　同治十三年（1874 年）十二月十八日徐廷銮呈为噬秀被殴泣求讯追事，参见田涛、许传玺、王宏治主编：《黄岩诉讼档案及调查报告：传统与现实之间——寻法下乡》（上），234 页，北京，法律出版社，2004。

③　王庆成编著：《稀见清世史料并考释》，232 页，武汉，武汉出版社，1998。

需要验明当事人,当面落实和息,双方心服才可,谎骗和息的要严惩。

调处一般适用于民事纠纷,对于强盗命案等不适用。有时候官员枉法裁判,有可能通过这种途径为罪犯开脱。《名公书判清明集》即记载了一人命案件,县里"萧主簿受嘱,更不体究,本司行下究验,而主簿乃敢以假和状申缴",这是完全不符合调处的法律要求的,"人命至重,岂可不讨分晓。①因此得到了严肃处理,并改由县尉严格秉公从实审理。

官府认为如果容忍一些人自告自息,则老百姓不知敬畏公堂和法律,因此,这时候就有必要将此类案件转化为刑事案件,不能轻易调处息案。这也反映了案件的定性以及是否采取调处或者判决方式解决纠纷,完全掌握于官府之手。这也是传统调处和现代调解制度的根本性区别。现代的调解,主动权掌握于当事人之手,是否调解,如何调解,当事人具有完全的自主权。

汪辉祖《佐治药言》对于调处息讼有一番理论,他认为官府应当尽可能同意老百姓息讼,以体矜百姓,避免讼累:

> 词讼之应审者,什无四五。其里邻口角,骨肉参商,细故不过一时竞气,冒昧启讼,否则有不肖之人,从中播弄,果能审理,平情明切,譬晓其人,类能悔悟,皆可随时消释,间有难理,后亲邻调处,吁请息销者,两造既归辑睦,官府当予矜全,可息便息,宁人之道,断不可执持成见,必使终讼,伤同党之和,以饱差房之欲。衙门除官幕而外,类多喜事,不欲便休,藉以沾润,故谚云,一纸入公门,九牛拔不出,甚言其兴讼易而息讼难也。官若矜全,民必感颂,如察其事。②

他认为差房通过诉讼中饱私囊,诉讼当事人又伤和气,因此主张官府尽量通过非诉讼方式解决纠纷。

日本学者滋贺秀三将州县官的听讼比作是类似现代的民事调解,他认为清代对民事纠纷的审判实质上就是调解。"尽管由作为法官的知州、知县发动的强制性权力来实施,从最终来看却是一种靠说服当事者来平息纠纷的程序。"③这在清代的州县官员的判词中有典型表现。清代四川巴县有张元碧、张显明于乾隆四十八年(1783年)价当罗继盛兄弟田业一分,立有当约三纸。而田仍系罗继盛佃转耕栽,张元碧、张显明只在房屋内居住。后罗继盛将佃业转当给张天玉叔侄,罗继盛兄弟迁居贵州,并先后身故。留有子侄罗久和仍然居住贵州。张天玉又将此业转当于罗有贵兄弟。张元碧见其当价无着,呈控到官,并向官府提交当约三纸。官府认为,罗有贵兄弟已向张天玉等用价赎转,自应当归清当价,因此,断令罗有贵兄弟代罗继盛子侄罗久和等先归还张元碧等旧当钱,拿回当约,等罗久和等回来,再凭此清理,其田归罗有贵耕种。对于这种处理结果,"有贵、有荣随具遵结,待秋收后措钱交清。张元碧等亦具情甘领结,迁搬遵结了案"④。这是清代官府裁决、当事人遵从判决的较典型的

①　中国社会科学院历史研究所隋唐五代宋辽金元史研究室点校:《名公书判清明集》,20页,北京,中华书局,1987。

②　(清)汪辉祖:《佐治药言·息讼》。

③　[日]滋贺秀三:《中国法文化的考察》,载[日]滋贺秀三等:《明清时期的民事审判与民间契约》,北京,法律出版社,1998。

④　四川大学历史系、四川省档案馆主编:《清代乾嘉道巴县档案汇编》(上),224页,成都,四川大学出版社,1989。

案例。在其中并不一定完全采取调解的方法，而是因为司法官员作出的裁决较为客观，得到了双方的认可。这并不是典型的调处案件，也不能将听讼等同于调解。其实听讼只是司法官员通过案件审理，弄清事实真相，以听讼方式发现案件真实和法律真实的过程，与调处不同。当然，不能否认，听讼过程中可能有调解，也可能调解占了听讼的很大比例，但两者不能完全等同。滋贺秀三提出的清代的民事审判实质上就是调解的看法，不能全面概括清代民事审判的实质。应该讲，每一个司法官员在处理民事纠纷时，所力图实现的就是通过调处平息纠纷，这是一种解决纠纷的理想境界，但这种境界并不是所有案件都能够达到的，因此在这个过程中也就不免有强制性的调处存在，即表面上是息案，实际上是官员强制和息销案，纠纷有可能没有彻底平息。实际上这只是以调处为表现形式的判决。

在清代官府处理的民事纠纷中，即便是官府提出主导性的观点、结论，从当事人的角度，也是以"遵断具结"的方式出现的，所以才让人感觉听讼的过程就是调解的过程。实际上，这只是证明当事人服判的一种形式。如前指该案是官府断令罗有贵兄弟先代为支付当价，以后再向罗继盛后人结算。这种处置方案，得到当事人双方的接受，似乎是调处成功的例子，但是，其与调处还是有区别的。因为这毕竟是官府根据其对案件的调查与理解作出的处理决定，并不是典型的调处，更不是调解。即便是不考虑当事人接受与否的强制性判决，也会要求当事人"具结完案"。同样如巴县档案载巴县正堂在审理一件后的堂谕："审得夏国俊县控曾光远豪恶越霸一案，缘夏国俊之侄夏玺、夏铨将所分祖业一分卖与曾光远管业，毫无异义。忽夏国俊私造假约一张，以夏玺界内尚有摘留，强在曾光远买明界内生事，实属老奸可恨。着将夏国俊责咀三十，假约销毁附卷，各具结完案。"[①] 这种具结就完全不是调处的结果。

有时候官府调处并不是万能的，通过官府调处之后，当事人可能情愿或不情愿息讼，于是很多情况下，纠纷并没有彻底解决，有可能再行上告，这种情况下，官府通常以已经处理过为由，不再予以调处。所以有时候诉讼档案里可见连续六七次上呈，遭县官连续六七次"不准"的驳回批语。

明代有"禁叠诉"之文，曰"乃今日一诉，明日一诉，抄来抄去再三重复，附案则既虑堆积无益，抹去则又谓厌倦不看。且小民买一张纸，洒几点墨，不免经营，而写状之日又高抬声价，勒索谢银，究竟多属虚费，何益本事乎？今后一投之外，静听审质，或有别情，亦即一诉而止，为吾民省此营营业，非为本厅惜此攘攘也，其三思之"[②]。告诫百姓不要反复诉讼，而当事人永远是处于被动地位，不存在掌握调处主动权的情况。官府调处在很大意义上都具有相当的强制性，有时候自愿性成分相当欠缺，所以，有学者认为不存在诉讼调解。

官府调处的内容大部分虽以封建礼法和伦理道德为依据，但同时也贯彻了对民间习俗的高度尊重与维护，重点主要是围绕合理性、合法性进行调处，官府的调处力图保持习俗的伦理性，以对破损的社会关系的修复和对固有秩序的恢复为调处目的，法律适用所占成分较少，民事案件处理中有时候甚至没有任何法律适用的过程及活动。这种调处的结果如果是符合民间习俗和传统道德规范要求的，对事实的认定较为符合客观真实情况，就能够得到周围

① 四川大学历史系、四川省档案馆主编：《清代乾嘉道巴县档案汇编》（上），181页，成都，四川大学出版社，1989。

② （明）颜俊彦：《盟水斋存牍》，667页，北京，中国政法大学出版社，2002。

约邻、地方士绅的认可，为乡间社会所接受，那么就会得到民间社会的回应，纠纷解决就较为彻底，以后当事人也都会相安无事。所以寺田浩明认为清代审判的内容就是从公正的立场出发，重新树立互让共存的状态。[①] 这也是传统调处制度的积极意义，其在处理过程中体现的民情民意，以及对道德风俗的尊重，使纠纷处理具有一定的彻底性，同时也兼顾了法律和道德要求。在我们今天的诉讼活动中，也同样面临法律和道德的兼顾问题，也有合法和合情、合理的关系问题，从这个意义上看传统调处制度，给我们提供了一定的启示。

对于现代通过诉讼方式解决纠纷，面临的同样问题是判决并不代表矛盾的解决，案结事未平的现象还在相当范围内存在。因此传统的诉讼调解制度在今天依然具有一定的借鉴意义。值得注意的是，传统的官府调处的特点之一，是以道德、习惯打动人心。转换为现代语义，即法院在处理案件过程中，不仅应当严格依法行事，而且还要注意民间习惯、风俗的处理，以及对道德和公序良俗的尊重，这样才能真正使当事人心服口服，司法活动方能取得最佳的法律效果。

三、官府调处的现代意义

在传统之中国社会，调处是非常重要的纠纷解决机制。我国传统法律体制下，行政权力一直处于较为强大的优势地位，因此官府调处有着悠久的历史传统，也形成了一整套完整的体系架构。在现代司法体制下，发展中国传统所特有的纠纷解决机制，可以更好地发挥司法活动的权威性与公正性、效率性。法院调解、行政调解等具有强烈政府色彩的公权力干预民事纠纷解决的机制，在现实的社会状态下，很多时候确实对阻断纠纷相当有效，在基层和乡村社会尤其如此。

从现实形态上看，由传统的官府调处演变而来的有诉讼调解和行政调解。从理论上看，诉讼当然是解决争端的最后手段。但是，我们也需看到裁判也不是万能的。有许多争端在诉讼中可能处于两难境地，难以裁决；有些纠纷诉讼判决之后，由于存在一些矛盾，判决不能得到有效的执行，导致法律的效力受到怀疑；而有些纠纷如果处理不好，反而导致社会矛盾激化，影响社会稳定与发展，司法权威不再被人们尊重。因此，在争端解决机制中怎样提高判决的有效性是目前最引人注目的问题。在现代社会，固然应当重视法律的作用，因为人们的权利只有通过法律保障才能够得以真正全面的实现。但这并非意味着解决所有的社会纠纷只有司法一个救济途径。其实，在诉诸法律手段解决之前，应该是多种方法并举，建立现代多元化解决纠纷的机制，尽量通过多种渠道为纠纷的解决提供良好的环境，穷尽了所有的救济手段之后，再动用司法救济。

从我国的现代诉讼体制来看，传统中的法官主导地位一直没有改变，加之清末法律转型也是深受大陆法系的影响，因此在争端的解决过程中，包括诉讼中，都强调法官的能动性。即在争端的解决中，法官居积极的主导地位，是否调解或判决结案，应该说法官在其中有着重要的影响，甚至有时候还具有掌控权。中国法律近代化以来，这一法律传统并没有根本转变。在民事审判活动中，法官会贯彻国家法律对调解的要求，努力促成当事人双方达成和

---

① 参见［日］寺田浩明：《权利与冤抑——清代听讼和民众的民事法秩序》，载［日］滋贺秀三等：《明清时期的民事审判与民间契约》，北京，法律出版社，1998。

解。由解放区马锡五审判方式发展而来的注重联系实际，顺应民情调解审案，是新中国成立以后在民事审判中始终强调的。

英美式的庭审有其特长，有益于当事人最充分地表达自己的意愿，但其双方针锋相对的竞技式辩护方式与中国传统观念大相径庭。这种方式在适用中往往不顾及当事人的感受，为达到诉讼目的，不留情面，咄咄逼人。中国人重视人情，在观念中喜好由第三方参与疏导民事纠纷的解决，这样可以避免双方正面冲突，避免直面纠纷，不至于撕破脸皮，可以保全体面。由于传统官府调处的影响，实际生活中代表官方势力的调解更有实效。实践中，法庭调解相对地更具有权威性，特别是法官主持的调解往往能为当事人双方所重视，达成的协议也较易执行。在基层乡村发生的一些婚姻家庭纠纷案件，一般会经过一些权威人士的"说合"，不成之后才诉诸法律。并且在这一过程中，家庭成员、亲友及基层组织都会参与到调处的活动中去。法律的权威并不是独立运作的，它与村落国家政权的权威以及家里的老人这样的非正式权威结合起来，致力于恢复已被破坏的固有秩序。[1] 这种调解方式完全吸收了传统官府调处的一些形式，具有深厚的生活基础，易为老百姓接受。

总体上看，由于诉讼的高成本，以及对社会关系的破坏具有不可修复性，有许多因社会矛盾或生活琐事引发的纠纷，当事人双方对簿公堂，案件虽然得到处理，但是并没有因此平息双方的纠纷，所谓案结，纠纷没有了结。因此，更多的普通老百姓愿意通过调处的方式解决纠纷。事实证明，即便是到了诉讼阶段，大多数当事人并不排斥调解，并且由于法院调解更具有权威性和法律效力，当事人接受调解的障碍性较少。由于法律规定调解书的效力与判决书相同，当事人都能够自觉履行调解协议，不仅可以避免当事人间的矛盾进一步激化，而且调解方式灵活，省时、省力，节约司法资源，当事人双方的关系可以得到修复，有利于稳定与和谐社会的建设。

近几年，欧美等西方发达国家饱受诉讼病之害，开始重新审视纠纷解决方法，ADR（Alternative Dispute Resolution，意为"替代性纠纷解决机制"，或"诉讼外纠纷解决手段"）的非诉讼纠纷解决机制得到了广泛的研究与重视。美国 ADR 程序具有两项法律基础：一是法院体系即法院附设 ADR 程序；另一项是当事人之间的直接或间接契约关系，基本模式是仲裁。日本是现代在法律上运用传统调处制度较为成熟和完善的国家。日本把有专门知识的专家聘为调停委员，调解具有准审判性，并被列入程序法，民事调停由法官和调停委员进行，调停主任法官掌握程序并承担主要作用。日本《民事调停法》、《家事审判法》对于调解规定了具体的程序，以及调停委员会的组成、效力等等内容，规定对于受到法院或调停委员会传唤无正当理由不出庭的可以由法院处 3 000 日元以下的罚款。法院内设置的司法调停成果显著，民事调停和家事调停的案件与新受理民事诉讼案件数比例约为 2 比 1。[2] 而且日本还建立了一些专门的行政调解机构，如公害调解委员会、中央建设工程纠纷审查会，在处理群体性事件上（如水俣病赔偿等），发挥了积极的作用，有效地平息了事端，并且在事后还积极进行行政干预，使得相关问题得到及时彻底的解决。

随着社会生活的复杂化，社会矛盾与纠纷的性质也趋于复杂，调解工作将是一项在难度

---

① 参见赵旭东：《权力与公正——乡土社会的纠纷解决与权威多元》，88、93 页，天津，天津古籍出版社，2003。

② 参见［日］小岛武司、伊藤真编：《诉讼外纠纷解决办法》，2 页，北京，中国政法大学出版社，2005。

上不亚于审判的技术工作，不仅涉及法律，而且与经济、技术、社会道德规范、社会习俗等密切相关。诉讼调解的程序设计开始向诉讼前后延伸，并有所侧重。如我国台湾地区"民事诉讼法"规定，对于不动产相邻关系、家事纠纷等必须先经法院调解。因为这些纠纷体现的是一定地域范围共同体成员之间的矛盾或者是具有血缘关系的个体间的矛盾，所以，调解更有针对性，而且有利于共同体关系及亲缘关系的持久维系。日本规定对于请求地租增减案件也必须调停前置。西方的诉讼调解制度近些年越来越多受到重视，美国这样的国家也在根据形势的变化调整自己的一些做法，甚至从古老的东方法律文化中吸取养分，如对调解制度的规定就是如此。资料显示，在美国这样的发达国家，很大一部分案件以和解了结，一般只有不超过10％的案件进入庭审阶段。

我国现代的诉讼调解经历了"调解为主，裁判为辅"，到"着重调解"，现在又重新强调"能调则调，调审结合"的审判方式。随着前些年西方法律文化的影响，中国调处制度经历了与西方逆向发展的趋势。老百姓的权利意识日益觉醒，权利意识加强的另一个方面，表现为通过诉讼解决争议案件的上升，法院调解和人民调解呈下降趋势。由于改革初期，中国在司法制度建设上强调当事人的作用，逐步置法官于消极地位，法官在诉讼中逐步改变主导型地位，法庭上当事人双方竞技式的辩论，与传统的纠纷解决方式大相径庭；与此同时，法官在诉讼中的调解作用受到轻视，不仅如此，整个社会在争端的解决机制上也不再关注调解的作用。行政性调解、社会组织调解、司法调解前些年逐渐淡出了我们的视线。

近两年我国又开始了向传统调解制度的回归，但目前的调解制度还在历史的延续中发展。与传统调解制度作比较，事实上两者之间存在着大量的共通性。从现代司法理论的观念来剖析中国传统的纠纷解决机制，我们要看其两面性：一方面，调解始终贯穿整个司法（民事领域）过程；另一方面，是否调解、如何调解完全控制于官府之手。传统调处所缺乏的现代司法理念在今天并没有完全建立起来，传统思维惯性跟随着我们的制度一起在运行，"'调解'仅仅意味着诉讼人没有积极地反对案件的结果。这与帝制时代要求诉讼人在形式上对法庭的判决'具甘结'并没有多大区别。当代的新手法是声称案件的结果是'调解'达到的。"① 有时候法院调解结案具有功利目的，如调解结案可以避免错案追究，或将调解结案率作为考核目标和评先进的标准之一。② 这样难免忽视自愿性和程序的正当性，缺乏法律技术性，随意性较大，"而中国法官采用调解制度更主要的目的是回避正当程序的审判对于程序乃至实体法更为严格的要求，调和法律与乡土社会的逻辑冲突"③。因此，针对现代法制环境下，调解存在的合理性需求，应该加强对现代诉讼调解的研究和运用，尤其要摆脱传统官府调处制度所体现的强制性和非程序化、非合意性，去除教谕式的调解话语，加强合作、对话、沟通、交流，建立诉讼内外调解机制的互相转换程序，达到（诉讼内外）调解的互动发展。

我国《民事诉讼法》规定人民法院进行调解，可以邀请有关单位和个人协助。被邀请的

---

① 黄宗智：《离婚法实践：当代中国法庭调解制度的起源、虚构和现实》，载《中国乡村研究》（第四辑），北京，社会科学文献出版社，2006，转引自法律史学术网。

② 参见《巩义法院调解工作越做越好，民商事案件调解率近七成》，载《人民法院报》，2005-01-14。

③ 杨柳：《模糊的法律产品》，载强世功编：《调解、法制与现代性：中国调解制度研究》，北京，中国法制出版社，2001。

单位和个人，应当协助人民法院进行调解。最高人民法院《关于适用〈中华人民共和国民事诉讼法〉若干问题的意见》规定人民法院在征得双方同意后，可以迳行调解。根据 2004 年 8 月最高人民法院《关于人民法院民事调解工作若干问题的规定》，对于有可能通过调解解决的民事案件，人民法院应当调解，人民法院可以邀请与当事人有特定关系或与案件有一定联系的企事业单位、社会团体或者其他组织，以及具有专门知识、特定社会经验、与当事人有特定关系并有利于促成调解的个人协助调解工作，或者委托他们对案件进行调解。目前也有的法院设立了专门的调解庭。①

现代的诉讼调解完全建立在自愿的基础上，法院在其中也不是消极参与，而是主持调解活动，一旦达成协议，由法院制作调解书，调解书与判决书具有同等效力。"诉讼进行中的调解多由人民法院依职权主动提起，并由审判人员提出调解意见和方案。……诉讼调解则是以法院为基点解释，以合意解决争讼。"② 就我国法院的民事诉讼来看，理论上调解贯穿了整个民事审判过程。所以，有一种观点认为法院调解是法院行使审判权的一种方式。因为法院在其中"指挥、主持和监督"调解活动，有较为浓厚职权色彩。但是现代化的调解制度应当减少职权色彩，体现高度自治性与自愿参与性。因为调解的前提是需要妥协和退让的，对法律适用的要求并不严格，"调解协议始终以法律的一般性规定为参照，又总是在一定程度上背离法律的一般性规定，这也是调解存在的根本意义之所在"③。

由官府调处发展而来的行政调解，是诉讼外的调解制度。中国传统的行政管理根基十分深厚，老百姓对行政机关的期望值有时候远远超过司法机关，加之传统的畏讼情结，民间对行政机关的调解仍然十分看重。尤其是在乡村，老百姓有了纠纷，如果不能自主解决，首先还是会找当地政府"协调解决"。"协调"这是最具中国特色的字眼，也是新形势下官府调处的替代性名词。虽然行政机关依法行政的要求越来越高，对民事纠纷也表现出越来越不愿意介入的倾向，但当事人寻求行政机关调处的热情依然不减。在出现纠纷时，很多当事人都会"找政府"。这种由官府调处延续而来的解纷方式为基层普通民众所看重，行政调处在今天的基层社会尤其是乡村仍然十分有效。根据棚濑孝雄的说法，行政机关所设置的纠纷处理机构进行纠纷的事后处理，同时还有预防侵害发生的作用，对未暴露的纠纷也进行积极的事前干预。④ 所以在现代法制环境下，行政调解应该还具有其存在的现实性与合理性。行政机关可以在日常的管理工作中对其管辖范围内发生的民事纠纷主动干预，运用自身的管理功能处理纠纷。由于其有一定的权威性，具有工作的日常性，可以达成纠纷解决的及时性、长效性，行政管理部门可以根据自己专业管理的经验，并运用管理地位，在调解中主动进行相关事实的查明，在各方提出方案的基础上，根据法律以及自己的管理知识、对争议事实的查实，提出解决方案，以供当事人选择。行政调解可以充分利用现有的管理设施，无须增加投入，具有低成本的优点。由于管理人员具有丰富的管理经验，对于具体问题的处置有一定的灵敏意识，熟悉情况，所以也可以做到调处的高效率。调解所

① 参见《廊坊中院调解庭运行一年效果好，126 起民商事案件调解后无一反悔现象》，载《人民法院报》，2005-04-02。
② 黄松有主编：《诉讼调解要务》，6 页，北京，人民法院出版社，2006。
③ 江伟主编：《民事诉讼法》，173 页，北京，中国人民大学出版社，2000。
④ 参见［日］棚濑孝雄：《纠纷的解决与审判制度》，王亚新译，83 页，北京，中国政法大学出版社，1994。

追求的"不完全是客观规则的适用，而是通过对双方持有的各种情节以及围绕争议的整个状况进行公平权衡之后得出的最佳解答"①。因此具有解决问题的终结性，并且事后可以敦促当事人执行，而且当事人之间的良好关系还可以得到维系，达到纠纷解决的最佳效果。

现代意义上的民间调解具有合意性与非强制性，诉讼具有强制性与官方性，而由传统官府调处发展而来的行政调解则居于诉讼与民间调解之间。在中国广大的基层社会，尚存在较大的调处解决纠纷的需求，因此现代法制环境下应当重视诉讼调解和行政调解的规范发展，积极挖掘传统调处制度的合理的价值内涵，构建现代法制环境下的多元化争端解决机制。

<h2 style="text-align:center">第三节
民间调处</h2>

一、民间调处的历史发展

民间调处在中国已经是传承多年的历史传统，并且形成了一套程式化的操作体系（虽然各地有具体的差异，但基本上没有本质的区别），是解决纠纷的主要方式和手段。封建社会对于一般的民事纠纷，即所谓户婚、田宅、钱债等案件以及轻微的刑事案件，如邻里纠纷导致的轻伤害等，家族、宗族、乡绅及其地方乡间的基层组织可以直接居中调处。

传统的诉讼法律制度很早就有规定，诉讼必须逐级进行，不得越诉。《唐律疏议》曰："凡诸辞诉，皆从下始。从下至上，令有明文。谓应经县而越向州、府、省之类，其越诉及官司受者，各笞四十。"② 而一般的民事纠纷和轻微的刑事案件，在许多地方习惯上都是先经本乡本土处理，如里正、乡老、士绅等出面处理，也可经宗族处理。一般乡间认为径直赴官就是不按程序的越诉，会引起整个乡土社会的批评。而且，这种情况下，有时候县官也会直接将案件批回乡里或宗族调处。

早在宋代就有官府不应过分干预民间细故的事例。《名公书判清明集》有一"细故不应牒官差人承牒官不应便自亲出"文，曰："照得彭四初状所诉彭五四等闲争事，初无甚计利害，纵便是实，不过杖以下，本保戒约足矣，本保追究足矣，何至便牒巡检。既承贴，亦当审量轻重，斟酌施行，纵使不免专人，走一介足矣，何至便差三人下乡，又何至便自出，遂至一家之四人无辜而被执，一乡之内，四邻望风而潜遁。……今观此讼之兴，特田野小唇舌细故，此等讼州县无日无之，即非盗贼杀伤公事之比，而乃至差人，便至亲出，便至亲执其兄弟，便至惊散其邻里。若事有大于此者，则凶声气焰又当如何？"③ 虽然是斥责承办官吏办案惊动百姓，但也反映这种民事纠纷即乡间唇舌之争每天均会发生，应该由本保处理、追究，不必有官府亲自过问干预，官府应当抓盗贼杀伤等大事，不应当纠缠于小事，并且为此

---

① ［日］寺田浩明：《超越民间法》，载《民间法》（第三卷），15页，济南，山东人民出版社，2004。
② 刘俊文点校：《唐律疏议·斗讼》，482～483页，北京，法律出版社，1999。
③ 中国社会科学院历史研究所隋唐五代宋辽金元史研究室点校：《名公书判清明集》，27～28页，北京，中华书局，1987。

大动干戈、惊动百姓。

元代法律规定，对于民事案件，还是要通过非诉讼方式解决："诸诉婚姻、家财、田宅、债负，若不系违法事重，并听社长以理谕解，免使荒废农务，烦扰官司。"① 明代乡间还设立了申明亭，将纠纷中受到道德批判的理曲者公示，进行实际的名誉制裁，这在注重颜面的传统社会是十分有效的惩罚措施："洪武十五年（1382 年）八月乙酉，礼部议：凡十恶奸盗诈伪干名犯义有伤风俗及犯赃至徒者，书其名于申明亭，以示惩戒。有私毁亭舍，涂抹姓名者，监察御史、按察司官以时按视，罪如律，制可。十八年（1385 年）四月辛丑，命刑部录内外诸司官之犯法罪状明著者，书之申明亭。此前代乡议之遗意也。后之人视为具文，风纪之官，但以刑名为事，而于弼教新民之意，若不相关，无惑乎江河之日下也。"② 从薛允升所述，显然到清代，这项制度已经衰落，或名存实亡了。《日知录》载"明洪武二十七年（1394 年）四月，命有司择高年老人公正可任事者，理其乡之词讼，若户婚田宅斗殴者，则会里胥决之，事涉重者，始白于官。若不由里老处分，而径诉州县者，即谓之越诉。非如今先不闻州、县而遽诣府司者，然后谓之越诉也。尤得汉时乡老啬夫之意。"③ 说明这一制度完全来源于汉代的乡老啬夫之制，显然明代户婚、田宅、钱债等纠纷如不经过乡间调处而直接投诉到官，即构成"越诉"之罪。

明代申明亭均设在县下，可以调处除重大刑事案件外的基层绝大部分纠纷，不经过申明亭直诉到县，可认定为越诉。而至清代，不经过民间调处的民事纠纷，并不禁止径直到县控告，直接诉讼不构成越诉，法律上乡间调处不是诉讼前的必经程序（虽然不提倡如此）。但申明亭制度并没有废止，"地方里邑设置申明亭和旌善亭，民有善恶，即书写其姓名、事迹于版榜之上，凡户婚、田土、斗殴等小事，里老在此劝导解纷。"④《大清律辑注》曰：

> 州县各里，皆设申明亭。里民有不孝、不弟、犯盗、犯奸一应为恶之人，姓名事迹俱书于板榜，以示惩戒，而发其羞恶之心，能改过自新，则去之。其户婚、田土等小事，许里老于此劝导解纷，乃申明教诚之制也。若敢拆毁，是不遵教化之乱民矣，故特重其法，杖一百，流三千里，而遣之远去也。⑤

实际上这完全是一种"古制"，笺释说："古各州县各里俱设申明亭，民间词讼，除犯十恶强盗及杀人外，其户婚田土等事，许老人里甲在亭剖决，及书不孝不弟与一应为恶之人姓名于亭，能改过自新则去之。板榜即教民榜文之类也。"⑥ 政府也对这种制度予以相当的保护，不仅如此，对于制度象征的申明亭，亦不允许侵害。《大明律》规定："凡拆毁申明亭房屋及毁板榜者，杖一百，流三千里。"⑦ 可以处罚是很重的。《大清律例》延续这一规定，"凡拆毁申明亭房屋及毁（亭中）板榜者，杖一百，流三千里。（仍各令修立）"。其例文规定："凡钦奉教民敕谕，该督抚督率属员缮写刊刻，敬谨悬挂于申明亭，并将旧有一切条约悉行

① 郭成伟点校：《大元通制条格·户令》，459 页，北京，法律出版社，1999。
② （清）薛允升撰：《唐明律合编》，怀效锋、李鸣点校，693 页，北京，法律出版社，1999。
③ （清）薛允升撰：《唐明律合编》，怀效锋、李鸣点校，638 页，北京，法律出版社，1999。
④ 马建石、杨玉裳主编：《大清律例通考校注》，965 页，北京，中国政法大学出版社，1992。
⑤ （清）沈之奇撰：《大清律辑注》（下），怀效锋、李俊点校，934～935 页，北京，法律出版社，2000。
⑥ （清）薛允升撰：《唐明律合编》，怀效锋、李鸣点校，692 页，北京，法律出版社，1999。
⑦ 怀效锋点校：《大明律·杂犯·拆毁申明亭》，201 页，北京，法律出版社，1999。

刊刻木榜晓谕。"① 在一些地方还保留了乡间调处不成，始可告官的习惯做法。所以薛允升认为清律规定的"拆毁申明亭，尤得古意"。说明这是一项有历史的古老制度。

但法律规定和社会实践并不总是一致的，尤其是实行已久的法律制度。实际上到后来，申明亭之制早已徒有其名。"宣德七年（1432 年）正月，陕西按察佥事林时言：洪武中，天下邑里皆置申明、旌善二亭，民有善恶则书之，以示劝惩。凡户婚田土斗殴常事，里老于此剖决。今亭宇多废，善恶不书，小事不由里老，辄赴上司，狱讼之繁，皆由于此。"② 说明申明亭之制曾有效地解决了不少民间纠纷，给官府减轻了不小的诉讼压力，而后来则弛废，导致诉讼案件增多。

到清代，申明亭早已不复存在，大清律的规定只是延续古制，实际上已成为具文。所以薛允升说："申明亭之设，据《日知录》所云，尤得古意。至中叶已成具文，今各州县并无所谓申明亭，亦不知有此名目矣。而犹存此律，亦饩羊之意也。"他认为这一规定，正是贯彻"先教后刑"的典范，法律更重要的是执行。所以他感慨道："明代添设之律，非近于苛刻，即失语繁琐，惟此律及乡饮酒律，尤得先教化而后刑法之意。世之论治者，恒以宗法为要务，然废弛已久，行之颇难，不得已而思其次，其惟蓝田乡约乎。今之使外吏者，有能见及于此者乎。明明著在功令者，尚视若弁髦。虽再增设若干条，亦仍置之不理而已。有治法而无治人，其奈之何。"③

民间调处很多时候依靠的是地保及士绅等，如申明亭制度，但官府仍然牢牢控制了基层政权的主要活动，虽然其并不直接干预民间调处活动，但是通过控制乡村基层精英人物而达成控制地方基层事务的结果。

清代法律上不允许官员将民事纠纷随意交付地保处理，即地保等可以协助查明事实，上报案件，但不得擅自处理纠纷。这与明代的法律规定明显不同，说明清政府法律上加强了基层司法控制权。但实践中的法律并非如此运作，官府还是常常将案件批给地方处理，而且并没有因此承担法律责任，所以又形成了一种与法律规定不同的习惯做法。

至民国年间，还有的地方设有"息讼会"，以调处基层的纠纷，所谓"不待狱讼的酿成，早已潜移默化"④。依据费孝通先生当时的看法，调解还是个新名词，旧说称"评理"。而乡村调解实际上是一种教育过程。⑤

现代民间调解制度传承于历史上的民间调处，发展完善于根据地时期的人民调解制度。当时的调解主要解决民事纠纷，并且政府调解是调解的主要形式（这一点深深影响了我们后来调解制度的建构）。而 1943 年《陕甘宁边区民刑事调解条例》则扩大了调解的范围，发展了民间调解，甚至其规定的条款与传统调处制度的措辞也很相像："由双方当事人各自邀请地邻、亲友……从场评议曲直，就事件情节之轻重利害提出调解方案，劝导双方息争。"⑥ 调

---

① 马建石、杨玉裳主编：《大清律例通考校注》，964 页，北京，中国政法大学出版社，1992。

② （清）薛允升撰：《唐明律合编》，怀效锋、李鸣点校，693 页，北京，法律出版社，1999。

③ （清）薛允升撰：《唐明律合编》，怀效锋、李鸣点校，693～694 页，北京，法律出版社，1999。

④ 赵旭东：《权力与公正——乡土社会的纠纷解决与权威多元》，317 页，天津，天津古籍出版社，2003。

⑤ 参见费孝通：《乡土中国 生育制度》，56 页，北京，北京大学出版社，1998。

⑥ 《陕甘宁边区政策条例汇集》，转引自韩延龙：《我国人民调解制度的历史发展》，载《法律史论丛》（二），99 页，北京，中国社会科学出版社，1982。

解的主体和方式与传统的民间调处基本上一样，当然同时也存在社会团体、政府、法院的调解，初步完成了社会主义式的调解制度的基本架构。特别是政府在调解时，可以邀请机关人员、民众团体、社会公正人士协助调解。但是政府调解的前提是业已经过民间调解不成。政府设有专门的调解机构，其原则是以根据地的法律为准绳，以符合道德的善良习俗为参考。这些做法很明显地具有与传统民间调处的一脉相承性，操作上也与传统的民间调处具有许多具体的相似性。

1957年开始，调解制度向完全传统的行政调处制度演变。调处重点是政治性的问题，调处人拥有决定制裁的权力。"文化大革命"期间我国调解制度基本停止运作，但是调处在婚姻家庭纠纷中仍然可见，但充满了政治色彩，纯粹是政府组织控制社会的管理方式之一，背离了自愿原则，充满强制命令、行政压力，完全失去了自主解决纠纷的意义。

20世纪80年代后，我国的调解制度等开始回归正常，1984年《司法部关于加强人民调解工作积极推进社会治安综合治理的意见》规定：人民调解委员会调解的民间纠纷主要是因民事权益受到侵犯或发生争议而引起的纠纷。如：恋爱、婚姻、家务、赡养、扶养、抚养、继承、债务、房屋、宅基地、损害赔偿等，以及由上述纠纷引起的轻微伤害赔偿纠纷，调解公民之间的生产经营性纠纷。可见其调解的范围与过去的户婚、田宅、钱债等基本一致。1989年国务院《人民调解委员会组织条例》规定，人民调解委员会是调解民间纠纷的群众性组织。1990年《司法部关于企业、事业单位建立、健全人民调解组织的几点意见》规定：企业、事业单位人民调解委员会是企事业单位内部通过选举产生的调解民间纠纷的群众性组织。上世纪80至90年代，我国现代的多元化的民间调解机制已经初步构建完成，并且得到了很好的运用。

以往一旦发生民事纠纷，方方面面的组织或者个人就主动承担了调解的职责，如新中国成立之前是家族、保甲组织的协调；新中国成立以后，在婚姻纠纷、继承、财产等纠纷中一般都有社会组织，如妇联、工会等协调，或者是单位、行政部门领导也参与调解，并且卓有成效。但前几年它们逐渐淡出了纠纷处理领域，所有的矛盾都集中到了法院或者是相关的行政部门。有时候，一些无关紧要的纠纷通过诉讼反而酿成了较大的矛盾，甚至影响了社会的稳定。所以，应当将传统的阻断纠纷的屏障重新建立起来。

现代经济发展的程度不同，决定了传统文化固守状况的差异。而文化传统的差异又反映了调处的主体的变化、调处的有效性以及社会对调处的接受程度。总体上看，在经济发达地区，家长、家族调处已逐步退出纠纷解决领域，或者完全消失。而在经济相对落后的不发达地区，家族长辈、有影响的个人在纠纷调处中仍然在发挥作用，只不过这种作用不具有强制力，也达不到基层组织调解的效力，如乡村调解中的家族长辈调解不能和村干部的调处相提并论，说明法律和国家政权的影响力扩大，家族和民间权威人士的调处呈现总体上的弱化。由于传统观念的影响，有官方色彩或背景的调处比纯粹的民间调处更为有效，更具有法律权威性。而目前在广大的基层社会，受政府支持的民间调处还相当活跃。

二、民间调处的主要内容

传统的民间调处的主体主要是宗族家长或者是社会贤达、乡绅及富有声望的、有面子的贤人、能人以及官府委派的或者认可的乡村一级的管理人员，即社会精英阶层，一般是那些在基层社会中受尊敬的人，他们不一定有官职，但是有势力，掌握话语权。

清代则将基层一些纠纷预防及解决的事宜交付给乡保长，他们的地位应该是介于官、民之间。根据《大清律例》："凡各处人民，每一百户内议设里长一名，甲首一十名，轮年应役，催办钱粮，勾摄公事。若有妄称主保、小里长、保长、主首（主管甲首）等项名色，生事扰民者，杖一百，迁徙。其合设耆老，须于本乡年高有德，众所推服人内选充，不许罢闲吏卒，及有过之人充应。"① 可见官府还是相当重视基层组织建设的。

所以里甲保长等就成为官府在地方的代言人，往往承担了不少"公事"，如果地方秩序混乱，他们就难辞其咎。如清道光十六年（1836年）巴县告示，批评"各里乡约、客长、保甲人等，遇事推诿，观望不见，实属不成事体"。要求他们承担地方司法事务，对于命案、盗案、聚众敛钱、倡立邪教、有外来形迹可疑者等情况，乡约、客长、保长等必须邀集人拿送并及时上报。根据道光十六年（1836年）重庆府札，"十家为甲，十家为保。甲有长，保有正。设有籍册，交察互警，使各户居民谨守法度，勉为善良，立法最为尽善。兹据各府厅州县，无论城市乡村，严行保甲，并设立客长，场头，按户给散门牌，编列保甲烟户册籍，责成设立稽查，互相察访，里民甚为安堵"②。官府希望通过基层这种保甲制度的有效运转，实现治下太平，并能够将纠纷与犯罪解决在萌芽状态，自然解决民间纠纷也是顺理成章的责任要求。

传统的民间调处形成了一整套为乡间所共认的规范和程序。在中国的许多地方（如四川、江苏等地），都有在社区内的茶馆等场所进行纠纷调处的习惯，通常由纠纷双方均十分敬重的、具有一定社会威望的地方人士（苏南等地还有出现家庭纠纷时，请舅舅出面调停，解决纠纷的风俗，现代版的同类事件是上海电视台的一档节目，栏目称"新老娘舅"，就是为解决民事纠纷而设），在茶馆或者餐馆召集双方坐下来，作为调处人从中立的第三方立场出发，客观地当面分析纠纷对双方的不利影响，听取双方的观点，根据自己的理解提出解决问题的方案，并且从方方面面分析其方案的利好面，劝说双方接受方案，了结纠纷，关键是最后还要让纠纷双方握手言和。调处的成功与否，往往是表明调处人的社会威望与公正性是否得到双方认可或者乡间社会认可的重要标志，通俗地说，就是面子是否足够。调解人在其中居于强势地位，增加了解决纠纷的力度。据费孝通先生记述，调解会的主持人一般是知书达理的权威人士。由语言表达能力较好的乡绅出面评说。程式是把双方痛骂一顿，教训一番，让他们认错，回家反省，"有时竟拍起桌子来发一阵脾气。他依着他认为'应当'（实际上是调解人提出的调解方案——笔者注）的告诉他们。"于是双方就和解了，有时候还要让他们为此付出一点经济代价，即让他们请客。③ 这是民国时代的乡村调解，与过去的封建朝代相比，调处的方式、理论基础、道德要求并没有什么根本改变。关键是调处的主要人物仍然是乡绅，观念与处理方式与过去帝制时代相比，没有不同。而且，长幼尊卑的地位还得到维护，大家都能够接受处罚结果，驱逐、训斥这样的处理也属于一脉相承的。没有人对此提出异议，也没有人试图上告或者提起诉讼，乡绅的调处结果得到了所有当事人

① 田涛、郑秦点校：《大清律例》，183～184页，北京，法律出版社，1999。

② 四川大学历史系、四川省档案馆主编：《清代乾嘉道巴县档案汇编》（下），287页，成都，四川大学出版社，1996。

③ 参见费孝通：《乡土中国　生育制度》，56页，北京，北京大学出版社，1998。

的尊重，纠纷平息得很好。

这是江南地区较常见的解决纠纷方式。有时候虽然当事人觉得解决方案有勉强之处，但是由于考虑到调处人的面子问题，也会将就接受。因为如果固执己见，达不成协议，得罪的就不仅是对方当事人，还有调处人。得罪了社会威望高、有面子的人，那么即便有道理的事情，在世人的眼光里也会变成没有道理的事情，由此，得罪的是整个社区或者本乡本土所有的人，无异于与社会对抗。所以在这种情况下，当事人大多会权衡利弊，选择服从。当然，作为调处人既然有公正的社会声誉，一般也竭力想继续维持这种声誉，其调处的结果也要经得起世人的评说。但是，这毕竟没有一套系统或者规则可循，完全依赖于个人道德修养和社会舆论的评判。而调处的过程也是充满道德教育的过程，要求当事人尊重风俗、互谅互让是调处中始终贯彻的原则，还要对双方当事人进行道德指引和评价，即如日本学者所述，调处中是要创造"人人皆可为圣贤"的话语环境。① 这也是现代调解中有时候难以克服和突破的问题，其结果是往往导致调解人的意志强加于当事人，影响调解的自愿性和自主性。

民间调处理论上没有法律强制力，但是一般都能够得到当事人和周围相关人员的尊重。如果违反协议，那么不仅会受到周围舆论、宗族、地方乡保长的指责，而且还可以诉讼到官，依据封建道德规范和家法族规进行的调处，一般会得到官府的全力支持，所以这也是家法族规取得法律效力的一个方面。同时官府有时候也是民间调处的启动者，调解的结果自然要有官府的肯定，才能够取得较强的效力。如果官府要求的民间调处，其结果不能得到落实，则官府也会以追究刑事责任相威胁。如清代黄岩档案中有一嫁卖儿媳纠纷案，县正堂批语曰："着自邀亲族，速即理明。若再彼此控讼不休，定即立提讯究，无谓言之不先示。"② 就民间调处和官府诉讼的关系，民间调处通常是一般性的民事纠纷（如家庭纠纷、婚姻、钱财纠纷）的前置程序（不是法定的），尤其是家庭纠纷，一般习惯上由地方、宗族先行调处。如果调处没有达成平息纠纷的目的，当事人继续诉讼，则可能批回继续调处，或者直接审理。大部分情况下，官府诉讼是维护民间调处的结果的（除非官府认为一方当事人和调处人串通，没有秉公处理）。如果进入案件的诉讼审理阶段，则前期民间调处的意见，调处人的观点，宗族地邻等的看法都会得到尊重。实际上传统社会的民间调处和官府诉讼能够有机配合，互相补充，在解决纠纷上基本上能够做到观点、目标、手段的一致，由此也维护了社会结构、家庭结构的稳定。依郝铁川先生的看法，这种调处制度切实达到了减少讼累的目的，为今日乡镇调解制度的先声。③

民间调处对调处人的个人条件要求很高：在道德上要无可挑剔，办事公正，仗义执言，为纠纷双方所接受，即与双方关系均较好，能说会道，善于说服劝解，而且能够通过他的说服工作，达到让双方当事人握手言和，即"息讼"的目的。同时，乡约地保等人的资格也要有政府的认可。明代对于随便改变图保划分，并不经官府私任保长的行为是要严惩不贷的。

———————————

① 参见［日］寺田浩明：《权利与冤抑——清代听讼和民众的民事法秩序》，载［日］滋贺秀三等：《明清时期的民事审判与民间契约》，北京，法律出版社，1998。

② 田涛、许传玺、王宏治主编：《黄岩诉讼档案及调查报告：传统与现实之间——寻法下乡》（上），285 页，北京，法律出版社，2004。

③ 参见郝铁川：《中华法系研究》，8 页，上海，复旦大学出版社，1997。

"邑有图有甲，凑十里为一堡，择堡中之殷实老成人为之长。事有所责成，此定制也。更易其长，须县官为政。"① 未经县府，私改图籍保长，被认为是十分严重的犯罪行为。官府通过控制他们，掌控了地方事务与地方纠纷的最终处理权。

民间调处形式多样，也没有时间限制，诉讼前大多是经过调处的，一般情况下，一旦有纠纷产生，即会有人主动出面调处，也可能是纠纷当事人寻求本地有公正名声的士绅、地保、乡邻等主持公道，如果纠纷发生在家族内部，一般家族长会主动干预。诉讼期间仍然可以调处。如前所述，诉讼期间，民间调处人可以主动申请调处，也可以根据官府的要求参与调处，即便是诉讼结束后也还可以调处。调处结果还要立约或者书立结状，以说明这是当事人的自愿行为。清代巴县档案存有不少服从调解结果的"服约"。"服约"实际上是当事人保证服从调处结果、不再起争端、不再诉讼，或者不再借此滋事的保证书。从这个角度看，民间观念上对纠纷所持的态度是批判式的，当事人如果有纠纷，在道德上似乎总是有所欠缺的，因此，公众常常也借此调处，进行道德批判，并且要求当事人接受，而民间调处的效力在"服约"中也得到了体现。清嘉庆五年（1800 年），四川巴县有一名叫温帝相的，在嘉庆四年（1799 年）九月将祖父遗留的田产卖与孙章富名下，当时"价足契明，毫无少欠分厘"。后温帝相"借事称言奸中王会远暗嘱，情愿外给银两五十两等语"，闹起了纠纷，这时候地方邻居出面干预了，"凭中理剖，当斥其非，有约邻中证念系两来主客情谊，劝令孙章富加补铜钱八千文整。彼即现交温姓亲收领明，并无短少"，要求"以后帝相父子再不得借坟、借田业称言异说，永不生端滋事"。调处结果还要立约，为了说明这是当事人的自愿行为，温帝相立有服约，称"此系两方心甘情愿，于中并无屈从。今恐人心不一，特凭众出立加补服约一纸，以后存据"。实际上，此事并没有了结，因为该纠纷后来又经过官府审理，案件事实是：因为温帝相田地中"阴穴葬坟"不少，孙章富为避后患，"预立包承字据，始行立定成交，价契两清"。后因温"移神出宅，欲索重资未遂，起见无由"，便捏以"套骗凶伤控经县主，冀图辄准挽和，得便饱腹"。但是县主看出问题的实质，批曰："事无凭据，显系业卖，无聊图诈，姑候验伤，□夺销案。"但温帝相心意不满，再次提起诉讼。这时候，原买卖中人等出面协调，温帝相立下一不再滋事服约称："原中逐一直剖，自思业系扫卖无存，并无价外许给分厘，倘赴质审，难免法究，情愿凭中甘立服，日后不再滋事，央和。"这时候众人又苦劝孙章富"怜念主客之情，不烦庭讯，致免参商完事"。温承诺如果再与孙过不去，"任随章富执约凭众究治，甘罪无辞。恐中难管永久，特出立再不滋事服字与孙章富手凭据"。该买卖纠纷总算在乡邻中人的多次协调下解决了。其间经一次诉讼驳回，一次诉讼中请求息和。② 而民间调处的效力在该案中也得到了体现，和解的强制力来源于对方立下的"服约"，如有违反，可要求"凭众究治"，并且保证人还须表示"甘罪无辞"。当事人的基本生活范围内的人或者称之为生活圈子内的人是制约当事人遵守民间调处结果的重要力量，反映了在农业社会相互依存程度较高的情况下，民间调处还是具有较强的执行效果的。

中国传统社会非常注重面子，而且自然经济条件下，人与人之间依赖性十分强，大部分人是在熟人社会中谋生存，因此，违背民间调处的结果，违背自己和息纠纷的承诺，是对调

① （明）颜俊彦：《盟水斋存牍》，439 页，北京，中国政法大学出版社，2002。

② 参见四川大学历史系、四川省档案馆主编：《清代乾嘉道巴县档案汇编》（上），97～98 页，成都，四川大学出版社，1989。

处人的极不尊重，是背叛了自己的社会，违反了基本的道德准则，不仅本乡本土的人会唾弃他，并且这种名声还会在附近地区很快传播开来，使其难以在本地生存下去，实际上无异于对其实行了放逐，因此选择违背群体的意愿，就是自绝于其赖以生存的家庭与社会。所以，乡间调处具有强大的无形的威力，以个人的力量去对付整个生存环境，无疑是自不量力。而家族、宗族由于具有一定的经济制裁手段，甚至在一些地方，还有生杀予夺的权力（这些权力来源于祖训、家族规定），其调处纠纷的权力更是可以和官府并列，而这种权力往往得到官府的大力支持。

基层社会和乡间的调处活动，正如费孝通先生所说是一种教育过程。通过调处人的活动，反复强化了宗族和基层的权力，告诫人们生活的依赖性是非常重要的，人要考虑社会的方方面面的关系，并且地方与宗族的权力是不可漠视与侵犯的。在调处中，人们的家族观、宗族观、道德观、乡土意识进一步得到强化。

民间调处有时候并没有实质性的手段，而是通过一种精神敬仰而实现的，如通过当地敬仰的某种神灵来实现。出现了纠纷，村民往往求助于庙宇，而其中会有一中介人代表神灵表示，纠纷已被神灵了解，侵犯其权益的对方将会在一定时期（或者一定时间内）遭遇某种不好的结果或者遭遇不测，纠纷如此就平息了。这种方式调处纠纷，完全依赖于内心信仰，却十分奏效，这种做法甚至在现代的乡村还依然有所表现。①

就大多数现代调解看，还是以道德合理性为依据的，以法律作为底线，这也是与传统调处的主要区别之所在。在现代民间调解活动中，也沿袭了传统的民间调处的形式，如社区、邻里、居委会、村委会等基层民间人士充当调解人，但当事人不再是处于受制地位，自主性贯穿于调处过程，当事人调解达成协议，也不存在强制服从的内容，协议具有合同的效力，当事人双方地位是完全平等的，如果违反协议，仍然可以通过诉讼解决纠纷。对当事人也不存在任何歧视或者道德批判。② 出发点和目的都是解决纠纷，这是现代民间调解和传统民间调处所根本不同的。

三、民间调处和官方诉讼的关系

传统中国社会视诉讼为极不体面之事，即便在今天的中国乡间社会，这种观念依然有其深刻的影响。在传统社会体制中，行政官员既管理行政又办理诉讼，法律知识和个人精力均有限，所以他们充分仰仗社会组织与社会力量来解决纠纷。封建家长、邻里地甲、士绅名流都是调处的中坚力量，作为县行政长官，对于纠纷也是大多进行调处，在调处过程中，对法律的适用要求并不高，因此处理灵活，当然，也可能造成调处中权力的滥用。如果实在无法调处结案，就根据律例进行裁判。（但是黄宗智先生对清代诉讼档案的研究表明，在诉讼中官方是不再进行调解而是直接判决。如果这一立论成立，那么传统的调解都是诉讼外的。笔

---

① 据赵旭东调查，华北李村一位妇女因为卖猪与屠户发生冲突，到村庙"观香"（以神灵的名义观察风险），管"观香"的人对其说："那个人是会受到报应的，杀猪的不过三代绝户，这也是定理，你就不要跟他一般见识了。"纠纷就此得到了解决。参见赵旭东：《权力与公正——乡土社会的纠纷解决与权威多元》，203页，天津，天津古籍出版社，2003。

② 理论上如此，实际操作中调解人会自觉或不自觉地加入自己的道德判断和评价，调解活动有时很难跳出传统道德的藩篱。

者认为诉讼档案只是反映了法律运作的纸面规则，并不能完全代表实质意义的操作模式，以中国的社会实践看，往往是诉讼内外相结合，即堂上堂下结合进行调处。）对清代司法制度的研究表明，清代存在地方司法机关的调处，同时也存在民间调处。一般纠纷在家族内部、乡村或者社区里调处即可，但作为地方司法机关的州县衙门有时对案件实行强制调处，有时对于诉讼不予受理，要求基层先行调解。大部分案件首先是调处，结果要求当事人具结，保证不再滋事。而且所谓堂上堂下相结合就是我们今天的诉讼内和诉讼外相结合，如堂下调解堂上具结即是。其实在封建社会，田土、户婚、钱债等民事纠纷主要是通过调处的途径解决的，虽然调处具有政府强制性，而且在法律上它并非必经程序，但是实践中已经形成大多数情况下民间调处在先的习惯做法，而这并没有任何法律之系统明文规定。

首先，任何民事纠纷或者轻微的刑事案件，应当首先在民间调处。即便当事人不愿意走入该程序，直接上告，很多时候官府也不予受理，批给地方保甲等处理。（虽然这与法律的要求不相符合，如依照清代法律规定，田亩之界址沟洫，亲属之远近亲疏，要求乡保查明呈报，州县官亲加剖断，一旦案件起诉到官，不允许官员随便批回地方处理，以影响政府的权威，但实际上许多情况下是由地方处理的。）如清道光四年（1824 年）四川巴县李永章与卢光德因为佃卖房地产发生纠纷，互相控告恶佃逞凶，一次县批："着自行凭证理处，毋混请拘究。"另一次批："着凭约邻理处，毋庸兴讼。"①

其次，经过民间调处无法解决，当事人或者调解人都可以提起告诉。在这种情况下，由审判官吏根据其经验或者自己的道德伦理和法律标准决定是否受理诉讼。如果认为无须诉讼解决，会批回地方，要求地甲、宗族等继续调处。这种情况下，可能出现两种情况：一是调处成功，案件就此结束。另一种情况是调处依然无效，那么当事人继续诉讼，案件重回官府。对于这种情况，官员可能采取的做法是，仍然认为无须官府处理，批回地方调处，一般并对当事人予以斥责。另一种情况，就是自己着手处理诉讼。

在官吏主持审判的过程中，同时依照封建法律的规定，要求当事人提供人证、物证，并形成自己的观点。他们往往从自己认识论的角度出发，提出调处结案的方案，要求双方同意，可以的话，由双方当事人在法庭上具结，案件即了结。当然，在调处过程中，可能在双方都在堂上时公开进行调处，也可能在堂下个别或分别与当事人进行调处。

如果其间由地方保甲、士绅、约邻等参与进来进行调处，而这些人又希望通过非诉讼方式息讼，则须向官府递交息状、结状，表明其"请息销案"，并且以后不翻异，承诺"中间不虚，结状是实"。如果获准，那么，案件就由他们调处结束。如清道光三年（1823 年）巴县刘周氏、刘世荣母子押佃田业与翁绍光产生纠纷，呈控到官。而士绅杨焕礼等声称"念切两造系属至亲，不忍讦讼拖累，邀集剖理"。经杨等"从中剖明，刘周氏让租三石，彼将绍光原押佃银全数付出，绍光领楚，书立合约，仍睦戚好，搬腾房屋移去，二比各释怨尤。嗣后俱不挟嫌滋事，各甘结备案，永息讼端，是以泣恳仁天，赏准息销"。同时，刘周氏也向官府提交结状，表明"经绅邻剖明……请息销案，后不翻异。中间不虚，结状是实"②。

---

① 四川大学历史系、四川省档案馆主编：《清代乾嘉道巴县档案汇编》（上），153 页，成都，四川大学出版社，1989。

② 四川大学历史系、四川省档案馆主编：《清代乾嘉道巴县档案汇编》（上），152 页，成都，四川大学出版社，1989。

当然还有一种结果，就是审判官员在审理中形成自己对案件事实的认定，直接作出判决，但是在民事诉讼中具结、和息结案的占有相当大的比例。

为了保障纠纷的彻底解决，当事人和调处人常常在官府调处息讼，有时候在宗族家长或者地方士绅、保甲长的监督下，再订立相关的"服约"，表示不再滋事诉讼。这种情况反映了封建社会官府调处和民间调处相辅相成，共同维系社会稳定和发展的良好状况。

从黄岩诉讼档案反映的案例可以看出，现代属于民事纠纷范畴的所谓户婚、钱债等纠纷在当时县衙直接受理并裁决的较少，通常是批给宗族调处。而田宅等案件则大多受理并作出明确批示，这与《大清律例》的要求一部分是吻合的。从研究判词对宗族调解的重视程度来看，调处在整个纠纷处理机制中居于最完美和优越的地位。

作为官府也并非所有的民事诉讼均要求地方宗族调处，当其认为事关重要，也会直接介入，而对于一般性的民事纠纷，尤其是家庭内部矛盾，大多不受理，如果当事人执意上告，不仅可能受到斥责，而且可能以惩治追究相威胁。或者在处理时，司法官径直要求当事人对于家庭纠纷不必诉讼，直接适用家法，如若不果，自可要求政府追究。即将家族处置作为第一道程序，家族处理的结果不能达到良好的结果时，方才由官府处理。黄岩诉讼档案载，光绪四年（1878 年）七月十五日潘济清因为"乃媳洪氏竟敢无上殴尊，本当呈求提究，又以父子翁媳匍匐公堂，大为人伦之变"。因此只要求"饬差传谕，大加申斥，冀可小惩大戒"。而官批曰："据呈该监贡之子潘文褒有意违犯，唆令弟媳洪氏出头殴骂等情，如果属实，亟宜治以家法，否则尽可呈请提究，非传谕申斥所能了事也。"[①] 要么治以家法，要么由官府惩治，而不是申斥，说明官方对违反宗法伦理的行为掌握最后的处理权。

类似这样的事件，理论上看是违反了封建社会的基本道德准则，应当予以严肃处理。但是，如果让民间社会自己处理反而更有利于人伦关系的恢复，而且调处的过程就是上公开的道德教育课。如果家法不足以惩戒违反封建人伦的不肖子孙，那么官府就会动用国家机器给以制裁，在这种背景下，无疑是对封建宗族制度和民间调处的政府支持，更增强了民间调处的强制效力。

在传统法律体制下，中国虽有专门的司法机构，却只存在于中央一级。在地方则是地方首长兼理司法，体现了司法与行政的一体化色彩。尤其是在基层，地方士绅等社会精英阶层在纠纷的解决中发挥着积极的作用。封建时代诉讼的发生率是较低的，究其原因之一，是基层社会在纠纷的防范和纠纷的初步处理上有行之有效的办法，分担了不少官府的工作。因而地方官员才有精力既管行政又办理诉讼。要能够兼顾司法、行政两方面的工作，官府也是广泛仰仗地方士绅、宗族在化解矛盾、解决纠纷方面的作用，而且由于官府控制调处的主动权，并给以民间调处以强有力的法律支持，所以官府调处和民间调处能够互动发展，共同发挥维护封建宗法秩序和社会稳定的作用。

正因为如此，有时候也造成地方乡约、保甲长等权力过大，他们甚至直接处理纠纷，时有包揽词讼之嫌，也就是其权力越过民间调处的界限，直接以官府的面目制定规则，这就威胁到了官府的处理权限。这种情况下，官府也会出面干预，以保持官府在处理纠纷中的绝对

---

① 田涛、许传玺、王宏治主编：《黄岩诉讼档案及调查报告：传统与现实之间——寻法下乡》（上），253 页，北京，法律出版社，2004。

主导地位和最终控制权。官府不允许任何人逾越政府的权限，擅自制定规则，处理纠纷，并行使处罚权，因为这威胁了官府的控制权。官府掌控最终的调解与审判权，是否需要调解，首先由地方司法官员决定。官府可以决定是否需要民间调处，是否认可民间调处的结果。清律规定某些民事纠纷也是不允许自行调处的，《大清律例》规定："民间词讼细事，如田亩之界址沟洫，亲属之远近亲疏，许令乡保查明呈报，该州县官务即亲加剖断，不得批令乡地处理完结。如有不经亲审批发结案者，该管上司即行查参，照例议处。"① 由此看出，在法律上是要求官府牢牢地控制司法调处的全过程，但从实际的案件处理过程看，有时候这一条规定显然并未得到百分之百的实践。大量家务纠纷之类的案件实际被批回地方处理，而这条规定很少在案件的处理过程中引用。因为法律要求的是不能"不经亲审批发结案"的情况，所以对于州县官来讲，在批回地方时，如果是"亲审批发"的，自然不受该规定的限制了，但是，如何经过"亲审批发"，似乎没有人去追究。而地方士绅主要的任务在此是查明相关的事实，如实汇报，而非包揽在前。诉讼到案之后，如需民间调处也要由官员批发下去，且民间调处也不能违背官府的意志。

黄宗智的研究表明，在清代有乡保之类的人物充当官民沟通的中介，即沟通官方的法庭和民间当事人的中间人。而实际上乡保等也是行使了官方的某些职能，并期望能够上通下达，使自己的权威既得到官方的肯定又获得老百姓的支持。所以他们具有两面性，有时候他们是官府的代理人，完全贯彻官府的统治要求，有时候他们又代表地方的利益，可能和官府讨价还价，以实现他们在地方的代言人的职能，并且借此得到民众的支持，最终成为两方面都不可或缺的人物。

日本学者寺田浩明认为，在纠纷处理上，民间调解与官府审判具有同质性。官府的审判和民间调解不表示国家与社会的对立，而在于情理判断的高低及判断者的权威及影响力的大小。②

四、民间调处的现代意义

中国传统的解纷制度中最具特色的就是调解制度，在世界上有很大的影响。近些年在西方被广泛注意，并被誉为"东方经验"。"长时间以来大概是唯一在西方被广泛研究的中国法律制度的特征"③。传统的司法制度有不少独特的地方，其中沉淀在人们观念中的许多传统因素今天依然还在影响着我们的生活。尤其是传统的司法体制中，对于以非诉讼的方式解决纠纷是有一套行之有效的方法的。纠纷发生以后，解决纠纷的途径是多样的，目标是减少和杜绝诉讼。因此，在实际操作中设计了几道屏障。首先是封建家长出面协调，继而是邻里地甲调解解决，或者是绅士名流出面主持调解，利用其社会声望来体现其公平解决纠纷的能力，或由地方基层，如保长等有一定官方背景的人物出面解决纠纷。再不行，则当事人可以到县衙提起诉讼。作为县行政长官，接手案件之后，首先也是进行调处，如果无法调处结案，方才根据律

---

① 马建石、杨玉裳主编：《大清律例通考校注》，1版，881页，北京，中国政法大学出版社，1992。

② 参见［日］寺田浩明：《日本的清代司法制度研究与对"法"的理解》，载［日］滋贺秀三等：《明清时期的民事审判与民间契约》，北京，法律出版社，1998。

③ 郭丹青：《中国的纠纷解决》，载强世功编：《调解、法制与现代性：中国调解制度研究》，北京，中国法制出版社，2001。

例进行裁判。我们看到，这其中已有多方位、多种手段和方式、多道程序，从不同层面来避免诉讼的提起。这一方面反映了中国传统法律文化中的"无讼"思想，另一方面，对多元化手段解决法律争端来讲，也是达到了顶峰。经过这些程序过滤后，真正诉讼到庭的案件数量是不多的，这些纠纷的预防和处理机制，对我们建立现代纠纷处理机制有着积极的意义。

近几年随着中国城市化进程的加速，在司法资源的利用上，城乡间的差别加大，城市及其沿海发达地区的诉讼率急剧上升，而广大内陆偏远地区除司法资源不足外，很多人仍然沉浸于传统的解纷方式中，大部分老百姓对诉讼的接受程度并不高，诉讼很多情况下是调处失败之后不得已而为之。诉讼之所以不为当事人解决纠纷时所首选，除观念之外，现代诉讼制度本身也存在一些繁琐性和复杂性，影响了人们对其的选择。诉讼强调其程序的正当性，因此耗费时日、精力，并且当事人对诉讼的结果不能预见，即便是赢得诉讼，但并不代表纠纷解决。"纠纷的负面后果包括对弱势一方的剥削和对强制性解决方案的不服从以及因此产生的不满，双方关系的破坏，双方生理和心理的损伤，大量的时间、金钱、生产力和有价值的人力资源的浪费。"① 而民间调处则可避免上述问题的出现，因为民间调处不拘形式和程序，具有一定的灵活性、可交易性、协商性，较少强制性。

中国是个人口众多的国家，如所有的纠纷都通过司法途径解决，那么法院将不堪重负。从一般民众的观念来看，有些案件往往纠纷数额不大，当事人大多不愿意或者认为不值得通过法律诉讼解决纠纷。在民间发生纠纷的情况下，大多数人希望通过协调方式解决。如很多当事人主动要求政府相关部门进行调解，在一些主管部门主持的调解中，成功解决纠纷的比例很高，可以谓之为行政调解的成功范例；除此之外，在经济活动中，行业协会有时对经济纠纷的解决也能起到积极的作用；还有消费者保护协会等组织都可发挥积极的调解作用。实践证明，这类纠纷解决成效好，解决问题较为彻底，一般没有后遗症。

目前中国各地还存在较大的城乡差别、地区差别，沿海地区国际化程度相对较高，诉讼率也逐年提高。而在西部及偏远地区，则传统解纷方式仍然具有重要意义。近几年在民事诉讼日益增多的情况下，不少人也看到诉讼所不能解决的一些深层次的问题：诉讼并不代表纠纷和矛盾的彻底解决，由此破坏的社会关系并没有随纠纷的处理而得以修复；诉讼解决纠纷的成本、时间、精力、金钱等耗费较大。因此各地又开始尝试传统的解纷方式的运用，那种过去采取一定仪式的民间调处，近来还有所表现或者发展。比如，许多地方传统中存在的在茶馆、餐馆等公共场所进行调处的方式，现代也还有遗迹可寻。近几年由于一些家庭纠纷、经济纠纷等，在当事人寻求法律途径解决之前（正式起诉前），邀双方共同的朋友出面，在茶馆、餐馆等地方，进行一些商谈或者沟通，以寻求确定非诉讼解决纠纷的方案。或者在起诉以后，双方的朋友或者律师等也采取这种方式进行沟通，而茶馆、餐馆等地方为解决纠纷营造了良好的环境氛围，有时候调处成功还要喝酒庆贺，这也有助于缓和双方的矛盾，修补伤害的感情。

从西方对非诉讼方式解决纠纷机制的研究中，有许多学者非常强调环境的选择研究，比如他们提出控制调解的物理环境，确保环境方面不加重权力的不对等性等。② 选择在茶馆、

① ［英］迈克尔·努尼：《法律的调解之道》，杨利华、于丽英译，4页，北京，法律出版社，2006。
② 参见赛夫·欧兹多斯基：《澳大利亚法庭、委员会和监察官的经验》，载《中国—澳大利亚"纠纷解决替代机制与现代法治"研讨会论文集》，北京，法律出版社，2003。

餐馆等环境气氛较和谐融洽的地方进行调解，这种来源于传统而延续至今的习惯，一定程度上也是与西方学者提出的这些调解理论相吻合的，这也是传统调处与现代调解共通互融的表现。

目前民间调处在中国的基层社会和广大的乡村社会仍然占有重要地位，家庭的长辈、村长、书记、居委会、调解员等都对纠纷解决有相当的影响，纠纷解决效果较好。中国大多数乡村仍然还处于熟人社会，中国人重视颜面的传统并没有消失，当事人如果违反调处所达成的协议，会在其生活的地区抬不起头，为周围的人所鄙视甚至唾弃，心理压力和社会压力均很大。所以既然已经接受调处，通常都会选择遵守协议。据对现代黄岩地区的调查，民间调处在乡间应用较广，村长等调处人也很有权威，老百姓也认为村里调解有权威。① 同时，由于现代经济的发展，血缘、地缘关系越来越松弛，家族调解有弱化趋势，社区和乡村调解尚存。在乡村，家族调处由于现代核心家庭的兴起，而日渐式微，乡村基层组织的调处仍然十分有效，尤其在边远地区更是如此。一般先由基层如村调解委员调处，或由行政出面调处，不行再由上一级行政调解解决。在一些地方，发生纠纷首先由民间调处，如果调解未果，即由代表国家基层权力的乡村调解组织调处，再不行才考虑诉诸法律。

在广大城乡基层社会，一旦遇到矛盾纠纷，大多数人还是倾向于协调解决。毛泽东同志在 1963 年批示的浙江"枫桥经验"的特点就是"小事不出村，大事不出镇，矛盾不上交"，枫桥经验现在又得到了重视。诉讼一般是在其他非诉讼解纷手段都使用过而没有明显效果的情况下才采取的措施，很多人是十分不情愿对簿公堂的，被认为是没有办法的办法，不仅是因为其费时、费力、费钱，关键还有对司法公正的怀疑。根据赵旭东先生对华北农村的田野调查，问老百姓村里遇到纠纷，是否到法庭上去解决，村民认为尽量不上法庭，因为不仅花费大，即便是胜诉，可能拿回来的钱还不够送礼的。还有不少人认为"清官难断家务事"，所以一般都愿意私了，私下解决不了才去法庭。所以当村里发生案件时，村民们首先想到的是私了，而村干部常常要充当私下了结的调处人。② 调处人在调处时是依照当地的习俗，劝说当事人双方和解，通过努力达成和解协议。关键是协议签订以后，调处人还要监督双方履行协议。"最后大家再坐在一起吃顿饭，案子到此调解成功结束。"③ 这一系列解决纠纷的方式和手段与过去传统的民间调处十分相似。

前些年中国"在弘扬程序正义理念的浪潮中，民间调解不恰当地作为程序正义的对立物受到清算"④。不仅如此，整个社会在争端的解决机制上也不再关注调解，诉讼与裁判成为解决争端的最普遍有效的手段。人民调解解决纠纷数量与法院受案比例由上世纪 80 年代的 17∶1 下降为目前的 1∶1。⑤

与中国不同的是，近些年现代调解制度在西方国家蓬勃兴起，发展成为制度化的现代纠

---

① 详见田涛、许传玺、王宏治主编：《黄岩诉讼档案及调查报告：传统与现实之间——寻法下乡》（下），北京，法律出版社，2004。

② 村干部既是村里的权威人物，又有一定的政府权力背景，因此调处具有一定的权威性。

③ 赵旭东：《权力与公正——乡土社会的纠纷解决与权威多元》，272、309 页，天津，天津古籍出版社，2003。

④ 廖永安：《论人民调解协议的性质与效力》，载《中国—澳大利亚"纠纷解决替代机制与现代法治"研讨会论文集》，北京，法律出版社，2003。

⑤ 参见雷小政：《诉外调解具有双重功能》，载《法制日报》，2004-08-26。

纷解决机制 ADR。美国和澳大利亚、英国实行该制度均已较为成熟，"美国缺乏以传统为根基的权力结构，解释了美国 ADR 程序的自相矛盾。以传统为根基的权力的脆弱，促使人们强烈地感到社会需要抛开诉讼中的高昂费用、延误、激烈争吵以及丧失人性解决人与人之间及群体之间冲突的方式。因此，人们强烈而有些哀怨地希望通过有效的 ADR 程序避免诉讼。"① 而调解因为其简便、有效、经济，解决纠纷迅速、彻底而深受欢迎。同时"调解具有对一系列经济、环境以及社会问题进行缓和、去政治化的巨大潜在作用"②。澳大利亚于1995 年设立了国家纠纷解决替代指导委员会。澳大利亚调解也有诉讼内外之分。诉讼外主要是社区调解与商业调解，20 世纪 90 年代发展于商务和商业交易，由个人或组织通过收费方式提供服务。英国出现了 ADR 专业化的机构，以及"新的专业人员"。ADR 呈现职业化趋势，调解员多为原来的法官、律师和商业职业人士。

在美国等国家兴起的 ADR，是在市场经济条件下，法律制度高度发达的社会环境体系中生长起来的一项制度，明显带有时代的特征，美国占 90% 以上的纠纷都是通过 ADR 以及和解解决的，不仅民事争议可以调解，有些刑事案件也允许和解。资料显示，在美国这样的发达国家，和解结案率很高。

西方发展起来的现代调解制度，也借鉴了中国的调处机制，不可否认的是，西方现代的 ADR 受到中国传统调解制度的影响，不仅有制度性的，也有技巧性的。如英国的迈克尔·努尼在其所著的《法律的调解之道》中，多处运用中国的《孙子兵法》作为引导。当然与中国传统调处主要依据道德伦理不同，欧美国家的 ADR 是在法律阴影下的交易，因此，首先体现的是职业化的法律操作模式，具有现代民主化的特征，更兼具现代化的形态，如强调模式化的研究，如有的研究提出的模式有：妥协式（应用于大型商业、工业冲突及人身伤害）、治疗式（应用于家庭纠纷）、管理式（应用于商业和金融纠纷），其中的专家起了重要作用，如治疗式的 ADR 主要由心理学家参与等，体现了科学性、技术性和技巧性的特征。③

与中国具有相似文化背景的日本，近些年也建立了较为完善的非诉讼纠纷解决机制。据日本律师联合会调查，日本有 88.3% 的成年人认为如果不是严重问题，不想通过诉讼解决，体现了很明显的回避诉讼的倾向。④ 日本也成立了不少民间调解机构，如交通事故纠纷处理中心、房地产公平交易推进机构、生活消费品 PL（产品责任）中心等，在相关领域发挥了积极的作用。而中国的民间调解则与此有较大区别，中国的民间调解是在发生纠纷之后，由无利害关系的、办事公道的第三方主持化解纠纷矛盾，一般调解人和双方都有良好的关系，为双方所认可，或者是代表一定组织形态的半官方机构充当第三方，如人民调解组织。正如黄宗智先生所述："这种调解不同于英语中'mediation'一词的含义。后者指争执的双方在没有任何强制的情况下自愿地与无利害关系的第三方合作，从而设法达成协议的过程。"⑤ 现

---

① ［美］杰弗里·C·哈泽德、米歇尔·塔鲁伊：《美国民事诉讼法导论》，张茂译，177 页，北京，中国政法大学出版社，1998。
② ［英］迈克尔·努尼：《法律的调解之道》，杨利华、于丽英译，20 页，北京，法律出版社，2006。
③ 参见［英］迈克尔·努尼：《法律的调解之道》，杨利华、于丽英译，8～9 页，北京，法律出版社，2006。
④ 参见［日］小岛武司、伊藤真编：《诉讼外纠纷解决法》，105 页，北京，中国政法大学出版社，2005。
⑤ 黄宗智：《离婚法实践：当代中国法庭调解制度的起源、虚构和现实》，载《中国乡村研究》（第四辑），北京，社会科学文献出版社，2006，转引自法律史学术网。

代的调解制度是指纠纷的双方在没有外来强制的情况下，自愿地与无利害关系的第三方合作，从而达成协议。而中国现代的民间调解与封建时代的民间调处还存在很多历史的相似性、共通性。

按照中国现代调解制度的设置，有行政调解、人民调解、社会团体组织调解和法院调解等。我国的调解组织和制度已经发展得较为成熟，有群众性、行政性、专业性、司法性等各个类别及不同层次的结构组织，形成了一个体系较为完备的纠纷解决网络。虽然我们一概称之为"调解"，但这几类调解应该均属于官方调解范畴，其中行政调解和法院调解属纯粹的官方调解，而人民调解和社会团体组织调解虽然理论上归之于民间调解，实际上具有半官方性质，它们的特征是制度体系均较为健全。纯粹的民间调解作为一种社会习俗存在，并没有制度性的规定，但是其调解的结果如果没有违反法律和公序良俗，一般都会得到法律的认可与保护。民间调解依据的除法律法规外，还有道德规范、社会习俗、生活常理等。但是在现代都市，纯粹的民间调解已分化，一部分由社会组织承担，一部分由专业人士如律师等担任，这与传统意义上的民间调解已不完全相同。所以，未来还应该着力于发展现代法制环境下的民间调解，对这一古老的解纷形式赋予现代化的内容，继续发挥其积极作用。

近几年，经济发展的全球化带来了价值观的多元化，多元化纠纷解决机制也显示出其越来越强的活力。非诉讼解纷方式重新得到重视，2002 年我国有人民调解组织九十多万个、人民调解员近八百万人。据 2005 年资料显示，两年内全国调解各类民间纠纷一千两百多万件，调解成功率达 95％以上。① 据全国妇联统计，2007 年，全国八十多万个调解组织和近五百万名人民调解员共调解了婚姻家庭类纠纷 180 万件，调解成功率达到 96％。而五年来，人民调解员共调解各类矛盾纠纷 2 500 万件，调解成功率达到 95％。② 套用黄宗智先生的话，调解的制度架构在官方表达的层面上已经十分成熟。当代非诉讼纠纷解决机制（ADR）在中国的发展，十分契合中国的社会现实需要，应当是结合东西方文化特点的一项新制度，因此，我们应该从新的视角来看待这一制度，而非把其当做历史的延续或是西方的翻版。

脱胎于传统的调解方式近几年都有一定程度的新发展，加入了现代化的元素，一些电视节目也开始涉足民事纠纷的调解，如上海东方电视台娱乐频道的"新老娘舅"节目，将双方当事人和"新老娘舅"——社区的人民调解员或者调解志愿者请到栏目现场，当场进行调解。节目结束后，有时候还跟踪调解，直到纠纷解决。③ 这是一项传统习俗的新版本，老娘舅在苏南地区家庭中地位很高，过去凡分家析产、婚姻继承等大事均由娘舅主持，有了家庭纠纷也是由其主持解决，家庭成员对此一般不会有异议。在上海这样国际化程度较高的城市，这种传统解决纠纷方式得到了民间的热烈追捧，收视率较高，一些调解员成为了电视明星，拥有自己的"粉丝"，甚至出现了"有事体，找老娘舅"的话语。在中国经济最发达的地方出现这种回归传统的现象，值得我们认真思考。笔者认为其之所以受到广泛欢迎（排除纠纷本身的故事性和戏剧性因素而外），说明这种解纷方式与现代经济理念是一致的，即计算成本和投入，讲求效益。从这个层次看，调解是符合现代经济发展要求的。

充分运用社会组织解决纠纷，更是有浓郁的传统色彩。行政调解、人民调解、社会团体

---

① 参见《人民调解组织解决矛盾在萌芽，2 年调解民间纠纷 1200 多万件》，载《人民法院报》，2005-03-02。

② 参见《2007 年中国婚姻家庭类纠纷调解成功率达到 96％》，载新华网，2008-03-07。

③ 参见《上海：真情化纠纷，还是"老娘舅"会劝》，载《新华每日电讯》，2009-02-04。

组织调解等多样化的调解形式，在法律与制度建设上，几十年来基本上都在发展，典型体现就是特有的人民调解制度，与过去的基层社会的民间调处有异曲同工之处。从调解的人员组织来看，目前人民调解相关的法规规章与司法解释都较为全面。司法部《人民调解工作若干规定》规定了人民调解委员会根据纠纷当事人的申请，受理调解纠纷；当事人没有申请的，也可以主动调解，但当事人表示异议的除外。当事人申请调解纠纷，可以书面申请，也可以口头申请。受理调解纠纷，应当进行登记。同时对受理、回避、调解的原则、调解人员、调解的时限、调解书的制作均有规定。人民调解在非诉讼解决纠纷方式中是一项相对较为完善的制度。而且法院对人民调解可以进行指导，所以目前的人民调解制度与法院的工作是有紧密联系的。最高人民法院对于人民调解工作也制定了一些相关的司法解释，如 2002 年出台的《关于审理涉及人民调解协议的民事案件的若干规定》规定，经人民调解委员会调解达成的、有民事权利义务内容，并由双方当事人签字或者盖章的调解协议，具有民事合同性质。当事人应当按照约定履行自己的义务，不得擅自变更或者解除调解协议。

有不少中外学者认为，传统的调处制度和现代中国的调解制度具有大量的共性。虽然目前中国调解制度的理论架构基本建立，实践中也有一些较为行之有效的方法，有一整套机构设置，但从实践的层面分析，这些组织与机构、人员还有待提高专业性与职业性，有时候还表现为成本不低，而效率却不高。而且，没有建立起一套科学的程序保障体系，在当事人高度自治与自愿参与的调解中，缺乏程序性的运作要求。与西方近些年调解向专业化方向发展不同，中国的调解还在走综合治理的方向，江苏省的"大调解"是一典型的动用综合行政手段解决纠纷的机制。据报载，江苏省 2004 年共调处各类矛盾纠纷 30 万起，调处成功率97％，形成"党委政府统一领导、政法综治牵头协调、调处中心具体负责、司法部门业务指导、职能部门共同参与、社会各方整体联动的社会矛盾纠纷大调解工作新格局。""'有困难找 110，有纠纷找调处中心'已成为江苏各地的流行语。"[1] 这种格局的实质是民间调解和行政调解的结合运作，是官方主导为主的调解，是目前调解的主流方式。

传统的调处制度在解决纠纷时，关注的是过去，而现代的调解制度则着眼于未来，并且在现代调解的选择方式上，当事人掌握调处的自主性、结果的可预测性及可控制性。现代调解人并不是以判断是非曲直为己任，而是要利用自己的技术和影响力、公正性为解决纠纷提供最佳途径。与传统调处制度不同的是，现代法制环境下的调解，更应注重对话与沟通。所以要求专业调解人员不仅需要一定的法律背景，更需要社会学、心理学、经济学的知识结构，擅长价值平衡，了解社情民意。

公正和中立在西方的 ADR 中是十分强调的。现代西方调解制度强调的是可行性（accessible）、自愿性（voluntary）、保密性（confidential）、辅助性（facilitative）[2]，强调公平和灵活性，要求彰显看得见的公正。他们认为，调解是一个程序性的东西，公平的过程才是调解的关键，调解的责任是保持程序的公正，而非实现实质正义。这些观念均是中国传统调处制度所不具有的。我们现代的调解制度不少是传统的调处机制的延续发展，缺乏现代市场经济语境下的深刻阐述与发展。因此，调解制度在当代的发展应当吸收西方现代的先进的调解理

---

① 《江苏构建矛盾纠纷大调解机制，牢牢夯实和谐社会的基石》，载《法制日报》，2005-03-05。

② 参见［英］迈克尔·努尼：《法律的调解之道》，杨利华、于丽英译，7 页，北京，法律出版社，2006。

念，结合中国的传统与实际，完善现代的调解制度。

ADR 有灵活、简便、低成本、不公开等程序便利，但是如果没有程序保障，极易导致其滥用以及不公正，这些问题在西方国家也没有根本性解决，所以有"二流司法"的说法。通常 ADR 的程序和处理结果是不公开的，私下达成的和解往往排斥了社会的公开的监督，没有严格的程序要求，因此对 ADR 最大的质疑就是程序公正及对公共价值观与西方普遍法制原则的怀疑。在现代法制环境下发展调处制度，还要克服传统调处制度中的弊端，如实践中滥用调解的现象，调解中当事人意愿不能得到尊重，或者拖延反复，浪费人力、物力与财力资源；出现屡调屡次反悔，或价码越开越高之现象；或者迁延不决，导致矛盾累积暴发。因此，在现代市场经济条件下，如何在继承传统的同时，进行制度创新，是现代调处制度需要解决的。

调处制度长久以来已经成为中国解纷制度的一个非常重要的部分，至今仍然被海内外学者广泛深入地研究。在现有的司法体制下，实行多渠道、多途径地解决纠纷在中国依然具有十分重要的现实意义。从理论上讲，我们今天对传统的争端解决机制的合理运用，首先应该是弱化政府色彩，在调解中充分将主动权交付当事人，可尝试实现调解社会化，从上海等城市法院的实践来看，已经在发挥社会化调解的功能，如在医疗纠纷、保险合同纠纷等领域聘请专家和行业协会成员参与调解，并且取得较好的效果。① 《天津市医疗纠纷处置办法》规定，凡医疗纠纷索赔额超过 1 万元的，医院无权自行与患者协商解决，医患双方可申请由医疗纠纷人民调解委员会调解。调解委员会聘请具有临床医学、药学、法学等方面资质的专职工作人员负责调解工作，当事人可以聘请律师参加调解。当然调解不服，仍然可以诉讼。② 该办法规定万元以上赔偿不能自行协商，显然是一项行政强制性的规定，但其将调解的发展引向专业化，是符合现代调解发展方向的。

今后在人民调解的立法中应当强化对调解人地位、性质、作用的规定，规定相关领域的专家型调解，以增强调解的权威性与可信性，突出其中立性，防止超越当事人双方的权力滥用，健全保障当事人自治权及处分权的程序性规定。

我们对传统的机制可以吸收的是：让调解纠纷的机会存在于纠纷解决的任何阶段。早些年我们在学习西方法律制度的同时，却又将我们原来传统的特色抛弃，体现了司法理论与中国社会现实在一定程度的脱节。在未来几年中，我们应该解决这些理论与实际的背离问题。发挥传统的社会组织的调解作用，如在基层民间调解日趋弱化的大城市，尝试在社区、居委会等建立调解组织，发挥民间调解组织和民间调解人的积极作用，因为他们与纠纷发源地十分靠近，了解纠纷的来龙去脉，为当事人所信任，容易调解成功。在诉讼之前，能够设置有效的社会屏障阻断纠纷。发挥传统的纠纷解决机制的长处，强化司法程序前的调解及诉讼外的调解，发挥相关社会组织和相关领域专家的作用，积极地化解矛盾，让调解解决纠纷的机会存在于纠纷解决的任何阶段，为社会发展提供良好的环境。

---

① 参见《上海探索调解社会化模式》，载《人民法院报》，2004-10-15。
② 参见《索赔额逾万元医患禁私了，天津人民调解全面介入医疗纠纷》，载法制网，2009-02-02。

第十六章

传统司法官员责任制度与现代法官职业化

中国古代没有像现代这样专职的司法官员队伍，尽管在中央设有刑部、大理寺这样的专门司法机构，其主要长官勉强可称之为法官，但是在地方上却没有相应的机构，尤其没有相应的专职官员。在地方上，司法权掌握在行政首长手中，即我们通常所谓的司法与行政合一。根据现代司法中侦查、起诉、审判的分工样式评判，除行政首长外，古代从事与司法相关事务的人员既不能称为法官，也不能称为检察官，只好称之为司法官员，因为他们的职责不明确，事务范围不固定。我国古代地方上往往是一个集体履行与现代法官、检察官、警官相应的职责，行使司法官员的职权，即这些人既负责侦查，又负责拘捕，同时还负责法庭审理和判决。但总的看，真正能够行使现代法官职权的只有地方长官。在地方长官集政治、经济、文化、教育、军事等各种事务于一身的情况下，就司法在他们日常活动中所占比重而言，地方长官作为法官的司法职能只能是边缘化的。所以在清末以前的中国，是没有真正的法官集体，更没有一个完整的法官责任制度体系的。

虽说如此，古代一些名垂青史的政治家却是以公正廉明的法官形象留在后人心中，其中流传最广、最深入人心也最为典型的就是包拯。包拯式的清官们为官断案铁面无私、执法如山，这是老百姓所知道和盼望的。但不为老百姓所知道的是，包拯之类的清官之所以被褒扬和宣传，主要不是因为他们严格依法办了几件案件，而是因为他们忠于国君，乐于为君主们的江山社稷着想出力。好在包拯式的清官们品格高尚，政绩卓著，所以当权者希望多一些像包拯一样的臣下，老百姓则希望多一些像包拯一样的父母官。这样说，也不是古代为司法官员构建了一套责任制度体系的结果，总的看还是靠官员良好的个人素质和修养。古代部分官员的书生风骨和脑中始终保有的对后代、对后世负责，要青史留名的念头，足以使他们时刻注意匡正自己的言语和行为。统治者们深谙其道，因此也无须耗心费神地去为司法制定如天衣般的制度体系了。

而今中国正在走向现代化，中国的司法也在努力追求现代化。人们的共识是，司法在塑造健康的社会发展环境和人文环境问题上，被赋予了十分重大的使命。没有高效而权威的司法就会失去秩序，没有廉洁而公正的司法就无法建立诚信，没有坚强而独立的司法就无法确保政治清明。司法现代化是个不争的课题，是个必做的课题，相对于其他与民族习性、文化传统关联不大的社会元素，司法现代化又是一个很有个性的课题。中国司法现代化的个性在于，立法上可以借鉴西方现代立法经验，制订出台各种各样为时势所需的法律，但司法上却无法汲取他们相应的执法经验。因为东西方国家之间的人文传统不同，人们对社会认知的角度不同，处理各种社会关系的方式、方法也不同，维系社会秩序的基础与上层建筑也有很大的差别，这些形成了司法传统上的巨大差异。西方的司法以当事人之间的诉辩为主，而东方则以司法官员的主动纠问为主。西方的司法模式中，法官的作用在于主持、引导诉讼，对诉讼各方不阻不助，易中立；而东方的司法模式中，司法官员则是完全控制诉讼，完全掌握诉讼的发展与结果，易生偏颇。长期以来，几乎所有西方国家的法官靠严肃的宗教信仰，先约束内心，进而达到约束外在行为的状态。少数东方国家杰出的司法官员则是靠对君主的忠诚，对老百姓的怜悯来养成和维系好的司法行为习惯，追求好的司法结果。而绝大多数司法官员则是在严刑峻罚的威慑下，胆战心惊地履行职责。所以，翻开历史，我们随处可以看到对法官具体行为的严厉约制，却看不到严密的司法理论体系和完整的制度体系。但即使如此，中国古代仍有许多朝代统治超过二百年，在那种交通、通信均为原始的时代，一姓王朝能够达成如此长久的统治，绝非幸致，而是依靠明确且极具操作性的法律制度来维持的。但是，古代的法制历史还是为我们留下了一些宝贵的可资借鉴的具体做法。这些做法在现今法官还不能做到靠内心约制以维系廉洁、维系公正的情况下，还是有很强的时代性的，可以作为司法进步的初步阶梯。

　　司法现代化，除法律体系应率先现代化外，法官职业化就几乎是重中之重了。在法官职业化进程中，除根据中国国情制定相应的制度外，学习西方现代化国家的经验和借鉴古代的司法制度也是必行的路途。由此，有必要检点我国传统司法官员责任制度，以为现代法官职业化提供一些借鉴。在这个问题上，我们要校正一些对古人、古事的纯粹的否定评价倾向。一些评价及相关定论，表面上逻辑严谨，有理有据，看起来非常合理，但却不能真实反映历史原貌，也不能真实揭示历史发展的动力、方向和古人成功统治的经验，有时甚至刻意丑化古人思想的初衷，贬低他们创造的辉煌成就，一定程度上蒙蔽了后来执政者、学人，误导政策的制定，实际上是在割裂历史，这是我们在讲求科学、民主的今天不能不知晓、铭记的。正如我国台湾地区学者那思陆所指出的那样："所有的史观学派都喜好创造一个大理论，透过这个大理论描绘过去的历史，而且大胆地预测未来，他们几乎成了全知全能的上帝。从历史的观点来看，伟大的理论常会制造出伟大的错误。"[1]

---

① 那思陆：《中国审判制度史》，27 页，台北，台湾正典出版文化有限公司，2004。

第一节
起诉受理阶段的责任

一、历史发展及主要内容

我国古代历朝政权和统治者们都非常重视诉讼事宜，尤其是刑事诉讼事宜。诉讼是古代政权机关和各类官员接触民众、了解民情民意的重要途径，所以最高统治者们无不将此视为加强统治权力、宣传法律及统治思想、疏导民情、减少社会矛盾冲突的重要手段。

（一）司法官员应当及时受理合法告诉，并将特定的案件按照要求及时报告上级，不得推诿不受，否则要承担相应责任

案件的受理是司法的最初阶段。从根本上说，对矛盾、纠纷受理不受理，处理不处理，不是简单的司法态度问题，也不是司法机构可以自主拣选的问题，它反映出统治者对待不同矛盾、纠纷的态度，反映出统治者对不同社会关系关注与关心的程度，更反映出统治者对社会关系重心的认知与把握，这是政治哲学要探讨的问题，我们这里不作进一步研究。从一般制度层面看，司法机关对法律规定应当受理的案件应当及时受理，对法律规定不得受理的案件不得受理，反映了统治者对权力行使的深层期待，代表着统治者加强与市民社会普遍沟通的意识倾向，更显现出统治者对社会关系平滑状态的不变追求。后一个层面是偏重于技术性的，不如前一个层面那样宏大，但却更实际，更具有现实影响力。所以历代统治者在规范司法官员的行为时，大多从这里开始。

根据现存的文献追溯，关于司法官员受理责任的规定较早可见于周朝。据《周礼·秋官·禁杀戮》记载："凡伤人见血而不以告者，攘狱者，遏讼者，以告而诛之。"[1] 郑玄注："攘狱者，距当狱者也。遏讼者，遏止欲讼者也。攘，犹却也；却狱者，言不受也。"[2] "距"在古语中可通"拒"，也就是司法官员对应当受理的已经达到法定处刑程度的刑事案件不得推诿不受，更不得压制告诉人，如违反则构成"攘狱罪"、"遏讼罪"。

周朝以后，在案件受理方面的强制性规范历代都有，且在逐步细化和完善之中。如唐朝对司法官员在案件受理方面的责任就作了较前代更为明确细致的规定，违法情形固定，处罚尺度固定，显示统治者对案件受理这项事务的极大关注。如《唐律疏议·斗讼》"越诉"条规定："诸越诉及受者，各笞四十。"[3] 即违法受理案件与越诉者同罪。"若应合为受，推抑而不受者，笞五十，三条加一等，十条杖九十。"[4] 即对一般情况下应当受理而拒不受理情形的处罚作出了明确的规定，同时对情节加减也给出了具体标准。《唐律疏议·斗讼》对特殊情形下的受理责任又作了详细的加重处罚的规定：如"即邀车驾及挝登闻鼓，若上表诉，而主

---

① 《周礼·秋官·禁杀戮》。
② 《十三经注疏·周礼注疏》。
③ 《唐律疏议·斗讼》。
④ 《唐律疏议·斗讼》。

司不即受者，加罪一等"①。对于特别严重的犯罪，又特别规定："诸强盗及杀人贼发，被害之家及同伍即告其主司。若家人、同伍单弱，比伍为告。当告而不告，一日杖六十。主司不即言上，一日杖八十，三日杖一百。官司不即检校、捕逐及有所推避者，一日徒一年。窃盗各减二等。"② 这条规定说明司法官员有两个方面的义务，一是对所有法律规定应当受理的案件都要及时受理，不得推诿，二是对严重危及统治及社会稳定的案件要及时上报。越是重大的案件在受理方面的要求就越高，对违法的处罚也就越重。对于未及时受理强盗、杀人等恶性案件，延误案件侦查办理的，延误一天就要被处以一年徒刑。这种处罚不可谓不严。从这一点看，唐朝统治者对社会秩序、对百姓安危、对自己政权稳固的关注、关心程度是远超过对自己统治集团成员安适的关注与关心的。但即使如此，唐朝对有些告诉还是禁止的。如《旧唐书·张镒传》记唐太宗语："比有奴告主反者。夫谋反不能独为，何患不发？何必使奴告之邪？自今奴告主勿受，仍斩之。"

即使在法治不够健全、贵族官僚特权大行其道的元朝，对司法官员在特定案件受理上的违法责任也规定了严厉的处罚措施。《元史·刑法志》记载："诸民犯弑逆，有司称故不听理者，杖七十，解见任，殿三年，杂职叙。"③ 对于辖下发生谋反等类于十恶大罪等重大案件，司法官员借故推诿不受理的，不仅要被决杖70，免去现任官职，而且还要受到劣评3年，之后只能任杂职，这样的处罚也很严厉。

到了明、清时期，关于案件受理责任的规定沿袭唐朝做法较多，且从制度层面看较唐律又更为具体、周密。但明、清时期毕竟是商品经济得到一定发展的时期，唐代所强调的礼教精神依据其与明、清统治核心的要求发生了强弱裂变。明、清的忠君等思想、行为要求得到极端强化，所以危害君主专制、中央集权的一些犯罪被特别突出为打击的重点，而一些家族礼义、一般伦理方面的要求则被相对弱化，打击力度不如唐朝时那么大。所以有些案件在唐朝时不受理或不及时受理可能构成犯罪的，在明、清时期则不一定构成犯罪。但明、清法律规范案件受理的总的宗旨没有变，总的立法追求没有变。如《明律·刑律·诉讼》"告状不受理"条规定："凡告谋反逆叛，官司不即受理掩捕者，杖一百，徒三年；以致聚众作乱，攻陷城池及劫掠人民者，斩。若告恶逆不受理者，杖一百；告杀人及强盗不受理者，杖八十；斗殴、婚姻、田宅等事不受理者，各减犯人罪二等。并罪止杖八十。受财者，计赃，以枉法从重论。若词讼原告、被论在两处州县者，听原告就被论官司告理归结。推故不受理者，罪亦如之。若都督府、各部监察御史、按察司及分司巡历去处，应有词讼，未经本管官司陈告，及本宗公事未绝者，并听置簿立限，发当该官司追问，取具归结缘由勾销。若有迟错，不即举行改正者，与当该官吏同罪。其已经本管官司陈告，不为受理，及本宗公事已绝，理断不当，称诉冤枉者，各衙门即便勾问。若推故不受理，及转委有司，或仍发原问官司收问者，依告状不受理律论罪。若追问词讼，及大小公事，须要就本衙门归结，不得转委。违者，随所告事理轻重，以坐其罪。"④ 明、清法律特别加重对重罪不受理的责任，同时对各种违法不受理的情况进行细致划分，并分别明确应承担的责任，非常全面具体。

---

① 《唐律疏议·斗讼》。

② 《唐律疏议·斗讼》。

③ 《元史·刑法志》。

④ 《明律·刑律·诉讼》。

（二）为维护正常的诉讼秩序，古代重罚匿名告诉者，并对违法受理的司法官员规定了较为严厉的刑事责任

我国古代历朝均重罚匿名告诉的人，最基本的考虑应当是防止欺讹，淳化民俗，使地方政府不被刁蛮之人所干扰和牵制，培养全社会光明正大的风气。

尽管人们一致认为秦朝是一个法网严密、刑罚苛峻的时代，但是秦朝也建立过一些合乎司法规律的原则，禁止匿名告诉就是其中之一。据秦简《法律答问》记载："有投书，勿发，见辄燔之；能捕者购臣妾二人，击（系）投书者鞫审谳之。所谓者，见书而投者不得，燔书，勿发；投者〔得〕，书不燔，鞫审谳之之谓〔也〕。"从这项对法律条文的表述和解释看，秦朝不许投寄匿名信告诉，接到匿名信的人不许拆阅，如能抓获投寄人，还可以受赏男女奴隶各一名。对抓不到投寄人的，要把匿名信烧掉；如能抓获投寄人，则不要烧掉匿名信，将信与人一起交给官府，对投寄人审理定罪。秦朝的这一规定，与其人人都有告奸义务的强制性规定结合，足以保证其可以惩治犯罪，而不至于放纵犯罪，危及自己的统治基础。

《唐律疏议·斗讼》"投匿名书告人罪"（总第351条）规定："诸投匿名书告人罪者，流二千里。得书者，皆即焚之，若将送官司者，徒一年。官司受而为理者，加二等。被告者，不坐。辄上闻者，徒三年。"[1]《唐律》的规定比秦朝规定更为严格，不允许得到匿名信的人将匿名信交给官府，如果送到官府，送信人要被判处徒刑1年。同时还明确，如果官吏依匿名信受理词讼并加以审理的，比送信人的刑罚还要重二等，即要被处以徒刑2年。如果官吏更进一步将匿名信所述的事上报给上级，则要被处以3年徒刑。

元朝对匿名告诉的惩罚远较其他时代更重。《元史·世祖本纪》记载："敢以匿名书告事，重者处死，轻者流远方，能发其事者，给犯人妻子，仍以钞赏之。"[2]对将匿名信"送入官者，减犯人罪二等，官司受而为理者，减一等"。也就是说，匿名告诉的人可能被处死刑、流刑等重刑，相反，对能抓获嫌犯的人规定予以重赏，不仅把嫌犯的妻子儿女赏给他做奴隶，还再予以金钱上的奖赏。这反映出元朝统治者对匿名告诉是深恶痛绝的。

《明律·刑律·诉讼》"投匿名文书告人罪"条更规定："凡投隐匿姓名文书，告言人罪者，绞。见者，即便烧毁。若将送入官司者，杖八十。官司受而为理者，杖一百。"[3]可见明朝打击匿名告诉也甚为严厉。

尽管统治者对一般匿名告诉严加禁止，但是对于监察官员在廉政风纪方面的奏劾却从无这方面禁止性规定。有的时代甚至规定监察官员可以风闻奏事。这又是另一层情事，与普通百姓有别。

（三）不得受理情节模糊、指称证据不明的诉讼，违者受罚。但对严重危及统治的特殊类型案件也设有例外

《唐律疏议·斗讼》"告人罪须明注年月"（总第355条）规定："诸告人罪，皆须明注年月，指陈实事，不得称疑。违者，笞五十。官司受而为理者，减所告罪一等。即被杀、被盗及水火损败者，亦不得称疑，虽虚，皆不反坐。其军府之官，不得辄受告事辞牒，若告谋叛

---

①　《唐律疏议·斗讼》。

②　《元史·世祖本纪》。

③　《明律·刑律·诉讼》。

以上及盗者，依上条。"① 这一条是对告诉的一般限制，要求告诉的人不能无中生有，受理的官员对告诉要基本审验明白才能决定立案，否则要承担相应的刑事责任。即使是告发杀人这样的重罪也不得支吾其词，有告诉的，官员也不能受理，如果受理一样要被重罚。对一般诉讼是如此，对可能有损皇权的一些特别重大犯罪则不适用前条规定。《唐律疏议·斗讼》"知谋反逆叛不告"（总第 340 条）规定："诸知谋反及大逆者，密告随近官司，不告者，绞。知谋大逆、谋叛不告者，流二千里。知指斥乘舆及妖言不告者，各减本罪五等。官司承告，不即掩捕，经半日者，各与不告罪同；若事须经略，而违时限者，不坐。"② 从这条规定可以看出，唐朝对于严重危及君权、政权的犯罪，是采取宁可错捕、不可错过的政策的。所以对相关告诉，既没有设定错告的责任，也没有设定错误受理的责任，相反地却规定了不及时受理和不及时捕获嫌犯的严格责任。

（四）对法律规定不得受理的告诉，如受理，司法官员要承担相应的责任

一是不得受理越诉的词状。如《唐律疏议·斗讼》"越诉"（总第 359 条）规定："诸越诉及受者，笞四十。"③ 即受理越诉的，官员要被笞打四十。其后各朝均有类似规定。如，宋朝宋太宗曾诏令"禁民不得越诉"。但宋朝不处罚受理越诉的司法官员。元朝《大元通制》对此事也作出规定："诸告人罪者，自下而上，不得越诉……越诉者，笞五十七。"《大明律》"越诉"条也规定："凡军民词讼，皆须自下而上陈告。若越本管官司，辄赴上司称诉者，笞五十。"宋朝关于不得受理越诉的规定看起来与登闻鼓制度相矛盾，因为登

东汉墓画像击鼓拜谒图
图片说明：该图反映当时告状的情形。
图片来源：郭建：《执王法——中国古代帝王与法官》，71 页，北京，当代中国出版社，2008。

闻鼓制度就是鼓励百姓如有特别告诉可以亲至皇城向皇帝告诉，怎么又有关于越诉的规定呢？事实上，登闻鼓制度和禁止越诉制度是相辅相成的，并不存在矛盾。因为宋太宗在端拱元年（988 年）就规定："自今除官典犯赃、袄讹劫杀、灼然抑屈州县不治者，方许诣登闻院。""自余越诉，并准旧条施行。"可见，登闻鼓并非是任何人为任何事都可以任意去敲击的，它本质是为了便于察举官吏严重违法犯罪行为、整顿吏治而设，绝非为百姓维护自己的私利而设，所以说与禁止越诉制度是不矛盾的。明初统治者如朱元璋的做法也与此有相通之处，他允许乡绅、老者策杖进京告御状，但也只能反映地方官吏的违法犯罪尤其是贪赃枉法的行为，却不许为一般案件邀车驾或进京上访，如违反必受制裁。因之，古代的诣阙伸诉和挝登闻鼓，与现今常见的进京上访有绝大的区别。

二是不得受理以赦前事相告的诉讼。赦是我国古代一项十分重要的法律制度，既有大赦也有特赦，且大赦的频率很高。统治者为标榜仁政，减少对立面，更多地保有劳动力，聚拢

---

① 《唐律疏议·斗讼》。
② 《唐律疏议·斗讼》。
③ 《唐律疏议·斗讼》。

人心，节约统治成本，常常会利用各种事由对所有符合条件的已决犯和未决犯进行大赦，这从《资治通鉴》等史书中极易观察到。对于经过皇帝诏令赦免的事项，各朝一般都规定当事人或他人均不得再行起诉，司法官员也不得受理和审理。如《唐律疏议·斗讼》"以赦前事相告言"（总第 354 条）规定："诸以赦前事相告言者，以其罪罪之。官司受而为理者，以故入人罪论。至死者，各加役流。"①

三是不得受理没有告诉资格的人提起的诉讼。如唐朝就对在押犯和老幼笃疾者告诉作出限制性规定，这些人只可以就自己被侵犯及他人谋反、恶逆、谋叛等事告诉，其余的事不得告诉，官吏也不得受理审理。《唐律疏议·斗讼》"囚不得告举他事"（总第 352 条）规定："诸被囚禁，不得告举他事。其为狱官酷己者，听之。即年八十以上、十岁以下及笃疾者，听告谋反、逆、叛、子孙不孝及同居之内为人侵犯者，余并不得告。官司受而为理者，各减所理罪三等。"② 唐朝的此项规定与现代规定截然相反，现代刑事政策是鼓励检举他人犯罪线索以立功赎罪的。

（五）不得违反审级管辖方面的规定受理案件，违者要承担相应责任

审级管辖的立法在秦汉时期已有发端，到三国两晋南北朝时期已经具备雏形，到唐朝时渐趋完备，后世诸朝均有效法，到清朝时最为细致、周详，已成现代审级制度的雏形。唐朝将案件受理分为京都和地方两个系统。在京都由大理寺行使地方司法管辖权，同时还行使中央最高审判机关管辖权。如《唐令拾遗》中记开元《狱官令》载："诸有犯罪者，皆从所发州县推而断之。在京诸司，则徒以上送大理，杖以下当司断之。若金吾纠获，皆送大理。"③除此之外，唐朝按照罪行轻重划分上下级之间的管辖范围。《狱官令》载："诸犯罪者，杖罪以下县决之，徒以上县断定送州，复审讫，徒罪及流应决杖笞若应赎者，即决配征赎。其大理寺及京兆、河南府断徒及官人罪，并后有雪减，并申省。省司复审无失，速即下知。如有不当者，随事驳正。若大理寺及诸断流以上若除免官当者，皆连写案状，申省。大理寺及京兆、河南府，即封案送，若驾行幸，即准诸州例，按复理尽申奏。若按复事有不尽，在外者遣使就复，在京者追就刑部，复以定之。"对具有法定身份的人员的犯罪案件，不得随意受理，必须履行一定的手续，经过批准才能受理，否则要承担刑事责任。如前述《狱官令》载："诸职事官五品以上，散官二品以上，犯罪合禁，在京者皆先奏；若犯死罪及在外者，先禁后奏。其职事官及散官三品以上有罪，敕令禁推者，所推之司皆复奏，然后禁推。"司法官员违反前述规定，则要按照《唐律疏议·断狱》"应言上待报而辄自决断"（总第 485 条）的规定受到处罚："诸断罪应言上而不言上，应待报而不待报，辄自决断者，各减故失三等。"④

元朝《大元通制》中也有类似规定："诸斗殴杀人无轻重，并结案上省、部说谳，有司任情擅断者，笞五十七，解职，期年后，降先品一等叙。"即对未履行级别管辖相关报请义

---

① 《唐律疏议·斗讼》。
② 《唐律疏议·斗讼》。
③ 本章有关唐令引文均源于［日］仁井田升：《唐令拾遗》，栗劲、霍存福、王占通、郭延德等编译，长春，长春出版社，1989。
④ 《唐律疏议·断狱》。

务的，不仅要受到笞打，而且要被解职，一年之后再降一品等待叙用，处罚也很严厉。

二、主要特点及现实意义

从案件受理方面相关的制度规定看，古代统治者因案件的性质、来源、牵涉的人物等不同，而将案件区分为不同的种类决定受理不受理，如何受理，并为告诉者和受理者设定相应的责任，附以相应的处罚措施。就事论事，古代统治者的用心不可不谓良苦，思维不可不谓周密，措施不可不谓切实。但从其维护专制君主制、中央集权制及对广大人民剥削与统治的角度考虑，必须加以批判。但从制度设计本身的技术层面看，也不能将其描绘得一无是处，有些方面还是有其内在合理性的，能对今天的法制现代化和法官职业化产生一定启示。

第一，关于司法官员对告诉案件是否应受理的问题，现代法律并没有给出具体规定。撇开现代与古代在案件来源上的差异因素，即古代案件多为百姓自诉，而现代刑事案件多为国家追诉，古代对发生的重大刑事案件有强制报告和强制立案审理制度，而现代则没有相应的强制性法律规定，更没有对相关司法官员的责任追究措施。目前有案不立、不破不立、以罚代刑、不应立而立等现象，应是法律和制度缺失的结果之一。如果一个地区发生的较大刑事案件、存在的社会不稳定因素均能及时立案或通报上级，不仅可以真实地反映地方治安状况，让上级机关能够全面客观地掌握社会形势和民风民意，而且可以增强侦查办案机关的责任心，促进各项现代防范措施完善，也可以使公众了解治安形势，适度提高防范意识，达成全社会共防共治的局面。

第二，关于匿名告诉的问题。从一名现代人的角度去看，很难理解古人为什么将匿名告诉视为蛇蝎，各朝各代均将其列为重罪严加打击。依私情忖度，在古代交通、通讯都极为落后的情况下，统治者上至皇帝，下至九品县吏，都应很倚重这种匿名告诉、告发才对，因为这样可以让更多人向统治者反映情况，使统治者能掌握下情，根据需要采取治理对策，更好地管理社会，维护本阶级长久的统治。但古代的做法恰恰相反。这里到底存在着怎样的深思熟虑呢？实际上，从司法的一般规律推测，古人的做法合情合理。因为首先，司法讲究的就是证据，凡认定一事、否定一事，都要凭证据，匿名告诉者则不免捕风捉影，任意诬告他人；其次，司法讲求公开，这样自然就不应安排一个灰色而又隐蔽的开头了；再次，司法机关和司法官员是代表国家在行使职权，是严肃的。中国有一句俗语也许能反映百姓长期以来对此类事件的认识，那就是"来说是非者，必是是非人"。由此，我们可以建议，无论现代司法过程是否有这样的现象，我们都应力除古人一直在忧虑着的匿名告诉可能产生的弊端，努力培养全社会所有民众雍容理智的精神和做派。

第三，对古人不受理叙事不明、证据内容空洞案件的规定，现代司法在进步过程中似乎也有可借鉴之处。就刑事案件而言，审判机关对侦查机关未充分取证的案件要不要受理？按照现在通行的做法是，不论检察机关移送起诉的案件证据是否充分，审判机关都要受理并审理，并确立了一个原则，就是证据不足的可以宣告无罪。事实上，这样的做法会带来一些普通人无法认识到的弊端。以故意杀人案为例，如存在证据不足的问题，按理是不应起诉的，因为我国刑事诉讼法规定逮捕的条件就是主要犯罪事实已经查清。所谓查清，包括已认定发生了什么事、谁做了这件事，相关的证据也已经收集充分了。如果证据还不充分的故意杀人案件起诉到法院，法院肯定要宣告无罪。这样就产生了问题，一方面侦查机关认为我负责侦查的案件已经得到检察机关首肯，被起诉到法院，那么我的任务完成了；另一方面，被害人家属则纠缠不休，因为家人被害，而国家司法机关又没有找到一个应负责任的人，很可能产生越级上访等事，对司法机关的形象带来不小的负面影响。如要改变这种状况，对于文中例证，就应采取不予受理的方法，使案件不能清结，强化相关机关和人员补充查证责任，更好地完成司法打击犯罪、保护人民的法定任务。在民事案件中，也应当建立因证据不足、事实不清、案件标的过小等因素而不予受理的制度。实践中，常常会遇到这样的情形，当事人为了自己的利益起诉他人到法院，但因为原来的民事行为均没有依法进行，没有留下相应的证据，所以起诉时就只能笼而统之地说，其要求之高，情绪之烈，俨然是法院或法官损害了他的利益，全然忘了自己在进行民事行为时的依据缺失。这样的案件无法审，按照规定又必须审，这样下去就会产生一个个申诉案、上访案，到头来全成了法官的错，严重地损害了司法机关的权威和法官的形象，并可能被个别别有用心的审判人员上下其手，形成腐败事端。另外，对于标的小，明显是想利用审判机关"争一口气"的案件，也应从珍惜司法资源的角度不允许其起诉。

另外，古代关于不受理证据不充分、指称不明案件的做法对现代关于检举立功的立法大有借鉴意义。现代刑事司法过程中，犯罪嫌疑人为借立功一途减轻自己的刑事责任，往往听风即雨，以传言为据争相举告，有品德十分恶劣者在看守所竟然以此诈骗他人，任意编造所谓他人犯罪信息，错误引导同监者，同时给司法机关办案造成极大压力。一方面，法律规定对嫌疑人的检举揭发必须予以查证；另一方面，这些检举揭发似是而非，没有充分线索。这些都导致司法机关工作效率低下，工作人员在对待检举立功问题上无法形成统一的思想。因此，有必要借鉴古代做法，尽快出台相关法律或者司法解释，以解决目前不应有的混乱状况。

第四，关于管辖方面的规定，现行法律要比古代法律规定得详尽合理，执行起来也没有什么问题。如死刑复核规定，重大犯罪案件或特殊类型由中级以上人民法院审理的规定等，都体现了审慎负责的精神，经过多年检验，证明它们对保证重大案件质量起到了不可替代的作用。那么，古代的管辖制度还有没有可以思考借鉴的部分呢？通过对古代管辖制度的考察，我们知道，古代对徒刑、流刑以上的判决，不论被告人是否上诉，均要报请相应的上级机关审核批准。在交通、通讯极为不便的情况，古人为什么要坚持这样做，是什么让他们不厌其烦？分析下来，应该是由统治者对刑罚所持的极为审慎的态度，对不当刑罚可能产生的损害民心结果的畏惧决定的。正因如此，古人不仅设定了复核制度，另外还设计了诸如录囚、热审、秋审、朝审、三司会审、九卿圆审等制度。由此可知，除了制度本身，制度设计的背景与考虑也是决定事情成败的重要因素，不可以轻视。这也许可算作古人管辖制度设计留给现代人的一点启示吧。

第二节
侦查审讯阶段的责任

一、历史发展及主要内容

我国古代对获取证据、侦破犯罪非常重视，对侦查、审讯等重要环节均作出了明确的程序、时限等方面的要求和规定，对于违反这些规定的司法官员规定了相应的责任。

（一）对采取强制措施及追捕疑犯等均作出较为明确的规定，并为相关司法官员设定了明确的责任

战国时期，我国就出现了较为系统的关于强制措施的法律规定。魏国李悝制定的《法经》中就专门有《捕法》一篇。到秦汉时期，强制措施进一步发展。汉朝对嫌犯可以依法采取拘捕，对于重大案件，还可以对与事件密切相关的人一并采取强制措施。

唐朝对于那些接到重大案件应报告而没有立即报告并逮捕犯罪人的，要追究相关司法官员的责任。《斗讼律》规定，官员接报后应立即报告上司，未及时报告的，"一日杖八十，三日杖一百"；没有立即采取强制措施捕获犯罪人，要承担更重的刑事责任："官司不即检校、捕逐及有所推避者，一日徒一年"。对于虽然接受报案实施捕获措施，但不能积极尽力的，也要追究刑事责任。如《唐律疏议·捕亡》"将吏捕罪人逗留不行"（总第 451 条）规定："诸罪人逃亡，将吏已受使追捕，而不行及逗留；虽行，与亡者相遇，人仗足敌，不斗而退者，各减罪人罪一等；斗而退者，减二等。即人仗不敌，不斗而退者，减三等；斗而退者，不坐。"①

（二）我国古代有较为完善的侦查取证制度，司法官员必须依法取证，保证司法追诉活动的开展有充分的依据

侦查取证质量是决定刑事案件质量的关键。取证要及时，要真实，要充分，必须能够证明犯罪嫌疑人行为的主客观各个方面，这是证明犯罪的基本要求。我国古代各时期政权都重视案件的取证事宜，并建立了具有较强可操作性的一系列制度。

秦朝统治者讲求实际，在对法律和司法的规律发现方面作出过较大的贡献。在以证据证明犯罪方面，秦统治者专门制定一部《封诊式》，以规范刑事侦查取证活动，以保证证明犯罪所需的各种证据能够及时完整地取得。如就物证取得方面，秦简《封诊式》就有记载："爰书：某里士五（伍）甲、乙捕缚诣男子丙、丁及新钱百一十钱，容（熔）二合，告曰：'丙盗铸此钱，丁佐铸。甲、乙捕索其室而得此钱，容（熔），来诣之'。"纠举犯罪人应将被纠举者犯罪的证据一并收集上交，如本例中扭送铸私钱的人，将他们铸的钱和铸钱用的模具一起送到了官府，对证明犯罪提供了完整的证据。又如，《封诊式》记载有三个现场勘察和尸体解剖的文书案例，三例均表明，当主要司法官员接到相关报案后，必须及时亲自或派员去进行现场勘察，了解案发现场情况，检验尸体伤痕、致死主因，并要向被害人、亲属、见证人及知情人等了解相关情况并作详细记录。

宋朝设定了完善的检验取证制度。关于检验的范围，宋朝规定：凡是杀伤公事，以及非正常死亡、死前没有近亲属在旁的，必须报官府派官检验，以确定死亡过程中是否存在犯罪因素。检验不仅针对尸体，有时也针对伤害案件或性犯罪案件的活体。关于检验的程序，要求必须经过报检、初检、复检三道程序。如发生法定应当检验的案件，保甲等义务人必须首先向官府报告。对于不报的情形，《宋会要辑稿·刑法》记载宁宗嘉泰年间曾颁布谕令："凡有杀伤人去处，如都保不即申官，州县不差官检复及家属受财私和，许诸色人告首，并合从条究治。其行财受和会之人，更合计赃重行论罪。"对于检验结果的固定，宋朝规定必须详

---

① 《唐律疏议·捕亡》。

细制作笔录。如《洗冤集录·验状说》记载："凡验状须开具：死人尸首元在甚处，如何顿放，彼处四至，有何衣服在彼，逐一各检札名件。其尸首有无雕青、灸瘢、旧有何缺折肢体及伛偻、拳跛、秃头、青紫黑色、红痣、肉瘤、蹄躃诸般疾状，皆要一一于验状声载，以备证验诈伪，根寻本源推勘；及有不得姓名人尸首，后有骨肉陈理者，便要验状证辨观之。"宋朝法律还规定，检验记录应有附本，依次交付相关机关和人员。如《宋史·刑法志》记载："淳熙初，浙西提刑郑兴裔上《检验格目》，诏颁之诸路提刑司。凡检覆必给三本：一申所属，一申本司，一给被害之家。绍兴法，鞫狱官推勘不得实，故有不当者，一案坐之。"在大的案情上造成出入的，要承担刑事责任，但如在细节上有出入的，则不追究官吏。对于不依法履行检验职责的人，要处以重刑。《洗冤集录·条令》记载："诸被差验复，非系经隔日久辄称尸坏不验者，坐以应验不验之罪。"

明清时期对于勘验取证也非常重视。如《大明律·刑律·断狱》"检验尸伤不以实"条规定："凡检验尸伤，若牒到托故不即检验，致令尸变，及不亲临监视，转委吏卒，若初复检官吏相见，符同尸状及不为用心检验，移易轻重、增减尸伤不实、定执致死根因不明者，正官杖六十，首领官杖七十，吏典杖八十。仵作行人检验不实，符同尸状者，罪亦如之。因而罪有增减者，以失出入人罪论。若受财故检验不以实者，以故出入人罪论。赃重者，计赃以枉法从重论。"《问刑条例·刑律·断狱》"检验尸伤不以实新题例"规定："凡遇告讼人命，除内有自缢、自残及病死而妄称身死不明，意在图赖、挟财者，究问明确，不得一概发检，以启弊害外，其果系斗殴、故杀、谋杀等项当检验者，在京初发五城兵马，覆检则委京县知县；在外初委州、县正官，覆检则委推官。务求于未检之先，即详鞫尸亲、证佐、凶犯人等，令其实招，以何物伤何致命之处，立为一案，随即亲诣尸所，督令仵作，如法检报，定执要害致命去处，细检其圆长斜正，青赤分寸，果否系某物所伤，公同一干人众，质对明白，各情输服，然后成招。中间或有尸久发变青赤颜色，亦须详辩，不许听凭仵作，混报殴伤，辄拟偿抵。其仵作受财，增减伤痕，符同尸状，以成冤狱，审出实情，赃到满贯者，查明诳骗情重事例，枷号问遣。"可见，对侦查、勘验、取证的规范达到了具体操作细则的程度，已经不像是法律规定，而像上下级之间斟酌具体事务时上级对下级的嘱咐。这种事无巨细的立法作风，正反映出明代统治者对重大案件取证过程极其重视。

对于验尸，古代的法律规定和现实操作可能有所背离。如《资治新书》卷首载李渔《慎狱刍言·论人命》则认为："尸当速相而不可轻检，骸可详检而不可轻拆。拆骸蒸骨，此人命中万不得已之计。倘有一线余地，尚不可行……尝思片言折狱之人，不知存活多少性命，完全多少尸骸，故人乐有贤父母也……慎勿一概烦扰，以致生死俱累。"（转引自《折狱龟鉴补》）这一认识体现了古代中国人浓重的灵魂意识及由此生成的对死者尸体的尊重，可能会在一定程度上影响针对尸体的检验工作的开展。

（三）我国古代建立了比较系统的刑讯逼供制度，但轻重之间由法律规定，违反的要受处罚

秦朝对屡供屡翻者有刑讯验证的规定，并为此事制定了较具操作性的程序。秦简记载《封诊式》规定的刑讯要求和程式为："凡讯狱，必先尽听其言而书之，各展其辞，虽智（知）其訑，勿庸辄诘。其辞已尽书而毋（无）解，乃以诘者诘之。诘之有（又）尽听书其解辞，有（又）视其他毋（无）解者以复诘之。诘之极而数訑，更言不服，其律当治（笞）

谅（掠）者，乃治（笞）谅（掠）。"但是秦朝并非将刑讯奉为侦查至上的策略，而是将其视为下策。《封诊式》"治狱"中即称："治狱，能以书从迹其言，毋治（笞）谅（掠）而得人请（情）者为上；治（笞）谅（掠）为下；有恐为败。"汉朝承袭秦朝的规定，也允许刑讯。如《汉书·杜周传》载："会狱，吏因责如章告劾，不服，以掠笞定之。"①

三国两晋南北朝时期，刑讯制度又有发展。如南梁创立了测罚制度。对于士族、女人和老人，采取限制饮食的方法进行刑讯。《隋书·刑法志》载：士族"断食三日，听家人进粥二升。女及老小，一百五十刻（每百刻为一日）乃与粥，满千刻而止"②。对于一般的嫌犯，则令其戴上刑具长时间站在高处，每日测一次。

到了唐代，刑讯制度渐趋成熟。《唐律疏议·断狱》"讯囚察辞理"条规定了刑讯的前提条件："诸应讯囚者，必先以情，审察辞理，反复参验；犹未能决，事须讯问者，立案同判，然后拷讯。违者，杖六十。""拷囚不得过三度"条还对刑讯的度及刑讯没有结果的情形给出了明确规定："诸拷囚不得过三度，数总不得过二百，杖罪以下不得过所犯之数。拷满不承，取保放之。"对于经过刑讯仍不认罪的，"拷囚限满不首"条规定："诸拷囚限满而不首者，反拷告人"。反拷告人，在这里明显是古代诬告反坐法律制度在侦查中的推演。

清朝对刑讯的规定更为详尽。除对一般轻微案件允许使用拧耳、跪链、压膝、掌责等刑讯方法，对较重的案件可以使用笞、杖，并规定刑讯所用的笞、杖的尺寸大小等外，还规定对关涉命案重罪可以施用重的刑讯措施，如夹棍、拶指等。但对刑讯械具的使用也有规定，康熙四年（1665年）曾诏令，凡审理强盗、窃盗及人命大案，犯人已经在其他衙门招供，移送其他部门审理时翻供，或者司法机关已经掌握其犯罪的确凿证据，而嫌犯仍坚持抵赖的，能使用夹棍，其他小事则不准滥用刑讯。但在现实运作中，往往会超出统治者允许的范围。司法官员在破案的压力下，或为人情所催使，有时不免滥用械具，甚至会发明出一些古怪的刑讯方法，如"好汉架"、"饿鬼吹箫"等，不一而足。虽屡有皇帝诏令、上司命令禁止，但总是愈演愈烈，难有显效。

值得注意的是，古代尽管有刑讯制度，但综观各代规定，没有任何一朝政权的法律规定可以直接用刑讯以逼取口供定案，只是允许在嫌疑人多次翻供、或其他证据可以证明其有罪又拒不认罪的情况下，才可以运用刑讯手段。且刑讯是有度的，如唐朝就规定刑讯总数不得过200次且不得超过其犯罪行为可能应受的刑罚。又，刑讯本身也是作为验证犯罪的手段之一使用的，如嫌疑人经过刑讯仍然不招供，则应取保放人或"反拷"告人，并非如现代人们想象的古代司法制度是随意无度的。

中国古代的刑讯逼供

图片来源：冯玉军：《衙门里这些事儿》，45页，北京，法律出版社，2007。

---

① 《汉书·杜周传》。
② 《隋书·刑法志》。

（四）对伤害罪建立了比较科学的保辜制度，为科学地评定犯罪人罪责提供保障

保辜制度在我国出现较早，但到唐朝才得以完善。《唐律疏议·斗讼》"保辜"（总第 307 条）规定："诸保辜者，手足殴伤人限十日，以他物殴伤人者二十日，以刃及汤火伤人者三十日，折、跌支体及破骨者五十日。（殴、伤不相须。余条殴伤及杀伤，各准此。）限内死者，各依杀人论；其在限外及虽在限内，以他故死者，各依本殴伤法（他故，谓别增余患而死者）。"《清律辑注》解释保辜的做法是："保，养也；辜，罪也。保辜，谓殴伤人未致死，当官立限以保之。保人之伤，正所以保己之罪也。"到明、清时，这一制度得到进一步发展。如《大明律·刑律·斗殴》"保辜期限"条规定："凡保辜者，责令犯人医治，辜限内皆须因伤死者，以斗殴杀人论。其在辜限外，及虽在辜限内，伤已平复，官司文案明白，别因它故死者，各从本殴伤法。若折伤以上，辜内医治平复者，各减二等。辜内虽平复，而成残废、笃疾，及辜限满日，不平复者，各依律全科。"从明律的这一规定看，比唐律更具体，更具有可操作性。

（五）我国古代有较为系统的依法审理制度，保证审理过程的合理、合法，并为司法官员设定了相关责任

中国古代司法官员审理案件普遍采取"五听"的方法，即如《周礼·秋官·小司寇》所载："以五声听狱讼，求民情：一曰辞听，二曰色听，三曰气听，四曰耳听，五曰目听"。《魏书·刑罚志》记载北魏时宣武帝曾要求司法官员审理案件要"先备五听之理，尽求情之意，又验诸证信"。因"五听"审理方法综合了司法官员审理案件应当遵循的最主要的规律，所以后世封建各个朝代均以此为蓝本，虽略有变化，但万变难离其宗。

古代统治者为保证案件质量，一般要求主官对案件直接负责。如《唐六典》中就有记载唐代要求司法官员要"审察冤屈，躬亲狱讼"[①]。唐《狱官令》更进一步规定："诸问囚，皆判官亲问，辞定令自书款，若不解书，主典依口写讫，对判官读示。"[②] 其后宋、元、明、清诸朝也都要求主官对案件质量直接负责。如宋代要求各州判决必须以知州名义进行，其他参与的判官或推官以及司理、司法各参军负连带责任。宋代更有多位皇帝喜爱亲自审案判决，史称御笔断罪。但据宋史刑法志记载，有时牧守多系军人，也会生"率意用法"之弊。虽然清朝《大清会典》也规定："官非正印，不得受民词"，也就是说非主官，甚至连民事案件也不能审理。但是主官不能亲审的问题到清朝则愈发严重。因社会发展导致州县官事务越来越繁杂，且州县官于司法一途大多缺少历练，所以他们在审判案件时，不得不求助于刑钱幕友，即后世人们所称的师爷。这些幕友们自幼即学习词讼之事，所以代幕主批呈词、签差传唤拘提、定期集审、参与审讯，甚至代为草拟判决书等，均为其职业所娴熟之事。到清朝，师爷已经成为一种职业，在有些地方还很发达，如绍兴师爷即享有盛名。至此，最高统治阶层对司法官员有时不能亲理狱讼的事也只能睁一眼闭一眼了。[③]

古代法律规定司法官员在审理案件时，一般不得于诉状之外推求他罪，近似于近代规定

---

① 《唐六典》卷三十。

② ［日］仁井田升：《唐令拾遗》，栗劲、霍存福、王占通、郭延德等编译，715 页，长春，长春出版社，1989。

③ 参见那思陆：《清代州县衙门审判制度》，"第二章"，北京，中国政法大学出版社，2007。

的不告不理，防止官员怀恨报复被告人。如《唐律疏议·断狱》"依告状鞫狱"（总第 480 条）规定："诸鞫狱者，皆须依所告状鞫之。若于本状之外，别求他罪者，以故入人罪论。"[1] 本条疏议说："鞫狱者，谓推鞫之官，皆须依所告本状推之，若于本状之外，傍更推问，别求得笞、杖、徒、流及死罪者，同故入人罪之类。"以后诸朝也有类似规定。但封建统治者并没有对此进行绝对限制，唐朝时即已经给出了例外规定。本条疏议后项随即补充道："若因其告状，或应掩捕搜检，因而检得别罪者，亦得推之。其监临主司，于所部告状之外，知有别罪者，即须举牒。"但不得直接与前案合并审理。毋庸置疑，古代法律对状外别求他罪的惩罚是严格的。但是可以想见，为统治者的根本利益计，在查处涉嫌危及皇权的案件或其他重大案件时，不可能避免此类行为。

古代审讯罪犯、审理案件，一般应当在官厅之中公开进行。从古代官衙设置一般直接面朝街衢的情形可知，这种公开是面对不特定公众，其公开程度还是较为彻底的。这有利于实现一般公众对官员审理活动的监督。但史料中也有唐朝官员将涉及阴私案件在秘密状态下审理的记载，但不为通例。

清代县衙公堂县官座位

图片来源：冯玉军：《衙门里这些事儿》，63 页，北京，法律出版社，2007。

清朝法律规定司法官员必须严格级别管辖等规定，当级负责，不许推诿侦查审理职责，如有违背，则予严惩。如《大清会典事例》记载："若命盗等案尚未成招，寻常案件尚无堂断，而上供呈词内又无抑勒画供，滥行羁押，及延不讯结，并书吏诈赃舞弊各等情，应即照本宗公事未结绝者发当该官司追问律，仍令原问官审理，该管上司，仍照律取具归结缘由勾销。""倘有应亲提而委审，或应亲提委审，而发交原问衙门者，即令该督抚指名严参，交部照例议处。其所委之员，若有瞻徇听嘱等弊，亦即严参治罪。该督抚有违例委审者，亦照议处。"

（六）严格对嫌犯的看押制度，对于失职使嫌犯脱逃或者违法私放嫌犯的，设定严格的刑事责任

《唐律疏议·捕亡》"主守不觉失囚"（总第 466 条）规定："诸主守不觉失囚者，减囚罪二等；若囚拒捍而走者，又减二等。皆听一百日追捕。限内能自捕得及他人捕得，若囚已死及自首，除其罪；即限外捕得，及囚已死若自首者，各又追减一等。监当之官，各减主守三等。故纵者，不给捕限，即以其罪罪之；未断决间，能自捕得及他人捕得，若囚已死及自首，各减一等。"本条规定，重点还是避免司法官员因疏忽而使嫌犯漏网，所以在设定具体责任时，多有宽容之处，如给限捕获及他人捕获都有减等处罚的规定；对于故意放纵罪犯逃脱的，则不以失囚论，而以同等故意犯罪论，并且将罪责设定与原犯者相同。

古代对监禁问题的规定比较详细，责任也比较明确。但实际的执行情况可能并不如想象的好。如《资政新书》卷首《祥刑末议·论监狱》中李渔这样描述："罪人之死于牢狱，天

---

① 《唐律疏议·断狱》。

年者少，非命者多。有狱卒诈索不遂，凌虐致命者；有仇家贿买狱卒、设计致死者；有伙盗通同狱卒、致死首犯，以灭口者；有狱霸放债逼凶、坑贫取利而拷逼致死者；有无钱通贿，断其狱食，视病不报，直待垂死而递病呈，甚至死后方递病呈者。酷弊冤苦，种种不一。"（转引自《折狱龟鉴补》）可见，法律规定和实际社会状况往往是有较大差异的。

（七）严禁司法官员帮助嫌犯串供、翻供，违者要承担刑事责任

《唐律疏议·断狱》"主守导囚翻异"（总第 472 条）规定："诸主守受囚财物，导令翻异；及与通传言语，有所增减者：以枉法论，十五匹加役流，三十匹绞；赃轻及不受财者，减故出入人罪一等。无所增减者，笞五十；受财者，以所受监临财物论。其非主守而犯者，各减主守一等。"司法人员帮助嫌犯串供、翻供是历代司法所极力避免的事，因为这会给刑事司法活动带来诸多不利的影响，在以口供和言词证据为主要证据的古代，这种影响经常是破坏性的，会导致成案转疑，加大司法活动的难度，损坏司法的形象，所以各朝均加以严惩。

（八）禁止虐囚，保护嫌犯的人身权、财产权，违者会受到行政处罚，甚至刑事处罚

唐朝、明朝、清朝均明文禁止凌虐罪囚，保证案件的侦查、审理、判决都能在嫌疑人、被告人处于正常健康状况下进行，确保案件质量。如《唐律疏议·断狱》"囚应给衣食医药而不给"（总第 473 条）规定："诸囚应请给衣食医药而不请给，及应听家人入视而不听，应脱去枷、锁、杻、而不脱去者，杖六十；以故致死者，徒一年。即减窃囚食，笞五十；以故致死者，绞。"《大明律·刑律·断狱》"凌虐罪囚"条规定："凡狱卒非理在禁，凌虐、殴伤罪囚者，依凡斗伤论；克减衣粮者，计赃以监守自盗论；因而致死者，绞。司狱官典及提牢官，知而不举者，与同罪；致死者，减一等。"清朝则用后期查验的周密立法以保证被关押者不被凌虐："凡犯人出监之日，提刑官、司狱细加查问，如有禁卒人等凌虐需索者，计赃治罪，仍追赃给还犯人。提刑官、司狱不行查问，事发之日，亦照失察例议处。"即嫌犯出牢时，提刑官、司狱有相关的查问实情义务，不履行相关义务要承担失职的责任，用这种方式以方便嫌犯反映真实情况，以监督相关司法人员的违法行为。

在古代的司法实践中，虐囚现象层出不穷。如《宋史·刑法志》记载"至理宗时，往往谳不时报，囚多瘐死"即为一证。

（九）侦查审讯都有一定的期限限制，超过法定期间要受罚

古代对侦破案件都有较为明确的时限限制。如《唐律疏议·贼盗》"部内人为盗及容止盗"（总第 301 条）规定："即盗及盗发、杀人后，三十日捕获，主司各勿论；限外能捕获，追减三等。"可以看出，唐朝对重大案件的侦破期限要求严格，对违反期限规定官员的责任追究也非常明确。

清朝对侦查、审讯也作了相应的时限规定。如《大清会典事例》记载："凡捕强盗盗贼，以事发日为始……当该捕役，汛兵一月不获强盗者，笞二十；两月，笞三十；三月，笞四十，捕盗官罚俸两个月。捕役，汛兵一月不获窃盗者，笞一十；两月，笞二十；三月，笞三十，捕盗官罚俸一个月。限内捕贼及半者免罪。"这些关于侦捕期限的规定特别细致、明确，加减情节预测较多，处罚标准简便易行，程度控制有度，足见立法者的用心良苦。对于命案凶犯在逃的，清《六部处分则例》规定："扣限六个月查参，将承缉官住俸，勒限一年缉拏。二限不获，罚俸一年，再限一年缉拏。三限不获，罚俸二年，仍再限一年缉拏。四限不获，

降一级留任，凶犯照案缉拏。"这样的规定是把解决重大问题的责任归结于一人，使相关司法官员无可逃避，也从反面堵住了相关司法官员通过接受一定处罚而从复杂疑难的困境中解脱的可能，这种几近终身责任制的规定方式，可以消除司法官员的怠惰心，促成其尽心努力，尽快侦破案件，抓获犯罪分子。

（十）在侦查、审讯阶段赋予官僚、贵族特权，启动对他们的刑事追诉程序须经过批准，不得违反

我国古代对特殊人物犯罪的侦查、羁押和审判均有特定的程序要求，也体现出封建社会中赋予官僚贵族的部分特权。如具有"八议"身份（即议亲、议故、议贤、议能、议功、议贵、议勤、议宾）的人和他们的祖父母、父母、妻子、儿孙犯罪，官吏都不能擅自逮捕、审问，均须报相应的机关甚至是皇帝决定，得到准许才可以逮捕、审问，如果得不到准许，则必须免予追究。

对特定的对象必须经过特定的批准程序才能启动逮捕审讯程序。如《唐律疏议·职制》"长官及使人有犯"（总第130条）规定："诸在外长官及使人于使处有犯者，所部属官等不得即推，皆须申上听裁。若犯当死罪，留身待报。违者，各减所犯罪四等。"① 该条疏议说："在外长官，谓都督、刺史、折冲、果毅、镇将、县令、关监等。长官及诸使人于使处有犯者，所部次官以下及使人所诣之司官属，并不得辄即推鞫。若无长官，次官执鱼印者，亦同长官。皆须先申上司听裁。"唐朝对特殊对象的侦审程序作了特殊要求，必须履行特定的手续，最主要的是要报告上级甚至是皇帝决定后，才可以启动刑事追诉程序。又如《宋史·刑法志》记载，宋朝神宗时就曾下诏："品官犯罪，按察之官并奏劾听旨。毋得擅捕系、罢其职奉"。明清两代法律也保留了类似的特权规定。如明律规定：京官及五品以上的地方官有犯罪的嫌疑，必须报告皇帝决定，相关司法官员不能擅自逮捕审讯。对府州县的官员的轻微违法行为，上司可以笞决、罚俸、收赎等，但遇有重大违法犯罪行为，则必须奏报皇帝决定，不能擅自审问。这些规定一方面可以保证统治集团成员的尊严得到一定程度的维护，另一方面也可以避免不同利益集团官员之间的斗争表面化，维护统治阶层的正面形象。

二、主要特点及现实意义

从前述古代对司法官员在侦查审讯阶段所应履行的职责和应承担的责任可以看出，出于对案件尤其是刑事案件质量的考虑，统治者对相关的各个环节都作出了较为详细的规定，并因此而为官员设定严格责任，确保各项法律规定能够得到贯彻落实。这些规定及其背后的立法原旨，有些带有浓重的时代色彩，对现代司法不具有可参照意义。但是，有些规定还是符合司法的内在规律，有其存在的价值，对现代司法、现代法官职业化有着不可忽视的参考价值。

古代关于重大案件及时报告、追捕等的责任规定，对于提高重大案件破案率有一定的促进作用。现代我国案件侦查机关考核时往往只考核破案率，但对及时报告、及时追捕等尚未作出明确规定，这种状况恐易引发不破案则不立案等不良倾向，招致群众不满。将来有必要作出类似规定，以强化责任。在设立类似制度时，古代的一些具体做法可作为一项参考。

---

① 《唐律疏议·职制》。

古代关于侦查取证制度特别详尽，如关于勘验方面的规定就比我国现代的类似制度要全面、具体，这一点对保证证据的客观、全面，提高刑事案件认定事实的准确性非常有帮助。目前，我国关于刑事侦查取证仍没有系统的法律规定，对取证过程没有给出明确具体的规范，对勘验等侦破案件的程序更未制定切实可行的操作规范，实践中主要依靠侦查人员的经验判断，这对于保证准确打击犯罪，避免冤错案件是远远不够的。可以借鉴古代的立法经验，针对刑事侦查过程的各个环节制定相应的规范，明确相应的操作要求，设定责任。

刑讯逼供制度一直被看作是封建司法制度的一大糟粕。但通过对古代刑讯制度的考查，我们不难看出，这项制度设立的初衷并非是为了逼取口供，而是针对供述反复的情形。在侦查技术不够发达，口供又被作为定案的主要证据的情况下，刑讯逼供几成侦破案件的唯一手段。古代的统治者们在认识到这一点的同时，即以法律规定的形式对刑讯问题进行具体规范，以避免此事留下深弊，也体现了古人面对现实的良好态度和务实作风。现代我国已经不存在刑讯逼供问题，且刑法中也设立了处罚严厉的条款。但在今天仍不能完全撇开口供侦破案件、认定被告人犯罪事实的情况下，人们对此也应有所思考，有所防范，而不能放松警惕。

保辜制度对现代审理故意伤害等涉及人身损害责任案件有一定的借鉴意义。如能设立类似制度，必可有利于保护被害人的利益，有利于化解矛盾，进而敦睦社会。伤害案件的被害人在身体和精神上都会受到一定程度的伤害，影响工作，减少收入，有的可能因缺乏照顾而无力救治。古代设立保辜制度让被告人负起医治、救护方面的责任，不仅可以减轻被害人身体伤害，也有助于平复被害人精神上的伤害。同时，给被告人减轻罪责的机会，与被害人重续被伤害的情感联络，减少对抗，遏制报复行为，保证社会秩序不会因被告人一时的过错而产生不必要的紊乱，是一种对各方均有利的制度。正如李渔在《另刊命案状式》中所言："是以一纸保辜，活两人生命也。"① 现时我国对待故意伤害等涉及被害人健康的犯罪，一般是以事发后即时的伤情鉴定结果为据，以确定被告人对其行为应当承担的责任，对被告人应当履行的事后救助责任和履行后可能带来的利益没有作出规定。如刑法规定，持械致人重伤的一般要判处被告人 10 年以上有期徒刑。在法医学鉴定标准上，肠穿孔可能构成重伤。但常识可见，肠穿孔在现代并不算是医疗难题，一般治疗完全可以使被害人康复到原有的健康状态。而按照现行刑法，以事后即时鉴定为标准量定被告人的刑事责任，则不免会导致轻罪重判。这里说的不过是一个方面的例证，当然也可能会出现相反的被害人经过医治无效死亡的例证，如真出现死亡反例，那么依照现行刑法又会出现重罪轻判的问题。思维深入一步，可使行为合理性得到提高，古代相关立法规定可以避免引发前述问题，值得借鉴。

古代法律规定主官必须对案件质量负责，尽管在实践中该规定执行得并不理想，但是仍体现了最高统治者提高案件质量的长远考虑，并将此愿望付诸实施的决心。这对现代法官职业化应当有所启示。目前我国法官集体的实际情况是：审判才能突出的多被提拔为庭长、院长，而这些法官一旦被提拔，其绝大多数时间和精力就被缠绕在纷繁复杂的管理事务中，不再可能亲自参与庭审，体现不出主官对审判质量和效率的直接助推作用。这种做法既与我国古代的经验相悖，也与世界其他发达国家的做法不同。众所周知，英、美等发达国家的法官，包括最高法院的少数几个大法官，都在亲自审理案件，通过案件审判指导全国法院其他

---

① 转引自《折狱龟鉴补》卷六《杂犯下》。

法官的审判工作，以保证司法的公正性。有鉴于此，有必要借鉴我国古代的经验，使审判才能出众的法院院长、庭长们从纷繁复杂的琐务中脱身，让他们重回审判一线，为提高我国的司法质量，尽早实现司法和谐作出他们应有的贡献。

古代关于在官厅公开审讯罪犯的做法与现代刑事诉讼法的相关规定相吻合。现代刑事诉讼法规定，讯问犯罪嫌疑人应当在其住所地、看守所或者办案机关的办公场所进行。无论是现代的规定，还是古代的做法，所有这些都是为了保障嫌疑人不受侦查办案人员违法侵犯，从此出发点推演开去，关键还是在于具体执行。

清代调整上下级审判关系、建立层级负责制的规定比较具体，主要是为了防止下级官吏舞弊或者因畏难而推卸责任，强化下级司法官员必须查清事实、明断案件的责任。这一点对于现代司法责任体系的建立有一定的参考价值。如在民事申请再审案件的审查问题上，修订后的《民事诉讼法》规定由生效裁判法院的上一级法院审查。从切实维护当事人的合法权益，维护当事人的程序性权利的角度考量，这一规定是科学的，利民的。但是从司法的具体操作层面考量，这一规定又不够全面和具体。如，遇有重大疑难的案件，下级法院不愿承担责任，不愿做过细的说明解释工作，为了节约审理期限，甚至为了摆脱案件处理过程中遇到的尴尬处境，简单判决，导致当事人不服，不停申诉上访，怎么办？下级法院及其法官应当承担什么样的责任？等等事项，新修订的《民事诉讼法》均未加规定。这样就导致《民事诉讼法》实施后的情形难以预料，上下级法院之间的责任难以分清，使原本良好的立法本意难以得到充分的落实。在这些层面上，古人的考虑可能会有相应的借鉴价值。

古代对侦查破案的时限规定非常严格，这对于迅速破获刑事案件，打击犯罪，维护社会安定和统治阶级的统治基础无疑是非常有帮助的。但是过分严苛的要求，在一般人经过一般的努力不能达到的情况下，它就可能走向制度设计初衷的反面。如清朝，因州县官吏所承担的侦破案件、缉捕罪犯的责任极重，往往疲于奔命而游移于被追究刑事责任的边缘，所以他们就必然采取一定的策略以求自保。当百姓报告有命案等重大案件时，州县官可能就会故意将强盗改为窃盗，将谋杀改为自杀，甚至隐瞒杀人、强盗案件不报，借此逃避因不能及时破案捕获嫌犯而要承担的责任。这一点也是现代立法者为司法官员设定责任时所必须考虑的。

在对特定人群采取强制措施、逮捕审判问题上，我国现行法律中关于拘留、逮捕人大代表必须经过人大常委会批准的规定，无疑是对古代法律的一种参照结果。但是除了人大代表之外，是否还有一些对象需要在对其采取强制措施、依法审判时给予一定的程序保护呢？笔者感到仍然有必要。如对一些重要岗位上的特殊人员，对享有外交豁免权之外仍有必要考虑严格追缉程序的非本国籍人士等，也可以设定特别的程序要求。另外，也可将一些已经被惯常执行的内部规定予以法律化，使其更具有公开性，避免法制死角的存在。

第三节
审判处刑阶段的责任

一、历史发展及主要内容

审判处刑阶段是古今中外司法发展史上的重点，历来为统治者所密切关注。我国古时各朝代都在这一阶段对司法官员规定了严格责任。

（一）司法官员必须严格按照法律规定定罪量刑，违者受罚

我国古代一般要求司法官员对被告人审判处刑必须依法律正文（即律、令、格、式规定本文），这是法律的基本规定，但同时立法者又会为司法实践留下适度的犹豫空间，有时甚至赋予司法官员一定的自由裁量权，在特定的历史时期也有依照判例或类推定罪量刑的例子。

《尚书·康诰》记载："蔽殷彝，用其义刑义杀，勿庸以次汝封。"意思是说定罪量刑时不许以个人的意志为准，而应以商朝的部分法律条文为准。"义刑义杀"就是"宜刑宜杀"，就是要求罚当其罪，罪刑相当，而不能受个人喜怒、个人意志的影响。

汉初，张释之依法办案，违抗皇帝的旨意，就是汉朝法律规定司法官员在定罪量刑时必须依照法律的写照。《南史·何承天传》载：承天议曰："狱贵情断，疑则从轻。昔有惊汉文帝乘舆马者，张释之劾以犯跸，罪止罚金。何者？明其无心于惊马也。故不以乘舆之重，加于异制。"

《唐律疏议·断狱》"断罪不具引律令格式"（总第 484 条）以极为简洁的条文规定："诸断罪皆须引律、令、格、式正文，违者笞三十。"

到明清两朝，也对依律定罪量刑作出了相似的规定。如《大明律·刑律·断狱》"断罪引律令"条规定："凡断罪皆须具引律令。违者，笞三十。若数罪共条，止引所犯罪者，听。其特旨断罪，临时处治不为定律者，不得引比为律。若辄引比，致罪有出入者，以故失论。"

在整个古代司法过程中，除依照律令格式正文断案外，也会有一些必要的法外法补充。如，有些朝代可能会承认判例的法律效力，在周朝，就有被称为"成"的判例形式可以作为判案的依据；在非常讲究法治的秦朝，也有"廷行事"作为法官判案的补充依据；在重视惩治盗贼的宋朝，则有被称为"断例"的判例可以被法官用来作为判决的依据，甚至中央政权机构的命令如"申明"、"看详"、"指挥"等都可以被引用以定罪量刑。但唐朝不许依判例为判决依据，即使是按照皇帝的旨意判决的案件也不得引以为判决依据。《唐律疏议·断狱》"辄引制敕断罪"（总第 486 条）规定："诸制敕断罪，临时处分，不为永格者，不得引为后比。若辄引，致罪有出入者，以故失论。"

为了应付纷繁复杂的社会治安形势，正视法网百密仍有一疏的现实，唐朝统治者在《唐律》中又明文规定了类推制度，以为较严格罪刑法定原则下法律的补充，允许司法官员在法律没有明文规定，但遇有行为人的行为又必须予以处罚以儆效尤时，司法行为有所凭借，这就是在《唐律疏议·名例》"断罪无正条"（总第 50 条）中规定的："诸断罪而无正条，其应出罪者，则举重以明轻；其应入罪者，则举轻以明重。"在法律没有给出明文规定的情况下，对于那些与社会秩序走向偏差不大但也应处罚的行为，在处罚时应当比照行为结果重但处罚轻的条文判处；对于那些与社会秩序走向偏差较大甚至相逆的行为，在处罚时应当比照行为结果轻但处罚重的条文判处。

（二）判处刑罚必须公允有度，不得故意免除、减轻或诬枉、加重被告人刑罚，违者受罚

公平、公正审判历来是统治者关注司法的重点。中国古代统治者也不例外。在规范司法官员的行为时更是将这一点作为重点。但是，在真正的司法演变过程中，当最高统治者不再

把司法作为其长久统治的基石,而是当成维护眼前利益的工具时,司法官员公正判决的责任轴线常常被最高统治集团推离其应有的轨迹,这曾经严重地损伤过司法的公正性,进而成为导致其王朝速亡的利器。

《尚书》中就记载了西周时期的相关规定:"上下比罪,勿僭乱辞。"① 秦朝法律规定司法官员故意出入人罪的行为为"不直"。秦简《法律答问》中记载:"罪当重而端轻之,当轻而端重之,是谓不直。"其中的"端"与明清时期白话小说中用字意义相近,有肯定的意思,在这里可引申为故意。对司法官员这种行为一般的处罚原则是反坐。《史记·秦始皇本纪》记载有处罚判决不公正的司法官员的实例:"(始皇)三十四年,适治狱吏不直者,筑长城及南越地。"这种处罚较后世封建王朝的流刑要重,基本没有生还的希望。对于过失导致错误判决的司法官员,秦朝也规定了刑罚处罚,只是处罚的程度远较故意枉法为轻。据睡虎地秦墓竹简记载:"当赀盾,没钱五千而失之,可(何)论?当谇。""谇"是秦时对犯轻罪官吏的处罚方式,但即使是"谇",也说明秦朝法律并不放过司法官员在判决时的疏忽责任。

汉朝沿袭秦朝的做法,对司法官员判决不公的行为,尤其是汉武帝之后对故意放纵罪犯的严加处罚。汉景帝时京兆尹张敞"贼杀无辜",被罢去官爵免为庶人,这是在皇帝特别庇护下被从轻发落的。汉宣帝时京兆尹赵广汉因"鞫狱故不以实",结果"坐腰斩",被判处死刑,这是故入人罪者受到重罚的极端例证。同样在汉朝,尤其到汉武帝连年兴兵征伐北疆,导致社会矛盾冲突加剧,民怨沸腾以后,对于那些敢于依法轻处所谓"乱民"的司法官员,往往被认定是故意放纵罪犯(故出人罪)而施以重刑,导致大小司法官员都以深刻罗致为能事,极力加重被告人刑罚,以避放纵罪犯的嫌疑。《汉书·刑法志》记载这一时期为"缓深故之罪,急纵出之诛"。作为最高司法长官的李种"坐故纵死罪,弃市",左冯翊贾胜胡"坐纵谋反者,弃市"。《汉书·路温舒传》记载当时的司法官吏"上下相殴,以刻为明,深者获公名,平者多后患。故治狱之吏皆欲人死,非憎人也,自安之道在人之死"。也就是说,最高统治者为司法官员设定了违法错误判决的刑事责任,但在实践操作中出现了严重的导向上的错误,结果使司法偏离了它原来应该的发展方向,反过来侵蚀了汉王朝的统治基础。

唐朝因袭了隋朝的经验,吸取了隋朝的教训,在对维系统治事业的认识上远较前朝各代更深远、更高迈。唐朝在法官公平、公正判决的问题上强调得比其他各代都要认真,如《贞观政要·刑法》记唐太宗语:"朕常问法官刑罚轻重,每称法网宽于往代。仍恐主狱之司,利在杀人,危人自达,以钓声价,今之所忧,正在此耳!深宜禁止,务在宽平"。但针对实际操作中难以避免的弊端,还是要严密法网,以惩治违法判决的司法官员。

对故意陷害或加重被告人刑罚的情形,《唐律疏议·断狱》"官司出入人罪"(总第487条)疏议:"'官司入人罪者',谓或虚立证据,或妄构异端,舍法用情,锻炼成罪。故注云,谓故增减情状足以动事者,若闻知国家将有恩赦,而故论决囚罪及示导教令,而使词状乖异。称'之类'者,或虽非恩赦,而有格式改动;或非示导,而恐喝改词。情状即多,故云'之类'"。

唐律规定司法官员故意加重他人刑罚责任的情形有三种:一种是完全的诬枉,或者说是故意办了彻底的冤案。唐朝对此设定的责任就是依诬告例反坐,"若入全罪,以全罪论"。故

---

① 《尚书·吕刑》。

意错判被告人死刑的，司法官员也要领受死刑，绝不宽宥。另一种是故意把轻罪重判。对此，唐律规定"从轻入重，以所剩论"。这种情况，司法官员要承担故意加重的那部分刑罚，如原本依法只应判处被告徒刑1年，结果司法官员故意加重其刑罚，判处徒刑3年，这样，多出的徒刑2年就是司法官员故意加重他人刑罚后应承担的责任。再有一种就是故意改用较重的刑种，称为"易刑名"，古时称刑罚的种类为刑名，故意错用刑罚的种类也要受到相应的重罚。而唐律根据司法官员违法判决行为结果的轻重又规定了不同的责任。对于刑罚种类等级错用跨度不大且最终量刑不会导致不可挽回后果的情形，只规定司法官员承担差额部分，即如《唐律疏议·断狱》"官司出入人罪"条规定："刑名易者，从笞入杖、从徒入流亦以所剩论"。但对那些恶意重，导致错用刑罚尺度差异太大的情形，则严格责任，规定司法官员要反坐，即如《唐律疏议·断狱》"官司出入人罪"条又规定："从笞杖入徒流、从徒流入死罪亦以全罪论。其出罪者，各如之"。

唐朝规定司法官员故意减轻刑罚、放纵罪犯的情形与故意加重他人刑罚的情形相对应，且法律规定的处罚尺度相同。如《唐律疏议·断狱》"官司出入人罪"条疏议说："其出罪者，谓增减情状之徒，足以动事之类。或从重出轻，依所减之罪科断，从死出至徒、流，从徒、流出至笞、杖，各同出全罪之法，故云'出罪者，各如之'。"但在实践中，往往是故意宽纵罪犯所受的刑罚要远较故意加重罪犯刑罚的重。尽管如此，唐律对司法官员故意出入人罪所列重罚，对预防此类司法不公或犯罪还是起到很大作用的，有唐一代吏治较为清明，为时人所共睹并多有记录，与此也有密不可分的关系。

对由于过失导致判决错误的情形，唐朝也对司法官员规定了相应的责任。对于过失导致加重了被告人刑罚的，《唐律疏议·断狱》"官司出入人罪"条规定："即断罪失于入者，各减三等"。本条疏议解释："假有从笞失入百杖，于所剩罪上减三等；若入至徒一年，即同入全罪之法，于徒上减三等，合杖八十之类。"对于过失导致宽纵了被告人的，前述同条规定："失于出者，各减五等"。本条疏议解释："假有失出死罪者，减五等合徒一年半；失出加役流，亦准此，'三流同为一减'，减五等，合徒一年之类。"

宋朝对司法官员故意或过失错判的处罚较唐朝又重。《续资治通鉴长编》卷十九记载：宋太宗太平兴国三年七月，"中书令史李知古，坐受赇擅改刑部的定法出罪人，杖杀之"。卷二十三记载："长通县尉张俊，坐部下受赇犯赃，杖杀。"由此反映统治者对臣下的类似行为不会优容宽纵，只会从严打击。统治者如此重视，如此不留余地地惩治错误判决的司法官员，也确实收到过良好的效果，如《宋史·刑法志》记载："吏一坐深，或终身不进，由是皆务持平"。因为错误出入人罪，有的官员可能终身难以进步，所以用刑依法持平一时成为时尚。《宋史·刑法志》另记载："自端拱以来，诸州司理参军，皆帝自选择，民有诣阙称冤者，亦遣台使乘传按鞫，数年之间，刑罚清省矣。"

到明清时期，进一步加重司法官员的判决责任。如明朝对故意出入人全罪的，规定司法官员要反坐。《大明律·刑律·断狱》"官司出入人罪"条规定："凡官司故出入人罪，全出全入者，以全罪论。"该条附注："谓官吏因受人财及法外用刑，将本应无罪之人而故加以罪，及应有罪之人而故出脱之者，并坐官吏以全罪。法外用刑，如用火烧烙铁烙人，或冬月用冷水浇淋身体之类。"明朝关于司法官员故意诬枉被告人的责任设定与唐朝相同，对于故意宽纵被告人的情形，明朝也规定要反坐，但在实践操作中，明朝较唐朝处罚要重得多。明朝对于部分出入人罪及改变刑罚种类的司法官员的责任设定与唐朝相近，但规定如改变情节轻重，导致被告人被错误判处死刑的，司法官员也要判处死刑。

清朝的规定更趋严密，责任更为明晰。关于司法官员应当承担的刑事责任，《大清会典事例》载："凡官司故出入人罪，全出入者，以全罪论。若增轻作重，减重作轻，以所增减论；至死者，坐以死罪……若断罪失于入者，各减三等；失于出者，各减五等；并以吏典为首，首领官减吏典一等，佐贰官减首领官一等，长官减佐贰官一等科罪……若因未决放，及放而还获，若囚自死，各听减一等。"① 关于司法官员应当承担的行政处分，《六部处分则例》就司法官员过失诬枉、加重刑罚的责任规定："官员承问，引律不当，将应拟斩绞人犯，错拟凌迟，及应监候处决人犯，错拟立决，承审官降一级调用……如将应拟军流以下及无罪之人，错拟凌迟者，承审官降四级调用……如将应拟军流以下及无罪之人，错拟斩绞者，承审官降三级调用。若错拟已决者，承审官革职"②。另外，还对过失漏判、轻判应承担的行政责任也作出具体规定，只是过失轻判的责任要远轻于过失重判的责任。虽清朝的规定较前朝更为细致，但执行过程中却没有前朝的坚决，史料中就少见有出入人罪的司法官员被处以刑罚的实例。

（三）司法官员审理案件遇有法律规定的情形，必须回避，否则要承担相应的责任，主要是刑事责任

宋代以前并未强调司法官员的回避事宜，相反倡导公正审判内不避亲，外不避仇。如包拯依法公正判决侄子犯罪的案件即是实证。元代以后才逐步将回避作为司法官员的一项法定义务，并设定责任。

《唐律疏议·职制》中"长官及使人有犯"条关于"诸在外长官及使人于使处有犯者，所部属官不得即推，皆须申上听裁。若犯当死罪，留身待报。违者各减所犯罪四等"的规定既是受理方面的禁止性规定，也可理解为官员回避方面的正面规定。就是说官员在辖地犯罪，其下属的官吏不能即行审判，应当回避，等待上级批复后再行处理。

明朝开始对司法官员的回避作出详细规定。《大明律·刑律·诉讼》"听讼回避"条就规定："凡官吏于诉讼人内，关有服亲，及婚姻之家，若受业师，及旧有仇嫌之人，并听移文回避。违者，笞四十。若罪有增减者，以故出入人罪论。"明朝的这一回避规定较现代法官回避规定更为严格，分清是否有违法审判的情形分别设定法律责任，也更为科学，且量刑刑格也较唐朝的更为克制。

（四）司法官员审理案件必须在法律规定的期限内判决，不得拖延，否则要承担相应的责任

我国古代对司法官员审理案件均有时间上的限制。从西周到秦朝、汉朝均有相应规定。到了隋唐时期，这一方面的规定更加系统、明确。如《唐六典·刑部》记载当时规定："凡禁囚皆五日一虑焉，二十日一讯。凡在京诸司现禁囚，每月二十五日以前本司录其犯及禁时日月以报刑部。"《唐律疏议·职制》"稽缓制书官文书"条疏议记载唐令规定："小事五日程，中事十日程，大事二十日程，徒以上狱案辩定须断者三十日程。其通判及勾经三人以下

---

① 《大清会典事例》卷八四三。
② 《大清会典事例》卷四八。

者，给一日程；经四人以上，给二日程；大事各加一日程，若有机速，不在此例。"对于在审判过程中违反这一规定的，参照官文书稽程律处罚，即"一日笞十，三日加一等，罪止杖八十"。

到封建末期的清朝，对审理判决期限的规定已经发展得非常完备。清朝对不同审级、不同类型案件都作了不同审理期限限制。如《大清会典事例》记载：对州县，一般命案，审理的期限为三个月；盗劫及情重案件、无关人命的徒罪案件，审理期限为二个月；卑幼擅杀期功尊长、子孙违反教令致祖父母、父母自尽等案，审理期限为一个月；笞杖罪案件，审理期限为二十天，因为这类案件不需要报送上级审核。如果司法官员在法定期限内不能审结案件，就要受到相应的处罚。清朝《六部处分条例》规定："若州县官扣去初参分限之外，尚有迟延，逾限不及一月者，罚俸三个月，逾限一月以上者，罚俸一年。承审二参限期，即于初参统限届满之日起，再限四个月完结，州县限一个月解府州，府州限二十日解司，司限二十日解督抚，督抚二十日咨题，如再逾分限不能完结，系何官迟延，该督抚即将何官易结不结之处，查参革职。"

二、主要特点及现实意义

由上述对我国古代司法官员判决责任的叙述，可以看出古代对法官依法、公正、及时判决上的要求。这些责任要求的设定具有以下四个特点：

一是古代关于司法官员违法判决责任的规定概念明确、叙状具体、处罚措施严格。古代对法官错误判决的各种情形均作了列举式的规定，从不笼统称谓，模糊定义，体现出古人对司法活动这种特定的社会政治实践的各个细节均有深刻的认识和掌握，并在此基础上针对特定的情形设定特定的责任体系，便于理解掌握。古代对司法官员在判决的各个环节上可能错误的点，均作描述性规定，分清是故意还是过失，是诬枉加重被告人刑罚还是宽纵被告人的情形，并分清不同参与人及应当承担连带责任的人，不厌其烦，条理至密，以求将可能违法的情形尽列其中，以便于对照。从事司法实务的人士都会有一种体验，那就是法律规定越具体就越好执行，恐怕这也是古人刻意将违法判决责任具体化的重要考虑之一。对违法判决的司法官员，尽管他们也是统治者维护其统治要依靠的对象，但立法为他们设定责任时，并不手软回护，而是对他们规定了严格责任。

二是古代统治者对司法公正的追求也较为切实有力。司法的生命在于公正，刑事案件的判决也在于此。所以观及古代法典，尤其是唐律，可以发现古代刑法设置的刑罚相对固定，接近于绝对的法定刑，且轻重有序，打击重点突出，用刑罚维持当时当世的政治需要的意图明确，条款设定脉络清晰，能够显示出立法者的统治着力处。在完成自认为良好的立法之后，便是追求良好的执行，不愿使已立之法变成具文。出于维护其集团政权的需要，为切实将其对公正司法的希冀传达到所有司法官员，并使这种希冀有实现的保证，通过设定严格明确的违法判决责任，并直接给出不能依法判决的后果，以震慑相关官员，从而起到一般预防的作用。

三是即使责任明确，但也会受统治者误导而出偏。对违法判决责任的追究在个别事件上能够实践操作到位，史书就有关于法官违法判决被严格追究责任的记载，但是毕竟司法官员也是统治集团的分子，在一般情况下，还是能够受到统治阶层的庇护和关照，并不是每次违法判决事件都受到了查处和追究。而且多数情况下，统治者对那些故意深入人罪的人会特别地网开一面。如《旧唐书·刑法志》记载陈子昂的评价说："断狱能者，名在急刻，文深网密，则共称至公，爰及人主，亦谓其奉法。于是利在杀人，害在平恕，故狱吏相诫，以杀为词。非憎于人，而利在己，故上以希人主之意，以图荣身之利，徇利既多，则不能无滥，滥及良善，则淫刑逞矣。"[①]

四是讲求判决的实效性，强调判决必须在一定时限内作出。通过对刑事犯罪的打击，实现对犯罪个体的惩罚只是刑罚目的的一个方面，从某种意义上说只是很小的一方面，统治者关注的是不仅是通过惩罚社会个体的具体犯罪行为，来实现对此个体的特别预防，更重要的是要实现对社会大众的一般预防，起到以儆效尤的作用，保障社会秩序的稳定，创造安全有序而又舒适的生活生存环境。所以，古代开明的统治者并不对所有的犯罪都强调严厉惩罚，而是强调及时有度的惩罚。因为即使犯罪对社会大众的心理冲击较大，对人们的安全感和舒适感会有很大的破坏，但如果能及时侦破犯罪，抓获犯罪人并及时予以惩罚，对平复社会大众心理，预防类似行为的反复发生是至关重要的。所以古代的统治者们不仅强调侦破的及时性，同时还特别强调判决的及时性，为判决规定了较为严格的期限，并明确规定了违反后的责任类型和责任程度。这样的规定对司法官员可以形成必要的压力，促使他们严格依法办事，没有推诿退缩的余地，这给现代法官职业化留下以下一些宝贵的启示。

启示之一是：法官的职业化要求法律的严谨、完备和稳定。要求法官严格按照法律对被告人定罪量刑，就需要法律规定明确、具体，能够基本覆盖严重危害社会的犯罪行为，结构合理，逻辑严密。就基本法条而言，需要法条对不同种犯罪之间的界限规定明确，同种犯罪不同层级的划分和量刑标准递进合理。但审视我国目前正在施行的《刑法》，尽管经历过几次修订，但总体上还达不到上述要求。存在的主要问题有：一是由于社会形势发展很快，导致有些规定不能及时反映社会的现实情况，致少数重要的法律条文不够稳定，亟须考虑调适完善。最典型的就是关于国家工作人员和法律拟制国家工作人员的界定，经历多次周折，在司法审判实践中形成了诸多矛盾后，最后经全国人大常委会解释才最后基本明确，这是立法不明、规定不够稳定的例证之一。可以想见，如果不同的法官遇到相似的案件，很有可能会因为对法律理解的不同给出不同的结果，面对相差甚巨的判决，谁都无法判断哪位法官判对了，哪位法官判错了，因为没有唯一的评判标准。这就给从事审判实践的法官带来困惑，使他们无所适从。虽然这种情况在全国人大常委会的解释出台后有所好转，但因为之后企事业单位改制等因素的影响，即使在这个问题上仍然未能做到明确具体。二是部分条文过于简单，不便执行。如对罪犯的减刑问题上，刑法规定的条文甚少，只规定了有期徒刑罪犯应当服完原判刑期的一半，无期徒刑罪犯应当服刑十年以上，死刑缓期2年执行的罪犯服刑不能少于十四年。但实践中需要考虑的因素很多，如果仅仅依照这样的规定，任何法官都无法对罪犯进行减刑。在这种法律阙如的情况下，要求法官严格按照法律对罪犯裁定减刑，肯定是不现实的。三是除贪污、受贿两罪有较明确的罪行轻重级差递进关系外，其他同种犯罪级差递进关系不明，同样无法对法官责以严格依照法律进行判决。如我国刑法多有条款规定情节一般、情节严重、情节特别严重以表明递进级差关系，但对什么是情节一般，什么是情节严重、什么是情节特别严重则没有给出具体规定，

---

① 《旧唐书·刑法志》。

在不同级差间量刑幅度均较大的情况下，给法官留下了很大的自由裁量空间，也给认定法官是否严格依法判决带来了不可逾越的障碍。所以，要想实现法官职业化，先制定符合法官职业化要求的法律是个先决条件，必须尽快完成。

启示之二是：应当将法定量刑情节及增减刑的幅度范围加以明确，并将法官违法判决的责任具体化。而审视我国现行刑法可以发现，对依法定情节进行判决的要求不明，违法判决责任的设定也不够明确，使法官判决时缺乏依据，致使追究其责任时也缺少依据。如刑法总则中关于从轻、减轻、从重的规定都很原则，不便于执行。刑法总则的规定中，常有对同一情节规定几种刑罚裁量的情形，如对自首、立功、犯罪时未成年等因素均是如此。但对如何确定，没有给出具体规定。如遇有从轻的情节应当在什么基础上下降多少刑格、刑期进行量刑不清；遇有减轻处罚的情节，应当减到什么程度不清；遇有罪犯系累犯的，对多次犯罪、再次犯罪的不加区分，对如何从重处罚也规定不明。在这种情况下，对法官判决是否真正依法就失去了判断标准，所以就连《法官法》也不能给出具体的法官依法判决的要求，更无法明确法官未依法判决的责任。所以，有必要通过一系列的法律具体化行为，最终明确法官依法酌情判决的评价标准，使法官都能明确自己必须依法判决的责任，为法官职业化奠定主观基础。

启示之三是：细化法官违法判决的情形，区别不同情形，确立完整的责任体系。我国刑法对法官在审判工作中徇私舞弊、枉法裁判、玩忽职守的情形给出了规定，但不够具体，既没有叙明罪状，也没有分别情形，在责任体系设置上也不够完整。如刑法没有区分不同审判类型中罪过的不同表现，没有区分刑事审判中故意诬枉、加重他人刑罚和故意宽纵罪犯的情形，对故意和过失行为规定同样不明确。在《法官法》和最高人民法院关于法官违法违纪审判处罚细则中对法官的过错责任也规定不明，与刑法规定不能衔接。实践中，区分民事、刑事、行政审判中违法裁判的法官应当承担的刑事责任和行政责任是非常有必要的。刑事审判中，牵涉被告人或者被害人的人权保护，无论法官诬枉或宽纵罪犯，其危害都要大于民事、行政审判中类似行为，所以刑法对此未加区分是个缺陷。同样，对法官错误判决的主观状态也是必须以法律规定为判断标准的。审判过程中，导致法官判决错误的主观原因是多种多样的，如可能是出于违法违纪的故意，也可能是由于过失，还可能是能力或认识水平问题。现实生活中，法官作出的一审判决一时被认定为错案，但被上级法院再审改判，甚至多年后被上级法院改判确认正确的情况不乏其例。还有，因为我国法院的审判组织是多层次化的，一件案件可能是独任法官判决，也可能是合议庭判决，还可能是审判委员会判决，对于不同的判决参与主体如何承担错误判决的刑事责任和行政责任，任何一部法律、行政规章或内部细则均未作出规定，这不能不说是一个漏洞，未来建立职业法官违法审判责任体系时，这个问题则不能回避。而在将来制定标准时，无疑可以酌取我国古代相应责任制体系的精神原则，结合现代实际而行。

历数古代关于司法官员责任的制度，我们可以总结出其具体易执行的特点，但是由于封建政权专制、不平等、剥削等特质，不可能保证司法官员一定会依法办案，最终也不能保障各封建王朝长久的统治，这也是封建社会及其司法难以逃逸的一个定律怪圈。但是，这不代表古人精心设计的制度就没有其合理性，在摒除其封建背景的情况下，我们还是可以发现其中有符合司法规律的基本精神的部分。为此，我们不能被其产生的时代背景遮蔽眼睛，而要着力发现其精华予以采撷，以助推今天司法现代化进程，避免他日留下数典忘祖之叹。

第十七章

传统司法的人性化因素

根据《现代汉语词典》的解释，人性有以下两层含义：一是指在一定的社会制度和一定的历史条件下形成的人的本性。在阶级社会里，人性表现为人的阶级性。二是指人所表现出来的正常的感情和理性。人性化应当是指向正常的感情和理性转变，以人为本，理解人的正常理性和情感，尊重人、信任人、关爱人、培养人，使人健康全面地发展，并将人与群体和社会联系起来。所谓司法人性化，正是基于人的正常感情和理性需求，旨在主张司法过程应当从人的存在出发，以人为本，符合人的正常的感情和理性，充分尊重和维护相对人的个人权利和自由。总体而言，司法人性化是法治中人权保障精神的具体体现：以人权为核心，在尊重法的精神和法定权利、遵守法定程序的基础上，充分关心人、尊重人，兼顾人的正常情感、理性和需要，兼顾人的不同个性取向和不同社群区域的习俗，尽量采取符合人的生理、感情、伦理等各方面需要的方式。

在缺乏法治精神的中国古代传统社会中，司法也表现出了一定的人性化因素和价值追求。在作为统治阶级专政工具的另一面，传统司法奉行的是"德主刑辅"的基本原则，强调的是司法过程中的人伦精神和道德关怀，注重道德的说教，以理服人，这表明中国古代统治者已初步认识到民众作为社会主体的价值与意义及其人格尊严，显示出其统治思想中的民性因素和人伦精神。而这些传统司法制度中独特的人性化体现，理应成为中国传统法律文化中可取的品性之一，为现代文明社会所思考和借鉴。

第一节
告诉制度中的人性化体现——亲亲得相首匿

"亲亲得相首匿"，也叫亲亲相隐、容隐制度，是指在一定范围内，亲属之间应当相互隐瞒犯罪事实，法律不予制裁，或减轻处罚，它是儒家思想法律化的一个明显标志[①]，是我国

---

① 参见李交发、唐自斌主编：《中国法制史》，97 页，长沙，湖南大学出版社，2001。

古代法律中的一项重要制度。容隐制度是家本位的产物，始于春秋，形成于汉，成熟于唐。我国的容隐制度在彰显孝道的同时，也反映了"礼法合治"下的人伦精神，有利于对亲情的维护和对人权的保护，也有利于社会的和谐与稳定。容隐制度不仅在不同的社会制度和不同的法系国家中存在，从古到今，也未曾消逝过。① 所以，对这项法律制度进行整理和重新认识有很重要的现实意义。我国的刑事诉讼制度和证据制度不应排斥容隐制度，应本着实事求是、与时俱进的精神对其进行大胆合理的吸收。

一、容隐制度的历史发展

容隐制度的雏形可以上溯到春秋时期。孔子提倡的父子相隐奠定了相隐原则的理论基础。据《论语·子路》记载，叶公语孔子曰："吾党有直躬者，其父攘羊，其子证之"。孔子曰："吾党之直者异于此：父为子隐，子为父隐。直在其中矣。"② 汉宣帝地节四年（公元前 66 年）颁布的"亲亲得相首匿"诏令，正式奠定了容隐的制度基础，从此"亲亲相隐"原则开始了长达两千多年的司法实践。

从现有历史文献看，亲属之间的容隐观念可能始于春秋。根据《国语·周语》记载，东周襄王二十年（前 632 年），周襄王曾言："夫君臣无狱。今元咺虽直，不可听也。君臣皆狱，父子将狱，是无上下也。"既承认元咺理直，又主张不理此案，认为君臣父子之间应当隐罪。《礼记·檀弓上》记载了"事亲有隐而无犯"的礼法原则。孟子也主张舜"窃负而逃，遵海滨而处，终身訢然，乐而忘天下"③。即孟子认为瞽瞍一旦杀了人，舜应当帮助父亲脱逃、躲避法律惩罚。西周时期，为了维护宗法等级制度，一般限制儿子控告父亲，所谓"父子将狱，是无上下也"④，有违父子之情。因为上下之别，下级也不得控告上级。铭文记载，一个名叫牧牛的人因控告上司，被法官伯杨父判处刑罚。同时，奴隶告奴隶主、妻告夫也在限制之列。

最早将容隐原则形成法律是在秦代。秦律有"子告父母，臣妾告主，非公室告，勿听。而行告，告者罪"的规定。⑤ 秦律将诉讼分为公室告、非公室告两类，所谓非公室告是指家主擅自杀死、刑伤、髡剃其子或奴婢以及儿子杀伤父亲的奴婢或盗窃父亲的畜产。对于这种犯罪，每个家庭成员应该予以隐瞒不得告发。即使进行告发，官府也不会受理。若继续控告，告者有罪。这一时期法律规定的"亲亲相隐"包括：单方面强调"子为父隐"，即子女对父母的隐匿义务；"父为子隐"尚未得到法律的认可；子告父母为不道德甚至犯罪的行为；尚未允许隐匿父母以外其他亲属。

自汉朝以来，法家"严刑重罚、以刑去刑及以杀止杀"的思想逐渐丧失主导地位，儒家思想得到了发展。汉宣帝地节四年（前 66 年）颁布了一道"亲亲得相首匿"的诏令，正式确立了容隐制度的法律地位。该诏令规定："自今子首匿父母，妻匿夫，孙匿大父母，皆勿

---

① 参见范忠信：《亲亲相为隐：中外法律的共同传统》，载《比较法研究》，1997（2）。
② 《论语·子路》。
③ 《孟子·尽心上》。
④ 《国语·周语》。
⑤ 参见《云梦秦简·法律答问》。

坐。其父母匿子,夫匿妻,大父母匿孙,罪殊死,皆上请廷尉以闻。"① 首次用容许隐匿的形式正面肯定妻、子、孙为夫、父、祖隐在法律上的正当性,并部分承认了尊亲属为卑亲属隐的"权利",对于以前"尊为卑隐"的绝对禁止予以一定程度的放宽:父、夫、祖隐子、妻、孙虽不是"皆勿坐",但至少涉及死罪时可由廷尉报皇帝"圣裁",有减免刑罚之可能性,从过去的"单向隐匿"开始向"双向隐匿"转化。

自汉宣帝正式颁布"亲亲得相首匿"的诏令后,亲属"互隐"的范围不断扩大。东汉时期还提出兄弟、朋友应相为隐匿的主张。② 当时的社会逐渐开始发现株连对亲属容隐制度的破坏作用,开始强烈反对强迫亲属之间互证有罪,反对株连亲属。后来,在注重亲亲相隐制度、反对株连的同时,又把容隐亲属的范围加以扩大。北朝时已经有"期亲相隐"的法令,《魏书·刑罚志》记载:"'期亲相隐'之谓凡罪。况奸私之丑,岂得以同气相证"的内容,"同气"指的是兄弟姐妹,说明容隐亲属的范围从原先的"父母子女、夫妻、祖孙"之间开始扩大至平辈的兄弟姐妹之间。

容隐制度自隋唐时逐步完备,并形成一个比较完备的规范体系。唐朝将汉"亲亲得相首匿"发展为"同居相为隐",唐律不仅对亲属容隐制度有了原则性的总则规定,而且对总则规定予以细化,进行了比较严密的规定。《唐律疏议·名例律》中规定了容隐原则,即"诸同居,若大功以上亲及外祖父母、外孙,若孙之妇、夫之兄弟及兄弟妻,有罪相为隐;部曲、奴婢为主隐:皆勿论,即漏其事及擿语消息亦不坐。其小功以下相隐,减凡人三等。若犯谋叛以上者,不用此律"。从该条来看,容隐制度的范围大大超出了父母子女、夫妻、祖孙及兄弟姐妹,不但直系亲属和配偶包括在内,只要是同居的亲属,不论有服无服,都可以相互隐匿犯罪。即便是不同居的同姓大功以上亲属及外祖父母、外孙、孙媳、夫之兄弟、兄弟妻等也都属于容隐亲属的范围,除此之外,奴婢或仆人可以为主人隐匿犯罪,这些隐匿行为都不受到处罚。其他不同居的小功以下亲属如果隐匿犯罪,则较之普通人犯罪降低三个等级对其进行减轻处罚。同时,对容隐的行为范围也作了进一步扩展,谋匿犯罪的亲属,即使是泄露其事或通报消息给罪犯,使之逃匿也不为罪。此外,为彻底地落实容隐原则,《唐律疏议》又作出了诸多具体规定,使办案有了比较明确的操作标准,如"知情藏匿罪人"、"漏泄其罪令得逃亡"、禁止逼迫亲属作证、不得告发尊亲属、不得告发卑亲属、谋反、谋大逆、谋叛等严重国事罪不得容隐等。③ 自唐以后,各朝基本沿袭了唐朝的容隐制度,只是随着社会情况的发展变化和统治者的不同需要,各朝在容隐制度的具体内容上会有一些细微变化。

二、容隐制度的主要内容

(一) 容隐制度体现了亲情和人情

容隐制度是家族本位的产物,它虽将父为子隐、子为父隐并列,但实际上侧重点在于子为父隐。隋唐之前单方面强调"子为父隐",如汉宣帝颁布的"亲亲得相首匿"诏令,主要

---

① 《汉书·宣帝纪》。
② 参见《后汉书·宗室四王三侯列传》。
③ 参见范忠信:《亲亲相为隐:中外法律的共同传统》,载《比较法研究》,1997 (2)。

肯定了妻、子、孙为夫、父、祖隐。容隐制度最初的出发点在于对人类亲情的爱护和宽容，"父子相隐，天理人情之至也。故不求为直，而直在其中矣"，"父子之亲，夫妇之道，天性也。虽有祸患，犹蒙死而存之，诚爱结于心，仁厚之至也，岂能违之哉"①。人类之间的亲情是人类一切感情的联系和基础，是一切爱的起点。中国社会是亲情社会，人们倡导的道德标准首先是"孝"、"义"，要尊重长者意愿，不能出卖亲朋好友，否则将被视为道德沦丧，不忠不义，为世人所不齿。容隐制度是古代立法者对社会、政治、经济生活中"情"与"法"进行调和的产物，显示了立法、统治中的智慧和技术，其根本目的虽在于维护君主专制政治，但一定程度上可以防止司法专横。"亲亲相隐"维护的人伦关系并不仅仅限于亲属之间，无论是东汉时期的"朋友相为隐"还是现代资本主义国家的"拒绝作证权"均表明了"亲亲相隐"不仅维护亲属之间的爱护和信任，而且也大力倡导和维护非亲属之间的人与人之间的爱护和信任。这种人伦思想实际上以最小的代价维系了社会的亲情和诚信，为构建诚信友爱的社会打下了最基本也是最坚实的基础。如果反对容隐，在司法、行政统一于皇权的中央集权体制中，刑讯逼供、拷问亲属、迫其作证等滥用权力的现象将很难得到有效的监督和控制，也与儒家所提倡的"仁者人也，亲亲为大"、"亲亲仁也"等主张相悖。总体而言，容隐制度体现了封建统治者在维护家国利益一致基础上的人伦精神，其维护了基本的人性需求，通过建立个人之间的互爱互信，建立了社会的普遍信任机制。

（二）容隐制度体现了人性和人权

在中国传统法文化中，法律不承认个体价值、尊严和自由，个体是被动的统治和教化对象，不具有独立的社会意义。在以国家和家族为本位的法律面前，个体的地位、权利显得无足轻重。中国古代社会几乎从未出现过以权利为主体的法意识和法规范，人只是法定义务的载体。但是，容隐制度却体现了封建统治重人治和德治的治理理念，也体现了封建统治一定的民本思想和人伦精神，表明他们已能初步认识到民众作为社会主体的价值与意义及人格尊严，流露出其思想中的民性因素和人伦精神。容隐制度的沿袭与发展是传统司法注重人性和人权的直接体现，体现了人作为人的基本要求，从捍卫家庭的人性本能角度出发，在司法集权中注重家庭关系的和谐与稳定，避免将犯罪嫌疑人的亲属置于指证犯罪的尴尬处境，尽可能减少夫妻反目、父子互质、兄弟相残等违背人情、影响和谐的不正常行为，体现了法律的文明和对人性的关怀。因为亲情之爱是人类最基本、最重要的需求，"亲亲相隐"一定程度上释放了人性，符合人类普遍的正义观念，具有丰富的人情味和人性化。

一般而言，刑事法制具有规范行为、保护社会、保障人权等多重机能，"亲亲相隐"从多重侧面体现了"沉默权"、"不被强迫的自证其罪权"、"个人隐私权"、"拒绝作证权"等多种人权内容。如果否定容隐制度，很可能因一人犯罪牵带出若干家属甚至全家人因作假证包庇、提供隐匿场所、资助其钱物逃匿或者帮助毁灭证据等行为而被处以窝藏、包庇罪或者伪证罪等罪，这实际上是一种变相的株连惩罚措施，是立法专制、司法专横的表现，漠视了人的基本感情需求，践踏了人之所以为人的权利。②

---

① 《汉书·宣帝纪》。

② 参见钱叶六：《论"亲亲相隐"制度在中国刑事法律中之重构》，载《法学评论》，2006（5）。

三、容隐制度的现代价值

中国传统社会几千年来容隐的思想和制度走着一条从"父子相隐"到"亲亲相隐"到"同居相隐"、从法定义务到法定权利和义务一体的路径,是传统中国伦理法的重要原则之一。虽然作为宗法制度的衍生品,容隐制度具有相当程度的局限性,也并非无所不能、完美无缺,实际上它具有浓厚的封建色彩和等级观念。但从容隐制度的演进和主要内容中,我们不难看出"亲亲相隐"对人性需求的眷顾,简单抛弃"亲亲相隐"制度并不明智,要珍视中国传统文化中这种特有制度所反映出来的法文化本土资源,有限度地进行借鉴、继承才是其应有之义。

(一)"亲亲相隐"应为权利而非义务

我国古代社会容隐制度中,亲属之间的相隐主要是一种伦理和法律上的义务,而不是人的权利。如在唐朝,亲属之间违背容隐义务的,就要被处以刑罚,甚至被处以死刑,这主要是因为封建社会中的亲亲相隐制度是为了维护封建宗法制度进而实现对国家统治秩序的维护。但在现代法治国家中,主要汲取的是容隐制度中的人性化意义,设立现代容隐制度,旨在尊重人权和亲情,因此将亲亲相隐作为公民的一项权利加以规定较为合适。如果犯罪嫌疑人的亲属、朋友等放弃容隐权,大义灭亲进行告发的,应当予以允许和尊重。

(二)容隐制度的现代内容

1. 容隐的亲属范围。我国古代社会对有义务容隐的亲属都规定了一个范围,如北魏的"五眼",《唐律》中的"大功以上亲"等。现代立法规定容隐权,要明确规定亲属的范围,即允许在一定范围的亲属中相隐。过于宽泛的亲属范围不利于打击违法犯罪活动,也不具有可行性。我国现行法律已经赋予"近亲属"在实体和程序上一定的法律地位,故可以将具有容隐权的主体规定为"近亲属",包括"夫、妻、父、母、子、女、同胞兄弟姐妹",抛弃古代按照亲等计算的复杂方法。有容隐权的亲属范围确定后,不仅使当事人能够预见到自己容隐行为的后果,还能够方便司法行为。

2. 确立近亲属不予告发的权利。我国《刑法》第310条规定:明知是犯罪的人而为其提供隐藏处所、财物,帮助其逃匿或者作假证明包庇的,处三年以下有期徒刑、拘役或者管制;情节严重的,处三年以上十年以下有期徒刑。该条规定没有考虑主体身份的区别,没有考虑亲情关系在稳定社会、倡导伦理等方面的巨大正面作用。立法者过高估计了我国公民的道德水平,与其说是对包庇亲属者的惩罚,不如说是对人类道德、伦理天性的忽视。近亲属之间犯包庇罪可以从轻、减轻或者免除处罚,这不是放纵和鼓励犯罪,而是体现了人情、亲情,体现了和谐社会、依法治国的方略。毕竟,"亲属间有犯罪行为而相互容隐者,乃人情之常,无足深责,其基于如此动机而收受赃物者,尤属惯见,即或出于图利之目的,其情亦有可原,在刑事政策上宜斟酌事实,谋个别处置之道"①。因此,不妨增加"犯罪嫌疑人的近亲属实施前述行为的,不构成犯罪(或免予处罚)"之类的特殊规定。

3. 明确拒绝作证权。容隐权还表现为拒绝作证权,即犯罪嫌疑人、被告人的近亲属无证

---

① 韩忠谟:《刑法各论》,473页,台北,三民书局,2000。

明犯罪的义务，亲属陈述的基于相互信任或特定的亲属关系而知悉的、对被告不利的事实，不具有证人的证据效力。法律既然容许亲属容隐，禁止亲属相告讦，同时也就不应当要求亲属在法庭上作证人。我国刑事诉讼法规定，凡是知道案件情况人都有作证的义务，在此可明确"近亲属既可以拒绝作证，也可以自愿作证，但有权不宣誓担保证据的真实性"。相应地，刑事诉讼法还应规定"任何单位和个人发现有犯罪事实或者犯罪嫌疑人，有权利也有义务向公安机关、人民检察院或者人民法院报案或者举报。发现自己的近亲属有犯罪事实可不向公安机关、人民检察院或者人民法院举报，但针对国家安全的犯罪或者针对亲属的犯罪仍有举报或控告的义务"，"除犯罪嫌疑人的近亲属以外的任何单位和个人，有义务按照人民检察院和公安机关的要求，交出可以证明犯罪嫌疑人有罪或者无罪的物证、书证、视听资料。但针对国家安全的犯罪或者针对亲属的犯罪，犯罪嫌疑人的近亲属仍有义务按照人民检察院和公安机关的要求，交出可以证明犯罪嫌疑人有罪或者无罪的物证、书证、视听资料"。同时，需要明确司法机关的释明义务，对于享有拒证权的近亲属，司法机关可以向他们调查证据，但取证时必须告知他们享有作证特免权，未履行告知义务而取得的证据为非法证据，不能作为定案的根据。[1]

（三）现代容隐制度的例外

1. 容隐罪行范围的限定和例外。国家安全涉及我国主权、领土完整，国家政权和社会主义制度的安全，因而针对国家安全的犯罪行为，其危害性极大，关乎到国家、民族的命运和前途，不能因个人利益、家庭利益而牺牲国家根本利益。因此，对于危及国家安全的犯罪或事关国家安危的重大、恶性犯罪，诸如故意杀人、投毒、放火、爆炸、贩卖毒品等严重危害社会秩序的犯罪，还有国家工作人员的职务犯罪等，必须坚决打击，不应适用亲亲相隐制度。因为这些犯罪社会危害性大、有损公共利益、伤害公众感情，与这些利益相衡量之下，维持家庭、亲属关系则已显得次要。

2. 亲属之间的犯罪不得容隐。容隐制度的基本价值主要在于维护基本人伦关系和婚姻家庭关系，维护亲情关系的正常存续和发展，而针对亲属的犯罪行为本身就是违背人伦、亲情的。亲属之间的虐待、遗弃和伤害或者对子女、养子女的性犯罪等，这种犯罪行为已从根本上违反了伦理亲情，不应允许亲属间的知情者享有拒证特权。因为亲属之间的犯罪恰恰已经违反了容隐制度旨在维护亲情关系的立法意图。

3. 特殊身份的主体不享有容隐权。犯罪嫌疑人、被告人的亲属利用特殊身份、职务便利的相隐行为不能认为是合法的容隐行为，不适用容隐制度。如从事一定公务或者负有特定职责的人，如辩护人、诉讼代理人，滥用职权或利用从事特定职责之便为犯罪的近亲属开脱罪责，其行为出发点虽基于容隐制度所倡导的道德维护和亲情维系的本质，但其行为却滥用了国家权力，违背了职业规范和职业道德，实际上侵犯了公共利益，因此不享有容隐权，不得减免其刑。因此，包庇黑社会性质组织罪，辩护人、诉讼代理人毁灭、伪造证据、妨害作证罪，帮助犯罪分子逃避处罚罪等犯罪均属身份犯，其主体是国家机关工作人员或者是辩护人，他们实施的包庇、帮助逃避处罚或者毁灭、伪造证据、妨害作证罪等行为是以其职务、职责便利为条件，因此不适用容隐制度。

---

[1]　参见邓志红：《容隐权与我国相关刑事立法的思考》，烟台大学硕士学位论文，2007。

4. 非出于亲情目的不得容隐。容隐人的主观动机是出于亲情考虑还是出于利益方面的驱动，这在很大程度上决定了是否享有容隐权以及排除容隐权时适用量刑幅度的问题。亲属之间隐匿犯罪必须出于亲情的考虑，而不能仅仅为了物质上的利益或其他方面的因素，不能超过必要的限度而侵害了国家、社会和他人的合法权益。当然，这种带有纯粹主观性的思维活动在司法实践中很难加以判断，应当在有确凿证据证明行为人仅为亲情之外的其他目的而隐匿犯罪的情况下，才能排除行为人的容隐权利。

第二节
上诉制度中的人性化因素——乞鞫与上请

中国古代封建社会缺乏现代意义上的法律制度，司法制度中虽然也有允许当事人对判决提出异议和重新审理的复审制度，但与现代社会中的上诉制度并不具有相同的意义。然而，中国古代统治者懂得慎刑，认为"刑者侀也，侀者成也，一成而不可变，故君子尽心焉"①，因此建立了一套独具特色的上诉与复审制度，其中不乏抑制审判官员滥用权利、保障当事人权利等功能和意义，因此古代司法制度中的审级与复审制度仍然具有能为现代上诉制度所借鉴和思考的地方。

一、古代上诉制的历史发展

（一）上诉制的起源

处在司法制度起源阶段的商朝和西周时期，已实行三级三审的诉讼制度。② 商朝的"史"与"正"是地方的司法审判官，首先由"史"受理案件，预审结束向"正"报告，由"正"对案件进行一审，审结后向大司寇报告，大司寇负责二审，二审完毕后向商王报告，商王命三公（大司寇与公卿）参听，三公进行三审，审结后将案件的处理意见向商王奏告，商王以三宥宽赦之，即凡当事人属于不识、过失、遗忘都属宽赦，最后制定用刑。在西周，据《周礼·司寇》记载，当上诉到朝廷（指大司寇或三公）时，两造都要到庭接受审讯，并交纳保证金"束矢"，不缴者，认为是败诉。具体而言，审理完毕后，官员向当事人宣读判决书，即"读鞫"以后，当事人若对判决不服，可以在规定的时间内上诉。西周规定了不同的上诉期限："国中一旬，郊二旬，野三旬，都三月，邦国期。期内之治听，期外不听。"③ 也就是以离国都的远近来规定上诉期限长短。上诉机关在上诉期间内接到当事人的上诉后，必须进行复审。上诉案件一般由司寇参与审理，"司寇听之，断其狱，弊其讼于朝，群士、司刑皆在，各丽其法，以议狱讼"④。根据《礼记·王制》记载："大司寇以狱之成告于王，王命三

---

① 《礼记·王制》。
② 参见张兆凯主编：《中国古代司法制度史》，165 页，长沙，岳麓出版社，2005。
③ 《周礼·秋官·朝士》。
④ 《周礼·秋官·乡士》。

公参听之，三公以狱之成告于王，王三宥，然后制刑。"这表明西周建立了明确的审级制度，由司寇亲自审判，司寇决断后，群士、司刑各提出定罪量刑的意见，并一起讨论案情，最后由司寇作出决断。上诉审也是狱讼的终审程序。

到了秦朝时期，案件审讯后作出判决时，要向当事人"读鞫"，即宣读审判官员总结、归纳和确认的案件事实，当事人对此不服可以申请复审，秦律称为"乞鞫"。《秦简·法律答问》记载："以乞鞫及为人乞鞫者，狱已断乃听，且未断犹听殹（也）？狱断乃听之。"但关于乞鞫的具体审级及程序，秦律中没有说明。"乞鞫"制度发展到汉朝，有了一些具体内容的填充，如《晋书·刑法志》记载曹魏"改汉旧律不行于魏者皆除之"，其中一项便是汉代罪人判为"二岁刑以上，除以家人乞鞫之制"，这说明在汉代被判 2 年以上刑罚是可以由家人申请复审的。此外汉代乞鞫一般应在判决 3 个月内提出，超过 3 个月的不得乞鞫。[1]由于史料不详，无法明确得知汉代复审机关的详细资料，从历史相关记载看，既有逐级上诉的案例，也有原审机关复审的案例，可见其审级制度并不是非常严明。

（二）上诉制的确立和发展

严格意义上的上诉重审制度开始于隋朝，其规定必须按审级依次上诉，不得任意上诉，必须先由县，县不理，再经州郡至尚书省、刑部，仍不理，才得向宫廷申诉。据《隋书·刑法志》记载："有枉屈者县不理者，今以次经郡及州，至省仍不理，乃诣阙申诉。有所未惬，听挝登闻鼓，有司录状奏之。"隋朝司法制度实行四级四审制，当事人有冤屈可逐级上诉，直至向皇帝申诉，但由于审级太多，逐级上诉太烦琐，实践中真正能通过逐级上诉制向皇帝复审的案件很少。

上诉制度至唐代得以发展和完善。自唐代起，民事诉讼制度基本定型，州设有司户参军事，府、都督府、都护府设户曹参军事，专司民事案件的审理；在审级管辖上实行"基层初审、逐级判决"。《唐律疏议·断狱》记载："诸狱结竟，徒以上，各呼囚及其家属，具告罪名，仍取囚服辩。若不服者，听其自理，更为审详。违者，笞五十；死罪，杖一百。"《唐六典·刑部》记载："凡有冤、滞，不申欲诉理者，先由本司本贯；或路远而踬碍者，随近官司断决之。即不伏，当请给不理状，至尚书省左右丞为申详之。又不伏，复给不理状，经三司陈述。又不伏者，上表。"即当事人若有不服，允许其上诉，原审官府"更为详审"即重新审理。如果当事人对重审仍然不服，可以逐级上诉至尚书省、三法司，直至上表至皇帝。

（三）上诉制的独特发展阶段

宋代在继承前代较为完善的制度的基础上，又有相当程度的发展，形成了一整套独具特色的上诉复审制度。宋代地方行政机构分州、县两级制，与州平级的政府机构有府、军、监，在州以上设置路一级的监察区，各路先后设立转运司、提刑司、提举司等机构作为监司。县、州、监司以及各路的安抚司全都具有审判民刑案件的司法职能。宋代法令明确规定："人户讼诉，在法，先经所属，次本州，次转运司，次提点刑狱司，次尚书本部，次御史台，次尚书省。"也就是说，当事人上诉必须从州（府、军、监）衙开始，依次为监司、

---

① 参见张晋藩主编：《中国法制通史》，第二卷，628 页，北京，法律出版社，1999。

户部、御史台、尚书省、登闻鼓院。对判决不服的当事人，有很多次上诉的机会，但是必须依法逐级上诉，对于"隔越陈诉"者，要予以"惩革"。太宗至道元年（995年）五月二十八日诏："诸路禁民不得越诉，杖罪以下县长吏决遣，有冤枉者即诉于州。"① 当事人提起上诉时，必须向上级司法机关提出上诉状，要求变更原审司法机构的裁判，上诉状要写明是第几次上诉，以及到该司法机构上诉的理由。为提高司法效率，规定民事诉讼"在州县半年以上不为结绝者，悉许监司受理"。

凡上诉到州（府、军、监）级司法机构的民事案件，由知州指派属官审理，"诣州诉县理断事不当者，州委官定夺"②。或委派所管辖下的非原审县官审理。换言之，民事上诉案件不由原审司法机构审理，以防止原审官员徇私舞弊，不利于对案件公正审理，如果违反规定，当事人可以越级上诉，"诸受诉讼应取会与夺而辄送所讼官司者，听越诉，受诉之司取见诣实，具事因及官吏职位姓名虚亡者具诉人，申尚书省"，违法的官员要受到"重行黜责"③。经监司审理不当的案件，当事人可以上诉到尚书本部，所谓尚书本部，民事上诉到了中央机构则首先是由户部审判，户部受理民事上诉案件以后，大都是转送非原审机构的地方监司或州郡审理。不服户部所判，还可以上诉到御史台，御史台作为宋代最高监察机构，具有司法监督与审判疑案、大案的职能。经过以上的上诉程序以后仍然不服判决者，还可以通过鼓司与登闻院进御状。至道三年（997年）七月已有"诸州吏民诣鼓司，登闻院诉事"④的规定。仁宗天圣八年（1030年）八月一日诏："所有争论婚田公事，今后并仰诣登闻鼓院投进。"皇帝直接过问民事案件，由皇帝执掌民事诉讼的最终审判权，裁决民事诉讼，是宋代之前和之后不曾有过的制度，虽属少见之例，但也表明宋代民事诉讼的最终审判由皇帝裁决，这一方面体现了皇帝对民事诉讼的重视，另一方面更说明随着宋代君主专制主义中央集权体制的强化，皇权也进一步加强了对司法权的控制。

至明清两代，随着封建中央集权制的日益强盛，司法审判制度也呈现出中央集权的特征，地方的审判权逐渐缩小，中央的审判权逐步扩大，如徒流罪案件必须由刑部核定，死罪案件必须由三法司复审，待皇帝裁决。实行六级六审制，当事人可最终诉至皇帝请求裁决。明代法律对民事诉讼并没有审级的规定，当事人可一直上诉，上诉必须自下而上，不得越诉。"凡有告争户婚、田土、钱粮、斗讼等事，须于本管衙门，自下而上，陈告归问。"⑤ 对于上诉案件的复审，存在由地方至中央的各级复审机构，在中央又存在并行的监察系统、行政系统和军队系统三大复审系统。总体而言，明清两代在案件的监督和纠错上，并不过多依赖当事人的上诉机制，而主要靠下级机关主动向上级机关逐级申报复审，如清朝的逐级审转复核制、案件查考制等。

二、古代上诉制的主要内容

我国古代上诉制度的主要内容体现为以下几个方面。

---

① 《宋会要·刑法》三之一一。
② 《宋会要·刑法》三之三二。
③ 《宋会要·刑法》三之三二。
④ 《宋会要·刑法》三之一三。
⑤ 《明会典》卷二一一，《都察院·追问公事》。

（一）逐级上诉制

基本从隋朝开始规定必须按审级依次上诉，不得任意上诉，除特殊情况外，不得越诉，越诉受罚。如《唐律疏议·斗讼律》规定："诸越诉及受者，各笞四十。若应合为受，推抑而不受者笞五十，三条加一等，十条杖九十。"唐朝地方行政分为州（府）、县两级，无论什么诉讼须从县级开始，不经县衙而直接向州、府起诉的，为越诉，越诉之人和官府受理越诉的人，各笞四十。如果官府没有受理案件，那么当事人也不按越诉论。宋朝开始逐渐放宽对越诉的规定，到北宋时期，为利用民众力量，加强对官吏非法害民行为的监督和制裁，借以体恤民情、恢复生产、巩固中央集权，在民事诉讼中有条件地准许越诉，如政和三年（1113年），宋徽宗下诏："官司辄紊常宪，置杖不如法，决罚多过数，伤肌肤，害钦恤之政者，许赴尚书省越诉"。在元朝，严格要求遵循诉讼程序，如果发生越诉，"越诉告诉之人，即便转发合属断罪归结"[1]，并对"越诉者，笞五十七"[2]，"诸流外官越受民词者，笞一十七，首领官二十七，记过"[3]。但有下列情况的，不以越诉论，一是"各路争告户婚、田产、家财、债负、强窃盗贼一切刑名公事"，当事人持之有理，不服审断；二是司法官员偏袒一方或应当回避的，元代规定"理断偏屈，并应合回避者，许赴上司陈之"[4]；三是告发官员贪赃枉法的。《大明律》规定，越诉者"笞五十"[5]。洪武二十七年（1394年）又将越过"申明亭"而向县级衙门告诉的行为也列为越诉，"若户婚、田宅、斗殴者，则会里胥决之，事涉重者，始自于官。若不由里老处分而径诉县官，此之谓越诉也。"[6] 宣德六年（1431年）明宣宗更是下令越诉者一律发往辽东充军，宣德八年（1433年）改为"凡越诉得实者，免罪；不实者，仍发戍边"[7]。明后期颁行的《问刑条例·越诉》进一步规定只有国家机密重事才准直诉，而个人之事则被禁止越诉。《大清律例·越诉》规定："凡军民词诉，皆须自下而下陈告，若越本管官司，辄赴上司称诉者（即实亦），笞五十（须本管官司不受理，或受理而亏枉者，方赴上司陈告）。若迎车架及击登闻鼓申诉而不实者，杖一百（所诬之实之）。"

（二）基本均为多级多审制，但皇帝享有最终审判权

从我国古代司法上诉制度的发展脉络中可以看出，基本实行多级审级制，当事人有多种渠道可进行权利救济。虽然存在审级过多、效率低下、当事人累讼等问题，但客观上也有利于监督和控制官员滥用权力，在一定程度上起到了客观公正、体恤民情的作用。而目前我国上诉审法院级别偏低，难以保证法律的统一适用，中级人民法院作为大多数民事案件的二审法院，既是案件事实的终审法院，也是终极适用法律的法院，不仅级别偏低，而且有终审裁判权的中级法院数量也偏多。在我国目前民事实体法尚不完备、存在较多法律模糊、空白以及现行法律部分具体规定弹性大等不尽完善的状况下，由级别偏低、数量偏大的中级法院作

---

① 《元典章》卷五三。
② 《元史·刑法志四》。
③ 《元史·刑法志一》。
④ 《元史·刑法志四》。
⑤ 《大明律·刑律》。
⑥ 《日知录》卷八，《乡亭之职》。
⑦ 《明宣宗实录》卷一○○。

为绝大多数民事案件的终审法院，很难保证法律的统一适用。相比较而言，古代的多级和多元审级的上诉制还是有其合理性和可参考之处。

同时，古代封建社会皇权至上，司法与行政混同，皇帝享有最高和最终的审判权，案件一旦诉至御前，皇帝的批示必定是最终结果，而且具有绝对的权威，民众无条件服从。这固然是个人封建专制统治和司法非独立的集中体现，与现代法治理念不相容。但这种对皇权的绝对信仰，反而促成了司法的终审，司法以扭曲的形态实现了它应有的权威。而我国目前民事司法实践中存在的关键问题其实是当事人滥用诉权、无序申诉，上诉、再审频繁提起，终审不终。换言之，我国实质上不存在终审审级，司法不具有终局性和权威性。我国诉讼法一方面规定两审终审制，另一方面又规定了再审制度。但事实上，我国司法实践中无时间限制和次数限制的大量再审，无疑打破了二审终审制的界限。我国审级制度实质上既不是二审终审，也无法三审终审，而是无限级审或者说没有终审，这是审级制度乃至整个司法制度的致命硬伤，没有终审就没有权威，无法息讼止争，也就没有司法。因此，真正构建或落实我国的终审审级制度，是讨论审级改革的先决条件。

（三）对诬告的惩罚

各朝为保障审判的正常进行，防止官府任情轻重、贪赃枉法、维护当事人的合法权益，均规定了诬告受罚制度。从现有史料看，反对和禁止诬告始于西周，后为历朝历代所沿承。魏律规定："囚徒诬告人反，罪及亲属，异于善人，所以累之使省刑息诬也。"[1] 即对囚徒诬告人谋反的，要加重处理，至于一般人诬告他人谋反的，也要负反坐的责任。唐代禁止诬告的法律规定比前代更为具体明确，《唐律疏议》中规定了对诬告谋反、谋大逆的处罚，对诬告人（包括监察官挟私弹事的处刑规定）的反坐处罚，并且规定了告小事不实，但官府因该小事查出大案的不为诬告；所告罪指物不实，但不是妄告的行为不为诬告等。元朝法律规定"凡讼而自匿及诬告人罪者，以其罪罪之"，"诬告者抵罪反坐"[2]。要求告诉必须"指陈事实，不得称疑"，也是从程序上考虑杜绝诬告的。元朝处理诬告的基本原则也是反坐，但划分了主犯和从犯。在明朝，对诬告者的惩处严厉得多，规定了"诬告加等反坐"，即诬告反坐还要加等处刑，并且诬告者对被诬者还要赔偿经济损失。[3]

虽然古代的诬告惩治制度主要是告诉制度中的司法规则，而且处罚比较严酷，但确实也能规范当事人的诉讼行为，肃清滥诉现象，维护对方当事人的合法权益。针对我国目前民事诉讼中出现的一些恶意上诉行为，如以转移财产、逃避债务或借此拖延诉讼等不正当目的而恶意提起上诉，一方面造成了原本稀缺的司法资源被浪费，导致诉讼成本增加与诉讼周期延长；另一方面，由于法院负荷增加，严重影响了二审审级制度的正常功能的发挥，给对方当事人造成不必要的损失与侵害，导致司法公信力的下降，因此必须对上诉的提起进行限制和采取相应的惩罚措施。

三、古代上诉制的现实意义

我国现行民事上诉制度主要是从西方国家移植而来，在实践中结合中国社会特殊情况逐

---

① 《晋书·刑法志》。

② 沈家本：《历代刑法考》，1104 页，北京，中华书局，1985。

③ 参见李交发：《中国诉讼法史》，71 页，北京，中国检察出版社，2002。

步磨合和改造而成。现行上诉制度存在不少与中国社会、国情、实际需求相脱节的地方，如提起上诉权的滥用、单纯的二审制模式的固有弊端、终审不终对司法公信和司法权威的极大破坏等，上诉制度实际并未完全发挥其应有的纠错和维权功能，因此，我们可以有条件地对中国古代社会的民事审级和上诉制度进行思考、比较、吸收、利用其中有用的部分，对我国民事司法体制进行合理、合情的改革。

（一）确立有条件的三审制，严格终审

建构审级制度的重要原理在于合理配置不同级别法院之间的司法权力和司法资源，以明确界定司法制度的公共目的与个案目的，实现两种目的之间的相对平衡和公正，从而形成职能分层的司法等级制度，维护法律秩序的公共目的。当传统审级制度赖以产生的正当性资源随着司法改革对程序正义和形式正义的追求而日益失去其基础优势时，以此为基础的其他程序理念和制度，包括审级制度，如果不作出相应调整，容易产生制度之间的冲突，导致制度功能的扭曲。从我国目前实际情况看，一方面，民事案件数量逐年快速上升，尤其是在大中城市，已有"诉讼爆炸"之忧，必须提高诉讼效率，做到案件及时审理、定纷止争，因此审级不宜过多。另一方面，随着社会、经济的快速发展，大量新型、疑难案件出现，也使得两审终审制在保证司法公正、保障当事人权利方面多少显得有些力不从心。要从审级制度上保证司法裁判的统一、法律解释和法律适用上的统一，达到法律在一国司法审判管辖权限内可以平等、公正、一致地适用于每一个案件及其当事人，杜绝同一种法律因地区和审级的不同而在适用上有所不同，必须对终审法院实行规模控制，减少终审法院的数量和提高终审法院的审级。另外，我国目前二审民事程序不受一审裁判事实认定的约束，可以自行传唤证人，自主调查取证，重新开庭审理，并根据自行调查的材料进行重新判决，二审程序实际上是一审程序的重复审理。该审级制度的重心在于二审，而这种重心向上倾斜的审级制度设置，不仅否定了一审（初审）的审级功能和意义，而且重复审理在事实上也大量地浪费了审判资源，影响了诉讼效率，滋生诸多弊端。

因此，根据我国国情和历史传统，应对目前两审终审制进行改革，建构多元化的审级制度，实行原则两审终审、特定情况三审终审制度，即根据案件性质、特点、诉讼标的额的大小、涉案权利义务关系以及审理过程中的某些影响公正审理的特殊情况，确定实行三审终审的原则、标准和界限，实行有条件的三审终审制。即对典型、有指导意义、标的额大或者当事人涉案权利敏感等重大案件实行三审终审，普通案件实行两审终审，小额案件实行一审终审。针对不同类型的案件适用不同的审级制度，保证在每个案件中都能实现公正与效率的大体平衡。该制度的目的和优势是，在各级法院之间实现职能分层，控制终审法院上诉案件的数量，排除最高法院进行事实审理，有利于更科学、经济地处理案件，统一法律适用，最大限度地维护和实现当事人的权利。首先，对重大和有原则性意义的案件以及特殊类型的案件实行三审终审，如新类型案件，无法明确法律规定、甚至要突破现行法律规定的，诉讼标的价额较大或巨大的案件。其次，对普通案件实行二审终审，普通案件形式各异、种类繁多，难易程度差别很大，在上诉程序中应区别对待，可建立专门业务庭，如劳动争议、婚姻家庭、道路交通事故损害赔偿、侵权纠纷、知识产权、合同纠纷、物权纠纷等，分别适用不同的初审和上诉审程序。

值得注意的是，无论是二审终审制，还是三审终审制，其落脚点仍在于"终审"。不管以

何种形式表现，我国古代社会司法毕竟能够实现终局性和权威性（皇权至上），这一点是在建构法治社会、改革民事司法体制的过程中不能忽视的。因此，在实行多元化审级制、有条件三审终审制度的同时，要改革、完善现行审判监督制度，建构严格条件的再审之诉制度。三审程序的设置一方面使二审的职能设置相对合理，从根本上解决再审案件过多过滥的问题；另一方面使法律问题得以由一个最高审判机构加以统一，以减少法律冲突引起的司法不公和重复审判。在三审终审制的基础上，废除各级法院自行提起再审、上级法院对下级法院案件提审或指令再审以及检察院对民事案件的抗诉再审制度。建构当事人再审之诉制度，对申请再审的条件、时限、次数、再审事由、再审案件管辖、再审新证据、再审诉讼程序规则等方面做合理、严格的规定，一方面落实当事人的申请再审的诉权，另一方面严格再审的条件以控制再审案件的提起，从而保障原审裁判的确定性和终局性，保障司法的权威性。

（二）法院体制的重新设置

一项制度的施行，涉及方方面面，必须同时对其他相应的配套环节进行改革，方能保证制度改革的成效和落实。如果实行上述有条件的三审终审制，那么首先就必须对现行的法院设置进行相适应的改革，因为法院设置是审级制度的基础，二者之间具有直接、密切的联系。目前我国除各军事、铁路、海事等专门法院外，实行四级法院、二审终审制。一方面，四级法院按行政区划设立，地方各级法院由地方各级政府、人大产生，人事、财权均由地方政府掌控，法院成为地方的法院，极易导致司法地方保护主义、司法腐败。另一方面，这种单一的四级二审终审制，不能充分发挥二审法院纠错维权的功能，司法实践中二审制度实际流于形式。

我国是单一制国家，为保障司法权统一，各级法院均应由国家统一设置，人事任免由国家最高权力机关决定，审判经费由中央财政支付，法院系统内部实行垂直管理，上级法院对下级法院进行人事监督、业务指导、行政管理等。与上述三审终审制相适应，建立四级法院体制，由最高法院、上诉法院、地区法院、简易法院（小额案件裁判所）组成，将海事、铁路法院按级并入相应的各级法院体制，成为专门业务法庭，以杜绝司法的行政化和部门化，节约社会人力资源和财政资源。具体来说：

1. 将目前各基层法院的派出法庭改造为简易法院，受理小额民事案件（如标的额在1万元以下）、特别程序案件、身份案件等，实行简易程序，一审终审。

2. 将目前各地基层法院、中级法院改造为地区法院，根据各地、各市的实际情况，设立数量合理的地区法院，对普通民事案件（如标的额在1万至100万元之间）和重大案件（如标的额在100万元之上）进行初审（一审）。

3. 将各省、直辖市高级法院改造为上诉法院，对普通案件的上诉进行审理，实行二审终审；对重大案件的上诉进行审理，实行三审终审。审理上诉请求范围包括事实及法律适用，允许当事人提出新证据，新证据的范围限定一审庭审结束后发现的新证据，以及当事人在一审举证期限届满前申请人民法院调查取证未获准许，二审法院审查认为应当准许并经当事人申请调取的证据。

4. 最高法院，除死刑复核案件外，对不服上诉法院审理的重大案件进行三审，即法律审。最高法院不接受任何新的证据，在二审认定的事实基础上适用法律，不再就事实部分进行审理。

5. 对再审案件进行管辖的法院级别上调一级，即一审终审案件的再审管辖在地区法院；二审终审案件的再审管辖在上诉法院，三审终审案件的再审管辖则在最高法院。

当然，制度设计要达到无懈可击、完全切合实际或者简单易行实则不易，上述制度设计中的主要难点在于如何确定适用不同程序的案件类型，尤其是一审终审案件，涉及当事人上诉权利、实体权利保障，如何能准确、合理地划分此类案件的界限，使该制度能在实践中得以较好的适用。笔者认为，各类型案件的标的额可根据各地不同情况作出划分，由最高法院会同相关部门统一制定。

（三）上诉的条件及限制

目前，我国民事案件上诉条件过于宽泛，使上诉审职能相对弱化。任何案件，不论诉讼标的额大小、案情难易，也不论当事人出于何种目的，均可提起上诉，导致一些当事人出于拖延诉讼等非正当目的而故意滥诉，既使一些简单的案件不能及时审结，也占用了有限的二审审判资源，二审法官难以应付繁重的案件负担。目前 80% 以上的上诉案件以维持原判而告终，换言之，这部分一审案件在二审进行了重复审理，大部分的上诉案件都没有起到上诉应该达到的目的，仅仅是一审审理的重复进行，这不仅是司法资源的巨大浪费而且也严重背离了程序效益的原则，不仅降低了诉讼的程序效益，而且妨害了上诉审功能的实现。因此有必要明确合理的上诉条件。

1. 当事人提起上诉，必须具有上诉利益。对于全部胜诉的当事人，原则上没有不服的利益，对于判决理由虽有不服，但结果上仍获胜诉的，也没有上诉利益。结合我国司法现状，对于上诉利益的判断标准，宜采形式标准，在保障诉讼公正的前提下，尽可能提高诉讼效率，以防止滥诉行为的发生，也就是说，与当事人在原审时的请求相比较，原审裁判所给予当事人的利益在质的或量的方面较少时，当事人对第一审裁判有不服之利益。具体而言，可以分为如下几种情形：其一，原告的诉讼请求全部被判决满足的，是对被告不利的判决，被告有上诉利益，原告则没有。其二，因原告的诉讼请求不符合受理条件而被驳回起诉的，对原告为不利判决，原告有上诉利益。其三，原告的全部诉讼请求被认定无理由而败诉的判决，对原告为不利判决，对被告则为有利判决，被告没有上诉利益，原告则有。其四，支持原告部分诉讼请求而驳回另一部分请求，对原、被告均为不利判决，双方均有上诉利益可提起上诉。

2. 提起上诉的具体条件。第一，在上诉理由方面，由于我国目前没有单纯的上诉法律审，因此原则上应当允许对事实及法律问题均可提起上诉。第二，在裁判性质方面，凡依法可以提起上诉的一审未生效的判决、裁定均应允许上诉，依法不允许提起上诉的判决、裁定则不允许上诉。第三，在争议金额方面，则应划定允许上诉的最低标的额，如达不到最低标的额，则不准许上诉。考虑到我国幅员辽阔，各地经济发展又极不平衡，情况比较复杂，因此不宜一刀切，采取固定、单一的标准，可由最高法院会同各高级法院及相关部门依据各省、自治区、直辖市的实际经济情况酌情确定。同时，考虑到标的额并非评价案件法律意义的唯一标准，在例外情况下，当纠纷涉及法律原则问题或该纠纷解决方式具有典型、指导意义的，即使标的额在法律规定的最低标准以下，也应允许当事人提起上诉，以维护社会公共利益。总体而言，允许提起上诉的案件，应当是有重大意义的，如与上诉审法院原同类裁判相抵触，涉及特别复杂的法律或事实问题，严重违反法定程序以及社会影响特别重大等。

3. 对恶意上诉者建立有效的制裁机制。在民事上诉中，如果查明上诉人上诉是为了拖延诉讼或藏匿、转移财产等情况，应对其科以一定数额的罚款。[1] 同时将恶意上诉纳入侵权行为法调整的范围，如给对方造成损失的，应当承担相应的赔偿责任，一方面限制这种恶意的违法行为，另一方面平衡双方当事人的利益，保障合法权利不受恶意侵害。

第三节
申诉制度中的人性化体现——直诉制

为纠正冤错，历代都有一些通常程序和特殊程序的申诉及请求重审的制度，如秦汉时的"乞鞫"制、宋代的"翻异别勘"制、"理雪"制等。与我国古代社会逐级上诉制相对应的，有一种特殊申诉程序，即"直诉"。直诉是指直接向中央（皇帝）控告，是在案情较重，冤怨无处申诉时采用的特别申诉方式，俗称"告御状"。但各朝各代也对直诉有非常严格的限制，只有在特殊情况下，可直接越级向上甚至向朝廷申诉冤屈。直诉多适用于贫穷无告者，体现了君王的"德政"，也加强了君王对司法的监督。直诉是我国古代社会司法上诉的极端例外行为，彰显了中华法文化对真实的倚重，即发现真实、信仰真实。及时发现和纠正冤假错案是直诉制度的最大功能。直诉制度是我国古代"慎刑"思想的具体化，是缓和社会矛盾、监督司法官吏执法情况的一项重要制度。[2] 直诉虽然是中国古代封建社会传统法律的内容之一，但从其形式和作用而言，却与我国现行宪法规定的公民申诉权、与目前大量涉诉上访的社会现象有着某种一脉相承的契合性，因此，思考和分析古代直诉制的得失利弊，将对如何控制当下社会滥用申诉权的现象提供有意义的思路。

一、直诉制的历史发展

（一）制度起源

关于直诉制度的记载最早见于《周礼》所记载的路鼓和肺石制度。《周礼·夏官·大仆》记载："建路鼓于大寝之门外而（大仆）掌其政，以待达穷者遽令，闻鼓声，则速逆御仆与御庶子。"路鼓，是指申诉者击打设立于官门外的鼓，由专门受理路鼓的人先倾听申诉，再告之周王。《周礼·秋官·大司寇》记载："以肺石达于穷民，凡远近惸独老幼之欲有复于上，而其长弗达者，立于肺石三日，士听其辞，以告于上，而罪其长。"肺石，是指王宫门外设立暗红色的石头，不论地方远近，凡是没有兄弟、子孙及老幼者，有冤上诉于王和六卿，而其长官不向上报告的，可在肺石上站立三天，司法官即受理此案，即所谓"立于肺石三日，士听其辞，以告于上"[3]。

---

① 以上关于上诉条件的三方面内容，参见洪浩、杨瑞：《论民事上诉立案的实质性要件——从上诉利益的角度分析》，载《法律科学》，2007（1）。

② 参见胡铭：《我国古代申诉制度之演进及现代影响》，载《西南政法大学学报》，2005（5）。

③ 《周礼·秋官·大司寇》。

秦汉时期是否有此制度不得其详。东汉郑众注《周礼》所载路鼓达于穷者，"若今时上变事击鼓矣"。说明汉朝确已有击鼓上事的制度。据《汉书·刑法志》记载，文帝时齐太仓令淳于公有罪当刑，他的小女儿缇萦上书天子，说他的父亲为官廉平，并请求以自己当官奴婢来赎父刑罪，这说明汉时可向皇帝直诉。但此时直诉尚未制度化。①

（二）制度确立

以肺石函、登闻鼓为表现形式的直诉制度正式确立于西晋，晋武帝设立登闻鼓，悬于朝堂外或都城内，百姓可击鼓鸣冤，有司闻声录状上奏。后历代均有此制度。根据《魏书·刑罚志》记载，世祖时"阙左悬登闻鼓，人有穷冤则挝鼓，公车上表其奏"。《梁书·武帝本纪》记载天监元年四月癸酉诏曰："下不上达，由来远矣……可于公车府谤木肺石傍各置一函……夫大政侵小，豪门陵贱，四民已穷，九重莫达，若欲自申，并可投肺石函。"隋代也设置有登闻鼓，但在审级上的限制颇为严格，狱讼必须先由郡县到省，省如果不理，才能到中央申诉。

唐代有了完备的直诉制度。唐律规定犯人不服除可以逐级上诉外，还可以进行直诉，当无辜者蒙冤，无处申辩的，可直接向皇帝申诉。唐律规定的直诉形式主要有邀车驾、挝登闻鼓、上表和立肺石四种。邀车驾，即在皇帝外出时于路旁迎车驾申诉；挝登闻鼓，即在东西两都王城门外设鼓，申冤者击鼓以求皇帝得知其事；上表，即上奏书披陈身事，上表的诉状由中书舍人、给事中、御史三司监受，不一定由皇帝直接受理；立肺石，主要适用于"茕独老幼，不能自申者，乃立肺石之下"②。唐朝对直诉规则作了进一步的规范，邀车驾、挝登闻鼓形式的直诉必须如实申诉，申诉不实的有罪。《唐律疏议·斗讼》规定："以身事自理诉而不实者，杖八十。自毁伤者，杖一百。虽得实，而自毁伤者，笞五十。即亲属相为诉者，与自诉同。"还规定击登闻鼓直诉者，若于不实之中，有"故增减情状，有所隐蔽、诈妄者"，以"上书诈不实论"罪，处以徒刑三年。与此同时，唐律规定凡击登闻鼓直诉，官府必须立即受理，否则"加罪一等"。又规定"邀车架，及挝登闻鼓，若上表诉，而主司不即受者，加罪一等。其邀车驾诉，而入部伍内，杖六十"。

宋朝的直诉制度与唐朝相同。宋太宗至道二年（996年）曾下诏重申："诸州吏民诣鼓司、登闻院诉事者，须经本属州县、转运司，不为理者，乃得受。"③为便于民众直诉，宋朝在中央设立了三个受理诣阙投诉的司法机关，即登闻鼓院、登闻检院、理检院，宋仁宗天圣七年（1029年）规定"其称冤滥枉屈，而检院、鼓院不为进者，并许诣理检使审问以闻"④，明确了受理直诉的顺序。

（三）制度发展

直诉制度发展到元明清时期，内容和规范日益明确，对受理的范围和程序作出了许多限制性规定。《元史·世祖本纪》中记载："诸事赴台，省诉之，理决不平者，许诣登闻鼓击鼓以闻。"还规定：凡未登闻鼓陈告的案件，必须是"为人杀其父母兄弟夫妇，冤无所诉"，如

---

① 参见李玉华：《我国古代直诉制度及其对当今社会的影响》，载《政治与法律》，2001（1）。
② 《唐六典》卷六《尚书·刑部》。
③ 《宋会要辑稿·职官》三之六三。
④ 《续资治通鉴》卷三十七。

"以细事唐突者，论如决"。可见元朝一方面允许有冤情者击鼓申诉，另一方面又将击鼓申诉的案件限于少数重大案件。在明代，皇帝仍很重视击登闻鼓申诉，明代的登闻鼓最先置于午门外，由监察御史一人负责监守之，但是"非大冤及机密重情，不得击，击即引奏"。后移至长安右门外，由六科给事中与锦衣卫轮流值班，接纳击鼓申诉上奏者和收接状子奏报皇帝。朱元璋后来又发布诏令，允许老百姓就冤抑等事，击登闻鼓陈告，朝廷钦差监察御史出巡追问。但若击鼓申诉不实者，杖一百，事重者从重论。

至清代，直诉制度发展至巅峰并走向了最终的消亡。这个时期的直诉，包括击登闻鼓、赴宫门诉冤、上书皇帝等，称为"叩阍"案件①，也即广义上的京控。京控有着丰富的内涵，已经不仅仅是一个法律上纠错的问题，涉及几乎所有的法律、政治、经济和社会问题，从非法用刑、枉法裁判到无效债务、家庭问题等等，实际上已经成为封建统治者获取信息、控制社会的一种重要途径。京控和当时的监察弹劾制度相互配合，构成了统治者加强集权统治，监督百官，维护统治秩序的重要手段。但是面对大量的案件，皇帝不可能一一处理，于是京控的重点被放在重大的刑事案件，特别是涉及官吏的案件上；民事案件、轻微案件被排除了出去，甚至是关乎民众生计的土地争议案件，也很少引起重视。同时，案件被要求逐级申诉，御使要审查申诉人是不是逐级向司法机关提出了诉求。到了19世纪80年代，为了努力加速处理真正的重大冤案，朝廷作出决定，轻微案件的申诉，不管它们是否被提交过省的高级衙门，都应当发回审判，也就是说不再提交按察使，以使得按察使能有精力集中于大案，而把小案件交给道台处理。

清代虽有各种直诉方式，但限制更严。《大清津例·刑律·诉讼》"越诉"条规定："击登闻鼓申诉，而不实者，杖一百；（所诬不实之）事重（于杖一百）者，从（诬告）重（罪）论；得实者，免罪"，"冲突仪仗而又申诉不实，绞"。还规定："凡车驾行幸瀛台等处有申诉者，照迎车驾申诉律拟断；车驾出郊外行幸有申诉者，照冲突仪仗律拟断。""擅入午门长安等门叫冤枉，奉旨勘问，得实者枷号一个月，满日杖一百；若涉虚者杖一百，发边远地方充军。""凡跪午门长安等门及打长安门内石狮鸣冤者，俱照擅入禁门诉冤例治罪；若打正阳门外石狮者，照损坏御桥例治罪。"同时规定了很多禁止性内容，包括禁止已经由法司、督抚问断明白的案犯，为了翻案而击登闻鼓以及在长安左右门等处自残、撒泼、喧哗；禁止因小事纠集多人越墙进院，突入鼓厅，妄行击鼓谎告；禁止聚众击鼓。对于违反这些禁令的，将受到严惩，如聚众击鼓的，将首犯照"擅入午门、长安等门叫诉冤枉例"发边远地方充军，余人各减一等发落。②

二、直诉制的主要内容

我国古代实行的是专制集权统治，皇帝集立法、行政、司法等各项国家权力于一身，直诉制度建立在宗法家族制基础之上，不可避免地存在根本性的局限。在很大程度上，冤案很难通过正常的司法途径解决，只能依赖圣明的君主和行政的干预，官吏特别是帝王的意志主宰着个人的命运，民众往往把个人安危系于清官的出现，把国家安危系于圣明君主的统治，

---

① 参见那思陆：《清代中央司法审判制度》，217页，北京，北京大学出版社，2004。

② 以上关于京控及其限制的内容，参见胡铭：《我国古代申诉制度之演进及现代影响》，载《西南政法大学学报》，2005（5）。

这些都决定了中国古代的直诉制度极具人治主义色彩，统治者更是将受理直诉、抚平冤屈视为施舍给老百姓的恩泽。而且皇帝虽然拥有最终的决定权，但作为个人，皇帝所能受理直诉案件的数量必定极为有限，同时，皇帝不受任何监督与约束的判断不一定正确，因此古代直诉能实现的司法公正必定是极其有限的。在元明时期，虽然法律对击登闻鼓申诉限制渐增，但是实际上，是否受理此种申诉随意性较大。表面上法律规定，必须是有重大冤情的或者是有关国家机密大事的，才可以击登闻鼓告状，但是史书记载当时发生的击登闻鼓申诉的案例有不少却是小案。实际上，申诉案件能否受理关键是看能否引起皇帝的重视。从另一方面而言，中国古代的直诉实际上并非严格意义上的诉讼制度。首先，通过击登闻鼓、邀车驾、上书皇帝等途径提起诉求，并非是司法途径，而是通过引起行政干预司法的方式启动复审。其次，控辩两造在申诉中的作用是有限的，对抗实际上主要不是在公开的审判中进行，而是通过威逼利诱、人情关系、感动帝王等方式进行。再次，申诉并非公民的一项基本权利，而是统治者的一种恩赐，所以既可以给也可以不给，缺乏诉讼程序的确定性。另外，申诉制度经过历朝历代的发展演变，虽然申诉的形式、审级、期限等具体制度初见端倪，但是并没有建立科学的审级、期限制度，申诉和上诉的界限不清，刑事和民事、行政的申诉不分，司法和行政交织在一起。这些都使得中国古代的直诉制度体现出非诉讼化的特点，与现代诉讼的许多基本原理相悖。

但不可否认的是，直诉制度是我国古代政治法律制度的一个组成部分，符合当时社会的要求，为有冤情的人提供了申冤昭雪的合法途径，通过合法途径获得公正的希望，这在当时对缓解社会矛盾起到了积极的作用。[1] 在中国传统法律文化背景之下，直诉包含着特定意义上的关于权利救济的制度信息，"京控既是启示的工具又是补救的工具，这种双重性质，解释了何以在一个奉行认为诉讼有损和谐的儒家思想的社会要有一个延续诉讼存在的机制"[2]。实质上，直诉制在古代更多发挥的是治理国家的功能，通过直接对包含大量信息的案件的审理，最高统治者得以体察民情、了解民意、监督官吏、抑制冤情，从某种程度而言，直诉是中国传统实现实体正义的特殊方式。

更为重要的是，古代直诉制度拥有一整套完备的运作程序，包括直诉案件的范围、受理机构、处理程序以及对不实申诉和滥用申诉方式等行为的惩罚措施等，这些制度性规范的存在得以规范统治阶层对民众直诉的处理过程，避免权力的滥用或不用，并有效控制着民众的直诉行为，一定程度上能避免和克服滥用申诉权利的现象，而正是依靠这些才能维持着社会秩序和君主的统治。

三、直诉制的现实意义

时至今日，直诉制度早已不复存在，但这种根深蒂固的传统文化影响仍然在控制着社会民众的思维，在通过正常法律途径不能解决问题之后，民众选择的方式往往就是高层上访、进京上访、媒体曝光，希望引起高层领导的注意，希望通过司法以外的途径，如人大、媒体，来影响案件的处理结果。在这一过程中，出现了大量的上访过激行为、不当行为、

---

[1] 参见李玉华：《我国古代直诉制度及其对当今社会的影响》，载《政治与法律》，2001（1）。

[2] ［美］欧中坦：《千方百计上京城：清朝的京控》，谢鹏程译，载贺卫方等编：《美国学者论中国法律传统》（增订版），北京，清华大学出版社，2004。

无理缠讼、闹讼等多种滥用申诉权利的不正常现象，使得民众上访被视为洪水猛兽，成为影响社会稳定的重要因素之一。这固然与人治观念尚存、人们权益保护意识增强、社会舆论的不正当引导、监督机制多元化、司法解决机制的弱化等多种社会因素相关，但从根本而言，一个重要原因在于信访机制的不合理和尚未制度化，无法有效控制和防范滥上访和滥申诉的行为。国务院颁布的《信访条例》扩大了宪法中规定的当事人的申诉信访权利，增加了对个人私权事务的上访权，即对个人私权受到侵犯的也可以信访，把依法应当通过诉讼、行政复议、仲裁解决的事项作为信访处理，使已经进入司法途径的公民私权事务又可以脱离法律程序通过信访的方式寻求解决。① 涉诉信访不是作为一种法定制度而存在，只是诉讼制度之外的一种行政管理机制，缺乏合理、可操作性的程序规范，不能对上访行为进行有效的管理和控制。此外，对违法上访、恶意上访、滥上访、上访无理等行为缺乏有力、有效的制裁措施，使一些上访人存有从众心理、侥幸心理，滥用信访权利，企图从中实现个人目的。

涉诉信访和上访机制的不合理，涉法信访的盲目无序和对党政机关、司法部门的冲击，给各单位的工作秩序带来一定混乱，无限申诉、无序缠讼和非法闹访现象的存在，对社会产生的消极影响大大超过了其积极影响。首先，干扰和破坏司法独立和司法权威。法官审判案件不受其他机关、各级法院院长及同事的影响和干预，只依照法律独立对案件作出判断。从这个意义上讲，司法独立也就是法官独立。高层领导批示、新闻媒体曝光会对司法独立产生不同的影响，使法官判案时除了考虑案件事实和法律以外，还要考虑领导是否满意，媒体是否满意，对自己是否会产生不利影响等。② 其次，反映了信访机制的弱化，如果大多数诉求都涌到中央，而不能在地方各级机构得到妥善处理，那不仅有违设立信访机制的初衷，也超出上层专职部门的负荷能力，还意味着信访制度甚至统治秩序整体正面临基础空虚的危机，最终不利于社会稳定。由于上述现象是非法定的解决方法，呈无序状态，其本身就是对社会秩序的一种无端冲击，加之信访机关和有关领导、新闻媒体不可能受理全部的信访案件，使很多确实需要解决问题的上访者反而寻求不到合理的救济途径，冤屈积压下来无疑成为很大的社会压力，人们往往会对社会产生不信任感，产生对立情绪，不利于社会的稳定。

中国古代非诉讼化和行政化的申诉，是与当时封建王朝的历史特征相适应的。我们不应该也无法用现代法治理念来批评封建制度下直诉制度的不完善。但是，在强调依法治国、建设社会主义法治国家的当今社会，充满行政化和人治色彩的信访和上访制度，无疑是不合时宜的。在尊重社会传统的对司法实体公正预期的基础上，应当将申诉制度法治化，用现代权利观念、诉讼理论和程序意识来改革和完善我国古老的直诉制度，使得申诉权真正成为公民获得有效救济的一项基本权利。③

一方面，构建符合现代诉讼基本要求的再审制度，实现司法的终局性，将诉讼程序中的申诉进行诉讼化改造，将其纳入规范的诉讼程序。具体而言，即建立两造对抗的申请再审和再审之诉制度，明确申请再审的条件、范围、次数、期限以及再审事由、再审程序规范等

---

① 参见王亚明：《涉法信访的价值、成因及改革设想》，载《国家行政学院学报》，2005 (6)。
② 参见李玉华：《我国古代的直诉制度及其对当今社会的影响》，载《政治与法律》，2001 (1)。
③ 参见胡铭：《我国古代申诉制度之演进及现代影响》，载《西南政法大学学报》，2005 (5)。

内容。

另一方面，要完善现有的涉诉上访机制，使之制度化、规范化、程序化和诉讼化，以有效遏制滥上访的行为。具体而言包括以下几点。① 第一，法院内部受理的信访案件实行终结信访机制，即对下列案件终结信访程序，不再作为信访案件受理：经过作出生效裁判的法院及其上一级法院复查并作出结论的申诉信访；对案件经复查确无问题，但当事人确有生活困难，经相关法院采取合理措施已经帮助当事人解决困难，但当事人仍继续上访或拒绝接受解决困难方案的申诉信访；对经鉴定为精神病人的上访人员；对法院裁定不予受理的案件，经复查确实不属于人民法院管辖范围的申诉信访；对案件虽经法院裁判，但当事人上访并非针对法院裁判问题，且不属于人民法院处理范围的申诉信访；以及经过最高法院复查或再审作出结论的申诉信访。对办理信访终结的案件，需要经过一定的程序：必须经过公开复查听证或公开听诉；必须经过院长会议或审判委员会讨论作出复查结论及终结决定；办理信访终结的法院需到申诉人所在地公开进行息诉听证，该听证会应有当地有关部门参加。通过有条件的终结信访，逐步而有效地限制并缩小法院内这种非诉讼纠纷解决的范围和影响。

第二，进一步修改《信访条例》，确立无理信访标准。对无理信访（或称恶意信访）行为规定明确的制裁标准，改变目前对涉法信访处理乏力的局面，使信访既能反映群众的呼声，又不至于被滥用。可以借鉴信访终结机制的标准，把可以终结信访的行为明确为无理信访的标准，凡是无理信访的，法院应将此类情况通报各信访部门及监察机构，并按如下情况处理：到法院无理信访的，法院可视情节予以批评教育，并告知其行为属于无理信访；对违反《治安管理处罚法》的信访人，移交当事人所在地公安机关处理；对于到政府、人大等部门信访的，符合无理信访情形的，接待人员应告知其属于无理信访及相应后果，坚持无理信访的，由无理信访人所在地公安机关按照《治安管理处罚法》的规定进行处理。同时，严格信访机关职责，各司其职。我国《信访条例》已经明确了政府机关、司法机关在接待信访中的职责范围和处理原则，明确了司法机关、立法机关对受理信访事项的分工。主要体现在《信访条例》第15条、第21条的规定上。笔者这里强调的是应坚持信访事件的属地处理原则，就地解决问题。主要体现在：一是各级政府机关、司法机关必须切实依法履行职责，不能推诿、敷衍。二是上级机关领导不应越级作出批示，更不能把批件交给当事人传递。上下级之间要互相支持，共同维护政府机关、司法机关的公信力。

第三，创新纠纷解决机制，摆脱对司法程序的过分依赖，使司法相对中立。诉讼作为解决纠纷的方式虽然有其权威性，但与我国的司法传统并不相符，诉讼成本过高，效率低下、结果僵化等内在缺陷满足不了民众对法治社会的诉求。涉法信访的大量出现也表明法院与民众的期待不相适应。创新纠纷解决机制，一是扩大法院调解案件的范围，明确在民事、刑事、行政案件中都可以适用调解，在刑事案件中引入诉辩交易制度，便于犯罪分子认罪服法和接受改造。同时增加法院对调解协议的支持力度，赋予调解协议以执行效力。二是支持民间自助解决纠纷的行为，承认公民在私法上的自力救济行为，承认解决私法纠纷中介机构的

---

① 以下对于完善现有涉法（诉）上访机制的三方面内容，参见王亚明：《涉法信访的价值、成因及改革设想》，载《国家行政学院学报》，2005（6）。

合法地位，使私力救济与公力救济能够并行不悖。三是对我国的仲裁制度进行改造，使之进一步发挥纠纷解决作用。目前我国仲裁收费高，不能减免费用，制约了民众对仲裁的热情和承受力。而且仲裁的权威性还未得到足够重视和确认，尤其是民事仲裁没有受到应有的重视，劳动仲裁还未摆脱"官方"身份，人们对劳动仲裁的认同度不高。这些都限制了仲裁制度效能的发挥，建议实行民商合一的现代仲裁制度，充分发挥仲裁一裁终局的效能。

第四节
死刑复核制度中的人性化体现——复奏

死刑剥夺人的生命，关乎人民群众的感情，可追问到政权根基。有人对死刑发出了以下感慨："人命关天！死刑乃夺命之刑，故为关天之刑，不可不慎。天何谓？公正仁义之至也，死刑复核，乃载天之命，公正仁义之昭彰也。"[①] 这充分说明了死刑制度对民族、文化、国家政权的重要意义。我国历朝历代都非常重视死刑案件的慎重处理，直至北魏时期，死刑复核制度开始被确立为一项法律制度。

一、我国古代死刑复核制度的内涵

我国古代死刑复核制度包括两项制度：死刑复核和死刑复奏。[②] 这两项制度并行不悖，都是专门适用于死刑的特别救济程序，死刑复核属于刑事审判程序，而死刑复奏属于刑事执行程序，两者共同对保证死刑案件公正性和慎重性发挥着重要作用。所谓死刑复核，是指对死刑案件，在普通审判程序结束后，由中央有关机关甚至是皇帝对其进行重新审判的一种制度。《唐六典·刑部》记载："凡决死刑，皆于中书、门下详复。"注释道："旧制，（死刑）皆于刑部详复，然后奏决。开元二十五年敕，以为庶狱既减，且无死刑。自今以后，有犯死刑，除'十恶'死罪、造伪头首、劫杀、故杀、谋杀外，宜令中书、门下与法官等详所犯轻重，具状奏闻。"《唐六典·刑部》中规定的即是死刑复核，所有的死刑案件都由刑部来审查，再报皇帝核准。开元二十五年（737 年）后，一部分死刑案件仍由刑部审查，再报皇帝核准，另一部分死刑案件由中书、门下等部门审查，再报皇帝核准。所谓死刑复奏，是指死刑案件在复核之后、执行之前，要奏请皇帝进行最后审查，并考虑是否给予宽宥的一种制度。《魏书·刑罚志》记载："当死者，部案奏闻。以死者不可复生，惧监官不能平，狱成皆呈，帝亲临问，无异辞怨言乃绝之，诸州国之大辟，皆先谳报，乃施行。"其中"诸州国之大辟"是指全国各州郡王国所判处的死刑案件；"皆先谳报"是指死刑案件执行前都必须先上报皇帝进行核准；"乃施行"是指死刑案件只有经过皇帝核准后，才可以正式交付执行。

---

① 陈永生：《对我国死刑复核程序之检讨——以中国古代及国外的死刑救济制度为视角》编者提按部分，载《比较法研究》，2004（4）。

② 参见周国均、巩富文：《我国古代死刑复核制度的特点及其借鉴》，载《中国法学》，2005（1）。

二、古代死刑复核制度的逐步完善

纵观我国历史，死刑复核制度作为一项重要的司法制度，经历了一个从无到有，从简单到完善的过程。

在秦朝之前，死刑复核制度尚未建立。《史记·张耳陈余传》记载：蒯通说范阳令曰："秦法重，足以为范阳令十年矣，杀人之父，孤人之子，断人之足，黥人之首，不可胜数。"上述记载说明秦时县令就可随意杀人。根据《睡虎地秦墓竹简》中《封诊式》记载的内容，几乎大部分刑事案件，都由县令审判，其中不少就属于死刑案件，但未见关于死刑要由上级或最高审判机关复核的记载。由此推知，秦朝法制中还没有死刑复核的规定，也没有死刑复核的实践。

到了汉代，死刑复奏制度开始建立。《陔余丛考》载，汉郡县令有专杀权，"刺史、县令杀人不待奏"。同时，为了贯彻"省部薄罚"的政策，汉律又规定，对重大疑难案件，包括死刑案件和官吏犯罪案件，要奏请朝廷核准才能执行。据《汉书·酷吏传》记载，河内太守王温舒"捕郡中豪滑，相坐连千余家。上书请，大者至族，小者至死，家尽没入偿藏。奏行不过二日，得可，事论报，至流血十余里。河内皆怪其奏，以为神速"。《汉书·酷吏传》记载，义纵为定襄太守，一日"报杀四百余人"，注引师古曰："奏请得报而论杀"。

三国两晋南北朝时期，随着中央三省制度逐渐形成，死刑复核制度开始建立。国家在尚书台所属各部、曹中，都设立了偏重于司法行政兼理刑狱的机构，死刑复核制度成为司法制度的一个重要内容。《三国志·魏书·明帝本纪》记载太和三年十月"改平望观为听讼观"，"每断大狱，常幸观临之"。青龙四年（236年）六月壬申诏曰："其令廷尉及天下狱官，诸有死罪，具狱以定，非谋反及手杀人亟语其亲治，有乞恩者，使与奏当，文书俱上，将思所以全之。"上述记载说明，魏明帝要求大部分死罪案件要上报中央廷尉或由皇上最后定夺。南朝宋文帝诏令："其罪入重辟者，皆如旧先上须报，有司严加听察，犯者以杀人论。"[1] 北朝北魏太武帝时也明确规定，各地死刑案件一律上报奏谳，由皇帝亲自过问，必须无疑问或冤屈时才可执行。

到了隋朝，死刑复核制度趋于完备。《隋书·刑法志》记载："十二年帝以律者多踳驳，罪同论异，语诸州死罪，不得便决，悉移大理案覆，事尽，然后上省奏裁。""十五年制：死罪者，三奏而后决。"《隋书·高祖纪》记载："开皇十六年八月丙戌"诏决死罪者，三奏而行刑。"即判决后的死刑案件经过最高司法机关大理寺复核，然后送尚书省，再奏报皇帝最后圣裁后，才能交付执行。

唐朝的死刑复核制度对以后的朝代有着深远的影响，自唐朝之后死刑复核制度被广为效仿。太宗诏令："决死囚者……皆令门下复视，有据法可矜者，录状以闻。"《贞观政要·论公平》记载，贞观元年（627年），唐太宗亲自规定："自今以后，大辟罪皆令中书、门下四品以上及尚书九卿议之。"《旧唐书·刑法志》记载：贞观五年（631年），唐太宗盛怒错杀了大理丞张蕴古和交州都督卢祖尚后，亲自确立"三奏五复制"。《唐六典》记载："凡决大辟罪，在京者行决之司五复奏，在外者刑部三复奏。"即地方的死刑案件适用"三复奏"，京师的死刑案件适用"五复奏"。在唐朝，司法官员不奏而擅刑者，要受刑事处罚。《唐律疏议·断狱》记载："死罪囚，谓奏画已讫，应行刑者。皆三覆奏讫，然始下决。若不待覆奏报下

---

[1] 《南史·宋纪》。

而辄行者，流三千里。"

自北宋中期后，死刑案件必须由提刑司详复后才能施行，州级机关不再享有终审权，这项制度一直沿用到南宋。如安鼎为御史时，曾上奏说："按《国朝会要》：淳化初，置详复官，专阅天下奏到已断案牍。熙宁中始罢闻奏之法，止申刑部。元丰中又罢申省，独委提刑司详复，刑部但抽摘审核。元佑初始复刑部详复司，然补专任官属，又有摘取二分之限。"① 徽宗宣和六年（1124 年），"诏今后大辟已经提刑司详复，临赴刑时翻异，令本路不干碍监司别推"②。南宋宁宗嘉泰三年（1203 年），江西运副陈研说，诸路州军大辟公事，"县狱禁勘无翻异，即审解州；州狱复勘无翻异，即送法司具申提刑司详复，行下处断"③。

明清时期的死刑，分为立决和秋后决两种形式。清律称立决为"斩立决"和"绞立决"，称秋后决为"斩监候"和"绞监候"。这两种死刑都要经过中央司法机关和皇帝的审核批准。对于秋后决的案件，明朝建立了朝审制度加以审核。《明会典》记载："天顺二年，令每岁霜降后，该决重囚，三法司会多官审录，著为令。"④ 同年诏曰："人命至重，死者不可复生，自天顺三年为始，每至霜降后，但有该决重囚，著三法司奏请会多官人每（们），从实审录，应不冤枉，永为定例。钦此。"⑤《明史·英宗后纪》记载："是月（天顺三年冬十月），命法司会廷臣，每岁霜降录囚，后以为常。"《明史·刑法志》记载："天顺三年，令每岁霜降后，三法司同公、侯、伯会审重囚，谓之朝审，历朝遂遵行之。"

清朝在明代死刑复核制度的基础上，实行秋审和朝审两种复核制度。凡斩监候和绞监候的案件，都要经过秋审、朝审。秋审是审核地方各省所判的监候案件，朝审是审核刑部所判的监候案件。对于秋审，清律规定："秋审时，督府将重犯，审拟情实、缓决、可矜具题，限五日内到部。刑部将原案及法司看语，并督府看语刊刷招册，送九卿、詹事、科道各一册，八月内在金水桥西，会同详核情实、缓决、可矜，分拟具题，请旨定夺。"⑥ 对于朝审，清律规定："刑部现监重犯，每年一次朝审。刑部堂议后即奏请特派大臣复核，核定具奏后，摘紧要情节，刊刷招册送九卿、詹事、科道各一册，于八月初间，在金水桥西，会同详审，拟定情实、缓决、可矜具题，请旨定夺。"⑦

从上述的史实可以看出，死刑复核制度作为一项司法制度，既有利于保护老百姓的生命权，也有利于平息社会对死刑的舆论，体现统治者的统治权威和国家道德，从防止错杀无辜的角度看，代表着一种民族文明，因此死刑复核制度从开始出现，就注定成为各个封建王朝效仿的司法制度。期间尽管很多朝代都不能一以贯之，往往因为时局混乱或者统治者个人意志或者社会政策调整等原因放弃或者不执行死刑复核制度，但从整个历史长河看，死刑复核制度经历了一个发展的过程，逐步走向成熟和完备。

---

① 转引自张晋藩主编：《中国法制通史》，第五卷（宋），663 页，北京，法律出版社，1997。

② 《宋会要辑稿·刑法三》。

③ 转引自周国均、巩富文：《我国古代死刑复核制度的特点及其借鉴》，载《中国法学》。2005（1）。

④ 《明会典》卷一七七，刑部，朝审。

⑤ 董康：《秋审制度》，转引自周国均、巩富文：《我国古代死刑复核制度的特点及借鉴》，载《中国法学》，2005（1）。

⑥ 《大清律例》"断狱"门"有司决囚等第"条所附"秋审"条例。此条例系康熙年间现行例，乾隆三十二年改定。

⑦ 《大清律例》"断狱"门"有司决囚等第"条所附"朝审"条例。此条例系康熙七年定例，乾隆二十三年修改，嘉庆二十三年改定。

三、古代死刑复核的机构与方式

（一）死刑复核制度的实施机关

死刑复核制度作为一项司法制度，其主要标志之一是实施机关为特定的中央机构和皇帝。有些朝代中也有一些对刑事案件（包括死刑案件）的复查，如汉律中有"有故乞鞫"的规定，即对司法机关的判决不服，允许当事人上书，向上级司法机关请求复审，但这些复查并不能归为死刑复核制度。

在不同朝代，具体从事死刑复核的中央机构有不同，但最终的决定权在皇帝手中是不变的。

在唐代，中央一级设有大理寺、刑部和御史台三个主要司法机关，称为"三法司"，分别负责行使审判、复核和监察等项司法职能。大理寺为中央最高审判机关，审理中央百官犯罪与京师徒刑以上案件，以及地方移送的死刑疑案。刑部为中央司法行政机关，负责审核大理寺及州县审判的案件，发现可疑、徒流以下案件，驳令原机关重审，或径行复判；死刑案，则移交大理寺重审。唐代的死刑复核制度相当完备，主要是三司推事制，遇有死刑案件和重大疑难案件，皇帝诏令中央三大司法机关大理寺、刑部、御史台三司，派大理卿、刑部侍郎、御史中丞共同复核，称为大三司使。如由三司派刑部员外郎、御史、大理司官共同复核，称为小三司使。皇帝还经常根据案情命令行政机关参与复核。《唐六典》记载："凡决死刑，皆于中书、门下详复。"开元二十五年（737年）后，中书、门下等参与复核死刑案件便成了一项专门的制度。唐朝还有另外两项死刑复核制度，包括九卿议刑制和都堂集议制。九卿议刑制是由中书、门下四品以上官员与尚书省之仆射、左右丞及六部尚书、侍郎共同对死刑案件进行复核。都堂集议制是指对于"八议"之人所犯死罪，要由刑部在尚书省政事堂"集请司七品以上议之"。

宋朝的地方行政制度，是州（府）县两级制，州相当于现在的地市级。因全国州的数量太多，中央难于直接管理，因此又在州之上设立路，但路是监察区域，而非行政区划，路、州之间是监察与被监察的关系，而非直接的行政隶属关系。宋朝在路一级也不实行一元化的领导，而设立了安抚司、转运司、提刑司、提举常平司，分管军事、漕运、刑狱、常平诸事。提刑作为中央派出机构，其主要职责是巡视州县刑狱，同时有监察地方、推荐或弹劾州县官的权力。北宋中期以来，死刑案件必须由提刑司详复后才能施行。

明朝的死刑复核实施机关是中央刑部、大理寺、都察院。对于秋后处决的死刑案件，明朝建立了朝审制度加以审核。朝审是明朝创设的一系列会官审录制度的一种，它是指每年霜降后十日，三法司（中央刑部、大理寺、都察院）会同三品以上高官共同审理京畿附近的死囚。

清朝的死刑复核实施机关是中央刑部。清朝的朝审是在每年秋审大典前一日，刑部对京师大狱中的在押监候死囚进行最后的审录。秋审是由中央各部院长官共同对监候案件的复审，因复审时间定于每年八月中旬，故称为秋审。秋审主要是对地方上的死刑监候案件，一般先由各省督抚将省内所有斩、绞监候案件会同布政使、按察使进行复审，提出不同的处理意见，并将卷宗上报刑部。

我国古代不同朝代中死刑复核的实施机关略有不同，主要由中央司法审判机关进行复核，并报皇帝进行裁决。至于死刑复奏都是由皇帝亲自审阅，进行裁决，即由皇帝勾决是死刑复奏的最后一个程序。

（二）死刑复核制度的审查方式

我国古代交通不发达，而中国地域非常辽阔，将所有死刑犯都解送京城难度很大，普遍实行言词审理方式有着客观障碍。但由于书面审查不利于查清案件事实，达不到死刑复核制度的目的，因此古代死刑复核通常实行言词审理为主，辅以书面审理的审查方式。据《魏书?刑罚志》记载，北魏太武帝时规定："当死者，部案奏闻。以死者不可复生，惧监官不能平，狱成皆呈，帝亲临问，无异词怨言，乃绝之。诸州国之大辟，皆先谳报，乃施行"。《明史·刑法志》记载："太祖尝曰：'凡有大狱，当面讯，防构陷锻炼之弊。'故其时重案多亲鞫，不委司法。"唐代的三司推事、九卿议刑制和都堂集议制，都要求有关的官员亲自参与案件的审讯，并当庭提讯有关的人犯，以核实案件事实和证据。明清时期的朝审，由于所审理的死罪人犯都关押在京城的监狱中，法律规定朝审应当采取言词审理的方式，提人犯到堂，当面朗诵罪状，并加以讯问。而秋审时所要审理的死罪人犯不羁押在京城，因此秋审只能凭招册进行书面审理。[①]《明会典》记载："凡在外五年审录。洪武二十四年差刑部官及监察御史分行天下，清理狱讼。正统六年令监察御史及刑部、大理寺分往各处，会同先差审囚官，详审狱案。十二年差刑部、大理寺官往南北直隶及十三布政司，会同巡按御史、三司官审录；死罪可矜、可疑及事无证佐可结正者，具奏处置，徒流以下减等发落。"[②]

四、古代死刑复核制度的借鉴意义

我国古代死刑复核制度是当时整个政治制度中的一个环节，其中贯穿着封建社会中君权、儒家学说等思想，因此从现在的眼光看，必然带有种种不足和弊端。但我国古代死刑复核制度延续上千年，其合理之处也应值得肯定。从借鉴的角度看，无论是死刑复核制度的可取之处，还是不足和弊端，对我们构建现代死刑复核制度都是有积极意义的，对于可取之处，我们可以直接借鉴，对于不足和弊端，我们可以从中吸取教训，分析原因，避免走弯路。

（一）慎刑思想的落实

我国古代慎刑思想源远流长，早在周王朝，就有慎刑思想的记载。《尚书·立政》记载："文王罔攸兼于庶言。庶狱庶慎，惟有司之牧夫是训用违。庶狱庶慎，文王罔敢知于兹。""继自今文子文孙，其句误于庶狱庶慎，惟正是义之。""周王若曰：'太史、司寇苏公式敬尔由狱，以长我王国'兹式有慎，以列用中罚。"慎刑思想集中体现在司法制度中就是死刑复核制度的确立，简单地讲，慎刑思想要求统治者及其官吏不得随便杀人，杀人必须谨慎，必须经过批准，防止错杀和滥杀。时至今日，慎刑思想还应该是我国刑法领域中的指导思想之一，死刑复核制度仍应坚持，并不断加以完善。

（二）建立完备的司法制度

自汉代以来，我国古代都有死刑复核制度，但时断时续的现象比较突出。如宋朝初期，

---

① 参见肖胜喜：《略论我国古代死刑复核制度》，载《法学研究》，1988（6）。

② 《明会典》卷一七七，刑部，恤刑。

出于削弱地方割据势力的考虑，规定州级审判机关对于死刑案件具有决定权，不必报请中央核准。《隋书·刑法志》记载炀帝末年，"穷人无告，聚为盗贼……敕天下窃盗以上罪无轻重，不待闻奏皆斩"。其他各代遇到类似情形也莫不如此。另外，皇帝批准死刑有时还可能流于形式而作用甚微，据《贞观政要·刑法》记载，唐太宗感叹："奏决死囚，虽云三覆，一日即了，都未暇审思，三奏何益"。汉代尽管有了死刑复核制度，但汉承秦制，实践中广泛使用比附定罪的办法判决案件，如汉武帝时，"死罪决事比万三千四百七十二事。文件盈于几阁，典者不能遍睹"，于是官吏"所欲活则傅生议，所欲陷则予死比"[①]。这样一来，就使重大疑案奏请朝廷批准的制度丧失了实际意义。因此，从我国古代死刑复核制度的实施情况看，缺乏完备的刑事诉讼制度是古代死刑复核制度有时不能真正发挥应有作用的根本原因。为此，我们在构建现代死刑复核制度时，尤其是在对已有死刑复核具体制度进行改变时，更应慎重，并应在重视完善死刑复核制度本身时，重视配套刑事诉讼制度的建设，建立我国稳定、统一的刑事诉讼制度。

（三）避免复核走过场

要防止死刑复核制度走过场，流于形式，在完善死刑复核程序的同时，将死刑判决机关与复核机关相分离是关键之处。我国古代死刑复核制度中，非常重视将审判与复核分别由不同机关来承担，这一点我们应该借鉴。同时，为了避免死刑复核走过场，我国古代死刑复核制度还尽量采取言词审理的复核方式，给予被告申诉和表达的机会，以使案件复核更加客观、公正。这一点尤其值得我们借鉴，在今后的死刑复核制度的完善中对此予以充分的重视。

（四）限制死刑立即执行的适用

我国古代死刑复核制度，特别是死刑复奏制度，使大部分判处死刑的案件从宣判到执行有一个相当的时间段，这主要是为了防止错杀，因为一旦错杀，将无法挽回被杀者的生命。这一点对我们现代死刑执行制度有着很大的借鉴意义，从实践中发生的几个典型的错杀案件来看，限制死刑立即执行的适用已经时机成熟。

---

① 《汉书·刑法志》。

第十八章

传统司法技术的现代价值

第一节
富有特色的传统受案技术

一、我国古代受案的基本渠道

在社会生活中，人们之间的各种矛盾冲突总是不可避免的，争讼的行为必然会时有发生，如清人崔述所云："自有生民以来，莫不有讼。讼者，事势之所必趋，人情之所断不免者也。"[①] 既然如此，处理民间纠纷、维持社会秩序，就成为任何时代和任何社会必须加以解决的现实问题，也成为司法机构和制度的基本使命。然而，司法机构处理社会纠纷首先会遇到两个方面的问题：一是，什么样的纠纷才是可以进入正式司法程序的纠纷？即司法机关受理案件的范围应当如何确定？这个问题看似仅与诉讼程序的启动环节相关，其实却牵涉法律价值、司法效率等基本问题。在此基础上，我们可以进一步追问的第二个问题是：司法机构又会以何种方式来控制受理案件的范围？一般而言，它既要鼓励应由司法机构受理的案件尽可能多地进入正式司法程序，但是，它又要将不应受理的案件实际地排斥出去，以维护法律的价值，避免国家司法资源的不必要耗费。

案件受理是古代司法制度的重要内容。在古代中国，司法机构可以通过告诉、举告、自首和官告这四种渠道来受理案件，形成了较为完善的制度，分述如下：

(一) 告诉

这大致相当于现代的民事起诉或刑事自诉，是指被害人本人或其近亲属向官府提出控告或提起诉讼，要求官府对相关事项进行审理，以维护自己利益的诉讼行为。在古代汉语中，"诉"是"告"的意思；"讼"是"争"意思。[②]"诉讼"一词之中，有"告"有"争"，原告先告于官府，而后有原告、被告的争论，在此基础上，方有官府的判决。原告的控告，是官府立案审理的先决条件。

告诉的起诉方式，早在西周就有记载。《曶鼎》中说："昔馑岁，匡众厥臣二十夫寇曶禾

---

① 崔述：《讼论》。
② 参见许慎：《说文解字》中解释："诉，告也"；"讼，争也"。

十株，以匡季告东宫。"意思是说，一个荒年里，匡季指使其众和臣二十人劫掠了曶的禾十株，曶告向东宫告状，东宫受理了此案。不过，当时的起诉方式，并没有严格的自诉与公诉之分。无论刑事、民事案件，只要当事人告发，诉讼即告开始；起诉是司法机关受理并审理案件的理由。

汉代的自诉叫做"自言"。《居延汉简》中说："隧长徐宗，自言责故三泉亭长石延寿茭钱少二百八十，数责不可得。"《汉书·田叔传》载："相初至官，民以王取其财物自言者百余人。叔取其渠率二十人笞，怒之曰：'王非汝主邪？何敢自言主！'"其中的"自言"均是向官府告诉的意思。

可见，在中国古代，"告乃论"作为受理案件的一般原则，自诉制度在此基础上得以发展。至唐代，关于告诉的规定更加完备，自诉制度也日益成熟。《唐律》中有专门的"斗讼律"来对告诉行为加以规范。概而言之，唐代告诉的案件大致分两类，一类是"告诉乃论"的案件。此类案件，必须经被害人提请告诉，官府才有可能立案审理，并对犯罪人予以刑事制裁，这类似于现代的告诉才处理的案件。另一类是必须告诉的案件，对被害人及其家属应当告诉而不告诉，或主管部门得到告诉而不立即立案上报者，法律均设置了相应的制裁。唐制为其后各朝所沿袭，变化不大。告诉的方式初以口头告诉为主，后渐以书面告诉为主。清律规定："军民人等遇有冤抑之事，应先赴州县衙门具控。"对于军民人的冤抑之具控，州县衙门必须受理，否则会受到法律的追究。

（二）举告

这是指知情人的报案或举报，即被害人或其近亲属之外的第三人发现有犯罪事实发生或者获知犯罪人后，向官府进行告发。举告与告诉虽同为官府获知犯罪事实的材料来源，但这两种起诉方式的设立旨趣存在着不同之处。人类社会早期的起诉制度属于弹劾式诉讼结构类型，起诉是私人的权利，官府并不主动介入私人之间的纠纷。但是，随着社会的发展，统治者意识到犯罪或某些民间纠纷不仅仅与被害者个人有直接的利害关系，而且侵犯了社会的秩序与统治的稳定，因此，开始鼓励了解犯罪情况的同居、同伍、同里或普通平民积极向官府进行告发，以利于官府对犯罪行为的打击。

中国古代的举告大致有三种形式：自愿告发、悬赏告发和强制告发。古代统治者不仅希望知情人主动地向官府告发犯罪行为，而且可能会给予物质上或身份上的奖励，同时，也将对某些犯罪的告发设定为普通平民应当承担的一项义务。有时，知情人的举告还会伴随着类似于拘捕的扭送行为。秦简《封诊式·奸》记载："某里士伍甲诣男子乙，女子丙，告曰：'乙、丙相与奸，自昼见某所，捕校上来诣之。'"[①] 意思是说，某里士伍甲将男子乙、女子丙扭送前来，并报告说：乙、丙通奸，昨日白昼在某处被发现，将两个捕获送到。

唐代有"告言人罪"。如果涉及谋反、谋大逆、谋叛等直接危害皇权统治的特别重大的犯罪行为，在告发之时须保密，于是产生了较为完备的告密制度。史载："武后已称制，惧天下不服，欲制以威，乃修后周告密之法，诏官司受讯，有言密事者，驰驿奏之。"[②] 告密之风于是盛行。武则天晚年，这一状况才有所矫正。"时告密者不可胜数，太后亦厌其烦，命

---

① 睡虎地秦墓竹简整理小组：《睡虎地秦墓竹简》，278 页，北京，文物出版社，1978。

② 《新唐书·刑法志》。

善思按问,引虚伏罪者八百五十余人。罗织之党为之不振。"① 此后对告密行为做了一些规范,尤其是对匿名告密进行了限制。

(三) 自首

古代的自首又称"自告"或"自出",是指犯罪人在犯罪行为被发现之前,主动向司法机关投案,如实交代自己的犯罪事实,并表示愿意接受司法审判与法律制裁的行为。中国古代的统治者为了分化瓦解罪犯,减少捕获罪犯的阻力,规定了犯罪人投案自首可以减免刑罚的政策。犯罪人主动到官府自首于是成为诉讼程序启动的独立形式。这是中国古代刑法的一个重要特色。

秦代的自首叫做"自告",秦简《法律答问》规定:"司寇盗百一十钱,先自告,何论?当耐为隶臣,或曰赀二甲"②。可见,秦朝法律对自首者可从宽处罚已有明确规定。汉代积极鼓励罪犯"自告"或"自出"。张家山汉简《二年律令》中规定:"告不审及有罪先自告,各减其罪一等。"③ "……其自出者,死罪,黥为城旦舂;它罪,完为城旦舂。"④ 不过,犯罪人自首可减免处罚并非没有限制,对于某些犯罪即使有自告也不得减免处罚。《二年律令·告律》规定:"杀伤大父母、父母,及奴婢杀伤主、主父母妻子,自告者皆不得减。"意思是杀伤祖父母、父母,以及奴婢杀伤主人、主人的父母、妻儿,虽有自告也不能减免罪行。

(四) 官告

这是指在没有被害人及其近亲属以及其他知情人告发的情况下,行使国家权力的司法官吏主动侦查并发现犯罪,通过审判将犯罪人绳之以法的行为。官告是纠问式诉讼制度中启动诉讼程序的典型形式,它是国家司法机关对犯罪行为,不论是否有被害方控告,均可以依职权主动进行追究和审判的诉讼制度。

西周时对于侵害国家利益的犯罪的追诉,往往要由国家机关或官吏进行纠举。如《师旅鼎》记载了伯懋父对"不从王征"的官兵进行追究的案例。秦时的基层小吏,如乡之游徼、亭之校长、求盗等,负有维持地方治安、追捕盗贼犯罪的职责,一旦发现犯罪和犯罪人就必须及时向县府报告,或直接将犯罪人捕送到县府。秦简《封诊式·群盗》记载:"其亭校长甲、求盗才(在)某里曰乙、丙缚诣男子丁,斩首一,具弩二、矢廿,告曰:'丁与此首人强攻群盗人,自昼甲将乙等徼循到某山,见丁与此首人之。'"大意是说,某亭校长甲和求盗乙、丙捉拿、捆送结伙抢劫人,并起获犯罪人同伙的首级,报送到官府。汉承秦制,《汉书·高帝纪》注引应劭语:"求盗者,亭卒"。"亭"是汉代的基层机构,亭中专司缉捕犯罪人的人员就叫"求盗"。唐代的纠问分中央和地方两个层次:金吾卫"掌宫中及京城昼夜巡警之法,以执御非违"⑤。地方官吏则对各州县发生的案件行使纠问权。

政府官吏对辖区内的犯罪必须起诉,否则要负法律责任。中国古代各王朝对司法官吏违法受讼与违法不受讼的法律责任规定得十分完善。汉代《二年律令》规定:"盗出财物与边

---

① 《资治通鉴》卷二零五。
② 睡虎地秦墓竹简整理小组:《睡虎地秦墓竹简》,154页,北京,文物出版社,1978。
③ 《二年律令·告律》。
④ 《二年律令·具律》。
⑤ 《唐六典》卷二十五《诸卫府》。

关徼，及吏部主知而出者，皆与盗同法……使者所以出，必有符致，毋符致，吏知而出之，亦与盗同法。"[①]"盗出黄金边关徼，吏、卒徒部主者知而出及弗索，与同罪；弗知，索弗得，戍边二岁。"[②]《汉书·咸宣传》记载："于是作沈命法，曰：'群盗起不发觉，发觉而弗捕满品者，二千石以下至小吏主者皆死。'"汉代对执掌特定职权的官员失职不纠举行为的惩罚相当严厉。《唐律疏议·斗讼律》规定："诸强盗及杀人贼发，被害之家及同伍即告其主司……主司不即言上，一日杖八十，三日杖一百。官司不即检校、捕逐及有所推避者，一日徒一年。窃盗，各减二等。""诸监临主司知所部有犯法，不举劾者，减罪人罪三等。纠弹之官，减二等。"《大清律例·刑律·诉讼·告状不受理》中规定："凡告谋反、叛逆，官司不即受理，掩捕者，杖一百，徒三年。以致聚众作乱或攻陷城池及劫掠人民者，斩。若告恶逆，不受理者，杖一百。告杀人及强盗不受理者，杖八十。斗殴、婚姻、田宅等事不受理者，各减犯人罪两等，并罪止杖八十。受财者，计赃以枉法从重论。"清律对应受理而不受理者的处罚是非常严厉的，最高的刑罚可处死刑。《大清律例·刑律·诉讼·诬告》规定："直省各上司，有恃势抑勒者，许属员详报督抚题参，若该督抚徇庇不参，或自行抑勒者，准其自揭部科奏请定夺。"《大清律例·刑律·诉讼·教唆词讼》中规定："讼师教唆词讼，为害扰民，该地方官不能查拏禁缉者，如止系失于觉察，照例严处。若明知不报，经上司访拏，该地方官，照'奸棍不行查拿例'交部议处。"严明各级官吏缉查起诉的责任，对于强化对各级官吏的管理与控制和加强中央集权是十分必要的，这一制度在历代王朝得以延续，成为中华法系的一个重要特色。

二、我国传统受案技术的主要内容

（一）规范受案行为的技术

1. 明确受理主体，禁止滥受词状

案件的受理是诉讼程序的启动程序，受案行为的规范与否直接关系到办案的质量。在诉讼程序的起始阶段，古代的诉讼制度是十分注重受案行为的规范性的。

首先，须明确受理案件的机构和官员。秦简中有"辞者辞廷"的规定，"辞者"指诉讼人；"廷"指有权审判的官府，也就是说，必须是有权审判的官府才可以受理案件。这似乎可以看作古代的职权管辖原则。秦时县级地方政府是受理案件的最低一级管辖机构。秦简《封诊式》记载了不少基层司法机关的受案行为，如"敢告某县主"，或者求盗或其他人向县府"缚诣告"，有时县府还会派官吏去勘验或委托乡的负责人去查封当事人家产。汉时统治者考虑到地方诉讼的实际情况，作了一些变通。《二年律令·具律》规定："诸欲告罪人，及有罪先自告而远其县廷者，皆得告所在乡，乡官谨听，书其告，上县道官。廷士吏亦得听告。""县道官守丞毋得断狱及谳。"这是说，原告如果要控告他人，或是犯罪人人罪想要自首，但是离县廷所在地较远时，可以就近向乡官控诉或投案，乡官可以进行听讼，然后以书面形式呈送县廷。除了乡官以外，县廷所属的士吏也有权受理案件和听讼。只有正式任命的令、长、丞才具有裁决和奏谳的权力，暂时代理的丞无权裁决和奏谳。从这个规定来看，受

---

① 《二年律令·盗律》。
② 《二年律令·盗律》。

理案件和听讼的权限虽然扩大到乡官和士吏，但他们却仍然没有裁决权。秦汉以后，案件受理的规范性进一步加强。如宋代为方便诉讼人呈送诉状，在有权受理控诉的机关内设有开拆司专门收受词状，审查以后再交长官判押。根据当时法律规定，如果案件非其所统属不得直接受理，否则会受到处罚。宋朝天圣三年（1025 年）九月，知石州高继异因为受理了延州茭村族军主李都㖫等人的诉讼，被追一官勒停。①同时为严明受理职责，还作了禁止性规定：非长官不得受理词讼。这里的长官是指知县、知州。宋真宗景德二年（1005 年），"令益、梓、利、夔诸州营内镇将，不得捕乡村盗贼、受词讼"②。这样，就明确了长官之外的其他官吏如丞、簿、尉、镇将等无权受理词讼。③ 至清代，法律也明确规定，基层能够受理词讼的官员是知州、知县，佐杂人员不得受理词讼。

其次是明确审级次序，规定越诉不得受理。中国古代历来都是把县作为最基层的受诉机构，然后按行政等级逐次上告，直至诣阙。尽管各朝的官府名称有所不同，但都是循着由低到高、由地方到中央的顺序。宋代的审级次序较有代表性，其顺序是：县→州（府、军、监）→路→御史台→六部→朝省→鼓院→检院→理检院→拦驾等。④ 这种审级次序虽不能完全等同于现代诉讼中的审级制度，但是，就明确各级司法机构的职责及上级对下级的监督关系而言则是共同的。

起诉人必须按照法律规定的审级次序，逐级起诉，即诉讼须从最基层的受诉机构开始，只有对该机构的裁决不服或者该机构拒绝受理者，才可以逐次上告，如未经县而直接向州府省告诉，就是一种越诉行为。中国古代的法律一般都禁止越诉，而且对于越诉行为全加以法律制裁。如《唐律疏议·斗讼》规定："诸越诉及受者，各笞四十。"不仅越诉之人要受处罚，连受理官司者也要受到处罚。《宋刑统》继承了唐律的规定："诸色词讼，及讼灾沴，并须先经本县，次诣本州、本府，仍是逐处不与申理，及断遣不平，方得次第陈状，及诣台省，经匦进状，其有蓦越词讼者，所由司不得与理，本犯人准律文科罪。"在此基础上，宋代还发展出了一种"断由"制度，即要求每经一级诉讼，官府都要判给"断由"或"判状"，有了这种"断由"，才能上诉到上一级机关，否则即是越诉而不受理。南宋宁宗庆元三年（1197 年）规定检、鼓院"继今遇词诉，虽经由州郡、监司、台部、朝省已为受理而予夺当否，或已经绝而无给到断由者，不得收接"⑤。索取"断由"，是宋代防止越诉的有效手段。而且，上一级机关只有在断由不当时，才能受理。宋真宗景德二年（1105 年）下诏："诣阙诉事人须因州县理断不当，曾经转运使诉理月日，鼓司、登闻院乃得受。"⑥ 又如清代，诉讼人需要首先向州、县提起诉讼，如果判决不公，诉讼当事人及其亲属还可以逐级上诉。《大清律例》规定："军民人等遇有冤抑之事，应先赴州县衙门具控。如审断不公，再赴该管上司呈明，若再屈抑，方准来京呈诉。"⑦ 清代的审级次序是州县→府道→按察司→督抚→刑部

---

① 参见《长编》卷一〇三，天圣三年九月辛巳。
② 《长编》卷六十一，景德二年八月庚寅。
③ 参见王云海主编：《宋代司法制度》，158 页，开封，河南大学出版社，1992。
④ 参见王云海主编：《宋代司法制度》，151 页，开封，河南大学出版社，1992。
⑤ 《宋会要·职官》三之七三。
⑥ 《长编》卷六十，景德二年七月己未。
⑦ 《大清律例·刑律·诉讼·越诉》。

→三法司→皇帝。违反这一审级次序进行上诉，就是越诉。官员擅自受理越诉的案件是要承担法律责任的，明清时候的法律均规定："凡军民词讼，皆须自下而上陈告。若越本管官司，辄赴上司称诉者，笞五十。"①

2. 规范诉状要求，据状受理案件

中国古代的诉状又称"呈词"或"状词"、"控词"，俗称"状子"、"状纸"。诉讼中受理告诉案件往往要求当事人呈递书状。《周礼·秋官·大司寇》："以两剂禁民狱……乃致于朝，然后听之。"郑注："剂，今券书也。使狱者各赍券书。"贾疏："剂为券书者，谓狱讼之要辞。"剂，本意为券书，在这里所指为诉状。可见，西周时即已将原告提交诉状作为案件受理的条件之一。

唐代的诉状又称"辞牒"。根据《唐律疏议·斗讼·告人须明注年月》的规定，"诸告人罪，皆须明注年月，指陈实事，不得称疑。违者，笞五十。官司受而为理者，减所告罪一等。即被杀、被盗及水火损败者，亦不得称疑，虽虚，皆不反坐。"这是关于辞牒的形式规定，即向官府起诉他人犯罪，必须注明案发的时间，明确地陈诉事实，不可模棱两可，含糊其辞，告发可疑之事。如果违反这一规定，执行笞刑五十；如果官府受理称疑之辞牒，减所告罪一等。即使是命案、盗窃案、决水案、纵火案等重大刑事犯罪，告诉者同样也应明注日期，不可称疑；只是如果查明不是实情，告者可以不反坐。官府受理，也可以免罪。而且，这种"辞牒"，不仅是受理的依据，同样是审理的依据。《唐律疏议》的《断狱律》规定："诸鞫狱者，皆须依所告状鞫之。若于本状之外别求他罪者，以故入人罪论。"《宋刑统》承袭唐律，规定"诸鞫狱者，皆须依所告状鞫之。若于本状之外别求他罪者，以故入人罪论"。要求在审判过程中不得审理或追诉诉状之外的其他罪名或案由，防止法官审讯时漫无限制、罗织罪名、陷人于罪。同时，为了防止诉状之外确有他罪而因此逃避法网，又规定"若因其告状，或应掩捕搜检，因而检得别罪者，亦得推之"。元朝在《至元新格》中规定，凡审理"狱讼"，首先必须详审"本人词理"，即原、被告本人的陈述。同时还规定："诸狱讼，元告明白，易为穷治。其当该官司，凡受词状，即须仔细详审。若指陈不明，及无证验者，省会别具的实文状，以凭勾问。其所告事重，急立掩捕者，不拘此例。"② 也就是说，凡是词状的内容有不清楚的地方，或是不能提供证据的，司县可以不受理。元代的胡祗遹在《折狱杂条》一文中说："凡人告状，官人当先熟读其文，有理无理，写状人中间有无润饰，亦可见其过半。当先引原告人当厅口说事理，一一与状文相对，同则凭状鞫问，不同则便引写状人与告状人对辞，若有与口辞增减，便决写状人，亦减无情妄告之一端耳。"清代对诉状的撰写与格式也提出了严格的要求，如果诉讼的格式不符合要求，官府不准受理。《大清律例·刑律·诉讼》规定："凡有控告事件者，其呈词俱责令自作。"只有"照本人情词据实眷写，呈后登记代书姓名，该衙门方准验收"③。而且，清律还规定："凡词状只许一告、一诉，告实犯实证，不许波及无辜，及陆续投词牵连原状内无名之人，如有牵连妇女，另具投词。倘波及无辜者，一概不准，仍从重治罪"④。通过规范诉状要求，明令官员据状受理案件，来保

---

① 《大明律·刑律·诉讼·越诉》、《大清律例·刑律·诉讼·越诉》。
② 《元史》卷五十三，《刑部一五》。
③ 《大清律例·刑律·诉讼》。
④ 《大清律例·刑律·诉讼》。

证审判活动的严肃性，避免造成冤假错案。

（二）扩展受案渠道的技术

国家与法律出现之后，通过国家正式的司法程序来解决社会纠纷与冲突是国家维护法律秩序的重要途径，所以，社会生活中业已发生的民事纠纷或犯罪事件能否进入司法程序的视野，对于国家实现其功能、维护其统治具有十分重要的意义。因此，统治者通常希望社会中所发生的各类案件尽可能多地进入司法程序，为此进行相应的制度设置，采取种种扩展受案渠道的立法技术就殊为必要。这些立法技术包括：

1. 奖励告奸

对于知情者能够积极举告的，中国古代各朝代通常会以利益手段来加以鼓励。除了允许百姓在遭受违法行为侵害后自愿告发以外，法律之中设置了授予官职、赏赐金钱、免除责任等手段，以增强百姓告奸的力度。春秋战国时已有这类法律的明确记载。《墨子·号令》中说："诸吏卒民，有谋杀伤其将长者，与谋反同罪，有能捕者，赐黄金二十斤。""其次伍有罪，若能身捕罪人，若告之吏，皆构之。若非伍，而先知他伍之罪，皆信其构赏。"秦商鞅变法之后，制定了许多奖励告奸的法律。《史记·商君列传》中说："告奸者与斩敌首同赏。"《商君书·赏刑》中说："守法守职之吏，有不行王法者……周官之人，知而讦之上者，自免于罪，无贵贱，尸袭其官长之官爵田禄。"秦时的法律充分地体现了商鞅的这一思想，秦简中记载："捕亡完城旦，购几何？当购二两"[1]。意思是说，捕告一个处城旦刑（四年徒刑）的盗窃犯，可奖赏黄金二两。这样的奖赏还是很有吸引力的。这一制度在后世朝代得到继承。法律的规定是针对一般案件而言，有时这种奖励措施也会因时因地因特定的案件而临时设立。如宋代为打击特定犯罪，采取"募告"的形式，取得较好的效果。如宋太宗淳化元年（990年），为有力打击川峡、岭南杀人祀鬼活动，下诏"募告者赏之"[2]。宋真宗时，汴河护堤兵经常贼害行客，弃尸水中，很难破获，于是下诏"明揭赏典，募人纠告"[3]。这种"募告"是奖励告奸的一种特殊形式。至清代，各种奖励告奸的法律规定更加和完备和细化。《大清律例·刑律·贼盗》中规定："有能捕获（正犯者），民授以民官，军授以军职，仍将犯人财产全给充赏。知而首告，官为捕获者，止给财产。""拿获强盗一名者，官给赏银二十两，多者照数给赏。受伤者，移送兵部验明等第，照另户及家仆军伤例，将无主马匹等物，变价给赏。"清代奖励告奸的法律规定主要针对谋反叛逆、强盗行窃、私铸铜钱等犯罪行为。其赏赐十分多样化，有授予官职、军职，赏赐官银、犯人家财，对于奴仆告发，如经核实，可准其开户。重赏之下，必有告奸者。通过告奸，清政府加速了破案，及时打击了犯罪。但也不乏虚捏事实，诬告无罪之人，结果造成大量冤案，严重地破坏了诉讼程序。[4] 对此，统治者也有认识，因此，法律也规定，对贪财诬告，诈取银两者，以诬告罪论。

2. 惩罚不告

为了加强对犯罪的打击力度，中国古代的统治者除了对百姓进行利诱之外，还把知情人

---

① 睡虎地秦墓竹简整理小组：《睡虎地秦墓竹简》，211页，北京，文物出版社，1978。

② 《宋史·太宗本纪》。

③ 《长编》卷七，九，大中祥符五年十一月戊申。

④ 参见翟东堂：《论清代的诉讼制度》，载《华北水利水电学院学报（社科版）》，2004（4）。

举告犯罪设定为一种法律义务，若违反这一义务，则会导致严厉的惩罚。从现有史料来看，法律上明确规定普通平民负有告发犯罪的义务，可能是从秦国的商鞅开始的。据《史记·商君列传》记载，商君"令民为什伍，而相牧司连坐，不告奸者腰斩，告奸者与斩敌首同赏，匿奸者与降敌同罚"。秦自商鞅变法以后，法律规定如果"当告而不告"，则要视情形加以相应的法律制裁。睡虎地秦简《法律答问》中，多次见到对知情不报的处理条例。如："夫盗千钱，妻所匿三百，何以论妻？妻知夫盗而匿之，当以三百论为盗。""甲盗不盈一钱，行乙室……其见知之而弗捕，当赀一盾。"盗不满一钱见知者不捕就加以如此之重的惩罚，知道或看见更重的犯罪不捕、不告，其惩罚之重就可想而知了。汉代，也有许多类似的法律。《二年律令》中

秦兵马俑军伍（局部）图

图片说明：古代政府以连坐之法要求人民举发犯罪。商鞅担任秦国宰相时，连坐的种类包括全家连坐、邻里连坐和军伍连坐等。因此像图中所示的军伍，既是并肩作战的袍泽，又是互相监控的团体。

图片来源：李贞德：《公主之死：你所不知道的中国法律史》，66 页，北京，三联书店，2008。

规定："诸予劫人者钱财，及为人劫者，同居知弗告吏，皆与劫人者同罪。"[1] "盗铸钱及佐者，弃市。同居不告，赎耐。正典、田典、伍人不告，罚金四两。或颇告，皆相除。"[2] "市贩匿不自占租……列长、伍人弗告，罚金各一斤。"[3] 秦、汉强制知情人举发犯罪的法律制度被其后的各朝代所承继，尤其是针对一些危害性较大的犯罪，官府强迫人们告发，隐瞒不告者，要追究连带责任。如对于谋反、谋叛等十恶大罪和盗贼等重大犯罪，对不告者甚至采取伍保连坐、同僚连坐和同居缘坐等处罚办法，强化了对知情者不举发犯罪的惩罚力度。如清律在谋反大逆的条文中规定："知情故纵隐藏者，斩。""（虽无故纵但）不首者，杖一百，流三千里。"[4]

3. 什伍相告

什伍相告是中国古代一种独特的治安或起诉制度，它实质上是惩罚不告的扩大形式。《史记·商君列传》："商君之法，令民为什伍，而相牧司连坐，不告奸者腰斩。"《文献通考·职役考》记载："秦之法，一人有奸，邻里告之，一人犯罪，邻里坐之。"所谓什伍相告，乃是通过加强基层政权建设而设立的一种连带责任制度，在基层社区的一定范围内如果发生了犯罪，则推定这个范围的百姓都是知情的，需要承担连带责任，而不管其是否真正地知情。这种制度的作用在于强化邻里之间的相互监督义务，以对犯罪采取防微杜渐的态度，但显然有过于严苛之弊。统治者显然意识到了这一点，所以分别情形具体对待。秦简《法律答问》记载："贼入甲室，贼伤甲，甲号寇，其四邻、典、老皆出不存，不闻号寇，问当论

---

① 《二年律令·盗律》。

② 《二年律令·钱律》。

③ 《二年律令·市律》

④ 《大清律例·刑律·贼盗》。

不当？审不存，不当论；典、老虽不存，当论。"这里的"典"是指里典，"老"是指伍老，都是秦时什伍组织的负责人。一般邻伍如确实不在家不予论处，而里典、伍老即使不在家也要论处，原因是里典、伍老对所辖地的治安负有责任。虽然这样的规定有不近人情之处，但在强化基层官吏举发犯罪的责任心方面还是有效的。

秦时什伍制为后世朝代所继承。唐代户籍管理以五家为一"伍"，"共相保伍"，如果发生了犯罪案件，被害人之家及同伍之人应当立即向主管方面告诉。《宋刑统》依唐律规定："同伍保内，在家有犯，知而不纠者，死罪徒一年，流罪杖一百，徒罪仗七十。如其家唯有妇女及男子年十五以下，皆勿论。"王安石变法时期采取了保甲法，大力推广伍保连坐。宋熙宁三年（1070 年）制定的《畿县保甲条制》规定：凡十家为一保，五十家为一大保，十大保为一都保，同保内有犯强窃盗、杀人、谋杀、放火、强奸、略人、传习妖教、造畜蛊毒，知而不告，并依从保伍法科罪。及居停强盗三人以上，经三日，同保内邻人虽不知情，亦科不觉察之罪。若本保内有外来行止不明之人，并须觉察，收捕送官。① 这里不但规定了知情不告之罪，而且还有不知情者的不觉察之罪。统治者考虑到这种规定的严厉性，因此，在强制人们告发的同时，也作了一些例外规定，以作缓和。保甲法规定：同保内有犯强窃盗、杀人、放火、强奸、略人、妖教蛊毒等知而不告者连坐，其余事不干己者，除法律许诸色人陈告外，皆不得论告，知情不知情，并不科罪。② 通过惩罚不告制度尤其是什伍相告，告诉不但是被害人一方的权利，同时也成为被害人及其家属、邻居的法定义务。

4. 鼓励自首

作为一种特殊的受案方式，自首通过犯罪人的自动归案和如实供述而取得很好的办案效果和社会效果，因此，中国古代的统治者很早就制定了自首减免刑罚的原则，以此来吸引犯罪者自首，扩大案件的受理。至唐代，自首制度已达到精致与完备的程度。《唐律疏议·名例律》规定："诸犯罪未发而自首者，原其罪。正赃犹征如法。其轻罪虽发，因首重罪者，免其重罪；即因问所劾之事而别言余罪者，亦如之。即遣人代首，若于法得相容隐者为首及相告言者，各听如罪人身自首法；缘坐之罪及谋叛以上本服期，虽捕告，俱同自首例。其闻首告，被追不赴者，不得原罪。谓止坐不赴者身。即自首不实及不尽者，以不实不尽之罪罪之；至死者，听减一等。自首赃数不尽者，止计不尽之数科之。其知人欲告及亡叛而自首者，减罪二等坐之；即亡叛者虽不自首，能还归本所者，亦同。其于人损伤，因犯杀伤而自首者，得免所因之罪，仍从故杀伤法。本应过失者，听从本。于物不可备偿，本物见在首者，听同免法。即事发逃亡，虽不得首所犯之罪，得减逃亡之坐。若越度关及奸，私度亦同。奸，谓犯良人。并私习天文者，并不在自首之例。"③这一条律文的内容十分丰富，细致而明确地规定了自首的方式、步骤和构成要件，包含了在实践中如何认定自首以及适用时的具体做法，显示了成熟的立法技术。《宋刑统》沿用唐律，规定"诸犯罪未发而自首者，原其罪"。在这一总的原则下，又有诸多具体规定，如轻罪虽发，因首重罪者，免其重罪；不实不尽者只追究其不实不尽之罪；遣人代为自首或应相隐之亲属首其罪同自首法；知人欲告或案问欲举而自首者减二等坐之；官吏因公失错自觉举者同自首法等等。同时也规定了不能

---

① 参见《宋会要·兵》二之五至六；《长编》卷二一八，熙宁三年十二月乙丑。

② 参见《宋会要·兵》二之五至六。

③ 《唐律疏议·名例律·犯罪未发自首》。

适用自首法的重大犯罪行为，如杀伤强窃、奸淫掳掠、妖教蛊毒等等。① 宋代在自首法的适用过程中，还根据情势作出调整，发展出诸如限时采取强制自首的方式，即针对某些违法行为，要求犯罪者在一定期限内自首，否者即从重追究责任。如宋真宗时曾颁布敕令："两浙诸州军寺观及民家藏铜像，限两月内陈首。"②"诸民伪立田产要契，托衣冠形势户庇役者，限百日自首……限满不首，许人陈告，命官除名，余人决配。"③ 宋时还扩大了"按问欲举首减"适用的范围。《嘉祐编敕》规定："应犯罪之人，因疑被执，赃证未明；或徒党就擒，未被指说，但诘问便承，皆从律'按问欲举首减'之科。若已经诘问，隐拒本罪，不在首减之例。"④

（三）限制不当告诉的技术

告诉行为导致诉讼程序的启动，为司法机构介入社会纠纷提供契机，但不当告诉也会干扰司法活动秩序，甚至损害社会的基本价值体系。当然，对于什么是不当告诉，不同时代和地区的人们可能有不同的标准。中国的各朝封建统治者，在用奖赏和刑罚使人民揭发犯罪的同时，为防止对犯罪的控告逾越封建伦理纲常及产生其他不利于统治的副作用，同时又对告诉实行种种限制。

1. 限制子女告父母、奴婢告主人

中国古代社会注重维护主人和尊亲属的特权，历代法律都不同程度地限制奴婢和卑幼控告主人和尊长。西周刑律规定子不得告发父亲。《国语·周语》中记载："父子将狱，是无上下也。"秦简《法律答问》中区分了"公室告"与"非公室告"，规定："贼杀伤、盗它人为公室告；子盗父母，父母擅杀、刑、髡子及奴妾，不为公室告"。同时又规定："子告父母，臣妾告主，非公室告，勿听……勿听，而行告，告者罪。""告〔者〕罪已行，它人又袭其告之，亦不当听。"这是说，一般的案件属"公室告"，而"子告父母"、"臣妾告主"以及"子盗父母"、"父母擅杀、刑、髡子及奴妾"的情况，属"非公室告"，对"非公室告"，官府不予受理；如果坚持上告，告者有罪。如果对告者已经加以处罚，而其他人就同一事件继续上告，司法机构也不得受理。可见，秦时对"非公室告"的限制，所维护的是家长对子女、奴隶的封建等级特权。

秦诉讼制度中关于对子女和奴隶告诉权利的限制，为以后历代封建法律所继承。从汉代开始，随着儒家思想对封建法律的影响日益加深，孔子所提出的"亲亲相隐"原则逐步被纳入法律之中，子女对父母、卑对尊、下对上的诉讼权利受到更多的限制。汉代《二年律令·告律》规定："子告父母，妇告威公，奴婢告主、主父母妻子，勿听而弃告者市。"《唐律疏议·斗讼》规定：非谋反、谋大逆和谋叛以上大罪，"诸告祖父母、父母者，绞。""诸部曲、奴婢告主，非谋反、逆、叛者，皆绞。"卑幼告外祖父母，即使"得实"，也要"徒二年"。宋、明、清法典中有关这方面的规定，基本与《唐律》相同。元朝法律同样规定："诸奴婢

---

① 参见《宋刑统·犯罪已发未发自首》。
② 《长编》卷八十，大中祥符六年正月丁丑。
③ 《长编》卷九十五，天禧四年正月辛未。
④ 《宋史·刑法三》。

诬告其主者，处死。本主求免者，听减一等。"①清代对百姓控告地方官员，下级官员控告上级官员，晚辈控告尊长，奴婢、雇工人控告家长等等，均坐以"干名犯义"罪，处以刑罚。《大清律例·刑律·诉讼》规定："凡子孙告祖父母、父母，妻妾告夫及夫之祖父母、父母者（虽得实亦）杖一百、徒三年。""凡奴仆首告家主者，虽所告皆实，亦必将首告之奴仆，仍照律从重治罪。"严格说来，中国古代法律对亲属相犯的情况，并非一律地不能"听告"，但无论如何，卑对尊、下对上的告发行为是被限制的。

　　但是统治者为了维护封建秩序，也没有将这一原则绝对化，对于危及其统治基础的犯罪则作为例外来加以规定，要求对于谋反、谋大逆之人，无论与自己是什么关系，都必须积极告发。正如瞿同祖先生所说："亲属相为容隐的法律，对于谋反、谋大逆、谋叛的大罪是不适用的……国为重，君为重，而忠重于孝，所以普通的罪许子孙容隐，不许告奸，而危及社稷背叛君国的重罪，则为例外。"②《大清律例·刑律·诉讼》中规定："其告尊长谋反、大逆、窝藏奸细……应自理诉者，并听（卑幼陈告）不在干名犯义之限。"清嘉庆十六年（1811年）规定："谋反谋叛缘坐首告者，免其缘坐。"③有时为了打击特定的犯罪，由最高统治者作出例外性的规定，如宋太祖时规定"诸行贿获存者，许告讦，奴婢邻亲能告者赏"④。这里不但准许奴婢告主，甚至还加以赏赐。

　　2. 限制老幼笃疾的告诉

　　这是从控告者的年龄、健康状况的角度来加以限制的。《唐律》规定："年八十以上，十岁以下及笃疾者，听告谋反、逆、叛、子孙不孝及同居之内为人侵犯者，余并不得告。官司受而为理者，各减所理罪三等。"⑤《宋刑统》与《唐律疏议》相同，但其后有"臣等参详"条说："或虑有悼耄笃疾之人，同居更无骨肉，被人侵损，须至理诉者，请今后官司亦须受理。其家有骨肉，并情涉无赖，即准敕文处分"⑥。《宋会要·刑法》载："七十以上不得论诉，当令宗族中一人同状，官乃为理；若实孤老，即不在此限，乃下诏。"确立了70岁以上不准诉讼的制度。宋太祖乾德四年（966年）诏令："七十以上争讼婚田，并令家人陈状。"⑦宋太宗雍熙四年（987年）做了更具体明确的规定："悼耄之岁，刑责不加，斯圣人养老念幼之旨也。然则争讼之端不可不省；奸险之作抑亦多途。或有恃以高年多为虚诞者，并从乾德四年六月诏书从事。"宋真宗时规定："自今诉讼，民年七十已上及废疾者，不得投牒，并令以次家长代之。若己自犯罪及孤独者，论如律。"⑧《元史·刑法志》记载："诸老废笃疾，事须争诉，止令同居亲属深知本末者代之。若谋反、大逆、子孙不孝，为同居所侵侮，必须自陈者，听。"明清法典规定相同。《大清律例·诉讼》规定："其年八十以上，十岁以下，及笃疾者，若妇人，除谋反、叛逆、子孙不孝，或己身及同居之内，为人盗诈、侵夺财产，及杀伤之类，听告。余并不得告。"

　　① 《元史·刑法四·诉讼》。
　　② 瞿同祖：《中国法律与中国社会》，45~46页，北京，商务印书馆，1947。
　　③ 《皇朝政典类纂》。
　　④ 《宋史·太祖纪》。
　　⑤ 《唐律疏议·斗讼》。
　　⑥ 《宋刑统·不合拷讯者取众证为定》。
　　⑦ 《宋会要·刑法》。
　　⑧ 《长编》卷七六大中祥符四年九月庚辰。

3. 限制在囚告举他人

这从告诉人的特殊身份的角度进行了限制，通过限制已被囚禁或已被别人告发之人的控告，防止罪犯诬告他人或陷害原告。这项法律规定大致始于北齐。① 《隋书·刑法志》记载：齐文宣帝"敕八座议立案劾格，负罪不得告人事。"北齐以前是允许囚犯告发犯罪，但往往出现诬告。北齐文宣帝时期，豫州检使白摽被人所劾入狱，白在狱中诬告所劾之左丞卢斐，经调查证明是虚，为了禁止诬告，于是就规定了囚犯不准告发的制度。《唐律疏议·斗讼》规定："诸被囚禁，不得告举他事，其为狱官酷己者，听之。"意思是说，凡被囚禁的人犯，一般不得告举他人或他事，但是如果在囚人犯受到狱官的虐待，不在此限。又根据狱官令："囚告密者，禁身领送"，这说明告发检举谋叛以上的犯罪也是被准许的。

4. 限制告言赦前事

《唐律疏议·斗讼》规定："诸以赦前事相告言者，以其罪罪之，官司受而为理者，以故入人罪论。至死者，各加役流。若事须追究者，不用此律。"这是因为，每次赦免，未决罪人得以免罪，而尚未发现的犯罪顺理成章也应免罪，所以中国古代法律中有此规定。如果有人以赦前事为由控告，则官司不得受理；违法受理官司者，以故入人罪论。例外是所谓的"事须追究者"，注云："追究，谓婚姻、良贱、赦限外蔽匿，应改正征收及追见赃之类"。意思是说如果是违律为婚、养奴为子之类，虽然遇到赦免，仍然应当加以改正，恢复原来的身份。"赦限外蔽匿"，是指"会赦应首及改正征收，过限不首，若经责簿账不首，不改正征收。""追见赃"是指盗诈之赃，虽赦前未发，赦后捉获正赃者，是为见赃之类，理合追征。宋代对此作了一定的发展，即不但告赦前事不受理，而且如果是赦后犯罪连及赦前者，也只能追究其赦后的部分责任。宋哲宗元符元年（1008年）规定："犯罪会赦合原而止有离正、停降、还俗者，其同犯及干连人非赦后有罪不许首告，官司亦不得受理。"②

5. 限制对事不干己或证佐不明者的控告

这一限制主要是考虑到一些案件时间久远，证据流失，事理难辩的原因，如果不加限制，容易滋长告讦之风，对社会的稳定造成危害。《宋刑统·斗讼·越诉》中规定："应所论诉人，并须事实干己，证据分明，如或不干己事，及所论矫妄，并加深罪。"宋真宗天禧元年（1017年）下诏重申："自今后所诉事并须干己，证佐明白，官司乃得受理，违者坐之。"其中大辟公事，情理重害，必须由亲属诉讼，否则不予受理。宋朝还对那些好诉别人之过而与己无关者，屡次下诏禁止。宋真宗咸平元年（998年）诏："所诉虚妄、好持人短长、为乡里害者，再犯徒、三犯杖讫，械送军头引见司。"宋景德二年（1005年）诏："诸色人自今讼不干己事，即决杖枷项令众十日。情理蠹害屡诉人者具名以闻，当从决配。"③ 限制一些无关紧要或者难以查验的诉讼，有利于社会秩序的稳定和良善风俗的形成，这与古代对无讼理想境界的追求也是相一致的。

6. 禁止匿名告人

中国古代法律中很早就有禁止匿名告人的规定。秦简《法律答问》说："'有投书，勿发，见辄燔之；能捕者购臣妾二人，击（系）投书者鞫审谳之。'所谓者，见书而投者不得，

---

① 参见李交发：《中国诉讼法史》，64页，北京，中国检察出版社，2002。
② 《长编》卷五〇〇元符元年七月庚申。
③ 《宋会要·刑法》三之一二。

燔书，勿发；投者［得］，书不燔，鞠审谳之之谓［也］。"意思是说，有投匿名信的，不得拆看，见后应即烧毁；能把投信人捕获的，信不要烧毁，奖给男女奴隶二人，将投信人囚禁，审讯定罪。唐律规定："诸投匿名书告人罪者，流二千里。得书者，皆即焚之，若将送官司者，徒一年。官司受而为理者，加二等。被告者，不坐。辄上闻者，徒三年。"《唐律疏议》曰："匿名之书，不合检校，得者即须焚之，以绝欺诡之路。得书不焚，以送官府者，合徒一年。官司既不合理，受而为理者，加二等，处徒二年。被告者，假令事实，亦不合坐。若是书不原事，以后别有人论告，还合得罪。辄上闻者，合徒三年。若得告反逆之书，事或不测，理须闻奏，不合烧除。"如果投匿名书，是告人谋反、大逆，或虚或实。疏议曰："隐匿姓字，投书告罪，投书者既合流坐，送官者法处徒刑，用塞诬告之源，以杜奸欺之路。但反逆之徒，衅深夷族，知而不告，即合死刑，得书不可焚之，故许送官闻奏。状既是实，便须上请听裁；告若是虚，理依诬告之法。"《唐律疏议》对禁止匿名告人的立法意图说得比较清楚，即控告无名而无法追究法律责任，如果放任之，则会滋长诬告之风，扰乱正常的诉讼程序。《宋刑统》沿袭唐律的规定。宋太宗太平兴国七年（982 年）下诏："禁投匿名书告人罪、及作妖言诽谤惑众者，严捕之置于法，其书所在焚之，有告者赏以缗钱。"① 清律也有规定："凡投匿名文书告言人罪者，绞。见者，即便烧毁。若（不烧毁）将送入官司者，杖八十。"②

7. 严禁诬告

诬告是指故意捏造事实，向司法机构作虚假告发，陷他人于罪的行为。诬告不仅侵犯了被害人的合法权益，而且也干扰了正常的司法活动。因此，自秦汉以来，历代法律均严明对诬告的禁止态度。秦简《法律答问》有不少关于惩治诬告的规定，如："上造甲盗一羊，狱未断，诬人曰盗一猪，论何也？当完城旦"。又如："当耐司寇，而以耐隶臣诬人，何论？当耐为隶臣。"再如："完城旦，以黥城旦诬人，何论？当黥。"古代对于诬告行为的处罚一般是采取"反坐"的原则，即以告发他人的罪反坐诬告者自身。秦律将这一原则既适用于诬告，也适用于"告不审"。《法律答问》中说："伍人相告，且以辟罪，不审，以所辟罪罪之。"意思就是说，同伍之人相告发，并且加以罪名，如控告不实，应以所加之罪名论处控告者。秦律中将控告不真实分为"端为"（故意）和"不端为"（无意）两种情况，前者叫做"诬人"（诬告），后者叫做"告不审"（控告不实）。《法律答问》中记载："甲告乙盗牛若贼伤人，今乙不盗牛，不伤人，问甲何论？端为，为诬人；不端，为告不审。"这说明，秦律将行为人的告发动机作为认定某人的行为是否构成诬告罪的基本要件之一，如果是故意陷人于罪，则认定为诬告；如不是故意，则认定为告不审。秦律除禁止诬告与告不审之外，还禁止告盗加赃。《法律答问》中说："甲盗羊，乙知，即端告曰甲盗牛，问乙为诬人，且为告不审？当为告盗加赃。"又如："甲告乙盗牛，今乙盗羊，不盗牛，问何论？为告不审。"从以上两条规定看，告盗加赃罪重于告不审。它与告不审的主要区别，是在告发时故意加重人罪。只不过告盗加赃的被告人犯有一定的偷盗罪，不完全是无辜的。另外，秦律不允许有所谓"州告"。"何谓州告？'州告'者，告罪人，其所告且不审，又以他事告之。勿听，而论

---

① 《长编》卷二三，太平兴国七年五月庚申。

② 《大清律例·刑律·诉讼》卷三十。

其不审。"① 就是说，控告犯罪人，所控不实，又以其他事控告，这叫做"州告"。对此，不仅不受理，而且以控告不实论罪。

唐代禁止诬告的法律规定更为完善和细致，在《唐律疏议·斗讼律》中有四个条文规定：一是针对诬告谋反、谋大逆的规定："诸诬告谋反及大逆者，斩；从者，绞。若事容不审，原情非诬者，上请。若告谋大逆、谋叛不审者，亦如之"。二是针对诬告人，包括监察官挟私弹事的规定："诸诬告人者，各反坐。即纠弹之官，挟私弹事不实者，亦如之。"三是针对所告离其事的规定："诸告小事虚，而狱官因其告，检得重事及事等者，若类其事，则除其罪；离其事，则依本诬论。"四是关于诬告是否适用自首的规定："诸诬告人流罪以下，前人未加拷掠，而告人引虚者，减一等。若前人已拷者，不减。即拷证人，亦是。（诬告期亲尊长、外祖父母、夫、夫之祖父母，及奴婢、部曲共告主之期亲、外祖父母者，虽引虚，各不减。）"

至清代，诬告反坐的原则仍然沿袭。《大清律例·刑律·诉讼》规定："凡诬告人笞罪者，加所诬罪二等；流、徒、杖罪（无论以配决、未配决），加所诬罪三等。各罪止杖一百，流三千里。"清律对诬告罪的处罚极为严厉，最高能处以绞、斩，而且有时还会附加经济处罚；甚至适用诬告反坐原则时，尊长的特权也可能被剥夺。清律为贯彻封建等级观念，一般规定，对以尊杀卑的故意杀人案，对杀人犯减轻刑罚，如祖父母、父母故杀子孙，只杖70，徒1年半。而凡属尊长过失杀卑幼，可以免除刑事责任，《大清律例·刑律·斗殴》规定："若（奴婢、雇工人）违犯教令，而依法决罚，邂逅致死，及过失杀者，各勿论。""夫过失杀其妻妾，及正妻过失杀其妾者，各勿论。"但是，在适用诬告"反坐原则"时，尊长的这一特权就被剥夺了。《大清律例·刑律·诉讼》规定："期亲以上尊长，按律不应抵命者，若诬告人谋死人命，致蒸检卑幼身死，仍照诬告人死罪未决律治罪。"

（四）保障告诉权利的技术

中国古代的一般诉讼，必须遵循司法审级，逐级起诉和受理，不准越诉。对于案情重大的案件、冤抑无告的案件或者其他特殊案件，则可超出一般受诉官司和申诉程序之范围，直接向最高统治者陈诉。由此产生一种独具特色的直诉制度。一般来说，直诉属于一种非常规上诉程序，也是一种冤错案件的救济程序，在司法实践中发挥着重要的纠错与理冤作用。

1. 击登闻鼓

登闻鼓是古代专设于朝堂之外的一种鼓，供冤抑者捶击，将自己的冤情直接上达于最高统治者；击打登闻鼓于是成为一种诉讼方式，也是中国古代最高统治者了解下情、受理案件的一种特殊渠道。登闻鼓起源于西周时的路鼓制度。《周礼·夏官·太仆》中记载，西周时，"建路鼓于大寝之门外，而掌其政，以待达穷者与遽令。闻鼓声，则速逆御仆与御庶子"。路鼓设于王宫的寝宫门外，由太仆掌管，如果上告无门或有紧急事要上呈于王者来击鼓，太仆就立刻召见具体掌管路鼓的御仆和御庶子，听取他们的陈述，然后报告于王。汉时也沿袭这种路鼓制度。郑氏注《周礼》时说，西周时击路鼓上诉，"若今时上变事击鼓矣"。这里的所谓"变事"包含的范围很广，可泛指一切非常之事，在功能上则是最高统治者通达下情的方式，当然也包括对冤错案件的处理，其目的是防止对下情的随意阻断，导致壅隔之患。

---

① 睡虎地秦墓竹简整理小组：《睡虎地秦墓竹简》，194页，北京，文物出版社，1978。

魏晋以后，路鼓从名称上变更为登闻鼓；从功能上则更加特定化，逐渐成为一种特殊的诉讼制度。《魏书·刑罚志》记载："阙左悬登闻鼓，人有穷冤则挝鼓，公车上奏其表。"《晋书·武帝纪》中也有"西平人曲路，伐登闻鼓"的记载。《隋书·刑法志》规定："有枉屈县不理者，令以次经郡及州，至省仍不理，乃诣阙申诉。有所未惬，听挝登闻鼓，有司录状奏之。"清人黄本骥《历代职官表》中记载唐代设置登闻鼓的情况："唐代于东西朝堂分置肺石及登闻鼓，有冤不能自伸者……挝登闻鼓……右监门卫奏闻。"《唐律疏议·斗讼》中明确规定，"挝登闻鼓……而主司不即受者，加罪一等"。将"挝登闻鼓"作为司法官吏必须受理案件的一种方式，而且其处罚比不受理一般诉状要罪加一等。

宋代开始设置专司登闻鼓的机构。宋太宗时将"理检司"改成"登闻院"，鼓置禁门以外，名曰"鼓司"。宋真宗景德四年（1007年）又改鼓司为登闻鼓院。"以鼓司为登闻鼓院，登闻院为登闻检院，命右正言知制诰周起、太常压直史馆路振同判鼓院，枢密直学士吏部侍郎张咏判检院。检院亦置鼓。"[1] 并且规定相应的受理程序："诸人诉事，先诣鼓院；如不受，诣检院；又不受，即判状付之，许邀车驾。如不给判状，听诣御史台自陈。"元朝规定："诸事赴台、省诉之，理决不平者，许诣登闻鼓击鼓以闻。"[2]《大明律·刑律·诉讼》"越诉"条规定："若迎车驾及击登闻鼓申诉，而不实者，杖一百；事重者，从重论；得实者，免罪。"清顺治时设登闻鼓于都察院，由御史一人监管；后移至长安右门外，由给事中或御史一人当值；康熙六十一年（1722年）将其并入通政使司，别置鼓厅，由参议一人监管。官民有冤抑之事，可击鼓诉冤，先由通政使司审讯，确有冤情者，上奏皇帝交刑部查办。清代对申诉不实者给予了严厉的处罚，规定：迎车驾或击登闻鼓申诉不实，杖一百；冲突仪仗而又申诉不实，绞。擅入午门长安等门叫冤枉，奉旨勘问，得实者枷号一个月，满日杖一百；若涉虚者杖一百，发边远地方充军。[3]

登闻鼓

图片来源：冯玉军：《衙门里这些事儿》，81页，北京，法律出版社，2007。

2. 邀车驾

邀车驾又称迎车驾、拦车驾，是指皇帝外出车驾经过时，于路旁喊冤申诉。汉代已有邀车驾的记载："范升尝为出妇所告，坐系狱，政乃肉袒，以箭贯耳，抱升子潜伏道傍，候车驾，而持章叩头大言曰：'范升三娶，唯有一子，今适三岁，孤之可哀。'武骑虎贲惧惊乘舆，举弓射之，犹不肯去；旄头又以戟叉政，伤胸，政犹不退。哀泣辞请，有感帝心。"[4] 唐代将邀车驾正式写入法律。《唐律疏议·斗讼》规定："诸邀车驾及挝登闻鼓，若上表，以身事自理诉，而不实者，杖八十；即故增减情状，有所隐避诈妄者，从上书诈不实论。"疏议解释："有人邀车驾及挝登闻鼓，若上表申诉者，主司即须为受。'不即受者，加罪一等'，

---

① 《续资治通鉴长编》卷六十五，景德四年五月戊申。

② 《元史·世祖本纪》。

③ 参见《大清律例·刑律·诉讼》。

④ 《后汉书·儒林列传》。

谓不受一条杖六十，四条杖七十，十条杖一百。其邀车驾诉人，辄入部伍内者，杖六十。注云'部伍，谓入导驾仪仗中者'……若诉人入此仪仗中者，杖六十。"又规定：邀车驾申诉者，"自毁伤者，杖一百。虽得实，而自毁伤者，笞五十。即亲属相为诉者，与自诉同"。疏议解释："诉人所诉非实，辄自毁伤者，皆杖一百。若所诉虽是实，而自毁伤者，笞五十。'即亲属相为诉者'，亲属，谓缌麻以上及大功以上婚姻之家，为诉者，与自诉同。"

3. 上表陈情与投匦进状

上表在汉代已经出现。《汉书·刑法志》记载："（孝文帝）即位十三年齐太仓令淳于公有罪当刑，诏狱逮系长安……其少女缇萦，自伤悲泣，乃随其父至长安，上书曰：'妾父为吏，齐中皆称其廉平，今坐法当刑。妾伤夫死者不可复生，刑者不可复属，虽后欲改过自新，其道亡繇也。妾愿没入为官婢，以赎父刑罪，使得自新。'书奏天子，天子怜悲其意。"后朝上表陈情逐渐成为一种制度，并由专职官员负责。唐初负责收受上表投诉的通常是中书省和门下省。《新唐书·太宗本纪》中记载，贞观元年（627年）"敕中书令侍中朝堂受讼辞，有陈事者悉上封"。《唐六典》卷八《门下省》"给事中"云："凡天下冤滞未申及官吏刻害者必听其讼，与御使及中书舍人同计其事宜而审理之。"至武则天垂拱年间，专门设置一种投放书信的"匦函"，接受四方上访之书信。据《唐会要》记载，武则天命制成四种颜色的铜匦，"以青匦置之于东，有能告朕以养人及劝农之事者，可书于青匦，名之曰延恩匦……以丹匦置之于南，有能正谏论时政之得失者，可投书于丹匦，名之曰招谏匦……以素匦置之于西，有欲自陈屈抑者，可投书于素匦，名之曰申冤匦……以玄匦置之于北，有能告朕以谋智者，可投书于玄匦，名之曰通玄匦……每日所有投书，至暮并进……理匦以御史中丞、侍御史一人充使"[①]。"自陈屈抑"即上书表明自己的冤情也是铜匦的一项重要功能。武朝时期，匦函在一定意义上助长了告密诬陷之风，但其通达下情的功效也是存在的。或许正因为此，白居易对匦函制给予了很高的评价："国家承百王已弊之风，振千古未行之法，于是始立匦使，始加谏员，始命待制官，始设登闻鼓。故遗补之谏入，则朝廷之得失所由知也；匦使之职举，则天下之壅蔽所由通也；待制之官进，则众臣之谋猷所由展也；登闻之鼓鸣，则群下之冤滥所由达也。此皆我烈祖所创，累圣所奉，虽尧舜之道，无以出焉。"[②]

4. 立肺石

肺石是一种赤色的石头，形状似肺以示赤诚。《周礼·秋官·大司寇》中记载："大司寇以肺石达穷民。凡远近惸（同"茕"）独老幼之欲有复于上而其长弗达者，立于肺石三日，士听其辞，以告于上，而罪其长。"意思是大司寇设置肺石，用以转达无法申冤的人的怨诉。凡畿内畿外没有兄弟、子孙及老弱幼小者，有冤情需上诉于王及六卿之长，而他们的地方长官不予向上报告的，可以在肺石上站三天，然后由朝士听取他们的告辞，以转呈于周王或六卿之长，对不转达他们申诉的地方长官要给予处罚。南北朝时期，梁武帝于天监元年（502年）下诏实行具有匦函性质的"谤木函"和"肺石函"制度。其诏书曰："商俗甫移，遗风尚炽，下不上达，由来远矣。升中驭索，增其懔然。可于公车府谤木肺石旁各置一函。若肉食莫言，山阿欲有横议，投谤木函。若从我江汉，功在可策，犀兕徒弊，龙蛇方蛰，次身才

① 《唐会要》卷五十五《匦》。
② 《白居易集》卷六十四《策林三》。

高妙，捺压莫通，怀傅、吕之术，抱屈、贾之叹，其理有曒然，受困包匦；夫大政侵小，豪门陵贱，四民已穷，九重莫达。若欲自申，并可投肺函。"①唐朝时在东、西两京城门外同时置有肺石。凡老幼不能挝登闻鼓者，则可立于肺石之上。立于肺石诉者由左监门卫负责奏闻。《唐六典·诉理》中规定："若茕、独、老、幼不能自申者，乃立肺石之下。"

（五）劝导息讼的技术

自汉武帝以后，儒家被尊崇为中国传统社会的主导意识形态作为儒家法哲学最高标准的"和谐"，便成为整个中国传统法律文化的最高价值理想。其价值目标是要寻求人与自然、人与人之间的秩序和谐。人与自然之间的和谐，是指人们的行为应该与自然秩序相协调一致，所谓"天人相应"。人与人之间的和谐，则是指在社会交往关系中，讲究彼此之间的和解精神与协调一致。追求"和谐"的价值理想在司法领域中的表现，就是"无讼"。"无讼"思想是孔子最早倡导的，他说："听讼，吾犹人也，必也使无讼乎"②。在他看来，理想的社会应当是"无讼"的社会，"无讼"是"和谐"的应有之义。因此，息狱讼、求"无讼"、维护社会的和睦安定，是中国古代各级官员的首要职责。而只有使治下百姓"皆以争讼为耻"，才能达到"民风淳朴"、"刑措而不用"的社会效果。

这一司法理念在案件受理环节也有充分的体现，百姓之间出现纠纷，在案件进入诉讼程序的最初阶段，司法官吏就会千方百计地促使其罢息纠纷，即"不能使民无讼，莫若劝民息讼"③，相应地，也形成了一些独具特色的受案技术。

1. 无端拘押

如据《荀子·宥坐》载："孔子为鲁司寇，有父子相讼者，孔子拘之，三月不别。其父请止，孔子舍之。"孔子就是最早的调处息讼的身体力行者，他在处理现实的诉讼案件时，特别是家庭内部的讼争时，竭力主张用调解方式息讼。这个案件是一个父告子的案件，在孔子的哲学中，这显然是违背家庭伦常的，因此，孔子不问青红皂白，就把人拘押了三个月。通过这种方法促使这一对父子反思彼此的行为，意识到和谐家庭的重要性。最后，当父亲请求撤销诉讼时，孔丘仍然不问案件的是非曲直，就立即将儿子赦免了。不问来龙去脉，不理是非曲直，而以各种方法激起当事人内心的反省，使其幡然悔悟，产生妥协相让之意。正如海瑞在评论孔子处理的"父子相讼"案时所说："岂以孔子而不能别其情哉？求其心也！"④

2. 推搪拖延

例如晋时的刘尹任郡守时，"百姓好讼官长，诸郡往往为相举正。刘曰：'夫居下讪上，此弊道也。古之善政，司契而已，岂不以敦本正源，镇静流末乎？君虽不君，下安可以失礼？若此风不革，百姓将往而反。'遂寝而不问。"⑤ 又如《明史》载明朝赵豫："患民俗多讼，讼者至，辄好言谕之曰'明日来'，致有'松江太守明日来'之谚。"⑥ 受理案件后以拖延的方法来促使诉讼当事人主动放弃和撤销诉讼。

---

① 《梁书·武帝本纪》。
② 《论语·颜渊》。
③ 《福惠全书》卷十一。
④ （明）《海瑞集》（上册）《兴革条例·吏属》。
⑤ （明）何良俊：《语林》。
⑥ 《明史循吏传》。

3. 感化劝退

即在诉讼过程中本着"以德化人"之心，恳切劝谕，使当事人主动息讼，这是古代司法官最得心的手法，它几乎构成了传统中国司法审判的基本内容和模式。当然，感化的方式可以是多种多样的。例如，有官吏以自咎来感化当事人。如《后汉书·循吏传》载："人有蒋均者，兄弟争财，互相言讼。荆对之叹曰：'吾荷国重任，而教化不行，咎在太守。'乃顾使吏上书陈状，乞诣廷尉，兄弟均感悔，各求受罪。"也可以用开导的方式来感化。唐朝开元时，贵乡县令韦景骏在审一母子相讼案件时，对当事人反复开导，并痛哭流涕地自责"教之不孚，令之罪也"，还送给他们《孝经》，于是"母子感悟，请自新，遂称慈孝"。（《续通志·循吏·韦景骏传》）或者用晓以利害的方法来感化。如元代张养浩在《三事忠告》中谈及司法经验时说："书讼者，诚能开之以枉直，而晓之以利害，鲜有不愧服两释而退之。"罗兹曼也指出，在古代中国，"在大多数告到衙门来的案件中，县令都会反复敦促原告和被告私了"[①]。还有官吏用道德文章来感化当事人，如"况逵为光泽县尹，有兄弟争田。逵授以《伐木》之章，亲为讽咏解说。于是兄弟皆感泣求解，知争田为深耻"[②]。

4. 调解先置

即鼓励当事人在纠纷发生之后选择民间调解的方式，在长辈的亲属、邻居或乡绅的主持下相互之间达成妥协，解决争端。诉讼外的民间调解在中国可谓源远流长，久盛不衰，一般而言，民间调解包括乡里调解、宗族调解、邻里亲友调解等。乡里调解，是指乡老、里正等最基层的小吏调解一乡、一里的民事纠纷和轻微刑事案件。例如，元代法律明文规定村社的社长具有调解的职能。《至元条格》规定："诸论诉婚姻、家财、田宅、债负，若不系违法重事，并听社长以理谕解，免使妨废农务，烦挠官司。"在明代，在乡里设立"申明亭"，宣教礼义道德，并由里长、里正调处有关民间诉讼。宗族调解，是指家族成员之间发生纠纷时，族长依照家法、族规进行调解决断。邻里亲友调解，是指纠纷发生以后，由地邻亲友、长辈或者办事公道、德高望重的人出面说合、劝导、调停，以消除纠纷。正如罗兹曼描述的："所有乡里都很熟悉大量不同的调解纠纷的巧妙办法。这些办法包括由尊敬的长者出面干预，对纠纷的各方进行调查和协商，按传统的规矩和特定的方式认错或赔罪，作象征的或实在的赔偿，或由当地各方有关人物到场，给个面子，让犯错较大的一方办桌酒席，当面说和等等。"[③] 当然，这种调解不是通过明确双方的权利义务关系，在明辨是非曲直的基础上解决纠纷，而是通过劝导当事人双方放弃自己的权利，互谅互让，大事化小，小事化了，从而折中、调和、妥协地平息当事人之间的纠纷。

三、传统受案技术的现实意义

（一）认识诉讼的有限性，建立多元化纠纷解决机制

对于纠纷的解决，诉讼是一种重要途径。诉讼活动以国家公权力为基础，由专门的司法

---

① ［美］G. 罗兹曼主编：《中国的现代化》，国家社会科学基金"比较现代化"课题组译，127 页，南京，江苏人民出版社，1988。

② 转引自《瞿同祖法学论著集》，319 页，北京，中国政法大学出版社，1998。

③ ［美］G. 罗兹曼主编：《中国的现代化》，国家社会科学基金"比较现代化"课题组译，127 页，南京，江苏人民出版社，1988。

机关对案件进行审理，并作出判决，最终形成权威性的解决方案和结论性意见。诉讼是维护社会秩序，保障当事人权利的最终机制。但是，不可否认的是，诉讼救济只是诸多纠纷解决方式中的一种，其本身也存在着一定的局限性。对此，古代的先贤和司法官吏有着深刻的认识。海瑞的看法是："词讼繁多，大抵皆因风俗日薄，人心不古，惟己是利，见利则竞。以行诈得利者为豪雄，而不知欺心之害；以健讼得胜者为壮士，而不顾终讼之凶。而又伦理不享，弟不逊兄，侄不逊叔，小有蒂芥，不相能事，则执为终身之憾，而媒孽评告不止。不知讲信修睦，不能推己及人，此讼之所以日繁而莫可止也。"① 裕谦将频繁兴讼的危害归纳为："人既好讼，则居心刻薄，非仁也；事理非宜，非义也；挟怨忿争，非礼也；倾资破产，非智也；欺诈百出，非信也。"② 黄震则认为："讼乃破家严身之本，骨肉变为冤仇，邻里化为仇敌，贻祸无穷，虽胜亦负，不祥莫大焉。但世俗惑于一时血气不忿，苦不自觉耳。"③

概而言之，在古代司法官看来，频繁兴讼具有多层面的危害性：从国家与社会的角度，会败坏社会风气，甚至会导致"世风日下"、"礼崩乐坏"；从民间秩序的角度，则会破坏人际关系的和谐，导致乡里地邻的纷扰与不安定；对家庭而言，"纷然兴讼"则会成为"门户之羞"④；就个人而言，频繁兴讼意味首先道德素质的缺失与教化的不足，而且在经济上也会有所损失，在争讼过程中，当事人甚至会因此而倾尽家财，如在清代地方官劝人息讼的歌谣《何苦来》中所说的："可惜公堂不济贫，徒饱贪污资尽竭"⑤。尽管歌谣中以司法腐败作为劝退人们兴讼的理由，反映古代吏治的黑暗与悲哀，但终归是当时现实的写照，因而可以算作是一种实际的考虑。

古人主要是从破坏礼治秩序的角度去思考诉讼的局限性，这固然有一定的片面性，但是在诸多纠纷解决方式中，诉讼局限性的存在却的确是不容忽视的。从现代诉讼制度的角度而言，这种局限性表现在：首先，各种社会矛盾复杂性与法律调整范围确定性之间存在着矛盾，司法机关受理案件不能事无巨细，总是要限制在一定的范围之内。对受案范围之外的案件，司法机关往往以不予受理或裁定驳回的方式来处理。其次，司法活动需要耗费大量的成本，这些抑或由当事人来承担，抑或由国家来包揽。对于当事人来讲，诉讼中的费用支出往往意味着一笔不小的额外开支，而国家则需要将有限的司法资源用在最严重的犯罪或民事纠纷上面，这也决定了国家对司法活动的投入只能是有限的。再次，司法活动中还需要耗费另外一种成本，即当事人的时间、精力。为了保证司法裁判的公正性，对司法程序需要进行较其他纠纷解决方式更加严格的规定，有时不免烦琐，使得案件终结的时间过长，当事人的合法权利不能得到及时保护。最后，如果司法救济作为唯一的纠纷解决机制，虽然注重了国家法的适用，但却忽视了习俗、惯例等民间法的作用；虽然注重了法的形式合理性，但却未必能够实质合理性，导致纠纷解决结果社会理解度和认同度的欠缺，不利于社会的和谐。

当然，有了纠纷就要解决纠纷，官府不予受理并不意味着对社会矛盾听之任之，不闻不问。古代司法官吏们在受理案件这一环节便要将息讼放在首要地位，中国古代社会将礼作为

① 海瑞：《海瑞集·兴革条例》。
② 裕谦：《裕靖节公遗书》，《饬发戒讼说檄》。
③ 黄震：《黄氏日钞》卷七十八，《词诉约束》。
④ 陆游：《陆游诸训·戒子录》。
⑤ 桂超万：《宦游纪略》卷六，《何苦来》。

主导性的行为规范，社会所倡导的是"无讼"、"不争"，礼治的理想境界是"闾里不讼于巷，老幼不愁于庭"①。在此指导思想之下，古代司法官吏倡导司法之外的纠纷解决方式，司法对于社会生活的介入保持着一种谦抑性。首先是劝退。如在《何苦来》这首歌谣中，司法官所倡导的做法是："炎炎烈火方始然，救以杯水即扑灭。乡人讼端初起时，劝以好言既休歇。何以乘火反加油，何以为虐欲助桀"②。诸多劝退的技巧在前文已有较多论述，在此不赘。

其次是调解。在古代中国，调解的形式主要有官府调解、官批民调、民间调解等。官府调解，是在司法长官的主持下对案件进行调解，属诉讼内调解。官批民调，是指官府在受理或审理案件中，发现案情较轻，没有必要在公堂聆讯，或者由其家族自行解决更为妥当，即批令由当事人在其家族内部通过调处解决纠纷，最终的调处结果须上报官府。如果调处成功，则可请求销案；如果调解不成，则可再行诉讼，这种调解形式具有半官方性质。此外，中国古代尚有一种完全民间性质的调解形式，即民间调解。这是完全由民间权威介入纠纷，并居中解决纠纷，使其不达于官府的一种形式。这些主持调解的民间权威是多样化的，如乡老、里正等最基层的小官吏，家庭的族长，甚至可以是邻里亲友，即当事人的邻居、亲友、长辈等。调解的主体固然多样，而调解的程序也没有固定的程式，视各地乡情风俗习惯而定，这种民间调解方式，一方面是民间宗族、村社、宗教等为了维护自己团体的体面而采取的主动行动，另一方面则出于朝廷及各级官府的有意鼓励，同时，也常由于争讼者自己也希望同样体面地终讼而主动要求民间势力调解的结果。③ 通过社会组织的参与，使相当一部分纠纷在正式的司法程序之前就得以解决。

在当代中国的诉讼实践和纠纷解决过程中，调解仍然起到十分重要的作用，这里无疑留下了传统诉讼法律文化的痕迹。新中国成立后发展起来的人民调解制度，创造性地把传统的民间调解转化为一种富有灵活性的调节社会生活的手段。它作为一种诉讼外调解，一直被西方国家誉为"东方经验"而备受瞩目。调解委员会的职责是依照社会公德、法律等在当事人自愿的情况下，对一些民事纠纷和轻微的刑事案件进行调解，以促进当事人互谅互让，自觉达成协议。这一制度的实施，不仅促进了家庭的和睦，而且增加了邻里的相互理解和团结。这种裁判方式避免了人们对簿公堂，伤了和气与亲情。更为重要的是在裁判的过程中，可以增强人们的道德观念及提高人们辨别是非的能力，达到减少诉讼、稳定社会、预防犯罪的目的。即使在正式的诉讼程序中也可以贯彻调解的原则。现行民事诉讼法也明确规定了"自愿、合法"的诉讼调解制度，从而把调解纳入正式的诉讼程序。尽管法院的民事调解仍不失为处理纠纷的重要手段，但由于其中暴露的一些实际问题，理论界和司法实践中对诉讼调解制度褒贬不一，要求废止的大有人在，主张保留的也不在少数。主张取消诉讼调解制度的人认为：调解的副作用较大，法院在调解过程调而不决，以调代审，由于法官在诉讼调解中的独特身份，诉讼主体对各自在调解中的地位、作用和相关的权利义务认识不清，从而不能实现真正的自愿。同时因为调解有一个互相妥协的过程，不可能完全严格地遵照实体和程序的法律要求，诉讼行为的合法性难以得到充分的保证。此外，诉讼调解给诉讼预期带来不利的消极影响。主张保留民事调解的人认为：法律明确规定调解只能在自愿的基础上进行，并无

---

① 《新语·至德》。

② 桂超万：《宦游纪略》卷六，《何苦来》。

③ 参见胡旭晟：《中国调解传统研究——一种文化的透视》，载《河南政法管理干部学院学报》，2002（4）。

强制性；调解是在合法的基础上进行的法律行为；调解在某些司法实践中切实可行。笔者认为，一方面，传统调解制度建立在自给自足的自然经济、宗法家庭制度和儒家中庸思想的基础上，包含有落后性的成分；但另一方面，民事调解制度作为传统诉讼法制的重要组成部分，它符合中国的民族社会心理，包含着能被中国普通百姓认同和接受的因素，但是，对该制度的采纳和继承绝不能生搬硬套，而是要结合当前的实际情况和现代法治的要求进行创造性的改造。只有这样，传统的民事调解制度才能真正地焕发生命力。

构建多元的矛盾纠纷化解机制，就是要对各种具体的化解矛盾纠纷的手段进行有效整合，使之形成一个整体。在多元的矛盾纠纷化解机制中，各种化解手段之间应当建立起有机联系，相互补充、相互协调，而不是简单地拼凑在一起。同时，还应当根据不同社会历史时期的不同矛盾类型及其发生特点，对多元的矛盾纠纷化解机制不断加以调整和完善，使之更加适应社会生活的实际需要。

（二）规范诉讼行为，严格法律责任，防止恶意诉讼

恶意诉讼是指诉讼人提起诉讼的形式具有表面的合法性，但实质却隐藏着非法的动机和目的，即企图借助于诉讼行为给对方当事人造成财产、名誉上的损害，生活上的纷扰，甚至导致其承担不恰当的法律责任。诉讼人的"恶意"是指其明知其动机和目的上的非法性，以及缺乏实体上的胜诉理由，但却仍然利用法律赋予的诉讼权利，去启动正式的诉讼程序。表面上的合法性使恶意诉讼带有很强的欺骗性和隐蔽性，因此也常常有可能引发司法机关的审判活动。这至少具有三方面的危害性：一是直接侵犯了他人的合法权益和正常的社会秩序；二是不合理地增加了国家的司法成本；三是损害了国家司法机关的权威性。诉权本是法律为了保障公民合法权益的一种机制，但恶意诉讼却是对诉权的滥用。

日本学者川岛武宜在比较了中西方的法律传统之后得出了一个结论：西方人"健讼"，动不动就上法庭；东方人"厌讼"，喜欢采取调解的方式，把大事化小、小事化了。中国古代一直在追求"无讼"的司法理想，而厌讼也确实是古代社会百姓的一种普遍心态。但是中国古代在某些商品经济发达、社会关系复杂的时期或地区，民风好讼的现象却并不罕见。[1]不然，历代律例之中就不会出现各种限制诉讼以及禁止诬告、教唆词讼的规定。古代健讼之风与诉讼制度的发展有着密切的关系。西周的诉讼制度已相当完备。根据《周礼·秋官·司寇》的记载，当时除了有小司寇、士师等较高层的审判机构外，基层也有不少"听讼"机构：乡士、遂士、县士、方士、讶士、朝士，还有大量的宗族的宗主及家庭的家长，都可以行使一定的裁判权。但是，由于当时是奴隶制社会，享有诉权的人较少，而且，当时的诉讼费用很高，刑事案件的当事人需交纳"钧金"，即三十斤铜，民事案件的当事人需交纳"束矢"，即一百支箭，这些意味着诉讼不是普通人所能消受得起的，自然也就不会出现健讼之风。隋唐以后，随着经济的发展，裁判职能的逐渐集中和诉权的扩大，民间讼事开始增加。唐律规定，除"十恶"等重大犯罪外，一般犯罪，卑幼不得告尊长、奴婢不得告主人；在押囚犯及年八十以上，十岁以下，笃疾者，不得控告他人，其他人都可以直接就所涉纠纷向官府提起诉讼，也可以由其亲属代为提起。并且必须向基层官府即县衙提起，

---

① 参见陈景良：《讼学、讼师与士大夫——宋代司法传统的转型及其意义》，载《河南政法管理干部学院学报》，2002（1）；党江舟：《中国讼师文化——古代律师现象解读》，172 页以下，北京，北京大学出版社，2005。

否则构成"越诉"罪。这样一来，任何人都可以就几乎任何纠纷提起诉讼，而每县所受理的诉讼都由县官一人审理。这样，审判职能的供需矛盾就日益突出。[①] 而自宋朝以后，随着商品经济的繁荣，经济利益多元，田债、婚姻、债务等纠纷急剧增加，讼事日益频繁，民间健讼之风日盛。

宋代的史籍和著作之中多有民间喜讼的记载。《宋会要辑稿·刑法》记载：南宋开禧年间，"州县人间，顽民健讼，不顾三尺。稍不得志，以折角为耻，妄经翻诉，必侥幸一胜。则经州、经诸司、经台部。技穷则又敢轻易妄轻朝省，无时肯止。甚至陈乞告中惩尝未遂其意，亦敢辄然上读天听，语言妄乱，触犯不一"。而各地嚣讼成风的现象比比皆是。[②] 喜讼之人中，固然有被指称"小人"、"刁民"、"奸民"者，但是其实多数为普通百姓。《豫章先生文集》记载："江西细民险而健。以终讼为能。"郑克《折狱龟鉴》记载："韩琚司封尝通判虔州，其民善讼。"甚至处于社会弱势地位的妇女、儿童似也不落人后。《鸡肋篇》记载："广州妇女凶悍喜斗讼。虽遭刑责而不畏。"《惠州府志》记载："广南海丰之民刚悍嚣讼，五尺之童庭白是非，无端恐。"可见宋代健讼之风之盛，难怪南宋著名诗人陆游在其《秋怀诗》中说："讼氓满庭闹如市，吏牍围坐高于城。"这成为一种独特的社会景观。

所谓健讼，也称"兴讼"、"嚣讼"，是喜欢或擅长打官司的意思。健讼者未必滥讼，在诸多诉讼之中，既有因为正当权利受到侵害的维权案件，但也可能存在着恶意诉讼。毕竟，讼事纷繁的事实增加了恶意诉讼的可能性，而健讼者由于对法律的熟谙而转化为滥讼者。沈括在《梦溪笔谈》中曾谈到："世传江西人好讼，有一书名《邓思贤》，皆讼牒法也（即打官司的方法）。其始则教以侮文；侮文不可得，则欺诬以取之；欺诬不可得，则求其罪劫之。盖思贤，人名也，人传其术，遂以之名书。村校中往往以授生徒。"[③] 滥讼成为一种技艺而加以传授。滥讼的表现有多种多样，如以榉柳叶涂肤伪造伤表，以惑视听；食毒草以诬人；伪作冤状，以耸视听，甚至不惜自伤手足；收集阴私，以佐讼证；妄起讼端，诬赖他人，或从中谋利，或昏赖田业等。[④]

这种恶意诉讼不仅侵犯他人的正当利益，也损害了国家机关的正常运转秩序。因此，宋代统治者采取了相应的措施来应对这些恶意诉讼的蔓延。

首先，在起诉和受理环节即对诉讼行为进行规范。从实体条件上看，要求诉事干已，证佐明白，官司方可受理。《宋刑统》规定："应所论诉人，并须事实干已，证据分明，如或不干已事，及所论矫妄，并加深罪。"[⑤] 宋真宗天禧元年（1017 年）十月下诏重申："自今后所诉事并须干已，证佐明白，官司乃得受理，违者坐之。"[⑥] 宋哲宗元祐六年（1091 年）十二月，依刑部言："应自陈是别宅所生子、未尝同居，其父已死，无案籍及证验者，不得受

　　① 参见党江舟：《中国讼师文化——古代律师现象解读》，173 页，北京，北京大学出版社，2005。
　　② 参见陈景良：《讼学、讼师与士大夫——宋代司法传统的转型及其意义》，载《河南政法管理干部学院学报》，2002（1）。
　　③ 《梦溪笔谈全译》卷二十五《杂志二》，李文泽、吴文泽译，339 页，四川，巴蜀书社，1996。
　　④ 参见陈景良：《讼学、讼师与士大夫——宋代司法传统的转型及其意义》，载《河南政法管理干部学院学报》，2002（1）。
　　⑤ 《宋刑统》卷二十四，《斗讼》"越诉"门。
　　⑥ 《续资治通鉴长编》卷九十，"天禧元年十月丙子"，北京，中华书局，1979。

理。"① 这特别规定了财产继承方面的证据要求。《宋刑统》卷二十六《杂律·公私债负》规定："百姓所经台府州县论理远年债负事,在三十年以前,而主保经逃亡无证据,空有契书者,一切不须为理。"由于年代久远,证据散失,事理难辩,因此不能受理。同时,对于特定案件还严格限定了告诉的主体,官司之中涉及大辟公事,情理重害,必须由亲血属诉讼,否则不予受理。从程序条件上看,对诉状的形式方面作出了严格的规定,如果诉状不合乎要求,将会导致不受理的法律后果。首先对诉状执笔人的要求。《宋刑统》卷二十四《斗讼》"越诉"门规定:"其所陈文状,或自己书,只于状后具言自书;如不识文字,及无人雇请,亦许通过白纸。"说明宋初对诉状执笔人要求尚不严,既可自书,又可雇人书,甚至可用白纸起诉。后来随着民间好讼之风日益炙盛,书写诉状的手续也日益严格。《朱文公文集》卷一百《公移·约束榜》规定:"官人、进士、僧道、公人……听亲书状,自余民户并各就书铺写状投陈。"宋代"书铺"是统一书写诉状的专门机构,书铺必须经官府批准系籍,否则无权替人书状。此外,所书状要用官府颁给的印子,"人户陈状,本州给印子,面付茶食人开雕并经茶食人保识,方听下状"。如果"不用印子,便令经陈,烦紊官司,除科罪外,并追毁所给印子"。对民户动辄拦轿以白纸投状,《朱文公文集》卷一百《公移·约束榜》规定:"拦轿状词不得收接。自今后除贫楼、老病、幼小、寡妇,或被劫盗并斗殴杀伤事干人命,初词许于放词状日投白纸外,自余理诉婚田债负,或一时互争等事,人户须管经由书铺,依式书状,听引状日分陈理"。对投放白纸仅限于老弱病残等民户及情理重害的杀伤案件,一般词诉必须由书铺统一依式书状。在诉状书写规范上,《宋刑统》卷二十四《斗讼》"犯罪陈首"门规定诉状:"皆须注明年月,指陈事实,不得称疑"。《宋刑统》卷二十四《斗讼》"投匿名书告人罪"门规定:明确告诉人的姓名,不能投匿名状,法官得投匿名书告人罪者,皆即焚其书,不能受理,否则将受到处罚。黄震《黄氏日钞》卷七十八《词诉约束·词诉条画》记载:"不经书铺不受,状无保识不受,状诉两事不受,事不干己不受,告奸不受,经县未及日不受,年月姓名不实的不受,披纸枷布枷自毁咆哮不受,故为张皇不受,非单独无子孙,孤婿,辄以妇女出名不受。"表现了宋代受理诉讼政策日益完备,对于防范和减少恶意诉讼起到了一定的作用。

　　其次,严格恶意诉讼的法律责任,这种法律责任包括两个方面,一是告诉人的责任;二是违法受理的司法官吏的责任。宋代为了遏制以自残方式来提起告诉的风气,在刑律中也作了明确规定。如宋初制定的《宋刑统》中已对自残告事人有惩罚规定,凡在诉讼中"自毁伤者杖一百,虽得实而自毁伤者笞五十"。窦仪又以"臣等参详"的形式确定:凡兴讼自残者,"先决臀杖十下(相当于笞五十),然后推鞫"②。宋哲宗绍圣二年(1095年)规定:"诉事而自毁伤者,官不受理。事干谋叛以上不用此制。"③ 进一步加强了对自残诉事的限制。

(三) 依靠社会力量,对违法犯罪行为进行综合防治

　　什伍之法在我国有着悠久的历史,它源于人类社会早期生产与生活互助的什伍组织。春

① 《续资治通鉴长编》卷四六八,"元祐六年十二月戊午",北京,中华书局,1979。

② 《宋刑统》卷二十四。

③ 徐松:《宋会辑稿》,台北,新文丰出版公司,1976。

秋时设什伍兵政之法、什伍户政之法和"庐井为伍"的农政之法。秦时商鞅变法"令民为什伍"，制定什伍连坐法，以实现"相司纠连坐"的目的。汉承秦制，"什主十家，伍主五家，以相检察，民有善事恶事，以告监官"。宋保甲法是什伍之法的进一步发展，它强调"以家联保，以丁联兵"，什伍相司纠察、揖捕盗贼之职责得到加强，并真正成为乡里社会的严密组织。清保甲法规定，对编入保甲的旗人汉民，如果"有犯，许互相举首"；对编入保甲的手工业者，"伍人连环为保，取结册报，一人犯事，四人同罪"；对编入保甲的棚民寮户也"令互相保结"；对编入保甲的船民，令"十船连环互诘"。当然，在古代中国，什伍法或保甲制的功能相当广泛，"弭盗贼、缉逃人、查赌博、诘奸宄、均力役、息武断、睦乡里、课耕桑、寓旌别，无一善不备"①。但是，及时发现纠纷的苗头或线索，及早控制犯罪，维护基层乡里社会的安定是其一项最基本的功能。由于这种制度编制简单、实际有效，能够"分之极其细而不紊，合之尽其大而不遗"、"必知地方之险易"，实现对乡里社会的有效控制，因而被奉为"弭盗安民之良策"。什伍法或保甲制有其历史性与局限性。它适应了一种乡田同井、结伴互助的小集体生产方式，以及血脉相连、守望相助的传统社会形态；也迎合了封建统治者试图控制人民的专制统治需要。尽管说现代社会与产生这种制度的经济基础、政治体制和社会形态已有本质性的区别，但是，这种制度之中所包含的依靠社会力量，综合防治违法犯罪行为的思想仍然可以为当下中国的法制建设提供一定的启示和借鉴。

什伍法或保甲制在理念上的可取之处在于，它将人——无论犯罪人、被害人，还是其他人都置于一种活生生的社会联结之中，这样，可以从社会最基层组织来对违法犯罪行为进行综合防治，以取得防微杜渐、标本兼治的效果。现代社会人员的流动性越来越大，但是，人们总是生活在一定的社区之中，社区构成了整个社会的微观基础，与此同时，犯罪总是发生在一定的社区中，因此，可以将社区作为动员社会力量，建立犯罪防控机制的出发点和落脚点。

首先，应从社区建设入手进行违法犯罪行为的预防。社区建设能够大大增强社区的社会整合与控制，从而减少社会冲突与矛盾，减少和消除各种致罪因素。同时，还可以整合本地居民与外来人口或者流动人口的关系，从侧面加强外来人口与本地人口的一体化管理，这些都可以大大减少社会矛盾和冲突。

其次，发展社区警务，加强警民合作，严密犯罪防控体系。积极组织和发动社区居民参与社会治安综合治理，参与防范和打击犯罪，共同建立社区安全防护网络。社区警察必须充分发动社区居民参与社区治安工作，加强警察与社区居民之间的沟通和了解，使警务工作延伸到社区，从而加强社区治安，严密犯罪防控体系。社区警务是代表政府力量的社区警察同社区全组织和社区治安专门组织互动的结果，社区治安方面的专门组织有诸如社区治保会、社区保安队、单位保卫组织、义务巡逻队等形式。完善街道办事处、居委会、村民小组等组织机构，将离退休人员、待业人员等组织起来值班巡逻，必要时可设立治安室。

再次，增强社区治安意识和"邻里互助感"，开展社区邻里守望。社区治安意识具体体现了社区组织和成员充分认识到存在犯罪的可能并采取有效防范措施的观念和心理准备，如社区居民自我保护意识、公共安全维护意识、邻里守望意识、对陌生人警惕意识、当自

①　《皇朝经世文编》卷七十四。

己或别人受到伤害后有自我救助能力和救助他人的能力等。"邻里互助感"是一种存在于邻里之间的相互帮助的自觉、相互信赖感、个人对所处环境的依恋感以及心理层面的安全感和共同价值的经验分享等，进而发展出社区关怀、社区亲和以及社区福利服务等。社区邻里守望是社区警务重要内容之一。对潜在的犯罪人而言，通过提高环境的可见性来减少其犯罪的机会，它使公共空间中的陌生人处于人们的监视之下，从而可以对犯罪行为进行有效的防治。

第二节
综合运用的传统证据技术

一、中国古代证据制度的历史发展

在诉讼活动中，证据是证明案件真实情况、判断是非曲直的主要依据，因此，证据制度构成了诉讼制度的核心内容。中国古代的诉讼制度，由于诸多因素的影响，在漫长的历史发展中自成一体，部分证据制度的发展还曾走在世界的前列，颇具特色，构成了中华法系的一个重要组成部分。

（一）神示证据制度

早期文明的人们，普遍存在着对鬼神的迷信与信仰，华夏先民亦不例外。《礼记·表记》中说："齐戒以事鬼神，择日月以见君，恐民之不敬也。"将祭祀鬼神看成朝见国君一样严肃的事情，可见，敬拜鬼神是国家生活中的一件大事。由此，在诉讼活动中使用神明裁判也就顺理成章了。神明裁判是指掌管司法的官员使用特殊方法来彰显神的意旨，探明案件的事实真相。"法"的古体字写作"灋"，《说文解字》的解释是："灋，刑也，平之如水，从水；廌，所以触不直者去之，从去。"这当中的"廌"又称豸、獬豸，乃是传说中的一种独角兽。王充在《论衡·是应篇》中说："皋陶治狱，其罪疑者令羊触之，有罪则触，无罪则不触。斯盖天生一角圣兽，助狱为验，故皋陶敬羊，起坐事之。"可见，神兽决狱是我国古代神明裁判的一种方法。《墨子·明鬼》中说："昔者，齐庄君之臣有所谓王里国、中里徼者。此二子者，讼三年而狱不断……乃使之人共一羊，盟齐之神社，二子许诺。于是泄洫，揻羊而漉其血，读王里国之辞既已终矣，读中里徼之辞未半也，羊起而触之，折其脚，祧神之而槁之，殪之盟所。"对神宣誓则是另外一种方法。《周礼·秋官·司盟》有云："有狱讼者，则使之盟诅。凡盟诅，各以其地域之众庶共其牲而致焉。既盟，则为司盟共祈酒脯。"这是说，如果有狱讼，诉讼人必须先盟誓诅咒诬告者受惩罚。盟誓是一件十分严肃的事情，不仅要有当地的民众参与，而且要有向神献的牲畜，还要由专职的司盟人员来主持，以此来保证诉讼人陈述的真实性。不过，当时的盟誓似乎超出了纯粹的诉讼证据范畴。例如，在《㑳匜》铭文的记载，审判官伯扬父判决处罚牧牛的依据一是牧牛"敢以乃师讼"，以下告上；二是"女（汝）上卬（代，违背）先誓"，所以不需审判就直接作出了判决，可见盟誓的效力，这是利用人们对于神鬼的敬畏或者畏惧"天罚"的心理保证信守诺言或者如实陈述。除此之外，商时还有占卜用刑的记载，也可视为神明裁判的又一种方法。

自战国之后，神明裁判很少见于正式的诉讼活动，除了被一些聪明的司法官用来向迷信鬼神的当事人诱供之外，几乎没有什么用于诉讼的记载。这一点看来可以算作是中国古代证据制度的一种特色。西方文明直到1215年第四次拉特兰宗教会议发布了禁止教士参与神明裁判的法令之后，神明裁判才退出历史舞台。中国古代对神明裁判的排斥则要早得多。同时，从内容来看，西方文明中的神明裁判也复杂得多，细致得多，因此有人认为，中国古代的神明裁判并未形成制度，也是有一定道理的。之所以如此，是因为中国古代社会的人们宗教意识较西方为弱，西方的神学思想更为发达，在西欧中世纪，天主教的势力很大，拥有自己的法律与法庭，神明裁判得以在司法实践中延续就显得顺理成章。而中国古代传统士大夫阶层所尊奉的儒家思想则以重视人生现实为基本特色。儒家的鼻祖孔子对祭祀鬼神抱恭谨态度，推崇夏禹"菲饮食而致孝乎鬼神"，但同时又对鬼神之是否存在取存疑态度，主张"敬鬼神而远之"，"未能事人，焉能事鬼"，"子不语怪、

古代神怪之判官

图片来源：冯玉军：《衙门里这些事儿》，34页，北京，法律出版社，2007。

力、乱、神"。以此为指导思想的中国传统士大夫阶层自然不会借鬼神来进行司法活动。不过，我国地域辽阔、民族众多，直至近代我国南方山地民族，如苗、彝、侗、布依、景颇族中仍然实行着神明裁判。

（二）口供制度

在中国古代的诉讼特别是刑事诉讼中，口供具有十分重要的意义。西周时的盟誓其实可以视为取得口供的一种特殊方式。当时的法庭审理要求"两造具备"（《尚书·吕刑》），即原告、被告都到场；而司法官必须"听狱之两辞"和"以五声听狱讼"，说明口供这种证据形式不仅已被广泛使用，而且在诉讼证明活动中确立了中心地位。除了被告人自愿陈述之外，刑讯也已成为取得口供的一种重要方式。《礼记·月令》中说："仲春之月……命有司省图圄，去桎梏，毋肆掠，止狱讼。"郑注："掠，谓捶治人。"可见当时的刑讯还是比较盛行的，除了仲春之月以外，其他季节审理案件，都可以"捶治"被告人以获取口供。

秦时对口供同样重视，但以盟誓方式获取口供的方法显然已弃置不用，司法实践中刑讯逼供现象应该是比较严重的，所以秦简《封诊式·治狱》才会要求："毋笞掠而得人情为上，笞掠为下，有恐为败"。既然认识到刑讯逼供容易屈打成招，导致口供的虚假，司法官员逐步总结出了一些获取口供的有效方法，并使之程式化，便于实务操作。秦简《封诊式·讯狱》规定："凡讯狱，必先尽听其言而书之，各展其辞，虽知其訑，勿庸辄诘。其辞已尽书

而无解，乃以诘者诘之。诘之又尽听书其解辞，又视其他无解者以复诘之。诘之极而数讪，更言不服，其律当笞掠者，乃笞掠。"不过，无论使用何种方法，口供在诉讼中的中心地位是毋庸置疑的。

重视口供是中国古代各个朝代的一贯传统，口供作为一种证据形式也被放在了"证据之王"的地位，我们将"罪从供定"作为古代证据制度最为重要的一项原则，也是不过分的。唐代的法律虽然也有规定："若赃状露验，理不可疑，虽不承引，即据状断之。"① 就是说，只要证据确凿，被告人即使不承认所控罪行，也可以断案，同时，唐律中也规定了"据众证定罪"的规则，但是，这种规定也不过是"罪从供定"原则的例外而已，口供是仍是处于第一位的证据。《大明律》中规定："鞫问刑名等项，必据犯人招草，以定其情。"《清史稿·刑法志》中说："断罪必取输服供词。律虽有众证明白，即同狱成文，然非共犯有逃亡，并罪在军流以下，不轻用也。"就是说，裁决案件，必须取得被告人的口供，"据众证定罪"之类的规则除了一些特殊案件之外，一般是不能用来定罪的。这表明，当时几乎所有的案件都是依据被告人的口供来定案的。

中国古代诉讼对被告人口供的重视大致有三个原因：其一，在封建时代，物证技术不发达，司法官吏缺乏可靠的手段来发现案件事实，而被告人如果确是犯罪人，则其亲自的供述应是对案件情况的最为全面的反映，因此实在是一个不得不重视的证据形式。其二，在诉讼过程中，"辞服"是定狱的前提，是结案的要据，被告人自伏其罪，也是司法官吏所追求的境界。其三，从实务的角度来看，以被告人口供来结案，也可以最大限度地避免被告人上诉，因此口供也就必然成为主审官员最愿意取得的一种证据形式。

（三）证人证言制度

证人证言是一种古老的证据，很早就得到司法官吏的重视。在一定意义上说，向证人"取辞"与向被告人"取供"，具有同样的价值。西周时期有"凡民讼，以地比正之"② 之说，即"民讼，六乡之民有争讼之事，是非难辨，故以地之比邻知其是非者，共正断其讼"。地之比邻即地方邻里，是民间争讼中常见的证人。在刑事案件中，证人证言同样重要。秦简《封诊式·经死爰书》中记载，司法官吏认为"自杀者必先有故"，因而"问其同居，以答其故"。经过数千年的发展，中国古代的证人证言制度已相当发达的，具体包括四个富有特色的内容：

其一，明确规定证人不作证和作伪证的法律责任。中国古代的证人一般由官府根据办案需要自行传唤，或者由当事人提供后官府传唤。除了法律规定的特殊主体之外，证人负有到堂作证的义务，作证之前须向主审人员保证如实作证，作证完毕后还应同原告、被告一起在审判笔录上签字画押，申明所言属实。如果存在伪证的情况，则按律治罪。中国古代法律对于伪证罪的处罚规定得还是比较明确的。《唐律疏议·诈伪》中规定："诸证不言情……致罪有出人者……证人减二等。"这是说，证人如不吐露实情，导致错案者，将受到"减所出入罪二等"的处罚，这基本上是按照"诬告反坐"原则来处理的，处罚力度相当大。值得注意的是，所谓"证不言情"并不止于作虚假陈述，似乎还包括了拒绝作证的情况。可见，在中

---

① 《唐律疏议·断狱律》。
② 《周礼·地官·小司徒》。

国古代证据制度中，证人到堂作证是其向官府或国家所承担的义务，证人不仅要到堂，而且要如实作证，否则将会受到法律的制裁。

其二，官府根据案情需要可以对证人实施拷讯。在审判过程中，如果司法官吏认为证人所言未必真实，有权对证人进行刑讯。如《唐律疏议·斗讼律》中规定："诸诬告人流罪以下，前人未加拷掠，而告人引虚者，减一等；若前人已拷者，不减。即拷证人，亦是。"其疏议对本句的解释为"谓虽不拷被告之人，拷旁证之者，虽自引虚，亦同已拷，不减"。这说明对证人进行刑讯取证在唐代已是法律的明确授权。在唐以前，拷讯证人其实也是诉讼活动中普遍存在的现象。《汉书·杜周传》中记载："至周为廷尉，诏狱亦益多矣。二千石系者新故相因，不减百余人。郡吏大府举之廷尉，一岁至千余章。章大者连逮证案数百，小者数十人；远者数千里，近者数百里。会狱，吏因责如章告劾，不服，以掠笞定之。于是闻有逮证，皆亡匿。"为了广罗案证，可以对证人实施逮捕、羁押和拷讯，令证人闻之胆寒，以致逃跑躲避。在一些涉及面广的大案要案之中，这种逮证行为甚至成为一个社会问题，惊动最高统治者下诏批评，《汉书·元帝纪》诏曰："今不良之吏，覆案小罪，征召证案，兴不急之事，以妨百姓，使失一时之作，亡终岁之功，公卿其明察申敕之"。究其实质，这种大规模的逮证与对证人的拷讯是一脉相承的，即为了发现案件真实，可以不择手段、不问是非、不计代价。在中国古代"国家本位"的诉讼制度之下，普通百姓并无基本权利可言，无论是被告人，还是证人，都可以沦为追诉的客体。诚如台湾学者林钰雄所说："若谓'启蒙'的刑事诉讼法与过去有何区别，或许是'三不'的界限：刑事诉讼法禁止不择手段、不问是非及不计代价的真实发现！"[①] 在这一点上，中国古代的诉讼恰恰是"启蒙"的刑事诉讼法的反面。

其三，提倡"亲亲相隐"，以亲属间的拒证义务来维护儒家礼教和人伦亲情。

亲属容隐的观念在西周时期就已有之。《礼记·檀弓》中说："事亲有隐无犯。""隐"即隐其过恶，应该包括违法犯罪的情形，而"无犯"也应该包括不向官府告发的情形。周襄王二十年（前632年），卫大夫元咺向当时诸侯各国的盟主晋文公起诉卫成公，周襄王劝晋文公不可受理此案，说："夫君臣无狱。今元咺虽直，不可听也。君臣皆狱，父子将狱，是无上下也。""亲亲相隐"的观念为儒家思想所发扬光大，孔子是这一原则的倡导者。《论语·子路》记载：叶公语孔子曰："吾党有直躬者，其父攘羊，而子证之。"孔子曰："吾党之直者异于是，父为子隐，子为父隐，直在其中矣。"孟子也主张为子者可以将犯杀人罪而被囚禁的父亲"窃负而逃"，躲到海边去。[②] 孔子和孟子所提到的亲亲相隐的范围仅限于父子之间，其后则有所扩大。秦时虽尊奉商鞅、韩非的法家学说，一方面规定"民人不能相为隐"[③]，但另一方面仍有法律规定"子告父母，臣妾告主，非公室告，勿听"[④]。

汉宣帝时，容隐观念得到最高统治者的正式认可，并逐渐融入了法律制度之中。地节四年（前66年）诏曰："自今子首匿父母，妻匿夫，孙匿大父母，皆勿坐。其父母匿子，夫匿妻，大父母匿孙，罪殊死，皆上请廷尉以闻。"[⑤] 意思是说，从今以后，儿子首谋隐匿父母，

---

① 林钰雄：《刑事诉讼法》，序言，北京，中国人民大学出版社，2005。

② 参见《孟子·尽心上》。

③ 《商君书·禁使》。

④ 《云梦秦简·法律答问》。

⑤ 《汉书·宣帝纪》。

妻子隐匿丈夫，孙子隐匿祖父母，均不治罪；而父母隐匿儿子，丈夫隐匿妻子，祖父母隐匿孙子，若属殊死重罪，都要上请廷尉。自此，亲属隐罪从一种伦理上的正当行为上升为合法行为。这是融礼入法的一种体现，反映了儒家伦理道德观念对证据制度的深刻影响。汉宣帝地节四年诏开创了中国古代法律中的"容隐"传统，并为后代各王朝承袭沿用。

至唐朝，亲属容隐制度更加完备，容隐的范围进一步扩大。《唐律疏议·名例》规定："诸同居，若大功以上亲及外祖父母、外孙、若孙之妇，夫之兄弟及兄弟妻，有罪相为隐；部曲、奴婢为主隐，皆勿论；其小功以下相隐，减凡人三等。若犯谋叛以上者，不用此律。"这一规定在明清律中得以承继，亲属容隐成为一项能够体现中华法系特色的诉讼原则。就法律性质而论，在中国古代的法律制度中，亲属容隐既是证人的一项拒证权，同时又是一项附加法律责任的义务。汉代《二年律令·告律》规定："子告父母，妇告威公，奴婢告主、主父母妻子，勿听而弃告者市。"唐律规定：非谋反、谋大逆和谋叛以上大罪，"诸告祖父母、父母者，绞。""诸部曲、奴婢告主，非谋反逆叛者，皆绞。"卑幼即使告外祖父母，"虽得实"，也要"徒二年"①。宋、明、清法典中有关这方面的规定，基本与《唐律》相同。也就是说，如果违反此项拒证义务，证人兼告发人将会受到严厉的法律制裁。如此看来，亲属容隐实质上限制了下对上、卑对尊、幼对长的控告权利，以此来维护封建的伦常秩序，这是亲属容隐制度的消极成分。值得玩味的是司法官吏对违反亲属容隐规定行为的处理及法律的态度，依《唐律疏议·断狱·议请减老小疾不合拷讯》之规定，如果司法官强迫法定相为容隐的人作证，处罚是"减罪人罪三等"。显然，法律不许可司法官吏主动地向这一类人取证，但是在实践中，司法官吏对于亲属相犯的行为，也是可以"听告"的，换言之，法律规定应当容隐的人欲主动向官府证明其亲属有罪，司法官吏亦不能阻拦，如果其证言得到采用，司法官吏一般在事后对这类证人依法另行制裁。

其四，重视证人证言的证明力，将"众证定罪"作为"罪从供定"原则的例外和补充。《唐律疏议》对"众证定罪"的解释是："称'众'者，三人以上，明证其事，始合定罪。"这是说，只有多于三人提供的证言证明犯罪情事，才能定罪。此处强调必须要有证人证言之间相互印证，才能定罪，显然对证人证言这种证据形式还是比较重视的，而且，这一规定突破了"罪从供定"的原则要求，也是难能可贵的。然而，从其适用范围来看，"众证定罪"并非证据运用的一般原则，而只是"罪从供定"原则的例外和补充。《唐律疏议·断狱》的规定是："诸应议、请、减，若年七十以上，十五以下及废疾者，并不合拷讯，皆据众证定罪，违者以故失论。若证不足，告者不反坐。"这是说，"据众证定罪"只适用于"不合拷讯"的情况，这主要包括：（1）依法享有"议"、"请"、"减"特权的官宦之家；（2）七十岁以上的老年人、十五岁以下的未成年人以及残疾的人；（3）患有疮病尚未治愈者；（4）正在怀孕和产后未满百日的妇女。可见范围是比较狭窄的，只是为了维护等级特权和标榜"怜老恤幼"的需要，配合"不合拷讯"的规定而设置的制度。可见，诉讼证明的基本原则仍是"罪从供定"，"众证定罪"只是特殊情形下的例外和补充。同时，根据《唐律疏议》的解释，当时对"众证定罪"还是从严把握的。这具体表现：首先，所谓"众"，要求必须有三人以上，如果只有两人证实，不能定罪。其次，如果有六个证人，"三人证实，三人证虚"，则构

---

① 《唐律疏议·斗讼》。

成"疑罪",不能加以认定。唐时酷吏来俊臣就是被根据"众证定罪"来定罪的。《新唐书·酷吏传》记载:"(来)俊臣知群臣不敢斥己,乃有异图,常自比石勒,欲告皇嗣及庐陵王与南北衙谋反,因得骋志。(卫)遂忠发其谋。初,俊臣屡掎摭诸武、太平公主、张宗昌等各咎,后不发。至是诸武怨,共证其罪。有诏斩于西市,年四十七,人皆相庆。"

(四)物证制度

在诉讼中使用的物证,是指以外部特征、存在场所和物质属性证明案件事实的物体和痕迹。中国古代诉讼对物证也十分重视,很早就得到广泛的使用。西周时设有"司厉"一职专门"掌盗贼之任器、货贿,辩其物,皆有数量,贾而楬之,入于司兵"①。根据郑玄所注,这里的"任器、货贿"是指"盗贼所用伤人兵器及所盗财物也",都是审理刑事案件并据以对被告人定罪科刑的重要物证,因此要求司厉分门别类、妥善保管,可见对物证的重视程度。古代司法实践中重视物证的案例不胜枚举。如在秦简《封诊式·盗铸钱》中,士伍甲、乙在缚诣盗铸钱的男子丙、丁的同时,送到"新钱百一十钱、镕二合",即将刚铸成的钱和模具人赃俱获,一起扭送到官府。秦简中记载了在许多案件中注意收集物证的事例,如盗窃案中窃犯窃取的钱币、衣服、珠玉、家畜、祭物等,伤害案件中剑、棍棒、刀斧等作案工具等都成为案件认定事实的重要根据。不过,对于物证制度最为重要的或许不是司法实践中通过使用物证来帮助辨明事实,而是物证这种证据形式的证明力如何?在证据体系中的地位如何?物证的作用与"罪从供定"原则的相互关系如何?物证与口供固然可以相互印证,但是如果被告拒绝承认,仅依确实充分的物证能否定案?概而言之,物证在以"罪从供定"为原则的古代诉讼活动中主要起到以下作用:

第一,通过物证来迫使被告人招供,成为获取口供的辅助手段。《折狱龟鉴·证慝》中说:"按证以人,或容伪焉,故前后令莫能决;证以物,必得实焉,故盗者,始服其罪",说的就是这个道理。如《北史·李惠传》载:北魏时李惠任雍州刺史时,"人有负盐负薪者,同释重担息树阴,二人将行,争一羊皮,各言籍背之物。惠遣争者出,顾州纲纪曰:'此羊皮可拷知主乎?'群下咸无答者。惠令人置羊皮席上,以杖击之,见少盐屑,曰:'得其实矣'。使争者视之,负薪者乃伏而就罪"。通过查取物证来辨明案情,面对铁的事实,犯罪人不得不认罪伏法,这样的案例在中国古代诉讼中是不胜枚举的。

第二,通过物证来质疑口供和证言的真伪,防止当事人或证人作虚假陈述。如宋仁宗时洪州观察推官张亦曾办理过一个案件,属县发生了一起盗贼纵火案,凶犯逃亡,已经三年,一日,官府忽然抓到一贼,经审讯,承认前案是自己所为。但官府并未就此定罪,而是又"问其火具,曰始以瓦盎藏火至其家,又以彗竹燃而焚之"。即便供到这一地步,仍不能定罪,还要"问二物之所存,则曰瘗于某所。验之信然"。既查到了物证,按说可以定案了。但张亦又提出疑义:"盗亡三年,而所瘗之盎、竹,视之犹新,此殆非实耳。"于是狱吏再加穷治,"果得枉状而免之"②。在本案中,尽管被告人已经招供服罪,但司法官吏认为有可疑之处,于是通过获取物证,查明案件真相,主动为犯人平反。

---

① 《周礼·秋官·司厉》。

② 《苏魏公文集》卷五十八,《张君墓志铭》。参见王云海主编:《宋代司法制度》,209页,开封,河南大学出版社,1992。

第三，在被告人拒不招供服罪时，凭充分的物证定案。《唐律疏议·断狱》"讯囚察辞理"条规定："若赃状露验，理不可疑，虽不承引，即据状断之。""疏议"的说明是："计赃者见获真赃，杀人者检得实状，赃状明白，理不可疑，问虽不承，听据状科断。"在各类物证中，以涉及财产类案件中的赃物，人命案件中的凶器、血迹伤痕等最为重要，亦被称为"赃状"。如果这两类证据确实、充分，排除了合理怀疑，即使没有被告人的口供亦可定罪。

第四，将缺乏重要物证的案件视为疑案，从轻处理。明朝崇祯年间曾规定："各处巡按御史今后奉审强盗，必须审有赃证明确及系当时现获者，照例处决。如赃迹未明，招扳续缉，涉及疑似者，不妨再审。"这里是将缺乏重要物证的案件视为疑案，需要继续补充侦查，收集证据，不可仓促定案。同时，因缺乏重要的物证还可能导致量刑上的差异，如《临民宝镜》卷六还规定："今后奉审强盗，必须审有赃证明确及系当时现获者，照例处决"。"其问刑衙门以后如遇鞫审强盗，务要审有赃证，方拟不时处决，决不待时。或于被获之时，伙贼共证明白，年久未获，赃亦化费，伙贼已决无证者，俱行秋后处决。"① 这里，照例处决必须有相应的物证基础，而"有赃证"的有无决定了死罪是决不待时还是秋后处决。一般而言，秋后处决者往往会有收赎或赦免的机会，从而对案件的实体结果产生影响。

第五，将物证作为加强刑讯的合法依据。《大清律例汇辑便览·刑律·断狱·故禁故勘平人》规定："若因公事干连平人在官，事须鞫问，及罪人赃仗、证佐明白，不服招承，明立文案，依法拷讯，邂逅致死者，勿论。"该条文后附例进一步明确："强、窃盗、人命及情罪重大案件，正犯及干连有罪人犯，或证据已明，再三详究，不吐实情，或先已招认明白，后竟改供者，准用夹讯。"可见，如果在一些重大案件中，有充分确实的物证，但被告人仍然拒不供认，那么，主审官可以采用更加严厉的刑讯手段，以求取供词，即使偶然致被告人死亡，司法官也可不负任何法律责任。

（五）书证制度

在诉讼活动中，书证是指以记载的内容与表达的思想来证明案件事实的一种证据，与物证同属于实物证据。对于书证的使用，很早就有记载。《周礼·天官·小宰》记载："一曰听政役以比居……三曰听闾里以版图，四曰听称责以傅别，五曰听禄位以礼命，六曰听取予以书契，七曰听卖买以质剂，八曰听出入以要会。"意为人们有争赋税使役的，那就根据伍籍来听断；间里间有争讼的，就根据户籍地图来听断；有债务纠纷的，就根据契约借券来听断；有人争禄位的，就根据礼籍策命来听断；官民贷款有

《折狱龟鉴》书影

图片说明：《折狱龟鉴》又名《决狱龟鉴》，南宋郑克所著。该书提出了"情迹论"，"情"指案情真相，"迹"指痕迹、物证，主张通过物证来推断案情真相。

图片来源：冯玉军：《衙门里这些事儿》，15 页，北京，法律出版社，2007。

---

① 《临民宝镜》卷六。

争执的，就根据书契券书来听断；有买卖争执的，就根据券书来听断；官府财物出入有争执的，就根据会计簿书来听断。①《周礼·地官·小司徒》中也说："地讼，以图正之。"所谓"图"，根据贾公彦疏，"谓邦国本图者，凡量地以制邑，初封量之时，即有地图在于官府，于后民有讼者，则以本图正之"。指涉及土地疆界的纠纷，一般会根据地图来进行裁判。《周礼·地官》中还记载：在市场交易中"大市以质，小市以剂"。大市，指民间的奴隶、牛马买卖，使用的契券称"质"；小市，指兵器、珍异之物的买卖使用的契券较短，称"剂"。"质"、"剂"均由官府制作。《周礼·地官》中记载，当时的借贷契约采用"傅别"的形式，"傅"指债券，债券一分为二称"别"，债权人执左券，债务人持右券。可见，早在西周时期，各种书证就已广泛地使用于诉讼之中，而且，官府还特别重视某些书证的保全，所谓的"图"、"质"、"剂"、"傅别"等不仅是官府进行一般行政管理的依据，在发生纠纷时也成为定纷止争的证据。

这一优良传统在后世各朝代得到传承。随着社会经济的发展，至唐朝，书证制度发展得愈加成熟，尤其是作为书证的契约种类越来越多，契约的格式也越来越规范。唐代买卖奴婢、牛、马、驼、骡、驴等必须"用本司，本部分验以立券"，而"《令》无私契之文，不准私券之限"②。除法律有明确的许可之外，禁止使用私契。这种由官府认定的契书，类似于今天的公文书证，以政府的公信力来保证其较高的证明力。到宋代，书证制度更加完备，契约有了更多的分类，有不动产买卖契约，动产买卖契约，典卖契约等等，诉讼中规定必须是依法成立的契约才能作为争论时的证据。③郑克在《折狱龟鉴》中也说："争由之讼，税籍可以为证；分赃之讼，丁籍可以为证。"其后元明清各朝继续沿袭这一制度。《大明律》规定："凡典买田宅不税契者，笞五十，仍追田宅价钱一半入官。"④这里的"税契"，即为田宅买卖的重要证据。黄宗智先生对明清时期巴县、宝坻县、新竹县的民事案件的研究表明，书证是最重要、最常见的民事诉讼证据，种类繁多，包括：各种契约、图册、账簿、书信、定亲帖子、诉状、遗嘱和墓铭等。"大凡官厅财务勾加之讼，考察虚实，则凭文书。"甚至书证的有或无可能会关系到州县长官对案件准与不准审理的处断。⑤

作为一种实物证据，书证在证据体系中的作用与物证有类似之处，如迫使当事人如实供述；或质疑口供、证言等言词证据的真伪，在刑事案件中的被告人拒不招供服罪时，可以成为定案的根据之一。《唐律疏议·断狱》中所说："若赃状露验，理不可疑，虽不承引，即据状断之。"其中的"赃状"不仅包括物证，也包括书证在内。与物证一样，书证也需要辨别真伪，才能正确使用，但是书证一般是由人制作，因此，真伪的辨别要显得更加重要一些。古代的司法官吏在具体办案实践中，对于辨别书证的真伪积累了丰富的经验。如宋真宗天禧元年（1017年），眉州大姓孙延世伪造券契，夺同族人的田产，官府久不能辨。后来转运使将此案移交给九陇县令章频按治，章频发现券契上的字墨是浮在朱印上面的，于是对孙说：

---

① 参见李交发：《中国诉讼法史》，117页，北京，中国检察出版社，2002。
② 《唐六典·太府寺·两京诸市署》。
③ 参见王云海主编：《宋代司法制度》，214页以下，开封，河南大学出版社，1992。
④ 《大明律·户律·田宅·典买田宅》。
⑤ 参见黄宗智：《民事审判与民间调解：清代的表达与实践》，北京，中国社会科学出版社，1998。

"是必先盗印，然后书"。孙延世只好服罪。①

（六）勘查鉴定制度

勘查是指司法官吏对与犯罪有关的场所、物品、尸体或者人身进行勘查或验看，以发现、收集或者核查犯罪的证据，包括现场勘查、物品检验、尸体检验、人身检查与侦查实验等。鉴定是指司法官吏或者他所指派的具有专门知识的人，对案件中某些专门性的问题进行鉴别、判断并作出结论。科学技术的发展，现代诉讼活动中的勘验与鉴定属于两种不同的侦查行为，但是，这两种活动都具有相当的专业性，需要以一定的办案经验为基础，因此，在古代司法实践中，它们往往是联系在一起的。

勘查鉴定制度在我国已有悠久的历史。《礼记·月令》中记载："孟秋之月……命理瞻伤、察创、视折、审断，决狱讼。"这里的"理"是治狱之官；而"伤"、"创"、"折"、"断"分别是指皮肉及骨骼的不同受伤程度，"瞻"、"察"、"视"、"审"则是指观察、勘验和判断，这既包括了勘验的情形，也是一种鉴定。《周礼·地官·质人》记载："质人掌成市之货贿、人民、牛马、兵器、珍异"，这被解释为"市人会聚买卖，止为平物而来，质人主为平定之，则有常估，不得妄为贵贱也"。这说明质人可以对涉案的有关物品的价格进行估定，实质是一种鉴定活动。可见，西周时即出现勘查鉴定的司法实践。

至秦朝，现场勘查的技术与制度已相当完备，具有相当的科学性。《秦简·封诊式》所载的《贼死》、《经死》、《穴盗》等案例之中，不仅有关于案件现场、尸体情况以及各种痕迹的详细记载，还包括了如何判断自杀与他杀、生前伤与死后伤、真伤与假伤以及缢死、绞死、烧死、烫死、冻死等各种死亡情况的勘验标准与要求，具有很强的操作性。在鉴定方面，《封诊式·疠》中记载了对麻风病患者的鉴定情况；《封诊式·出子》中记载了对妇女小产及小产婴儿的鉴定情况。《封诊式》中还记载了一起争牛案，通过检查牛的牙齿、判断牛的年岁，作为定案的依据。这表明秦朝的勘查鉴定技术达到了一个较高的水平。

汉朝以及其后的魏晋南北朝继承了秦朝在勘查鉴定方面的成就，并有所发展，甚至还出现了类似现代侦查实验的事例。三国时的张举任句章令时，遇到一个妻子谋杀亲夫案，妻子在作案后放火烧了房舍，假称丈夫被火烧死。丈夫家怀疑这件事，向官府控告。妻子拒不辞服。张举于是"取猪二口，一杀之，一活之，而积薪烧之。活者口中有灰，杀者口中无灰。因验尸口，果无灰也。鞫之，服罪"②。侦查实验是指复现案件发生时的某些条件，使案件发生时的情况得以重演，帮助侦查人员查明案件事实。张举根据实验结论，揭穿了"火烧夫死"的谎言。最后，被告人无法抵赖，只得认罪伏法。

由于勘查鉴定技术在办案实践中的使用，明确规定与勘验问题相关的法律责任就显得十分重要。唐朝进一步明确了有关勘验问题的法律责任。《唐律疏议·诈伪》"诈病死伤检验不实"条规定："诸有诈病及死伤，受使检验不实者，各依所欺，减一等。若实病死及伤，不以实验者，以故入人罪论。"这一方面说明在司法实践中勘查鉴定技术的使用已达到相当的规模，另一方面也说明勘查鉴定制度更加规范化和正规化。

---

① 《长编》卷九十，天禧元年六月庚辰。参见王云海主编：《宋代司法制度》，216 页，开封，河南大学出版社，1992。

② 《折狱龟鉴·证慝》。

宋朝是我国勘查鉴定技术和制度发展的鼎盛期，法律法规进一步完善。《宋刑统》规定，杀人、伤人等严重刑事案件必须立即报告官府，由官府委派专门人员经严格的检验程序对死者、伤者进行检验。检验分为报检、初检和复检三个阶段。现场勘验由检验官负责，尸体的检验由仵作负责，妇女下身的检查则由坐婆进行。一些司法官吏注重总结在办案实践中运用勘查鉴定技术的经验，编定各种勘验检查的程式和标准，经官方正式认可与颁行，成为办案的指导。如宋朝浙西刑狱官郑兴裔编定了《检验格目》，南宋孝宗淳熙元年（1174 年）下诏颁行。宋宁宗嘉定四年（1211 年）颁行《检验正背人行图》，要求检验时，"令于伤损去处，依样朱红书画，唱喝伤痕，众无异词，然后署押"①。在《庆元条法事类》中，还专列"验尸"一章，对验尸程序、验尸报告的格式、验尸官的法律责任、验尸时的注意事项等都作了明确规定。宋理宗时，湖南提点刑狱官宋慈在总结勘查鉴定经验的基础上编成了《洗冤集录》，对当时的勘查鉴定实践进行系统而详尽的总结。他在序言中开宗明义地指出："狱事莫重于大辟，大辟莫重于初情，初情莫重于检验"，这是说狱讼之事中最重要的是处理死刑案件，处理死刑案件时最重要的是查清案件发生时的情况，查清案件发生时的情况最重要的则是检验尸体。他甚至认为尸体检验是"死生出入之权舆，直枉屈伸之机括"。书中记载的各种尸体检验的方法细致而完备，堪称我国古代勘查鉴定经验的集大成者。

《元典章》中关于勘验程序的规定也十分细致和完善。在发生人命案件后，地方司法官员接到报案应即"将引首领吏、惯熟仵作行人，就赍元降尸帐三幅，速诣停尸去处，呼集应合听检并行凶人等，躬亲监视，对众眼同，自上至下，一一分明仔细检验，指说沿尸应有伤损，即于原画尸身上比对被伤去处，标写长、阔、深、浅各分数，定说端的要害致命根因。""尸帐"是指元朝政府统一颁发的"检尸法式"，其上绘有"尸形"，即所谓"原画尸身"，验尸官应将检验的结果详细填明于"尸帐"之中。验尸的参与者除了验尸官之外，还包括"应合听检并行凶人等"。"应合听检"是指证人、死者的亲邻，以及地方里正、主首。填写"尸帐"时，负责检验的仵作行人、尸亲、邻人、里正、主首、证人以及犯人都要在上面签字。"尸帐"一式三份，一份"粘连入卷"，一份"给付苦主"，一份"申报上司"。而这一过程只是"初检"。路府接到司、县上报的"尸帐"后，便指令本府负责检验的官员进行"复检"。根据要求，"复检"的官员不许与"初检"的官员见面，也不许看"初检"的"尸帐"，必须独立地以同样程序进行检验，相应的"尸帐"同样要填写一式三份。这个程序保证了不同层次检验官员进行检验的独立性，能够有效地防止案件错误的发生。

明朝法律规定："今后有告人命，须先体勘明白，果系应该偿命者，然后如法委官检验，依律问断。"② 如果司法官吏不及时勘验、检验，必须负刑事责任。"凡检验尸伤，若牒到托故不即检验，致令尸变，及不亲临监视，转委吏卒，若初复检官吏相见，符同尸状，及不为用心检验，移易轻重，增减尸伤不实，定执致死根因不明者，正官杖六十，首领官杖七十，吏典杖八十。仵作行人检验不实，符同尸状者，罪亦如之。"③

清代法律规定："凡人命重案，必检验尸伤，注明致命伤痕，一经检明，即应定拟。"④

---

① 《宋史·刑法志》。
② 《皇明条法事类纂》卷四十六。
③ 《明律·刑律·断狱·检验尸伤不以实》。
④ 《大清律例·刑律·断狱·检验尸伤不以实》。

强调"凡人命呈报到官,该地方印官,立即亲往相验。"① 清代法律规定的勘查、检验程式是:"务须于未检验之先,即详鞫尸亲、证佐、凶犯人等,令其实招以何物伤何致命之处,立为一案。随即亲诣尸所,督令仵作如法检报,定执要害致命去处,细验其圆长、斜正、青赤分寸,果否系其物所伤,公同一干人众质对明白,各情输服,然后成招。或尸久发变者,青赤颜色,亦须详辨,不许听凭仵作混报拟抵。其仵作受财,增减伤痕,扶同尸状,以成冤狱,审实,赃至满数者,依律从重科断。""查办自尽命案,尸亲不到,二面审详,一面关传。如尸亲后到,取供补详结案。或有尸亲图诈挟制,故意避匿者,须访缉唆讼把持之人,根寻到案。若真正命案,尸亲实在远出,不能即到者,验讯明确,亦须先行详报。"② 乾隆十二年例规定:"凡检验量伤尺寸,照工部颁发工程制尺一例制造备用,不得任意长短,致有出入。"

在古代诉讼活动,勘查也被用于民事案件。如果案件涉及"田亩之界址、沟恤、亲属之远近、亲疏",需要实地勘测调查,则"许令乡保查明呈报",或者由县官、县巫、典吏、巡检传唤有关人及证人到场,实地实时进行勘查、丈量,然后制图附卷,以作为定案的根据之一。③ 另外,在诉讼活动中,也经常需要辨验书证的真伪,古代的官府经常委派负责书写各种文状的书铺来进行鉴定,这在《名公书判清明集》中有较多记载。如百姓谢迪原将女儿许嫁刘家,并已收了彩礼,回了定亲帖子,后来却反悔。刘家起诉到官府,谢却不承认定亲帖一事。官府即将定亲帖子拿到书铺去辨认真伪,"见得上件帖子系谢迪男必洪亲笔书写","字踪不可得而掩,尚谓之假帖,可乎?"④ 最后根据书铺的鉴定意见作出了判决。

二、传统证据技术的主要内容

在诉讼活动中,证据的收集、审查与判断要讲究一定的技术或方法,司法证明的效果则取决于司法官对于这些技术或方法的灵活掌握与有效运用。中国古代司法实践对证据技术及方法极为重视,如宋人郑克说:"古之察狱,亦多术矣";"凡欲释冤,必须有术"⑤。在一般意义上,证据技术或证据方法是一种事实探知方法,即司法官在诉讼活动中运用证据来发现和认定案件事实的方式、途径和策略。证据技术与诉讼制度有着密切的关系,本身亦有优劣之分,它直接关系到司法官对案情的判断与案件的质量。在漫长的历史中,中国古代的司法官们逐渐发展出了一系列行之有效、独具特色的证据技术,其中有一些内容至今仍然值得加以借鉴。

(一)两造对质技术

诉讼中通常有两方诉讼当事人,他们各自陈述事实,甚至针锋相对,形成正反两面。主持裁判的司法官并未亲历案件发生,其首要的任务就是分辨双方当事人陈述的真伪。因此,原被告双方亲自出庭,直接反驳或质疑对方当事人的陈述,就成为一种重要的证据方法。司

---

① 《大清律例·刑律·断狱·检验尸伤不以实》。
② 王又槐:《办案要略·论命案》。
③ 参见张晋藩:《中国民事诉讼制度史》,193页,成都,巴蜀书社,1999。
④ 《名公书判清明集》卷九,《女家已回定贴而翻悔》。
⑤ 《折狱龟鉴·释冤上》。

法官通过聆听双方当事人各自的陈述及相互之间的质疑，观察他们的行为举止、神色表情来判断其陈述的真伪和案件的是非曲直。

《尚书·吕刑》中说："两造具备，师听五辞。"这说明早在西周，原、被告双方都要到场这种制度就已经得以确立。"两造"中的"造"是"到"、"至"的意思，根据孔颖达在《尚书正义》中的解释，它是指处于对立面的当事人和证人。"两造具备，师听五辞"是说当诉讼或审讯开始时，原、被告双方以及相关的证人都要到场，司法官根据他们各自的陈述来对案情作出判断。

两造对质制度的理念基础是"兼听"思想。《尚书·吕刑》中说："明清于单辞，民之乱，罔不中听狱之两辞。"意思是司法官在办案时对于一面之词必须明察，不可偏听偏信；司法官应当首先听取双方各自陈述才能作出相应的判决。可见，两造对质在西周时已经是一项重要的诉讼原则。传世和出土的西周铜器上记载的诉讼案件尽管多较简略，但仍然可以看出，在审讯和判决时也是传讯原、被告到场的。不过，两造对质也有例外，根据《周礼》的记载"凡命夫命妇不躬坐狱讼"，即贵族可以享有不亲自出庭的特权。例如下层贵族牧牛是与其上司㥽争讼，因本案的一方当事人㥽的职位较高，所以就没有到庭；但如果是地位相当的贵族之间争讼，则仍然需要出庭。例如《曶鼎》寇攘争讼案中的两造之一曶，是世官司卜事兼司徒，之二匡季是东宫要员，他们从起诉、审理到结案，就是一直亲自到庭应诉的。这种"两造具备"的制度在西周之后为历代封建王朝所沿袭。

两造对质需要遵循一定的程式，即坐地对质。《周礼·秋官·小司寇》疏："古者取囚要辞，皆对坐。"当时一般的坐法是席地而坐，坐时两膝着地，臀部压在脚跟上，但是按古制，"狱讼不席"[①]，就是说诉讼时当事人不能席地而坐，而只能坐在公堂的地上接受审问。后来发展成为跪坐，原告在左，被告在右。

两造对质同时也要遵循一定的程序。审讯中，经主审官员的许可或要求，一般先由原告陈词，如果被告因理屈而无力辩解，案子即告结束；自然，被告也可以进行陈词。为了避免"串供"，影响口供或证言的真实性，一般先单独进行审讯，在初步取得被告供词及证词后，再将被告和证人汇聚一堂进行对质。汉代文献中经常出现的"对簿"、"对狱"、"会狱"等词，指的就是这种情况。[②] 与两造对质相关联的是，各种证据的证明力及取舍，要由"过堂"的结果而定。"过堂"就是法官升堂问案，要在堂上出示、鉴别、验明，在此之后，方可进行裁决。至明代，这种程序已固定化。《明会典》记载："其引问一干人证，先审原告词因明白，然后放起原告，拘唤被告审问；如被告不服，则审干证人，如干证人供与原告同词，却问被告，如各执一词，则唤原被告干证人一同对问，观看颜色，察听情词，其词语抗厉颜色不动者，事即必真；若转换支吾，则必理亏，略见真伪，然后用笞决勘；如不服，用杖决勘，仔细磨问，求其真情。"意思是说，在审讯时，应当先分别审讯原告、被告、证人，之后，如果证人证言与原告相同，那么就应再次讯问被告，这时如果被告仍然持不同说法，则应当要求被告与原告、证人当堂对质，同时察言观色，发现真伪。然后，对怀疑说谎者施以笞刑，如果不服，则改用杖刑，仔细磨问，求得真情。

---

① 《晏子春秋·内篇》。
② 有关论述参见张晋藩主编：《中国法制通史》，第二卷，北京，法律出版社，1999。

不过，从制度层面来看，这种双方到庭对质的模式与现代诉讼制度中的质证有根本的不同。现代诉讼制度中的质证强调的是当事方之间的相互辩论，更能体现各方当事人及其辩护人、代理人的能动性，同时，质证权也是当事人诉讼权利的重要组成部分。而中国传统的审判程序纠问色彩极强，强调司法官对于诉讼程序居高临下式的绝对控制，以及以客观中立的态度来聆听双方的证词，以察辞于差，反复诘问，辨别真伪，还原案件的真实情况。因此，古代审判活动的"两造对质"，实质是司法官的"两造问质"，即通过司法官的主动讯问，来引出双方当事人或证人关于案情的陈述。在古代的诉讼中，无法形成类似于"交叉询问"这样的由当事方主导的质证技术，但却可以发展出以司法官为主导的各种"问质"技术。诸如后文所涉及的五声听讼技术、口供慎查技术、正谲合用技术等正是这种"问质"技术的具体表现形式。

（二）口供慎查技术

中国古代的口供又被称为"口实"，是指原告或被告对案件情况的陈述。在诉讼活动中，口供历来被视为"证据之王"，所谓"罪从供定，犯供最关紧"①；"断罪必取输服供词"②。在古代司法官吏看来，被告人既然招供，其口供就一定是真实的，否则，他怎么能够自认其罪呢？所以《资治通鉴》中说："狱辞之于囚口为款，款，诚也。言所吐者皆实也。"这是说犯人或被告人在受审时供述的犯罪供词是真实可信的，是最好的证据，因此，根据唐律及以后古代立法的规定，除了不可拷讯之人，几乎所有案件都要依据被告的口供定案，可见口供对于古代诉讼证明活动的重要性。

尽管如此，中国古代的司法官吏也认识到口供这种证据形式的局限性，指出："五听之法，辞止一端。且录供之吏，难保一无上下其手之弊。据供定罪，尚恐未真。"③ 清代的王又槐在《办案要略》中也说，对于"谋杀人命"、"昏夜械斗"等"暧昧案件"，如果不缺少物证、人证，而"只凭犯供数语，安知非畏刑而诬认，难保不翻供而呼冤。即反复刑讯，部院照供成狱，而清夜问心，终难自信。幸而法得其当，可无惭于衾影，设使罪非其人，恐难质诸鬼神"。中国古代审讯中取得口供的方式主要有两种：一是以情讯狱，二是刑讯。以情讯狱并最终查明案情者往往需要智慧与耐心，因而古代缺乏智慧与耐心的司法官员则偏爱刑讯这种取供方式，这就给口供这种证据形式的客观真实性带来了很大的风险。这一点，古代的司法官员已有所认识。《汉书·路温舒传》记载，汉宣帝时的路温舒在给宣帝的上书中，曾对当时普遍存在的滥施刑讯冤陷无辜的丑恶现象大胆地加以揭露。他指出："捶楚之下，何求而不得？故因人不胜痛，则饰辞以视之；吏治者利其然，则指道以明之；上奏畏却，则锻炼而周内之。盖奏当之成，虽咎繇听之，犹以为死有余辜。"南宋的胡太初在《昼帘绪论·治狱篇》中就曾说过："世固有畏惧监系觊欲早出而妄自诬服者矣；又有吏务速了强加拷讯逼令招认者矣；亦有长官自持己见，妄行臆度，吏辈承顺旨意，不容不以为然者矣；不知监系最不可泛，及拷讯最不可妄加，而臆度之见最不可持以为是也。史传所载，耳目所知，以疑似受枉而死而流而伏辜者，何可胜数！"因此，他主张："凡罪囚供款，必须事事著实，方

① （清）汪辉祖：《佐治药言》。
② 《清史稿·刑法志》。
③ （清）汪辉祖：《佐治药言》。

可凭信。"正因为认识到这一点，一些富有见识的司法官员通过经验的积累，发展出了不少旨在慎查口供的方法。

1. 察辞于差

即在审讯中，司法官不能只听单辞，即当事人的一面之词，而要兼听双方供词，并分析其中的矛盾，进行辨别，发现疑点或矛盾，保证公正判决。《尚书·吕刑》中说："察辞于差，非从唯从。"意思是说司法官吏如果能够善于从词讼中发现矛盾之处，不服从的犯人也会折服。这首先可以将原告与被告的陈述进行比对，即"引问被论人，明告被论之事，令一一缕细抵对，时曲直真伪自见……大抵元告、被论辞固无有不差，因所差处互相详察，亦宜辨明"①。其次，为了防止诉讼活动被讼师的文辞巧饰所误导，还要查验原告陈词与状子之间的差别之处。元代的胡祗通说："凡人告状，官人当先熟读其文，有理无理，写状人中间有无润饰，亦可见其过半。当先引原告人当厅口说事理，一一与状文相对，同则凭状鞫问，不同则便引写状人与告状人对辞，若有与口辞增减，便决写状人，亦减无情妄告之一端耳。"②

2. 细节核验

即对口供中所涉及的细微情节，一一核对清楚，以查验其真实性。自汉代以来，各朝均遵循"必光以情，审查辞理，反复参验"的审判原则。宋朝的法律对贼盗等刑事案件的审讯提出了具体要求："须用心推鞫，勘问宿食行止，月日去处。如无差互，及未见恶踪绪，即须别设法取情，多方辩听。"③

3. 冷静思考

西周刑律规定，审讯之后，不能立即判决，还需经过一段时期，仔细审查犯人供辞，并征求群臣意见，之后，再行判决。《尚书·康诰》："要囚，服念五六日，至于旬时，丕蔽要囚。"这句话的意思是：在考察犯罪人供词时，要考虑五到六天，甚至要考虑十天，一定要非常慎重地审查犯罪人的供词。孔颖达给《康诰》作注时说，考察犯人供词，不仅五六天至十天，如果属于疑案，甚至允许延长三月："要察囚情，得其要辞，以断其狱，当须服膺思念之五日、六日，次至于十日，远至于三月，乃断之囚之要辞，言必反覆重之如此，乃得无滥耳。"《公羊传·宣公元年》"三年待放"注："古者疑狱，三年而后断"，和孔疏相吻合。要求对口供认真审查，不能轻信。宋人郑克说："治狱贵缓，戒在峻急，峻急则负冤者诬服；受捕贵详，戒在苟简，苟简则犯法者幸免。惟缓于狱，而详于捕者，既不失有罪，亦不及无辜，斯可贵矣。明谨君子，当如是也。"④ 通过一定的时间对口供进行冷静思考，避免匆促作出决定，造成冤错。

4. 三次翻供者罚

《易·革九三》："革言三就有孚"，即是说如果被告三次改变供词，就要受到惩罚。西周的刑律不允许当事人任意更改供词。通过明确规定相应的处罚来防止被告进行虚假陈述。

除此之外，口供的慎查还可以采取"验证信"（参见"辞物印证技术"部分）、"察情理"（参见"情理推断技术"部分）和"核笔录"（参见"笔录质疑技术"部分）等证据技术。

---

① 胡祗通：《折狱杂条》。
② 胡祗通：《折狱杂条》。
③ 《宋刑统》卷五三九。
④ 《折狱龟鉴·释冤下》。

中国古代的刑讯逼供（画像）

图片来源：冯玉军：《衙门里这些事儿》，45页，北京，法律出版社，2007。

清代的刑讯逼供

图片来源：冯玉军：《衙门里这些事儿》，222页，北京，法律出版社，2007。

（三）勘查鉴定技术

勘查鉴定制度在我国已有悠久的历史，而相应的勘查鉴定技术也得到了极大的发展，并且取得令世人叹服的成就。这些勘查鉴定技术的运用在古代各类官箴和判牍中随处可见，中国古代官员通过积累司法实践经验，著书立说，一些著作流传甚广，如宋代桂万荣的《棠阴比事》、郑克的《折狱龟鉴》、朱熹等人的《名公书判清明集》，清代无名氏留下的《命案要略》、《盗案要略》、《命案论》、《盗案论》、《清讼要言》、刘衡的《刑案汇要》、祝庆棋的《刑案汇览》、《续增刑案汇览》等，这些著作对勘验鉴定方法更是详有论述，即使对今人也不乏启迪之处。略举数例，可见一斑。

如在《洗冤集录》中，宋代提刑官宋慈从勘查鉴定的实务经验出发，总结了各种尸伤的特征和检验方法。如：验尸、验妇人尸、验小儿尸并胞胎、尸体的四时变动、洗罨方法、验坟内及屋下厝柩待葬尸、验坏烂尸、验无从检验尸、验自缢死尸、验被打死和勒死伪作自缢尸、验溺死尸、验他物及手足伤死尸、验自残杀死尸、验被杀伤死尸、验尸首异处尸验火烧死尸、验汤泼死尸、验服毒死尸、验病死尸、验针灸死尸、验受杖死尸、验跌死尸、验塌压死尸、验外物压塞口鼻死尸等。同时，还对许多容易混淆的伤亡现象和死亡原因作出了比较科学的鉴定结论。如对缢死（机械性窒息）是自杀或是他杀的鉴别：凡被人勒死者，"其尸合面地卧，为被勒时争命，须是揉朴得头发或角子散漫，或沿身上有搭擦着痕"，四周环境则"有扎磨踪迹去处"。如果是先被人害死后又用绳索系扎喉上，假作自缢状，则"其人已死，气血不行，虽被系缚，其痕不紫赤，有白痕可验。死后系缚者，无血荫，系缚虽深入皮，即无青紫赤色，但只是白痕。有用火筏烙成痕，但红色或焦赤，带湿不干"①。这是与自缢的不同之处。又如对于刀刃伤是生前或是死后所受的鉴定："如生前被刃伤，其痕肉阔，花文交出；若肉痕齐截，只是死后假作刃伤痕。如生前刃伤，即有血汁，及所伤创口皮肉血多花鲜色……若死后用刀刃割伤处，肉色即干白，更无血花也（原注：盖人死后，血脉不行，

---

① 《洗冤集录·被打勒死假作自缢》。

是以肉色白也）。"① 再比如对机械性损伤的自杀与他杀的鉴别，指出他杀的特点是手上常有格斗伤，而致命伤的部位和程度多是死者自己所不能作用到的。他还举例说：

　　有一乡民，令外甥并邻人子将锄头同开山种粟，经再宿不归。及往观焉，乃二人俱死在山。遂闻官，随身衣服并在，牒官验尸，验官到地头，见一尸在小茅舍外，后项骨断，头面各有刃伤痕；一尸在茅舍内，左项下、右脑后各有刃伤痕。在外者，众曰先被伤而死；在内者，众曰后自刃而死。官司但以各有伤，别无财物，定两相拼杀。一验官独曰："不然。若以情度情，作两相拼杀而死可矣；其舍内者右脑后刃可疑，岂有自用刃于脑后者？手不便也。"不数日间，乃缉得一人，挟仇并杀两人。②

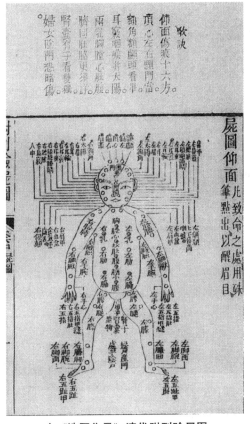

宋《洗冤集录》清代附刊验尸图

图片来源：李贞德：《公主之死：你所不知道的中国法律史》，目录前彩页，北京，三联书店，2008。

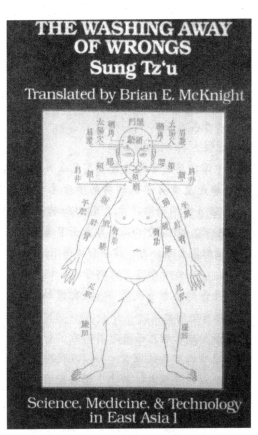

英文版《洗冤集录》的封面

图片说明：在近代，《洗冤集录》引起了整个西方司法界的关注，并被评价为"伟大的令人称奇的作品"。从19世纪中叶到20世纪初，《洗冤集录》及相关著作被译成荷兰文、英文、法文、德文、意大利文等多种文字。

图片来源：田涛、李祝环：《接触与碰撞：16世纪以来西方人眼中的中国法律》，104页，北京，北京大学出版社，2007。

① 《洗冤集录·杀伤》。
② 《洗冤集录·疑难杂说上》。

又如清乾隆时王又槐在《办案要略》中也记载了各种人命案件的检验技术要求。对于是否因"痧胀及阴症不治而死",要重点检验的是:"手足指甲皆青黯或青紫,其则头面及遍身紫黯或青紫,其则头面及遍身紫黯。此因血败成色,不可错认服毒"。对于"伤风身死者",重点检验的是:"口眼喎斜,牙关紧闭,伤处及顶浮肿,手足拘挛。如是,则伤风致命,非他杀也"。又如:"检验自缢者,手足俱垂,血气凝注,牙齿、手指尖骨俱带赤色,或血色气坠而不均,则十指尖骨赤白不同;若俱白色,非缢死也。又有将带先系颈项,然后登高吊挂八字不交者,头向左侧,伤在左耳根骨;头向右侧,伤在右耳根骨;如缠绕系有一道交匝者,伤在项颈骨,皆须酌看形势。被勒者,多有制缚磕碰等伤,或牙齿脱落,指尖骨白色无血晕。凡自缢与被勒,被摺死者,顶心及左右骨有血晕。或又云:缢死者无血晕。"

再如清人王植在《牧令书·听断》章中对于民事诉讼中书证的审查技术进行了总结:

> 户田之讼惟查印册。丈量有册,垦报有册,过户有册,实征有册。数册参互,核其年月,册皆有据,察其后先;土田淆混,核其四至,四至相类,核其形图;形图不符,勘其现田,此其法也。坟山之讼,问其户税,有官有私,阅其形图,相近相远,质之山邻;何时殡葬,经祭何人,就供问证。以图核词,勘其形势,以地核图,聚族之葬,他姓莫参,众姓错葬,略分界址。穿心九步,以成为规……此其法也。券约帐簿,真伪间杂,字有旧新,纸有今昔,蛀痕可验,长短可比,如其伪契数张同缴,年月远隔,纸张一色,必有赝约,加以面试,当堂授笔,纵有伪捏,可辨笔姿,此其法也。非买言买,非借言借,非偿言偿,则当研审,立契何地,交银何色,成交何所,同见几人,隔别研讯,供必不符,再令同质,虚实难欺,此其法也。

(四)情理推断技术

中国古代的司法官吏虽然强调证据的使用,但是也认识到证据的局限性,即特定案件中的诉讼证据常常是不完全的,而且某些证据本身还会产生歧义。这时候,他们主张用情理推断来加以补充和配合。如郑克主张,审案不能"但凭赃证,不察情理"。否则,遽然决之,则容易造成冤案。由于"赃或非真,证或非实",只有借助于情理来听讼察狱,才能"不致枉滥"[①]。

中国古代的"情理"是一个含义广泛的概念,可包含两个方面:其一是人情之理,即我们通常所说的人之常情,即人伦社会中的常理,与所谓的"人伦"、"伦常"即特定时代的伦理意识和观念有着密切的关联。其二是指自然世界的常理,即人们关于客观世界中的规律或常态联系的认识。前者是伦理意义上或狭义上的情理,后者是指事物之理或客观事理。诉讼证明中所运用的情理其实与日常生活经验关系紧密,正如郑克所说:"其事异而理不异"。案件性质不同,情节不同,其中所包含的常理却是相同的。这颇类似于现代证据法学上所谓的经验法则,由于它的可复现性,因而可以为证据的审查与判断提供指导。而情理推断就是从一般人之常情,或事物的常理出发来分析被告人的口供以及其他各种证据,探求案件的真实情况。

---

① 《折狱龟鉴·释冤下》。

　　在古代的办案实践中，许多司法官吏都善于运用情理（既包括人情之理，也包括事物之理）推断技术来查明案件真相，或者发现案件的疑点，为正确查明案件事实提供线索。郑克的《折狱龟鉴》一书中记载了大量这样的案例。

　　1. 依人情之理推断

　　案例一：郑子产闻妇人哭，使执而问之，果手刃其夫者。或问："何以知之？"子产曰："夫人之于所亲也，有病则忧，临死则惧，既死则哀。今其夫已死，不哀而惧，是以知其有奸也。"① 喜怒哀乐既是个体情感、内心的外部显露，又是一种社会常情的表现。一个人的情感显露若偏离常理太多，则可作出异常的推断。

　　案例二：俞献卿侍郎，初为寿州安丰尉。有僧积施财甚厚，其徒杀而瘗之，乃告县曰："师出游矣。"献卿揣其有奸，诘之曰："师与吾善，不告而去，何也？"其徒色动。因执之，得所瘗尸。一县大惊。② 郑克的按语是："僧之富者，必不能出游；其出游也，则必治装告别，亦不能如打包僧，翩然往也。来告之辞已可疑矣，被诘之色又可见矣，有奸灼然，是故执之。"③ 俞献卿在看似平常的细节中发现异于常情之处，以常情常理作为依据来分析案情，抓住疑点，顺藤摸瓜，直至发现了案件真相。

　　案例三：苏涣郎中知衡州时，耒阳民为盗所杀，而盗不获。尉执一人，指为盗。涣察而疑之，问所从得，曰："弓手见血衣草中，呼其侪视之，得其人以献"。涣曰："弓手见血衣，当自取之以为功，尚何呼他人？此必为奸。"讯之而服。他日，果得真盗。④ 弓手发现血衣后不是"自取之以为功"，而是呼他人证实该事，不同于常人的一般反应。苏涣敏锐地抓住弓手的这一反常表现，作出了"此必为奸"的判断。尽管直接断言"必"为奸有主观武断之嫌，但不合常理的异常举动作为进一步调查的疑点是可取的。

　　案例四：张昪丞相，知润州。有妇人，夫出数日不归，忽闻菜园井中有死人，即往视之，号哭曰："吾夫也。"遂以闻官。昪命属吏集邻里，就其井验是其夫否。皆言井深不可辨，请出尸验之。昪曰："众皆不能辨，妇人独何以知其为夫？"收付所司鞫问。果奸人杀其夫，而与闻其谋也。⑤

　　案例五：程戡宣徽，知处州。民有积为仇者，一日，诸子私谓其母曰："今母老且病，恐不得更寿，请以母死报仇"。乃杀其母，置仇人之门，而诉于官。仇者不能自明，而戡疑之。僚属皆言理无足疑，戡曰："杀人而置其门，非可疑耶？"乃亲劾治，具得本谋。⑥ 行为人杀人后不是移尸他处，而是置于自家门前，这明显有违情理，程戡以此为突破点，继续调查，终于查清了案情。

　　2. 依事物之理推断

　　案例一：唐阎济美，镇江南。有舟人，佣载一贾，客物甚繁碎，密隐银十锭于货中。舟人窥见，伺其上岸，盗之，沈于泊船之所。夜发至镇，旦阅诸货而失其银，乃执舟人诣官。

---

①　《折狱龟鉴·察奸》。
②　参见《折狱龟鉴·察奸》。
③　《折狱龟鉴·察奸》。
④　参见《折狱龟鉴·辩诬》
⑤　参见《折狱龟鉴·察奸》。
⑥　参见《折狱龟鉴·辩诬》。

济美问："船上有何物?"曰："搜索皆无。""昨夜宿何处?"曰："去此百里浦汉中。"亟令武士与船夫同往索之,密谕武士曰:"必是舟人盗之,沈于江中矣,可令楫师沈钩取之,获当重赏。"武士依命获箧,银在其中,封题犹全。舟人遂服罪。① 郑克的按语是:"治民之官,每患奸盗敢为欺蔽。善料事者,譬犹用兵善料敌也。济美所以知舟人盗银沈于江中者,此耳。是亦可称也。"②

案例二:程文简公琳,知开封府。会禁中大火,延两宫。宦者治狱,得缝人火斗,已诬服,而下府,命公具案狱。公立辨其非。禁中不得入,乃命工图火所经。而后宫人多而居隘,其炷灶近版壁,岁久,燥而焚。曰:"此岂一日火哉!"乃建言:"此殆天灾也,不宜以罪人。"上为缓其狱,卒无死者。③ 郑克的按语是:"琳图火所经处,以辨掠服缝人之非,是也。火于后宫,而人多居隘,苟欲根治,岂无枉滥?故曰:'殆天灾,不可罪人。'是为宽其狱,岂有冤死者耶!"④ 程琳一方面"命工图火所经",再结合"后宫人多而居隘,其灶近版壁,岁久"的实际情况,分析推断出板墙"燥而焚"的结论,从而为无辜的裁缝洗清冤情,所依据者正是案件及其环境所反映出来的事理。

案例三:刘宋元徽年间,顾宪之任建康县令,"时有盗牛者,与本主争牛,各称己物,二家辞证等,前后令莫能决。宪之至,覆其状,乃令解牛任其所去,牛径还本宅,盗者始伏其罪,时人号曰神明"⑤。

(五)察访调查技术

古代社会的多数司法官吏大都不愿意做深入细致的调查工作,而是以刑讯问案作为查明案情的主要手段。但是,在我国历史上,也有不少勤勉公正的清官注重通过各种深入调查技术来收集证据和查明案情,而经察访而公断疑狱的案例并非罕见,也积累了一些富有特色或行之有效的方法。

1. 初情察访

所谓初情是案件本身所反映的信息,是与案件有关的人、事、物的信息,是最初的情况。案件初情的内容包括案件发生时、发现时的信息等,是全部案件事实得以查明的基础。若是不能洞察案件初情,就会阻碍破案进程,出现冤假错案的几率也就会高。

最初的察访主要是与现场勘查同时进行的现场访问。执法官吏接到报案来到现场后,一边勘验,一边询问事主和邻居,以便了解案件的基本情况。《秦简·封诊式》中即有这种记载。在"贼死"一案中,主持现场勘查的"会史"就曾询问当地的治安人员和附近的居民是否知道被害人死亡的时间、是否听到呼救的声音等。在"经死"和"穴盗"等案中,办案人也都向当事人和证人进行了询问。虽然这些询问的内容本身并无太大意义,但是在《封诊式》这样一部有关查封和勘验程式的规范性案例汇编中详细记述了这些内容,则充分说明当时的执法者已把现场访问作为办案的一项基本工作。

---

① 参见《折狱龟鉴·察盗》。
② 《折狱龟鉴·察盗》。
③ 参见《折狱龟鉴·释冤下》。
④ 《折狱龟鉴·释冤下》。
⑤ 《南史·顾凯文传》附《顾宪之传》。

宋慈认为办案人员到达现场之后，应首先询问一下案件发生或发现的经过，然后再进行勘验。他说："凡到检所，未要自向前，且于上风处坐定，略唤死人骨属，或地主、竞主，审问事因了……始同人吏向前看验。"① 其次，宋慈肯定了当时各地在办案过程中派专人担任"体究"负责察访的做法。他说："近年诸路宪司行下，每于初、复检官内，就差一员兼体究。凡体究者，必须先唤集邻保，反复审问。"② 最后，宋慈认为在办案过程中应该广泛察访，先全面收集各种证据材料，然后再综合分析、判断事实真相。他说："有可任公吏，使之察访，或有非理等说，且听来报，自更裁度。"③ 他强调说："须是多方体访，务令参会归一。切不可凭一二人口说，便以为信，及备三两纸供状，谓可塞责。"④ 他还举例说："斗殴限内身死，痕损不明，若有病色曾使医人、师巫救治之类，即多因病患死。若不访问，则不知也。"⑤

乾隆时期的河南巡抚、曾三任知县的王士俊，对他任州县官时如何审理命盗案件有一段精彩的描述："余三任知县，所定命案不下百余，惟于当场研取确情，从未在堂录囚。一遇命案，单骑前赴，兼裹数日粮，从仆二人、刑书二人、干役二人、快头一人、仵作一人、皂隶四人，不令远离一步，以杜私弊。公案离检所不过丈余。至则先问两造口词，即令仵作同两造及地保公同检验，不厌其详。所报伤迹，详录草单，候三词合同，方余至检所逐一加检，稍有疑惑，令仵作再验，果见伤迹凶具相符，然后亲注伤痕。如犯证俱齐，即先录邻佑口词，再录证人，再录死者之亲，众供画一，始取凶犯口词，或一人或两三人，细细研鞫，别何人造意，何人先下手，何人伤致命，务求颠末了然，确定首从，不可模糊。所伤械物，迅即追起，不可姑缓，果无遁情，再复问各犯，翻驳尽致，果无反复，令刑书朗诵口词，与各犯仔细倾听。书押毕，即将凶犯重杖，其不行解散助殴加功者，亦加重杖，以纾生者之愤，以慰死者之心。各犯应释者释，应保者保，应羁者羁，务于当场研决，不得迟滞牵累。返署后，即行申报，密即串叙招看。覆妥协，候宪批下日，即行点解。"⑥

2. 广布耳目

一人之力毕竟有限，因此要利用众人的力量，尽可能多地搜集情报。郑克在《折狱龟鉴》中列举了一些善用"耳目"来调查案件的司法官吏。西汉的赵广汉"为人强力，天性精于吏职，见吏民或不寝至旦，尤善为钩距，以得事情。郡中盗贼，闾里轻侠，其根株窟穴所在，及吏受取请求铢两之奸，皆知之"⑦。同样是西汉的黄霸在颍川为郡守时，在平时的工作中就善于调查民情，"吏民见者，语次，寻绎问他阴伏，以相参考"。在案件发生之后，不仅能够"以己耳目察奸"，还能够"以众耳目察奸"，了解的情况既广泛又详尽，所以，"人咸畏服，称为神明"⑧。西汉的东海太守尹翁归，被郑克称为"百世之吏师"，也是一个极其注重调查的官吏："郡中吏民贤不肖，及奸邪罪名尽知之，县县各有记籍"。"吏民皆服，恐惧

① 《洗冤集录·检覆总说上》。
② 《洗冤集录·检覆总说上》。
③ 《洗冤集录·肆难杂说下》。
④ 《洗冤集录·检覆总说下》。
⑤ 《洗冤集录·检覆总说下》。
⑥ 王士俊：《谳狱》，载《皇朝经世文编》卷九十四。
⑦ 《折狱龟鉴·察奸》。
⑧ 《折狱龟鉴·察奸》。

改行自新。"①

只有对老百姓及犯罪分子的情况了如指掌，才能迅速、准确地断案。《折狱龟鉴·释冤上》记载了这样的案例："隋韦鼎，为光州刺史。有人客游，通主家妾。及其还去，妾盗珍物，于夜逃亡，寻于草中为人所杀。主家知客与妾通，因告客杀之。县司鞫问，具得奸状，因断客死。狱成，上州。鼎览之，曰：'此客实奸，而不杀也。乃某寺僧绐妾盗物，令奴杀之，赃在某处。'即放此客，遣人掩僧，并获赃物。自是部内肃然，道无拾遗。"

不过，过分依靠耳目进行侦查也有缺陷，一方面，这可能造成冤滥丛生，社会动荡。如"王蜀时，有萧怀武，主'寻事团'，乃军巡之职也。所管百余人，每人各养私名十余辈，或聚或散，人莫能别，呼之曰'狗'。深坊、曲巷，马医、酒保、乞丐、佣作、贩卖、童儿，皆有其徒，民间偶语，无不知者。或在州郡及勋贵家，掌庖、看厩、御车、执乐，公私动静，即时闻达。于是人心恐惧，自疑肘腋悉其狗也。怀武杀人不可胜数，冤枉之声满于内外。郭崇韬入蜀，乃族诛之。"② 另一方面，过分依赖耳目也可能反被他们蒙蔽，"所使察奸慝者，或反为奸慝矣"，就不能收到"资耳目之用，释疑似之冤"的效果。解决这个问题的方法是，一则慎择耳目，尽量挑选忠实可靠之人来充当；二则法官要有"精强之力"与"钩距之术"，不过分依赖耳目。

3. 三刺定案

这是西周时的司法官为了更好地探明案情真相而采取的一种调查方法，即在重大刑事案件判决之前，司法官必须征求有关官吏和百姓的意见，"一曰讯群臣，二曰讯群吏，三曰讯万民"③，"三刺"之后，按照大家的意见，再决定对罪犯加重或减轻刑罚，以"断庶民狱讼之中"。"三刺"定罪制度，可以弥补"五听"断狱的缺陷。"五听"断案的依据不是证据，而仅仅是被审讯人的外部表情和供词，很容易错判错杀。"三刺"定罪虽不是以侦查确凿证据为出发点，但其已包含着调查研究的内容，有利于防止冤狱。

三、传统证据技术的现实意义

从总体上看，在中国封建专制诉讼中，实行罪从供定、刑讯逼供证据制度。中国传统模式的取证，以取得被告人的口供为核心，实行"罪从供定"，因而被告不仅必须承担举证责任，而且一旦被告不能提出证据证明自己无罪，就必须承认有罪，所以刑讯拷打是不可避免的。自古以来，刑讯记录盈牍累籍，几乎历朝都有。如战国时有："讯囚之情，虽国士，有不胜其酷而自诬矣！"④ 秦时有"榜掠千余，不胜痛，自诬服。"⑤ 唐时有"及须数等拷讯者……其拷囚不过三度⑥"。明时有"凡内外问刑官，惟死罪并窃盗重犯始用拷讯，余止鞭扑常刑。"⑦ 刑讯逼供成为重要的证明方法，也是古代中国证据制度的重要特征。这些显然是古

① 《折狱龟鉴·察奸》。
② 《折狱龟鉴·释冤上》。
③ 《周礼·秋官·小司寇》。
④ 《尉缭子·将理》。
⑤ 《史记·李斯列传》。
⑥ 《旧唐书·刑法志》。
⑦ 《明史·刑法志》。

代证据制度野蛮和非现代的一面，但是另一方面，中国古代证据制度的不仅历史悠久，而且在数千年积累的基础上，形成了博大缜密、功能完备的独特体系，其中不乏值得称道和可资借鉴之处。

（一）重视证据在认定案件事实中的作用，注重对证据技术的总结与研究

中国古代司法官在听讼断狱时，十分重视证据的收集与审查，他们往往在认定当事人的供词为最好证据的同时，并不排除证人证言、物证、书证等其他证据的运用。这一良好传统世代相传而不衰。《尚书·吕刑》规定："简孚有众，惟貌有稽"，即要求司法官吏在审案时除了直接听取当事人陈述之外，还要进行必要的调查，对案件的细节之处一一核查清楚，同时还要求："无简五听"，即未经查实之事，不得作为定案的根据。北周的苏绰在《恤狱讼奏》中提到："夫戒慎者，欲使治狱之官，精心悉意，推究事源。先之以五听，参之以证验，妙睹情状，穷鉴隐伏，使奸无所容，罪人必得。"而且，只要掌握确切的证据，就不会使"巧诈者虽事彰而获免，辞弱者乃无罪而被罚"。唐代大儒陆贽也强调断狱要重视证据，"夫听讼辨谗，贵于明恕。明者在辨之迹，恕者则求之以情，惟情见迹真，词服可穷者，然后加刑罪焉。是以下无冤人，上无谬听，苛匿无作，教化以兴"[①]。宋代的郑克则说："鞫狱之情，昔人赖于证也"[②]，"善鞫情者，必有以证之，使不可讳也"[③]。他主张办案须依据确凿的证据才可以下结论，切忌先入为主，坚持成见。郑克还指出："察其情状，犹涉疑似，验其物色，遂见端的。于是掩取，理无不得也。"[④]他认为物证的证明力在一定程度上大于言词证据。"证以人，或容伪焉，故前后令莫能决；证以物，必得实焉。故盗者始服其罪。"[⑤] 清代参与办案的刑名幕友也认为："办案总要脚踏实地，无凭据不入详，有疑心不落笔。"[⑥]《居官资治录》"幕论一"中也说："要之案情期于结实，证据层层期结实矣。证据不牢即为虚松，全无证据即为无骨肉，尚当推鞫，慎毋草率定案。"证据是案件罪名成立的关键，办案的过程实际是搜集证据、鉴别证据、以其说明事实真相的过程，只有"结实"的证据，才能使"案如铁铸"，南山可移，而案不可翻。

中国古代一些优秀的司法官吏还十分重视对运用证据的经验和方法进行总结和研究，办案固然须以证据为本，但要办好案则需要掌握一定的证据技术。如郑克在总结查明案情的方法时说："有证之以其迹者，有核之以其辞者"，而办案的方法亦"有正有谲"，二者相辅相成。由于对证据方法的高度重视，律典之中也有相关的规定。如《唐律》规定："诸应讯者，必先以情，审查辞理，反复参验，犹未能决，事须讯问者，立案同判，然后拷讯。"根据这条规定的要求，为了达到求"情"察"理"的目的，可以使用"讯"、"验"等多种手段，其中，"讯"又可分为"声讯"和"拷讯"；"验"是指"验诸证信"，即用其他证据来验证口供的真伪；同时，还要求案情的认定符合"情"和"理"，从而形成了一个相互配合、有机结合的方法论体系。

---

① 陆贽：《陆宣公翰苑集》，"奉天请数对群臣兼许令论事状"。
② 《折狱龟鉴·证慝》。
③ 《折狱龟鉴·察贼》。
④ 《折狱龟鉴·察奸》。
⑤ 《折狱龟鉴·证慝》。
⑥ 《刑幕要略·办案》。

古代司法官吏的实践能够给我们带来启示，首先，要重视证据对查明案件事实的作用，强化办案人员的证据意识。证据是证明案件事实的根据，在办案过程中要遵循"以证据为本"的原则，全面、客观地收集证据，依据科学的方法来审查和判断证据，揭示出证据与案件事实之间的内在联系。其次，要善于总结司法实践中的经验和规律，研究和建立诉讼证明的方法论体系。证据运用必须采取一定的方法，遵循一定的规律。探索这些证据运用的方法，揭示这些证据运用的规律，可以更好地服务于诉讼证明的司法实践。证据运用的规律，同样是多方面、多层次的。既包括诉讼中运用证据的一般规律，也包括在诉讼的不同阶段运用证据的特殊规律，还包括不同形式的证据如物证、书证、人证，或不同种类的证据如直接证据、间接证据、原始证据、传来证据等各自的运用规律，等等。关于证据运用的方法，也可以从不同角度、不同层面进行研究和探索。例如，从证据运用的过程，可以分别研究证据的收集、保全、出示、审查判断的方法等；从证据运用的主体，可以分别研究取证的方法、举证的方法、质证的方法、认证的方法等；从逻辑证明的角度，可以研究演绎与归纳，直接证明与间接推理等；此外，还有司法认知、法律推定等等也属于证据运用方法的研究范围。

（二）以直接言词的方式审查判断证据，充分发挥司法官的感性认识能力

公堂取证、直接言词可以说是我国传统司法审判所坚持的一贯原则。早在西周时期，司法审判就确立了"五听"原则，通过观察人的表情、行为举止来分析案情，当然不直接接触当事人和相关证人，是不可能做到"五听"的。此后这种审讯方法一直作为传世经验相沿不断。以五声听狱讼，要求法官亲自坐堂问案，面对面地听取当事人的陈述，并观察其表情和神色，这有助于通过比较分析和综合判断，准确查明案件事实。从古代诉讼程序可以看出，从州县到府到司到督抚，都是要将人犯、证佐一并招解，司法官亲自直接审讯。这显然与现代审判的直接审理原则和言词原则是不谋而合的。

清末法制改革中，在吸取传统经验，借鉴西方文明的基础上，沈家本于《大清刑事民事诉讼律草案告成装册》折中，第一次用文字明确表示，草案采取直接审理原则，凡该案关系之人和物，必须直接询问调查，不凭他人申报之言辞及文书辄与断定。其后制定的《大清刑事诉讼律草案》中《公判》一章明确规定："判决资料之证据，以审判衙门直接调查者为限。"民承清制，北洋政府时期的《刑事诉讼条例》第 292 条规定，审判长应将当事人申请传唤及其他应当传唤的证人开列名单，分别传唤；第 294 条规定："审判日期除有特别规定外，被告不出庭者不得审判"。大理院通过多条判例对其加以强调："审判衙门审理案件，应直接调查证据，不得辄以侦查笔录以定案"；"司法警察官之报告，既非审判衙门直接调查，不得为审判基础"；"审判衙门审理案件，应直接调查证据，不得于业经起诉之案件，移由检察庭重新侦查"。

直接审理原则和方式，对实现刑事诉讼的目的，发现案件真相，本来是一个最客观和科学的原则和方式，但新中国成立后，它的执行受到了削弱，尤其是证人、鉴定人等直接出庭作证问题被淡化。审判庭常常是对除当事人陈述外其他证据以他人所语所记为凭，进行认定事实，定罪量刑，尤其是二审法院，更是以书面审理为主、直接开庭审理为辅的审理方式。这样无疑对判断证据的客观真实性大打折扣，易于形成不恰当的判决，进而造成司法的不公和侵犯公民人身民主权利。

随着这种间接审理方式的弊端逐渐暴露，我国于 1996 年对《刑事诉讼法》进行修改，其重点就是庭审方式的改革。其核心内容是理顺控、辩、审三种诉讼职能的关系，充分调动控、辩双方的积极性，增强诉讼的对抗性，采取控辩双方举证、质证，法庭认证的庭审程序，以提高庭审效率，增强审判的透明度，促进司法公正，使胜者胜得堂堂正正，败者输得明明白白。这本是一个良好的愿望和设计。但设计者们却忽视了一个重要的问题，直接审理所不可或缺的一环——证人、鉴定人及侦查人员直接出庭问题。"今日庭审无证人"，几乎是各级法院开庭时的常态，成为中国审判实践的一大"特色"。控、辩双方对质的只是一些不会说话的书面证言，双方也仅仅发表一下意见，阐述几个观点，形不成强势的举证、质证力度，确立证据的证明力，留给法庭的仍然是那些"死"材料。证据的矛盾、疏漏之处得不到解释和说明，达不到质证的效果，使庭审显得苍白无力和流于形式，当庭认证难以实现，以致案件的判决回到以前的老路，根本不能实现立法者公正和效率的目标。仅仅过了四年，鉴于暴露的弊端，很多法律界人士就提出了修改的意见，其中一个最大趋势就是要全面贯彻直接审理的原则和方式，相关证人和鉴定人员应出庭，直接接受审判法庭的询问和调查，这不得不重新向历史学习。

公堂取证、五声听讼模式的采用能够充分调动法官的感性认识能力和经验思维能力，如果运用得当，是可以成为查明案情的重要手段的。"五听"制度作为对言词证据，尤其是被告人口供的一种重要的证据审查判断方式，通过观察陈述人的表情和神色，利用事理、情理和逻辑进行判断，具有一定的心理学、审讯学和逻辑学等依据，有其合理性。但是，"五听"制度对古代司法官提出了较高的标准，要求其必须具有较强的观察能力和分析能力，以"体察民情，通晓风物"，做到准确判案。其不仅要求司法官具有敏锐的观察能力，能够捕捉犯罪嫌疑人细微的心理变化，同时还要求司法官体察当地民情，熟悉当地风物，以便科学地进行情理、事理和逻辑判断。事实调查是适用法律的基础，案件事实作为过往的历史事实不可重现，这就决定了查清案件事实的复杂性和困难性。在古代认识手段有限的情况下，往往强调依靠司法官的个人智慧和主观能动性以发现案件实体真实。现代刑事诉讼对司法人员提出了更高要求，不仅要求其具有较高的法学素养，而且要求其具有一定的心理学、审讯学和逻辑学等知识，特别是依据经验法则和伦理法则进行推理，以防止司法人员进行主观擅断，造成冤假错案。古代审讯更多地依靠执法者个人智慧，是在社会发展水平有限的情况下不得不作出的选择。而在当代，科学技术的发达和相关学科知识的融合使司法工作如虎添翼，这为司法人员提高策略水平和取证能力提供了良机。然而无论科学技术如何发展，都不能取代司法人员主观能动作用的发挥。在这一点上，又不得不重新向历史学习。

（三）在事实认定过程中重视情理推断，充分发挥司法官的理性判断能力

中国传统中的法官办案称"折狱"或"断狱"。"折"或"断"均有通过分析解开混沌状态之谜，得出头绪清晰的判断之意。与欧洲中世纪后期的封建社会盛行的法定证据制度不同，在中国传统的诉讼法律活动中，判断证据、认定案情，则更加看重法官自身的理性能力的发挥。

古代的司法官吏十分注重情理与事理的分析，以及它们对于查明案情的作用。这里的情理、事理往往来自日常生活经验。情理、事理是有关当事人实施行为的内在因素的外在表

现，也是案件之中存在的一种客观因素。在司法过程中，利用事理、情理进行判断、分析案情，可以为收集证据、查明案件真相提供线索和依据。古代的司法官特别重视将五声听讼法与情理推断法结合起来。五声听讼法固然以人的感性认识为基础，但要使其发挥作用，则需要借助于事理、情理和逻辑推理，将其上升为理性认识，从而对案件事实进行有效的判断。五声听讼法总结了审判实践中一些有益的经验，其内容含有一定的合乎审讯学、心理学和逻辑学等的正确成分。从形态来看，最初表现为辞、色、气、耳、目五种对陈述人表情的感性认识，这种感性认识构成了"五听"制度的基本内容；在此基础上进而发展为"以理推寻"，以情理和事理进行判断的方式，这种理性认识的渗入极大地丰富和深化了五声听讼制度的内涵。

在这一点上，我国古代证据制度与近代西方的自由心证证据制度有相通之处，表现为都没有在法律上明确具体规定证据的证明力，而是要求法官判断证据的证明力。而从判断证据的要求而言，我国古代证据制度要求定案证据要合乎"情"、"理"，自由心证证据制度要求定案证据形成"心证"。自由心证证据制度是指一切证据证明力的大小以及证据的取舍和运用，法律不预先作出规定，而是由法官根据自己的良心、理性自由判断，并根据其形成的内心确信认定案件事实的一种证据制度。自由心证既是一项证据法的基本原则，体现这种原则的证据制度就可能称为自由心证的证据制度。同时，它又是一种认定事实的方法，是法官通过诉讼证明经验的不断积累而得以完善的技巧。作为认定事实方法的自由心证是指在具体的诉讼过程中，司法官依据自己的良心和理性而不是依据明确的法律规定，对有关的案件事实自由判断、形成确信的一种证明方法。我国古代证据制度并没明确提出自由证明的原则，因此，它与自由心证证据制度之间的类似之处也主要是从证据技术的角度来说的。正是这种类似于近代自由心证主义的因素，使得我国古代证据制度与同时期国外实行的神示证据制度和法定证据制度相比具有其明显的优越性。

无论是中国古代证据制度，还是近现代的自由心证证据制度，都重视司法官个体因素在认定案件事实过程中的作用，这种制度或者方法是有其优势的。首先，它能够充分发挥法官的理性能力，适应纷繁复杂的案件具体情况，有利于案件真相的揭示，达到实质真实。其次，它通过赋予法官一定的自由裁量权，有助于在个案中实现个别正义或具体正义。案件的具体情况是纷繁复杂的，证据的内容和形式是多种多样的，社会的环境状态也是发展变化的，因此由法律事先把一切都用明文规定下来的做法在理论上是荒谬的，在实践中是不可行的。为了保证具体案件中证据的合理性和准确性，法律必须赋予司法人员运用证据进行证明的自由裁量权，让他们根据案件当时的具体情况去自由地使用和审查证据，去自由地运用证据认定案件事实，根据个案证明活动的具体情况和从证据材料中形成的内心确信，对案件事实作出符合客观实际的认定。正因为自由判断证据证明力的制度或方法，顺应了诉讼证据本身的复杂性，可以使法官对证据进行理性的自由判断，所以成为现代世界各国普遍实行的证据制度。

但是，这种制度或方法也是有其缺点的。首先，案件事实的认定容易受到法官或事实审理者个体因素的影响。其次，它为法官的主观擅断打开了方便之门，甚至可能导致法官权力的滥用，因而对法官的资质提出了较高的要求。古代的统治者并没有无视这些问题的存在，因此也从多方面对司法官的判断行为进行必要的约束。一方面要求司法官应当"先备五听"，

"验诸证信"，这主要是从司法证明过程本身来说的。另一方面则规定司法官如果滥用权力，则需要承担一定的法律责任。同时，还为司法官设定一定的伦理准则作为制约。如《尚书·吕刑》中规定："五过之疵：惟官、惟反、惟内、惟货、惟来，其罪惟均。"意思是说，司法官在审判案件时，不能依仗权势，私报恩怨，谄媚内亲，索取贿赂，受人请托。发现上述弊端，他的罪就与罪犯相同。在赋予司法官必要的自由裁量权之后又加以适当的约束，这是值得当下的人们所汲取的。

第三节
内外结合的传统审讯技术

一、中国古代审讯制度的基本特点

审讯或讯问是指司法人员以言词方式，就案件事实和其他与案件有关的问题向犯罪嫌疑人进行查问的一种活动。查明案件事实，审讯是其中一项重要的措施。中国古代的审讯叫"讯狱"或"鞠狱"，意思是审理案件或者讯问被告。《尚书·吕刑》中说："汉世问罪谓之鞠。"《明史·刑法志》记载："太祖尝曰，凡有大狱，当面讯，防构陷锻炼之弊，故其时重案多亲鞠，不委法司。"其中的"讯"或"鞠"都是审讯的意思。所以，颜师古注曰："鞠，穷也，狱事穷竟也。"古代的审讯官也被称为鞠狱官，《唐律疏议》中称其为"推鞠主司"。在古代诉讼中，虽然也有现场勘验、检验尸体、检查伤痕以及外出察问等调查活动，但是主要靠坐堂问案解决案件。因此，审案是判案的中心环节。审讯的对象，主要是被告，也同时涉及原告、证人及其他与案件有关的人。

古代的审讯与现代的侦查讯问并不完全一致，由于我国独特的诉讼法传统，其审讯制度也呈现出一些基本特点。

（一）侦查、起诉与审判合一，纠问性强

中国古代经历了漫长的封建时期，采取的是纠问式的诉讼制度，诉讼程序的开始和发展，主要不是取决于受害人，而是取决于握有国家司法权的官吏。司法官吏一旦发现犯罪，不论是否有原告，都可以开始对犯罪的追诉，并推动诉讼的每一个进程直至最后的裁判。古代并没有像现代那样有专门的侦查、起诉和审判机构，各司法衙门是集权于一身的，对犯罪的侦查、控诉和审判权合一使司法官员的权力极度膨胀。在审讯过程中，古代司法官吏可以进行在现代分属于侦查人员、检察人员和审判人员的各种权力，侦查在官职设置和活动过程两方面都与审判合为一体，负责审判的官员也就是负责"侦查"的官员，他可以勘验现场、勘验尸体、询问证人、被害人，根据案情需要对嫌疑人、证据进行刑讯，也可以采取收集其他证据的手段，并根据上述活动的结果直接作出判决。按照美国学者罗兹曼所描述的古代县令："作为一县之长，县令在执行其司法功能时，他是万能的，既是案情调查员，又是检察官，被告辩护人，还是法官和陪审员。"[1] 在一定程度上，司法官员对犯罪

---

① ［美］G. 罗兹曼主编：《中国的现代化》，127 页，南京，江苏人民出版社，1988。

行为追诉活动的结束往往意味着诉讼活动的终结，因为他有权根据自己的调查情况直接确定被追诉人的刑事责任问题。在这个意义上，古代的审讯可以相当于现代的侦查讯问和法庭审理，审判的过程也就是"侦查"的过程。这一特征既适用于地方司法机构的诉讼活动，也适用于中央司法机构甚至皇帝主持进行的审判活动。在这种纠问式诉讼形式下，刑事诉讼中的被告只是被追究的客体、被审问的对象，只有招供的义务，没有任何反驳控诉和进行辩护的权利。

（二）行政长官兼理司法，承担审讯职责

古代中国，司法权从属于行政权，不具有独立的地位。从中央到地方，司法权或由行政机关直接行使，或由行政权力加以控制。在中央集权的顶端，皇帝拥有最高的权威，握有"刑罚威狱"大权，有权最终决定一个刑事案件的判决结果，他甚至可以直接接管案件的审判工作，随时于"朝堂受辞讼"，亲自审判人犯。秦、汉时，以廷尉为中央司法机关，廷尉的判决要由皇帝和丞相最后决断。唐时以大理寺、刑部、御史台为中央执掌司法的机关，但死刑案件，刑部须会同中书、门下二省更议，并奏请皇帝审核决定，名为慎刑，实则增强了行政对司法的控制。明、清两朝，重大案件除由刑部、大理寺、都察院组成三法司会审外，有时还由六部尚书、都察院都御史、通政史和大理寺卿共同组成九卿会审，这标志着中央行政机关对司法的全面干预。地方上设有专职或兼职的司法官吏，如法曹参军或司法参军，县里设司法佐，代理行政长官审理案件，但无决定权，决定权还在行政长官手中。并且在大多数情况下，地方的行政官吏亲自审案，宋代法律要求："在法，鞫狱必长官亲临"①；"州县不亲听囚而使鞫审者，徒二年"②。可见，古代的行政长官承担最主要的审讯职责。

（三）审讯程序的程式化与灵活性相结合

在中国古代诉讼活动中，人证是最主要的证据形式，"罪从供定"则是最重要的原则之一，因此，审讯对于揭露案情真相来讲具有极其重要的作用。奴隶社会的讯问还比较原始，主要采取神明裁决的方法。西周的审讯程序开始具有一定的诉讼结构。《尚书·吕刑》记载："两造具备，师听五辞"。"两造具备"是指原、被告必须到庭受审，"师"是指办案官吏，"五辞"意指从五个方面讯问案情。当时被讯问人的地位极不平等，身为统治阶级的奴隶主贵族可以不出庭受审，由部属或亲戚代其出庭。秦简《封诊式·讯狱》规定了审讯的要求和程式："凡讯狱，必先尽听其言而书之，各展其辞，虽知其訑，勿庸辄诘。其辞已尽书而无解，乃以诘者诘之。诘之又尽听书其解辞，又视其他无解者以复诘之。诘之极而数訑，更言不服，其律当笞掠者，乃笞掠。"意思是说，讯问人员在审理案件时，必须先让被审讯对象充分供述，听完其供词并做好记录。虽然明知被审讯人的供词中有矛盾，但讯问人员也不要立即对矛盾之处进行诘问。待被讯问对象供述完毕后，才能够对供词中需要诘问的地方发问，在做好笔录后，对其不能自圆其说的地方再提问。这种关于审讯的要求和程式在后代律例中得到继承与发展。

---

① 胡太初：《昼帘绪论·治狱篇》。
② 马端临：《文献通考·刑考六》。

不过，古代审讯毕竟是纠问式诉讼的产物，其目标乃是尽可能地发现案件真相，强化追诉力度，显然，过多的程序约束是不可能存在的，加之古代程序法并不具有独立的地位，因此，古代审讯不可能像现代法院开庭审判那样有一套非常具体的步骤和方式，也不可能像现代侦查讯问那样有严格的程序约束，古代审讯制度之中是没有非常具体的硬性规定和明确程序的，这显然是有利于司法官吏灵活处置，便宜行事。因为案件各不相同，千变万化，个案的具体情形确实难以一一预知，由司法官对包括审讯在内的调查取证程序进行自主掌握，虽未必有利于被告人或其他诉讼参与人的权利保障，但的确有助于最大限度地追求案情的客观真相。例如，司法官吏在命案发生之后，可以先进行审讯，详鞫尸亲、证佐、凶犯等，令其实招，再勘查现场或检验尸体，收集其他的物证，也可以勘查现场或检验尸体，然后再行审讯；审讯的时间、场所、方式也可以根据案件的客观情况由司法官吏灵活掌握，可以在案发现场进行，也可以是在衙门公堂进行；可以日间进行，也可以夜间进行；可以诱供，也可以拷讯。

（四）问讯与刑讯并用

中国古代法律崇尚口供，"无供不录案"，"无供不定罪"，这使得审讯成为诉讼活动的中心内容。如何进行有效的审讯就成为古代法律制度与实践所必须解决的问题。审讯大致有两种基本方式。秦简《封诊式·治狱》一节规定："治狱，能以书从迹其言，毋治掠而得人情为上，治掠为下，有恐为败。"《唐律疏义·断狱》规定，审讯"必先以情，审查词理……然后拷讯"。可见，审讯时首先由司法官吏进行诘问，以得其情；在受审人理屈词穷，仍拒不认罪，或者反复翻供，多次欺骗的，才进行刑讯逼供。而且，明确排列了两种方式的先后与优劣次序。正是古代司法对于问讯的重视，因此才产生一些行之有效、至今仍不乏借鉴意义的技术，这在后文将重点探讨。

刑讯逼供是纠问式诉讼与"罪从供定"原则的必然结果，因而成为中国古代诉讼制度的一大特点。西周刑律把口供作为断案的重要根据，因此，凡刑事案件，大都刑讯逼供，允许法外用刑。《曶鼎》寇攘案中，被告匡季一上法庭，便连连叩头求饶："长官，我没有寇得多少东西，请不要鞭笞我！"作为东宫要员的匡季竟如此害怕鞭答，说明西周刑讯已经成风。《礼记·月令》："仲春之日……命有司，省囹圄，去桎梏，毋肆掠，止狱讼。"郑注："掠，谓捶治人。"从《月令》看，一年之中，除仲春之月外，其他季节审理案件，均可刑讯捶治诉讼当事人。从秦汉到明清的历代封建法律都将刑讯逼供明确规定在法律中，刑讯成为合法程序。封建法律是诸法合体，民刑不分，因此，法律关于刑讯的规定，不仅适用于刑事被告人，适用于控告人、证人，而且还可以适用于民事当事人。尽管各代封建王朝的法律对于拷讯的条件、方法，使用的刑具，拷打部位，刑讯的次数和程度等规定不尽相同，但一般都规定得比较详细和具体，已形成条文化和规范化。除此外，还有许多名目繁多、手段残酷的法外用刑，以致司法实践中，依法刑讯和法外用刑相互交织，使嫌疑人在严刑拷打之下，只得屈招乱供，从而造成了无数的冤假错案。秦汉时期，虽然法律已确认了刑讯制度，但是，由于刑讯的方法、刑讯的工具以及行刑的程度缺乏具体规定，从而为司法官吏滥施淫威，随意采取野蛮的酷刑逼供而大开方便之门，"上下相胥，以奇酷为能，而拷囚之际，尤极残忍"①。

---

① 《文献通考·刑考二》。

其结果使无辜者含冤屈招、受罚，甚至不肯诬服而惨死杖下。统治阶级也意识到，如果不对刑讯的方法、刑具和用刑限度加以规范，是不利于维护封建统治秩序的。因此，从南北朝开始，法律便对刑讯的方法、刑具等加以具体规定。如南朝的《梁律》对刑讯所用刑具的规定是："其问事诸罚，皆用熟靼鞭、小杖；凡系狱者，不即答款，应加测罚。"北朝的《魏律》规定："理官鞫囚，杖限五十"等等。尽管法律对刑讯作了某些限制，以约束司法官吏滥施酷刑，但是这些规定并未能付诸实施。在司法实践中，不仅法外刑讯仍然普遍存在，即使是依法拷讯，也是往往不顾法律规定的限制，而随意用刑。

到了我国的封建社会政治、经济高度发展的唐朝，法律制度有了很大发展。《唐律疏议》是我国保留下来的最古老也是最完备的一部封建法典，它也是唐代以后各封建王朝制定法律的蓝本。在《唐律》中，有关刑讯的规定有一个重要发展，就是明确规定违法拷讯者应负刑事责任，并且视其违律的情况和所造成的后果而承担不同的刑事责任。在《唐律》的《断狱律》中，关于刑讯的条件、方法、适用对象和违律刑讯者的责任，有以下重要规定：（1）"诸应讯囚者，必先以情审查辞理，反复参验，犹未能决，事须讯问者，立案同判，然后拷讯。违者杖六十。"这是刑讯的一条原则。刑讯不能用在"以五声听狱讼、求民情"反复核对证言之前，而只能在此后，并且仍然难以作出决断时，才能刑讯。违者要受"杖六十"的处罚。（2）"诸拷囚不得过三度，总数不得过二百，杖罪以下不得过所犯之数。拷满不承，取保放之。"这是刑讯方法和用刑限度的规定。"三度"即三次，如果受审人经过三次拷讯仍不招供，就只能取保释放。同时规定，司法官吏"若拷过三度，及杖外以他法拷掠者，杖一百；杖过数者，反坐所剩；以故致死者，徒二年"。这是根据违反刑讯的不同情况和造成的后果所规定的不同的处罚方法。（3）"即有疮病，不待差而拷者，亦杖一百；若决杖笞者，笞五十；以故致死者，徒一年半；若依法拷决而邂逅致死者，勿论。"即囚犯患有疮病，不等病愈就进行拷打，因而致死的，司法官吏应负刑事责任；但是依法拷讯，由于意外造成囚犯死亡的，法律则免除其刑事责任。（4）法律在规定依法不得反拷者外，还规定"诸拷囚限满而不首者，反拷告人"。即刑讯逼不出囚犯供词，便对原告人进行反拷。如果对原告人应反拷而不反拷，或者不应反拷而反拷者，还应以故意或过失罪论处，可见运用刑讯的程度已到了极其荒谬的地步。除此以外，《唐律》对于缓拷、免拷的对象，以及拷打身体的部位，刑讯工具的长短、宽窄等都有具体的规定。并且，对司法官吏违反规定而应承担的刑事责任也规定了相应的处理方法。唐朝以后各封建王朝的法律，基本上都是仿效《唐律》制定的，因此，元、明、清时代的法律同样确认刑讯制度为合法制度。直到清朝末年，封建统治者改革司法制度，抄袭资本主义国家的法律，刑讯制度在经过激烈的争论后，才得以废除。

二、传统审讯技术的主要内容

清代司法官员黄六鸿总结道："听讼原无定法，贵在随时应变耳。"① 在我国历史上，审讯问案一直是犯罪侦查的主要方法。司法实践中一些优秀的执法者善于运用较为科学的审讯方法，在问案中抓住一些不被人注意的细节，巧妙推问，以获取出自被讯问人内心自愿的供

---

① 郭建：《古代法官面面观》，125 页，上海，上海古籍出版社，1993。

述。这些科学的审讯原则和方法是我国古代文明的组成部分，对当代的侦查讯问实践有着宝贵的借鉴价值。

（一）五声听讼技术

在古代中国，五声听讼是一种具有悠久历史的断狱技术。《周礼·秋官·小司寇》中说："以五声听狱讼，求民情。一曰辞听，二曰色听，三曰气听，四曰耳听，五曰目听。"这种方法是指通过观察人的面部表情和言谈举止，来推断其是否犯罪或者陈述是否真实。《尚书·吕刑》中说："两造具备，师听五辞；五辞简孚，正于五刑"。这是说，早在西周时期，司法官审理案件的基本程序是，先用五声听讼法来审查案情，如果案情得到核实，就按五刑的规定处理案件。

"五听"方法为封建历代继承并发展，甚至上升为法律，显示出其强大的生命力。《魏书·世宗纪》中记载："察狱以情，审之五听。"《魏书·刑罚志》时北魏的《狱官令》规定："诸察狱，先备五听之理，尽求情之意。"《唐律·断狱》规定，"诸应讯囚者，必先以情审查辞理，反复参验，犹未能决，事须讯问者，立案同判，然后拷讯。"《唐律疏议·断狱》注解："依狱官令，察狱之官，先备五听，又验诸证信，事状疑似，尤不首实者，然后拷掠。"意思是说，凡审理案件，应先以情审察辞理，反复参验，如果事状疑似，而当事人不肯实供者，则采取刑讯拷掠以取得口供。《唐六典》引《唐令》规定："凡察狱之官，先备五听，一曰辞听，二曰色听，三曰气听，四曰耳听，五曰目听。又稽诸证信，有可徵焉而不肯首实者，然后拷掠。"[①] 这要求司法官在审理案件时，必须通过五听的方式，依据情理审查供词的内容，然后同其他证据进行比较印证，检验证据的可靠性。又如《明会典》记载："其引问一干人证，先审原告词因明白，然后放起原告，拘唤被告审问；如被告不服，则审干证人，如干证人供与原告同词，却问被告，如各执一词，则唤原被告干证人一同对问，观看颜色，察听情词，其词语抗厉颜色不动者，事即必真；若转换支吾，则必理亏，略见真伪，然后用答决勘；如不服，用杖决勘，仔细磨问，求其真情。"

古代中国一些有经验的司法官员也十分推崇这种方法，如后周时的苏绰则认为：好的司法官应当"先之以五听，参之以验证，妙睹情状，穷鉴隐状。使奸无所容，罪人必得。"[②] 宋人郑克在《折狱龟鉴》一书的"察奸篇"中指出"案奸人之匿情而作伪者，或听其声而知之，或视其色而知之，或诘其辞而知之，或讯其事而知之。盖以此四者得其情矣，故奸伪之人莫能欺也"。

五声听讼法其实是审查人证的一种方法。获取证据的方法有人证与物证之分，古代社会生产力不发达，人的认识能力不高，社会关系也比较简单，因此比较注重人证的审查对于查明案件事实的作用，尤其重视的是获取当事人（特别是被告人）的陈述。五声听讼法自然也就成为一种备受推崇的方法。

这种方法具体是怎么来进行的？根据郑玄《周礼注》的解释，所谓辞听，即"观其出言，不直则烦"（郑玄注），意思是在审讯时要分析受审人陈述的方式，如果出言时烦乱无章、支吾结巴、东拉西扯，则推断有不直之情；所谓色听，即"观其颜色，不直则赧然"，意思是

---

① 《唐六典》卷六，《刑部郎中员外郎条》。

② 《周书·苏绰传》。

要观察受审人的神色，如果表情变化，脸上红一阵白一阵或者面露羞愧，则推断有不直之情；所谓气听，即"观其气息，不直则喘"，意思是要观察受审人说话时的气息，如果出现呼吸急促、气息紊乱的情况，则推断有不直之情；所谓耳听，即"观其听聆，不直则惑"，意思是要注意受审人的听觉，如果装聋作哑，不能应对敏捷，甚至答非所问，则推断有不直之情；所谓目听，即"观其眸子，不直则眊然"，意思是要观察受审人说话时的目光，如果目光无神，眼珠乱转，躲躲闪闪，不敢正视，则推断有不直之情。

西晋的张斐在其所著的《注律表》中，对此有一段原则性的论述，他说道："夫刑者，司理之官；理者，求情之机；情者，心神之使。心感则情动于中，而形于言，畅于四肢，发于事业。是故奸人心愧而面赤，内怖而色夺。论罪者务本其心，审其情，精其事，近取诸身，远取诸物，然后乃可以正刑。仰手似乞，俯手似夺，捧手似谢，拟手似诉，拱臂似自首，攘臂似格斗，矜庄似威，怡悦似福。喜怒忧欢，貌在声色。奸真猛弱，候在视息。"① 这些看法有失偏颇，因为受审人的情况各不相同，对他们在受审时的表情，需要具体情况具体分析，依靠已获取的各种证据加以比较印证，才有助于辨明其思想动机，从而采取相应的对策来促使其如实供述。如果仅凭"五听"，只根据受审人的表现来确定案件事实，往往会导致主观臆断，造成冤假错案。

在实际的司法实践中，各级主审官也时常运用五听的方法来进行案件的审理工作。这又可分为两种情况：一是在常规情境下使用这种方法。如《折狱龟鉴·察奸》中记载："郑子产闻妇人哭，使执而问之，果手刃其夫者。或问：'何以知之？'子产曰：'夫人之于所亲也，有病则忧，临死则惧，既死则哀。今其夫已死，不哀而惧，是以知其有奸也。'"② 喜怒哀乐是人的情感的外在表现，是内心世界的外化。此案例中，子产听出了妇人哭声中异于常理的"不哀而惧"，从而发现了案件的疑点。二是在特殊情境下使用这种方法，甚至为受审人设置一种情境，以促其吐露实情。如《折狱龟鉴·摘奸》中记载："前汉时，颍川有富室，兄弟同居，其妇俱怀妊。长妇胎伤，匿之，弟妇生男，夺为己子。论争三年，不决。郡守黄霸使人抱儿于庭中，乃令娣姒竞取之。既而，长妇持之甚猛，弟妇恐有所伤，情极凄怆。霸乃叱长妇曰：'汝贪家财，固欲得儿，宁虑或有所伤乎？此事审矣。'即还弟妇儿，长妇乃服罪。"

"五声听讼"审讯方法看起来是靠察言观色和分析当事人心理活动确定供词的真伪，但实际所依靠的是法官通过其日常生活经验和审判经验积累基础上所形成的对人情世故的理解和判断能力。它要求法官借助于感性认识，进而剖析事务的情理。因此，"五声听讼"若能运用得当，充分调动法官的感性能力和经验思维能力，是可以成为查明案情的重要手段的。而且，它也能适用不同案件情况的需要。案情不同，案件性质不同，可察之处也就不同，但只要能正确运用"五听"方法，就能于错综复杂、扑朔迷离的案情中找到破案的突破口。

虽然仅凭察言观色来进行断狱是带有一定主观唯心主义色彩的行为，在实际运用中，如果过于偏重这种方法，忽视证据作用，就会导致法官主观断案甚至营私舞弊等弊病，但当时的法律工作者能够从犯罪心理学的角度出发，总结出人们的各种心理活动在生理上所表现出来的某些规律，并以此作为断案审狱的依据，应该说还是具有一定的科学性的。它与主审官

① 《晋书·刑法志》。
② 《折狱龟鉴·察奸》。

完全凭自己的主观臆断，随便出入人罪的情况相比，毕竟是在司法审判方面的一个进步。"五听"法要求办案人员重视直接观察，搜集感性材料的方法来获取案件事实，也并不是完全唯心主义的。

（二）钩距诘问技术

钩距诘问是与正面诘问相对应的一种审讯方法，即从侧面迂回，辗转推问，使被讯问对象在不知不觉中自露其罪状，从而查明真实情况。这种审讯方法最早见于《汉书·赵广汉传》的记载："钩距者，设欲知马贾，则先问狗，已问羊，又问牛，然后及马，参伍其贾，以类相准，则知马之贵贱不失实矣。"这是用举例的方法说明了钩距诘问的含义，即要问马的价格，先问狗价、羊价再问马价。从狗、羊、马的比价中检验对方回答的马价是否确实。晋灼云："钩，致也。距，闭也。"郑克进一步解释道："盖以闭其术为距，而能使彼不知为钩也。夫惟深隐而不可得，故以钩致之，彼若知其为钩，则其隐必愈深，譬犹鱼逃于渊，而终不可得矣。"[①]因此，钩距诘问就是审讯人员采取迂回渐进的策略，有意绕过关键问题，从次要问题入手，通过多方盘问，使被审讯人难以发觉审讯人的真实意图，使被审讯人于不自觉中暴露矛盾或疑点，最终理屈词穷，不得不如实供述案情事实，认罪服法。这颇类似于兵法谋略的运用，是"声东击西"军事策略在审讯中的运用。《百战奇法》中讲："凡战，所谓声者，张虚声也。声东而击西，声彼而击此，使敌人不知其所备，则我所攻者，乃敌人所不守也。法曰：'善攻者，敌不知其所守。'"《孙子兵法·军争篇》中说："故迂其途，而诱之以利，后人发，先人至，此知迂直之计者也。"

宋代的郑克对这一审讯方法推崇备至，说："是亦耐掠隐抵者也。其能使之服罪，何哉？盖察其款辞，而见其本情，已识其为真贼矣。于是曲折诘问，攻其所抵，中其所隐，辞穷情得，势自屈服，斯不待于掠治也。然则鞫情之术，或先以其色察之，或先以其辞察之，非负冤被诬者矣，乃检事验物，而曲折讯之，未有不得其情者也。"[②]到了清代，"钩距"法被司法官员黄六鸿发展成为"七步讯问法"———钩、袭、攻、逼、摄、合、挠。

古代司法官吏中确有不少人善于运用这种审讯法来获得案件实情，如："萧山汪公龙庄官道州时，有别县民匡学义者为匡诚乞养。迨诚生子学礼令归宗。后学礼病不起，属学义以家事。学礼遗田二百亩，历十七年，增至四百余亩。一日，李氏令子检契，则载李氏与学义同买，各契皆然。问之学义，坚称产原公置，租亦公分，详记租籍。李氏诉县、诉府直至本道，发汪公提讯。汪公麾李氏去，而奖学义善经理。问其家产，问其丁口，问其生业，曰：'据汝言，食尚不给，何外人皆言汝有钱耶？'逐拍案大怒曰：'然则汝与李氏同买田之资必由盗窃来矣！'命吏捡报窃旧案曰：'某盗赃银甚多，尚未就获。殆其汝乎？'学义大窘，遂道实。"[③] 此案中，汪公通过运用迂回推问的策略，使被审讯人放松警惕，言多必失，以致陷入不能自圆其说的境地，最后不得不认罪服法。又如《折狱龟鉴·察贼》记载：柳崇于北魏时任河中太守，"郡人张明失马，疑执十余人。崇初到郡，见之，不问贼事，人别借以温颜，更问其亲老存否，农业多少，而微察其辞色，即获真贼吕穆等二人，余并放遣。郡中畏服，

① 《折狱龟鉴·证慝》。
② 《折狱龟鉴·鞫情》。
③ 转引自汪振达：《不用刑审判书故事选》，14页，北京，群众出版社，1987。

境内帖然"。

"钩距"法之所以成为一种有效的审讯方法，就是因为它所体现的"迂回渐进、声东击西"的策略可以为推动审讯进程、解决审讯难题提供帮助。它具有一些正面审讯方法所不可能具备的优势：首先，隐藏审讯意图，麻痹被审讯人，转移其视线，分散其注意，便于审讯人发现矛盾与漏洞之处；其次，有张有弛、循序渐进地推进审讯过程，避免产生讯问僵局；再次，在被审讯人疏于防范的情况下出其不意，攻其不备，迅速突破核心问题。如果能够将钩距诘问与正面诘问结合起来，则可以相得益彰，增强效果。正面诘问时，由审讯人向被审讯人直接、正面地提出问题令其回答，敦促其如实供述犯罪事实。这在审讯人已掌握必要证据的情况下效果较好；如果被审讯人属于初犯、偶犯、缺乏反审讯经验或者真心悔罪的，往往也能够迅速奏效。如果正面诘问受阻，则可以改用迂回提问的方法，由远及近，由浅入深，循序渐进，逐步接触到核心问题，从而取得较好效果。

（三）正谲合用技术

南宋司法官郑克提出："鞫情之术，有正，有谲。正以核之……谲以摘之……术苟精焉，情必得矣。恃考掠者，乃无术也。"[①]"正"是在审讯犯罪嫌疑人时采取正面、直接或常规的方法获取嫌疑人供述或者证人证言；"谲"是指用非常规的计谋、策略或方法探求案情中的隐匿之事，以获出奇制胜之效。郑克认为，常规的方法是核实供述真实性的好方法；非常规的诈术是揭露隐秘之事的有力武器。只要策略得当，案情一定能够查明。依仗拷讯逼取口供是审讯官无能的表现。

审讯的常规方法是从正面切入，直接获取嫌疑人供述或者证人证言。《折狱龟鉴·察慝》中收集了一些这样的例子。如三国时魏国的廷尉高柔处理的以下一个案子。"护军营士窦礼近出不还，营以为亡，表言逐捕，没其妻盈及男女为官奴婢。盈称冤自讼，莫有省者，乃诣廷尉。柔问：'何以知夫不亡？'盈泣对曰：'夫非轻狡不顾室家者。'又问：'汝夫不与人有仇乎？'曰：'夫良善，与人无仇。'‘汝夫不与人交钱物乎？'曰：'尝出钱与同营士焦子文，求不得。'时子文适坐事系狱，柔乃召问所坐，语次，问：'曾举人钱否？'对曰：'单贫，不敢举人钱。'察其色动，遂复问：'汝曾举窦礼钱，何言不邪？'子文怪知事露，应对不次。柔诘之曰：'汝已杀窦礼，便宜早服。'子文于是叩头服罪。"不过，"常规"并不意味着简单，它具有许多表现形式，如"以物正其慝"、"以事核其奸"等，可以从不同角度起到揭露案情、证慝核奸的作用。

"谲"所强调的使用不拘泥于常规的审讯方法乃至策略来揭露隐讳的案情，这种方法在侦查和审讯中具有独特的作用。郑克说："据证者，核奸用之；察情者，摘奸用之。盖证或难凭，而情亦难见，于是用谲以摘其伏，然后得之。"[②] 意思是说，"迹"用来检验认定是否奸伪，"情"用来考察探究是否奸伪。当"迹"与"情"这些"正"的方式仍不能查明案情时，就要采用"谲"的手段来揭露隐秘情况，从而获得案件事实。郑克说："谲非正也，然事有赖以济者。"[③]

---

① 《折狱龟鉴·鞫情》。
② 《折狱龟鉴·摘奸》。
③ 《折狱龟鉴·谲盗》。

使用谲术能够有效地识破嫌疑人布下的骗局，如冯梦龙的《增广智囊补》卷十记载以下一则案例："吉安州富豪娶妇，有盗乘人冗杂，入妇室潜在床下，伺夜行窃，不意明烛达旦者三夕，饥甚奔出，执以闻官。盗曰：'吾非盗也，医也，妇人癖疾，令我相随，常为用药耳。'宰诘问再三，盗言妇家事甚详，盖潜伏时所闻枕席语也。宰信之，逮妇供证。富家恳免，不从。谋之老吏，吏白宰曰：'彼妇初归，不论胜负，辱莫大焉。盗潜入突出，必不识妇，若以他妇出对，盗若执之，可见其诬矣。'宰曰：'善。'选一妓盛服舆至。盗呼曰：'汝邀我治病，乃执我为盗耶？'宰大笑。盗遂服罪。"这是将计就计，运用策略，获得成功的例子。

使用谲术还可以利用犯罪嫌疑人做贼心虚的心理。如："陈述古密直，尝知建州浦城县。富民失物，捕得数人，莫知的为盗者。述古绐曰：'某庙有一钟，至灵，能辨盗。'使人迎置后合祠之，引囚立钟前，喻曰：'不为盗者，摸之无声；为盗者，则有声。'述古自率同职，祷钟甚肃。祭讫，帷之，乃阴使人以墨涂钟。良久，引囚以手入帷摸之，出而验其手，皆有墨，一囚独无墨，乃是真盗，恐钟有声，不敢摸者。讯之，即服。"①

使用谲术还有助于分化敌人，各个击破。如："某公宰襄阳，有大盗案，获犯坚不承认。中有盗，状最凶恶。意其盗魁也，绐之曰：'我似向在何处识汝，汝非盗，何以在此？'逐唤人后堂，编问各犯情事，既而出堂指众犯曰：'我固知某非盗，原被汝辈所胁，顷已将汝等强劫情形逐一告我。汝等如尚一字隐瞒，我即唤伊出质，不汝宥也。'众犯皆曰：'冤哉！某实盗首，诱胁我辈，如何反诬我？'遂群讦，指其实迹。提某出质，由是服罪。"② 此案中，知县注重分析研究，利用共犯之间互不信任和趋利避害的心理，激发矛盾，各个击破，最终获取嫌疑人的真实供述，使众犯服罪。

至于"正"和"谲"之间的关系，应当是相辅相成，不可偏废一方。郑克说："以迹推核其事，以谲发摘其情，乃复密问，以相参考，而奸人得矣。"③"正不废谲，功乃可成；谲不失正，道乃可行。"④

（四）辞物印证技术

我国古代诉讼中的证据形式表现为"辞"和"证"两大类。"辞"即现代证据理论中所谓的言词证据，包括原告陈述、被告陈述和证人陈述；"证"即现代证据理论中的实物证据，包括物证、书证、勘验笔录等。尽管古代司法官吏十分重视当事人的供词，但是他们同时也认识到，如果对供词的可靠程度不进行查证与核验，就难以取得案件的真实情况。因此，司法官吏不仅要"审察词理"，而且要"验诸证信"，使人证与物证相互印证。郑克指出："凡据证折狱者，不唯责问知见辞款，又当检勘其事，推验其物，以为证也。"⑤ 其所强调的就是口供与物证应当互相印证、相互补充。

对于实物证据的重视，自西周时即有记载。如《周礼·秋官》中说："地讼，以图正

① 《折狱龟鉴·谲盗》。
② 汪振达：《不用刑审判书故事选》，192页，北京，群众出版社，1987。
③ 《折狱龟鉴·核奸》
④ 《折狱龟鉴·谲盗》。
⑤ 《折狱龟鉴·证慝》。

之";"凡以财狱讼者，正之以傅别、约剂";"凡属责者，以其地傅而听其辞"。而即使在秦代，司法官吏也并不盲目偏信口供。如《告臣》一案，被告臣丙已经向司法机构承认其主人对自己的指控属实，县巫仍发函给他的所在乡负责人对有关事实进行核查。①

至宋代，郑克更是认为，鞠情之术，"必有以证之，使不可讳也"；一方面，"有核之以其辞者"，另一方面，须"有证之以其迹者"②。听讼断狱的理想状态是："赃证具在，罪状明白"。如果被告已经辞服，验之以赃证是保证其供词可靠性，防止其自诬服的重要手段，也是司法官吏哀矜折狱、谨慎用刑的一种体现；如果被告拒绝供述，有赃为证则可以迫使其如实交代案情，认罪伏法。在《折狱龟鉴》中，记载了诸多运用实物证据来验证被告口供的案例，典型地反映了辞物相印证的证据技术。如宋时的傅琰为山阴令时，有两个人争一只鸡，傅琰问："鸡早何食？"两个人一个说是粟，另一个说是豆，傅琰于是杀鸡破嗉，发现嗉中有粟焉，于是惩罚了说是豆的人。③ 又如宋文帝元嘉二十二年（445年），孔熙先与范晔等人谋反，事败后被捕。众犯皆款服，只有范晔拒绝承认，说是孔熙先诬告于他。宋文帝于是"令以晔所造及改定处分、符檄、书疏墨迹示之"，在他为谋反起草和修订的部署文告、书信原件面前，范晔不得不认罪。④

如果只有被告的口供，而没有足够的实物证据来加以印证，应当如何处理？古代证据制度中并无明确规定。受"罪从供定"原则的影响，在许多情况下仍然是依照口供来定案，但是，仍然有一些看重物证的司法官吏并不将被告定罪，被告即使可疑，也只能系狱不决甚至释放。如《元史》记载："录囚河东，有李拜拜者，杀人而行凶之仗不明，凡十四年不决。好文曰：'岂有不决之狱如是其久乎！'立出质。"⑤ 而如果有充分的实物证据证明案件的情况，即使没有被告人的口供也是可以定罪的。如《唐律》规定，"若赃状露验，理不可疑，虽不承引，即据状断之"⑥。此条"疏议"还举例作了说明。"计赃者见获真赃，杀人者检得实状，赃状明白，理不可疑，问虽不承，听据状科断。"

（五）笔录质疑技术

在审讯时，将审讯经过，在场人员，被告人的口供和使用的证据记录下来，称之为审讯记录。案件审讯时要作记录在秦律中有明确规定。秦简《封诊式·治狱》说："治狱，能以书从迹其言，毋笞掠而得人情为上；笞掠为下；有恐为败。"意思是：审理案件，能根据记录的口供进行追查，不用拷打而察得犯人的真情，是上策；刑讯拷打是下策，迫不得已而为之；唯恐导致审判失败。同时又规定："笞掠之必书曰爰书：以某数更言，毋解辞，笞讯某。"这说明，秦时在审讯时是要作记录的，而且这个记录不仅记录口供，而且还记录审讯过程中采取的措施。从以上规定可以看出，秦要求审讯记录具体、详尽；陈述时要记录，辩解时也要记录，即使进行刑讯也要记录下来。从《封诊式》关于作审讯记录的规定和记载的事例看，秦司法机构的审讯记录大体上应包括以下

---

① 参见《封诊式·告臣》。
② 《折狱龟鉴·鞠情》。
③ 参见《折狱龟鉴·证慝》。
④ 参见《折狱龟鉴·鞠情》。
⑤ 《元史·李好文传》。
⑥ 《唐律疏议·断狱·讯囚察词理》。

内容：第一，被审讯者的姓名、身份、籍贯、现居住地点，以及控告的理由。第二，原告的诉词或被告的供述，司法官吏对他们进行追问时，他们的辩解词。第三，被告人过去是否曾犯过罪、判过刑或经赦免。

《史记·酷吏列传》记载：张汤"掘窟得鼠及余肉，劾鼠掠治，传爰书，讯鞫论报，并取鼠与肉，具狱磔堂下"。"集解"引苏林曰："爰，易也。以此书易其辞处。"颜师古注："爰，换也。以文书代换其口辞也。"王先谦在《汉书补注》中的解释是："传爰书者，传囚辞而著之文书。"在居延汉简《建武三年候粟君所责寇恩事》简册中，官吏讯问被告的供词又称"爰书自证"①。张晏说："传，考证验也。爰书自证，不如此言，反受其罪。考讯三日覆问之，知与前辞不同也。"意思是说用"爰书"把供词记录下来，过几天再问，从前后的供词中找到矛盾、抓住问题，进行追查。

如何运用笔录质疑技术？秦简《封诊式·讯狱》规定了如下的要求和程式："凡讯狱，必先尽听其言而书之，各展其辞，虽知其訑，勿庸辄诘。其辞已尽书而无解，乃以诘者诘之。诘之又尽听书其解辞，又视其他无解者以复诘之。诘之极而数訑，更言不服，其律当笞掠者，乃笞掠。"意思是说：凡审讯案件，必须先听完口供并记录下来，允许受审人各自陈述。即使明知是欺骗，也不要马上诘问。供词已记录完毕但仍然有没有交代清楚的问题，就开始进行诘问。诘问的时候，同样要将其辩解的话记录下来，看看还有没有其他没有查清楚的问题，再继续进行诘问，一直到犯人理屈词穷。这时如果他还在多次欺骗，改变口供，拒不服罪，依法应当拷打的，就施行拷打。凡是经过拷打的，审讯记录上必须注明：某人因多次改变口供，审讯时进行了拷打。

可见，在古代中国的审案过程中，笔录是一个非常重要的环节，清律有专条规定："各有司谳狱时，令招房书吏照供录写，当堂读与两造共听，果与所供无异，方令该犯画供。"②原始笔录是由招书随堂记录，只记犯、证供词，不记问官的问话。退堂后笔录经幕友交本官用朱笔点判定稿存卷。如属审转案件，在呈上司的详文中要转抄笔录，由州县经府、司、院、部直接送达皇帝的题本、奏折里层层转抄，称为"叙供"，这时的供词不能增减、删改原意，供词必须简明达意，用词文明，"切勿直叙"。

三、传统审讯技术的现实意义

古代并没有像现代那样有专门的侦查、起诉和审判机构，各司法衙门是集诸权于一身的。就其实际功能而言，审讯既包含了现代诉讼中的法庭审理环节，也包含了现代诉讼中的侦查环节。尽管在诉讼程序的设置上古代与现代之间已有本质上的区别，但是，传统审讯技术无论对于现代的法庭审理还是审前侦查都是具有现实的借鉴意义的。

(一) 正确认识口供证明力的特点及其在证据体系中的合理定位

传统诉讼制度中被告人口供的价值，在当时的社会条件下，有其历史必然性。尽管古代存在不少刑讯逼供的案例，但这并不是常态。唐朝及其以后的各个朝代，都立法要求"以先备五听，又验诸证信；事状疑似，犹不首实者，然后拷掠"。所以，经过合法程序获取的被

① 《〈建武三年候粟君所责寇恩事〉释文》，载《文物》，1978 (1)。
② 《大清律例·刑律·断狱·吏典代写招草》。

告人的真实口供，具有很强的证据价值。当然，除了口供以外，还要求法官对其他证据进行比较印证，对证据进行综合判断，以确定案件的真相。这一点对现代刑事诉讼具有很大的借鉴意义。口供的特性决定了其具有证据"天然的优势"，在自白是"任意的、明知的且明智的"，即要求获取口供的程序是正当的，同时还要求口供本身是真实可靠的。但口供具有两面性，真实的口供有利于迅速查明案情，保障诉讼双方当事人的权利，虚假的口供则极易侵犯人权。出于打击犯罪的目的，对口供不能弃而不用；出于对侵犯人权的担忧，对口供又不能盲目迷信、过分依赖。这其中平衡的支点就是要正视口供的功能。在查明案情主要依靠审讯问案的历史中，一方面确立了"断罪必取服输供词"、"无供不录案"的断狱原则，另一方面人们也认识到了口供的局限性，

在我国当代的司法实践中有两种与口供有关的办案倾向，一种是"口供至上主义"。由于受封建社会司法制度中"无供不录案"、"罪从供定"思想的影响，有的司法人员夸大了口供的作用和地位，总认为有口供定案才踏实，为求口供甚至不惜使用刑讯逼供等非法取证方式，这又难免使口供的真实性受到影响。另一种可以称之为"口供虚无主义"。有的地方为了与刑讯逼供现象相抗衡，在司法制度改革过程中推出"零口供规则"。"零口供"要求检察官在审查案件时淡化、弱化口供的作用，视被告人在侦查机关作出的有罪供述如无物。这固然有助于我们更新办案观念，特别是有助于消除长期以来在我国执法和司法人员观念中形成的"口供情结"。但"零口供"的做法过于极端，因为被告人的供述毕竟是我国法律规定的一种证据，完全无视其存在，彻底否定其价值，既有悖于法律规定的精神，也不符合司法证明的规律。两种认识都有失偏颇。获取犯罪嫌疑人的真实口供是侦查讯问的直接目标，讯问程序的完善，讯问中人权保障的强化，所改变的仅仅是侦查讯问的手段，并没有改变这个目标。当然，我们并不是无限地夸大口供的价值，在审查判断口供的合法性和真实性时，需要结合其他证据加以检验与印证，以便对案件事实作出综合判断。

（二）审讯与调查取证相结合，防止翻供

在侦查活动中讯问犯罪嫌疑人的目的，就是要获取口供。作为一种重要的证据形式，口供具有多方面的功能，如发现、收集其他证据；对其他证据进行验证或者质疑；成为证据体系的一环认定案件事实等。但是，口供又不可避免地具有天然的局限性，出于种种原因，它通常同时交织着真实与虚假的成分，并且犯罪嫌疑人在审讯过程中也可能反复翻供，因而又具有不稳定性。鉴于此，我们不能仅满足于获取口供，轻信口供。因此应当确立重视口供，但不唯口供原则。

中国古代社会以"罪从供定"为诉讼证明的基本原则，这显然过分夸大了口供的真实性，也是其诉讼制度与实践中刑讯逼供得以存在的重要原因。然而，在古代司法实践中也总结出了诸如辞物印证、情理审查等行之有效的方法，即使在当代的审讯实践中也是值得借鉴的。审讯是侦查活动的一个重要环节，审讯时侦查人员应当善于使用其他证据或者旁证材料分析、鉴别口供的真实性。其他证据的收集与出示对审讯的突破以及口供的审查是至关重要的。在审讯中适时出示证据是打消犯罪嫌疑人侥幸心理的有效手段，也能够击溃其心理防线，促使其进行如实供述。审讯与调查取证相结合也有助于审查犯罪嫌疑人、被告人的口供与其他证据有无矛盾。如有矛盾，应当认真分析矛盾的具体表现形式及产生的原因，必要时进一步收集证据，排除矛盾。尤其是对案件定性具有决定意义的关键要件，做到口供与旁证

相印证，在口供与其他证据之间形成一个协调的证明体系。如果片面强调了口供与审讯，而不重视其他证据的调取，很容易导致证据体系的脆弱。一旦嫌疑人翻供，侦查工作则会前功尽弃。因此侦查人员应将调查取证与审讯协调起来，使两者相得益彰，相互促进，这是在审讯中取得突破，并防止犯罪嫌疑人翻供的重要措施。

（三）合理使用审讯策略

在现代诉讼制度中，审讯或讯问是一种特殊的侦查活动，在公诉案件中也通常是一种必经的程序。它是指由侦查人员以言词方式，就案件事实和其他与案件有关的事实向犯罪嫌疑人进行查问、质询和调查的活动。它在侦查人员与犯罪嫌疑人之间展开，是一场面对面的较量，因而智慧和谋略在其中发挥着重要的作用。《孙子兵法》云："上兵伐谋"，因此，审讯不能不讲策略。之所以如此，是因为审讯的特殊性所致。正如龙宗智教授所指出的："刑事审讯具有的对抗性特征，使审讯策略和技术不同于我们平常询问人的方式，也有别于法庭上的交叉询问。这种特殊性的一个主要表现是谋略性，使用谋略，意味着在一定程序上允许使用欺骗，其主要功用是使嫌疑人认识到证据已经确凿，抵赖已无意义。可以说，适度欺骗是刑事审讯的基本方法之一。"因此，"刑事审讯不可避免地带有欺骗的成分"[①]。即使是在现代法治国家，刑事审讯中的策略也被认为是必要的和恰当的。美国刑事审讯专家弗雷德·英博说，尽管说审讯人员必须合法取得嫌疑人的供述，但是，他也"应该了解法律所允许的审讯策略和技术，这些策略和技术建立在以下事实基础之上：即绝大多数罪犯不情愿承认罪行，从而必须从心理角度促使他们认罪，并且不可避免地要通过使用包括哄骗因素在内的审讯方法来实现。这种方法被恰当地规定下来"[②]。这种所谓的"欺骗"其实就是指审讯策略的运用。

审讯策略或称审讯谋略是审讯人员针对犯罪嫌疑人的心理，在审讯中运用智慧和计谋，诱使或迫使被审讯人吐露案件事实真相所采取的对策和方法。它是各种一般性审讯方法的综合运用。审讯策略运用得当，可以促使犯罪嫌疑人理性地权衡利害关系，或者诱使其产生某种心理错觉，放松警惕，或者激发其内心的情感和道义，在此基础上作出如实供述。审讯策略运用得当，能够从小线索入手，挖掘出隐藏很深的大案、要案，对于我们及时有效地获取犯罪嫌疑人口供，发现和认定犯罪具有重要意义。这一点，中国古代司法官吏的实践提供了很多的范例。在现代审讯实践中，审讯方法和策略的运用也是不可或缺的。美国刑事司法专家阿瑟·S·奥布里等人所著《刑事审讯》一书也极为推崇审讯方法与策略的运用，他说："审讯方法大致包括以下几类：直接的方法与间接的方法，激情刺激的方法与巧立名目的遁词诡计方法，每一种类又包括各种不同的具体方法：无足轻重的冷淡法，同情或情感共鸣法，'强烈诱惑法'，'只要是人谁都会这样做'，态度友好法，提供帮助法，朋友般的谈话法，偏袒的辩解法，减轻处罚法，安慰悲伤法，推脱责任法，'冷热交替法'，缩小犯罪等级法，夸大犯罪等级法，极力缩小犯罪后果法，'既成事实法'，假象欺骗和吓唬法（威吓哄骗法，既有利也有弊），苛刻的事务性方法，揭穿谎言法，假造证据法，重复强调同一主体法，通过讲真话减轻精神压力法，坚韧不拔的穷追猛打法，'激发体面与荣誉感'，'在案件中的

---

① 龙宗智：《威胁、引诱、欺骗的审讯是否违法》，载《法学》，2000（3）。

② ［美］弗雷德·英博：《审讯与供述》，何家弘等译，275 页，北京，群众出版社，1992。

作用'，'贬损诋毁与用好话逐步赢得好感以便最后利用法'，'坦率地说出犯罪真相讲真话法'。"① 这些方法与前述我国古代审讯技术有诸多的共通之处。

现代刑事诉讼法要求在审讯时充分保障犯罪嫌疑人供述与否的自愿性，尊重犯罪嫌疑人的基本人权，这就需要辨清违法审讯与审讯策略之间的界限问题。在这一方面，中国古代的审讯技术提供了很多的启示。通过运用各种审讯的技巧、方法和策略，促使犯罪嫌疑人作出如实供述。当然，既然是运用策略或计谋，就难免有诈，要防止沦为一种完全诱供式的审讯，因此，运用审讯策略也要遵循合法、合理原则。审讯策略的运用，都不得违反法律的规定或者超越法律允许的范围，不得违背程序的要求，不能为了达到目的而不择手段，才能取得较好的办案效果。

---

① ［美］阿瑟·S·奥布里等：《刑事审讯》，但彦铮等译，171 页，成都，西南师范大学出版社，1998。

本卷后记

> 人们自己创造自己的历史，但是他们并不是随心所欲地创造，并不是在他们自己选定的条件下创造，而是在直接碰到的、既定的、从过去承继下来的条件下创造。一切已死的先辈们的传统，像梦魇一样纠缠着活人的头脑。
>
> ——马克思《路易·波拿巴的雾月十八日》①

传统不仅仅是过去的存在，更是现在的基础和未来的出发点；现代不是无源之水，更是传统的流变与当代人创造的结果。古今中外大量的历史事实已经充分证明，而现实与未来也必将反复地再次证明：传统在现代化中具有不可或缺的地位和作用，这种作用不仅是理论研究问题，更是实践检验问题。

作为人类传统文化苑中的奇葩，中国传统法律文化历史悠久，底蕴深厚，体系完整，内容丰富，相沿数千年而未绝，曾经深刻影响了帝制时代的东方沃土。在法治已经成为社会共识的今天，这种影响依然存在。当然，传统中的许多东西并不符合现代化的要求，有的甚至与现代法治精神背道而驰。因此，我们应一方面深入挖掘中国传统法律文化中蕴含的无尽宝藏，另一方面对其在当下和未来社会的存活方式和传承创新投来更多关注的目光，而这一切都是为了使中国传统法律文化能在未来社会发挥它巨大的文化力量与现代价值。

2005 年，由著名法学家、法学教育家曾宪义教授任首席专家的教育部哲学社会科学研究重大课题攻关项目《中国传统法律文化研究》（十卷本）获得立项。在曾宪义教授的主持和指导下，我们开始了其中第十卷《传承与创新：中国传统法律文化的现代价值》的研究与撰写工作。立项之初，曾宪义教授就在作为配套项目的《法律文化研究》（年刊）第一辑卷首语中高屋建瓴地指出，我们应"发掘传统，利导传统，从传统中寻找力量"。以此为指导思想，本卷研究的全部意义与旨趣就是：基于对法律的时代理想和未来趋势的把握，通过开放性的体察、兼容性的涵摄、通透性的融贯、思辨性的综合，严肃认真地探讨博大精深的中华法系，探究它的文化背景，对它所蕴含的理性与智慧进行全面深入的发掘、分析、总结和提炼，理解并弘扬它的现代价值，进而完成传统法律文化的现代性转换，为当代中国的法治建设和法制现代化事业做好基础性工作。

因此，本卷的研究工作可谓一项复杂的系统工程，颇具战略性和创新性，具有重大的理论

---

① 《马克思恩格斯选集》，2 版，第 1 卷，585 页，北京，人民出版社，1995。

价值和实践意义，更是一项极为艰难的学术探索。这是一个富有学术魅力的研究领域，又是一个难以把握的研究领域，需要法律史学、法理学和部门法学者作更艰苦的多方努力，更深厚的知识积累，才有希望获取更为准确的认识。曾宪义教授赋予我们这一重大的研究任务，其中蕴藏着无比厚重的信任与期望。深知责任重大、任务艰巨的我们，团结协作，迎难而上，刻苦钻研，对中国传统法律文化的现代意义及其转换进行大胆思考并付诸笔端。只是，作为对这一崭新课题的初步尝试，我们内心深恐远未达到预期的学术研究目标。我们的大胆探索和研究，目的不是为了寻求唯一的正确答案，而是企盼本卷的问世，能够激发来自不同方面对本课题学术研究的多元化的观点，同时推动其他学者作出更有价值的学术贡献。这些观点和贡献将使我们更多地认识到中国传统法律文化的魅力，并对其在未来社会的发扬光大充满信心。

本卷是高校与司法部门的法学同仁通力合作、集体研究的成果。为本卷撰写初稿的作者及分工如下（按撰写章节顺序）：

夏锦文（法学博士、南京师范大学法学院教授、博士生导师）：引言，第一、五、十四、十七章，后记；

董长春（法学博士、南京师范大学法学院副教授）：第二、十、十三章；

夏清瑕（法学博士、南京财经大学法学院教授）：第三、四章；

石义华（法学博士、徐州师范大学副教授）：第五章；

韩秀桃（法学博士、司法部司法研究所研究员）：第六章；

曹伊清（法学博士、同济大学法学院副教授）：第七、十二、十五章；

苏学增（法学硕士、江苏省高级人民法院刑三庭庭长）：第八、十六章；

秦策（法学博士、南京师范大学法学院副教授）：第九、十八章；

康伟（法学博士、南京师范大学法学院副教授）：第十一章；

王晓莉（法学硕士、北京市朝阳区人民法院法官）：第十七章。

在本卷的研究、写作和修改过程中，董长春副教授和南京师范大学法律史学硕士陈小洁、翟元梅、陆娓、朱佩参与了写作大纲初稿的讨论；法学硕士、南京师范大学继续教育学院陈小洁讲师参加了全书初稿许多章节的增删、改写和修订工作，以及相关文献资料的查核和书稿的技术整理工作；董长春副教授和陈小洁讲师参与了本卷的统稿工作。全书最后由夏锦文教授修改定稿。

本卷的写作得到了中国法学会法学教育研究会会长、中国人民大学法学院名誉院长曾宪义教授的关心、扶持、指导和鼓励，也得到了中国人民大学出版社和南京师范大学法学院的大力支持。在此，我们谨一并致以衷心的感谢。中国人民大学法学院副院长郑定教授参与了总课题《中国传统法律文化研究》（十卷本）总体框架的设计和论证工作，按计划本应参加本卷的组织和研究工作的，后因身体原因却没能实际参加，且永远离开了我们。在此，我和课题组的各位同仁对他表示深切且永久的怀念。如前所述，由于本书的写作难度很大，加之我们的理论功底和学术水平有限，全书一定存在错谬、疏失和不当之处，敬祈学界同仁和读者朋友不吝指正。

夏锦文

2010 年 8 月

图书在版编目（CIP）数据

传承与创新：中国传统法律文化的现代价值/夏锦文主编．—北京：中国人民大学出版社，2011.12
（中国传统法律文化研究）
ISBN 978-7-300-15006-2

Ⅰ.①传…　Ⅱ.①夏…　Ⅲ.①法律-传统文化-研究-中国　Ⅳ.①D909.2

中国版本图书馆 CIP 数据核字（2011）第 271601 号

"十一五"国家重点图书出版规划
教育部哲学社会科学研究重大课题攻关项目资助
中国传统法律文化研究
总主编　曾宪义
传承与创新：中国传统法律文化的现代价值
主　编　夏锦文
Chuancheng yu Chuangxin：Zhongguo Chuantong Falü Wenhua de Xiandai Jiazhi

出版发行	中国人民大学出版社		
社　　址	北京中关村大街 31 号	邮政编码	100080
电　　话	010 - 62511242（总编室）	010 - 62511398（质管部）	
	010 - 82501766（邮购部）	010 - 62514148（门市部）	
	010 - 62515195（发行公司）	010 - 62515275（盗版举报）	
网　　址	http://www.crup.com.cn		
	http://www.ttrnet.com（人大教研网）		
经　　销	新华书店		
印　　刷	涿州星河印刷有限公司		
规　　格	185 mm×240 mm　16 开本	版　　次	2012 年 1 月第 1 版
印　　张	45.75 插页 1	印　　次	2012 年 1 月第 1 次印刷
字　　数	930 000	定　　价	128.00 元

版权所有　侵权必究　印装差错　负责调换